中国民主法治足迹

法治日报40年优秀作品评析

李群　吴坤／主编

ZHONGGUO
MINZHU FAZHI
ZUJI
FAZHIRIBAO
40 NIAN
YOUXIU ZUOPIN PINGXI

法律出版社
LAW PRESS·CHINA

编 委 会

坚守法治梦想，我们矢志不渝（代序）

本报编辑部

亲爱的读者，2020年8月1日是《法治日报》40岁的生日。在这个特殊时刻，我们向您表达最诚挚的谢意，感谢您40年来风雨同舟，一路相伴。

改革风暖，法安天下，一报领命。40年前，在改革开放大潮涌动、民主法治春天来临之时，根据彭真同志“政法战线要办一张报纸”的指示精神，《法治日报》的前身《中国法制报》呱呱坠地。40年来，我国社会主义民主法治建设取得辉煌成就，从改革开放初期的百废待兴，到中国特色社会主义法律体系形成、依法治国全面推进、司法体制改革不断深化、法治宣传教育成果斐然、全民法治意识显著提高，《法治日报》伴随我国民主法治建设一路走来，从最初的四开周报发展成为今天集报、网、端、微为一体的中央级日报，成长为全国规模最大、最具权威性和影响力的法治传媒，在政法界、法律界和社会各界广大读者中享有很高声誉。

闲云潭影日悠悠，物换星移几度秋。40年弹指一挥间，回首来时路，我们心潮起伏。成长路上，《法治日报》从诞生之日起就怀揣梦想、立足高远，既赢得过无数荣誉和掌声，也曾遇到困难和考验，但始终砥砺前行、不改初衷，全身心为我国社会主义民主法治建设鼓与呼；成长路上，《法治日报》忠实记录着我国民主法治建设的伟大实践和非凡历程，从不曾缺席，一系列重大法治事件现场、一大批有影响力的法治人物身边，都有我们的身影；成长路上，《法治日报》始终得到各级领导、广大读者和各界朋友的支持和关爱，这笔宝贵财富我们将始终珍视与呵护。

近年来，全国报业环境发生了巨大变化，面对着市场化不断提速、新媒体全面崛起的新形势，《法治日报》没有退缩，而是知难而上、主动适应，全力推进融合发展战略，网站、微信、微博多点开花，媒体融合发展稳步推进，不断提升影响力，积极在网络空间、移动终端传递法治正能量、凝聚法治共识，让越来越多的人随时随地都能分享法治建设成果，交流法治心得体会。

我们，正在应对挑战中走向未来。

党的十八大提出，法治是治国理政的基本方式，要加快建设社会主义法治国家，全面推进依法治国；到2020年，依法治国基本方略全面落实，法治政府基本建成，司法公信力不断提高，人权得到切实尊重和保障。党的十八届四中全会审议通过《中共中央关于全面推进依法治国若干重大问题的决定》，提出“建设中国特色社会主义法治体系，建设社会主义法治国家”的推进全面依法治国总目标。为加强党中央对法治中国建设的集中统一领导，健全党领导全面依法治国的制度和工作机制，更好落实全面依法治国基本方略，2018年3月，中共中央印发了《深化党和国家机构改革方案》，组建中央全面依法治国委员会，作为党中央决策议事协调机构，负责全面依法治国的顶层设计、总体布局、统筹协调、整体推进、督促落实；党的十九届四中全会提出，坚持和完善中国特色社会主义制度、推进国家治理体系和治理能力现代化。凡此种种，都是中国民主法治建设进入新时代的重要标志，法治媒体迎来又一个美好时代。

我们，正在助推法治中走向未来。

习近平总书记指出：“实现中华民族伟大复兴，就是中华民族近代以来最伟大的梦想。”在几代法治日报人心中，同样传承着一个弘扬法治精神、凝聚法治力量的梦想。“法治梦”是中国梦的重要组成部分，这个梦想不仅属于我们，同样属于所有热爱和关心《法治日报》的人，属于全体政法工作者和法律人。为了这个梦想，我们矢志不渝地努力和付出，每一次跋山涉水的深入采访、每一个激动人心的不眠之夜，每一篇字斟句酌的稿件、每一块精雕细刻的版面，都饱含着我们对梦想的追求与坚持。

莫愁前路无知己，天下谁人不识君。40 年过去了，我们的梦想有些已经成为现实，有些还在路上；快乐和坚持与我们同在，汗水和追求亦从未远离。党的十八大以来，全面依法治国成为深入人心的广泛共识和蹄疾步稳的火热实践。我们欣喜地看到，越来越多的人和我们拥有同一个梦想，我们距离梦想前所未有地接近，《法治日报》正朝着建成我国法治领域规模最大、实力最强、最具权威性和影响力的现代化法治传媒集团目标迈进。

我们，正在追逐梦想中走向未来。

相信法治力量，憧憬法治梦想，期待明天更好，明天一定更好。亲爱的读者，伴随着生日的喜悦，让我们再互道一声珍重，为 40 年一起走过的岁月，更为我们一起拥抱的梦想；让我们再续约一段旅程，为全面建设社会主义法治国家，为实现中华民族伟大复兴的中国梦！

目　　录

发刊词 / 001
全国 1319 个县选出县人大常委会和县人民政府 / 003
社会主义法制的伟大胜利　社　论 / 004
青岛市社会治安情况显著好转　安智光 / 006
十亿人民都来掌握宪法　社　论 / 008
法律,我们对你不那么陌生了　张　亚　张英华 / 010
广大群众积极同犯罪分子作斗争　赵海啸 / 014
把法律送进千千万万渴望者的心田　本报编辑部 / 015
"女疯子"告状记　邱文仲　杨　玲　徐士琏 / 017
近百万盆鲜花无一丢失　孙保国 / 024
政法的手进入了教育王国　关志豪　张宗厚　韩燕荣 / 025
伟大的社会工程　社　论 / 028
"仿佛桃源人住处"　黄敬周 / 030
依法办事与法制宣传　陈建国 / 032
督促纠正一起严重违宪事件　魏　湛　孙海宁 / 033
陕西七千封人民来信显示主人翁作用　陈会礼　周　鹍 / 035
《中国法制报》从明年 1 月 1 日起更名为《法制日报》　本报编辑部 / 037
加强法制与完善社会主义民主政治　马宝善　张宗厚 / 038
副市长候选人亮相表明从政态度　虞能祥 / 040
SOS！濒危珍稀野生动物的紧急呼号　雷晓路　沈　虹 / 041
一位农民的惨死　梁国栋 / 046
民主不是三月风　社　论 / 049
"冰冷世界"里那颗火热心　张卫理 / 051
完达山作证　郭　毅 / 060
千秋功过历史自有评说　阎　军 / 062
当事人"审"法官　刘林山　李多强 / 073
上海出台房改方案　刘　建 / 074
社会用字剪不断理还乱　赵　翔 / 075
执法是普法的"参照系"　钱　锋 / 079
抗诉,不再是刑事诉讼的"专利"　陈洪钧　刘国航　王水灵　朱思恩 / 080
从《海瑞罢官》想到的……　石太有 / 082
三资企业在中国　伍　彪 / 084
自觉地增强改革意识　王福如　等 / 090

市场经济是法制经济　鲁从明 / 092
走出大会堂　钱　锋 / 094
成长中的中国地方民主制度　李　建 / 098
听凤阳人算细账　李明信　何世建 / 105
众里寻他千百度　高红十 / 108
春雷滚过……　陈应革 / 115
粤海明珠欣有种　高红十 / 117
疯狂“庄主”　高秀峰　刘林山 / 124
打工妹竟与狼狗同笼　甘景山 / 143
对外商要讲“两句话”！　常少扬 / 145
重铸民魂:刻不容缓的基础工程　常少扬 / 147
随乔石委员长出访日记　阎　军 / 152
手下留情　陈应革 / 157
告别“四不像”　雷晓路 / 159
两岸同悲愤　严法慰亡灵　张　亚　毛　磊　范丽青　朱国贤 / 162
“打的”贵过坐飞机　那日苏 / 168
从“逼上梁山”到“反弹琵琶”　储皖中 / 170
“谢谢老师!”　阎　军 / 172
“一票”否掉59块匾　蒋　德　史国瑛 / 174
拿什么奉献给你,养育我的厚土　李　芮 / 175
北京率先立法禁烟　娄禾文 / 179
人民的“保护神”　孙春英 / 182
抬头举目皆见法　郑福成　蒲建安 / 184
“献礼工程”令人忧　李　立 / 186
谁来养活长安大戏院　王丰斌 / 188
烟台划定引资“禁行线”　陈会礼　袁成本 / 190
语言文明启示录　周　泽 / 192
彭真纪事　阎　军 / 200
堪以为戒　那日苏　查庆九　罗成志 / 206
升起希望　守护尊严　赵　翔　耿大建 / 211
农业法在这片热土上　于　东 / 216
天若有情　郭　毅 / 219
春天的笑容　陈应革 / 225
分手时不再回头　毕淑敏 / 226
铁力法院怎能“出让”审判权　郭　毅 / 228
庭审纪实走进千家万户　徐　来 / 229

李昌钰其人　雷晓路 / 232
驳“走私无害”论　杨悦新 / 234
“沙图什”披肩的走俏和藏羚羊的悲剧　王乾荣 / 235
体验民主　侯召迅 / 242
拨通“148”法律服务到你家　王　宇 / 247
论法制新闻　陈应革 / 252
江河源头盼治理　韩　萍 / 262
我不吸烟　还我工资　蒲建安　马霄雷 / 268
绛县“活阎王”覆灭记　袁成本 / 270
都市外乡娃:你的课桌呢　李　勇 / 276
今后当个警察不容易　侯召迅 / 281
百年磨砺　百年希望　刘国航　查庆九 / 282
剑胆　阎　军　王晓军 / 293
妈妈!你在哪里!　杨通河　王继然 / 298
昭陵壁画遭劫记　张生华 / 300
卫生部有权作法律解释吗?　侯召迅 / 308
高扬依宪治国的旗帜　社　论 / 310
三十九级台阶　侯召迅 / 312
额济纳,谁来听你诉说　史万森 / 319
就是要告你违法行政　莫小松 / 321
法制新闻事业大有可为　/ 323
中国成为国际反倾销最大受害者　万学忠 / 325
法院“打架”　企业“出血”　郭宏鹏 / 326
让青春的事业永远年轻　查庆九 / 329
鲁迅 de 钱和灵魂　王乾荣 / 331
顺应时代潮流　演绎对外开放　阎　军　王晓军 / 333
“发现”的隐忧　雷晓路 / 337
司法考试制度向我们走来　吴　坤 / 339
灵武一批甘草老板治沙“赎罪”　周崇华　史振亚 / 341
罗干视察法制日报社　翟惠敏　王　宇 / 342
“入世”与中国的行政法制　查庆九 / 348
牛角尖顶出的法治难题　查庆九 / 354
为祖国赢得荣誉　中国维和警察在波黑　孙春英 / 360
兴于开放　亡于守旧　伍　彪 / 368
舆论监督与“公众人物的忍受义务”　查庆九 / 371
民办教育法审议过程中两词之争显示中国立法民主　李　勇 / 373

打肿谁的脸　朱铁志 / 376
让灵魂不再迷失　杨新顺 / 378
减少民警伤亡是最高的从优待警　常少扬 / 382
抗击“非典”　法作后盾　真　东　刘海琦 / 384
女厅长失踪之谜　陈东升 / 389
孙志刚案在广州开审　邓新建　游春亮 / 391
王府井步行街上的黄牌牌　陈煜儒 / 393
“哈啤”在沈阳遭“非礼”　张国强 / 395
交通厅长“事故”多发　张国庆 / 398
法律在丢丢面前怎么办？　秦　平　居　杨 / 400
嵩山儿女　人民卫士　翟惠敏 / 402
回忆邓小平同志为法制日报题字　阎　军 / 408
浓浓乡音话老曹　李光明 / 412
部分外企无视中国法律拒建工会　钟鞍钢 / 415
黑河头尾两块绿洲之唱和　台建林 / 416
中国农业知识产权流失严重　李　立 / 420
对副检察长两次吐血的调查　台建林 / 424
文津街 9 号里的年轻人　李　立 / 427
司法与传媒：理性、宽容与自律　雷晓路 / 432
这里的人们没有被普法遗忘　唐晓芳 / 439
解决社会治安问题的“中国之路”　孙春英 / 444
网瘾心魔毁害多少花样年华　本报记者 / 455
挂职检察长忙着卖西瓜　周崇华 / 459
马背法庭升级车载法庭　史万森 / 462
死刑复核：对生命的慎重无止境　陈虹伟　焦红艳 / 463
重庆试行“立法回避制度”　秦力文　高维峰 / 468
国家司法考试五年助推依法治国　于呐洋　彭于艳 / 469
城乡按照相同人口比例选举人大代表意义重大　吴　坤 / 474
从“法”的字眼到“法的精神”　杨悦新 / 476
靠制度“绳墨”　祛除“水火不容”痼疾　李　群 / 478
改变命运的流动　张亦嵘　杜　萌 / 485
辽宁西丰：一场官商较量　朱文娜 / 490
沈阳一些机关上班燃放“开门炮”　张国强 / 493
无论你在哪里，我们都要找到你　本报记者 / 495
温州市长编纂行政败诉案例　陈东升 / 502
政府信息公开条例经历大考　杜　晓　陈丽平 / 503

十一届三中全会:30 年中国"法制崛起"的起点　李　群 / 505
感受奥运安保立体防线:海陆空遍布安全防控网　徐　伟 / 512
"我们是奥运核心安保第一线"　李　松　黄　洁 / 517
悄然殒落的传奇将星李运昌　于呐洋 / 520
王汉斌:让共和国宪法光辉沐浴每一位公民　阎　军　吴　坤 / 525
福州"为民办实事"工程花了巨资没办实　郭宏鹏 / 531
网民参与调查"躲猫猫"事件引热议　王晓斌　储皖中 / 534
千万罕见疾病患者呼唤中国"孤儿药品"法案出台　韦文洁 / 537
省信访局大楼迁来"行政复议处"　黄　辉 / 543
追念新中国人民民主法制的先行者董必武　阎　军　李　群 / 545
温家宝同大学生谈法治:"法治天下"就是法比天大　/ 558
东洞庭湖生态失衡,90% 湿地被私人圈占　刘希平 / 565
独家披露地方经验入"法"的前前后后　周文馨　赵志锋 / 569
江淮大地视平安为第一民生　贾京平　孙春英　李光明　周　斌 / 575
"乐清村主任之死"案再调查　陈东升　马岳君 / 581
惠州监狱四千在押犯昨投下庄严一票　邓新建　刘洪群　阚　淼 / 586
记者现场目击归真堂"活熊取胆"　吴亚东 / 587
目击中国海监 66 船巡航执法　蔡岩红 / 591
法治政府建设在湖南的实践　贾京平　万学忠　阮占江 / 596
湄公河惨案主犯糯康一审判死刑　李树恩　刘百军 / 602
江苏加快构建公共法律服务体系　丁国锋　鲁汉庚 / 605
以道路自信全面引领社会主义法治建设创新与完善　本报评论员 / 609
曲阜"零发案"村居前四月超九成　周秉键　余东明　姜东良 / 611
请记住这些有良知的法律人　陈东升 / 614
薄熙来案判决:以事实为根据　以法律为准绳　吴　坤 / 617
拉萨僧尼享有医保社保　廖卫华 / 621
突破法律的改革需授权　秦　平 / 623
"28 年,我见证了中国民主法治的发展进步"　席锋宇 / 625
让宪法精神成为国家精神　社　论 / 628
"市长大印"交到社区主任手里　胡新桥　刘志月 / 630
内蒙古高院宣判呼格吉勒图无罪　史万森　张　驰 / 632
在法治沃土里共同缔造法治中国典范城市　于呐洋　赵文明　王毅双　柯少峰 / 634
民警贾晨翔:洛古河村民心中的靠山　周秉键　崔立伟 / 639
对领导干部干预司法说"不"　本报评论员 / 642
往事悠悠　我心殷殷　陈应革 / 644
尕海封牧　万学忠 / 649

聂树斌案改判,正义没有缺席 本报评论员 / 652
追忆南京大屠杀惨案审判背后的故事 丁国锋 / 654
农村天价彩礼涨幅快赶上楼市 父母借钱父母还债 赵 丽 / 659
高校科研经费管理乱象调查 余东明 / 663
“业务援藏”带出多民族查办职务犯罪检察队伍
邵炳芳 陈建国 李光明 范天娇 / 667
司法体制改革砥砺前行结硕果 蔡长春 / 671
司法部部长张军登门“夜话” 蒋安杰 / 677
为法治强国而歌:十九大报告中的法治“音符” 王斗斗 / 684
忆罗豪才老师:平常之处见高巍 查庆九 / 687
为中华民族伟大复兴提供有力宪法保障 周 斌 刘子阳 / 690
枫桥经验紧扣时代脉搏历久弥新 本报赴浙江采访组 / 695
依法纠正产权错案 彰显法治中国新高度 秦 平 / 701
三项制度有效遏制粗暴野蛮执法 徐 伟 张 维 / 703
解纠纷有基层定分止争先遣队 邢东伟 翟小功 / 707
万达红领巾事件被立案调查 姜东良 徐 鹏 / 710
芬兰“美卓”在华被侵权获顶格赔偿 余东明 / 713
查办黑恶犯罪与深挖“保护伞”并举 周 斌 张 昊 / 714
亮剑扫黑除恶 打造平安中国 万学忠 马岳君 于 澄 等 / 717
肖扬:一蓑风雨任改革 蒋安杰 / 719
最高检:这一场里程碑式的重塑性变革 蒋安杰 / 729
梦境奇缘:“一带一路”向阳生长 马岳君 赵 阳 刘 青 等 / 741
“讨债行动”被指超出社会团体和企业业务范围 莫小松 / 745
爱心,多少恶行假汝之名 马 竞 周宵鹏 / 748
碧海蓝天离不开“检察蓝”悉心守护 邵炳芳 陈建国 邢东伟 / 752
政法机构“物理合并”产生为民“化学反应” 周 斌 蔡长春 / 756
教师加班用餐时猝死 人社部门4次认定不属工伤 马 超 王志堂 / 762
乔晓阳:从红军后代到立法大家 朱宁宁 / 767
治理“雾霾”澄清网络空间 王 阳 / 775
这注定是一场必胜的战“疫” 马岳君 宋胜男 刘 丹 等 / 779
放过教育不公就是放过腐败 秦 平 / 789

法治日报获中国新闻奖作品一览表 / 791
后记 / 794

发 刊 词

《中国法制报》今天和广大读者见面了。

《中国法制报》是专门宣传法律、报道法制建设、传播法律知识、交流司法工作经验的报纸。它将坚决贯彻执行党中央的路线、方针和政策，坚持四项基本原则，贯彻宪法和已经颁布的法律，为健全我国社会主义法制服务，为实现社会主义的四个现代化服务。《中国法制报》愿意在帮助全国人民掌握法律武器方面贡献自己的一份力量。我们将尽可能地采用图文并茂、生动活泼的形式，与其他宣传单位一道，经常地深入宣传法律，使干部和群众逐步丰富法律知识，增强法制观念。我们深信，只要全国人民学会使用法律武器，他们就一定能用它来监督国家机关、团体、企事业单位和任何个人依法办事，对任何违法行为进行揭发、检举和斗争，从而有力地保证法律的贯彻实施。

《中国法制报》的编辑方针，是采取积极的正面宣传的方针。它主要刊登党和国家关于加强法制建设的政策和措施，从正面宣传法律，普及法律知识，报道法制建设的新成就，介绍各种先进典型和成功的经验，表扬好人好事，批评缺点和错误。同时，要继续肃清林彪、“四人帮”的流毒，破除那种妨害社会主义法制的封建特权思想，揭露胆敢以身试法，严重犯罪，应受到法律制裁的任何人。我们一定坚持“有法必依，执法必严，违法必究”的原则，一定坚持“在法律面前人人平等”的原则。

《中国法制报》在试刊期间，收到全国许多单位和读者的来信。他们对创办《中国法制报》一致表示赞同和支持，提出了很多好的建议和意见。在这里，我们谨向大家表示感谢！《中国法制报》永远需要广大读者特别是全国政法工作同志们的关心和支持。我们热烈希望大家经常关心《中国法制报》，踊跃投稿和反映情况，特别是多多提供改进的意见，帮助我们把《中国法制报》办好。（1980.8.1）

点 评

发刊词是本报的“宣言”，亮明了本报的办报宗旨、性质和使命。犹如正值青春年华的少年，发刊词稍显青涩，“宣传法律、报道法制建设、传播法律知识、交流司法工作经验”朴实无华，却道出了本报的初心。同样，“表扬好人好事，批评缺点和错误”也旗帜鲜明，有点“初生牛犊不怕虎”的那股劲儿。一路走来，我们坚守初心使命，伴随着中国民主与法治建设事业一起成长，忠实记录我国民主法治建设伟大实践和非凡历程，成为人民群众了解民主法治的百科全书，世界了解中国民主法治建设的窗口。

《法治日报》的前身《中国法制报》，是根据彭真同志“政法战线要办一张报纸”的指示精神而创办的。历史和实践已经证明，《法治日报》就是中国民主法治建设道路上的一座灯塔,见证了中国民主法治建设的每一步跨越,留下了中国民主法治走过的每一步脚印。如今的《法治日报》正值四十不惑,已经发展成为集报、网、端、微为一体的我国最大的法治传媒、中央主要新闻单位之一。《法治日报》将不辱使命,在新时代中国特色社会主义道路上高扬法治的风帆,破浪前行。

贯彻《选举法》 人民当家作主

全国1319个县选出县人大常委会和县人民政府

我国县级直接选举工作,1980年7月在全国各地全面展开以后,到12月底为止,全国2757个县级单位,已有1319个县(自治县、不设区的市、市辖区)结束了选举工作。这些县都召开了人民代表大会第一次会议,选举产生了县人大常委会和县人民政府新的领导班子。

这次选举是按照第五届全国人民代表大会第二次会议颁布的《全国人民代表大会和地方各级人民代表大会选举法》和《地方各级人民代表大会和地方各级人民政府组织法》进行的。由于这两部法律对原来的一些规定作了修改,进一步扩大了社会主义民主,特别是实行了直接选举和差额选举,因而,广大人民对这次选举的热情很高,十分关心。各地选民和参选率都在90%以上,有的地方高达99%,选出的人民代表和县级领导班子受到广大人民的信任和拥护。

在这次选举中,各地都广泛地宣传了《全国人民代表大会和地方各级人民代表大会选举法》和《地方各级人民代表大会和地方各级人民政府组织法》,基本使这两法家喻户晓、深入人心,出现了许多依法办事的动人事迹。辽宁省昌图县在召开全县人民代表大会时,把没有获得全体代表过半数选举票的县长和一名副县长候选人宣布当选。事后发现错误时,这个县再次召开了全县人民代表大会,庄严地进行了第二次投票选举,博得了全县人民的好评。四川省重庆制药五厂投票结束后,发现选举票比参加选举的人数多出两张,立即宣布选举无效,司法机关依法处理了破坏投票选举的人,全厂进行了第二次投票。

当前,全国还有600多个县已经选出人民代表,准备召开人民代表大会;另有570多个县正在开展选举活动,其余县的选举工作将在今年4月以后进行。

(1981.1.9)

点 评　选举权是公民的基本政治权利,是一个国家民主进步的重要标志。在"八二宪法"实施之前,这场轰轰烈烈的选举让我国广大人民群众感受到了民主法治的"春天脚步"。《全国人民代表大会和地方各级人民代表大会选举法》于1979年7月4日颁布,并于1980年8月1日开始实施,我国所有县级单位全面开展了选举。文章描述了人民群众参加选举的热情,也列举了选举中出现错误后,还庄严地进行第二次投票选举,但这真实地反映了"第一次"出现的状况,更加凸显了改革开放后首场选举的意义所在。

社会主义法制的伟大胜利

社　论

中华人民共和国最高人民法院特别法庭1月25日开庭，对林彪、江青反革命集团案10名主犯进行了宣判。判处主犯江青、张春桥死刑，缓期2年执行，剥夺政治权利终身；判处主犯王洪文无期徒刑，剥夺政治权利终身；其他7名主犯，分别判处16年至20年有期徒刑，均剥夺政治权利5年。特别法庭的判决，代表了10亿中国人民的意志，体现了我国法律的尊严，受到了全国各族人民的热烈拥护。

林彪、江青反革命集团在"文化大革命"十年动乱中，进行反革命犯罪活动，前后共达10年之久，将我国的社会主义民主和社会主义法制践踏净尽，使我国的国民经济和其他各项事业遭到极其严重的破坏，给全国各族人民带来了极大的灾难。这两个反革命集团祸国殃民，罪大恶极，全国人民切齿痛恨，要求审判他们，惩治他们。特别法庭对他们的判决，是10亿人民的判决，是10亿人民同林彪、江青反革命集团作斗争的又一重大胜利。

特别法庭对林彪、江青反革命集团案10名主犯的审判，具有重大的历史意义和深远的影响。这次审判严格依照法律，以大量的确凿的证据充分地揭露了林彪、江青一伙的反革命罪行，伸张了正义，教育了人民，调动了广大群众的积极性，促进了政治上的进一步的安定团结。这次审判，以事实为根据，以法律为准绳，是维护法制，加强法制建设的一次实践，取得了丰富经验，是依法办案的一个范例。它在我国社会主义法制史上写下了新的篇章。

综观这次公开审判的全过程，我们看到以下几个显著的特点：

第一，这次审判，严格划清刑事犯罪和政治错误的界限。林彪、江青反革命集团案主犯江青等人危害国家和社会的反革命犯罪行为，无论是按照当时的法律、法令，还是按照1980年1月1日起施行的《刑法》，都构成了犯罪。特别法庭审理的是他们的反革命刑事犯罪，追究的是他们的刑事责任，而不是他们的政治错误。

第二，这次审判，贯彻了重证据不轻信口供的原则。特别法庭经过42次法庭调查和辩论，有49个证人和被害人出庭作证，对873件证据进行了审查。大量的物证、书证、鉴定结论、证人的证言以及被害人的陈述，充分证明林彪、江青反革命集团案10名主犯犯下的罪行，事实清楚，证据确凿，做到了人证、物证、旁证俱全。尽管江青在受审时拒不招供；尽管张春桥一言不发；尽管姚文元不承认自己犯罪，特别法庭执法如山，根据这10名主犯各自犯罪事实、性质、情节和对社会的危害程度，对他们依法判刑，坚持了"罪、刑"相应的原则，是他们罪有应得。

第三，这次审判，自始至终严格依照《刑法》和《刑事诉讼法》，严格依照我国法律程序进行独立审判。在法庭调查中，特别法庭审问了被告人，听取了被告人的供述，向被告人出示物证，传证人到庭作证，宣读未到庭的证人的证言，播放被告人罪证的录音，放映被告人罪证的笔录和批件。在法庭辩论中，在公诉人发言之后，由被告人陈述和辩护，并由他们自己委托的律师和受被告人请求由特别法庭指定的律师为他们辩护，在辩论终结时，依法给被告人以最后的陈述的权利。

第四，这次审判，贯彻了“在法律面前人人平等”的原则。林彪、江青反革命集团案的10名主犯，原来都是任高级重要职务、权力很大、地位很高的人，但是由于他们作恶多端，触犯了刑律，终于被押上特别法庭受审，一个个都得到了应有的惩罚。现在在我们国家里，“法律面前人人平等”绝不是一句空话。对于那些目无法纪、胆敢以身试法、违法犯罪的人，不管他们地位多高，权力多大，谁都不能纵容、包庇，都必须依法制裁。

这次审判工作取得了很大成功。我们要总结这次公开审判的成功经验，进一步发展社会主义民主和健全社会主义法制。我们要运用法律武器，坚决打击林彪、江青反革命集团死不改悔的残余势力，坚决打击那些煽动和制造动乱的反革命分子和其他各种刑事犯罪分子，维护社会秩序，保护公民权利，以保障国民经济的进一步调整和政治上的进一步安定，为实现四化，进行坚韧不拔的努力。 （1981.1.30）

点　评

林彪、江青反革命集团祸国殃民，是在“文化大革命”十年动乱中发生的特别重大的反革命刑事案件。1980年9月29日，第五届全国人大常委会第十六次会议决定设立特别法庭，对林彪、江青反革命集团案进行公开审判，体现了全国人民的意愿，受到了全国各族人民的衷心拥护。当时，传播手段有限，新华社和包括本报在内的报纸、电台、电视台等对审判情况作了报道。除了这篇社论和报道，本报还刊发了部分为被告人辩护的辩护词，翔实地记录了这场历史审判，一时间“洛阳纸贵”。

全党动手发动和依靠群众

青岛市社会治安情况显著好转

全市建立起“五道防线”发挥重要作用

安智光

青岛市社会治安情况显著好转。据统计，今年1至8月，全市刑事案件发案数比去年同期下降25%，其中重大案件发案数比去年同期下降3.9%。入夏以来，青岛市接待旅游人员达40多万人次，其中有十几个大型外国旅游参观团，还多次举行全国性体育比赛，都没有发生问题，确保了安全，受到各方面的称赞和好评。

自去年5月中央召开五大城市治安工作座谈会以来，青岛市各级党委和政法机关坚持“集中打击”和“综合治理”相结合，认真整顿社会治安。全党动手在全市范围内发动和依靠广大群众，特别是依靠群众中的积极分子，狠抓基层基础工作，建立起治安防范的“五道防线”，充分发挥“群防群治”的威力，在预防犯罪、制止和打击犯罪分子破坏活动方面取得很大成绩。今年1至8月全市刑事案件发案率已下降到接近“文化大革命”以前的水平，对保障四化建设和人民群众的安全，起了显著的作用。

青岛是我国著名的海港城市和旅游胜地。“文化大革命”期间，社会主义法制遭到严重破坏，社会治安秩序较为混乱。党的十一届三中全会以后，中共青岛市委把整顿社会治安当作一项重要工作来抓，认真整顿居民委员会，健全组织，充实干部。目前，全市居民委员会都设立了治保委员会和调解委员会，还建立了一支有上万人的治安巡逻队伍，使青岛市整顿治安工作有了坚实可靠的群众基础。

青岛市整顿社会治安时，十分注意发挥地区治保委员会和军警民治安联防的作用，并以这两支力量为骨干，在全市布下治安防范的“五道防线”。

第一道防线是居民安全互助组。这是按照居民大院、楼群、街道住户分布情况组织的。每组少者三五户，多者十几户。由退休工人、家庭妇女和在家休息的职工，互相照看门户，保证安全。

第二道防线是街道治保委员会巡逻检查组。检查组以居民委员会、治保委员会、调解委员会的干部为主体，吸收退休工人家庭妇女参加。他们的任务是，在本居民委员会地区内坚持夜间执勤，进行安全检查。今年，巡逻检查组已抓获各种违法犯罪分子329人。

第三道防线是地区治保委员会。这是一支按公安派出所辖区组成的专业性、机动性较强的群众治保队伍。它以退休干部、工人为主体，其任务主要是在繁华街道、重点场所维持秩序；在大街小巷巡逻检查，预防和制止各种违法犯罪活动。这支队伍是群众喜爱、犯罪分子惧怕的治保力量。今年以来，共抓获违法犯罪分子1050人，破获案件400起。4月22日上午,台东区丰盛路管区治保委员会的4名治保员执勤巡逻时,发现3个形迹可疑的人,便警惕地进行观察。其中一人刚一行窃,就被治安员发现。那家伙穷凶极恶,掏出刀子企图行凶,治安员奋不顾身地同他搏斗,当场将这3名罪犯抓获。经审查,这3名盗窃分子,从1981年以来,作案50多起,仅自行车就盗窃了20多辆。

第四道防线是军警民治安联防。由公安干警、部队、民兵和治安积极分子组成。市公安机关与驻军、人民武装部联合成立治安联防巡逻办公室,各地区也建立相应的指挥机构,统一掌握情况,协调各方面巡逻力量。他们划片包干,负责在疗养区、风景区、重要地段、公共场所、偏僻处和结合部进行巡逻检查。今年以来,抓获违法犯罪分子3075人。7月29日深夜,商河路公安派出所会同民兵巡逻到陵县路时,发现一人正在对一名妇女进行恐吓,企图强奸,巡逻人员当即将其抓获。

第五道防线是海陆联防。由市公安机关与铁路、港务公安机关联合组成,并同大连、烟台、上海等市建立海上协作区。海陆联防的主要任务是堵截流窜罪犯和其他犯罪分子。今年以来,共抓获流窜犯141名,其他违法犯罪分子252人。6月6日下午,正在青岛港客运站候船室执勤巡逻的民警发现一名可疑分子,即带到公安派出所审查,查明他是一个由青海省潜逃的杀人凶犯。

由于这5支治安防范力量的不断充实和加强,在青岛市区形成严密的治安联防网,从而有效地预防犯罪、制止和打击了犯罪分子的破坏活动,减少各类案件的发生,促进了青岛市社会治安情况不断好转。 (1982.10.8)

点　评

我国社会治安综合治理的萌芽,始于1981年5月中央召开五大城市治安工作座谈会。青岛积极贯彻座谈会精神,全党动手发动和依靠群众,构筑五道防线,开展群众性的治安联防,织密群众性防范网,把治安工作的深厚基础根植于广大群众,使社会治安的“综合治理”有坚实的基础,其做法在当下也不过时,具有很强的生命力。

十亿人民都来掌握宪法

社　论

第五届全国人民代表大会第五次会议通过的《宪法》，现已公布实施，这是我国人民政治生活中的大事，对于保障我们国家的长治久安和社会主义建设事业的顺利进行，必将产生重大的、深远的影响。

在我国，一切权力属于人民，人民是国家和社会的主人。这是我国国家制度的核心内容和基本准则。宪法明确肯定了这一条重要原则，并使之制度化、法律化了。特别是经过十年内乱之后，我国人民深刻地体会到：一个国家，尤其是我们10亿人的大国，不能没有章程，“和尚打伞，无法无天”是决然不行的。宪法就是治国安邦的总章程，是国家的根本大法，具有最大的权威性和最高的法律效力。它的制定，为发展社会主义民主、健全社会主义法制奠定了坚实基础，开辟了新的阶段。

新宪法从草拟、讨论、修改，直到通过，前后共26个月，自始至终发扬民主，依靠群众，集思广益，使人民的意见和党的主张统一起来，使群众的意见和领导的意见统一起来，它凝结着10亿人民的心血和智慧。宪法修改委员会在广泛征求各地方、各部门、各方面意见的基础上提出的宪法修改草案，又由全国人大常委会交付全国各族人民讨论。这次全民讨论的时间之长、范围之广、规模之大、人数之多，是空前的，充分表现了广大人民群众当家作主、管理国家高涨的政治热情。这是群众路线在我国法制建设中的生动体现，是领导与群众相结合的方法在我国法制建设中的成功范例。整个工作以马克思列宁主义、毛泽东思想为指导方针，从中国的实际出发，总结中华人民共和国成立以来正反两面的经验，同时研究历史的和外国的制宪经验，从中吸取符合我国实际情况、适合我国需要的有益的东西，既立足于当前的现实，又考虑到发展的前景，可以说是十分周到细致和严肃认真的。《宪法》第138条的全部内容都是社会实践已经证明是必需的、正确的、行得通的。这部宪法集中了10亿人民的共同意志，体现了10亿人民的根本利益，是具有中国特色的社会主义宪法。

宪法一经制定，就必须坚决执行。《宪法》明确规定：“全国各族人民、一切国家机关和武装力量、各政党和各社会团体、各企业事业组织，都必须以宪法为根本的活动准则，并且负有维护宪法的尊严、保证宪法的实施的职责。”“任何组织或者个人都不得有超越宪法和法律的特权。”这样的规定能不能实现？我们的回答是肯定的，因为我们相信人民。在我国，立法依靠人民，执法同样依靠人民。10亿人民掌握宪法，掌握国家的、民族的和自己的命运，10亿人民养成人人遵守宪法、维护宪法的观念和习惯，这是宪法实施的最可靠的保证。

毛泽东同志说过，“代表先进阶级的正确思想，一旦被群众掌握，就会变成改造社会改造世界的物质力量”。同样，宪法一旦被群众掌握，就会变成伟大的物质力量。为了让群众掌握宪法,就要利用各种形式,通过各种途径,向群众宣传讲解宪法。这件工作要做得很认真,很细致,深入浅出,通俗易懂,做到家喻户晓,人人明白。宪法本来就是以最大多数人民的最大利益为标准制定的,亿万人民群众一旦明白了维护宪法就是维护人民的根本利益,违反宪法就是违反人民的根本利益,懂得了公民的基本权利和义务,知道了宪法提倡什么、鼓励什么,反对什么、禁止什么,有一条明确的界限,就会团结得更紧密,共同为维护和执行宪法而斗争。

我们坚信中国共产党领导人民制定宪法,也一定会领导人民执行宪法。共产党员和干部是人民中的中坚力量,他们一定能够在执行和维护宪法的行动中显示自己的模范作用。

政法战线作为我国人民民主专政的国家政权的一个重要组成部分,肩负着宣传和执行宪法的重任。政法战线上的每个同志都要带头学习、宣传和遵守宪法。我们严格依法办事,本身就是对宪法的一种最实际的、最有效的宣传。在这个问题上,党和国家、人民群众对我们有更高的要求、更大的希望,我们不要辜负这种要求和希望。

一部体现10亿人民的共同意志和党的正确主张的宪法来之不易,把它完全付诸实施,更要付出艰巨的努力。我国10亿人民懂得这个道理,他们也一定会在党的领导下,按照宪法的蓝图,在960万平方公里的土地上建设一个现代化的、高度文明的、高度民主的社会主义强国。

(1982.12.5)

点　评

宪法是一个国家的根本法,是公民权利的保障书,是治国安邦的总章程。"八二宪法"是中华人民共和国的第四部宪法,在1982年12月4日由第五届全国人民代表大会第五次会议通过,此后经5次修订为现行宪法。"八二宪法"开启了改革开放法治建设的大幕。评论深刻阐述了宪法的意义,介绍了宪法制定的过程,并发出"10亿人民都来掌握宪法"的号召,强调了宪法实施的重要性和学习宣传宪法的紧迫性,展现了《法治日报》的责任担当。

法律，我们对你不那么陌生了

北京市“法制宣传日”侧记

张　亚　张英华

1月30日，是北京市“法制宣传日”。古老的北京城，呈现出热烈非凡的景象。人们纷纷聚拢到各个法制宣传站，去领取法制宣传材料，同平时难得见面的法律工作者、法学专家们见面，听他们解答法律询问。人们看着，听着，多少人锁紧的眉头舒展了，多少人困惑的面容变得清朗，多少人在法律面前不再感到那么陌生，他们期望着法制宣传教育之风能在大地上吹开去，并且永驻。

人们得到了解决问题的钥匙

天刚蒙蒙亮，宣武区陶然亭法制宣传站的牌子还没有挂出来，等候解答法律询问的人们就纷纷来到，还没到8点，队伍就排出去50多米远；而在同时，全北京市28个法制宣传站前都有很多人在焦急地等待了。

一个家住在石景山区的中年人浓眉紧锁，眼有泪痕，急匆匆地赶到前门宣传站，一开口就焦躁地问：“我想同养子断绝关系，财产一丁点都不给他，不知道法律上怎么说？”接着，这位中年人又一五一十地介绍起来。原来，因为爱人没有生育能力，他抱回来一个仅出生一个月的孩子作养子，一把屎一把尿地把他带大，一家人感情一直很好。哪想到孩子成人了，光结婚就花了2000多元，从此对父母便粗声恶气。儿子和儿媳捆在一块儿，三天两头同父母吵架；一个月前，儿媳还用铁铲打伤母亲肩膀，至今青肿不退。

讲到这儿，他忿忿地说：“这样虐待父母，伤透天下父母心啊！我要跟他断绝关系；我的房子和家具宁可劈了、刨了，也不留给他们！”

接待他的北京大学法律系讲师储槐植，听完他的陈述后，沉思了片刻，说道：“关于民事关系，特别是家庭关系，国家总的政策是调解，使家庭和睦，社会安定。现在，关键是做儿子、儿媳的思想工作，使矛盾缓和。您应当主动找儿子和儿媳工作单位，请他们协助做做工作。”接着又向他通俗地解释了法律的有关规定。

在北京火车站法制宣传站，一个来访者对杭华律师激动地说：“邻居打了我妈妈，后来死了，我回去要打他们一顿，这要负责任吗？”杭华律师沉稳地答道：“要负责任。打伤人是故意伤害罪，打死人是故意杀人罪，都要负法律责任。”

可是来访者固执地说：“我要打他们！我妈妈因为过道儿的事同邻居争起来，邻居上来就打，使我妈一小时后……就死了。可是法院只让他们出700元埋葬了事。

我不服气，找了好多地方申诉。这次来北京，正赶上法制宣传日，就赶来询问你们。”

杭华耐心地向他解释，告诉他要按法律程序办事，首先要搞清事实，然后通过司法机关解决问题。他针对对方的报复心理，又反复地真诚相劝。来访者听了律师的解释和劝解之后，渐渐稳定了情绪，临走时，他严肃地说：“我一定按法律程序办事，依靠司法机关解决问题。”

在法制宣传日里，来访者络绎不绝。在自然博物馆门前的崇文区法制宣传站，记者见到了北京市自动化公司退休工人王会英。她说，她得知法律工作者出门为群众解答法律询问，一早就带着从黑龙江省回来探亲的女儿来到宣传站，她们母女排了3个小时的队了。在百货大楼宣传站前，两个来访者为了抢先提问几乎争执起来；一个老太太连去了两个宣传站都没有挤进去，最后到北京站才得到解答；还有不能行走的病人被人用车推来询问法律问题……

人们带着各式各样的问题来到这里，又带着各式各样的答案离开了。虽然，纷纭复杂的问题不可能一下子解决，但是人们从这里得到了解决问题的钥匙。

200多万人，这不是小数字

在北京市“法制宣传日”里，法制宣传也是重要的内容。每一条主要街道都拉起了有线广播，一会儿播着数来宝《找律师》，一会儿又播着《调解员之歌》；每一个法制宣传站都向群众散发法制宣传材料，展出的法制宣传图解更是吸引着过往行人；法制宣传车在各主要街道缓慢地行驶着，把法律条文变成通俗的语言传送到四面八方。

王府井百货大楼，高大的玻璃橱窗内，挂上了黄底红字的横幅——“北京市东城区法制宣传站”，广场前面拉起了大字横标，一面是“加强法制宣传，自觉遵纪守法”；一面是“搞好社会治理，维护社会治安”。广场右侧搭起了演出台，正在进行的演出吸引了许多人。

朗诵《一位妻子写给狱中丈夫的信》，那字字含泪的挚恳之情震动了人们的心弦；京剧《赤桑镇》和《铡美案》片断使人们从包公执法如山的故事中悟出当今法律的尊严；小节目《坚决刹住赌博歪风》向沾染了赌博恶习的人们敲响了警钟。

这一套节目是东城区文化馆的同志们在短短的一个多星期里加班加点排练出来的，参加演出的共有30多个业余演员，他们穿着单薄的演出服表演近2个小时，虽然手冻得拿笔写字都发抖，但仍然在观众的掌声中一再加演节目。

前门法制宣传站的宣传栏吸引了不少人：

一对未婚青年看着“新婚81天的惨剧”的宣传栏，心里翻腾着，他们说：“一定要婚事从简，绝不能大操大办，自寻烦恼。”

一些青年看了“因养鸽斗殴伤人”的案例后，羞愧地发现那上面说的就跟自己一样，他们发誓要杜绝恶习，不再无端殴斗。

一个80多岁的老人在看了宣传公民的权利和义务的图解后，说：“国家提倡精神文明和保护人民民主权利,这是新社会的优越性。”

北京火车站法制宣传站在不到 4 小时的时间里,就发出了宣传材料 1.4 万多份,而等着领材料的人依然秩序井然地排着队。赶火车的人急匆匆地领了宣传品准备拿到火车上看,有的人走到半路发现缺了一份又折回来再补领一次。设在中央新闻纪录电影制片厂门前的海淀区法制宣传站,展出的案例吸引了大批群众,人们边看边议论,从中受到深刻教育。

据统计,在一天中,各宣传站展出图画、照片 335 套,共 1893 幅;估计有 200 多万人受到法制教育;有 67 万多人接受了各种宣传品。200 多万人,真是个不小的数字。

健全法制是人民的迫切需要

无论是律师、公证员,还是接受宣传的普通市民,他们的反应都是空前的热烈和积极。

一个从黑龙江农村来北京探亲的中年男子在接受记者采访时,兴奋地说:“太好了,人民需要法律。我昨天看了北京晚报的预告,特意赶个大早,领了两份材料,一份是‘虐待妻子是犯法行为’,另一份是‘赌博十害’。我希望这样的法制宣传能成为经常性的工作,也希望这种宣传能推广到我们农村,我们农民盼着法律下乡哪!”

一个刚下夜班的年轻工人在要了 3 张宣传材料之后,先是漫不经心地扫了一眼,继而被牢牢地吸引住,看完之后,他眉飞色舞,赞不绝口地说:“好!好!好!太解渴了。我们单位有 400 多名青工,有的之所以动辄打架斗殴,就是因为他们不懂法。”他把手中的 1 份《什么是犯罪》的材料扬起来说:“像这个材料,我得拿回去好好给大家念念!”接着,他又向工作人员请求:“能不能再给我几份?”

一个老太太拦住了一辆宣传车,絮絮叨叨地说:“北京站一个姓刘的律师给我讲了赡养的问题,讲得真好,你们转告他,我谢谢他了。”

有几个加拿大和意大利的记者指着宣传台,用中国话对本报记者连声说:“不错,不错,搞得不错。”

律师的积极性也是空前的。

曾经为“七君子”辩护过的老律师,77 岁的北京市律师协会副会长李文杰在接受本报记者采访时说:“法制宣传日是开创司法工作新局面的新路子,我看到群众争相传看法制宣传材料的情景,深深感到,健全法制是人民的迫切需要。市司法局崔局长说我年纪大了,不要参加宣传了,我却从一开始就赶来了。我想,以后我们律师如果能组成宣传小分队,定期到群众中宣传法律,解答问题,那将产生更明显的效果。”

家住在海淀区的北京政法学院副院长、教授朱奇武已经两鬓如霜了,为了赶来参加法制宣传日活动,他早上 6 点就起了床,佩戴上律师的粉红色小牌牌,提前半小时就赶到了北京站宣传站。上午半天他几乎没有喝上一口水,接连接待了六七个来访者,耐心地一一解答。

许多律师为了多接待来访的群众,圆满解答他们的问题,不厌其详地讲解,有时接待一个来访者要花上一个多小时,直到下午两点钟,他们中还有不少人没有吃上中午饭呢。

应该推广到全国城乡去

6个半小时的法制宣传活动结束了,人们强烈地感到,法制宣传不应像一阵风平地吹过,而应作为一项经常性工作,持续开展下去。

司法部部长刘复之在“法制宣传日”活动的现场,接受记者的采访时说,法制宣传是建设精神文明不可缺少的环节,人民很需要。现在,95%以上的问题是人民内部矛盾,搞好了,平平安安,社会安定;没有人管,就会出乱子。法制宣传是预防犯罪的好办法。“法制宣传日”活动应该推广到全国去,尤其应该推向农村。(1983.2.4)

点　评

作品生动描绘了改革开放初期北京法制宣传日的盛况:天蒙蒙亮人们起早排队,200多万人参加,每个宣传站人声鼎沸,人们对刚刚恢复的法治的热切需求与北京寒冷的冬天形成强烈对比,足见当时人们对法治的渴望。如今,再难见有如此情景的法治宣传日活动,因为法治已经成为人们生活的一部分,获取法律服务已经十分便捷,法治已成为治国理政的基本方式。

作品现场感强,注重细节描写,语言朴实生动,给人身临其境的感受。

广大群众积极同犯罪分子作斗争

全国政法机关收到44万件揭发材料
3.1万多犯罪分子投案自首

赵海啸

第六届全国人大常委会第二次会议通过的关于严惩严重刑事犯罪分子的两项决定,深得民心,广大群众积极响应,同犯罪分子作斗争。据有关部门统计,到目前为止,全国各地政法机关收到群众检举揭发犯罪分子的材料44万多件。慑于人民民主专政的威力,受党的政策的感召,已有3.1万多名犯罪分子向公安机关投案自首。

广大群众还大力协助公安机关捕捉罪犯。上海闸北区犯罪分子王建冬作案后,买了火车票准备逃跑,街道居民立即报告了派出所,将其抓获。上海宝山县水泥厂的犯罪分子顾金海在受到公安机关追捕时,水泥厂附近的江湾公社社员们手持钉耙,协助追捕,当场将其捉获。福建省闽侯县农械厂流氓团伙头子黄艳在被公安机关追捕中逃到一社员家躲藏,当即被户主扭送到派出所。

一些犯罪分子的家属也积极支持和协助公安干警工作。河北省唐山市公安机关在追捕流氓团伙成员王浩涛时,其父王道康亲自带领干警查找,终于将王犯截获归案。北京市门头沟煤矿老工人孙耀荣听说自己的儿子孙志先是收审对象,马上请假到市内和房山县的亲戚家寻找儿子,并当晚送子到派出所投案自首。

人民民主专政的强大威力使犯罪分子受到极大震慑,一些犯罪分子不得不主动向公安机关投案,交代罪行。8月27日下午,天津市刘树林等5名犯罪分子一起到公安机关自首,交代他们非法伪造“飞鸽”商标,组装、倒卖400辆杂牌自行车,非法获利3万元的罪行。

(1983.9.23)

点　评　改革开放之初,各类刑事案件激增。为严厉打击各类违法犯罪,1983年8月25日,中央作出《关于严厉打击刑事犯罪活动的决定》,全国人大常委会颁布相关决定,为期3年的“严打”拉开了帷幕。本文及时对“严打”之初的情况进行报道,展现了“严打”威力和对犯罪的震慑,以及人民群众对“严打”的支持。“严打”取得了显著成效,达到了预期效果,为改革开放创造了安定团结的政治局面。

把法律送进千千万万渴望者的心田
——致读者

本报编辑部

不久前,本报编辑部收到来自贵州省福泉县陆坪区劣山公社分林大队青杠林小队一位农村姑娘张芳的来信。信是姑娘在她放牛的山坡上写的。信中说:“此时,天已暗下来了,四周的山林已经是万籁俱寂,独有我坐在黄昏的山坡上给你们写信。我是一个18岁的初中毕业生,两次高考落选,现在决心走自学的道路。我选择了学法律这条路。为什么呢?我看到在向四个现代化进军的路上,有为四化建设废寝忘食者,有捣乱和干扰者,有企图用种种恶毒手段破坏四化进行者,故我酷爱法律。因为它能保障每一个为四化奋进者的权利,它有利于我们国家、民族的安定团结,有利于有秩序、有组织、有纪律地走向四个现代化建设。”信的末尾,姑娘要求代她购买一套法律自学书籍。

读着这封信,我们的心灵受到深深的震动。广大读者要求学法律、用法律的呼声不绝于耳。面对这些,法制宣传工作者的历史责任感油然而生。

在广大人民群众渴望学法律、用法律的热潮中,我们《中国法制报》能奉献给读者的是什么呢?我们想起了马克思的教诲。他指出:人民的报刊“是人民精神的慧眼,是把个人同国家和整个世界联系起来的有声的纽带”;“它是从真正的现实中不断涌出而又以累增的精神财富汹涌澎湃地流回现实去的思想世界”。我们将努力实践马克思的这些精辟思想,采用多种形式,把法律送到千千万万渴望着它的人们的心田上去,有力地推动我国法制建设的进程。

《中国法制报》于1980年8月1日沐浴着党的十一届三中全会的春风而创刊,现在又适应全面开创社会主义现代化建设新局面的新形势而改刊(从每周一期改为每周三期)。改刊后的《中国法制报》,以鲜明的立场坚持四项基本原则,坚持党和国家的政法工作路线,坚持“有法可依,有法必依,执法必严,违法必究”的方针。努力推动和促进我国的法制建设为四化建设、为精神文明建设和党的建设服务。作为社会“最敏感的神经”之一的《中国法制报》,将努力发挥自己在政法战线上的纽带作用和桥梁作用,并使自己成为全国人民学法律用法律的园地和在政治生活中不可缺少的良师益友。

为实现上述目的,本报将进行一些改革和尝试。其基本方向是,在坚持四项基本原则的前提下,探索准确、生动地宣传法制的艺术;在坚持深入实际、深入群众和积极开展批评与自我批评的过程中,表扬先进,匡正时弊,扶正祛邪;为积极反映丰富多彩的现实生活而不断开拓新路子,扩大报道面。本报新增设了许多栏目,将与法制建设密切相关的经济改革、体制改革、社会道德风貌、青年与人生等内容都收在我们报道的“取景框”内。我们还将改进新闻写作和版面编辑艺术,加强报纸的指导性,维护新闻的真实性,提高时效性和可读性,竭尽全力地为读者服务。

四项基本原则是我们的灵魂;

广大读者是我们赖以生存的土壤和深厚源泉;

为读者服务,把法律送到千千万万渴望着它的人们的心田,是我们的奋斗目标;

适应形势,不断改革,办出一张内容丰富,形式活泼,视野宽广,图文并茂,和广大人民群众心贴心的富有社会主义特色的报纸,是我们的努力方向。

这便是我们在改刊伊始所要告白于读者并期望获得广大读者关心和帮助的。

(1984.1.2)

点　评

这篇《致读者》是本报展现改革决心的一次宣示。短短3年多时间,从每周一期改为每周三期,是本报广受欢迎的证明,展现了法治报人敢于担负历史使命的勇气——把法律送进千千万万渴望者的心田,映射了中国民主法治建设的真实跨越。

一位高考落榜姑娘给编辑部来信,表达自学法律的决心,让我们的心灵受到深深的震动。为什么?我们不禁反躬自问,如何才能服务好广大读者的学法用法需求?改革!办出一张内容丰富,和广大人民群众心贴心的富有社会主义民主法治特色的报纸,成了我们的目标。直至今日,我们矢志不渝,永远在路上。

“女疯子”告状记

发生在江津磷肥厂的一场迫害与反迫害的斗争

邱文仲　杨　玲　徐士琏

四川省江津磷肥厂党委书记汪健、副厂长黄进义等人，就因为医务所的司药员吴宜美抵制乱拿药品，敢于同不正之风作斗争，竟对她施以残酷的迫害达数年之久。对这种严重违法犯罪分子必须依法严惩！当地某些干部包括某些领导干部，对遭到如此严重摧残的吴宜美同志无动于衷，却千方百计地为那些违法犯罪分子辩解，开脱他们的罪责，说什么是“工作方法简单”，等等。见错不纠，助纣为虐，这也是党纪国法所不容的。对这件严重违法犯罪案件必须严肃处理！

在四川江津磷肥厂的露天料场上，有一位看管煤堆的妇女。她刚刚40岁出头，却已鬓发稀疏，满额皱纹，面庞黑瘦，双目失神，手拄一根竹棍……

她，曾被厂领导咒骂为“女疯子”。可是，就是这位“疯子”，依然忠于职守，日夜值班。只要她在，谁也休想偷走一块煤炭。有时，她还偷偷翻阅着医药书刊。

此人是谁？她真是“疯子”吗？

（一）

她叫吴宜美，江苏灌云县人，初中毕业后，考进重庆医专，后入江西上饶卫校。1965年被分配到江津磷肥厂，次年春任厂医务所司药员。那时的吴宜美，眉目俊秀，脸蛋白胖，年轻健美，奋发向上，“文化大革命”开始后，别人闹停产，打派仗，搞武斗，吴宜美一不离开岗位，二不参加派别，三不探亲回家，整天忙在药房。

谁料，一场大祸降临在她的头上。

那是1972年2月20日晚9时许。当时的厂革委会副主任、派头头黄德宽闯进医务所，索要大批药品。吴宜美说：“你拿这么多药，为搞武斗吗？不给！”黄德宽破口大骂，并威胁说：“不给药，老子不让你干了，把药房钥匙交出来！”吴拒不交出，黄操起大药瓶砸她，又拿铁棍打她，用下流语言辱骂她。后来，又上来4个人将她摔倒，说她是“疯子”，医师徐培庆给她注射了一针医治精神病的氯丙秦，黄德宽等人还派武斗队的打手、绰号“张乌棒”的张思超到医院监视她，逼迫她吃精神病药，不吃便打！吴宜美身心遭受严重摧残，体质瘦弱不堪，染上了极重的糖尿病。然而，残酷的精神屈辱，难忍的肉体折磨，强烈的药物刺激，丝毫没有动摇吴宜美的信念！每次被关押她都大声呼喊：“我不是疯子，是受领导打击诬陷的被害者！”每次被放出来，她都奔走上告，要求惩办打人凶手，要求回医务所工作。

（二）

她果然盼到了这一天！新调来的厂党委书记王培忠主持批判了黄德宽。厂党委于1977年1月4日宣布：吴宜美不是疯子，她读过医专，司药职称，继续回医务室工作。含冤受辱、坚持斗争了整整5年才重新获取的工作权利，吴宜美怎能不珍视呵！她不顾体弱，不计时间，日夜埋头工作。厂的机关支部书记曾在会上表扬吴宜美积极热情、坚持原则的工作精神，她也向组织上倾吐了争取入党的愿望。

可是仅隔数月，吴宜美又陷入了愁苦。她透过小小的窗口，发现这儿“歪风”极盛，简直成了“大家拿”的地方。医师徐培庆等人利用处方权，将大量贵重好药送人情，拉关系。

有人拿药到市场换副食品。更有甚者，上级机关的某些干部乘来厂之机也猛捞药品。地区某局的领导竟拿着买药发票到厂里报销……吴宜美实在憋不住了，质问：“按规定每次只开三天的药，你开这么多，为啥？”徐培庆说：“你没权过问！”吴批驳道：“国家的财产，职工的福利，就是不许滥抓乱拿，这是我的职责！”

顶了一个徐培庆，不算啥。问题就出在：这位出生于苏北老根据地、长期受革命家庭影响的吴宜美，她那颗心太耿直，她那张嘴太厉害，她那个大嗓门太爱嚷嚷，不管谁有短处都敢当面揭。这样，确实惹恼了上上下下企图维护“大家拿”混乱局面的既得利益者。有人说她“多嘴多舌，见短就说”；有人嫌她“死盯药房，碍人手眼”；更有人咬牙切齿地咒骂：“这疯婆子，是个祸害！”这时王培忠被无端贬为副书记，新上任的党委书记汪健和那些既得利益者串通一气，特别是他早就对吴宜美向组织反映他的老婆有贪污行为而怀恨在心。一场对吴宜美新的迫害正在酝酿中。而蒙在鼓里的吴宜美，还在抵制滥拿药品。可是，医生开处方，司药必照付，这是规定。无奈，她严格卡一条：要药必开处方，取药必交5分钱挂号费。

5分钱。5分钱，恰在这上面她再次遭难！1978年2月28日下午，一个取药者因挂号费问题同吴发生了争执。这时，保卫科一名办事员竟然指责吴宜美，骂道：“疯婆子，你谁都不怕，老子今天教训教训你！”接着又拉又甩巴掌，吴宜美脸上顿时留下青紫的指印，身子一晃，扑通倒地。

她惨遭殴打，激愤难忍，再三要求厂党委书记汪健秉公处理。可是汪却蓄意乘机报复，指使人查吴的档案，从中寻找她“不算医药专业人员”的证据。根据编造的材料，污蔑吴宜美“贪污三角五分挂号费和一条肥皂”，捏造“她有精神病，经常拿错药”（经反复核查：吴先后司药8年，只拿错2次药）。

2个月后，即4月29日，汪健在党委会上宣布：“她经常拿错药，怎么行呀，我们要对全厂职工的健康负责嘛！”“她老吵架，怎么行呀，医务所要求安定团结嘛！”于是，吴宜美被勒令离开她所学专业，到料场看煤堆。

(三)

她怎么也想不通:“有人文化极低、毫无医药知识,可以靠‘关系’在医务所混事,发生了严重的医疗事故,没有人去认真追查,为啥容不得我吴宜美?”她愤然再找汪健:“摆出调我的理由,就去看煤,讲不出,不去!”汪蛮不讲理地说:“去也得去,不去也得去,不去扣你工资!”

真是天理不公,人心难平!从此,吴宜美一次次到永川地区有关部门申诉冤屈。不幸的是,某些人对不正之风并不那么深恶痛绝,而对不正之风的揭发者却是那么厌恶,那么忌恨!地区接待过她的那些人抓住吴宜美说话不讲方式、有时过于粗鲁等缺点,采取“撇开事实,光打态度”的办法对付吴宜美。一见她来,就说“干扰办公”;一听她气急之下嚷嚷几句过头话,就说“攻击谩骂”,一看她“伸不了冤不走”,就责令保卫部门采取强硬措施!结果,有理上告变成了“无理取闹”,助长了邪恶,激化了矛盾。

果真!由于吴宜美屡屡上告,屡屡被抓回,汪健等人气焰更嚣张了,对她进一步迫害。不发她工作服,不给她年终奖金,住院治疗糖尿病让她自付费用。为这些,她再上告,得到的竟是一次次毒打!1979年2月19日上午,吴宜美碰上了地区工业局的黄进义(此人1980年10月被重任磷肥厂副厂长),怒冲冲责问他:“我到地区上访,你为啥要把我弄到保卫科去?”黄边骂“打死你这祸害”,边猛击一拳,打得吴宜美眼鼻青肿,嘴角淌血,摔倒在地,又将吴扯到派出所狂叫:“把这个疯子给我押起来!”女民警钟复坤愤怒地谴责黄进义:“你当干部的把群众打成这样,还让我们抓她,哪有这样的法律?”

黄进义带头打了吴宜美。党委书记汪健也打她,劳资科副科长(造反派头头)袁焕谦也打她,地区一个干部也打过她。吴宜美究竟挨了多少打,难以计数了。对于汪、黄等人的暴行,广大职工早已义愤填膺,他们说:“人家远离亲人来到四川工作,都是咱们的阶级姐妹,对人怎能这样心毒手狠!”一些女职工质问汪、黄等人:“难道我们妇女翻身就这么个翻法吗?”来厂办事的山东某农资公司经理亲眼看见黄进义毒打吴宜美,愤愤不平地说:“那么狠心毒打职工,单凭这条,他不配当厂长!”

毒打,吓不倒吴宜美,倒使她更坚定了,她向汪健、黄进义等人宣告:“我一不屈服,二不自杀,三不求亲靠友,找‘大蓬杆’(保护伞)我只信一条——依靠党,依靠政法机关,打不死还上告,打瘫了爬着去告!”

(四)

《党章》明确规定:“党必须在宪法和法律的范围内活动。”汪、黄等人竟然无视党章,无视国法,一意孤行。吴宜美越是上告,他们对她的迫害更加升级。

1980年1月24日，地区某副局长来厂，吴宜美找上门去。在场的车间主任李泽明喝令吴："给我出去！"吴顶撞说："我找副局长，你神气什么？"这个车间主任把吴推到墙根，又抓起她摔在丈把远的露天硬地上。可怜吴宜美，数九寒天，土湿地冷，晕倒在那里达4个小时！当人们抬起奄奄一息的吴宜美时，发现地上一摊溺水，衣裤湿透！跟吴同住一起的老女工藤贵华，目不忍睹，老泪纵横地控诉道："这不是把人往死里整吗？"汪健却说什么："没人打她，装的。"

第二天，吴宜美清醒过来，听说副局长还在小招待所，在四五十米沟沟坎坎的坡道上，她站不起就爬，爬不动就滚，拼死要见那位副局长大人！结果，这位副局长返回地区两天后，地委某副部长就指示汪健：吴宜美到底是否神经病？应检查。有神经病应治；如不是，应劳教。

果然，1月26日再次强行将吴关押。徐培庆提出："给她过电！这是我们汪书记讲的。"就这样，吴宜美遭受了电针强刺激。她不禁惨叫："我不是精神病呀，我是受迫害的呀，救命啊！"医生问吴几个问题，她头脑清醒，对答如流。吴宜美整整被折磨了4个月，身体受到了严重的摧残。许多职工目睹这般惨景，暗暗流下同情的热泪！

吴宜美一回到厂，就找汪健斥问："你们是人，我也是人，为啥这样对我下毒手？"汪健不仅没有半点悔意，反而模仿吴过电时的惨状嬉笑取乐她。（当记者质问汪健"明知她没有精神病还硬送精神病院过电，这属于什么问题"时，汪竟轻松地说："过电是一种医疗手段，电压不高嘛，这算啥？"）徐培庆凶狠地叫嚣："这个刑法最好，用在你身上最合适！"不屈的吴宜美愤慨地指责这些暴徒："你们是法西斯！你们搞渣滓洞的刑法！你们不是人，是畜牲！"

（五）

吴宜美还是继续坚持上告，她告诫自己："越往死里整，偏不死，要活下去，告下去！"她每天自作按摩，早起跑步，坚持锻炼身体。体质略有恢复后，她又去找汪健。在争吵中，吴宜美把汪的茶杯摔破了。

汪健立即布置保卫科整理报送吴宜美劳教的材料。质朴的副科长郑家修认为："办事总要分清两类不同性质的矛盾嘛！"拒不服从。汪便亲自动笔给吴拼凑了"无理取闹"、"谩骂领导"、"扰乱办公秩序"、"毁坏公私财物（指茶杯）"等四条"罪状"，于1980年7月19日正式报送江津县公安局。

县公安局的同志曾听说磷肥厂领导对吴宜美不公平，将材料退回该厂，不予核准。汪健还不死心，千方百计要将吴宜美送去劳教，不断地上公安局纠缠，并用两吨生产用煤去换取了一张证明吴是精神病患者的证明。就是这样，县公安局还是坚持按党的政策和国家法律办事，拒不批准。

这时候，吴宜美在外地工作的丈夫来到江津，真相未明就提出与吴离婚。汪健、黄进义又乘机给县法院写材料，攻击吴"天天吵闹"、"蛮横无理"、"扰乱秩序"，等等。受理此案的审判员亲自到磷肥厂听取意见。正义的人们总是感情交融的。在座谈会上,大家热情赞扬“吴宜美大公无私,厂长滥拿药也敢揭发”。“她眼里夹不得沙,歪风邪气看不惯,敢顶!”“她很坚强,作为一个女同志,受了难以忍受的委屈,她能坚持下来,令人钦佩!”审判员明确表示:没有精神病硬送关押,吴宜美应去控告汪健、黄进义!并且事后严厉警告汪、黄:你们硬把吴宜美当精神病整,是侵犯人权的犯罪行为!在这种情况下,吴宜美才被解除了关押。

(六)

吴宜美的丈夫无情义还是同她离了。她想把正在苏北的母亲、儿子接来,以解受辱之愁、孤寂之苦。但她万没想到,汪、黄等人还在继续暗算她那个家!

吴宜美住的那间16平方米住房,离厂办公室和小招待所太近了,头头们的行迹都在她视线范围之内。汪、黄决计乘调整住房之机,把她赶到坡上那间只有6平方米的阴暗潮湿小屋去。

1981年3月4日上午,副厂长黄进义派人通知吴宜美搬家,吴申辩道:“我和儿子俩人的户口在厂,母亲和儿子马上要来,6平方米咋住?我不同意搬。”黄竟然说:“她都够劳动教养了,对她不能客气,必须采取强硬措施!”

第二天下午,黄强令吴宜美打开房门。吴据理力争:“要抄家吗?拿公安机关的搜查证来!就是有证,也得我签字才行!”黄进义命令张时正(“文化大革命”中出名的“武斗司令”,因奸污妇女诈骗被劳教),砸烂房门,袁焕谦等人冲入室内,将吴的所有衣物“扫地出门”,摔到院里。吴宜美上前阻止,黄进义将她按倒,用穿着大皮鞋的脚狠踢她的下身,踢得吴宜美遍体鳞伤,下身流血。接着他又污蔑吴宜美家中的东西都是“盗窃的公物”。

就这样,吴宜美的一些财物被毁坏、丢失、拍卖、充公了。许多职工目睹这般惨景,愤愤骂道:“什么搬家?就是抄家!这哪像共产党的干部!”当场揭露黄进义等人的暴行!

第二天(3月6日),汪健把保卫科干部、共产党员苟兴光叫到自己的办公室。

汪:“你对昨天帮助吴宜美搬家咋看?”

苟:“人家不同意搬,就撬门入室,而且摔烂人家的东西,客观地说,是抄家的局面!”

汪:“你跟我们的看法不一致,很成问题呀!中央强调要在政治上同中央保持一致,到咱们厂,就要跟党委保持一致嘛!”

苟:“你只是党委的一员。同你看法不一致,应该允许保留。”

汪:“你们保卫干部要加强法制观念嘛,要做到‘两保’嘛,保卫国家财产,保护私人财物嘛!吴宜美偷了医务所的酒精、药品和厂里的东西。你们不管,失职了嘛!”

苟:“医务所没报案,说吴偷酒精,没根据。说吴偷药,可是吴是1978年调离医务所的,而药是1979年出厂,不存在偷。"

汪:"让吴宜美交代物品的来历。别人送的说出人头,自己买的拿出发票。否则就是偷的。她那新提壶怎么来的?"

苟:"汪书记,你家买把水壶也要开发票、保存下来吗?"

汪健、黄进义真把吴宜美逼得无家可归了!她满怀悲愤,擦干泪水,拖着斑斑伤痕的躯体又向煤场走去——这位可敬的劳动妇女,能忍家破之苦,不忘自己的责任!夜晚,她宿野外,卧煤堆,蹲候车室……

(七)

后来,糖尿病加重,腿脚溃肿,实在支撑不住只得到旅馆求宿。旅馆的服务员听到她的不幸遭遇,深切地同情她,像亲姐妹一样迎进了她。交钱让住,没钱照宿,铺位再紧,先为她留,热心服侍她。她饿了,派出所的食堂随时接待她。女民警钟复坤月月替她保管工资。一些姐妹鼓励她:"吴宜美,养好身体,告他们去!"在这里,吴宜美感受到真挚的同志爱、阶级情,顿时激起了斗争勇气!就在旅馆的日日夜夜,她冒着三伏酷暑,拖着病弱身子,写下了一万多字的控告信,再次寄送县、地、省人民检察院。

心肠狠毒的汪、黄,非但不过问吴宜美沦落厂外的惨状,黄进义还跑到旅馆吼叫:"厂里没给她开证明,你们凭啥留她住宿?"马文庄等服务员当即予以痛斥:"我们了解她,她不是坏人,不是反革命,人家无家可归自费住店,你们又来追查,还要把她整成啥样?"

直到1982年5月21日,由于有关领导再三批示,地区调查组多次催促,汪健、黄进义才被迫给吴找了一间住房。至此,吴宜美整整在外流浪了440天!

从汪健、黄进义的上述一系列暴行,我们可以看到干部队伍中目无国法、践踏国法的两个典型的丑恶形象。黄进义凶狠暴戾,无法无天,一副冒险家的嘴脸。用他自己的话说"什么叫法,没学过,也不懂,我只知道该整就整,别人不敢整,我敢!"这时,他混进党内刚刚两年、爬上副厂长职位不过几个月,就图谋摘掉那个"副"字。手段——凭借职权,整治群众,谁敢不服,杀气腾腾!汪健则阴险伪诈,手腕毒辣,对人满嘴是"法",为己玩弄党纪国法。他想整谁就挟持党委作"决议",他的私念都要冠以"党委的看法"。就在他害得吴宜美九死一生之时,竟还在恬不知耻地谈什么"同中央保持一致"、"加强法制观念",真是个地地道道的资产阶级政客!

(八)

1981年3月16日,吴宜美到江津县人民检察院控告了汪健、黄进义。检察员刘永禄接案后,依照法律程序即到磷肥厂侦查。汪健、黄进义等人已知案情难以遮掩,开始威胁说：“你们是县团级单位，我们也是县团级单位，你们管不着。”刘永禄不理这一套，继续依靠群众，深入调查。这时，汪、黄两人气急败坏地向上诬告刘永禄“踢开党委，搞私下调查”，是什么“资产阶级司法独立的魔影再现”，“从阴沟里射来的毒箭”，等等。这位入党多年、从事政法工作30多年的老检察员刘永禄说：“汪、黄如此无法无天，吴宜美如此横遭沉冤，如果不挺身而出、秉公查办，还配当什么共产党员、人民检察员！”

同年5月5日，江津县检察院检察委员会听取了刘永禄的汇报，一致确认：“汪健、黄进义违法乱纪，打击报复，抄家迫害，情节、后果十分严重，已经触犯刑律，应予追究。”并正式呈报到原永川地区检察院。

原永川地区（现合并重庆市）纪委、检察院、经委、化工局联合调查组的同志们从1980年5月到1983年12月间，三下磷肥厂调查，硬是不进汪、黄安排的“小招待所”。坚决依靠群众，坚持求实精神，同汪、黄等人展开了面对面的斗争。经过反复核查，一致认定汪健、黄进义等人打击迫害吴宜美的犯罪行为，建议给予党纪国法的制裁。

写到这里，我们欣慰地告诉各位读者，几位中央领导同志得知这一案情，立即作了批示，责问对这一触目惊心案件的处理为什么阻力如此大？并责成有关部门限期了结此案。中纪委有关领导和人员一直十分重视此案，打电话、派人多次去催办，作了大量的工作。现在，四川省、重庆市纪委分别提出，按党纪严肃处理汪健、黄进义，建议检察机关追查汪、黄的刑事责任，对涉及此案的原永川地区有关领导干部和直接迫害吴宜美的其他人，也要分别予以查处。

尽管沉冤多年，阻力重重，而今伸张正义，指日可待。实现党风和社会风气的根本好转，大大有望，前景光明！

（1984.2.6）

点　评

这篇文章读起来很压抑，难以想象会发生这样骇人听闻的事；这篇文章读起来很感慨，一位受尽迫害的弱女子，对党、对法治有着那么坚定的信仰；这篇文章读起来很欣慰，沉冤得到昭雪，正义得到了伸张。

“表扬先进，匡正时弊，扶正祛邪”是当时本报的办报方针之一，这篇锋锐无比的舆论监督报道，是“铁肩担道义，妙手著文章”的真实写照。

近百万盆鲜花无一丢失

孙保国

今年国庆期间,北京大街上摆了近100万盆鲜花,全城万紫千红,处处花团锦簇。它们之中,既有串红、一品红等普通观赏花卉,又有鹤望兰、五针松、香石竹、宝贵竹等名贵品种。市园林局的同志欣喜地告诉笔者,到目前为止,没有一盆丢失,甚至没有一盆受到损坏。

(1984.10.19)

点　评　此文在当时的国庆报道中独树一帜,广受好评。角度新颖,短小精悍,主题寓意深刻,新闻敏感性强。

政法的手进入了教育王国

沙市中学法制教育访问记之一

关志豪　张宗厚　韩燕荣

被称为“江汉明珠”的湖北省沙市,姿容秀丽。它的工业起飞和斑斓绚丽的轻纺产品,使我们感奋和激动,然而最使我们激动的是沙市人以他们高瞻远瞩的眼光和勇于开拓进取的气魄所刻意营建的法制工程——通过广泛深入细致的中学法制教育,筑起一条预防犯罪、实现综合治理和社会长治久安的大坝,同时培养一代知法、守法、护法的公民,为建设高度民主和高度文明铺路奠基。

从“互相埋怨”到“情投意合”

地处长江中游的沙市,既是一座历史古城,又是一个年轻的轻纺工业城市。在全市24万人口中,中小学生占1/6。1981年以前的一段时期,由于种种原因,社会治安秩序很不稳定。特别是青少年犯罪多,学校秩序混乱,成了当时社会严重关注的一个问题。用沙市人的话说,那时的状况是“白天上课秩序乱,晚上自习不敢上。电话铃声不间断,告发学生犯了案”。

责任在谁?每当学生作了案,政法部门埋怨学校没有把学生教育好。学校又埋怨政法部门没有把社会治安搞好,影响了学生。渐渐地,两方面都认识到,青少年违法犯罪不是一个孤立的问题。学校是社会的窗口,学生是青少年的主要组成部分,学生遵纪守法是测量预防青少年犯罪工作效果的温度计。从长远来看,抓好学生的法制教育,对奠定一代人的道德法制基础,对增强整个社会的法律意识,有着深远的战略意义。因此,对中学生进行法制教育,不仅是教育部门分内的事,也是政法部门分内的事。有了这个共同的认识作为出发点,他们便找到了工作的结合部。1981年,沙市教育部门在司法部门密切配合下,根据教育部下达的在初中开设“法律常识”课的指示,在全市初中普遍开展了法制教育。

“政法的手为什么要伸进教育王国?”这个疑问,通过实践得到了回答。有了司法部门的帮助,培训师资,选用教材,改进教学等难题迎刃而解了。司法部门也感到找到了法制教育的新天地。在座谈会上,沙市教育局副局长翁昌全高兴地说:“现在我们是互相渗透,水乳交融。”司法局副局长陈志才对教育科长喻育安风趣地说:“我们是情投意合。”

从“站岗放哨”到“科学研究”

沙市的同志们把他们对中学法制教育的认识过程归结为“由站岗到科学”。他们说，过去当老师碰上学生出问题，就变成了跟踪追击的侦查员；政法部门的同志也只是在寒暑假到学校来讲讲治安问题。就那样，处理了这件事又冒出那件事，真是“按住葫芦浮出瓢”。现在，他们的认识在实践中飞跃了。沙市教育局分管中学政治课教学的干部吴楚说：“长治久安，根本在长治；长治又取决于法治。过去学校单用行政手段惩戒犯错误的学生，收效有限。帮助学生树立遵纪守法的观念，才是治本之策。”司法局教育科长喻育安探索运用“个性配置”和“个性配置改组”理论为对青少年进行法制教育这项“灵魂工程”服务。他说：如果我们掌握了个性配置改组的规律，就可以按照学生的心理、生理特点有针对性地进行法制教育，使青少年按照党和人民需要的有利于社会发展的个性类型成长。这样，“灵魂工程师”就不仅是一种尊称而将成为一种实在的专业工作者的职称。

在沙市，探讨中学法制教育的规律，已经成为教育部门和司法部门同志们的共同志趣。他们都认为，初中二年级是进行法律常识教育的“最佳年龄区”。四中的模范教师李天珍说：“法律常识”课最好在初二开设。初一是学生适应环境，打基础的时期；初三面临升高中或就业，头绪多。初二时期的学生一方面学习情绪比较稳定；另一方面又处于半成熟时期，思想容易分化，可塑性最强。九中教师黄世清说：这个时期的学生不懂法而又渴望知法，学校里订的几份法制报刊被他们反复阅读，都翻破了。这正是我们因势利导的好时机。

沙市的司法、教育两家正酝酿首创中学法制教育的专门研究机构。

注入“疫苗”与“效应层”效应

“知行结合，重在行为教育”，是沙市开展中学法制教育的一个成功经验。用沙市人的话说：针对情况，联系实际，课内外结合，校内外结合，以案讲法，使学生们懂得了什么是违法，什么是犯罪，什么可以做，什么不能做，等于在思想上注入“法”的“疫苗”，打了预防针，增强了学生对个人行为的自我控制能力，堵塞了社会违法犯罪的诱发渠道。能说明这个问题的例子是很多的。沙市十二中初中二年级有一个学生，因结伙打架受到老师批评怀恨在心，背地里和几个同学商量要报复老师。在这些人中，有一个通过“法律常识”课学习转变较早的学生不同意这样干，要向老师揭发。同伙威胁他，他说：“我不怕，你们这样做是犯法的。”于是，他大胆地检举揭发了同伙的坏行为。老师就此循循善诱，终于使一些顽劣学生认识和改正了错误。后来，这些学生有的考上了高中，有的走上了社会，他们满怀感激的心情常常回校看望这位给他们注入了“法”的疫苗的难忘的老师。

沙市司法战线和教育战线的同志们绝不把中学法制教育仅仅看成是给学生上几堂法律常识课，而是把它看作实现社会秩序长治久安和综合治理的重要措施。因此，他们十分注意实际效果。考察这个效果，他们有一个“效应层”理论，即把 16 岁至 18 岁这层年龄的人作为中学法制教育效果考察的“效应层”。从 1981 年开展中学法制教育以来，最早接受教育的学生现在已经十六七岁了，有的正上高中，有的参加工作走上了社会。他们的实际表现如何呢？统计资料表明，1981 年至 1983 年效应层作案人数占效应层总人数的比例顺序为 0.62%、0.42%、0.4%。直接接受法制教育的学生中，违法犯罪的比例在持续地稳定地下降。这个事实是有说服力的，它足以表明，加强中学法制教育是造就知法、守法新一代的战略大计。　(1984.12.12)

点　评　青少年是祖国的希望和未来，如何让他们在法治的阳光下健康成长，一直以来都是法治宣传教育工作的重点。重点也是难点，沙市的政法机关和教育部门联手，在中学开设法制课，让法律意识在同学们心中生根、发芽、开花、结果，从小就在思想上为青少年学生注入“法”的“疫苗”。35 年前沙市的做法即使在现在仍具有很强的生命力，值得提倡。

伟大的社会工程

祝贺全国法制宣传教育工作会议召开

社　论

由中央宣传部和司法部共同召开的全国法制宣传教育工作会议昨天已经开幕。这是一次意义重大的会议。会议的主要议题是讨论在我国全体公民中基本普及法律常识的问题。这是一项宏大的“社会工程”，对于加强我国的社会主义法制建设，争取社会治安根本好转，实现国家长治久安，促进社会主义精神文明建设，促进经济体制改革和社会主义经济建设的发展，建设高度文明、高度民主的现代化的社会主义强国，具有重大的现实意义和深远的历史影响。

在现代科学中，有自然工程和社会工程的概念。凡人类在与自然作斗争中兴建的工程，属于前者；而与社会上的落后、愚昧、邪恶、犯罪作斗争的重大建设，称为社会工程。由于我国经历了长期的封建专制主义统治，缺乏法制观念和习惯；由于我们的相当多数的干部在长期革命战争中对旧中国压迫人民的反动法律怀有憎恶心理，这种心理在革命胜利后可能引起对革命法制的轻视；由于中华人民共和国成立以后党内又长期存在着轻视法律、忽视法制的“左”的思想影响，特别是经历了十年内乱时期无法无天的无政府主义的严重泛滥，致使干部和群众法制观念薄弱的问题至今没有得到根本解决。在经济生活中，因为很多同志对于用法律手段管理经济很陌生，使法律作为上层建筑服务于经济基础的作用，还没有充分发挥出来。在社会治安中，有相当一部分人因不能以法律约束自己的行为，违法不知法、犯罪不知罪，而走上犯罪道路。有一些公民，不知道他有哪些民主权利和应该履行哪些义务。有少数国家工作人员，缺乏必要的法律知识，侵犯公民的合法权益，甚至习惯于以言代法，以权代法，妨碍发展社会主义民主和保障人民民主权利。所有这些，都深刻地表明，法制观念淡薄是一个需要高度重视的问题。因此，在我们努力实现依法治国的过程中，有计划地在全体公民中普及法律常识，显得格外必要和紧迫。

这次会议要求从1985年起，用5年左右的时间（到1990年前后）有计划地、比较系统地向全体公民基本普及宪法、刑法、刑事诉讼法、民事诉讼法（试行）、婚姻法、继承法、经济合同法、兵役法、森林法、专利法、各种税法、治安管理处罚条例以及与群众生活有密切关系的其他法律常识，如交通规则、消防条例、环境保护法等法律常识，这将增强广大干部和人民群众的法制观念，使大家养成依法办事的习惯，将使我国的社会主义法制建设，建立在一个坚实的基础之上。

普及法律常识的对象，第一个重点是干部，特别是各级领导干部。他们的法律知识水平高低，能不能依法办事，对于正确贯彻党和国家的路线、方针、政策，保证我国经济体制改革的顺利进行具有关键性的作用。只有干部，特别是领导干部知法、守法、严格依法办事了，才能带动广大群众学法、守法、用法。第二个重点是青少年。加强对青少年的法制教育，不仅仅是为了预防和减少犯罪，它关系一代新人的健康成长，关系国家的长治久安，意义十分重大。

向全体公民普及法律常识，也是社会主义精神文明建设和社会主义民主建设的重要内容。全党、全军、全国各族人民都要认识这个工程的巨大意义，积极投入它的“营建”工作。只要我们真正认识了在全体公民中基本普及法律常识的意义和价值，各方齐心协力，扎扎实实地坚持不懈地工作，就一定能实现我们预期的目的。

（1985.6.10）

点 评

中央宣传部、司法部共同召开的全国法制宣传教育工作会议，提出“在全体公民中基本普及法律常识”。普法作为一项宏大的社会工程，由此拉开了序幕。社论充分阐述了普法工作的必要性和紧迫性，明确了普法工作的重点内容和对象。这一工程在我国社会主义法治建设中具有深远的历史意义。

“仿佛桃源人住处”

威海市社会治安综合治理纪实

黄敬周

山东省威海市,1977 年起连续 8 年没有出现死刑;1982 年起连续 3 年没有发生凶杀案;1973 年以来,连续 12 年没有因为民事纠纷调处不及时或者民事案件审判不当而酿成刑事案件。这些奇迹传遍泰山南北,誉满齐鲁大地。

盛夏时节,记者来到这座位于胶东半岛东北端的海滨城市。

这块虾鲜鱼肥水果飘香的宝地,总面积 408 平方公里,人口 22 万。登上威海卫西城墙上的环翠楼眺望,三面翠山好似碧玉雕成的屏风怀抱全城,三面碧海岬湾交错环绕着秀丽的群山。古诗赞云:“一湾水环山四周,仿佛桃源人住处。”在中国共产党人治理下,威海人民真正过上了“桃源”般的安定日子。

中华人民共和国成立 36 年来,威海市工业产值每年以 16% 的速度递增。按城市人口计算,平均每人创造的年产值近万元,成为全国仅次于江苏省常州市的佼佼者。这里一直没有待业青年。在农村 70% 以上的劳力从事工副业生产,增加了农村经济收入,改善了农民生活。

随着城乡经济的繁荣,文教卫生和社会福利事业也兴旺发达起来。这里小学入学率为 98.3% ,初中入学率达 95% 。全市孤寡老人都进了敬老院,适龄儿童都进了幼儿园,有劳动能力的残疾人全部就了业。

威海市的繁荣与社会治安有着什么关系?市委负责同志深有感触地说:没有一个良好的社会治安秩序,经济腾飞无从谈起,社会生活也难于正常进行。威海市经济繁荣之花,是全市人民用社会治安综合治理的汗水浇开的。

记者在威海采访的一个多月里,通过与城乡干部广泛交谈和实地考察,深深感受到,党的十一届三中全会以来,威海市适应国家政治经济生活的重大变革,不断清除“左”的影响,以改革精神加强社会治安综合治理,首要的特点在于他们有一个明确的指导思想。综合治理要在治本上下功夫,本是什么?威海市干部群众异口同声地说:“打防教改”四个环节,环环围着人转。落实综合治理靠党委统一领导、部门齐抓共管和动员全社会力量三个层次,层层都是人的工作。人的工作是综合治理之本,治本就是在教育人、改造人、造就人上下功夫。在这个指导思想下,威海市综合治理的各项措施,都紧紧地围绕着做人的工作展开。他们以人的管理为重点,在改革治安行政管理上下功夫,基本实现了“活而不乱、密而不死”的要求;他们做好调解疏导工作,使大量有可能酿成恶性刑事案件的人民内部矛盾化干戈为玉帛;他们把“有理想、有道德、有文化、有纪律”作为青少年教育的灵魂抓住不放,使一代新人茁壮成长;他们为失足青少年铺平悔过自新的路,使大批“浪子”走上了“新岸”;他们狠抓了刑释解教人员安置教育工作,有效地防止了“二进宫”恶性循环。

威海市综合治理的第二个特点,是基层组织坚强,基础工作扎实。他们在加强基层党组织和政权组织建设的同时,狠抓基层政法组织和群众自治组织建设。1980年以来,全市增设了23个政法基层单位,选调、录用了150名年轻有文化的干部。招聘了50名合同民警,充实了政法基层组织。遍布城乡的512个治保会和298个调委会,全部实行了责任制,充分调动了治保、调解人员的积极性。最近3年,全市基层治保会侦破、处理治安案件320起,协助公安机关抓获违法犯罪分子232人。民事纠纷1983年比1982年下降了9.5%,1984年又比1983年下降了12.5%。

把综合治理纳入精神文明建设总体规划中,坚持社会风气与社会治安同步好转,是威海市社会治安综合治理的又一个特点。在市委统一领导下,宣传、政法、文教卫生、民政以及工青妇各部门各组织相互配合,从“社会细胞”抓起,从文化阵地抓起,从环境面貌抓起,从服务质量抓起,把理想教育、法纪教育、职业道德教育和文明礼貌教育贯穿于生产和生活的各个方面,深入开展文明单位和评选“五好家庭”活动。近几年来,全市每年评出的文明单位和“五好家庭”分别占全市单位和总户数的1/3,提高了社会道德水准,减少了犯罪现象。

威海市综合治理的再一个特点,是市委和各级党委把社会治安综合治理作为硬任务,坚持与经济建设同部署、同检查。记者来到威海那一天,适遇全市综合治理大检查。市委从各部委办局和街道、乡镇抽调了42名领导干部,分成6个组,以中央政法委员会关于社会治安根本好转的7条标准为尺子,解剖88个典型,摸清了全市综合治理的底子。这样的大检查,威海市每年进行2次,根据检查结果实行分类指导。对存在问题比较多的单位,市委领导登门“打屁股”。“屁股”挨了打,就要想办法赶上去。

威海市社会治安综合治理付出的艰苦努力,换来了刑事案件发案率大幅度下降的好形势。1984年发生刑事犯罪案件21起,占全市总人口的1.04‱。这个著名的旅游疗养胜地,公共场所聚众殴斗事件基本绝迹,环翠楼的苹果无人摘,城南河的葡萄无人偷,连大街小巷的绿树鲜花也见不到折损现象。

良好的社会治安秩序保证了经济建设顺利进行,迅速增长的经济实力又为进一步开展社会治安综合治理工作创造了条件。在这样的良性循环中,威海市这颗镶嵌在胶东半岛东北端的明珠,将越来越光彩照人。

(1985.9.11)

点　评　威海在改革开放之初就把社会治安与经济发展放在同等重要的位置,通过提高认识和落实行动相统一、加强领导和依靠群众相结合、抓紧当前和着眼长远相统一,创造出社会治安综合治理的“威海经验”,经济发展,社会和谐,如古诗所赞:“一湾水环山四周,仿佛桃源人住处。”本报经过深度挖掘报道,“威海经验”犹如从黄海之滨吹来的一股劲风,走向全国。

依法办事与法制宣传

陈建国

最近,笔者和著名法学家林亨元谈及法制宣传时,林老深有感触地说:"执法者能依法办事是很好的、有力的法制宣传。"听罢,颇受启发。

普法工作十分重要,这一点看来没有什么异议。但对于如何搞好法制宣传,看法却不尽相同。目前一些地方搞的演讲会、宣传专栏、法律知识竞赛等,无疑是法制宣传的好形式。然而,对于群众来说,"耳听为虚,眼见为实"。倘若群众蒙受冤屈却投诉无门,倘若执法犯法现象被"私情"庇护而不了了之,那么,法制宣传的作用将被大大削弱,更不能取信于民。

诚然,我们绝大多数政法工作者都能做到依法办事。然而,时至今日,以情徇法的现象在我们政法队伍中仍未绝迹。如果每一个政法工作者都身"正"腰"直",又有良好的宣传形式加以配合,法制宣传势必会收到事半功倍的效果。

孔子说过:"其身正,不令而行;其身不正,虽令不从。"这说明"身教"胜于"言教"。政法工作者都应从我做起,以身作则,言行一致,做依法办事的表率。这乃是法制宣传的很好形式。

(1985.11.11)

点　评｜抓住要害,一言中的,言简意赅,以少胜多。这正是该文的魄力所在。

河南省人大常委会依法行使职权

督促纠正一起严重违宪事件

长葛县委个别人以权代法全盘撤换县法院领导班子

魏　湛　孙海宁

最近,河南省人大常委会督促纠正了长葛县委个别人以权代法,全盘撤换县法院领导班子的严重违反宪法事件。

1985 年 11 月 8 日,河南省长葛县委分管组织和政法工作的副书记,突然找县法院院长郭秀峰及其他两位副院长谈话,说经县委研究决定,法院领导班子需全部调整;并迫不及待地在当晚就要召开法院全体干警大会,后因故未成。第二天,在法院全体干警大会上,这位副书记公开宣布免去郭秀峰等 3 人法院正副院长的职务,同时新任命了 4 名正(代)副院长,并让原领导班子当天就向新领导班子交代工作。此后,县人大常委会一位负责人在县委个别人的授意下找到郭秀峰,让他写辞职书。郭秀峰坚决不写,对方再三要求,并将纸和笔摆在他的面前。郭秀峰气愤之下,写了"由于工作变动,请求辞去我的法院院长职务",写后即感到后悔。在县人大常委会召开的前两天,郭秀峰找到那位负责人,要求收回《辞职书》;对方请示了县委某领导后,拒绝交还。于是,县人大常委会在多数常委对此情况并不了解的情况下,通过了《关于接受郭秀峰辞去县人民法院院长职务请求的决议》。

郭秀峰是在 1984 年 5 月,由长葛县人民代表大会以全票通过选举为县法院院长的。他上任后,根据县委的安排,组成了县法院新的领导班子。这次县委对县法院领导"大换班"的理由是"县法院领导班子弱,班子内部不协调"。但据了解,在郭秀峰担任县法院院长一年多时间里,县法院的工作取得了很大成绩:经济审判工作和民事审判工作 1985 年前 10 个月结案数都超过了 1984 年全年,分别在许昌市(原地区)11 个基层法院中名列第一和第三;刑事审判工作人均结案率也很高,被评为许昌市法院系统先进集体;法院干警素质不断提高,考取全国法律业余大学的人数比例名列许昌市前茅。班子内部两名副院长之间是存在些不协调的现象,郭秀峰还为此做了大量的工作,这一点连县委也都承认。可见以班子弱、不协调作为"大换班"的理由是难以成立的。

长葛县委个别人违反宪法的行为,遭到郭秀峰的坚决抵制。他多次找县委及上级有关部门进行申诉,使意图任命法院新领导班子的县人代会被迫无限期延期举行。

令人痛惜的是,今年 5 月 9 日,正当郭秀峰准备向上级有关部门进一步反映情况时,不幸遇车祸身亡。死时身上还带着 3 份申诉材料。

郭秀峰死后第二天,河南省人大常委会和省高级人民法院立即派员赶到长葛县。当时，长葛县委认为县法院领导“大换班”是“正常的工作调动”，只承认工作有失误，不想纠正这一违宪事件。直到省人大常委会和高级人民法院的同志明确表态，如果县委不主动纠正，将由省里纠正时，县委才不得不于5月13日下午指令县人大常委会作出决定，恢复郭秀峰等3人县法院正副院长的职务。

需要指出的是，郭秀峰生前曾几次投书本报，就在临死前6天，还给本报写过信。在这些信中，郭秀峰对县法院领导“大换班”的真正原因，表述了与县委不同的看法。

（1986.8.16）

点　评　当时，法制尚不健全，这起权大于法的案例很典型。非常可贵的是，人大敢于依法行使职权，纠正了一起严重违宪事件，在当时产生的效果可想而知。在这起“权大”还是“法大”的较量中，法成为胜利者，给领导干部们的启示是，要遵守宪法，依法用权。尊重宪法就是尊重人民，树立法治观念首先要树立宪法观念。

提供信息反馈　提出批评建议

陕西七千封人民来信显示主人翁作用

省委书记白纪年说，群众来信来访帮助我们提高了指导工作水平

陈会礼　周　鹍

随着改革和普法的逐步深入，人民群众的主人翁责任感日益增强，群众来信来访的内容发生了很大变化。陕西省从这个实际出发，充分运用今年已收到的7000多封群众来信中提供的大量信息和批评建议，纠正不正之风，改进政府工作，加强法律的实施，取得了明显效果。

揭露一些党政领导干部以权谋私和公检法部门的违法乱纪现象，是陕西省人民来信所反映的一个重要内容。全省有80%以上的大案要案线索，是由信访这条渠道提供的。今年年初，一些群众写信给省委书记白纪年，反映省司法厅党组书记刘颖违背中央关于党政机关不许经商的规定，非法组织公司做生意，并使用坏人倒卖汽车、钢材，偷漏税款达800万元等问题。省委对这些来信非常重视。经过调查，刘颖的问题完全属实，省委最近已决定刘颖停职检查。

人民群众的来信来访，促使陕西省领导部门及时了解群众的要求，有助于克服官僚主义，改进政府工作。前一时期，群众连续给省领导写信反映西安市的吃菜难问题。省政府立即组织有关部门对蔬菜市场和供应情况进行调查，研究改进的方法，决定取消对菜农的种种限制，并在化肥、粮食和运输等方面予以照顾，调动了菜农的积极性。西安市还组织8000人管理蔬菜市场，打击欺行霸市、哄抬物价的不法分子，维护了市场秩序。今年夏季，西安市的上市蔬菜量大、品种丰富、价格便宜，受到了群众的欢迎。

许多人民来信还对修改制定地方性法规提出建议，是今年陕西省人民来信的又一个重要内容。今年3月，有几位群众写信给省人大常委会，对《陕西省森林保护管理暂行办法》提出了意见，来信说：暂行办法的制定早于国家《森林法》，曾对本省森林资源的保护起到了一定的作用，但现在看来，其中有些条文与《森林法》相抵触，建议修改这个暂行办法。

省委书记白纪年说：对人民来信来访必须认真对待。通过来信来访，可以听到各种批评和建议，发现工作中的问题，从而改进工作，提高我们指导工作的水平。

（1986.10.11）

点 评 群众路线是我们党的生命线和根本工作路线，密切联系群众、依靠群众是我们党的优良作风。当时的陕西省委书记要求“对人民来信来访必须认真对待”，作为听取批评和建议的渠道，通过群众来信，纠正不正之风，改进政府工作，加强法律的实施，很好地诠释了“来自人民、植根人民、服务人民”的为民情怀。

《中国法制报》从明年1月1日起更名为《法制日报》

彭真委员长重新题写报名

本报编辑部

经中共中央政法委员会批准,《中国法制报》将从 1988 年 1 月 1 日起,更名为《法制日报》。中共中央政治局委员、全国人大常委会委员长彭真为本报重新题写了报名。

《中国法制报》1980 年 8 月 1 日创刊。报名为彭真同志题写。1986 年 7 月 1 日改为日报以来,在宣传党的政法工作的方针、政策,报道我国社会主义民主与法制建设的成就,向全体公民普及法律常识,进行法制宣传教育等方面,都取得了新的进展和成绩,受到广大读者和社会各界好评。

《中国法制报》更名为《法制日报》后,将进一步加强社会主义民主与法制建设的报道,加强法律为坚持四项基本原则,坚持改革、开放、搞活的总方针、总政策服务的报道。更名后,报纸将扩大法制宣传的信息量,增强新闻的时效性,注重法律宣传的准确性,以更好地发挥这张报纸作为党和国家在法制方面的喉舌作用和社会效益。

(1987.10.1)

点　评　作为中央政法委员会机关报,为“更好地发挥这张报纸作为党和国家在法制方面的喉舌作用”,中央政法委员会批准《中国法制报》更名为《法制日报》,这是对《法制日报》的高度肯定和充分信任。作为忠实的记录者,《法治日报》的每一个发展进步都是中国民主法治建设向前推进的重要标志。

加强法制与完善社会主义民主政治

马宝善　张宗厚

发展社会主义民主,健全社会主义法制,这是党的十一届三中全会以来所确立的坚定不移的方针。在我国,从党的十二大到十三大,从不断深化的经济体制改革到提上议事日程的政治体制改革,都反映了党和国家在民主和法制建设上的不断努力。我国目前的政治民主建设,既具有社会主义初级阶段的近期目的,又具有向社会主义高度民主迈进的宏伟目标。社会主义民主和社会主义法制是不可分割的。民主是法制的基础,法制是民主的保障。因此,进行政治体制改革必须处理好民主与法制的关系,处理好党的领导与依法办事的关系。社会的这种政治生活关系,迫切要求我们把健全法制作为政治体制改革的一项重要内容,保障和促进社会主义民主政治的健康发展。

民主政治建设是治国安民的重要内容

民主的本质要求就是要表达和实现最大多数人的意志和根本利益。社会主义民主绝不是表达少数人的意志,更不是反映某个阶层或某个集团的利益。因此,在我国实行的政治民主与资本主义的政治民主有着本质的区别。尽管世界各国的制度不同,所实行的民主形式也有别,民主进程也不完全一样,但是从人类社会发展的规律来看,向民主化发展却是一个带有规律性的必然趋势。

我国还处在社会主义的初级阶段,这是一个向高级阶段发展的并逐步向共产主义迈进的起步阶段。因此,实行政治民主既不能离开我国目前社会的具体情况,又不能忽视社会主义的宏伟目标和根本原则。中华人民共和国成立以来,特别是党的十一届三中全会以来,我国的民主建设在党和国家的政治生活民主化、经济管理民主化和社会生活民主化等方面,已取得一定的成就。

我国现阶段政治体制中存在的弊端,主要是民主机制不健全,民主的社会气氛不浓厚,人们的民主习惯和民主观念还远没有形成,因此,人民的意志还得不到充分的表达,也没有形成有效的监督制约国家工作人员的机制系统。建设高度的社会主义民主,就要理顺这些关系,疏通这些渠道,建立、健全相应的机制,使人民通过法定的组织形式,广泛的言论渠道,参政议政,表达自己的意志,真正行使我国《宪法》所赋予的权利:“人民依照法律规定,通过各种途径和形式,管理国家事务,管理经济和文化事业,管理社会事务。”

有效的制约机制是完善社会主义民主的有效措施

现代社会的政治民主观念,是在反对封建专制制度的伟大历史实践中逐步形成的。由于我国的社会主义是由半殖民地半封建社会直接脱胎而来的，封建专制主义意识虽已受到冲击，但还远没有肃清。在现实生活中，封建专制主义意识还不时地顽固地表现出来。加之法制不健全，有效的制约机制尚未完全形成，致使官僚主义在社会的各行各业中还不断地产生和发展着，与家长制、个人崇拜、宗法观念等混杂并存，形成一股摸不着但能看得见又谁都管不住的暗流。同时，以言代法、以权代法的现象相当严重，致使有些同志把领导人说的话当作"法"，不赞成领导人说的话就叫作"违法"，甚至领导人说的话改变了，"法"也就跟着改变。这些现象极大地妨碍着我国社会主义制度优越性的发挥，使我国社会主义现代化建设进程受到干扰。

我国是人民民主专政的社会主义国家，基本政治制度是好的，但因存在一些缺陷，致使上述弊端根治不绝。因此，在政治体制改革中，健全法制和完善制约机制，改革和理顺政法关系，是摆在我们面前的一项重要任务。

健全法制是完善制约机制的重要环节，在这方面，抓紧立法、改善执法和深入普法都是十分必要的。

近几年来，我国在立法、执法和普法工作方面已做了大量工作，并取得明显成就。但是，随着经济体制改革的深入发展和即将展开的政治体制改革，我国社会又进入一个新的历史时期，客观实践给我们提出了新的需求，越来越多的经济关系和经济生活准则需要用法律形式固定下来，政治体制改革的一系列重大原则和各项主要措施，都要用法律形式加以确认。同时，还要继续抓好严格执法和全面的普法宣传工作。从这种意义上来说，改革的过程就是使社会主义民主走向制度化、法律化的过程。例如，我国目前还没有健全、完善的行政组织法规和干部人事法规，政府机构设置、职能划分、人员编制、管理方式和运行程序等尚缺乏完善的法律为依据。干部的选举、任免、考核及职务的任期、离休退休等也需要制定专门的法律加以规定。同时，还需要建立一套有权威的法制监督系统。在建立国家监察部的同时，还要制定有关监督法规，杜绝绝对权力的产生，使人民真正能行使对国家工作人员的批评、监督直至罢免的权利，形成有效的制约机制。法制建设要贯穿于改革的全过程，用法律的形式使党和政府同其他社会组织关系制度化，行政和经济管理制度化，政治生活和社会生活制度化，干部人事管理制度化等。总之，要使我国社会主义民主制度化法律化。

（1987.11.6）

点　评　文章深刻阐释了发展社会主义民主、健全社会主义法制的关系，两者的历史背景、核心要义、发展目标，以及民主法制在民主政治建设中的重要地位作用。论述深入浅出、通俗易懂，论点鲜明、逻辑清晰。

北京市民主建设走上新的里程

副市长候选人亮相表明从政态度

市人大代表表示认真行使权利选出信得过的人

虞能祥

让代表了解候选人,投上最信任的一票。今天,在北京市第九届人大第一次会议上,10名新的北京市副市长的正式候选人与800多名代表见面,向代表们表明自己当选后的从政态度。代表们听了他们的讲话,高兴地说:“这种做法标志着我市民主建设走上新的里程。”

北京市人代会进入选举阶段以来,民主气氛十分活跃。这次副市长的选举,将采取差额选举的形式。大会主席团提出了8名副市长候选人,代表们充分行使自己当家作主的权利,纷纷提出自己心目中的副市长候选人,除主席团提出的8名候选人外,代表们又提出5名候选人。经过无记名投票方式征求代表意见和主席团的确认,在13名副市长候选人当中决出10名正式候选人,其中主席团提名8人,代表10人以上联合提名的2人。

为了让代表们更加了解正式候选人的情况,大会主席团决定让10位副市长候选人直接同代表们见面。从今天上午10点50分开始到下午5点,10名候选人分4次在代表住地向代表们介绍各自的工作情况和中选、落选后的态度。他们的讲话,激起阵阵掌声。团市委副书记、市人大代表姚生说,候选人和代表直接见面这种活动,对于我们代表正确行使民主权利具有很大作用。我们一定珍惜这种权利,选出群众信得过的人当副市长。

(1988.1.29)

点　评　代表选举制度是国家政治制度的重要内容,是民主政治的重要形式,选举是人大代表的一项重要权利。当年北京市让副市长候选人亮相表明从政态度,以便代表更好地了解候选人的情况。这种尝试保障了人大代表的知情权,促进了人大代表慎重行使选举权,选举出对人民群众高度负责的政府负责人。

SOS！濒危珍稀野生动物的紧急呼号

雷晓路　沈　虹

今年4月初，深圳新闻界披露了一则爆炸性消息：该市香蜜湖度假村一“员工食堂”大批宰杀、出售濒危珍稀野生动物，牟取暴利。这起公然违法、有悖现代文明的事件的原委怎样？经营者何许人也？非法经营怎能得逞？如今又该怎样处理……

野味专家“大鼻”其人其道

在深圳，有一个规模宏大、设施豪华的香蜜湖度假村；在度假村中国娱乐城西北角，有一个外表破旧、很不起眼的员工食堂。经了解，被誉为兽中之王的老虎，就是在这儿惨遭屠戮的。原来，这家假员工食堂之名的餐馆，不仅杀虎宰豹，还经营娃娃鱼、猕猴、穿山甲、猫头鹰、大蟒蛇、山瑞、金钱龟等数十种珍稀野味。

4月下旬的一天，记者见到了这家餐馆的负责人林惠恒。林惠恒，53岁，香港人。因其鼻硕，故自称“大鼻”。言谈中得知，1948年，“大鼻”从广东南海县九江跑到香港，在一药店当学徒，后来积攒了一些钱，在九龙开了一家海鲜酒楼。1979年，“大鼻”与人合伙，又开了一家颇具规模的“龙源酒家”。“龙源酒家”生意兴隆，“大鼻”发了财，资本达上千万港币。但“大鼻”嗜赌如命，很快将资财输得精光，还欠了一屁股债。“龙源酒家”因此垮台，“大鼻”一时陷入困境。

1982年年初，“大鼻”的一位香港老友、现任香蜜湖度假村总经理的冯志强先生，请他来度假村办个员工食堂。“大鼻”欣然从命，摇身一变，成了员工食堂的主理人。员工食堂的开办，使“大鼻”得以重整旗鼓，东山再起。

据“大鼻”讲，他只上过10天学，就会写自己的大名“林惠恒”三个字。“大鼻”虽说是个文盲，但做生意还是颇有办法的。除了为承包香蜜湖度假村基建工程的志强公司的工人做饭外，“大鼻”又琢磨起生财之道来。凭着多年办酒店的经验，他深知，香港的有钱人鸡鸭鱼肉早已吃腻，如能搞些珍稀野味，定会使这些阔佬纷至沓来。这岂不是大有赚头的买卖！于是，他开始在员工食堂周围修水池、打铁笼、盖兽舍。为掩人目耳，他还堂而皇之地挂起了一块“欢迎参观香蜜湖中国娱乐城动物园”的牌子。就这样，一批批珍稀野生动物通过种种途径，源源不断地进入了这个所谓的“动物园”。

为招徕吃客，“大鼻”特制了两种精致的名片。一为“欢迎预定药材炖穿山甲、红烧娃娃鱼、药材炖猴子”等12种野味的菜谱，一张上印“深圳香蜜湖度假村员工食堂野味专家、主理人　大鼻”字样，并附有预订电话。“大鼻”将这两种名片在香港广为散发，一时间，为饱口腹之欲者纷纷而至。员工食堂还配备三辆印有“志强食堂　大鼻专车”猩红大字的面包车，只要持有“大鼻”名片的吃客，均由“大鼻专车”免费接送。“大鼻”对待吃客，可谓关怀备至。

“大鼻”经营有道，生意兴隆。

大啖珍稀动物触目惊心

1987 年年底，一位来深圳的联合国野生动物专家塞尔博士偶然发现了“大鼻”餐馆的秘密。1988 年 1 月 16 日，这位专家会同世界野生生物基金会的梅伟仪博士、玛丽小姐、何接传先生再次来深圳“访问”。到深圳后，几位专家一不进夜总会听歌跳舞，二不去娱乐城玩老虎机，却直奔位处香蜜湖偏僻一角的某员工食堂。陪同塞尔博士一行的市自然保护区主任李刚大惑不解，当他随着塞尔博士走进“大鼻”餐馆，不禁大吃一惊。他万万没有想到，这里竟关有数量惊人的珍稀野生动物。

专家们举起照相机，不停地按动快门。专家们迅速记录下：大蟒蛇 36 条，猕猴 38 只，猫头鹰 42 只，穿山甲 60 只，娃娃鱼 30 多条，云豹皮 4 张……

李刚的心被深深地刺痛了。强烈的耻辱，像一块巨石，压得这位从事多年环保工作的主任喘不过气来。当晚，他奋笔疾书。一份紧急报告很快转呈给上级有关领导。

不只是李刚这样的环保工作者，一位到深圳采风的画家同样对这种愚昧、野蛮的行为痛心不已。今年 3 月 5 日，他怀人类良知、援画家之笔，给国家环保局局长曲格平呈上了一封图文并茂的“信”。

“信”中之画，促人深思。

雄鹰被缚笼中，难展冲天之志。大鲵（娃娃鱼）居盆而卧，已然奄奄一息。

“信”中之言，振聋发聩——

国家环办并曲格平主任惠鉴：

今发现一严重问题急欲反映给你处，并敬请督促有关部门解决此事。

春节期间赴深圳市，见一切兴旺，唯一事心焦。在深圳市的酒家与个体饭馆中，公然大吃应保护的野生动物，有鹫、鹰、蝾螈（娃娃鱼，原文如此）、穿山甲、果子狸等。在香蜜湖游乐园餐厅菜谱中，甚至有烧猫头鹰在内。一个半立方米的笼中竟关六只鹰，互踏互啄，翱翔长空之英雄竟落此境地！外宾说这是愚昧没教养与野蛮行为，愤愤而去。为之我急切希望以法严治，不宜怠慢！

画者　李燕

一九八八年三月五日

斯画斯言。

激愤之情力透纸背。

拳拳之心溢于笔端。

4月1日下午，由深圳市环保办、农办、工商局、公安局林业派出所等部门组成的联合调查组，受命全面调查“大鼻”主理的员工食堂的情况。在这个员工食堂的大雪柜里，调查组发现了被冰冻的老虎肉、穿山甲、猫头鹰、娃娃鱼以及29只剥了皮的猴头。

在调查宰杀老虎一事时，“大鼻”吞吞吐吐地承认，今年元月左右，他们确曾杀了一只老虎，因为它得了肺炎，是不得已而为之。

香蜜湖度假村办公室主任徐名登满不在乎地向调查组介绍说：1986年11月，香蜜湖度假村曾由上海动物园购进两只华南虎。一只很快就死掉了。另外一只不久也生了病，怎么也治不好，没办法，只好在1987年夏天宰了。

两种说法，不大一样。员工食堂究竟杀了几只虎，至今仍然是个谜。

调查组当场没收了这个员工食堂的全部野生动物。其中包括仍然活着的11只山瑞，9只猕猴，8只穿山甲，9条蟒蛇，5条娃娃鱼，4只老鹰，1只猫头鹰；已被杀死的猕猴、娃娃鱼、穿山甲等140多斤以及4张云豹皮。经鉴定，上述动物全部属国家一、二类保护动物。

这个员工食堂到底杀了多少珍稀野生动物，一时难以计数。仅据“大鼻”自己讲，每天大约可开三四桌。员工食堂1982年开办，至今已有6年。一天三四桌，可以想见，惨死刀下的珍稀动物，数量一定相当惊人！

在员工食堂里，调查组还看到了一些数百元至上千元的收据存根及名片。有的名片上还写着预定“老虎肉”。这些收据和名片是颇耐人寻味的。其中既有香港的大亨、阔佬，也有深圳市、区政府某些部门和一些企业的官员或秘书的“大名”。“大鼻”餐馆大量宰杀、出售濒危珍稀野生动物，为何长期无人过问，这些收据和名片，恐怕是个极妙的注解。

黑市交易猖獗助纣为虐

“为何不处理卖动物的，只处理吃动物的。我实在不明白。”“大鼻”接受记者采访时，很有些愤愤然。

“你们员工食堂宰杀的野生动物，都是从哪儿弄来的？”记者追问。

“主要是深圳东门市场和广州清平农贸市场。我经常去采购。那儿的野生动物多得很，公开卖。这不是引人犯法吗？”“大鼻”似乎又为自己找到了一个开脱责任的理由。

记者决定去这两个市场看看。

4月20日上午，记者来到东门农贸市场。转了一圈，没有见到公开出售珍稀野生动物的摊档。于是，记者叩开了负责管理东门市场的蛟湖工商管理所的大门。该所一位负责同志接待了我们。

这位负责同志向记者介绍:自从报纸披露香蜜湖员工食堂宰杀珍稀动物的事情后,东门市场已经没有人敢于公开买卖野生动物了。但是否还有地下交易,就不好说了。几年前,市场上公开半公开出售野生动物的摊档很多。买卖双方一般都靠“中间人”从中牵线,一俟谈妥价格,“中间人”即领着买主去提“货”。

据了解,贩卖珍稀野生动物的,多是一些农民和无业人员,他们主要来自海南、广西以及广东的博罗、化州、五华、陆丰等地。深圳紧靠香港,消费水准高,这无疑刺激了贩卖珍稀野生动物的不法之徒的胃口。游隼、白肩雕、白颈长尾雉、黑麂、白鹇、猕猴、大灵猫、小灵猫、巨松鼠、穿山甲、娃娃鱼、蟒蛇、凹甲陆龟等大量国家一、二类珍稀野生动物都曾在东门市场的摊档上被出售。

蛟湖工商管理所 1985 年以来多次采取行动,在东门市场等地共救获国家一、二类保护动物 713 只(条)。但由于对非法贩卖野生动物者处罚较轻,买卖珍稀动物的黑市交易一时仍难以禁绝。

在广州清平农贸市场,公开买卖珍稀野生动物的猖獗之势,更令人震惊。在喧闹的市场中,只见 20 多家公开出售野生动物的摊档一字排开。不时可以看到一些小伙子用自行车驮来一笼笼野生动物,卖给这些摊档。这里的珍稀野生动物,可谓应有尽有。猫头鹰、蟒蛇、娃娃鱼、小灵猫、梧州金钱龟、黄猄、果子狸……公然摆在货摊上标价出售。

在一家摊档前,记者问:“有没有好货?”卖主打量了一下记者,半天才说:有穿山甲,要多少?记者答:先看看货再说。于是,一个伙计领记者来到摊位后,从一个铁笼里拉出一只穿山甲,曰:25 元一斤,共两只,一大一小,要不要?他神秘地对记者说:这东西不让卖。

在另一摊档,卖主向记者兜售一只猴面猫头鹰。记者问:多少钱?答:50 元。记者砍价:30 元。卖主讨价:40 元。记者欲走,货主高叫,行,30 元卖给你了。

据知情人讲,在东平农贸市场,只要你肯花钱,云豹、猕猴也能买到。

光天化日之下,这些摊档何以敢于蔑视法律,公开贩卖珍稀野生动物?人们不禁感到奇怪、困惑。

有法不依如无法。

悲哉,濒危珍稀野生动物。

俗话说,有卖的就有吃的。看来,仅仅抓住一个“大鼻”是远远不够的。

制定野生动物保护法迫在眉睫

“大鼻”餐馆宰杀珍稀野生动物丑行被揭露后,深圳市上埗工商局以无照经营对其罚款人民币 30,000 元、港币 16,000 元。4 月 8 日,市公安局扣留了“大鼻”的回乡证。这是自此案公布以来的所有处理结果。

对以上处理结果,深圳司法界颇有微词。

为此，我们走访了深圳市的一些律师。许多律师认为：仅仅对员工食堂无照经营罚款，未免不痛不痒。连“大鼻”本人都承认在香港买鸡倒拎鸡腿都要受到谴责，为什么他却敢于跑到中国大陆大肆宰杀国家一、二类保护动物呢？其实，这一事件的行为主体已触犯了刑律。而此种罚款不足以惩治宰售珍稀野生动物的犯法行为，更不能完全惩治长期的、隐蔽的、故意且大量宰售珍稀动物情节严重的犯罪行为。因而不能以罚代刑。

曾从事过环保法研究的肖铁律师认为：现有的关于保护野生动物的法规太零散，刑法中的有关条款又太软弱。他认为，对构成刑事责任的要依法给予刑事制裁，另外还应适用环保法中的两罚制度，即不仅要对单位直接责任人员给予行政处罚，还要对单位的领导人员给予行政处罚。

香蜜湖宰杀老虎事发至今已一月有余，究竟如何进一步处理，人们正期待着。

仅仅对这一事件等待一个处理结果，并非本文的最终目的。而通过此事，引起人们的反思，并加强立法，才是我们所希冀的。

自中华人民共和国成立以来，对保护野生动物有过一些规定。如 1962 年国务院颁发的《关于积极保护和合理利用野生动物资源的指示》，1973 年、1974 年外贸部等发出的《关于停止珍贵野生动物收购和出口的通知》以及 1979 年的《刑法》、1979 年的《环境保护法（试行）》和 1982 年的《宪法》。但是仅有这些零散的规定，而没有一个专门的野生动物保护法。再让这种随意捕猎、贩卖、宰杀、大啖珍稀野生动物的势态蔓延下去，那么，现在每三年就有两种脊椎动物物种灭绝的速度将会越来越快。

严峻的事实在警告人类：大自然生态平衡正面临巨大威胁！

社会各界在呼吁立法机关：尽快制定专门的野生动物保护法！

“SOS”是世界通用的紧急求救信号。航船失事，飞机空难，人员遇险，都是在生死存亡时刻，才发出这种信号。现在，我国濒危珍稀野生动物正在紧急呼号：SOS！SOS！SOS！

（1988.5.23）

点 评 关注社会热点，尤其关注法治建设话题，是本报的一大特色。该文应该是我国媒体较早关注野生动物保护话题的报道，采访调查深入细致，摆事实、讲道理，有理有据，真实反映当时滥捕滥杀野生动物甚至濒危野生动物的情况，分析了滥捕滥杀、食用野生动物的原因，呼吁尽快制定专门的野生动物保护法。文章结构清晰，层次分明，夹叙夹议，标题采用拟人化的“濒危珍稀野生动物紧急呼号”，生动有力，道出了保护野生动物的紧迫性。

一位农民的惨死

事情发生在吉林省梨树县

梁国栋

在吉林省梨树县一个并不偏僻的村庄——河山乡大桥村，发生了一起骇人听闻的事件：第三生产合作社社长姜焕祥以权欺人，目无法纪，带领亲属将农民刘子仟活活打死。

（一）

35岁的刘子仟，自幼患有癫痫病，多年来，一直不能正常参加生产劳动，家境十分困难。

今年1月，村党支部因他1986年和1987年连续两年没交“四上缴”（农业税、乡统筹款、村统筹款和村公益金），以及超生一个孩子，根据县、乡有关规定，决定保留其口粮田，将其所承包的9亩责任田收回。对此，刘子仟想不通，4月初专程到乡里反映情况，要求把责任田继续种下去。乡党委书记王兴答复：“这是村里作出的决定，你要种地，就得按规定掏钱（主要指拖欠的农业税和超生孩子的罚款等），能交多少就交多少，如果村里答应了，我没意见。”过后，王兴向大桥村党支部书记谈了这件事，并让其在村里做做工作，把责任田交给刘子仟种。

几天后，刘子仟来到村党支部，提出眼下自己交不起钱，想找人“叫户”（就是请在社里存钱的农户给他过账，秋后他再还给人家），村党支部同意了。可是，就在本社农民田保昌答应从自己在社里的存款中给刘子仟过账250元后，却遭到了社长姜焕祥的刁难，说“要‘叫户’250元不行，要叫就得全叫”，执意要田保昌把刘子仟拖欠多年的款项全部过账，否则不许刘子仟种地。

节气不等人。4月22日下午，刘子仟和妻子钱菊久赶着牛犁杖到地里打垄。姜焕祥从远处看见，气急败坏地跑来制止：“刘子仟，你站在那疙瘩！队里已经把地收回去了，谁让你种的？告诉你一声，不怕瞎种瞎肥你就种，种也得给你豁喽！”

钱菊久走上前小心地说：“姜三叔，村上不是同意我们‘叫户’了吗，500元钱一垧地，先交250元，俺家找老田二叔顶了……”

“找老田家‘叫户’也不行！”姜焕祥专横地拦过话头，“今年就是不让你们种啦！”

钱菊久见丈夫刘子仟气得嘴唇颤动，脸色发白，担心他的癫痫病发作，忙劝阻说：“不让种，咱们就回去吧，别和他吵吵。”

就这样,夫妻俩扔下犁了半截的地,含泪回村去了。

(二)

4月23日早5点多钟,刘子仟喂完牛后,为种地的事来姜焕祥家央求。正在做饭的姜妻曲百玲张嘴就骂:“这是村里定的事,你到我家干他妈什么?”刘子仟忍气吞声地解释:“乡里、村里都同意让我种啦,就差队上了……”谁知这句听起来并无任何恶意的话,竟使曲百玲恼羞成怒,对刘子仟连推带搡地撒起泼来,其污言秽语不堪入耳。

这时,到屋后解手的姜焕祥蹿上来,揪住刘子仟的衣领就是重重一记耳光,紧接着又朝脸部猛击一拳。刘子仟当即被打得鼻孔流血,倒在地上,可嘴里仍不服地分辩:“你们凭什么打人?”姜焕祥一边用脚猛踢,一边高叫:“像你这样的人,就得狠狠打!”曲百玲也大耍淫威,操起一根棒子,劈头盖脑地打下去。很快,刘子仟就被这夫妻二人打得晕了过去。姜焕祥见此,嘴里骂道:“你他妈装死放赖别在我家!”拽住刘子仟的双腿,将其在地上拖出十几米远,扔到院门旁。

听到叫骂声,姜焕祥的二哥姜焕仲、内弟曲百生,以及农民丁超等人先后赶来。农民刘子诚见刘子仟满脸是血,双眼紧闭,直挺挺地躺在地上,弯下腰问:“你怎么躺在这里,到底出了啥事?”刘子仟脸上没有丝毫反应。站在屋檐下的姜焕祥大声制止道:“别管他,咱们都进屋去!”

众人进屋约5分钟,坐在炕沿吸烟的刘子诚透过窗户,看见刘子仟晃晃荡荡地向屋子这边走来,惊异地叫出声:“哎,刘子仟起来了!”姜焕祥、曲百玲闻声跑出门外,见刘子仟正追打他们的儿子,顿时红了眼,和其亲属猛扑过去,一阵乱棒,将刘子仟再次打倒。曲百玲找来一根手指粗的绳子,由姜焕仲把早已无力反抗的刘子仟反绑上双手,用棒子继续毒打。

(三)

姜刘两家前后仅一街之隔。钱菊久出门倒水,听到吵骂声,忙扔下盆子向姜家跑去。只见刘子仟浑身是血,被反绑在一个三面是墙的旮旯里,嘴里不住地呼喊:“饶命啊!饶命啊!”姜焕仲手中的棒子打断了,曲百玲又递上一根,嘴里还指使着:“狠狠地打!”

此情此景,使钱菊久的心都要碎了。她跪下身子苦苦哀求:“姜二叔别打了,不管咋的,你别看他,看我看孩子,别打啦!”姜焕仲凶狠地吼着:“不行!这样的玩艺就得揍,不能留着。”姜焕祥也在一旁破口大骂:“×他妈的,你上我家作什么?再作连你也一起收拾!”钱菊久急了,高喊:“救命啊!你们打死不偿命咋的?!”

7点20分许,村治保主任张双闻讯赶到姜家。这时,被打得遍体鳞伤、气息奄奄的刘子仟仍被反绑在那里,而姜焕祥在慌乱中已离开现场。

在张双的责令下,姜家的人不得不给刘子仟松了绑。可就在张双去给乡里打电话报案的当儿,刘子仟又重新被捆绑起来。

约8点左右,村党支部书记和村长等人来到现场,惨遭捆绑、毒打近3个小时的刘子仟,这才得以解救。村干部一边叫人保护现场,一边将刘子仟抬到家里。村里土医生察看伤情,扯开刘子仟的裤脚,两块白花花的骨渣随即掉落下来。这才发现,他的小腿骨已经粉碎,肌肉分离……其状惨不忍睹。

午后2点多,刘子仟仅仅留下一句"真欺负人啊!他们好几个人打我……"便含恨离开了人世。

(四)

目光呆滞、蓬头垢面的年轻农妇钱菊久,怀抱一个不到两周岁的女孩,身边还跟着一个八岁女孩,在梨树县城向路人悲愤地控诉,激起了人们的义愤……

前不久,记者到梨树县河山乡大桥村,对这起事件作了了解。当地群众强烈要求依法追究姜焕祥、姜焕仲和曲白玲等人的责任,维护法律的尊严。　(1988.8.24)

点　评

农民刘子仟仅仅因为土地承包问题,小心翼翼地请求了几句,申辩了几句,竟被生产队长带着亲属活活打死,骇人听闻,令人发指。惨案的背后折射的是当时农村法治的"贫瘠",少数基层干部目无法纪,在自己管辖的"一亩三分地"上自视为"老爷",横行乡里。即使在当下,农村法治建设仍存在"贫瘠"之地。"扫黑除恶"专项斗争表明,曾经有一段时间在个别地方黑恶势力把持基层政权,为非作歹,严重影响了社会稳定。可见,农村法治建设一刻都不能放松。

以上便是读罢此文给人的启示。

民主不是三月风

社　论

第七届全国人大第二次会议降下了帷幕,谨对大会的圆满成功表示衷心的祝贺!

与去年召开的第七届全国人大第一次会议相比,这次大会似乎缺少“轰动效应”,但它以自己的求实精神给人们留下了深刻的印象。治理整顿,是今后两年中国的主题,也是这次大会的主旋律。代表们以“同演一台戏”的“主角意识”为治理整顿、深化改革献计献策。去年“两会”期间,“不说白不说,说了也白说,白说也要说”这句话在代表、委员中颇为流行,今年则有了变化,一位人大代表将其概括地表述为“争取不白说”。这一变化得以从代表建议中反映出来,到大会规定的提交截止期,代表们交的议案中,要求制定法律法规的占32%,高于往年。去年的大会,以透明度高著称,但当选人的得票数未予公布,这给蓝格莹莹的天上添了一抹薄云。然而,这次大会上通过的《全国人大议事规则》则明确地规定:全国人大选举或者决定任命的表决结果、候选人的得票数应当公布。议事规则的实施,将使共和国最高权力机关的工作步入依照法定的程序行使职权的新层次。而《行政诉讼法》的通过,使宪法中有关保护公民合法权益的原则落到实处,标志着我国在民主的法律化方面又迈出了重要一步。可见,发展社会主义商品经济的过程,也是建设社会主义民主政治的过程,党的十三大确定的这一历史取向是不会改变的。

“加强人大及其常委会的监督职能,是这次大会上代表们普遍关注的问题。无论是对宪法和法律实施的监督,还是对政府、‘两院’工作的监督,都迫切需要对监督的程序、方式作出更加明确的规定,使之制度化、规范化,否则,‘橡皮图章’的印记和‘说了也白说’的现象难以消除。”这段话出自第七届全国人大第一次会议闭幕时本报发表的社论。照录于此,并不过时。在本次大会上,代表们对人大常委会对政府工作与法律的实施“监督不力”的批评空前尖锐。这个问题已经到了非解决不可的时候了,因为国家对周期性的失误已难以承受。我们相信。到明年第七届全国人大第三次会议召开的时候,在这方面会有新的建树。这不仅是2700多位全国人大代表的希望,更是共和国的权力主体——11亿人民的心愿。

去年“两会”闭幕之际,一家报纸发表了题为“愿时间在三、四月间留驻”的述评,对“两会”期间浓郁的民主气氛表达了依恋之情。其实,真正的民主并不像三月的春风那样来去匆匆。因为,民主是历史的必然,它是不会逆转的;同时,民主又是一种制度,有了制度的保证,热烈的气氛就不会变得“事如春梦了无痕”。制度化、法律化的民主正像“咬定青山不放松”、“任尔东西南北风”的青松一样可以四季常青。今日之中国正在坚定不移地向着建设民主法治社会的目标一步一步地扎实前进。我们民族振兴的希望正在于此。

(1989.4.5)

点 评 民主是个渐进的过程。如果说若干年前,人们还在期盼“民主不是三月风”,如今全国“两会”上的代表、委员积极履职建言已经成为常态。曾经的“不说白不说,说了也白说,白说也要说”感受,早已被“说了不白说”所取代。该文对此进行了深刻阐述。

“冰冷世界”里那颗火热心

记陕西省安康市殡仪馆女殡葬工郭定翠

张卫理

深秋里的一日，北京，八宝山殡仪馆。

一位中央首长的追悼会在这里刚刚结束，几名女兵也为会议服务完了，忽然，她们心血来潮，竟提出要在火葬场“参观参观”。看来，年轻人的好奇心可以战胜一切。执拗不过的老师傅只好带着这群女兵在火葬场转开了。

待老师傅把那“工作间”的大门一拉开——姑娘们叽叽嘎嘎的笑声一下子在空气中凝固了。映入眼帘的是一具具僵硬挺直的尸体，躺满台子上、柜子里，何时见过这等景象！姑娘们被吓傻了，一个个小脸煞白，大气儿不敢出，张着的嘴巴也顾不上闭，反应快一点儿的已开始撒丫子：

“妈呀，吓死人啦！”

“这辈子也不再来火葬场啦！”

说起10年前在八宝山经历的那一幕，现在已是陕西省安康市殡仪馆殡葬工的郭定翠也觉得有些可笑。然而，哪壶不开偏提了哪壶。

“就冲我是个党员，也不能在工作上挑挑拣拣！”

1980年，在北京装甲兵司令部电话总机班当了4年话务员的郭定翠复员回到了家乡安康县（1988年9月安康由县改市）大河镇青峰村。那年，她才22岁，与其他年轻人一样，满怀美好的理想与追求。

回乡之后所发生的一系列事情都是年轻的姑娘未曾想到的。生活开始了对她的考验。

1983年开春时的一天，县民政局的领导和安置办的几位同志来到了小郭家，来人寒暄之后也就直言不讳：“小郭啊，有份儿工作不知你愿意不愿意干，县上的火葬场现在正缺少女工，你愿意的话，就去试试，不愿意就算。”

就这几句话，民政局的同志撂下后就走了。一切来得是这样突然。

在外人眼里，小郭应承这项工作还比较干脆，而她自己又是经过了怎样一个短暂而又漫长的艰苦抉择啊。

打民政局的面包车开进她家的院子，乡亲们就开始扒着门框子议论开了：

“什么？让一个女人家整天去摆弄死人?！唉，啧啧……”

“就是扛一辈子锄头也不能去干那差事！”

这些话小郭在屋里听得真切,她的头脑还是冷静的。民政局的同志走后,她便寻思开了:工作终于找上门来了,但从此以后我要和死人打一辈子交道。死人,想到那一具具僵硬的尸体,龇牙咧嘴的各种奇形怪状,小郭的心一阵阵发紧。现实太冷酷无情了,难道我没本事干其他工作,非得去干那被视为低人一等的差事吗?那份工作到底是怎么回事,实在也想象不出来,反正脏、苦、累是无疑的。组织上既然分配给我去干,说明对我这个当过兵的党员还是信任的,我能干好吗?对了,还是先跟丈夫商量商量吧。

这天晚上,小郭怀抱孩子坐在床沿上,她想对丈夫小唐说什么,但又感到有些口讷,自己也不知是怎么张嘴的,那话还是出了口:"要不,我就去试试?"

"你是不是疯了?!家里又不是缺吃少穿,非要去干那一行,你叫我以后见了人咋讲?"小唐十分不解。

"那总是份工作呀,也得有人去做,或许我还干得了。再说。咱们一无门路,二无靠山,想干别的也干不成,我在家不也是闲着吗?"

"不干也不是活不下去!"小唐又指着她怀里的孩子说,"你不为我想,也该为孩子想想!孩子出生才8个月,还在吃奶,而你天天要接触的都是些死人,什么病没有。你也不怕给孩子带来传染病吗?"小唐越说火越大,"告诉你,如果你非要去,那我们就一刀两断,孩子给我留下,你去干和死人打交道的差事吧!"

听到这里,小郭的心都要碎了。是啊,孩子毕竟是娘的心头肉。一时,她不知该说什么好,丈夫尚且如此,别人还怎么来支持她呢?痛苦的泪水禁不住顺着她的面颊淌了下来。

这一夜,小郭没能睡好,她紧紧地搂着孩子,两眼盯着黑暗,想了许多。不知怎么的,她想到了昔日的部队生活,也想到了在党旗下那庄严的宣誓……

自己是个党员,又是经过部队锻炼的军人,而对此时的组织决定我能畏缩不前吗?军人连死都不怕,而我难道被死人吓倒吗?在选择职业的问题上,我能和别人比吗?就冲我是个党员,也不能在工作上挑挑拣拣。殡葬工作是个苦差事,那也要人去做呀。小唐以前也是个军人,他会理解我、支持我的。

第二天,小郭又向丈夫提出了要去干那份工作。小唐没有多说什么,看来,他昨晚上也思考了许多。

小郭看到时机差不多了,就干脆来了个激将法:"我的决心已定,你万一不同意,那咱们马上就去离婚,然后我就去上班!"丈夫毕竟理解了妻子,他尴尬地笑了。"你一定要去,就去吧,孩子由我来照料,人总是要有工作的嘛。就说那地里的黄牛,干,30年后是老;不干,30年后也要老的。"军人的性格,朴实而又崇高的"傻"气,在这小两口身上显露无遗。

小郭终于选择了自己的道路。

“当事业和个人生活不能两全时，应当把人民的需要放在第一位。”

出安康城往西南，在临近山区的一个小山包上，一片庭院错落有致，它东望古金州城，北临汉江，西南有群山环绕。整个庭院在绿树掩映之中，院中缀有块块花池，房前屋后不乏青松翠柏。俨然一块山野中的净土，庄严，肃穆。恐怕，这与人们心目中的火葬场是对不上号的。

小郭背上铺盖来到这里。进场一看，环境不错，紧张感稍减了几分。第二天上午她便转到了后面的工作间，有两位师傅正在这里进行火化操作，小郭的腿有点不听使唤了。她立在门口，壮着胆子静静地看着，一具僵硬的尸体被搬到了传送带上，师傅按下电钮，传送带“嗞——”运转着将尸体送进炉门。

看着，听着，小郭意识到自己身上已经起鸡皮疙瘩了，尤其是插在衣袋里的两只手，手心发凉，她便在袋里紧拽住衣服。两条腿不由地产生了一丝外人不易觉察的颤抖。但她终于立住了，没有转身，看了一会儿，她才如释重负地移开腿，走了出去。

晚上，小郭早早地钻进了场里给她安排的房间，关好门窗，还特意插严了插销。但想到坡上便是摆放着几百个骨灰盒的“安息室”，坡下就是火化间、停尸房，她胆怯了，尽快地裹上了被子，然而，稀奇古怪的梦搅得她无法入眠。没有足够的胆子，怎么能做好这项工作呢？不行，干这一行先得要过胆量关。

那一夜之后，小郭便有意识地锻炼起自己的胆量来了。她常一个人跑到停尸间、火化间打扫卫生，并尽量待得时间长一些；她又一个人登上小山包，打开铁栅栏门那把大锁，穿过年久失修的“西药王殿”，孤身一人站在摆满骨灰盒的安息室里。有时夜晚她也要来这儿待会儿，四周静得出奇，山风吹过枝叶沙沙作响，那哗哗的水声是坡下的汉江在川流不息，一些不知名的小虫也在这夜晚发出它们各自的低鸣……“吱儿”一声，门又打开了少许，小郭顿时一身冷汗，胸口压得透不过气来；“啪嗒”一声，窗户又自己关上了，小郭感到自己的心脏很不自然地缩紧了。世上到底有没有那“东西”，难道这间房子里就有吗？

毕竟是一个唯物主义者，小郭意识到，那都是风在作怪，渐渐地，她战胜了恐惧心理。胆子也一天比一天大了起来。

1983 年 3 月的一天，刚上班没几天的小郭要外出接尸了。以前在家，人家死了人她从来不敢去看，更不用说接近死人了。在学校时，她是个别人大吼一声都心跳的胆小姑娘。而今天，接触死人却成了她的工作任务。她在心里告诫自己：别害怕，放大胆些，不要第一次就让人家把你看扁了。

灵车来到丧家，小郭与两位老师傅急忙下车，进屋一看，小郭顿时感到毛骨悚然，不由得倒吸了一口凉气：死者是一个服毒自杀的姑娘，面容已经变形，身体蜷曲在地上，身上半掩着一床棉被，屋内狭窄阴暗，浓烈的敌敌畏药味呛得人难以忍受。小郭猛然觉得一阵恶心，她想吐，但她硬是咬着牙忍住了。

她强抑内心的恐惧,上前配合老师傅为死者换洗,但不知怎么,一双手老是不听使唤,额头上直冒冷汗,手也抖个不停。她扯出几张皮纸垫着轻握住死者的手,一不小心,皮纸滑掉了。妈呀！小郭的手就像电击一样迅速丢开了,那是怎样一只手啊,冰凉！老师傅转身对她说:“算了,第一次就别上手了。”不亲手干怎么能学会？要强的小郭又一把抓住了尸体,心里还在念叨“别怕,人是死的!”在场的领导、死者的亲属都盯着小郭,为她捏着一把汗。她终于挺住了。

一阵子紧忙乎,当小郭看到死去的姑娘安详地躺在那里时,才舒心地出了口气,而此时,她的胳膊腿也似乎都软了。死者的亲属看到这一切,负担和痛苦减轻了,连连向几位师傅表示感谢。这时,小郭的脸上也露出了欣慰的笑容。

她第一次体会到了从事殡仪工作的意义。通过自己的劳动,能换来千万人的欣慰,肮脏了一人,而能使众多的群众洁净。牺牲自己,幸福他人,这不正是自己一直所追求的吗？这份工作,说什么也要把它干好!

从那以后,安康地区有了第一个接尸整容的女工,而且至今也只有郭定翠一个!

她干上了这行,便马不停蹄,不论刮风下雨,还是酷暑严寒,她总是随叫随到,按照丧家的要求接尸、整容。在工作的同时,她虚心地向老师傅们学习,开始接尸时,师傅他们有时也劝她不要去,可她却争着要去,她对师傅们说:“如果我现在不跟着您锻炼,不懂技术,以后,我就不能很好地完成任务。”在师傅们的言传身教下,她很快便掌握了接尸整容技术。

丈夫小唐为了支持她的工作,在她上班不久毅然带着孩子来到了场里,他们便在场里安下家来。然而,这算什么家呀?!

小唐在家做好饭后,到了吃饭时间,常常要等许久,仍不见小郭回来,孩子哭闹,他也只好既当爹又做妈了;有时小郭在家正要吃饭,丧家登门来请她接尸,她马上放下碗去了;夜里睡觉,小郭常被噩梦惊醒,甚至在那恼人的梦中踢打小唐;有时劳累了一天,刚要进入睡眠,丧家又来了……

这日子还怎么过下去？无奈的丈夫抱着孩子又回农村老家了。此时的小郭是何等苦闷。最使她难以忍受的是看不见独生女小唐莉。那阵子,她整日就像丢了魂似的,日夜思念着孩子。她终于忍不住了,买了许多吃的,准备回去看看孩子。

赶巧,那天小唐抱着孩子回到了场里。原来,小唐将孩子带回老家了,但大丈夫侍弄一个孩子,难哪！眼瞅着孩子跟着父亲一天天瘦下去,小唐没了辙,只好又将孩子送回妈妈身边。

小郭抢前一步抱过小唐怀里的孩子,这是以前那个白胖胖的小唐莉吗？看着怀里瘦小的身躯,母亲心里那负疚而又酸楚的泪水再也止不住了,一下子涌了出来……孩子临走时已会简单地叫出“爸爸”、“妈妈”,而此时那双愈发显大的眼睛,已在陌生地注视着自己,小郭忙低下头吻着她,眼泪涂满了孩子的小脸。

这一切只是为了这份工作,小郭失去了多少？才 8 个月的孩子,就给她断了奶!家务更是忙不上,丈夫也顾不到。难！但自己选定的路,再难也要走下去,郭定翠太要强了！

她硬是干下去了。然而，对她来讲，难的不仅仅是工作本身。社会舆论的压力绝不亚于她手中那抬死人的担子。

来自亲戚、朋友、战友、同学的闲言碎语纷至沓来：

“小郭，怎么，生活不下去了？干啥不行，非要去干那盘死人的差事？”

“就是一个月给四五百块钱的工资，再给我盖一幢别墅，我也不干！”

有些至爱亲朋甚至疏远了她。小郭也慢慢变得似乎与世隔绝了，她星期天很少上街，下了班也不愿出门，以避免别人见了她感到“晦气”。

我们这个文明古国发展至今，社会已开化到姑娘媳妇穿着背心短裙招摇过市，而人们却仍不敢正视“死亡”这一永恒的主题。在这个国度里，人们是那样地不愿将“死亡”与“鬼”、与“恐怖”分开，乃至谈及色变！

当社会上一些人将殡葬工避之若洪水猛兽时，便产生了以下几个有趣的事情，殡葬工们谈道：打电话有时有串线的现象，偶尔有一天电话串到我们火葬场来也不是不可能的。我们拿起话筒，对方问：“喂！你哪里？”“火葬场。”“啊！倒霉！”咣当！对方显然摔下了电话。

商店一大早开门，我们进去要买东西，店员认出了我们。“不卖！”我们趁早回头。“完了，这一天的生意要砸了！”店员嘟哝着。

出门在外，到饭店旅馆，千万别让人问出我们是哪儿的，否则，对不起，概不接待！所以有时外出带介绍信，我们总要先跑到民政局盖个章，人家要问起来，说个“民政局”的总好听多了。

这里还有个笑话：我们有时到商店给场里买些用品，最后开发票写抬头成了问题，我们就要好好琢磨琢磨了——“火葬场”、“殡仪馆”、“殡葬管理所”，还是“殡管所”好听点儿！

“是‘宾馆’的‘宾’吗？”

“哎——对！就是。”

“嗯，宾——管——所。怎么没听说过这单位？”

“噢，我们是新成立的单位。”

“是干什么的？”

“宾管所，当然是管理宾馆啦。”

听后令人忍俊不禁，也真有他们的。显然，这也是没有办法。社会对这一行业的看法由此可见一斑了。

面对世俗的偏见，郭定翠是这样认为的，火葬场的接尸整容工作也是整个社会不可缺少的一个行业，别人嫌弃这个工作，不愿进这个单位，我却偏要干这一行。我不正是在用自己的劳动为千万人服务吗？人们越是歧视这项工作，我越是要在这个工作岗位上干出个样子，用自己的实际行动向世俗的偏见宣战！

——1983 年 6 月，安康汉江大桥下面打捞起一具女尸，死者躯体膨胀，衣裤都被撑开，身上的皮肉犹如豆腐渣，手一触及就会沾上一层。时值夏季，尸体高度腐烂，臭气难闻。小郭没有顾及这些，迅速与同伴收殓了这具尸体。

——1984 年 5 月，安康火车西站附近发现一具无名男尸，经有关部门验尸后急需火化处理。接到通知后，小郭他们立即前往。有人早听说火葬场有个接尸的是女的，感到很稀奇，都想看个真假，围观群众越来越多，可谁也不敢接近尸体。死者头颅迸裂，龇牙咧嘴，面部扭曲变形，其惨状令人望而生畏，而且尸体浑身上下溅满了血，臭气熏天。周围有的围观者紧捂嘴鼻，也有的捂住自己的双眼。灵车赶到后，小郭毫不迟疑地跨上前去用双手搂起尸体与同伴一起迅速将死者抬上汽车，干得利手利脚。围观群众纷纷议论："了不起，这姑娘胆子真大。"一些知情人说："不简单，不愧在部队干了几年。"而他们不知道，车子启动后，小郭在车上呕吐不止！

——1985 年仲秋的一天，水电局一名工人因高空作业不慎摔下身亡，死者右面部全部扯裂，失去原貌。尸体接到火葬场后，小郭心想，一个以身殉职的人，死后更应有个完整的容貌，否则，还要我这个整容工干什么。于是，她和老师傅一起细心地将死者的右面部用药棉衬起，然后用针线缝合好，经过仔细修整，从外观看与死者生前容貌基本一致。水电局的领导和死者的亲属对他们十分感激。

——狂犬病是一种急性传染病。人患此症后精神失常，恶心，流涎，肌肉痉挛，呼吸困难，最终全身瘫痪而死亡。今年 5 月，小郭他们就处理了一个患此症而亡者。为增强体内免疫力，小郭和场里其他三位同志为此也各挨了四五针。

从 1986 年 9 月起，小郭开始兼做火化工作，火化是殡葬工作中难度较大的一种，它既要求拿握火化的整体技术，又要求有较好的身体素质。她忘不了第一次打开油门点火，拿起 20 余斤重的翻尸工具操作时的情景，紧张和惧怕是难免的。她颤抖着握住铁钩伸进炉内准备翻尸时，铁钩一下子钩住了尸体的腹部，怎么也拔不出来。此时，她愈发地手足无措，还是旁边的师傅上来帮她将铁钩退了出来。经过一个月的时间，她初步掌握了火化的操作技术，并可单独操作了。

在殡葬工作的岗位上，小郭认真地对待一具具僵硬的尸体，热忱地为死者料理后事，力求满足丧家的要求，还常用体己话去慰藉死者亲属的悲痛之心。

有个丧属对她说："你作为一个女同志，干这行确实不简单，这点小小礼品，是我们的心意，请你一定收下。"有这话就够了，小郭心里甜滋滋的。

1984 年 10 月，粮食局一位干部死亡，家属给火葬场打来电话，当时场里没有其他人，小郭放下电话后，骑上自行车一人来到了粮食局。在场的人看来的是一位女同志，都吃了一惊，小郭给死者洗澡、穿衣，动作干净利落，在场的同志感叹不已，料理完后，家属给她封了一个红包，她坚决不收，并给他们解释：第一，我是国家职工，国家已给了我劳动所得的报酬；第二，接尸整容是我应尽的职责，做好工作是应该的；第三，我是社会主义的一代新人，也是党培养教育多年的党员，应该严格要求自己。

有家工厂死亡了一个工人，收殓尸体后，丧家悄悄给小郭包里装了一瓶酒、一条毛巾、一块肥皂、一包点心,回场后她才发现。她立即请该厂的司机将这些东西一件不少地交还了死者家属。

去年5月,小郭担任了火葬场的场长,之后她与殡管所谢所长一起与市民政局签订了承包合同,大胆改革,在场内实施了一系列改革措施,根据工作性质的不同制定了各自的岗位责任制,改固定工资为浮动工资,实行责、勤、服务优劣三挂钩,极大地调动了职工的积极性,创造了火化的最好成绩。去年,全场超额完成了市民政局下达的各项承包指标,单尸耗油由原来的35公斤,下降到14.5公斤。

场长归场长,那只说明身上的担子更重了,她仍在第一线和工人并肩工作,从接尸、整容到火化,都亲自动手。去年,她亲手操作火化36具尸体,创造了单尸耗油量12.5公斤的最好纪录。她总结的节油方法是,人不离炉,勤观察,勤操作,根据炉温变化调节油门。但这套方法对她来讲又是多么的行之不易!小郭本身患有肩周炎,她虽身高有1.65米,而体重却不足百斤,但仍要手持20多斤重的翻尸工具去拨弄百十来斤重的尸体!

尤其到了炎热的夏季,炉前温度高达八九十度,一般人是难以适应的,在这里操作,身上的衣服是里外湿透。有时要连续火化几具尸体,那就要站立几个小时,手臂都会被烤得红肿,还要不时盯住炉内观察,而那火焰又是何等的刺眼,以致有时当她走出火化间,会突然感到什么也看不见,眼前只有一团团红球和黄球在跳跃。

6年了,小郭不知承受了多少工作、生活、舆论上的压力,有时,她也真想放声大喊:我也是有血有肉的人啊,难道爹妈生我就是干这一行的吗?不过,她现在很自信,因为她用实际行动战胜了世俗的偏见,她是胜利者!

有人问她到底图个啥?

图钱吗?刚工作时,她一月只拿30来块钱,而要养活一家3口,你看怎么去花吧。现在虽说条件好些了,但她基本工资82元,全加起来一月也只有一百四五十块钱,在现在社会中这算得上丰厚的报酬吗?

图轻闲、舒服?那就更不用提了。累,也许有些人还可以忍受。而那肮脏腐败的尸臭有时迫使她产生剧烈的呕吐,那滋味,恨不能要将五脏六腑都倒干净,之后就是几天吃不下饭!以致现在,小郭不得不加快了吃饭的速度,没办法,有时一端起碗来,突然想起了那情景,完了,这顿饭算是吃不成了。

一个女同志,还要拉扯一个孩子。农忙时,丈夫要回去收割点种,她可就更苦了。有时外出接尸甚至要将孩子也带在车上,让司机帮忙照看;如果走得远了,只好将孩子托付给场里的同志。

休息日就更说不准了,几点下班?哪天休息?场里的同志都不好讲。小郭忘不了,去年大年初一,她们还在炉前操作着。

究竟是怎样一种精神在支撑着小郭的思想?在小郭书桌的玻璃板下面,她用钢笔工整地抄录了这样一幅字条:“一个人的价值应当看他贡献什么,而不应看他取得什么。——爱因斯坦”

她也曾这样写道:“我常常提醒自己应正确对待人生,要追求高尚的信念和理想,当事业和个人生活不能两全时,应当把人民的需要放在第一位。”

6 年来,就是这种精神鼓舞着她默默地战斗在这个特殊的岗位上,使她能够战胜一切困难。

“我愿在此行业奉献!”

今年夏天,民政部组织了一批全国殡葬战线的优秀职工到大连休养,小郭被省里推荐去了,在那里,她看到了山外的青山。

来休养的同志中,数她最年轻,这时她强烈地意识到,6 年算什么,干这一行,自己还是个新兵。

同行之间,感慨还是颇多的。小郭身边站着的那位 40 多岁的女同志说开了,她是吉林市殡仪馆的张桂珍,干这行近 20 年了。

“一个女同志,干这行着实不容易。”张桂珍 20 多岁就进火葬场工作,那时她还挂着两根大辫子。当时在整个吉林市就传开了,久而久之,人人皆知火葬场有个叫“张大辫”的,而张桂珍的真名却鲜为人知。但在传闻中好话少赖话多,甚至社会上拿她说故事:俺吉林这疙瘩有个炼死人的女的,黄头发、绿眼珠,身高至少有一米八到两米,面如土色……一通埋汰。

有人当面问她:“姑娘,咋啦? 是不是没人要了?”“你是刑满释放回来的吧?”

这只因为她是个女的! 她干了殡葬这一行!

殡葬工的难,谁人理解?

亲朋办喜事,我们不能去,礼物还要拐弯抹角地送到;我们从不主动跟别人握手,人家来了连碗杯都不愿碰我们的。

说三道四,指鼻子戳脊梁的就更多了。“他爸爸是烧死人的!”“他爱人是火葬场背死人的!”连家属都跟着倒霉。干我们这一行,一人参加工作,得全家跟着奉献。

江苏省高邮县殡仪馆的翟鹏江说起这样一件事。一次,丧属中有位教师在火葬场这样说道:“这儿的一切都是阴森森的,连这儿的人也是阴森森的!”小翟听后义正词严:“看你像个文化人,肚子里的知识可能比我们多点儿,可是,你这种思想倒是该进火葬场了!”对方语塞。

要说脏、说苦,还有什么行业能比我们这行呢? 福尔马林、来苏水这些药液的味道一般人的鼻子闻起来已经够怪的了,而在我们这算好闻的东西。腐烂的尸臭,多少人闻过?

各种稀奇古怪的惨状又有多少人见过,更不用说去摆弄它了。试想想,当一个人的脑袋被压得像本书一样会是个什么样子? 身首异位,四肢在地上离得老远,还不得我们给他凑齐吗? 腐败的尸首上,成团的白蛆,足有寸把长,抓一把“咕哧咕哧”的,你能不倒胃吗? 能不让你倒出五脏六腑吗?

炉前的烟熏火燎，骨灰还不知要吃多少。清理一次烟道，白大褂进去，“非洲人”出来，唯有张嘴才能见到白色。

这，就是我们的殡葬工所干的一切。多少人愿意干呢？只好大部分到农村去招，而招上来后，家属户口又解决不了。年轻人找对象更是问题。加上我们目前的殡葬设施条件又简陋。难哪！但社会缺少不了我们这一行！

是啊，没有谁会去主动打听殡葬行业的事情，也就更谈不上去了解这一行业。而生老病死，这是自然规律，谁也逃脱不了。

我国人口的年平均死亡率在千分之六点几左右，仅去年全国就有近650万人离开凡世。

目前，我国已有91%以上的城市、35%以上的县城推行了火葬。截至去年，全国已有殡仪馆1228所，共有火化炉2729台，有近2万名职工战斗在这条战线上，而其中又有多少女职工，没有人统计过，但从小郭的经历中似可体会到她们的滋味。

火葬是一项社会福利事业，殡葬工作是社会的一种分工，殡葬职工也是工人阶级的一部分。

小郭的心情跟大伙儿一样，她认为她干的还很少很少，而组织上却给了她很高的荣誉。优秀共产党员、三八红旗手、省民政系统先进工作者、全国民政系统劳动模范等。今年国庆期间，她作为全国先进工作者赴京参加群英会。

她知道，这荣誉本不该属于她个人，她想起了领导、同志，她更忘不了与她一起在“后边”工作的同伴吴忠明、李德友、熊刚……

身上的担子更重了，压力也更大了，小郭又想到了她的事业，怎样带领全场职工进一步搞好殡葬改革？如何让丧属更加满意？使生者更加安心？她还想到了要提高殡葬职工本身的素质，甚至想到了为何洗衣烧饭都有专门的学校可以培训，而殡葬这一行至今却没有。

“为了千万人的需要，我愿在此行业奉献一切。但，我也希望，社会能更多地理解我们，理解我们这一行。”

小郭走了，她又要回到陕南那个小山包……（1989.10.3）

点评 “为了千万人的需要，我愿在此行业奉献一切。但，我也希望，社会能更多地理解我们，理解我们这一行。”这是女殡葬工郭定翠的愿望。社会分工不同，行行出状元。郭定翠作为全国劳动模范和全国先进工作者代表参加了新中国成立40周年的群英会。会前，记者赴安康实地采访，在偏僻山沟的火葬场体验殡葬工生活，掌握了大量素材，报道了这一特殊群体的酸甜苦辣，揭开了殡葬工这个神秘而又令人尊敬的岗位面纱，让这个鲜为人知的岗位不再冰冷。郭定翠在北京接受表彰后特意将自己的鲜花送给记者，表达感谢。

完达山作证

“十一·十四”虎案实录

郭　毅

1

“快看,那是什么?”随着张国忠的喊声,张国君、宫锡梁看见不远的灌木林中雪花翻飞。在白雪中,金黄、漆黑、银白相间的斑斓色时隐时现。接着,几声瘆人的虎啸划破寂静的山林。他们下意识地退了一步,但转眼间那斑斓色变成一堆堆金灿灿的财宝。这3个做梦都想发财的农民,端起枪悄悄地向前靠近。

“砰!”枪响了。一声凄惨的虎啸,惊心动魄。

老虎被打伤了,每跑十几米就要卧在地上喘息一下。

3名偷猎者提着枪扑向灌木林。

他们一气追出了几千米。追到一个小山包前的时候,山后突然刮出一股斑斓旋风,猛地将跑在前面的张国君掀翻。他的眼前突现一张血盆大口,一股浓烈的腥膻味扑鼻而来。张国君魂飞魄散,枪早不知哪里去了,只顾挥起右臂护头,顿时被撕咬得骨碎皮裂!接着,血盆大口又罩住了被抓破的头颅。“快救命啊!救命!”张国君又用左臂护头,倏地又是骨碎皮裂!愤怒的兽中之王发疯似地开始了报复!

“砰!砰砰!”一阵急促的枪声。张国君忍着剧痛睁眼看时,弟弟张国忠正在用枪管撬开虎嘴往外拉他那毫无知觉的左臂。一只2米多长,400多斤重的东北虎重重地压在他身上。

这一幕发生在1989年11月14日中午。地点是完达山青山林场78林班施业区。

2

30多个小时过去了。青山林场营林员孙树国领来3个出现场的林场派出所民警。这时天已经黑了。

民警打着手电翻看着死虎。“虎须子都哪去了?”民警问道。“虎骨易得虎须难得。我们中午来时把虎须拔下留作纪念了。”孙树国摸着光秃秃的虎唇说着,“我们还烤老虎肉吃了呢!”“好不好吃?”民警问道,“要有盐还可以”。孙树国说着走向虎尾。一堆篝火点燃了。摇曳的火光中,一位民警拔出尖刀走向死虎,几块虎肉装进各自的衣兜。我看虎牙挺不错的。孙树国说着掏出钳子伸进虎口。是心虚?是力小?他拔了几下没有拔动。“我来吧!”一位民警抓过一把斧子走过来。4颗虎牙被敲掉均分了。

“别忘了给所长割块虎肉。”临走时有人提醒了一句。又一块虎肉被割了下来，同时，被人们看得十分珍贵的虎胫骨也被卸下，悄悄装入兜内。一位旁观的民警要过同伴手里的刀，卸下了另一块胫骨。孙树国看着他们，摸了摸兜中一段刚刚折下的虎尾……

天亮时，该来的官员们都来了。照相机、录像机对着死虎忙了半天。这期间，那位下属仅为他准备了一块虎肉的林场派出所长，竟在光天化日之下掏走了虎胆！

3

就在这同一时刻，11 月 16 日，40 多位专家学者及行政管理人员云集省城哈尔滨，正在以终身的学问，一丝不苟的科学态度，论证着完达山区野生动物资源现状。当手拿电报的资源局局长通报了东北虎被杀的消息后，专家们愤怒了！全世界虎类原有 9 个亚种，当今能查找到的仅有 5 种。1981 年至 1984 年国家拨专款 20 万元，专家们在可能有东北虎的地区飞行 50 多个小时，仅隐隐约约看见一下虎影；去年在完达山上耗资 13 万元，也就看见了 3 只虎的足迹！

更让人不解的是，《野生动物保护法》已于 1989 年 3 月 1 日开始实施，在此之前同类地方法规也很健全，可拥有 10 万支猎枪的黑龙江省，1988 年、1989 年两年立案查处的非法狩猎案只有 68 件，最后交到法院的则是 2 件！

4

3 名偷猎者和与虎案有关的违法乱纪者，都将受到应得的惩处。然而，事情并没有完结。侥幸活下来的另 2 只老虎，在同伴遇害的地方吼叫寻找了半个多月，最后走下完达山，越过乌苏里江，无可奈何地去另一个国度寻找栖身之地了。

而人们关注的却是虎尸的归属：有钱的开价 10 万美金，要买；有权的发来信函，要调；也有老百姓去找管虎尸的人哀求，要一些虎粪治病救命！

现在，这虎尸被装在一个木板箱子里，在冷库里与冻猪肉为伍。那木板箱外加了一层薄薄的铁皮——为了防备老鼠。

知情人说：那只遇害的老虎，4 天不僵；睁着的眼睛，始终没有合上！

哀哉！山大王！　　　　(1990.1.6)

点　评　文章生动再现了发生在30年前的一场人与老虎的交锋，东北虎倒在了偷猎者的枪下。更可悲的是，围绕虎尸的拔须、割肉的众生相，以及东北虎哀鸣远走他国的画面，文章发出“完达山作证”的悲愤，振聋发聩。可喜的是，随着生态保护、法律法规健全完善、对犯罪行为的严厉打击，东北虎保护工作成效显著，东北虎又回到了故乡中国东北。

千秋功过历史自有评说

香港特别行政区基本法草案诞生的日日夜夜

阎　军

历史上所有伟大的成就，都是由于战胜了看来是不可战胜的事情而取得的。

在紧张和对抗不幸地笼罩着世界上许多地区的时候，对香港未来地位谈判的成功，将毫无疑问地被认为是在当前国际关系中，有效的、静悄悄外交的一项极为突出的范例。

——联合国秘书长佩雷斯·德奎利亚尔

人们不会也不该忘记，那是150年前，英帝国主义炮舰政策的产物，是腐败清政府和侵略者的“城下之盟”，是19世纪中华民族耻辱的象征。

为了不能忘记，1842年，这个年份通过教科书被强化在每个中国学生的记忆里。

香港问题正是始于这一年签订的中国近代史上的第一个不平等条约——《南京条约》。

随后，一个不平等条约，又一个不平等条约，结果是，割让香港岛，侵占南九龙半岛，租借北九龙半岛及附近岛屿……

致使，1066平方公里，560万同胞，脱离祖国百余年。

历届中国政府从未承认过英国对香港的永久主权。中华人民共和国成立后，一再重申，中国不受过去任何不平等条约的约束，中国将在条件成熟时，恢复行使对整个香港地区的主权。

中国的主权是神圣的。站起来并且正在强盛起来的中国不允许再搞什么“续约”、“托管”、“共管”、“轮流坐庄”，“中国主权，英国管理”。

历史到来了这么一天——

1982年9月22日，英首相撒切尔夫人亲抵北京，中英首次会谈拉开了序幕。

（一）现代史上的重要篇章

寻求最佳方案解决许多地区、国家之间存在的历史遗留问题，成为当今摆在人类面前的一个重大课题。

进入20世纪70年代，被誉为“东方明珠”的香港，已不再是百年前那个荒凉的渔村了。

凭借她天然不冻港的优势和地理环境，如今的香港已成为——

世界第三大钻石贸易中心和亚洲地区最大贸易转口港。对外贸易在亚洲仅次于日本,贸易总额名列世界第 11 位;

世界三大金融中心之一;

世界第三大黄金市场,第四大国际银团贷款筹集场所;

天字第一号世界集装箱码头;

第四大船东所在地和十大国际空运中心之一。

“新界”租期届满的日趋接近,使中外投资密切关注着香港的前途。

解决历史遗留下来的香港问题提到了议事日程上。

大陆与香港,天壤地别的政治制度、意识形态、百年的隔阂、人们不同的生活方式……对香港采用什么方式回归祖国?举世瞩目。

1982 年 9 月,中英两国政府首脑开始正式接触。

1982 年 12 月 4 日通过的《宪法》第 31 条规定:“国家在必要时得设立特别行政区。在特别行政区内实行的制度按照具体情况由全国人民代表大会以法律规定。”这是实行“一国两制”设立香港特别行政区的法律依据。

1983 年 7 月,关于香港未来的会谈进入了第二阶段,历经了 22 轮。

1984 年 6 月,邓小平同志在会见香港知名人士时,第一次公开明确地提出,我国对香港实行“一国两制”的构想。

此后,小平同志在 7 月 31 日、10 月 3 日、10 月 22 日等一系列讲话中,“一国两制”的思路愈加清晰明朗。

小平同志论断:

“香港是中国的一部分,这个问题本身不能讨论。但可以肯定的一点,就是即使到了 1997 年解决这个问题时,我们也会尊重香港的特殊地位。”

“世界上一系列争端都面临着用和平方式来解决还是用非和平方式来解决的问题……”

“说清楚一点,就是本世纪和下世纪初相当长的时期内,香港还可以搞它的资本主义,我们搞我们的社会主义。”

“从资本主义历史看,从西方国家看,有哪一个国家这么做过,有哪个政府制定过这么开明的政策?”

高瞻远瞩的决策,为实现和平统一大业开了一条现实可行的途径。

1984 年 9 月 18 日,中英双方全部达成协议。

同年 9 月 26 日,中英两国政府草签了联合声明。

11 月 24 日,全国人大常委会同意草签的联合声明。

1984 年 12 月 19 日,这是一个历史时刻,中英两国政府首脑正式签署了《中华人民共和国政府和大不列颠及北爱尔兰联合王国政府关于香港问题的联合声明》,确认了 1997 年 7 月 1 日中国政府将恢复对香港行使主权。

1985 年 4 月 10 日,第六届全国人大第三次会议正式批准了中英联合声明,同时决定成立香港特别行政区基本法起草委员会。

至此,中英两国政府完成了批准关于香港问题的联合声明的法律程序。

6 月 30 日,两国政府在北京互换了批准书,联合声明随即生收,此时,为香港进入过渡时期的标志。

各国政府纷纷赞扬中英谈判的成功,为当前国际关系中通过和平方式解决复杂争端的突出范例。

香港知名人士评价:"'一国两制'是一个能够付诸实践的了不起的发明","如果没有勇气和胆略,就不会有这个史无前例的伟大构想的提出"。

(二)无先例可循的创造

这是一项前无古人的事业,从传统中,找不到赖于存在的积累;从外部世界提供的范式中,找不到与他们经验偶合的成分。

为了迎接 1997 年 7 月 1 日这一历史时刻的到来,一项很重要的工作就是,用法律形式规定香港的一切。这是一个史无前例的创举。一开始就举世瞩目。

1985 年 6 月 18 日,全国人大常委会通过了香港基本法起草委员会 59 人的名单。其中内地委员 36 人,香港委员 23 人。

1985 年 7 月 1 日,在北京人民大会堂一楼会议厅,起草委员会举行了第一次全体会议,确定了工作规划、步骤和工作方法并决定委托起草委员会的香港委员筹组基本法咨询委员会。

7 月 5 日,全体起草委员会委员在人民大会堂庄严地接受了彭真委员长发的任命书。

1985 年 12 月 18 日,作为香港各界人士与起草委员会联系、沟通的桥梁和反映意见的重要渠道,香港有史以来最具规模的民间性咨询组织,基本法咨询委员会由 180 人正式组成,其中包括不同阶层、不同信仰、不同政见、不同国籍的各方人士。

起草委员会主任委员姬鹏飞说,我们期待着咨委会的支持和帮助。

1986 年年初,内地委员组成调查小组赴港听取意见,为起草基本法结构草案做准备。

1986 年 4 月 18 日,起草委员会在京举行第二次全体会议,确定了基本法的结构草案,并决定设立 5 个专题小组。4 月 23 日,《人民日报》全文公布了基本法结构草案。起草工作进入实质阶段。

1986 年 11 月 29 日,1987 年 4 月 13 日,10 月 12 日,草案分别举行第三次、第四次、第五次全体会议,听取了 5 个专题小组的工作报告,连续讨论研究具体条文的草稿。

1987 年 10 月 12 日,起草委员会的第六次全体会议上,成立了基本法总体工作小组,负责将各部分条文,从整体上加以调整修改。

1988年4月28日,起草委员会第七次全体会议,审议了总体工作小组提交的基本法草案意见稿,决定全文公布。

征求意见稿的公布,使起草工作进入了长达5个月的第一个咨询期。

香港各界人士对于这个维系着香港560万居民未来切身利益的征求意见稿,表现了极大的热忱。

许多社会团体自发组织起来,采取各种途径和方式,进行宣传、推广和收集意见的工作。

香港新闻界表现了少有的慷慨:各报不惜版面刊登全文,争相免费宣传,4家电视台和7家电台,每天在黄金时间里播出宣传片或宣传声带。

由151个工会及劳工团体组成的"劳工界基本法联席会议",开讲座,办展览,并推行"会见工友计划",直接听取会员的意见。

许多学校用浅显的方式,提出"基本法知多少"的问题,搞了许多选择题、是非题、问答题,开展征答比赛。

部分内地委员分两批赴港,参加了近百个座谈会,会见了200个团体代表,听取意见。

内地各界人士和中央各部门也对草案征求意见稿发表许多宝贵意见。

咨询期结束,草委会获咨委会提供的5大册据7万多份香港市民意见、建议整理成的咨询报告。根据这些报告,草委们对征求意见稿作了100多处修改。

1989年1月15日,起草委员会举行第八次全体会议,对58个修改提案进行表决,通过了12个实质性的修改提案。而后,用无记名投票的方式,逐条逐件地表决,除第19条未获通过外,以法定人数2/3的多数通过了所有的条文、附件及有关附录,形成了提交全国人大常委会审议的第一个草案。对于未获通过的条文,提交时仍保留原条文,同时加注说明。对未通为的46个修改提案也同时附上。

1989年2月15日,第七届全国人大常委会第六次会议决定全文公布基本法(草案),同时宣布第二次咨询期开始,前后为时8个月。这次咨询期经历了艰难、曲折的过程。咨询期结束时,起草委员会获咨委会据香港市民6540件意见形成的3大册咨询报告,并将内地各界人士和中央各部门的意见也汇集成册。

1990年2月17日,起草委员会第九次全体会议,用无记名投票的方式,以2/3的多数通过了5个小组提出的24个修改提案,取代了原草案的相应条文、附件和附录。上次会议未通过的草案第19条也获得了通过。草案第二稿形成。会议评出了"群众和专家结合的产物",以五星花蕊紫荆花为主题、以红色为基调的香港特别行政区区旗、区徽图案(草案)。

姬鹏飞说,由此可以告慰赋予我们重托的全国人大常委会,我们完成了起草香港特别行政区基本法的全部工作。

同天上午,邓小平会见全体起草委员,高度评价草委们用近5年的辛勤劳动,"写出了一部具有历史意义和国际意义的法律著作,这是一个具有创造性的杰作。"

香港报界发表《四年艰辛众志成城》、《坚持合作造福香港》等评论。

《华侨日报》称:草委们最后互谅互让的精神使草案能如期产生。“尘埃落定”,是三方关系正常化的转折点。今后开始进入一个新时代,循一条既定路线走向一个既定目标,目标当然是维持与发展香港的繁荣稳定。

《东方日报》称:世界上任何地区制定的任何法例,有赞成的,也就有反对的,亦难言“一致”。

《成报》称:任何纲领性文件,都不可能使社会上各阶层百分之百满意。在政论争议告一段落后,港人应团结起来,为建设香港,对中国现代化建设作出实质性贡献而加倍努力。

《明报》称:总体看,草案内容符合中英联合声明,对港人的自由、法制以及维持原有社会制度与生活方式都有详尽的规定,应当是可以满意的,世上本来就没有百分之百尽善尽美的事物,何况香港人有各种各样不同的观点与立场,决无可能对草案全部同意。

1990 年 3 月 20 日,基本法草案第二稿由全国人大常委会提交给正在召开的第七届全国人民代表大会第三次会议审议,期待 2953 名代表的最后批准。

(三)脱颖而出的在红色环抱中的五星花蕊紫荆花

香港特别行政区除悬挂中华人民共和国国旗和国徽外,还可以使用区旗和区徽。

1988 年 3 月的前两个月中,近万件应征图案稿雪片般地飞向香港特别行政区区旗、区徽评选委员会。

投稿者来自 31 个省、市、自治区及海外 12 个国家和地区。

40 年前,参加过评选新中国国旗工作,如今又身为区旗区徽评委委员的雷洁琼女士感慨地说,此次盛况超过了以往。

1987 年 4 月 17 日起草委员会通过并公布了关于区旗、区徽图案的征集和审定办法。征集工作从 5 月 20 日正式开始。

起草委员会在内地和香港刊登了关于征集和评选图案的启事。规定图案要求形式庄严美观,能体现“一国两制”精神和香港特别行政区地位特点。来稿版权归国家所有。

评委由 5 名草委和 6 名专家(内地、香港各 3 名)组成。

咨委会配合评委工作,在香港主办了各国旗徽的巡回展览,参观人超过了 17 万。

1988 年 4 月 21 日,经评委工作人员 3 天 3 夜的辛苦,去掉 3000 多件不合规定者,再按收到日期将合格者登记编号,隐去作者姓名、地区后,7147 件五彩斑斓的图案稿件被布满在中国美术馆一楼东大厅高达 4 米的四壁上。由于参选图案多以五角星来构想主题,所以人称此时的美术馆为“满天星”。

7141 件图案中,区旗图案 4489 件,区徽图案 2658 件;香港来稿 3698 件,内地来稿 34,449 件。来稿者最大年龄 73 岁,最小年龄 12 岁。

展区按类划分,区旗为 10 类,区徽为 8 类,如有以星标志为类的,有以地理特征为类的,还有以色块组合为类的。

设计者们,有的喜欢以颜色喻示主题,如用红色象征主权,用绿色象征稳定,用黄色象征繁荣,用蓝色喻义香港现行制度,用白色以示香港为明珠。

注重以造型来表现主题的设计者,用齿轮代表工业,用天平表现公正,用钥匙比喻香港自治权,用缎带表示中英共解,用书表示基本法等,可谓用心良苦,别具匠心。

一位宁夏工人,千里迢迢将自己设计的稿件送到北京,一位农民作者寄上了自己制好的旗子,但因不符合 40cm×40cm 的规定,只好被工作人员遗憾地退回。

香港一位建筑师和太太及 5 个孩子,每人设计了一份区旗区徽图案,7 口人为征集活动共提供了 14 件图案稿的事情被传为佳话。

1988 年 3 月 25 日,评委会经过 3 次无记名投票,初步评选出区旗、区徽图案稿各 26 件,没有一件是全票通过,最高票为 6 票,最低票为 2 票,可见评委意见不尽一致。

入选的 26 件区旗图案稿,多数以五角星为主题,也有以龙为主题的。作品颜色以红蓝色为主的占 2/3。

入选的 26 件区徽图案稿,也是以星、龙为图案的居多,其余或以中国国旗加以演化,或是注重香港特色的洋紫荆花及香港建筑。

评委主任钱伟长说,评委们强调作品的创造性,尽量避免选用别人用过的。评委之一马临认为,“艺术的东西是见仁见智的,香港专家评论,用投票方式,形式是公正的,但易影响作品的水平;如由专家评选,又可能流于狭窄的艺术眼光而忽略其他。”

1988 年 11 月,评委们从 52 件图案稿中,通过无记名投票,又评选出区旗、区徽图案各 6 件,作为复选图案。

1989 年 2 月,当草委会向第七届全国人大常委会第六次会议提交第一个基本法草案时,尚未产生能交付常委会审议的区旗区徽图案(草案)。

可见,作为香港特别行政区的永久标志,草委们认为目前的图案尚不尽如人意。在复选的图案稿中,最多票数不过 11 票,绝大部分草委弃权,不满意图案的艺术水平。

怎么办？7000 幅图案提供了丰富的灵感和素材。经过集思广益,评委们提出了“动态紫荆花”的构思。

于是,由艺术家执笔,修改了原入选设计,终于改出了 8 套水准都很高的图案。

1990 年 2 月 17 日,在草委会第九次全体会议上,一次投票以 2/3 的多数通过了其中编号二的区旗区徽图案(修改案)。它是凝结着 7000 多位来稿者和专家智慧的产物。

体现了“一国两制”特点和香港特色的、以红色为主的、五星花蕊的紫荆花区旗就图案(草案)和中间是五星花蕊的紫荆花,周围写有"中华人民共和国香港特别行政区"和英文"香港"的区徽图案(草案),历经2年10个月,终于脱颖而出,作为集体智慧的杰作,呈送到了全国人民代表大会的议案桌上。

(四)"朝乾夕惕、忠于厥职"的基本法咨询委员会
千淘万漉虽辛苦,吹尽狂沙始到金

当基本法草案可望通过的时候,人们不会忘记那些曾为之奔走、呼吁,以"朝乾夕惕、忠于厥职"的态度从事着史无前例工作的香港特别行政区基本法咨询委员会。

尽管新闻界曾高度评价过这个组织的重要作用,但今天记者仍忍不住要为他们大书一笔。

咨委会的主要任务是,配合起草进程,开展连串的推广、咨询活动,为草委会能有效地听取港人的意见而发挥重要的桥梁作用,使基本法植根于民众之中。

1985年12月18日,180人组成的基本法咨询委员会正式成立。它的组成采用了界定团体选举和非界定团体邀请相结合的办法,使成员来自广泛的阶层和界别。

180人包括工商、金融、地产、司法、法律、教育、传播媒介、劳工、公务员、宗教、学生、社会服务等代表人物及少数外籍人士。

1986年2月25日,咨委会邀请16位在港生活、学有专长的知名人士担任咨委会的顾问。

1986年3月1日,咨委会成立8个专责小组,负责研究草案细节。8个专责小组又成立了28个工作组,深入调研。

与此同时,不同行业、阶层、地区又纷纷建立基本法的关注小组、联席会议,成为咨委会的渠道。

在确立基本法结构草案阶段,咨委会分6批作专题研究,发出了200多封信向团体、个人征求意见。它的专题小组召开了270多次会议,先后整理了36份报告和21份专题研究报告。先后有7批咨委会百余人次到北京,同内地委员交换意见,最后由咨委会向起草委员会提供了57份报告及专题研究,同时派发了10万多份给市民参阅。

1988年4月,基本法(草案)征求意见稿公布后,咨委会在900多个地点免费向市民分发了征求意见稿的中英日文本达100万册,其中中文本73万多册,英文本1.9万多册,日文本550册。

咨委会专门摄制了《认识基本法》的录像带3000多盒,分送成出售给各社会团体、学校播放。在香港各区分别举办了"基本法与你"的展览,以生动活泼的图片和文字说明,向市民作通俗介绍。

专责小组实行尽量公开的工作方针,主办公开论证会、研讨会、公听会,邀请专家、团体代表发表意见。

咨委会实行会见市民计划,每月约举办一次,鼓励委员以个人身份自行接见市民,扩大咨询工作的群众性。此举颇受各界人士欢迎。

5个月的咨询,咨委会耗资1500万港元用于宣传。

得到的是,来自市民的72,632份建议意见,16份民意调查报告。在此基础上,综合整理的5大册咨询报告,对起草委员会修改征求意见稿起了十分重要的作用。有117处修改来自咨询报告。

咨委会每年还分3批到内地与起草委员会委员直接对话,交换意见。

1989年2月,随着基本法第一个草案的公布,咨委会进入了长达8个月的第二次咨询期,经受了新的考验。

此间,咨委会得到香港800多家银行及其分支机构的支持,协助发放草案及参考资料,并将草案运送到多个华人众多的外国城市。

咨委会得到广告公司协助,设计制作了宣传口号、海报及电视片,得到各电台、电视台的免费播放。在刊登有关广告时,受到香港地下铁路公司给予的免费和特惠的折扣。得到多家地产商的鼎力相助,提供场地作展览。

1989年五六月,由于内地发生了一连串的事件,致使咨询工作难以进行。

7月10日,姬鹏飞重申,中国政府对香港的政策不会改变。

7月20日,咨委会全面恢复咨询的正常工作。全国人大常委会批准将咨询期推迟到10月底结束。

在此期间,港人对前途问题的忧虑,增加了咨询工作的压力,但全体委员仍矢志不渝地为起草出一部好基本法作自己的努力。

在第二次咨询期中,咨委会印发草案文本57万多份。在876个地点派发参考资料32万多份,派发草案简介25万多份。

在港九新界10处地点巡回展出,参观者超过25,700人次。

此间,王汉斌率部分内地委员访港,参加了30多次座谈会会见了香港各界人士800人次,咨委会还在广州举行了5次对口小组交流。

截至10月31日,咨委会共收到市民意见6540件,民意调查报告21件,根据这些意见形成8册咨询报告提供草委会,为草案的第二次修改提供了很好的基础。

香港著名实业家,文字学家,草委会副主任委员、咨委会主任安子介说,在基本法整个起草过程中,咨委会提供的相当多的意见被采纳,这可以从征求意见稿和草案的两次修改中得到反映。

5年波澜迭起的起草过程,最重要最艰巨的工作就是咨委会的组织工作。

这样一份复杂的法律文件,咨询了如此长的时间,如此广泛的面,在香港百年历史上是前所未有的。

咨委会的全体成员,以他们力求公允、客观、全面,一丝不苟的认真态度赢得了人们的信任和尊敬。

他们卓有成效的努力和不失为桥梁的作用,将随着基本法的最终诞生而和草委们一同当然地载入史册。

（五）和衷共济谱写统一的第一部交响曲

过程的清晰揭示，只能发生在过程完成之后或者更久。

1990年2月17日，是一个令人激动而难忘的历史时刻，来自不同制度的香港草委和内地草委，经过4年多的和衷共济，终于达成了多数的一致，完成了历史性的合作。

草委们感慨万分，以亲身经历纷纷发表感想。

"未来香港的自治权举世无双"是全国人大法律委员会副主任委员项淳一的评价。他说，这个创造性的法律来源于"一国两制"。实际上，1982年，修改宪法时，小平同志就已经提出了这个问题，他说，在制定宪法时，要对香港、澳门和台湾留有余地，可以实行不同的社会制度。所以，在中国宪法体系里面，就有了"一国两制"的余地。

现在基本法草案给予香港的自治权，在世界各国的中央与地方政府的关系上，香港可称最多，甚至超过了联邦制国家的州权力。比如，财政完全独立，税收不上缴中央，特别行政区有权发行货币，这在联邦制国家都是没有的。任何一个国家是实行统一的法律体系，便是将来香港是与国家分开的，与内地不一样，这种在一个国家内允许实行两种法律，也是历史上没有的。香港将来保留原来的、完整的法律体系，与整个国家初步形成的有中国特色的社会主义法律体系完全不一样。这样，从财政、经济、法律体系，以至政治体系，都是相对独立于整个国家，像这样的自治权在世界还没见过。

中国法学会副会长、草委会居民权利和义务专题小组负责人王叔文认为，基本法草案从法律条文上对港人的权利、自由作了五层保障。

他说，从第25条到第37条，对香港居民的基本权利和自由作了非常明确的具体规定，其范围包括了政治、人身、经济、文化、社会以致家庭等各个方面。可以说，保障的范围是全面的。第二层保障，第38条的意思是，香港居民除了享有基本的权利和自由以外，其他的权利和自由只要与基本法没有抵触的也给予保障。第三层保障是第39条，将两个国际人权公约、国际劳动公约写进基本法，规定适用于香港的有关规定继续有效，通过香港立法予以实施。第四层保障就是对"新界"原居民特殊的传统权益给予保障，为此，专门写下了第40条。第五层保障是第41条，使在香港的其他人的基本权利和自由也得到法律保障。

"四年的合作真正是和谐和愉快的。"香港大学前任校长、起草委员会委员中央和香港特别行政区的关系专题小组负责人黄丽松说。他觉得，在整个起草过程中，内地委员一向很愿意听香港委员的意见，并非有了一个定见再来与我们讨论。

他举例说，在讨论到全国性法律在香港的实施问题时，开始提供讨论的条文对全国性法律在香港的实施,并无清楚的界定,香港委员对此非常紧张,认为内地法律与香港法律完全不同,如在香港实施,就不得了。而内地委员则认为,有些全国性的法律是一定会在香港实施的,这不仅是主权体现的需要,也是法理上的需要,例如,领海、领空法、国籍法、国旗、国徽等,都属全国性法律,将来也都要在香港实施,因此,基本法不能没有这一条。经过小组的仔细讨论和交换意见,现在以附件三列明了哪些全国性法律适用于香港,没有列的就不适用了。这点对界定条文定义和范畴是很重要的。列清楚以后,这一条文就都可以接受了。

当然,香港委员与内地委员的立场不可能完全一致,但正因为这样,才需要通过讨论使彼此明了对方的想法,在我们来说,就是努力让内地委员明了香港的情形和意见,最后寻求一个协调的位置。

“4 年的起草过程是民主协商的过程,草案是民主的结晶。”全国人大常委会副委员长、中国八大民主党派之一的中国民主促进会中央主任委员雷洁琼女士这样认为。

香港生、香港长的草委会副秘书长毛钧年认为,基本法制定的过程是史无前例的开放和民主。实践证明,中央人民政府是充满诚意的,最后一次起草委员会全体会议的成功,正是一个标志,诚意首先表现在重视港人的长远利益和尊重港人的意见上。

他说,这次主要是靠协调来解决分歧。协调方式比纯表决民主,因为它力求被绝大多数人接受,真正达成共识。报告中用“有的”、“有些”这样的字眼来表达少数意见,充分体现了尊重多数保护少数的精神,很多修改意见都是香港委员提出的。如劳工界提出退休保障和集体谈判两项要求,去年没机会游说解释,全体会议未通过,弃权票很多。今年大会,退休保障一项已写进条文,并获九成票数通过。而集体谈判则因条件未成熟,暂时搁置。这说明草委会很尊重香港委员和港人的意见。此外,不单在内容方面,甚至会议的方式程序、用词等,也有很多是采纳了香港委员意见而成的。

原香港最高法院上诉庭按察司(大法官)李福善认为,内地和香港之间互相迁就,不能说谁“出卖”了谁。香港人对中央政府的恐惧和中央对港人的担忧都是有历史背景的,不能责怪谁,也不能说完全是无理的揣测。正是这样,所以要努力寻求互相理解,否则就容易对抗,这是大家最不愿看到的。内地和香港草委各有不同的生活经历和习惯,有不同意见在所难免,但 4 年多的合作,大家能达到理解,令人宽慰。而两地委员建立起的深厚友谊,则是最大的成功。

作为曾参与缔造中华人民共和国司法制度,又历经过 3 个朝代的中国法律界的老前辈张友渔,几乎参加过中国所有重大法律的制定。据他的经验,认为这次起草的是难度最大的一个法律。

张老说,起草法律出现不同意见,发生激烈争论是经常有的。但是,起草过程中曾出现个别委员以对立的成见来作意见依据的现象却是过去从未经历过的,因而成为起草工作中最难解决的问题。幸而这种情况已经过去了。表决的盛况说明,经过大家很好协商,没有什么解决不了的。

从事哲学、历史、思想文化研究50多年的全国政协副主席、草委会副主任委员胡绳说,内地和香港委员和衷共济,合作4年,能有今天的成果是各方人士特别是香港各界人士的努力的成果,这使"一国两制"迈出了成功的一步。

全国政协副主席、著名科学家钱伟长回顾4年多的历程,感慨地说,每一个中国人都应希望中华民族的统一。中华民族只有在统一的条件下才能强大起来。能够拿出这样一部基本法的确不容易,应倍加珍惜。

"一国两制",香港特别行政区基本法草案的胜利完成,开拓出对于全人类具有昭示意义的广阔前景。

如果没有改革开放的10年,就不会有今天的香港特别行政区基本法草案。

也许,50年后,我们才会更深刻地理解今天。

千秋功过历史自有评说!

(1990.3.30)

点　评

作品全景式讲述了香港基本法的诞生过程。通过记者大量的采访、调查并辅以充实史料,充分展示了邓小平等老一辈政治家的远见卓识和"一国两制"的伟大创举。文章立意高远,视野宏大,内容翔实,具有很强的感染力。

天津市法院廉政建设出妙招

当事人“审”法官

刘林山　李多强

最近,天津市高级人民法院传出一则新闻:昔日受审案件的当事人,回头“审判”曾经审理过他(她)们案子的法官。这件事在天津市民中引起浓厚兴趣,群众说:“这招儿妙,有胆气!”

前不久,天津市高级人民法院纪检科、监察室,从中级人民法院去年审结的离婚、房屋及宅基地纠纷、损害赔偿等民事案件中,随意抽出154件,分别向原、被告双方当事人发出征求意见信,请他(她)们对主审人员的审判作风、运用法律、掌握政策情况及案件处理结果等,按照好、较好、一般、差4个层次进行评议,发表意见,提出建议。在不到1个月的时间里,返回180封信,有25人到法院慷慨陈词,其中,约70%的当事人对法院的审判工作给予肯定;20%的人对法院工作应加强审判监督、提高办案质量等问题提出积极建议;约10%的当事人对个别审判人员的态度蛮横、调查不深入、开庭不及时以及超审限、执行难等,提出较尖锐的批评。

一位负责同志告诉记者,对上述问题,他们将严肃、认真对待,对个别严重的问题,经核实后要公开处理。

(1990.7.30)

点　评　法官——权力、公正、尊严的象征,而不正之风却使个别执法人员天平倾斜,使法律尊严受损。天津市法院把当事人当镜子,照出自己的不足,立行立改,表现出维护法律尊严的勇气,值得称道。

虽建广厦千万间　难令天下寒士尽欢颜

上海出台房改方案

推行公积金　提租发补贴　配房买债券
买房给优惠　建立房委会

刘　建

上海市第九届人大常委会第二十四次会议2月8日审议并通过了关于原则批准《上海市住房制度改革实施方案》的决议。这一方案是在先后召开15次座谈会、广泛听取各界人士意见的基础上制定的。

此项改革的基本原则是，逐步实现住房商品化和自住能力，改变现在低租金、无偿分配住房的制度；建立国家、集体、个人三结合筹资建设住宅的机制，改变由国家、集体包下来的建房办法；建立公正、权威的住房决策、管理和监督机构，改变管理分散状况，纠正住房与分配中的不正之风。

“房改”的具体方案主要有5项内容：一是职工及所在单位按月交纳公积金；二是公房租金提高1倍，相应给予每个职工月工资2%的住房补贴；三是新租住公有房屋的职工，须按规定购买住宅建设债券；四是鼓励职工购买自住住房，给予买房者优惠；五是建立公正、权威的住房委员会，以对住房制度改革进行决策研究和管理监督。

党的十一届三中全会以来，尽管上海新建住宅近5000万平方米，大大超过解放前上海住宅的总量，有83万户、270万人住进了新房，但住房紧张的矛盾仍十分突出。据统计，全市人均居住面积在4平方米以下的各类居住困难户还有32万多户。近两年来，住宅建设资金日趋匮乏，只有建立起国家、集体、个人共同筹资建造住宅的机制，才能进一步改善市民的居住条件。

据悉，上海房改方案的具体实施细则和实施时间，将在该方案模拟运行几个月后由市政府确定。

（1991.2.11）

点　评　在中国改革开放40年中，“房改”曾在人们心中留下深深的烙印，尤其1998年起取消福利分房，住房实行“市场化”，中国房地产企业如雨后春笋般发展。此后出现重市场、轻保障，房价上涨过快、炒房成风、房地产金融化，一些投机行为更不断吹大房价泡沫，直至中央出手整顿房地产业。如今“房子是用来住的、不是用来炒”的定位深入人心，促进了房地产市场平稳健康发展。

社会用字剪不断理还乱

赵　翔

语言文字的运用，是否合乎规范、标准，往往反映一个国家、一个民族的文明程度。

——万里

你穿过“袂子”吗？喝过“皮氿”吗？吃过“大便鱼”吗？

面对市场上常见的这些字，在你作出回答前，恐怕得猜会儿。

拥有几千年历史的汉字，是适应人们进行交流的需要而产生的必不可少的工具。从结绳记事到仓颉造字，文字的第一要义是让人识得。因此，书写规范，是文字的起码要求。

可如今，五花八门的不规范字却在肆无忌惮地横行霸道。

在上海，几位站在浦东陆家嘴路上的外宾，手里拿着《上海市区交通图》，却不知道自己究竟站在哪儿？因为地图上标着“陆家嘴路”，可这里的路牌上却写着“陆家咀路”。

在深圳，一位大学生把广告牌上的“潤膚霜”念成“润虏霜”，闹出笑话。这位学生在一阵脸红之后说：“若是‘肤’字，即使念半边也能蒙对。”

在北京，一位教师打开学生寄来的漂亮贺年卡，发现贺卡上将教师的“诲人不倦”印成了“侮人不倦”，这位教师捧着贺卡哭笑不得。

……

一

秦始皇统一中国后，进行了中国历史上第一次大规模的文字规范化运动——“书同文”，从而结束了战国七雄时车不同轨、书不同文的局面。隋唐时，皇帝对大臣奏折、文章的用字要求极严。如果奏折中出现不规范字，轻则罢官，重则性命难保。唐宋元以来的各代都有规范用字专书。在科举考试中，文章必须写“八股文”，用字必须写“正字”，即规范字。如果不用正字，文章做得再漂亮也会榜上无名。

在西安的碑林中，现在仍保存着唐朝时刻的正字碑，《千禄字书》为唐代的规范字手册。

新中国成立后，党和政府十分重视文字规范化工作。1956 年 1 月，国务院全体会议第 23 次会议通过决议，正式公布《汉字简化方案》。决议规定，在简化字公布后，除了翻印古籍和某些特殊情况外，原来的繁体字应该停止使用。周恩来总理指出，制定这个方案的目的在于把社会混乱的用字引导到一个统一的规范中。

1964年，经国务院批准，公布了《简化字总表》。这年的“五一”节后，经过天安门广场的人们发现，天安门城楼上位于毛主席像左右的两条大字标语有了变化：标语里的繁体字全都改成了简化字。

1977年12月，《第二次汉字简化方案（草案）》发表，广泛征求意见，并短期在一定范围内试用。到1986年6月，为了纠正社会用字混乱现象，国务院批准废止了“二简字”，重新发表了《简化字总表》，以利于人们正确使用简化字。

随后，国家语委在1987年分别会同有关部门联合制定了《关于地名用字的若干规定》、《关于广播、电影、电视正确使用语言文字的若干规定》、《关于企业、商店的牌匾、商品包装、广告等正确使用汉字和汉语拼音的若干规定》。这些文件明确规定：各类地名，电影、电视剧的片名、字幕、演职员表及广告，企业、商店的牌匾、商品包装、广告等用字必须合乎规范，不得使用已简化了的繁体字、被淘汰了的异体字和不规范的简化字。

那么这3个规定在现实生活中究竟贯彻执行得如何呢？

从1989年10月到1990年9月，北京市语委等有关部门对全市8个城近郊区300条大街的社会用字进行整顿，检查出不规范字27，151个；

1990年2月12日至3月12日，北京市语委将中央电视台二频道播出的节目（晚7时至结束）录制下来，检查发现包括电视剧、专题片片名及广告等节目中不规范用字达168个（还不包括有的电视剧全是繁体字幕）；

今年年初，北京史家胡同小学六二中队二小队开展了一次小队活动。在东四至东单的大街上，小学生们共查出不规范字100余处，仅在东四商业大厦，便查出32处；

“三个规定都是‘弹性文件’！”一位参加过检查工作的北京市语委的同志坦率地说。

记者把这几个规定仔细推敲了一下，发现“弹性系数”确实很大。这些规定都要求使用规范汉字，却没有一处规定如不使用规范字会承担什么责任。

既然无任何责任而言，人们在用字时当然也就不怕出错了，于是各种不规范字便冲上了大街小巷，冲进了屏幕书报……

“走在街上，我经常遇到看不懂的字。”中宣部副部长李彦苦笑着抱怨。

二

社会用字混乱，主要表现为滥用繁体字、使用已废止的“二简字”、乱造简体字和写错别字。

拿起图书杂志，封面上印的是《共和國風雲四十年》、《大衆電視》；走在街上，映入眼帘的是“長安商場”；购买商品，上面贴着“名優產品”；打开电视，里面播着“陳毅三進泰州城”……

繁体字大量涌现,可怜的是那些中小学生,很多字他们原本是认得的。

某地一条街的店铺中,一个“富”字就有“冨”等3种写法;有的商店橱窗上用彩纸剪贴的“经营特色”中,错别字也成了“特色”,如“另件”(零件:编者注)等;很多老萧已被改成了老肖,名人萧乾也难逃脱。

记得“文化大革命”中曾风传一个笑话:一插队知青在给父母的信中,把“同大娘同睡一炕”写成“同大狼同睡一坑”,“想上调”写成“想上吊”。如果把这类笑话的产生归咎于那个知识贬值、文化遭劫的时代,那么“袜子”、“大便鱼”之类又该归咎于什么呢?

《汉字简化方案》是经过政府以正常的程序公布的,具有法规的性质,每个公民都有遵守它的义务。然而许多人把写不规范字看作区区小事,无关宏旨,头两天刚纠正的错别字,过两天又出现在新的告示中。

在新华书店,几乎看不见规范用字的手册,如《简化字总表》、已废止的“二简字”、异体字整理表等。有关用字的规定,很多该知道的部门、单位并不知道。与此同时,在电视、报刊、图书上却经常出现不规范字。特别是在党和国家领导人的题词中,也经常出现不规范字。如去年3月,新闻媒介发表了党和国家领导人关于向雷锋同志学习的题词手迹。3位领导人的题词共82个字,其中不规范用字达16处。另外,书法家在为企业、商店题写牌匾时,大量使用不规范字,也增加了社会用字的混乱。

缺乏一支健全有效的社会用字监督管理队伍,使得用字混乱很难得到纠正。亚运会前,北京整顿社会用字,临时组织的队伍纠正了一大批不规范字。到今年五六月再临时组织人马检查时,发现不规范字又大量出现,“胡汉三又回来了”。

由于目前的文字规范化工作法制不健全,北京市语委的同志抱怨说,组织街道干部上街检查用字时感到没有“尚方宝剑”。景山街道办事处一位副主任在检查时被一个体户打伤。检查中受讽刺、遭白眼、挨骂更是常事。他们深深感到这项工作没有法律作保障很难开展下去。像“中国人民政治协商会议全国委員会”这样用字繁简混杂的牌子,北京市、区、街道有关人员多次上门提出要求改正,可这块牌子仍高高悬挂。

三

随着信息技术的迅速发展和计算机的广泛应用,语言文字的规范化、标准化,已成为提高计算机语言文字信息处理水平和推广、普及信息处理技术的重要条件。进一步做好语言文字的规范化、标准化工作,是十年规划和“八五”计划纲要中确定的今后十年语言文字工作的一项总任务。

国家语委文字应用管理司司长王伯熙在接受记者采访时对社会用字混乱现象

深表忧虑。他强调了依法管理的重要性。据透露,国家语委正在与有关部门联合制定3个条例。其中与新闻出版署联合制定的《出版物汉字使用管理条例》(讨论稿)已成形。该条例将在报国务院批准后实施,这将是一项单独的行政法规,以保证新闻出版单位汉字使用的规范化、标准化。另据北京市语委透露,《北京市社会用字管理规定》亦在拟订中。

记者认为,改变社会用字混乱的现状,加强文字规范化、标准化工作是一项系统工程。首先,要把社会用字纳入依法管理的轨道,这就迫切需要制定有关的法规,使这项工作有法可依。其次,教育、文化、广播电影电视、新闻出版、工商、交通、邮电等各行业各部门都要高度重视,互相支持,密切配合,采取有效措施。再次,要建立健全社会用字管理队伍,使这项工作经常化、制度化。最后,希望党和国家领导人、名人及书法家们在社会用字的规范化方面带个好头,从而形成一个良好的规范用字的氛围。

有人提出:"二十一世纪将是汉字走向世界充分发挥威力的时候。"对此,著名语言学家吕叔湘先生认为:"汉字要在二十一世纪到广大世界去闯荡江湖,这是件叫人高兴的事。不过,我总希望在二十世纪剩下的十年内把用字混乱的毛病治治好再领它们出门。这样,我们留在家里的人也放心些。"

(1991.7.24)

点　评　作品从语言文字关乎国家文明程度的角度,透视语言文字在历史发展中的重要作用,梳理当时语言文字使用中的乱象,呼吁依法规范语言文字。文章条理清晰,夹叙夹议,娓娓道来,为治理语言乱象作解。

执法是普法的“参照系”

钱　锋

俗话说，“榜样的力量是无穷的”。如果把这句话套在普法工作上，应该说，“执法的影响是无穷的”。

不妨作个“两面观”。

某些政府部门、某些单位的领导以权代法，某些执法部门、行政管理部门的执法人员执法犯法，徇私枉法，会给普法带来一种消极的逆反心理，人们会产生一种错误的价值判断：看，学法有什么用？学了半天，还不是权大于法。“一五”普法期间以及“二五”普法开始时，一些公民、一些单位对普法工作不甚重视，即与此种心态有大干系。

相反，倘若各级政法部门，各类执法人员都能不徇私情，真正以法律为执法的“准绳”，让人们看到法律的尊严、法律的公正无私、法律适用于每个公民时的真正平等，那么不用号召，人们自然就会从心底涌动起“学法用法”的自觉性，普法的积极性便会极大张扬。

由此可见，普法也需要这方面的良好导向。严格执法，依法行政不仅仅是学法用法的目标，而且还是普法的“参照系”。执法的好坏，不仅关系是否有人含冤，是否做到了不枉不纵等具体事，更重要的是它影响公民法制观念、法律意识的形成或丧失。而这，正是普法要解决的根本问题。

“二五”普法中，执法人员是普法的重点，他们同时也应该是“用法”的榜样。我们相信，通过各级政府部门尤其是各级政法部门的努力，进一步消除徇私枉法、以权代法等现象，扭转目前存在的某些法律的“失效”状态，增强法律的硬度，增强人们对法律的信心，就一定会推动“二五”普法的进程。　　(1991.10.8)

点　评　文章论点鲜明，切中要害，用正反两个方面论证，浅显易懂，与若干年后“谁执法、谁普法”的要求异曲同工。

抗诉，不再是刑事诉讼的“专利”

我国首例行政诉讼抗诉案在浙江审结

陈洪钧　刘国航

10月12日，浙江省高级人民法院在富阳县开庭审理了一起由省检察院抗诉、省法院以审判监督程序再审的行政诉讼案件。这起历时一年零一个月的全国首起行政诉讼抗诉案在钱江两岸广大干部群众中引起了强烈反响，认为省检察抗诉有理，省法院再审公正。

1990年8月30日，富阳县里山乡红光村村委会主任夏小松煽动本村村民与相邻的强烈村村民争夺一块石头，造成10多人受伤。富阳县公安局依据《治安管理处罚条例》的规定，给予夏小松治安拘留12天的处罚。夏小松不服，诉讼到富阳县人民法院。经审理后，县法院判决维持公安机关的裁决。

夏小松仍不服，向杭州市中级人民法院上诉。市中级人民法院以“公安机关适用法律错误”为由，撤销了富阳县公安局的裁决。富阳县公安局认为中级人民法院的判决理由不足，依法向杭州市人民检察院提出了申诉，得到了支持，并由省人民检察院提出抗诉。

10月12日下午，浙江省高级人民法院行政庭在富阳开庭，经庭审调查、认定浙江省人民检察院抗诉有理有据，富阳县公安局对夏小松的治安处罚裁决，事实清楚，证据确凿，适用法律正确，维持县公安局行政裁决。这起历时一年零一个月的“胡子”案件，以维持公安机关的合法裁决而告终。

另据最高人民检察院民事行政检察厅透露，目前全国各地检察机关已受理民事、行政申诉案2361件，立案达644件，已结案572件。已向法院正式提出抗诉9件，其中浙江和新疆的两件已宣告“抗诉成立”。

我国首例民事诉讼抗诉案在新疆审结

王水灵　朱思恩

一起民事诉讼抗诉案，前不久在新疆哈萨克自治州审理完毕，原已生效的法院两审判决被撤销。

据悉，这是自今年4月9日实施新的《民事诉讼法》以来，首次被认定“抗诉成立”的民事诉讼抗诉案例。

该案例系一宗购销及质量纠纷。1989年，伊宁市一家联营建筑公司承建伊犁地区某办公楼工程。承包人张海欣与伊宁市一家涂料厂厂长苟晓军达成口头协议，购买涂料和107胶等产品。张海欣在提货后（货款总价值为6400余元），先交付了

2500 元,同年 10 月底又交给苟晓军 400 元现金。不久,张以涂料质量不合格、造成工程返工为由,拒付其余货款。于是,苟即诉至法院。1991 年 2 月 5 日,伊宁市人民法院作出一审判决,认定当事人双方的口头购销合同无效,应该互相返还已取得的财物。同时,对那笔 400 元现金不予认定。张海欣需一次付给苟 3900 余元,诉讼费由双方分担。4 月 22 日,伊犁地区中级人民法院又驳回被告上诉,维持原判。

1991 年 8 月 5 日,伊犁哈萨克自治州人民检察院以该案“事实不清,主要证据不足,适用法律错误”为由,向新疆维吾尔自治区高级人民法院伊犁哈萨克自治州分院提出抗诉。州法院依法裁定再审,并组成合议庭。为此,伊犁州人民检察院也派员出庭,宣读抗诉书。9 月 23 日,伊犁州法院作出终审判决:撤销伊宁市法院和伊犁地区中级人民法院的一、二审判决,对张海欣付给苟晓军的 400 元现金予以认定;张付给苟欠款 3500 余元;涂料厂的产品不合格,造成建筑工程队返工,应承担双方总经济损失的 70%。两项相抵,涂料厂应付给张海欣 900 余元。　(1991.11.6)

点　评　这一组报道分别报道了我国首例行政、民事抗诉案审理情况。检察机关履行法律监督职能是法律赋予的职责,这两起抗诉案件表明,检察机关改变了当时法律监督局限于刑事诉讼领域的做法,补上了对民事诉讼、行政诉讼实施法律监督的短板,开始全面履行法律监督职责,其意义深远。

从《海瑞罢官》想到的……

石太有

1990年年初周末版创办时，为配合《明镜台》宣传廉政建设和作风建设，我们即意欲采访海瑞故里——海南岛，但未能如愿。观近期中央电视台播出电视连续剧《海瑞传奇》，再次引发了寻觅海瑞踪迹的兴趣。

1991年12月15日，已近冬至节气。冒着北京寒冬晨雾，我们动身南下。

提起海南岛，不由得想起时间跨度相隔数百年的著名人物——海瑞。

海瑞，是明代著名清官，有“包公再世”、“南包公”之称。我在青少年时代，即喜读公案一类戏曲小说。海瑞，像包公那样刚直不阿、清正廉洁的形象，给了我深刻印象。他的为人与事迹，被人们写成文章广为传颂。由著名明史专家吴晗撰写的京剧《海瑞罢官》及有关文章，即为其中的一部分。

早在1957年反右派扩大化后，伤害了一部分干部和知识分子的积极性，不少人怕惹是生非，不敢讲真话；接着在1958年“大跃进”、人民公社化运动中又出现了高指标、浮夸风和共产风等“左”倾错误，更助长了一些人说假话，报喜不报忧。毛主席当时已觉察这个问题对工作造成的损害。

一次，毛主席观看湘剧《生死牌》，剧中海瑞这个人物引起了他的注意。于是他阅读了《明史·海瑞传》，并向有关同志介绍了海瑞故事。毛主席说，海瑞这个人对嘉靖皇帝骂得很厉害，骂嘉靖是“家家皆净”，他还把这话写在给皇帝的上疏里，以后被关进监狱。尽管攻击皇帝很厉害，但他对皇帝还是忠心耿耿的。毛主席还说，要宣传海瑞的刚直精神，找几个历史学家研究一下。

事后，一位领导同志将此意讲给了吴晗，鼓励他写有关海瑞的文章。吴晗平时也很赞赏海瑞敢讲真话、犯颜直谏的精神。他听了这位领导同志的意见后，便先后为报刊撰写了《海瑞骂皇帝》、《海瑞》、《清官海瑞》、《海瑞的故事》等文章。这些文章都是古为今用的，是针对当时一部分干部中存在的问题，宣传发扬敢于说真话、言行一致的海瑞精神。

1959年9月以后，吴晗又应著名京剧演员马连良之邀约，编写京剧《海瑞罢官》。其情节主要是写海瑞任职松江府期间，礼部尚书徐阶回归故里后，大量兼并土地，其子徐瑛仗势霸占民田，毒打农民赵玉山，气死赵之独子，抢走赵的孙女赵小兰。小兰的母亲洪阿兰告到县衙，县官庇护徐家，不予受理。海瑞微服察访，从乡民中了解真情，平反冤狱，判处徐瑛死刑，并迫使徐阶退出强占的民田，以除霸罢官结束。

此剧情节感人，公演后，引起社会各界强烈反响，称赞它不仅伸张了正义，对现实也有教育意义。毛主席对此也很高兴，在家里专门接见了主演海瑞的马连良，同他一起吃饭，请他唱戏，并说：戏好，海瑞是好人。

岂料，天有不测风云。江青、姚文元一伙心怀叵测，经过幕后密谋策划，1965 年 11 月 11 日，在《文汇报》上抛出《评新编历史剧〈海瑞罢官〉》的文章，恶意诬陷《海瑞罢官》是“为了配合我国三年困难期间帝、修、反的反华大合唱”，是“一株反党反社会主义的大毒草”。罗织种种罪名，必欲置之死地而后快。一时间，是非颠倒，人妖不分，批判《海瑞罢官》之风甚嚣尘上。由此作序幕，生生发起了一场十年浩劫的大悲剧。在这场悲剧中，吴晗等一批正直人士含冤惨遭迫害致死。就是早已作古的海瑞等历史人物，也难幸免。当时，我正在天津市某家省报记者站工作，出于朴素的阶级感情与善良愿望，也成了一名盲目跟着摇旗呐喊的小卒。往事历历在目，现在想来，真是荒唐可笑。

历史是无情的。党的十一届三中全会终于恢复了历史本来面目。正义得到伸张，一群跳梁小丑得到了应有的惩罚。

当今，宣传海瑞精神，弘扬古人的良风美德，以儆后人，振兴中华，仍属至关重要。

正是基于这种想法，我们才远涉南海，寻踪访古……　　(1992.2.29)

点　评　批判《海瑞罢官》，是十年浩劫的开始。文章从《海瑞传奇》热播说起，联想到“文化大革命”对国家的破坏，深刻剖析了这一历史上清廉形象代表人物在不同历史时期的定位，从中深刻折射出法治的重要性。

三资企业在中国

伍　彪

要用加倍的利润收买资本主义。资本主义得到的将是多余的利润——这种多余的利润由它去吧——我们所得到的将是主要的东西。

——弗·伊·列宁

我们从小就知道:资本来到世间,身上的每一个毛孔都渗透着血和肮脏的东西。因而,当"三资"企业随着改革开放的大潮出现于80年代的中国时,给中国人的心灵深处带来了一场不亚于里氏8级地震的大振荡——

面对着大鼻子、小鼻子的洋人到中国合资办厂的势头,有人套用了一句歌词:"帝国主义夹着皮包又来了。"

一位在合资企业开车的老工人,忍受不了给美国专家开车的苦衷:"这30年咱建设社会主义,国家强大了,中国人的腰杆硬朗了,怎么临了还要咱去伺候美国人?!"

有人忍受不了"三资"企业的管理方式:"咱这还叫社会主义吗?"

……

物换星移,12年过去。今天,中国的"三资"企业已由零的突破发展到了44,000多家,成千上万的人进入了"三资"企业的职工队伍。人们看到,"三资"企业的冲击并没有冲垮社会主义,相反却大大增强了社会主义的物质基础,大大提高了中国的综合国力,大大丰富了人民的物质生活。

人们接受了它。

这一变化,仅仅12年。

中西板块的大碰撞

70年代末,当中国人从"文化大革命"的风浪中脱身出来,面临的是一个难以容忍的现实:我们落后了。我们有被开除球籍的危险!

深刻的危机感导致了一场"实践是检验真理的唯一标准"的大讨论。打开国门、学习外国的先进技术、吸收一切有益于社会主义建设的人类知识财富、建设一个四个现代化的社会主义中国成为人们的迫切愿望。

于是有了深圳。于是有了《中外合资经营企业法》。于是有了北京航空食品有限公司、中国迅达电梯公司这第一批中外合资企业。于是,"桑塔纳"、"切诺基"、"福日"等从未听说过的词汇渗进了汉语的大家庭。

但是，人们很快发现：外商独资企业、中外合资企业、中外合作企业这“三资”，不仅使中国人吸收了外资、引进了设备，学习了技术，而且带来了不同社会、历史、文化背景下观念的冲突。

先是打卡上班。吃惯了“大锅饭”的工人们突然发现再也不能迟到，哪怕迟到一分钟也要承担扣除奖金的后果。不少人受不了。因为，“时间就是金钱，效率就是生命”还属于一个不能接受的观念。

接着是打破“铁饭碗”。干部不能永远是干部，工人也有被辞退的可能。人们难以接受。因为，进入工厂便一生有靠，生老病死、上学入托、医疗住房统统由企业来负担，人们已认为是理所当然的事情。

再接着是收入拉开档次，开始出现了结构工资制。工资成了因工种、效益的不同而如机器活塞一样可上可下的浮动物。人们更不适应，因为“干好干坏一个样”早已见怪不怪了。

北京吉普汽车有限公司——中国汽车行业的首家中美合资企业。当这一系列制度出现在已有几十年历史的北京汽车制造厂的合资部分时，不啻是在职工队伍中扔了一颗原子弹。于是有人哭，有人骂，有人跳，有人嘀咕，有人摇头，有人瞪眼——千头万绪归结为一句话：这还叫社会主义吗？

可是，形势比人强。北京吉普公司的决策者们铁了心：砸破“铁饭碗”、搬走“铁交椅”、打破“铁工资”的路非走不可。各级实行单一首长负责制，各级干部由公司发聘书、定任期，还要接受上级考察和群众评议；工人一律合同制；工资实行结构工资制——工资总数中除岗位工资外，加上基本工资、效益工资和工龄工资。

企业内部形成了一股从未有过的压力。上班要迟到了？坐出租！险、累、脏、差的工种工资高于其他工种？我去！“一杯茶、一支烟、一张《参考》看半天？”请出！

压力下出来的是效率。过去 1 万多工人才年产 1 万多辆车，现在 4000 人年产 3 万多辆；投产两年后的 1986 年，就取得了上缴利税 6000 多万元的好效益。

类似的结果，在星星点点的“三资”企业中不断出现。

终于，“三资”企业管理方式的成功，大大刺激了国营大中型企业。仍然先从上班打卡开始，接下来又是打破干部终身制，接着仍然是砸“三铁”。于是，一个个企业活起来了。

经过 10 余年的碰撞，中国人的思想观念发生了一场革命。人们认清了这样一个道理：贫穷不等于社会主义！社会主义不等于“大锅饭”！社会主义更不等于低效率！

一步走过 40 年

“三资”企业刚刚出现时，70% 在广东，而这 70% 中的大部分又在深圳。外资引进来了，设备拉进来了，但大多数无非是会哭会笑的布娃娃、式样新颖的春秋装，或者并非中国人自己搞不出来的电子产品。有人说话了：“嗨，资本家能拿来啥好东西？还不就是想赚中国人一点钱？这合资有什么好处？”

不错，外国资本家到中国投资办厂就是为赚钱。但是，外商、港商甚至台商到中国大陆来投资，的确有几分冒险的成分。虽说中国是一个广大而诱人的市场，劳动力、土地使用费也便宜，但谁能保证有朝一日不“没收外国资本”？先投小钱、带点并不很先进的技术探探路，形势不错接着干，风头不对赶快溜，这是他们当初的普遍心态。

随着中国开放政策的进一步稳定，各种制度的进一步完善，外商的投资逐渐踊跃，产品的技术档次也越来越高。投资方向由劳动密集型向资金、技术密集型转移，投资对象也从沿海逐步向内地渗透。

今天，谁敢说“三资”企业只能生产简单的布娃娃？

——1984 年，美国一位汽车专家来到北京吉普汽车有限公司。当他看到中国的“212”越野车变速箱时，非常惊奇地说了一句话：“1937 年我就干过这活。”当时，中美两国的汽车工业水平在变速箱上就差了 40 年。中美合资的成功，使这家企业从生产 20 年一贯制的“北京牌”一跃而能生产具有 80 年代水平的“切诺基”，而且技术上的动态引进保证了这种车型在美国的任何改进都能及时传递到中国。尤为可喜的是，这种被美国人称为“皇冠上的宝石”的车型，国产化率已达到 55%。同时，有 20 多种技术被吸收到“北京”越野车上，老式的“212”已成为历史。中国人在短短的几年间跨越了 40 年！

——在上海，老式的“上海”轿车已被淘汰，而代之以 80 年代水平的“桑塔纳”。这种跑遍中国大地的轿车由刚引进时中国人只能生产合格的轮胎和车用收音机，已发展到能生产精密部件，国产化率达到 70.39%！而技术水平在德国大众公司质量评估中名列前茅。

——从法国到中国落户的“广州标志”，国产化率也达到 37%！

——在广东，中山四通公司、中山京粤电脑公司等合资企业的高科技产品已走出国门，受到国外用户的青睐。

——10 年前连黑白电视机都不能满足市场的中国，今天的合资产品“康佳”彩电已进入美国人的家庭。

——在蔚蓝的天空，中美合资生产的“麦道 82”大型喷气客机已经在自由翱翔。

……

迄今为止，“三资”企业已经涉及汽车、造船、机械、建材、精细化工、医药、轻工、食品、自动化仪表、微电子、光纤通信等十几个产业门类，并发展到了旅游服务的第三产业。

更为重要的是，合资企业的发展，带动了一批配套企业，使中国企业的技术水平上了一个更高的层次：上海大众汽车公司的“桑塔纳”轿车、上海易初摩托车有限公司的“幸福牌”摩托车这两个龙头产品，已成为上海汽车工业向第一支柱产业目标突飞猛进的主要契机；美国爱梯恩梯公司、瑞侃公司、福克斯波罗公司、荷兰菲利浦公司、法国液化空气公司、比利时贝尔公司、英国比欧西气体公司在上海建立的合资企业、独资企业生产的光纤电缆、自动化仪表等产品，也是上海发展高新尖端技术的“先行者”和“排头兵”。

与此同时，我们有了一批熟悉、精通国际管理模式的管理专家，有了一批了解当代技术水平及其发展趋势的科技人才。

13 年前，你能相信一个普通的中国工人操纵电子计算机生产？

13 年前，你可曾听说中国人能管理具有当代国际水平的一流饭店？

13 年前，你能相信中国人能凭自己的技术优势购买外国企业？

13 年前，你能相信美国人的家庭里能摆上中国工人生产的彩电？

不可否认，“三资”企业使外商赚了钱。但与相比之下，我们得到了什么呢？

1991 年，全国“三资”企业出口额达 120.47 亿美元，占全国出口额的 16.7%。仅上海 6 家中外合资企业，去年实现产值 47.2 亿元，创利润 6.77 亿元。4 万家“三资”企业，国家得到了多少利税？

4 万多家“三资”企业雇用了成百万的中国工人，为政府减轻了多少就业负担？

老产品的淘汰、新技术的引进吸收，使中国的产品提高了在世界市场的竞争能力，赚到了国家建设急需的外汇，谁在受益？

技术人员和熟练工人技能水平跟上了世界工业发展的步伐，使我们有了一个前所未有的人才库，“人是第一可宝贵的”，谁得到了大头？

结论很简单：中国得到了最主要的东西。

“二十二条军规”

台湾工业界巨子、台塑集团总裁王永庆，捧着 70 亿美元，跨过那曾经不可逾越的台湾海峡来到大陆。他要把这笔钱投在厦门，要建成一座现代化的大型石油化工企业。

1991 年，仅 5 个经济特区一年实际利用外资就达 11.1 亿美元，比 1990 年增长 44%。

今年头 3 个月，在中国新开办的“三资”企业就达 2300 多家。

一个新的、到中国投资的高潮的出现，仅仅是因为中国人好客么？仅仅是因为西欧北美经济衰退、东欧剧变经济面临崩溃而中国一枝独秀么？

答案只有一个：中国的稳定发展、法制的日益健全为“三资”企业创造了一个良好的环境。

曾几何时，“三资”企业这中西结合的新生命在中国的降生是那样的困难。人们还记得：

——当年，北方某市为创办一家合资企业，当事者专门配备了两辆小轿车上下奔忙着盖公章，公章盖了 201 枚，手续还没有办齐。

——因为观念的差异、低下的办事效率，“北京吉普”几乎夭折，直到惊动中美两国领导人。一时,“吉普风波”能否顺利平息成了合资企业成败的晴雨表。

在合资企业面临困境的时刻,国务院公布了《关于鼓励外商投资的规定》,共22条,这22条被人戏称为“二十二条军规”。它的出台,使一些心烦气躁的投资者重新安定下来。因为,外国人不认“红头文件”,也不认领导人的某次讲话,就认国家颁布的一条条“军规”。法制的魔力竟大如斯。

从1979年7月1日《中外合资经营企业法》颁布到今天,中国颁布了“三资”企业方面的法律、法规400多件。这些“军规”,对“三资”企业的开业、税收、外汇、人员聘用、纠纷处理都作了具体规定。国务院各部委还制定、公布了13个配套实施办法,保证了外商投资企业的生产经营自主权。中国以更加合适的经营条件和更加优惠的政策吸引外商直接投资。

为处理涉外商事纠纷,中国建立了仲裁制度和仲裁机构。全国已建立了200多家专门从事涉外法律事务的律师事务所。中国还同26个国家签订了投资保护协定,与23个国家签订了避免双重征税协定。

这些约束和保护“三资”企业大军的“军规”,无疑保护了外国投资者的合法权益,但更重要的是,它保障了中国工人的合法权益,因工人的地位明确写进法律,使党、工、团组织在“三资”企业中的地位得到确立。

“三资”企业刚刚兴起之时,出于对共产主义的不了解而产生的疑虑,往往使“三资”企业中的外方管理者对企业中的党委、工会、团组织心存芥蒂,但受《宪法》、《中外合资经营企业法实施条例》的约束,又不得不允许他们活动。不过,这个过程很快发展到了另一面。

“老外”们很快看到:在企业里,最遵纪守法的是共产党员,最吃苦耐劳的是共产党员,最乐于助人的是共产党员,有困难有危险时最先冲上去的还是共产党员。他们是为了国家取得更大的收益。

位于蛇口的中国国际海运集装箱有限公司是一家中外合资企业。刚开始,外商对党的活动有看法,包括支部书记在内的支部成员几乎全部被老板炒了鱿鱼。结果,职工思想工作没人抓,纪律涣散,公司濒于倒闭。在困境中外商才醒悟到:党组织是真心诚意地协助资方管理经营,经营环境中少不了共产党党组织这一重要因素。后来他们把管理权交给中方,一些党员干部重回生产岗位。不出几个月,公司的经济效益又蒸蒸日上。看到这里,丹麦籍总经理莫斯卡激动地说:“共产党伟大,共产党员是好样的!”

在北京吉普汽车有限公司,合资开始党委就公开挂牌办公,党委书记兼工会主席。

1985年“国庆”前夕,引进的新车即将投产,工程到了紧要关头,工会为此召开代表大会,发动职工为出新车做贡献。党委书记特意邀请美方总经理查斯顿出席。这位查斯顿先生非常激动:“非常感谢工会,它帮了我的大忙。”

不仅如此。每当国家经济政策作一些局部调整时,党委书记都要与这位美方总经理交换看法,并告诉他:中国的开放政策不会变;党组织、工会和企业的利益是一致的,大家都是为了把公司办好。

以后,每有疑虑,这位美方经理都要找书记咨询,两人成了朋友。

党委的存在和卓有成效的工作,成了“三资”企业中中国工人的主心骨,成了保护中国工人合法权益的重要力量。同时,也是“三资”企业中的一支重要稳定力量。

经过12年的碰撞与磨合,中国的投资环境日趋完善。“老外”们感受到了这样一个事实:中国政府为“三资”企业搭建了一座遮风挡雨的“大厦”,中国的投资环境日益完善,到中国投资大有可为。于是,有了哈默,有了王永庆,有了千千万万愿同中国人一起“淘金”的投资者。

前方是什么

今天,“三资”企业作为中国改革开放的产物改变了人们的观念,丰富了人们的生活。在短短的几年时间里,过去连黑白电视机都难得一见的中国人看上了“福日”彩电;几千年来用双手搓衣的家庭妇女用上了“友谊”洗衣机;几十年的一身中山装、国防绿换上了“顺美”、“银梦”;黑头发、黄皮肤的微笑面孔出现在“福达”彩卷的胶片上……

然而,人们也看到“三资”企业的另一面:有的外商把中国工人当成简单的花钱雇佣的劳动力,职工们对“胡萝卜加大棒”的管理方式并不满意;抬起头来做了主人的中国工人,不满足于当一个经济人,他们要求政治上的民主权利,要求经营管理上的发言权,要求关系职工切身利益问题的发言权。对于外商来说,中方个别人损害对方合法权益的行为,还需要进一步依靠中国新的法律来调整;中国的办事效率还有待于进一步提高。

但无论怎么说,改革开放“是痛苦的扬弃,剧烈的再生,冒险的尝试”。在改革开放的大潮中,中国人正扮演着“弄潮儿”的角色,毅然挣脱旧体制的羁绊,乘改革之风,踏开放之浪,顽强地驾驶着希望之船冲向理想的彼岸。

英国《每日电讯报》一篇题为《中国:一个新的旭日东升之国》的文章写道:

“一想到有11亿人口的中国活跃起来并实现工业化,西方产业界人士的心中就感到一阵恐惧。这个巨大的仍然相当神秘的国家不仅是一个未来的市场,而且还是一个可怕的竞争对手。”

无疑,在进一步改革开放的号角声里,我们看到了中国的前景。那就是,一个融入世界发展潮流,一个现代化的充满活力的中国!　(1992.4.2)

点　评　文章大开大合,激情洋溢,纵论了“三资”企业在中国起步发展的历程及其引发的观念变化。文章具有很强的思辨性,以大量的事实揭示了改革开放给中国社会带来的深刻变化。

自觉地增强改革意识

论政法工作要解放思想、更新观念

王福如　等

邓小平同志南方重要谈话和中央政治局全体会议精神，犹如一股强劲的东风，激荡着改革浪潮汹涌前进。深化改革，扩大开放，关系着国家的兴衰，成为党和人民关注的中心。政法工作同样顺应历史潮流，不断增强改革意识，通过加强和改进自己的工作，保障与促进改革，更好地为改革开放和经济建设服务。

保障与促进改革，应该成为政法工作的一个重要的出发点和归宿。党中央最近明确指出，今后一个较长时期政法工作的指导思想是，坚定不移地贯彻党的“一个中心、两个基本点”的基本路线，坚持“两手抓、两手硬”，强化人民民主专政职能，狠抓社会治安综合治理，努力搞好法律服务，切实维护社会稳定，保障与促进改革开放和经济建设的顺利进行。体现这一指导思想，政法工作要开阔思路，充分发挥自身职能，加大自身改革力度，把是否有利于解放和发展生产力、把经济建设搞得更快更好，是否有利于加快改革开放和坚持四项基本原则，是否有利于维护政治安定和社会稳定，作为检验自己工作的根本标准。

增强改革意识，要求立法和执法部门依法调节经济关系，改善改革开放的法制环境，保障各项经济活动在法制轨道上运行。建设社会主义市场经济体制，是我国经济改革的目标。市场经济本质上是一种“法治经济”，除了要有强有力的宏观管理外，还要有一整套严密的竞争规则，才能保证市场竞争有序地进行。我国由计划经济体制转变为社会主义市场经济体制，在法制建设上要做大量繁重艰巨的工作，这里包括加快经济立法，清理不利于改革开放的法规以及严格执法等，这样才能保障市场经济按照自由、公正公开的原则运行，真正做到“活而有序，管而不死”。

增强改革意识，要求严格执法，一方面打击犯罪，同时保护投资者和敢于改革试验的人的合法权益。打击犯罪与保护改革二者是相辅相成的。惩治贪污贿赂犯罪，查处诈骗偷税抗税、假冒商标等金融、商业活动中的犯罪，就是保护改革和正常的经济活动。同时应该注意，要在执法中严格划清罪与非罪的界限，防止把正当的改革开放搞活经济的措施当成违法犯罪处理。对大胆改革、敢闯敢试、做出贡献而有失误的人，处理要更加慎重。凡是政策和法律规定不明确的，或者过去有规定与改革开放的实际现状不相适应的，就不要轻易按违法犯罪追究，要注意保护他们的积极性。对于合同纠纷、债务纠纷，公安机关、检察机关不要直接插手，不能随便抓“人质”，不能把经济纠纷案件混为诈骗案件处理。在办理各种经济违法犯罪案件中，还应该十分注意办案的方式、方法和整体社会经济效益。办案中要注意依法维护企业的正常生产经营秩序,依法保护市场开放和经营的连续性,避免造成不应有的损失。总之,处理经济犯罪案件,一定要突出一个“准”字,严格区分罪与非罪的界限。既要注意防止打击不力,又要注意防止出现误差,发生冤假错案。一旦出现,应及时纠正。

增强改革意识,要求增加政法工作自身改革的力度。要从实际出发改革政法工作管理体制,提高政法队伍素质。要下决心精简政法机关上层,充实基层,把工作重点放到基层去,大力加强基层基础工作。要高效、优质做好法律服务工作,改革和加强律师、公证工作,积极发展律师、公证队伍,形成多轨制、多功能的服务格局,逐步建立一些金融、证券、股票、知识产权和房地产开发等专业性律师事务所。甚至在依法管理的前提下,也可以有选择有限制地允许国外、境外少量律师事务所在一些地方设立办事机构作为试点。我国的经济特区作为政法工作的试验区,在法制建设、政法工作改革方面积累了丰富经验,沿海、沿边、沿江开放城市和大城市也有许多好的经验,我们应该认真总结,加以推广。

越是改革开放,越要加强政法工作。一方面,改革开放本身要求加强法制建设,加强政法工作;另一方面,政法工作要为改革开放服务得更好,就要自觉地增强改革意识,牢记把保障与促进改革作为自己的宗旨。慎思之,明辨之,笃行之,努力为建设有中国特色的社会主义做出自己的贡献。 (1992.8.25)

点 评

1992年年初,在中国改革开放的重要关头,邓小平发表了著名的南方谈话,犹如一股强劲的东风,解放了思想并坚定了中国特色社会主义的信念,再次激荡起改革开放的浪潮,极大地推动了我国改革开放的进程。政法工作同样需要顺应历史潮流,坚定市场经济本质上是“法治经济”的认识,不断增强改革意识,加强自身改革,保障与促进改革,更好地为改革开放和经济建设服务。

市场经济是法制经济

鲁从明

党的十四大明确提出我国经济体制改革的目标是建立和完善社会主义市场经济体制。这对进一步推动我国的改革开放,充分发挥社会主义制度的优越性,具有重大的现实意义和深远的历史意义。

建立和完善社会主义经济体制,是一个复杂的系统工程,要做的事情很多。其中一个十分重要的方面,就是要围绕建立社会主义市场经济体制,加强法制建设。传统的高度集中的计划经济的运行,主要是靠行政手段去调节。市场经济的运行,则主要靠经济的、法律的手段去调节,而经济手段以及其他手段的调节也要以相应的法律作保证。因此,从一定意义上说,市场经济就是法制经济。没有健全的法制,就没有健全的市场经济体制。

法律具有规范性、统一性、稳定性和强制性。法律的这些特性,正适合市场经济运行环境和秩序的要求。这是因为:

第一,市场经济是主体多元化的经济。这些经济主体之间存在着复杂的产权关系、经营关系和交换关系。只有对这些复杂的经济关系加以法律规范,使各自的权、责、利明晰化,才能为市场经济的运行提供必要的前提。

第二,市场经济是公平竞争的经济。“商品是天生的平等派”(马克思:《资本论》第1卷第103页),它要求各个商品生产经营者处于同一起跑线上,平等地展开竞争。只有这样,才能起到优胜劣汰,提高经济效益的作用。这种公平竞争的秩序,唯有通过法律的形式才能有效地确立起来并贯彻下去。

第三,市场经济是契约化经济。市场经济的运行,必然使各种合同关系、信用关系得到广泛发展。现货市场发展到期货市场,商品经济发展为信用经济。而这些合同、信用关系,只有得到法律上的确认,成为一种受法律保护的契约关系,才能有效地实现。

第四,市场经济是受国家宏观调控的经济。随着市场经济的发展,完全靠市场这只“看不见的手”调节社会经济也是不行的,要求政府也进行必要的宏观调控。这种调控的手段是多种多样的,有直接的调控,但主要是间接调控,包括法律调控。实践证明,不管哪一种调控手段,只有在相应的法律保障下,才能有效地发挥作用。

第五,市场经济是全面开放的经济。市场经济的发展,必然在经济上打破一切地区和国家的界限,形成世界市场和多种形式的国际经济联系。在这种形势下,一个国家经济的兴衰在相当大的程度上取决于能否正确地实行开放政策,抓住机遇,采取多种形式,积极参与国际竞争,充分利用国际资源,加速本国经济的发展。要做到这一点,必须实现本国市场经济的法制化,并使之同世界市场经济运行的一般法则相对接。这是提高对外开放经济效益的重要条件。

可见,市场经济必须是一种法制经济。这是市场经济走向成熟的一个重要标志。经济发达国家的市场经济之所以比较成熟,除了它发展的水平比较高以外,还在于它形成了比较完备的法制。我国现阶段的市场经济还不成熟,除了它的发展水平比较低以外,还在于法制很不完备。因此,为了建立和健全我国的社会主义市场经济体制,必须高度重视法制的建设,使与市场经济有关的法律法规尽快健全起来。

我国要建立和健全的市场经济法制,是具有中国特色的社会主义市场经济法制。它必须体现社会主义基本制度的要求,符合中国的国情。同时,它又必须反映市场经济的一般规律,与国际市场经济通行的法则对接起来,并充分吸收当代人类法制建设的优良成果,做到一般与特殊的辩证统一。

市场经济的法制化,不仅包括立法建设,而且包括整个司法系统的建设,并构成一个有机配套的系统,以在市场运行中做到有法可依、有法必依、执法必严、违法必究,使我国的社会主义市场经济真正成为完善、成熟的法制经济。　(1992.11.2)

点　评

法治与市场经济唇齿相依、相互促进,市场经济就是法治经济已经是毋庸置疑的定律。而在近30年前,市场经济就是法制经济这一论断的提出,无疑具有开创性,在社会主义市场建立发展初期具有很强的指导意义。文章论述充分完整,逻辑清晰,说理有据,言简意赅。

走出大会堂

七届全国人大及地方人大执法检查回顾

钱 锋

一

当人大代表们庄严地揌下表决器，通过一个又一个法律时，他们一定希望法律能够无碍无障地得以实施。然而——

“厂长在吗？我是××局的……”“我是××办的……”

苏南某厂，同一天来了25批坐轿车的“化缘和尚”，要摊派，要赞助。厂长无奈四处躲藏。

但《中外合资经营企业法》及其实施条例落实不了，厂长躲得了初一，躲得过十五吗？

东北某地，公安部门介入经济纠纷，非法扣押人质，其中的一名人质恰好是人大代表。这下可捅了马蜂窝。在多方压力下，这位人大代表很快恢复了自由。有人问：那些无职无权的百姓遇到这类事怎么办？

……

“现实就是如此，现在一些地方的执法情况是，有法不知道，知道不执行，执行不严格。”一位人大常委会资深委员分析。

的确，现实生活总让人感觉到还有不少比法律权威重得多的东西在压着法律。而一些法律的尊严、一些法律的条文也好像还留在人民大会堂里出不来似的。

“法律的执行比法律的制定更难。”最高权力机关显然早已意识到这一点。他们痛下决心，果断地行使人民赋予的权力，把法律监督工作提到与立法同等重要的位置。

“强调立法以后法律的执行，提出要像立法那样重视法律制定以后的实施，并列入常委会议事日程，是七届全国人大工作的一个重要进展。”权威人士称。

于是，代表们、委员们纷纷走出大会堂，他们不仅带着衡量执法水平的“尺寸”，更带着法律的尊严、法律的权威。

他们肩负重任。

二

人大法律监督首先通过执法检查这一形式来实现。

罗列被检查的法律可能有些枯燥,但人们从中至少可以看出人大这方面工作的思路:

5 年来,七届全国人大、全国人大常委会和全国人大各专门委员会组成调查组,分别对《森林法》、《土地管理法》、《义务教育法》、《水法》、《矿产资源法》、《残疾人保障法》、《归侨侨眷权益保护法》、《行政诉讼法》、《全民所有制工业企业法》、《民事诉讼法》、《未成年人保护法》、《出境入境管理法》、《外国人入境出境管理法》、《海关法》、《民族区域自治法》等 15 部法律以及全国人大常委会《关于加强社会治安综合治理的决定》、关于沿江四港口向外轮开放的决定的实施情况进行了检查。

"万里委员长多次强调,要把法律实施的检查放在和制定法律同等重要的位置,在他的提议下,委员长会议专门就此作出了决定,全国人大常委会制订了执法检查的具体计划。"一位多次参加执法检查的委员告诉记者。

至于各级地方人大常委会,则结合全国人大常委会的统一部署,有针对性进行执法监督检查,颇具声势:广西壮族自治区人大常委会将执法检查的重点放在宪法、民族区域自治法及有关专业法方面。

陕西省人大常委会在全省范围内开展了一次评议司法机关的监督活动;近 3 年来,山西省各级人大代表有 4 万多人次参加了此类评议活动。

……

此起彼伏的人大执法监督检查活动,在全国形成了必须"依法办事"的强烈的冲击波。一个又一个执法检查报告,一次又一次讨论和座谈,将人大代表、常委会委员们的真知灼见聚合在一起,释放出了纠正"有法不依,执法不严,违法不究"现象的巨大能量。

在检查企业法执行情况之后,全国人大常委会的委员们一起呼吁:应当自上而下地加快政府职能的转变,运用经济的、法律的和行政的手段,为企业创造平等竞争的环境和条件。

在检查《行政诉讼法》执行情况后,委员们同声呐喊:政府必须继续提高行政执法人员的素质。

从最高权力机关发出的声音,无疑是最强音。

三

自然,这一最强音显示的不仅仅是报告、呼吁、议论,更是执法检查的实际效果。事实上,执法监督检查已经成为各地纠正执法中违法现象的有力武器。

彭晓冰一提起湖南省人大,便热泪盈眶。

1988 年 7 月,株洲市东区人民检察院在追索一笔欠款时,误将安乡县"水上乐园"号船主彭晓冰作为诈骗犯审查,并将船扣押。在强行将该船解往常德途中,由于违章作业,致使该船沉没,造成 10 万余元的经济损失,彭家三代生活无着落。

彭晓冰略通法律一二,遂向常德市中级人民法院提起民事诉讼,要求予以赔偿。但法院认为此案被告是检察院,不属于民事诉讼范围,不予受理。彭晓冰因此告状无门。

1990 年,在执法检查中,省人大发现此案,省人大法制委员会研究认为:省人民检察院有责任出面处理这起由下级检察院执法不当引起的司法侵害案件。省人民检察院接受交办后,查清了案情,但由于责任者无力赔偿,此案仍久拖不决。

同年 7 月,全国人大法制委员会专门听取汇报,提出 4 条具体意见,其中赔偿问题建议由省、市财政负担。终于,1991 年 3 月,彭晓冰得到了 15 万元的赔偿。

彭晓冰是幸运的,但幸运的绝不只他一个。据不完全统计,在 1988 年至 1990 年这 2 年时间里,仅湖南省人大法制委员会就负责督促查处了在执法检查中发现的 106 起案件和问题。该省各地、州、市和县通过执法大检查解决的案件和问题在 600 件以上。

“不仅如此,执法监督检查同时还促进了执法队伍的廉政建设,促进了执法水平的提高。”公安部一位官员告诉记者。

他的分析是有根据的。

——陕西省的统计显示,到 1991 年 11 月上旬,在评议政法机关活动的 21 个试点县(市、区)中,已受刑事处分、行政处分、调离工作岗位处理的干警有 247 人。而耀县人民法院 1991 年 7 月至 9 月办结的民事案件、行政案件和经济案件,分别比检查评议前 3 个月的结案数高出 98%、89% 和 60%。

这一切,有力维护了政法机关的形象,维护了法律的公正和严肃。

更具意义的是,这一切,同时也大大增加了人大执法监督检查工作的威信与活力。

四

这威信,同样是与“执法检查”这种形式与生俱来的。

要防止权力滥用,必须以权力制约权力。而监督,则是权力的防腐剂。

人大的执法监督检查工作,正是基于依法行使监督权的需要应运而生的。但当人们将注意力更多地投向这一工作时,不能不注意到它的法律保障、操作依据与这一需求的距离上。

1989 年 3 月,出席第七届全国人大第二次会议的一些代表团和代表们纷纷提出议案,建议尽快制定人大及其常委会监督法,进一步完善法律监督体系。

他们认为,人大法律监督检查是加强社会主义法制建设的重要方面,但目前普遍存在的问题是,有关法律监督的法律规定得太原则、笼统,缺乏明确而具体的监督手段和监督程序。因此,应从立法上明确监督的范围、权限、工作程序、监督手段、法律责任等。

随后的几年，亦有委员建议：健全宪法监督制度；成立专门的权力监督委员会……意见纷呈，但归纳为一点，便是应尽快将执法监督检查这一工作制度化、法律化。

显然，人大法律监督检查工作本身，亦在呼唤规范，呼唤法制。

尽管这一工作仍需完善、仍需加强，但当代表们、委员们继续高举法律监督检查这面旗帜时，人们确信，共和国的法律，最终也会完完整整、真真切切地走出人民大会堂。

（1993.3.4）

点　评　这篇作品是七届全国人大常委会执法检查工作的综述，记者没有停留在监督成果的罗列，而是深入分析了执法检查的作用和意义。最高国家权力机关意识到“法律的执行比法律的制定更难”，直面当时“一些法律的尊严、一些法律的条文也好像还留在人民大会堂里出不来似的”，开展执法检查，就是要推动法律实施，维护法律的尊严和权威。

成长中的中国地方民主制度

近年各地方人大运行状况览略

李　建

罢掉“父母官”

1987年，江西出了一件大事，就是省长倪献策被省人大罢去了省长职务，随后由执法机关逮捕入狱，以徇私舞弊罪判处有期徒刑两年。此事出来，全国上下好不轰动，直到他刑满释放、不久前到海南经商办企业，还有人念念不忘，追踪采访。

过去在少数不讲民主的地方，一个村长、乡长、镇长，就都是跺脚乱颤的主儿了，省长，那是何等人物，居然也叫一些普普通通的人民代表给罢免了。于是有人据此说，这是人民通过人民代表大会行使了自己的权力，但也有人不以为然，认为倪献策与某女士私相来往，作为政府高级官员就已经是丑闻，再加上他又帮助那位女士包庇走私罪犯，触犯了刑律，无论是哪个国家，只要让新闻界曝光，这个官总是要罢的。人民当家作主云云，仅此不足为凭。

那么罢掉昏官、庸官、懒官、代表不信任的官算不算数呢？

1989年5月5日湖南省人大开会，代表们提出了各种意见，对清理公司问题尤其关注，议论纷纷，热闹非凡，不满之词颇多。为了对代表们有个交代，大会主席团请副省长、省清理整顿公司领导小组组长杨汇泉和另外几位政府部门的负责人到会听取意见，回答代表们的问题。不想对话之后代表们越发觉得问题严重，进而直接批评了清理省直机关办公司的清理整顿工作，以为办事不力。

5月11日，长沙市代表团的部分代表就一家开发公司的有关问题向杨汇泉副省长和有关局、委正式提出了质询案。次日，杨汇泉副省长来到长沙代表团，就质询案涉及的有关问题作了解释和回答。但是代表们仍然不满意，认为他的态度不鲜明，对有关公司的清理整顿很不力，有负众望。

两天之后事态进一步升级，伍先勇等88位代表和邓潭洲等89名代表分别连名提出了罢免案，要求罢掉杨汇泉副省长的官，理由不是他犯了什么罪错，而是他清理整顿公司没有突出成绩，“辜负了人民的期望”。

罢免案的提出事出意外，大会主席团赶紧开会研究，统一的意见是，无论怎么处理，都要由全体代表而不是少数几个人来决定。

最后，大会进行了表决。参加投票的代表一共766人，结果是506票赞成罢免，162票反对罢免，其余弃权。没有大的过错，但人民代表觉得不满意的杨汇泉，被正式摘去了副省长的“顶戴花翎”。

湖南罢免案刚过去4个月,甘肃省又发生了一件相似的事。事情是从一封群众来信开始的。

1988年年底,有群众举报省石化厅精化公司经理和厅计财处处长,称他们有经济犯罪问题。此事受到了群众的广泛关注。省人大在听取了有关这个案件的汇报后,觉得这件事的影响面很大,专门把它列入了人大常委会的第八次会议进行讨论,并作出了相关决定。

但是到了1989年9月,省人大常委会开第十次会议的时候,这个案子还没有完。为此,省人大专门听取了省政府和省人民检察院的汇报,并组织了专题视察,结果发现,这两个人的犯罪事实已经基本查清,只是迟迟没有结案,对此案负有主要领导责任的省石化厅长曲国镇不仅对事情认识不清,而且还对这2个人采取了包庇纵容的态度。

最后常委委员们得出结论:省政府和省检察院对省人大关于这一案件的决定贯彻执行不力。于是,34名常委委员中的21名连名提出了《关于撤销曲国镇省石化厅厅长职务的议案》。这个议案很快就被通过。曲国镇果然被免去了石化厅厅长的职务。

说起来,这么高级别的干部被罢免职务也许的确不是很多,但被各级地方人民代表大会罢免的大大小小的官员却可以数出一大串。无论对这些被罢免的官员如何最后论定,他们的下台都是体现了人民当时的意志的。

让能干的人上来干

罢掉不称职的官,这只是事情的一方面,更重要的是,谁来管这一方水土能不能真正由人民自己决定。

过去的乌纱帽通常都是上面更大的官给的,所以当官的自然要仰着脸看上面的脸色行事。而现在的官则应不同,他们应该是人民选出来的,应该按人民的意志行事,不过历史的惯性总是巨大的,有些事不会一夜之间、一年之间甚至十年二十年之间就彻底改变,但值得庆幸的是,这种变化毕竟已经开始。

1991年4月,湖南省召开省第七届人大第二次会议,会上要补选2名副省长。24日大会主席团把候选人名单发给各代表团,让大家讨论,结果各代表团又另外提出了10名候选人,其中一名叫王克英。有代表说,王克英是学经济的,既懂理论又有经验,在担任长沙市市长和省财政厅厅长期间,不仅清廉奉公、坚持原则,而且显示出了主持全面工作的能力,这样的人应该进入省政府领导的行列,大会代表们进行了几次讨论和筛选,最后进行了全体投票,结果王克英以高票数当选为副省长。

1988年4月,上海人大开会,议事内容包括选举7位副市长。为此大会主席团提出了8位候选人,但不少代表对这8位代表的整体结构不满意,而郊县的不少代表还认为,上海有600万的郊区人口,没有分管农村工作的副市长候选人是个应该弥补的缺陷。于是青浦等7县的100多位代表联合提出了一名新的副市长候选人,他就是中共上海农村工委书记倪鸿福。

在大会主席团的同意下,秘书处安排了10名副市长候选人与代表见面,请各候选人向代表介绍自己的情况和施政设想,而后才进行了无记名投票。最后由普通代表提名的倪鸿福以562票当选为上海市副市长。

过去,一些地方选举地方官的时候,常常是“上面定人选,下面画画圈”。在社会民主意识逐步提高的今天,相信一般代表只画圈而不提出或提不出自己意见的情况将会越来越少,而更多的、被人民所信任的人将会被合理地提升到领导岗位。而这样选举出来的领导者,相信也会有更加强烈的为民服务的新官员意识。

为谁立法

在传统上,人们对法律总有一种潜意识的反感,以为法是管人的,限制了自己的自由。实际上,一个人自由的终点也就是他人自由的起点。你的自由度大了,别人的自由度肯定就要减少。每个人都希望自己的自由无限扩大,但不可能,于是就需要法律来调整,限制一部分人的自由,保护另一部分人的自由。在我们说一个社会制度是不是合理的时候,也就包括了对这些法律的评价。

地方人大的一项重要权力就是地方立法权。

1987年春节,福州出现了一件令人十分不快的事。省电子器材公司违反国家关于“三包”的规定,不为消费者保修彩电。此事在公众中负面反响十分强烈,社会上议论纷纷,很多人向有关部门和各消费者组织投诉,信件和电话令相关人员应接不暇。后来经过中共福建省委、省政府、省人大的主要负责同志多次出面干预,最后此事才得以平息。

在这一事件的提醒下,省人大常委会主任会议决定,要立即制定一个《保护消费者合法权益条例》。这一年的9月,这条例最后定稿,并在省人大常委会上得到通过。

1989年,省政府结合这一条例,进行了全省行政执法大检查。6月,全省各县区全都成立了消费者委员会,90%以上的县成立了消费纠纷仲裁委员会,还有683个乡镇建立了消费者分会或岗站。

1990年6月,省人大又对这一条例行了修订,使之更为完善。

这一行之有效的条例,使福建省消费者的利益在很大程度上得到了合理的保护。

宁夏是个煤炭资源很丰富的自治区,从贺兰山到宁南,煤炭资源分布广泛。尤其是汝箕沟矿区的无烟煤,更以其纯净、发热量高而享誉国内外。但这里煤层浅,用简单手段就可以开采,一度各类小煤窑齐上阵,没经过任何批准就乱采乱挖。一些小煤窑只管挖洞不回填,不光浪费了大量资源,而且造成露头煤氧化自燃,整个矿区火区达19个之多。这些火区还威胁到了国营矿区的生产。

为此宁夏人大常委会经过了2年多的调查、起草、讨论和修改,终于在1987年11月通过了《宁夏回族自治区矿产资源管理条例》,这一条例可操作性很强,在很大程度上制止了乱采乱挖的情况,保护了属于全体人民的宝贵的矿产资源。

另外,江苏省人大早在1987年就制定通过了《江苏省乡村集体工业企业管理暂行条例》,推动了全省乡镇企业的发展,使之成了全省工业的半壁江山。北京市人大制定了《北京市农作物种子质量管理暂行条例》,保护了农民的直接利益。兰州市人大常委会制定了《蔬菜基地管理暂行办法》,大大缓和了当地的"吃菜难"问题。云南省人大常委会制定了《云南省严禁毒品的行政处罚条例》,打击了影响到云南的吸毒、贩毒活动……

近年各省区都制定了一系列的地方法规,它们几乎都反映了群众的要求,为保护广大选民的利益发挥了巨大作用。

为民护法

没有人不犯错误。这也包括政府、法院、检察院。这些地方最高行政机关和执法机关犯了错误怎么办?

人民代表大会选出了地方行政长官、法院院长、检察长并不是就完事了,还要对他们的行为进行监督。

1991年下半年,陕西省人大组织了一次对公、检、法、司机关的大规模评议活动,参加的各级人民代表达1.8万人,被评议的市、区、县达50个。代表们走访了差不多一半的选民,收集意见达10多万条。通过执法机关自查和人民代表检查,一共查出了处理不当和久拖不决的案件3000多起,查出违法乱纪干警340多人。

其中有一个县,县公安局局长的儿子犯了故意伤害罪,法院仅判缓刑;法院院长的侄子开车发生特大翻车事故,数人死亡、数人重伤,还有十几个人受了轻伤,也是只判了缓刑;县司法局局长的儿子因为流氓罪被判刑后,又以其患有传染病为由,长期不予收监。全县人民对此事的反映极为强烈。在这次检查评议中,前两个罪犯已经取消缓刑,后一个也重新进行了体检。

另一地区的一个公安分局看守所副所长,组织干警和人犯打死了另一名人犯,事出后在所长主持下,将一名干警的手指砸成骨折,然后以此为证,编造出人犯闹监、打伤干警的假事件来逃避法律责任。在人民代表的监督下,已将一名副所长和一名队长依法逮捕,并对一名副所长进行了立案侦查,主管的副局长也被要求停职检查了。

陕西人大搞的是一次集中的大规模行动,而各省、市、县人大对单个案件的执法监督则不计其数。天津市人才开发公司负责人李景成被错捕和超期羁押达两年之久后改不起诉案、上海虞某被错判死缓后改无罪释放案、黑龙江孙吴县两幼女被奸污的加速侦破案、四川省一出租汽车公司的特大贪污处理案、天津市张某枉法裁判受法律制裁案等重要案件，都是在人民代表的监督下纠正或完成的。

各级人民代表对执法机关的监督使得错案进一步减少，不仅使人们含冤有处申，也使我国的执法审判制度更加完善。

政府的监督者

执法部门有失误的时候，政府同样也有失误的时候。这时，人大的监督作用就显得格外重要。

1989 年 4 月，在安徽省第七届人大第二次会议上，省政府的报告提出，上一年全省粮食、外贸、食品 3 个行业全面亏损，用去财政补贴 7 亿多元，占当年全省财政收入的 15% 还多。对此，代表们表示了很强烈的不满意见，要求审计部门对这 3 个行业进行审计，以加强管理，改善经营。

会后省审计局共组织了 1258 人参加审计工作，对这 3 个行业 66% 的独立核算单位进行了审计，并在 1990 年 4 月向省人大常委会作了汇报。审计结果表明，这 3 个行业共虚报亏损额 9715 万元。审计人员还查出了高达 2.4 亿元的违纪金额。

由于人民代表对政府部门的这次监督，不光堵塞了一些重大的漏洞，揭露了一些长期存在的问题，还使国家财政收回了将近 5000 万元的资金。

前几年，广西一些干部、职工在城镇内违法建私房的问题很突出，特别是一些领导干部，利用手中的权力为自己建私人房屋，受到了群众的强烈批评。为此自治区政府和党委联合作出决定，清理干部职工建私房的问题，并对违章违法、以权谋私者给予严肃处理。文件规定，对超面积占用的土地，每平米罚款 100 元，1 平米以上部分按每增加 1 平米加罚 10% 累进。

自治区人大的法律委员会和财经委员会对此提出不同意见，因为国家的《土地管理法》规定，对非法占用土地建房的处理是“责令退还非法占用的土地，限期拆除或者没收在非法占用的土地上新建的建筑物和其他设施，并处罚款……”这样以罚代法，第一与法律不一致，第二会出现有人为了多占土地而出钱认罚，继续大量非法占地的事情。这对保护宝贵的土地资源是极为不利的。

人大常委会主任会议讨论后，向自治区政府和党委指出了这个问题。自治区政府和自治区党委接到建议，很快便对照法律对这个已在报上全文公布了的决定进行了修改，使这个保护国家土地资源的重要文件得到了完善。

搞现代化就要办教育，但教育资金的来源现在在各地都是个挺大的问题，为了解决教育基金，1990 年 6 月 23 日，江苏兴化市政府发出通知，规定从全体全民和集体所有制单位的干部、职工的收入中扣取 2% 作为教育基金。

这个通知一发出来，全城的干部职工都一片议论，许多人给市人大写信、打电话和上门走访，认为此事不合理，要人大对政府的做法进行干预。

7 月，市人大常委会 8 名委员综合了选民的意见，就这一问题联名向市政府提出了质询案,认为政府对这一问题的决策缺乏民主化方式,这样取得教育基金来源和这种征收办法都没有法律依据,而且进一步指出,政府进行的是一种无时限的征收。

市政府对代表的质询很重视,很快派主管副市长向代表们当面进行了解释和回答,并表示要降低征收标准,由向全体干部职工征收改为向除离退休人员外的正式职工征收。

代表对这一答复仍然表示不满,最后通过决定,停止执行市政府通知中的有关规定。

这一决定受到了广大群众的欢迎。人大会后,市政府也召开了常务会议,要求各部门增强民主法制观念,并发出了补充通知,决定停止执行原通知中的相关决定,使这一事件得到了完满的解决。

人代会对政府的监督,在机制上保证了政府执政方向与普通民众愿望的一致。

人民的大事人民管

地方人大不光可以监督"一府两院"的工作,而且对于重大的问题还可以行使决定权。很多地方的人大利用这一权力为当地人民做了不少很实际也很重要的事情。

1989 年,贵州省有关部门要建一个煤矿,而这个矿正好在贵阳市饮用水源阿哈水库的上游。市人大马上就这一问题向环保局提出询问,并进行了实地视察。从有关报告提供的数据看,这个矿每年的废水排放量为 180 多万吨,其中含锰 6 吨多,含铁 100 多吨,另外还有 300 多吨的悬浮物,这将会对贵阳市的饮用水造成污染。而这个矿建成后每年的利润只有 20 多万元,获利并不多。市人大讨论后认为,这个矿不该建。会后便将这一意见通过省人大转给了省政府。

省政府经过测算后认为,贵阳市人大的意见是正确的,于是这个煤矿被停建了,资金转投到了其他方面。

河北省有一部分山区长期缺水,有 100 多万人的饮水困难一直不能解决。1989 年省人大开会,认为这个问题不能再拖了,于是作出了相关的决议。

决议作出后,由省水利厅做规划具体执行,而人大则派出人员到各地视察决议的执行情况。1990 年 2 月,省人大又一次召开了常委会议,听取和审议省政府执行这一决议的情况,并帮助解决相关问题。

这几年全省一共筹集了 8000 多万元的资金,兴建大小饮水工程 1 万多项,解决了 100 多万人的饮水问题,还改善了一批规划外村庄的饮水条件,为当地人民扎扎实实地办了一件实事。

北京市山区的面积有 1 万多平方公里,占全市面积的 60% 以上,山区农业人口 140 万,占全市农业人口的 35% 还多。由于各种因素的影响,这些地区人民的生活水平还很低。北京市人大在听取了市政府的报告后,于 1985 年年底就作出了《关于帮助贫困地区尽快改变面貌的通知》,1989 年又作出了进一步的决议。这些决议有力地推动了北京市山区的开发。到1990年,这些地区总收入比1985年增加了2.1倍,纯利润增加了2.7倍,非农业收入所占的比重已经达到了75%以上,这为北京边远山区在本世纪末进入小康社会打下了基本的基础。

问题和前景

以现代的标准来要求,我们的地方人民代表大会及其日常机构的运行还远不是十全十美。比如,《宪法》虽然明确规定了人民代表的地位,但在实际生活中却常常不能完全实现,在有的地方常常还是"代表代表,会完就了"。再一个,就是很多代表活动还缺乏条件。一个是没有资金,视察开会都成问题;再有就是缺乏知政条件。对政府的工作没机会深入了解,也就很难对其监督和评议了。另外,法律虽然对地方人大规定了很多权力,但并不是所有的地方、所有的代表都用得很够,用得很好。在有些地方、有些代表那里,这些人民盼望代表们大胆行使的权力还用得很不够,甚至用得很不好。这些问题都大有改进的余地。还有代表活动的法律依据问题,"官员代表"问题,等等,都是地方人大进一步开展活动所必须解决的问题。

不过总的趋势毕竟是越来越好了。如果说人大是个"橡皮图章",那么这个图章的分量已经越来越重,要它盖上一下也越来越不容易了。对群众来说,这是好事。

(1993.3.15)

点　评　文章是对20世纪80年代末90年代初我国地方人大工作成绩的一次盘点,展现了当时地方民主法制建设的强劲势头:罢免省长、副省长,代表联名推选的候选人当选,监督政府工作,开展执法监督、监督冤假错案,聚焦生产生活……一改人大"橡皮图章"的印象,强有力地推动了地方民主法制建设。

听凤阳人算细账

减轻农民负担采访录

李明信　何世建

安徽省的凤阳县,有两件事几乎尽人皆知,一是出了个改朝换代的明太祖朱元璋,二是公元1978年11月,这个县小岗村的20户农民,冒着巨大风险首开农村"大包干"先例,由此引发了中国的农村改革,给中国社会带来翻天覆地的变化,被喻为"一个伟大的创举"。

然而,我们此次到凤阳,与这两件大事都不相干,是农民要求减轻负担的急切呼唤,把我们引到这方来。

小本里和小本外

一入凤阳县,便有"减负"之声不绝于耳。

我们未加选择地走进路边的两个村子,找农民聊聊摊派情况。每到一处,村民们都呼啦啦围过来,情绪激动地倾诉对负担过重的不满。

"大包干初期,我一家7口一年共负担摊派款120元,现在一个人就要负担120元。"官沟村一位村民说。

另一位村民唐章明从家中拿来一个小本本,是每户都有的《农村包干经济合同》,上面记载着这个5口之家去年的交费项目和金额。其中"集体提留"和"统筹费"共13项,分别是农田水利基金、植树造林费、集体生产基金、五保户基金、文化事业费、卫生防疫费、乡村干部工资、办公费、办学费、计划生育费、优抚费、民兵训练费、基本建设费,共计金额212.6元,人均42.52元。

按国务院发布的《农民承担费用和劳务管理条例》规定,农民直接向集体经济组织缴纳的村提留和乡统筹费不得超过上一年农民人均纯收入的5%。凤阳1991年遭了水灾,收入很低。去年这户人家的人均摊派额,自然不止于1991年纯收入的5%。即使以正常年景的1990年为基数(588元),人均也在7%以上。

问题的严重性还不在这里。因为"提留"和"统筹",仅是农民负担的一部分。在唐章明的小本本上,还有其他收费项目:生产水费、防汛排涝费、畜禽防疫费、国库券、保险费、农业基金,共计收费155.8元,人均31.16元。而这些,也仅是记录在案的收费账,实际的收费项目并非到此为止。农民说:不怕中央的红头文件,就怕干部的"口头文件"。一些额外的收费,不知何时又会落在农民头上。比如,去年上面让农民种烟,但本地农民不愿种,于是每人罚款10元。至于一些乡镇以"人民的事情人民办”为名，乱立项目，层层加码向农民摊派，已不是新鲜事。有些乡村干部，收了这费那费，连张收据也不给，甚至扣了国库券款却不发国库券。农民往往只有被扣钱的份，既不知扣的什么钱，也不知扣了多少，以致很多人只感到负担重得难以承受，却说不清具体数字。

凤阳县一位长期从事农村工作的负责同志告诉我们，去年农民负担人均100～110元，最高的达140元，最低的也有70多元，相当于正常年景人均纯收入的20%左右。而凤阳前年和去年都是大灾年！

这位负责同志进一步分析说，农民对摊派不满，也不仅仅是个数量多的问题。对于合理的摊派，多数农民不说二话。但现在一个突出的问题是，名目繁多的摊派款收上去，老百姓却得不到什么实惠，农村的房屋、道路、田地、学校、绿化、卫生等，年年依旧，而一些乡村干部，却大吃大喝，大兴土木，挥霍农民的钱，农民能不气吗？

负担何止是摊派

说到凤阳，说到农民负担过重，肯定有很多人要问：那个当年在全国率先搞大包干的小岗村情形怎样呢？

冒着春寒，我们驱车前往。

在村外的田里见到韩国云老汉。他是当年在大包干责任状上按手印者之一。

“如今种田不划算。”老汉的第一句话就饱含感叹。

坐在土路边的草地上，他给我们算了一笔账：

水稻：按亩产1000斤的高产计算，去年每斤稻谷2角，总收入200元。而去年的投入，化肥50元，农药20元，水电40元，种子5元，农膜5元，农机25元，农具损耗5元，共需150元。纯收入每亩只有50元。

小麦：按亩产300斤计算，去年每斤2角8分，可卖80多元。而投入中，肥料66元，种子13元，机械耕种收26元，以上花销共达105元。平均每亩要倒贴20元左右。

稻麦两季相抵，每亩地一年的纯收入只有30元。

凤阳县有耕地108万亩，农业人口55万。人均不足2亩。这也就是说，种田人均纯收入一年只有60元。如果一亩水稻产量低于千斤，则收入还要少。

难怪韩老汉留恋几年前的日子：“那时候粮价高，1987年稻谷卖到5角2分一斤，一般年份也在3角5分左右。化肥农药水电价钱却比现在低得多。那时农民种田上算。如今不行。”

我们走进村里一户人家。主人叫严金昌。全家8口人，承包了30亩地。由于粮食不值钱，像他这样的产粮大户，如今日子过得也不宽裕。前几年大儿子、二儿子结婚盖了砖瓦房；小儿子去年结婚时，打了砖瓦房的地基，却盖不起，只好盖了泥草房。

放眼整个小岗村，除村边有几幢显眼的砖房外，当年那些陈旧灰暗的泥草房，都依然静静地卧在寒风中,像一个个衣衫褴褛的老人。这是我们来之前所没想到的。

更没想到的是,这个视田如命、带头以大包干创造粮食高产的著名村庄,如今,因为种麦需要倒贴本,村南大片本该种上小麦的沃土抛荒了,600 亩地上不见一棵青。

摊派多、投入高、谷价低严重地挫伤了大包干调动起来的农民生产积极性。1978 年,凤阳县产粮仅 2.9 亿斤,大包干后,每年递增近 1 亿斤,到 1987 年,已经达到 10.7 亿斤。以后随着农民负担的加重,产量逐年下降,加之天灾,到 1992 年,只剩下 7 亿斤。

事实就是这样严峻:对于粮食产量的水银柱,农民的负担无异于寒潮。

(1993.3.20)

点　评　我国是农业大国,“三农”工作历来是国家的头等大事。曾几何时,农民负担一直是社会的焦点问题。记者选择中国农村改革“大包干”的发源地安徽凤阳小岗村调查农民负担,一笔一笔算细账。投入高、价格低、税费重、摊派多,沉重的负担严重伤害了农民生产积极性,危及农村社会稳定。减轻农民负担的疾呼从本报大声发出。经过多年努力,以取消农业税为标志的农民负担得以大幅减轻,从而为农业和农村经济释放出巨大能量。从此,农民走上了脱贫致富的康庄大道。

众里寻他千百度

高红十

导读：

寻他：记者穿云破雾采访的“傻子”

他寻：“傻子”们寻找个体经营的环境

寻他：党的最高领导人寻找私营企业代表

上　篇

A 寻他

去九华山拜佛，遇着雾，能见度不到五米，难睹九华真面目。

去安徽采访“傻子”，也遇着雾，传播媒体、执法部门、民间舆论……错落杂沓的声音砌成一堵墙。

知名度之高、出名时间之长居安徽之首的“傻子”年广久，自打去年3月13日从芜湖某看守所出来，执行中级人民法院以流氓定罪判三缓三的判决，他是何心态何尊容？他在墙后边做什么？相信感兴趣的不止我一人。

临离京前，我对总编讲起采访“傻子”的意图，总编不无担忧地说：你能弄明白怎么回事么？

我说：我试图，弄明白。

3月初到合肥，省检察院负责人的说法是：一、目前，对“傻子”一案检法两家态度一致；二、在邓小平同志南方谈话前此案就了结了；三、此案不存在行政干预；四、年广久也不是无罪释放。详情让我到芜湖去了解。

芜湖市检察院给我同样的说法，并不详陈案情，只介绍了此案从立案到判决大致时间：

1988年12月20日，新芜区检察院接到群众举报，决定立案侦查，年广久取保候审。

1989年9月25日，新芜区检察院因年广久贪污、挪用公款，决定逮捕年。

1990年1月24日，新芜区检察院审查终结，报市检察院。

1990年6月6日，芜湖市检察院以贪污、挪用公款、流氓三罪提起公诉。

1991年5月3日，芜湖市中级人民法院一审判决（5月11日宣布）：年广久犯流氓罪，判处有期徒刑3年，宣告缓刑3年。

1991年5月20日，芜湖市人民检察院以“对年广久贪污罪不予认定，有悖于法律规定；对年以流氓罪处刑三年失之过宽，适用缓刑更属不当”为由，向省高级人民法院提出抗诉。

1992 年 3 月 11 日,市检察院撤回抗诉,开始执行芜湖市中级人民法院以流氓定罪判三缓三的决定……

我说,反复说,我对判决进程中的细节并不感兴趣,我感兴趣的是“傻子”这个人。改革 14 年来,中国大地涌现出一批“傻子”这样的人。“成也萧何,败也萧何”,他们先天的经商头脑及本领,为繁荣经济做出过不可抹杀的贡献。当然,随着改革的深入,他们先天的不足也作用于经济生活,给改革、给市场带来一定的负效应……所以我想了解“傻子”这个人,各种人眼中的他。

芜湖市检察院副检察长拿出一沓报纸,“傻子”从看守所出来后各报的报道——嘈嘈切切错杂弹的声浪,砌成又一堵墙。

看这上边说的,“傻子”玩十几个女人都没事,恐怕太说不过去了。有警察说,以后,流氓都不要抓了,十几个的都没事,一个两个算什么?副检察长将报纸收起,转身告诉我,此案公诉人在合肥,被省检察院借去好几个月了。又说,听讲“傻子”去浦东办厂,不在芜湖。

怎么?我千里地到合肥,百里地到芜湖,不是离“傻子”近了,而是南辕北辙地更远了么?

不死心的我,试图通过北京路派出所的干警,我找到年广久的儿子年强。

年强是“傻子”的二儿子,今年不到 30 岁,“傻子”瓜子厂法定代理人。10 年来,跟着父亲闯社会做生意受磨难经坎坷,他变得沉稳和成熟。他不愿意评价父亲的案子,侃侃而谈是父亲出来后的一年如何休养生息,恢复发展。慢中求快,快中求稳。只要符合政策法律,就可以干。去年多半年和今年年初,“傻子”瓜子厂同外地联营办厂十几家,总结以往联营的经验和教训,主要形式是商标入股,技术顾问。哪里政策优惠,就去哪里办厂。如今不光是地方选择企业,企业也可以选择地方。

得知我是《法制日报》记者,他笑了:“我是你们律师函授中心二期学员。”他拿出一张《芜湖日报》,上登“有人大量非法印刷‘傻子’商标标识的包装袋,镜湖区检察院已立案侦查”的消息。年强说,“傻子”商标是芜湖市唯一私营企业驰名商标,应该依法得到有效保护,希望《法制日报》能呼吁一下。

谈得差不多了,我问他:你父亲在芜湖么?

在。

我大喜,说,想见一见。

沉吟片刻,年强说:好,我来安排。

B 他寻

出于不自觉的生存本能吧。

“傻子”(不只“傻子”)多年来一直在寻找,寻找适宜卖水果卖瓜子做生意挣钱的一个环境,一种气候,一片土壤。他执着地找,时而清醒时而迷惑地找,找得好苦。

何时,个体经商天经地义无罪有功呢?

17 年没有。

“文化大革命”更没有。打办——革命委员会打击投机倒把办公室,是市场经济、小商小贩的死敌;当然,后者也是前者的对头。对峙多年,竟然是后者存活而前者灭绝,此间变化不换个脑筋怎能想通?

一切变化始于 1978 年年底,北京人民大会堂召开的“傻子”们最初以为与己无关的会。

春江水暖鸭先知。

为了生存常年在水里泡着的“傻子”们,水深水浅水凉水暖顺水逆水心知肚明。别人对市场对经商还没醒过闷儿来,他们已蹚水撩水地干开了。当然,先是小打小闹试试探探,反馈回来春风春雨和煦春阳,他们便劈波斩浪乘风破浪兴风作浪地干。挣多挣少都是为自己,不干等什么?

生意经,生意精。“傻子”们“火”起来了发起来了。他们咄咄逼人,直逼市场,一些他们自己也讲不出多少道理的做法直逼厚如泥泞沼泽的传统观念。雇工,“傻子”工厂最多雇到 103 人。雇工,那不是资本家么?赞助公益事业,给灾区捐款——他们的钱干净么?能要敢要么?他们这是用钱买好……有奖销售,小卧车、摩托车摆在那里,乖乖!买瓜子的打破头,这不是让顾客占小便宜吃大亏么?……姓资姓社?姓资姓社?到底姓资还是姓社?中国人争了 30 年斗了 30 年批了 30 年,习惯了头颠脚倒从上层建筑意识形态先定性定位,不敢也不会从生产力发展判断是非。终于,相当一级部门出面干预,明令禁止有奖销售,埋下了“傻子”瓜子公司破产的重要伏笔。

有奖销售“火”到用飞机撒奖券撞楼死人的今天,怎样评判 7 年前的做法谁傻谁错呢?

C 寻他

党的十一届三中全会以后,私营企业的涌现已是无法改变无法遏制的事实。

共产党的最高领导人一直十分关注这一层人,他们也在寻找,寻找新型私营企业者,为他们的生存发展创造良好环境,琢磨如何使他们更有序更现代更健康。前人没干过的事,前人没走过的路,没有地图地形图,有的是层峦叠嶂云雾缠绕。

1983 年 3 月,总书记胡耀邦视察芜湖。他乘坐的乳白色面包车从“傻子”的瓜子摊前开过,市委书记向总书记汇报:“他雇了 30 多个工人,群众有些反映。”

总书记没有讲话,专注地望着窗外。来芜湖前,省里领导汇报过这个问题,总书记说:三十几个人嘛,不要动他,先看一看。

市委书记接着汇报:年广久偷税的问题,群众反应很大。

总书记说:偷税当然不行。

1983 年 12 月,国务院领导同志听取国家工商局汇报,讲年广久偷税问题发生后,有人对他目前的经营规模很担心,提出要限制他。

姚依林副总理说:现在全国个体户 600 万,不到 1000 万,我们是不主张限制的。现在比 1949 年少多了……“傻子”偷漏税不对,但他把瓜子炒起来,迎春瓜子在后。以前有不少人炒,“文化大革命”搞光了。“傻子”瓜子不是坏事,是拾遗补阙。再看一看。财政部门的税收要跟上去。

工商局的同志说:有人建议考虑用国营、集体的形式,逐渐代替个体。

万里副总理说:不要急急忙忙去代替。

1984 年 4 月,当时的安徽省委书记黄璜给年广久写信,说:

你是安徽有影响的个体劳动者之一,各方面都很关心你。你决心开拓前进,以更大的成绩来回答各方面的关怀,这是非常必要的。我预祝你取得新的进步……你这个同志是有毛病的,有的毛病也是突出的。我们共产党人允许人们犯错误,但允许和赞成完全是两回事。有错误一定要改,改了就好……希望你认真学习党的有关政策规定,遵纪守法,团结和爱护工人同志,不要辜负党和政府对你的关心。

改革开放后的新闻媒体也在寻找一个典型,一个可歌可书的私营企业代表,“傻子”的暴富,“傻子”的传奇经历,“傻子”的个性令他们一矢中的般兴奋,兴奋就有了做文章的冲动。一时间,关于“傻子”的文章堆积盈尺。现在看看,有拔苗助长,有盲人摸象,有煽情矫情造成的夸大与隐匿。令人深思的是,以真实为第一要素的新闻媒体的介入没有使“傻子”形象透明于公众,而是更加云山雾罩扭曲变形。

还有执法部门,“傻子”始终在他们关注的目光中。

民间舆论,赞他羡他妒他毁他,用尺量他,用秤称他,用种种标准评判他……

老外,对中国的新鲜事有着猎犬般嗅觉的老外们,寻找到“傻子”。他们从来没把“傻子”和他的瓜子放在眼里,而是把他当成邓小平时代的晴雨表温度计;做中国这个大文章的小标题。

如果“傻子”清醒、自觉,好自为之?

如果“傻子”不清醒、不自觉,没有自为之?

下　篇

A 寻他

试图——我又找到年广久的大儿子,年金宝,方方面面口碑不错的年轻人。

年金宝,1981 年从“傻子”瓜子厂分出来,成立了与前者既联合又相对独立的经济实体。他自己办厂,在芜湖市黄金地段中山路开有一家金宝炒货店,产供销一体,产品覆盖芜湖地区。

我在他家看到四种报纸:《参考消息》、《芜湖日报》、《经济日报》、《中国食品报》。

谈起当前的经济形势,金宝说,私营企业要有大的发展,就要舍得投入,花时间。

早上种树，晚上摘果，搞不成。让个体户放心安心宽心舒心，得有一个好的政策法律环境。其实，市场大了，谁也占不完。国营真搞好了，个体拼不过。

谈起做瓜子的生意经，金宝眼睛放光，颇为自得。他说，三分利，涨死人；七分利，饿死人。这就是薄利多销的道理。瓜子生意是跨年度做的，每年 8 月收购生瓜子，9 月发货，10 月就开始忙了。春节的销量占到全年 60%，这季生意做成，一年把稳了。

瓜子属于小食品，不顶饱，不解渴，为什么那么多人嗑起来就放不下？就因为一个口感。所谓“会吃吃门道，不会吃吃热闹”。而口感又是不可以量化的，全凭嘴巴的感觉经验。

放什么调味品在里边？多来西！我们不是有个店么？有了新产品就让顾客品尝。哪点好，就往出推哪点。夏天，天热，我们推出清凉型的，话梅、可可，冬天，口味可以厚重些，譬如奶油。这两年大白瓜子销路好，老少咸宜。

金宝炒货店楼上墙壁，贴着几幅碑拓条幅：“忍”、“让”、“惜时如金”，还有一副对联：让三分心平气和，退一步天高地阔。

在金宝家，我还见到“傻子”的小儿子年斌。他是“傻子”三个儿子中唯一的大学生。问他为什么？他说，有人下海想上岸，有人在岸上又想下去。人和人，总归想法活法不一样。他学习与国防有关的专业，毕业后，现在南京一家研究所工作。

阴雨绵绵的星期天下午，我终于见到大名鼎鼎的“傻子”年广久。当时在场的江西省万年县大黄乡政府两个干部，是来与“傻子”商谈联营办厂的。我与两位乡干部互补地添彩，“傻子”很高兴。

“傻子”年广久比手划掌侃侃而谈。

“傻子”工厂是大学，培养经济人才，把物质变成货币。做瓜子生意要什么本钱？要本钱做生意还叫本领？万把块钱就够了，买煤、大铁锅，房子也不要好大。关键是流动资金多；要用钱先把瓜子买回来。

“傻子”做生意不为钱，也不为官，为了党，为了党的方针路线传下去，政策传下去。上一代对下一代有责任，不能错过了。

市里要成立“傻子”瓜子股份有限公司，我想成立，孩子害怕，我也害怕了。一怕二怕谁也不想往前走了。

挣那么多钱有什么用？吃饭，一顿饭七八个菜一个汤也够了。住，一人 50 平米管够。多的钱也是存银行。我不为钱，我为了响应邓小平的号召，改革开放。我在号子里就给彭小红（其后妻）写信，让她先去深圳，再去香港，打下基础，我也好去。

我早有护照了，邓小平一讲话，把我困在沙滩上，走不了了，还得干。

我是准备搞“傻子”瓜子集团公司，各分厂稳定下来再搞。股票公司？不搞，都是骗子。打什么招牌，先考虑；在什么地方，也在考虑。

我听说你很孝顺你的母亲，老人家是什么时候去世的？

“傻子”神色黯然，老母亲是 1982 年去世的，87 岁。那会儿我们住的条件不好，房间少，楼下是炒锅，楼上睡几十人。又是烟，又是调料，老母亲中了煤气……

他说，有一年，他和一位记者去九华山，在一座桥下看到观音老母现身。回来做了一梦，梦见观音说，你85年找妻，是个姑娘，会给你生个儿子。果然，娶妻彭小红，生了个小家伙。

我笑了，"傻子"什么全信，脑瓜里的东西够杂色的。

B 他寻

一位干部说，"傻子"年广久有跟潮的一面，也有心理承受能力，他三落三起，落了还能起，换一个知识分子，可能就爬不起来了（北大一位经济系教师，因计划经济理论过时，市场经济理论活跃，他想不通，跳楼自杀，或可比照）。听讲"傻子"在看守所，自己把头发剃了。问他为什么？他说，抓不到辫子。

年案主办人说："傻子"是时代产物，算不得改革家，是机遇把他推上舞台。他有自己的毛病，自控能力差，也有身不由己的客观环境。

年广久有时气势汹汹，有时也心灰意懒，他不止一次对别人说：前途渺茫，别看现在红火，说不准何时进看守所。面对大气候和小环境，反照主观，"傻子"并不自信，他盲目茫然糊涂的时候多于清醒。

知父莫若子，年强对其父的评价：在发展个体经济中起了带头作用，有各种各样的缺陷。没文化，是主要缺陷。

毛主席说过，没有文化的军队是愚蠢的军队，而愚蠢的军队是不能战胜敌人的。

1984年6月，年广久当上傻子瓜子公司董事长兼总经理，之后的4年，一个败仗接一个败仗。结果——他进了看守所，国家几十万元财产一塌糊涂地损失。

成立"傻子"瓜子公司，应该说，各方面最初的动机都是好的。好的动机为什么会造成如此不好的效果？其中有什么吃一堑长一智值得总结的？

个体企业发展到一定规模，不一定非要联营；即便联营，也要看条件是否具备，条件之首是企业领导的素质。不幸的是，红绣球抛到"傻子"头上，精明的私营企业者"傻子"，却不是一个合适合格的集体企业领导。他没文化，不懂法，不懂现代管理；随着身份地位的变化得意便忘形，做人上的不慎，作风上的不检，自贬了人格，自污了名誉（不光是个人的名誉），打败仗撞线犯规是或迟或早的事。

果然，事情发生了，公众弹拨，执法部门义愤，新闻界哗然，举荐的领导失望……皆因第一块多米诺骨牌的跌倒，负面的名人效应不可遏制地向社会的深处和广处传递。

春天总是带来好消息。

"傻子"一定会牢记1992年春天，他从看守所出来了，他让儿子帮他找白头发，儿子说没有，他很欣慰。他边休息边看，芜湖被列为安徽省唯一沿江开放城市，老外来投资，江边的十里长街要推倒重修……春花迷眼春水暖人，年广久，这只长年在经商的水里泡着的老鸭子划动脚掌，又游起来了。

毋庸讳言,“傻子”不是现代企业家,他还缺好多零部件,他还要进行“脱胎换骨的改造”——一个过去了却没失效的词,但至少在他儿子身上,我看到希望。

希望“傻子”新一次崛起能按规则游,游好,游快,游出风采;也希望成千上万的“傻子”们莫负时代,好自为之,大展宏图。

C 寻他

邓小平同志南方谈话谈到“傻子”:改革初期,安徽出了个“傻子”瓜子,当时许多人不舒服,说他赚了 100 万元,主张动他。我说不能动,一动人们就会说政策变了,得不偿失。像这一类问题还有不少,如果处理不当,就很容易动摇我们的方针,影响改革全局。城乡改革的基本政策一定要长期保持稳定。当然,随着实践的发展,该完善的完善,该修补的修补,但总的要坚定不移。

邓小平同志这段讲话并非对一事一案定是非,而是高瞻远瞩,从改革的全局来谈私营企业,他已经看到,中国特色的社会主义,私营企业是不可或缺十分活跃大有发展的一个组成部分,应该扶持、引导和鼓励。邓小平同志还谈到姓资姓社的问题,极大地解放了人们的思想,柳暗花明一通百通地豁然——雇工、佣金、回扣等,都是摸着石头过河从未遇到过需要正视急待回答的问题,白猫黑猫抓老鼠看,实践是检验真理的标准,唯一标准。

老一辈革命家在寻找,党中央在寻找,寻找各种各样的代表人物:跨世纪的接班人、转变机制国营企业的领导、现代化的私营企业家……刚刚闭会的八届人大,荣毅仁老板当选为国家副主席,此举的雄才大略深远影响震动世界。

当然还需要一个环境,行政的、法制的、舆论的,对私营企业者引导、帮助、监督的有效机制。

去九华山拜佛,遇着雾;第二天雪下雾散,才见九华真面目。看山间云走雾飘,知道不会总是晴天,还要起雾。没关系,反正山在那里,佛在那里,渡一切苦厄出地狱的地藏王在那里,只要去找无非吃些苦寻寻觅觅。找,就是破惑得悟,破旧立新,找他人也就是找自己。大时代的小人物,其实每个人都在找,找自己的位置,选自己的道路,创自己的人生价值。

众里寻他千百度,蓦然回首,那人却在,灯火阑珊处。　(1993.5.17)

点　评

历史总会不经意地选择一些人,赋予他们特别的使命,让他们成为历史进程中的一个符号。“傻子”年广久就是这样一个符号。他和他的“傻子瓜子”深深地烙印在中国民营经济发展史上。本文以寻找年广久为脉络,揭开了被称为“中国第一商贩”年广久的传奇人生,揭示了我国民营经济发展的坎坷历程。

春雷滚过……

陈应革

珠海重奖科技人员，不啻一声春雷，在神州大地轰响。

当春雷滚过，人们思考的是什么？

“重要的不是房子、汽车、金钱，是市委、市政府招贤纳士的殷殷之心！”许多人斩钉截铁地回答。

事实呢，1992 年 3 月的春雷滚过，珠海“磁力”陡增。适应全市 34 项宏伟工程建设的需要，这块“磁石”，正吸来内地、海外大批的才子、干家。

企业找到了理想的人才，人才进入了理想的岗位。如果说，1992 年珠海市在培养人才、引进人才方面取得长足进展，那么，立下功劳的是有关法规。

珠海市在建设现代化特区，特区建设不能离开现代化手段。珠海人认为，法律手段就是现代化手段之一。过去的一年，珠海市在用人方面，明确提出全面落实《企业法》，规定“企业有权按国家有关法律、法规和企业规章制度解聘、辞退、开除员工”，“企业可以从外地聘请科技项目主持人以及技术骨干，并可在人事部门批准下直接向全国招聘急需人才”。他们制定了《珠海市人才智力市场暂行规定》等规章，使 1400 多人经双向选择受聘。

进入 1993 年，珠海市人事局抓的重点工作头一条就是认真清理法规、规章，看过去和正在执行中的法规是否符合发展社会主义市场经济需要。符合的就坚持，不符合的就废止，在提高广大干部思想认识、“换脑筋”的基础上，制定新的法规、规章。

为此，他们正在一些企业引入人事制度改革试验，同时采取措施推动市内人才流动，让人才的价值观、奉献精神、自主性都能充分体现，让企业真正走在以效益用人才的轨道上。今年，他们还将与市司法局配合，对律师事务所的人事制度进行深层次改革。他们将在这些试验的基础上，总结经验，制定相应法规、规章，使行之有效的措施得以推广。

再如，他们正组织力量，全面开展机构改革的调研与准备，并在局部开展试点，探索人事制度在市场经济体制下“脱胎换骨”的新路。一旦取得初步经验，新的法规、规章就将出台。

已届中年，充满活力的中共珠海市委组织部副部长兼市政府人事局长的李素芝，微笑着，充满自信。她回顾自己从事人事工作的历程，深有体会地说，人事部门必须树立为社会主义市场经济服务的观念。我们的用人观是，用人之长，容人之短，实事求是。凡事不搞绝对化，一切从实际出发。一个年逾 50 的女同志，年推销商品额在 10 万元以上。她没学历，年纪也大。可许多人没她这样的本事，我们照样聘用她。有鉴于此，李局长说，我们在制定有关人事工作法规、规章时，既注意规定普遍适用的原则,又注意对个别突出人才引进的规定,这可使我们广纳人才,引入有真才实学的人才!

1992 年春雷滚过,1993 年春雷给珠海充的“磁”会更强。

我们企盼珠海市 1993 年的春雷。　　(1993.6)

点　评　广东珠海重奖科技人才,犹如一声惊雷,让人们懂得了人才的重要性,打破了传统僵化的选人、用人制度。市场经济体制下“脱胎换骨”的人事制度,不拘一格用人、广纳人才的做法迅速被广泛复制。从此,各地引进人才之举呈如火如荼之势。

粤海明珠欣有种

——雷洁琼先生剪影

高红十

雷洁琼先生是一部书,88年春华秋实写就的一部大书:以我不足一半的年龄阅历,要想在短短的采访时间里读遍这部书,读懂这部书,并心领神会,在有限的报纸版面上传达出来,几乎是不可能的。我只有辑录几帧剪影在此,以飨读者。

九月,永远的讲台

九月,燕园的银杏叶镶上了金边,撒播知识的讲台冉冉升起;九月,天地万物熟获的初秋。

在全国人大常委会副委员长雷洁琼女士的心中,九月,有着不同寻常的意义和蕴含。

1905年9月,雷女士出生于广东省广州市,祖籍台山。

14岁那年,她在广州女子师范读书——许广平是高她一班的学生——五四运动的风从北方吹来。雷洁琼阅读了《新青年》等进步书刊,十分向往北京民主、爱国、科学、进步的声势和氛围。高中毕业后,父亲生怕女儿去北京参加学运,宁肯送她远渡重洋去美国留学。

"那年我19岁",60多年后雷先生对记者说:"我乘的船在海上整整航行了16天,晕船?不,我不晕船。中途只在夏威夷停靠一次。1980年我又去美国访问,飞机在天上飞了16个小时就到了。16天,16个小时,我记得很清楚。"

雷洁琼女士在美国加州大学、斯坦福大学和南加州大学就读,先学化学,两年后改读社会学。1931年取得硕士学位,并获南加州大学中国留学生最优学习成绩"银瓶奖"。当年,她接受了北平燕京大学社会学系任教的聘请,于秋季返回中国。

26岁的雷先生是想在湖光塔影的燕园做学问的,是想用文化知识开明启智教化人心的。她在系里教授社会服务的应用社会学,开设了"社会学入门"、"贫困与救济"、"家庭"、"儿童福利"等课程,带领学生到清河、定县实验区参观、访问、调查;还到天桥贫民窟、育婴堂、施粥厂和妓院了解社会底层生活状况,贫穷、苦难大字书写在一张张黄瘦病弱的脸上,解困济贫的良方在哪儿?救弊治国的出路又在哪儿?

早在1933年,雷先生就提出了"节制生育"这一符合国情的真知灼见,她和清华、协和的学者成立了"节制生育咨询部",发动专家撰写文章、出小册子、解答问题。雷先生在文章中指出"对有缺陷的父母更要节制生育"。面对一个置民于水火的政府,任何善意的建议、治国平天下的高招都像扔进空寂的死谷,溅不起半点回音。

雷先生同后来成为她终身伴侣的社会学系教授严景耀先生多次讨论这些问题，严先生说：中国的农民问题和土地问题是社会制度问题，目前社会学系搞的乡村建设实验仅仅是一种改良做法，不可能从根本上解决问题。

1937年，"七七"事变爆发，雷先生毅然离开燕园，投身江西妇女运动，直到1941年才回到大学讲台。那年她同严景耀先生结婚，在上海东吴大学任教，并在沪江、圣约翰、华东大学和震旦女子文理学院兼任教授。她讲的课深受学生、特别是女大学生欢迎。

1946年9月，雷洁琼女士重返燕园。那年秋天，燕大从成都返回北平复校，当时许多老教师已经离校，出于对抗战后社会问题的关注，报考社会学系的学生剧增。雷先生的教学任务十分繁重，开设有"社会解组"、"社会行政"、"社会建设与法令"、"个案工作"等课程，其中"社会解组"课受到学生的首肯和欢迎。抗战胜利了，战争的阴云却没有散去，民族的敌人赶跑了，人民却不能安居乐业；身为爱国知识分子，雷先生在教课的同时，不能不关注窗外的冷暖、世事的变迁；国无宁日，心亦无宁时。

1949年9月，新中国第一届全国政协会议在京召开，作为8个民进代表之一的雷洁琼女士参加了这次具有伟大历史意义的盛会。雷先生被编在政治组，董必武任组长。政治组就国体、国名、制度等重要事宜展开热烈讨论，困扰雷先生多年救国治国出路问题，在此得到一个较为明晰的解答。

嘿啦啦啦啦，嘿啦啦啦，天空出彩霞呀，地上开红花呀……

雷先生全身心投入新中国的教学。1952年，全国高校院系调整，雷先生和她的爱人严景耀调到新组建的北京政法学院，雷任副教务长，教授婚姻法；直到1966年所有讲台被贴上封资、修标签，直至无法无天无教无学的"文化大革命"中全校师生先延庆后安徽迁徙下放。

1971年9月，中国2号人物在蒙古沙漠灰飞烟灭，最初的消息雷洁琼夫妇并不知道，他们手边除了小红书再无他书。他们参加田间劳动，每天走数里路吃极清苦的一日三餐：他们更不知道敬爱的周恩来总理为了保护他们，为了"四化"大业保护储存更多人才正想方设法、运筹帷幄……终于有一天，他们接到返回北京的通知，通知包括他们夫妇在内的6名教授。雷先生和严先生回到北大国际政治系，没有课教就不教，他们为联合国翻译资料，做一些研究工作，等待冬天过去那个不远的春天。

周恩来总理却没能熬过那个严冬，1976年1月8日与世长辞了；4天后，严景耀先生也因突发脑溢血去世。雷先生受到的打击可想而知，但她还是坚强地等来了9月过后的10月，十月金秋。

党的十一届三中全会以后，百废待兴，雷先生担任多项重要社会职务，但她仍不辍教学，直至去年还在带研究生，指导学生做有关《中国农村家庭变迁》的博士学位论文。她为近年来社会上忽视教育，中小学教师流失等现象忧心如焚，她发起成立了民进的"尊师重教基金理事会"，亲任理事长；她参加赵宝煦教授领导的北京大学中国国情研究中心和北京大学犯罪问题研究中心……

曾经听她讲课的学生20世纪40年代撰文称雷先生为“青年导师”，文章中说，女教授在今日中国社会寥若晨星，雷洁琼女士就是一颗光亮的星，她照亮青年求知做人的道路，展示学术真理。她对女大学生孜孜不倦地教育，教育她们追求真理，追求进步，了解时代，开阔视野……古语说，经师易得，人师难遇。雷先生就是青年难得的人师。

九月，升起于绿荫丛中的讲台后面，雷洁琼先生永远占有一席之地。

走向社会

雷先生清楚地记得半个多世纪前，在赣南农村同几位洗衣妇女的对话。

雷先生：老表，你们晓得么？日本鬼子已经打到咱们中国了，我们都要起来打日本鬼子，保卫自己的国家。

几个妇女惊讶地问：打到中国来了！中国在哪里呀？咱不晓得。咱是玉溪村人。

这些祖祖辈辈生活在深山幽谷的妇女，国难当头的时候，竟然不知自己是中国人，雷先生心情十分沉重，以往的课堂太小了，离这些洗衣妇女相距何止十万八千里，以往的课本太单薄了，竟没有帮助这些妇女认识自身的重要内容。雷先生更坚定了为民族解放、妇女解放奋斗终身的信念。

雷先生从美国回到燕大两周后，“九一八”事变爆发了。“高粱叶子青又青”，“我的家在东北松花江上”的歌声渐渐高过团契唱诗班弥赛亚的诵唱，雷先生和所有爱国知识分子的血一道滚热起来。

1935年，伟大的“十二·九”运动爆发了。北平学联发动全市学生大游行，反对成立伪“冀察政务委员会”，雷洁琼先生是走在学生游行队伍中唯一的燕大教师。12月16日，是伪“冀察政务委员会”粉墨登场的日子，北平各大学又一次爆发了声势浩大的游行，雷洁琼先生也参加了。

1936年冬天，傅作义率部在绥远打击日本侵略者，收复了洪格尔图及百灵庙等地。消息传来，燕大师生群情振奋，组团赴绥远慰问，团员大部分是中共党员和民先队员，团长由进步教师雷洁琼担任。她向抗日将士们发表热情洋溢的讲话：燕大全体师生誓做前方将士的坚强后盾。

1937年年底，雷先生为了抗日救亡来到江西，任江西省妇女生活改进会顾问，江西省伤兵管理处慰劳课上校课长，江西省妇女指导处督导室主任，江西省地方政治讲习院妇女班主任，江西省战时妇女干部训练班主任，中正大学政治系教授。她带领妇女干部慰劳伤兵和苏联飞行员，发动中上层妇女为抗日救亡募捐，组织、培训农村妇女投身抗日洪流。

1938年3月8日，南昌市天气恶劣，雨雪冰雹扑打着抗日救亡团体及各界妇女庆祝“三八”集会会场。作为主席团成员的雷洁琼先生主持大会并讲了话，会后，她和800多名妇女高呼口号冒雨游行。不少女青年当场表示要投身抗日救亡工作。

1939年元旦，妇改会干部在贵溪县举行文艺晚会，演出《放下你的鞭子》、《送郎当红军》等剧目，晚会结束后，国民党便衣特务冲进后台，将两位演员高景芝和徐凯逮捕。妇改会干部立即打电话给南昌妇改会负责人熊芷，雷洁琼闻讯后十分气愤地对熊芷说："我们快去见熊式辉，请他设法放人。"早知内情的熊式辉与前来救人的熊雷二女士佯装吃惊："有此事么？我不知道呀？"雷洁琼义正词严地对熊式辉说："高景芝是清华大学的毕业生，我在北平就认识她。她为了抗日救亡，遥遥几千里，从北平来到南昌，她是一个纯洁朴实的爱国青年，徐凯是本省一个二十多岁的青年，在贵溪的妇女救亡和组训活动中是做出成绩的。希望你下令给贵溪县，恢复她们的自由。"面对两位有声望的爱国进步教授和社会知名人士，熊式辉不得不作出有条件放人的决定。

1939年3月，敌机轰炸南昌，城内落下数百枚炸弹。江西省政府及所属机关全部撤光，雷先生才与留守处的两名干部带着文件匆匆奔赴江岸。上船后她回头望去，中正桥已是火光冲天。

1939年9月，妇干班第二期学员毕业分配到江西各县工作后，雷先生头戴斗笠，足蹬草鞋，跋山涉水，走访了19个县、5个临战区和游击区的妇女组训工作队。她来到老革命根据地瑞金，目睹了白色恐怖下苏区人民的生活，感受到老区人民对共产党和工农红军的怀念，她来到被国民党烧毁的红军纪念碑前，悼念为保卫红色政权捐躯的烈士。她想：苏维埃政权虽然不存在了，但红军的精神依然蕴藏在人民大众心里，这正是中华民族的希望所在。

雷洁琼先生1937～1941年的江西之行，为江西妇女运动和抗日救亡写下了不可磨灭的一页。

1946年6月23日，上海各界成立了赴京和平请愿团。雷洁琼先生是代表之一。在南京下关车站，代表们遭到国民党特务暴徒的野蛮殴打。这就是震惊中外的"下关惨案"。当天晚上，中共代表周恩来、董必武等人到医院慰问了受伤代表，周恩来同志说："你们的血是不会白流的！"第二天，邓颖超大姐又到医院，用买来的新衣换去雷先生身上的血衣。

1948年8月19日，北平各报都刊出了北平高等特别刑事法庭公布的"北平各院校匪谍职业学生名单"，下令拘传。其中燕京大学学生31名。雷洁琼先生和严景耀先生帮助"榜上有名"的进步学生躲进外籍教师家中，并把他们安全转移出校；还掩藏过足以带来麻烦的进步书刊。

1949年初夏一日，雷先生和严先生去颐和园益寿堂看望老朋友柳亚子先生，柳先生即席赋诗赠雷洁琼女士兼示严景耀先生。诗曰：

玉骨冰肌好女儿，何堪凌辱受鞭笞；
早知东厂无人性，会见南征荡兽维；
粤海明珠欣有种，秦凤驷铁赋无衣；
夫随妇倡由来事，珍重燕京讲学时。

半个多世纪前，雷洁琼先生在美国南加州大学选择了社会学专业，她想到过几十年后会在世界人口最多的国家占有如此广阔的社会舞台么？想到过会做如此大手笔的社会学文章么？我不知道，我只知道她对记者再三强调：我是一名普通的社会工作者，普通又平凡。

风雨同舟的选择

在雷洁琼先生家中的会客室里，挂着一张周恩来总理最后日子的照片。身为民进中央主席的雷洁琼先生讲起与中国共产党风雨同舟几十年的合作，总要由周恩来总理讲起。

雷先生第一次见周恩来——那时当然还不是总理，而是中共南方局书记——是1939年4月，在江西吉安。会见地点有一个有趣的名字：陶陶招待所。

那是雷先生投身江西妇女运动的第三个年头，抗日战争进入了相持阶段。蒋介石集团由被迫抗战转为消极抗战，积极反共。国民党军队节节败退，人们对抗战前途众说纷纭：一说速胜，一说失败，雷先生也感到困惑。她听说周恩来同志到前线视察，路过吉安稍事停留，很想向他请教抗战形势的有关问题。但她又有顾虑：周恩来并不认识自己这个普通知识分子，他公务繁忙，会接见自己么？

当雷先生和另一位青年（地下党员）走进妇改会办事处对门的陶陶招待所，周恩来同志闻讯出来热情伸出欢迎之手时，雷先生心中的担忧一扫而光。

周恩来以毛泽东《论持久战》的观点阐述了当时国内外形势，指出群众在我们一边是抗战必胜的主要原因，周恩来同志说："我们只要坚持抗战，坚持抗日民族统一战线，最后胜利一定属于我们！"周恩来同志的话使雷洁琼先生破惑解疑，开阔了视野，明确了方向，坚定了抗战必胜的信心。

第二天，周恩来同志又回访了雷洁琼先生，并看望抗敌后援会等团体的工作人员，关切询问了雷先生的工作和生活情况，使雷洁琼深受感动。

之前的1938年1月，雷先生在南昌见到新四军办事处主任黄道和妇女部长陈少敏，那是雷先生首次与共产党的高级干部见面交谈；

在葆灵女中听新四军领导陈毅做游击区的工作报告；

当年5月在庐山，听邓颖超同志讲述陕甘宁边区妇女运动；

加上此次与周恩来同志会谈，雷先生对中国共产党的抗日方针有了较为全面的了解，对共产党的济济人才和优异品格由衷钦敬。同门曰朋，同志曰友。初步的好感钦敬，升华为风雨同舟几十年的选择。

1945年年底，民进中央在上海成立。雷先生与严景耀先生是该团体的发起者与积极参与者。促进中国民主，五四运动点亮的火烛成为高擎在雷先生手中熊熊燃烧的火把。

还有一次难忘的会见。1949 年 1 月，平山西柏坡。

“那天傍晚，我和严景耀先生，还有民盟的费孝通、张东荪上了一辆大卡车。”雷先生对记者说：“同车还有 8 名年轻的解放军战士。我们从京郊八大处出发，一路说说笑笑，小战士给我们讲解放区军民打美蒋的事情；我们还看到老百姓送军粮支前灯笼火把的长龙，十分壮观。第二天傍晚，我们到达石家庄——华北人民政府所在地，吴晗夫妇迎接我们。稍事休息后，我们又改乘吉普车驶向暮色苍茫的西柏坡村。”

“周恩来先生和邓颖超大姐首先迎接我们，又把我们逐一介绍给毛泽东等中共中央的领导人，我记得有刘少奇、朱德、任弼时。我们在一个大饭厅分两桌吃饭，饭后，毛泽东同志和我们彻夜长谈。我记得他是坐在一张帆布躺椅上。交谈的问题很多，很丰富，大致有这样几方面内容：

“首先毛主席讲了国内形势以及共产党对民主党派的希望和要求。他说，人民解放战争在全国范围已经取得重大的胜利，当时，有知识分子和民主党派主张和谈、划江而治、南北朝……毛主席说，共产党是主张将革命进行到底，而不是半途而废，要建立一个中国共产党领导、以工农联盟为基础的人民民主专政的人民共和国。毛泽东同志还讲了蛇和农夫的寓言。他说，新政协即将成立，希望各民主党派能与共产党真诚合作，不要半途拆伙，更不要建立反对派和走中间道路。

“毛泽东同志十分关注北平西北郊著名学府中知识分子的情况，对新旧政权即将交替的想法。他问我们，现在还有清朝遗留的翰林么？我们说，有一个陈叔通。我们讲了燕大、清华等校的护校运动，有些高级知识分子，国民党派飞机接他们，他们也不走。毛主席听了很高兴。

“毛泽东同志还对我们提出希望，希望积极投身新中国的经济建设，教育、科学和文化事业的发展。他特别谈到了铁路问题，他说印度比我们国家小得多，可是铁路建设比我们发达。他说，新中国一定要建起四通八达的铁路网。

“最后，毛主席特别强调要把美国当权者与美国广大人民区别开来。这一点给我们这些多年受欧美教育的知识分子印象极深。我们讲了燕大校门对面的墙上写着大字标语：‘保护侨民’。

“谈话从晚饭后直至深夜。我们同毛泽东同志握手告别后，心情特别激动，对许多问题都有了新的和深的认识。离开西柏坡，我们赶赴李家庄，中共中央统战部所在地。我们同香港以及全国各地来的知识分子一道学习了毛主席为新华社写的新年献词《将革命进行到底》，还讨论了战犯名单……其实那就是多党合作，为新中国建设参政议政的开端呀。”

解放后雷先生作为民主党派的代表，曾参加赴朝慰问团，并赴广西汇报，还参加了赴延安老区慰问团。1956 年，她任国务院专家局副局长，曾多次向党中央反映知识分子情况。

在邓颖超大姐任全国政协主席的第六届政协四次会议上，雷洁琼先生增补为全国政协副主席。在第六届全国人民代表大会第一次会议上，雷先生当选为全国人大常委会委员、全国人大法律委员会副主任委员，参与制定了一系列重要的法律法规。在第七届全国人民代表大会第一次会议上，雷先生当选为全国人大常委会副委员长，直至今年春季闭会的第八届人大第一次会议再度当选。雷洁琼先生还担任香港特别行政区基本法起草委员会委员、澳门特别行政区基本法起草委员会副主任委员，为这两部举世瞩目大法的制定付出了心血。80多岁高龄的雷先生到外地召集座谈会，到澳门征求意见……这两部大法终于通过，举国庆贺。

雷洁琼先生还多次参加共产党领导人召集的重大举措、决定前的征求意见会。多半生的实践证明：雷先生是中国共产党的朋友、战友和诤友。

忙碌、充实的晚年

由于采访，几次进出雷先生的居所，那间客厅四壁书架，满眼报刊，显得有些拥挤。有关部门对雷先生十分关心，让她搬到更宽敞的住宅里去，可是她不愿意。雷先生说，家里人口不多，现在住房挺好的，不用搬了。

88岁的雷先生，生活极有规律，每天清早即起，7点半吃早饭，12点吃中饭，午休半个小时后看报纸。晚6点半吃晚饭。7点必看新闻联播，有时还要看晚间新闻。她说："最欣赏的事情是躺在床上看一点理论书籍。"可惜白天公务繁忙：出席人大会议、参加民主党派会议、参加各种社会活动、看文件、外出视察……此种享受已属难得。雷洁琼先生平易、亲切、思想敏锐，声音洪亮，握手有力。她拥有一个宁静、安详的晚上和忙碌充实的晚年。

当所有生不带来的头衔淡化成为身外之物时，我想，"雷先生"这一头衔永存。周恩来总理这样称呼她，邓大姐这样称呼她，毛主席这样称呼她，她的亲朋好友学生也这样称呼她；和煦，亲切，如同窗外晚风徐徐，树声沙沙……

结束采访，雷先生帮我找了个纸袋，装好我用的书刊材料，又把我送到门口；我在心底由衷祝愿：祝天下所有的好老人健康、长寿！　(1993.8.13)

点　评

雷洁琼是我国著名社会学家、法学家、教育家，杰出的社会活动家，中国民主促进会的创始人和卓越领导人，中国共产党的亲密朋友，曾任全国人大常委会副委员长等职务，还曾出任香港特别行政区基本法起草委员会委员和澳门特别行政区基本法起草委员会副主任，为推动社会主义民主政治建设、不断完善中国共产党领导的多党合作和政治协商制度作出了杰出贡献。

雷洁琼的一生与中国近现代社会发展紧密相连，亲历了近代中国社会变迁。作者没有面面俱到，而是精心采撷一些她人生中的几个简单而又富有深意的故事，展现了她在人生关键时刻的正确选择，从而使雷先生之民族大义、爱国情怀、与中国共产党肝胆相照的风采跃然纸上。

疯狂“庄主”

禹作敏罪行录

高秀峰　刘林山

1993 年 8 月 27 日上午，威严的天津市中级人民法院刑事审判庭。

国徽高悬。法官危坐，肩上的天平在灯光下熠熠生辉。

旁听席上，座无虚席，人们在屏气静听。

只有法官庄严的声音在法庭的每寸空间回荡：

本院认为，被告人禹作敏指使刘永华窝藏殴打危福合致死案的主要犯罪分子；组织指挥以暴力阻碍公安、检察干警搜捕案犯，下令扣留公安干警，阻碍公安机关勘查犯罪现场；向国家工作人员行贿，以获取国家重要机密；组织非法拘禁田宜正、侯洪滨、宋宝及北京某干部学校教师、学员；指使他人对村民刘玉田的亲属进行监视、非法限制人身自由，禹作敏的行为触犯了《刑法》第 162 条第 2 款、第 157 条、第 185 条、第 143 条、第 144 条及全国人大常委会《关于惩治贪污罪贿赂罪的补充规定》第 2 条第 8 项的规定，构成窝藏罪、妨害公务罪、行贿罪、非法拘禁罪和非法管制罪。

曾被全国劳动模范、全国十大优秀农民企业家、全国十大新闻人物等一连串光环笼罩的禹作敏，怎么走到了这一步？

一、酷刑夺命

善良的人们想象不到，当禹作敏在中国农村改革的舞台上大展威风的时候，背转身去，会做出另一番无法无天的野蛮表演。然而，这却是事实。而且，随着禹作敏展现给世人的金色光环愈是耀眼，藏在他身后的阴影也愈加浓重。

让我们先从“危福合之死”说起。

1992 年 11 月上旬，大邱庄华大集团公司总经理猝然死亡之后，禹作敏断然决定对“华大”实行“整顿思想，清理经济”，将“华大”所属各单位分散给其他公司，并令其分别审查“华大”被怀疑有经济问题和生活作风等问题的人。

一场白色恐怖就是在禹作敏的亲自运筹下，从这年 11 月底开始的。现已查明，在大邱庄这次的“整顿”、“清理”中共有十几人被非法拘禁、刑讯逼供，其中禹作敏亲自参加的就有 3 人。

由万全集团公司负责，第一个被非法拘禁的是从包头聘任来的一位高级工程师田宜正。

12 月 7 日，禹作敏接到属下报告说，隔离审查田宜正的经济和生活作风问题时，田的态度极不老实。禹作敏说:“你们把他带到我这里来。”

于是,田宜正被带到经常召开党委会议的总公司三楼会议室。

“你就是田宜正?”

“是。”

“我今天就违犯一下纪律,打你两下子!”

两记耳光“赏”过,又问:“你说该不该打你?”

田宜正不敢说“不该”,擦了一把鲜血和眼泪,只得说:“该。”

在场的打手见有书记的耳光鼓励,便一拥而上,扒掉田的上衣,有用警棍电击的,有揪扯头发的,有拳打脚踢的,直到田宜正被打翻在地,哀嚎不止。

常对工作繁忙叫苦不迭的禹“庄主”,在这里耗费了他的宝贵的两小时,最后令人将田宜正带回万全公司继续关押审查。临走,还“安慰”他一句:“今天打的是你,昨天在这儿打的是侯洪滨。”

侯洪滨是华大公司副总经理,被非法拘禁、刑讯逼供达 42 天。12 月 4 日下午 4 时至 7 时,也是在这个三楼会议室,由禹作敏主持,纠集少“庄主”禹绍政等 10 余人对侯审讯殴打。侯洪滨心中不服,就说:“书记,咱这儿还打人吗?”禹作敏走到他的面前,抬手就是一记耳光,打完了,还问:“谁打你啦?”这一回,禹作敏的情绪似乎特别高涨,除亲自“高抬贵手”殴打外,见打手十分卖力,顿时大悦,当场拍板:“好小子,奖你 5000 元!”那受宠若惊的打手“扑通”一声跪倒在地,接了赏赐,连说:“谢谢书记,谢谢书记。”

但是,与危福合所遭受的迫害相比,田宜正、侯洪滨等人所受的磨难简直不值一提。

危福合,男,27 岁,河北枣强人,原华大集团公司养殖场业务员。因被怀疑在养殖场负责基建工作中有经济问题,由万全集团公司代总经理刘永华指派本公司经理部经理刘云章负责对其关押审讯。

1992 年 12 月 13 日下午 3 时,他被带到一临时设的刑讯室。以刘云章、李振彪(万全集团公司经理部职工)、罗德元(万全集团公司汽车制造厂厂长)为首的 18 人开始了惨绝人寰的刑讯逼供。他被扒掉了上衣,上了背铐。三棱形皮鞭在他光裸的肉体上雨点般轮番抽打;为使电警棍更具威力,打手们令其扒掉了皮鞋。7 个多小时以后,被打得皮下出血占全身 43.5% 的危福合,便带着 380 余处伤痕,因创伤性休克而死亡。

为了推卸责任,主犯李振彪在刘永华的指使下伪造了被害人的口供;由刘云章、李振彪、刘绍升(万全集团公司副总经理)乘车,悄然潜入大邱庄医院停尸房,又把死者的指纹摁在伪造的口供上。

禹作敏知道这一切的时候,大约是在当晚 11 时许。当时,刘永华会同少“庄主”禹绍政等急匆匆来到他的卧室。老“庄主”正像往常一样,躺在床上由一位专职医生在按摩中昏昏欲睡。听说打死了人,他也不禁吃了一惊。

禹作敏:“参加打的有多少人?”

刘永华:“大概有 20 多人。”

禹作敏:“是谁主持搞的?”

刘永华说主要负责人是刘云章,具体还有谁他也弄不清楚。

禹作敏思忖片刻,便献出锦囊妙计一条。他说:“20 多人人数太多了,面太大了,不如我找几个可靠的人把事顶起来,又不要把这几个人搭进去,大事化小,小事化了……”

领了老“庄主”的旨意,刘永华立即回公司布置,唯恐刘永华身单力薄落实有误,禹作敏又连夜派出 4 人前去万全公司督促检查。得知那边已由刘云章、李振彪、刘绍升、陈相岐(万全集团公司保卫科长)4 人承担,并且口径已统一,现场已清扫,凶器也已扔掉后,起初还有些惊慌的老“庄主”,此时倒显出几分得意。

“行,就这么办! 这回让公安局稀里糊涂查不清!”

二、暴戾街头

禹作敏明明知道殴打危福合的有 20 多人,为何又主谋让几个人顶起来?

他这样做,原来是吸取了 3 年前的一个大教训。

因此,我们不得不把一笔旧账在此重提。我们也不难从中看出,禹作敏无法无天的由来之久。

那是在 1990 年 4 月初。当时还身兼大邱庄派出所指导员的禹作敏,因怀疑村民刘玉田之子刘金会有经济问题而下令将其非法关押在派出所。在严刑审讯中,刘金会交代出曾对本村女青年禹某有过猥亵行为。4 月 10 日,气急败坏的禹作相、禹作立等禹氏宗族一伙人,找到禹作敏,请求对刘金会暴打一顿。

禹作敏说:“打两下出出气可以,但不要打坏了,过两天大队还要开他的批斗会。”

禹作相等得寸进尺:“刘玉田教子无方,也应该拉出来打一顿。”

禹作敏:“你们可以把他拽到大街上啐啐唾沫,寒碜寒碜他。”

当日晚,肆无忌惮的禹作相、禹作立等 7 人得到禹作敏的允许,到派出所用拳脚、皮带和两头带螺母的胶管“伺候”了刘金会以后,又于次日上午 9 时许,把刘玉田推搡到村中心大街上,7 个人同时朝刘的脸上啐唾沫、抽嘴巴,将其打倒在地,又在浑身上下猛踢乱踹,用带铁头的胶管凶狠地抽打。刘玉田在地上翻滚着苦苦哀求:“爷们哪,饶命啊!”打红了眼的禹氏 7 凶哪肯罢休! 足足暴打 10 多分钟,见刘玉田渐无声息,全身瘫软,方才扬长而去。

光天化日,乾坤朗朗。对这些暴徒如此丧尽天良的恶行,在场村民及外工数百人,或虑及个人安危,或奉迎禹氏权贵,或出于宗族偏见,竟无一人出面劝阻!

半小时后,刘玉田的小女儿在大街上发现了奄奄一息的父亲,哭喊着叫来二姐。

姐妹二人四处哀求借车,但在拥有数百辆各种汽车的大邱庄,竟无一人肯帮忙。最后,好歹借到一辆手推平板车,急把老爹送到医院里。但是没过多久,老人便怀着满腔的冤屈命丧九泉。

后来,公安机关在刘玉田的尸检报告中记载:肋骨骨折 8 根,双肺与胸壁广泛性粘连,胸、腹腔积血 600 毫升,肝脏右叶两处破裂,右肾囊脂肪组织出血,系被殴打致外伤性、出血性休克死亡。

毕竟是人命关天,恐慌的凶手们于是又聚集在一起,统一口径,订立攻守同盟,议定由禹作相、禹作立二人承担责任。

当日下午,禹作敏主持召开了党委成员和各单位负责人会议。禹书记开宗明义:“打死了刘玉田,刘、禹两家都红了眼,大家商量看怎么办?”

有人提出:“可以把各单位的人拉出来转悠转悠,把刘家压一压。”

禹作敏当即同意。

有人建议:“应当给禹作相、禹作立他们捐点款。”

禹作敏十分赞成,参加会议的人每人当场捐出 1000 元。于是,12 日至 13 日,在这个当代中国的首富村,禹作敏借助浓厚的封建宗族狭隘情绪,使上万名群众,其中包括中小学生和幼儿园的娃娃,有组织地被拉上街头,呼喊着“刘玉田死有余辜”和“禹作相、禹作立打死刘玉田有功”等口号示威游行。类似口号内容的 120 余幅标语贴满大街小巷。发动捐出的款项也送到了凶手亲属手中。

更为反常的是,对这起本该由司法机关依法承办的案件,禹作敏却于 4 月 17 日向上级报送了一份《大邱庄党委对禹作立等人的处理意见》,该意见称,“刘玉田一生干了不少坏事……很多群众气愤地说打死他活该;刘玉田早该有这么一天”。因此,“党委认为,禹作立等人打刘玉田致死,纯属对刘家父子的气愤……事出有因……要求对禹作立等人从轻从宽处理”。

与此同时,禹作敏又亲自出马对刘玉田的亲属加以迫害,施加压力。

他下令停止了刘氏亲属 6 个人的工作,并把刘玉田的 4 个儿子关押起来,即使对十几岁的孩子也不放过。刘玉田当时只有 15 岁的孙子,4 天不许回家,被勒令留在学校写检查,与爷爷划清界限。12 岁的孙女被强迫参加村里的游行,违心地呼喊自己的爷爷“死有余辜”的口号。后来,禹作敏听说刘的女儿刘金云写材料告状,又派人把她叫到议事厅。

禹:“县检察院的信是你写的吗?”

刘:“是我写的。”

禹:“你告状,你不相信我?”

刘:“我相信你,可是我父亲死了好几天还没动静,我告的是凶手。”

老“庄主”上去就是一记耳光:“你告的不是打人的,你告的是大邱庄党委!”

从此,刘金云便成了重点看管对象。

当一个公民在首富村被这样残暴、这样公开、这样轻而易举地剥夺了宪法和法律所赋予的基本生存权利后，紧接着又发生了另一件亘古奇闻：被害人的妻儿竟到公安机关为杀人凶手开罪、求情！

大约是在刘玉田被暴打致死的第五天，他的老伴及长子刘金刚、三子刘金峰，乘坐大邱庄派出所提供的汽车来到静海县公安局。刘玉田老伴规规矩矩递上了《求保书》。

公安局的人问："你说禹作相、禹作立是无意打死刘玉田的吗？"

答："是。"

刘金刚接着表达了不追究凶手法律责任、立即放出打人凶手的"请求"。

几天以后，刘氏兄弟二人又风尘仆仆赶到天津市公安局看守所，再次请求释放杀父凶手。回到大邱庄，一位当权者见刘氏兄弟保人一无所获，十分恼火，厉声斥责："我就不信保不出来。保不出来，你们不会住在那儿？"

俗话说：仇恨莫过于"杀父之仇，夺妻之恨"，刘家母子却为何如此不明事理，卑躬屈膝？

原来事出有因。

刘玉田死后，被看管着的刘金刚破天荒地受到老"庄主"的召见。

禹作敏阴沉着脸直话直说："禹作立他们如果坐法院，你也得坐法院，你兄弟刘金会够枪毙的条件！你说你去不去保人？"

只知禹书记无所不能而不知法为何物的刘金刚，立时吓出一头冷汗，诺诺道："我去保。"

当日晚，禹作敏又亲到刘玉田家，对正在哭泣的刘玉田老伴儿示以"关怀"。

"二姑！"禹作敏关切地对他这位本家姑姑说："人已死了，要想开点，一切听我处理。"

刘玉田老伴儿说："我听你的。"

禹作敏："后事处理，你看提点什么条件？"

刘的老伴儿说还没有主意。

以下的话就使这位农村老太太有些不寒而栗了。

禹作敏说："打人的人要是判几年，你的 4 个儿子就得判几年；打人的人没事，你儿子也没事。打人的人有人保，你儿子可没人管。冤仇宜解不宜结。你们愿不愿意到公安局去求情，那是你们的事，该怎么着你们看着办！"

一个命运被掌握在人家手里的老实巴交的农村老太太，此时此刻还能怎么着？况且，老伴儿已经死了，儿子的安全也受到了威胁，她不能再经受失去儿子的痛苦。面对这个鼻子眼儿哼一声都能使人胆战心惊的老"庄主"，她违心地决定去"求情保人"。

然而，这些可怜的被害人亲属的命运，并没有因为"保人"而得到些许好转。禹作敏后来供认，刘玉田被打死后，是他亲自指派治保人员把刘氏兄弟姐妹分别监视管制起来。家中和门口日夜有人看守，不准出村，不准"乱说乱动"，连上厕所、出门买菜都有人跟梢，稍有越规非打即骂。以致后来刘玉田的老伴儿和3个儿子被逼得没了活路，不得不逃离祖祖辈辈生活的大邱庄，酿成了死者含冤九泉、活人背井离乡的人间悲剧。

而刘玉田家的其他人，仍然摆脱不了被非法管制的命运。直到1993年3月工作组进村，刘玉田的二女儿反映，她家的大门口还有两个人站岗放哨。此时，刘玉田已经死去快3年了！

对付政法机关，老“庄主”也自有他的“高明”之举。

6月16日，禹作敏把已经“自首”的7名凶手召至榻下，向他们面授机宜。他说：“既然作相、作立把事情顶起来了，你们5个就可以把问题往他俩身上推。你们再去派出所，把事儿说轻一点，以后处理也会轻。”言毕又特别提醒：“今天的事，谁也不能往外说。”

然而，人算到底不如法算。后经天津市公安机关的深入侦查，不但把禹作敏包庇的其余5名凶手全部捉拿归案，而且，1991年5月8日，天津市中级人民法院终于作出刑事判决，禹作相等7名罪犯分别被判处无期徒刑和9年至15年有期徒刑。

但是问题到此还没有结束，看到天津市中级人民法院的刑事判决书，禹作敏又亲自开会部署，发动各单位及村民向境内外书写投递信件，亲自以大邱庄党委名义给市委和中央有关部门写信，在数千封措辞如出一辙的信件中，不但颠倒黑白，指鹿为马，把严重的故意伤害致死案件轻描淡写地说成是“民事案件”，继续重复“刘玉田死有余辜”、“禹作相等是为民除害”的陈词滥调，而且攻击天津市政法机关“打击大邱庄改革”，要求天津市高级人民法院“必须重新审判，平反错案”，“否则，永不罢休，终身不停，登门拜访……”

针对禹作敏在刘玉田案件中的违法行径，市委领导从爱护、教育和挽救的态度出发，给予他严肃而语重心长的批评教育。只可惜，他对这教训的是非判断完全打了颠倒，以致在后来的危福合案件中，运用从刘案的教训里学到的“聪明”，与神圣的法律和政法机关又展开了一场疯狂的、惊心动魄的较量。

三、对抗执法

且说1992年12月14日凌晨，县公安局接到禹作敏的报案，立即派员赶到了危福合致死的现场。

勘查现场遗留足迹，只见在铺着地毯的地面上仅有4个人留下的34枚脚印，根本没有禹作敏所说突然闯进的“20多人”的踪影。

询问“见证人”李振彪，那经过周密策划出来的“情节”和演练过的证言，又似乎无懈可击。

李振彪讲：“下午3点多，我们4个人开始审查危福合，5点多，危福合承认贪污了2万多元。6点多钟，刘云章、刘绍升回家吃饭；8点多，陈相岐下楼布置工作。在我一个人看守的时候,突然闯进20多人,先是审问,后是拳打脚踢,我紧拦慢拦没拦住,再后来把人送到医院就死了……”

问李振彪“闯进的20多人认识不认识”,他摇头说“一个都不认识”。李振彪从静海县教育局停薪留职“下海”到大邱庄才1个多月,他说“不认识”似乎合情合理。

禹作敏等以为精心编造的这一番谎话,真可以“使公安局稀里糊涂查不清了”。可是,谎言毕竟是谎言,它无法解释与事实间存在的明显矛盾。

为彻底查清案情,1992年12月15日晚,天津市公安局派出以市局五处刑科所副处长宋忆光为首的6名干警(其中2人身着警服),在县公安局刑警队副队长刘洪春陪同下,乘坐公安牌照警车,再次到大邱庄勘查现场。

他们向大邱庄治保会负责人孙岳文讲明来意。孙派人把他们领到万全公司。万全公司代总经理刘永华把他们领上三楼现场。公安人员推开虚掩的现场房门,开始勘查。

对于公安人员的到来,早已有人报告了禹“庄主”。他料定来者不善,于是,当晚9时许,治保会主任周克文等被召集到禹作敏住宅。这位“庄主”决定先下手为强,给公安局的办案人员一点颜色看。

他向周克文下令:“你把他们给我扣起来!”

治保主任毕竟还知道一点这种举动的后果,就说:“不能扣。”

禹作敏有些生气:“先扣下再说,有话明天再讲。”

周克文还是有些为难:“县公安局刘洪春我还认识呢!”

禹作敏:“你不会回避一下吗?”

周克文:“治保会孙岳文也认识他。”

禹作敏不耐烦了:“你真是个死心眼儿!你不会让他也回避吗?”

周克文只有遵命。

10时许,执行现场勘查任务的公安人员发现,周围所熟悉的大邱庄人突然不见了,紧跟着涌上来20多个横眉冷目的青壮汉子;一楼楼口的保险铁栅栏门“咣当”一声上了锁。机灵的警车司机发动汽车冲出重围。6名干警被围困在楼道里寸步难行了……

当禹作敏指使属下完成了这一扣押刑侦执法人员的罪行后,曾在一次会上十分得意地问当时有谁参加了,就有万全公司保卫科职工李炳升(禹案被告之一)起立邀功。禹作敏顿时神采飞扬,大加赞赏:

“你干得好,这才是‘大邱庄精神’!”

然后,他又换了一副轻蔑的神态说:“公安局怎么样?他们也是人,无非是穿了那么一身衣裳!”

再说那位机灵的警车司机,冲出大邱庄后立即跑回县局报告了在首富村发生的一切。公安局领导大为震惊。

电话打给禹作敏,禹作敏避而不接。

上级指令立即派员进村查找刑侦人员：

大邱庄所在地蔡公庄乡派出所所长去了——无人理睬。

县公安局刑警队队长去了——踪迹不见。

急了眼的县公安局局长于16日清晨6点亲临交涉，也依然是败兴而归。

被非法扣押的刑侦干警据理斗争。

禹作敏召集党委成员开会，亲自主持对刑侦人员负责人宋忆光和刘洪春进行围攻、质问。同时，又通过传真机，接二连三地向市政府打“紧急报告”。

报告捏造事实，指责公安人员：例行公事为什么不带手续？为什么不穿警服？为什么要在夜间？为什么踹门而入？为什么不通过我们党委……公安人员到万全公司工厂任意活动，影响生产，影响民心，事件严重，我们无法工作。

好像违法犯罪的不是他们，而是执行公务的干警。

面对禹作敏的违法行径，当时的天津市市长聂璧初严肃批示：“公安人员依法执行任务，任何单位、个人都不得也无权阻止，被扣公安人员必须立即放出……不得有误。”

在市长的干预下，直至上午11时许，被扣押了13个小时而粒米未沾冻饿交加的公安干警，才终于由禹“庄主”开恩释放。

此次事件，在天津市引起极大义愤，谴责之声不绝于耳。正直、善良的人们弄不明白，在社会主义中国，一个面积只有7平方公里的小小村庄，为什么敢于公然草菅人命？为什么打死了人，又明目张胆地阻挠破案、扣押刑侦人员？

其实答案很简单：这里有个目空一切、无法无天的禹作敏！

四、残害无辜

往下，我们本该写到1993年2月中旬，禹作敏那次大动干戈、更为疯狂的罪恶表演了。不过，运笔之间，北京某干部学校二十几位学员、教师斑驳的血迹和悲愤的眼泪，却一直在记者的脑海里萦绕不去。因此，我们不得不把这段冤屈在此先行伸张，聊以慰藉这些热血青年滴血的心灵。

是在危福合被暴打致死半月以前的11月27日，北京某干部学校学员与教师一行29人，慕“中国第一村”盛名，前往进行现场教学、参观活动。上午11时许进村，接待处告知：下午3点介绍情况；在村里可以到工厂、商店、农家任意参观，有问必答——这是大邱庄的惯例。

吃过午饭，时候尚早，学员张新泽、王普司、贺海鹏等6人来到香港街博通商店。因为此次现场教学内容是政治经济学，学员们在参观时，自然便多了几分仔细。

在服装架前，学员问：“货好卖吗？”

女售货员答：“还行。”

“进货共有几条渠道？”

“哪儿都有，也有自产的。”

“销售对象哪个层次多一些？”

在场的女经理见这些青年人不买货只管问，有些不耐烦了：“老问嘛？要问，你们到接待处去！”

学员们赶紧说明身份解释问话的用意。岂料女经理不听那一套，依然下了逐客令。

王普司自言自语：“不是说到哪儿都接待吗？怎么问问就有问题了！”

女经理红颜顿怒：“你们是不是有毛病？不买东西就出去！”

“你怎么这样说话呢？你们态度太差了！”

贺海鹏这句话捅了“马蜂窝”！

一个售货员去打电话，一个售货员去喊人。很快，6名学员被保安人员叫到香港街保安联防队。

一个自称是队长的人问他们为什么在商店起哄。学员们解释说是搞社会调查，不是起哄。

自称队长的人：“我们是大老粗，论法律我也略知一二。你们大学生就学会了咬文嚼字，胡搅蛮缠！”正说着，门外进来一个手持对讲机的汉子，二话不说抓住张新泽的头发就往墙上撞，一边撞，一边还恶狠狠地骂：“你他妈狗×的，哪儿的野种，敢到这儿来撒野！”

张新泽边挣扎边喊：“你怎么打人？”

“打你了咋的？”随手又是一记重重的嘴巴子。

王普司被暴徒们往墙上撞得晕头转向。

贺海鹏被十几个人打得口鼻蹿血，趴倒在地。

一些学员闻讯赶来解救，也横遭皮肉之苦。

有人向大邱庄治保会主任周克文报告。周克文立刻命令把10余名学员带到了治保会看押、体罚。

“给我打，往死里打！”这位专事安全保卫工作的主任，对他手下的打手们吼道：“谁要不给我往死里打，我就找谁算账！”

于是，这些在原职单位以与不法之徒斗争为天职的优秀战士，在首富村，却被这些“执法”人员打得东倒西歪。

有个暴徒从学员周坚毅身上搜出一袋奶粉，狠狠地朝他头上砸去。周坚毅立刻变成面目全非的“雪人”，鲜血拌和着奶粉，一块块凝结在脸上、身上。然后，他又被拧到厕所，用拖布在身上擦洗。

带队班主任老师程刚前来护卫论理，治保主任照他的面门就是狠狠一拳，骂道：“老子今天打的就是你这个流氓头子！”

下午4时许，大邱庄至高无上的老“庄主”终于出场了。

“公堂”设在总公司三楼会议室。横眉立目的“皂隶”有少“庄主”禹绍政，还有周克文和总公司副董事长兼秘书长石家明等十几名男女。程刚被押解到这儿的时候,正见一个人点燃了一支香烟,毕恭毕敬地往埋在沙发中的一位瘦老头儿手边递。程刚立刻意识到此人就是禹作敏了。

熟知“庄主”派头的人都知道,居室三道岗,保镖不离身,从“庄主府”到办公室不过百米,老“庄主”不但照例由他那辆驰名的奔驰 600 日日接送,即便是在办公时吸烟,也习惯了由人伺候。1993 年 1 月 15 日,南方某报曾记载了某作者晋见禹作敏时的一番情景,“我同他握手,他显得漫不经心,也不问我姓甚名谁。握了手径直坐到沙发上,旁边一个机敏的小伙把一支点上火的烟递到他手上,他颤巍巍地送到嘴边,像西方人吸雪茄似地咬在嘴上,侧着耳朵习惯性地等着我提问……在他谈话的时候,吞云吐雾,烟不离口,而烟卷无一例外地均由随伺一侧的小青年将香烟点上火,悄悄地从侧边递到他唇边,另一只手则从他唇上取下吸得只悬一条长长烟灰的烟屁股”。

这段描写十分耐人寻味。据知,这位叱咤风云的人物,当初在带领群众创业的时候,确实很像一个艰苦朴素、先人后己的共产党员样子。那时,村里挣了钱盖新房,他先让群众住,自己最后才搬出那祖辈居住的泥土屋。

而今,他住在那座富丽堂皇的“庄主府”里,处处显示着极度的豪贵和权势者的优越。在他身上,究竟还有几分共产党员的影子呢?

眼下,这位“庄主”主持的一场只有在小说里和旧戏舞台上才能看到的那种暴戾的“过堂”已经开始。

程刚被押进“公堂”,老“庄主”悠然地吐了一口烟雾,漫不经心地问,“你就是他们的领导?”

程刚不卑不亢地作了回答,就环视四周想找个地方坐下。一个大汉厉声大喊:“谁让你坐了?站到中间来!”随后一拳把他“请”到了中央空地。

“庄主”继续审问,“你们是来干什么的?”

程刚心想,我们来干什么,早已和你们接待处说明并已作了安排,折腾了这么半天,难道你就什么都不知道吗?

虽是这么想,但这位年过“不惑”之年的大学教师,还是尽量平心静气地将大家的身份和来此目的认真回答了一遍。

“不是吧——”禹作敏眼珠一翻,依然是不紧不慢:“我看你们是来耍流氓的,还砸了两个商店!”又指着程刚一只淌血的手,说:“看你那血,你也参加打人了!”

程刚据实抗争:“这是在我拉架时,被你们的人打的!”

老“庄主”立刻翻脸,猛地站起身来,“你还嘴硬!”话音未落,立刻有几个人吼着、骂着冲上来,那位女秘书长死死揪住他的头发,其他打手的拳脚雨点般地在这位儒子身上猛捶猛踢。

“暴风骤雨”中,忽然有人来报,说有一个穿蓝大衣的人在外边骂街。禹作敏立刻命令:“你们把他给我揪上来!”

穿“蓝大衣”的张新泽很快被反扭着双手押进来。

禹作敏:“你叫什么？为什么骂街?!”

或许是“庄主”过度疲惫,语言乏力,抑或是口音关系,张新泽没听明白,所以愣在那里没回话。

“书记问话你都不说,找死啊?!”几个年轻力壮的汉子冲上来拳脚并举,把他打倒了,揪起来,揪起来,又打倒……

反复追问他“为什么骂街”。张新泽申辩说:“我根本没有骂街。”

老“庄主”站了起来:“小伙子！你不承认,我一走你可就不好受了。”说着,收敛了那一丝冷笑,由两个人护卫着走出了房门。

读者自然可以猜想到禹作敏这一走的效应。男的拳打脚踢,女的拧脸、揪耳朵、啐唾沫。后来经北京一家医院诊断,张新泽左耳膜穿孔,左眼底震动性出血,头部有鸡蛋大肿包,脑软组织挫伤,不得不住院治疗。

禹“庄主”兴致尚浓,回位继续“过堂”。

张新泽说:“禹书记你别让他们打我了。”少“庄主”禹绍政吼道:“谁打你啦？这是对你教育。”说着,少“庄主”等又对他进行了一番“教育”。

接着,禹作敏派人押着程刚去看所谓“被砸现场”。

在商场附近的保安联防队,程刚看到,数百人包围着学员们乘坐的汽车,学员们都被保安队员一个个间隔开看押着。程刚被带进博通商店,问商店里有何物损坏,售货员说没有损坏东西,只是靠边的几件衣服碰歪了。回来后,禹作敏问:“你没见有打碎的玻璃吗?”

程刚说:“没有。我只看见地上有血。”

老“庄主”又站起来:“你这个流氓头子,太不老实!”

一顿毒打之后,程刚又一次被押解去观看现场。这一次,他真的看见了碎玻璃。

晚9时,得到消息的北京校方领导打来电话要求放人。禹作敏对程刚说:“不能这样走,你得写一份喝酒滋事、侮辱妇女、打伤保安队员、砸坏商场玻璃的《悔过书》才能离开。”

程刚根据校方电话里“只要能把同学们安全带回,让你怎么写就怎么写”的嘱咐,眼含泪水违心地写了《悔过书》。后来禹作敏东窗事发,善良的人们才明白,原来老“庄主”所逼供的那些“罪证”全是无中生有。据周克文供认,那些“神秘”的碎玻璃,也不过是为了诬陷,由大邱庄人砸碎的。

在这起事件中,北京某干部学校学员、教师等共有27人受到7小时的非法拘禁,其中21人被殴打,5人住进了医院。

皮肉受苦,人格遭辱。待这些来自全国十几个省市区曾多次立功受奖的学员们回到学校,已是夜阑更深,学友、师生们一言未尽,便抱头号啕不止……

五、黑风三日

当被扣押的6名公安刑侦人员于1992年12月16日获释以后,为了做到仁至义尽,市检察院和市领导曾先后5次找禹作敏谈话,希望他支持办案,协助查找4名重大嫌疑人犯;同时对他的错误态度,也进行了严肃的批评。对此,禹作敏一面说“服从,服从”,“支持,支持”,一面又故作无可奈何状,说“4个人已不知去向”,“你们找不着了”。

12月30日,市检察院通过大邱庄党委向4名嫌疑人及其家属发出传唤通知书,结果石沉大海。

1993年1月7日,又向4名嫌疑人发出拘传证,也如同废纸一张。

2月16日,县委负责同志通知禹作敏,次日将有公安人员前去大邱庄张贴通缉令,搜捕4名案犯嫌疑人。晚上,禹作敏便召集专门会议,向周克文下令封锁路口,不准公安人员进村。

2月17日上午9时,市公安局、市检察院、静海县负责同志共9人来到了大邱庄。

在大邱庄党委会上,领导们宣布了将要执行的使命:

一、检察机关请公安机关派出干警对4名嫌疑人通缉搜捕,张贴通缉令,对其家属传唤、询问。

二、由于大邱庄派出所业已撤销,收回大邱庄一直拒绝交回的15支枪及2000发子弹。

禹作敏说:“你们收枪可以,但建所造成的损失怎么办?你们传唤家属可以,但要问话别到公安局问,他们害怕。”

未等对方回答,禹作敏又提出问题:“你们这次搜捕,要来多少人?”

回答说:由于搜捕任务很重,又为了防止被通缉人外逃,上级决定组织400名必要的警力。

其实,当时还有一个理由没有明说,那就是村中还有一些可能引起不测的枪弹。据事后枪支收缴记录,大邱庄除禹作敏一直拒绝上交的原派出所的枪弹外,还有少数人非法私藏的美国滑膛枪等84支,子弹2万余发。

禹作敏听罢勃然大怒。他厉声质问:“你们派那么多人是什么意思?从现在起,我宣布辞职,你们公安抓人,再也不要找我!”

在座的其他党委成员也立即紧跟照办,纷纷向县长递交了辞呈,然后扬长而去。

政法机关查处案件,本是国家和法律赋予的权力和职责;办案需要多少警力,完全是政法机关内部的事情。连这样的事情禹作敏也要干预,他的霸道、他的蔑视法律,已经到了何等令人震惊的程度!

禹作敏带头“辞职”后,突然从门外拥进十几名中年妇女和老头儿。这是大邱庄

“贤惠委员会”和“道德委员会”的成员。遵照禹“庄主”的密旨,并经女秘书长石家明点化召唤而来的这些“积极分子”,知道在这样的场合应该说些什么:

“你们来这么多人,想干嘛?请领导给我们讲清楚!”

“俺们刚吃了两年饱饭,你们就想砸俺们的饭碗是怎么着?”

接下去的话就有些不堪入耳了。

有人说:书记为俺们老百姓,都皮包骨头了,你们还要整他,俺们看着心疼!

有人说:党好国好不如禹书记好,爹亲娘亲不如禹书记亲。我们身上流的血都是禹书记的!

这样的质问纠缠,一直持续了40分钟。

我们不知读者听了这些肉麻的话后会怎样想。但我们知道,在大邱庄,这类吹捧已经司空见惯,大邱庄中学的政治课本,是自编的教材,其中讲到的禹作敏,不啻一位普度众生的救世主,大邱庄幼儿园的孩子们经常唱着的两首儿歌,似乎更值得引起我们的深思。

一首曰:“天上有轮红太阳,地上有个大邱庄。我们的歌儿真好听呀,我们热爱禹爷爷。”

一首曰:“老师教我们爱家乡,教我们热爱禹爷爷。禹爷爷,真伟大,我们永远记住他。”

禹老“庄主”是如何登上了现代大邱庄的“神坛”,以至于发展到飞扬跋扈、无法无天的地步,当是有关专家们研究探索的课题。记者的责任,不过是摆出事实,提出问题而已。

还是言归正题。

17日下午4时50分,当400名干警在离大邱庄3公里处待命的时候,大邱庄有人向“庄主”报告,说在庞庄子轧钢厂已集结了1000多人的部队。禹作敏不问虚实,顿时火冒三丈,冲着跟随左右的人们喊了一嗓子:“他们不客气,我也不客气!赶快集合队伍,调人!保卫总公司,封锁路口!”

霎时间,人声鼎沸,马达隆隆,一派如临大敌的阵势——

千余辆汽车、拖拉机、马车设置了路障。

2000多人在村边、路口布下了严密防线,其中有不少人手持钢棍。

被禹作敏等人煽动起来的群众情绪,已呈一触即发之势。警察,执行神圣职务的人民警察,被阻挡在原地寸步难行。

为了防止与不明真相的群众发生冲突,当天晚上,上级决定留下30名干警待机进村执行任务,其余警力当晚全部撤回,并把这一情况通知了禹作敏和其他党委成员。

但禹作敏仍不罢休。18日上午,已经声称辞去书记职务的“庄主”再次召集党委会议,宣布召开全村大会,要党委成员当众宣布辞职。

有人提出,昨天已经辞了职,今天还辞什么职?

他说：“昨天辞职是给上级看，现在我们是给群众听！”

9时许，在总公司大院里聚集了将近1天1夜的万名群众，通过响亮的有线喇叭，听到了老“庄主”低沉而不乏挑衅味儿的声音：

“市里在大邱庄不同方位布置了1000多人的部队，还带着小钢炮、催泪弹、警犬和长短武器要到村里来搜查。我怀疑这不是来破案，是冲着大邱庄的改革来的！”

欺骗村民，欺骗社会，矛头直指天津市委。禹作敏继续在广播喇叭里喊着：

“从现在起，全村停工停产一个月，学校也停课，工资照发。哪个公司没钱，可以由我的存款支付！”紧接着宣布辞掉书记职务，愤愤离去。

少“庄主”禹绍政等也对着扩音器声嘶力竭地叫喊：

“我不干了！”

“我也不干了！”

很显然，禹作敏存心挑起群众的反抗情绪，要把事情闹大。

会场秩序顿时大乱。一群情绪激昂的人喊着：“让市县领导出来讲话！”“坚决要求禹书记出来工作！”他们朝来办案的市、县有关领导所在的总公司楼上蜂拥冲去。十数人冲进房间，对领导们围攻推搡，市检察院副检察长的眼镜也被打落在地……

骚乱过后，这位两次宣布辞职的禹书记，似乎对他所布的战阵仍有些放心不下，于是又召集党委成员和各集团公司负责人开会。当得知各工厂业已停工、路口已经封死、值班人员正昼夜坚守时，这才露出满意的笑容：“行，就这么干！身不由己，死而何惧？一个人一生能遇到几件大事？现在是关键时刻，要有‘大邱庄精神’！”

禹作敏的恶劣行径并没有到此为止，他要把事情闹得天翻地覆，乱中混淆视听。他以大邱庄党委名义向外地大量电传了《天津市出动千余名武装警察包围大邱庄的事实经过》的“公开信”，进一步捏造了“约有1700名装备着大炮、警犬、催泪弹和长短武器的武警，已经开到大邱庄周围……在光天化日之下竟然大动干戈”的事实，并煽动说，这是“冲着全国第一村——大邱庄来的”。

看来，要把禹作敏拉回到党性、国法的轨道，已经十分困难。即使如此，天津市领导还是本着尽量挽救他的精神，反复劝告、说服、批评，做到了仁至义尽。同时，为了防止不测，天津市市长于18日晚10时再次发出电令：“大邱庄党委和禹作敏同志必须保证现在大邱庄执行公务的市检察院副检察长等市、县几位同志的人身绝对安全，返回县城。此事必须立即执行，不得有误。”

六、窝藏凶犯

2月19日下午，禹作敏终于同意30名执法人员进村张贴《通缉令》和对案件嫌疑人住地进行搜查。

下午5时20分，30名干警乘车抵达大邱庄村口。警车在十几辆豪华轿车的夹道中开进村中。

干警们在数千村民虎视眈眈之下张贴了《通缉令》。但是，哪里料到，去嫌疑人住地搜查时，在门口等候他们的，却是一个个面目冷峻、深藏奥秘的“铁将军”……

天高虽无算，地厚尚可知。人们有理由发问：面对4名重大案犯，天津市公安机关为什么费了九牛二虎之力而缉拿不到？难道真如禹作敏所说，他们“已不知去向”？

不！他们就在大邱庄，他们就窝藏在老“庄主”的鼻子底下！

危福合惨死后的第二天上午，当禹作敏等人对付了静海县公安局的初次现场勘查和初步调查之后，刘永华又诡秘地来到禹作敏的办公室。他们知道，现场遗留的4人足迹，断难与这起重大伤害致死案件摘清干系。于是，两人便紧蹙眉头，议起4人的去路。

禹作敏想：“人要跑了，哪儿去找人，还怎么破这案子？”

他把这意思暗示给刘永华。

刘永华心领神会，并请示：“走的时候是不是给他们带点钱？”

禹作敏斜他一眼：“你怎么这么笨呢！”那意思分明是说，这事儿还用问吗？然后又加了一句：“让他们跑了就得了！”

刘永华领了“圣旨”，迅即回去安排。

“你们赶快逃跑！”他塞给每人2万元盘缠，下达了指令。

吓破了胆的4个元凶也不敢怠慢，好在有专车专人护送，刘云章、李振彪立即逃往济南；刘绍升躲到了天津市津南区三合村一个亲戚家里；陈相岐投奔河北沧县七里庄乡老丈人家去了。

人逃走，禹作敏忽然又忐忑不安起来；4人各奔一方，抓住一个，可就一切全完了。

他觉得，把他们集中在自己身边比在外边更放心，更安全。

12月15日，刘永华秉承禹作敏的旨意，又分别派人把逃走只1天的4个人接回大邱庄，安置在九一小区一套闲置的单元房间里，严密封锁消息，保护起来。

临近春节，禹作敏体恤“洞中四鼠”长期煎熬之苦，经过周全而秘密的部署，特意让他们提前回家享受天伦之乐。后来，公安人员进村搜捕没有如愿，禹作敏料想他们决不会善罢甘休，经反复思量，又授意刘永华将4人分别遣匿。

转移的过程相当从容：

2月20日，即30名公安干警进村搜捕一无所获的第二天，刘绍升、陈相岐又分别接受了2万元资助各奔东西。

3月10日，有政法干警参加的以侦查、破案为主要任务之一的市委工作组开进大邱庄。

第二天，惶惶不可终日的刘云章、李振彪被他们的“主子”塞进了万全公司泉汾热轧带钢厂的龙门吊车机房里。3天后，两人也分别携带资助的2万元人民币，被专人专车一起护送到南方。

尽管机关算尽,但后来的事实证明,窝藏者和潜逃者的这一切行径,只是起了加重罪行的作用而已。

记者从天津市公安机关获悉,经过艰苦的侦查追捕工作,3 月 19 日,刘绍升在河北献县临河乡被抓获。过了 6 天,天津市与包头市公安机关联手动作,使陈相岐在包头市青山区落网。难兄难弟刘、李二氏如丧家之犬,在南方几省东藏西躲后,自知法网难逃,于是接受了朋友劝说,于 7 月 7 日回津自首。两大案件中的其余 22 名罪犯,也都相继归案,无一漏网。

七、行贿伎俩

在禹作敏的眼里,金钱真是个魅力无穷的“法宝”,而且他像精明人玩弄魔方一样,把这玩艺摆弄到得心应手的地步。

在黑风三日和市委工作组进村后,有关领导同志在同禹作敏交谈时,常为一个问题纳闷儿:涉及案件的许多不该他知道的机密,你知道的,他都知道;你还不知道的,有的他已经知道了。这是怎么回事呢?

原来,其中大有文章。

是在 1992 年 7 月,老、少“庄主”在大邱庄结识了北京某机关的一名干部。此人独特的工作条件,一下子被老、少“庄主”看中,并被当成了以金钱拉拢的目标。8 月,此人与妻子同来大邱庄,禹作敏即以 1000 美金和一枚金戒指“打窝儿”。

今年 2 月上旬,心虚的禹作敏亲自给此人打电话,探听上边的动静。此人说电话里不好讲。禹作敏立即派车把他接到大邱庄。这一次,禹作敏知道了他想知道的东西,此人也得到了肮脏的 1 万元报酬。

在大邱庄,在北京,为了完成老“庄主”交办的一项特殊使命,少“庄主”禹绍政先后把 15,000 元人民币塞进了此人腰包。

为了长期维系这种非法交换关系,老、少“庄主”还许诺,此人可无偿获得 1 万元大邱庄股票,每年再分得 1 万元红利。

一个像特务般收买政治机密,一个像犹大似地出售廉价灵魂。可惜,彼此都是命途多舛,最后一起沿着金钱铺设的歧路走向他们应该待的那个地方。

在禹作敏的对外交往中,金钱一直占据着极其重要的位置。他不但相信钱能买到情报,而且相信钱能抵人命,买通法律。

危福合被暴打致死后,禹作敏曾将危妻、危女及其亲属接到大邱庄,亲自接见,许以遗孀在大邱庄落户,给房,月薪 300 元。然后,又由大邱庄人代拟了一份由危福合姐姐签字的《保证书》。好在其文不赘,不妨抄录于此:

保 证 书

危福合在大邱庄死亡问题,有大邱庄党委看到我们是贫困地区农民,所以对我们家属给予照顾：

1. 给危福合母亲贰万元整。

2. 给危福合妻子和女儿抚养费叁万伍千元整。

3. 给危福合丧葬费伍仟元整。

危福合尸体经家属同意火化，由家属运回枣强，以后发生问题与大邱庄无关。

危××（签字）

1992年1月22日

这俨然是一份运用金钱“私了”人命官司的合同。

甚至对于神圣的法律，禹作敏也企图用金钱去打开缺口。

早在1990年，天津市司法机关审理刘玉田被伤害致死一案时，禹作敏就曾给高级人民法院领导捎话说：“欢迎法院领导或审判人员到大邱庄来，保证让你们满意！”后见其毫无反应，以为筹码不足，又二次捎信，特邀刑事审判庭全体到大邱庄，并加重强调“保证满意”。

但是，世间毕竟多有不为金钱所动者。7名禹氏被告终于受到了正义的判决，金钱“魔方”也就彻底失灵。后来老“庄主”与政法机关结下不共戴天之恨，或许与此不无关系。

八、罪有应得

市委工作组进村后，禹作敏开始了他近十几年来的生涯中难熬的一段时光，这不仅因为罪行行将败露而引起内心恐惧，也缘于多年来一手遮天的铁筒般统治地位的动摇。

首先是他的“臣民”出现反叛。

其实反叛并非自此时始。哪里有压迫，哪里就有反抗，对禹作敏的淫威也不例外。早在1992年12月16日，这天一大早，本报驻天津记者站就接到大邱庄人冒险打来的电话，揭露了大邱庄发生的人命案子以及6名刑侦人员被扣的罪行。今年元月中旬，天津市政府及公、检、法又相继收到署名大邱庄“万全公司全体公民”的检举材料，揭发了危福合被打致死的经过及禹作敏的罪行，要求司法机关“对大邱庄一次又一次的打死人案件查个水落石出，法办凶手”，并说“只要司法机关对此案下决心，我们就敢站出来作证”。

其次是他的亲信开始不忠。

工作组进村后，工作步步推进，禹作敏渐觉群众情绪控制不住，便想最后赌一下命运，作一次垂死的拼搏。他再一次采用了挑动群众情绪、搞乱形势的手段，企图扭转败局。

他以市委工作组《致大邱庄全体党员和群众的公开信》“事实不实”为由，欲发动组织大批群众到静海县城静坐示威。

他命令各公司一律停工停产(注:工作组进村后生产已全面恢复),给工作组施加压力。

3月30日下午,他把两个亲近的集团公司总经理唤到身边。其中,一个是他的大姑爷,一个是他的本家弟弟。他以少有的随和对他们说:“今天就咱仨,咱们谈谈思想话。”他再次强调要进行静坐,停工停产。

但是,弟弟说:“你说的停工停产,我看使不得。”

姑爷也说:“我看从案子一开始,你对事件的判断就是模糊的,行动也是错误的。”

在大邱庄从来说一不二的禹作敏,这一次却成了孤家寡人。

至亲嫡系的“反叛”,顿使老“庄主”感到形势急转直下。

这时候,禹作敏再也顾不得至尊至上的地位,“扑通”一声,像奴才一样给两人跪下了,恳求道:“你们怕死,我不怕死,我求你们了!”

但是,尽管如此,禹作敏此次停工停产的企图最终也没能实现。

31日,想不出对策的老“庄主”产生了自杀的念头。他拿出了一瓶毒药,却被贴身保镖拦住:“老爷子!咱还不到那时候……”不料墙外有耳,这些话被隔壁房间的某人听去,并迅速通知了俩经理。两人害怕反叛后可能引起的严重后果,便不敢迟疑,安排了公司生产后,连夜逃离大邱庄……

虽然禹作敏破坏生产的图谋完全落空,但是,对于他一次又一次的犯罪行为,难道因为他曾有功,他是富豪,他是名人,法律就应该容忍退让吗?

不!神圣的法律不容侵犯。

在中国,法律面前本该人人平等!

1993年4月15日,星期四。

天津市委工作组进入大邱庄一个多月后。

下午,禹作敏依然身着皮尔·卡丹西装,依然架着金丝镀膜眼镜,依然不失“华夏首富村庄主”派头地来到一个陌生的房间。

然而,这回,在天津市公安局等待着这位“中国第一庄主”的,却不再是颂扬的鲜花,荣耀的接见,而是他没有想到或者说不愿去想、不敢去想的“厄运”。

“你就是禹作敏?”

面对威严的公安人员的讯问,他在忐忑中随口回答了一声“是”。

刑事拘留证的宣布程序十分简单,而在公安人员要求被拘留人签字的时候,却遇到了一点小麻烦。

“你们有什么证据抓我?我不签字!”老“庄主”色厉内荏地吼道。似乎这样便可把他内心本该明白的罪行化为乌有,转危为安。

这些年,一直以“华夏首富村”、“天下第一庄”庄主自诩的禹作敏,从未想过自己也可能受到法律的追究。在他看来,凭借自己的实力,凭借各种关系,凭借大把的钱财,没有过不去的火焰山,何况自己还是名人。某报曾披露,在一次村民大会上,他曾大言不惭地吹嘘:“凭我禹作敏的能力,可以当一个国家副总理,谁敢动我?!”

所以,当被他一向不拿正眼相看的天津市政法机关,居然要在“太岁头上动土”的时候,他委实没有想到,同时也颇有几分不以为然。

可是,一旦神圣不可侵犯的法律抖起威风,便很快证明,昔日不可一世的“庄主”,不过是外强中干的“纸老虎”。

刑拘后的第六天。天津市公安局审讯室。公安人员宣布对禹作敏执行逮捕。

这一次,出现在公安人员面前的,是一个老态龙钟、有气无力的阶下囚形象。给他训话,他不住地哈腰点头;让他签字,他就哆嗦着右手立即签字。许是几日的囚禁和反省,使他的情绪尚在恍惚之中,以致在逮捕证上签字时,竟将“1993 年”写成了“1933 年”。

纠正了这个小小的差错,他被带回到他应该去的那个地方。

这时候,他似乎才真正意识到“逮捕”两字的含义,沮丧万分地哀叹一声:

“唉! 完了,没想到这么快就完了!”

8 月 27 日,天津市中级人民法院庄严宣判:

被告人禹作敏犯窝藏罪处有期徒刑 6 年;妨害公务罪处有期徒刑 3 年;行贿罪处有期徒刑 10 年,剥夺政治权利 2 年;非法拘禁罪处有期徒刑 3 年;非法管制罪处有期徒刑 3 年;决定执行有期徒刑 20 年,剥夺政治权利 2 年。

伴随着天津市国家审判机关神圣而公正的判决,这场权势与法律、愚昧与文明、疯狂与理智斗争的胜负已见分晓。作为一个案子、作为一个人物的结局,也许我们可以画上一个句号了。但是,由此而反映出的诸多深重的问题,以及对这些问题应该作出的严肃思考,难道我们能够轻松地说声“完了”吗?　(1993.8.28)

点　评

如果让他灭亡,就先让他疯狂。这篇《疯狂庄主》就是生动的诠释。

原天津大邱庄“庄主”、农民企业家禹作敏曾经风光无限,集众多荣誉于一身,甚至出现了“党好国好不如禹书记好,爹亲娘亲不如禹书记亲”的荒谬言论,是一个十足的“土皇帝”,其一言九鼎、横行霸道、无法无天,甚至疯狂到“暴力阻碍公安、检察干警搜捕案犯,扣留公安干警”。他被判刑具有标志性意义,很大程度上扭转了当时一些地方为了发展经济不惜牺牲法治的错误做法,给一些类似禹作敏的所谓“改革带头人”以强大威慑。

打工妹竟与狼狗同笼

甘景山

记者日前接到福州市台资“永骐鞋业有限公司”几位“打工妹”投诉：她们不但受到老板各种侮辱、虐待，而且江西省来的女工俞某遭打骂后还被关进狗笼。300多名女工打抱不平，经多方交涉，问题得不到解决，于11月27日以停工表示抗议！

记者闻讯赶到福州市连江路永骐鞋业有限公司时，陆续围上来数十名本地和外地来的“打工妹”，诉说她们在该公司所受到的各种非人待遇：

——11月7日晚上，江西女工俞某拿了该厂两双鞋被发现，台籍的张××、陈××、3位科长和保安人员将俞某捆绑、猛打，在场的台湾客商潘某也趁机扇了俞某两个耳光，然后将鞋子挂在俞某脖子上示众。俞某挣扎，张××、陈××等人便将俞某关进狗窝，锁上铁栅门。狗窝里有两只高大的狼狗，吓得俞某浑身发抖。关押两个小时后，半夜，在其他女工的帮助下她才逃走，至今下落不明。

——陈××在班前对600多名女工训话说：“过去我把你们当人看，现在我把你们当狗看！”

——女工一上班，大门整日紧锁，即使停电停工，也不让女工出厂；晚上下班时，女工排成队，从边门出厂，一个个搜身。

——厂里经常强迫女工加班，有时干到深夜两三点，有时干通宵。厂方怕女工打不起精神，便强迫她们绕着厂房跑一圈。而新工人加班费每小时才0.38元，熟练工每小时0.58元；加班到深夜也不给点心。

——工资极低，进厂3个月内每月才90元，3个月转正后才140元；如果中途离厂，所交押金130元没收。

——女工请病假1小时交2元；超过1小时算旷工1天，并扣3天工资和30元满勤奖。

……

记者采访了陈××，他推卸责任，支吾其词，说女工被关进狗笼他不清楚，但承认说过她们是狗，也表示如果把人关进狗笼是违法的。

福州市委、市政府闻讯后，十分重视，派人到现场调查，向陈××指出，办厂要遵守大陆的法律。福州市政府有关领导向记者表示，待取证后，对于捆打女工、污辱人格和将俞某拘禁在狗笼一事，一定依法严肃处理。

（1993.12.5）

点　评　这起发生在福建台企把女工与狼狗关在一起的恶性事件,引发社会各界震惊,是改革开放初期个别地方打工仔、打工妹们生存环境的真实写照。他们没有劳动合同、被强迫加班加点、随意被辞退、被克扣工资,权益得不到保障。随着劳动法律体系建立和不断完善,他们的劳动权益不断得到保障,"打工妹竟与狼狗同笼"现象绝不会重演。

对外商要讲“两句话”！

常少扬

夺去80多人生命的深圳致丽工艺玩具厂的大火刚刚熄灭，对逃之夭夭的港方老板如何处理尚无下文，福州的两家台资企业又成了舆论关注的新焦点：先是永骐公司发生将一女工关进狗笼的事件，负有主要责任的台籍经理也照前方抓药——溜之乎也了；12月13日，高福纺织有限公司大火突起，60名工人的冤魂随烟飘逝。

诚然，火灾的发生有其难以避免的偶然性的一面，然而，一段时间以来，确有少数外商无视我国的法律法规，昧着良心赚黑心钱、办缺德事；不管中方员工的死活，不提供符合安全、卫生要求的劳动条件的有之；不尊重中方员工的人格尊严，任意打骂、搜身、限制人身自由的有之；把中方员工当成廉价的生财机器，只给极菲薄的工资待遇，并剥夺法定的节假日、有酬休息等权益的有之；不顾国际惯例和我国法律的规定，剥夺中方员工组建工会的权利的亦有之。在个别外资企业中，其劣行已超出任何一个主权国家的法律所能容忍的程度。

应该说，有些外商的违法行为源于对我国法律的无知，并非有意为之。但也确有个别外商就是认定中国大陆是一块可以不冒风险的“冒险家的乐园”，可以把企业的必要成本压到在国外境外不可能达到的最低限度，可以把中国的法制视同一句唐诗“草色遥看近却无”。

为什么这些外商会对中国大陆有如此的认识？是谁把他们导入这个“误区”的呢？说一句“根子在我们自己人身上”恐怕并不过分！

几年来，各地的“引资热”一波高过一波。引进外资的金额、批准外资企业的数目几乎成了评价各级“地方官”政绩的最高标准。外资有限而需求无限，于是乎，各地竞相出台优惠政策，对外商，税负一减再减，地价越压越低，在外商面前，地方官们的腰也越弯越低。在这种气氛下，外商所到之处，听到的自然是清一色的调门越来越高的“欢迎”之声，岂有“二话”？有几地、几人会煞风景地向有投资意向的外商进行关于中国法律ABC的“启蒙”呢？

“民之趋利若水之趋下”，外商来华投资办企业都是为了赚钱，这无可非议。为他们提供良好的投资环境，尽到地主之谊，也是题中应有之义。可凡事都有个“度”，别忘了还有“过犹不及”这条自古而然的定律。被我们一些地方“离谱”的超级优惠政策吓跑的外商已不在少数。对恶性事件频出的地方，那些认认真真、规规矩矩凭本事赚钱的外商会想：连本国公民、自家兄弟姐妹的人身权利、身家性命都保护不了的法律环境，能让人放心吗？

闭关锁国不是社会主义，惧外、媚外也不是社会主义；贫穷不是社会主义，忽视甚至牺牲自己同胞的合法权益来脱贫致富也不是社会主义。每一个有爱国心、有良知的中国人都绝不会容忍“包身工”的悲剧在社会主义的大地上重演,绝不会容忍把“华人与狗”画等号的劣行在中华人民共和国的领土上再现!

对有意前来投资、真诚合作的外商,我们的大门是敞开的,并将一直开下去,但一定要对他们说两句话:第一,热诚欢迎,提供方便;第二,必须遵守中国的法律法规,依法经营。中国的法律对适用对象不问姓资姓社,姓中姓外,一视同仁,对守法者保护之,对违法者惩处之,主权与法律面前绝无戏言。

“两句话”都说全了,这“欢迎仪式”才算完毕。当然,说了就要做到。致丽厂的港方老板、永骐公司的台籍经理不辞而别,以为“一走”便可“了之”,恐怕是打错了算盘。

最后,还想对在外资企业“打工”的兄弟姐妹们说两句话:眼下,咱们穷是穷点,但求职时也要择良木而栖,对那种眼瞅着要受煎熬受屈辱甚至有可能搭上命才能赚的钱还是敬而远之为好。更不能含糊的是,一旦自己的合法权益受到侵害,要学会用法律“护身”。别忘了,不管在哪种性质的企业里工作,咱也是这方土地的主人。

(1993.12.18)

点　评　评论一针见血,点明了当时招商引资中存在的问题,历数了少数外商的种种不法行为,痛斥了一些地方盲目追求招商政绩而漠视外商侵犯工人的生命健康和人格尊严的行为,提出了“闭关锁国不是社会主义,惧外、媚外也不是社会主义;贫穷不是社会主义,忽视甚至牺牲自己同胞的合法权益来脱贫致富也不是社会主义。每一个有爱国心、有良知的中国人都绝不会容忍‘包身工’的悲剧在社会主义的大地上重演,绝不会容忍把‘华人与狗’画等号的劣行在中华人民共和国的领土上再现!”振聋发聩!

重铸民魂：刻不容缓的基础工程

“两会”采访札记

常少扬

本世纪的第 7 个年头，身在日本的鲁迅先生遥望积愚积贫积弱、一派衰惫气象的祖国，发出了“其首在立人，人立而后凡事举”的呐喊，立志从改造国民性入手，为中华民族注入“二十世纪的新精神”，使“沙聚之邦由是转为人国”，“屹然独见于天下”。

当然，在那个风雨如磐、长夜难明的时代，先生的理想实难实现。弹指一挥间，20 世纪只剩下最后 7 年了。在这 80 多年里，中国发生了天翻地覆的变化。然而，当新世纪航船的桅杆已从东方地平线露出头来之时，向着建设富强、文明、民主的现代化国家的目标迈进的中国，仍然面临着“立人”的艰巨使命，只不过由于时代的变迁，我们今天的习用术语是“提高国民素质”、“培养四有新人”，属于“社会主义精神文明建设”的范畴。

1994 年之春，在中华人民共和国最高权力机关的例会上，人民代表和列席的政协委员们在关注着改革与发展中急待解决的若干突出问题的同时，也不约而同地把目光投向了“立人”这个关系当前改革成败和中国在下一世纪世界格局中的位置的重大问题。这不仅是因为政府工作报告对“国民素质”、“精神文明”问题的“特别强调”，也是现实生活中活生生的事实，令每个关心国家命运的国人不能不感到这个问题的分量。

一、沉重的话题

从学术角度上讲，“国民素质”这个概念中包括身体因素、智力因素、非智力因素。而当前引起全社会关注的道德水准下降问题，与非智力因素关系最密切。笔者见过的一份研究报告称，中国人口素质的三要素中，身体、智力这两项并不弱，据测算，按我国人口的身体素质，人均国民收入可达 7000 多美元，按智力因素可达 2000 多美元，而导致我们现在人均收入仅有 300 美元的主要因素是非智力因素水平偏低，与之有关的要素有：进取心、协调性、自律能力等。

与代表委员聊起这个话题，他们常常提及过去发生在我们身边的一些令人不忍重提的消极现象。

诚然，我们社会上涌现了一批见义勇为、与歹徒顽强斗争的英雄；但同时，当某些恶性案件发生时，在歹徒行凶、施暴时，也有不少袖手旁观、不能挺身而出的看客。

与某些恶性事件相比，也许已入德籍的台湾女作家、写过《中国人你为什么不生气》的龙应台女士对自己在北京日坛市场“被吵架”，也不必太生气了；作家张扬、电视剧导演尤小刚先生去年年底在南京机场分别受到的“非礼遭遇”（被要求脱去外衣放到地上或传送带上接受安全检查）还算“温柔”得多了，只不过那位安检人员的一句话“机场是我们的天下！”倒真发人深省。那位把大邱庄当作自己“天下”的前全国政协委员因触犯刑律而锒铛入狱；可对那些其行为并未严重到触犯刑律的程度却各自拥有一片自己的“天下”的“庄主”，我们该怎么办呢？还有某些对乘客、顾客恶语相加、粗暴“服务”的售票员、售货员……

耐人寻味的是，君临“天下”者也有不认自己“天下”的时候。去冬，先有首善之地北京因扫雪问题引发一场热热闹闹的讨论；几天前，从北国重镇沈阳又传出来“谁来扫雪”的“东北话题”（见 3 月 12 日《文汇报》），自古以来“各人自扫门前雪，不管他人瓦上霜”便为国人所耻，现在难道连“门前雪”也不扫了吗？

不必再絮叨了，只要生于斯、长于斯且不与世隔绝，总有机会或亲历或目睹或耳闻这类不该发生的事。怪谁呢？这不是我们自己的家园吗？难道在曾以礼仪之邦著称于世的这片土地上有一种专门蚕食公民道德感的病菌在肆虐吗？

二、社会转型的代价与社会中坚的责任

就当前国民素质特别是文化道德素质的现状及形成原因，一些代表对记者谈了他们的看法。

中国作协副主席陆文夫代表认为，传统的道德规范、宗教信条在 1949 年后受到了批判；“文化大革命”又把解放后形成的一套行为准则破坏殆尽；改革开放以来，计划经济体制下通行的价值观、道德观逐渐退出舞台，而适应正在崛起的市场经济体制的新的价值体系还没建立起来。于是乎，出现了一定程度的道德“真空”和价值标准混乱。这种转型期的秩序与旧制度、旧体制占统治地位时的秩序相比，可能还要乱一些。他举例说，“解放前我这个爱喝酒的就没听说有卖假酒的，那时的商家都讲童叟无欺，怕倒了自己牌子，哪敢造假呀！眼下这种‘失序’状态恐怕不会太短，重建道德比破坏道德要难得多。也许要等人们口袋大都鼓起来了，才会觉得脑袋空了，才会产生用高品位的精神产品来充实头脑的需要”。

陆文夫对“文人圈”中一些现象也作了分析。他认为，有些文人下海是不得已为之，不必大惊小怪，实际上真下海的也没几个。而真正令人担忧的不是“文人下海”，而是“文章下海”、“作品下海”。让自己的作品“降格”以迎合庸俗趣味，这等于把作家的灵魂插上“草标”拍卖。也有个别很有才华的作家在社会急剧转型的关口，突然失去了追求的目标，写出了不讲社会责任感和社会效益的作品，非常令人痛心。

广东省社会科学院院长张磊代表似乎稍乐观一些。他认为，改革开放以来，在价值取向上出现了一些积极的变化，如竞争、效益、开放、民主、法制等意识增强了，

对社会变革的承受力也增强了。但是,新旧体制交替造成的负效应加大,人性中的一些消极因素,如贪婪、残忍、野蛮等在一些素质较低的人身上被诱发出来,一些丑恶现象沉渣泛起。对于走向工业化现代化的国家来说,这一阶段可以说是不可避免的。问题是我们的各级领导和有“社会良知”之称的知识分子不能放弃自己的主观上的责任。有些领导干部连“一手硬、一手软”都做不到,两只手都抓经济去了,对精神领域的事“大撒把”,不闻不问;而一些知识分子的社会责任感也日见退化,比如,一部在各电视台黄金时间连续播放的电视剧的主题歌中高唱“何不游戏人间”,华君武先生为此专画了一幅漫画,予以辛辣的讽刺。

三、一个民族的“精、气、神”在哪儿?

著名学者、北京图书馆馆长任继愈代表对这个问题也颇有兴趣,他放弃了午休,谈了近 1 小时。他认为,时下这种国民道德状况是文化传统断裂对我们的报复。革命可以更替政权,但不能割断文化传统,割断了传统,就失掉了根基。光是“破”字当头不行,道德的“真空”太危险了。政府工作报告提出,“对需要扶持的文化艺术精粹和公益性的文化事业,各级政府都要有重点地给予支持和帮助”,这一点很重要。市场经济不是万能的,要有人为的干预或者调控,经济领域是如此,精神领域更是如此。

记者在山东代表团讨论时听到这么件事,一位学者皓首穷经写出一部学术专著,为了得以出版,不仅搭上了自己的全部积蓄,还欠了几千元的债。结果,书出来后还要自己包销,现在还在家里堆着。任老接着说,在文化领域搞适者生存、自由竞争不行,肯定是优败劣胜,杂草盖过良苗。北京图书馆近几年人才流失严重,门前就是电子一条街,搞外语、懂科技的“跳槽”方便得很。因经费不足,今年北图比去年少订了 1000 种期刊,其中相当一部分外文科技期刊是极有价值的信息资源。有些大学自己订不起,还全指望北图呢。经费从表面上看增加了,可被物价上涨抵消了。

说到这儿,任老接了个电话。来电话的是香港出版界一位朋友,他捐 2 万册书给北图,海关不放行,要收税。任老说,人家捐书给我们,总不能让人家再掏钱交税吧,我们自己又拿不出这笔钱,没办法,只好向中央领导反映啦。最后,任老又谈到哲学社会科学的地位问题:报告中还头一次提出要“重视哲学社会科学的作用”,早就应该重视。哲学社会科学的作用不可小觑,比方说党史研究,过去常随政治风向变,没人信了,不信仰危机才怪哩。一个国家要想有凝聚力,让人“皈依”、信服,就得把民族文化中的精华挖掘出来,发扬光大。一个民族有没有“精、气、神”,就看这儿!

与代表、委员聊国民素质方面的话题,他们往往要先问上一句:你们《法制日报》怎么也搞这种题目?我总回上一句:道德是法治的基础嘛。全国人大代表、中国政法大学教授夏家骏代表在这方面颇有研究,他认为:法律只是道德最浅层次的表现形式。在一个国民没有深厚道德修养的国度里,执法不严是不可避免的。比方说,如果没有尊老爱幼的传统,有关保护老年人、未成年人的法律怎么可能执行得好呢?

中国社科院社会学所所长陆学艺代表也谈道，法律是外部的约束力，而道德是源自内心的约束力。外力只有通过内力才能更好地发挥作用。法律可能使人慑于其威力而不作恶，但要使之向善、行善，则要靠道德的引导、推动。

德国大哲学家康德在《实践理性批判》一书中写道："有两种东西，我们愈时常、愈反复加以思索，它们就给人们灌注了时时在翻新、有加无已的赞叹和敬畏：头上的星空和内心道德法则。"贝多芬把康德视作精神导师，曾在笔记中摘录的这段话后面连打三个惊叹号。当我们欣赏《欢乐颂》那使人的灵魂得以净化、受到震撼的旋律时可曾想过，乐曲中那超凡脱俗的精神力量与作曲家内心对自然律和道德律的敬畏有关呢？

其实，中国古代贤哲对道德及其修养也是极其重视的。对儒家"修养论"有深湛研究的北京大学楼宇烈教授这样写道：中国传统文化尤其是儒家文化中，"把人格的确立（以区别于禽兽）和提升（以区别于一般人）放在第一位，因而也就特别强调伦理观念、道德规范的教育和养成"。由此可以想象，如果对那些犯下凶残、野蛮、令人发指的罪行的罪犯的内心世界作一扫描，也许会发现，在道德修养这方面，他们的内心记录很可能是"零"。中华人民共和国成立以后，我们在道德方面长于破而疏于立，是不是也该算作一个失误呢？

四、重整"世风"待后生

提高国民素质、重振"德"纲的希望在于下一代，要从娃娃抓起——这是不少代表委员和其他有识之士的共识，并已经有了具体行动。

农工民主党中央宣传部部长李汉秋委员积极倡导编写新三字经。他认为，旧《三字经》读起来朗朗上口，至今不少老者尚能背出，在民族性格、民族精神的塑造上起到很大作用，应当利用这种形式进行新时期的儿童启蒙教育。

任继愈先生认为，十二三岁是人生"定型"的关键阶段，无论文化教育还是道德培养，都应及早下功夫，再大些就难以改变了。任老为使中小学生更好地了解中国历史和文化，主编了《中国历史知识文化丛书》，共 110 种，已由 4 家出版社联手出齐，为了通俗易懂，还请了中学生和中学老师看样稿。由于书的质量、品位高，很受欢迎，台湾商务印书馆从中选了 90 种，拿到台湾出版。

国家教委在"两会"期间也公布了中学生日常行为规范。

由中日联合举办的一次草原夏令营引起的大讨论，从南到北持续了几个月，日方领队那句"你们的下一代不是我们日本孩子的对手"极大地刺激了我们的教育工作者、家长和成千上万的少年儿童。提高少年儿童的包括生存能力、实践能力、自立能力在内的整体素质，已成为教育思想和教育方法更新的重点。

……

"关于本世纪最后 10 年的重要性质，我们的看法是一致的。我们都认为人类正处在一个交叉路口。"1988 年一位英国学者这样写到。诚如所言,中国也来到了一个"交叉路口"。

一本研究世界各国由传统社会向现代化社会转化过程的专著认为,20 世纪初叶以来,全球的所有传统社会都在"现代化"的诱惑下,激起一种"满怀希望的革命",可到今天为止,虽然有些国家已成功地跻身于现代国家行列,但大多数国家却长期在转型期社会中挣扎,而不得进入"现代"之境。

中国将进入哪个路口?除了取决于目标和蓝图的正确之外,人的素质无疑是关键。尽管问题不少,但我们决不悲观。从这次政府工作报告之中,从代表、委员务实而又富于远见的言谈之中,从徐洪刚的高尚行为之中,从给无数儿童带来希望的"希望工程"的成果之中……我们可以感受到中华大地上春潮在涌动,当 21 世纪到来之时,世人将惊喜地发现,中国人的精神面貌、整体素质将足以应付任何挑战!

(1994. 3. 21)

点　评　"国民素质"、"精神文明"是写进政府工作报告引发热议的话题,这一话题深深地荡涤了人们的心灵。述评开宗明义,用鲁迅先生的呐喊,引入"立人"这个关乎国家前途命运的问题,深入剖析,层层阐释,字字珠玑,充满忧患意识,呼唤重构国民素质,扬起以德治国、依法治国的风帆。

随乔石委员长出访日记

阎　军

委员长访欧第一天

1994 年 1 月 16 日　柏林　阴　雨夹雪

德国——一个令人神往的伟大的国度。

不仅仅因为她的经济实力位居世界第三,更因为她的名字与世界历史上许多最著名的人物与事件相连。

今天,在中德关系进入全面发展的时期,她成为中国全国人大常委会委员长首次出访西欧的第一站,又别具重要意义。

北京时间 11 点 25 分,乔石委员长一行 56 人乘波音 767 飞离北京,此次出访在 15 天内将要访问 11 个城市和地方,日程繁忙。由此,临行前,为委员长送行的中央政治局常委、全国政协主席李瑞环特请乔石同志保重身体,并预祝委员长一路平安。

委员长的夫人郁文此次首次随乔石出访。

飞机起飞后不久,神情愉快的委员长就来到后机舱看望全体随行人员,他一边和大家握手,一边亲切询问每个人的名字和工作单位。

同机随行的 10 名记者上机后便开始忙碌。中央电视台 10 名记者中已有 8 人先行到达柏林做准备。随行采访的还有新华社、人民日报、中央电台、国际电台、中新社、中国日报的记者。本报也首次派员随行采访。

B－2555 波音 767 飞机穿云破雾,满载着友谊途经蒙古、俄罗斯、捷克、波兰,飞行 10 个小时 30 分钟后,于柏林时间 15 点安全抵达德国柏林机场。

柏林市议会副议长莱因哈尔德·费勃尔到机场迎接。

“我很高兴应德意志联邦共和国联邦议院主席团的邀请,在 1994 年刚刚到来之际,来德意志联邦共和国进行正式友好访问。”乔石在抵达柏林机场发表书面讲话时充满热情地说。

乔石称:“德意志人民是伟大的人民,德意志联邦共和国在世界上具有重要的影响。”

的确,这是一个伟大的国家,并且是一个伟大人物辈出的国家:

她是无产阶级伟大导师马克思、恩格斯的出生地,也是欧洲哲学史上著名的哲学家黑格尔和伟大的作曲家贝多芬的故乡。

她曾是无产阶级革命的摇篮,也是世界工人运动著名活动家倍倍尔、蔡特金、李卜克内西、卢森堡战斗过的地方。在这里酝酿诞生过无产阶级的第一个战斗纲领。

此外,德国在世界法制史上也占有一定的地位。《德国民法典》是帝国主义时期最具有典型意义的民法典,对20世纪各国制定的民法有重大影响。"法人"这个名词首先是在《德国民法典》中使用的。法人制度也只是在1900年的《德国民法典》才得到最终的法律确认。

乔石说:"中德交往历史悠久,两国人民之间的友谊源远流长,近年来,在双方共同努力下,中德关系已进入全面发展的新阶段。"

据知,目前,德国是我国在欧洲的最大经济贸易伙伴,德国又是我国从欧洲引进技术项目最多的国家。德国在华投资实际利用金额居欧洲之首,我国在德的留学人员也居欧洲首位。

乔石希望"通过这次访问,进一步增进了解,扩大交流,加强合作,促进中德关系的新发展"。

18点55分,乔石委员长来到柏林唯一保存下来的霍恩佐伦王室盛大的宫殿——夏洛滕堡宫。这座宫殿在第二次世界大战时部分被摧毁,后经修复,得以保存原样,被认为是战后重建的奇迹,宫殿前有著名的于1703年首次展出的安德烈亚斯·施吕特大选帝侯的骑士像。宫殿后面有柏林最漂亮的巴洛克式宫殿花园。

幽默的柏林市议长芳林女士在这里为乔石委员长举行了欢迎招待会,并发表了热情洋溢的欢迎辞。乔石为柏林题词:"谨向柏林市人民致以亲切的问候良好的祝愿,祝柏林市繁荣发展。"之后,乔石发表了抵达柏林后的第二次讲话,再次表达了自己的愉快心情和对柏林的赞誉,双方互赠了别具特色的礼物。

柏林时间21点30分,也就是北京时间17日清晨4点30分,晚宴结束。至此,委员长在连续工作了近20个小时之后,结束了他西欧之行第一天的全部日程,面带微笑的70岁的委员长,看上去仍无倦意。

17日早间,中央电台记者魏赤娅将是第一个能够向国内发布委员长抵达柏林最新消息的记者,其他记者望尘莫及。 (1994.1.18)

让友情飞越阿尔卑斯山

1994年1月31日　维也纳—北京　雨夹雪转晴

维也纳时间17点10分,一架波音767飞机离开乔石委员长西欧3国之行的最后一站奥地利首都维也纳,向着东方——中华人民共和国的首都北京飞去。

此时,几天来雨夹雪的天气居然转晴,绚丽的夕阳映红了天边,宛如一条五彩缤纷的彩带环绕着维也纳机场,给即将离去的中国朋友留下了最后的美好印象。

此时,大家开始把表拨快7个钟点,于是,表上的时间为北京时间深夜24点10分。

此时,访问的成功,即将回到祖国北京的喜悦——驱散15天来紧张的情绪和浑身的困乏,机舱里洋溢着欢乐的气氛。

乔石委员长来了!只见委员长和夫人郁文同志微笑着来到后机舱,向全体随行人员致以亲切的问候。

15天来的亲切相处，同甘共苦，使全体出访人员和委员长结下了深厚友情。15天中，每当委员长结束对一个国家的访问时，一上飞机，就要到后机舱来看望大家。

委员长的关怀是细致入微的。记得在几次高层次领导会见中，我想拍好几张新闻照片，但在中外记者的前挤后拥下十分困难，委员长看到这种情况就微笑着鼓励我们，并尽可能为我们完成任务创造条件。上飞机时，乔石委员长还关切地问我，你的照片拍好了吗？

尽管我们对采访作了充分的准备，但许多困难都是意想不到的，特别是要挤到前面去抓第一手材料更是难上加难。在参观世界最大的实验室核电子中心时，如果没有曹志秘书长和郁文同志的理解和支持，就不可能直接站在乔石委员长的身边获取第一手材料，也就不可能有我们的那篇关于核电子中心的报道。

此时无声胜有声。这些亲切的关怀，使得全体随访人员成为一个温暖的集体。大家不辱使命，各司其职，在委员长的带领下圆满完成了任务。新华社共发照片近30张，消息近50条，还不包括英文消息。

在国外，虽然只有15天，但我们强烈地感受到，一个国家的强盛多么重要，乔石委员长在会见、会谈中，多次表达道，发展中的中国需要加强与国际的合作，需要与世界接轨；中国人民强烈希望用现代技术武装自己；需要广泛借鉴国外成功的经验；需要发展民主与法制的建设；无论是中国和世界其他国家，要发展就要寻求和平、稳定的环境。

另外，我们强烈地感受到中国改革在国际上受到的重视。外国朋友们用不同的语言来表达他们对中国改革的钦佩之情。他们一致认为，中国将在世界政治舞台中起着越来越重要的作用。他们愿意加强与中国在许多领域的交流与合作。无论是在马路上、酒会上，还是商店里，他们在用不同的方式表达着对中国的友好之情。

15天中，为了给中国改革谋求一个国际和平的环境，乔石委员长进行了50多场会见、讲话与活动，传递了中国人民的友好之情。

从去年中国国家主席江泽民与美国总统克林顿在西雅图正式会晤，到31个国家元首、18个国家议长、28个国家外交部长络绎不绝地访问北京，构成了一幅中国全方位外交在多极化国际舞台上的活跃景象。乔石委员长西欧3国之行也正是中国全方位外交的继续。

阿尔卑斯山西起法国，经瑞士和德国，东朔维也纳，全长1200公里，山势雄伟。阿尔卑斯山联结着德、瑞、奥，中国与3国的交往也有如攀登那阿尔卑斯山，乔石委员长此次出访西欧3国获圆满成功，使中国与西欧3国的友好交往在求同存异、平等相处的基础上更上一层楼。

当B－2555飞机在阿尔卑斯山上空飞行的时候，全体随访人员带着美好的回忆发出呼唤：

再见了，德国、瑞士、奥地利！

再见了,阿尔卑斯山!　(1994.2.2)

和平——永恒的主题

乔石委员长访欧美五国随行采访之二

1996年3月29日　基辅　大雪

在乔石委员长访乌的日程中,有两项十分重要的内容:为基辅市的无名烈士纪念碑献花圈;参观乌克兰伟大卫国战争历史国家博物馆。

3月29日上午,基辅市初春之后又飘起了大雪,而且是风雪交加。乔石委员长和夫人郁文,全国人大常委会秘书长曹志等陪同人员依然踏雪前往第聂伯河河畔。委员长说,这一天的气候令人想起了1941年苏联那个格外寒冷、严酷的冬天。

被称为斯拉夫民族摇篮的乌克兰,在第二次世界大战中牺牲了800万人,占苏联在第二次世界大战中死亡人数的1/3。参战部队600万人,其中一半牺牲,一半伤残。她的首府基辅市在自己1500年的历史长河中,有过昌盛,也饱尝过战乱的苦难,更经历了第二次世界大战血与火的洗礼。1941年,经过近80天的顽强抵抗,基辅沦陷。

欧洲的第三大河第聂伯河经基辅穿城而过,它是乌克兰人民英雄精神的见证。当时德军在西岸,红军在东岸。为纪念死难烈士,无名烈士碑特意修建在第聂伯河西岸基辅光荣公园内。

27米高的方尖形纪念碑高高耸立,墓碑下祭火长燃,铜铸的花环中用乌克兰语写着:无名的战士们光荣!碑前林荫路两侧是用34块红色大理石雕刻的为国捐躯的34位将军的墓碑。纪念碑和将军碑之间有用飘带围绕的石雕月桂枝,是胜利的象征。基辅市的解放日是1943年11月6日。

由基辅卫戍司令、中将扎别林陪同,身着深色服装的乔石委员长和夫人缓步走向纪念碑。3位乌克兰士兵抬着花圈在前面开道。

长明火在燃烧,安魂曲在低鸣。皑皑白雪,使整个仪式更为庄严、肃穆。献上花圈后,委员长拾级俯身,深情地用手抚平花圈两边的飘带,飘带上写着“烈士英灵永垂不朽”。

随后,扎别林中将陪同委员长参观纪念碑。这位到过中国并见过彭德怀元帅的将军,向委员长详细介绍了当时苏联红军抵御德军的情况。他称这是一个神圣的地方,建立纪念碑就是要人们铭记过去。他感谢委员长为烈士墓献花圈。乔石委员长感慨地说:“今天我过了一个非常有意义的日子,第聂伯河孕育了那么多的英雄。”

3月30日下午,乔石委员长一行来到乌克兰伟大卫国战争历史国家博物馆。博物馆占地10公顷,其入口由彼得大帝1716年为抵御瑞典人入侵修筑的洞穴要塞墙壁改建而成。博物馆的周围建有五组铜铸雕像群。赫然入目的首先是高达62米、总长102米的“祖国——母亲”雕像。这位母亲高举着盾和剑,象征着乌克兰人民保卫祖国的信心和决心。

这是一座构思别具匠心的博物馆。馆中陈列的800多件展品(不少是绝世珍品),以及许多油画、雕塑,记述着乌克兰人民在卫国战争中建立的不朽功勋。

鲜明的主题,强烈的对比,深深的怀念,悲壮的情感,独具匠心的构思,都使这个博物馆成为一个罕见的、具有特别感染力的展览馆。

它首先用一些特别的物品记述了山河破碎、城市失守、家园毁灭的情景;国家沦陷,人民在德国法西斯铁蹄下的悲惨遭遇;乌克兰人民进行的反法西斯抵抗运动。

在年轻的讲解员的讲解下,委员长十分认真地看完了所有的展厅。自始至终,委员长都面容严肃,神情庄重。最后,他欣然为博物馆题词"伟大的卫国战争英雄业绩光照千秋"。访乌期间,乔石委员长曾多次谈及中乌两国要加强了解,增进友好往来,为谋求地区和世界和平而努力。他说,我们生活在同一个地球上,就是要互相帮助、互相支持。

(1996.4.1)

点　评

随全国人大常委会委员长出访是本报参与高层采访、在中国外交领域报道的一个重大突破。《委员长访欧第一天》是本报随乔石委员长出访,发出的第一篇日记体报道,此后每天一篇,突破了以往国家领导人出访报道的形式,引起关注。

此后,本报记者又随委员长多次出访并进行报道。

手下留情

关于企业法律顾问机构的思考

陈应革

日前与几位厂长经理聚首。他们告诉我,一些企业在机构调整中把法律顾问室合并或撤销了。这样做的企业究竟有多少、是否带有普遍性,没有调查不敢妄说,但说真的,这消息挺让人难过。

伴随"一五"全民普法运动而生的企业法律顾问机构,多年来为企业,特别是国有大中型企业发展立下了汗马功劳。在企业法律顾问机构工作的人们,追货款,参与重大经济合同的谈判、签订,代理诉讼或非诉讼经济纠纷案件,维护企业合法权益,开展法制宣传教育,培训法律人才,流下许多汗水,做了许多工作,赢得了领导和群众的信任。企业法律顾问机构成为厂长的咨询部、参谋部,许多企业深感法律顾问机构须臾不可离开。

应该说,企业法律顾问机构的出现,决非偶然。它是应党的十届三中全会以来一系列方针、路线、政策而生;应发展社会主义民主,健全社会主义法制的重大举措而生;应改革开放后经济领域中出现急需调整的多种经济成分和多种经营方式并存的新的经济关系的需要而生。为了它的诞生,多少企业精心培育,不懈努力;多少专职、兼职的法律工作者呕心沥血千呼万唤,终于在中华大地上传出这个"新生儿"降生的"啼哭声"。正如全民普法运动一样,企业法律顾问机构着实活跃了一阵子,火爆了一阵子。因此,当听到有的企业将法律顾问机构合并或撤销时,人们自然别有一番滋味在心头。

然而,合并也罢撤销也罢,总得有个说法。

据说,原因之一是实行厂长负责制,企业生产经营大事由厂长拍板,无须法律顾问室等机构干预。这种认识显然不值一驳。厂长负责制,不等于厂长一人制。厂长只有善于集中各方意见,才能正确决策。实践证明,企业法律顾问机构对厂长在生产经营中的正确决策帮助很大,特别是随着社会主义市场经济体制的建立,法律手段对经济调节作用的增强,而厂长经理又不可能个个成为"法律通",只能越来越离不开法律顾问机构,这怎能说与厂长负责制相左?

还有人认为,请律师当常年法律顾问就行了,企业不必另搞一套类似的机构。我以为,请律师当常年法律顾问当然完全必要,但从企业的实际看,常年法律顾问还不能全部替代企业自身的法律顾问机构。因为律师毕竟人少事多,只有遇到大问题时才能由他们出面,加上律师不可能长年住在企业,企业许多日常繁杂的法律事务还得靠企业自己的法律工作者去办理。

这里还有一种说法颇值得注意，即有人认为什么法不法的，有那么个机构也是个摆设。这话未免太离谱了。如果倒退几年这么说，也许能有听众，但在今天，这话就太没水平。况且，大家都认为社会主义市场经济是一定意义上的法制经济，党的十四大、十四届三中全会作出的决定都强调社会主义市场经济体制的建立和完善，必须有完备的法制来规范和保障。企业法律顾问机构应该是社会主义市场经济法制建设的重要组成部分，“摆设”的说法怎能成立？

有鉴于此，在并撤企业法律顾问机构的问题上，还得请某些经济主管部门和厂长经理们手下留情，莫并莫撤。

顺应市场经济需要产生的企业法律顾问机构，本应在市场经济新形势下得以巩固、发展，但在某些企业的处境却恰恰相反。这个问题值得深思，值得重视。

（1994.5.11）

点　评　企业法律顾问在改革开放之初曾广受欢迎，企业纷纷设立企业法律顾问机构。然而，在企业规范发展以后，一些企业开始裁撤法律顾问机构，主要原因是厂长经理们觉得法律顾问束缚了手脚。文章呼吁厂长经理们手下留情，留下法律顾问，其实是要留下依法治厂、依法治企的根脉，更是为厂长经理留下确保企业健康发展的“守护者”。

告别“四不像”

雷晓路

麋鹿，哺乳动物，其角若鹿，尾如驴，蹄像牛，颈又似骆驼，俗称“四不像”。

纵观目前遍布全国的数以百万计的大大小小的公司，似也处于一种“四不像”的状态。

麋鹿的奇形异状，纯粹是自然造化所致；而时下这些五花八门、不伦不类的公司，却完全是人为的产物。

对中华人民共和国成立后历史稍有了解的人大概还记得，50 年代初那场轰轰烈烈的社会主义改造运动，几乎是在一夜之间，全国所有的私营公司被悉数“改造”，它们“脱胎换骨”，摇身一变为名副其实的国企。在当时的历史条件下，此举具有十分积极的意义，新生的共和国由此获得了振兴经济的可观物质基础，并为建立社会主义公有制经济扫清了障碍。

其后，国家先后斥资在国营工业、建筑业、运输业和商业等部门组建了诸如鞍山钢铁公司、中国轻工业品进出口公司等一大批公司；60 年代，又在冶金、机械、纺织、轻工等行业兴办了汽车、黄金、制铝、烟草、盐业、医药等 12 个公司；70 年代末，全国各地陆续出现了各种形式的专业公司、联合公司以及全国性或地区性的工业托拉斯。这类企业性公司在成立之初及后来相当长的一段时期内，为我国工业的勃兴做出了巨大贡献，但是，随着时代的发展，其弊端也日益明显：产权关系模糊，法律地位虚空；缺乏经营自主权，处处受制于政府；职能角色社会化，身负包袱沉重；管理机制行政化，难以适应市场……这显然与现代意义的公司形象相去甚远。

国有化之后，我国还相继成立了一批行政性垄断公司。国家赋予这些公司相当大的行政管理权，其高高在上，尽握生产资料和商品的计划、生产、分配、调拨……诸多权力于掌中，所属系统或行业的企业只能俯首称臣，不敢稍有违逆之想。另外，相对于国家来说，它又仅具一个管家的身份，没有独立的法律地位和可供完全自主支配的财产，在整个国民经济领域中，只是充当政府机制的职能角色，其尴尬处境显而易见。行政性垄断公司政企不分、以政代企，是高度集权制经济的产物，在加快市场经济改革步伐、推进现代企业制度建立的过程中，应当将其作为重点改造对象。

进入 80 年代，由于经济体制改革的快速趋进，而相应的法律法规未能及时跟上，社会经济生活在日益繁复多彩的同时，也出现了种种失范现象，最典型的莫过于 1985 年和 1988 年的两次“公司热”了。其时，在经济发烧的状态下，人人争相下“海”，个个竞立公司。许多党政机关和党政干部及一些高干子女亦不甘人后，也纷纷入市大办公司。一时间，华夏大地，公司林立。毋庸讳言，这些公司中不乏正经从事生产经营者，但绝大多数都是些“皮包公司”。在缺乏法律规范的情况下，这些色彩纷繁、背景各异、奇形怪状的“皮包公司”各显神通,大发不义之财;有的利用职权套购重要生产资料和紧缺商品,转手倒卖,牟取暴利;有的没有资金,搞赤字经营,买空卖空,投机倒把,哄抬物价。这些行为,不仅损害了国家和群众利益,造成社会分配不公,扰乱经济秩序,而且败坏社会风气,严重干扰和阻碍了改革的顺利进行。这些“皮包公司”不但政企不分,而且官商不分,他们往往以公司之名行“官倒”之实。由于对公司发起人之间的关系和责任以及出资方式等问题没有严密的法律约束,给了一些“皮包公司”以可乘之机。虽经两次严厉整顿,“皮包公司”已基本销声匿迹,但其滋生蔓延的土壤并未彻底铲除。

随着建立现代企业制度的呼声日高,80 年代末至今,我国许多地区相继在一些企业进行了股份制改革试点。如果我们抛开股份制这个经济术语的模糊性的话,其实质就是一种公司企业组织形式。股份制的提出和实践,为企业改革提供了一个可行的模式,它对于明晰企业产权关系、摆脱国家行政干预、增强企业活力,起到了相当积极的作用。但按照现代公司制的要求,这些股份制试点企业仍有许多亟待完善之处。就股份制企业本身特点而言,在于产权的多元化。而在目前我国试行改组的大部分国有企业的股份中,国有资产仍占有绝对控制比例,并未改变其公有国营的性质,这显然不利于发挥股份制企业的进步作用。在不少现行股份制企业中,企业组织机构没有严格依规建立股东大会,股东的权利得不到实现。过去的厂长、经理改头换面,又成了董事长兼总经理,依旧大权独揽。董事会、监事会的产生,也未经过认真的民主选举和正当程序,监事会的设置可有可无、可立可废。一言以蔽之:换汤没换药。此外,企业内部财务制度不健全、不公开、缺乏透明度……

历史给我们留下了这样一副“摊子”,遗下了众多的形形色色的“四不像”公司。长期以来,这些公司有名无实,空戴了一顶公司的帽子,其组织形态迥然各异,行为方式毫无规则。在市场经济迅速发展的今天,这些名不符实的公司已难以适应时代的要求,对其进行大刀阔斧的改造,已成历史的必然。

所幸的是,饱经千般坎坷,历尽无数曲折,一番番的思想交锋,一次次的观念碰撞,千呼万唤,新中国第一部公司法终于于 1993 年 12 月 29 日经第八届全国人大第五次会议审议通过,并将于今年 7 月 1 日起正式施行。尽管这部法律还有某些不足、尚存几丝遗憾,但我国的企业制度改造毕竟有了一个全新的革命性的起点。公司法的颁行,标志着我们将彻底地与旧的体制和观念决裂。它必将最终促成现代企业制度的建立,为生产力的解放开辟更为广阔的道路。

鉴于以往我国公司实践中存在的公司法律身份、责任含混模糊,导致“皮包公司”和冒牌公司泛滥等问题,公司法确认了公司的独立法律主体地位,并赋予其法人资格,使公司的存在得到了法律的承认和授权。公司作为具有法人资格的经济组织,属于企业法人。《公司法》由此规定:有限责任公司和股份有限公司是企业法人。这就意味着,没有自己所有的独立财产,无自己的名称、场所和组织机构,不能独立承担经济责任的所谓“公司”,将难以得到法律的认可。

《公司法》一改过去公司以股东是法人或自然人、是公有制或非公有制来划分的旧制，明确规定以资本集合为基本分类、以责任形式而设立公司。同时，《公司法》支持不同经济性质的企业，都可以采用规范的公司形式，允许公司资本中可以包括多个投资主体和多种经济成分。这就为建立统一、规范的现代企业组织提供了重要法律保障。

公司的权利能力和行为能力亦在公司法中得到了鲜明体现。《公司法》规定：公司享有由股东投资形成的全部法人财产权，依法享有民事权利，承担民事责任。公司以其全部法人财产，依法自主经营，自负盈亏。同时，《公司法》还强调公司是以营利为目的的经济组织。从法律上肯定公司的经营性，其要旨在于确保公司的企业地位，避免那些所谓的挂名公司、实为具有行政管理权的行政性公司再度兴风。

此外，《公司法》还对公司的设立条件和组织机构进行了严格规范。《公司法》规定，公司必须是由两个以上股东共同出资经营的经济组织，具有严密的章程和实足的资本，依法履行注册登记手续。明确股东会是公司权力机构，董事会是公司经营决策机构，监事会是公司内部监督机构。这一方面使公司的生产经营活动有法可依，另一方面也避免了他人限制、侵犯公司权益的行为，同时还将有效地防止公司管理人员滥用权力以及股东危害公司利益的行为发生。

历史走到了今天，我国诸多的“四不像”公司终于可以摆脱窘态，一展愁眉，微笑地告别过去。放眼市场经济涌动的潮头，一批批生机盎然的现代公司已然跃跃欲出……

（1994.6.10）

点　评

《公司法》于1993年年底颁布并于1994年7月1日起正式施行，是建立社会主义市场经济体制的一部重要法律，意味着我国公司法律保护机制进入了一个崭新的阶段。然而，当时我国众多企业真正符合《公司法》要求的却屈指可数。究其原因，固然有千种万种，但对现代企业制度不了解，对《公司法》的立法原则、基本精神、具体规范内容不熟悉，恐怕是一个缘由。以“四不像”比喻当时的企业再恰当不过了，文章阐述了《公司法》颁布实施的积极意义，展望了“四不像”公司必将摆脱窘态走上现代化企业之路。

两岸同悲愤　严法慰亡灵

千岛湖事件始末

张　亚　毛　磊　范丽青　朱国贤

6 月 19 日，浙江省高级人民法院复核裁定，对抢劫犯、故意杀人犯吴黎宏、胡志瀚、余爱军判处死刑、剥夺政治权利终身，三犯随即被押赴刑场，执行枪决。

千岛湖事件落幕了。自 4 月 1 日以来，这起重大刑事案件从案发到审理，牵动着无数海峡两岸同胞的心。

（一）

1994 年 4 月 1 日清晨 8 时 5 分，浙江省淳安县公安局接到报案：千岛湖内有一艘失火游船！县委、县政府和公安机关立即调集消防中队、医务人员赶赴现场灭火救援。

同时展开的调查核实表明：这艘名为“海瑞”号的游船载有台胞旅游团，3 月 31 日离开安徽深渡到千岛湖，预定当晚于淳安县茶园镇毛竹源码头上岸。船上有 24 名台胞游客、2 名导游、6 名船员。

8 时 30 分，淳安县航管所的港监人员首先抵达现场，游船底舱浓烟滚滚，港监人员奋不顾身登上发烫的游船，使用船上的灭火器灭火。紧接着，2 辆消防车由渡轮载来，10 分钟后，消防人员控制住火势。但积水使船体倾斜，救援人员一边排水，一边将“海瑞”号拖到附近的轮渡码头，继续扑灭余火。

由于救援中在游船甲板及客舱未发现遇难者，省委、省政府要求迅速查找船上失踪人员。为此，淳安县出动 20 余艘船艇、千余人，对案发水域及附近 40 多公里的水面、山湾、岛屿进行搜寻，并通过有线广播要求湖区群众提供线索。驻浙空军出动了飞机，东海舰队也派人参加搜寻救援。

当“海瑞”号灭火降温后，为探明底舱情况，县公安局刑侦支队长刘勇健用毛巾捂着口鼻，冒着底舱冲出的刺鼻浊气，第一个下底舱勘查，发现有遇难者遗体。经排水清点，发现 32 名船上人员遗体都在底舱。

党中央、国务院领导对此事十分重视，对事件处理作了重要指示，要求认真处理好善后工作，迅速查明事故原因。国务院台办、公安部、交通部等部门也立即派员赶赴现场。海峡两岸关系协会根据浙江方面的报告，及时、主动地向台湾海基会通报了有关情况。

中共浙江省委书记李泽民、省长万学远接到游船失火报告后，当即调动有关人员奔赴千岛湖现场，并责成省有关部门和淳安、建德两地领导尽最大努力做好救援善后处理工作。副省长刘锡荣、省公安厅厅长斯大孝、杭州市市长王永明以及省台办、交通、旅游、民政等部门的领导，也相继赶到现场，迅速成立事故现场处理小组。

善后处理和案发原因的调查工作迅速进行着。

淳安县腾出县船厂的车间暂存遗体，两辆大卡车昼夜不停地从杭州运来冰块为遇难者遗体防腐降温。庄严肃穆的灵堂里，布满了悼念遇难者的条幅、挽联和鲜花，还有民政部门专门准备的香炉和三牲四果等祭品。

淳安县城建公司请来了40多个木匠师傅，选用最好的木料，连夜加工了32具棺材。公司党支部书记王山海忍受着亲生儿子也在“海瑞”号上遇难的巨大悲痛，到现场关照赶制棺材工作。这位普通工人、共产党员说：“痛失爱子放到谁身上都不好受，我相信政府会处理好一切事务的。”

4日，遇难台胞家属50余人赶到淳安县，与浙江省、杭州市的民政、旅游等有关部门共同协商处理善后事宜。刘锡荣副省长和海峡两岸关系协会副秘书长刘刚奇等前往台胞住宿处吊唁罹难者，慰问罹难者亲属。

经仔细核对及台胞家属的辨认，罹难台胞遗体得以认定。浙江方面请来杭州灵隐寺住持继云法师为遇难者做了法事，祭奠亡灵。经过耐心细致的沟通，4月6日下午，在台胞家属的护送下，遇难台胞的遗体运抵桐庐县殡仪馆火化，骨灰由家属携回台湾。自始至终参加处理遗体工作的台湾长风旅行社总经理林维扬先生说：“大陆事故处理部门已尽可能作了安排，我们大家尽人事随天意，但愿死者早日安息！”

千岛湖事件发生后，台湾岛内一些“高官”和政治人物，自4月2日开始便纷纷发表措辞强烈的指责，并以所谓“草菅人命”、“土匪”等词语进行恶毒攻击，将此变为政治事件。4月12日，台湾地区“陆委会”宣布“即日起暂时停止两岸文教交流活动”、“自5月1日起停止民众赴大陆旅游”。岛内“台独”势力也借机叫嚣，煽动“台湾独立”。

台湾当局的举动为两岸关系和两岸交流蒙上了阴影，引起海内外的关注。

4月12日，海协会常务副会长唐树备在北京会见了台湾海基会副秘书长石齐平，介绍了大陆方面从中央到地方高度重视、全力做好事件处理工作的情况。他重申，台湾同胞的生命财产安全在大陆是受到保障的，国家法律对台湾同胞、大陆同胞的保护一视同仁。千岛湖事件不可能也不应当影响两岸关系的发展，更不应当把它“政治化”，恶化来之不易的两岸关系。

（二）

由于“海瑞”号游船上的乘客及船员全部死难，案发时没有直接的目击证人，侦查工作的难度极大。面对这一复杂的重大案件，对人民具有高度责任心的公安干警和专家，开始了有条不紊的紧张调查。

30岁的淳安县公安局副局长余樟春是第一个抵达现场的公安人员，他在消防灭火一时无法接近游船时，就带着4艘公安摩托艇向四面水域搜索，当时就掌握了几项可作为判断大致事发时间和地点的线索。县公安局4月2日画出的“海瑞”号出事前后的行驶路线草图，事后在犯罪分子的口供中一一得到了证实。

杭州市公安局法医室主任丁宏4月1日深夜23时赶到现场。当时底舱尚有50厘米积水，水上水下都有尸体，为确定32名船上人员是否都已在船上遇难，丁宏等4名干警打着手电筒进入仅17.1平方米、高1.5米的底舱勘查，一直工作到凌晨4时。第二天清理遇难者遗体时，他们蹲在底舱，为遗体一一编号、拍照、录像，当时舱内的气味令人窒息，4个人汗如雨下，橡胶手套破损就直接用手搬，从12时到17时，将32具遗体全部清理出底舱。

4月2日晚，杭州市公安局抽调的14名法医对所有遗体进行了认真检验。

痕迹专家从底舱收集起36袋“炭灰”进行漂洗，对筛选出的物品作了缜密的技术鉴定。很快，法医作出了有关遗体一般情况的报告。尸检结论：遇难者进入底舱前并未死亡，死亡系窒息烧烤而致。

消防专家确认底舱入口处为起火点，有汽油助燃。船舶专家排除了因船及设备潜在缺陷引起火灾的可能。

痕迹专家经勘验发现，出入底舱的铁梯缺失，起火中心留有一只汽油桶，底舱口上方钢板上有猎枪霰弹击发所致的圆形状凹陷，底舱油柜有爆炸痕迹。

刑侦专家分析认为，船上人员极可能受暴力胁迫进入底舱，尔后被焚致死。

公安机关确定，这是一起有预谋、有准备的特大图财害命案，并正式立案侦查。党中央、国务院对此案高度重视，指示公安机关下最大决心，尽最大努力，尽快侦破此案。参加侦破工作的300多名干警抱着共同的决心：破案！抓获凶手对两岸同胞负责！许多人不眠不休，连续奋战了17个昼夜。负责侦破工作现场指挥的浙江省公安厅副厅长蔡扬蒙，从6日一到现场便投入侦查指挥，不曾离开现场一步。12日蔡扬蒙不慎滑了一跤，仅作了简单包扎就继续工作，直到案件侦破，他才到医院检查。医生大吃一惊：这位年近60岁的人，肋骨摔断2根，竟坚持工作7天不作任何处理。

公安干警经分析得出了此案三个犯罪的特征：其一，案犯一定要拥有水上交通工具才能够作案和逃离现场；其二，一个人难以作为，此案乃结伙作案；其三，案犯可能使用了威胁性武器，如枪支、炸药等。从而确定了侦查方向——从船只入手。

于是，一支由公安人员和干部群众组成的调查大军，昼夜不停地开展了全方位的大排查。据统计，淳安县37个乡镇和县级机关共出动4047名干部群众投入调查工作，出动车辆、船只396辆(艘)次，对全县573平方公里水面航行过的6000多艘各类船只一一过滤，访谈近10万人次，获得群众提供的有价值线索165条。

调查的线索逐渐集中到无证从事摩托艇营运的吴黎宏身上：案发当天吴黎宏买了3桶汽油，一号油桶一直未归还，型号规格与“海瑞”号上发现的油桶相似；案发前吴黎宏曾购买过民用炸药和猎枪子弹，并向他人借用猎枪；有目击者在3月31日下午见到吴黎宏驾驶摩托艇载其他两个人进湖；吴黎宏去年借贷了6万元购买大马力的摩托艇，今年6月还款期将到；有人举报，4月1日早晨，吴黎宏理过发，眉毛额发有被火灼焦的痕迹;吴黎宏在案发后曾声称要将摩托艇以3万元的低价抵押出去……

公安人员立即围绕吴黎宏的家庭、生活、交友、活动等情况逐一调查,很快又发现与吴交往甚密的胡志瀚、余爱军的一些可疑情况。公安机关果断决定:立即传唤嫌疑人。

4月15日下午及晚上先后传唤了余爱军、吴黎宏。第二天,又传唤了胡志瀚。

在确凿的证据面前,3名案犯低下了头。4月17日凌晨,余爱军、吴黎宏、胡志瀚先后交代了整个作案经过和作案动机,所谈细节与现场勘查得到的情况完全吻合。

根据3名案犯的交代,刑警连夜前往其窝赃处起赃,共起获摄像机、照相机、美元、台币、人民币、港币、手表、戒指、玉镯、项链等赃款赃物。犯罪分子作案用的摩托艇、猎枪、子弹、剩余炸药等也一一被缴获。

4月20日,吴黎宏、胡志瀚、余爱军被依法逮捕。6月3日,杭州市人民检察院向杭州市中级人民法院就千岛湖抢劫、故意杀人案提起公诉。

公安机关宣布破案后,海协会迅速向台湾海基会通报,并随后多次通报案情。4月18日,国务院总理李鹏发表谈话指出,千岛湖特大抢劫杀人案已经破案,案犯已被抓获,将按照司法程序严肃处理。

听到这些讯息,大多数台湾同胞感到宽慰。但台湾当局一些人仍在散布谣言,诬指大陆"掩盖真相",企图混淆海内外视听。

为维护两岸关系,让更多关心这一案件的人,尤其是台湾同胞了解事实真相,在不影响司法审理前提下,海协会3次发函邀海基会人员及专家来杭州听取办案专家介绍案件详情。5月8日,海基会副秘书长许惠带6位鉴识、刑侦专家和法医、律师以及7位罹难者家属抵达杭州。在4天时间里,海协会专家详细介绍了事件发生、现场救援、案件侦破的全过程,以及案犯供认的犯罪过程,回答了海基会专家提出的问题。海协会专家还陪同海基会一行前往千岛湖实地踏看了案发现场。海协会专家何挺在结束介绍案情活动时向记者表示,"如果持科学的、实事求是的态度,从专业的角度出发,他们应该像大陆破案部门一样,能够作出符合事实的判断"。

(三)

6月10日,杭州市中级人民法院开庭公开审理千岛湖抢劫、故意杀人案。庄严的法庭上,审判长、杭州市中级人民法院院长杨刚宣布开庭,被告人吴黎宏、胡志瀚、余爱军被带上审判台。

公诉人,杭州市人民检察院副检察长王基信等出庭支持公诉,并宣读了起诉书。有280多个座位的旁听席上,坐满了受害者家属和当地群众。开庭前,海协会还在6月2日、5日和8日3次专门通知台湾海基会,请他们转告台湾受害者家属派代表前来旁听。尽管海基会早已知道10日要公审,却一直不明确表示要派人来旁听。直到8日下午7时左右,海协会人员已经下班,才通知要派人来。海协会工作人员努力与有关方面联系，第二天上午即答复海基会，海基会人员可以个人身份前来旁听。但在案件审理过程中，一直未见他们来。法庭在宣判之后，委托到庭旁听的台湾长风旅行社总经理林维扬将判决书副本带回台湾转交受害者家属。

在法庭审理中，3名被告人分别供述了犯罪准备、作案过程、分赃过程。法庭宣读了有关证人证言，出示了大量物证、书证和其他有关罪证，7名证人和有关鉴定人出庭作证。3名被告人面对高悬的法律之剑，低下了罪恶的头，对自己的犯罪事实供认不讳。在他们的供述中，似乎那惨不忍睹和罪恶的一幕又"重现"了。

阴谋始于1993年9~10月。无证从事摩托艇营运的22岁的吴黎宏与自动离职职工胡志瀚为还债和挥霍，开始密谋抢劫他人钱财，此后又纠集了无证从事个体摩托艇营运的余爱军。他们多次策划抢劫的时间、地点、对象、手段及抢劫后沉船杀人灭迹的方案，并准备了猎枪、子弹、炸药、斧头、匕首等凶器和其他作案工具。

今年3月31日16时许，3人携带作案工具，从千岛湖镇西园码头乘摩托艇到湖中猴岛附近水域窥测目标，换上了事先准备好的作案服装。

17时30分许，湖上下起了毛毛雨，当开往毛竹源的"海瑞"号游船经过猴岛时，3人驾船尾随。到了阿慈岛附近水域，天黑了，雨越下越大，四下里没有其他过往船只。吴黎宏驾艇靠上"海瑞"号船尾右侧。余爱军和胡志瀚蒙面登上游船，此时约18时30分。余爱军手持猎枪冲到驾驶室，朝天开枪恐吓船员，将船员们赶入游船底舱。胡志瀚冲入中舱，一斧头剁在桌上，威胁游客："把钱拿出来，不伤害你们生命！"

吴黎宏拴好摩托艇后，端着猎枪冲上游船，并鸣枪威胁，在他们的威逼欺骗下，6名船员、2名导游先到底舱；游客也被诱逼陆续交出钱物后下到底舱，胡志瀚持斧头守住底舱出口。

尔后，吴黎宏驾驶摩托艇、余爱军驾驶游船开至预定的沉船地点——黄泥岭水域深水区。途中，他同胡志瀚一起把通往底舱的铁梯扔进湖中。

在黄泥岭水域，吴黎宏登上"海瑞"号，用铁丝把底舱门拧死，又同余爱军将劫得的钱、物转移到摩托艇上，3人便按预定沉船方案，打开游船上的消防栓，欲向底舱灌水，没有得逞。于是，吴黎宏向底舱投扔一包炸药，但未爆炸。此时，底舱的被害人意识到大祸临头，有的苦苦哀求放条生路，有的欲往上冲，有的往外扔压舱石。3名歹徒凶相毕露，向底舱连开数枪，又向底舱扔下两包炸药。爆炸声起，油柜边起火，吴黎宏从摩托艇上取来一桶汽油，向底舱倾倒。刹那间，大火喷出底舱，四散蔓延，燎着吴黎宏、余爱军的头发。歹徒扔掉已燃烧的汽油桶，仓皇驾艇逃离现场，途中将斧头、匕首和作案时所穿的服装等扔进湖中。当夜3名案犯逃到胡志瀚暂住处，对劫得的钱、物进行分赃。

吴黎宏、余爱军做贼心虚，次日一早，就到理发馆理发，削除了作案时被烧焦的头发。

3名歹徒自以为神鬼不知，法庭出具的大量证据却让他们大为吃惊。吴黎宏失声叫道："没想到有那么多证人哎！"

3名被告人在法庭审理的最后陈述中，均表示认罪服法和后悔莫及。吴黎宏说：

“我对不起死难者和他们的家属。”“到了今天,我已很后悔,但现在已没什么用了,只希望其他年轻人吸取教训。”胡志瀚则表示心里很懊悔,“唯一的要求是以死谢罪”。余爱军说:“接受人民的审判,是我罪有应得。”“这件事件我们自己负责,千万不要使台湾人民仇恨大陆人民”,“我想对遇难台胞家属说声对不起,我也对不起养育我的父母,对不起我的朋友”。

6月12日上午8时30分,杭州市中级人民法院宣布一审判决,以抢劫罪分别判处吴黎宏、胡志瀚、余爱军死刑,剥夺政治权利终身;以故意杀人罪分别判处吴黎宏、胡志瀚、余爱军死刑,剥夺政治权利终身;两罪并罚,决定分别对吴黎宏、胡志瀚、余爱军执行死刑,剥夺政治权利终身。

天网恢恢,疏而不漏。依照法律,3名罪犯伏法,被处以极刑,死难的两岸同胞可以瞑目了。对罹难台胞的赔偿问题,有关保险公司也已做好了准备,按规定加以处理。这一两岸交流开展以来最大的涉台刑事案件,从善后处理到迅速破案、依法惩凶,无不体现了国家重视人民的各项合法权益,努力健全法制,维护人民生命财产安全。

然而,千岛湖事件的风风雨雨也使人们看到,在海峡两岸之间,由于长期隔阂和社会制度的差异,在看待一些问题的观念和处理方式上存有差异,因观念和处理方式的不同引起的误解也肯定会存在。两岸的有识之士都认为,应该通过进一步扩大交流,加强沟通来更快地增进相互了解和理解。在处理事涉两岸的具体事务时,务必从两岸关系的大局出发,本着维护两岸人民根本利益、务实客观、实事求是的态度,面对问题,解决问题。要防止有人存心借题发挥,破坏两岸关系。正如台湾一些媒体了解真相后指出的那样:“千岛湖案无论案情如何复杂,终究是一件刑事案件,以此否定大陆既存在的社会价值,甚至否定对整个中国的血缘感情,是一项严重的错误。”

应当指出,台湾当局的某些人以及少数“台独”分子,在千岛湖事件真相已经大白、案犯已经伏法的今天,还在胡说什么这还是一件“悬案”。看来,极少数人还想利用这个不幸的事件来阻挠和破坏两岸关系。但是,这终究是徒劳的。千岛湖事件是偶发的,产生的消极影响是暂时的,两岸关系的日益密切则是必然的,这是大势所趋。历史终将证明这一点。

(1994.6.20)

点　评

这是一起特别重大的恶性刑事案件,由于事关两岸关系,引发广泛关注。作品全面报道了千岛湖事件的发生、现场救援、案件侦破、案件审理过程,以及善后处理工作,对台湾当局某些人以及少数“台独”分子利用这起偶发刑事案件借题发挥,妄图阻挠、破坏两岸关系的图谋,给予了有力回击。

通过这起案件,可以看到两岸交流的重要性,只有通过进一步扩大交流,增进相互了解和理解,在处理两岸事务时才能从两岸关系大局出发,面对问题,解决问题。

“打的”贵过坐飞机

那日苏

“打的”10 分钟，行驶 6 公里，收费 518 元，这刀宰得好狠。

9 月 17 日中午，北京火车站站前停车场。记者亲历了一场外地人乘出租车被“狠宰一刀”的全过程：

13 时 40 分，记者扮成刚下火车的外地人，来到站前广场东侧，几个司机模样的人迎上来揽活：“要出租车吗？”记者表示去首都机场，并称要赶 3 时 30 分飞大连的航班。一光膀子中年汉子拉住记者：“我送您去机场，按计价器收费包您满意！”随后，他让记者上了一辆黄色拉达车。记者刚刚坐到后排座，随即上来一戴墨镜的男子紧贴记者坐到了右侧，“光膀子”坐到前排副驾驶座上，一个壮汉坐到方向盘后。车门一关，“光膀子”喊声：“快开车！人家要赶飞机。”车开后记者问：你们 3 个都是司机？答：“对，我们是一个出租车公司的，单位就在机场，我们一起回去开会。”

车开出站前停车场后向东行驶约半公里转向南驶去（首都机场在东北方向）。记者问：车往哪儿开？“光膀子”：去首都机场，走高速公路。车开 10 分钟后到东三环南路潘家园停车。此处公路基本是全封闭公路，两侧铁栅栏与人行道隔开，而且行人很少。从开车到停车的 10 分钟内，“光膀子”、“墨镜”极热情：天气真热、您从哪来、干什么工作、上哪儿去，等等，而且还给记者敬烟点烟。而车一停，脸却骤变：“首都机场有好几个，我们要回南边儿的机场，你在这儿下车吧，你说的首都机场离这还有四五里地，自己去吧（实际还有 30 公里）。快点交钱，518 元，别他妈废话！”问：“不是按计价器算吗（计价器显示 15 元）？为什么这么多钱？”答：“去机场按包车算，280 元，返程费、调度费、市容费，北京就是这规矩，快拿钱！少交一分钱就别想下车！”不交钱确实下不了车：左侧车门从里面打不开，右侧有“墨镜”堵着（后来才知道右侧车门从里面也打不开）。与其说上了出租车不如说上了囚车！记者提了一个条件：钱可以交，但得开发票。“光膀子”骂骂咧咧开了发票（经查是假发票）。“光膀子”收了钱下车从外面开了右侧后车门，记者下车后见右侧前后两车门大开成直角，车门上印的单位、编号看不到，“光膀子”和“墨镜”并排挡住记者不许到车前部看车牌号，随后两人迅即上车，汽车疾速窜了出去，驶出 50 多米远右侧前后车门一直大开着，但仍看不到车门上的编号，而车尾也没有车牌号！

行车 10 分钟、6 公里，被宰了 518 元。如果真是外地人，如果真要乘 3 时 30 分去大连的飞机，恐怕这一刀“白宰”了。但记者有备而来，已全部录音，发票已到手。半小时后，放下提包等“道具”，记者又赶回北京站前停车场。“光膀子”正叼着香烟与几个人眉飞色舞讲着呢！记者立刻向北京铁路公安处北京站公安段求援，两名警察将“光膀子”抓获。

北京站前地区管理处负责人介绍，虽经多次打击，北京站前个别出租车司机专门欺诈勒索外地乘客的事件仍时有发生。曾有外地乘客打出租车到光华路（不到4公里）被强索1700元，类似的事件每月都有数起投诉的。但也有不少外地人不投诉或记不清车牌号等无法追查。这位负责人说，除北京站地区需加强管理加大打击力度，也需提醒外地乘客增加自我保护意识，打出租车要到站前国营出租车调度站，没有车牌的、1名以上司机的车不要乘坐。乘出租车要记清车牌号或车门上的出租车单位、编号，交费以计价器为准，要开发票。被欺诈后要立即到站前综合治理办公室或北京出租车管理部门举报……

9月18日下午，记者又在北京站前广场发现，3辆无车尾车牌的出租车在揽活儿；9月18日晚22时许，记者看到了7辆无车牌或车牌号码不全的出租车，不少司机在与外地乘客讲价钱……

（1994.10.15）

点 评

出租车“宰客”曾是北京站的顽疾。“宰客”司机依仗人多势众，甚至买通管理者，抓住车站旅客赶时间、人单力孤的心理，“宰客”没商量，可谓“刀刀见血”。记者亲身体验，还原细节，引起关注，推动了对这一顽疾的整治。

从“逼上梁山”到“反弹琵琶”

推倒南墙后的北大

储皖中

1993 年 3 月,北京大学的南墙被推倒,隆隆的推土机声震动了海内外;1 年后的今天,在昔日的废墟上,5 座古朴典雅、豪华气派、中西合璧的商业建筑拔地而起。坐北向南、并排矗立,与南面的商业店铺构成一条自西而东逶迤 600 余米、总面积为 25,000 平方米的商业街。

围绕着推倒南墙的争论已成过去。当时激烈的反对推墙的一位老教授,拄着拐杖来到新商业街,连声赞叹:“真是太美了,没想到哇!”

昔日南墙外高矮不齐、杂乱无章的店铺已不见踪影,5 座商业建筑按不同的功能,分为资源东楼、资源西楼、综合服务楼、精品楼和餐饮楼。其中两栋楼的一层已经交付使用。5 座商业大楼的建成,标志着“南街工程”基本完成。5 座大楼将全部招商出租。

南街招商工作一开始就门庭若市,迄今为止,海内外已有 80 多家企业准备到这里开设分支机构。其中除了海科集团、紫光集团、时代集团等企业大户,还有一些刚刚崭露头角的未来科技企业之星。

南街工程只是北京大学宏伟的高科技园区建设计划的前奏。“高科技园区”计划的基本内容是:环绕北大校园,建设一系列科研场所,即以南街工程形成的科技市场一条街为纽带,以燕园科技城为中心,北有生物工程大厦,西有燕园科技教育中心,荟萃各路精英,形成一个孵化高科技企业的“巨巢”。

这表明,北京大学已走出单纯教学的框框,毅然“下海”与市场经济结缘。

实际上,北大人“下海”并不始于推倒南墙。早在 1992 年 7 月,北大的一些部门就办起了经营性公司,学校还特别成立了专门管理各种经营活动的学校产业管理办公室。现在,北大有各类公司 40 个,8 个校、系办工厂,职工近千人。其中方正集团、北大生物工程公司、方圆集团,异军突起,高歌猛进,不仅在全国的校办产业中,而且在科技企业中也成为耀眼的明星。

谈到北大产业的飞速发展,北大党委书记任彦申用了“逼上梁山”和“反弹琵琶”两个比喻。

办学经费严重不足,高校患了“贫血症”,是中国所有大学校长深感头痛的问题,北大也不例外。任彦申书记为我们算了一笔账:去年国家给北大拨的教育经费是 7000 万元,基建经费 2000 万元,加起来不到 1 亿元,而北大维持正常运转的经费需要 1.4 亿元,光人头费就需要 7000 万元,单纯依赖国家,日子过得肯定捉襟见肘。

学校校产办公室主任李平方向我们抖落了一下北大的家底:全校师生员工近2万人,只有一个浴室,洗澡得排一两个小时的队;全校只有6个学生食堂,每次吃饭都是一场争先恐后的“战斗”;图书馆阅览室只有1000多个座位,平均10多个学生才摊到一个,图书馆每年进新书要花600万元,这笔经费无着落,只好不进新书;教室日夜的使用率在100%,从来没有空着的时候……

教师的住房更是紧张,结婚多年还住筒子楼并不少见;两代人同居一室,更比比皆是。“我们对老师们欠账太多”,任彦申书记动情地说,“我们不能要求所有的人安贫乐道,教师们过于寒酸,知识的价值如何体现?还有谁愿意再执教鞭?”

近年来,北大的人才流失率每年都在10%以上,而且都是有所作为的中青年人。教师队伍不稳定,教学设备陈旧,实验条件简陋,提高教学和科研水平只能是句空话。

与世界上的一些大学比较,北大的办学经费短缺就显得更加突出:哈佛大学每年办学经费为40亿美元,剑桥20亿英镑,香港中文大学10亿港币。

北大的目标是在20世纪末办成世界一流大学,巧妇难做无米粥,为之奈何?

穷则思变。任彦申书记提出了“反弹琵琶”的新思路:与其等米下锅,不如找米下锅,充分利用北大自身的人才、科技、地理优势,走向市场,把校园周围建成以高新技术为主、第三产业为辅的文化市场街、商业街,既美化了市容,又能产生可观的经济效益,以商业养学业,用产业的经济收入发展学校的教学科研,使教职员工在事业上有用武之地,生活上无后顾之忧。

北大推倒南墙,打破了单纯依靠政府办学、躺在国家身上要经费的模式,打破了高校闭关自守、与世隔绝的状态,走上了一条自我发展、自我更新的道路。

“下海”,北大人就尝到了甜头。去年北大校办产业突破10个亿,利润1.5亿元,支持学校办学经费3700万元。北大的办学条件得到改善,人才“失血症”得到了遏制。

采访结束时,任彦申书记告诉记者:“如今北大人心定、军心稳,北大的明天会更好!”

(1994.11.16)

点　评　曾几何时,为了解决制约学校发展的经费问题,北京大学在质疑声中勇敢地推倒南墙,走产学研发展之路,取得了成功。其实,北京大学推倒的岂止是物理的南墙,推倒的还是学术的围墙,更是各种有形无形的围墙,开放办学,融入社会。

“谢谢老师！”

中央领导同志参加法律知识讲座侧记

阎　军

12 月 9 日，阳光明媚。

上午，在党和国家领导人议事的重要场所中南海怀仁堂，举行了一次具有特殊意义的讲座——由华东政法学院国际法系主任、教授曹建明为中央领导同志讲授法律知识。

这次讲座是中央根据司法部党组的建议而安排的。中央书记处书记、中央政法委员会书记任建新同志十分重视办好这次讲座，过问并多次作重要指示；司法部党组作了具体准备和精心安排，确定第一讲的题目为“国际商贸法律制度及关贸总协定”；中央办公厅也为此次活动作了认真的安排。

9 日上午，国务委员彭珮云和中央办公厅主任曾庆红早早来到了怀仁堂，曾庆红同志热情地向曹建明教授表示欢迎。他怕曹建明紧张，便一再鼓励道：“你要放开讲，我们都是学生，你是老师，你要像老师对学生那样。”

接着，政治局常委江泽民、乔石、李瑞环、刘华清、胡锦涛同志与中共中央政治局、书记处和国务院的领导同志先后进入怀仁堂，在自己的座位上坐好。

乔石同志落座时，对坐在身旁的刘华清说：“当学生，我是积极的！”刘华清同志接着说：“我比你来得还早！”乔石同志风趣地说：“向解放军同志学习。”

课堂设在怀仁堂正厅，呈“圆桌会议”型。讲座主持人由江泽民总书记亲自担任。身为主讲人的曹建明面对总书记落座。其他学生分左右两侧入座，每个人面前都摆有一份简明的讲稿，老师、学生同桌而坐，气氛亲切而自然。

9 点整，讲座正式开始，江总书记在 5 分钟的主持词中说，举办这次法制讲座的目的是推进社会主义市场经济体制的建立，进一步调动全国人民学法守法的积极性，加快我国的社会主义法制建设。江泽民同志强调，依法管理各项事业，是写入我们党章总纲和国家宪法的，作为管理国家各项事业的各级领导干部必须努力学习和掌握必要的法律知识。总书记讲完话后微笑地邀请曹建明教授开始讲课。

年仅 39 岁、3 年前被破格评为法学教授的曹建明毫不紧张，侃侃而谈，分 4 个部分讲授了“国际商贸法律制度与关贸协定”的课题。

曹建明教授是华东政法学院年青一代教师的优秀代表，他既从事法律教学，又坚持法律实践。他是一名律师，还在法学界担任了多项职务。近年来，他主编和参加编写的法学著作有 19 部，在国内外报刊上发表的学术论文有 190 多篇。他曾是上海市 1986 年至 1994 年社科优秀著作一等奖中法学方面著作的唯一获得者。为了讲好这次法律知识课,曹建明曾多次试讲,听取各方面的意见,进行了充分的准备。曹教授准确无误地在一个半小时内完成了预定的讲授内容,同时作为一名专家,在最后提出了自己的思考和建议。

江总书记听完了全部课程后,向曹教授提出了一个有关关贸总协定的法律问题。曹教授认真地进行了解说,坦率地表述了自己的看法。

乔石同志插话说,坚持对外开放,加强国际经济交往,有利于促进和保护民族工业的发展。

江总书记建议曹教授从国际法的角度多研究研究如何运用法律手段,提高参与国际竞争的能力,促进我国的经济发展。

李瑞环同志说,今天的课讲得很好,他建议以后多搞点通俗读本,并编成问答式的,向更多的人普及。他认为,参加决策的人,应该更多地学习法律知识。他说,这件事应当由一个部门来负责。这时,江总书记和乔石委员长笑着指了指司法部部长肖扬说,这件事是司法部负责的。接着,江总书记强调,我也赞成搞一些通俗读本,让更多的干部都懂得法律,这方面要不断加强。

自由发言持续了半个多小时。最后,在江总书记的提议下,学生们以热烈的掌声向老师表示了谢意。

下课时,当曹建明同志低头忙着整理自己的讲稿时,有人悄悄告诉他,江总书记还在等着向他致谢。曹建明忙抬起头来。这时。江总书记已站着等候了一会儿了,看到曹建明整理完毕,便向他走来。曹建明激动地迎上前去。江总书记紧紧握住他的手,连声说:“谢谢老师!”这时,胡锦涛同志也走了过来,握着曹建明教授的手向他表示感谢。

事后,曹教授对记者说,中央领导同志如此重视法制建设,带头学习法律知识,可见中央坚持改革开放,推进社会主义民主法制建设的决心。 (1994.12.10)

点 评

这篇文章犹如一部纪录片,真实再现了在中南海怀仁堂举办的首次法制讲座的情景。中央领导同志专门听取法律知识讲座,是由司法部建议并经中央批准同意的,此后形成了制度。担任首次讲座的老师曹建明同志后来担任了最高人民检察院检察长、全国人大常委会副委员长。

当时中央领导同志听取法制讲座的目的是“推进社会主义市场经济体制的建立,进一步调动全国人民学法守法的积极性,加快我国的社会主义法制建设”。在中央的示范带动下,当今法治已经成为我们治国理政的方式、人们生活不可或缺的一部分。

“一票”否掉59块匾

蒋　德　史国瑛

最近,江苏省常州市综合治理委员会运用“一票否决”权,否决了59个单位的市、县文明单位称号,另有33个文明单位被限期整改。

这次被否决的59个单位中,既有老资格的省级文明单位,也有连续多年获得市、县文明单位标兵或文明单位称号的单位;既有国有大中型骨干企业,也有集体企业和乡镇企事业单位,有的还是地方的利税大户。例如,常州国光电子总公司是国内较有名气的计算机终端设备生产厂家,不但企业效益好、贡献大,而且历年都被评为文明单位。但是,去年这个公司常驻西安办事处发生一起经销人员挪用销售款130万元的重大案件,使这个单位在常州1994年度市、县文明单位评比中“名落孙山”。多年被评为文明单位的常州随车工具厂和武进县国贸公司第一商场也都分别因发生被盗51万元现金、有价证券和价值22万元黄金首饰的特大案件而被否决落榜。

引人注目的是,在59家文明单位被否决的同时,一些曾因相似原因失去过文明单位称号的企事业单位重新登上了光荣榜。例如,常州最大的商业企业市百货大楼,曾因发生大火被取消了1993年度文明单位资格。去年,这家商店在有关部门帮助下,认真总结经验教训,先后投资400余万元进行安全和治安方面的整改,从而以过硬的成绩重新进入市文明单位行列。

一些单位被否决,一些单位重新上榜,这一情况在报上公布后引起常州市各方面的强烈反响,其中已被否决的59个单位和限期整改的33个单位最为强烈。许多单位领导感到了切肤之痛:“再不能轻视综合治理了。”

(1995.5.31)

点　评　推动综治工作一个十分重要的手段就是综治“一票否决”权,但是很多地方对动用“一票否决”慎重有余,让这一手段成了“没有牙的老虎”。常州这次运用“一票否决”权否决59个单位,让“老虎”有了牙、生了威,值得点赞。而且,标题言简意赅,一语中的。

拿什么奉献给你，养育我的厚土

记浙江省宁波市鄞县古林镇法律服务所副主任任伟雪

李　芮

夜色漆黑,海面浓黑。一艘客轮在上海港外抛锚了。

船舱里,一位娇小的江南女子急得坐卧不宁:“赶不及了！无论如何赶不及了!”

她在心里默默计算:待轮船起锚,从上海开到宁波,再搭车赶到十几公里外的市郊高桥镇湖西村父母家,什么都晚了!

“爹爹呀,女儿真是对不起你老人家!”

父亲去世时,自己在宁波办案,没有守在老人身边;这次“五七”大祭——在浙江农村是件大事哩——自己在上海办案,又赶不回去。焦急、伤心、愧疚……千种情思搅得她五内俱焚,一个年轻女子,唯一的办法就是流泪,眼泪扑簌簌地成串滴落。

人们都说她是女强人。自从走上法律服务这个岗位,她风里来雨里去,不知克服了多少困难,总算打开了局面。企业里活跃着她的身影,法庭上唇枪舌剑不让须眉,民事调解中她和当事人促膝深谈……她的名声大了,找她代理案件的人多了,人们对这个小女子刮目相看,都说她是女强人。女强人怎么啦！女强人也是人,就不能哭一哭吗!

她在船舱里待不住,就到甲板上,任海风拂着满脸泪痕,望眼欲穿地遥望家乡,似乎又看到父亲那衰老的面容。父亲给了她那么多,自己却无以回报。

1963 年 12 月,浙江省宁波市鄞县高桥镇湖西村的任家,第六个孩子降生了。这是个小女儿,父母为她取名“伟雪”。居住山区,世代务农,家境本来就十分贫寒,又添了一张小嘴巴,生活就更难以维持。沉重的生活担子,过早地摧垮了父亲的身体;穷人的孩子早当家,伟雪的三个哥哥、两个姐姐中,只有一个哥哥念过初中,其他的只念完小学,就下田给父母当了帮手。

偏偏这个最小的女儿从小聪明伶俐,又十分好学上进。老父亲拖着病弱的身体不停地劳作,想让小女儿多读些书。谁知屋漏偏逢连夜雨,任伟雪刚考上高中,父亲就病倒了。做完胆结石大手术的老人,躺在病床上虚弱不堪。他挣扎着拉住女儿的手,气若游丝地说:“伟雪,爸爸不要紧,几天就会好的。你好好读书。我知道你愿意读书,我一定让你读大学。”

……

父亲那惨白的病容、纵横交错的皱纹和这贴心的话语,伴和着泪水,永远铭刻在了任伟雪的心头。

可是此刻,父亲的丧事自己却不能尽点孝!任伟雪心头在滴血。

1987 年 1 月,一个偶然的机会,她当上了法律服务工作者。对于她,这是个陌生的领域,但她也深知法律服务的重要性。这个要强的女子拼命钻进去,一边寻找一切机会学习,一边在办案实践中提高。1988 年她代理第一起经济案件,鄞县望春物资供应公司诉上海某公司拖欠 10 万元货款,她是原告代理人。10 万元,在那时简直是个天文数字!她心里有点紧张,就请教当法官的丈夫。到上海开庭,她依照有关法律,理直气壮地打赢了这场官司。

她觉得自己开始进入了角色;她的名声也传开了,很多企业厂家找上门来请她担任法律顾问。局面打开了。8 年的奋斗,如今,她已是鄞县古林镇法律服务所的副主任,担任了 18 家企事业单位的法律顾问。这些年,她每年平均担任法律顾问 11 家,业务收费共 15 万元,为当事人挽回经济损失共 240 万元,避免经济损失 450 万元。

可是她付出的,却无法用金钱计算。

她不知流过多少汗、洒过多少泪,她不知跑过多少路、费过多少唇舌。为了做好法律服务工作和法制宣传工作,她得整天从早到晚不停地说话,声带长了息肉。1990 年第一次做手术,医生说起码得休息两个月,她却惦记着手头一大堆案子,出院第二天就出庭了。1992 年,她不得不做第二次声带息肉切除术。这一次,医生发出“最后通牒”:“你再也不能干这个工作了。再这样整天说话,将来的结果就是失音!”可是她不能不对医生的忠告表示抱歉——无论是为企业作法律顾问,还是代理诉讼;无论是调解民事纠纷,还是出庭辩护,她都不得不说个不停。她哑着嗓子,照样奔波,照样不厌其详地把法律带给养育她的这块土地。刚见到她的人往往感到奇怪——这么个娇小玲珑的江南女子,长得皮肤白皙、眉目清秀,怎么一开口是一副大哑嗓!

对这些,她毫不在意。可是对耄耋之年的父母、对自己的丈夫,特别是对自己的儿子,她却感到深深的愧疚。

1990 年父亲患了胃癌。住院半年,任伟雪却无法放下手头的案子去护理疼爱自己的父亲。虽然有姐姐和嫂嫂们帮助,还是把年近 70 的老母亲累得够呛。任伟雪抚着妈妈满头银丝,潸然泪下。那一阵子,鄞县的乡镇企业像全国一样,发展势头很猛,经济纠纷也大量出现。大部分案子都与外地有牵连,出差成了家常便饭。一头是养育自己的亲人,一头是事业,任伟雪好难啊!慈母却说:“你去忙工作吧,这里不用惦记。”父亲去世,她正在宁波办案,听到噩耗,心急如焚地赶回家,已经是第二天了。她扑倒在遗体上痛哭,深感对不起父亲。哥哥姐姐们劝道:“你在外面工作,赶不回来,怎么能怪你。”她的丈夫项宇龙替她尽孝,为死者守护了三天三夜。

家人的支持,使任伟雪无后顾之忧,可以放开手脚去工作。可是这份情,她却无论如何也偿还不了。

想起对自己孩子的歉疚,她更是心如刀绞。

1989 年 5 月底,从宁波开出的列车里闷热如笼。一位医生看到对面坐着个年轻孕妇,挺着大肚子,身子十分笨重。他很内行地看出,这女人即将临产。北行的列车向江苏省无锡市开去。6 个多小时的颠簸,一般人都感到疲劳不堪,那孕妇更显得精神委顿。医生看到她旁边坐着两个年轻人,以为其中哪一个是她丈夫呢,便忍不住发了话:“你这当丈夫的也太不负责任了,她这么大的肚子还在外面跑,很危险啊!”

这年轻孕妇就是任伟雪。其实同行者是她代理案子的当事人。听到医生的忠告,任伟雪微微一笑,也没有分辩——她正在利用火车上这六七个小时,再仔细推敲这起经济纠纷。此行她是替当地一家乡镇企业催讨一笔货款,原告的企业已经关闭,诉讼时效也已经过期,但是这数万元款子,对于并不富裕的乡镇,是一笔不小的数目,该怎么办呢?只有进行非诉讼调解。她顾不上浑身酸痛,开始以法律服务所的名义打调解书的腹稿。

1 个月后,任伟雪的儿子降生了。

这是个 8 斤重的小家伙,浓眉大眼,长得十分像他的父亲。婴儿偎在妈妈怀里,衔着奶头,咕咚咕咚吃得好香甜啊。任伟雪爱不够,亲不够:“吃吧,吃得饱饱的,长得快快的!”她奶水足,刚满月,小家伙就吃得两颊像红苹果似的。一天晚上,全家人围着婴儿,正逗得开心,忽然风风火火闯进几个人:“伟雪,那起案子,要在湖北孝感开庭了!”

任伟雪定睛一看,来人是她担任法律顾问的鄞县望春物资供应公司的杜经理。这家公司曾向湖北孝感某公司购买了一批价值 15 万元的铝锭,验收发现是假货。这家公司急得不得了,委托任伟雪代理诉讼,要追回货款。现在接到通知,法院马上要开庭审理。

任伟雪一听也急了:“走,咱们立即去湖北。”

她刚要起身,忽然发现不对劲——自己怀里还抱着软软的一块肉呢!婴儿衔着奶头,甜梦正酣。

她呆住了。这一去,不是三天两日能解决的,刚满月的婴儿怎么离得开娘呢?不,不能丢下孩子!她本能地抱紧了怀里的婴儿。可是当她扫一眼焦灼不安的杜经理时,心中又是一紧——15 万元呀!如果自己不去出庭,这一大笔货款说不定就要泡汤,企业的损失太大了!自己是法律工作者,怎么能因为个人的一点困难使企业受损、使法律的尊严受损呢!

她小心翼翼地从婴儿嘴里拽出了奶头。孩子骤然失去香甜的乳汁,哇地大哭起来。任伟雪的眼泪再也忍不住了,像断线的珍珠一样扑簌簌地滴落。

公婆看出了她的心思,默默地摇头:“丢下吃奶的孩子,你会后悔的。”

丈夫项宇龙挺身而出:“伟雪,你放心去吧。我来给孩子喂奶粉。”

她怎么能放心哟!孩子是母亲的连心肉,何况他才这么小!任伟雪狠狠心走出家门,迈着产后虚弱的双腿上了路。婴儿的啼哭声久久地响在她的耳畔……

想不到的麻烦还在后面呢。8 月的湖北,素有“火炉”之称,火车上闷热难耐。任伟雪的奶胀得厉害,乳汁哗哗地流个不停,衬衣前胸全被浸湿,黏糊糊的。火车上众目睽睽,擦没法擦,洗没法洗,弄不好,发了炎还会生乳疮。这份罪算是受大了!

邻座一位农村妇女,怀里抱着个婴儿。任伟雪看着看着,想起自己的小宝宝。她痴痴地走过去,解开怀就要喂那个婴儿,被人家妈妈婉言谢绝了。她只能任奶水流啊流,任泪水流啊流……

赶到孝感,没法开庭——被告方厂长跑掉了。按理说,法院可以推托,可以延期。可是当审判员们看到任伟雪吃的苦,十分感动:“女同志干这行真辛苦啊!”他们马上寻找被告方,尽快开庭审理,终于为原告方追回了全部货款。

任伟雪急匆匆赶回家,丈夫正在为孩子冲奶粉、调奶糕。她心疼地搂住儿子——来回折腾这10多天,自己已经没奶了。她的泪水怎么也忍不住,一滴一滴落在孩子脸上。

她暗下决心,以后一定要把欠孩子的补偿回来。

可是谈何容易!由于她工作出色,企业聘请她担任法律顾问的越来越多,找她代理诉讼的也越来越多。她工作越来越忙,出差越来越勤,越来越没时间照顾孩子了。丈夫项宇龙是鄞县望春法庭的审判员,也常常出差办案。每天早上,任伟雪送6岁的小倜俊到幼儿园——他又是第一名。妈妈将他丢给值班阿姨,匆匆上班去了,爸爸也骑摩托走了。晚上,所有的小朋友都被接走,小倜俊往往是最后一个。回到家里,爸爸妈妈还是忙个不停,不是看案卷,就是翻法规,还常常有人上门来找妈妈咨询法律问题。小倜俊懂事极了,一个人悄悄地玩耍,从来不麻烦大人。

一次丈夫出差,孩子发起高烧来。自己第二天也要出差办案,这可怎么办呀!任伟雪抱着烧得迷迷糊糊的孩子,泪如雨下。她打个电话给公婆,把两位老人连夜请来,第二天,她还是出差上路了。

去年,任伟雪在省政法干部管理学院学习,一连两个星期没顾得上回家。那天晚上,她坐了4个小时火车从杭州赶回家中,孩子已经睡熟。她捧着买来的玩具,兴冲冲地叫醒儿子。小倜俊揉揉睡眼,怔怔地看着她。突然一声不响地翻身躺倒。

“倜俊,妈妈回来啦,怎么不叫妈妈?”

“你不是出差就是学习,总也不管我,我不理你了!”

似万箭攒心!孩子啊,不是妈妈不疼你,妈妈实在是身不由己!你在妈妈心中的分量重,可是,妈妈不属于你一个人,妈妈属于养育我们的这块厚土!

……

为人子,为人妻,为人母,任伟雪心中充满了歉疚——她欠父母的,欠丈夫的,欠儿子的,欠得实在太多太多。一个年轻女人,为了事业,为了神圣的法律,奉献了她所能奉献的一切!

(1995.9.11)

点　评　这篇通讯描述了一位人民调解员工作生活,情真意切,感人至深。作者深入生活,作品有血有肉,把普通人民调解员的内心世界,刻画得入木三分。

“烟草大国”响春雷　“头号杀手”遇法网

北京率先立法禁烟

娄禾文

12 月 21 日下午，京郊雁栖湖畔的一间大会议室内，北京市第十届人大常委会第 23 次会议开始进行表决议程。

与会委员神色凝重，庄严地举起双手——至此，我国第一部地方性禁烟法规《北京市公共场所禁止吸烟的规定》正式出台。

该规定昭示：自 1996 年 5 月 15 日起，凡是在北京医疗机构；托儿所、幼儿园；中、小学校以及各类学校的教学场所；会议室；影剧院、音乐厅、录像厅（室）、体育馆、展览馆、博物馆、美术馆、图书馆（室）、科技馆、档案馆、少年宫、商店、金融业、邮电业的营业厅、公共交通工具内、等候室、售票厅等以及人民政府确定的其他禁止吸烟的公共场所吸烟的，则将受到处罚。

这，不再是一单纯的善意提醒，明确的法律规范已经认定：在公共场所吸烟，系侵犯他人权利且违反社会公德，不受法律保护。

“头号杀手”岂能逍遥法外

据近日世界卫生组织报道，有 90% 左右的肺癌、75% 左右的慢性阻塞性肺部疾患及 25% 左右的冠心病，都与吸烟有关。全球每年大约有 300 万人青烟裹尸、命赴黄泉。

以美国为例：该国每年因吸烟而患病弃世者达 40 万之众，较其第二次世界大战和越战中阵亡的人数之和还多。

在我国，早在 1988 年由于吸烟导致死亡的竟达 116.7 万人。烟草同核战、饥荒和瘟疫一般危害着人类，成为当今社会的“头号杀手”。遗憾的是，至今这一“杀手”仍在逍遥法外。目前，全球烟民已逾 10 亿人，每年吸掉香烟 5 万亿支。倘若将这 10 亿个“烟囱”聚集一起，那毒雾之害可想而知。

烟毒不仅使受害者被疾病所折磨，而且给家庭和社会带来了沉重负担。尽管烟草能给一个国家带来丰厚的税利，但它同时也带来诸如疾病、社会公害等巨大灾难。因此，在烟草带来的税收和烟毒带来的损失之间，许多国家政府已经开始采取措施，实施禁烟。希腊政府规定，在任何公共场所的室内吸烟都是犯罪行为；加拿大政府开展了全国性“无烟星期三”活动；美国已有 30 个州建立了禁烟法规；在马来西亚，只有不吸烟的人才有资格申请国家低息商业贷款……

一言以蔽之,禁烟已是全球大势所趋!

“烟草大国”桂冠应是耻辱

中华人民共和国成立45年来,我国人口已增长了1.47倍,而卷烟的零售量却增加了11.5倍。特别是80年代以后,我国烟草工业年产量和年销售量都跃居世界第一。君不见,从刚刚懂事的儿童到各类成人男女,3亿多“烟民”使我国一举成为“烟草大国”。然而,这“烟草大国”的称号就不是一种耻辱?

不知从何时起,吸烟竟成了男人的风度,女士的时髦,以及青少年“成熟”的标志。“文不通靠烟通”、“饭后一支烟,赛过活神仙”,“瘾君子”们已走进了观念误区。仅仅靠限吸、禁吸是难以奏效的,人们开始认识到立法禁烟的必要性。

当1988年第一个“世界无烟日”到来之际,全国政协委员、北京朝阳医院名誉院长翁心植在人大小组会上慷慨陈词:“为了中华民族的昌盛,必须大力提倡戒烟。”他的发言赢得了与会委员们的一致赞同。

同年4月6日,全国人大代表朱思明又与32名人大代表联名,向正在召开的第七届全国人大第一次会议提出议案,要求制定严禁在公共场所吸烟的法规。

8年过去了,如今,全国已有武汉、沈阳、上海等9个城市颁布了禁止在公共场所吸烟的规定,但这只是政府的行政规定,禁烟还没有得到立法机关的认同。

雁栖湖畔禁烟声声

1995年12月19日,北京市第十届人大第二十三次会议召开,63名委员就《北京市公共场所禁止吸烟的规定(草案)》展开了热烈讨论。

吴守伦委员在提议中指出:“吸烟有害健康,限制吸烟应是北京市的一项重要方针。在当今发达国家烟民下降,而我国烟民特别是青少年烟民却在大幅度上升,形成了强烈反差。大多数人知道吸烟对人体有害,却不知吸烟也不利于精神文明建设。我认为北京应该制定限制吸烟的地方性法规。”

韩德民委员在发言中则强调:“为促进北京市卫生城建设,提高首都的文明程度,减少或控制与吸烟有关的发病率,维护不吸烟人的合法权益,应该像‘禁限养犬’那样,由市人大立法,规定在公共场所禁止吸烟。希望市政府机关能带个好头。”

沈梦培委员在发言时禁不住激动起来:“为了公民的健康,必须禁烟!现在有100多个国家和地区已经颁布了禁烟的法律,这既是世界发展的潮流和必然趋势,也是一个国家经济发达和现代化文明的标志。北京是有名的大都市,是十二亿人的首都,这一首善之地,该作出表率。应赶紧立法,让我们这个所谓的‘烟草大国’觉醒吧!”

1995年12月21日——应该记住这个日子!这是《北京市公共场所禁止吸烟的

规定》通过的一天，这也是我国以法禁烟的开始。它表明，首都北京将在跨入21世纪的最后几年中，把精神文明建设带入一个新天地。

北京提醒您！　　（1995.11.22）

点　评　作品详述了我国第一部地方性禁烟立法的前前后后，评述了禁烟的必要性，尤其对青少年健康成长的重大意义，为首善之都北京率先立法击节叫好。

人民的“保护神”

记漳州“110”报警服务台之一

孙春英

地处闽南金三角的漳州，又名芗城。这里的老百姓说：“漳州有三宝：片仔癀、水仙花、八宝印泥，现在又多了一宝——110！”“漳州110”指的就是漳州市公安局巡警支队直属大队。

1991年1月5日，漳州电视台播出一则广告：漳州市公安局芗城分局治安巡逻中队“110”报警台改名为“110”报警服务台。凡市民遇到危险或者需要人民警察帮助的，均可拨“110”求援。

短短的一则广告，是“漳州110”首次公开向市民作出的庄严承诺，也是他们改变警察形象的起点。

在这承诺的背后，凝聚着“漳州110”带头人郭韶翔的一片良苦用心和一份赤诚之情。

15岁当兵，有过参战经历的郭韶翔，在从警前曾与警察打过几次交道，但留下的印象并不好。当他转业成为一名警察后，改善警察形象、密切警民关系的想法一直在他的心头萦绕。

1990年5月，芗城公安分局重建治安巡逻中队时，干了6年刑警的郭韶翔被委以重任。当时，街头流氓团伙斗殴、流窜犯罪较为突出，郭韶翔暗自琢磨：若将巡警和“110”报警电话接轨，便能以快制快有力打击街头犯罪。经过思考，他主动向局领导请求将原设在分局刑警中队的“110”报警电话移到治安巡逻中队。1990年8月1日，“110”报警台正式成立，主要担负市区路面违法犯罪案件的接警和处置任务。

“110”报警台开通不久的一天深夜，一位丈夫出差在外的孕妇即将分娩，在举目无亲的情况下，她怀着一线希望拨通了“110”报警电话。“110”立即派人赶去，将她送往医院，使她顺利分娩。事隔不到两天，一名女工深夜下班回家，发现一个不明身份的男子一直尾随着她，心里非常害怕，赶紧找电话拨通“110”。他们又马上派人赶去，护送她平安回家。

这两件事很快传了出去，赢得了群众的普遍赞扬。可是，这两件事却在“110”干警中引起了不同的反响：“110”的任务主要是打击犯罪，如果像运送产妇、护送女工之类的事也要管，是不是“太平洋警察”管得太宽了？何况当时“110”只有7个人、3条枪、1辆旧三轮摩托车和1辆旧吉普。

郭韶翔听到这种反映，提出了一个问题让大家讨论：“假如产妇是你的妻子，你送不送？假如女工是你的妹妹，你帮不帮？”

全体干警通过讨论，换位思考，终于达成共识：公安机关为人民服务，不仅体现在打击犯罪上，为群众排忧解难同样是人民警察的重要职责。于是，他们确立了“维护治安与服务群众并重”的工作原则，并把“110”报警台改名为“110”报警服务台。

两个月后，“110”干警花钱买事做，他们利用电视、广播等媒介，广泛宣传“110”报警服务台为民服务的功能，响亮地提出：“人民的困难就是我们的困难，人民的满意就是我们最大的心愿。”他们在市区各街道设立“110”报警求助点，在街头巷尾树起各种报警服务牌，并开展“一个电话使您满意”的系列服务活动。

起初，当地一些群众抱着试探的心理给“110”打求助电话，果真一打就灵。渐渐地，邻里相争、婆媳吵架、家里液化气炉泄漏、老人上街迷路、百姓房子失火，等等，群众都找“110”。面对群众的报警求助，不管是大事小事，不论是分内事还是分外事，“110”报警服务台的干警们一律伸出了援助之手。

一名中学生跳江自杀，郭韶翔率领干警从六米高的桥面，跳入湍急的九龙江，奋力救起学生；一位老奶奶跌入臭水沟，民警陈春竹跳进沟里把人救上，连她的孙子都嫌臭不肯上前扶一把，“110”干警还是坚持把她送回家；一个两岁零三个月的孩子走失了，“110”干警在茫茫人海中寻觅，找到孩子并平安地交给她的父母，那位母亲跪在地上连声呼喊：“共产党万岁！”

在为民服务中，“110”的干警们为自己制定了起点较高的奋斗目标：受理求助报警案件须使群众百分之百满意；调解纠纷案件做到百分之百不留后遗症。

一位荷兰籍归侨借道厦门回漳州时，不慎把装有外币、护照、照相机等贵重物品的提包遗忘在“的士”上，“的士”已回厦门，归侨人地两生疏，如何去找这辆车？这位归侨在万般无奈中打“110”报了警，其实她已不抱多少希望。但是，“110”的干警们往返100多公里，一处又一处地询问、追踪，几经周折，终于将失物如数归还失生。望着风尘仆仆、倦容满面的“110”干警，深受感动的归侨连声说：“中国警察真好！”

人民警察为人民，“漳州110”正以高效的服务走进芗城的千家万户，走进人民的心田。

“漳州110”已成为漳州人民的“保护神”。 （1996.8.26）

点　评　“漳州110”最初是人民群众对漳州市公安局芗城分局治安巡逻中队的爱称，其把“110”报警台改成“110”报警服务台，虽然仅仅是多了两个字，却凸显为人民服务意识。他们是这么承诺的，“有警必接，有难必帮，有险必救，有求必应”，体现了人民警察全心全意为人民服务的宗旨，深受人民群众的拥护和爱戴，为人民警察的光辉形象增了光、添了彩。1996年8月，公安部将漳州“110”推广全国。如今，“110”已经成为公安机关快速打击犯罪、服务群众的“代名词”。

抬头举目皆见法

永年县“普法一条街”见闻

郑福成　蒲建安

早就听说河北省永年县的“普法一条街”办得很红火，近日亲临其境，采访过后，我们由衷感叹：果然名不虚传！

驱车驶出县城，走在永(年)曲(周)公路上，两旁的“加强社会主义法制建设”、“依法经营、依法纳税”、“严格遵守道路交通规则”等大字标语不时闪过。临街的墙壁上，也经常出现一首首书写的诗歌。同车的永年县司法局的同志告诉我们，那些便是普法诗歌，不过这还不是“普法一条街”。

真正的“普法一条街”，在我们走过的苗庄、西苏、孟尚、施庄等7个村里，到处可见。我们从永年县政法委的工作报告中得知：“全县453个村，村村都有普法一条街。”

孟尚是开展“普法一条街”活动较早的一个村。在村里的两条主要街道两旁，连片地书写有400首诗歌，另3条较短的附属巷道上也各有30首。在比较整洁平坦的墙壁上，用墨笔圈出方地，不同内容的诗歌就书写在方地内。颜色较深且不够平整的墙壁，则涂出浅色调的粉底，写上普法诗歌，有的还配上漫画或装饰画。

永年县委副书记、政法委书记陈建英向我们介绍，“普法一条街”有四个特点：内容突出针对性，形式突出灵活性，对象突出层次性，语言突出通俗性。孟尚村是这些特点的一个缩影。按照全县五大区域(边缘地带、中部、西部地区、铁路公路沿线、复杂场所)的划分，孟尚属于边缘地带，农业和乡镇企业都搞得较好，因此，诸如“学法懂法眼明亮，签订合同不上当；权利义务要写清，违约责任不可忘；签约以后要公证，履行才能有保障”；“每年植树造林忙，管理不善多遭殃；如今有了森林法，不准乱砍和滥伐”之类有针对性的诗歌就较多。在一些房屋的墙壁上我们看到这样的诗歌：“各级干部是公仆，为民服务是宗旨；行贿受贿是犯罪，以权谋私法不依！”不用问，这里住的一定是村干部。在村小学附近的院墙、房壁上，有三字经：“我中华，国旗法。爱国旗，责任大。升国旗，要严肃；保国旗，卫国家”；有七言诗：“未成年人保护法，教育保护相结合；家庭学校齐共管，社会司法共配合”；也有大字标语和绘画。这不仅区分了不同的对象，也看出了形式的多样化。书画上墙的这些诗画，实际上多为群众喜闻乐见的顺口溜、歌谣，它讲求大众化、通俗化，浅显易懂，好看好记。“普法一条街”上的诗画，是定期的或随着中心工作的发展而不断更换的。孟尚村的这些诗画，现又在组织更换，换上的将是“三五”普法规划的宣传内容。

永年县的“普法一条街”始自“一五普法”时期。在我国广大农村，农民没有坐下来听课的时间和条件,也接受、消化不了那成百上千的法律条文。因此,以简单明快的诗画进行普法是一种受农民欢迎的办法。陈建英用一句话总结了“普法一条街”的目的和作用:“就是要让农民群众抬头举目皆见法,形成一个强烈的法制教育氛围!”

是的,几天的采访,我们时刻感到置身于浓郁的法制教育氛围中。这样的气氛,无疑会增强人们的法制意识。现在,全县已涌现近20个无乱占房地、无封建迷信、无刑事犯罪、无群众上访、无重大治安灾害事件、无经济和民事纠纷激化等现象的“十无村”;85%的村制定和实施了《村民自治章程》或《规范化管理章程》,实现了“依法建制,依制治村”的口号。正是良好的法制环境,保障了该县工农业生产的顺利发展。

“法律就在我身边,我与法律密相关,学得懂来看得见,遇事我要依法办。”这是农民群众自编的小诗。这朴实无华的语言,标志着“一五”、“二五”普法的成就,也预示着“三五”普法将再铸辉煌。 (1996.9.6)

点 评 河北省永年县早在30多年前“一五”普法时就在全县推行“普法一条街”建设,其规模即使在现在也值得称道,不仅具有开创性,而且法治宣传教育的效果显而易见,基层治理的成效实实在在。

“献礼工程”令人忧

李　立

为了赶超工期，一些建筑施工单位，不遵守建设规范，忽视建筑质量，屡屡留下无穷后患，造成国家人力、物力、财力的浪费……

记者最近在调查中了解到：不适当的行政干预至今仍是困扰工程质量的一个突出问题，其典型表现莫过于忽视工程建设的基本规律，在定下项目的同时，便毫无根据地把后门也关上——“七一竣工”、“元旦剪彩”、“十一通车”等。

现已竣工10个多年头的北京东单北大街改造工程，至今还拖着一条“割不掉的尾巴”：路面下的一条热力管道沟因不防水，需要定期抽排积水。

据专家和有关负责人介绍，按正常进程走，铺设热力管道不仅应为其做沟，还要在沟外完成防水保护层，这主要是因为热力管道本身温度很高，如果沟内进水，就会腐蚀管道而缩短使用寿命。

由于北京东单北大街是一条交通干道，因此当时整个改造工程的期限就很紧，再加上地下是7条管道同时施工，所以热力管道沟还未来得及做防水，限期就已到了。眼看着领导就要来剪彩，当时负责路面铺设的单位已根本听不进公用局的延期要求，执意回填，浇注沥青。

结果路是按时通车了，但地下水也开始不停地往沟里流。为补救，有关部门曾拿出80万元做了一次内防水施工，但无济于事。这么多年来，为维护管道花掉的钱已不低于200万元，可当初如果做了沟外防水工作，只要花上10万元就能彻底避免沟内进水现象。专家说，现在要彻底消除沟内进水，唯一的选择只能重新返工，补上沟外防水层。但这意味着要挖开路面，中止交通，还要一笔巨额的支出……

合理的工期，是保证工程质量的重要前提，反之则只能是打乱仗。因急于求成而不按基本建设程序办事，在“大跃进”和“文化大革命”时期可谓登峰造极，损失极为惨重。长期以来，国家多次下发要按正常基本建设程序办事的指示，并颁布了一系列有关基本建设程序的若干规定。但在某些“献礼工程”、“首长工程”中出现的行政干预之下，这些程序根本无法全面履行，或被简化，或被削弱，或被颠倒，因此大多数“献礼工程”也就成了被工程界一再否定的边勘察、边设计、边施工的“三边工程”。这种勘察不够准确、设计缺乏优化、施工盲目进行的工程一旦“上马”，除意味着质量埋下隐患外，还会由于种种原因造成惊人的浪费。

对这种浪费，一些建筑业人士估算不一：有的说会使工程造价上涨30%，也有的认为这种浪费在10% ~15%之间。如果说这种浪费很难平均量化，那么老百姓却不难从身边事来体会这种浪费：比如，眼瞅着新铺的路面挖了又铺，铺了又挖。

记者在北京市自来水公司采访中了解到，近两三年来，北京市一些地方大量出现断水或跑水现象。究其原因，除野蛮施工造成的自来水管道破损外，还有许多是因为抢工期而勘察不到位，施工中把自来水管挖断了。按规定，挖断管子应向专管公司报告，但多数施工企业为图省事，不用正规的铅管而用胶皮管接上就算完事。这种胶皮管使用一段时间就会老化，或破裂，或被挤扁断水，检修起来特别费事，有时为找到一个漏水口要挖出好几百米远。像这种为建一个工程而破坏了另一个工程的现象，这几年在北京的南外二环路、广内大街、右安门桥、东三环路、大北窑桥等市政施工地点屡见不鲜。

在自来水公司，记者还了解到这样一件事：现已完工多年的北京北二环路建设，当时也是由于工程后门要提前关上等原因，有两三公里长的自来水管埋下后还没来得及接上，路面就铺将过来。眼睁睁看着300多万元埋入地下而无法使用，竟无可奈何！

在倡导力拼进度的利益驱动下，一些承揽此类工程的企业也自然地把竣工后再修理视为经验，称之为：“信守了合同，完成了任务，得到了奖金，比按常规办事合算。”

“献礼工程”涉及建筑、冶金、铁路、煤炭等多种行业。其中某些工程不讲科学、盲目赶超工期的问题，不仅对工程本身造成危害，浪费严重，甚至导致严重的事故；同时也从另一个侧面反映出某些地方领导好大喜功的工作作风。目前，世纪之交即将到来，一些地方又开始搞起了边勘测、边报批、边设计、边施工的“倒计时多边工程”，并定性为“迎接21世纪的献礼工程”。此风当刹，万不可长！ （1996.9.13）

点　评

在相当长的一段时间里，一些工程建设、重点项目往往会选在特定时间节点开工、竣工，常常被赋予特殊的含义，添上“献礼”的色彩。为赶时间、赶工期，有的手续不全开工，存在“先上车后买票”现象；有的为在确定的时间竣工，赶超工期，违背科学规律，不遵守建设规范，忽视建筑质量，屡屡留下隐患，造成国家人力、财力和物力上的极大浪费，甚至导致严重的事故。惨痛的教训告诉我们，谁违背科学规律，谁就要受到无情的惩罚。

这篇记者调查令人警醒，“献礼工程”应当休矣！

长安大戏院的富丽堂皇及现代化设施不仅远远超越了“老长安”，而且与目前全国同类剧场比较，也属一流水准。据悉，投资巨大并且号称“楼高门坎不能高”的长安大戏院将以京剧演出为主，可是，京剧演出能维持戏院的生存和发展吗？那么……

谁来养活长安大戏院

王丰斌

新长安大戏院几乎是在社会各界的一片欢呼声中落成的。前一时期，各大新闻媒体对长安大戏院的密集报道，使得这座现代化的戏院已经在北京拥有了不亚于“老长安”的知名度。

据了解，1993年破土动工的新长安大戏院，在剧场的技术设备和服务设施方面，显然已经远远超越了“老长安”。站在戏院门外，可以看到在戏院一层外墙镶有16面2.4平方米的京剧脸谱铜塑，风格古朴典雅。戏院的剧场舞台由可升降乐池、车台及旋转舞台构成；舞台吊杆采用电动和手动双重控制；灯光音响系统全部采用进口的先进设备。剧场后台还有可容纳100人同时化妆的化妆间。剧场设有800个座位，剧场一层前区为散座，有红木条案及背椅，并配以长安大戏院特别订制的手绘婴戏图高级茶具、餐具及清宫食点；剧场二层为拥有36个座位的贵宾席。

显然，与目前国内同类剧场条件相比，长安大戏院无疑处于一流水准，属国家甲级A类剧场。面对如此富丽堂皇的艺术殿堂，不少记者同行几乎都会想到一个问题：这样高档次的场所，普通百姓中的戏迷能进得来吗？

长安文化娱乐中心的刘玮小姐笑着告诉记者：“我们有一句话都快成广告词了——楼高了门坎不能高；从票价上来看，最低票价是20元，多数票价在40元至120元之间，此外还有为数很少的贵宾票，价格为800元。”据了解，这样的票价对于普通京剧戏迷来说，虽然不能算很便宜，但相对投资巨大、物业管理费用高昂的长安大戏院来说，显然已经不能再低了。

长安大戏院的舞台设施功能多样，在这里既可以表演京剧，也可以满足其他艺术形式的舞台演出要求。当记者问及戏院将来京剧演业所占比重时，戏院经理赵洪涛表示：“具体比例不好说，不过我想京剧演出应该会占大头。11月初就推出一台以京剧表演为主，并融入民族歌舞、杂技等表演艺术的《白蛇传奇》；当然我们还会推出其他艺术样式的节目。由华人影星尊龙导演的、以反映五朝服饰文化为主线的歌舞剧《五朝梦》也即将推出。”

那么，如果长安大戏院以京剧演出为主，依目前所定的票价，能否达到较好的经济效益呢？赵洪涛经理对此表示：剧场要想主要以京剧演出来养活自己，困难仍然很大。不过,我们不能只想经济效益,社会效益也是必须要考虑的。

既然长安大戏院靠京剧难以维持良好的生存和发展,那么,谁又来给这座富丽堂皇的戏院“输血”呢?采访中记者了解到,在光华长安大厦的地下一层(地上一层为戏院)是一座拥有5000平方米、设备装修费用达3500万元的长安娱乐城:该娱乐城设有迪斯科舞厅、歌厅、小型影院、游艺厅、啤酒屋等娱乐消费场所。据介绍,长安大戏院在经营过程中将会得到地下一层娱乐城的经济支持。用他们自己的话来说,叫“以文养文”。

老长安大戏院离开北京观众已经6年多了,虽然“老长安”50余年的历史中也有过艰难和曲折,但“老长安”还是凭借京剧艺术的魅力,牢牢吸引了一大批北京戏迷,在“老长安”的舞台上,也曾留下众多京剧艺术大师们的汗水和风采。如今,人们对新长安大戏院的热情与期待,其中多少还夹杂着对“老长安”的怀念和寄托。忆旧思今,人们也许会问:“新长安”能否打开市场、拥有观众,并再创辉煌?

眼下,京剧艺术在滑坡,演出市场也在萎缩,这已是不争的事实。长安大戏院此时此刻矗立在长安街头,无疑是任重而道远。京剧艺术作为民族文化中的瑰宝,当然要保护、要扶持,不过,在市场经济环境中,如何早日使京剧艺术建立“自我造血”机能,形成良性循环,仍然是一个迫在眉睫而又意义深远的问题。 (1996.11.4)

点 评

在市场经济大潮中,一些以传统文化演出为主的剧院一度朝不保夕。长安大戏院作为京剧最高表演殿堂的象征,具有特殊意义。在新长安大戏院即将拉开帷幕重演之际,记者的疑问充满了忧虑,虽然得到了剧院信心满满的答案,但这一对京剧发展的担忧在当时是具有普遍意义的,传统戏剧的路在何方?幸运的是,随着我们的文化自信不断增强,这一忧虑已经不复存在。

造福今人决不遗祸子孙

烟台划定引资“禁行线”

可能对环境造成污染的项目一律不得在开发区落户

陈会礼　袁成本

前不久,一位新加坡客商第三次来到烟台开发区,商谈投资数亿元人民币在海滨地带建设亚洲国际培训中心,被开发区管委会再次婉言谢绝。据开发区管委会主任阎原田介绍说,这是该开发区今年以来第20次婉拒外商投资。

新加坡客商被婉拒的原因是这片地方的总体规划还没有最后确定。因为这片海滨是烟台市的精华地带,且有500米宽的松林带防护着10公里长的海滩,所以,烟台人对其开发慎之又慎,生怕造成污染或建设性破坏而留下遗憾。

被烟台人拒绝的其他项目,有的是占地过多,有的是耗能、耗水过高,有的是投资额不足百万美元且科技含量偏低,还有的是可能造成环境污染。到今年9月底,至少有120个有污染、高消耗、不履约的外资项目被撤销。

对环境有无污染,是烟台对外商投资把关的重点之一。开发区管委会主任阎原田斩钉截铁地说:“对环境可能造成严重污染的项目,哪怕有上亿元的效益,我们也不稀罕。这是开发区和烟台市各级领导的共识。”烟台有座门楼水库,是市区主要水源,不断有外商前来洽谈在水库周围兴办旅游项目或盖别墅。考虑到对水质的影响,烟台人统统给亮了红灯。而对那些治污项目,烟台人则是大开绿灯且不惜血本。目前正在加紧建设的一座污水治理工程,利用德国贷款1.2亿元,总投资达3.5亿元,其中近4000万元由开发区分担。

烟台开发区把污染防治延伸到对生产全过程监控,他们不仅拒绝污染项目,而且拒绝污染工序。开发区内有大量冷藏厂,加工鱼类、贝类、蔬菜等供应海外市场。管委会规定,贝类的去壳工序、鱼类的去内脏工序等一律不准留在开发区。1994年批准的与德国合资企业——霍夫汽车锁生产项目,投资商原计划用几条流水线完成全部生产工序。管委会经过审查,建议把电镀工序放到烟台市电镀中心,因为那里有现成的防污治污措施。后来,投资商发现,这个建议还为他们节省了不少投资。

烟台人对环保有超前意识。自1985年开发区成立后,不断有外商找上门来,有的要进口废旧轮胎裂变汽油或加工炭黑,有的要进口废塑料生产地板砖,有的要进口废纸分拣加工……当时国家对其进口并没有明文限制且此类产品加工经济效益很好,但考虑到“洋垃圾”可能带来污染甚至病菌,开发区统统对其拒之门外。在11年的建设中,烟台开发区从没有容纳过“洋垃圾”。

烟台人对外资“挑肥拣瘦”,并没有吓跑外商,相反,他们认为这是投资环境优化的一部分。今年前 9 个月,开发区引进外资 8.7 亿美元,比去年全年的总和还多 30%。目前,该市累计利用外资项目超过 4100 个,合同资金额达 60 多亿美元,实际利用外资约 25 亿美元。（1996.12.1）

点　评　在那个争抢外商投资的时期,烟台对污染环境的项目说“不”,是需要勇气和担当的。“不遗祸子孙后代”的招商引资底线划得好,不但没有影响招商,相反,因为这某种程度上是在优化投资环境,更加赢得了外商的青睐。可见,科学发展就是生产力。

语言文明启示录

周　泽

语言文字纯洁化

沉重的话题

一段时期以来,各界对语言文字使用的混乱状况进行了较为激烈的批评。中国的语言文字究竟怎么了?

(一)

改革开放以来的相当一段时期,由于一些人观念的偏差,只重视经济建设,注重经济效益,忽视文化建设,以致一些不良文化乘隙而入,乃至甚嚣尘上,并充分体现于语言文字应用之中。

在不少大中城市,奥古拉斯、摩达尔、巴尼、拉斯维加城、拿破仑、天皇、凡尔赛、恺撒、路易十八、玛利亚、圣彼得、戴安娜之类的洋店名、洋招牌招摇于市。在一些人那里,中国博大精深的传统文化似乎已经被遗忘得一干二净,民族自尊心没有了,对民族文化的信仰也失去了,甚至麻木不仁到把中国近代的国耻也忘得一干二净了。

积极、向上、遵守社会公德和规范,这是社会对每一个成员的要求。而现实中,一些牌匾、店名、广告的用语及其体现的精神却与此背道而驰,呈反道德倾向。如已多次受到批评的"二房佳酿"(酒名),还有"每天给你一个好太太"之类的广告语,真不知业主想把受众引向何方。至于"路边鸡旅店"、"黑屋子酒吧"、"塔玛地歌舞厅"之类,就更见得经营者文化素质及道德水平之低下了,或者说这简直是在向主旋律挑战。

这些年来,国内兴建了很多合资企业、独资企业。其中台、港、澳与祖国大陆合资及这些地区独资兴建得不少。然而我们的一些厂家缺乏起码的政治觉悟、政治敏感,明明是内地(大陆)与台湾、香港、澳门合资的企业,产品包装上竟然注"中外合资(台湾)",或者干脆来个"中台(或港,或澳)合资"。如此标识隐含了这些地区是一个主权国家的内容,而事实上,这些地区只是中国的一个部分。可以说,这些企业的行为已经危害了国家和民族的利益,实在有必要为他们补补政治课。

社会用字中各种不良文化现象的存在,不仅严重污染了社会人文环境,也妨碍了社会主义精神文明建设。

(二)

文字是记录语言的符号。在我国,早在秦朝就统一了文字,实现了"书同文"。

新中国成立以后,党和国家非常重视语言文字工作,先后召开了语言文字改革会议,提出了文字改革三大任务,公布了一系列语言文字规范标准。然而,近些年来,由于种种原因,社会上使用汉字失范的状况却实在令人担忧。

国家语委的一位处长在接受记者采访时提到这样一件事:在他参加的一个会议上,与会者发给他的名片中,竟有80%用字不规范(主要是滥用繁体字),而名片的主人大都颇具身份。

其实,这位处长遇到的这种事对每一个人都不新鲜。改革开放以来,祖国大陆(内地)与海外及台、港、澳地区接触与交流增多。由于这些地区的华人大都使用繁体字,我们的一些同志错误地认为,为了便于与他们的交流,就应该使用繁体字;甚至认为使用繁体字是有知识、有文化的表现。于是,在一些地方,出现了繁体字回潮的现象。在广东,郭沫若同志题的广州火车站站名中的“广”字,原为简体字,在繁体字回潮的冲击下,竟也被改为繁体。在不少地方,街头繁体字举目皆是;人们用以交际的名片,各种产品的包装、标识、说明书,企业之间的经济合同,甚至政府机关的“金字招牌”和红头文件上也“繁花似锦”。

在繁体字回潮的同时,各种不规范字也在社会大肆泛滥。在一些地方的街头,标语、广告、牌匾、店名等用字五花八门:繁体字、自造字、错别字、异体字,真是无奇不有,乃至让人不明所以。

用字失范的另一种情形是乱改成语。如“一明惊人”、“衣明惊人”(应为一鸣惊人,分别为眼镜和服装广告)、“得芯应手”(应为得心应手,电脑处理器广告)、“屋美价廉”(应为物美价廉,房地产广告)、“乐在骑中”(应为乐在其中,摩托车广告)、“无胃不治”(应为无微不至,药物广告)、“饮以为荣”(应为引以为荣,饮料广告);等等。将成语改头换面制作广告词,作为一种广告技法,偶为一二倒也无可非议,然而成语改装泛滥,则不仅让人为此技法感到悲哀,更让人为语言文字所受的冲击而感到忧虑。

此外,用字失范现象也见诸中文信息技术及其产品。以计算机为工具处理汉语言文字的中文信息技术作为一门新兴的产业技术,这些年以来的发展方兴未艾。据不完全统计,我国目前汉字输入编码方案达500种以上,编制成软件形式上机试验的也有四五十种。由于有关规范标准制订滞后,以及宏观管理不力、一些设计者未遵从已有的规范标准等原因,致目前中文信息技术和产品中混乱横生。例如,在计算机汉字字库中存在着字形不规范,使用被淘汰的异体字、已被简化的繁体字、旧形字;随意增减汉字笔画;汉字键盘输入编码方案不符合语言文字规范和标准;众多编码方案在诸如汉字笔画、笔顺、部件、结构的处理方面缺乏统一的科学依据;在汉字输入是以字形为主,还是以语音为主等一系列与语言文字有关的问题上各行其是;等等。计算机用字的不规范,不仅影响中文信息技术的发展,也成为大量社会用字不规范的源泉。

使用规范汉字是我国的文字政策。我国公布的简化字经过这么多年的推行,已为汉字使用者普遍认识和接受；新加坡这样的华语国家还将简化字进行全面推广。国内社会用字不规范的严重情况冲击了国家的语言文字政策，不仅在国际上造成了恶劣的影响，也对学校教育造成了不可估量的负面影响。

（三）

作为一个统一的多民族国家，我国94%左右的人口说汉语，6%的人口说少数民族语言。但在漫长的历史发展中，由于山川阻隔和长期封闭的社会生活，即使说汉语的地区，彼此之间的语言也有很大差别。作为我国主体语言的汉语在我国有7大方言支脉，按地域分为北方话方言区、吴方言区、湘方言区、赣方言区、客家方言区、粤方言区、闽方言区等7大方言区。每个大方言区又分为若干次方言区；而在每一个次方言区内，由于地域不同，语言也会在语音、词汇和语法上有很大差异。有的地方，相邻两个县（市）、乡（镇），甚至村之间，语言都不通。

记得在笔者曾参加过的一个晚会上，主持人出了这样一个节目：出席晚会者按事先确定的组，每组出一个人，用3种方言介绍本组情况。结果不到10个组的代表竟说出了近20种让与会者不知边际的方言。好在这只是一个游戏，要真是说不同方言者都只懂自己的方言，大家生活在一起会是一派什么景象？

据说沿海某市一位领导同志在带外地客人乘船参观本市郊区时，不禁为郊区的蓬勃发展而自豪地大发感慨："站在床（船）上看娇妻（郊区），娇妻（郊区）好美丽，心中好欢喜。"客人大惑，继而才明白其意。同一地方，听说某市长在向人大报告工作时称"要拒绝（自觉）接受人大监督"，差点令人大代表震怒。

我们完全可以把上面讲的两个传闻当作轻松的笑话，然而，下面这件史实却实在令人难以轻松。

据记载，1907年，孙中山先生领导的同盟会拟于当年2月19日在广东潮州起义，并决定聚集饶平、揭阳、浮山等处的会党合攻潮州。因这一地区的方言"4"和"10"不分，浮山一路将"4时齐兵"误听为"10时齐兵"，未能按时集合，致起义未成。几天后，浮山一路召集人薛全福等人被清兵捕杀。这可算是方言误事的极端事例。

一位说普通话的经理直率地表示：推广普通话太有必要了！他到一些地区洽谈业务，常遇到这样的场景：一场谈判正在进行之中，突然有人找对方负责人，由于用的是当地方言，他简直不知对方都说了些什么，是否与谈判有关。虽然他不会以小人之心度人，想象对方会密谋骗自己，但心里的确有些不大舒服。

其实，不只是上面这位经理，我们很多同志都有过类似的经历。当然，也不仅是在商务洽谈中。很多场合都会遇到：乘车，乘务员方言报站，让不懂当地方言的乘客不知所去，误时误事；购物，售货员与顾客因"语言"不通而缠夹不清……

（四）

繁复的方言和少数民族语言，不仅给人们之间的交流造成了障碍，同时，这也是与我国宣传教育工作的需要,国家统一、民族团结、国防建设的要求以及经济的发展极不适应的。为此,早在新中国成立初期的50年代,我国即决定,将以北京语音为标准音、以使用人口占汉族总人口70%以上的北方话为基础方言、以典范的现代白话文著作为语法规范的普通话作为全国通用的语言进行推广。

可以说,几十年来的推广普通话工作取得的成绩是显著的。特别是十一届三中全会以来,随着经济的发展,电视等现代传媒普遍进入家庭,为人们学习普通话创造了条件;加上改革开放,人们与外界交流的增多,也促进了普通话的推广。如今,即使在一些偏远的农村,人们也大都能听懂普通话,不少人还能说。虽然如此,可在不少地方,特别是到一些南方方言地区,人们依旧是“土言土语”。不管是普通百姓饮食起居,还是领导干部讲话发言,一律乡音难改,直叫外地人“独在异乡为异客”的感觉油然而生。

国家语委普通话推广处袁钟瑞处长指出,普通话推广和普及的主要障碍是传统观念的影响;难点在于,很多人会说而不说。

在我国,自古有“宁卖祖宗坑,不改祖宗声”的传统观念。特别是在一些比较落后的地方,很多人将说本地方言视为不忘本;干部在工作中如果不说当地方言,常被视为脱离群众,甚至连工作也不好开展。因此,在这些地方,很多人不愿学习普通话,不愿说普通话。甚至即使是党政干部,在一些非常严肃的场合,也不说普通话。

另外,由于改革开放以来,随着一些地方经济实力的增长,这些地方的方言也在全国产生了极大影响,使一些人方言优越感极盛,在一定程度上出现了方言回潮;更兼港台影视及一些节目主持人闹剧似的“主持艺术”的影响,使一些青少年盲目效仿,开口闭口港台腔,甚至怪腔怪调。同时,不知是出于下意识的崇洋心理,抑或是有意识的追逐时髦,一些国人在洋人手下干了几天活,或者就学了几个洋码码,就在国人面前大做“洋相”:与自己同胞说话,似乎他的母语真是不行了,一句汉语里总要夹杂几个外语单词——什么“给我一张 Paper”啦,“参加 Party”啦……或者干脆对你“洋腔洋调”,一副进口原装的样子。再则,这些年来,一些作家热衷于方言创作。这本身并没有什么,不管“京味”也好,“海味”也好,出于塑造形象的需要,用方言并无不可;但如果方言泛滥,这就与推广普通话的政策背道而驰了。应该说,方言创作的“热势”是对推广普通话的冲击。凡此种种,无不给推普工作造成一定的混乱。

有关人士指出,说社会用字的不规范及社会用字中所表现出的不良文化倾向是一种污染并不过分;对普通话推广中存在的种种问题也须予以高度重视。

语言文字纯洁化,已是一个沉重的话题。

语言文字规范化

时代的召唤

语言文字代表和反映了一定的民族心理,是主权的标志之一。因此,各国领导人在正式的对外交往场合，都讲自己国家的通用语言；很多国家还通过立法来保护自己国家的语言。就我国来说，汉语能被作为联合国6种通用语言之一，我国公布的简化字能作为国际标准在联合国注册并作为联合国各种文件的汉语文本用字，也是与国家主权密切相关的。在今天，我们强调语言文字规范化，推广和普及普通话，不仅是维护国家主权的需要，而且也是宣传教育、国家统一、民族团结、国防建设、社会及经济发展的需要。

对语言文字问题，新中国老一辈革命家们的认识可以说是相当深远的。在50年代，中共中央、国务院即发布了关于文字改革工作问题的指示、关于推广普通话的指示等一系列文件，确立了新中国的语言文字政策。有关部门也发布了相应的规章和规范标准。特别是改革开放以来，根据形势的需要，学校及商业、公交、旅游等社会服务行业加大了推广普通话的力度；有关部门进一步明确了社会用字规范。经过这些年的努力，语言文字规范化及普通话的推广和普及工作都取得了很大成绩。可以说，这些年来，语言文字工作为社会主义建设做出了应有的贡献。然而，目前我国语言文字的现状还远远不能适应社会主义现代化建设的需要，非但如此，语言文字还正在成为现代化建设的“瓶颈”。

语言的发展受社会、经济发展状况的制约和促进。方言是与小农经济相联系的，是小农经济的产物；而语言文字规范化及普通话的推广和普及则是社会化大生产的需要和产物。现代交通、通信、商贸、军事指挥、政令传达，若没有统一的语言，将不可想象。而发展市场经济，意味着人财物的大流通、大融合，没有规范、统一的语言文字，则必将使社会效率大打折扣。

如今，到很多地方，车站、码头、风景名胜区，那些兜售商品、服务的商贩，大多说普通话，这就是市场经济在起作用。国家语委一位官员几年前在广东考察时，很多广东人很自豪地表示，不说普通话，照样挣大钱；在外跑业务的推销员则以自己的切身经历来斥责这是胡说。而今天，大多数广东人已认识到说普通话对他们来说意味着什么。他们说：过去不讲普通话是为了面子，现在讲普通话是为了票子。这就是经济的魔力。在1992年11月召开的中共广东省委六届八次全体(扩大)会议上，广东省委书记谢非专门强调，要把推广普通话同搞好改革开放联系在一起，同建立大市场大流通联系在一起，并提出，各级领导干部都要认真去抓，自己首先要带头推广。

语言文字的规范统一对经济发展的促进作用正在被各界所认识。

现代科技发展也对语言文字规范化，推广和普及普通话提出了紧迫的要求。随着通信事业的发展，从中央到地方，工作部署，政策传达，已越来越多地通过电话会议的形式进行，这就要求“与会者”讲通用语言。否则，“听话听音”就容易听走了调，使会议精神难以传达下去。随着科技的发展，信息时代正在来临。如果没有语言文字的规范化，任中文信息技术及其产品各行其是，必将使我们在未来的信息高速公路上“寸步难行”。对于中文信息技术，目前解决的还是汉字的输入输出及传送问题。电脑输入从键盘输入向语音输入(实现人机对话)发展是必然的趋势；而联网的计算机软件只有用一种全社会通用的语言作为人机对话语言，才能最大限度地实现信息资源共享。

语言文字规范化，推广和普及普通话对社会主义精神文明建设更是有着特殊的意义。一个国家语言文字规范化的程度、通用语言普及化的程度，通常体现出这个国家的文明程度和管理水平的高低。就我国来说，用规范字、说普通话是国家所积极倡导的，是对宣传教育、公务活动、社会服务的要求，而且通常也是一个公民文明程度的标志。在社会大力加强精神文明建设的今天，社会深切呼唤，语言文字规范化，大力推广和普及普通话。

一位长期从事语言文字管理工作的人士指出，语言文字规范化，推广和普及普通话，关键是要解决认识问题。我们的很多同志，甚至包括一些领导同志，对这项工作的认识还不够；这项工作在不少人那里是说起来重要，干起来次要，忙起来不要。这是非常有害的。发达国家早在两个世纪前就普及了自己的国家通用语言，对我们来说，语言文字规范化，推广和普及普通话，已经是很迫切的事了。

语言文字法制化

必然的选择

世界发达国家的经验证明，没有语言文字的规范化、标准化，就不可能有经济、科技和社会的现代化。除此以外，就我国来说，语言文字的规范化、标准化还是社会主义精神文明建设的要求。因此，我国《宪法》明文规定，“国家推广全国通用的普通话”，《中华人民共和国国民经济和社会发展十年规划和第八个五年计划纲要》也明确提出，进一步做好语言文字规范化、标准化工作，大力推广普通话。

其实，我国对语言文字的规范统一一直是相当重视的，早在秦朝就统一了文字，实现了“书同文”。以后各朝各代都保持文字统一。新中国成立后，为了实现语言文字的规范统一，国家颁发了《汉字简化方案》、《汉语拼音方案》，发布了《关于推广普通话的指示》，并公布了《简化字总表》、《第一批异体字整理表》、《印刷通用汉字字形表》、《现代汉语通用字表》、《普通话异读词审音表》、《汉语拼音正词法基本规则》等标准。

然而，由于有关语言文字的一系列标准法律地位不明确，而已制定的管理规范层次又较低，缺乏严肃性、权威性，从而使国家的语言文字政策并未得到很好的贯彻执行。国家推广的普通话远未普及，各种公共场合，即使是非常严肃的会议上的代表发言，甚至法庭审判中法官、检察官、律师发言，仍是方言大行其道，缺乏应有的庄严，乃至形同闹剧；不洋不土、文理不通的语言时见报刊、荧屏；社会用字中所表现出来的种种不良文化倾向和汉字使用混乱的情形令人忧虑。这一切，不仅与语言文字规范统一的客观要求背道而驰，更严重的是冲击了国家的语言文字政策。因此，有识之士纷纷“上书”有关部门，呼吁加强语言文字管理，加快语言文字立法。仅从

1990 年至 1996 年,全国人大代表和全国政协委员关于语言文字问题的提案就达 97 项,其中呼吁语言文字立法的提案就有 28 项,参与提案的代表和委员达 408 人。仅今年 3 月召开的第八届全国人民代表大会第四次会议上,就有 227 位代表共提出 7 件建议语言文字立法的议案,语言文字问题成为这次会议最集中的问题。

面对语言文字使用中存在的问题及各界人士的呼吁,国务院早在 1986 年就批转了国家语言文字工作委员会《关于废止〈第二次汉字简化方案(草案)〉和纠正社会用字混乱现象的请示》,责成国家语委“尽快会同有关部门研究、制定各方面用字管理办法,逐步消除社会用字混乱的不正常现象”。1992 年,国务院又批转了国家语委关于当前语言文字工作的请示,对语言文字作了全面的、明确的指示。根据国务院的指示,同时也为了落实人大代表提案,有关部门加快了语言文字立法步伐。据悉,目前,由国家语委负责起草的《国家通用语言文字管理条例(草案)》已经完成,语言文字法已经全国人大立项,有关立法准备工作国家语委已在积极进行。

应该说,语言文字立法并不是从零开始,40 多年来,我国已在语言文字法制建设方面做了很多工作。1987 年以来,国家语委已遵照国务院的指示,会同有关部门制定了关于地名、广播、电影、电视、企业、商店的牌匾、商品包装、广告、商标、出版物和竞赛场所正确使用国家通用语言文字和汉语拼音的一系列行政规章和技术标准。北京、上海、河北、山东、新疆等省、直辖市、自治区以及武汉、郑州、青岛等城市也结合实际制定并发布了有关语言文字的法规、规章或行政措施。这些都为语言文字立法奠定了基础。

国家语委有关负责同志介绍,目前已完成的《国家通用语言文字管理条例(草案)》是从我国国情和语言文字管理的实际出发,坚持贯彻执行国家新时期语言文字方针、政策,坚持为社会主义市场经济的发展和科技进步服务的指导思想,在现有法律、法规性文件和一系列行政规章和管理文件的基础上,结合多年工作经验而拟就,并经广泛征求有关部委(局)和各省、自治区、直辖市、计划单列市及部分语言文字学家、法学家的意见和建议,多次易稿而形成的。该条例主要是对国家通用语言、国家通用文字的法律地位进行规范。

据透露,该条例将把普通话和规范汉字作为国家通用语言和国家通用文字写进条文,并分别将国家通用语言和国家通用文字作为专章,就各自的使用作出规定。对国家通用语言,该条例将规定如下内容:国家机关应以国家通用语言为公务用语;各级各类学校和幼儿园必须以国家通用语言为教育、教学用语;对外汉语教学必须教授国家通用语言;广播电台、电视台应当以国家通用语言为播音语言;除地方戏曲、曲艺以外,电影、广播电视节目、舞台剧应当以国家通用语言为表演用语(确因需要可少量使用方言);公共服务行业应当以国家通用语言为主要服务用语;凡国家公务员、教师、影视话剧演员、播音员和节目主持人,应当通过国家通用语言的测试,并达到规定的等级。对国家通用文字,该条例将规定:计算机用字、出版物用字、影视屏幕用字、商标广告用字、证件证券用字、商品标识用字以及公共场所用字必须使用国家通用文字;除整理、出版古代典籍、文物古迹、书法艺术作品、驰名商标和商业老字号、姓氏中的异体字以及经省级以上语言文字管理部门批准的其他确需使用或保留繁体字、异体字的情况之外,国家已宣布淘汰的汉字,禁止在社会公众场合使用;对外发行的各类出版物,确需发行繁体字版本的,须报国家新闻出版署商国务院新闻办审批。在民族自治地方,国家通用语言文字和当地通用语言文字平等使用。公共场所、公共设施的各类标牌和区域内生产的各种商品的标识,应当使用国家通用文字和民族自治地方通用文字。该条例还规定了语言文字使用的管理和监督制度,以及违反该条例的处罚措施。

另据了解,《国家通用语言文字管理条例(草案)》是为调整当前语言文字应用中最紧迫的问题而制定的,在一定程度上说,制定该条例只是应急措施。因而,对有关语言文字的一些重要而又比较复杂的问题尚未列入该条例,例如,如何在对外的各种文件中正确使用汉字和汉语拼音;在国内如何使用外文;港澳回归后,如何制定符合该地的语言文字政策;如何进一步确立保障各民族语言文字发展的政策;等等。对这一系列重大原则问题,由将来制定的语言文字法来加以确认。

国家语委主任许嘉璐先生指出,语言文明是一个国家和一个人文明程度最直接的体现;语言文明建设是精神文明建设的重要内容。语言文明最主要的内容就是树立语言文字规范意识,正确使用祖国的语言文字。语言文字规范意识是公民意识和国家意识的重要组成部分,维护祖国语言文字的纯洁和健康是爱国主义的一项重要内容。语言文字使用中的种种不良现象是和社会主义精神文明的要求背道而驰的。在强调依法治国的今天,语言文字也应依法治理。进行语言文字立法,实现语言文字法制化,这是必然的选择。 (1996.12.17)

点 评

语言文字是一个国家、民族智慧的结晶。作为一种全民性的社会交际工具,其在语言生活中所反映的语文心态,却体现了一个国家、一个民族的自尊心、自信心、凝聚力以及国家主权意识。语言文明是一个国家和每个公民文明程度最直接的体现;语言文明建设是精神文明建设的重要内容。文章对当时语言文字乱象进行了调查,呼唤全社会都来关心语言文字纯洁化、规范化、法制化,推广普通话,加快推进语言文字立法,在全社会树立语言文字规范意识、国家意识、法制意识、现代意识。

共和国第四任委员长

彭真纪事

阎　军

1997年4月26日23时40分,党和国家的卓越领导人彭真同志不幸与世长辞。生前,他说,我这一生没有遗憾。

第二天,中共中央、全国人大常委会、国务院、全国政协、中央军委发布的讣告评价:德高望重,功勋卓著的彭真同志是"我国社会主义法制的主要奠基人"。

这个评价彭真同志,当之无愧。

大会堂不熄的灯光

1929年,27岁的彭真被叛徒出卖被捕。在国民党的监狱里,他创造了一个奇迹。当时肺结核被称为不治之症,可彭真硬是靠着几粒鱼肝油就挺了过去,度过了6年半的铁窗生涯。而在十年浩劫中,彭真同志失去党内外一切职务和人身自由又长达12年之久。"逆境出真知",彭真对于共和国民主与法制建设的根本信念,也许正是来源于这种亲身经历。

1979年,77岁的彭真开始创造另一个奇迹:着手主持修订和起草《选举法》、《人民法院组织法》、《人民检察院组织法》、《刑法》、《刑事诉讼法》、《中外合资经营企业法》等7部重要法律。

据说,法制委员会法律的起草与修改工作常常延续到凌晨两三点钟,并经常在深夜12点左右把修改稿送彭真同志审阅修改。逐步健全的中国法制之路,在人民大会堂不熄的灯光里开始展示给世界。专家说,中国拨乱反正的一些重要措施都包含在这7部法律中。

彭真意识到,只有法制健全的社会才能为人民民主和国家进步提供保障,所以,彭真为健全法制不遗余力。据统计,第六届全国人大及其常委会制定法律、条例以及有关法律的决议、决定共63件。中国人民代表大会制度的大踏步迈进始自六届,始自80年代中期。

很少生病的彭真在3个月拿出7部法的高强度劳动之后生病了。当中央准备开会讨论这7部法律时,彭真高烧不退住进了医院,不过最后彭真还是坚持按时出席了这个会议。他是要求医生给他打了退烧针之后赶赴中南海的。

4个月的宪法讨论

在法律极度匮乏的70年代末,日夜兼程修筑中国的法律大厦是必要的。但要体现出世界第一人口大国最大多数人民的最大利益,仅靠日夜兼程是不够的。

尤其是宪法,作为中国的根本大法,她更需要有足够的历史性和前瞻性,有足够的权威与全面。1981 年 7 月起,彭真开始直接主持宪法的起草工作,并亲自起草了宪法的序言部分。在此之前,中国共有 3 部宪法:1954 年《宪法》,毛泽东任起草委员会主席。1975 年《宪法》和 1978 年《宪法》的起草,都是中共中央直接交给全国人民代表大会的。

虽然春秋只有两度,但中国的变化却日胜千年。1978 年《宪法》还在肯定"无产阶级文化大革命"、"以阶级斗争为纲"。于是百废待兴的中国又一次面临了宪法的重大修改,年近八旬的彭真承担了这个重任。经过 3 个月的调研,彭真提出了他对宪法的意见:宪法一定要从中国的实际出发;宪法要研究外国的经验教训;宪法只能写现在能够定下来的最根本的、最需要的东西;以 1954 年《宪法》为基础继承并发展 1954 年《宪法》;坚持四项基本原则是修改宪法总的指导思想。

转眼 15 年过去,1982 年《宪法》一直沿用至今。据称当时中国的工人、农民、知识分子、干部等各族各界人士纷纷加入对宪法的讨论,讨论的过程被专家称为群众参加国家管理的一个重要过程。

4 个月的全民讨论,25 天的修宪委员会会议,几十部修改的稿本,2 年零 3 个月的修改过程,都可作为中国制定法律的郑重的证明。

《宪法》对公民的权利和自由增加了新规定,比如,"公民的人身尊严不受侵犯","公民的人身自由不受侵犯",没有"文化大革命",这些规定是写不出来的。与国家、民族一同经历沧桑的彭真,在千百次焦灼与思虑后,明确地提出,在中国,宪法实施的最根本、最可靠的保障,就是把宪法交给 10 亿人民。

两案审判的巨大成功

当一个人忘记了自己的安危得失,他便有了博大的胸怀和足够的意志力。在对毛泽东思想的评价和"两案"审判过程中,彭真再次展示了这种胸怀和意志力。

1979 年,遭受了十几年政治迫害的彭真复出后第一次参加中央工作会议时,就旗帜鲜明地指出:我们必须坚持高举马列主义、毛泽东思想的旗帜。否则,必然造成全党、全军、全国各族人民的思想和整个革命战线的混乱,使亲者痛、仇者快。对自由化思潮必须严重注意。但不能动摇我们扩大党内民主和人民民主的决心,不能动摇我们坚持实事求是,解放思想,用社会实践作为检验真理的正确思想路线的决心。

在此后对林彪、"四人帮"反革命集团两案的审判中,作为两案审判指导委员会主任,作为许许多多重大历史事件的直接参与者和领导者之一,彭真在数米厚的史料前痛苦地思考了很久。

最后,彭真厘清了思路:把刑法作为"两案"审判的依据。他确定了"严格地把党内、人民内部的错误与反革命罪行分开"的根本原则,坚持以事实为根据,以法律为准绳,严格依法办事。从而保证了“两案”审判的巨大成功。

法律面前人人平等

早在1954年,彭真就提出全体公民在法律面前应该平等,也必须平等的观点。众所周知,有关法律面前人人平等的规定被写进1954年《宪法》,在1975年《宪法》中被去掉,在1982年《宪法》中又得以恢复。

1979年,彭真提出“党领导人民制定宪法和法律”,“党也领导人民遵守、执行宪法和法律”的法制思想,坚定地主张“党的组织和党员要在宪法和法律的范图内活动”。

彭真认为中国法制建设不是一朝一夕的事情,他主张把法律交给老百姓,所以,他特别强调,“法律要备而不繁,简明扼要,便于群众掌握”,“要便利老百姓打官司”,因为,“法律为人民所掌握就会变成维护社会主义民主和法制的强大力量”。

制定法律、普及法律,监督执法,彭真在执着于法制建设的同时没有忘记人大自身的建设。作为第四任委员长,他说:人大常委会的工作,要不越权又不失职,人大和它的常委会对政府的工作该管就管,少一事不如多一事;日常工作问题,多一事不如少一事;不要代替政府工作,不要不恰当地干扰政府工作。方针不是“唱对台戏”,也不是等因奉此不问是非的“橡皮图章”,“要通过法律确定的国家制度,使人民把国家的命运掌握在自己手里”。

第六届全国人大及其常委会正是本着这一原则,在80年代中国大变革的时期强化了全国人民代表大会这一中国的根本政治制度。在这5年,中国县以上行政区域内普遍设立了人大常委会。人大制度的完善使中国民主与法制变得更有内容,使中国的政治体制改革得到了实实在在地推进。

实行法制内的民主

彭真总说,中国人缺乏民主的习惯,所以中国需要办许多民主培训班。80年代初在中国农村新旧体制转换时期,彭真提出健全村委会的思想。

当时,全国村级组织涣散面达30%以上,个别地区高达70%;干群关系不融洽,有的地方干部欺压群众和群众殴打、谩骂村干部的现象不断发生;农村计划生育、粮食征购、收取提留成为三大难题,有人用三句话来形容农民:“不批不斗不怕你,有吃有穿不求你,有了问题就找你,解决不好就骂你。”

而这时,彭真和国家最高权力机关的组成人员们正在审议村民委员会组织法。这个法律旨在基层实行群众自治。许多人不理解,他们认为,中国农村尚不具备自治条件,农民缺乏自治能力,村民委员会应由乡政府领导。

在这众多议论声中,彭真却在思考着一个更为重要的问题,没有基层直接民主,社会主义民主就缺乏全面的巩固的群众基础,办好村民委员会、居民委员会是国家政治体制的一项重要改革。

正是因为看到“有些人不是为老百姓办事,把老百姓忘了”,彭真才在完备村民自治法律的同时,致力中国“民告官制度”的建立。

1982 年,在《民事诉讼法》起草修订过程中,有人向彭真汇报,老百姓说,“官告民一告一个准儿,民告官欲告没有门儿”。这一情况使50 年代曾在菜场听市民骂街的老北京市长坐卧难安,彭真决意解决这个问题,所以,《民事诉讼法》在起草过程中加上了有关行政案件的规定。1988 年,中国的“民告官法”——《行政诉讼法》颁布时,彭真已经卸任,但这部法律是在彭真任委员长期间基本完成起草的,中国的行政诉讼制度也是从《民事诉讼法》颁布之时开始建立的。

对就对,错就错

彭真说,实事求是是我们现在和将来都必须坚持的思想路线。“实事”不同,“是”也不同,“实事”变了,“是”也会变。我们要根据不断变化的“实事”去求“是”。

怀着对不断变化的“实事”和“是”的追求,彭真在当委员长的 5 年里视察了 20 个省、自治区、直辖市。1984 年,彭真为草拟国营企业法奔赴各地进行调查研究长达两个半月。

党的十一届三中全会后,中央先后批准出版包括彭真在内的9 位领导人的文选。彭真对身边工作人员有过一段特别提示。他说,整理我的东西,你们不能随便改。不能用现在的看法改当时的思想,这就是历史。

45 万字的文选收集了彭真1941 年至1990 年的重要文章、电报、讲话共90 篇,彭真将这些文章一一反复看过,少则三遍,多则七八遍,一个字,一个字,连标点符号都没有放过。

多少年过去了,许多人还不能忘记中华人民共和国成立之初老市长在北京市第一次代表大会上讲的话。彭真说,要正视工作中的缺点,老老实实;对就对,错就错,有多少就说多少,这是共产党员的本色。

然而,能一辈子老老实实,对就对,错就错,不说瞎话不容易,这需要人心底有一个真的信仰,并有足够的勇气在需要的时候捍卫这个信仰。几十年,彭真习惯了认真地工作和生活,第一,不随便说;第二,说时郑重;第三,说了就要做。

身边人不讲真话不得了

彭真从不草率地决定一个问题。在决定重大问题之前,他必须充分听取意见,尤其是不同意见。他说,听不到反对意见,就觉得不踏实。

真听不同意见与发扬民主给别人看是两种截然不同的感觉。彭真说,别人说的对,为什么偏要抱着错误,为了一点点面子不放松?别人说的不对,也必有其理由,考虑进去就更全面了。

“坚持真理,随时修正错误”,“我说了又算又不算,谁对就听谁的”。这是彭真的名言。与他共事的人经常有机会听到他这么说,在这样的氛围下工作,直言表达不同意见是顺理成章的事,甚至争论,也未尝不可。这时候,你不必担心,彭真会把争论理解为对他的冲撞,这位身居高位的领导者最讨厌弄虚作假,最讨厌整天“是是是、好好好”的人,彭真喜欢实话实说。

彭真曾感慨,身边的人不讲真话是不得了的事,包括有些与他想法不尽一致的人。这种对不一致的容纳说明彭真考虑问题立足事业而非个人的尊严,而这种立足角度正是一个政治家和一个官僚的区别。

彭真经常跟全国人大常委会的同志说,常委会上只要大家意见不一致,就不要勉强通过。在立法问题上,有争议好,要尽量让大家充分发言,让大家把话说完,不要怕耽误时间。他说,人大是集体解决问题,每人一票,我也是一票,大家的权利是一样的。

1988 年,彭真在即将卸任时回眸第六届全国人大常委会 5 年来的工作时说,常委会没有辜负全国人大的委托和宪法赋予的职责,根本的一条就是按民主集中制原则办事,集体行使权利,集体决定问题。

正是因为这种集体决定问题的惯例,才有了广泛的民主和充分的讨论,才有了国家最高权力机关卓有成效的工作。在这中间,彭真忘却的是一己的所谓“尊严”,赢得的是整个社会的进步。

用立法保障改革开放

有人说,彭真有这样一种能力,他善于把自己的思想变成他人的行动,在任委员长期间,彭真率领他的同事们用法律的手段为中国的改革开放做了许多重要的工作。

80 年代中期,中国处于大变革时代。如何立法?彭真为此陷入了两个月的思考。思考以后拿出来的办法是,授权国务院在经济体制改革和对外开放方面可以制定暂行的规定或条例。

全国人大常委会就此作出正式决定,这一决定被称为中国在改革过程中解决立法问题的重大措施。这种类似于国外授权立法的方式给予国务院在改革过程中以更大的制定行政法规的权利。在这一授权之后,政府认为哪些方面的改革应以法律来保障,就可以酌情制定有关行政法规,待改革成熟之后,再由全国人大制定成法律。

1979 年,当中国还只有一家中外合资企业的时候,彭真便主持制定了中外合资企业法,为即将飞速发展的中外合资企业提供了宽广的法律跑道。

1989 年,彭真在珠海考察,针对有人对特区市场的非议说,我看到了珠海特区的市场,觉得很不错……管理好、质量好、市场繁荣、物品齐全……彭真的讲话给特区以极大的鼓舞。

彭真的90华诞正是党的十四大召开的日子。在党的十四大开幕式结束后,江泽民、李鹏及其他党和国家领导人一行十几人就驱车前去看望彭真,向这位老一辈无产阶级革命家、共和国开国元勋致贺。那一天,彭真的家被花篮充满了。

那时的彭真已是“公民一个,共产党员一名”。9年前,为推进中国干部年轻化进程,身为全国人大常委会委员长的彭真,坚决地辞去了一切职务。从第一届全国人大就担任常委会副委员长职务的资深领导人彭真,1988年以后甚至不再是一名全国人大代表。

彭真,这位一生追求真理,追求行动的政治家,当时依旧以机智的大脑关注着中国改革的事业,用温暖的目光关注着事业的后来者。他坚决支持以江泽民同志为核心的中央领导集体,高度评价1992年年初邓小平同志南方谈话。

直到现在,杰出的政治家、共和国第四任委员长彭真的专门记录还很少很少,几本文选、一本画册,还有一本总共101页的生平大事年表,它以纪年的方式平平淡淡地记录了彭真由许多个惊心动魄的故事组成的一生。 (1997.5.22)

点　评

彭真同志是伟大的无产阶级革命家、政治家,杰出的国务活动家,坚定的马克思主义者,我国社会主义法制的主要奠基人,党和国家的卓越领导人。正是在彭真同志“政法战线要办一张报纸”的指示下,《法治日报》的前身《中国法制报》应运而生。

彭真同志生前始终没有松口同意发表写他的文章,在彭真逝世后的第26天,本报终于刊发出了国内媒体第一篇纪念彭真的长篇通讯。这篇通讯的采写设想,最早始于1988年彭真同志从领导岗位上退下来时,真正开始收集材料则始于彭真同志的90华诞,恰值党的十四大召开的日子,作者先后采访了数十人,其中包括彭真的秘书、亲属和曾在彭真身边长期工作过的同志。历时数年的采访得到了全国人大常委会法工委、国务院法制局、中央文献研究室、彭真同志办公室一些老同志的热心帮助。文章经历了漫长的审稿过程,几经修改,直至1997年彭真病危时,最终由时任中共中央政治局候补委员、全国人大常委会副委员长王汉斌同志亲自审稿,签署了同意发表的意见。

作者在采访中曾与彭真同志有过多次接触,写作此文时倾注了真挚的感情。文章精于构思,长于叙事,感情真挚,文笔流畅,文中很多细节是第一次公开报道。

堪以为戒

对武威92"11·8"错案的调查

那日苏　查庆九　罗成志

这是一起在甘肃全省、特别是在甘肃政法系统引起强烈震动的错案。此案初始结论与最后结论大相径庭。其中的问题令人触目惊心,其中的深刻教训值得认真思考。

武威92"11·8"案件

1992年11月8日早晨,武威市公安局接到报案:甘肃省土特产品公司武威分公司武威市盘旋路副食品商店财物被抢,值班员唐某某被杀。接报案后,武威地、市公安处、局联合对现场进行了勘查,先后5次召开案情分析会,并于11月16日成立了43人的专案侦破组。

根据现场勘查,侦破组刻画的凶手情况是:2人以上,当地人,有前科且极需钱财者。同时认定杀人凶器为现场发现的一把裁缝剪刀。经过10多天的大量摸排,最后将视线聚集到当地人杨黎明身上。杨黎明当时27岁,居住在发案现场附近,有前科,有吸毒习惯,案发前与被害人发生过争吵。杨黎明于11月28日被拘传。据有关办案部门的材料:杨黎明对盘旋路抢劫杀人案做了初步交代。经过进一步审讯,杨黎明又交代了同杨文礼、张文静抢劫杀人的经过。公安机关随即对杨文礼、张文静采取了强制侦查措施,2人也先后供述了犯罪事实。

既然3名嫌疑人的供述与现场勘查认定的情况基本一致,再加上杨文礼上衣有一点血迹与被害人血型一致,同时又排除了上述3名嫌疑人不在现场的可能,市公安局即向市人民检察院提请逮捕。经市人民检察院调查,于1993年1月12日批准将上述3人逮捕,并于同年6月25日报地区检察分院审查起诉。分院受理后作了一些补充侦查,于9月15日向武威地区中级人民法院提起公诉,中院于同年10月11日公开进行了审理,11月3日审判委员会作出一审判决,以故意杀人、抢劫罪判处杨文礼、杨黎明死刑,剥夺政治权利终身;判处张文静死刑,缓期2年执行,剥夺政治权利终身。

如果不是甘肃省高级人民法院认为该案部分事实不清,撤销一审判决,于1993年12月29日裁定发还重审,武威地市公检法还都认为此案铁证如山,办得很圆满,有些侦破组人员还因此案立功受奖。在省高院发回重审,按程序一直到武威市公安局补充侦查后的9个半月中,未见任何补充侦查活动记载和结果。然而,1994年9

月15日晚8时许,来自广西桂林市公安局的一个电话如惊雷般震动了武威的公、检、法机关:该局抓获的肖国红、唐世禄、夏毓刚3名犯罪嫌疑人供述曾于1992年11月8日凌晨在甘肃省武威市盘旋路杀人抢劫,要求查证核实!

接到桂林市公安局电话后,武威市公安局派人前往桂林同当地公安机关联合对广西3名犯罪嫌疑人进行了审讯,获取了3名犯罪嫌疑人的口供笔录。11月8日,武威市公检法机关成立了13人的案件复核组,至1995年1月11日复核结束。调查复核结果是:因涉嫌贩毒、贩枪、盗窃等犯罪行为被广西警方逮捕的广西3名犯罪嫌疑人曾于1992年7月期间流窜至甘肃张掖、河西堡、永昌、民乐县等地多次进行盗窃。而广西3名犯罪嫌疑人对作案经过的供述与盘旋路杀人抢劫现场的情况完全相同,并且供述了武威警方勘查现场时注意到却一直没能作出合理解释的5个问题。至此,案件真相大白。复核组确认,武威市盘旋路杀人抢劫案系广西3名犯罪嫌疑人所为,武威地区中级人民法院原一审以杀人抢劫罪判处杨文礼、杨黎明死刑、张文静死缓是一起重大错案!

错案确定后,武威地委及政法委领导多次在有关会议上,要求公、检、法三机关对"11·8"案件中的错误自查自纠,越快越好,越主动越好。但市公安局和地区公、检、法机关在思想上并没有引起重视,行动上也没有认真自查自纠。直至1995年1月25日才对杨文礼等3人采取了取保候审措施,又于1996年2月5日宣布释放。此后,公安机关对3人做了一些抚恤工作。

"11·8"错案不仅引起了甘肃省公、检、法机关的重视,同时也引起了中共甘肃省委、省人大常委会的关注。1997年4月18日,甘肃省人大常委会主任会议决定并经省委同意,以省人大常委会副主任饶凤翥为组长,省人大常委会内务司法工作委员会,省政法委,省公、检、法抽调有关负责人组成的调查组,从4月25日开始,用了40多天时间,对"11·8"错案形成的原因和责任进行了调查。调查组在武威地、市党委的配合下,使这起拖了数年没有查纠的错案得以查清。1997年7月3日,武威地、市有关部门对错案涉及的17名办案人、负责人作出党纪、政纪处分。在此之前的6月18日,武威市人民检察院对4名办案人员以刑讯逼供罪向市人民法院提起公诉。与此同时,武威市地区政法系统的思想、纪律、作风大整顿也从此全面展开。

错案是如何形成的

在广西,肖国红、唐世禄因故意杀人、盗窃、贩毒、贩卖枪支弹药等罪行被桂林市中级人民法院判处死刑,剥夺政治权利终身,经广西高级人民法院于1996年11月8日终审核准死刑,执行枪决;夏毓刚被判处死刑,缓期2年执行,剥夺政治权利终身。两死一缓、剥夺政治权利终身,从这一点看,桂林与武威的判决相同,然而对象不同,其性质却有天壤之别。

那么,武威“11·8”错案是怎样形成的?为什么会出现错侦、错诉、一审错判?

武威地市公安机关在对“11·8”抢劫杀人案的现场勘查中,在对3个直接影响案件侦破的重大问题的认定上出现了错误,从而导致侦查方向偏离了客观实际。首先是法医尸检受现场遗留的一把裁缝剪刀的影响,将被害人身上25处刺伤误断为剪刀形成,侦查人员即将仅有“微量血迹”却检不出血型的剪刀,确定为杀人凶器。而事实上死者身上的创口与剪刀形成的创口并不一致,专案组复核时的模拟实验证实了这一点。广西肖国红等3名犯罪嫌疑人交代杀人凶器为游标卡尺磨制的单刃刀和蒙古刀,所致创口形状与尸检描述一致。其次是对被害人死亡时间认定错误,把8日凌晨2时许误认为7日晚饭后半小时至1个半小时,据此侦查人员判定作案人与死者是熟人或近邻,排除了流窜作案的可能性,从而使整个侦查工作偏离了正确方向。最后是在对血型鉴定结论的认识及运用上出现不应有的错误。案发后,在杨文礼的衣服上发现少量血迹,而杨文礼供述是与老婆打架时沾上的,后又供述是案发之前与别人打架时溅上的。

有关部门的4个层次的血型分析鉴定都证明该血迹与死者MN系统血型同类,但并不能据此作个体认定,在没有其他证据印证的情况下,不能作为唯一的关键证据定案。然而,武威公、检、法3部门竟无一例外地将此鉴定作为杨文礼等人杀人抢劫的定案铁证。

还有一个令每个人都会问的问题:既然杨文礼等3人未杀人,那么他们为什么要招供,而且供述和现场勘查结果有那么多吻合之处?

原来,1992年11月28日杨黎明被抓到西街派出所后,在严刑逼供下,编造了与杨文礼、张文静共同杀人抢劫的假口供。在口供根本没有涉及具体作案情节的情况下,公安部门先后于12月3日、6日将杨文礼、张文静收审在案,同样采取了严刑逼供、指供、诱供等违法手段,两人也屈打成招。3人一致反映,他们的有罪供述是在公安人员一边提示、引诱,一边施刑的情况下获取的。从现在的调查结论看,杨文礼等3人根本未到过“11·8”杀人现场,而口供与现场基本吻合,完全是办案人员刑讯逼供、指供诱供造成的。

公安机关第一步走错,检、法两家的下两步又是怎样一错再错的呢?

案件到了检察、审判环节,杨文礼等3人不仅全部翻供,一再申辩没有杀人,以前的有罪供述是在刑讯逼供下作出的,3人及他们的亲属也多次申诉,请求为其洗雪冤屈,有些申冤材料读后发人深思,但均未引起检察、审判人员的足够重视。在起诉和审判两个环节上审查不仔细、把关不严格,是最终酿成这起错案的重要原因。

该案件在侦查中获取的口供、物证、证人证言等证据材料,有的残缺不全,有的互相矛盾,有的似是而非。如认定的现场提取的剪刀是杀人凶器,但检不出血型;在现场椅子上提取有鞋印,却没有鉴定结论;现场勘查时认定保险柜是手摇钻打开的,但一直未找到手摇钻,杨文礼等3人对作案入口、作案工具、具体杀人情节的供述相互之间矛盾很多;被盗的60余条香烟、12斤发菜等赃物赃款没有下落;现场提取的一个女式提包，庭审时出示的证言是“好像见杨文礼妻子背过”，但一审庭审调查后，证人即向法院写了书面材料，认为“对证词进行了篡改”。诸如此类的问题，检察机关和审判机关均没有细致审查核实。对于杨文礼等3人提出的公安人员刑讯逼供问题，休庭后，审判人员召集公安、检察机关办案人员座谈，对公安主办人作了简单询问，公安局出具了“在侦查、预审中未对犯人搞过刑讯逼供，一切活动合法”的证明。检、法两院将此证明收集在卷，便不再过问。

有的关键问题，虽然作了核查，但没有作出准确认定。如杨黎明提出发案当晚在朋友家过夜，没有作案时间。检察机关也查到杨黎明曾在一个叫张建中的家中连续住过两晚，张父证明第一晚住宿时下了小雪，第二天早上自己还清扫了院子里的积雪。武威市气象资料证明，1992年11月5日以前10天、8日起后推10天武威市未降雪，而6日晚至7日晨降小到中雪。据此，至少不能排除杨黎明在张家住宿时间是11月6日、7日两晚。但检察机关相信了张建中“好像是5日、6日住在这儿”的回忆，排除了杨黎明无作案时间的重大疑点。对此，中级人民法院在审理中也未提出任何疑义。

在采访中，检、法两院的负责同志认为，该案之所以一错再错，对杨文礼3人申诉辩解未能重视，又在案件存在许多疑点的情况下仍然起诉和判决，是由于他们从指导思想上先入为主，有罪推定；对3人的无罪辩解认为是狡辩，对他们在检、法环节上的翻供习以为常，认为这是畏罪的表现；认为案件经过几个环节后虽然有部分事实不清的问题，但不会成为假案冤案；只注重3机关的相互配合，忽视了相互制约。

亡羊补牢犹未晚

武威“11·8”错案造成了严重后果，因公安人员刑讯逼供，致使3名错案受害人不同程度的伤残，并给他们的家庭带来了严重损害。更为严重的是，这起错案在群众中造成了极坏影响，对政法机关的形象、党和政府的威信都造成了不同程度的损害。

“11·8”错案暴露出的问题很具典型性，值得认真思考。此案原本不该办成这样的，如果我们的公安人员少一点急于求成的功利思想，多一点对人民群众（包括对嫌疑对象）负责的观念；少一点主观臆断，多一点刑侦科学知识；少一点执法犯法，多一点依法办事；如果我们的检察官和法官少一些先入为主，多一些实事求是；少一些只顾面子，互相迁就，多一些认真负责，互相制约，错案也许就不会发生了。

武威地委和省人大调查组在总结该案的深刻教训时提出了如下建议：必须加大政法队伍建设力度；公、检、法3机关必须严格坚持法律规定的“分工负责、互相配合、互相制约”的办案原则；必须进一步加强执法监督检查的力度，推进民主法制建设的进程；必须加强和改善党对政法工作的领导。

愿我们所有的政法机关都能从甘肃武威“11 · 8”错案中吸取教训,以确保这样的悲剧不会重演。

(1997.10.14)

点 评

这起错案几乎具有所有冤假错案的“特征”:刑讯逼供、公检法关口失守、制造冤案者“立功受奖”、对律师辩护置若罔闻……这起“武威错案”就是一面镜子,照出了错案背后的沉痛教训,照出了政法队伍建设存在的短板、漏洞,照出了一些执法者对法治信仰的缺失。

通过“武威错案”可以看出,从严治警,加强政法队伍建设,努力提高干警政治素质和业务素质,是一项永远在路上的工作,时时刻刻不能松懈,唯有如此,才能锻造出一支一心为民、敬畏法律、忠诚担当的政法铁军。

升起希望　守护尊严

天安门国旗护卫队风采录

赵　翔　耿大建

每天升旗降旗，必须同太阳升起和降落的时间一样，早一分不行，晚一分也不行；

从金水桥头到国旗杆下，正步行进138步，多一步不行，少一步也不行；

护旗兵操枪时，必须是一个声音，慢一点不行，快一点也不行；

守卫国旗的哨兵，要像钉子一样钉在哨位上，动一下不行，吭一声也不行。

这些苛刻的标准和要求，武警北京一总队国旗护卫队的官兵们日复一日、年复一年地做到了。他们升起的是中华民族的希望，守护的是伟大祖国的尊严。他们是国旗的忠诚卫士。

在举世瞩目的天安门广场，他们爱旗、护旗、讲旗。天安门广场的升旗仪式，如今已成为首都北京的一大景观，成为进行爱国主义教育的好形式。在这里高高飘扬的五星红旗，被誉为"祖国第一旗"。

脚趾骨折了，仍坚持升降旗20多天。国旗卫士用心血和汗水实践着诺言——"护卫国旗，重于生命"

很多人是在天安门广场观看升旗仪式或通过电视屏幕认识国旗护卫队的。

但是，很少有人知道，牵动亿万人心的升旗仪式凝聚着国旗护卫队官兵多少的心血和汗水。"护卫国旗，重于生命"——国旗护卫队荣誉室墙上的这8个大字，是国旗卫士们用心血和汗水实践着的诺言。

王俊华，国旗护卫队组建后的第一位擎旗手。在一次训练中，他不慎把右脚拇指踢骨折了，当即痛得坐在了地上。由于当时擎旗手就他一人，离降旗时间又很短了，他忍痛参加完了降旗仪式。回驻地后，马靴和脚面紧紧贴在了一起，脱不下来。战友们找来剪刀把马靴剪开，才把他红肿的右脚拿出来。到医院后，医生用钢板把他右脚拇指固定起来，缠上绷带后，右脚比左脚大了许多。

第二天凌晨4时30分，王俊华左脚穿44号马靴，右脚穿46号马靴，让通信员用自行车把他推到天安门城楼下，再由他正步将国旗擎到广场。就这样，他咬着牙坚持了20多天，没耽误过一次升降国旗。

在国旗下担负守护任务，哨兵必须做到雄伟挺拔，表情庄严，纹丝不动。哨兵巴伟上哨时，一只蜘蛛在他的脸上爬来爬去，他若无其事。下哨时，他的脸上已结了好几道蜘蛛丝。

去年夏季的一天，天安门广场上很多人在放风筝。由于气流变化，一只风筝坠地，风筝线刚好挂在哨兵陈国学的脖颈上。因线细、距离远，放风筝的群众没发现，收线时将陈国学的脖颈上拉开了一道4厘米长的血口子。鲜血染红了衬衣。陈国学却一声不吭、一下不动，仍保持着庄重、威武的形象。

这就是我们的护旗哨兵。不，简直就是雕塑。

在国旗下，人们看到的往往是护旗哨兵良好的警容警姿，却很难发现在他们的白手套中指内，几乎人人都放有一枚图钉。原来战士们上哨时，由于长时间静止不动，加之任务繁重、睡眠不足，往往容易犯困。为此，战士们就自己发明了这个“妙方”。上哨时只要一犯困，就用图钉暗暗刺自己的大腿，以始终保持精神振作、姿容端正。他们风趣地说：“这是国旗卫士才能享受的痛苦。”

顶着大风练站稳，迎着太阳练不眨眼。国旗卫士们深知：必须经过特殊的训练，才能护好祖国第一旗

特殊的环境，特殊的岗位，特殊的任务，要求国旗护卫队员必须具备特殊的素质。而这特殊的素质则来源于特殊的训练。

站功，是国旗哨兵的基本功。不少新兵刚入队时，站不到半个小时，就头晕眼花，甚至昏倒在地。要达到站得直、站得稳、站得久的要求，平时训练一般要站三四个小时。

为了校正体形，战士们腰间插上木制的“十字架”，领口别上大头针，一站就是大半天。他们经常顶着大风练站稳，迎着太阳练不眨眼，有时还专门捉来蚂蚁放在脸上任其爬来爬去，练耐力，练毅力。

走功，最能展示国旗护卫队的风采。32人组成的护旗方队，要横看成列，纵看成行，步幅一致，摆臂一致，目光一致。从金水桥头到国旗杆下的138步，每一步都要走得威武雄壮、铿锵有力，走出国威、军威来。

为练好走功，他们绑着沙袋练踢腿，对着镜子练摆臂，用尺子量步幅，用秒表卡步速，一踢就是成百上千次。遇到刮风、下雨、降雪的天气，往往是他们加班加点练走功的大好时机。迎着风，蹚着水，踩着雪，保证刮风走得直，下雨走得齐，降雪走得稳，保证在任何情况下，动作都不变形。山东籍战士曲衍涛刚当擎旗手时，8公斤重的国旗一扛上肩，遇到风吹雨打，不要说走正步，连齐步走都东摇西晃。他横下一条心，苦练3个月，踢破了3双皮鞋，磨破了2套作训服和30多副手套。

持枪功，最能体现人民军队的威武和祖国的尊严。护旗兵用的是镀铬礼宾枪，夏天手出汗后容易滑落，冬天冰冷的手难握住。为了达到操枪一个声音、一条直线，他们就在枪托下吊上砖头练臂力，腋下夹上石子练定位。有的战士手掌拍肿了，虎口震裂了，右肩磕紫了，仍坚持训练。升降旗时带队警官手举指挥刀看上去很轻松，其实那刀有4公斤重。要在队列行进中，自然流畅地完成抽刀、出刀、举刀、收刀一整套动作，并不容易。为了展示中国军人的阳刚之气，把动作做得潇洒威武，老队长陈杰当带队警官时，每天都早起晚睡练习上千次，右手经常被磨出一串串血泡，有时胳

膊肿得连衬衣都穿不进去,被战友们称为“拼命队长”。

在几乎超越生理极限的训练中,每名战士从入队那一天起就抱定一个信念:为了展示国旗卫士的形象,展示五星红旗的风采,展示伟大祖国的尊严,再苦再累也心甘。

在和国旗朝夕相处中,国旗卫士们对国旗有着一种刻骨铭心的感受

在与国旗朝夕相处中,国旗卫士们对国旗产生了一种特殊的感情,与国旗结下了不解之缘。当亲情与责任、个人利益与国家利益发生冲突时,他们心中首先想到的是祖国,是国旗。

河北籍战士韩卫军,1992 年“两会”期间母亲病危住院。中队干部安排他回家,他考虑到“两会”执勤人员紧张,只打个电话问候了一下就继续上哨。“两会”结束后,中队干部买来车票强令他回家。当他带着愧疚的心情匆匆赶到家里时,母亲已撒手离去。亲人们告诉他,母亲是喊着他的乳名离开人世的。

韩卫军身着橄榄绿警服,佩戴国徽,默默地来到母亲坟前,哽咽地说:“妈,俗话说,忠孝不能两全。在您最需要的时候,我没能回来。今天,儿子回家看您来了,您原谅儿子吧。您生前最大的心愿就是能到北京,看看天安门,看看升旗仪式,看看国旗下的儿子。今天,儿子就给您踢几圈正步,您在九泉之下听一听吧。”说完他围着母亲的坟头沉痛地踢了 3 圈正步,以这种独特的形式,寄托了一名护旗兵对母亲的哀思。

凡是在国旗护卫队工作生活过的战士们,都有一种刻骨铭心的感受。在队里时,日夜思念的是国旗;离队时,难舍难分的还是国旗。不管走到哪里,永远也抹不掉对国旗的记忆,割不断对国旗的思念。

每个老兵退伍前,都要到国旗下,深情地向哨位告别,郑重地向国旗敬最后一个军礼。不少战士抱着国旗下的汉白玉栏杆失声痛哭。

在战士们心中,国旗所占的位置是任何东西也无法替代的,即使是复员之后,他们仍挂念着国旗,还经常梦见国旗。

被誉为“国旗之子”的陶维革,守护了 5 年国旗。1990 年退伍后仍念念不忘心爱的国旗。1994 年,他因患再生障碍性贫血住进了医院。在病床周围的墙上,贴着大大小小几十面手工做成的国旗和天安门图像。就在生命垂危之际,他心里想着的还是国旗,最后的心愿就是到广场亲眼目睹一次升旗仪式,再给国旗敬个礼。

1995 年国庆节,陶维革终于如愿以偿。去年 6 月,他带着对国旗的无限热爱和眷念,永远地离去了。临终前,他拿出自己珍藏多年的两副手套,嘱托妻子:“我没有什么值钱的东西,这两副手套,旧的是我当旗手时用过的,新的是复员时部队送我作纪念的。我现在转给儿子,希望他将来也能成为一名光荣的国旗卫士。”

李鹏总理审批的新的升旗仪式方案源于普通的国旗卫士们

天安门广场的升旗仪式威武庄重,震撼力强,可谓一旗凝聚亿人心。许多人也许不知道,升旗仪式的设计方案竟和这些普通国旗卫士们紧紧地联系在一起。

1982 年年底,天安门广场负责升旗的只有 1 个班,当时升降旗只有 2 名战士负责,也没有仪式。升了几次后,大家觉得这种仪式太平常,不够威武和庄重,与我们 10 亿人口泱泱大国的地位不相匹配。

战士们开始琢磨了。国旗是国家的象征,天安门广场的五星红旗是毛主席亲手升起来的,在全国人民的心目中有着至高无上的地位,应该有一个庄严神圣的升旗仪式,来表达亿万人民对国旗的热爱之情。

班长董立敢有一天上街买东西,正好在王府井的橱窗里看到了一张外国升旗的照片,很受启发。他连东西也忘了买,立即赶回部队,与指导员商量升旗仪式的改革方案。官兵们你一言,我一语,说构想,提建议,设想了几种方案,利用晚上时间到广场一遍又一遍地排练。一名战士随口哼起了“东方红,太阳升”这首歌曲,没想到一下子打开了大家的思路:对,要让代表国家的国旗与太阳同时升起、同时降下。就这样,最后确定了“一人擎旗、两人护旗、昂首挺胸、正步行进”,让国旗与太阳同时升降的方案。

班长董立敢带着战士数次跑天文台,把一年四季 365 天日出日落的时间一一抄下来。由此他们也掌握了一些天文知识,知道了从太阳上沿与地平线相切,到太阳跃出地平线,下沿与地平线相切,整个过程需要 2 分零 7 秒。他们就决定让国旗从开始上升到升至顶端,整个过程也设计成 2 分零 7 秒,真正使国旗与太阳同时升起。

方案很快得到了上级的批准。1983 年 2 月 1 日,新的升旗仪式亮相后,很快成为首都的特殊一景。1986 年,中央电视台把天安门广场升旗的场景作为《新闻联播》节目的固定片头播放后,天安门广场的升旗仪式很快成为万众瞩目的焦点。很多来北京的人,都把看升旗仪式作为一个必不可少的内容。

1990 年,新中国第一部《国旗法》颁布实施。在各界群众的提议下,为了使升旗仪式更加庄严神圣,战士们在总队领导和天安门地区管委会的协助下,对升旗仪式进行了第二次改革。一次次拿出方案,又一遍遍地修改,先后五易其稿,终于拿出了新方案:增加 1 名带队警官和 32 人的护旗方队,排成四行八列,平时升旗时,护卫队播放国歌录音,重大节日和每旬逢一的日子,还有 62 名军乐队员随队伴奏,行进时伴奏《歌唱祖国》乐曲,升旗时演奏国歌。

新的国旗升降仪式改革方案的报告,很快呈送到了中南海。日理万机的李鹏总理仔细审阅批准了这个饱含武警战士爱国热情的方案。有关部门很快决定,新的升旗仪式于 1991 年 5 月 1 日正式实施。

5 月 1 日凌晨,国务委员罗干等领导早早地来到了广场,与 10 多万群众一起静静地等候那激动人心时刻的到来。当太阳的上沿与地平线相切的刹那间,升旗手分秒不差地按动电钮,五星红旗随着国歌的旋律冉冉升起。这时,整个广场一片欢腾,掌声一阵高过一阵。

新仪式启用后,原天安门“国旗班”改编为武警天安门警卫支队国旗护卫队。

(1997.11.25)

点　评　天安门广场上空高高飘扬的国旗,被人们称为“国门第一旗”,每一次升旗都感染着成千上万中华儿女的爱国情怀。在这里播种爱国主义种子的正是国旗护卫队。记者走进他们的生活,走近他们的心灵,感受他们涌动的爱国情怀,为读者展现了一群激情飞扬、情感丰富的战士别样青春年华。

向可敬的国旗卫士致敬!

江西由“童山濯濯，红水横流”到“无山不绿，有水皆清”

农业法在这片热土上

于 东

金秋季节，记者随全国人大常委会《农业法》执法检查组来到江西，对南昌市和宜春、吉安、赣州、抚州地区及樟树、泰和、井冈山、兴国、南丰等7市、县进行《农业法》执行情况检查。

在江西期间，检查组先后听取了江西省及地区有关市、县的汇报，与部分乡镇、村的基层干部群众进行了座谈。实地考察了一些粮库、养殖场、林果基地、农业“五站”，并到一些乡村走访了农户。

全国人大常委会委员何康代表检查组在与江西省政府负责人交换意见时，对江西省各级政府贯彻实施《农业法》的工作予以了充分的肯定。何康说，江西省各级政府贯彻执行《农业法》是认真的，并做了大量的工作，依法兴农所取得的效果是显著的。

(一)

《农业法》自1993年颁布实施以来，江西省各级党委、人大、政府十分重视，把组织学习、宣传和贯彻实施这部法律作为一项重要工作来抓。省人大常委会和省政府及农业厅注重把《农业法》同本省实际结合起来，认真组织学习、宣传和贯彻，组织了“贯彻落实《农业法》，促进农业服务体系建设报告团”，分组深入到基层县、市，宣讲《农业法》基本精神。省委、省政府还将贯彻落实《农业法》与“二五”、“三五”普法有机地结合起来，以此提高依法行政、依法兴农的水平和能力。兴国县组织《农业法》宣讲团分别到全县34个乡、镇、场进行巡回宣讲，他们还把农业两法的内容和条款编写成兴国山歌，组织有名的山歌手在县城、圩镇巡回演出，使之家喻户晓。

(二)

江西是我国最大粮产区之一。他们坚持把农业放在经济工作的首位，积极促进农业稳步发展。去年，农业获得全面丰收，农业增加值比上年增长8.5%，粮食总产353亿斤，创历史最高水平。今年上半年，春粮、春油丰收，早稻与去年持平，晚稻长势良好，有望丰收。特色农业和农业产业化步伐进一步加快。江西农业能够稳步发展，农业经济上台阶，其原因之一，是江西省努力落实《农业法》关于农业投入的规定。据检查组了解,1995 年、1996 年,江西省本级财政支农支出分别比上年增加 6.5%和 34.6%,高于财政经常性收入增幅 10.8%和 25.1%。江西省及检查组所到地、市、县财政对农业的投入都基本达到了《农业法》规定的要求。在确保财政支农投入的基础上,还多渠道筹措支农资金。宜春地区 1996 年新增农业贷款 3.7 亿元,年增幅达 47.4%。今年还招商引资利用外资 1273 万美元,通过税收、价格、信贷等手段调动了社会各方面和广大农民投资农业的积极性。江西省依法保证各项资金及时足额到位,杜绝了截留、挪用资金的现象。各项农业资金稳步增加,保证投入,巩固了农业的基础地位,对于促进农业的稳步发展起到了重要作用。

(三)

江西省认真贯彻中央关于做好减轻农民负担工作的决定。省人大对此加强执法监督力度,将农民反映强烈的乱收费、乱集资、乱摊派等问题作为检查重点。对税收、摊派问题进行了专项治理。铅山县曾把由建筑队承担的“建房建筑安装营业税”转嫁给建房农户,通过清理,将错误摊收的 270 万元税款全部退还给农民。一些县政府严格制定有关农民减负的监督管理制度,公开接受监督。兴国县在抓“减负”工作中,一是规范政府行为,同时还制定了“一清查、六禁止、两停止”的政策措施。二是强化制约机制,实行“一控、二审、四建制”。三是强化监督管理。以上措施的落实,较好地制止了农民负担的反弹。检查组所到地方了解的情况表明,农民实际承担的村提留、乡统筹普遍在 2% ~3%,没有超过国家规定 5%限额的现象。在粮食定购、议购中严格执行国家规定的价格和购销政策,基本做到了不拒收、不限收、不停收、不打白条、不代扣各项提留统筹款、不压级压价。江西省认真开展减负工作,调动了农民积极性,落实了粮食购销政策,拓宽了农产品流通渠道,搞活了农村经济。南丰县政府积极帮助农民做好蜜桔销售的准备工作,下发了有关通知。落实流通渠道,组建了柑橘贩销队,设立了专门销售网点。兴国县种子公司在杂交水稻制种中,采用计划制种,并为制种户搞好产前、产中、产后服务,既防止了群众盲目制种造成卖难问题,又保证了种子质量,1995 年被列为“中华种子集团”成员,今年又被农业部列为全国 100 个种子工程示范县。

(四)

以前的江西给人们留下的印象是“童山濯濯,红水横流”。近些年来,通过持续的大规模绿化荒山,种植果树、竹林、油菜等经济作物,不仅使全省森林覆盖率达到 53.3%,成为全国第四个基本消灭荒山的省,还极大地改善了生态环境,如今江西已是“无山不绿,有水皆清”。在土地开发利用方面,不少地区已全面完成基本农田保护区的划定工作,他们坚持依法批地,严格控制了农用地转为非农建设用地。节约和保护了大量耕地，保证了土地的合理开发利用。

江西省副省长孙用和在会上说，江西省对《农业法》的贯彻落实比较重视，在贯彻《农业法》实施依法兴农方面做了很大努力，取得了一些成绩。然而江西省在实施《农业法》方面也还存在一些问题，如粮棉卖难问题、农民额外负担等问题仍有发生。我们决心在党的十五大精神指引下，进一步推动《农业法》在江西省的贯彻实施。

（1997.11.26）

点　评　农业法实施3年即开展了执法检查。这部事关“三农”的法律实施情况直接关乎农业发展、农民权益保护。记者随检查组到江西开展执法检查，不仅关注农业生产、农民负担，更关注到农业法在生态保护上发挥的作用，由“童山濯濯，红水横流”到“无山不绿，有水皆清”，实施的效果如何。

天若有情

郭　毅

一个7岁的农家女孩，被不符合安全标准安装的变压器击伤。家困无钱截肢，双臂慢慢烂掉，伤口3年愈合。责任单位推来推去10年——横竖不管；法院一审、二审、重审9年——至今未果。时至今日，女孩的残肢必须手术治疗，可负债累累的父母只有双双垂泪……

1

少女的17岁是花季，花季的梦最多、最美。"假如一生中只能实现一个愿望，那你的愿望是什么？"

你去问100个少女，一定会得到100种回答。个个都美丽动人，个个都绚丽多彩。可是在那遥远的北国，记者却听到了一个令人心碎的回答——

"我只希望我能拥有双手！"

这是在黑龙江省，伊春林区的深处，铁力市郊一间普普通通的农舍里，一个与命运苦苦争斗了10年的姑娘毫不犹豫的回答，那声音虽略显稚嫩却充满执着，似平静如水却波澜壮阔。

一个如此简单的企盼，却是一个姑娘全部的梦。这个梦，她已做了整整10年！10年了，山草黄了又绿，大河封了又开，姑娘的梦，却至今未圆！

她的名字叫隋香，黑龙江省伊春市铁力市天红村人，一家世代为农，全家四口，种着五亩菜地为生。爷爷当年曾参加"四野"随大军一直打到海南岛，可是由于"文化低"，50年代初，又回家来务农。

那是1988年10月5日。

"香香，那个砖垛子上的铁家伙是个啥玩艺？"一起玩的孩子们对香香家菜地里新建的变压器产生了兴趣。是呀，砖垛子上放的方的、圆的铁家伙都漆得亮亮的，还有一个个漂亮的磁瓶，孩子们开始走近变压器。

土堆上两个孩子驮起了香香，香香又蹬住从变压器上垂下的一束成V字形的电线，连蹬带攀，加上小朋友的推搡，香香终于上了砖垛。

"哇！"随着一声惨叫，香香还没有拉到小朋友的手，就被强大的电流从砖垛上击下。一瞬间，摔到地下的香香和惊呆了的两个伙伴都没了声响，空旷的大地间只弥漫着浓浓的焦肉味……

"救命啊，救命！"回过味来的两个孩子拼命地喊着往村里跑去。

"这孩子必须截肢，谁是这家主事的？"在哈尔滨的一家大医院里，经过紧急处置,医生们开始术前准备。“我是这家主事的!”刚刚赶到医院的香香爷爷,怀里揣着刚刚卖掉马车、马匹的1500元钱挤到了医生面前。“这孩子伤势严重,需要截肢,还要做其他修补手术,因为高压电击穿了她的身体。”“孩子有没有危险,开刀要多少钱?”香香爷爷的头上急出了汗。

“手术结果难说,术前先交押金4000元。”医生交代完走了。香香的爷爷、爸妈都低下了头。除了兜里这点钱,家里就剩地里那点儿白菜了。

住院6天后,香香一家悄然离开医院回了铁力。

“不能就这样算了,变压器安到人家地里,伤了人,得负责任。”乡亲们除了陪着落泪外,想起了讨说法的事。“对,找他们去!”香香爷爷“腾”地站了起来。

“谁的责任? 啊! 你懂什么,看看这个,这是国家的规定,我们都是按这规定办的!”“啪”一本厚厚的书摔到桌上,香香爷不认字,找了几天,县农电局的一句话就把他噎住了。

“别找我们,这个变压器,我们还没接收呢!”县石油公司的话更简单。

这以后,香香的爷爷无论找到哪儿,不是闭门羹,就是这几句话。老人又再悄悄落泪。

几个月后,终于,有个部门出面协调此事了。但不知是协调此事的政府官员也不懂法,还是有什么别的原因,香香爷爷在县劳动局安全委员会得到了一纸协议:县农电局和石油公司两家从道义上各给付隋香2000元人民币。签字前又加了一个前提条件:今后不再追究此事!

不识字,不懂法的老人在协议上签了字。

“香香的命真硬”。一个稍懂一些医学常识的乡亲笑着安慰香香一家人。“这残肢烂掉后,只要好好消炎,别感染,香香的命就有救了。”说完,那位乡亲又把香香那节黑乎乎像烧火棍的骨头递给了香香爸。

经过3个多月的煎熬,香香的双臂烂掉了,脱落了。万幸的是,香香妈的每天几十次的换药、消炎挡住了细菌的侵袭,香香闯过了一大关!

更加幸运的是,香香的一位谙熟法律又极富同情心的表姐夫得知了此事,从此,香香一家有了希望。尽管路还是那样遥远、曲折,但毕竟还是有路可走了。

2

起诉、立案、调查、开庭。主审法官徐晓峰的干练加上对香香境遇的极大同情,使本案的审理一开始进展很快。1989年,夏初,在立案后1个月内法院开庭审理此案。

原告席上是香香和她的爸爸妈妈;被告席上是一对兄弟,一位是县农电局技术股长,另一位是县石油公司副经理。

“县农电局为县石油公司安装在原告隋香家菜地里的变压器,安装不符合国家安全标准……”原告代理律师振振有辞地陈述着。

“按国家有关规定,变压器安装在两米以上的基座上,就可以不安装护栏,就对产生的一切不良后果不负责任。”农电局的代理也有根有据。

“据实地调查,变压器的基座不足两米,且有大束下垂电线,根本不符合安全标准,这是一;二,即使是符合国家安全标准,造成今天对隋香的伤害,也要有人负责任。自 1987 年 1 月 1 日起施行的《中华人民共和国民法通则》第 123 条规定:从事高空、高压、易燃、易爆、剧毒、放射性、高速运输工具等对周围环境有高度危险的作业造成他人损害的,应当承担民事责任;如果能够证明损害是由受害人故意造成的,不承担民事责任。”

原告律师慷慨陈词。“本案已由县劳动局安全委员会协调解决。”农电局代理人又找到一条理由。

“2000 元换两臂,这在法律上叫显失公平,协议无效。”

“那,那变压设施是由我方承建安装,出事时工程已完,责任应由使用单位负责。”农电局开始把责任推向石油公司。

“不对,承建安装是否完成,应以交接手续为准,请问可有证据。”

被告席上的亲兄弟开始唇枪舌剑的争斗。

8 岁的香香似懂非懂地听着看着。渴了向妈妈要口水,饿了从妈妈手里叼口面包……

回家的路上,香香一家人紧锁的眉头舒展了一些,他们听明白了事理,觉着怀里抱着一个大大的希望。

香香妈除了 24 小时照顾香香生活、为她继续擦药治伤外,开始有意识地让香香用脚干这干那;时不时在炕上撒一把豆子让香香拣。香香爸则伺候菜地,赶小马车拉脚,没日没夜地为糊口奔波。

断顿了,亲属给点米、乡亲借点面;有钱先给孩子买药,没钱时高利借款。一家人盼着法院早日判决。

一年、两年、三年,法院的判决杳无音讯,家中的祸事却接连不断:马和车在自家的院子里被偷走;借钱又买的马和车竟撞了人家的菜摊,人家索赔 2000 元,当场吓昏了香香妈。

再苦的日子也得熬,这也许是人的本能。香香的弟弟送人了,可家里还是债台高筑,缺吃少穿。

3

苦难中,香香一天天长大。香香能用脚洗脸、吃饭了;香香能用脚切菜做饭了;香香能用脚织毛活、剪纸了……

四年、五年,香香的诉讼仍无音信。香香的爷爷再也坐不住了。随之又是一次又一次的落泪。

第六年，也就是1995年，当初审此案的徐法官在外地法庭任职多年后，又调回已县改市的铁力法院。一天，新任法院院长亲自交办一个案子，打开卷宗，徐法官呆了——这竟是6年前自己初审的香香损害赔偿案。案子怎么至今还没结？怎么6年间，卷宗中只多了一份法医鉴定？！

"哥，你能不能别管那个案子，让别人去审，我们领导说，就你哥，老和我们过不去！"香香的案子刚交到徐晓峰手里，在电业局工作的妹妹就找上门来。

徐法官苦笑着想起初审这起案件时的一幕：在一次巧遇中，当时的农电局局长，借着酒劲儿、凭着官气儿，指着他鼻子嚷："徐庭长，你真不够意思，你妹妹在我手下，你还这么整我……"

"局长啊，就论良心，那孩子的两个胳膊都没了，还是个女孩，她一辈子怎么过？！她要是咱的孩子，咱会怎么想、怎么办？"徐法官的声音不高，却压过餐桌上的嘈杂声。

此案一定要审，而且要尽快审结。时隔六年，徐法官第二次开庭审理香香人身损害赔偿案。这时，被告席上的两兄弟已有一个患病去世了。

1995年7月14日，铁力市法院对此案作出一审判决：由原县农电局、现市电业局向受害人隋香赔偿医药、残疾补助、生活费共计31，235.48元；市石油公司赔偿2000元；香香的监护人承担全部费用的20%；安装假肢费用待隋香18岁后另案处理。

市电业局不服此判决，仍以6年前第一次到庭时陈述的理由上诉至伊春市中级人民法院。1995年11月24日，伊春市中级人民法院二审判决维持原判。

市电业局还是不服，再次向黑龙江省高级人民法院提出申诉。省法院于1996年12月25日裁定，撤销铁力市人民法院一审判决和伊春市中级人民法院的二审判决，发回重审，并附函提出要求：

一、分清电业局和石油公司的责任，如分不清，双方各负50%的责任；

二、医疗等费用的赔偿与假肢费一并审理；

三、鉴于受害人伤势严重，家庭生活极其困难，建议免去20%监护人的责任。

目前，此案仍在伊春中院继续审理。

从案发至今已10个年头，此案审理也有9年。香香已从幼女长成少女，本案的两被告代理人已壮年陆续病逝。还要多长时间本案才能审结，还要多少个年头判决才能执行，这些都无从知晓。

伤残、穷困、遥遥无期的诉讼，隋香一家人承担了多少，能承担多少，也只有他们自己知道。

农历正月十七，记者来到了隋香家。天已经黑了，可家里只有母女俩。"爸爸一早就赶车拉脚去了。"聪明的隋香，没等我问，就先说出了我想知道的事。"十六那天，爸爸挣了五元钱，今天可能要再多干一会儿。"

大眼睛、长睫毛、白净、细腻的皮肤，面颊上时隐时现的桃红，隋香——一个多么标致、惹人疼爱的姑娘。

“叔叔，请坐炕头，那暖和。”说着香香就用脚操起扫帚扫炕，接着又到柜里去“拿”烟。

“听说你用脚能做很多事？”听到记者问话，香香马上拉开柜门，拿出了很多她的画，有动物、有房子、有衣服，还有穿着美丽的小孩。“这些，看书和电视，慢慢学着画的，画得不好，特别是画不好动物的爪子和人的手。”香香一边翻动着她的画，一边说。

“你画得很不错，看这只小狗多可爱。”我从画稿中挑出一幅。“可小狗为什么流眼泪了呢？”“我想，小狗也和人一样，受欺负时也会伤心的。”说到这里香香脸上的笑容不见了，眼帘盖住了漂亮的眸子。

“香香这孩子心思重，总怕给别人添麻烦，自己的事总是想办法自己做。也真愁人，脚不是万能的，10 年来，香香一时也离不开我，这样还要多少年呀？！孩子的残肢上的骨芽不停地长，不马上手术又会出别的问题。可 10 年来，我们家剩下的只有债，那场官司也不知啥时能有结果。”香香妈说着说着流下了泪水。

“妈，不哭。”香香说着也流泪了。“不哭，不哭，这些年，哭都得偷着，怕孩子看，怕老人看。这不，香香的爷爷年前又是省里、市里、法院、民政，跑得多，惹的气就多。他说，为打江山流过血出过力，人家说，丢了命的能咋样；他说，岁数大了家里困难，人家说，比你岁数大的、更困难的多着呢！……唉，他只能偷着生气流泪。”

第二天，我又去了香香家，见到了她的爷爷。70 多岁的老人说话就是孙女的事，开口就想哭：“原来我以为自己天下都能打，可如今才知道，孙女都保不住……”

从隋香家出来，我不敢看送出来的一家人。因为我不敢想，也不知道能帮他们多少。

我在想：

假如，当事的那些人有点同情心，也许香香受煎熬的时间会短些？！

假如，我们的法律能够更严肃一些，也许这样审限为 6 个月的案子，不会一审就是 6 年、10 年！

假如，香香生活在北京，也许也能提出赔偿 290 万元的要求而得到社会的广泛支持？！

假如……也许……

假如……也许……

天若有情……

是的，我想，天一定是有情的，一定。（1998.2.25）

点 评

黑龙江女孩隋香命运多舛,7 岁时意外遭变压器电击失去了双臂,相关责任单位不闻不问,法院审理 6 年也没有结果,漫漫维权路走了 10 年仍在原地打转。17 岁,少女的花季,此时的隋香却没有春天。面对无助的眼神和这个几近崩溃的家庭,记者带着深厚感情写下了这篇感人至深的舆论监督报道,为贫弱者依法伸张正义。文章以散文的笔调情景交融、有血有肉,字字句句都能拧出泪水,充满了人文关怀和追求公平正义的执着,尤其标题《天若有情》饱含深意,叩击人们的心灵。报道引起社会广泛关注,一些医院和社会团体纷纷联系本报表示愿意承担隋香截肢手术所需的全部费用。时任最高人民法院院长肖扬高度重视此案并为隋香捐款 1 万元,报道刊发后不到 1 个月时间,经法院判决赔偿总额高达 167 万余元,由责任各方分别承担。此后,隋香结婚生子,过上了正常人的生活。

这篇舆论监督报道是对记者“铁肩担道义,妙手著文章”职业生涯的生动诠释。

春天的笑容

陈应革

阳春三月，京城气温较之往年要高。腊梅盛开，玉兰含苞，柳枝轻摇……美丽的春姑娘，来得如此适时。

如果说这是天公作美，那么，更具活力的是涌动在亿万人民心头的滚滚春潮。

这春潮，洋溢在人们脸上。你看，登上天安门城楼的政协委员那一副副喜不自禁的笑容，真挚的话语，无不感人肺腑；接着是江泽民总书记、李瑞环主席同政协科技界委员们座谈时那亲切的笑容。深刻的道理，殷切的希望，犹如春风化雨，激励科学工作者树立创新意识、建立创新体系、增强创新能力，誓为促进科技进步，促进经济和社会全面进步努力攀登。打开3月5日的首都各家大报，首先映入眼帘的是第八届全国人大常委会委员长乔石与第九届全国人大第一次会议主席团常务主席李鹏亲切握手的照片。两位领导人的手握得紧紧，满面笑容，荡漾着世纪的春风……还有，首次担任全国人大新闻发言人的曾建徽同志，在3月4日上午第九届全国人大第一次会议举行的第一次新闻发布会上，始终笑容可掬地回答着中外记者的提问。

今年的“两会”一开始，就给人一个强烈感受：气氛极其热烈，情绪格外振奋，喜庆，欢欣！那笑容，挂在党和国家领导人的脸上，挂在北京人的脸上，挂在全国各族人民的脸上。这是春天的笑容，春天的憧憬，春天的希冀，春天的活力。这昭示着春天的祖国，必将姹紫嫣红，气象更新！

在这春天的笑容里，人们也清醒地懂得，在前进的征途中，在跨越世纪的伟大进军之中，还有风雨伴随，还有湍流险滩、艰难险阻同在。但是，有以江泽民同志为核心的党中央的坚强领导，有邓小平理论的光辉指引，有全国各族人民的团结奋斗，没有攻不克的难关。前进的道路上，定是繁花似锦！（1998.3.6）

点　评　在世纪之交前夕与全国人大常委会委员长进行交接，他们的笑容定格在春天里，也将永久定格在中国民主法治建设的史册里，给人以春的信息——中国民主法治建设将坚定地沿着中国特色社会主义道路阔步前行。

分手时不再回头

感叹警察

毕淑敏

原以为一辈子都不会同警察打交道，信念源自本人为奉公守法公民。因自行车操纵不良，所以连最容易被逮着的骑车带人毛病，也找不到我头上。

一次出差归来，电话里有陌生口音对我说，他们是北方某省某县的刑警，要尽快同我一谈。几天前，在那里的荒山上发现一具无名女尸，经查是我的一位亲密女友，被人残忍地杀害了。按照规定，案子由他们破，于是他们匆忙到北京来了，要多方面收集情况。

那一刻，身冷如蟒。清平世界鲜血迸溅，眼前一派紫褐。许久，我挤着话筒说，当然……我愿意提供我所知道的一切……只是，她被残害的这段时间，我不在北京……陈旧的往事，对你们可有帮助？

刑警说，她的书架上，你的书被摆在非常显著的位置，亲属都说你是她最好的朋友，可见关系非同一般。我们现在需要了解有关她的一切，包括思维和习惯。

我说，好，我这就到你们那里去。

刑警说，不，你到我们这里来，不妥。

我惊讶，为什么？

他们说，一般人对公安局特别是刑侦部门特别敏感，以您的知名度，到这里来，也许会被认出，人们将传说作家被公安局叫去了……如果他们了解事情的全貌，自然没有什么。但目前正在侦破阶段，外界几乎一无所知。为了给您减少不必要的麻烦，咱们另选一个地方吧。

我说，谢谢你们考虑得这般细致，但我绝没有你们想象的那般路人皆知。再说就是被人认出，为了朋友和你们的工作，我也不怕。

他们坚持，保护你，也是我们的职责。

我说，那么请你们到我家来做客，好吗？

电话的那一端笑了，是那种很纯朴很年轻，略带一点北方口音的笑声。笑完之后，他说，谢谢。但是，不行。

我奇怪了，问为什么呢？怕不安全吗？

刑警忙说，您误会了。我们之间将要谈论的问题，严峻沉重，充满血腥和暴力。如果在您家里进行这种谈话，那种阴郁的气氛，会在我们走后长久地存在，影响您的安宁。再者，因为不知道谈话会进行多久，您让家人长时间地回避，也带来种种不便。我们另找一个中性的场所吧。

我很感激他们为普通人设想得这样周到,一时竟不知说什么好,只有恭敬不如从命了。

第二天,我按时到达约好的地点,那是一间不引人注目的朴素办公室,干净整洁。初见面,感觉他们比电话里显示出的年轻要沧桑许多,要不是已熟悉的口音,我几乎怀疑自己认错了人。但相处一会儿之后,不难识别出他们被奔波和疲倦掩盖着的真实年龄。

谈话涉及好友生前的音容笑貌,使人肝胆欲碎。加之我断断续续地得知,这些来自北方小县的刑警,已经几个月没领到工资了。此次到京城办案,所带的几千元经费,还是从县政府借的。他们住的地下室,前晚刚进了水。吃饭也很成问题。如果他们正在连续调查情况或是讨论案情,就会忘了这件事。如果胃逼着他们想起腹中空旷,他们就会像街头挖管道的民工,随便找个小摊,蹲在那里,凑合一顿。

……不由心重如铁。

谈话临近结束时,我说,你们知道,我并非死者的亲属。而且,案发当时,我一直在外地出差,有充分的证据表明我不在现场,与这件案子无关,因此可以肯定我不是犯罪嫌疑人……

一直冷静镇定、运筹帷幄的刑侦队长,第一次露出迷茫的神色,说,大姐,您这是什么意思?

我说,我想捐一点钱,为案子的侦破帮一点忙,也算我对九泉之下死不瞑目的朋友尽一点微薄的心意。请给我这个机会。

刑侦队长握着我的手说,大姐,我们有纪律,不能收您的钱。但是,您放心好了,富也办案,穷也办案。我们一定会为死者报仇雪恨,把凶手捉拿归案。以前我们那儿这类案子的破案率是100%,这一次,凶手定难逃法网。相信我们,请给我们时间。

分手的时候,我没有回头,不再用目光同他们告别。我知道,对于年轻的警察来说,公民的每一次注视,都有凝重的分量。他们已力负千钧。 (1998.3.9)

点　评　毕淑敏是著名女作家。因为其一位亲密女友遇害,办案民警要找她了解一些情况。办案民警细致周到的考虑、坚定的破案决心、艰苦的办案条件,深深地打动了她。她用自己擅长的文学形式,真实地再现了这次问话经历。精致的语言文字,充沛的情感表达,叙述平常故事、塑造人物形象,给人以真情实感。

部分案件立案与执行竟需政府批准

铁力法院怎能“出让”审判权

法院院长辩称摸着石头过河
市府官员竟言这是法外程序

郭 毅

黑龙江省铁力市人民法院部分案件立案、执行需向市政府请示，立案、执行与否由政府决定。对此，市法院一位副院长称是“摸着石头过河”；市政府一位要员讲是“法外程序”。

铁力市法院对部分案件立案、执行的请示是以《协调立案通知书》和《协调执行通知书》形式进行的。需填写《通知书》的案件是涉及铁力市政府所属企事业单位的经济类案件。《通知书》的签字栏由市政府主要领导签名后，才可以进入法定程序。

对这两种《通知书》的产生和作用，铁力市法院接待记者的一位副院长吞吞吐吐，对《通知书》是否存在时而说有，时而说无。问及市领导签字的作用，她说：“领导签字的作用只有领导知道。”至于为什么法院要向市政府送《通知书》请求签字呢？这位副院长顾左右而言他。

倒是市政府接待采访的官员直爽，他说：由政府协调立案、执行的，绝大部分是铁力市政府所属的企事业单位之间的经济纠纷，政府出面协调解决矛盾也是一种办法嘛；另外，铁力市地方与林业局之间的诉讼总有上级领导过问，为减少麻烦，也有协调的必要。法院与政府开过一次协调会后，确定了几个原则，也就有了这两个《通知书》，产生时间大约是1996年，每年这类案件有30～40件。

这位官员还说，实际上，这是法院上缴矛盾的结果。我们的一位副市长把这种行为比喻为：把手指头插进转动的磨盘眼儿！

（1998.4.3）

点 评 人民法院依法独立行使审判权，不受行政机关、社会团体和个人的干涉。一般情况下，法院依法办案受到干涉基本都是被动的，像此种将审判执行权主动交给政府行使的确实罕见。法院声称“摸着石头过河”的狡辩、政府官员理直气壮的“法外程序”，更是让人大跌眼镜，其是一起严重的违法事件。

十大电影厂起诉三被告　开中央电视台直播先河

全国观众争睹版权纷争

庭审纪实走进千家万户

徐　来

7月11日上午8时35分，中央电视台为全国观众直播的法庭庭审特别节目，即北京市第一中级人民法院知识产权庭审理八一电影制片厂等10家电影制片厂诉北京天都电影版权代理中心、天津泰达音像发行中心、中影音像出版社侵犯著作权纠纷案，尤为引人注目。

这天清晨7时，距直播庭审时间还有1个半小时，坐落在北京城西的北京市第一中级人民法院大门外已是人头攒动，尽管天空飘着零星小雨，前来旁听的各界群众依然有序地排起了长队——准备领取旁听票。

由最高人民法院和中央电视台联合组织的这次直播活动通过媒体预报后引起了社会反响。前来旁听的群众向记者吐露了他们的感想：全国记协的一位女干部说，她对新闻媒体直播庭审很感兴趣，故亲临法庭看一看；一位不愿透露姓名的青年学者告诉记者，法院公开审理案件并对庭审进行直播，有利于司法公正；正在国家法官学院培训的来自浙江云和县法院的一位法官对庭审直播大为赞赏。这位法官说，此次庭审直播对庭审改革起到了示范作用。他说，由中央电视台直播庭审过程，对基层法院的审判员在业务上有很大帮助。

时近8时，手持身份证且符合旁听条件的公民在法院门外的传达室内依次领取了旁听票后，兴致勃勃地步入北京市第一中级人民法院的大门，在有序地接受安全检查后，走进了大法庭。

大法庭主席台上，国徽高悬，庄严肃穆。8时25分，法庭已座无虚席，近500人参加了旁听。今天，担任合议庭审判长的是北京市第一中级人民法院知识产权庭审判员孙建。

8时35分，审判长孙建宣布开庭，自此，中央电视台在大法庭内设定的6个直播机位、20路声音讯道，对法庭整个庭审过程向全国观众进行直播。与此同时，在中央电视台演播室内，除由著名播音员罗京直接主持直播外，中国社会科学院知识产权中心主任、世界知识产权组织及中国贸促会仲裁员郑成思教授和上海大学知识产权学院的陶鑫良教授，作为这次直播的特邀嘉宾，还在整个庭审过程中对有关知识产权等相关的法律知识向全国观众进行了介绍。

据介绍，今年2月至4月，八一、北京、中国儿童、峨眉、广西、西安、青年、长春、珠江、上海共10家电影制片厂分别以一纸诉状将北京天都电影版权代理中心、天津泰达音像发行中心送上了北京市第一中级人民法院的被告席。这 10 家电影制片厂认为:他们分别对《林海雪原》、《闪闪的红星》、《铁道游击队》、《冰山上的来客》、《上甘岭》等 27 部影片享有著作权,可是作为第一被告的北京天都电影版权代理中心在未经原告许可的情况下,擅自与出版单位签订原告所拍摄影片的 VCD 出版合同,上述 27 部影片的 VCD 已由第二被告天津泰达音像发行中心公开上市销售,这已对原告享有的著作权构成侵害。被告应赔偿原告经济损失共计 108 万元;公开赔礼道歉并承担诉讼费用。

被告北京天都电影版权代理中心认为,他们仅仅是依据电影厂的授权和与中影音像出版社的合同约定,对中影音像出版社的版权使用进行代理,影片的母带是由中影音像出版社提供的;天津泰达音像发行中心则表示他们有与北京天都电影版权代理中心的合同,又有中影音像出版社出具的复制委托书和发行委托书,另外他们在签订合同时和履行合同过程中已经向北京天都电影版权代理中心支付了应付给电影厂的定金共 125 万元。所以,两被告认为他们出版发行这批影片的 VCD 均具有合法授权,没有侵害原告的著作权。

此后,天津泰达音像发行中心还书面申请将中影音像出版社作为本案当事人参加诉讼。北京市第一中级人民法院已通知中影音像出版社作为共同被告参加诉讼。

经过 4 个多小时的法庭调查和激烈的法庭辩论,经合议庭合议,认定北京、广西、青年、长春等 4 家电影制片厂的起诉请求因有关证据须作进一步核对,故本次开庭不作当庭宣判;对八一、中国儿童、峨眉、西安、珠江、上海等 6 家电影制片厂的诉讼请求进行了口头宣判。依法判决北京天都等 3 家被告停止侵犯原告八一、中国儿童、峨眉、西安、珠江、上海 6 家电影制片厂著作权的行为;3 家被告于本判决生效之日起 20 日内,在《法制日报》公开向上述 6 家电影制片厂赔礼道歉;3 家被告共同赔偿原告上述 6 家电影制片厂损失共 48 万元;驳回原告(上述 6 家电影制片厂)的其他诉讼请求。

庭审结束后,北京市第一中级人民法院院长马艾地谈了他对电视直播庭审的感受。马艾地说,把庭审直播送到千家万户,有利于提高公民的法律意识,普及法律知识,同时,这也是我国加强民主与法制建设的一种有效方式。

本案的原、被告代理律师也一致认为,庭审直播既增加了法庭审判的透明度,又体现了法官的公平、公正,同时还能够更好地使新闻界和老百姓对法院的工作进行监督。

据了解,继今天的庭审直播首次播出后,中央电视台今后将对重大案件继续进行直播报道,并使之系统化、规范化。

(1998.7.12)

点 评 公开有利于促进和保障司法公正,增强司法裁判的公信力,同时也是司法自信的体现。北京市第一中级人民法院这场通过中央电视台直播的庭审,是我国法院首次面向公众的庭审,产生了广泛影响,是法院“自觉接受舆论监督、把宪法和法律规定的审判公开制度落到实处”的具体实践。其后,通过各种形式公开开庭审判成为常态。同时,这对公民来说,也是生动的法制教育课。

李昌钰其人

雷晓路

在美国,提起李昌钰其名,几乎无人不晓,特别是他在被称为“世纪审判”的辛普森涉嫌杀害前妻案中亲自参与了调查及刑事鉴定工作,并对此案的判决起到了关键作用,更使其声名大噪。

久闻其名,一直想找机会采访这位享誉世界的刑事鉴定专家。今年5月24日至6月14日,我们随中国法律报刊考察团访美,终于得遂此愿。听说考察团成员均来自中国各法制新闻媒体,为接受我们的采访,李昌钰博士为此退掉了去菲律宾公干的机票,此番诚意令我们深受感动。

6月3日下午,我们如约来到坐落于康涅狄格州梅瑞敦的康州警政厅刑事科学所。接过李昌钰博士递过来的名片,只见上列三职:康州州刑事科学所所长、现代鉴识科学研究中心主任、纽黑文大学教授;名片上还印有一枚他本人的鲜红指纹,其工作性质让人一目了然。

李昌钰博士现年59岁,已在康州警界服务了20多年,参与调查过6000多件重大命案,其中包括南斯拉夫“种族屠杀惨案”、辛普森案、前白宫法律顾问佛斯特自杀疑案、纽约世贸大厦爆炸案、威廉·肯尼迪涉嫌强暴案、台湾桃园血案等。由于李昌钰博士巨细靡遗的调查侦讯以及独特严谨的科学鉴定,许多棘手的案件终于水落石出,大白于天下。他在协助侦办美国乃至世界诸多重大疑难刑案上的建树和在现代刑事鉴定理论上的卓越贡献,使其享有“现代福尔摩斯”的美誉。对于如此赞誉,李昌钰博士露出“不敢当”的神情:“我哪里是什么福尔摩斯啊!时代不同了,没有办法靠一个人破案,实在是媒体对我太抬爱了。如今办案,得靠各个专业的人员通力合作,警察、侦探、法医、实验室……缺一不可。”出语平实,一派谦谦君子之风。

李昌钰博士祖籍江苏如皋,早年毕业于台湾“中央”警官学校,其后就任台北市警察局巡官,1969年赴美,就读于纽约市警政学院,再入纽约大学,先后获生化学硕士与博士学位。1975年,他被纽黑文大学聘为教授,专门从事刑事科学教学研究工作。1979年,他获任命主持康州警政厅初创的刑事科学所,从此开始逐步创立了其独树一帜的现代刑事鉴定理论。

历经多年研究、实践,李昌钰博士探索出侦查取证、实验室化验(生物、DNA、化学、物理)、档案建立、逻辑推理、现场重建等一整套系统的科学侦讯方法,特别是在细微证据的搜集、检测、查核理论与实践上的突破,使许多经年未破的疑难凶杀案和重大刑案在他的参与下最终出奇制胜地得以结案。前不久,康州一名78岁的妇女在寓所被人奸杀。警方在被害人身上取到凶犯遗下的精液,经李昌钰博士在其研究中心性暴力系列犯DNA档案中详加比对,终于找到了这名罪犯。这个没有丝毫线索的无头案已于近日告破。李昌钰博士刑事鉴定方法之神奇,由此可见一斑。

问及李昌钰博士事业何以如此有成,他笑言:“别人每天工作8小时,我每天比他们再多8小时。30多年下来,我多少应该比别人多得到一些吧。”一般人很难接受像李昌钰博士这样几乎没有假期和娱乐的生活方式:他每天四五点起床,开始为6本刑事鉴定刊物进行编辑工作;7点到办公室,同检察官及刑警队长讨论案件;有案件需要出庭时10点多去法庭,没有案件需要出庭则在实验室工作,或是继续与有关人员讨论案情;下午四五点在别人下班以后,他才有一点儿时间从事自己的学术研究;六七点到大学授课;运气好的话,晚11点前可以返家。同时,他每年还要作100多场演讲,受邀前往世界各地侦办案件。就是在这样的压力下,李昌钰博士还撰写出版了20多部刑事鉴定著作。没有超人的精力和对事业的酷爱,实在难以承受如此沉重的工作量,而李昌钰博士却不厌其苦、乐在其中。

采访李昌钰博士的前几天,闻知他已获任康州警政厅厅长一职。由此,他成为全美第一位出任警界最高职位的华裔人士(由于警察权在美国归属各州,州府的警政厅长即是警界最高首长)。对于我们的致贺之辞,他淡淡一笑:“我之所以接受此项任命,一是州长力邀,盛情难却;二是想为华人争口气;三是愿为提高康州的治安效率承担更多责任。舍此,别无他求。”

结束采访时,李昌钰博士表示:“人生最重要的是尽力做好力所能及的事,不要计较功名得失、金钱利益。能为社会提供最大的帮助,能给绝望的人带来希望,能为蒙冤的人主持公道,这就是我最大的快乐。” (1998.7.15)

点 评

李昌钰是世界知名的华裔刑事技术科学专家,担任过美国康涅狄格州警政厅厅长,是全美第一位出任警界最高职位的华裔人士。他参与调查过肯尼迪总统被杀案、尼克松“水门事件”、克林顿桃色案、“9·11事件”、辛普森杀妻案等众多全球重大案件。文章作者零距离采访其人,为读者展现了案件之外的具有中国文化血脉的李昌钰。

驳“走私无害”论

杨悦新

“走私无害”论是长期以来存在于一些地方和部门领导干部头脑中的一种错误认识。他们认为,走私无害,走私可以发家致富,可以搞活经济。在这种观念的支配下,他们对走私活动“睁一只眼、闭一只眼”,放任、纵容,甚至支持、包庇走私活动。这一错误认识已经成为近年来走私活动猖獗而又屡禁不止的一个重要原因。

走私真的无害吗?

众所周知,走私是以偷逃国家关税、非法获取暴利为目的的一种违法犯罪行为。它损害的,首先就是国家的对外贸易管理制度、进出口物品管理和关税管理规定,使国家经济和税收蒙受巨大损失。这两年,全国每年查获的走私案值在100亿元左右,但实际上,走私商品的数量远远超过这个数字,据有关部门估计,实际走私商品的价值可能近1000亿元。这样大规模的走私,必然造成国家巨额税收损失,同时也冲击国内市场,威胁民族工业的生存和发展。曾经一直是盈利大户的我国石油化工行业今年一季度亏损近30亿元,虽然这是多方面原因造成的结果,但是成品油走私的冲击是其重要因素之一。这样的例子还有许多。

从表面上看,走私对于我们每个公民似乎损害不大,但事实上这种损害是一时看不出的极深层的损害。走私使我国流失了数以亿计的税款,而国家本可以用征来的税款为老百姓做很多事,无论是教育、医疗、科研、国防、重点建设,还是机关事业单位提高工资、发放福利,都要靠国家财政支撑。税收是国家财政的主要来源,我们每个公民都是国家财政的最终受益者,走私分子侵吞了国家巨额税款,削弱了国家财力,实际上损害了广大人民的利益。

走私的危害也绝不限于经济领域,它还会腐蚀人们的思想,败坏社会风气、滋生腐败现象。正如朱镕基总理在全国打击走私工作会议上的讲话中所说的那样:“哪些地方、哪些单位走私严重,哪些地方、哪些单位的腐败现象就很严重。”

持“走私无害”论者,难道是真的认识不到走私有以上诸害吗?不是!他们只是想利用一些人的错误认识,为他们支持、纵容、参与走私找个托辞。他们所谓的“走私无害”,是站在局部的立场上,对其部门、地方个人利益而言的无害,而无视对整个国家、民族整体利益的损害。“走私无害”是一种极端错误的观点,必须予以坚决驳斥。

(1998.9.12)

点　评　针对“走私可以发家致富、可以搞活经济”,该评论对“走私无害”的错误认识进行了反驳,论点鲜明,论据充分,论证清晰,切中一些人“利用他人的错误认识,为他们支持、纵容、参与走私找个托辞”的要害。

“沙图什”披肩的走俏和藏羚羊的悲剧

王乾荣

伦敦:“五月节集市”商店的高档披肩

伦敦“五月节集市”商店出售一种披肩,标价1.1万美元,合人民币近9万元,而其中最高价者,每条4万美金,贵于相同质量的黄金!

此物为上流社会红男绿女所钟爱,不时有风情万种女郎或风流潇洒男士到此一掷万金选购。佩戴这种披肩,气派、荣耀远胜于坐林肯或罗尔斯·罗伊斯,因此,它已成为身份、财富的印章和象征。

“五月节集市”仅仅是做这种披肩生意的一家商店。而伦敦,则成为该种披肩交易的集散地。

但这是一种非法交易。

这种披肩国际通称为“沙图什”(Shahtoosh)披肩。“沙图什”据说是克什米尔方言。

克什米尔:走私之路的中转站

克什米尔印度控制区的斯利那加,是全球加工“沙图什”的最早和最大基地。这里的“沙图什”基本上来自于我国西藏,它就是我国特有珍稀动物藏羚羊的绒。早先藏羚绒如何进入克什米尔,不得而知;已知近年全由走私而入。在中国西藏—尼泊尔或巴基斯坦—克什米尔斯利那加一带,已形成一个专业化走私网,我国藏羚绒就是顺着这条线流出的。而藏羚绒制成品则又由克什米尔散发往世界各地。近年由于一些欧洲国家也掌握了高超编织技术,因此克什米尔除自制披肩外,还干脆把藏羚绒原料“出口”给它们。

尽管全世界在《国际野生濒危动植物贸易公约》(CITES,藏羚羊被该公约明确列入严禁贸易物种名录)上签字的国家已有142个,但藏羚绒的走私始终未绝。1994年以来,在欧洲查获藏羚绒披肩1000多条;1997年伦敦警察缴获价值30万美元的这类披肩138条;有人乘飞机去印度购买“沙图什”披肩……

更令人愤慨的是,克什米尔竟然冒天下之大不韪,其法律规定在获得所谓“特别狩猎许可”后,可猎杀藏羚羊。克什米尔之成为藏羚绒及其制品走私的中转站,就完全不足为奇了。

斯利那加:藏羚绒加工的老窝

藏羚羊在我国地位堪比大熊猫,别国无此珍贵动物,但藏羚绒披肩最早却生产于印度克什米尔的斯利那加,我国群众直至今天尚不知所谓“沙图什”为何物。克什米尔斯利那加人有编织披肩传统。《不列颠百科全书》甚至专列有“克什米尔披肩”(Kashmir Shawl)一项,说15世纪时此地编织精巧的披肩即已闻名遐迩。但那披肩由一般羊绒编织而成,原料并不是“沙图什”。现在此地编织的“沙图什”披肩,则全由藏羚绒做原料。

斯利那加“沙图什”加工业有工人近10万名,年产值1.6亿美元。这样庞大的消耗,每年足可以使2万只藏羚羊死于非命。

据说早在几世纪之前,“沙图什”披肩就因其精美华贵而被印度一些地方的家庭当作少女最值钱的嫁妆。18世纪“沙图什”披肩传入欧洲,成为上流社会贵妇的宠物,连拿破仑送给情妇约瑟芬的礼物,也是一条轻柔曼妙的“沙图什”披肩。

此物男女咸宜,一般长1~3米,宽1~1.5米,重100克左右,攥起来可穿戒指而过,故又名“指环披肩”。据称,它的保暖度足可将一只鸽蛋孵出小鸽子。

说它珍贵,不仅是因其精致高雅和它的高度御寒性能,更因为它的制作工艺的高超和繁杂。编织者全是心灵手巧的男工,瞪大眼睛精制一条,费时数月,熬得满眼血丝,然后便要歇工,等视力完全恢复后才能织下一条。

一条100克重的“沙图什”披肩,需用绒三四百克,而为取这三四百克绒则必须杀掉3~5只藏羚羊。不产藏羚羊的“沙图什”披肩制造国,到哪里弄这类原料呢?现在已知,这东西完全来自于我国。

北京:梁从诫致布莱尔

英国首相布莱尔十月访华,中国民间环保组织“自然之友”会长梁从诫教授给他写了封信。信中说:

“我愿利用您访问中国的机会,提请您注意藏羚羊的悲惨处境,并请您对我们保护这种濒危动物的努力给予支持。

“藏羚羊是中国特有的动物……自80年代中期开始,藏羚羊绒制品在国际市场上却十分走红。它们可以在欧洲许多国家和其他国家的市场上买到,而这些都是CITES的签字国。1996年在伦敦一条藏羚羊披肩售价可达3500英镑。欧洲市场上的高价又使从中国非法到印度进行加工的藏羚羊绒原料价格随之上涨。

“我请求您,运用您个人在国内和在你们欧洲同伴中的影响,使公众更好地了解藏羚羊悲惨的处境……我真诚地希望,在铲除藏羚羊贸易的国际努力中,英国能够站在前列。”

梁教授于10月6日托英国驻华大使把这信郑重呈交布莱尔,次日首相就回了函。布莱尔说:“我一定会把你的要求转给联合国和欧洲联盟的环境主管当局。我希望有可能终止这种非法贸易。”

鉴于伦敦在“沙图什”非法国际贸易中举足轻重的地位,对于布莱尔首相的支持和承诺,梁从诫感到极大欣慰。

印度:阿卜杜拉博士的谰言

据英国《独立报》报道,面对印度野生生物保护协会要求永远禁止“沙图什”贸易的呼吁,印度查谟和克什米尔首席部长法鲁克·阿卜杜拉博士竟悍然宣布:“只要我还是首席部长,克什米尔就要卖‘沙图什’。”他还声称,要求禁止这种贸易的运动“是对克什米尔人民的诽谤”,并耍赖说“没有证据可以证明藏羚羊的数目正在减少,或为了获取‘沙图什’而被猎杀”。

这位首席部长居然还是个知书达理的文化人!他不但蛮横无理,出口狂言,用语粗俗,而且连起码的常识和事实也要否认,真令人惊叹。

藏羚羊的绒长在它的颈腹部,要取绒,必须先杀羚扒皮。藏羚绒贸易的繁荣,就是以藏羚羊数量的减少为前提的,还要什么证明吗?别的证明自然还有,但对闭着眼说瞎话的人来说,他愿意看吗?

可可西里:偷猎者的肆虐

可可西里地区在羌塘草原北部,属青海玉树藏族自治州治多县辖,是藏羚群集中出没地之一。自1984年以来,每年有数万名来自青海、甘肃、西藏、新疆等地的非法采金者到此淘金,多时有10多万人。他们不但严重破坏沙金等矿产资源,还毁坏了大片植被。这群乌合之众淘不到金,就捕杀包括藏羚羊在内的野物充饥。藏羚羊的大祸从此降临。后他们得知藏羚绒十分珍贵,在印度市场每公斤可卖一两千美元,在这里取羚绒卖给贩子也能获巨利,于是便组成团伙,配备武器,蠢蠢欲动,大规模猎杀起藏羚来。

偷猎者乘越野车,挎自动步枪,一次次进入藏羚羊生息出没之处,残忍驱赶打杀,每次杀伤藏羚羊数均在数百至上千只左右。在藏羚羊密集地带,偷猎分子白天甚至在卡车上绑以横杆,朝羚群加速猛追猛扫,致使藏羚羊成片倒下,其状惨不忍睹。夜间,他们开亮车灯诱来藏羚羊,再疯狂扫射。母羚怀孕产仔期间,羚群更为集中,猎杀愈加容易,偷猎分子从不放过这样的“良机”。而此时,杀一只就等于害两只。大群藏羚羊就这样覆灭了。

藏羚羊冬季底绒最为丰厚,因此以往的盗猎多在冬季;“沙图什”贸易红火之后,盗猎者则改成一年四季肆虐不已。

可可西里如此,其他藏羚羊出没生息之地,也都有不同程度的杀猎现象。

只要有利可图,唯利是图者就要去盗猎。可藏羚羊却是上了 CITES 名录的珍稀动物,是国家一保护动物!

羌塘:藏羚羊从兴旺到式微

羌塘,是藏语“北方草原”之意。这片 60 万平方公里的广阔高寒地带,是青藏高原的腹心,平均海拔 4500 米以上,年平均气温零下五六摄氏度,最冷时可达零下三四十摄氏度,是个无人区。但这里矿产和动植物资源丰富异常。现在已经著名的藏羚羊,正是此地 20 余种国家一二级保护动物中的最珍贵者。但长期以来,人们对藏羚羊的了解却甚少。

1903 年,英国探险家罗林在羌塘旅游时发现了一个羚群。他在游记里写道:“我极目所至,可以看到成千上万只带着羊羔的藏羚羊源源不断地涌来,一眼望去,不下一万五到二万只。”

这仅仅是一群。全羌塘有多少藏羚羊?据说不下上百万只。

而今天,人们已很少能见到以千为计的藏羚羊群了。据统计,1995 年这里尚存藏羚羊约 7.5 万 ~10 万只,不到 100 年前的 1/10。自然,这是被盗猎的结果。而藏羚羊被猎杀数每年在 2000 ~4000 只。

《独立报》:商人们撒下弥天大谎

据英国《独立报》揭露:“长久以来关于藏羚绒的来源,盛行着混淆视听的说法。甚至眼下美国的一个网页上还在替奸商遮丑、开脱,说‘每年藏羚两次换毛,在石头和灌木丛上蹭掉它们的绒,风把这些绒吹成团,西藏人和尼泊尔人在山里搜寻几个星期,捡回羚绒’。”美国传媒的这个论调,与克什米尔那位首席部长大人颇有一唱一和的味道。但这种田园式的温馨情景,只能是 L. 卡尔罗《爱丽丝漫游奇境记》里的神话故事,纯属臆造。

美国野生生物保护协会负责人夏勒博士,曾多次深入青藏高原科考,亲睹藏羚羊被杀取绒的惨状。经夏勒考察,藏羚绒只能从羚皮上采集,所以欲取绒必先杀死藏羚羊。

商人们编造弥天大谎,是为了掩盖他们肮脏交易的实质。为了使他们非法获取巨额利润的倒行显得干净一些,他们便把血腥谱成牧歌吟唱。

治多:野牦牛队浴血鏖战

保护藏羚羊,就是保护我们的国宝。

1992 年,青海省治多县成立了专门保卫可可西里地区动植物资源的“西部工作委员会”,归县委领导。工委书记由县委藏胞副书记索南达杰兼任。他带领4名干部,在1年多时间里,12次深入高寒缺氧的无人区可可西里腹地,狙击追捕盗猎藏羚羊分子,与之展开殊死战斗。1994年元月,索南达杰书记第12次赴可可西里,在太阳湖畔遭遇疯狂的偷猎者,在“两人对十八人”的枪战中不幸英勇牺牲,年仅40岁。5天后,战友们在雪原找到他的遗体。已冻成冰雕的他,手中还紧握着钢枪。索书记在任期间,先后在可可西里破获盗猎案8起,收缴作案枪支数十条、车12辆、藏羚皮2000多张,使盗猎分子闻风丧胆。

索南达杰牺牲后,他的妹夫扎巴多杰继承烈士遗志,接任工委书记。扎书记重建工委队伍,扩大编制,并将它命名为“西部野牦牛队”。

野牦牛队进入可可西里,真如火牛入阵,左冲右突,四处出击,势不可挡,狠狠打击了盗猎分子的气焰。至1998年9月,骁勇的“野牦牛”共破案58起,抓获盗猎分子250人,缴枪60支、车57辆、藏羚皮3307张。野牦牛队因此受到林业部公安局通令嘉奖,被评为西北五省区野生动物管理先进集体。

他们向世界宣告:一面誓死保卫藏羚羊的大旗在中国西部高高飘扬!中国要藏羚羊,不要“沙图什”披肩!藏羚羊不容盗猎!

然而藏羚羊被猖獗盗杀的地区,远不止可可西里。人们呼唤更多的野牦牛队诞生。

北京:“自然之友”发起援救

“自然之友”是中国民间环保组织——“中国文化书院绿色文化分院”的简称,成立于1994年3月。这是个非营利性公益团体,类似组织在中国如凤毛麟角。它的经费只由会员和社会捐助,理事会由民间热心环保人士组成。“自然之友”的新闻发布会只能在一个十几平方米的房间里举行,记者们坐的是几块钱一只的塑料小矮凳。

中国文化书院导师、历史学家、全国政协委员梁从诫教授和北京理工大学副研究员杨东平,分别任“自然之友”正副会长。梁教授是梁启超之孙、梁思成之子;杨东平为著名社会学家,畅销书《城市季风》作者,现兼任中央电视台《实话实说》总策划。

正是“自然之友”,发起了一场救护藏羚羊的运动。它和林业部《中国绿色时报》近日共同邀请西部野牦牛队“队长”扎巴多杰来京到一些大学演讲,为保护藏羚羊呐喊,大造舆论,在大学生中引起热烈反响。它敦促并支持中国政府加强对这种稀有濒危动物的保护和对盗猎活动的打击,也大声呼吁全世界珍爱野生动物、关注环境人士共同行动,制止藏羚绒及其制品的非法贸易。

梁从诫会长此次借唐宁街10号主人访华之际,机智、得当地致函布莱尔,吁请他关注“沙图什”非法国际贸易问题,收到良好效果。梁教授的热心和努力受到英国首相高度赞扬。民间团体的“民间外交”,有时可起到正经八百的政府外交所难以顾全的作用。

而“自然之友”不仅是藏羚羊之友。它已经连续3年在“国际环境日”或“世界地球日”举办“绿色恳谈会”，暑期组织“森林与孩子”夏令营，出版少儿读物《地球家园》……始终不遗余力地为整个环保事业奔忙。

但愿，人人都成为自然之友。

但愿类似的民间团体再多一些。

但愿盗猎野生动物——尤其是珍稀动物如大熊猫、藏羚羊等——的愚蠢野蛮活动早日成为历史。

野牦牛队：需要支援扶持

扎巴多杰的“西部野牦牛队”活跃在可可西里，与猎杀藏羚羊分子展开了激烈斗争。

但在国家级贫县治多，野牦牛队的供应和装备都十分困难、落后。他们十几个人，经费不足，仅有 3 支手枪和 1 把冲锋枪，大小车各 1 辆。尽管他们誓死保卫藏羚，但盗猎分子在这片自然环境十分恶劣的广阔地带，仍有很多空子可钻。野牦牛队一进入可可西里便无处落脚。他们在零下二三十度的荒原爬冰卧雪，风餐露宿，艰苦跋涉，搜寻偷猎分子，但往往他们在东边巡逻，盗猎者则从西部蹿入或逃逸，防不胜防，堵不胜堵。遭遇装备精良的大盗猎团伙，力量对比悬殊，野牦牛队虽然拼死奋勇战斗，也很难悉数围歼对手。索南达杰烈士，就是在野牦牛队成立之前一次敌强我弱的战斗中壮烈牺牲的。

野牦牛队现任“队长”扎巴多杰同志，原是玉树藏族自治州人大常委会办公室副主任，他在姐夫索南达杰牺牲后，自愿放弃舒适体面的工作而要求担任治多县“西部工委”书记，挑起了保卫可可西里藏羚羊及其他宝贵动植物资源的重任。此次他在北京给大学生演讲时，除了呼吁上级和社会各界关注藏羚羊保护这一神圣事业外，还建议有关方面加大这项工作的投入，并希望在体制上打破地域界限，实行联防和跟踪保护。

其实治多县为保护可可西里地区动植物资源而专门成立的县委“西部工作委员会”，作为执法机构，工作起来即使在体制的协调上，也存在很多困难和障碍。青、藏、新其他地区的藏羚羊保护机构，虽各有特色，但似乎仍欠健全，而目前各地被抓获的偷猎分子仅仅是一小部分，因此有必要对藏羚羊保护工作重做全面考虑和通盘安排。

总之，藏羚羊保护应得到全社会足够的重视和支援，相关领导部门应将它作为一件大事来管。只要我们篱笆扎得紧，藏羚羊不断被大批猎杀，藏羚绒走私到国外的严峻状况，就会得到改善。做好这项工作，也是我们中国人对全球、全人类的一大贡献，功德无量。

中国：惩罚力度欠火

几年来，我国政府破获上百个盗猎藏羚羊团伙，缴羚皮万余张，处罚了一些犯罪分子。

近日,马海比、强巴土登等14名在西藏阿里地区非法猎获藏羚羊的犯罪分子受到法律惩处,分别被判3~14年有期徒刑,并分别处以700~1.5万元罚金。

前溯至1996年,在疆南与藏北接壤的阿尔金山保护区,巡逻人员截获了一伙盗猎者,抓捕20多人,缴藏羊羚皮1000张。盗猎团伙头目被判刑17年。

这些判决,显示了我们保护藏羚羊的态度和决心。然而与严惩猎杀大熊猫者比起来,对猎杀藏羚羊者的惩罚,似嫌过轻。

大熊猫的保护已深入人心,如今谁也不敢对它轻举妄动,这已是中国乃至全世界人们的共识。试想,如今不管在哪里,可有谁敢公然出售大熊猫皮,或穿着大熊猫皮制成的外衣招摇过市吗?同样珍贵、独特,并上了CITES名录的藏羚羊的命运,为什么与大熊猫有天壤之别呢?

在拉萨,有商人一次便收购藏羚皮6000张,雇人取绒后将残皮投入拉萨河,一时河面漂满了羚皮。

猎杀藏羚羊而获的绒,成为非法贸易的抢手货;以此织成的高档披肩,是商人们致富和贵妇伟男们公然炫耀的极品。

一条"沙图什"披肩,可以使一位意大利女郎在米兰歌剧院首演之夜大出风头。

而国际上何止一个伦敦"五月节集市"商店?在罗马市中心一家小店的内室,有人向英国《独立报》记者推销"沙图什"披肩。在巴黎,在其他一些国际大都市,都有或明或暗的同样买卖。比如,香港一家商店的橱窗里,就张扬地悬挂着一条"沙图什"披肩以招徕顾客。

这都是为什么?

或许,猎杀大熊猫者可被判处极刑,而猎杀藏羚羊者仅仅被判几年、十几年徒刑,仅仅课以几百到万把元罚金,也是后者肆无忌惮,不惜以身试法的一个原因!而猖獗的国际藏羚绒非法贸易,也没有受到广泛关注、严厉惩罚和舆论的有力谴责。

对这一切,我们万不能等闲视之,因为据专家说,如按目前藏羚羊被猎杀的速度,至多再过20年,这种珍贵动物就将在中国、在地球上彻底灭绝了。(1998.11.1)

点　评

这篇报道在当时提出了一个世界性的严峻问题——藏羚羊保护刻不容缓。报道从历史到现实,从国外到国内,多角度展开谈论这个问题,既有全景式的概括,又缜密描绘了相关细节,令读者深感解决我国珍稀动物藏羚羊面临灭绝这一问题的紧迫性和严重性,可谓振聋发聩,在国内外产生了广泛影响。

本文结构层次分明,背景交代清晰,叙述疏密有致,小标题设置巧妙,塑造的人物性格鲜明,语言流畅考究,议论精确得当,读来引人入胜。

体验民主

北京顺义区人大代表换届选举直选现场目击记

侯召迅

初冬时节，本报记者四赴北京市顺义区人大代表换届选举的现场，全过程地目击广大选民怎样真诚而朴素地履行自己这一庄严的民主权利。它作为已接近尾声的我国第六次县级人大代表换届选举的缩影，展现给我们一个崭新而清晰的“民主实况”。

去年冬天以来，记者曾到安徽、浙江、天津等省市实地采访过近10个地方的县级人大代表换届选举，对广大群众珍视民主权利、认真参加选举的热情感触颇深。

了解到北京市区县人大代表换届选举将在今年11月至12月进行，记者便主动联系了在该市最早开展选举工作的顺义区，计划现场采访其选举工作的全过程，特别是备受公众关注的选民联名推荐初步候选人、协商确定正式候选人及正式候选人发表“竞选演说”等环节是怎样进行的。据悉，顺义将通过此次换届由县改区，通过选举将产生顺义区第一届人大代表及领导班子，所以选举工作上下重视，动手很早，力度较大。记者来到该区选举委员会牛山地区分会所辖的第四十三选区的下坡屯村，开始了此番跟踪采访。

11月1日下坡屯村：商中富等4人被选民联名推举为初步代表候选人

11月1日是个星期天，傍晚时分，从村集体农场和果园等单位收工的乡亲们汗都没来得及擦，就来到了灯火通明的村委会办公室，联名推举他们心目中的代表候选人。

“我看商中富比较适合，他当村支书不到一年工夫，可大家伙儿看看村里的变化：电压增容，不摸黑了；建了水塔，自来水成了长流水，有水吃了；幼儿园前的马路修好了，孩子上学方便、大人接送孩子也方便了；闲杂人员安排了工作，大家都有饭吃……”56岁的直风来老人第一个发言。他的话音未落，62岁的村委会主任商维垣又把话题接上了：“不止这些呢，就说他一上任，就整治环境卫生，把街道上常年堆放的垃圾清理了。他还顶住阻力，力求改厕，使家家户户老辈子的厕所卫生问题得到了彻底解决……够一名代表的资格。”74岁的老共产党员、退伍残疾军人刘九昌不甘落后：“商中富我赞成，这么多年了我还头一回看到这样的书记——有这样的书记，俺们干着有劲！说话有劲！活着有劲！”

被推举的商中富也坐在笑声朗朗的村民中间,作为这个村的党支部书记和第一选民小组组长,他也提出了自己的人选:"商维垣,是咱村的村主任、县政协委员、历届的乡镇人大代表,他负责的计生、卫生等工作都让咱村成了模范单位。我提他了!"41 岁的刘小芹也提商维垣,说他处理民间纠纷不管黑日白日,60 多岁了还带头下地、扫街。

看看时候不早了,乡亲们争先恐后地发言插话,会场上热烈得"吵吵嚷嚷"、催人"汗"下。接着是选民联名推荐,他们纷纷在一些表格上签下自己的名字。

结果是商中富、直凤来、商维垣和张荣清 4 人被第一选民小组的选民们联名推举为初步候选人。

"他们能不能最终当选代表?"记者被这个民情"沸腾"的场面所感染,不由得问牛山地区选举分会副主席刘从利。他说:"不一定'一路绿灯'呢,还有协商、选举等关口,就要看谁能'过五关斩六将'了。"

1 月 7 日从世兴印刷厂到下坡屯打谷场:商中富等被协商"下去"

老刘说的这几关可真不简单,刚到 11 月 7 日的这个"协商关",商中富等 4 人便"全军覆没"了。

商中富、商维垣等初步候选人"还能走多远"的答案掌握在第四十三选区 5238 名选民的手里。因为按法定名额,在选民们联名提出的 41 名初步候选人和党政团体提名的 1 名初步候选人中,只能通过协商确定 3 名正式候选人,而最后只能有 2 名正式候选人通过差额选举当选为人大代表。

这是不是沙里淘金呢?反正 5238 双表达意志的手要把 42 人反复过"筛子"。

11 月 7 日是礼拜六,上午 9 点,记者走进第四十三选区正式代表候选人协商会的会场,弥漫的烟雾中坐满了身份各不相同的初步候选人和选民小组组长。

先是牛山地区选举办主任韩沛林朗声宣读 42 名候选人的简历,一字一句读进大伙儿的心里去。韩说:"协商吧,确定 3 个人,定你们最满意的。"

韩一落座,一个选民就站起来了。他自我介绍叫李有,是先进村的,62 岁,共产党员。他说:"我选两个:一位是秦善,一位是宋伟生。秦善在我们选区学历最高,是高级工程师,得过大奖,定他;宋伟生是我们村的妇女主任,搞计划生育工作,干得挺好,不容易,我定她。"下坡屯村的商维拥发话了:"俺选俺村支书商中富……我认为他够人民代表的资格,我定他。"安乐村的李成祥站起来定了两个人,一个是秦善,另一个是他们村的书记韩学春。李成祥说:"韩学春是回族人,把两个快要倒闭的村办厂子搞活了,我定他。"下坡屯村的商维垣说:"我提商中富和秦善,就是没见过秦善长相是黑是白,提个要求叫他跟大伙儿见见面。"

酝酿进行了一个多钟头,"优中选优"又选出 9 人,还要从 9 人中确定 3 名正式候选人。再怎么进行呢?

刘从利副主席说,分组协商,分3个小组讨论。记者来到第二小组。第二小组组长是商中富和先进村的支部书记王恩德。

第二小组会场是王恩德的"地盘",照说客随主便,家门口好办事,那么王恩德在自己屋檐下面是不是可以"优先录取"?看下去,我发现结果是:王恩德在小组讨论会上没有被通过。

第一小组组长禾丰村支部书记张泽明发表推荐演说:"集中推选了9个人,我们小组认为都合格,但是名额有限,我们就选秦善、刘秀兰和韩学春3位吧。"

第二小组组长商中富说:"我们组经过讨论,就他们3位了。"

第三小组推荐了秦善和韩学春两人。

作为9人中的一人,商中富在这次小组讨论上被"筛"掉了。

这还不算是最后确定,选民认不认可?带着这份3人名单和疑惑,记者跟商中富再次踏上了去下坡屯村的路。

还是下坡屯村第一选民小组的选民,这次他们被召集到打谷场上。商中富坐在小山似的棒子粒堆上说:"大伙儿歇歇手,研究个事。"他念完表格,村民便在棒子粒堆上坐不住了,嚷着说不行不行,说商中富怎么没被选上,我们当初可是选了他的,这是搞的啥名堂?不跟俺打个招呼就换了别人?"商中富说:这不是回来商量嘛。

有两个妇女甚至为此"打"起来了,这个说:商书记够代表资格,凭啥不让当?那个说:商书记选不上,是照顾大局。这个说:照顾大局?谁照顾咱下坡屯村?那个说:你老是下坡屯下坡屯,大顺义大北京大中国有多少个下坡屯,都跟你似的这样争,这人代会还开不开?这个说:嘻,就你觉悟高,你去当国家主席算了。她站起来拍打屁股上的棒子叶和碎土,还呸了一口。那个被"唾弃"的年轻姑娘显然也被羞恼了,抓了一把棒子粒就扔过去。

商中富说:"我看到大伙对选举这么当回事,这跟选我当人大代表一样令人高兴。"坐在棒子粒堆后面的驼背老者小声小气地提了个想法:"俺想见见3个候选人,成不成?"马上有人响应:"见见面,是骡子是马拉出来遛遛。"

1月17日禾丰村电影室:正式候选人发表"竞选演说"

11月17日下午2点整,记者来到禾丰村电影室,见识正式候选人如何发表演说。屋外墙壁上用大红纸张贴着选民名单,外面精心地裱着透明薄膜以防风吹日晒。正式候选人的名单也落在一张崭新的红纸上,3朵光荣花像刚采摘的秋菊花。

小放映室的座位都塞满了,晚到的就站在过道上。我进去的时候正式候选人秦善正站在主席台上恭恭敬敬地"毛遂自荐",他和韩学春是"脱口秀",刘秀兰念稿。三人都有些紧张,刘秀兰手上的稿纸像抖在风中的一片叶子。会后我采访她的感想,她说害怕。场面似乎翻滚着"硝烟"——抽烟者众,在呛人的烟气里选民咄咄逼人,为什么选你,你有哪些优点让我们投你的票,你怎样履行人大代表的职责,你怎样替老百姓说话……提问是连珠炮,回答也很踊跃。如果回答得不明朗、不令人信服,选民则不轻易“放马”,再追问一遍。

有人问韩学春农村的残疾人怎么吃饭,韩说:想办法办好村镇福利企业,叫他们“就业”各尽所能。有人问韩学春农户家里淹了水你管不管,韩说:不当人大代表我也得管,更何况当上代表。

有的提问很尖锐,令正式候选人一时手足无措的尴尬场面不时出现。譬如下坡屯村的商中富提问韩学春:作为少数民族代表,你准备通过什么办法跟俺村的少数民族村民取得联系?韩学春显然被这一问题“噎”住了,他知道怎样治理自己的村子团结自己的村民,至于全镇、全顺义区、全国的少数民族怎样团结他显然还不太胸有成竹,所以他喏喏着说:我可以常去你们村转转。这窘境里的支吾把选民逗乐了,韩学春也嘿嘿笑着擦拭脑门上的汗。

见面会后记者走访了几位选民,问他们对“竞选演说”或称“竞选答辩”满意不满意,有的说不错,有的说凑合。我问还有问题要提吗,他们几乎同声回答:农村的事情多着哪,三天三夜问不完,不过,可以通过人大代表向上级提提,他们是我们的代言人。

11 月 20 日第四十三选区投票站:人大代表“浮出水面”

11 月 20 日早晨 6 时许,第一位来到第四十三选区设在下坡屯村的投票站投票的选民是秦善,他把那张粉红纸儿搁入箱嘴后便如释重负地去上班了。

随着太阳光线在投票箱上越来越明亮越来越温暖,雕梁画栋、彩旗招展的下坡屯村委小院里呈现出新年般的景象。“珍惜民主权利投下神圣一票”的大红幅横挂在院子里,办公桌在屋檐下一字排开,验证、登记、发票、验票、解说、代书、监票、计票等手续一条龙。

这天早上的最低气温为零下 3 摄氏度,可记者没觉得冷。记者看到一位老人步履蹒跚地向红票箱走去,他叫刘福林,79 岁了,记忆里最早的投票选举是 50 年代,一辈子投了多少次票记不得了,总的感觉是一次比一次慎重、一次比一次好。有人问:“你想选个什么样的人大代表?”老人答:“他得是个好带头人。”

牛秀英,55 岁,佘秀英,62 岁,两个秀英送孩子上托儿所回来就奔投票站。她们是家里的“全权代表”,牛秀英代老伴、儿子、儿媳投,佘秀英代老伴投。我问佘秀英:“您很重视这次投票?”她说:“重视。这么大的事不重视还行?选个好代表,给咱村奔小康带个好头。”

记者在投票者中间穿梭,不时捡拾到一些“火花”。一个叫葛会玲的妇女说:“选人大代表不能稀里糊涂,自己的权利凭啥滥用?6 个村子 10 个单位才选 2 个代表,这是大家伙儿看得起他们,他们不能辜负众望,不够格我们选民就叫他们快‘下台’。”

投票按法律规定定在24小时内,即21日这天零点封箱,不投票者按自动弃权处理。

记者于11月21日晨8时接到顺义区选举委员会主席张炳义的电话,他说今天零时开箱计票,第四十三选区选出的人大代表是秦善、韩学春,刘秀兰被差额投票“差掉”了。另外,全区选举一次成功,228名代表已由40万选民从109个选区中选出,选民参选率为97%;228名代表中最初由选民联名推荐的有184人,占全部当选代表的80.7%。

一个民主选举的过程完成了,它或许只是一个缩影,但是它再现给我们的是一幅当今中国基层民主生活的真实画面。

记者手记:

民主的理想境界是什么?是人民真正地实现了当家作主人的梦想。而我国的根本政治制度——人民代表大会制度,无疑是实现这个梦想的法定途径。作为基层权力机关的县级人民代表大会,它的代表是由广大选民直接选举产生的。直接选举,意味着8亿选民都有权为推选自己中意的带头人和代言人,投上神圣的一票。作为1979年选举法和地方组织法一大突破的县乡直选,经过20年的运作,已成为中国特色民主进程的一个崭新而重要的标志。（1998.11.30）

点　评　作者至今回想起采写这篇报道的情景仍历历在目。那是北京顺义县改区进行的首次换届,作者4次去牛栏山镇和某村,采访酝酿产生初步候选人、票选正式候选人、“竞选演说”、正式票选代表4个环节。现场、细节、故事、情感俯拾皆是,作者据此写成现场目击记。配短评和照片登在本报头版头条,被《北京日报》转载。此报道最大特点是“故事性、现场感、人情味”。

拨通“148”法律服务到你家

山东省东明县开通法律服务专线纪实

王　宇

平素一向名不见经传的山东省菏泽地区东明县，近几个月来爆出一桩引人注目的新闻，引得各大媒体争相报道，远至海南、广东，近至相邻各省，每日参观访问者络绎不绝。人们关注、赞叹、钦佩、羡慕……转而争相效仿。

——这就是司法部总结推广的东明县司法局开通的“148”法律服务专线。

这小小一部热线电话，魅力令人难以估量。她赢得了东明父老乡亲由衷的欢迎，使许多受益者感动得涕泪交流；她自3月16日开通至今仅仅8个多月，便使东明县信访案件下降31.2%，学法用法、依法维权蔚然成风；她使普法工作由虚变实，法律服务由被动变主动，拉近了司法行政机关与广大人民群众的距离；她帮助政府依法行政，解决了多年难办的“挠头事”，促使当地党政领导在有限的财政经费中拨专款全力支持……

“148”是一部电话，又不仅仅是部电话。

她用一根红线把普法、依法治理与法律咨询、法律服务、人民调解融为一体，将律师、公证、法律援助和基层司法所、法律服务所5支队伍的力量拧成一股绳，形成前所未有的合力。

为民解惑——送法律进万家的“开心锁”

如今，东明县的老百姓越来越真切地感受到，法律离他们并不遥远，法律的帮助是这么轻而易举，伸手可及，只要他们轻轻拨通电话“148”。

“148”——“要司法”——“寻求法律帮助就找司法行政”，这一念头已深深根植于东明百姓的心中。

让我们简略摘录几则专线值班记录：

——东明县酒厂200万元的外销货款长期收不回来，资金流动困难，求助“148”。“148”当即指派6人驻厂了解情况，他们分成几个小组深入销货单位调查，摸清了情况后，在厂内举办了业务员法制教育学习班，从法律的角度摆清利害关系，结果3天内业务员们就上交货款近百万元。

——农民孙志庆因宅基地发生家族纠纷，对方纠集十几人聚众闹事，“148”派员冒雨进村调解，用了整整3天，将一场剑拔弩张、流血伤人的械斗化为无形。

——土地承包合同不能兑现的梁成银、王兰新夫妇通过“148”讨回了公道；买到假农药的董爱华，通过“148”知道了《消费者权益保障法》。

——由于别人欠货款长期不还,个体户张同柱一家生活难以为继,他准备铤而走险,抓人索债。幸好此时他拨打了“148”,东明县司法局长郝新法亲自上门说法,使张同柱悬崖勒马,决心依法讨债。

——农民打工者在窑场打工被电死,窑主却拒不负责。通过“148”他们一家获得了法律援助,没钱也打了官司。

……

年过8旬的老汉袁明提起“148”就激动万分。今年3月,丧偶多年的袁老汉只因想向儿子讨些零花钱,就被儿子赶出了家门。看到老人境遇实在可怜,又走投无路,好心人指点他拨打刚刚开通不久的“148”法律服务专线。这边袁老汉刚刚放下电话,那边就有人说起了风凉话:“你这事村里都管不了,谁还能管?再说要办事你得去人家那儿,人家能主动上你这儿来?”闻听此话,老汉的心立时凉了半截。

出乎人们意料,受“148”协调指挥中心指令,该镇法律服务所的两位同志迅速赶到了老人所在的袁庄村。他们严厉地批评了不孝之子的错误做法,从法律的角度讲明了利害。在村干部的参与下,双方终于达成了赡养协议。袁老汉感动得不知说什么好。

焦元乡李占村远离县城百余里,年过半百的村民郝新六和她86岁的父亲想办赡养公证却苦于交通不便一直未能如愿。“148”接到老人打来的电话,当即派2位公证员赶往李占村,在查清事实的基础上当场为他们办理了公证。2位公证员谢绝了老人的挽留,又摸黑赶回了县城。

根据“148”运行机制,对法律咨询电话,一般给予当场解答;情况复杂的可以到接待室上门详谈;需要受理的案件向有关处所分流;当事人为老弱病残或居住偏远,确需上门服务的,提供上门服务。

东明“148”开通后,像以上两个例子一样获得上门服务的人不在少数。

当前,社会基层特别是农村地区的群众法律意识不强,缺乏依法维权的知识和观念,但随着经济、社会发展,他们在日常生产、生活中遇到的涉法问题、各种纠纷日益增多,又迫切需要法律服务,“148”恰恰满足了人们对法律服务的强烈渴望。

6月4日,该县渔沃乡四柳村村民薛素平骑自行车沿106国道自北向南而行,当行至黄河桥路北约30米处时,突然路边一棵枯树被风刮断,将薛素平砸倒。经医院诊断:头部重伤,右胳膊、右腿骨折。

这飞来横祸使薛素平在承受肉体痛苦的同时,使其本不富裕的家庭又背上了沉重的经济包袱。缺乏法律知识的她不知找谁说理,只恨老天不长眼,怨自己太倒霉。还是她的一个亲戚看到电视上的宣传,抱着试试看的心情拨通了“148”。

值班人员迅速将案子分流到当地律师事务所。在接受委托后,王留锋律师当即进行了调查取证,并依法找到责任单位——公路局。经调解,薛素平拿到了2万元的赔偿金。难怪乡亲们有句顺口溜:“拨通148,没法也有法。”

可以说,“148”靠干实事赢得了民心,树立了威信,因方便、快捷、高效的方式广受欢迎。据统计,自3月16日至11月6日,东明“148”已接电话2560个,接待来信来访人员 1560 人次,电话内容涉及婚姻家庭、宅基纠纷、抚养赡养、农民负担、供用电、建筑、果园承包、企业改制等近 20 个方面的问题,其中 90% 以上都得到了圆满解决。每解决一个问题,都是一次生动的普法教育,也是对“148”最好的宣传。就这样,一传十、十传百,“148”在当地声名鹊起,真正成了为群众排忧解难的“开心锁”。

为国分忧——架起党与群众的“连心桥”

还有一件事让“148”名声大震,那就是“148”用法律的“钥匙”,破解了当地多年未决的难题。

这个县的高村乡虽然农田基本建设配套合理,为植树造林创造了良好条件,可由于管理跟不上,成活率低,出现了“种树不如毁树快,年年栽树不见树”的怪现象,乡党委政府为此费了不少脑筋,但始终收效不大。

“148”开通后,高村乡党委书记高学成抱着试试看的态度拨通了“148”,看是否能为他们从法律的角度找一个管理林业的好方法。

“148”值班人员经研究后,为高村乡提供了两个方案:一是进行植管投标,由村委会与植管人签合同,期限在 15 年左右,前 5 年由植管人员负责植树与补苗,并承担所需费用,在合同到期后,所有树木按投标时的比例分配,村里得大头,承包人得小头;二是在承包到期后,所有树木由承包人处理,村委会只得承包金。所签合同要经公证处公证,让双方都放心。结果这两个方案均被采纳。群众高兴地说,乡政府这个做法好,以后再也不用为植树劳民伤财了。

这件事从一个侧面告诉人们,随着各级人民政府职能的转变,政府管理经济、管理社会的职能及其方式发生着深刻的变化,靠行政干预处理解决的事务锐减,而靠法律和经济手段解决的事务剧增,把管理社会事务纳入法制轨道已成为必然趋势。开通“148”法律服务专线这一做法可以说是在新形势下进一步提高法律服务水平的新尝试。

“148”之所以有如此强大的生命力,受到人民群众的广泛拥护,得到各级党委、政府的重视和大力支持,原因在于利用这个载体能够为群众提供法律服务和法律帮助,依法维护公民的合法权益,起到了便民、利民的作用;更重要的是,通过服务和依法解决问题,使大量的人民内部矛盾化解在基层,消除在萌芽状态,预防和减少了民转刑案件、信访案件,特别是群体性事件的发生。

东明县“148”开通后,全县信访案件比上年同期大幅度下降,其中集体上访案件下降了 43.2%。

今年 4 月 3 日,“148”协调指挥中心接到一位不愿透露姓名的群众打来电话,称胡庄乡李乔庄村 237 户村民因对村干部不满,组织百余人准备集体上访。值班员马上接通胡庄司法所电话,要求马上派人前往李乔庄做疏导化解工作,并将这一重要情况报告了乡党委、政府,同时“148”法律服务轻骑队即刻赶往李乔庄。那天,天刚下过雨,胡庄“两所”人员和轻骑队的同志不辞劳苦,踏着泥泞挨家挨户做工作,通过近9个小时耐心说服教育和法制宣传,终于化解了矛盾,避免了一起集体越级上访事件的发生。事后,他们又帮助村委会公开了村里的账目,从根本上消除了隐患。

走进“148”协调指挥中心,墙上八项职责历历在目:解答法律咨询,普及法律常识;实行内部联动,搞好上门服务;沟通外部信息,做好受案分流;加强区城合作,搞好联防联调;做到快速反应,防止纠纷激化;遵循有关规定,提供法律援助;掌握社情民意,当好党政参谋;接受社会监督,强化队伍建设。

东明县公安局方局长对“148”有一个形象的比喻,他说:“110是外科治皮肤病,148是内科治心脏病。”这句话形象地道出了二者在标本兼治中的并存互补功能。

顺民情合民意——“148”遍地开花

人民满意不满意、高兴不高兴、答应不答应,是我们一切工作的出发点和落脚点,也是衡量我们工作的根本标准。本着这一宗旨,东明县“148”的经验在山东省率先得以推广并迅速推向全国。

由于“148”是在实践中脱颖而出的,顺国情,合民意,一经产生便爆发出了强大的生命力。

山东省司法厅负责同志介绍了他们推广“148”法律服务专线的具体情况。

目前,山东省已有4个地市、86个县(市、区)司法局、682个乡镇共开通910条后3位数为“148”的法律服务专线电话,形成了全省学东明县的热潮。山东省司法厅还提出了力争今年年底全省60%以上的县(市、区)开通“148”专线,明年所有县(市、区)全部开通的目标。

不久前,山东省司法厅与省邮电管理局联合发出通知,在全省统一开通号码为“16800148”的法律服务专线,并规定,咨询电话免收信息费,一律按普通电话收费。

据统计,山东省各级财政共为“148”建设拨款563万元,增加专门编制112人,许多“148”除程控电话外,还配备了微机、内部程控交换机,还有的配备了上门服务的专用机动车,为“148”专线建设提供了必要的保障。

为提高“148”工作质量,山东省在努力搞好硬件建设的同时,突出抓好了“148”法律服务队伍建设,明确规定“148”值班人员必须是司法局机关中素质好的法律通、政策通和律师、公证员或具有法律大专以上的人员,并坚持了值班人员学习培训、持证上岗、考核评比等制度,未经过必要培训,不胜任工作的一律不准上岗值班。目前,全省已建立了一支以司法局机关人员和律师、公证员、基层法律工作者为主体的由3812人组成的“148”专线值班队伍。

据山东省司法厅粗略统计,全省陆续开通的“148”专线共接到咨询电话15,400个,接待群众来访7786次,全省开通“148”的县(市、区)信访案件平均下降19.5%,各类纠纷减少14.8%,其中,防止民转刑案件454件,通过“148”牵线搭桥,全省律师、公证、基层法律工作者办理法律服务事项共比去年同期增加了9481件。

这位负责人同时指出,“148”如同一块“试金石”。通过它便于征求社会各界的意见和建议,主动接受人民群众的监督,不断改进工作作风,提高司法干警素质,在全社会树立起司法行政机关的良好形象。

在广泛推广“148”成功经验的同时,山东省司法厅也清醒地认识到,要实现“148”“把法律交给群众,送服务走进万家”的宗旨,兑现“文明服务,有询必答,送法上门,满意万家”的承诺,确保不失信于民,但“148”并非无所不能。他们明确提出了“三不原则”,即立足本职工作,不超越自身权限,不包罗万象,不超出自身承受能力。从而严格界定了“148”法律服务专线的职责范围。对群众打来的电话,不属于司法行政机关解决的问题,他们通过出“148”专讯等多种形式,积极与有关部门沟通,向当地党政领导汇报,努力成为党委政府了解社情民意的“千里眼”、“顺风耳”。

在记者走访的山东省菏泽地区、济宁市和河南省商丘市三地、市开通“148”的6个县中,可以看到各级司法行政机关最大限度地利用“148”这一载体,将司法行政工作纳入党的中心工作的总体部署,围绕农村第二轮土地承包、企业“三改一加强”、职工下岗分流、社会保障以及农村经济发展等提供优质高效的法律服务。

各地还主动将“148”纳入社会治安综合治理的工作体系,针对当地影响社会稳定的热点、难点问题,加强法制教育,主动提供法律服务,及时调处矛盾纠纷,使“148”成为维护城乡基层稳定的又一道屏障。

司法部部长高昌礼对“148”法律服务专线予以高度评价,盛赞“148”是在新的形势下法律服务的新做法,是实施依法治国基本方略的积极探索。

司法部党组在认真调查研究的基础上,认为“148”的路子正确、方向对头,其基本经验、基本做法应在全国范围内大力推广。在推广过程中,要采取既积极又稳妥的态度,因地制宜、以点带面,逐步全面推行。要加强领导,不断总结、完善“148”的成功经验,把推广“148”作为加强基层司法行政工作、改进工作方法、提高工作水平的重要契机抓紧抓好,并把此项工作列为今后3年司法行政工作的重点之一。

司法部还积极争取国家信息产业部等有关部门的支持,在全国统一设立司法行政机关法律咨询专线,目前已取得初步成果。

“一花独放不是春,万紫千红春满园。”相信“148”一定会在各地发扬光大,为推进依法治国进程再添新力。

(1998.12.4)

点 评

“148”意为有事找法。山东东明县开通“148”法律服务专线,为广大群众提供了快捷、便利、高效的法律服务,适应了经济社会发展和广大群众的迫切需求,深化丰富了法制宣传普及工作,推动和加强了基层依法治理。这一新生事物具有强大的生命力,经司法部推广,迅速在全国范围内开通,成为法治建设的好帮手。现在已经升级为“12348”,成为全国统一的公共法律平台。

论法制新闻

陈应革

世界上所有国家,几乎都有法律和新闻,但是,将两者结合在一起,成为法制新闻的,恐怕只有中国。这是中国独具的、特有的,是中国特色的。

尽管对法制新闻的研究还有待深入和加强,但是法制新闻作为新闻一个新的门类的事实,已不容忽视。深入地研究它,完善它,不断推动法制新闻事业的发展,是新闻工作者,特别是法制新闻工作者义不容辞的责任。同时,这种研究也必然进一步活跃和繁荣新闻理论研究园地。

任何理论无不产生于实践。实践是第一性的,只有将感性认识上升为理性认识才能形成理论。法制新闻之所以能够形成理论,源于法制新闻的产生与发展,说清这个问题,只能从法制新闻实践开始。

法制新闻的概念和产生

何为法制新闻?坦白地说,法制新闻就是以法制事件、法制问题、法制动态为依托的新近发生的法制事实的报道。

法制新闻在国外,一般是按社会新闻处理的。一些重要的法制活动,包括重要的案件,往往在报纸和其他媒体的一版头条或重要位置刊发。这类新闻是最有读者、最受欢迎、最具社会影响的新闻。在我国,新中国成立后的 50 ~ 70 年代,也无法制新闻一说,那时凡遇有关法制方面的报道,也基本上属于社会类新闻,而且由于当时法制建设的薄弱,司法制度的不健全,政法工作的神秘,实际上这类新闻数量很少。

法制新闻之所以成为今天的一个新闻门类,其决定的因素是法制新闻的大量涌现,而法制新闻又是植根于我国的民主法制建设发展的土壤上的。由此说来,法制新闻实际上是我国社会主义民主法制建设事业在广大新闻工作者,包括业余新闻工作者头脑中反映和加工的精神产物。

党的十一届三中全会在明确提出将全党工作重心转为以经济建设为中心的同时,也明确提出要发展社会主义民主,健全社会主义法制。邓小平同志高瞻远瞩,明察秋毫,就中国发展民主,健全法制,作出一系列极其重要的指示。正是在邓小平同志伟大理论的指引下,从 70 年代末的《刑法》及《刑事诉讼法》这“两法”的诞生,到 1982 年中国新《宪法》的出台,标志着中国社会主义民主与法制建设春天的到来。党的十一届三中全会以来的 20 年的实践充分说明,我国民主与法制建设成就斐然,法制春风劲吹,呈现出一派生机。立法方面,进步长足,在国家的经济生活、政治生活、社会生活、文化生活的主要方面已基本上做到有法可依;司法、行政执法逐步完善,全民法律素质和意识空前提高。以江泽民同志为核心的党中央,对社会主义民主法制建设高度重视,党的十五大更是明确提出了依法治国,建设社会主义法治国家的治国基本方略。这一切无不昭示着我国民主法制事业的蓬勃发展。而宣传报道这一发展的新闻,同样色彩纷呈,在新闻工作中异军突起,形成了独具一格、独树一帜的新的新闻门类,这就是法制新闻。法制新闻,也从无到有,从零散到形成气候。可以说,20 年来我国民主法制建设的每一举措、每一成果,都及时有效地得到了报道。在持续开展的全民普法活动、依法治理工作中,宣传报道为其鸣锣开道,大张旗鼓;在大力推进民主法制建设工作的同时,法制新闻备受重视,从而为法制新闻的发展奠定了坚实基础,开辟了广阔天地,促进了其发展。

有了法制新闻,还必须有相应的载体。80 年代中期,由时任中央政法委员会书记的彭真同志倡议,经党中央批准,我国创办了第一张以宣传社会主义民主与法制为主要宗旨的报纸,即《中国法制报》,也就是《法制日报》的前身。在它的带动下,尤其伴随如火如荼的全民普法活动,政法各机关及省、地级创办的法制报刊如雨后春笋,以致形成了一个法制类报刊群体,拥有了广泛的读者群。据统计,现在全国有法制类报纸上百种,刊物几百种。与此同时,其他一些中央到地方的党报党刊、部门报刊、行业报刊,也纷纷推出法制栏目、专版,使法制新闻有了更广阔的天地,产生了许多高质量的法制新闻作品。新闻特别是法制新闻工作者,有了更多的用武之地,许多有志者也认识到研究法制新闻理论的必要性。正是在这厚实的土壤上,广大法制新闻工作者、新闻理论工作者,潜心研究,勇于探索,使法制新闻理论从萌生到形成,从感性到理性,形成和正在形成具有鲜明个性的法制新闻学理论。

如是观之,可以说,法制新闻产生于党的十一届三中全会之后,我国改革开放和社会主义与法制建设大发展的时期。离开这个大背景,就没有法制新闻的出现,更没有法制新闻学理论的出现。

法制新闻的特点

法制新闻学研究的对象是什么?概括地说,是研究法制新闻的产生特点、功能和发展的理论,也包括诸如法制新闻发展中应把握的问题、法制新闻工作者队伍的建设等问题。这里,我们先看法制新闻的特点。

从一般意义上说,在现在的新闻领域中,在“新闻”这个总的范围内,已有了不同的新闻门类,例如,经济新闻、农业新闻、政治新闻、科技新闻等,法制新闻自然也属其中之一。作为法制新闻,除必须具备新闻的基本特征、基本要素之外,它还必须姓“法”。离开法,自然也就不复有什么法制新闻存在。所以说,有法制生活存在,就有法制新闻产生。我国民主与法制建设的实践,是法制新闻产生的肥沃土壤。

这里所说的法制新闻必须姓“法”,基于以下几点:

1. 必须是法制事件、法制问题、法制动态,如果不是这些方面的题材,那就不能算是法制新闻,这是不言而喻的。

2.作为民主法制建设活动的主体——人,凡与民主法制建设事业有关,直接、间接从事这方面活动的人,应是法制新闻的主体。报道、反映、宣传这些人的思想、活动、生活,毫无疑问应是法制新闻中最重要的内容之一。

3.法律本身不是别的,而是政治的、经济的、文化的、社会的、思想的某些政策和准则规范的法律化。本来与法无关的纯经济的、社会的、文化的某些现象,一旦法律化,就给这些现象注入了法律的人格,这些规范也"脱胎换骨",成了法律条文,变成了至高无上的法律原则。由此,可以说,无论哪种准则或规范,一旦上升为法律,那么这个准则规范本身就成了法律。在宣传报道这个准则规范时,就不再是宣传报道一般的准则规范了,而是在宣传报道法律规范,那么由此产生的新闻,就是法制新闻了。比如,食品卫生问题,这是一种社会生活现象,但将有关食品卫生问题的要求和规定写入《食品卫生法》之后,这些本属一般食品卫生管理的要求就成了法律问题了,依此写出的新闻,自然就具有法制新闻的属性。《铁路法》规定:"铁路运输企业应当保证旅客和货物运输的安全,做到列车正点到达。"如果不能正点到达,从法律的角度讲,就不仅是一般的运行问题了,而是法律问题了。再如,该法还规定列车应为旅客"提供饮用开水"。如果列车做不到,不依法供应饮用开水,旅客完全可以向司法机关起诉列车。以此类推,对这些问题的报道,自然都属法制新闻或经济法制新闻的范畴。

4.受传统的"法者,刑也"观念的束缚,有人仅仅把法的功能拘囿于刑罚,这是很大的片面和偏颇。法本身有刑事的、民事的、行政的、经济的等方面,除了刑罚,量最大、面最广的是对社会生活、经济生活及各种经济的社会的关系的调整。因此有人说法的功能的重要方面应是社会生活的"调节器"。所以,法制新闻天地宽阔,真的是"上管天,下管地,中间管空气"。如果仅仅把法制新闻限定在刑罚的报道上,那就无异于画地为牢,作茧自缚了。

5.有人把法制新闻理解为案件新闻,这就更是一种误区。案件,无论刑事案件、行政案件、民事案件,只是法制工作的一个方面,也只是法制新闻中的一部分。有人打着法制新闻的幌子,专门选择那些诸如凶杀、强奸、抢劫、盗窃等富有刺激性案件,并且详细描述作案过程、手段。这实际上是对法制新闻的玷污与亵渎。案件报道当然是法制新闻的重要内容之一,但不是唯一。报道案件的宗旨应是以案释法,开展法制教育,而不是渲染作案细节,自觉不自觉地成为教唆。这个认识问题不解决,就会使法制新闻遭到涂炭,使之变味。这是不能允许的。

法制新闻的功能

法制新闻学,作为新闻学的一个新的门类,它必须研究的另一个重要内容是法制新闻的功能。这对于指导法制新闻实践,无疑具有重要作用。

什么是法制新闻的功能？我认为法制新闻应具有以下几种功能：

其一，向全体公民普及法律常识，增强广大干部和人民群众的法制观念，提高全民族的法律素质。实践证明，普法的重要手段之一是通过媒体进行宣传。三个五年普法规划的实施，充分证明了这一点。普法需要法制新闻，法制新闻推动普法进程，二者相互依存，相互促进。同时也使法制新闻有着广泛的群众基础和受众群体。通过法制新闻，广大干部群众学到法律知识，受到法雨沐浴，他们十分欢迎和需要法制新闻。因此，今后应更加充分发挥法制新闻的这一功能。

其二，认真准确及时地报道党和国家民主法制工作大政方针，展示国家民主法制建设的成果，向世界树立中国实施依法治国，向社会主义法制国家迈进的良好形象。

关于民主与法制的关系，小平同志曾明确指出，为了保障人民民主，必须加强法制。他又说，社会主义民主和社会主义法制是不可分的。由此可见，民主与法制密不可分。改革开放以来，党和国家在发展社会主义民主，健全社会主义法制方面做了大量工作，取得了举世瞩目的伟大成就。在每个阶段，每个时期，党和国家都对民主法制建设制定了方针政策。邓小平同志、江泽民同志都及时作出重要指示。对此关系全局性的重大方针政策和讲话，法制新闻责无旁贷地要充分有力地进行报道。特别是党的十五大，确立了依法治国，建设社会主义法治国家的治国方略，对今后国家的发展是一项重要的指导方针。这些方面的宣传报道，对于实现党的工作目标，动员全党全国人民实施治国方略，作用极大。法制新闻必须着眼于这些方面的报道，出色地完成报道任务。

其三，及时宣传报道我国社会主义民主法制建设的信息和动态。我国民主法制建设，可以说是突飞猛进的。无论立法、司法、执法、普法、法学教育、法学理论研究、各项依法治理活动、民主政治建设、依法办事、依法行政、运用法律手段管理经济、管理和规范市场等方面，都取得了重大成就，这已为世界所瞩目和公认。不夸张地说，在我们国家广袤的国土上，民主法制建设，每天都有新的成果、新的进展、新的经验、新的信息。通过法制新闻途径，及时地将这些成果、动态、信息传递给广大干部群众，无疑会起到推动和鼓动、促进作用。它应是法制新闻中最重要的组成部分，是最有新闻性，是最有分量之所在。

其四，满腔热情地讴歌民主法制建设事业中的先进集体、先进人物。为了我国的社会主义民主法制建设，为了维护国家的长治久安，为了维护社会秩序和经济秩序，为了推进和实施依法治国，建设社会主义法治国家基本方略，在立法战线、司法部门、行政执法机关、法学教育科研等领域，先进集体和先进个人不断涌现。那些为民主法制事业无私奉献，甚至不惜牺牲生命的人，也是新时期最可爱的人。报道他们的先进思想、英雄业绩，弘扬他们的高尚精神，加强社会主义精神文明建设，维护社会稳定，激励亿万人民为实现党的目标而努力奋斗，乃是法制新闻责无旁贷的任务。

其五，正确妥善地报道案件。案件报道，在法制新闻中占有重要地位。案件，其实也是法律条文的载体。通过案件报道，既能及时报道司法活动，又是宣传法律知识的一个好形式、有效途径。对许多法律法规，如果单纯进行条文宣传，都是些很原则的东西，读者会觉得枯燥，难于提起兴味，也不易于理解；但通过具体案件，特别是典型案例的宣传报道，以案释法，以案讲法，既生动又现实，往往能达到事半功倍的效果。这个方法，在全民普法活动中被广泛采用。

但是对于案件报道，必须把握好几个环节：

1. 在指导思想上，不能单纯通过案件报道去取悦于读者，不加分析地迎合某些读者，似乎离开案件报道，法制新闻就不复存在，失去受众。用这样的认识去报道案件，去看待法制新闻，去组装报刊或其他媒介，只能把法制新闻引向邪路，也会把法制新闻工作者引向邪路。因此，必须端正和明确案件报道的指导思想。

2. 不能追求和专选那些色情、凶杀、抢劫、强奸、碎尸、爆炸等恶性案件加以报道，更不能不分青红皂白地描写作案细节，也不能报道某些属于保密范畴的侦破手段。法律规定属于隐私的、泄露国家机密的内容，都不得公开报道。我们有的法律类报刊为追求经济效益，不顾以上规定，不计后果，一意孤行，没有严肃地进行法制宣传，反而传播了作案手段，披露了侦破方法，实在是不可饶恕的。

3. 案件，应该说是形形色色的，从法律的角度划分，就包括刑事的、民事的、经济的、行政的等几大类。我们宣传报道的目的是向受众传递法制信息，传播法律知识，增强法制意识，为什么不全面地去选择案件，而一味地去报道和渲染那些恶性案件呢？社会生活是多彩的，读者的需求也是多方面的，因此，法制新闻作为新闻，应该多角度、多方位地给读者提供健康、有益的精神食粮，而不能玷污他们的心灵。比如，有的读者很想了解财产继承方面的法律，有的想知道怎样保护专利权，还有的想知道有关经济合同方面的法律知识，难道我们不去满足读者这些方面的正当需求，而一味地向他们提供杀人、强奸的作案方法吗？

4. 案件报道，不仅仅是报道作案、破案过程，更重要的是让读者知道发生案件的原因、适用的法律、判决的依据。每个案件都是有头有尾的，我们既要重视发案时的报道，也要重视审理过程中的报道，包括案件情节，更要重视案件的结果。有些法制新闻媒体只对案件过程和细节感兴趣，不惜版面篇幅，大加渲染；而对案件的最终判决及读者应从中受到怎样的教育漠然视之，这就完全背离了法制新闻宣传教育的宗旨，是十分有害的。

5. 报道案件除了进行认真选择以外，还要特别注意遵守法律规定和新闻纪律。比如，有些案件，法律规定不能公开报道；有些案件，司法机关正在侦查或审理阶段，对案情不能公布；有些案件，如何认定事实、适用法律，还要进行研究和讨论，不宜过早公开；有些案件，尽管已审理终结，但和盘托出、详细报道有某些不当；等等。我们都应从法律规定和新闻纪律角度，以对宣传报道的社会效果负责、对国家和人民负责、对读者负责的态度，严格把关。决不能不顾法律，不顾大局，不顾社会效果而我行我素。以往，这方面的教训是不少的，我们应该认真汲取。

其六，增强法制新闻的服务性。如前所述，法制新闻报道担负着向全国人民宣传、普及法律知识的任务，即要为增强全民的法律意识而提供服务。中央领导同志多次指出，报刊和各种媒体，应多开一些栏目，加强法制宣传教育。因此，不断增加法制新闻对社会、对广大群众的法律服务，是一项十分重要的任务。对此，我有以下几点看法。

1. 法律宣传教育具有广泛的群众性。它不像经济新闻，似乎做经济工作的人更关注一些；搞农业的，对农业新闻更重视一些。而法制宣传，关系到全体公民，关系到全社会，因此，一定要高度重视。就是说，要采取群众喜闻乐见的形式，深入浅出地普及法律知识，满足群众日益增长的法律渴求。

2. 增强法制新闻的服务性，也是实施依法治国，建设社会主义法治国家方略的需要。依法治国，建设社会主义法治国家，是党的十五大确定的治国基本方略。实施这个方略，要做的事情很多，譬如怎样搞好依法行政，怎样加强立法，怎样培养广大干部依法办事习惯，怎样加快法律人才的培养，等等。如果我们的法制新闻能为上述实施依法治国方略中的各项要求提供优质服务，不是为依法治国、落实党的十五大精神做出了更大贡献吗？

3. 随着广大干部群众法律意识的增强，无论法人、自然人，比任何时候都需要运用法律手段维护自己的合法权益。特别是在社会主义市场经济条件下，人们的经营行为、人身权利，都要有法律的武器加以保护。因此，人们迫切需要报纸或其他媒体提供更多知识，帮助他们掌握法律，了解诉讼程序。这个客观需要，无疑给法制新闻的服务性提出了更高要求。

4. 增强法制新闻的服务性，是法制新闻工作宗旨的体现。我们平时总是说要使报道贴近生活、贴近实际、贴近读者。为群众服务，急群众之所急，想群众之所想，正是我们应该努力去做的。当群众需要我们提供服务的时候，我们就应该千方百计、满腔热情地去满足需求。否则，口头上讲为群众服务，宣传报道工作却不去体现，那只能使宗旨挂在口头上，写在纸片上。我们需要的是切切实实的落实。

其七，介绍外国法制建设成果，开阔眼界，借鉴外国有益经验，为我所用。世界上每天都会发生许多与法有关的新闻。选择其中富有借鉴作用、能开阔读者视野、使群众了解世界的新闻，在我们的法制新闻报刊上发表，介绍给读者，无疑也是十分有意义的工作。

世界上国与国之间的外交、贸易、交流等许多双边、多边关系问题，主要是靠法律手段加以规范的。没有法律作桥梁、作保障，这种对接、交流、合作，就无法进行。出现问题也无从妥为解决。外国，特别是发达国家，在法制建设，尤其是经济领域中的法制建设，起步早，较为完善，其中有不少经验教训可供我们借鉴。在这方面，法制新闻应该大有作为。多年来，《法制日报》在这方面进行了大量报道，收到了很好的效果。

我国与外国在社会制度、司法制度、法律体系上都存在不同,因此介绍外国法制建设的情况,决不能不分良莠地照搬,必须经过选择。比如,资本主义国家把“三权分立”说得天花乱坠,但它不适合我国国情,我们就不能盲目地介绍;一些国家取消了或没有死刑,我国有,我们就不能简单讲外国没有死刑好。如上所说,社会制度、司法制度不同,不能什么都一样,各有各的国情。外国人讲他们的民主如何如何好,选举如何如何公平。我们认为,中国的民主,是人民的民主,是实实在在的民主。我们不能在宣传西方民主时,对他们加以美化。关于人权,我们中国及广大发展中国家的人权观和人权内容与西方国家的都不同。如果我们在宣传报道中不加区分,那也会使宣传报道背离了宗旨。

法制新闻工作者的责任

在任何一个国家,新闻从业人员都不仅仅是纯客观地报道什么或不报道什么,他首先肩负着重要的社会责任。我们的报纸是党和人民的喉舌,我们都应有坚强的党性。因此,我们的新闻工作者把这一点看得更重。而广大新闻从业人员,也都遵照党和政府的要求,努力做到这一点。这也同时给法制新闻学提出了一个课题:研究和告诉新闻工作者,怎样增强社会责任感。

法制新闻作为改革开放的产物具有很强的生命力。在新闻工作中,它异军突起,成为不可或缺的新闻门类。不仅专门的法制媒体不断涌现,综合性、经济性、社会性等方面的媒体也在加大法制新闻的数量和力度。同时,伴随法制新闻事业的发展,一支庞大的法制新闻工作者队伍也在成长着。这无疑是我国新闻事业和民主法制建设中的一件好事。但是,正是因为法制新闻重要,党和人民需要,我们才更要认识到自己责任的重大、使命的神圣。我以为,作一名法制新闻工作者,应坚持做到下列几条:

坚持正确的舆论导向。江泽民同志在视察人民日报社时,曾语重心长地告诫新闻工作者,舆论导向正确是党和人民之福,错误是党和人民之祸。总书记把问题看得这么重,是有充分的根据的。所有的法制新闻工作者,必须牢记总书记的指示,任何时候都要与以江泽民同志为核心的党中央保持一致,坚持党性原则,坚持正确的舆论导向,使法制新闻按照党指引的道路前进。这是对法制新闻工作者最重也是最起码的要求。

坚持正面宣传报道为主的方针。法制新闻由于其独具的某些特点,报道什么,不报道什么,怎样报道,这其中有很多讲究。根据中央要求的精神,必须坚持以正面报道为主的方针。在实践中,为了迎合某些读者,专选那些富有刺激的内容是一种报道方式;追求奇特,制造轰动,而不顾报道的社会效果,是一种报道方式;对作案详情津津有味,大揭内幕,披露“真情”,是一种报道方式;置法律规定和程序与新闻纪律于不顾,由着自己兴趣报道,又是一种报道方式……凡此种种,都应避免、反对。

我们要求的，是正确报道。因此，要坚持正面报道、有选择地报道。尤其是法制新闻在青少年当中有广泛读者，我们就更应该从青少年能够接受，从有益于他们身心的健康成长着眼报道，而不应该由于我们的不当宣传，玷污了青少年纯洁的心灵。那样，所谓的“法制新闻”岂不成了教唆新闻？

坚持应有的职业道德。新闻工作是一项崇高的工作，是受人尊重的职业。法制新闻工作者特有的报道范围和对象，受众的广泛性及特殊性，要求他们必须严格恪守职业道德，切不可以稿谋私。须知，诉讼，从来都是一家欢乐一家愁的结局。如果由于法制新闻工作者的无端干扰或失实报道而引起案件的不公正判决，其造成的恶果不仅仅是当事人的合法权益受到侵害，还会严重损害我国法律的尊严，也损害法制新闻的形象，败坏法制新闻队伍的声誉，危害是十分严重的。对此，我们切不可以掉以轻心，泰然处之。

坚持正确报道。这里所说正确报道，主要是指准确无误地宣传民主法制，避免宣传报道中产生违反宪法和法律或不准确的问题。法律规范是非常严格的，因此报道必须准确，如果报道中出现错误，就会造成难以挽回的影响。可以毫不夸张地说，目前，在法制新闻报道中，法律错误屡见不鲜，影响很不好。这个问题必须引起重视。

坚持学习法律。我们不可能要求每个编辑记者都成为法学家，但是我们要求法制新闻工作者必须认真学法、懂法，从而正确地宣传法律。这应该说是对法制新闻工作者起码的要求。即使是专业学法律的同志，也不能说对现行法律的内容全部掌握了。殊不知除了法理之外，每一部新近出台的法律都具有其自己的内容，对每一个人来说，都是新的课题。因此，所有的法制新闻工作者，都必须严格要求自己，时刻关注法律事业的发展，率先学好法律，先当学生，后当先生。这是法制新闻工作者提高业务素质的重要内容。

坚持提高报道质量。法制新闻在新闻大家庭中，还是比较年轻的成员之一，毕竟只有不到20年的成长历史。随着我国社会主义市场经济体制的确立，我国社会主义民主法制建设的发展，社会和各方面的进步，对法制宣传报道质量的要求越来越高。这也就提出了不断提高法制新闻质量的要求。比如，经过3个五年普法规划的实施，公民的法制观念普遍有所增强。而对这样的现实，我们该怎样使报道更适合读者需求？怎样使报道更为读者喜闻乐见？对诸如此类的问题，应该开动脑筋，调查研究，虚心听取有关部门和广大读者意见，不断拿出改革方案，以提高报道质量。

坚持理论研究。法制新闻由于其年轻，自然需要理论指导。首先要学好邓小平理论，学好江泽民总书记的重要指示，学好党和国家有关方针政策，并用以武装广大法制新闻工作者头脑。与此同时，为了指导法制新闻健康成长，使法制新闻事业蓬勃发展，亟须加强法制新闻理论的研究。法制新闻的概念是什么，其内涵和外延还有哪些，法制新闻写作的规律和要求是什么，法制新闻的受众有哪些？……许多问题尚待深入研讨。现在社会上有人一听说法制新闻就反感，认为它无非是传播案情、教人犯罪的代名词；也有人仅仅把法制新闻的内容局限于刑事案件的报道，对法制新闻怀有戒心,认识不够全面。不少法制新闻工作者也对许多问题存在疑惑。有的法制新闻媒体在宣传报道思想上还不明确,方法不够得当,产生不少问题。这些都需要理论的指导。因此,加强法制新闻的理论研究,是一项重要工作,不能忽视。近年来,一些新闻单位已经意识到这个问题,法制新闻理论的研究在这些地方已经起步,取得了初步成果,我对此感到欣慰。希望有更多的有识之士、新闻单位、新闻理论工作者、新闻实际工作者,都来关注这个研究,以早日形成较为完整的法制新闻理论,指导和推进我国法制新闻事业的健康发展。

坚持社会监督。新闻舆论是一种监督武器,但是新闻本身也必须受社会的监督。法制新闻作为一个新闻门类,加之其具有的个性,产生、成长、壮大、发展,也需要一个过程。要使法制新闻健康发展,使其完善起来,首先要加强党对法制新闻工作的领导;其次要有广大法制新闻工作者和所有新闻工作者的努力;最后更需要广大群众和社会各界的监督、支持和帮助。法制新闻形成以来,的确发挥了应有的作用,受到受众和群众欢迎;但广大群众对其中的某些不良倾向、不良报道,也提出了批评和意见。有的司法机关也对不适当地不听招呼地肆意报道、未结或不应公开报道的案件,甚至干扰司法机关办案的现象提出严厉批评。我想,对这些批评,法制新闻工作者应虚心接受,认真思考,引以为戒,坚决改正。有人说,记者就是责任。我们的法制新闻工作者,必须以对党、对人民、对社会主义民主法制建设高度负责的精神,搞好法制宣传报道。因此,不能借口自己是舆论监督机关,就不受群众监督,随心所欲。我以为,这是必须在法制新闻工作中认真解决的一个问题。

开创法制新闻学研究新局面

作为一个专门从事法制新闻工作 20 年的人,我面对法制新闻工作取得的成果,感到由衷的喜悦。从无到有,从小到大;从不为人关注,到为世人瞩目,这成果来得何等艰辛,何等不易!每每回味个中的酸甜苦辣,心中总禁不住一阵颤抖,泪水总是潸然而下。今天,不仅国家级的法制报刊形成规模,地方的法制报刊也茁壮成长。许多中央和地方的综合性新闻媒体,也纷纷开设法制栏目、专题,使法制宣传报道从上到下,从中央到地方,形成了特有的舆论阵势,令人兴奋不已。

但是,我们不能陶醉于已有的成绩,我们还要努力奋斗,真正肩负起党和人民赋予我们的使命,不断开创法制新闻工作的新局面。

我国的社会主义民主法制建设正方兴未艾,飞速发展。作为全方位反映报道这一发展的法制新闻,不容置疑地要随之发展。现在的方方面面,还远不能适应这一发展的客观需要。

我国实行的是社会主义市场经济体制。社会主义市场经济是一定意义上的法制经济,需要法律手段的规范、管理、推进。不仅需要加强立法,也需要加大执法力度,尤其要造就一批既懂经济又懂法律的兼备人才,以在市场经济中立于不败之地,以推进我国的市场经济健康有序发展。在这方面,新闻宣传有许多事要做。

我们最终是要成为世界贸易组织成员的,加入国际组织,在国际经济、全球经济中占据有利地位,大量的经济事务与国际接轨,靠什么?重要的一环是靠法律。在这方面,中国的法律有什么规定,外国的法律有什么规定,怎样架起法律的桥梁,尽快与国际相通?在这些问题的研究和报道上,法制新闻工作者同样大有用武之地。

改革开放是我国的国策。改革开放、建设有中国特色的社会主义,这是邓小平同志和以江泽民同志为核心的党的第三代领导集体坚定不移的方针。怎样继续搞好改革、扩大开放?党和国家有一系列重大决策和措施,这其中,自然缺少不了法制工作的保障。而法制新闻工作者怎能不大显身手。

三个五年普法规划,我们已取赫赫成果,但是,普法是长期工作,还有许多工作要做。就全国而言,全民的法律素质仍待提高,还有许多"法盲"需要扫除。作为普法最有力手段之一的法制宣传教育活动,毋庸赘言,还要下更大的气力,用更多的功夫。

最令我们振奋的,是具有伟大历史意义的党的十五大,江泽民总书记在报告中明确提出,要在中国实施依法治国,建设社会主义法治国家的治国方略。这一宏大的系统工程,引无数精英竞折腰。有多少事要做,有多少话要说?法制新闻工作者难道不需大展宏图吗?

再说我们自己吧。的确,伴随法制新闻事业的发展,法制新闻工作者的队伍不断发展壮大,已成为我国新闻事业中一支令人瞩目的新军,涌现出一批先进集体、先进人物;一批作品被评为中国新闻大奖。在"韬奋新闻奖"、"范长江新闻奖"提名奖中也榜上有名。我们当然要对此感到高兴,也应向所有获奖者表示祝贺。但是,切不可头脑发热,切不可盲目乐观。冷静想想,仔细看看,我们的法制新闻工作者队伍,还不那么完美。不是吗?我们的报道还时有失实报道出现;有的编辑记者作风不深入,采访不认真,编辑不细致,造成不应有的失误;有的干劲不足,怕苦怕累,不够敬业;也有极少数的"害群之马",搞有偿新闻,吃拿索要,以稿谋私,甚至受贿犯罪。难道法制新闻队伍的思想、政治、业务的素质不需要提高吗?

综上所述,可以看出,法制新闻异军突起,任重道远。我们不能停留,而要奋发前进!

法制新闻学的研究,应该说还是开始,还有许多问题需要探索。在这方面,大有作为。

(1998)

点　评　论文系统介绍了法制新闻这一特殊的新闻门类,是研究法制新闻的早期教科书,对法制新闻的特征、功能、写作方法、发展方向进行了阐述。

江河源头盼治理

韩　萍

黄河几乎年年断流，而且断流的时间越来越长；长江流沙量逐年增多，清澈的江水已变得浑浊不堪，大有变成第二条“黄河”的危险。地处江河源头的青海省，在近20年的时间里，为保护和改善源头的自然生态环境，采取了多项措施，作出了不懈努力，但在严酷的自然条件下，这种努力如杯水车薪，无法阻止源头绿色植被日益萎缩，草原退化、沙化及大面积的水土流失趋势。许多有识之士大声疾呼：保护江河源，就是保护中华民族！

喧嚣的“无人区”

江河源地区位于青藏高原腹地，平均海拔5000米，流域面积达32万平方公里。在巍巍耸立且终年积雪的昆仑山、唐古拉山、巴颜喀拉山以及可可西里莽莽荒原的托举中，长江源流经沱沱河、当曲河等缓缓而下。因为高寒缺氧，这里形成了方圆20余万平方公里的无人区，人称“生命的禁区”。千百年来，这片土地就是凭借了这奇寒高峻的天然屏障保全了自己的安宁。地下丰富的矿产资源和地上大型的珍稀兽类种群及植物群落一直保持了一种近乎静态的原始平衡。然而，从20世纪80年代初开始，大批因贫困失去理性的淘金者和偷猎者疯狂地涌进了这片净土。据一项粗略的统计资料，从1981年到1993年的10余年间，每年涌入江河源地区从事采金、盗猎、挖药的人数都在15万人以上。他们在淘金的同时，疯狂地猎杀各种珍禽异兽，肆无忌惮地采挖名贵药材，这种无序野蛮的行为带给江河源的便是千疮百孔的累累伤痕：动物的家园被摧毁，草原植被和大片的高寒草地变成了座座沙丘，几乎所有大小河流的谷地都被挖了个底朝天。有人根据科学测算断言，在海拔4000米以上的高寒区，牧草根系的形成周期十分漫长，如果用一把黄金的投入去培养一把草根至少也需要十几年的时间。江河源区原本十分脆弱的生态遭到了永远无法恢复的破坏。这不仅影响和制约了青海省南部地区社会经济发展，同时严重影响着长江、黄河中下游地区的经济发展、生态环境和社会安定。

源头的尴尬

江河源32万平方公里流域区，也曾是山清水秀、森林茂密。但在过去的400年间，长江流域的森林覆盖率减少了60%以上，上游许多地方原来茂密的森林现已荡然无存；本世纪七八十年代，黄河源地区还呈现大片绿色，而目前黄河源区的森林覆盖率只有7.56%,长江源仅为2.03%。一个不容回避的严酷事实就是,江河源地区的绿色屏障正在快速消减!

一项调查表明,自1988年以来的10年间,黄河水量比正常年份减少了23.3%,在进入90年代以后,黄河断流历时、频次和断流长度均在不断增加,断流的时间由1991年的16天增至1996年的136天。更为严重的是,1997年第一季度黄河上游的来水量降到了历史最低点,致使青海境内的国家重点水利枢纽工程龙羊峡、李家峡水库的蓄水量成为建库以来蓄水量最少的一年。

曾是水草丰美,被冠以"百万牲畜大县"的曲麻莱县,在80年代之前,境内共有大小河流500多条。草滩平坦,几乎随便掘地数尺便有汩汩清泉涌出。然而,进入90年代以后,住在江河源头的曲麻莱人却遇上了前所未有的"吃水难"问题。首先是县城前后的两条河流逐年变小,直至彻底干涸。县城的22眼水井干枯了14眼,后来陆续又打了95眼井,而几年之后,这些井的水位普遍下降了1米到3米。1989年,青海省及玉树州拨款为县城通上了自来水,但自1993年起的连续3年干旱,使地下水位下降了5米到6米,水源量锐减,加之地下管道锈蚀,扭曲变形,最终报废。于是全城居民又重新掏掘原来的水井,到1995年时,全县117眼水井中干枯的竟达112眼,剩下的几口井成为全县人赖以生存的"命根子",每天从早到晚打水的人在井前排起了长队,就像早年间凭货证买紧俏商品那样。在这种情况下,卖水作为一个行当在这江河源头第一县像一道独特的风景线出现了。水价在2年间也由1小桶2角钱涨到了现在的4角钱。缺水使曲麻莱草原正一步步地滑向荒漠,数以百计的牧户不得不为水而到处转场。

面积为25,253平方公里的玛多县境内原来共有大小湖泊4077个,总面积达1637.8平方公里。由于湖泊和河流水位下降,1000多个(条)湖泊、河流干涸,其他湖泊水位下降2米到3米,大片土地成为寸草不生的黑土滩和沙地。全县草场退化面积达2414万亩,占全县天然草场面积的70%。这个在80年代初曾是全国人均收入最高的县,现在由于草场退化,牛羊无草可食,牧民收入减少,县财政极为困难。更为可怕的是,作为江河源头的玛多县,今年也出现了前所未有的断流!

我们不得不正视这样一个严峻的现实:黄河已经成了季节性河流。专家推算,到2020年,黄河下游将完全断流,黄河将成为一条内陆河。而今年长江特大洪水说明,由于长江中上游生态环境的恶化,中华民族的生命大动脉——长江正面临着沦为第二条黄河的危险。

自然的法则和规律往往不以人们的主观意志和愿望为转移。今年长江流域所发生的全流域特大洪水和黄河流域持续数年的断流再一次揭示了一个严重的生态问题:多年来长江、黄河源地区水土流失的直接后果就是使中下游地区遭受严重自然灾害的侵袭和巨大的经济损失。

母亲河的诉说

最新资料表明,长江流域水土流失面积达56万平方公里,占全流域面积的1/3,每年流失土壤20亿吨,这些流失面积和表土流失量大部分都来自包括源头区在内的上游地区。黄河流域每年流失土壤16亿吨,仅青海省湟水河流域年平均向黄河输沙即达6780吨,龙羊峡水库每年入库泥沙达31万立方米,这些泥沙都沉在中下游的河床上。

当前,上游源头地区在高落差、低植被的双重打击下,水土流失的速度是中下游的十几甚至几十倍。每年大量泥沙冲沉到中下游,使其河床每10年抬高1米以上,容水蓄洪能力相应减少20.30%。

在江河源头,以水蚀、风蚀、冻蚀为主的水土流失面积目前已逾千万公顷。仅就黄河源而言,水土流失发生面积已达7.54万平方公里,占黄河在青海境内流域总面积的一半以上和整个黄河流域水土流失面积的17.53%。长江上游及源头地区水土流失面积为10.6万平方公里。严重的水土流失,已使长江流域塘堰的总库容被泥沙淤积了一半以上,中小水库淤积占了库容的1/4到1/6。长江干流河道的不断淤积,造成了荆江河段的"悬河"。

由于泥沙淤积,青海境内现有的百余座中小水库每年减少库容200万~300万立方米。同时,大面积水土流失带来的另一恶果就是大量耕地被吞噬。以黄河上游最大支流湟水河谷地为主的青海东部农区为例,每年因水土流失而减少的耕地就有近万亩,水土流失使全区每年每平方公里土地就损失土壤2500~8000吨。另据调查,近年来该区每年因水土流失而损失掉的氮、磷、钾就在23万吨以上,相当于10年前青海省农用化肥使用量的两倍多。

综合治理是根本

近20年来,青海省各级政府和各族群众,坚持防治土地荒漠化的方针,先后实施了国家"三北"、"长江"防护林体系工程建设,实施了黄土丘陵区山、水、林、草、田、路小流域治理工程;在牧区进行以人工种草、草地围栏、畜棚、改良草场为主要内容的畜牧业四配套基础设施建设,开展了灭鼠治虫、灭毒杂草、推广优良牧草和合理放牧的草地保护和改良措施。在柴达木盆地,坚持水、林、草、田相结合的绿洲农业建设。到1997年年底,江河源区累计治理水土流失面积5106.23平方公里,治理程度6.8%,封山育林保存面积23万公顷,种草32万公顷,围栏草地157万公顷,改良草地80万公顷,实现控制水土流失面积0.52万平方公里,固定沙地11.6万公顷,使黄河上游水土流失土壤侵蚀模数下降30%~50%,流入黄河的泥沙量平均减少10%。

1998年元旦过后第一个工作日,青海省委书记田成平召集农林牧、水利、环保、计委、气象局、省委政研室等部门负责人召开座谈会,就江河源头生态环境恶化的调研工作进行了安排部署。2 月,田成平书记与省长专程拜访了国家环保局,提出源头生态保护问题的意见。3 月,在全国人代会上,书记田成平和省长向全国人大提交了《加强江河源头生态保护和建设的提案》,同时,邀请北京环保方面的专家召开了"青海省生态环境与资源开发座谈会",就江河源头的生态环境建设进行了研讨。6 月,青海省政府邀请北师大牵头,联合北大、北农、北林、兰大的专家、学者到青海对其生态环境进行考察,具体制定了治理项目,为此,省计委拨出前期工作经费 60 万元,完成了《青海生态环境建设的报告》。9 月,由青海省政府组织,在北京召开了"青海省暨黄河、长江源头生态环境建设规划与骨干工程筛选论证会",以孙鸿烈、石玉林等 11 位院士的名义向中共中央、国务院提出建议:把黄河与长江源头地区和柴达木盆地列为国家重点生态环境建设的区域,加大投资力度,以确保这些地区的生态安全。

为此,10 月 15 日,中华环保基金会在北京召开了"长江源环境与生态保护"国际研讨会,进一步研讨了江河源地区的生态问题。

虽然,这些年来青海从各个方面倾其所有,尽其所能地做工作,但是,由于青海地理、气候有很大的特殊性,加上经济基础薄弱,生态治理的速度远远不及生态恶化的速度。目前,区域内平均每年人工造林的规模只有 50 余万亩,而保存率仅能维持 30% 左右,年实际保存面积则只有 15 万亩。在水土保持和治沙方面,青海虽全力以赴,但面临的形势仍难使人乐观:防治经费捉襟见肘,整治速度远远赶不上土地沙化、水土流失的扩大速度……

为了母亲河的微笑

青海虽然是个经济欠发达的省份,但从 80 年代中期以来,该省的环保、林业、草原、畜牧、气象、水利等部门和大专院校及科研单位先后开展了大规模的生态环境调查与研究工作,完成了全省草场资源调查、森林资源普查、荒漠化调查与监测、生态环境建设规划、土壤普查、气候分析与气候区划,在江河源区已积累了 40 年气象和水文资料。这对今后的研究工作奠定了良好的基础。但要搞大规模的系统化的科研工作,青海在人、财、物各个方面都是无能为力的。据青海省科委社会发展科技处处长、高级工程师李玉方讲,青海每年用于生态环境、社会发展领域的科技项目经费只有 100 万 ~150 万元左右。1998 年由科委支配的省级科技 3 项费用是 1500 万元,去掉以前拖欠的,实际支配额只有 700 万元。尽管这样,青海省科委不遗余力搞科研的热情并没有降低。从 1998 年 4 月开始,他们与中科院兰州分院共同出资,用半年多的时间对江河源区的生态环境保护与建设进行了前期研究,形成了一份对江河源全面的、希望引起国家重视的前期科研报告,并于 10 月向国家科技部申报了《江河源区生态环境保护与建设研究》项目。由于"九五"期间的重大科研项目已安排完,经过多方努力,科技部决定将其立为预研项目。这个项目不仅对青海的生态环境、经济与社会发展有重大影响和作用,更重要的是对全流域乃至全国的可持续发展有重大影响。据介绍,该项目预计5年完成,各项研究专题经费估算5000万元。要完成如此庞大的系统科研项目,就需要国家的大力支持,这包括政策上的倾斜和经费上的支持。

由于青海多年来的奔走呼吁,江河源区的生态环境问题已引起国家的高度重视,国务院决定将青海省的江河源区生态环境治理列入国家的跨世纪、跨地域、跨行业的“三跨”生态治理工程,并列为国家6大林业生态治理工程的第一项。根据工程规划,从现在到2010年的13年间,青海省将在国家支持下分批投资60多亿元,以黄河、长江干流为主线,对境内7大流域水系的生态环境进行综合治理和保护。整个工程将以建设生态型防护林为主,着重控制水土流失和土地沙化,在增强水源涵养、增加江河水量的基础上有效改善江河源区的生态条件。争取实现治理水土流失1.2万平方公里,造林21万公顷,改良草场198万公顷,治沙95万公顷,使黄河、长江上游的生态环境得到改善,中下游地区的受益面、受益率得到扩大和提高。

说起江河源的环境保护,青海省委书记田成平在接受记者采访时说,青海是一个不发达省份,经济总量在全国来讲是微不足道的,但青海作为江河源头省份,对环境保护一直非常重视。虽然青海有很多优势资源可以开发,但由于特殊地理位置,提醒我们在发展的过程中,不能因为局部利益,而不考虑环保问题和生态问题,更不能以生态的破坏为代价搞经济发展。基于这种思想,近年来,青海为江河源的生态保护和建设做了大量力所能及的工作。田书记认为,江河源头生态环境治理,实施生态环境建设,不仅关系到全国生态条件及气候状况的改善,同时也关系到中华民族的振兴、社会经济的可持续发展。这不是青海一个省所能完成的,需要各个方面的配合与支持。因此,第一,加强法制建设,依法保护和治理生态环境是必不可少的手段,逐步建立健全以环境保护法、土地管理法、水土保持法、森林法等为基础,各项行政法规相配套的法律体系,加强管理机构和队伍建设,将生态环境保护和建设逐步纳入法制轨道。第二,黄河全流域580亿立方水,从青海境内流出的净流量就达280亿立方水,占黄河净流量的49%,从这个意义上讲,下游几个省的用水都来自青海,因此,下游有责任来共同治理、维护江河源生态环境。落实到经济上,就是要建立一种经济补偿机制,为治理上游、涵养水源给予经济补偿,共同为上游的治理和建设做贡献。第三,建议在国家的支持下,把江河源头当成国家一个大面积的自然生态保护区,并建立跨地区、跨行政区域的保护区。

在青海多年从事环境研究的专家们认为,眼前的当务之急是对江河源区的自然资源、生态环境退化状况、人为破坏程度等进行广泛而深入的调查,建立生态环境动态监测数据库,为江河源区自然生态环境的保护和建设及资源开发利用提供可靠的科学依据;同时,在国家支持下建立国家级的江河源头生态环境保护基金和江河源区自然生态保护区。江河流域的综合治理、资源开发与环境保护,上、中、下游应是一个不可分割的整体。专家们指出,如果只关注“水流”,而置“水源”于不顾,则无异于治标不治本、见尾不见首。

因此,记者再次呼吁,为了恢复母亲河丰满灿烂的容颜,江河源需要每个华夏儿女的精心呵护!

(1999.1.20)

点 评 文章对当时三江源地区满目疮痍的生态状况和保护现状进行了调查。绿色植被日益萎缩、草原退化、沙化及大面积的水土流失趋势,危及“中华水塔”,危及母亲河,必须加强保护。这篇作品在生态环境保护意识还不高的当时,是十分可贵的,新闻敏感度、新闻价值都很高。

湖北省监利县政府为增加财政收入，竟向“吃”财政者每人摊派4条香烟，烟钱从工资中强行扣除。这使得当地的中小学教师苦不堪言，他们大声疾呼——

我不吸烟　还我工资

蒲建安　马霄雷

1999年元旦的到来并没有给湖北省监利县的中小学教师带来欢乐，他们还在望着去年县政府派销给他们的4条价值340元钱的“玉沙”牌香烟不知所措。这种由监利县政府委托武汉卷烟厂生产的“地产”烟是强制推销给他们的，烟钱直接从工资中扣除。

上述“强制派销活动”源于监利县政府办公室的一纸“红头文件”。在这份《关于做好1998年度“玉沙”牌卷烟专销工作的通知》中记者看到，1998年监利县计划销售“玉沙”牌卷烟10万条。具体分配原则为：(1)财政供养人员人均4条；(2)各乡镇机关和乡镇直单位及管理区在200～1000条的范围内，按公务量的大小分配；(3)县直单位按公务量的大小在10～300条的范围内分配。

这种派销活动在监利县已搞了2年多。被县政府定价每条85元派销给全县公职人员的“玉沙”牌卷烟，因其口味不佳，在当地市场上每条卖35元都极少有人问津。

在众多的受摊派人群中，最不堪承受的是监利县的中小学教师。他们的人数占监利县财政供养人数的50%，他们的年平均收入仅为5000元左右，4条香烟的价钱相当于他们1个月的工资。在监利县拓木乡石桥中学，记者见到了正在为生计发愁的邹先碧老师。1998年年底他被通知扣除了340元的烟钱，这对于爱人没有工作、一家三口靠他1人工资吃饭的邹老师来说无疑是雪上加霜。邹老师说，也许今年开春他不得不离开心爱的教学岗位，外出打工来养家糊口。像邹先碧这样的家庭在石桥中学不止1家。该校校长邹森林对记者说：“拓木乡在去年夏天长江流域的那场洪涝灾害中是重灾区，许多教师家里遭了灾，生活比较困难，县里又派销卷烟，极大地损害了教师的工作积极性，他们现在是靠良心在坚守岗位。”

对于县政府派销卷烟一事，县财贸办公室主任黄长城这样解释：监利县是个农业大县，经济不甚发达，专销卷烟是为了增加县财政收入，发展地方经济，这是不得已之举。再者说，能摊到派销卷烟说明其本人还在“吃”国家财政，比起下岗工人来说经济上优越多了，做点贡献也是应该的。

我国《劳动法》明确规定：“工资应当以货币形式按月支付给劳动者本人。不得克扣或者无故拖欠劳动者的工资。”《教师法》也就此作出具体规定，严禁拖欠教师工资或者侵犯教师其他合法权益。但所有这些法律规定在湖北监利县竟如一纸空文。他们不仅拖欠了教师工资，还把卷烟代替工资发放给全县公职人员，其行为严重损害了国家法律的权威，直接影响了党和政府在人民群众中的形象。

目前，此事仍未得到纠正，本报将继续予以关注。（1999.1.21）

点　评　一些地方财政吃紧搞摊派曾经是惯用手法，但是，摊派香烟未免太极端，尤其还包括当时收入并不高的教师。然而，对于政府人员理直气壮地称"能摊到派销卷烟说明其本人还在'吃'国家财政，比起下岗工人来说经济上优越多了，做点贡献也是应该的"，这种"光荣论"真是让人哑口无言，为民情怀可以说荡然无存了。

绛县“活阎王”覆灭记

袁成本

“活阎王”被押上审判台

经过半年多艰苦的侦查、取证、审理，在众多受害者漫长的等待中，今年8月18日，有“活阎王”及“三盲”（文盲、法盲、流氓）之称的山西省绛县法院原副院长姚晓红，因犯有贪污罪和非法拘禁罪，一审被判处无期徒刑，并处没收个人财产5万元，追缴贪污赃款15.75万元。

据悉，在几年时间内，以姚为头目、以绛县法院经二庭部分干警为“行刑队”的这个流氓恶棍团伙，吊打捆绑群众上千人，非法拘禁300多人，并有命案在身。

姚被审判后，在运城地区引起了又一轮轰动。一些受残害的群众纷纷举报这个团伙新的罪行。

姚晓红今年40岁，1981年，他被县供销社招了工；1983年，被调进法院开车；1986年，被提拔为法院办公室副主任；1989年，当上办公室主任；1995年，“成长”为法院副院长。就在他骇人听闻地残害群众的时候，山西省某报竟然把他评为当年“十大新闻人物”。之后，他又当选为“优秀人民法官”，有关部门还发出了“向姚晓红学习”的口号。

在干部履历档案“文化程度”栏中，姚填写的是“大专”，检察机关的起诉书标明他是小学文化程度。然而，像“说”、“和”等这样一年级小学生都会写的简单汉字，直到今天姚晓红也没有学会。归案后，姚经常需要在审讯笔录的最后一页签写“以上我看过，属实”，他写这几个字耗费的时间让办案人员非常着急。没有人否认“姚副院长”发挥了自己全部的聪明才智，但这7个字中仍有3个错别字。

姚晓红敛财的高明，竟又一次沾了他是文盲的光——因为不会写字，好多票据他没有签名，以致成了一笔笔糊涂账。

姚晓红分管绛县法院财务近10年之久，其间，至少换了4任会计，全部由外行担当，以便浑水摸鱼。有关调查表明，许多当事人的诉讼费去向不明，不少办案人员经济账目不清，院里的“小金库”至少有38万元，而经二庭的“小金库”高达73万元，这些钱全部被花得一干二净。在报销的单据中，有许多白条和假发票。假发票的数额，少说也有6.6万元。

姚晓红团伙收诉讼费，很花费心思。按规定该收3%、4%的，他们敢收到12%，他们还经常别出心裁地“双向收费”。被他们执行来的巨额款项，有许多莫名其妙地消失了。会计说给了姚副院长，姚则一口咬定是会计“贪污”了。一笔笔款项，成为一个又一个悬案。这些年来，姚究竟敛聚了多少不义之财，并用多少不义之财请客送礼,这恐怕要成为永远的秘密。1996 年的法院财务账簿,竟被他们全部销毁了。

检察机关认定,姚晓红挪用公款 12 万元,贪污公款 6 笔,计 15.75 万元。

然而,一些举报者告诉记者,这 15.75 万元肯定是姚经济犯罪中的一小部分。他们提供了许多令人震惊的线索,其中有这样一个细节引起了记者的注意:安裕镇的耿春林从信用社贷款 10.8 万元,逾期后被经济庭分 3 次追回。当时只给了信用社 1 万元利息,剩下的 9.8 万元被姚拿走,他既不打借条,也没有任何手续——他是文盲,不会打借条。多年来,一直是姚拿钱后,由“秘书”或会计记在笔记本上,他承认则算数,不承认则说是别人“贪污”了。这一次,姚又不认账了,有一个时期,“秘书”急得像热锅上的蚂蚁一般,并想到检察机关自首,但被姚“压”下了。

姚敛钱的手法还有很多。1995 年 8 月,他借盖房上梁之机,到处散发请帖,法院的干警、厂矿的经理、社会上的个体户,纷纷前去贺“喜”,姚共收礼金约 10 万元。县纪检委接到举报后,前去了解情况,姚破口大骂,当场将人赶走。这还不算,姚觉得没有出够气,又当众打电话将纪委负责人骂了一顿。

在姚的种种恶行中,引起社会义愤的是非法拘禁,而他非法拘禁的目的,往往在于勒索钱财。

至于姚的物质生活水平有多高,姚的妻子自有一番论述:省委书记家里也不如我!

每天早晨上班,全院干警要列队欢迎姚晓红。他的小轿车停稳,马上有人跑过去打开车门,另外一人用手护着车门框子,以防止门框碰着“姚副院长”那“高贵”的头,还有给他拿水杯的,有扶他躺下的,有给他端洗脚水的,有给他拿拖鞋的……这是绛县法院每天必须上的“功课”。他如果在单位过夜,干警要把被子铺好,尿盆放好;早晨,干警再把尿盆提走,并倒好洗脸水,挤好牙膏……

为了多活一些年头,姚晓红费尽了心机。他每天都要服用各种高档补品。“三株”流行的时候,他每天要喝一瓶“三株”。后来,市场上不断冒出功效神奇的种种“口服液”,姚乐此不疲,勇于拿自己天天作“试验”。为了防治糖尿病,他用遍了各种高价药,仅是昂贵的胰岛素,每天就要用 3 支。姚非常喜欢按摩,每天都要把县中医院的盲人按摩师小赵用专车接来。后来,他嫌赵技术不好,又到 40 公里外另请按摩师,一天一按,从不间断。

有一个时期,姚听说喝人奶对身体好,便命令干警到处寻找人奶。他每天喝两瓶,一直喝了两个月。有位年轻干警的妻子生了小孩,赶紧给孩子断奶,以便省出妻子的奶水“孝敬”姚晓红。还有一个时期,姚听说吃蝈蝈能防治糖尿病,于是,绛县法院每天派出 30 多名干警到农田里抓蝈蝈……

“活阎王”屡屡以身试法

在姚晓红团伙的种种恶行中,最突出的是非法拘禁。打骂百姓,拘禁百姓,在他领导的经二庭已是家常便饭。法院后院小体育场、经二庭的办公室、办公室的走廊等地，都是姚和他部分手下的“用武之地”；单杠、双杠、铁栏杆乃至于院内的梧桐树，都成为他们施刑的道具。

1994年3月，绛县安太铁厂用一张白条状告翼城县临翼铁厂欠200吨生铁。这起案件本不应由绛县管辖，但经二庭负责人田东林在没有立案的情况下，扣押了临翼铁厂的250吨生铁。

临翼的法人代表叫张大光，是一个知识分子，从商前当过一家地方报纸的总编辑。1994年6月13日，他被绛县法院抓了作人质，当天就被姚晓红等人吊在楼梯上，打得遍体鳞伤。在被“拘留”的2个月中，每天早晨开饭前，都将他从拘留所提到法院，铐在树上，不准吃，不准喝，天天拷打、暴晒，只要愿意，每个干警都可以过来抽上几耳光，戳上几木棍。刑讯之下，张大光屈打成招，违心地在调解书上签了字，但法院仍不放人。

7月27日，临翼铁厂2个最强壮的汉子——水电部主任张大新和保卫科副科长任小保第二十次前来交涉，并给经二庭负责人魏文焕送信。下午1点左右，他们来到绛县法院，看到张大光被铐在树上，在33度的高温炙烤下，张大光脸色苍白，极度虚弱。张、任极其气愤，拿出相机拍了几张相片，准备作将来告状的证据，不想被法院的人发现并抢走相机。这时姚晓红过来了，发布命令：“把这两个人铐上吊起来打！打死了我负责！”于是一下子拥上七八个人，把张大新、任小保吊到8号铁丝上，嫌铁丝太低，他们就用木桩子把铁丝顶起来，与张大光一样，只准脚尖着地。

惨无人道的毒打开始了。姚晓红让他们挑了中条山一带最硬的木头——青梗木，对二人进行殴打。姚晓红亲自打了一阵后说：“这棒子柄太粗了。削细些了就更好使了。”二人被打得惨叫，行刑者嫌声音太大，就吩咐专人捂着他们的嘴继续打。事隔5年多以后，张大新向记者叙述的时候，眼里仍然充满恐怖，而任小保在好长时间内，一听到“绛县”字眼，便浑身发抖。今年7月，任小保在法庭作证看见姚晓红时，竟然吓得连自己出生日期都说不出来。

当时，姚晓红得意地说：“你们不是要告我吗？你们不是要照相吗？你们好好告吧，看谁能把我怎么样？来，给他们照几张丑相，让他们丢丢脸，作个纪念。”看着这样的情景，张大光直用头撞树，欲以死相抗，但“行刑队”照打不误。

后来，任小保的腰带被打断了，裤子脱落下来。在给他提裤子的时候，有人发现他口袋里放着一部微型录音机。这一下更闯了大祸，打手们狠命地用木棒抽打任小保的屁股，棒子断了，就换上了一根铁棍，只几下，铁棍就打弯了。40岁的任小保实在受不了了，一个劲直叫“爷爷”。从中午1点直到晚上10点，任小保3次被打得昏死过去，被用凉水泼醒。张大新说，这样的场面，他只有在电影上看到过。

被毒打后，张、任二人又分别被“拘留”了3天和16天。

8月28日，在山西省高级人民法院的干预下，被扣作人质的张大光，在连续被“拘留”60天后，终于逃了出来。回家以后，张大光一直郁闷不语，一年后，在端午节的那一天,突然死亡。

在众多的受害者中间,最冤屈、最可怜的是孙银师一家。

自绛县县城东去数十华里,在中条山麓,有一个叫“张上”的小山村;在张上村里,住着一个叫孙银师的强壮汉子。这位被称为“比牛还壮”、“镐头都打不死”的青年农民,却因为850元贷款丢了性命。

1993年12月,孙银师在村信贷员手里贷款850元养牛。谁曾想,时运不济,他的全部希望被中条山的野兽给吃掉了。1994年11月,老实巴交的孙银师交了100元利息,并要求办理转贷手续。信贷员说:你交了利息,就等于转贷了。

然而,1995年6月26日午夜时分,绛县法院的审判员田东林和一名叫于小军的书记员跑来收这笔“逾期”贷款了。当时,于小军就给孙戴上了手铐,用脚踹孙的胸部,用拳击孙的头部,打得他鼻青脸肿。被“押”到法院后,孙受到了更严酷的毒打。

孙银师被抓走后,家里慌了神。他的老父亲孙文章第二天便借高利贷还了贷款。本以为法院能见钱放人,不想,孙银师还是被“拘留”了5天。

回到村子后,孙总是叫喊头痛、胸闷、脊背难受。从此,再也没有下过一次地,担过一桶水,病情天天恶化。9月27日早晨,他突然死去。

对孙银师之死,孙家人坚持认为绛县人民法院责任难逃,但告状跑了不下几十次,一直没人搭理。有一次,孙银师的父亲孙文章赌气说:再不解决,只有把尸体拉到法院了。姚晓红副院长阴阳怪气地说:“能行,你拉来吧!”

1996年清明节前3天,孙家20多口把孙银师的尸体从火葬场拉到法院。一些干警见状,跑出来推推搡搡,欲把尸体推出院外,家属则拼命相护,双方展开了“夺尸大战”。

就在这时,“姚副院长”出场了。他对干警们的“文明”举止显然有些不满。站在二楼的他,像电影中的“老大”一样,极有风度地摆了一下手,于是,干警们突然散开,跑步返回楼上。过了五六分钟,一群被面授机宜的干警冲下楼来,其中有一个直奔大门。死者家属们一下子明白了“姚副院长”的“用意”。死者亲属们夺路而逃,但仍有8人被“捂”在院里。果真干警们几人一组,很快将“闹事者”全部治服了。关于“治服”时的情节,受害者一生一世都忘不了。

王兰香(孙银师的妻子):法院的人冲下楼来以后,有3个人来对付我,有个人把我的脖子卡得喘不过来气,眼睛翻了白眼。后来,我昏倒在地。过了好一会儿,我才坐起来,这时,有2人把我连拖带夹,弄到后院,铐在一棵梧桐树上,铐子勒进肉里,疼痛难忍。他还叫我一只脚抬起来,只一只脚着地,“金鸡独立”。抬得稍低一点,他就踢我,并用电警棍在我的脸上、乳房、阴部、脖子上乱捅,电得我尿都出来了。后来,姚晓红来到后院,他破口大骂,骂得很下流。从早晨8点来钟,直到下午两三点钟,他们一会儿用脚踢,一会儿用电警棍电,不停地折磨我。

孙科选(孙银师的大哥):过去我从来没有听说过这种刑罚,叫“二郎担山”——就是把一只手扭在背后,一只手从肩膀上别过去,再戴上手铐。后来,他们把我铐起来吊到单杠上。只吊了几分钟,手铐拽坏了,我重重地摔在地上,昏了过去。当他们知道我有冠心病后,没有再折磨我。后来,有人把我叫到姚晓红办公室,我父亲正跪在那里。姚晓红说:“什么是法,我的话就是法!你们信不信?”他强迫我写《保证书》和《感谢信》,保证不再告状,在我流着泪写的时候,外面惨叫一片。后来我才知道,那天我们家 4 个男的,都被铐了“二郎担山”。当天下午,我和 3 个女人被放了出来,另外 4 人仍被铐在法院。第二天,被逼着埋葬了孙银师。那天,女人们把天都哭昏了。当时,姚晓红答应“埋了尸立马放人”。谁想,他食言了,孙银师下葬后,法院仍将我们家 4 个人送到看守所给“拘留”了。

死者的舅舅郭惠民,也被姚“捂”在院里,他被铐在水泥柱子上。老汉被折磨得实在受不了了,喊着:“别打了,别打了,我外甥也是法院的人。”这句话让姚晓红听见了,对此产生了极大的兴趣。当得知他外甥叫郭伟后,他把警棍交到郭的手里,让郭亲自打。为了表现对“姚副院长”的忠诚,郭打得非常卖力,直把自己的舅舅打得屁滚尿流,屙了一裤裆。

正义与邪恶的较量

对于姚晓红和绛县法院的违法乱纪问题,群众不断举报,然而,几年间他不仅稳坐钓鱼台,而且步步升迁,并不断残害百姓。

与姚晓红团伙的斗争,是一场正义同邪恶的较量。在这场较量中。暴露出许多发人深思的问题。

1995 年春,在绛县人代会期间,一些受残害群众偷偷将举报材料散发到人民代表手中。姚的神经开始紧张起来,他将一辆警车开到代表驻地,并派出许峰等 4 名法警、3 名便衣,在会场内外监视代表活动,收集情报,并责令法警强行从代表手中收回材料。姚还发出威胁:找出告状的人,非要他的小命不可!

第一个公开站出来举报姚晓红的是绛县农业局纪检组长樊江。

1997 年 2 月 11 日,他告别父母亲和妻子儿女,带着举报材料,先是来到运城,然后来到省城。他清楚地知道,此举意味着什么。

得知樊江在太原告状的消息,姚马上赶到省城,当即拿到了全部举报材料。姚于 3 月 14 日返回绛县,把樊江的妻子“叫”到法院,辱骂了一个多小时,他那下流、恶毒的语言,使樊妻又怕又气,差点晕过去。在 3 月的后半个月中,姚派干警郭伟等人对她家“抄”了 11 次。此后,查抄樊宅已成为姚晓红团伙的经常性“工作”。有时候,他们半夜破门进家,有时在夜里突然翻墙而入,把樊妻吓得心惊肉跳,心脏病复发。樊的十几岁的女儿也经常被跟踪、恐吓。在姚晓红倒台前的 600 多个日日夜夜,樊家人在恐怖中苦熬日月。

樊江的“反叛”,使姚大为恼火,便怀疑樊的同学、时任城关法庭庭长的赵新民提供了材料。于是,他撤销了赵的庭长职务(姚共撤销了两批庭长,按法律规定,庭长职务应由县人大常委会任免）。这还不解气，1997年3月，他又派许峰、赵五等4名干警，开着警车，对赵非法抄家。当天他又马不停蹄地赶到赵新民父母家，将他堵在老家，狠狠地毒打了一顿，然后扔到河滩上。赵被村民送进一家部队医院，抢救了好几天。最可怜赵新民70多岁的老母，哪里见过这种阵势？她连吓带气，几天后命归黄泉。

此时的姚晓红，已经红了眼，像疯狗一样到处乱咬。横水法庭的赵竞瑜（现经二庭副庭长）、法院的李二宝都因被怀疑参与举报而遭毒打、抄家，并勒令不准上班。

对于群众的举报，运城地区有关部门曾4次进驻绛县，然而，均无功而返，姚屡屡有惊无险。

1997年7月10日，调查组又一次进驻绛县。如何对付调查，姚有着丰富的经验。同往常一样，他将一些法警、干警换上便衣，布置在调查组驻地，实行24小时"值班"。

樊江艰难地举报到1998年，终于看到一线希望。运城地区有关领导答应：按"违纪"规定处理姚晓红，在年底之前将其调离法院。

人们期待着，好不容易挨到年底。像往常一样，运城地区召开大会，但在这违纪者的名单中，没有"姚晓红"的名字。被逼无奈，他们想到了最后一招：到北京去告状。

1999年1月16日，调查组又一次进驻绛县。1月17日，决定对姚晓红采取强制措施。然而，姚竟然又一次奇迹般地潜逃了。姚家保险柜的门敞开着，上面还插着钥匙，由此可见通风报信非常"及时"。所幸的是，慌乱和恐惧影响了他的智商，虽然是文盲但脑子绝对"好使"的姚晓红竟犯了一个幼稚的错误，为办案人员提供了追捕线索。两天后，他即在山西省高平县落入法网。

在侦查中，工作组遇到了种种困难，有说情的，有威胁恐吓的，但大家不为所动。工作组驻地，经常被停电、停水、掐电话。调查组还受到了反调查。

经过10多年的经营，仅是姚调进法院的亲信，即达数十人。另外，在公安派出所、公路收费站等要害部门，姚都有"自己人"。他在以县人民法院为中心、在绛县内外建立起来的势力，实在不可小觑。

多行不义必自毙，姚晓红最终还是受到了法律的制裁！

与姚晓红同案受到法律惩处的还有原绛县人民法院安裕法庭庭长田东林、原绛县法院经二庭庭长魏文焕，他们分别被判处有期徒刑1年和6个月。　（1999.8.26）

点　评

"滥施淫威、为所欲为、称霸一方"，这句出自检察官的公诉词，如果是说黑恶势力的，不会令人意外；但如果是说一位法院副院长的，肯定会出人意料。其实，这位被称为文盲、法盲、流氓的"三盲"院长，有"活阎王"之称，其无法无天的行为与公诉词相比有过之而无不及。山西省绛县人民法院原副院长姚晓红的罪恶行径经本报报道后，引发广泛关注，姚晓红被绳之以法。

都市外乡娃：你的课桌呢

李　勇

在北京、上海、深圳，在中国所有的大城市里，有这样一群孩子，他们和父母一起来到都市，和都市孩子一样，有童年美好的梦想，有少年纯真的笑容，然而他们的户口，却在遥远的、并不为他们所熟悉的故乡。这群外乡的都市孩子们，正处在接受义务教育的时期，他们受教育的情况如何，不仅应引起教育部门，还应引起全社会的关注。

有多少外乡孩子辍学

让我们来关注这样一组镜头——

场景一：西安新城广场，晚上 9 点，几个七八岁的女孩在深秋的风中怀抱鲜花，看到有人特别是一对对情侣走来，连忙上前说：叔叔，买束花吧。当记者走上前问这些孩子，家是哪里的，为什么不读书？这些孩子警觉地看着我，以沉默回答。

场景二：北京某条胡同口，正值黄昏，一个 10 岁左右的维族少年和他的妈妈正在烤羊肉串，这个孩子叫阿不杜拉，来自新疆，他的父亲去世了，母亲带着他和一个 4 岁的弟弟来北京 2 年了，没法让他上学。

这只是记者随意撷取的几个小镜头，这样的场景还有很多很多。都市里有相当数目的外乡孩子辍学。媒体曾经报道过，湖南一群小女孩被一个老板控制，在广东等地卖花。前不久也有报载：一群十三四岁的孩子被成年人组织到处表演歌舞。我们知道，孩子一旦辍学，就极易受到伤害，也容易走上犯罪之路。那么，整个北京，甚至其他大城市，到底有多少外地适龄孩子辍学？北京市教委基础教育处一位姓张的同志说，去年年底统计全市外地学龄儿童大约 6 万人，85% 的进入各类学校，辍学的约有 9000 人。但这个数字并不是非常准确的，因为各种原因，许多辍学孩子并不能够统计到。朝阳区来广营乡一个村共有 1800 名暂住人口，其中 16 岁以下的孩子 90 个，但有多少孩子上学，该村负责人说："说不清楚。"实际上这部分孩子的教育问题成了义务教育的"盲区"。

这些孩子辍学的原因是多方面的，但在城市里借读不易是不可回避的一个重要原因。

对于外地孩子辍学情况，许多有识之士忧心忡忡。全国人大代表、北京朝阳区的小学老师凌爱宜说："我去菜市场时，经常看到些适龄孩子没有上学，在街上闲逛。有些家长说交不起钱，要提高全民素质，这部分人的教育问题决不能忽视。"

借读生,你还好吗

外地务工经商人员带入城市的孩子,大部分在城里学校借读。有些城乡结合部学校借读生比例高得惊人。据北京朝阳区教委介绍,该区有些学校的外地借读生达到60%~70%,如西八间房小学,几百人中,有本市户口的学生才几十个。区教委小教科的同志说,如果不是该校有如此之多的借读生,这所小学早就该合并到别的学校。

记者前不久来到朝阳区立水桥小学。该校共有400多个学生,外地孩子占60%。该校现有20位老师。老师是根据学校本地学生数目配备的,正常编制应该是13名。我问校长,多出的老师怎么办?校长说,因为这个学校的实际情况,多出的编制都是教委给的,上面按人头发工资,额外的补助自己筹。外地借读生每人每学期交480元借读费,这是北京市统一规定的。有时因为家长困难,这480元什么时候有钱什么时候交。

当记者问到对这些外地借读生的管理有什么不同时,李校长说:完全和本地学生一样,如评优、当班干部、入队,等等。他顺手指着窗外一群正在做广播体操的孩子说:你能看得出哪些是本地?哪些是外地的吗?据李校长说,由于北京的教学质量普遍优于其他地区,特别是乡村地区,孩子刚来时往往不能适应,但时间一长,补补课也就赶上来了。

小学借读给北京带来的压力毕竟小一些,尤其是这两年来由于北京适龄儿童减少,一部分小学的教学资源闲置,正好有更大的空间接纳借读生,但是到了中学,借读就越来越困难,首先是借读费增加。初中每学期是700元,高中是1200元,还不包括其他的费用。这是市教委明文规定的,实际上由于各校不同的条件和知名度,有的收费高于这个标准。一些收入不多的父母很难负担这些费用。借读生小学的成绩再好,也不可能参加本地的自然升学,只能在升学考试中取得成绩,当地教育部门把考试成绩发给这些借读生,然后要么回老家上中学,要么想办法继续借读。

外地孩子在城市长期的借读会带来一些社会问题。他们的生活习惯、语言、兴趣爱好都和所在的城市的孩子一模一样,但当他升不到更高的学校时,他已不可能再回他的户籍所在地——因为那儿才是他真正意义上的“异乡”。这时,这些孩子肯定会滞留在他长大成人的城市,而这个城市很难完全吸纳他们,让他们就业。立水桥小学校长介绍说,曾经有一个福建姓梁的孩子在他们学校借读,后来又在北京另一个学校读初中,回老家读高中,考上了中国政法大学,前几天回他借读的小学看望老师。但这样幸运的少年毕竟是少数,像他那样能通过考大学再回到自己曾经借读的城市的孩子能有多少呢?

一道并不美丽的风景

曾经有媒体报道过北京丰台“浙江村”一些外地人自己办幼儿园和学校，老师都是从老家聘来的，学生是这些务工经商人员的孩子。其实在北京、在其他的大城市，这类打工者自发办的学校决不是少数，不过“浙江村”的小学规模大一些，条件好些而已。这类学校大多数没有教育行政部门的认可，没有统一的教学大纲和计划，没有经过严格考核的老师。北京市教委的一位同志说：“这实际上是违法办学。”因为《教育法》等法对学校的设立、教学效果的评估都是有一套严格规定的。立水桥小学校长李桐说：“这样的学校应该取缔，因为它耽误孩子。”

但是这类学校为什么依然遍地开花呢？海淀区东胜乡一位副乡长说：“在东升乡辖区这类外乡学校，少说有四五家，明知它们不符合标准，但如果取缔，这些孩子去哪儿上学？”正因为如此，这类学校才被默认。

东升乡八家村托儿所里，有一家外地人办的学校，规模还不小，好几百人，教室破破烂烂，许久没有修缮，但许多外地人办的学校和它比，仍然会羡慕这家学校，它毕竟有一个固定的场所。

在朝阳区来广营乡一个外地人聚居区，记者曾采访过一个外地人的“小学”。很难相信在北京还有这样的“学校”，绕过几个垃圾堆，进了一个非常破烂的小院，里面还放着卖凉皮的三轮车。就在这个院子里，有 3 个班级，80 多个孩子上学。记者走进一个教室，这个教室兼做仓库，黑板上方堆放一些麻袋。这是个复式班，桌凳规格不一。二年级的正在做数学题，一年级的正在学看图说话，老师在黑板上画了一个很拙劣的竹笋，旁画写着：“笋长大是竹子。”“校长”姓梅，来自河南省固始县，40 多岁，戴一顶老式军帽。他介绍说，除他外还有两个老师，一个是黑龙江的，一个是河北的，都和他一样，在家乡当过民办教师或者是代课老师。当记者问道，你知不知道办学校应该有审批时，他说：“知道。但孩子要上学，其他的学校上不起，只好我们自己凑合。在这里上学总比辍学好，家长也欢迎。”问他能挣多少钱，他说每个学生一学期 300 元左右，除了房租、请老师和其他的开销，剩不了多少。这样的“学校”显然在师资、教学质量方面很难有保证。当记者问起学生在这里学完后如何升学时，梅校长说：回老家读初中，初中是义务教育，老家的中学不能不收。试想在这样的小学读完 6 年的学生一旦升入中学，他们和正规小学的学生之间的差距会有多大。

就是这位“校长”，在采访时一再让记者呼吁，大家都来关心这样的学校，在租房、购置设备方面给予他们优惠。但据北京市教育部门管理社会力量办学负责人说：这些学校并不属于社会力量办学，因为他们大多数没有登记，没有固定的、合格的办学场所，也没有有关部门的验收。

对于这样的“私塾”，有人呼吁取缔，但是在北京正规学校不能完全消化这类孩子时，这样的学校肯定还会存在很长时间。

娃不上学误一生

都市里的外乡孩子入学难,已经是一个普遍性问题。这些年随着经济的发展,越来越多的农村人口涌入城市,许多孩子随父母进了城,这些孩子年龄大的已经成人了,如果还不重视这个问题,采取有力措施解决这部分人的受教育问题,不仅落实九年制义务教育是句空话,提高全民素质也难以真正落到实处,而且将给社会带来一些不稳定的因素。

北京市海淀区司法局对外地务工经商人员进行一次法制测验,许多人在回答对当地政府有何建议时,写下这类话:我们在北京依法纳税,我们的孩子应该在这里有受教育的权利。但是基于我国的国情,城市完全地、无限制地接纳外地孩子入学是不可能的,也是不现实的。首先我国的义务教育资源是按照本地适龄孩子配置的,在每个接受义务教育的学生需缴纳一些学杂费外,当地政府将给予很大一部分补贴,由于我国的户籍制度,不可能要求北京等城市为外地孩子的教育背上沉重的财政负担,那么收取适当的借读费在目前的体制下是应该的。北京市教委基础教育处的同志说,就是收取的这些借读费,也不是教育成本,北京市仍然要为这些借读生承担一些费用。市教委和市外管办曾经进行过这方面的调研,也给市政府递交过书面意见,但要保护这部分人的入学,又考虑到北京市的承受能力,制定一个恰当的、可操作的办法还是相当困难的。

北京市人大常委会副主任陶西平说,解决这些孩子的入学问题,应该从根子上抓,即抓好外地人的“入口”,真正做到总量控制。他说,北京的教育有一定的优势,如果外地孩子可以无条件地入学,北京市承受不了,如果不上学,显然不符合《义务教育法》,会耽误这些孩子的未来,这是一个两难问题。我们要明确规定外来务工经商人员可以带学龄儿童入京的条件。是不是所有在北京务工经商的人都应该把孩子带来?对外地人进来务工经商,要摸底,调查他们是否需要带学龄孩子进来,是否符合带来的条件。如果老家真的没有可以照顾孩子入学的条件,应该允许进来,凡是符合规定带来的孩子必须保证接受义务教育。只有规范外地人的用工、居住,才有可能解决他们孩子受教育的问题。这些问题的解决,不是教育部门一家能办的事,是各有关部门需要协作的系统工程。

解决这部分孩子的入学问题,确实有很大的困难,但不管如何,孩子是不能耽误的,根据《义务教育法》和有关法规,不管这些孩子出生在何处,必须接受义务教育。农民都知道:庄稼不种误一春,娃不上学误一生。全社会应该关注这个问题,积极想办法来解决这个问题。

(1999.9.11)

点 评

文章关注进城打工群体的孩子就学问题，这是个曾经的社会痛点，给很多人留下难以忘怀的记忆。文章讲述了这群孩子的生活、期盼和梦想，发出的“你的课桌呢”疑问，饱含着心酸和无奈。

文章没有回避“户口”这个问题的根源，提出问题，寻找问题的答案，展现了法制记者的责任担当。

公安系统将推行民警低分培训和末位淘汰制度

今后当个警察不容易

侯召迅

公安部部长贾春旺今天上午在向全国人大内司委汇报公安队伍建设情况时说，要深化公安队伍人事制度改革，逐步推行中层领导职位竞争上岗制度，逐步推行民警等级化管理、低分培训和末位淘汰等制度，并建立公安机关辞退人员待业保险制度。

贾春旺说，从去年开始，公安部和人事部共同在公安机关实行了民警基本素质考试考核制度。目前已有93万名民警参加了考试考核，对其中1万余名考试考核不合格的民警一律下岗培训，再考试仍不合格者予以辞退。

贾春旺说，从总体上看，公安队伍的主流是好的。但是，其中也存在不少问题，有的问题还相当严重。这些问题主要有四方面：一是以权力商品化为主要特征的腐败问题比较严重；二是执法不严、执法不公甚至执法犯法等问题屡禁不止；三是一些民警服务观念淡化、特权思想严重；四是领导干部违法违纪问题相对比较突出。

为此，贾春旺提出，要加强领导班子建设、民警培训、队伍正规化建设、强化内外监督机制等工作，力争在三年内明显提高公安队伍的整体素质和执法水平，有效遏制违法违纪和腐败现象。

(1999.11.4)

点　评｜ 此文短小精悍，标题穿透力强，点出主题，切中要害。

百年磨砺　百年希望

——20世纪中国民主法制历程述评

刘国航　查庆九

上　篇

1900年,世界进入20世纪。

这一年,欧洲人在法国举办了人类有史以来最为豪华的巴黎博览会。在远东,6月26日,八国联军开始侵略北京。

8月14日,八国联军攻入北京。次年,腐败的清政府被迫与西方列强签订了不平等的《辛丑条约》。中国已完全变为半殖民地半封建社会。

此时,曾野蛮残杀1898年"戊戌变法"人士的慈禧太后,忽然想起下诏"变法"了。

1902年的一天,清朝驻法国公使裕庚的两个女儿与母亲一起,入宫晋见西太后。

闲谈中,西太后忽然问裕庚的一个女儿德菱:"你说西方的刑律如何",德菱道:"西方的刑律比中国宽仁不少。凡有案件,总数收集证据,证据完全,便好判决。我们则往往不问是非曲直、滥用刑具……"西太后无语,但随后命沈家本、伍廷芳为修律大臣,修订现行律例。次年,又设立修订法律馆。

1905年8月20日,伟大的革命先行者孙中山先生领导的中国同盟会在日本东京成立,随后开始了一次次反清武装起义。

面对岌岌可危的形势,西太后决计实行立宪,以挽回人心。1908年,一部《钦定宪法大纲》出台。

此后,《大清现行刑律》、《大清民律草案》、《大清刑事民事诉讼法》、《法院编制法》等都相继制定,但除《大清现行刑律》得以颁布实行外,其他或者颁布而未实行,或者根本就未颁布。令人愤怒的是,腐败卖国的清政府通过立法,直接确认和维护了帝国主义在中国的特权,即承认领事裁判权和会审公府,中国法庭无权审理在中国享有领事裁判权国家的侨民。

1911年10月10日,辛亥革命终于爆发,反动的清王朝被推翻。这次革命建立了资产阶级共和的南京临时政府,从而揭开了资产阶级民主法制的新篇章。

根据《临时政府组织大纲》,1912年1月1日,众望所归的革命领袖孙中山当选为临时大总统。然而,仅仅100天后,孙中山就易权袁世凯,以促使袁逼清帝退位。为限制袁的权力,保卫革命成果,孙中山又主持制定并颁布了《中华民国临时约法》。

而权迷心窍的野心家袁世凯一上台就逐渐撕毁约法,开始了北洋军阀的黑暗统治，最后竟不惜以出卖国家主权而复辟帝制，落得遗臭万年的下场。

血的教训表明，在半殖民地半封建的中国，由于帝国主义列强势力的存在和地主买办资产阶级的强权，软弱的民族资产阶级是没有力量建立独立的资产阶级共和国的。同时，由于阶级局限性，民族资产阶级又不愿动员广大农民去完成反帝反封建的革命任务，因而难以从根本上打碎根深蒂固的封建军事官僚机构，更不可能颁行西方资产式的宪法和法律，这样，无论是约法还是所谓的宪法最后都不得不流产。

1919年，伟大的“五四”运动在北京爆发。从此，中国工人阶级开始登上政治舞台，马克思主义也开始在中国传播。

1921年7月，中国共产党成立。根据党的第三次代表大会精神，中国共产党大力帮助孙中山改组国民党，并于1925年7月1日在广州、武汉成立了国民政府。随着北伐的胜利，国民政府又于次年年底迁都武汉。与此同时，国民政府制订了许多法令，在中国历史上第一次采纳了人民民主的法制原则，得到群众的拥护。

引人注意的是，从1927年开始，武汉国民政府决定进行司法制度改革，主要表现在以下几个方面：第一，审判机关废止沿用行政厅的名称，从此一律改称“法院”；第二，废止法院内的行政长官制，组织“行政委员会”负责处理法院内行政事务，由审判官、参审员、书记官各一人组成；第三，减少诉讼费用，决定地方法院法官提交省政府委员会任免，而中央法院则由司法部提交国民政府任免。

1925年3月12日，伟大的革命先行者孙中山病逝。两年后，蒋介石、汪精卫先后发动“四一二”和“七一五”反革命政变，疯狂屠杀共产党人和扼杀革命，建立了反动的南京国民党政府，开始了国民党新军阀的统治时期。

与国民党反动政权的阶级本质相适应，体现地主、买办、官僚资产阶级意志的国民党政府的法律体系，由成文法中的宪法、民法、刑法、商法、诉讼法和法院组织法，以及其他单行法规编纂在一起，统称“六法全书”。此外，尚有蒋介石的“手令”类的东西，也是国民党政府认可的一种法律形式，而且具有最高的“法律效力”。

尽管国民党政府取代了北洋军阀的统治，但是却完全承袭了具有封建买卖色彩的原北洋政府的法律、判例和解释例，并抄袭外国资产阶级法律以及法西斯专政的恐怖政策。特别是为反共、反人民而颁布了一系列法规，诸如《危害民国紧急治罪法》、《维持治安紧急办法》、《共产党问题处置办法》、《勘乱总动员令》和《特种刑事法庭组织条例》等，不一而足。

可笑的是，从1927年至1949年国民党所谓适用于特定期间、特定地点、特定的人或事项的特别法规，竟超过普通法规多少倍，其中尤以刑事特别法规最为突出，其目的就是实行严刑峻法，维护法西斯独裁统治。

“为人进出的门紧锁着，为狗爬出的洞敞开着，一个声音高叫着，爬出来呵，给尔自由。我渴望自由，但人的身躯怎能由狗的洞子里爬出！”在国民党法西斯政权的刺刀下，多少革命仁人志士惨遭杀害。在国民党专制独裁统治下，又侈谈什么民主、法制与自由？

即便是在八年抗战胜利后,在国内各方面强烈要求反内战、反迫害的情势下,国民党政权仍悍然发动内战,并残酷镇压蒋管区民主运动,杀害了李公朴、闻一多等众多著名民主人士,制造了许多血案。

此外,国民党政权还建立了"中统"、"军统"等庞大特务组织在重庆、息烽、上饶等集中营和白公馆、渣滓洞等秘密监狱,对无数革命志士及无辜群众予以关押及杀害,其罪行会令人发指、臭名昭著,与法西斯无异。

历史进步的车轮滚滚向前。腐败、反动的国民党政权最终招致人民的唾弃,在1949年被彻底推翻,中国人民从此迎来了新时代的曙光!

中　篇

1927年9月,毛泽东同志领导了"秋收起义",建立了井冈山第一个农村革命根据地。至1930年止,在全国10多个省的300多个县境的广大地区,创建了大大小小十几个根据地。

1931年11月7日,中华工农兵苏维埃第一次全国代表大会在江西瑞金召开。会议通过了《中华苏维埃共和国宪法大纲》、《土地法》、《劳动法》等重要法案。12月1日,中华苏维埃共和国宣告成立,毛泽东任人民委员会主席。

在政治上,《宪法大纲》确定了广大劳动人民真正成为国家的主人的原则,保证其参政权、武装自卫权,以及享有言论、出版、集会、结社的自由和婚姻自由、受教育的权利,实行民主平等的原则。这是中国人民宪政运动史上第一部由劳动人民当家做主、确保人民民主制度的根本大法。

《土地法》则规定,废止封建土地剥削制度,废除一切高利贷债务。对没收来的土地,经过苏维埃由贫农与中农实行分配,实现了"耕者有其田",但此时也出现了"地主不分田,富农分坏田"的左倾错误做法。

从1932年开始,中华苏维埃共和国着手整顿各级司法机关。根据已颁布的《中华苏维埃共和国裁判部暂行组织及裁判条例》和有关《中华苏维埃共和国司法程序》的训令,实行了如下诉讼原则和审判制度:审判权统一由司法机关行使;实行公开审判和成立巡回法庭,让审判工作受到群众的监督;审判实行合议制,并实行人民陪审员制;实行审判人员回避制和辩护制度;重证据不轻信口供,坚决废止肉刑,反对逼供信,这些规定与做法,为创建人民民主的诉讼制度,奠定了重要的基础。

抗日战争爆发后,中国共产党在陕甘宁边区以及其他十几个抗日根据地,都建立了抗日民主政权。一部《抗日救国十大纲领》即带有战时宪法的性质,提出了打倒日本帝国主义,实现抗日的民族团结及改良人民生活的十项任务和要求,为建立最广泛的抗日民族统一战线指明了方向。

引人注目的是,陕甘宁边区政府还正式颁布了《陕甘宁边区保障人权财权条例》,这是人民政权第一次用法律保障人权的新条例,立即得到了各界群众的拥护。

陕甘宁边区积极改革司法制度，确保在法律面前人人平等的原则得到实质性的实现。当一个老红军、老党员黄克功因逼婚未成，枪杀陕北公学女学生刘茜时，边区高等法院对黄依法处以极刑。为此，毛泽东曾指出（对黄克功）："如为赦免，便无以教育党、无以教育红军，无以教育革命者，并无以教育做一个普通的人。"

至今，人们还在传颂当年陕甘宁边区里的"马锡五审判方式"。边区陇东专署专员兼高等法院陇东分庭庭长马锡五，深入农村，调查研究，依靠群众，方便群众，创造了贯彻司法民主的审判方式。

抗日战争胜利后，为了健全革命法制和解决农民的土地问题，人民政府还相继通过了《陕甘宁边区宪法原则》和《中国土地法大纲》。《中国土地法大纲》确定"废除封建性及半封建性剥削的土地制度，实行耕者有其田的土地制度"，同时摒弃过去"地主不分田，富农分坏田"的错误政策。

一时间，广大的解放区开展了轰轰烈烈的土地改革运动，到1949年6月止，在大约1.5亿人口的地区，完全废除了封建土地制度，并在一部分新解放区实行减租减息。

"前方打蒋军，后方挖蒋根"，土改运动有力地支援了人民解放战争，也为新中国成立后进行全国范围的土地改革运动创造了有利条件。

隆隆的进军长江的炮声宣告了蒋家王朝的覆灭。随着人民解放军的大进军，中共中央于1949年4月30日号召"各民主党派、各人民团体、社会贤达迅速召开政治协商会议，讨论并实现召集人民代表大会，成立民主联合政府"，这一号召立即得到各界的热烈反应。

1949年9月21日至30日，中国人民政治协商会议第一届全体会议在北平隆重举行。会议制定并一致通过《中国人民政治协商会议组织法》、《中央人民政府组织法》和《中国人民政治协商会议共同纲领》。

该共同纲领在当时起着临时宪法的作用。它庄严规定，中华人民共和国的国体是人民民主专政，即是以工农联盟为基础，工人阶级领导的中国工人阶级、农民阶级、小资产阶级、民族资产阶级及其他爱国民主分子的人民民主统一战线的政权。人民享有选举权、被选举权，享有思想、言论、出版、集会、结社、通讯、人身、居住、迁徙、宗教信仰、示威游行的自由和男女平等、婚姻自由、民族平等的权利。

据统计，在当时中央人民政府主席、副主席7人中，有3名民主党派人士。在中央人民政府56名委员中，非共产党人士近半。而在政务院各部委署院中，非共产党人士约占1/3，也反映出新政府应有的包容性精神，得到各界群众的称赞。

1949年10月22日，最高人民法院、最高人民检察署同时宣告成立。

为了巩固新生的人民政权，《惩治反革命条例》、《城市治安条例》和《农村治安条例》相继颁布。同时，又一次制定了《土地改革法》、《婚姻法》，并发布了《关于严禁鸦片烟毒的通令》。

《土地改革法》和《婚姻法》这两部法的现实意义非同小可，几乎中国革命的每一阶段都涉及这两项立法。把剥削者的土地分给贫苦农民，让耕者有其田，一向是动员和鼓舞广大农民投身革命的强大动力。而男女平等、婚姻自主，也具有较强的政治感召力，吸引大批青年走上革命道路。这是我们取得革命胜利的重要因素之一。

1950 年到 1952 年，在全国范围内形成了一个以召开各届人民代表大会为主要形式的民主建政高潮。经过 3 年的努力，我国从中央到地方的各级政权全部建立。

1953 年，我国颁布了第一部《选举法》，从这一年下半年始到 1954 年 6 月，进行了全国范围的第一次规模空前的全国普选，产生了各级人民代表大会。人民群众对此兴高采烈，庆祝自己成为国家的主人。

新中国的司法制度开始全面建立。这是一次彻底打碎旧的司法制度的“另起炉灶”之举。为配合中华人民共和国成立初期的“三反”、“五反”运动和抗美援朝战争，还特别成立了“三反”、“五反”人民法庭，审判了新中国历史上第一起大贪污案，刘青山、张子善被判处死刑，大长了人民的志气。

1952 年，一场司法改革运动全面开展。这是在“三反”、“五反”运动胜利的基础上，批判旧法观点、旧司法作风和改革司法机关的运动，目的是划清新旧法律的界限，从政治、组织、思想作风上整顿各级人民司法机关，并逐步建立、健全人民的司法制度，肃清旧法观点在法律教育工作中的影响，改革大学的法学课程，以适应培养新中国政法干部的迫切需要。

司法改革运动历时 9 个月，从组织上、政治上和思想作风上纯洁了司法干部队伍，标志着新中国初步完成了司法干部队伍建设。但是，这次运动也出现一些问题：大量未受过专门法律训练的人员被补充到司法队伍中来，司法队伍业务素质和专业水平大为下降，过分强调司法活动直接为运动和政治服务，结果往往酿成错案。一些不懂法的人单纯以过分的阶级感情和政治办案，出现刑讯逼供的违法现象，从而破坏了民主法制原则。这是一个深刻的教训。

1954 年 9 月 15 日至 18 日，第一届全国人民代表大会在北京召开，人民代表大会制度在我国正式建立。

这次大会的 1200 多名代表审议通过了新中国第一部《宪法》。毛泽东同志对此评价说：“用宪法这样一个根本大法的形式，把人民民主和社会主义原则固定下来，使全国人民有一条清楚的轨道……”

《宪法》的制定，意味着新中国国家制度和法制基础已正式确定，社会主义法制建设全面开始。

《人民法院组织法》和《人民检察院组织法》开始重新制定，司法工作的基本原则和制度开始建立和发展。公安、检察院和法院三机关分工负责、互相监督、互相制约。实行公开审判、辩护、两审终审、审判监督和死刑复核制度，至今仍是我国司法审判制度的基础。

1955 年开始，全国各地许多市、县开展了律师工作，逐步建立起律师制度。随后，在北京、上海等大城市建立律师协会筹备会和法律顾问处。到 1957 年 6 月，全国已建立19个律师协会、817个法律顾问处,有2500多名专职律师和300多名兼职律师。

1956年9月,中国共产党第八次全国代表大会召开。会议全面系统地总结了中华人民共和国成立以来经济建设和民主法制建设的经验教训,明确提出了扩大人民民主,完备社会主义法制的方针。董必武同志在会议上提出了"有法可依,有法必依,执法必严,违法必究"这一著名的社会主义法制原则,并指出依法办事是进一步加强法制的中心环节。在新的历史任务面前,党必须采取积极措施,健全人民民主法制。在废除国民党的"六法全书"后,要逐步完备我国的法制,写出我们的六法全书。因此,要制定刑法、民法、诉讼法、劳动法、土地法等一系列法律。

由于对当时阶级斗争的形势作了过于严重的估计,许多批评意见被当作反党、反社会主义的言论,并且把大量的人民内部矛盾变成了敌我矛盾,造成了反右斗争的严重扩大化,不仅使一大批党内干部、爱国民主人士、知识分子受到严重打击,而且极大地损害了正常的民主法制建设。在这场斗争中,对社会主义法制的许多重要原则,如公民在法律上一律平等、法院独立进行审判、检察院独立行使检察权等,都当成错误的东西加以批判,把批判地吸收、借鉴历史上和外国的法律斥责为旧法观点。在司法实践中,忽视和削弱了司法机关的职能,重政策、轻法律,要人治、不要法治的倾向日益严重。

由于全国人大的立法职能未能有效发挥,一些本来应当制定出来的基本法律没有制定出来。如《刑法》,从1950年开始起草到1963年10月,先后写出了33稿,但由于受到各种运动的冲击,最终未能公布。基于同样的原因,《刑事诉讼法》、《民法》、《民事诉讼法》的起草工作也陷于停顿,最终没有制定出来。

1966年5月16日,中共中央发出《5·16通知》,"文化大革命"正式开始。

在"文化大革命"中,林彪、江青两个反革命集团为了篡夺党和国家的最高权力,在全国掀起了"怀疑一切,打倒一切"的全面内乱。党和国家的各级组织普遍受到冲击,并陷于瘫痪半瘫痪状态。林彪、江青反革命集团提出了"砸烂公检法"的反动口号,公安机关、法院、检察院的工作一度被停止。1954年《宪法》所确立的国家政治体制被彻底打乱,10多年所建立的法律秩序遭到严重破坏。

"文化大革命"自开始之日起,就用大鸣、大放、大字报、大辩论掀起的所谓"大民主"代替了有法制作保证的真正的民主。公民的人身自由和各项基本权利失去了保障,人权被任意侵犯,甚至连国家主席刘少奇也被加上莫须有的罪名,横遭摧残,含冤而死。

1975年1月召开的第四届全国人大第一次会议对《宪法》进行了修改。这次修改把长期以来形成的"左"的思想政治路线和"文化大革命"中的许多错误的东西写入《宪法》。

1978年2月,第五届全国人大第一次会议召开,再次修改了《宪法》。但由于历史条件的限制,这次修改沿袭了1975年修宪时的一些错误规定,保留了一些已经过时的政治理论观点和不符合客观情况的规定。

1976 年 10 月，“四人帮”被粉碎，党和国家的政治生活转入正常，人们的心头充满着希望和历史的责任感。

下　篇

1978 年 12 月，中国共产党在北京召开了第十一届三中全会。在会议结束时发表的公报中，有这样一段话让人感到那么的陌生、那么的亲切，而又那么的振聋发聩：“为了保障人民民主，必须加强社会主义法制，使民主制度化、法律化，使这种制度和法律具有稳定性、连续性和极大的权威性，做到有法可依，有法必依，执法必严，违法必究。”这是中国共产党和中国人民经历了长期的轻视法制、法律虚无主义特别是“文化大革命”十年浩劫的惨痛教训后，痛定思痛得出的深刻结论，是中国决心走向法治之路的正式宣言。

1979 年 7 月和 1980 年 9 月，第五届全国人大根据中共中央的建议，先后两次对 1978 年《宪法》进行了修改，初步规范了各级国家机构的设置，取消了在“文化大革命”中显示出极大破坏性的公民“有运用大鸣、大放、大辩论、大字报的权利”的规定。这两次修改虽然仍未彻底消除长期“左”的思想烙在共和国宪法上的印记，然而，这一行动显示了我们党和国家彻底摆脱“左”的阴影、坚定不移地进行社会主义民主法制建设的决心。

“文化大革命”结束后的中国，满目疮痍，百废待兴，法制领域更是一片废墟。1979 年 7 月 1 日，第五届全国人大第二次会议在一天之内通过了 7 部重要的法律，它们是《刑法》、《刑事诉讼法》、《地方各级人民代表大会和地方各级人民政府组织法》、《全国人民代表大会和地方各级人民代表大会选举法》、《人民法院组织法》、《人民检察院组织法》、《中外合资经营企业法》。这 7 部法律的颁布，集中反映了“文化大革命”结束后全国上下渴望法制的迫切心情，同时也拉开了我国新时期法制建设的序幕。

在大规模的立法行动开始的同时，结束“文化大革命”这个无法无天的时代和开始社会主义法制新时代的另一个标志，是 1980 年 9 月开始的依法对林彪、江青两个反革命集团的审判。这一具有历史意义的审判给“文化大革命”画上了一个句号，它明确地表明不要法制的时代结束了，中国今后要走上依法办事的轨道。十年浩劫中那种可以超越法律、践踏法律，不受法律约束，任意侵犯人民民主权利，危害国家安全的行为和那种无法无天的状态，再也不能允许存在和重演了。

在这次审判中，还有一个景象给人们尤其是普通百姓留下了深刻的印象，那就是有 10 名律师接受江青等被告的委托出庭为他们辩护。在这次全国关注、举世瞩目的审判中中国律师的公开登场亮相，向中国的百姓们昭示了这样一种观念：“坏人”也享有法律上的权利，“坏人”的法定权利也应当得到保护。

与此同时,中央开始了全面修改1978年《宪法》的日程。1982年12月4日,第五届全国人大第五次会议审议通过了新《宪法》。新《宪法》以1954年《宪法》为蓝本,继承了其基本原则,同时总结了中华人民共和国成立以来特别是"文化大革命"的历史教训,在确立社会主义法制尊严、保护公民基本权利方面作了具体明确的规定。新《宪法》确立了宪法在国家政治生活中的根本法地位,具有最高的法律效力,并第一次把"全国各族人民、一切国家机关和武装力量、各政党和各社会团体、各企业事业组织,都必须以宪法为根本的活动准则,一切违反宪法和法律的行为,必须予以追究。任何组织或者个人都不得有超越宪法和法律的特权"的社会主义法制原则写进了宪法条文之中。新《宪法》成为新时期加强社会主义法制建设的核心和基础,为建构社会主义法律体系提供了原则和支柱。

新《宪法》的诞生为大规模的立法活动开辟了道路,而几十年无法可依的状况又使人们痛感建立社会主义法律体系的紧迫性。从80年代初到90年代初,中国的立法机关开始了从社会生活的各个方面构筑社会主义法律体系框架的工作,力图尽早结束无法可依的局面,中国出现了第一次大规模的立法浪潮。在国家组织机构和国家制度方面,《选举法》和各个国家机关的组织法相继制定;在民事和商事方面,《民法通则》、《经济合同法》、《民事诉讼法(试行)》、《婚姻法》、《继承法》等陆续出台;在涉及对外开放方面,《中外合资经营企业法》、《中外合作经营企业法》、《外资企业法》、《涉外经济合同法》、《中外合资经营企业所得税法》、《外国企业所得税法》、《外商投资企业和外国企业所得税法》先后颁行。而制定得最多的还是对经济、文化和社会事业管理方面的行政管理性法律,像《商标法》、《专利法》、《文物保护法》、《土地管理法》、《环境保护法》、《矿产资源法》、《企业法》、《企业破产法(试行)》等。尽管由于当时诸多客观和主观条件的限制,这些法律有的失之简略,有的过于抽象,还有少数法律在现实生活中基本上无法实施。然而,从总体上来说,大量法律的出台使得我们国家摆脱了无法可依的局面,国家生活的许多方面已经被逐步纳入法制轨道。

在整个80年代的立法浪潮中,除新《宪法》的颁行外,还有一部法律在新中国的立法史上值得大书一笔,那就是1989年制定的《行政诉讼法》。这部法律结束了中国数千年来老百姓面对行政权力的非法侵害却无法获得司法救济的历史,开创了"民告官"的新纪元。《行政诉讼法》的实施和行政诉讼制度在中国大地上的广泛实践,大大提高了中国公民包括国家行政机关及其工作人员的法制观念和法律意识,有力地推动了我国社会主义民主法制进程,成为我们迈向依法治国之路的一个重要里程碑。

随着改革开放和社会主义现代化建设的深入进行,特别是随着社会主义民主法制建设的稳步推进,广大人民群众的法制观念和法律意识大大提高,整个社会对于健全的法律体系和公正、公平的法律秩序的需求也更加强烈,与之相比,立法工作的相对滞后以及某些法律与现实需要的脱节十分明显。特别是1992年党的十四大提出建立社会主义市场经济体制的目标后，一大批原来在计划经济体制下的立法与市场经济目标的不适应也就更加凸显。在这种情况下，第八届全国人大常委会制定了152项法律的五年立法规划，把社会主义市场经济立法项目列为主要内容，提出了在第八届全国人大任期内大体形成社会主义市场经济法律体系框架的目标。一方面，第八届全国人大及其常委会对原有的立法进行了大规模的修改，比较重要的如对《民事诉讼法》、《刑事诉讼法》、《刑法》、《个人所得税法》、《会计法》等的修改；另一方面，制定了大量的规范市场经济秩序、促进和保障市场经济发展的法律，在市场主体方面有《公司法》、《合伙企业法》、《乡镇企业法》等，在市场行为和市场秩序方面有《反不正当竞争法》、《消费者权益保护法》、《产品质量法》、《广告法》、《海商法》、《票据法》、《保险法》、《证券法》等，在国家宏观调控方面有《人民银行法》、《商业银行法》、《会计法》、《审计法》、《预算法》等。截至1999年年底，全国人大及其常委会制定、修改法律和作出有关法律问题的决定近400个，社会主义市场经济法律体系已初步形成。

在致力于构筑社会主义市场经济法律体系的同时，国家立法机关也加紧了规范国家机关的权力及其运作、保护公民基本权利方面的立法。《法官法》、《检察官法》、《人民警察法》、《监狱法》、《律师法》等的出台，对于规范国家法律机关和法律事务无疑具有重大的积极意义；而《行政处罚法》、《国家赔偿法》、《集会游行示威法》、《妇女权益保障法》、《未成年人保护法》、《老年人权益保障法》等法律的施行，则使公民基本权利保护的法律体系日臻完善。国家权力依法运行并受到相应制约，公民权利日趋张扬且救济方式和途径日益健全，这是社会主义市场经济体制不断完善的必然结果，也是我国社会主义民主法制日益健全的重要标志。

1994年12月9日，一个温文儒雅的年轻人走上了中南海怀仁堂的讲台，他就是时任华东政法学院副教授的曹建明，而听课的则是江泽民总书记等中央领导同志。中南海成为法制教育的课堂，中央领导同志率先垂范听取法制讲座，一时间这一消息轰动全国，传为美谈。从那时起到1999年年底，中央领导同志先后10次听取法制讲座，江泽民总书记在每次讲座上都发表了重要讲话，对于国家民主法制建设的许多重要问题进行了精辟的阐述。自第九届全国人大常委会组成以来，在不到2年时间里也先后12次邀请了法学学者举行法制讲座。中央领导同志听取法制讲座是对全民普法教育最好的肯定与支持，也是全民普法教育深入人心的生动例证。

开始于1985年的全民普法教育活动是中国为健全社会主义法制而作出的一项伟大尝试，也是世界法制发展史上的一个创举。法治社会的确立依赖于全体人民法律意识的高度发展，然而，承继了2000年封建人治传统而又在中华人民共和国成立后经历了几十年“无法无天”状态的中国社会，对于法制时代的到来还是显得很不适应。为了迅速提高全民族的法制观念和法律意识，1985年，中共中央、国务院、全国人大常委会分别作出《关于在公民中基本普及法律常识的决定和决议》，开始了第一个全民五年普法规划。从那时起，国家已顺利实施了两个五年普法规划，“三五”普法规划的实施也已接近尾声。通过近15年坚持不懈的普法活动,中国人民接受了一次最广泛、最深入的法制观念启蒙教育,法律知识和法律意识在中国大地上第一次得到空前的传播与普及。

普法教育最直接、最明显的效应是公民法律意识的觉醒,在现实生活中,越来越多的公民拿起法律武器走上法庭为自己的权利和利益"讨个说法"。从"名人官司"到"新闻官司",从消费者维权诉讼到"民告官"的行政诉讼,不管当事人走上法庭的动机如何,说他缠讼也好,骂他"恶人先告状"也好,反正,在社会生活的方方面面,不受法律管辖的"特区"越来越少,不受司法裁判的特权越来越少,法律正在走向每个角落,正在影响大众的日常生活。和全社会与广大人民群众的需求相适应,在改革开放以来短短的20年间,法律服务事业取得了长足的进展,我国的律师队伍发展到10多万人,公证人员发展到2万多人,基层法律服务人员达11万多人,他们在为国家机关、企业事业单位和公民个人提供法律帮助和法律服务方面发挥了巨大的作用,也成为传播社会主义法律知识和法律意识的宣传队。1998年年初,司法部又审时度势地发现和推广了"148"法律服务专用电话,使这条小小的热线成为沟通领导与群众、妥善化解人民内部矛盾、维护社会稳定的纽带与桥梁。"上管天,下管地,中间管空气",这句山东一位基层法院院长酒后自我吹嘘的狂言,如果把它用到社会主义法律的作用与权威上,那倒是一句恰如其分的评价。

然而,在现实生活当中,一些党政官员恃权弄法、一些司法机关和执法部门的工作人员执法犯法的行为,却使普通公民对法律的信仰大打折扣。为了切实树立法律的权威与尊严,党和国家始终把查办国家工作人员特别是各级领导干部贪污受贿、玩忽职守、滥用职权、徇私枉法等方面的违法犯罪行为作为政法工作的一个重要方面来抓。陈希同、王宝森、许运鸿、李效时、孟庆平、胡长清、阎健宏、孙小红……近些年来这一大批曾经煊赫一时、炙手可热的高官显贵纷纷被揭露、被惩处,充分显示了党和国家惩治腐败、澄清吏治、维护社会主义法制的权威与尊严的坚定决心。领导干部收入申报制度、重大事项报告制度、错案追究制度等一系列制约权力滥用与腐败的制度相继出台,标志着国家在建立反腐倡廉机制方面取得了重大成就。

与此同时,社会主义法制也在惩治违法犯罪活动、保护人民群众生命财产安全、维护社会稳定方面发挥了巨大的作用,从而在实践中进一步确立起了自己的权威。法律成为人民群众切身利益最可靠的保障,人民群众对法律的信赖与认同感也日益增强。

社会主义法制也在实现祖国和平统一的历史进程中发挥了独特的作用。1990年和1993年,全国人大分别通过了《香港特别行政区基本法》和《澳门特别行政区基本法》,以基本法的形式确立了"一国两制,港人治港,澳人治澳"的原则,确立了香港和澳门"社会制度不变、生活方式不变、原有法律基本不变"的框架,使广大港澳同胞吃了一颗"定心丸"。香港、澳门相继顺利回归以及香港回归后继续保持繁荣稳定的事实雄辩地证明,"一国两制"是实现祖国和平统一的最佳选择,基本法是确保"一国两制”的统一国策得以顺利实施的重要保障。

1997 年的金秋，中国共产党第十五次全国代表大会在北京召开。这次大会把“依法治国，建设社会主义法治国家”作为我们党的治国基本方略第一次写在了党的旗帜上。在 1999 年 3 月召开的第九届全国人大第二次会议上，“依法治国，建设社会主义法治国家”又被作为我国人民的奋斗目标而载入《宪法》。经过改革开放 20 年来社会主义民主法制建设的实践，我们对社会主义法治无论从感性认识还是理性认识方面都有了根本性的提高。依法治国方略的确立，可以说是瓜熟蒂落，水到渠成。

百年沧桑，弹指一瞬。当 20 世纪即将凝固成为历史的时候，我们回首前尘，思绪联翩。我们感慨，在过去的百年中，中华民族经历了太多的坎坷与苦难；我们庆幸，在中国共产党的领导下，中国人民已经开始了伟大的民族复兴进程。特别是在 20 世纪行将结束之际，我们找到了依法治国的基本方略，确立了建设社会主义法治国家的奋斗目标。新世纪的阳光洒在地平线上，照亮了中国人民的光辉前程。让我们更加紧密地团结在以江泽民同志为核心的党中央周围，努力贯彻实施依法治国方略，朝着社会主义法治新世纪奋勇前行！　(1999.12.31)

点　评

20 世纪是中国从半殖民地半封建社会走上独立自主的世纪，中国共产党带领中国人民翻身做主成立新中国，开启了中华民族伟大复兴的征程；是从法制的“不毛之地”走上依法治国道路的世纪，有探索、有教训、有曲折。文章以法制为脉络，梳理了百年中国的法制历程。历史告诉我们：法治在一个国家的发展进程中具有举足轻重的作用，是治国理政的基石。

一个时期以来，他都是中国国家立法舞台上举足轻重的人物，曾主持过一系列重大法律的制定活动。他长期在彭真身边工作，首倡报道立法的不同声音，并身体力行。

剑　胆

阎　军　王晓军

到王汉斌家采访时，他正在看功夫片。据说，这是这位“退役”副委员长的一个重要日程。

王汉斌读遍金庸，家藏两套金庸送给他的金庸全集。作为参与、领导制定了200多部法律的中国领导人，王汉斌肚子里装满了中国法律。同时，他也留了一个小小的地方，用来盛放侠肝、义胆、古道、热肠、剑影和刀光。

他那两道浓眉透露了王汉斌心底的消息，它们舞动着，引领我们走入中国法律的过去、现在和将来。

“政府的权力必须受到制约，不受制约必然滥用权力”

“公民的合法权益受到政府的违法侵犯，要有向法院起诉的权利。”这是法制的一个根本原则。但是，在制定行政诉讼法的整个过程中，争论是很大的。当时有个市的法制局局长就说，行政诉讼法的指导思想根本是错误的，这就是不相信政府。

王汉斌发言了，他的话直来直去：“你违法为什么不能起诉？你不违法你怕什么起诉？有人不愿意当被告或者以为让行政机关当被告就是错的，这个观念不对。”他习惯用两头包抄的反义问句：“说罚款，人家一申辩就从5块变成了10块，到底应该是罚5块还是10块？应该罚10块为什么当初罚5块？应该罚5块为什么人家一申辩就变成了10块？”

当然，反对者没有因为王汉斌的语言攻势变成赞成者，王汉斌和他的同事们又去一条一条地抠法律条文，一天一天地开会。“行政诉讼法是保障公民合法权益最重要的具有决定意义的法律。党中央下决心通过这个法律是我国重视保障人权的一项极为重要的决策。它同时还是保障国家长治久安的‘安全阀’，老百姓的权益受到行政机关的侵犯，如果没有一个解决的渠道，冤屈越积越多，爆发就不得了。”每次开会，几乎王汉斌都说，他说得顽强、执着。

与邓家的扯不断的牌缘

王汉斌是邓小平的牌友,历史可以沿革到"文化大革命"以前。"文化大革命"前,他们在养蜂夹道的热闹牌局,"文化大革命"时曾被批斗为搞"裴多菲俱乐部"。

据说,最早是1961年,中国的领导人分别到各地做调查,彭真和邓小平在顺义,待了1个多月,调查完了,报告交了,邓小平高兴了,要打桥牌,彭真夫人张洁清就把当时也在场的王汉斌叫了来,自此开始了他们的牌交。

少有爱好的王汉斌至今还没有断了打牌的习惯。卸任后,他一般上午看报纸,下午看材料,晚上有时就打桥牌,牌友是邓小平的女儿邓楠,似乎王汉斌和邓家还有扯不断的牌缘。

在牌桌上,他们从不谈国家大事,邓小平打牌不聊天,只是专心打牌和抽烟。邓小平成为中国改革开放总设计师时是这样,"文化大革命"前也是这样。20世纪70年代,批邓时,王汉斌还常打牌,开会时很少发言。北京市有位领导人就说王汉斌是不干的干部,现在还老打牌,不好好改造。对此,王汉斌毫不讳言,"本人有不干的历史,什么都不干。叫我批邓,写大字报,大会发言批判,我不写也不发言。当时我说,我向来是挨批的,不会批人"。

"中国的民主政治,村民自治是重要的一步"

"村民自治的基本精神是村民的事由村民自己来管,行使自己的民主权利。村民委员会组织法是加强社会主义民主政治建设的一部重要的基本法律。8亿农民实行直接民主,是一个很好的民主大学校,对中国的民主政治建设具有重大意义。"而《村民委员会组织法》也是历尽波折,从常委会经过反复审议、争议,才提请全国人大审议,再从全国人大授权回到常委会,经历了好几个回合。

"过去我们国家政府行政权力太大,不少干部对民主不喜欢。就是老委员长(彭真)说的,不熟悉,不习惯,不适应,喜欢我作主,不喜欢老百姓有权力。"

据说,当时有许多行政干部要求把村委会和乡政府的关系从草案规定的指导关系改为领导和被领导的关系,让村委会成为乡政府的"腿",否则乡政府没有办法工作。而如果作了这种改动,村民委员会的性质是同法律规定的自我管理、自我教育、自我服务的自治性组织相矛盾的。

老委员长彭真早在50年代就有了居民自治的想法,并在50年代制定的《城市街道居民委员会组织条例》作过相关的规定,确定了城市街道居民委员会的群众性自治性质。而直到如今还有人不以为然。但王汉斌说,中国的决策层对村民自治投了赞成票,江泽民总书记对村民自治问题非常重视,在一次会见外宾后,他特地同我谈了要同民政部商量加强村民委员会的建设和宣传报导。于是,中国的民主政治迈出了重要的一步。

王汉斌把村民自治称为中国民主政治建设的重大步骤，而外国人说，中国民主政治最重要的表现就是村民自治。

两位副委员长迎来五十金婚

在王汉斌当副委员长的时候，彭珮云是国务委员。王汉斌“退役”后，彭珮云被选为副委员长。他们伉俪双飞的故事，是中国政坛的一段佳话。

去年五十年金婚的两位副委员长是在西南联大结识的，那时，他们一个一年级，一个四年级。“‘文化大革命’时，她是‘臭名远扬’，全世界都有名的人物。我们都被关牛棚，都是黑帮。但要讲问题，我比她严重得多，在北京市我的地位比她重要，当时北京市委给中央的报告很多都是我起草的。批我的时候，问我哪个黑文件没有你的份？我说是，都有我的份。”

几十年过去，似乎当时的残酷变得有些滑稽。但当时，却是物质的剥夺，精神的蹂躏和肉体的摧残。“‘文化大革命’的时候，聂元梓派人来要我交代说彭珮云是假党员，我说不是，他们就打我，从上午打到下午，第二天又从上午打到下午，拳打脚踢，打了以后两个礼拜起不了床。”

彭珮云也被打得够呛，他们是患难夫妻。而今，两个人互不干涉，各干各的事，连书房也是两个。他们性格迥异，彭珮云活泼好动，说话也温柔，王汉斌不爱运动，言辞强硬。很难想象，几十年的为官生涯也没有磨掉他的真性情。

在说起国家赔偿法时，王汉斌又甩出一段铿锵的回忆。“过去我们蹲牛棚，谁来赔偿呀？后来退工资了，利息也不退呀！还叫我们多交党费，我说我就是不多交。他们在台上的为什么不多交？而要我们关牛棚被扣工资的多交。”

退休前做的最后一件事：关注专属经济区和大陆架法

赶在1998年第九届全国人大第一次会议前，王汉斌让把专属经济区和大陆架有关海洋权益的资料赶快印发，还注明是1998年3月5日（第九届全国人大第一次会议召开）印发的，以示由我负责，“不然，我就退了。这可是中华人民共和国的历史性权利呀”！

王汉斌在他卸任之前做的最后一件事，就是关注制定专属经济区和大陆架法。这是一部牵扯到中国广大海域权利的法律，王汉斌为这部法律的制定殚精竭虑。他曾找过总书记，找过总理，拿着南海地图，找当时的总理李鹏汇报。他说：“专属经济区和大陆架法需要对南沙群岛海域的历史性权利有适当的规定，否则，我们跟子孙后代没法交代。”

现在，在李鹏委员长主持下，专属经济区和大陆架法已经制定出来了，关于中国在南海的历史性权利已有规定，王汉斌松了一口气，他所付出的努力可以向他的责任心交代了，但关于立法的争论还在继续：超前了？滞后了？看法各不相同。

而王汉斌却不同意立法过程中有所谓超前和滞后的问题。“成熟一条，制定一条，成熟一个，制定一个，这是老委员长说的。有把握的，就写进法律；没有把握的就写不了。什么叫滞后？难道没有把握的也可以定进法律。”

“1979 年 7 月，在中国还没有现代意义上的中外合资企业的时候（50 年代初办的中苏合营企业，我们是被迫接受的，不是现代意义上中外合资企业），就制定了《中外合资企业法》，这是不是超前？但那是有把握的。《行政诉讼法》、《村民委员会组织法》，有人说是超前了，行不通，实践越来越证明是适宜的。所以，我认为不能抽象地谈论超前还是滞后，而是要看实际情况，要看是不是成熟，是不是有把握的。如果是成熟的，有把握的，就要早日制定，如果还不成熟，没有把握，即使有需要，想搞也办不到。证券法搞了七八年，从 1993 年起常委会先后审议了 5 次，到 1998 年才制定出来，这就是因为有一系列重大问题有争论，没有把握，这算不算滞后？就算是滞后也提前不了。”

说完，王汉斌仰脸朝天，一副不以为然的样子，这使得王汉斌在有些人心目中严肃有余，强硬有加。但其实，他在圈内是以开明、开放著称的，有时候，还有点像个老顽童。

他组建的法工委，没有“机关味”，上下关系融洽，人才辈出。不论是主任（部长）、局长，还是普通工作人员，彼此称谓习惯带个“老”字。进主任（部长）房间谈工作，不用通过秘书。在这里，人人都得会“操刀”练活，没有官僚气。这个风气是从王汉斌开始的，常常是他亲自带着一条条过法律，一过就是好几天。

“报道不同声音有什么坏处？”

他在说这句话的时候，还是那副不以为然的样子。当初在中央电视台专题部记者被挡在大会堂门外，王汉斌特批请他们进来拍破产法的常委会联组会时，也是这种表情。没有王汉斌的鼎力相助，那部首创时政报道先河、轰动一时的片子，是不可能发布的。

从冷的脸体察到热的心，不是件容易的事。当记者问到他，当初为什么会这样做时，王汉斌突然用很小的声音说：“我一直认为人大的报道应该更放开、更活跃一些，对批评意见的报道，应该更充分一些。”其实，记者从他放行的众多独家新闻中对此早有感受，有时不放行的反倒是他的下属。

“为什么不可能报道不同意见呢？真理越辩越明嘛！”王汉斌又恢复了他惯常的响亮和明确，“报道不同的声音，只有好处，没什么坏处。有些积极的建设性的批评意见，即使不对，我认为也可以登在报纸上。对法律草案的不同意见，法律委员会不同意的也可以登”。

学历史出身，当过几年报纸的国际版编辑，而后也是一路的文字生涯，但王汉斌却一派戎马精神，说话做事，尖锐爽直。比如，说起运动，这样一个温和的话题，他也要说得没有一点拐弯和退路。他不说“我不爱运动”，而是说“我就爱不运动”。

他的家也少有文人的闲情逸致，着意抚弄，即使是装饰品，也摆放得粗粗落落，毫不刻意。只是墙上挂的一副题字，像是大有深意——

“剑胆”——两个字，点出了满屋的精气神儿。（2000.1.13）

点　评

王汉斌曾任中央政治局候补委员、全国人大常委会副委员长兼秘书长，是中国立法舞台上举足轻重的人物，主持过一系列重大法律的制定。他和媒体有着不解之缘，支持记者发表过许多独家新闻。作为一个重量级的法制人物，记者通过此篇报道对王汉斌做了一个生动的勾勒，在业内产生了很好的反响，被多家海外报纸转载。

妈妈！ 你在哪里！

杨通河　王继然

去年12月4日上午，一名男子开着一辆红色昌河面包车，在贵阳市双峰路上抓着一男童就往车里塞时，正好被小孩的父母看在眼里。

男孩的妈妈抢回孩子后，一大帮人将面包车围个严严实实，这名男子对小孩的父母说："给你们两万块钱，让我开车走。"

说着，男子去取钱，但半个小时后脱了外衣赶回，欲以此掩人耳目趁乱开走车子。然而，他的举动引起了围观者的怀疑，被扭送到贵阳市云岩区公安分局头桥派出所。在扭送者中，有的不久前丢了孩子。

情况迅速传到公安分局。但在讯问中，男子一直未开口。

民警在昌河车内，发现有两套儿童衣服，断定车主极有可能是个人贩子。于是继续审讯，得知此人名叫陈其福，贵州省习水县土城镇人。之后，又弄清了陈其福在贵阳海马冲的住处。

当晚7至8点，陈其福的弟弟陈其勇闻到风声，来到陈其福在海马冲的住处。在其住处，民警盘问陈其勇得知，陈其福在花溪二中还有住房。

晚上11点，民警赶到花溪二中，陈其福的前妻安德芬、堂弟陈其寿、大嫂赵兴兰等人都在此处。民警决定将他们带回分局审查。

在回分局的路上，陈其寿将其身上携带的电话本撕了。这一举动加深了警方的怀疑。陈其寿在审讯时交代，1999年11月至12月，他曾从陈其福手中接过2名小孩，带到广东去卖。

有了这个突破口，民警又回过头来突审陈其福。

12月5日凌晨4至5点，陈其福终于交代了偷孩子的情况，他说偷了10多人。

以往，盗抢儿童发案地并不好核实。但是，陈其福供述的一桩较清楚的案件——他在贵阳大营坡一带偷走过一名男童，正好与警方接到的一份报案材料相符。

12月5日，公安分局召开案情分析会后，决定次日派出警力，到陈其福老家习水县核实情况，在习水县，民警大有收获，这是一宗家族式的盗抢贩卖儿童案。

12月7日，云岩区公安分局一名侦查人员南下广东，捕捉在广东接应儿童的二道贩子，同时解救被拐儿童。此后，分局于9日、13日两次"增兵"广东。

在侦查解救儿童的过程中，民警根据步步深入的案件线索，撕毁了这个家族集团的儿童"销售网"。截至12月24日，警方在黔、粤两地已抓获违法犯罪人员22人，解救儿童18人。

1999年12月16日，贵阳市委、市政府等单位召开会议，对这一专案拨出专款，支援民警深挖案件。

今年1月13日,专案组民警又从广东主战场带回6名二道贩子,解救17名儿童。至此,已先后将陈其福家族集团28人收入法网,解救儿童35人。而在广东,仍有21名专案组侦查人员转战各地,解救儿童。

据贵州省公安厅刑侦总队队长占必成介绍,到目前为止,案件仍是“耗子拖油瓶——大头在后头”。根据警方掌握的线索,有望解救的儿童人数将突破50名,而落网嫌疑人供述了60余名儿童被拐的情况。

据云岩区公安分局政委刘维亚说,在35名被解救的儿童中,只有1名男童只知道自己名叫“小伟伟”,而其余的儿童都不知道自己叫什么名字,家在什么地方。目前,这些小孩全部寄养在贵阳市儿童福利院。如何让这些孩子尽快回到生身父母的怀抱,早日与亲人团聚,成了警方最大的心病。

由于被解救的这35名儿童大多数是流动人口的子女,警方担心,被拐孩子的父母已离开孩子的原住处。警方通过本报公布孩子照片,和警方联系电话,请失散孩子的父母及时与他们联络。本报盼望这些天真可爱的孩子早日回到忧心如焚的父母身边。

(2000.1.14)

点 评

35名被拐儿童被解救,寻找妈妈的呼唤,比起被拐时的呼喊,此时孩子们的呼唤盼望中有喜悦。我国始终对拐卖妇女、儿童犯罪保持高压状态,尽管直至今天此类犯罪仍然时有发生,但令人欣慰的是,随着信息技术的运用,防范和打击此类犯罪的体系越来越健全,以往被拐卖的妇女、儿童通过DNA技术,已经能够找到亲人,骨肉分离的悲剧已经越来越少。

昭陵壁画遭劫记

张生华

2000 年 1 月 30 日上午，陕西省礼泉县疯狂盗卖昭陵壁画的罪犯李少营、高卫兵、苑冬林被执行死刑。

厚厚的案卷里，记录着这一干罪犯盗卖昭陵壁画，给国家造成不可挽回的损失、对民族犯下不可饶恕的罪行的疯狂轨迹。

壁画被盗

1994 年 11 月 25 日，陕西昭陵博物馆向咸阳市公安局紧急报案：

我馆在检查卫生时，保管部主任周立军同志在壁画展主观展柜后仓库清理垃圾时，发现丢失唐韦贵妃墓揭取之壁画 15 幅。至今日上午考证资料，确认丢失唐韦贵妃墓揭取之壁画 15 幅无疑。当即向礼泉县公安局报案，现向市公安局报案，请速派员侦查。

当日，市、县刑警直奔昭陵博物馆。从上午 9 时到第二天下午 2 时，对案发现场进行了反复勘查。

现场在昭陵博物馆的东展室。

被盗的唐墓壁画，存放在东展室后面的小库房里。展室的木门与铁门都有撬压的痕迹。

韦贵妃名叫韦圭，是唐太宗的宠妃。其墓在紧挨唐太宗昭陵东南方的一座山头上。

1991 年春天，韦贵妃墓被发掘。打开墓门，从墓道到前墓室，直到后墓室，四面墙上画满了精美绝伦的壁画，且都是人物画，堪称国宝。

1995 年 4 月 26 日，国家文物鉴定委员会鉴定认为："依据该墓壁画的完整性、制作规模和制作水平，系初唐时期具有代表性的珍品。"依据未揭取前所摄照片及有关考古发掘材料，国家文物鉴定委员会分别将这批壁画鉴定为一级、二级、三级国家保护文物。

四路出击

壁画被盗，陕西震惊！省、市、县三级领导亲临现场，咸阳市公安局长孙培基挂帅出征。

通过广泛调查,细致摸排,一条线索引起干警高度警觉。东展室女服务员高清雅、杜亚莉轮流掌管东展室的钥匙。高清雅的丈夫李少营,是礼泉县烽火供销社的职工,近年倒贩文物,时常住在其妻在博物馆的宿舍里。于是公安人员将李少营列为重点嫌疑对象,并围绕此人展开侦查。但此时李已不知去向,只得在与他常来常往的人群中顺藤摸瓜。

本县赵镇个体司机刘某说,1994 年 8 月,他受李少营之雇,拉着李的汽车去广州修理。行前,李让他到西安纺织城苑冬林处拉了几箱货。他到广州后,李、苑及李的三哥李少辉坐飞机早已到达。饭间闲谈中,他才知道拉来的那十几箱货物原来是古董。李少辉也承认,他去广州给李少营帮过忙,那十几箱货物的确都是文物。高清雅交代,李少营曾将她保管的东展室钥匙强行要去一个多小时,过后说他在里边取了几张画,李、苑是盗画的犯罪嫌疑人已经显现出来。

1994 年 12 月 7 日,干警们兵分四路,奔赴礼泉、咸阳、西安、广州。到 1995 年年底,盗窃壁画的主要犯罪嫌疑人,除武增社仍然潜逃外,全部落网。案件有了决定性的突破。

从 1995 年 1 月 10 日开始,14 名干警加紧审讯,这个集盗、运、卖一条龙的犯罪团伙的行径,一步步显现出来。

盗销成龙

西安东郊的灞桥有 5 个大型的纺织企业,因此名叫纺织城。纺织城出了个文物贩子,名叫苑冬林。他本是西北国棉六厂的工人,停薪留职后,干起了倒卖文物的勾当。

1991 年春天,苑冬林听长安县文物道上的哥们张维汉说,礼泉县"老五"跟前有"货"。于是,他马上慕名前去拜访,在昭陵博物馆的宿舍见到"老五"。

这"老五"就是李少营。

酒足饭饱之后,苑提出要"老五"挖墓,他提供资金。"老五"当即应允,回去找人挖了几天,尽是塌塌墓,没有挖出"货"。苑不甘心,从河南请来 4 个挖墓"技师",还是挖不出来,钱却花了一大把。苑不时地给李塞钱,不时地催要文物。

一天,苑来昭陵博物馆找李。路过东展室时他看见了壁画,灵机一动,问李:"我看这些画不错,你能不能弄几幅?"

"那都是假的,你要那个干啥呢?"李少营不解地反问。

苑耐心地说:"兄弟,你不知道,哥这次就是冲这壁画来的。"

李惋惜地说:"原先没给人家说要画。"

事后,在与一位保管员的家属闲聊中,李少营说:"人家要几张壁画,还把我难住了。"

家属说那容易，当即用身份证就把东展室小库房的门捅开了。

“快关住，小心人家看见了。”李一边说一边想：“确实简单，不必给人家下话了，一个人也能弄。”

初次得手

李少营的家在礼泉县北屯乡北屯二村。他有工作不干，却网罗了本村和邻村的李少锋、高卫兵、高晓林、郭大杰、武增社等一帮子弟兄，做些鼠窃狗盗的事情。现在，他要动用这一帮弟兄，实施他的盗画行动了。

1992 年 8 月中旬的一天，李少营开车来到烟霞乡刘家崖村武增社等人承包的梨园，对郭大杰说：“苑冬林叫给弄两张壁画呢。”

郭问：“门上的钥匙咋弄呢？”

李说：“这你不用管，我想办法。”

8 月底的一天，天快黑的时候，李少锋开着一辆蓝色客货两用车，拉着高卫兵、武增社来到昭陵博物馆，此时，郭大杰早已到了。李少营如此这般地交代了一番，就回家去了。

妻子高清雅已经睡下了，李少营拿起柜上的一串钥匙，高问：“拿展室的钥匙干啥？”

李直言不讳地说：“去里面弄两张壁画。”

高又问：“是不是墙上挂的壁画？”

李答：“不是，是后面小库房里的壁画，只拿两张。”

高起来拉住他的手，不让拿钥匙。“少废话，再说打死你！”李恶狠狠地说着，一把夺过钥匙，把她推到床上，走了。

李少营把钥匙交给郭大杰：“赶紧开门，快把钥匙拿回来。”郭领着高卫兵、李少锋走了，不一会儿又回来了。原来，郭用李给的钥匙开了东展室的大门，但带来的身份证太软，怎么也捅不开小库房的门。李少营又回家取了身份证交给郭。这回，郭顺利地捅开了小库房的门。郭大杰在前、高卫兵居中、李少锋殿后，鱼贯而入。

壁画在东墙根依次靠着。3 个人每人提了 1 张，不到半小时，稀世国宝就被盗出来了。

第二天上班，高清雅到东展室转了一圈，回来说：“你到底拿没拿，拿了给人家放回去。”说着就哭了。

李说：“拿了 2 张，拿没拿与你没关系，你把这事说出去就捏死你！”话刚说完，一个耳光就扇了过去。

高清雅本是个大学毕业生，但被粗暴残忍、只有初中文化的丈夫打怕了，只有趴在床上哭的份儿，哪敢向馆里报告？

财迷心窍

第一次得手,苑冬林大喜过望,但仍嫌不足。因为所盗的 3 张画都是男像,卖不上好价钱。因此苑又对李少营说:“最好要女人像,一张给你 1 万元。”李少营即准备第二次盗画。

当年 9 月底的一天,李回到北屯二村,在街上碰见高卫兵说:“男画不行,女画值钱,过段时间弄两张女画。”

上次盗画用的钥匙,是他直接从高清雅处拿的,这次就不行了。因为东展室的值班员是 10 天一轮换,这时大门上的钥匙轮到杜亚莉掌握了,要拿不是那么容易了。

高清雅住房的北边,有一道铁门。外面的人经常进来拉水。李晒在外面的衣服不见了,就故意高喊大叫造舆论,要把铁门锁了。一天上午,东展室开放展出,锁子就挂在门上。李过去对杜亚莉说:“你把锁子借给我,我把铁门先锁住,等我买回来锁子再还给你。”杜亚莉就把锁子带一串钥匙借给他。

骗到锁子、钥匙,李少营骑着摩托飞似地跑到北屯二村高卫兵家里让高配好了钥匙。

10 月初的一天晚上,李少锋开着一辆乳白色汽车拉着武增社,接上高卫兵直奔博物馆。车停在上次停的老地方,武增社留在外面接应,李、高进入馆内。俩人打着小手电,盗出 2 张女像画,藏匿到高卫兵家。第二天李少锋将画送到咸阳交给苑冬林。第三天,李少营生气地说:“你们咋弄的,画都破了。反正给你们每人 800 元,这事就完了。”实际上苑冬林给了他 2 万元。

北屯二村有个叫高晓林的。一天,他到李少营在博物馆的家里闲逛。李煽动高说:“西安苑冬林要壁画呢,咱弄去。”高说不敢。

“怕啥呢,我弄了一年多,都没出事”,李少营继续打气。高晓林应道:“那就弄。”

过了四五天,李少营对高卫兵说:“我都准备好了,你借个蹦蹦车,今晚就弄。”当晚,因馆院里乘凉的人多,没有“弄”成。

第二天晚上 10 点来钟,二高又来了。如前一晚一样,他们把车隐藏在博物馆东墙外果园的果房边,然后,溜进馆院。

此时的李少营胆越来越大,连配下的钥匙也不用了,又偷了妻子高清雅的钥匙。李少营在附近站岗放哨,二高进去一下子提出 6 张壁画。3 个人把画提到馆院东墙南端的墙根处放下,然后装画上车,拉到高卫兵家里。

这一次弄得最多,李少营专程到西安请苑老板来拉货。李让高卫兵跟着去西安取钱。结果只要来 1 万元,李嫌少,带着二高又去讨钱。苑冬林又给了 7.5 万元,其中 5000 元是给李的人情钱。李给高卫兵 1 万元,给高晓林 7000 元,其余自己拿了。

1994 年 8 月的一天,李到北屯见了高卫兵、李少锋说:“咱再弄一回,以后再也不弄了。弄上 4 幅,给苑冬林、沈金生各弄 2 幅。”高、李两人表示同意。

当晚，按照他们预先密谋的诡计，李少营把自己的吉普车开到东展室北门口停下。趁妻子高清雅不注意，偷出东展室门上的钥匙，放在窗台上。高卫兵、李少锋从博物馆东边厕所墙上翻进馆院，拿了钥匙，顺利地打开了两道门，各拿了两张壁画，藏进吉普车后面的工具箱。

第二天上午，李少营将车开出博物馆，送到西安交给苑冬林。

这一伙文物大盗，在长达两年的时间内，疯狂作案，给国家文物造成了不可弥补的损失。

国宝流失

苑冬林有个邻居名叫李敬立。他在纺织城承包了一家自立食品厂，担任厂长。1991 年厂子经营不景气，几近停产。李敬立在家无事，常与苑冬林闲聊。

"做文物生意来钱快，你干不干？"苑冬林问。李不置可否地说："如果以后要用车，和我打个招呼。"

苑冬林就用李敬立的吉普车，建立起礼泉—西安—广州盗、运、卖一条龙通道，把李少营等人盗窃的昭陵壁画长途贩运到广州，然后转手卖给陈建华等文物贩子。

李少营等人第一次盗画得手，苑坐着李敬立的车将画从礼泉拉到西安。苑出了 400 元的运费，让李再拉到广州。李问拉的是什么，苑没有回答，但李心里明白，苑是做文物生意的，拉的肯定是文物。出发时，苑给了他一个传呼号码，叫他开到广州三元里停车场，打传呼联系。李到后，是苑冬林和黄燕京来接的车。原来，苑坐飞机提前来到广州。壁画上面用胶粘着一层布，文物贩子们打不开。苑打电话让李少营讨得秘诀，才揭开粘布看到壁画。这批壁画，黄燕京卖给港人老李。苑冬林得赃款 3 万元，给了李少营等 1 万元。

苑冬林坐李敬立开的车到咸阳，将李少营等第二次盗的壁画拉回西安。俩人坐火车带着壁画送到广州，交给陈建华、黄燕京。

李少营等人第三次盗画后，苑冬林与李敬立将画拉到自立食品厂，将画打开加固。两人乘火车带到广州，交给黄燕京。

苑冬林知道第四次盗画得手，让李少营找车拉到广州。苑、李商定画到广州，各分 2 幅各自卖。李将分得的壁画交给沈金生，收预付金 7000 元，苑把分下的 2 幅交给黄燕京代卖。

昭陵壁画案发，广州的文物贩子也销声匿迹起来。咸阳公安干警艰苦侦查，在澳门找到陈建华、黄燕京。黄燕京找回 2 幅真品，交给西安警方，并表示尽最大能力，给国家再追回几幅，最大限度地挽回损失。

鱼目混珠

礼泉、咸阳、西安、广州，四路警察通力协作，追缴壁画，最大限度地挽回损失，共追回壁画36幅。

怪哉，昭陵博物馆报案失盗壁画15幅，怎么一下子冒出来这么多？只得请文物专家鉴定。

1996年12月4日，陕西省文物鉴定委员会作出鉴定结论：内中只有2幅是真的，其余都是假的。

哪来的这么多假画？咸阳警方加紧侦查、审讯，搞清了原委。原来制作假画者，仍然是李少营这一伙盗画分子。

东展室小库房里的壁画就那么多，就是全部盗出来，也终有尽时。何不自造文物，来他个无穷无尽？第三次盗画以后，李少营决定制造假壁画了。

西安建筑科技大学技术开发总公司物资经营分公司承包人高万兴，老家也在礼泉县北屯乡北屯二村，是李少营的老乡。李到西安，也喜欢在这所大学的招待所住宿。1993年夏天，李让高给他找个画画的，高就留心起来了。当年8月，正是学生暑假期，他单位一个同志的家属对他说："我女儿梅子在西安美术学院附中上学，你给找个事做，也好有个实习的机会。"于是高就把梅子介绍给李少营。李对梅子说我要搞装修，要画工笔人物的壁画。

当月，李领着高万兴、梅子到了北屯。李领他们到昭陵博物馆参观，照了几张壁画相。当晚，在高晓林家的一间空房子墙上抹了宽2米左右、高七八十厘米的白灰。李从博物馆买了一本介绍唐代壁画的书，让梅子照着画。梅子画了一男一女各一幅，李很满意。"这是昭陵的文物。"李对苑冬林说，苑冬林给了李1.5万元后拉走了。

过了一个星期，李少营和李芳廷又找到梅子，说："梅子，你画得很好，广州老板很满意，再去给我画几幅。"梅子以在东展室照的壁画照片为样本，又画了2幅。李以4万元的价钱卖给西安纺织城堡子村的李双喜，李又转卖给苑冬林。

隔了一天，李芳廷说，上次画的弄坏了，叫梅子再去重画。梅子在崔家崖村郭大杰承包的果园房里，又画了3幅。

8月10日，李少营到西安叫梅子再给他画几幅。这一次，高卫兵家的四面墙上都泥满了白灰。李拿出在昭陵长岭公主墓和韦贵妃墓拍的壁画照片。梅子从天黑提笔，一直画到第二天凌晨3时才画完，一共画了12幅。李对苑说："这是我们在昭陵挖下的文物。"张口就要了20万元。

1993年9月，学校已经开学了。李少营从广州贩卖壁画回到西安，还要梅子给他画画。梅子开学去不成了，高万兴又给他推荐了西安建筑科技大学建筑系女生小贾。小贾一连画了3天，一共画了12幅。李等3人进行了抹泥、擦洗、上胶、烤干等做旧处理，然后揭下来用木板夹住，放在屋里。年底李对小贾说："画得不太好，卖不出去。"

李少营等人又在物色制作假画的画家了。此时，刚好昭陵博物馆美术师卢玉林托人借钱 8000 元。受托人介绍他去找李少营的兄弟李少辉。过了一天，李少辉把钱送到卢家，对他说："我给你找个事弄点钱。有个朋友是收藏壁画的，托我找人画张仿乾陵《打马球图》。"

卢就在礼泉县北屯乡卢家河村的家里抹上白灰，照着《唐墓壁画集锦》，用了 20 天的时间画成。

1994 年 2 月底，卢在家里画了 12 幅唐代风格壁画。4 月画了 10 幅，6 月又画了 10 幅唐代风格的壁画，其中报废了 2 幅。

李少营们制作假画共 10 次 61 幅，卖得赃款 30 余万元。盗卖真画 15 幅才得了 11 万元，假画比真画还值钱。给梅子付画费 2000 元、小贾 900 元、卢玉林 4.8 万元。

李少营们作假画赚了大钱，郭大杰也效仿作了 2 张。但技术不过关，抹白灰时夹进了新鲜麦粒，被广州的文物贩子识破，搅得李少营的假画也卖不出去了。

难逃法网

1994 年 11 月 24 日晚，李少营从外面回到昭陵博物馆的家里，问妻子高清雅："是不是馆里出事了？""嗯。"高清雅应了一声。

李少营在家里待了两三分钟，匆匆拔腿逃了。

这一伙文物盗贩分子，风闻昭陵壁画案发，四散逃匿。

李少营逃到西安。11 月底，高晓林从广州回到西安，打传呼在北环路见到李。

一见面李少营就说："昭陵的案子发了，公安局正在抓我们呢。"

"那咋办呀？"高惊慌地问。

李少营说："武增社已经回家取钱去了，等钱取来叫李芳廷带我们去陕南躲几天。"

等了几天，不见武增社的面，他们也不敢再等下去了，就急忙联系李芳廷，12 月的一天，他们在李家村见了面。

"文物生意的事发了，公安局正在找我们呢，你带我们出去躲躲。"见面后李少营开口提出要求。

这个李芳廷，本是陕南安康地区镇安县农村的姑娘，出山后在西安一带打工，曾在李少营开的饭馆里当过服务员。李少营提出要求，她旧情难却，答应了。

12 月 3 日，李芳廷领着李、高前往她姑家躲藏。姑家一听来人有事害了怕，不敢收留。第二天，李芳廷带着他俩向东奔逃，到秦岭山中的商州市黑龙口镇堂姐家住下。12 月 5 日，又向西南转移，长途奔逃到安康地区旬阳县表姐家。12 月 13 日，她又将李、高领到镇安县自家村庄。把他俩安顿在堂父家里住下后，李芳廷回家对家里人说,他们做生意出了事,公安局找他们呢,来这里躲几天。李母还叫他们来家吃饭,但他俩都没敢去。

已成惊弓之鸟的李少营,到李芳廷家的村子住下,叫李的哥哥找一所僻静的空房子,天快黑时,李少营、高晓林住了进去。李芳廷和父母给他们送吃的、被褥,返家走到半路上,与尾随而至的公安干警打了个照面。公安干警让李芳廷引路,一举抓获了李少营和高晓林。

1999 年 1 月 21 日,陕西省高级人民法院对此案作出终审判决。以盗窃、诈骗罪判处李少营、高卫兵死刑;以盗窃罪判处苑冬林死刑;以盗窃、诈骗罪判处李少锋死刑,缓期 2 年执行;以盗窃、诈骗罪判处郭大杰、高晓林无期徒刑。6 名罪犯都被判处剥夺政治权利终身,没收财产并处罚金。

以盗窃罪判处高清雅有期徒刑 3 年,以倒卖文物罪判处李敬立有期徒刑 3 年,各并处罚金。

以窝藏罪判处李芳廷、史亚强、杜梅、邓亮、孙忠 5 年以下有期徒刑。

13 名被告虽然得到了应有的惩罚,但是给国家造成的损失却是难以挽回的。

数年来,文物贩子在国家重点文物保护部门屡屡得手,其中暴露的问题不也应引起有关单位的责任人深思么?!

(2000.3.11)

点　评

我国是享誉世界的文明古国,各族人民在漫长的历史进程中共同创造了宝贵的文化遗产。文物是历史的活化石,传承中华文明;是连接民族情感的纽带;是增进民族团结、维护国家统一及社会稳定的重要基础。文物盗窃、贩卖曾一度十分猖獗。此案真实再现了盗窃行为对文物的破坏。我国历来对文物犯罪保持高压态势,施以重刑,以达震慑效果。目前,盗窃、贩卖文物犯罪势头已得到初步遏制。

卫生部有关部门负责人说“消费者权益保护法不适用于医疗纠纷的处理”，人大代表对此提出质疑——

卫生部有权作法律解释吗？

侯召迅

3月13日上午，四川团赵宗政代表给记者打来电话，说他在新闻里看到卫生部有关部门负责人说“《中华人民共和国消费者权益保护法》不适用于医疗纠纷的处理”，感到很不理解：这个“声明”涉及到该法律能否调整和规范医疗纠纷这种社会关系，很明显有法律解释的性质，而法律解释是宪法赋予全国人大常委会的权力，作为行政机关的一个部门，卫生部怎么有权对一部法律作出解释？

记者闻听后迅速找来有关报道一阅：

“卫生部认为，医疗纠纷是一种特殊的民事纠纷，医患关系是一种特殊的民事关系，医疗纠纷不应纳入‘3·15’活动内容。《消费者权益保护法》不适用于医疗纠纷的处理。”

记者随即采访了国家行政学院教授应松年代表。应代表认为这种“声明”具有法律解释的性质，如果需要就此作出解释，也应由全国人大常委会作立法解释，或由最高人民法院作司法解释。卫生部只能对自己颁布的规章等进行解释。卫生部这个“声明”只可视为一家之言，并不具有法律效力。

中国人民大学法学院副院长王利明代表说，我同意赵宗政代表的观点。这个“声明”具有法律解释的性质，这种作解释的程序显然是不合法的。它仅为一家（行政部门）之观点，还是应以全国人大常委会作出的立法解释或最高人民法院作出的司法解释为准。至于医生和病人的关系，是一种合同关系，至少要受到民事法律的规范。至于医疗是不是一种服务，患者是否以消费者的身份出现，医疗纠纷是否受消费者权益保护法的调整，还有待讨论。但如果有的医院售卖假药，那也应该按《消费者权益保护法》进行双倍赔偿。

据悉，由于“3·15”近在眼前，为了避免上述声明给有关方面和广大公民造成误解和误导，赵宗政代表今天正联合有关代表一起提出紧急意见书，就此提出自己的看法和建议。本报将继续关注有关情况。

（2000.3.13）

本报刊发《卫生部有权作法律解释吗？》有下文 卫生部向人大代表作解释

侯召迅

本报13日在一版显著位置刊发《卫生部有权作法律解释吗？》一文后，引起较大反响。卫生部3名官员今晚来到四川团驻地约见赵宗政代表，就“声明”问题作解释。

卫生部官员说，往年他们作为主办单位都要参加“3·15”活动，但今年因故退出。为了答复媒体的疑问，卫生部办公厅就起草了一份材料（前文所述“声明”），向媒体作说明，同时要求不要公开报道。但是一些媒体还是报道了出来，他们也没有办法。他们一再强调：起草这份材料的原意不是对法律作解释。

赵宗政代表指出，向媒体散发的这份材料上的落款是卫生部办公厅，当然代表着部门的观点，在任何一个了解相关法律的人看来，这都是一种对法律进行解释的行为。而法律解释权毋庸置疑在全国人大常委会。他再次重申：如果卫生部作法律解释被允许，那随便一个什么政府部门都可以出来说某某法律与己无关之类，岂不乱了套！

赵宗政代表建议，既然卫生部的行为已经在社会上引起了很大反响，就应该尽快在媒体上向社会作出“解释”，澄清和纠正有关错误“说法”，以消除消极影响。

但是，卫生部官员并未对此作出实质表态。（2000.3.14）

点　评　“两会”上怎样和代表建立“强关联”？2000年本文作者打印了500张“小广告”《如果您想说，请您告诉我》，贴在记者联系的代表驻地，果然有用。“3·15”前夕，一位理工专业代表来电话，对当时卫生部一条公告表示质疑。记者如获至宝，当即采访权威专家，写成报道，编辑组认为鲜活有力，登在报眼。该部见状向代表作解释，代表告诉记者，记者又写第二篇。该部又向本报作解释，后记者一并把这组报道的结果与反响写入采访日记。能在全国“两会”点名督促部委依法行政，是这组稿子的最大价值，也是本报作为法治媒体的担当作为。

高扬依宪治国的旗帜

社　论

经出席第九届全国人大第二次会议的近3000名代表庄重表决,《宪法修正案》获得通过。这是现行《宪法》的第三个修正案。它凝聚着全党和全国人民的智慧,凝聚着人大代表们的心血。这个《宪法修正案》,把邓小平理论确立为我们国家的指导思想,把社会主义初级阶段的基本经济制度和分配制度,以及个体、私营经济等非公有制经济的地位和作用,用根本大法确立下来,把党的十五大确立的依法治国方略和建设社会主义法治国家的奋斗目标载入宪法,变为宪法原则。同时明确规定农村集体经济组织实行家庭承包经营为基础、统分结合的双层经营体制,将国家镇压"反革命的活动"改为国家镇压"危害国家安全的犯罪活动"。这些修改,是对20年来中国共产党领导中国人民在改革开放和现代化建设中探索与总结出来的建设有中国特色社会主义的成果和经验的高度概括和提炼,它顺应时代发展的需要,符合广大人民的意愿,使宪法更加完善。这对于更好地树立宪法尊严,维护宪法权威,将产生重大而深远的影响。

修改宪法是为了更好地实施宪法。江泽民同志在中共中央征求党外人士对修改《宪法》部分内容的意见的座谈会上讲话时指出:"我们讲依法治国,建设社会主义法治国家,首先是依据宪法治理国家、建设国家。"因此,在我们欢呼新的《宪法修正案》诞生的同时,一个更加重大而神圣的任务就摆在我们面前:如何依宪治国,更好地实施宪法?

依宪治国,首先要在全党和全国人民中进一步树立宪法的权威。宪法是国家的根本大法,它规定了我们国家的根本制度和根本任务,是新时期治国安邦的总章程。宪法具有最大的权威和最高的法律效力。全国各族人民、一切国家机关和武装力量、各政党和社会团体、各企业事业组织,都必须以宪法为根本的活动准则。中国共产党领导人民制定和执行宪法,自身也在宪法的范围内活动。要以此次《宪法修正案》的公布施行为契机,在全党和全国人民中掀起一个学习宪法知识、领会宪法精神的热潮,使宪法意识深入人心。

依宪治国,就要建立健全保障宪法实施的法律体系。宪法是国家根本大法,是一切法律的母法,它确立了国家机构的设置、职责及相互关系,赋予了公民的基本权利和自由,规定了公民的基本义务。宪法的一系列原则性规定,都要通过具体立法落到实处。因此,我们要进一步加强立法工作,提高立法质量,尽早实现党的十五大提出的到2010年形成有中国特色社会主义法律体系的立法目标,使我国社会生活的各个方面都做到有法可依,使一切宪法原则都能够通过具体法律得到贯彻落实。

依宪治国,还要建立健全保障宪法实施的强有力的监督机制。改革开放以来,随着社会主义民主法制建设的不断进步,特别是随着依法治国基本方略的确立,自觉遵守宪法和法律、维护宪法权威越来越成为人们的共识。然而,不可否认的是,破坏宪法权威、践踏宪法尊严、违反宪法的事仍时有发生,这不仅是对宪法本身的蔑视,也是对人民意志的亵渎。江泽民同志曾严肃指出:"违宪是最严重的违法。一切违反宪法和法律的行为,都必须予以追究。"我们要认真贯彻江泽民同志重要讲话精神,建立健全违宪审查机制,对宪法实施进行经常性检查监督,及时纠正违反宪法的现象,以确保宪法的权威和尊严不受侵犯。

现行《宪法》是在改革开放的历史车轮启动不久时制定的,对我国经济建设和各项事业的发展,起到了极大的保证和推动作用。今天,根据党的十五大精神,在改革开放和现代化建设即将进入新世纪的关键时刻,我们迎来了现行《宪法》第三个修正案的诞生。让我们在以江泽民同志为核心的党中央的坚强领导下,高扬依宪治国的旗帜,维护宪法尊严,捍卫宪法权威,努力实施依法治国方略,为建设社会主义法治国家而奋斗!

(2000.3.17)

点　评

修宪在国家的政治生活中是一件大事。此次修宪把邓小平理论确立为国家的指导思想,把社会主义初级阶段的基本经济制度和分配制度,以及个体、私营经济等非公有制经济的地位和作用,用根本法形式确立下来,把"依法治国方略和建设社会主义法治国家的奋斗目标"载入宪法,是对20年来中国共产党领导中国人民在改革开放和现代化建设中探索与总结出来的建设有中国特色社会主义的成果和经验的高度概括和提炼,顺应时代发展的需要,符合广大人民的意愿,对于树立宪法尊严,维护宪法权威,产生重大而深远的影响。

读完此文,这一切就历历在目,跃然眼前了。

·人民大会堂东门有39级台阶，迈过它才能登堂入室；

·大会或许可以开得更开放；

·代表要学习法律，提高参政议政水平，上会记者也要学习和熟悉宪法、法律、人大制度和人大工作，唯有如此才能不辱使命，满怀信心和憧憬踏上举世瞩目的——

三十九级台阶

人代会采访日记

侯召迅

天安门广场是世界上最大的广场，人民大会堂之雄伟、壮观也是世上少有。一年一度的“两会”就在这里唤来春风浩荡，人大代表、政协委员、新闻记者……近万人满怀使命感和憧憬，走过广场，迈上人民大会堂正门——东门的39级台阶。39级？没错，我1999年采访政协会时就特地走了两遍；今年，我又上上下下走了两遍，不含最下面的地面，的的确确是39级。这可与一部著名电影同名啊，为什么是39级？有什么说道吗？问及数人，无人能晓。3月17日，我打通人民大会堂办公室的电话，他们又给了我大会堂基建办的电话，一位叫刘爱伟的女士说：“50年代盖大会堂的时候，我们还没出生呢。当时的建筑大师们不少已逝世了，我给你联系一下还健在的专家吧，你给我留下电话，有消息我通知你。”

我不是迷信这个数字，我是想了解其中的奥秘。代表委员们踏过这39级台阶登堂入室，共商国是，指点共和国的未来，这其中有些什么特殊“联系”？而于记者们来说，更多的人则要爬上更多的楼梯，才能到达二层、三层，还有一个顶层——“无限风光在险峰”，可是大多数人是没有机会“登顶”了。

3月2日周四
代表们征尘未洗就接受提问

今天下午我是第一次来到沪川渝3个代表团的驻地，其亦是本报的驻地——国谊宾馆。重庆、四川二团尚未抵达，上海代表已经入室，于是索得一名单，叩开该市教委副主任夏先蓉代表的房间。夏代表的行李还未及解开，两个箱子摊在床上，她热情地招呼我坐下，泡茶，水果，开谈。夏代表很谦虚，一边述说学习江泽民关于教育问题谈话的体会，一边“请教”在法律上“‘应当’是不是‘必须’的意思”。

我在楼梯和电梯里，不时遇到三三两两的代表走过，于是我随时掏出印好的“传单”——《如果你想说,请你告诉我》递给他们。说什么?当然是依法治国问题。代表们感兴趣地端详这张纸片,《新民晚报》群工部副主任李葵南代表还说:“还插着图呢……你的传呼怎么打?”我还在大厅里各代表团公告牌的边角上贴了这张纸片,不时引来代表驻足。我在心里说:小纸片啊,你可得帮大忙啊。

3月3日周五
“法律入世”与“普法成本”

上午,我来到重庆团,采访西南政法大学经济法系主任、教授赵学清代表。赵老师口音很重却很健谈,学者风范,不修边幅,头发有点“炸”。他说前一段时间媒体上谈经济入世诸如弊大利大之类太多了,而谈做好法律准备却远远不够,于是他想倡导“法律入世”。说价值,道理念,评文化,明法意,头头是道。只可惜我这巴掌小篇,怎能容下恁多理念,只能水过留痕了。

下午请上海市公安局副局长兼浦东分局局长王午鼎代表谈,他亦是想法多多。制定社团管理法,成立交通事故简易法庭,“末位淘汰制”应改为“末位调整制”,等等。而记者只能摘其一枝:“算算‘普法成本’,建立青少年法制教育体系。”现在什么都要科学量化,核算成本,法治也不例外。普法,是一项事业,事业就要投入、要花钱,因此也应计算成本。提法新颖,也值得推敲、咂摸。

3月4日周六
访与被访也可“交互式”

今天到山东团,新闻官王晓推荐了两位女代表。其中一位是济宁市红十字会副会长姜健代表,她“蝉联”了七、八、九3届代表,她所提议案资料以及所获奖状证书事迹材料等已“汗牛充栋”。我当即提议她可以做一张或一套光盘,便于保存和赠送。姜代表一听,豁然开朗。

另外,由于姜代表每年都要拿出相当长的时间来搞社情民意调研,一人精力不够,就全家上阵,所在医院的医护人员也上阵。我又生一念:何不建议代表聘一个或几个懂法律、会写作的高年级大学生帮助自己搞调研呢?一提出来,姜代表又恍然有悟:她所在的曲阜市就有师范大学,她打算回去就联系该校团委,请他们物色、招募志愿者——代表有了帮手,而大学生借此为人大代表服务,并参与社会实践,对成长成才也益处无穷!

我还拜托姜代表:什么时候举行聘用仪式,可一定要告诉我一声,我要发一条独家消息呢。由此,我也想到,其实采访也可以是“交互式”的,访与被访双方可以通过“互动”,双向交流,互相帮忙。

采访完了两位女代表,我就在山东团新闻处写稿。那里有一台笔记本电脑,老乡见老乡，两泪不必汪汪，电脑便可为我所用。虽然我早已用台式电脑“换”了笔，但用笔记本电脑写稿我这还是头遭。真是方便，半个小时写完一篇，5 分钟传回报社，真棒。想想都 2000 年了，我还是一手抄笔，一手握本，以如此原始的“装备”采访，真是觉得难过。看到不少人已配上录音笔、数码相机等真是令人艳羡不已。真是还得一步一步来，面包总会有的。

3 月 5 日周日
从容的阳光，从容的大会堂

今天看起来一切都那么从从容容，成竹在胸。天安门广场上的地砖是去年刚换上的，踏上这些被宿露打湿的条块花岗岩，你会感到拂面的春风是充实而爽快的，脚下的步履是坚实而沉稳的。广场东西两侧的栏杆不知什么时候被拆除了，这世界上最大的广场显得更加敞亮开阔、没有樊篱、能够包容。红旗，漫卷的红旗 8 个一组、8 个一组地高耸在纪念碑两侧、大会堂“金顶”。

代表们走完大会堂东门的 39 级台阶照例是艰难而漫长的，近 3000 名记者和近 3000 名代表，可以形成“一对一”的格局，当然更多的记者还是常常围堵一些“名人”、“要人”，这些代表仿佛是一团光、一团火，像昆虫般“趋光”的记者们义无反顾地扑向这火光；这些代表也像一个个旋涡，记者们身陷其中，不愿“自拔”。那些身着七彩艳装的少数民族代表花枝摇展，也不知是镜头在看他们，还是他们在看镜头，也许他们就是镜头，镜头就是他们，抢眼抢眼。

开会了，穹顶、金顶、繁星、太阳、海洋、潮声……在这样的场合里，一个人是渺小的，但成千上万人就是大海，就是高山。掌声雷动，翻动纸页如潇潇雨下。公仆在述职、在汇报，代表在倾听，人民在倾听。这些声音植根于共和国大地，萦绕在亿万百姓耳廓心畔，掠过人民大会堂正门的 39 级台阶。主席台上，10 面红旗如 10 把巨大的火炬，大红地毯层层叠叠，却不时错落融入 10 余位身着天蓝色套裙的女服务员，那天蓝色因为抢眼地作了点缀，而令人倍感爽目。有服务员告诉记者，他们的制服有 4 套：天蓝、梅红、朱红的套裙各一，还有旗袍。今天穿天蓝色不是特意为之，顺其自然，女服务员答得从从容容。

3 月 6 日周一
风儿知道你的心

我以前从未觉得奇怪：出入无穷无尽的会议场合，那大多是大宾馆大会议室，历来是开着灯，大家在或明或暗的灯光下交流、斟酌和握手。直到不久前的一回，我忽然感觉到，其实窗户外分明是明媚亮丽的阳光！难道非要用厚厚的落地窗帘把阳光和灯光分开，以营造“会议气氛”？真是怪了，弄得像大晚上的，不亮堂，不清爽，不痛快,还点亮无数盏灯白白地耗费了能源。

而今天,在重庆团听小组讨论,人大代表们却打开了窗子。那是因为太热,有代表不能再脱了,就提议打开窗子。于是开了,一片阳光清风一般泻进来,一股清风阳光一样射进来,所有的人无不深深呼吸了一口这阳光和清风。这阳光和清风来得真实、自然、饱满、清新,将关门堵窗蓄积已久的浊气等荡涤干净!

打开窗子说"凉"话,打开窗子说"亮"话!

3月7日周二
大会可以更开放

社会进步表现在哪里?窃以为:民主、法治、宽松、开放。此番非常感到需要开放,怎么讲?

"要采访代表吗?请找新闻联络员。"这是千篇一律的答话。因为要采访,就得知道代表的房间号,而这号只有新闻联络员才有权告诉你。而每一个代表团只有一名新闻联络员,就这样的30几个人"横"在近3000名记者面前:要采访?先登记,再预约,行就通知你,不行就没了下文。等待如此烦琐而漫长,谁让他们是"一夫当关"呢?没咒念的时候,便只好托关系、送"人情",从别的渠道混到代表身旁,不亦难乎!再说了,就是向人民群众也应该开放啊,没必要把人大代表用层层障碍"保护"起来。人大代表是代表人民的,平时他们分散、"淹没"在各自岗位上,人民群众找他们亦太难。一年一度好不容易聚到一起,虽说都带来了社情民意,但会议期间更会有许多的群众来访,为什么不给他们一个接触和交流的机会?

当然,安全等因素值得考虑,但"两会"时也要让人民见着自己的代表,让代表见得着自己的人民啊。

3月8日周三
"专家治国"?

专家,即对某一门学问有专门研究的人,以及擅长某项技术的人。我关心的当然是法律专家。各级各类的一些"长"们也有观点,但不少时候未免官话连篇、言之无物。朱总理此番人代会不就对官话套话奉送了句名言:"老乡,不要讲套话了……"所以,我就去找专家。在全国人大代表里著名专家至少有5个:王家福、应松年、郑成思、杨紫烜、王利明(排名不分先后)。于是,我就开始奔专家而来。

有人说,专家足不出户,不知社情,理论色浓,群众不懂。不对,如今的专家不与往同,他们中的很多人常常走出书斋,遍访社情,体恤民生。其学问亦不再只拘泥于"象牙塔"里的经典书籍。就说法学家,他们早就开始参与立法,新《合同法》短短4载就出台,与众专家的心血分不开,而《立法法》也有一个"专家稿"。专家立法,至少有两大好处:法理精通,文通字顺,句句在理;超脱物外,未有部门及地方保护主义之嫌,最大限度地淡化了部门及地方利益倾向。

3月10日周五
死者去矣,生者何为?

闻听辽宁团的代表就烟台海难事故向交通部“提出质询”,我甚为激动——记得在当时海难期间,我天天泡在网上看最新消息。“泰坦尼克号”的惨烈情景恍然如昨,而今悲剧在我们身边重演。互联网上一幅照片深深地打动了我:几个人或跪或立,双手掩面,对着涨潮的大海哭喊亲人。我看不到他们的面容,我只看到冷酷无情的波涛,波涛里裹挟着他们亲人的身躯、灵魂,回响着他们亲人绝望无助的呼救声。在前往辽宁团的路上,我想起这幅照片,眼睛里不由又涌出痛苦而激愤的泪水。

然而,我失望了。工作人员告知我,没有什么“质询案”,有关新闻媒体的报道“是失实的”。他们只不过邀请有关部门的同志“开了一个座谈会”,交流了有关情况。这些都不让报道。原来如此。

为什么辽宁团可能提“质询案”?因为海难中大部分死难者是辽宁人。他们的亲人含悲而去,成了海上交通安全事故的牺牲品。而宪法和法律又赋予了他们提出质询的权利,然而为何欲言又止?

3月11日周六
满口外行话,需要加点油

在我采访一位人大常委会主任时,在场的还有另一位记者,还是一家著名媒体的。可能是出于自己所在媒体的“面子”,他争先恐后地提问:“你们省在人大工作方面取得了什么成绩,还有哪些不足,今后有什么打算?”这个问话一时让那位主任无所适从,题目太大了、太泛了。

看来,这位同仁对人大工作并不熟悉,不了解哪些方面是热点、难点和焦点,所以用一句公式般的用语提问。这样的采访恐怕是抓不住要害的。而有的记者提的问题也很外行,譬如“你们省是怎样通过立法工作来搞好监督的?”让人一时找不着北。采访完了,我听代表团一位工作人员嘟囔:这样的记者,究竟对人大懂点什么?

我也差点露了“怯”。在采访完一位农民代表时,由于我对新一轮农村改革不熟悉,写到一半就写不下去了:以己昏昏,焉能使人昭昭?于是,这篇本来可以写好的《不能“一分二卖”》就稿“死”腹中了。

同样,人大代表也应熟悉掌握宪法和法律知识,提高参政议政水平,真正发挥人大代表作用。我们看到,人大代表的素质的确一届比一届高,大专以上学历的越来越多,每年提出的议案不仅数量有所增多而且质量也在提高。但是,有的代表还是

“无话可说”、无案可提。为什么,难道他们是面对突飞猛进的发展形势无动于衷?不是的,也许是自以为提不出有价值的建议而不得不保持沉默吧。

3月12日周日
大会一周可开完?

今天是大会休息日,代表们终于可以喘口气散散心了。我原打算约几个代表聊聊,但都被婉拒。我想他们不是不想说,只是因为有点累,需要放松一下了。对记者来说呢,是不是也有点疲乏了?月初就开始上满了弦四处走,到今天已不知不觉10天有余了,弦儿老绷着也挺难受的。

当然,这还不是要害所在,关键是大会的一些议程能否压缩而紧凑,以提高效率?而且还能节省大笔财政开支,减少如此大规模会议对首都带来的诸方面压力和影响。是不是可以将会期裁减,一鼓作气开完它?

3月13日周一
“传单”传来好“消息”

上午,四川团代表赵宗政找到我,反映自己对卫生部解释法律的质疑。我听完,眼睛一亮、精神一振:这是条极有价值的“突发”新闻!为什么?一是发生在大会期间,很有法律意识的人大代表“棱角”分明,有话要说;二是卫生部作为一个行政部门竟然顶“法”而上,要“分享”本属于全国人大常委会的法律解释权;三是医疗纠纷是个久“热”不衰的热点问题,这可是出自热点问题的新闻。于是,我赶紧成文一则,文末还说要“继续关注有关情况”。——其实我并不抱多大希望,因为“有关部门”以往常常置之不理,我们能有什么法子。

只不过,我为会议开始前散发的《如果你想说,请你告诉我》“传单”而窃喜:它真的管用了,赵代表说他就是照上面的联系方法找到我的。这么多天来,虽有代表也找到我,但唯有此条最有“价值”!

3月14日周二
代表配合　老总鼓劲记者加“编”

我昨天曾“嘱托”赵代表一有新情况,立即告诉我。这位四川泸州市数控研究所的高级工程师,很守信用,一天便与我联系了三四次,告诉我他们写了紧急意见书交到驻地议案组,督促工作人员尽快上交大会,卫生部官员要求约见他并向他作解……本报两会前线总指挥、副总编辑常少扬对此线索十分重视,鼓励我继续报道。于是在晚上10点前,卫生部官员约见代表刚结束,我就把追踪报道的消息写完了。

今天上网，我看见《人民日报》网络版、首都在线、NEWSHOO等知名网站转发了上述文章。四川《天府早报》来电话说他们在《今晚报》第二版上看到了那篇文章，要我把今天的追踪报道再传一份给他们。

3月15日周三
一条未报道的新闻

今天上午，有关部门3位官员来到本报，依旧作“解释”。他们说“为了维护政府形象和社会安定，希望不要再进行报道”。考虑到以后还要与之保持合作关系，决定不再报道。但是，四川《天府早报》和《成都商报》穷追不舍，电话铃声不断，无奈之余我便把今天的情况写了个大概，给他们发了过去。

人代会采访告一段落，遗憾留给过去，希望寄托未来。秃笔一支，童心一颗，唯本报同仁——“前敌”指挥、后方编辑、身边战友之倾力指点教正扶助，才得点滴浅墨抒发见闻感触，鞠躬致谢了。

(2000.3.23)

后　记

3月16日，作者收到北京昌明律师事务所律师蒋五四的2份传真，蒋律师与作者素不相识传什么“真”呢？一看，原来是“贵报的文章很有力量，我来声援”。如何“声援”？第一份说：“今天是3月15日，读到《法制日报》头版关于《卫生部向人大代表作解释》一文，随后又看了该报14日刊发的《卫生部有权作法律解释吗?》，激起我多年想说的话。普法决不应只是面向大众，应当并且重点面向领导干部和各级机关，提高他们的法律意识和依法行政素质……”

第二份说：“《法制日报》3月15日刊登一篇题为《设立“宪法日”》的文章，读过之后激动不已，每一个人都应当关心宪法，宪法是根本大法，我建议贵报开辟专栏，就历次修宪进行研究和比较，邀请专家和各界人士参与讨论，让人们知道宪法的进步和法治的进步……”

以上记录于此，或有参考价值。

“风起西伯利亚，沙起额济纳”，一句民谚道出了形成沙尘暴的两个罪魁。专家称，风治不了，沙却可以通过改变植被进行控制，然而，纳入国家生态建设投资范围的旗县现已确定，却仍未有对沙尘暴之源——额济纳治理的消息。

额济纳，谁来听你诉说

史万森

大风起，沙尘扬，又是一年春来到。

春，曾是一个诱人的字眼，一年之计在于春，桃红柳绿，草长莺飞，春光无限好。然而，曾几何时，北国之春，却成了沙尘暴的孪生兄弟。

国家植被恢复及保护性耕作技术高级官员、内蒙古农业大学副教授李钢铁告诉记者，造成沙尘暴的根本原因就是西伯利亚的风和内蒙古阿拉善盟额济纳旗植被的破坏。风，目前还没有治理的办法，而植被却是可以改善的。

额济纳曾是个水草丰美、自然资源丰富的地区，以胡杨、梭梭林为主体，总面积530万亩的额济纳绿洲，是阿拉善乃至西北、华北的第一道生态屏障。“东有达赉湖，西有居延海”，由祁连山发源的黑河水注入形成的天然湖泊——300多平方公里的居延海，犹如一面美丽的镜子，镶嵌在戈壁中，养育着这块绿洲。

而如今的居延海却成了沙尘暴的“母亲”，已经完全干涸的居延海，湖底的沉积物随着来自西伯利亚的西北风升入高空，向东而来，形成了覆盖西北、内蒙古和华北地区的沙尘暴，给原本美丽的春天作了令人遗憾的诠释。

李教授说，处于强冷风地带、没有植被覆盖的地区，最容易产生沙尘，细微沙尘飘向远方或比较远的地区，形成了沙尘暴，颗粒较大的细沙落在较近的地方，形成沙漠，而浮沙被风吹走的地带就形成了戈壁。现在，内蒙古西部的沙漠以每年20米的速度向东南推移，沙漠化面积以1000平方公里的速度扩展，以及沙尘暴越来越频繁，正是上述情况的具体反映。

李教授告诉记者，造成内蒙古额济纳植被破坏最主要的原因是黑河断流。40年代黑河注入额济纳旗的水量是11亿立方米，而今已不足2亿立方米，并且多是在已经不用水的季节，它造成的恶果是居延海干涸，阿拉善地下水位普遍下降，有近2/3的人工筒井干涸，植被严重退化，大量的梭梭林和胡杨林消失。现在，额济纳绿洲正以每年2万亩的速度锐减，80%的荒漠草原的植被覆盖度由10%左右下降到了5%左右，每年发生的毁灭性林草虫害、鼠害、毒草分别达到2000万亩、1000万亩、4000万亩以上。

据悉，上游地区的无节制用水是黑河断流的主要原因。整个河西走廊已经成为甘肃的一个重要粮仓,其采用的却是比较原始的灌溉方式,造成了水资源的严重浪费,在这一地区还修建了无数的大小水库,搞旅游等开发,截留大量的河水。

黑河水的使用问题曾引起内蒙古、甘肃等省(自治区)的关注,并提到了全国人大和国务院,国家专门组成专家组进行过考察,并下达了《黑河干流水量分配方案》,批准成立了黑河流域管理局。然而,时至今日,黑河流域管理局的工作尚未开展,分水方案仍未实施,黑河水的使用问题没有得到改善。

西部大开发把生态建设放在了首位,经过争取,内蒙古有不少旗县已经列入了国家生态建设投资范围,然而,额济纳似乎没有看到大开发带来的希望。所以,沙尘暴依然故我地向世人诉说着。

可是谁来听你的诉说呢?额济纳!　(2000.4.8)

点　评　人与自然相互依存,既对立又统一,开发利用和治理如果失衡,往往会得不偿失,额济纳给予了最好例证。文章是对只顾眼前盲目开发、不顾长远发展的短视行为的警醒。

由于违规搜查，发出撤销“决定书”又太随意，玉林市玉州区国税局成了4起行政官司的被告，原告称——

就是要告你违法行政

莫小松

广西玉林市云龙商务有限责任公司（以下简称云龙公司）是当地一家较有名气的私营企业，其为何要连续4次起诉该市玉州区国家税务局呢？在6月7日第一宗诉案开庭时，记者了解到是因为玉州区国税局于1999年12月15日对云龙公司进行搜查引起的。

云龙公司在法庭上陈述，1999年12月15日下午3时左右，玉州区国税局胡维庭局长带领十几个人员一不着制服，二不出示工作证，三不出示税务检查证，四不出示搜查证，便对云龙公司从领导办公室到部门经理办公室以及收银员的柜台进行了全方位的搜查。在搜查过程中，强行用铁锤及螺丝刀等工具锤烂6把锁头，撬烂4把暗锁，在一楼当场强迫收银员拉开收银抽屉，并对一名女收银员实施人身搜查。这些人员把办公台抽屉内所有的账本、票据、有字纸张、私人信件、职工小孩的作业本全部扣走。当场除了用云龙公司的信笺粗写了收走批发部的账务多少捆、多少扎以外，其余大部分的账务凭证等资料一律没有清点登记填写清单，而是分别在12月21日至29日才陆续叫云龙公司到国税局补写清单。

通过这次搜查，玉州区国税局于2000年3月10日对云龙公司分别作出《税务处理决定书》和《不予行政处罚决定书》。在《税务处理决定书》上认定云龙公司于1995年12月销售一批金额（含税）为349,907.95元的厨具给广西陆川县大酒店，在收取40,000元货款时未记入销售收入账，亦未向税务机关申报缴纳增值税，违反了《税法》有关规定；还认定云龙公司于1997年6月经原县级玉林市国税局批准停止申报抵扣1997年5月的进项税额100,419.75元和1997年4月底结转下期留抵增值税额278,575.36元，属无视税务机关的决定，自行向税务机关申报抵扣。因此，玉州区国税局根据《税法》有关规定对云龙公司作出追补增值税税款、滞纳金和防洪保安费三项共计775,351.74元人民币的处理决定。但玉州区国税局同时认为，云龙公司的上述违法事实、行为已经超过两年期限，因此，根据《行政处罚法》有关规定，作出了不予行政处罚的决定。

云龙公司认为，玉州区国税局作出的两份决定书均不符合事实并适用法律不当，同时损害了其企业形象和声誉。因此，于3月23日一纸诉状将玉州区国税局推上了被告席。但就在云龙公司向法院递交诉状后的3月29日，玉州区国税局又作出一份《关于撤销不予行政处罚决定的通知》送达云龙公司。其理由是“所认定你公司的违法行为自发生之日起至被发现时止虽已超过两年,但是否还有连续或者继续状态,尚需进一步审查”。

玉州区国税局的执法随意性,更加坚定了云龙公司走向法庭寻求公正解决的决心。6月7日上午,云龙公司请求“撤销玉州区国家税务局(2000)玉区国税002号《不予行政处罚决定书》”的行政诉讼案在玉林市玉州区人民法院进行了公开审理。

据悉,云龙公司诉玉州区国税局“执法违法行政侵权行为、取消云龙公司一般纳税人资格的具体行政行为和停止云龙公司抵扣1997年4月结转下期进项税款以及同年5月进项税款的具体行政行为”这3起行政官司也将陆续开庭审理,本报也将进一步跟踪报道。

(2000.6.9)

点　评

“民告官”是行政诉讼的俗称,之所以会这样,就是要凸显老百姓告行政机关的难度。文章报道的这起行政官司很有典型意义,所报道行政机关的违法行为,本报进行连续报道后,引起了中央有关部门和领导的关注,组成调查组到玉林调查,并在全国开展了一次税务队伍大整治。

李鹏委员长亲切会见本报总编辑并接受采访指出

法制新闻事业大有可为

李鹏祝贺《法制日报》创刊20年所取得的成绩,指出法制新闻事业空间和舞台广阔,大有可为。要紧紧抓住依法治国,建设社会主义法治国家的基本方略,采写出生动真实、格调高尚、群众喜闻乐见的好新闻、好作品,为民主法制建设提供生动教材,并把《法制日报》办成法制宣传的重要阵地。

今年8月1日,是本报创办20周年纪念日。20年来,本报大力开展了社会主义民主与法制建设和人民代表大会制度的新闻宣传工作,发挥了积极的作用。在本报20周年社庆前夕,中共中央政治局常委、全国人大常委会委员长李鹏亲切会见了本报总编辑陈应革并热情地接受了他的采访。谈话内容如下:

记者:今年是《法制日报》创刊20周年。您长期关怀和支持《法制日报》的工作,并对法制新闻宣传工作作过许多重要指示。您是否可以就如何加强依法治国,建设社会主义法治国家的新闻宣传工作讲一些意见?

李鹏:首先,我向《法制日报》创刊20周年表示祝贺。《法制日报》是我国民主法制建设领域规模和影响较大的一家报纸,它的创刊和发展顺应了改革开放和发展社会主义民主、健全社会主义法制的要求,在短短20年里成长为一家大报,成绩有目共睹,可喜可贺。

法制新闻记录和反映了我国社会主义民主法制建设和依法治国事业发展的进程。党的十一届三中全会明确提出,全党工作要以经济建设为中心,同时要发展社会主义民主,健全社会主义法制。邓小平同志高瞻远瞩,就我国发展民主、健全法制,作出了一系列极其重要的指示。而党的十五大更是明确提出了依法治国,建设社会主义法治国家的治国基本方略,并在第九届全国人大第二次会议上写入了宪法。以江泽民同志为核心的党中央率先垂范,已举办了多次法制讲座,掀起了广大干部群众,特别是领导干部学法用法的热潮。全国人大常委会也十分重视法制学习,每两个月举办一次法制讲座,以使常委会和专门委员会组成人员能够系统地学习和了解法律知识,提高立法和监督工作的能力和水平。随着以宪法为核心的有中国特色社会主义法律体系框架的形成,我国政治生活、经济生活、社会生活的主要方面已基本上有法可依。司法、行政执法也得到进一步完善,全民法制观念和法律素质有了一定的提高。

这一切都给法制新闻的发展提供了广阔的空间和舞台。譬如,依法治国方略是怎样提出来的?依法治国的内涵是什么?这个治国方略的实施对国家发展、民族振兴意味着什么?具体到各行各业、各个领域、各条战线,应该如何贯彻和实施这个方略?依法治国还面临着哪些问题和困难,需要怎样解决?党和国家提出的各项法制建设的方针政策贯彻落实得怎样？还有什么需要改进和完善的方面？在法制建设中人民群众有什么愿望和呼声？等等。这一系列问题，都使法制新闻有取之不尽的报道资源，法制新闻媒体大有可为。

记者：您担任全国人大常委会委员长以后，多次强调在加强人大制度和人大工作新闻宣传的同时要加强舆论监督，您能否就这方面工作的重要性向读者谈谈看法？

李鹏：关于人大制度和人大工作的宣传报道是法制新闻媒体应当重点关注的领域。人民代表大会及其常委会在推进依法治国，建设社会主义法治国家的进程中发挥着重要作用。人大的立法、监督等工作都要紧紧围绕依法治国这个中心。要把人大监督和舆论监督结合起来。因为，舆论监督是我国多层次监督体系中的一个重要组成部分，随着民主法制建设步伐的加快，舆论监督将发挥出越来越大的威力。为了加强人民代表大会制度的宣传，普及人民代表大会制度的知识，全国人大常委会近年来做了一些工作。《法制日报》也在这方面积极配合，做了大量很有影响的报道，发挥了重要作用。《法制日报》等法制新闻媒体要继续有效地加强人大制度和民主法制的宣传报道，进行舆论监督，以进一步推进依法治国的进程。

记者：您对法制新闻媒体如何进一步做好法制新闻宣传报道有什么期望？

李鹏：目前，依法治国的新形势对法制宣传报道提出了更重的任务和更高的要求。为此，要更加广泛深入地宣传社会主义民主法制建设，让广大人民群众了解并参与到我国的依法治国的伟大实践当中，这对于我国的社会主义民主法制建设具有重要意义。包括《法制日报》在内的所有法制新闻媒体，要紧紧抓住依法治国，建设社会主义法治国家的基本方略，在宣传党中央关于法制建设的大政方针的同时，深入依法治国实践的各个侧面，采写出生动真实、格调高尚、群众喜闻乐见的好新闻、好作品，为民主法制建设提供生动的教材，并办成法制宣传的重要阵地。

（2000.7.31）

点 评

在《法制日报》创刊20周年之际，时任中共中央政治局常委、全国人大常委会委员长李鹏亲切会见本报总编辑并接受采访，祝贺《法制日报》创刊20年，充分肯定了《法制日报》在报道我国社会主义民主法制建设和依法治国事业发展的进程中所取得的成绩。他指出，法制新闻事业空间和舞台广阔、大有可为，指明了法制新闻宣传方向，明确了法制新闻报道任务，勉励把《法制日报》办成法制宣传的重要阵地，采写出生动真实、格调高尚、群众喜闻乐见的好新闻、好作品，为民主法制建设提供生动教材。

作为我国民主法治建设的重要“喉舌”，《法治日报》始终把宣传报道人大工作作为中心工作之一，成为宣传报道人大工作的主力军、主阵地。

中国成为国际反倾销最大受害者

万学忠

中国已成为20世纪末国际反倾销最大的受害者。从1979年开始至今,中国产品受到一些国际组织和国家的近400起反倾销指控,位居全球之首。这些反倾销指控给中国相关企业造成了严重冲击。

记者从“应对欧盟反倾销研讨会”上获悉,对中国反倾销位居前列的国家和地区是美国和欧盟。由于美欧是中国重要的出口市场,其对我国大规模的反倾销构成了中国出口贸易的严重障碍。

从中国遭受反倾销的产品类别看,涉及钢铁金属制品、轻工产品、机电产品、纺织品、电子产品等。其中很多中国“拳头产品”在反倾销后,被完全逐出进口国市场。1991年中国自行车对欧盟出口200多万辆,1993年被征收30.6%反倾销税,现已基本被逐出欧盟市场。

反倾销对中国出口的一个间接影响是,严重挫伤了国外企业对中国投资的积极性。由于中国产品屡遭反倾销,不少投资者不得不抽回资金,转向其他国家。此外,由于大量新兴电子产品刚刚开始出口就遭到反倾销,使得中国新兴工业的发展受到严重损害。

记者获悉,遭遇反倾销调查的中国企业也并非“一反就死”。90年代末,我国企业连续取得了一系列重大反倾销案的胜诉,其中有上亿美元出口额的“书包案”及“旅行箱和旅行袋案”等。欧盟一律师所代理中国产品反倾销案20余起,平均每两案就有一起胜诉。

有关专家针对中国产品遭遇的反倾销现状,建议国内企业依法积极理性应诉;充分利用现行的有关反倾销的国际贸易规则,众志成城,积极应对;既不能有畏难情绪,也不能动辄把正常的商业问题政治化。另外,中国政府也应当高扬反倾销这把贸易保护的“利剑”,依法开展反倾销调查,制止进口贸易中的倾销行为。

(2000.8.8)

点　评　文章成功之处在于记者抓住了会议尖新之处做文章。作者没有按照会议的既定程序来写,没有拘泥于“9家彩电企业应对欧盟反倾销”这一会议主题,而是按照新闻规律,遵循创新的思路来选择素材,深挖素材,从而捕捉到了带全局性的重大主题,即在世界经济一体化的进程中,反倾销已成为保护本国利益的最主要手段,使中国成为最大受害者,从而写出了独家新闻,主题重大,引起人们的关注,收到了很好的传播效果。

同一批煤，广西全州法院称其属于八一电影制片厂太原企管部所有，通知兴安火电厂协助法院执行将煤收下，并将煤款汇至法院指定的银行账户；而山西晋铁煤矿称该批煤属其所有，并向晋中地区中级人民法院起诉要求兴安火电厂支付煤款及利息。兴安火电厂买一批煤竟面临要付两次款——

法院“打架”　企业“出血”

郭宏鹏

天上掉下一个“馅饼”

世上真是无奇不有，“好事”竟然也让广西桂林兴安火电厂赶上一回。1992 年 7 月下旬，兴安火电厂突然接到兴安火车站通知，说该厂到了 50 个车皮约 3000 吨烟煤。到车站一了解，方知煤是从山西晋铁煤矿发出的。兴安火电厂与晋铁煤矿素无业务往来，这次也没有购煤合同，晋铁煤矿为什么向电厂发煤？对此，电厂为了不让煤滞留站台，他们决定把煤运到厂区单独堆放，待弄清情况后再作处理。

3000 吨煤刚刚码好，7 月 30 日，兴安火电厂便收到了广西全州法院执行庭发出的协助执行通知书，要求电厂“将煤收下”，“煤款请汇全州县人民法院执行庭”。这批煤来历不明，兴安火电厂一直持审慎态度，按兵不动。全州法院共发出 3 个协助执行通知书，告知这批煤是八一厂太原企管部欠广西全州县煤炭公司 50 万元煤款，全州县法院在审理全州煤炭公司诉太原企管部欠款纠纷中，由法院主持，双方达成调解协议，商定由太原企管部发煤抵全州县煤炭公司的欠款，将煤发到兴安火电厂（全州煤炭公司与兴安电厂有业务关系），并制作了民事调解书。全州县法院依据该院生效的民事调解书要求兴安电厂协助执行，并称他们收到太原企管部发来的电报，被告知煤已发至电厂，才通知电厂接收。本着对法院的信赖和协助执行的义务，电厂只好将煤全部收下，按当时的购煤价进行结算，并将 47.7893 万元煤款汇至全州县法院指定的账户，全州县法院开具了收款收据。

兴安火电厂本以为此事已了，谁知灾难接踵而至。

电厂从此跌入“陷阱”

事隔一年有余，兴安电厂突然收到山西晋中地区中级人民法院发出的晋铁煤矿的起诉状副本，称电厂收了、使用了煤矿的煤，要求给付货款及利息。这一消息如同飞来横祸，电厂出于保护自身利益，除将诉状内容及时告知全州法院外，赶紧请律师前往山西应诉。

1994年8月18日，山西晋中地区中级人民法院审理认为，1992年6月，原告晋铁煤矿从八一厂太原企管部得知被告兴安火电厂需要烟煤的信息后，即从富家滩发给兴安站50个车皮的烟煤，收货人为兴安火电厂。原、被告双方虽未订立购销煤的口头或书面协议，但该批煤确实是原告从山西富家滩站发出，而被告确实已收到，故双方之间存在事实上的购销关系。判决被告给付原告煤款47.7893万元。

兴安火电厂对一审判决不服，上诉至山西省高级人民法院，称电厂与晋铁煤矿根本不存在法律关系，煤矿无缘无故给电厂发煤，电厂将煤单独堆放，这不是对煤的收下，只是“无因管理”，其所有权没有改变。后来电厂接收这批煤，也不是电厂向煤矿买煤，而是协助全州法院执行。

山西省高级人民法院裁定双方存在事实上的购销关系，驳回上诉。此后，山西法院多次派人到电厂执行，闹得电厂鸡犬不宁，终因账上无钱执行未果。今年4月，山西法官再次来到兴安，冻结了电厂在中国银行兴安支行账户上全部流动资金31.5万元。为了不使该款被划走，兴安电厂将此事告知全州法院，全州法院即向兴安支行发出公函，称此款“不宜划拨”，山西法院则警告银行“如不划拨，后果自负”。兴安支行面对“划拨”与“不宜划拨”两个法律公文，感到左右为难。兴安火电厂更是担惊受怕。

这批煤究竟是谁的

既然山西法院判决兴安火电厂收到的50个车皮烟煤是晋铁煤矿发出的，属晋铁煤矿所有，说明八一厂太原企管部对这批煤不享有所有权，尚未履行其与全州煤炭公司在法庭上达成的调解。如果八一厂太原企管部提供不出足够的证据证明这批煤归其所有，全州法院就应向八一厂（太原企管部不具备法人资格）执行50万元煤炭款。然而，全州法院却在调解书已生效的情况下贸然启动诉讼程序，动员全州县煤炭公司再次起诉八一电影制片厂，同时把晋铁煤矿和兴安火电厂列为第三人。

被告八一电影制片厂答辩称，太原企管部经与原告协商一致，已于1992年7月通过中间环节从第三人山西晋铁煤矿购得烟煤2982.72吨，价值47.7893万元，并已发给第三人广西兴安火电厂，而该厂已通过全州法院将煤款付给原告。在发煤期间，八一厂生产管理部徐主任给原告发来电报“根据双方协议7月28日止已发50个车皮至兴安火电厂”，不久兴安火电厂也收到太原来电：“我处于7月23日给你处发原煤50个车皮，计2900余吨，请你查收为盼……”据此，被告已全部履行了自己的义务，款货两清，与原告不存在债权债务关系。至于与第三人晋铁煤矿的关系，是另一法律关系，要求法院驳回原告的诉讼请求。

全州法院认为，1992年7月，从山西运至兴安站的煤在时间、到达地点和数量上与原、被告双方的协议相符。晋铁煤矿没有提供证据证明委托太原企管部出售烟煤，也没有与需方直接商订过煤的单价等，反而是由太原企管部与原告商订的，该部是通过中间环节与晋铁煤矿建立关系的。因此，法院认定引起争执的煤炭是太原企管部供给原告，原告与太原企管部已各自履行了购销合同中的义务，钱货两清。据此，1997 年 2 月 17 日，全州法院判决驳回原告全州县煤炭公司的诉讼请求。

八一电影厂在庭上并未出示其购买这批 3000 吨烟煤的相关证明文件，全州法院认定这批煤属太原企管部所有，显然证据不足。

法院判决岂能相互矛盾

山西法院与广西法院关于处理这笔煤款的判决书都已发生法律效力，但对同一标的物认定不同，实体处理结果相冲突。山西法院认定这批煤归晋铁煤矿所有，而广西法院又认定其属八一厂太原企管部所有，总有一家法院的认定是错误的。对晋铁煤矿与八一厂太原企管部到底是什么关系？晋铁煤矿为什么要向兴安火电厂发煤？这是一个非常重要的事实，全州法院甚至没有查清。为什么八一厂说其与晋铁煤矿是另一法律关系，是联营、居间、代理或其他什么，人们无从知道。晋铁煤矿仅凭八一厂太原企管部的人说“兴安电厂需要煤”就盲目发煤，发煤后也不及时派人说明情况，商谈价格，同样不可思议。

兴安火电厂领导表示，全州法院在没有完全整明白这批煤权属的情况下，就通知兴安电厂协助执行，这是全州法院的过错。如果这批煤确属晋铁煤矿所有，也只能说明全州法院扣押、处理错了，侵犯了晋铁煤矿的利益，晋铁煤矿应起诉全州法院要求赔偿，而与电厂无关。我们不管法院之间如何“打架”，电厂已将货款全部交全州法院，不应再承担付款义务，不可能为同一批煤付两笔钱！　　　　(2000.10.7)

点　评

“一房两卖”，说的是无良开发商惯用的欺诈手段；同一批煤要分付两个卖家两笔全款，听起来同样荒唐费解，这事儿就被广西兴安火电厂赶上了，记者也有幸领教了。记者当年供职于报社群工部，这是部门指派的一个紧急采访任务。

兴安火电厂负责人见到从北京赶来的记者，如遇救兵，大倒苦水。他说面对两份法院调解书时，是多么的傻眼和无助！3000 吨烟煤现在仍存放在堆场不敢动，近 48 万元煤款按时汇到了全州法院指定账户，让企业再支付一笔煤款毫无道理。

记者对此进行了深入的采访。回到北京不久，稿件见报了。不久，兴安火电厂来电，法院已协调解决此事。

让青春的事业永远年轻

献给新中国第一个记者节

查庆九

今天,我们迎来了自己的节日——中国记者节。全国55万名新闻工作者都为拥有属于自己特有的节日而感到无比的欣喜与自豪。记者节的设立使具有光荣传统的中国新闻记者作为一个特殊的社会职业群体的特征更加显著,也使我国广大新闻工作者的归属感、荣誉感和自豪感更加强烈。记者节的设立,无疑会极大地激励和振奋广大新闻工作者的精神,有力地推动我国新闻事业的进一步发展。

在充分体味节日喜悦的时刻,抚今追昔,我们思绪万千。中国记者之所以选择11月8日作为自己的节日,有着特殊的历史渊源。1937年的今天,以著名记者范长江为首的左翼新闻工作者在上海成立了中国青年记者协会,使年轻的中国新闻工作者第一次有了自己的组织。在新中国成立前的革命年代,以邵飘萍、邹韬奋、范长江为代表的一大批进步记者,以自己强烈的社会责任感和历史使命感,以敏锐的视野和犀利的笔锋,写下了许多充满战斗力的激扬文字,忠实地记录了中国革命的足迹,无情地揭露和鞭挞了帝国主义和一切中国反动腐朽势力。可以说,中国新闻事业的发展,中国新闻工作者的成长与进步,与中国革命的历史紧密相连,"铁肩担道义,妙手著文章",是新闻事业前驱们的真实写照。

新中国的新闻工作者继承了新闻界先行者们的光荣传统,充分发挥党和人民喉舌的作用,在讴歌社会主义现代化建设、赞颂真善美、鞭挞假恶丑的不辍耕耘中使自己不断成长,并赢得了党和人民的信任。魏巍、穆青、郭超人等老一辈新闻工作者以自己的默默奉献与传世名篇在新中国新闻史上写下了浓重的一笔;邵云环、许杏虎、朱颖等年青一代用自己的青春与生命为新闻事业增添了血染的风采。在欢庆自己节日的时刻,我们更加深切缅怀无数为中国记者增添光荣与骄傲的前辈与英烈,也更加清醒严肃地意识到作为一个新闻工作者的重大责任。

随着改革开放的进行,社会主义民主法制建设的勃兴,在我国新闻工作者行列里,增添了一支新兴力量,这就是法制新闻工作者。以1980年8月1日《法制日报》的前身——《中国法制报》的创刊为标志,我国的法制新闻事业如雨后春笋般迅速崛起,各类法制报刊、电台、电视台法制专栏林林总总,蔚为大观。在法制新闻事业迅猛发展的同时,法制新闻工作者队伍也日益发展、壮大与成熟。广大法制新闻工作者以良好的职业素质和特有的法律专业水平,忠实地记录了我国社会主义民主法制建设前进的脚步,有力地促进了国家立法、执法、司法各项工作的进步,并在普及全体公民法律意识、为实施依法治国方略创造良好舆论环境的工作中发挥了不可替代的作用。年轻的法制新闻事业和同样年轻的法制新闻工作者的卓越表现,为中国记者赢得了新的声誉,也为自己赢得了社会的认可和尊重。在欢庆自己节日的时刻,我们广大法制新闻工作者为自己所取得的成绩、所做出的贡献而骄傲,也更对法制新闻事业的前途充满信心。

在自己的节日里,我们想到了要更好地继承和发扬中国记者的光荣传统,为党和人民的新闻事业贡献更多的力量;在自己的节日里,我们想到了要更坚定地树立全心全意为人民服务的事业心和责任感,敢于挺身而出秉笔直书维护党和人民的利益;在自己的节日里,我们想到了要进一步提高自己的从业素质和职业道德水平,使新闻工作者有一个更加健康向上的精神面貌;在自己的节日里,我们想到了新闻工作者要努力追踪科技发展的最新水平,适应各种新兴传媒业务的挑战,使自己成为新闻业务领域全方位、现代化的"多面手"……总之,我们广大新闻工作者应当永不满足,永不停步,使自己的队伍更纯洁,形象更美好,更加胜任党和人民的新闻工作。

当然,在这欢度自己节日的时刻,我们也想起了近些年来日益频繁地发生的新闻记者的采访权被非法限制和剥夺,新闻记者的人身权遭到严重侵犯,以及新闻记者和新闻媒体因正常舆论监督动辄得咎、屡遭无理缠讼的现象,令人备感加强对新闻工作者履行职责之保护、为广大新闻工作者履行职责营造一个正常社会环境的极端必要与迫切。然而,我们坚信,随着整个社会对新闻舆论在当代社会的价值认识的进一步提高,随着新闻法制建设步伐的加快和对新闻工作者履行职责的法制保障机制的不断完善,这种状况将得到根本的改善,广大新闻工作者将拥有从事新闻采访报道活动更加广阔的空间。

记者节的设立,是中国新闻事业发展的崭新起点。党和人民赋予我们广大新闻工作者以神圣的使命和责任,我们广大新闻工作者一定要在以江泽民同志为核心的党中央领导下,认真学习邓小平理论和江泽民同志一系列重要指示,坚持政治家办报,坚持正确的舆论导向,努力完成各项新闻报道任务,不辜负党和人民的期望。

新闻事业是一个年轻的事业,因为众多的热血青年喜爱这个事业,选择这个事业;新闻事业是一个年轻的事业,更因为它永远伴时代的脉搏一起跳动,永远与历史的步伐一道前行。让我们广大新闻工作者一起行动起来,把我们的理想、智慧与汗水奉献给这个高尚的事业,这个辉煌的时代,使青春的事业永远年轻! (2000.11.8)

点 评 设立中国记者节是党和国家对新闻记者职业的肯定和褒奖。文章对新闻记者在推动社会发展进步中所发挥的不可替代作用进行了热情赞颂,结构精当,层层深入,激扬抒情。

鲁迅 de 钱和灵魂

王乾荣

身兼诗人、郭沫若研究专家和科学家的陈明远先生，近年对鲁迅又产生了兴趣。他的鲁迅“研究”颇具特色，似乎是前人未曾涉及的领域。

且看，他对鲁迅的薪水、版税等收入作了一个详细统计，再加以换算，在《文汇报》撰文给我们说：“鲁迅一生总收入相当于今 392 万以上，成为名副其实的‘中间阶层’即社会中坚。……（这些收入）充分保障了他在北京四合院和上海石库门楼房的写作环境。在残酷无情的法西斯文化围剿之中，鲁迅能够自食其力、自行其是、自得其乐，坚持他的自由思考和独立人格。这使他永远成为文化人的榜样。”

这篇文章被频繁转载，12 月 7 日我又从《法制文萃报》上看到它转载于《畅销书载》的此文，可谓影响巨大。

陈先生的结论真好。人们，尤其是文化人，一定要努力至少做一个百万富翁，否则，还怎么“自由思考”，怎会有“独立人格”呢？

然而按此逻辑，其时文化人在成为百万富翁之前，那是无法“自由思考”，也没有“独立人格”的——因为有“残酷的法西斯文化围剿”压迫着，无法“自食其力”，更不能“各行其是”，还“自由”、“独立”个屁！

但是实际上，鲁迅似乎并不是先成了百万富翁，有了多少万元钱的“保障”，才去“自由思考”，才有了“独立人格”的。他在黑暗中探索，在围剿中左冲右突，以笔为武器进行韧性的战斗；“自由思考”、“独立人格”伴随着他的探索、突围和战斗，也激发、促使他不断地拷问自我；与此同时，他也取得了经济上的收入。鲁迅如果不是战士，他就没有一篇篇用于战斗的雄文，他哪里来的稿费，又怎么会成为陈氏所谓的“名副其实的中间阶层”呢？

当然，在昔日风雨如磐的环境，很多有才能的人因“自由思考”而送了命，他们没有机会成为百万富翁，但是似乎也不能否认他们的“独立人格”吧！又，如果有一个人从老子那里继承下一笔巨财，他有“足够的钱”来“超越‘官’的威势，摆脱‘商’的羁绊”（陈明远语），但这一定能保证他会“自由思考”，并且具有“独立人格”吗？

不错，鲁迅说过：“为准备不做傀儡起见，在目下的社会里，经济权就见得最要紧了。”这话是陈明远引来作为论据，以证明钱乃是“自由”、“独立”之“保障”的。但是鲁迅这里并没有说，“经济权”就是靠摇尾乞怜、靠“做傀儡”获得的。“经济权”也是权，它不是天上掉下来的，除了继承、中彩、抢劫，那是要凭劳动、凭创造、凭艰苦奋斗争取的，而这个堂堂正正的“争取”，也需要自由意志和独立人格。有了这个“经济权”，当然在坚定自由意志、维护独立人格方面很“要紧”；但是不知道陈明远统计过周作人的收入没有，他的堕落，难道是因为他的穷吗？

一开始就“做傀儡”，要么只能像狗一样得到一些残羹剩饭，要么也可能受赏赐而大发。狗不去说了；“大发”者自然能挣到远比 392 万元更多的金钱，外加权力、美女、封妻荫子种种荣耀和实惠，恐怕唯独谈不上自由思考，也永远挣不来独立人格吧。

鲁迅之“永远成为文化人的榜样”究竟靠的是什么？中国的文化人学习、研究鲁迅近一个世纪，对这道常识题总不至于得出一个“钱”的答案吧！

“梦是好的；否则，钱是要紧的。”鲁迅是如此说过。钱当然要紧——这不是鲁迅一个人的感觉，而几乎是全人类的共识。莎士比亚通过他的剧中人那么无以复加地诅咒金钱，不也说明了它的“要紧”吗？但“要紧”并不是万能，尤其是人的灵魂，鲁迅什么时候说过必须用金钱来铸造？

（2000.12.18）

点　评　这篇言论有力驳斥了鲁迅的收入“充分保障了他在北京四合院和上海石库门楼房的写作环境”，保障了他“能够自食其力、自行其是、自得其乐，坚持他的自由思考和独立人格。这使他永远成为文化人的榜样”这个错误观点。作者以铿锵俏皮的语言，以鲁迅并非先成了百万富翁，有了多少万元钱的“保障”，才去“自由思考”，才有了“独立人格”这一事实，巧妙地反证了“金钱保证独立人格”之论的荒谬，从而使自己的观点具有了充分的说服力。

顺应时代潮流　演绎对外开放

中外合资经营企业法的诞生及两次修改

阎　军　王晓军

中国第一部外商投资法——《中外合资经营企业法》3月9日将提请第九届全国人大第四次会议审议。

这部本次人代会审议的唯一一部法律制定于22年前。当时,中国还没有一家中外合资经营企业。

22年间,中国改革开放风起云涌,波浪翻滚,大步向前。

现在,中外合资经营企业已达36万户,中国实际使用外资金额已达3400多亿美元。

邓小平亲自过问

1979年,当时从政治斗争中醒悟过来、从经济崩溃边缘转过身来的中国,冒着"立法超前"的危险,决然地用法律向世界宣示了它对外开放的决心。

刚刚恢复自由回京不久的彭真同志带领他的同事们在人民大会堂不熄的灯光里,创造了3个月制定7部法律的奇迹:其中6部法律都是涉及中国政治生活的重要基本法,那第7部便是《中外合资经营企业法》。

对于当时的中国人来说,中外合资经营,是一个遥远而艰深的字眼。但中国领导人高瞻远瞩,看到了中国的未来需要对外开放,需要外资的进入,使之成为百废待兴的中国具有更大经济发展的动力。

彭真在第五届全国人大第二次会议上为中外合资经营企业法草案作说明时说:

——从今年开始,全国工作和着重点转移到社会主义现代化建设方面来。随着这个历史性的转变,我国必须认真地加强社会主义民主和社会主义法制。

——国务院为了在平等互利的基础上,吸收外国投资,扩大国际经济合作和技术交流,决定与外资合营某些双方认为有利的企业,这就需要有相关的法律。

"没有法律人家根本不敢来",曾任全国人大常委会法制工作委员会副主任委员、现任香港特区基本法委员会主任的项淳一遥想当年:

谁愿意把大笔的资金放在一块没有法律保障的土地上呢?而中国刚刚经历那

么长的动乱，也只有法律的建立才能标示出中国的决心和能力。

很难逆向地推测历史，如果当初没有邓小平同志的亲自过问，《中外合资经营企业法》能否真正制定并通过。

因为对外开放、怎样开放、开放到什么程度，人们都还没有达成共识，所以，关于中外合资经营企业法的颇多争论就是自然而然的问题。

争论最大的问题当属要不要限制外资的比例。据悉，中国最高立法机关请诸多驻外使馆找来国外相关法律，发现许多发展中国家都规定了外资进入的上限、不能超过一定的比例。彭真还请来了荣毅仁、经叔平、古耕虞等人作咨询、提议。对外资不限比例的意见就是荣毅仁先生提出的。

面对争论，邓小平坦然表达了大国领导人的风范和胸襟：在我们的土地上，我们怕什么？在整个制定过程中，小平同志多次问过，为大家统一认识。

"急诊"的结果是，在中国，不但规定没有上限，还规定了下限。1979 年 7 月 8 日，中国第一部外商投资法开始施行。1982 年，把允许外资写入中国的宪法，这在社会主义国家中是第一个。

项淳一说，当时的法律规定非常原则，因为中国还没有外资进入的足够经验，特意把原则制定得相对简单。而后，国务院又制定了相关条例；后来，《外资企业法》、《中外合作经营企业法》也分别在 1986 年和 1988 年相继制定。可以说中国关于外商投资方面的法律——《中外合资经营企业法》对吸引外资到中国起到了历史性的作用。

回首往事，参与这个法律制定的知情者，无不感慨：小平同志了不起！

据称，中国在 1979 年到 1982 年 3 年开办的中外合资企业只有几百家，外资在一个为期不短的观望期后才争相走进中国，1985 年 9 个月的开办数就达到上述 3 年总和的 3 倍。通过这些踏上中国国土的外资和企业，中国也开始蹒跚地迈向世界。

两个 11 年

中国的改革开放已有 22 年，和《中外合资经营企业法》的年龄相同。《中外合资经营企业法》的制定与修改、诞生与成长也正是中国改革开放的晴雨表和备忘录。

1985 年以后，外资大量进入中国，外国人认定中国是一个可以给他们带来利益的黄金地。到 1988 年年底，中国批准的外商投资企业数已达 22，000 多个，实际使用外商投资金额达到 175 亿元。

此时中国的发展实力和国际化程度已今非昔比，改革开放已不可逆转，外资在中国的发展也迈上了一个新台阶，许多发展中的问题又亟待法律的修改和保障。所以，《中外合资经营企业法》在实施了 11 年后，在第七届全国人大第三次会议上，进行了第一次修改。

首先,是将原规定中,合资企业双方都必须商定合营期限修改为按不同行业、不同情况作不同约定。有的行业可以约定,有的可以不约定,这样做有利于兴办技术密集、投资额大、回收期长的合资企业。

其次,是参照《外资企业法》,增加规定:“国家对合营企业不实行国有化和征收;在特殊情况下,根据社会公共利益的需要,对合营企业可以依照法律程序实行征收,并给予相应的补偿。”

此外,将原规定的合资企业董事长由中方担任,修改为“董事长和副董事长由合营各方协商确定或由董事会选举产生”。

曾任全国人大法律委员会副主任委员的宋汝棼称,1990 年的修改争论不多,修改字数也不多,其中赋予投资方的权益却很大。这正如又一个 11 年后的又一次修改,也是 3 条改动,也是不及百字,也是内涵重大,给予了中外合资经营企业更大的生存和发展空间。

11 年,一个历史性的跨度,两个大跨度后,中国已经成为和世界有着紧密经济联系,并在世界政治和经济中有着举足轻重地位的大国。

面对 WTO

这时,中国已迈到 WTO 门前,入世只差临门一脚,未雨绸缪,迫在眉睫。

这时,中国已经批准外商投资企业 36 万多个,合同外资金额 6700 多亿美元,实际使用外资金额为 3400 多亿美元,多年来稳居发展中国家之首。

为适应国际大环境,与国际规则接轨,中国再次修改《中外合资经营企业法》。据悉,此前《外资企业法》、《中外合作经营企业法》已修改完毕,之所以《中外合资经营企业法》居于其他两法之后修改,是因为在制定之初,为了保障法律的郑重和稳定,特别规定,只有全国人民代表大会才有权对该法作出修改。

而此次对该法的修改内容之一,就是取消该法修改必须经全国人民代表大会的条款。当初的郑重决定增加这一条款,今天的进一步开放,决定删去这一条款,这一增删,用心良苦,颇具深意。

另外修改的两项主要内容是:

——删去关于合资企业生产计划应报主管部门备案的条款;

——将原规定合资企业所需原材料等应先在中国购买,改为可在国内市场也可在国外市场购买。之外,别无变动。但是区区数千字,是中国对加入 WTO 所作出的法律承诺。

全国人大法律委员会副主任委员顾昂然称,修改反映了 10 年来举办合资企业中外商最为关心的问题,进一步体现中国的对外开放,有助于解除外商的顾虑,将进一步促进引进外资工作的发展。

又一次重大的赋权和开放,估计在本次人代会上争议不会很大,此时,再次修改

《中外合资经营企业法》,意在直通 WTO。

中国外经贸部部长石广生对此发出感慨:“顺应世界浩浩荡荡之潮流,此其时矣!”

(2001.3.9)

点 评 于中国改革开放之初的 1979 年诞生的《中外合资经营企业法》曾被海内外舆论视为“中国改革开放的风向标、晴雨表”。在新世纪的第一次人代会上该法的修正案草案又作为提交大会审议的唯一一部法律草案而引起舆论的关注。作者立意较高,把这次对该法的修改置于中国改革开放 20 年的大背景中,抓住其诞生和两次修改的这 3 个节点,挖掘出一些鲜为人知的事实,如邓小平同志在该法制定过程中所起的重要作用,就是在此文中首次独家披露的。

文章的构思颇具匠心,材料取舍详略得当,文字表达凝练质朴,颇见功力。

“发现”的隐忧

雷晓路

人,是一种有着无穷欲望和好奇心的特殊“动物”,于是,便有了永无休止的“发现”和“发现”后的兴奋与满足。一次次的“发现”,人类对自然与社会的认识随之逐步深化。每一次“发现”,都给人类带来了难以尽述的益处。不过,有时候,“发现”并非只有正面效应,有的也隐含负面的因子。

我曾在《藏羚羊纪实摄影展》中看到作者耗时10年、历经艰辛,在平均海拔5000米左右的可可西里无人区,追踪拍摄出的一幅幅世界濒临灭绝的野生动物藏羚羊的珍贵图片:在美丽的可可西里湖、卓乃湖畔雪原上,天空湛蓝,白云朵朵,上千只母藏羚羊悠然自得,有的正在生产,有的正在哺乳,还有的正在与“小宝宝”嬉戏……

百多年来,藏羚羊的繁殖地究竟在哪里?一直是困扰动物学家的世界之谜。近年来,多位动物学家、探险者及一些科考队相继破解了这一谜团。《藏羚羊纪实摄影展》进而以更直观、形象的方式告诉人们:位于远离藏羚羊南方栖息地1000多公里的青海可可西里湖和卓乃湖,即是母藏羚羊每年6月从南方北上,长途跋涉、历经艰险要到达的繁殖地。

诚然,这些“发现”对研究藏羚羊的迁徙、繁殖及生活习性有着重要科学价值,但一丝隐忧也悄然袭上我的心头。在人类没有“发现”这一隐秘之前,数千只藏羚羊妈妈可以无忧无虑地生儿育女,繁衍它们已经为数不多的种群。如今,由于人类足迹的闯入,打破了藏羚羊繁殖地昔日的安谧和宁静。如果让疯狂的偷猎者得知这一“发现”蜂拥而至的话,步履蹒跚的藏羚羊妈妈和它们幼小孱弱的孩子们,将会面临怎样的噩运,我不敢再往下想了……

行文至此,蓦然忆起一则服装史话。17、18世纪时,为了束腰凸胸,穿着撑起的、状似鸟笼的裙子,成为欧洲女士们的一种时尚。但这一审美趣味却苦煞了服装制造商,用什么来做裙子的支撑物呢?钢丝结实,但却笨重;木条虽轻,但却易折。就在服装设计师们走投无路之际,忽然传来一条好消息,有人发现了鲸须的妙用:既有弹性,可以用它来支撑起裙子;又具韧性,任你卧坐屈伸都不会折断。于是,鲸须成了制衣业的一大支柱,用量剧增,价格飙升。结果,几十万头鲸鱼为此一命呜呼!此外,诸如象牙、虎骨、麝香等功能的“发现”,也成了大象、老虎、香獐等野生动物们惨遭屠戮的动因之一。

由此再联想到普氏野马和野骆驼等野生动物们被“发现”后的悲惨命运,我的隐忧绝非凭空臆想。据史料记载,19世纪70年代,俄国军官、旅行家普尔热瓦尔斯基曾多次深入我国内蒙古、新疆、藏北等沙漠、戈壁地区旅行、考察,并撰写了《神秘之地蒙古和荒凉之地藏北》和《从库尔加穿越天山到罗布泊》两个报告,其中的有关篇幅，详细介绍了他“发现”普氏野马和野骆驼的经历。这两个报告一经公之于众，即轰动了世界。其后，西方各国的科考队、探险家、捕猎者纷至沓来。很快，普氏野马数量骤减，20 世纪 20 年代，最后一匹野生普氏野马在蒙古境内孤独地死去。目前世界上仅存的数百匹普氏野马都是在人工环境下长大的，它们已丧失了在大自然中生存的能力，只能在人类的豢养下苟延残喘。被“发现”后的野骆驼的景况似乎也不太妙，在人类对野骆驼生存环境的持续侵扰、破坏和不断猎捕、追杀下，野骆驼已“人丁”寥寥、濒临灭绝，成为比大熊猫还稀有的物种。据媒体报道，前不久，中国的一支科考队深入新疆库姆塔格沙漠腹地，沿着一条细细的水流，艰难地寻觅野骆驼的踪迹。前些天，打开电视，听到播音员播报“发现”野骆驼兴奋的声音，看到荧屏上野骆驼惊恐的表情、虚弱的身躯和无助的背影，我并没有惊喜，反而感到一种难以言说的悲凉。很可能，为了躲避人类的侵入，这些残存的野骆驼又不得不再一次迁徙到更为荒凉、偏远、贫瘠的大漠深处。

我无意否定人类探索、发现自然的勇气、毅力和信念，其保护自然、造福人类的初衷也无可厚非。但是，良好的愿望并不能扭转自然的铁律。自然界及其物种有其特有的生成、运动、发展的规律与准则，并不会因人的好恶而改变。歌德曾说过：“大自然是不会犯错误的，是永远正确的，错误永远是人犯下的。”

在每次“发现”之后，我们不能仅仅陶醉于其造福、有益于人类的喜悦和满足之中，正视其中的负面因素，并避免、限制其危害的发生、蔓延，也许是更为重要的。

当今社会，我们越来越强调和重视保护人的隐私权。有时我想，自然界中的野生动物，是否也应有自己的隐私权。我们为什么非要穷究一切呢？人类似乎应有所选择和克制，不必过多地去探索、“发现”、窥视、干预野生动物的生活。也许，给藏羚羊等野生动物们留下一些已经少得可怜的隐秘空间，使人类对这些可爱的生命保存些许的神秘感，可能对我们彼此，都是善莫大焉之事。（2001.5.11）

点　评　文章具有丰富的素材积累，立意深刻，内容翔实，文风活泼，角度新颖。情感表达有温度、有深度。

第九届全国人大常委会第二十二次会议以高票分别通过关于修改《法官法》和《检察官法》的决定。修改后的这两部法律都规定了司法考试制度——

司法考试制度向我们走来

吴　坤

今天下午，第九届全国人大常委会第二十二次会议分别以高票赞成，通过了关于修改《法官法》及《检察官法》的决定。这两项决定中新增加的一项重要规定，引起了关注我国民主法制建设进程人士的注意——国家对初任法官、检察官和取得律师资格将实行统一的司法考试制度。

在去年 6 月举行的第九届全国人大常委会第十六次会议初次审议《法官法》及《检察官法》修正案草案时，两部草案都没有统一司法考试制度的规定。审议中，一些常委会组成人员提出，为提高司法人员素质，加强法律职业队伍建设，应该将法官、检察官初任考试与已实行多年的律师资格考试统一起来，建立国家司法考试制度。此次会议之后立法机关在征求意见过程中，全国人大内务司法委员会、国务院有关部门也提出相同的意见。

从善如流的国家立法机关经认真研究，采纳了上述意见。今年 4 月，在第九届全国人大常委会第二十一次会议上，常委会组成人员拿到了新修改的两法修正案草案。他们注意到，两法草案附则中均增加了一项规定："国家设立统一的司法考试制度。司法考试由国务院司法行政部门会同最高人民法院、最高人民检察院共同组织，由国务院司法行政部门负责实施。"同时，将两法有关条文修改为：初任法官、检察官采用严格考核的办法，按照德才兼备的标准，从通过国家统一司法考试，取得资格，并且具备法官、检察官条件的人员中择优提出人选。

法律草案总是在审议、修改中不断得到完善。在第二十一次常委会会议后，全国人大法律委员会考虑到律师法规定的"国家实行律师资格全国考试制度"也将纳入到国家统一的司法考试制度中，为解决好法律间的衔接和具体实施，法律委将两部草案的有关规定修改为：国家对初任法官、检察官和取得律师资格实行统一的司法考试制度。国务院司法行政部门会同最高人民法院、最高人民检察院共同制定司法考试实施办法，由国务院司法行政部门负责实施。包含上述内容的两部草案新修改稿在提交第二十二次常委会会议审议后，顺利获得通过。

据全程参与此次《法官法》及《检察官法》修改的全国人大常委会法制工作委员会刑法室主任郎胜介绍，在 1995 年制定这两部法律时，就有专家提出，当前世界上大多数国家均实行统一的司法考试制度，在我国也应建立这一制度。同 6 年前相比，现在增加规定这一制度，将法官、检察官、律师3个考试统一起来的条件已经具备：社会各方面对建立这一制度形成共识；律师资格考试经多年实践已取得成功经验，效果较好；最高人民法院、最高人民检察院已组织多次初任法官、检察官考试，积累了一定经验。

郎胜主任说，国家司法统一考试制度对我国民主法制建设将产生深远影响：一是有利于严把司法人员进口关，保证高素质的法律人才进入司法和律师队伍。二是有利于扩大法官、检察官的知识面。法官、检察官、律师经过统一的司法考试，对三方面业务都有了解，更有利于提高审判、检察、律师工作质量。如法官在审理案件时就会更注意倾听检察官、律师双方的意见。三是将对法官、检察官人事制度改革产生积极影响。过去，法官、检察官主要从法院、检察院内部产生，今后则要从有资格的人员中择优录用，这不但扩大了选人视野，还有利于法律专业人才的流动。四是对我国法学教育提出新的课题。通过司法考试实际上是获得从事法官、检察官、律师的职业资格，法学教育必须适应这种要求。

据悉，这两部修正案将于明年1月1日起实施。郎胜主任介绍，司法考试是一种法律职业资格水平考试，而不是用人单位自己组织的录用考试或任职考试，由国务院司法行政部门负责组织实施较为适当。同时，考虑到司法行政部门近年来在组织律师资格考试方面已取得成功经验，因此，全国人大常委会决定，以法律的形式授权国务院司法行政部门负责实施国家司法考试制度。

关于社会各界广泛关注的已通过律师资格考试、取得律师执业资格的这部分人员的资格是否有效问题，郎胜明确答复，这些资格依然有效。

郎胜主任最后说，建立司法考试制度是关系到我国司法体制改革的一项重要举措，不能期望其影响一蹴而就。这一制度在建立过程中应注意以下问题：考试要符合我国实际情况，特别是命题要符合我国法律人才的需求；考试质量要在律师资格考试的基础上逐步提高；要兼顾审判、检察、律师工作的业务需要；组织实施过程中要防止部门之间的扯皮；法律人才是国家的重要人才，必须严肃考试纪律，确保考试质量。

统一的司法考试制度正向我们走来。随着这一制度的实施，它对我国民主法制建设所产生的重大影响必将逐步体现。

(2001.7.1)

点　评　这是最早关于建立国家统一司法考试制度的一篇新闻报道，及时、准确、权威剖析了国家司法统一考试制度的重大意义和对我国民主法制建设必将产生的深远影响。作品没有拘泥于法官法、检察官法的修改，而是抓住“两官法”修改确立国家统一司法考试制度这个新闻点，内容翔实，素材独家，叙述精准，逻辑清晰，层层推进，结构精当。

灵武一批甘草老板治沙“赎罪”

周崇华　史振亚

今年开春以来，宁夏灵武市一批曾以采挖、收购、贩运甘草为业的“甘草老板”、“生态罪人”，面对家乡日趋严重的荒漠化现状，放下“屠刀”，进军沙漠，播撒新绿。半年多来，经他们亲手植起3条总长达100公里的绿色长廊，使历经劫难的草原在点点新绿中重现生机。

地处毛乌素沙漠边缘的灵武市白土岗乡有各类草原150多万亩，其中甘草生长面积达30多万亩。10多年来，甘草这一野生固沙植物非但没有受到应有的保护，反而成了一些人发财致富的“聚宝盆”，并逐步形成个体甘草加工企业10多个，收购贩运甘草大户30多家。

采挖、贩运甘草获取高额利润的背后，使上百万亩草原变得千疮百孔，民不聊生，仅白土岗乡土地沙化面积就达70%以上。当地“甘草老板”王占森在一次上山收购甘草时，被眼前滚滚流沙和寸草不生的惨相震惊了。下山后，他立即停止甘草收购，并与当地数10个甘草贩子签订协议，不做甘草生意，坚决保护草原。他还自愿加入村里的草原巡逻队，进山保护草场。去年6月，国务院关于禁止采挖甘草的禁令发布后，王占森又决定响应国家号召，投资治沙，还绿“赎罪”。他说服家人把贩卖甘草挣来的20多万元投进荒漠，目前已在草原种树1万多棵，种草百余亩。在他的带领下，今年以来，马希江等10多名昔日的甘草贩子和百余户农牧民也加入治沙行列，植树18万株，并在过去毁之殆尽的荒漠地里种植牧草1000多亩。　(2001.7.24)

点　评　文章立意巧妙，不是从人们对生态的破坏角度呼吁保护，而是通过人们对生态保护认识的变化加以肯定，积极引导，微小切口产生良好的示范效应。

罗干视察法制日报社

罗干指出,《法制日报》作为法制类报刊的龙头,办报思路清晰,舆论导向正确,特色明显突出,受到广大读者的欢迎和喜爱。各级党委政法委和政法各部门都要关心和支持《法制日报》的工作,把《法制日报》办成更具权威和影响力,更为人民群众所喜爱的全国一流大报。

翟惠敏　王　宇

本报讯 8 月 10 日,中共中央政治局委员、国务委员、中央政法委书记罗干,在司法部部长张福森、中央政法委秘书长王胜俊等领导的陪同下,来到法制日报社视察,并与采编人员亲切座谈。罗干在座谈中要求法制日报社全体员工要以江泽民总书记的"七一"重要讲话为指导,把"三个代表"的重要思想切实贯彻到办报的各项工作中,为维护社会政治稳定,推进依法治国、建设社会主义法治国家的进程做出新的贡献。

视察中,罗干同志看望了报社的采编人员,认真察看了网络信息中心、印刷厂、职工食堂、老干部活动中心等设施,饶有兴致地点击浏览了由司法部和法制日报社共同创办的中国普法网,同采编人员和干部职工亲切交谈,并同报社领导班子成员及部分中层干部进行座谈,听取了他们的汇报。

罗干充分肯定了《法制日报》创办 21 年来取得的成绩。他说,《法制日报》紧紧围绕全党全国工作大局,积极宣传党和国家关于民主法制建设和政法综治工作的大政方针,广泛传播、普及法律知识,热情讴歌政法战线广大干警的工作业绩和精神风貌,为实践党的依法治国基本方略,提高全民族的法制观念和法律意识,推动社会主义民主法制建设,做出了积极贡献。可以说,《法制日报》作为法制类报刊的龙头,近年来办报思路清晰,舆论导向正确,特色明显突出,受到广大读者的欢迎和喜爱,具有相当的权威性和广泛的影响力。罗干对《法制日报》21 年来取得的成绩表示热烈的祝贺,向报社全体同志表示亲切的慰问,并对进一步办好《法制日报》提出了希望和要求。

罗干说,江泽民总书记的"七一"重要讲话,高瞻远瞩,总揽全局,思想深刻,内容丰富,与时俱进,富于创新,是一篇马克思主义的纲领性文献,对于适应新形势新任务的要求,进一步加强和改进党的建设,做好全党和全国的各项工作,具有重大而深远的意义。认真学习和深入贯彻江总书记"七一"讲话精神,用"三个代表"的重要思想指导政法工作和政法队伍建设,是政法战线的重要任务。《法制日报》是政法工作的重要组成部分,要以满腔的政治热情,高度的政治责任感,认真做好江总书记重要讲话精神的宣传报道工作。通过有声势、有深度的宣传报道,把广大党员干部和政法干警的思想、行动统一到江总书记的重要讲话精神上来。他充分肯定前段时间《法制日报》在宣传"三个代表"重要思想中所做的工作,要求《法制日报》进一步报道好全国政法战线广大干警认真学习贯彻江总书记重要讲话精神的实际行动,充分反映江总书记重要讲话引起的强烈反响,积极推动兴起学习热潮,把讲话精神贯彻落实到各项政法工作中去。罗干强调,法制新闻工作学习贯彻"三个代表"重要思想,就是要坚持党性原则,坚持政治家办报,坚持以正面宣传为主的方针,坚持正确的舆论导向,理直气壮地高扬主旋律,为实践党的依法治国的基本方略,创造良好的法制舆论氛围。

罗干指出,当前要特别重视做好开展"严打"整治斗争工作的宣传报道,深入宣传开展"严打"整治斗争的必要性和"严打"整治斗争取得的重要成果,宣传广大人民群众、政法干警同犯罪分子作斗争的英雄事迹,报道各地开展社会治安综合治理的典型经验,营造强大声势,震慑犯罪,鼓舞群众,为实现社会治安的明显进步做出新贡献。要继续做好深入揭批"法轮功"邪教本质的宣传,开展关于西部大开发法制保障的宣传,做好加入世贸组织的法律问题及对策的理论研讨及宣传等。

罗干强调,《法制日报》是法制舆论监督的重要阵地。要对社会上存在的各种违法犯罪现象、消极腐败现象以及司法和行政执法领域有法不依、执法不严、违法不究的问题,履行舆论监督的职能,进行揭露和批评。进行舆论监督是为了进一步推动社会主义民主法制建设,进一步改进各项工作,进一步树立和维护政法队伍、政法机关的良好形象,为政法工作创造良好的舆论环境。同时,宣传报道要更贴近生活、贴近读者,要用老百姓喜闻乐见的形式来表达重大、严肃的报道主题和内容。要围绕新时期国家经济建设、法制建设和社会发展中的重大问题,围绕人民群众关注的热点、难点问题,用鲜活的语言,进行有深度、有广度、有影响力的报道,做到政治性与艺术性、权威性与可读性的有机结合,发挥正确的舆论导向作用。

罗干勉励大家要努力实践江总书记讲学习、讲政治、讲正气的要求,树立政治意识,大局意识,责任意识;恪守职业道德,遵守宣传纪律,禁绝有偿新闻,一身正气,肩担道义,弘扬法制,努力培养造就一支政治强、业务精、作风正、有道德、守纪律,特别能战斗的法制新闻工作者队伍,做到报刊创名牌,队伍出人才。

罗干说,《法制日报》作为中央政法委的机关报,作为司法部主管、主办的一张大报,各级党委政法委和政法各部门都要关心和支持《法制日报》的工作。一个是在深入报道大案要案上,给报社提供更多的支持和方便;另一个是大力支持《法制日报》的发行工作,使《法制日报》成为更具权威和影响力,更为人民群众所喜爱的全国一流大报。

司法部部长张福森主持座谈会并指出,《法制日报》要振奋精神,积极进取,进一步明确在新的历史条件下做好报社工作的新思路、新办法。要加强采编队伍建设,全面提高办报质量和办报水平,为宣传社会主义民主法制,促进社会主义现代化建设做出新的更大的贡献。

陪同罗干视察的还有司法部副部长刘飏、胡泽君。

法制日报社总编辑陈应革汇报了法制日报社的发展情况。　(2001.8.11)

亲切的关怀　热情的鼓励

罗干同志视察法制日报社纪实

王　宇　翟惠敏

8月10日是法制日报社全体员工兴奋和激动的一天。上午9时，中共中央政治局委员、国务委员、中央政法委书记罗干，在百忙中抽出时间，轻车简从，专程来到位于北京市四元桥附近的法制日报社视察工作。罗干同志的到来，充分体现了中央领导对法制新闻宣传工作的高度重视，也使报社全体员工受到了极大的振奋和鼓舞。

一进报社大院，罗干同志望着整洁优美的办公环境和办公大楼，高兴地对迎上前去的报社总编辑陈应革说："你们的大楼挺漂亮嘛！过去你们这里比较偏僻，现在成了风水宝地喽。往返首都机场的路上都能看到你们的大楼，看来你们当初选址很有超前意识。"

罗干同志与陪同视察的司法部部长张福森、中央政法委秘书长王胜俊、司法部副部长刘飏、胡泽君同志一起，首先来到报社印刷大楼。陈应革总编辑汇报说：报社最值钱的东西都在这楼里，这里有现代化的激光照排设备，最新引进的印刷设备。可以说，这里是报社现代化的集中体现。罗干同志听了说，好啊。

罗干同志在视察中仔细询问从发稿到组版、付印和出片的经过，不住地向正在工作的操作员们问好。报纸通过什么渠道发行？能不能及时送到读者手中？报纸夜班的流程具体怎样进行？报纸的彩色印刷如何达到最佳效果？罗干边走、边看、边问，报社同志一一作了回答。

在印刷车间，罗干同志听说这里新投产了从德国引进的先进胶印机，便询问报纸的套色技术，说还是彩色的报纸好看，大家都喜欢，并指着当天出版的《法制日报》说："稿子短些、内容丰富的报好看，都应该像今天的报纸一样。"

在报社老干部活动中心，罗干说，你们给老同志提供的环境不错，就是略小了点。在职工食堂，他亲切地询问报社职工每天的伙食标准。当听说食堂的师傅们除了日常工作，每天都要给夜班编辑和工人准备夜宵时，他快步走上前去，与每一位师傅紧紧握手，一边握手一边说："大家辛苦了。"

接着，罗干同志来到办公大楼。他兴致勃勃地阅看《评报栏》，高兴地说："都是表扬和鼓励的。噢，这有一条批评的。"听了他的话，大家都笑了。在报社办公楼里，他首先来到本报期刊和多媒体阅览室。网络信息中心主任周秉键向罗干同志介绍了有关情况。罗干同志关心地询问了期刊订阅情况，当听说阅览室已订有近500种期刊时，罗干同志表示赞许。罗干同志对多媒体阅览室很感兴趣，他与正在上网查询资料的同志一一握手，勉励大家，一定要利用最先进的科学技术手段来搞好新闻报道工作。

“今后在办公室里我就可以上你们的法制日报网络版和中国普法网了！”在办公楼五楼网络信息中心，罗干同志兴致勃勃地坐在电脑前，手握鼠标，亲自动手点击翻阅法制日报网络版和中国普法网的网页。

中国普法网是司法部法制宣传司与法制日报社联合创办的，设有普法中心、法制新闻、法律法规、网络法学、在线律师等9个频道，近50个栏目，以其权威性与专业性，成为“四五”普法的重要载体。

罗干同志熟练地点击开一个个页面，一面看一面与报社的同志交谈。当听说普法网建立仅仅月余，但由于在网上可以快速、便捷地查阅到最新、最权威的法律、法规和司法解释，日点击率已经达到6000余人次时，罗干同志叮问一句：“你们是免费提供这项服务的吗？”网络信息中心主任周秉键回答：“免费。”罗干同志高兴地笑了。

陪同罗干同志前来视察的司法部部长张福森已经是第三次视察法制日报社了，看到中国普法网起步很快，他十分高兴，要求普法网一定要办得内容丰富多彩，生动活泼，可以多剖析一些典型案例，采取大家喜闻乐见的多种形式，宣传法律，提高全民法律素质。他说，在今后一段时间，还应加大对中国普法网的宣传，提高网站的知名度，让更多的人知晓、了解和关注中国普法网。

在编辑部，罗干同志与正在紧张工作的编辑记者们一一亲切握手。

政法部12名同志长期活跃在公、检、法、司、国家安全、综治、武警等政法新闻工作第一线，全方位地及时报道政法战线的最新动态和先进典型，热情讴歌广大干警的工作业绩和精神风貌，其中不少记者都曾采访过罗干同志，罗干同志也记着大家，他不停地说：我们见过，我们见过。罗干同志的到来受到了大家的热烈欢迎。部主任阎志江请罗干同志看编辑室内悬挂的一面“依法仗义执言，为民不辞辛劳”的锦旗，陈应革总编辑向他介绍了报社开展舆论监督所做的大量工作，罗干同志听了，语气坚定地说：“舆论监督是一项重要的工作，一定要坚持做好。”

罗干同志高兴地来到了政文部。政文部是全国“三五”普法先进集体，墙上悬挂着中宣部和司法部共同颁发的奖牌。当罗干同志详细询问政文部采访业务范围的时候，政文部主任阎军介绍说，政文部是专门负责承担中纪委、中组部、监察部、全国人大、全国政协、普法、军队、工青妇等政治报道以及教科文卫多个部门的报道的部，每年都要参加很多重大政治活动的报道。罗干同志说，你们的时政报道很重要，也取得了一定的成绩。

总编辑陈应革说，立法普法都是我们报道的重点，主要由政文部承担。当罗干同志看到政文部的一位编辑正在编写打击假药和医药改革的稿子时，便说，医改是个很复杂的问题，看来你们报道的领域很宽，说明现在依法治国涉及方方面面，普及法律是全社会的事，希望你们为宣传依法治国再接再厉。

在经济部，罗干同志关切地询问道：“目前你们在经济法制领域的主要报道重点是什么？”经济部主任张亚汇报说：“根据中央有关指示精神，近期我们重点开展了关于整顿市场经济秩序的报道,并在报纸的一版开辟了专栏。许多记者深入一线采访,写出了不少鲜活、生动的文章,在社会上引起了一定的反响。”听到此处,罗干同志连声说好。他强调:“法制日报一定要紧紧围绕全党全国工作大局,积极宣传党和国家关于民主法制建设和政法综治工作的大政方针,广泛传播和普及法律知识,为实践党的依法治国基本方略,为提高全民族的法制观念和法律意识,为改革开放创造良好的舆论环境,为推动民主与法制建设作出应有的贡献。”

罗干同志还谆谆告诫大家:“记者一定要深入第一线,扎实开展工作……”

在法制日报社办公大楼8楼编辑部会议室里,罗干同志与法制日报领导班子成员和部分中层干部一起座谈,罗干同志与大家围坐在一起,回顾过去,畅叙未来。法制日报总编辑陈应革首先向罗干介绍了法制日报的创业史:《法制日报》创刊于1980年,前身是《中国法制报》,它是应党的十一届三中全会提出的全党工作重心转移到以经济建设为中心,发展社会主义民主,健全社会主义法制应运而生的,是在当时主持中央政法工作的彭真同志的亲自倡导下,经党中央批准,由中央政法委领导小组委托司法部创办的全国政法战线的综合性报纸。经过20余年的励精图治,艰苦创业,法制日报已从一个无办公室、无印刷厂、无职工宿舍的“三无”报社,发展到拥有800名员工和先进的激光照排、卫星传版设备,功能完善,能够适应现代报业竞争、具有广泛影响的全能报社,目前位列中央主要大报之一。

罗干同志仔细听了汇报。他说,他从宣传领导部门得知,近几年来法制日报办得很有特色,坚持了政治家办报,舆论导向正确。他对这些成绩的取得表示祝贺和十分高兴。罗干同志对法制日报曾经报道过的典型、重大案件和重要社论随手拈来,如数家珍,让参加座谈的每一位同志感到意外和振奋。他说,除了出差在外,他几乎每天都要阅读法制日报,对法制日报近期推出的关于学习江泽民总书记“七一”重要讲话精神,深入学习贯彻“三个代表”重要思想重头报道给予了充分肯定。他说:“你们发表的四篇评论员文章,大部分我都认真读了,写得很好,对于整个政法系统学习领会‘七一’讲话精神,学习贯彻‘三个代表’重要思想具有很强的指导意义。”

罗干同志接着说:“法制日报是我们国家法制类报纸的龙头,是很有权威的、发行量很大的报纸,在社会上有着广泛的影响。在你们创刊二十一周年之际,我向报社全体工作人员表示热烈的祝贺和亲切的慰问!”

在座谈中,当提及新闻记者因进行批评报道受到威胁和人身攻击等问题时,受到了罗干同志的高度关注。他关切地询问,记者在采访中受到人身攻击的时候多不多,有没有遇到有生命危险的事例。在听到了肯定的回答后,罗干同志表示,一定要注意安全,报社记者依法进行舆论监督一定要受到保护,各级政法委和政法部门要成为记者们的坚强后盾。他还要求报社同志要高度重视群众来信来访的接待工作,善于从中发现问题。对来信来访中发现的比较典型和性质恶劣的案件,可以直接上报中央政法委。他称赞不久前报社创办的《法治参考》好,对各级领导同志很有参考价值。

当陈应革总编辑汇报请求领导帮助解决为大要案报道提供更多方便的问题时，罗干同志热情地说："只要是我职权范围内的，我一定努力帮助解决！"大家听后报以热烈的掌声。

就报社发行工作遇到的一些困难，罗干同志风趣地说："只要有机会，我也要为你们摇旗呐喊。"坐在罗干同志身边的中政委秘书长王胜俊当即表示，要在历年为法制日报的发行工作发文件、打招呼的基础上，再加力度，力争把法制日报的发行工作搞得更好，让法制宣传更加深入人心，让党和政府有关法制的大政方针更有效地宣传出去。

针对今后的工作，罗干同志指出，法制日报作为中央政法委的机关报，作为司法部主管、主办的一张大报，要做好法制新闻工作，必须贯彻"三个代表"的重要思想，坚持党性原则，坚持政治家办报，坚持正确的政治方向和舆论导向，唱响主旋律。要认真学习、深刻领会江总书记关于"要坚持以科学的理论武装人，以正确的舆论引导人，以高尚的精神塑造人，以优秀的作品鼓舞人"等重要论述的精神实质，坚持以正面宣传为主的方针，理直气壮地高扬主旋律，为实践党的依法治国基本方略，创造良好的法制舆论氛围。

罗干同志说，法制日报创刊21年来，在中央政法委和司法部的正确领导下，坚持正确的舆论导向，突出法制类报刊的独有特色，受到了广大读者的欢迎，为推动我国的社会主义民主与法治建设作出了积极贡献。希望同志们再接再厉，继续努力，把法制日报办得更好，把报社的各项事业进一步推向前进。

罗干同志不顾天气炎热，不辞辛苦，整个视察进行了2个多小时。他平易近人、亲切和蔼，对报社的关怀备至，给法制日报社广大员工留下难忘的印象。大家表示，一定不辜负党和人民的期望，不辜负罗干同志的嘱托，认真学习贯彻江总书记"三个代表"重要思想，高举邓小平理论伟大旗帜，坚持政治家办报，坚持正确的舆论导向，奋发有为，努力工作，为在21世纪开始的时候，把报社各项工作推上新台阶，为实施依法治国方略贡献更大力量！

(2001.8.15)

点　评

罗干同志代表党中央视察法制日报社，肯定了《法制日报》作为法制类报刊的龙头，在我国民主法治建设中所发挥的职能作用，明确了新形势下《法制日报》的办报宗旨和方向，对《法制日报》在维护社会政治稳定，推进依法治国、建设社会主义法治国家的进程做出新的贡献，提出了殷切希望。按照罗干同志要求，《法治日报》始终坚持党的方针和政策，始终坚持正确的舆论方向，坚持政治家办报，砥砺奋进，突出法制类报刊的独有特色，在把《法治日报》办成更具权威和影响力、更为人民群众所喜爱的全国一流大报的征途上，迈出了坚实的步伐。

罗干同志在视察期间，与编辑记者互动交流，对报社发展提出殷切希望。他的鼓励和期望是《法治日报》前行的强大动力。

“入世”与中国的行政法制

查庆九

“入世”对于中国的影响是深远而全方位的,其中一个重要方面恐怕就是对于中国法制的影响。因为WTO是由各成员方政府签约成立的国际经济组织,其各项法律文件中规定的一系列关于国际经济贸易的法律制度,要求各成员方政府负责实施,根据WTO各种协定所产生的权利义务也主要由成员方政府来承担。因此,加入WTO对于我国的法制特别是行政法制到底具有哪些影响,提出了哪些方面的挑战?我们应当如何回应这些影响与挑战?这无疑是摆在中国法学与法律界,特别是行政法学界的一个现实课题。最近,北京大学法学院宪法与行政法专业的部分博士研究生在导师罗豪才教授的主持下,就“入世”与中国的行政法制问题进行了深入的讨论。清华大学法学院教授于安、北京大学法学院讲师王锡锌、全国人大常委会法工委国家法室副主任陈斯喜、国务院法制办方军,以及宪法与行政法专业在读博士生十余人参加了讨论。讨论中所发表的见解,对于人们更清楚、更深入地了解“入世”对于我国的行政法制建设意味着什么不无裨益。为此,我们特将讨论内容整理发表,以供关注这一问题的人们参考与借鉴。

一、“入世”将凸显行政法在我国整个法律体系中的地位与作用

参加讨论的专家学者指出,加入WTO为我国完善行政法制建设,加快行政法治化进程提供了一次空前的机遇,行政法在我国整个法律体系中的地位会得到很大的提升,行政法将在我们依法治国,建设社会主义法治国家的进程中发挥更重要的作用。因为WTO在推进贸易自由化、经济全球化的过程中,各成员方的政府扮演着积极推动的角色。作为WTO重要组成部分的《关税及贸易总协定1994》第24条第12款规定:“缔约国(方)应采取一切可能采取的合理措施,保证在它的领土内的地区政府和当局及地方政府和当局能遵守本规定的各项规定。”该协定第10条规定,缔约各国(方)应以统一、公正和合理的方式实施依据协定应当公布的法律性规定、司法判决和行政决定。从这些规定即可看出,WTO对于一个成员方的法律制度有着自己的标准和要求,加入WTO,就意味着成员方自己的相关法律制度必须进行相应的调整和改变。因此,中国加入WTO后,立即面临着自己的相关法律制度如何适应WTO要求的问题。由于WTO对一个成员政府如何确保WTO规则在本区域内的实施和遵守以及成员政府对于经济贸易领域的管制应当与WTO规则相一致等方面都有具体而明确的要求。因此,加入WTO后中国法制面临挑战最直接、最具体的领域

就是行政法领域。这种形势必然会对我国的行政法制建设提出新的要求,并且促使我们更加重视行政法制的作用。而且,WTO是一种以市场经济为取向的国际经济组织,我国正在致力于建设社会主义市场经济体制,与欧美发达国家的市场经济由自由竞争到政府有限干预这一发展进程不同,我国是由计划经济向市场经济过渡,我国市场经济建设相应也属于政府主导模式,政府在权力收缩、市场培育、规范市场秩序、实施宏观调控等多方面都起着主导作用。市场经济就是法治经济,政府发挥建设市场经济的主导作用,必须在法治化的框架下进行,这也对规范政府权力的行政法制建设提出了更高的要求。由此可见,无论是适应加入WTO的需要还是建设社会主义市场经济的要求,都有赖于行政法发挥引导、规范、调控、激励等功能,从而使在今后相当一个时期内我国行政法制建设处于整个法治进程的重要位置。

二、"入世"对我国行政法制建设提出了新的要求

参加讨论的同志指出,与加入WTO后我国政治、经济和社会生活赋予行政法制的重要地位和寄予的巨大期望相比,我们的行政法制建设无论是在观念制度还是实践上,都还存在一定的差距,需要我们在最短的时间内按照"入世"的要求和建设市场经济的需要,加以调整改进和完善。具体来说,现行行政法制不适应和亟待完善之处主要体现在以下几个方面:

政府角色有待于进一步准确定位。有的同志指出,无论是世贸规则还是市场经济都对政府在市场经济生活中的角色定位有严格的要求,政府既不能越俎代庖,过多地介入和干预市场经济,甚至直接进入市场充当"运动员",又必须当好市场经济的"裁判员"和"服务员",维护公平的市场秩序,创造良好的市场环境。这种既不能越位又不能失职的要求确实非常严格,对于正在进行从计划经济条件下到市场经济条件下的角色转换的我国各级政府而言,达到这一要求就更为艰巨。因为,一方面,受长期计划经济模式的影响,我们的一些政府机关及其工作人员还习惯于"全能政府"、"保姆政府",因而转变观念、政府权力收缩、从市场领域大踏步退出的任务还相当繁重;另一方面,由于中国社会欠缺市场经济的传统,我们的市场经济建设只能是政府主导型,这又决定了我们的各级政府在市场经济建设中必须扮演比先进的市场经济国家的政府更为积极主动、更为关键的角色。如何处理这"一退一进"之间的关系,避免进退失据,无所适从,这无疑是各级政府必须严肃思考的问题,也是我们的行政法制建设亟须解决的问题。

经济与贸易领域的法制有待进一步完善。检视我国现行法制,特别是与世贸组织规则相关的法制领域,我们就会发现,它们与世贸组织的规则和原则还有很大的距离。尽管改革开放以来,我国一直在加强法制建设特别是市场经济方面的法制建设,《公司法》、《对外贸易法》、《证券法》、《商业银行法》、《产品质量法》、《反不正当

竞争法》、《消费者权益保护法》、《商标法》、《专利法》、《著作权法》等许多市场经济急需的基本法律相继颁行，与此相关的法规以及其他规范性文件更是蔚为大观。然而，这些现行的法律法规大多制定于我国市场经济体制发育初期，囿于各种主、客观条件，立法者对于市场经济的规律要求认识尚不深刻，更不用说在立法中考虑到未来加入世贸适应全球经济一体化的需要了。这就导致了许多立法带有浓重的计划经济体制的痕迹，与世贸规则的要求更是大相径庭。比如，世贸规则要求成员国（方）对所有企业一视同仁，实行“国民待遇”，而我国现行法律中规范市场主体法律就有公司法、全民所有制工业企业法、乡镇企业法、中外合资经营企业法、中外合作经营企业法、外资企业法等，企业名称不同，性质不同，法律地位和待遇也差别很大。再如，世贸规则要求逐步取消非关税贸易壁垒，取消对外资准入领域的限制，取消对外商投资企业在本地含量、出口比例、外汇平衡和技术转让的强制性要求，而我国的现状恰恰相反，在众多的管理对外经济贸易和外商投资的行政法规和政府部门规章里，充满了非关税贸易壁垒的设置，对外商投资则在投资领域、投资比例、出口比例、外汇平衡和技术转让等多方面设置了禁区和门槛。另一方面，在世贸规则允许和鼓励的维护公平竞争、保护成员国（方）幼稚产业的立法方面，我们同样存在很大的欠缺。在反倾销和反补贴方面，中国政府于 1997 年颁布了《反倾销和反补贴条例》，总算结束了我国产品在境外长期屡遭倾销指控、在境内受到越来越多的外国受补贴产品的低价竞争而没有任何法律自卫手段的尴尬状态，但在保护国内幼稚产业方面，我们就没有那么乐观了。时至今日，我们一方面早已意识到一旦加入世贸，我国的汽车、信息等关系到国计民生的重要产业将面临国外相关产业激烈竞争的严重压迫；另一方面我们却迟迟未能出台依据世贸规则制定的保护国内幼稚产业的法律、法规。在反垄断方面，我们面临的形势同样严峻。一方面，“入世”之后随着中国市场的逐步全面开放，外国企业必定会乘势而入，不能排除一些国际大型企业利用自己的先天优势在中国市场上进行垄断以牟取暴利的可能；另一方面，我国在吸引外资的过程中，已经形成了在若干行业外商直接投资比重过高的格局，如在轿车行业中，外商投资企业占 68%，在电梯行业占 70%，彩色显像管占 65%，程控交换机占 90%，移动电话通讯设备占 100%。在这些领域占绝对优势地位的外商投资企业，会不会滥用其优势甚至是支配地位，牟取高额利润，压制国内投资者或者损害国内消费者的利益？这一切，都需要我们未雨绸缪。然而，到目前为止，我国的反垄断立法仍处在分散、凌乱、层级低的初级阶段，与前述的严峻形势很不相称。上述种种局面如果不尽快改变，“入世”之后一大堆法律方面的困难与麻烦就会接踵而至，将使我国政府处于非常被动的境地。

政府管制的透明度有待进一步增强。如前所述，WTO 并不一概否定政府管制，但是对政府管制的透明度有着明确的要求，凡是经贸领域里的行政规定和行政措施都要求公开，并且以“统一、公正、合理的方式实施”。然而，恰恰是在这点上，我们的现状离 WTO 规则的要求存在着不小的距离。管制设定得过多、过滥、过乱情形依然存在;在政府管制的"武器库"里,一些半公开甚至是秘密的"红头文件"为数不少;一些地方不顾国家法律和中央政令,自行设定管制措施,地方保护和部门保护大行其道……所有这些,都与 WTO 的要求大异其趣。目前我国政府管制中存在的问题集中体现在现行的行政审批制度上。行政审批制度是直到目前为止我国各级政府管制的重要手段,从中央政府一直到县一级政府以及行政部门都分别拥有层次不同的设定和实施行政审批事项的权力,尤其是在地方各级政府及所属部门当中,行政审批事项设定的随意性不同程度地存在着,这更增加了行政审批的数量和隐秘性。在我国"入世"前一段时期,地方各级政府清点行政审批事项数量都是动辄以千计,如上海的 2027 项,重庆的 1106 项,郑州的 2308 项。尽管当前各地都在按照"入世"的要求对这些行政审批事项进行大规模清理,削减幅度大都在 30% ~40% 甚至一半以上,但由于行政审批事项的设定无法可依,人们对其是否会"强烈反弹"心中无底,由此对当前行政法制建设提出了一个迫在眉睫的课题——制定行政许可法,完善行政许可制度。只有制定一部科学合理的行政许可法,真正解决行政审批事项的设定范围和种类、设定权限、设定程序等一系列关系到行政审批的性质和地位的重大问题,将行政色彩浓厚而公开性差的行政审批改为法治色彩强烈而透明度高的行政许可,并将许可的设定范围限定在一定的经济社会领域之内,将许可的设定权限控制在一定层次的机构之内,将许可程序法定化、公开化,才能有效解决政府管制的透明度和"统一、公正、合理"问题,防止任何一个"红头文件"就可以随意自我赋权,设定行政审批的现象发生。

政府管制机构的中立化问题亟待解决。在当代社会中,政府管制不仅客观存在,而且为经济与社会发展所必需。在讨论中有的同志指出,问题不是要不要管制的问题,而是如何管制的问题。不仅管制的依据要法定化,要公开、透明,而且实施管制的机构要能够做到客观公正,这就给我们的行政法制建设提出了一个管制机构的中立性问题。分析我国目前各类管制机构的状况不难看出,在中立性问题上存在着两个方面的缺陷。一方面是管制机构利益化倾向导致难以中立。例如,有的管制机构同时又是被管制行业的主管部门,与被管制行业存在着千丝万缕的利益联系,有的甚至自身也是市场主体,这就决定了其实施的管制很难公正;又如,有的管制机构根据所有制形式的差异对不同性质的企业采取不同的管制措施,而不是基于市场主体平等的原则一视同仁,这种厚此薄彼亦有利益的因素在作怪;再如,有的管制机构由于行政体制等方面的原因,与管制地域的利益关系紧密,这种情形同样造成了管制偏离中立的坐标。另一方面,国内一些地方和部门受到很长一个时期以来招商引资政策和习惯的影响,把招商引资与政绩挂钩,而对国内民间资本却忽视不用,造成管制的天平往往朝着国外和境外投资者的利益倾斜,不能做到在国外、境外投资者与内地投资者之间的中立与平衡。有的专家指出,要消除这种现象,实现政府管制机构的中立化,一方面是要通过深化经济体制改革,真正彻底实现政企分开,割断管制机构与被管制行业和地域的利益脐带;另一方面则要通过完善相关立法,不仅在立法当中,而且在从事管制活动的人员当中切实确立“国民待遇”的观念,凡是在“入世”时承诺向国外投资者开放的行业和领域,同时也应当向国内投资者开放,只有这样才能真正体现国民待遇,使国内投资者能够在同一个起跑线上与国外投资者公平竞争。

对行政行为的审查制度有待进一步完善。有的学者指出,WTO 规则特别要求,缔约各国(方)应保留或尽快建立司法的、仲裁的或者行政的裁判庭或程序,以便能够特别对有关海关事项的行政行为迅速进行检查和纠正。这一规定实际上是要求,对侵犯世贸组织原则和规则的行政行为必须具有足够有效的、公正的救济手段。应当说,在监督各级行政机关遵守世贸规则和我国政府所作的承诺方面,我国目前已经拥有了比较完备的法律手段和程序,我国的行政监察法、行政复议法与行政诉讼法,从行政权内部和外部两个方面形成了对各级行政机关的监督制约机制。同时,这一机制也为各类法人和社会组织以及其他市场主体提供了制衡行政权力的救济手段。然而,应当指出的是,这一机制无论从其结构本身还是从现运行状况来看都有不尽如人意之处。一方面,由于上下级行政机关的“官官相护”以及眼下风行的“地方保护”、“部门保护”等因素的影响,并不是所有的行政违法行为都能够受到依法追究;另一方面,也是更为根本的,则是这一机制尚未确立“司法最终裁决原则”,也就是没有赋予司法权在解决法律争端方面的最终权威,这既表现为在有的现行立法中还存在排除司法机关对某类行政行为的司法管辖权的条款,更表现在行政诉讼法将行政法规、规章以及其他规范性文件排除在行政诉讼的受案范围之外的规定之中。很显然,“入世”后一旦当事人特别是外籍当事人对我国有关政府部门的贸易管理决定不服而提起法律争讼,我们就面临着现有的救济渠道不符合世贸规则要求的被动局面。因此,进一步修改《行政复议法》和《行政诉讼法》,使这两部法律的规定和内在逻辑互相衔接,同时改善复议机构的地位,使复议机构和复议程序更加中立,更加合理,更加客观公正,亦是当前行政法制建设当中不容忽视的课题。

总之,“入世”对我国行政法制建设提出了严峻挑战。需要我们解放思想,勇敢面对,及时、大胆地对行政法制建设的思路、步骤作出调整。首先,需要重新思考过去一贯坚持的、实践也证明行之有效的“摸着石头过河”的做法是否还继续有效,有的同志建议改变成熟一个制定一个的立法模式,根据 WTO 规则要求,采取整体推进模式,尽快制定一批综合性行政法律,比如,行政程序法。其次,需要重新思考分散的行政法制运行机制是否还继续存在下去,有的建议适当集中行政执法权力,避免多头执法。最后,需要重新思考现行的行政复议与行政诉讼分立并存局面是否合适,有的提出,随着司法终局裁决原则的确立,经过复议的案件还可以向法院提起行政诉讼,这样复议程序就变得多余而没有效率,建议将行政复议与行政诉讼合一,建立统一的行政救济途径。

(2001.12.1)

点 评 加入世界贸易组织(WTO),对于中国的影响是深远和全方位的。文章系统分析了"入世"后中国行政法制面临的挑战、应对的策略和建设的方向,深刻阐释了行政法制在加入WTO后自身法律体系与国际的接轨中的关键性作用,指出了在WTO的背景下中国行政制度的改革具有十分紧迫而重要的意义。

牛角尖顶出的法治难题

从陕西野生羚牛伤人案说起

查庆九

眼下,人类似乎已经达成共识;法治是到目前为止人类社会所能找到的最好的治理形式。西方社会的法治传统与观念根深蒂固不说,有着2000年封建人治传统与实践的中国,也毅然决然地选择了依法治国的基本方略,决心要建设社会主义法治国家。然而,法治在其发展过程中,亦不时会展现其自身的内在矛盾与冲突,似乎在提醒人类还需不断去完善这一治世良方。在我们的身边,就经常可以发现这类法治中的难题。

一则独特的新闻:野生羚牛伤人引发争讼

前不久,许多新闻单位报道了一条从时间说已是"旧闻"的新闻:陕西洋县野生羚牛致两人死亡,受害者亲属诉上法庭向政府索赔。事件的大致经过如下:

2000年5月20日早上8时30分左右,一头野生羚牛闯入洋县四郎乡田岭村村民刘永昌家,将刘顶倒在地,其妻周某亦被困屋中,当地有关部门闻讯展开营救。我国《野生动物保护法》第16条明确规定,禁止猎捕、杀害国家重点保护野生动物。因科学研究、驯养繁殖、展览或者其他特殊情况,需要捕捉、捕捞国家一级保护野生动物的,必须由国务院野生动物行政主管部门批准。由于野生羚牛是国家一级保护动物,因而有关部门逐级请示,直到下午1时20分才从陕西省林业厅传来消息,可以击毙羚牛;下午4时20分,羚牛终于被击毙,而此时刘永昌已经死亡,其妻周某亦因伤重抢救无效死亡。事发后,洋县政府决定由县林业局和四郎乡政府共同承担各类补偿费用18,000元,死者家属则认为数额过低,于今年5月向洋县人民法院提起诉讼,要求洋县林业局和四郎乡政府承担补偿费43,778元。

从新闻报道所描述的事件经过看,应当说当地有关部门是严格按照法律规定办事的。他们一面组织营救,一面向上级主管部门请示,这正是《野生动物保护法》所要求的;而死者家属的诉讼请求也不无道理:他们的亲人是因为遵守保护野生动物的法律而丧生的,他们理当有权申请合理的补偿和抚恤。如此看来,这起官司断起来就有相当难度。的确,如果我们将这起悲剧中所有的具体情形都抽象掉的话,显现的就是一个古老的法学命题:在法律权威(事件中为野生动物保护法的信守)与社会正义(事件中为保障受害人夫妇的生命安全)二者发生冲突的时候,人们当做何选择?

一个永恒的命题:法律与正义的冲突与选择

这的确是法治理念中的一个两难命题,它自人类社会产生法治理念以来就不断困扰着无数哲人智者。人类制定法律,目的是维护社会正义。然而,事物并不总是遂人所愿地发展,有时候严格实施法律,却会收获非正义的果实。因此,当信守法律会造成不正义的结果时,是忍受这种不正义之果而维护法律的尊严,还是以牺牲法律尊严为代价实现社会正义,即使在最优秀的思想者之间,也很难就此达成共识。早在大约2400年前,古希腊先哲苏格拉底就已经为我们演绎了这一命题:苏格拉底因宣传其怀疑论思想被控不敬神以及散布邪说腐蚀青年,雅典司法机关因此宣判其死刑。在苏格拉底被处死前的一个晚上,他的学生克里多来探监,并告诉他越狱的事情已经全部安排妥当。克里多指出雅典的法官们受到了蛊惑,因而是带有偏见、不公正的,苏格拉底应当逃走并为自己申冤,以恢复雅典法律的正义。然而,苏格拉底却宁愿屈死也不愿违背国家的判决。他对克里多说:对一个被控有罪的人来说,即使他确信对他的指控是不公正的,逃避刑罚也是不正当的。作为雅典公民,我应当是个忠于雅典法律,克尽公民义务的人。苏格拉底用自己生命为代价给出了这个命题的一个答案:舍身(牺牲个体权利)取义(维护法律权威)。

然而,苏氏答案却并不是这一命题的唯一正解。同样是2000多年前,也就是苏格拉底稍后几十年的功夫,雅典人同样判处他们的另一个大哲学家亚里士多德以不敬神的罪。但亚氏却没有苏格拉底那么"迂腐",他得到消息立即出逃以躲避受刑。很显然,在亚里士多德看来,雅典人借法律的名义进行的"打击报复"并不是正义之举,像这样不正义的判决他并没有服从的义务。于是遂"惹不起躲得起",采取一走了之的办法以示反抗。

一对矛盾的法律理念:自然法的法律观与实证主义的法律观

历史有时候就是这么的巧合,安排了两个让人类至今仍觉得高山仰止的大哲先贤来示范法治所包含的内在矛盾。若是换成两个默默无闻的普通人(我想在人类历史上,肯定有为数不少的普通人面对过苏格拉底和亚里士多德所遇到的问题),那么这个问题肯定不会像苏格拉底和亚里士多德的遭遇那样引人关注。可是,古往今来,并不是所有的思想者都像苏氏和亚氏那么"幸运"(确切地说应当是倒楣),能够置身于法治的两难命题之中,因此,更多的智者则是用自己的思想来表达对这一命题的见解。于是,围绕着这一命题,在人类的法律思想史上,就出现了自然法的法律观与实证主义的法律观的分野。

有意思的是,无论是"原则"的苏格拉底还是"灵活"的亚里士多德,都是早期的自然法论者(尽管苏氏是与自己的理论相悖的实证主义法律观的实践者,而亚氏则

“言行一致”地遵循了自然法理念)。他们确信存在着实在法的某些不变标准,并且人类的理性能够发现这些标准。此后,无论是罗马法时代还是中世纪教会法时代,对于自然法的解说尽管内涵不一,但却有一个共同之处,就是认为在制定法(实在法)之上,还有一个必须遵循的准则(或者是人类理性,或者是上帝的意旨),违背这个准则的制定法就是不正义的法,而不正义的法不再是法,而是对法的败坏。到了启蒙时代,洛克、孟德斯鸠、卢梭等资产阶级启蒙思想家继承和发展了古代自然法传统,认为一切社会制度、法律,都必须符合人的理性;尊重和保障个人自由与人权,任何制定法如果与人的理性以及自由与人权这些基本的价值相抵触,就没有法律的效力,“恶法非法”是自然法理论自然而然的结论。具体到法治实践中,如果执行法律条文规定的结果与公平、正义、人权这些基本价值观相抵牾,那么,这种法律规定就不应当被遵守和执行。

自然法一直是人们观照和检验现实法律秩序的一面镜子,每当一个国家或者一个时代出现暴政或者“恶法”统治时,自然法理论就成了人们赖以反抗的思想武器。然而,由于自然法理论建立在诸如“理性”、“自然权利”这样一些先验的、抽象的命题之上,因而其自产生之日起就带有逻辑上难以证明的硬伤。而且,在自然法理论指导下的法治实践有时会造成很大的困惑,其中一个明显的后果就是法律秩序的不稳定性。如上所述,由于自然法理论不承认制定法的绝对权威,而是以“理性”、“正义”、“公平”、“权利”等一套抽象的价值体系来评价制定法的“合法性”(正当性),而对于这些抽象的价值,普通大众却往往是仁者见仁,智者见智,很难达到统一的认识。因此,如果以这些抽象价值作为制定法的评价标准,就有可能产生两种连“自然法”论者都不愿看到的结局:其一是这些价值本身的标准是什么,又由谁来确定,有可能是“公说公有理,婆说婆有理”,把这种现象推到极致,则会出现人人都根据自己对于公平、正义、权利的理解来判断制定法的正当性,来决定自己是否有遵守制定法的义务,这种绝对的“自由心证”的结果可能不是“良法之治”,而是社会的无序化和无政府状态;或者,把某一种“政治正确”的道德谱系或者价值观念作为实在法的标准,则将导致道德和法律上的专横。也正因为自然法理论隐含着这样的缺陷或者说人们对它有这样的担心,于是便产生了与它相对应的实证主义的法律观。

与自然法观念相反,实证主义的法律观认为,法是出自文明社会占统治地位的政治权威的规则;法的意思只能从实在的法律规定中引出,而不能从抽象的正义或者道德观念中引出。因此,任何把道德价值引入法律的企图都应当受到反对,存在的只有实在法,而没有“自然法”这种东西。实证主义法学的代表人物奥斯丁就指出,法与道德不存在必然联系,在确定法的性质时,绝不能引入道德因素。一个法规,尽管在道义上十分邪恶,但只要它是以适当的方式颁布的,就是有效的。“法律的存在是一回事,它的优缺点是另一回事。”奥斯丁这著名的“恶法亦法”论确立了他在实证主义法学流派中的代表地位,不幸的是也为他赢得了“法西斯法制理论先驱”的骂名。

尽管因为脸上贴有“恶法亦法”的标签而往往被认为声誉不佳，但是实证主义的法律观在人类迈向法治的进程中却自有其独特地位。由于实证主义的法律观拒绝对实在法进行道德上的评判，强调实在法的最高效力，要求人们严格遵守出自一定权威、按照一定程序制定的实在法，而不管自己是否在价值观上认同它。因此，当一个社会结束动荡的变革时期，进入确立某种正常的社会秩序，而人们又选择了法治秩序作为自己社会的正常秩序的时候，实证主义的法律观在树立法律的权威、维护法律的尊严，进而确立法治在一个社会的绝对统治地位方面，就显示了自己的优越性，它迎合了一个时代人们要求社会安定、法律的相对稳定与统一以及法律的可预见性的需要。这也正是实证主义法学在19世纪上半叶诞生并在该世纪余下的时间以及20世纪上半叶大行其道的原因，因为其时在西方世界，资本主义作为一种意识形态早已牢牢地占据了社会的统治地位，资产阶级的中心任务已经由摧毁封建专制的经济基础和上层建筑转变为巩固自己的经济基础，发展自己的上层建筑，于是对实在法持批判眼光和怀疑态度的自然法理论自然而然地让位于肯定和维护实在法权威的实证主义法学理论，而且这一理论也的确起到了对资本主义法律秩序和法治观念的维护和证明作用，对于在西方世界建立起“法治国”的社会形态功不可没。

价值无涉的实证主义法学因为其严格区分应然法和实在法的方法而获得了其实践上的生命力，但同样也因为它拒斥对实在法进行价值判断而差一点自毁前程。除了前面屡次提到的“恶法亦法”命题所招致的诟病外，实证主义的法律观还会导致在法治的名义下多数人对少数人的暴政。希特勒的纳粹德国把实证主义法律观的内在缺陷暴露到了极致，因为希特勒在《魏玛宪法》的宪政体制下由民选上台，他其后所做的一切无不是在“法制”的框架之下进行的，这对于实证主义法哲学来说，无疑是一种非常严厉的嘲弄，也直接导致了战后对实证主义法学的反思和自然法哲学的复兴。

中国法治的双重任务：“法律至上”与“良法之治”

从上面的论述可以看出，自然法理论和实证主义法学理论虽然是非常“形而上”的抽象法哲学，但它们并未因其“高深莫测”而成为纯理论的空中楼阁；恰恰相反，它们对整个西方世界的法治实践都产生了强大而深刻的影响。自然法思想和实证主义法学理论对于正在实施依法治国方略，建设社会主义法治国家的当今中国来说，同样具有鲜明的现实意义。对于中国社会而言，背负的是2000余年的封建专制和人治的思想与传统，近代语境上的“法治”观念和制度的传入，只不过是近百年的事，而且这种“舶来品”与“本土资源”之间的强烈冲突，在这百年间也从未停歇。中国要实现建设法治国家的理想，不仅仅要靠法律制度层面的设计和运行，更重要和根本的是整个民族法治观念上的更新与进步。自然法的法律观与实证主义的法律观恰是我们进行社会法治观念的改造与更新的两大参照系。

经过20余年的民主法制建设,中国业已基本确立了一个囊括社会各个方面的法律体系框架,走法治道路也得到越来越多的社会认同。然而,在我们的法治现实当中,实证主义法学与自然法理论所相互诟病的缺陷却显著地并存着。一方面,我们的制定法已经为数不少,在社会生活的各个方面基本可说是有法可依,但甚至包括宪法在内的制定法的应有权威却始终未能确立,凌驾于法律之上的权力、模糊法律界限的人情、腐蚀法律尊严的金钱……现实当中仍有不少的事物高于法、大于法、外于法,实证主义法论者所希望的法律的统一性、权威性、稳定性还是一个需要艰苦追求的目标;另一方面,由于立法过程还未广泛采用调查、听证等公开化、民主化方式,特别是一些层次较低的地方立法和部门立法没有很好地处理法律的统一性以及立法与社会公益之间的关系,权力色彩、地方和部门利益气息过于浓重,使这些立法拿普遍的法治原则乃至宪法和一些国家基本法律来衡量,就很难称得上良法,与自然法论者"良法之治"的理想相比,这种现实亦可称得上是相当严峻。由此可见,在当今中国的法治实践中,确立法律的权威、维护法律的尊严是一个仍然十分紧迫、仍然需要花大力气加以解决的现实问题,而让我们的立法更能够体现民主精神和权利意识、更能够维护公民权利和社会公益,事关我们所致力的法治的正当性,因而同样不容忽视。我这样的论述可能有矮化和庸俗化自然法和实证主义法哲学之嫌,然而让更多的人们进行一些观念层次的理性思考,对于我们的法治进程来说不无裨益。

结　束　语

我们在这个话题上已经扯得很远,但却并没有解决羚牛伤人案这一具体的、现实的案件,因此读者诸君有足够的理由对我的东扯西拉、不知所云感到厌倦。好吧,就让我们回归到案件本身。对于一个信仰自然法理论的人来说,由于人的生命安全这一基本价值高于维护法律的权威这一社会价值,因而在这起野生羚牛伤人案中,当地有关部门就应当撇开《野生动物保护法》的规定,直接采取措施击毙羚牛,以保护受害人夫妇的生命安全。而如果一个持实证主义法律观的人采取行动的话,他的做法与当地有关部门的实际做法一定会大同小异:《野生动物保护法》的规定必须得到严格遵守,即使是会付出受害人受伤甚至死亡这样令人痛心的代价。这仍然是一个见仁见智的两难选择。

法治的现实之所以会出现这样的两难,归根到底在于法治不仅仅是一种状态,而且是一个过程。人类制定法律,实行法治,是为了实现社会公正与正义,保障个人权利。只是因为人们在何为社会公平与正义这一问题上总是难以达成共识,因此退而求其次,将法律确定的秩序本身当作公平与正义的象征,遵守法律,尊重法律的权威,就是维护社会公平与正义。在现行法律与其他基本价值相冲突的时候,选择往往是要求人们尊重和遵守现行法律。当然,这种遵守也开始被附上越来越多的条件(当代德国公法理论当中的"抵抗权"概念就是一个明显的例证)。然而,当人们对法治目的的理解、对社会公平与正义的内涵越来越趋向共识的时候,人们若再面临牛角尖下的法律权威与个人生命这样的“两难”,选择起来或许就并不困难。人们会舍弃形式上法的确定性而追求和维护法治所要达到的目标——毫不犹豫地保护个人的生命。也只有一个社会中人们对于法治的认识达到了高度的共识,我们才不会因为在类似的“两难”中选择了保护个人基本权利和自由、牺牲法律权威而被认为是践踏法治,因为人们都理解这种选择正是遵循了法治的真谛。然而,要使我们的社会达到这样的境界,我们还要跨越法治的漫漫历史长廊,去追求民主与人权并重的“良法”,去强调“法律面前人人平等”、“有法必依”等法治观念,去维护实在法的权威与尊严。这也就意味着,我们仍然会时时面对“法律还是正义”这一法治中的两难选择。

(2001.12.23)

点　评

文章通过解析一起发生在陕西的野生羚牛伤人案件,论述了法律与正义、自然法观与实证主义法律观的现实冲突,揭示了中国法治的“法律至上”与“良法之治”的双重任务,以及实现良法善治的路径。文章旁征博引,论点鲜明,论据生动,论证有力。

为祖国赢得荣誉　中国维和警察在波黑

孙春英

在遥远的波黑,中国派出 15 名警察参与联合国的维和行动。这是我国首次派出维和民警到欧洲执行维和任务。一年来,这些中国维和民警在任务区,用刚强、自信和对国家高度负责的态度,努力工作,恪尽职守,赢得了联合国以及当地人民的肯定和称赞,展示了中国维和民事警察的良好素质和风采。

2002 年新年伊始,记者随同公安部慰问团走进波黑,采访这些跨出国门的和平使者。

考取 UN 驾本

位于巴尔干半岛西部的波黑,全称波斯尼亚和黑塞哥维那共和国,原是南斯拉夫联邦的一个共和国。波黑于 1992 年 3 月就国家是否独立举行全民公决,穆斯林族和克罗地亚族赞成独立,塞尔维亚族抵制投票,此后,波黑三族间爆发了历时 3 年半的武装冲突。1995 年 11 月 21 日三方签署代顿和平协议,波黑战争结束。联合国从 1996 年开始在波黑部署民事警察维和行动,同时部署了以北约为首的多国稳定部队。

2001 年 1 月 5 日,波黑萨拉热窝国际机场出现了 5 名中国维和民警的身影。5 条年轻汉子分别是来自公安部的黄升诚和谈钧、辽宁省公安厅的刘耀南、海南省公安厅的刘海志以及云南省昆明市公安局的郭学全。同年 10 月 28 日,中国又派出第二批 10 名维和民警进驻波黑。

获得代表 160 万中国警察到欧洲执行维和任务不易,用过五关斩六将来形容毫不为过。首先中国警方要对有志参加维和行动的民警进行选拔,只有具备坚定的政治立场、良好的身体素质、流利的英语语言能力、3 年以上警务工作经验和 2 年以上的驾龄,才有可能入围。接着,由公安部下属的武警学院维和培训中心进行 2 个月共 20 多门课程和讲座的强化培训,并进行全面考试,成绩合格者发给结业证书,取得维和民警候选人资格。然后,再由联合国考官主持包括英语、射击、驾驶在内的甄选考试,确认符合联合国维和民警素质要求的中国维和民警,才有资格派往维和任务区。

然而,对中国维和民警来说,更苛刻的考验在等着他们。面对波黑 90% 属山区,山高路窄,坡陡弯急,交通状况恶劣的现状,新来任务区的维和民警都要通过 UN(联合国)驾考这一关。驾驶考试给每个人 3 次机会,就是说你第一次失败了,可以在第二天再有 1 次机会,如果仍然不能通过,1 个月以后,还有最后一次机会。如果 3 次都不行,只有打道回国了。与国内不同的是,UN的驾驶考试不仅考的是驾驶技术,更注重对驾驶员的安全意识和交通规则的考试,比如,上车后调整后视镜、调整座位、系好安全带等细节。中国维和民警接受了出国后的第一次挑战,以娴熟的驾驶技能相继过关,取得了UN任务区的驾驶执照。

通过驾驶考试,意味着他们已成功地置身于巴尔干国际警察部队当中。但是,战地工作丝毫没有给他们以喘息的机会。紧接着是一周"上岗"前的紧张培训,每天从早上8点至下午6点,来自欧美国家富有经验的警官在多媒体演示中,给维和民警讲授着任务区标准操作程序、通信联络、报告写作、社区警务、内部调查、卫生与安全等十几门课程,着重提高他们的实际工作能力。在明确职责任务后,维和民警分赴不同任务区,开展工作。

记者在波黑采访期间,经常看到大街上行驶而过的带UN标志的车,维和民警执行任务和上下班都是自己开车。据了解,每台UN车辆上都安装了电子登录记录系统,其功能类似飞机上的"黑匣子"。维和民警都带有磁卡驾驶证,上车后必须刷卡才能启动车辆,如果打开车门后9秒钟内没有将钥匙插入锁孔内,车辆会发出刺耳的报警声。一经刷卡,电子系统将会自动启动记录驾驶员身份号码、是否系牢了安全带以及在行驶过程中的所有数据,超速时会自动报警提醒驾驶员。这套电子系统,在有效地保障维和民警安全的同时,也为UN处理交通事故提供了依据。

威胁来自地雷

曾经弥漫波黑全境的内战硝烟虽然已经消散了6年,但是战争留下的弹痕、废墟至今依然随处可见,境内360万人民正艰辛地重建家园。

尽管在进驻波黑之前,中国维和民警早已做好了吃苦的思想准备,但到了波黑之后,工作环境的艰苦还是让他们措手不及。

29岁的刘耀南,1996年毕业于辽宁大学外语系,同年考入辽宁省公安厅出入境管理处工作。他是中国派驻波黑维和民警中最年轻的警察。1月3日,记者坐着刘耀南开的车,前往他工作过的HUM边境检查站,只见绵延的群山被大雪覆盖,山路崎岖坎坷,路旁就是万丈深渊。这里位于波黑的东南面,距离萨拉热窝110公里,是通往南斯拉夫黑山共和国的重要通道。

担任HUM边境行动支持队队长的刘耀南说,他的住处离工作地点有50公里,每天往返要100多公里,穿越三片雷区,沿途没有宾馆饭店,常常自带干粮和水,在路上一跑就是一天。特别是进入冬天,经常是漫天大雪,驾车巡逻就要格外小心。他曾历经两次险情,几乎到了生死的边缘,但凭着过硬的驾驶技术,每次都化险为夷。

在波黑工作,面临最大的威胁就是地雷。在波黑内战时期,各方大约埋设了400万颗地雷,目前只有很少一部分得到了清理,波黑维和警察总部严禁维和警察进入那些未经探测的山区草地，建议最好走别人走过的路，但在实际工作中，维和警察又不时需要进入这些区域。此外，由于多年战乱，在波黑民间流散了大量的武器弹药，这对维和警察构成了生命威胁。

来自辽宁省抚顺市公安局的郭辉和广东省广州市公安局东山分局的梁赞感受尤其深刻，他们所在的图兹拉地区，离萨拉热窝有150多公里，与南斯拉夫的北部接壤，边境线长30公里，是1992年6月发生8000多穆族人被屠杀的地方，山区布满了地雷。去年10月，他俩初来乍到时，天天都听到排雷声，晚上巡逻中也常常与地雷擦边而过。这里还经常停电，他们说，这时在国内公安部给维和警察配发的应急灯派上了大用场，有了它，漆黑的夜晚也不再担惊受怕了。

冒着贫铀弹辐射的危险是维和警察面临的最大困难。去年年初，首批中国维和警察抵达波黑时，正值国内外媒体大肆报道贫铀弹污染的问题，家人在与他们通电话时，总是流着眼泪让他们注意安全，这不能不对他们的心理造成影响。

面对险恶的环境，中国维和警察无所畏惧，战胜了一次又一次的困难。原任副队长谈钧不无感慨地对记者说："我刚上班那阵子，工作一天都没有喝过一口水，一是紧张，二是没有人告诉我上班应该自己带水。我一直在户外巡逻，也没有人告诉我哪里可以买到水和食品。"

实力胜似雄辩

波黑是传统的欧美警察的维和区，中国警察的竞争对手实力都很强大，他们有语言优势，很多人都已多次参加维和，经验丰富。此外，在波黑，欧美维和人员占政治、经济、军事各方面优势，并且有强大的后勤保障。

与东帝汶维和警察不一样，波黑维和警察并不从事具体的执法任务，他们的主要工作是监督当地警察执法，协助训练执法人员，帮助波黑战后恢复重建司法体系。这就对每一名维和警察的自身素质提出了更高的要求。

在中国15名维和警察中，有14人是首次维和，每人每天75美元的生存津贴要管一切，这本身就是一种挑战。另外，欧美警察对来自亚洲特别是中国的警察心存偏见，有人不相信中国警察的英语能力，故意问他们："你们在国内是用英语来工作和生活的吗？"原任队长黄升诚感慨地说："正是在这种情况下，我们必须以自己的实际行动来证明，中国警察行！"

中国的维和警察一开始都从基层巡逻干起，尽管工作条件艰苦，但经过一段时间的勤学苦练，他们渐渐适应了环境，熟悉了任务区的情况，语言也无障碍，才能脱颖而出。

35岁的黄升诚，个子不高，精明干练。这位就读于中国刑事警察学院的高材生，1987年毕业后被选拔到公安部工作。此后，他从事过基础工作，并在国内外大学分别进修从无线电技术、英语和安全管理到警察管理课程，成为公安部科技局的副处长、高级工程师。在初到波黑维和任务区时,他花大量的时间、精力投入学习,努力把自己融入国际警察的大家庭,并很快进入了角色。

根据规定,联合国国际警察的所有职位必须通过竞争才能得到,维和警察通过30天的基础巡逻后,可以申请高级职位。

3个月后,黄升诚申请联合国行动处调查官的职务,这是任务区最重要的部门之一,也是最难竞争的高级职位之一。他在顺利通过各项考核和面试后,于去年5月17日,正式调到维和警察总部任职,负责打击有组织犯罪、恐怖案件和重大刑事案件的查处,督办波黑政府高层官员的腐败案件调查等。在7个月中,他督办了许多重要案件,踏遍了在波黑的所有任务区,完成了总警监布置的一项中国人在波黑情况的特别调查报告,受到各方面的好评。

33岁的谈钧,戴副眼镜,文质彬彬,是公安部人事训练局的副处长。去年1月到波黑后,他勤学多练,努力进取,不断竞争,先后担任3个月的基层警察站的值班监督官和机动巡逻监督官,两个月的联合国地区总部内部事务调查官的职位,3个月的边境警察行政助理和执法监督官。去年5月,谈钧曾经工作过的布尔奇科(Brcko)地区总部,授予他一面缀满联合国旗帜和各国警察标志的奖牌,上面写着:"以此表彰你对Brcko地区所做的工作和奉献。"这是地区总部第一次将该奖牌授予中国警察。

去年9月,谈钧又第4次竞争成功,被任命为萨拉热窝国际机场国际维和警察队副队长职务。谈钧年纪轻轻就当上了副队长,他手下7名来自欧洲各国、经验丰富的警官,颇有些不服气,但谈钧最终以严谨的工作态度和出色的业绩赢得了他们的尊重和好评。谈钧对机场的工作提出了很多合理化的建议,在他的主持下,萨拉热窝国际机场首次建立了计算机网络管理系统,大大改变了原先出入境管理异常混乱的局面,7名欧洲警察从此对他刮目相看。

从西南政法学院研究生毕业的刘海志,跨入海南省公安厅科技处工作。人小志气高的他,在短短的波黑维和警察生涯中,实现了他梦寐以求的愿望——成功竞争上福查分局的人权调查官,开创了中国警察在欧洲任务区跻身人权领域的先例。去年7月2日,他上任后,把全部精力倾注到人权事业中,面对每天不断的投诉,他经常从早上7点一直工作至天黑,有时半夜也要去处理投诉,为当地人解决了诸如房产、难民重返中的暴力事件等许多实际问题,同时为一些犯人解决了健康检查、探亲问题,地区长官对他的评价是"Perfect!"(棒极了)。

来自云南省昆明市公安局的郭学全在波黑布尔奇科,看到边境管理小组的工作漏洞使非法偷渡者有机可乘,经过细心观察,他提出了许多合理化建议,如把计算机引入出入境管理,沿河进行不定期巡逻等,被采纳后取得了良好的效果。

女警不让须眉

除蓝色贝雷帽和臂上的徽章由联合国统一发放外，参加维和的警察制服都由各国自行负责，因此，在波黑首都萨拉热窝街头，可以说是一个流动的“世界军服、警服博物馆”。在这当中，要数维和女警察的英姿最为飒爽。

在15名中国驻波黑维和警察中，有2名女警察引人注目。她们分别是来自内蒙古自治区公安厅技术侦查总队的娜拉和山东省青岛市公安局刑警支队的黎红。

39岁的娜拉，在上大学时学的就是英语专业，从国际政治学院（现为中国人民公安大学）毕业后，分配到自治区公安厅工作。谈起她最初参加维和行动的想法时，娜拉讲得很实在：“我认为这是件值得做的事，在警察生涯中有维和这段经历很难得，这是一次向世界各国警察学习的好机会。”

她对记者说，去年10月底到波黑任务区后，她被分在萨拉热窝西分局参加基层巡逻和值班。虽然在这里工作强度相对较小，但压力和难度不小。她每天都要写报告，要把上班时的工作情况、辖区的治安情况和警察执法情况详细写成报告，逐级上报，所有报告必须用计算机打印出来。由于她独立工作能力强，很快便被临时借调到西分局局长办公室负责行政管理。工作之余，她还把联合国发的6本培训资料和教材全部学了一遍，并特别注重学习和研究有关打击拐卖妇女的所有资料和法律条文。

去年12月20日，娜拉申请参加波黑任务区打击拐卖妇女行动队调查官职位的竞争。第二天，她在接受考试时，沉着冷静，回答了考官提出的各项问题，联合国秘书长波黑任务区特别代表顾问和总部副参谋长当场研究决定，批准娜拉调往总部打击拐卖妇女行动部门工作，并让她先在萨拉热窝地区总部任打击拐卖妇女行动队调查员。

置身在异国，娜拉坦言道，每当夜深人静的时候，她总是忍不住要想远方的亲人和上学的孩子，但她对当初的选择依然无怨无悔。正如她喜爱唱的那首《草原恋》的歌词中写的：“草原啊，我可爱的家乡；马背啊，我生命的摇篮；无论我离开你多远，总闻得到奶茶的香甜；无论我走到哪里，总看得见你在举目仰望……”

第一次见到黎红，是1月2日记者刚到萨拉热窝的第一天晚上。当时，公安部慰问团的刘延风（公安部外事局局长）、张世瑷少将（武警学院政委）正与中国维和警察一起包饺子，黎红和她在德国已工作2年多的丈夫也在其中，一个在擀皮一个在包饺子。快人快语的黎红对记者说，在世界各国警察面前展示中国女警的风采，这是她来波黑维和的初衷。她的丈夫魏立马上在一旁补充说，我全力支持她。

36岁的黎红，从中国刑事警察学院毕业后，于1988年从事公安刑侦工作，她的强项是搞毒物分析。当她看到招生维和警察的通知时，她毫不犹豫地报了名，并通过了一系列近乎苛刻的考核。跨出国门前，她和上小学四年级的9岁儿子打赌，看谁学习好,进步快。

黎红是和娜拉一批来到萨拉热窝的,在参加工作的第十天,她就被调往萨拉热窝地区总部的指挥中心。去年12月20日,她申请参加维和总部人权办公室特殊行动部门调查官职位的竞争。转天,她以其流利的英语和在国内十几年的刑事侦查工作经验,出色地回答了各项问题,顺利通过了面试。接着,黎红又按规定参加了由总部培训部组织的专家评审考试,这也是中国维和警察第一次参加该种考试,既无经验又无教材可查,在长达两个多小时的考试中,她分别通过了报告写作、人权专业知识和专家答辩3项考试,成功取得了担任该职位所需的B级证书。12月26日,她走马上任调查官。

1月3日早晨,黎红的爱人回德国了,临走时他留了张便条,上面写着:“注意安全,多保重!”

为祖国争了光

在波黑,有来自47个国家的1800多名维和警察,其中包括美国、英国、法国、俄罗斯和中国5个安理会常任理事国的警察,许多人曾参加过多次维和行动,年龄大多在35岁以上。

首批5名中国维和警察在北京出发前,公安部领导曾反复告诫他们,你们是探路先锋,一定要一炮打响,为以后的派出工作打下基础。在来到波黑维和的一年里,5名中国维和警察时刻牢记自己是中国13亿人民的代表,是中国160万警察的代表,他们从事的不仅仅是维和,而且还站在政治、外交领域的前沿,是来自中国的和平使者。他们在出国前没有带袖珍国旗,以至于在刚开始执行任务时老被人误认为是日本警察。黄升诚、谈钧等人一商量,立刻给祖国发回信息,要求尽快把袖珍国旗送来。当袖珍国旗送到后,他们端端正正地把五星红旗和联合国徽章一起缝在了自己的警服上。第二天他们再上街时,胸脯挺得高高的,让所有人都能看到,他们是来自中国的警察。

为祖国人民争光,为中国警察添彩,这是每个中国维和警察的共同心声。

40岁的现任队长殷秋林,来自云南省昆明市公安局出入境管理处,他是在波黑的15名中国维和警察中,唯一有着维和经历的人。1983年,他从贵州大学毕业后,到昆明陆军学院从事教员工作,后考上联合国军事观察员培训班。1993年11月,他作为我国军事观察员被派往利比里亚维和。作为第二批到波黑维和的中国警察,他谈起两个多月来的感受时说,维和是一项既崇高又神圣的工作,增强了他对祖国、对事业、对家庭的责任感。

现任副队长杨国宏,来自黑龙江省消防总队战训处,是波黑任务区唯一的消防部队的代表。毕业于西安武警技术学院的他,年纪轻轻就被评为高级工程师,1998年被省委、省政府授予“抗洪标兵”,还被公安部派往法国进行研修。他说,在萨拉热窝总部的餐厅，有一面鲜艳的中国国旗，那是我们挂上去的；在我工作的斯托拉茨的办公室，中国国旗挂在最高处；在我的房间里，也可以看到中国国旗。国旗在我们的心中，祖国在我们的心中。他希望通过本报向全国的消防官兵问声新年好，并转告他的首长和战友们，他始终站直了没有趴下。

33岁的吕志勇，来自浙江省杭州市公安局西湖分局，在波黑维和的两个多月，他养成天天写日记的习惯，并经常把自己的工作情况通过网上向单位领导汇报。现在，他所在的单位还专门在网上开辟了"维和民警之窗"，让全世界的人都知道中国有维和警察。这让吕志勇在感到自豪的同时，更多了一份为中国警察增光的使命感。

来自武警学院的郝建设，在波黑维和之前，是英语老师，给中国维和民警培训中心的维和民警授课。从"纸上谈兵"到亲历维和，他认为有一定的差距，如课堂上的报告呆板，太书面化，而实战强调适用、简洁。理论与实践相结合，取长补短，这是他参加维和来的最大收获。

维和任务区主要采用英美国家的警察管理体制，来自山西省太原市坞城派出所的赵鸿天和山东省济南市交警支队的冯乃武表示，他们与众多国家警察在此体制下一起工作，有利于学习国外先进警务管理经验和先进的业务技术，回国后认真总结运用，更好地打击犯罪，服务人民。

从走出国门到现在，中国维和警察不管多苦多累，他们总是时常保持联络，下雪天会打电话彼此提醒"开车小心"，遇到困难找维和警察党支部，大家互相鼓励，共渡难关。在中国驻波黑大使馆的帮助下，他们逐渐克服了困难，用自身的实力和努力的工作展示了中国警察的风采。

1月4日，联合国波黑特派团团长克莱茵在接受记者采访时说，联合国在欧洲的任务区能有中国的民事警察参加，是十分重要的，中国维和民警队通过勤奋工作帮助在波黑建立一支专业化和高效率的警察队伍，他们在波黑的表现是非常出色的，希望中国继续为联合国提供高素质的警察候选人。联合国波黑国际警察总监文森特将军说，中国的维和民警为波黑的和平、稳定与发展做出了贡献，他衷心地感谢他们所承担的义务和做出的奉献。

公安部外事局局长刘延风认为，中国警察参与联合国维和行动，体现了我国作为联合国安理会常任理事国在国际事务中的重要作用和影响，展示了我国致力于维护世界及地区和平与稳定的积极姿态，这也是公安部外事工作服务于我国整体外交的具体体现。

1月5日，首批5名中国警察出色地完成了在波黑任务区的维和任务，带着联合国授予的5枚"服务勋章"凯旋。

在波黑的短暂采访，使我们深深感到，中国警察不仅跻身世界维和之林，而且做出了世人瞩目的业绩。

中国维和警察，你们是祖国人民的骄傲！

（2002.1.22）

点　评　和平与发展是当今世界两大主题。联合国维和行动迄今已有50多年的历史。中国作为联合国安理会常任理事国,积极参与维和行动。目前中国在全球9个任务区部署了由71个国家参与的7800多名维和民事警察,占联合国维和人员总数的1/3,成为维和行动的重要组成部分。这些维和民警在任务区,时刻牢记祖国赋予的神圣职责,克服困难,努力工作,以顽强的意志、优良的作风、优异的成绩,为祖国赢得了荣誉,为世界和平与发展做出了贡献。该文通过实地采访,对此作了真实反映。

兴于开放　亡于守旧

游沈阳故宫偶思

伍　彪

在冬日的寒风里，踏进这座关外宫殿，心中的感觉很特别——这里是清兵入关进而写出“扬州十日”、“嘉定三屠”历史的起点，却分明又是弱小战胜强大、生气压倒腐朽的图腾；这里既掩饰不住一个北方游猎民族向中原农业文明学习过程中的稚嫩，又处处展现出满族文化从青春走向成熟的独特风韵。

这便是位于沈阳旧城中心、始建于1625年的沈阳故宫。

宫殿的建造者爱新觉罗·努尔哈赤，即庙号太祖的大清王朝创业人。他出身于建州（今吉林通化一带）女真族一个贵族家庭，祖上包括他本人曾任明朝的辽东边官，因深受明王朝“以夷制夷”的民族压迫之苦，于1583年以13副铠甲起兵，统一女真各部，1616年建国，国号曰“金”。两年后，以“七大恨”誓师告天，公开反明。经过一系列大战，在明王朝元气大伤、八旗军节节胜利的时刻，努尔哈赤从辽阳迁都，把后金的政治中心迁到了刚从明军手中夺取的这座城池，建起了这片辉煌的宫殿。

宫殿占地6万余平方米，全部建筑由三大部分10个院落构成，房屋3000余间。中路的崇政殿，是这座建筑群的核心，相当于北京故宫的太和殿，是努尔哈赤之子皇太极处理政务的“金銮殿”，简朴实用。最有特色的是东路建筑群：进入东门，首先映入眼帘的一座八角重檐大殿——大政殿，一对金龙盘绕在檐柱上昂首戏珠，显示出了该殿的身份——它是皇帝处理要务、举行大典的地方。引人注目的是大政殿两翼被称作十王亭的10座方亭。这10座亭子，是满族军政合一的八旗制度的生动体现：大政殿前按左右之序首先是左翼王、右翼王亭，然后是镶黄、正黄、正白、正红、镶白、镶红、正蓝、镶蓝8座旗亭，统称“八旗亭”，乃清初君臣举行会议之所。皇帝端坐大政殿，参与朝政的八旗王公分居两厢，君臣共议国事、“合署办公”。这种独特的建筑形式，在全中国独一无二。

除了这里，满族文化随处可见：寝宫比正殿高，是满族在山林中游猎时择高而居生活习惯的延伸；高高的索伦杆，是满族供奉乌鸦，以纪念其救命之恩的标志……汉族的影响在这里也相当明显：如大政殿的建筑结构，显然师承宋代的《营造法式》，属于汉族的传统建筑手法；后宫的名称与汉民族的命名方式相同，如关雎宫、麟趾宫、衍庆宫、永福宫，前两宫的名称来自《诗经》无疑。这里不仅有对汉文化的吸收，确切地说，它融汇了汉、满、蒙、回、藏等多民族建筑的艺术风格。宫殿的主体部分历经10年营建，到1636年完工。后来，康雍乾三朝又加以修缮、增建，历时150余年，形成了今天我们所看到的规模。可以这样说，它是中华民族文化的结晶，是中国作为一个统一的、多民族国家的重要标志。

漫步在这与北京紫禁城遥遥相对的皇宫,自然使人生出许多联想。努尔哈赤之兴起,正是明朝万历年间。此时中国的南方已出现市民社会的萌芽,而"辽东地遐远,民以猎为业,农作次之",经济非常落后。谁知几十年后,竟然弄得江山易主,汉族男子的后脑勺拖上了一根长辫子。这其中的原因,前人们作了许许多多的分析,但少有人提到,满族拥抱世界的开阔胸襟,是其以区区数十万之众入主中原的重要凭借。

努尔哈赤起事之初,只想自保,采取的政策是"诛戮汉人,抚养满洲"。因此,对明朝的边民除了残暴的屠杀,便是抢劫。他们除了尽情享用金银财宝外,还将掠来的人口强迫为奴,或供家内役使,或驱使其在庄内从事耕作。这一政策带来的结果,是汉人的拼死抵抗和当地经济的破坏。形势迫使满族统治阶级改弦易辙。在夺取辽东腹地之后,他们将所掠人口不再用作"包衣阿哈"(家奴),而是让其"住在板升"(满人建的农幕)、"种地纳粮料"。这些人负担并不重,据史料记载:他们"岁种地不过粟一束、草数束","别无差役"。这一政策,还使许多不堪忍受明廷剥削的人逃往满人控制区,后金的经济,迅速由狩猎和采集业为主的原始经济向农业经济转化,满族在辽东的统治日益稳固。

随着地盘的扩大,学习汉民族先进文化的政策在皇太极时代得到了更好地贯彻。在1626年继后金汗位之后,他积极吸收汉族先进文化,在立法上提出了"参汉酌金"的指导思想,并颁布了保护农业的法令。同时,利用汉族降官和知识分子,大量翻译汉文书籍。不久,仿明官制,设立六部,废除四大贝勒共理政务旧制,又编"蒙古八旗"、"汉军八旗",加强皇权专制,把一个由擅长骑射的落后民族组成的汗国快速演变为一个强盛的封建政权,改国号"金"为"清"。羽翼既丰,便决心与明朝决战,夺取天下。

1644年清军入关,很快将统治中心从沈阳迁到北京,继承了明王朝的宫殿和一系列制度,其重要法律《大清律》的蓝本就是《大明律》。

就在国家初定的时刻,满族人又遇到了西洋人。

早在明代,西方传教士已与中国皇帝挂上了钩,如意大利人利玛窦,西班牙人庞迪我、熊三拔,德国人汤若望等,在力图向皇帝传教的同时,也将西方的数学、天文学知识介绍到中国。但皇帝们仅将此视为周边弱小国家对泱泱文明大国的朝拜。到明朝末代皇帝崇祯时代,任用传教士制定新历法,方才开启中国朝廷起用西方传教士之先河。

清朝则不同。入关伊始,满清统治者便对具有丰富天文知识的传教士采取优待政策。清兵一进北京,清军统帅多尔衮即令居民三日内搬到外城,为八旗兵腾房,耶稣会传教士们的住处也在腾退之列。但汤若望的一纸上书,使多尔衮改变了初衷,传教士不用搬迁。多尔衮还下令,八旗兵不得滋扰传教士。后来,多尔衮和汤若望共同努力,制定《时宪历》,西洋新法终于取代传统历法,并一直用到清末。

尤其是入关后的第二代皇帝康熙帝玄烨，在经过汤若望与杨光先的历法之争后，对西学产生了浓厚的兴趣。他讲到自己学习西学的原因时这样说："朕思，己不知，焉能断人之是非？因自愤而学焉。"他与比利时传教士南怀仁的关系可用"相知"二字来形容。通过传教士，康熙学习了天文学和几何学，能熟练并精确地进行演算和测量。在故宫博物院保存的一张康熙使用过的学习桌上，刻有10多种计算数据，抽屉中还有《对数表》等数学书籍。

上下五千年，皇帝三百余，会写点诗、修点道、服点丹药求长生不老的皇帝不乏其人；蠢如豚鹿、胡作非为、视生民为草芥的皇帝史不绝书。但是，懂得欧氏几何、能够进行数学习题运算的皇帝，只有一个满族人康熙。

走出沈阳故宫的"大清门"，笔者想到，有的人把清朝的崛起仅仅归因于明朝的宦官当道、流民暴动，又把中国在近代史上的衰败归因于八旗军的入关、满人的颟顸，似乎只要李自成坐稳了龙椅，则中国早已"超英赶美"了，哪里会有鸦片战争、八国联军乃至南京大屠杀的锥心之痛?！其实，他们忘记了：中国今天的版图清初才固定下来；清初中国曾击败沙俄并签订了《尼布楚条约》；清初中国的综合国力足以傲视世界——至乾隆末年即18世纪末中国的国民生产总值占全世界的30%。为什么后来又落后了？笔者以为，如果抛开其他因素单就统治者的素质而论，正是因为爱新觉罗的子孙失去了祖先的豪气和开放的胸襟，关上国门，做起了一个天朝独尊的虚幻之梦。这梦，是那样的使人沉醉，要靠西洋的炮声、无数的鲜血来唤醒。

道光帝，乾隆的孙子，在他的手中丢了香港，150年之后才由共和国收回。他和他以后的咸丰、同治、光绪乃至宣统，没有一个试图张开双臂拥抱新时代，只有畏缩、抗拒，再加上无奈的挣扎。铁马金戈的野性，追求新知的热望，随祖宗一起埋进了遵化马兰峪。

垂垂300年，努尔哈赤的宫殿见证了八旗军挥师关里、进军北京的辉煌，感受了"满洲国"为人傀儡、民不聊生的哀伤。如果红墙和琉璃瓦能够说话，那一定是一本厚厚的大书。

兴于开放，亡于守旧。我不知道，这八个字能否作为沈阳故宫的注脚？

（2002.12.20）

点 评　文章集思想性、文学性于一体，分析透彻，有历史的厚度，有理论的深度，有论述的力度，满怀激情和深刻的分析，见解独具，一环扣一环，层层推进，条分缕析，有很强的说服力和可读性。文章语言流畅，表达自然，有很强的吸引力和感染力。

舆论监督与“公众人物的忍受义务”

查庆九

据《法制日报》12 月 19 日报道，原中国足球队队员范志毅因上海《东方体育日报》登载他涉嫌赌球的报道，状告文汇新民联合报业集团侵犯名誉权一案，已由上海市静安区人民法院作出一审判决：对范志毅的诉讼请求不予支持。

由于该案尚未终审结案，因此，本文并不打算对一审判决的正确得当与否进行评价。引起笔者兴趣的是一审法院的判决理由，现转述如下：

“2002 年是中国国家足球队第一次打进世界杯，国足在世界杯上的表现是社会各界关注的焦点。范志毅系中国著名球星，自然是社会公众人物，此期间关于国足和范志毅的任何消息，都将引起社会公众和传媒的广泛兴趣和普遍关注……其消息来源并非主观臆造，从文章的结构和内容上看，旨在连续调查赌球传闻的真实性。即使范志毅认为报道指名道姓有损其名誉，但在媒体行使舆论监督的过程中，作为公众人物的范志毅，对于可能的轻微损害应当予以忍受。从表面上看，报道涉及的是范志毅个人的私事，但这一私事与社会公众关注世界杯、关心中国足球相联系时，这一私事就不是一般意义的私事，而属于社会公众利益的一部分，当然可以成为新闻报道的内容。新闻媒体对社会关注的焦点进行调查，行使报道与舆论监督的权利，以期给社会公众一个明确的说法，并无不当。”

笔者之所以不厌其烦地大段引述以上的文字，是因为这段由法院阐明的判决理由当中，明确地提出了“公众人物的忍受义务”这一对新闻报道名誉侵权案件至关重要的概念。所谓公众人物的忍受义务，就是新闻媒体在报道与公众人物有关的公共事件时，该公众人物对报道可能对其名誉造成的轻微损害应当予以忍受。这种忍受的义务的实质，是将涉及公众关注的公共事件的公众人物与一般组织和普通百姓区别开来，要求公众人物承担更大的社会责任，接受更严格的社会监督。

或许有人会说，公众人物首先也是公民，他们同样享有宪法和法律赋予的包括人格权在内的各项权利。对他们在名誉侵权案件当中实行“严格要求”，岂不有违法律面前人人平等的社会主义法制原则。其实这种担心是多余的，并不是法律或者法院变相削减了对公众人物的权利保护，而是公众人物的“公众”性质给他们的权利附加了与普通人不同的义务。所谓公众人物，就是他们的一举一动、一言一行引起社会关注，牵动社会舆论，产生社会影响的人物。他们或掌握公共权力，或具有很高的社会地位，或享有良好的社会声誉，一句话，他们拥有更多的社会资源，承担着更大的社会责任，理所当然会引起更高的社会关注。对于与他们有关的事件进行新闻报道和舆论监督，就不仅仅是满足社会公众的好奇心和知情权，而是一个社会实现公平和正义的需要。试想一下，一个公众人物本来就拥有或能调动比普通人大得多的社会资源,如果他又不受社会监督,那么,这个社会岂不成了一个强者的世界,社会的公平与正义从何建立?正因为如此,新闻报道和舆论监督的目光始终聚焦在公众人物身上,也就是自然而然的事情,是一个健全社会的正常需要。而新闻报道和舆论监督的客观属性又决定了它们不可能像司法机关的侦查和审判那样缜密周详,因此,公众人物也就只好承担一点“忍受的义务”了。

静安区法院在判决中提出并阐发了“公众人物的忍受义务”这一概念,具有强烈的象征意义。它表明我们的司法机关已经注意到了对公众人物进行舆论监督所引起的新闻侵权案件与普通民事侵权案件的重要差异,并尝试用不同的法理来解决这一差异,这对于在以往进行舆论监督时动辄得咎、动辄败诉的新闻媒体来说,无疑是值得庆幸的事情。其实,最近让新闻媒体和新闻从业者欣慰的消息还有不少,国外的有海牙前南战犯法庭裁定战地记者享有“作证豁免权”,国内则有安徽省制定的《预防职务犯罪工作条例》第 19 条明确赋予新闻媒体对国家工作人员履行职务的行为进行舆论监督的权利。这诸多信息汇集在一起,或许更能够促使人们达成这样的共识:社会需要新闻报道和舆论监督,人们应当对新闻报道和舆论监督多一些理解与宽容。

(2002.12.23)

点 评

公众人物身份特殊,一言一行随时能够引起公众关注,其因此受益,针对其的负面新闻报道可能对其名誉造成轻微损害也理应予以忍受,这便是所谓的“公众人物的忍受义务”。这一概念的提出,发端于文中上海静安区法院的这起案件判决,文章以这一概念为基础,充分论述了舆论监督与“公众人物的忍受义务”的关系,将涉及公众关注的公共事件的公众人物与一般组织和普通百姓区别开来,要求公众人物承担更大的社会责任,接受更严格的社会监督,进而表明,社会需要新闻报道和舆论监督,人们应当对新闻报道和舆论监督多一些理解与宽容,具有很强的现实意义。

民办教育法审议过程中两词之争显示中国立法民主

李　勇

刚刚通过的《民办教育促进法》在审议过程中经历了常委会4次审议。争论的焦点之一就是民办学校的投资者是可以取得“合理回报”，还是给予投资者“适当补偿”。法制日报说，这4次审议、两词之争，凸显中国的立法民主。

《民办教育促进法》于12月28日在第九届全国人大常委会第三十一次会议上获得通过。这部在第八届全国人大就开始酝酿，第九届人大任期开始就进行调研、起草的法律，在草案提交审议之前，就引起了全社会的关注，引发了热烈的讨论。

在今年6月召开的第九届全国人大常委会第二十八次会议上，《民办教育促进法（草案）》首次被提请审议。关于教育的公益性以及民办教育能否得到回报这最受人们关注的两大问题，全国人大教科文卫委副主任委员汪家镠在向常委会作草案说明时说，“民办教育事业是社会主义教育事业的组成部分，具有社会主义公益事业的基本性质，草案在明确民办教育事业公益性原则的同时，允许举办者可以取得合理回报，这一规定是根据我国的国情作出的”。“这一方面表明国家对具有公益性的民办学校的认可和奖励，另一方面也限制了举办者牟取暴利。草案把经济回报限定在一个合理范围内，使举办者的办学目的与民办教育事业的公益性相协调一致，以此来积极引导举办者的办学行为，也体现了促进民办教育健康发展的立法宗旨。”

在第二十八次常委会初步审议后，根据常委会组成人员的审议意见，全国人大法律委对草案作了部分修改。在第九届全国人大常委会第二十九次会议上，《民办教育促进法（草案）》的二审稿第37条依然作如此规定：“民办学校在扣除办学成本和按国家有关规定必须提取的费用后，举办者可以取得合理回报。”

今年10月，进一步修改后的草案第三次提请人大常委会第三十次会议审议。立法法颁布实施3年多来，全国人大常委会审议的法律草案，一般是经三次审议即交付表决。因此大多数人认为，这部法律草案三审表决通过，应是水到渠成的事情。

然而，草案三审稿关于“合理回报”的条文已有了令人关注的修改，新的草案修改稿将其修改为：“民办学校在扣除办学成本和按国家有关规定提取必须的费用后，可以从办学结余中安排适当的经费，对出资人投入民办学校的资产给予适当的补偿。”修改理由是：在第二十九次常委会上，一些常委会组成人员提出，规定举办者可以取得合理回报，与营利行为难以划清界限，和教育法的有关规定也不好衔接。

这一修改如一石投水，涟漪不断。在三次审议中，许多委员对这种修改提出尖锐的意见，认为这种修改漠视中国民办教育发展的实际情况，不利于调动办学者的积极性，不利于吸引更多的社会资金来举办民办学校。有委员认为，“适当补偿”在文理上和法理上都是不通的。补偿应该是被动的，受到损失后另一方给予的。现在投资办学，谁来做补偿，难道是教育行政部门吗？再说也没有自己从结余中给自己补偿的道理。若这一规定生效，许多投资办学者的积极性肯定会被挫伤。

法律委员会认为，由于在几个重要问题上意见分歧，一时难以提出修改方案，需要进一步研究，建议不将《民办教育促进法（草案）》交付第三十次常委会表决。委员长会议同意此建议。常委会委员们认为，这充分体现了中国立法机关的民主作风。常委会第三十次会议闭幕后，全国人大及其常委会相关部门就《民办教育促进法（草案）》再次广泛征求意见。“合理回报”是否和教育法相冲突，成为各方讨论的焦点。第八届全国人大教科文卫委副主任委员杨海波认为，“合理回报”和“不以营利为目的”并无相悖之处。当年在审议时，草案原来的表述是“教育事业不得营利”，后来修改为“不得以营利为目的”，实际上就是为民办教育投资者取得合理回报预设了一点空间。

一直倡导立法走群众路线的李鹏委员长，于11月底来到河北、天津就民办教育促进法进行了调研。在广泛听取各方面的意见后，李鹏指出，民办教育是整个教育体系中的一个组成部分，也同样是为国家培养人才的公益性事业，是利国利民的高尚事业，对此必须有清醒明确的认识。促进民办教育的健康发展不但有社会上的实际需求，而且也有利于进一步加快教育事业的发展。同时也要看到，民办教育有其特殊性，应该允许民办教育的出资人有一定的、合理的经济利益上的回报，当然也必须明确，不能使单纯追求利润成为投资民办学校的目标。

12月23日，第九届全国人大常委会第三十一次会议开始举行。三审稿再次经过修改，含有“给予适当的补偿”的第35条第2款被删去，在第七章“扶持与奖励”中增加一条规定：“民办学校在扣除办学成本、预留发展基金以及按照国家有关规定提取其他的必须的费用后，出资人可以从办学结余中取得合理回报。”三审稿第9条第4款之规定“社会组织和个人不得以营利为目的举办民办学校”被删去，一些委员认为，教育法对这一问题已作出规定，本法不必重复。

新的《民办教育促进法（草案）》第四次被提请审议。在分组审议中，委员们的意见已趋于一致，因此，在表决时，草案以高票被顺利通过。

草案经过几次反复修改，有关“合理回报”的规定似乎又回到原点，中国政法大学教授焦洪昌就此评论说：“民主本来就是一种说服、讨论、协商的过程，立法过程中产生不同的声音是正常的。反复讨论与协商，只能使法律更加成熟，更加有可操作性。从这一点可以看出，我国立法民主程度在不断提高，而立法民主是坚持依法治国不可或缺的重要内容，也是政治文明的具体表现。”

据悉,截至2001年年底,中国各级各类民办学校(教育机构)达56,274所,在校学生923万人,民办教育已成为中国教育事业的重要组成部分。 (2002.12.30)

点 评 民主立法是我国立法工作的一项重要原则。本文聚焦有关民办教育促进法条文中是使用“回报”还是“补偿”两个词之争,再现了民主立法的生动场景。文章抓住了关键要点,立意高,主题突出。

打肿谁的脸

朱铁志

这些年,关于某些领导干部吹牛浮夸的报道不绝于耳。有些地方的统计数字像冒气泡,想怎么冒就怎么冒,想冒多少就冒多少;有些干部的政绩像捏面团,想怎么捏就怎么捏,想捏多大就捏多大。捏来弄去,统计数字上去了,领导政绩出来了,干部自己提拔了。而直接面临的结果是:产值既然那么高,利税当然也水涨船高;产量既然那么大,摊派给农民的各种税费自然也同比增长。群众把某些干部这种不负责任的吹牛浮夸行径形象地比喻为“打肿脸充胖子”。

问题的关键在于,打肿谁的脸?是这些干部自己的?还是他们三亲六故的?全都不是!而是他们所辖地区工人农民和无数普通百姓的!领导的政绩,往往以群众的受苦为代价。前任领导把数字吹上去了,把自己也吹上去了,继任者十有八九不能不吹。不吹,就显得自己没本事,就晋升无门,因而必须接着吹,把已经脆弱不堪的肥皂泡继续往大了吹,直到吹破为止。不幸的是,每吹一次,老百姓的各种负担就加重一次,人民群众对政府的信任就减少一次。

2002年年初,河北省审计、财政等部门共抽调300人,分赴11个市,对94户国有工业企业实施市际间的交叉审计。结果令人大吃一惊:这次审计共查处各种违规行为金额17亿多元。根据企业报表,94户企业中有65户盈利,29户亏损,然而经过审计核实,实际盈利企业只有40户,企业实际盈利额只是自报盈利额的77%。共有68家企业提供的会计资料不可靠,基本准确的仅占28%。94户企业的平均资产负债率达到150%,21户企业已经资不抵债,然而只有9家企业在自报材料中承认了这一点。

打肿的是别人的脸,捞到的是自己和亲朋的好处,这样的买卖,真是算得精明、干得漂亮、来得实惠。

这类干部之所以敢“打肿”百姓的脸,是因为不必为此承担任何风险。不仅不承担风险,打好了还有晋升的机会,还可以得到无尽的好处。只要我能“上去”,管你企业关门倒闭,管你百姓穷困潦倒。

这类干部之所以敢“打肿”百姓的脸,是因为他们只需向上负责,不必向下负责。在相当长的时间里,我们的干部考察工作是很看重数字的。数字即政绩,政绩即数字,正所谓官出数字,数字出官。

在不少人的心目中,吹牛浮夸是无法根治的顽症。从1958年到现在,一会儿“土跃进”一会儿“洋跃进”,跃来跃去,无非违背客观规律,吹牛浮夸。新时期以来,情况有好转,但并没有根本好转,玩弄数字游戏的干部依然大有人在,热衷制造假政绩的领导还经常可以得逞。这种情况不改变,就很难取信于民。

在我看来,根治吹牛浮夸说难也难,说易也易,把评价统计数字和干部政绩的权力真正还给百姓、还给群众,一切都简单了。领导真要知道一亩地里究竟能打多少粮食,不必去问书记、市长,也不必去问什么缺乏良知的所谓“专家”,只需问问田间地头的普通农民就行了。任何一个老实巴交的农民都不会说出“从理论上讲,一亩地应该可以打两万斤粮食”这种祸国殃民的屁话。问题是,究竟让谁来问百姓、问群众?问了自然好,不问又如何?又当付出怎样的代价?所谓“群众满意不满意、高兴不高兴、拥护不拥护”究竟应该怎样落在实处?能不能先做做一票否决假数字干部、假政绩干部?

(2003.1.3)

点　评　曾几何时,“数字出干部”是一个流行语。本文切中时弊,有的放矢,立论、说理入木三分,很有说服力。

让灵魂不再迷失

"法轮功"痴迷者转化纪实

杨新顺

"……到家这几天我经常想起几位队长,我病了,是魏队长腆着七八个月的大肚子送我上医院;我吃不下饭,是王大队长端来了自己熬的大米粥,还有咸菜……"

"……谢谢高阳所里帮助过我、关心过我的干警、队长,是您们用善良的心挽救教育了我,使我从(重)新走上正常人的生活。如果没有您们,我现在仍然生活在'法轮功'邪教组织的控制下……"

1月10日,记者在河北省高阳劳教所五大队副大队长王亚洁的办公室里,从一大堆"法轮功"劳教人员解教后写来的信中,随手翻开几封,从中摘录了这两段话。一封封来信的字里行间,充满了真情。然而,一般人不会知道,这番话从这些曾经笃信要"放下亲情"的"法轮功"痴迷者的口中说出来,这背后蕴含了高阳劳教所的干警们多少汗水和心血。

杨泽民的男儿泪

高阳所五大队主要负责转化因痴迷"法轮功",有严重违法行为扰乱社会秩序,被依法决定劳动教养的人员。身为五大队大队长,杨泽民既是指挥员,又是战斗员。2000年12月,杨泽民的妻子李素华身患重病,被邻居送进了县医院。当时,正赶上"法轮功"劳教人员新入所,需要他主持转化工作。得到消息后,杨泽民没有到10公里外的医院看护妻子,而是打电话将看护妻子的重担托付给了姐姐、姐夫。当他得知妻子有生命危险,赶到医院时,迎接他的是妻弟的两记耳光。杨泽民没有争辩,在医院里陪伴了妻子两个小时,稍事安排后匆匆赶回了队里。杨泽民走后,妻子病情加重,被家人送往北京铁路医院抢救。妻子在北京住院两个多月,杨泽民一直忙在工作岗位上,只能打电话问候。当妻子身体好转,并表示理解他的难处时,杨泽民再也控制不住自己的感情,躲到办公室哭了。

胡成堂星夜探母

2000年除夕前几天,一批"法轮功"痴迷者被送进了劳教所。这些人中大多数本来因为有病才迷上"法轮功",痴迷后又有严重违法行为,其中有些人绝食后身体极度虚弱。当时五大队刚开始接收"法轮功"劳教人员不久,警力非常紧张,干警们都是10多天没睡过一个囫囵觉了。身为五大队教导员,胡成堂既要安排病重的劳教人员住院治疗,担当看护,又要抓紧所内“法轮功”劳教人员的教育转化工作,忙得脚不沾地。

这天,胡成堂山东老家电话告知,老母亲突发脑血栓,瘫痪在床。放下电话,胡成堂心里犯了难。母亲发病后,嘴里念叨的就是他这个远方的儿子,不回去吧,又担心过完春节再也见不到母亲了;回去吧,又实在放不下手头的事情。最后,所领导发了话,胡成堂才决定回去一趟。

那天下午下班后,胡成堂将手头上的事情一一安排妥当,傍晚6点,驱车直奔150多公里外的老家。胡成堂赶到老家已是深夜。病床上的老母亲拉着一脸疲惫的儿子的手,嘴里虽然说不清话,脸上的泪却是一行行往下流。胡成堂一边流着泪,一边安慰母亲。时间过得很快,已经是凌晨了。胡成堂犹豫再三的话还是出了口:单位工作忙,他得马上走,请母亲原谅。胡成堂嘱咐家人照顾好母亲,抹了一把泪,接着驱车往所里赶。又是150多公里,又是一个不眠夜。第二天早上,同事们又看到胡成堂红着眼上班了。

不知苦的女队医

2000年12月,因为转化“法轮功”劳教人员的需要,魏红玲从其他岗位调到了五大队女子中队,成为中队唯一的女队医。

调入中队时,魏红玲刚刚怀孕,反应很强烈。动不动就恶心、呕吐,吃不下东西,人也瘦了一大截。但不巧的是正赶上队里工作紧张的时候,随着队里收教的“法轮功”劳教人员越来越多,病号也逐渐增多。当时最多的时候一天有四五十个病号,重的有高血压、心脏病,轻的也是眩晕呕吐。为了保证病号得到及时救治,又要送重病号上县城医院住院治疗,又要照看好所里的病号,魏红玲和另外两名队医一刻也不敢大意。那几个月,他们三人几乎每天都是早上四五点起床,忙到晚上10点,多数时候只能在医务室休息。有时危重病号发病,一直到凌晨才能睡一小会儿。

身为队医,魏红玲不光是给劳教人员看病,同时也是做转化工作的好人选。为了让那些拒医拒药的“法轮功”劳教人员接受治疗,魏红玲常常是苦口婆心,说得口干舌燥,急得满头大汗。魏红玲的肚子日渐大起来,但中队里的事却不见少。同事们每天看见魏红玲腆着大肚子在楼里转来转去,有时碰上紧急情况,还得一路小跑。大家都替她担心,让她慢点。现在说到这些,魏红玲只是轻轻地笑,说:“还好,我身体底子不错,没事!”

张艳艳的四步曲

为了缓解警力不足的困难,2001年,一批刚从警校毕业的女干警分到了五大队女子中队。今年23岁的张艳艳就是这群女孩子中的一员。到中队不到两年，张艳艳和同事们一道，已经转化了一大批“法轮功”劳教人员。当记者问她对转化谁印象最深时，张艳艳自豪地和记者说起她们班转化“法轮功”劳教人员张某的“四步曲”。

张某原本是河北省张家口市一家制衣厂的技术厂长，后来迷上“法轮功”并成了一个辅导站站长。张某2002年5月4日入所时，与那些采取绝食等激烈手段对抗干警的劳教人员不同，她认为这只是又一场“考验”。所以张某一入所就很服从管理，甚至主动要求参加劳动。但是在思想上，张某却坚信“大法”。张艳艳将张某这时的表现归结为思想狂热阶段。因为和张某同乡的关系，张艳艳比其他干警更容易接近张某一些。张艳艳回忆说，当时张某虽然表面上服从管理，但是只要有机会，就企图向她灌输“大法”。每当这时，张艳艳总是岔开话题，而且每次去宿舍，只和张某拉家常，绝口不提转化她的事。张艳艳称之为“冷处理法”。10天下来，本来自负的张某很失落，也有些着急。而此时张艳艳已经和张某拉近了距离，并利用这段时间摸清了她的“底牌”。

知己知彼后，张艳艳采取单刀直入法，开始了对张某的转化工作。一天中午，张艳艳故意找到张某下跳棋。下棋的中间，张艳艳似乎是很随意地说：“我们谈谈‘开天目’是怎么回事好吗，我们谁先说？”张某想了想，说：“你先说。”张艳艳于是将“法轮功”揭批材料上关于人的幻觉的科学原理等讲了一通。张某听完后用轻蔑的眼光看了张艳艳一眼，说：“你是常人，你不懂。”接着就开始滔滔不绝地讲“法”。刚一讲完，张某就赶紧补上一句：“你别想说服我。”张艳艳告诉她，今天就是发表各自的观点，不辩论。以后的几天，张艳艳一天一个话题，每天只谈观点，不和张某辩论。这时候，张某的态度发生了变化，开始对张艳艳产生了抵触情绪，拒绝张艳艳陪她下棋、散步。

针对这一新情况，张艳艳她们又换了一招，采取“影射法”，旁敲侧击。张艳艳等几名干警加上已经转化的劳教人员，时不时故意当着张某的面大批“法轮功”。刚开始时张某还装没听见，后来终于忍不住了，就和她们辩论起来。事实胜于雄辩，荒谬的“法轮大法”是根本经不住推敲的。几天的辩论下来，张某的脸色越来越差，夜里也翻来覆去睡不着觉，不久就病倒了。张艳艳知道，张某已经进入了思想迷茫阶段。

张某生病住院后，刚开始拒绝打针，也不吃药，经过从大队长到干警的轮番劝说和医生的开导，张某终于配合打针吃药了。住院的两天里，干警们无微不至的关心使医院成了最好的感化教育场所。出院的当天，张艳艳几人将张某接回来后，晚上特意组织转化的劳教人员开了一场晚会祝贺张某康复。晚会上，张某很高兴，由此对干警的态度又有了改变。张艳艳她们抓住这个机会，开始从正面给张某讲“法轮功”的邪教本质，让她看揭批“法轮功”的光盘，劝她与“法轮功”决裂。张某的思想松动了，但一时还下不了决心。在记者的采访中，张某告诉记者，当时她已经动摇了，但是又害怕“大法”中说的报应，所以一直下不了决心。这正是张艳艳所说的思想矛盾期。

2002年的“六一”前夕，正在张某处在矛盾状态的时候，张某上学的女儿给张某写来一封信，还寄了一张照片。看到信和照片，张某哭了。她在写给丈夫的回信中说，回想自己练“法轮功”4年来的所作所为，她感到对不起丈夫，更对不起孩子，表示自己愿意悔改。张艳艳于是趁热打铁，促使张某进入了思想转化阶段，完成了她的四步曲。2002年6月3日，张某入所刚好一个月时，表示要从此与“法轮功”彻底决裂。

在高阳劳教所采访期间，记者听到的感人事迹还有很多：干警牛丽军为了劝“法轮功”劳教人员许某吃药，长时间用手举着药劝说，直到许某张嘴吃药；干警赵媛因为忙于转化工作，多次失约导致男朋友与她分了手……正如高阳劳教所所长王培毅说的，“李洪志宣扬的是‘伪善’，而我们的干警是用善意的良知感化了这些痴迷者”。正因为有了这样一批干警，高阳劳教所才创造了好的转化效果。据高阳劳教所政委宋维忠介绍，通过干警的文明执法、科学施教，一批因痴迷“法轮功”邪教，有严重违法行为的劳教人员思想得到了转变，行为得到矫治，成为正常的公民，过上了幸福的生活。为此，司法部为教育转化工作成绩突出的高阳劳教所荣记集体一等功。

（2003.1.20）

点　评　邪教“法轮功”毒害了很多人，让很多人步入迷途。文章通过几位法轮功迷途知返者的故事，揭示了“法轮功”的危害，展现党和政府对“法轮功”受害者的不离不弃，以及司法行政系统民警在感化、挽救“法轮功”受害者过程中付出的艰辛努力。

减少民警伤亡是最高的从优待警

常少扬

今天，本报《法治时空》专刊以四个整版的篇幅推出特别报道《清明时节祭英烈　减少伤亡慰忠魂》，以此表达我们对公安英烈的深切悼念之情和崇高敬意；同时，对近几年民警伤亡数字居高不下的原因和减少伤亡的途径、办法做了多角度的探讨，并请本报驻外记者介绍了国外警方的有关情况，以资参考、借鉴。

“国家安危，公安系于一半”——新中国第一位国务院总理周恩来的这句话极为精当地道出了公安机关在维护公共安全和社会稳定方面所担负的不可或缺的重要职责。从通都大邑到偏远乡村，从一条条街道，到一个个社区，遍布城乡的百万公安民警，无时无刻不在守望着共和国的一方方水土，无时无刻不在护卫着人民的一座座家园，无时无刻不在与危害人民群众生命财产的犯罪分子斗智、斗勇、斗法。正因为如此，公安队伍就成为和平时期为公众利益牺牲最多的一个群体。自新中国成立以来，全国共有 8000 多名警察为了维护社会秩序、保卫人民生命财产安全献出了宝贵的生命，还有十几万人因公负伤。特别是近年来，随着我国经济体制转型，利益群体多元化，贫富差距拉大，治安形势愈趋复杂，刑事犯罪的暴力化倾向日趋突出，每年都有几百名民警牺牲，数千名民警负伤，可以说是“天天有牺牲，时时有流血”。

这些数字是震撼人心的，因为几乎每个数字的背后都有一段可歌可泣、动人心魄的故事，我们为拥有这样一支为国为民不怕流血牺牲的队伍而骄傲，为敢于同犯罪分子殊死搏斗的英雄模范层出不穷而感到自豪；可同时，这组数字又是令人痛心的，因为这一数字的每次增长，都意味着一个个原本鲜活的生命的消逝或受到伤害，意味着我们这支来自人民、由人民供养的子弟兵队伍又一次遭受损失，更意味着又给一个或若干个家庭带来了难以抚平的伤痛……

一定数量的警察伤亡，在任何国家、任何时候都不可能避免，这是由其职业特点所决定的，尤其是在我们这样一个人口多，底子薄，经济社会发展不平衡，法律制度有待完善，执法水平和规范程度以及公众法律意识均亟待提高的国度里。

就像我们不能责怪董存瑞为什么不等安放炸药包的支架送上来再实施爆破，不能责怪黄继光为什么不等战友把爆破筒传递上来再对付敌堡里的机关枪一样，我们不能责怪警方的现场指挥员，特别是伤亡的民警“为什么……？为什么不……？”

每一场面对穷凶极恶的犯罪分子的战斗都是一次有多种可能性、多种结果的博弈，不能用事后的“复盘”来苛求在瞬息万变的现场的决策。但是，也同样不能用对伤亡民警及参战者的隆重表彰来代替对应汲取的教训进行理性的、客观的、科学的审视和总结。因为，我们不得不面对这样一个事实：有些伤亡是应该也可以避免的。

把这类伤亡降低到最低限度——正是我们在清明节前后，关注这样一个沉重的话题之初衷。

长期以来,《法制日报》对公安工作始终予以极大的关注。我们认为这支肩负着党和人民赋予的重要使命,一直在超负荷运转的队伍,应该得到全社会的关心。早在1990年本报就刊发了本报记者采写的长篇报道《负重的蓝盾》,饱含真情地描述基层公安民警在外界难以想象的困难条件下负重前行的工作生活状况,呼吁社会各界从精神、物质等方面从优待警。今天,我们策划、采编这组报道,仍是延续这一主题,因为我们认为,在尽最大可能履行职责的同时,最大限度地减少民警伤亡,这也是从优待警,而且是最高意义上的从优待警,因为生命无价。

我国民警伤亡数字居高不下的原因是多层次的,复杂的,有宏观的,也有微观的;所涉及的问题,有当下可以解决的,有正在解决过程中的,也有条件尚不具备,一时还难以解决的。我们注意到,这一问题已经引起从公安部到各级公安机关领导的重视,并为此而采取了多种措施。当然,解决这样一个涉及面很广的问题需要一个过程,还有大量的工作要做。如果我们今天推出的这组报道能够对此起到一点推动、促进的作用,待到未来的清明节祭奠英烈之时,我们就可以用民警伤亡数字下降的消息,来告慰英烈在天之灵了。(2003.4.7)

点 评

公安民警是党和人民的忠诚卫士。和平年代,公安队伍是牺牲最多、奉献最大的队伍。金色盾牌,热血铸就。正是因为有了广大公安民警的无私奉献、舍生忘死,才换来社会平安和广大人民群众的安宁和幸福。公安民警付出的流血牺牲,让人崇敬,也令人心痛。

这篇评论以散文的笔调抒发对牺牲公安民警的缅怀,满怀深情,同时对如何降低公安民警伤亡提出了独到见解,认为生命无价,减少民警伤亡是最高的从优待警。面对沉甸甸的伤亡数字,在缅怀英烈、赞颂英雄的同时,我们更需要用一种科学、理性的态度,分析原因、对症下药,最大限度地减少不必要的伤亡。

抗击“非典” 法作后盾

真 东 刘海琦

非典疫情发生后,由于我们国内很多人第一次遇到这样的疫情,对很多概念、防治知识和法律规定都很陌生,也缺少必要的心理承受力;疫情也给我们的生活,工作带来了冲击。当前,中央和有关地方政府采取了一系列控制措施和防治措施。但是社会上也有一些人对政府采取的控制疫情的措施不够理解,嫌麻烦。

其实,对照《传染病防治法》的相关规定,你会发现,有关控制疫情的措施是来自法律规定的,而且带有法律强制性。

涉及非典的名词含义不能随便解释

非典暴发、流行、疫区、重大传染疫情等名词概念到底是什么意思?各种媒体说法不一,人们莫衷一是。其实这些概念有着法律定义,不能随便解释。

《传染病防治法》第3条规定:本法规定管理的传染病分为甲类、乙类和丙类。国务院可以根据情况,增加或者减少甲类传染病病种,并予公布;国务院卫生行政部门可以根据情况,增加或者减少乙类、丙类传染病病种,并予公布。

《传染病防治法实施办法》第73条规定:

暴发:指在一个局部地区,短期内,突然发生多例同一种传染病病人。

流行:指一个地区某种传染病发病率显著超过该病例年的一般发病率水平。

疫区:指传染病在人群中暴发或者流行,其病原体向周围传播时可能波及的地区。重大传染病在人群中暴发或者流行,其病原体向周围传播时可能波及的地区。

重大传染病疫情:指《传染病防治法》第25条所称的传染病的暴发、流行。

《传染病防治法》实行于1989年,虽然该法没有将非典列为法定传染病,但是,该法同时作出了授权性的法律规定,即国务院可以根据情况增加或者减少甲类传染病病种,国务院卫生行政部门可以根据情况增加或减少乙类、丙类传染病病种。这是此次非典被列为法定传染病的法律依据。

对于疫情涉及的一些名词概念,法律有明确规定,不要随便解释,以防以讹传讹,造成恐慌。

隔离有强制的法律规定

4月23日,北京市发布了对非典疫情重点区域隔离控制通告,要求对受到非典型肺炎扩散污染的人员和场所,应当依法采取隔离措施,政府有关部门、社会组织和个人应给予配合。通告要求,被隔离人员应当自觉遵守规定,服从管理,不得擅自离开隔离地点;其他人员不得擅自进入被隔离场所;对被隔离的动物和物品,有关部门应当采取有效措施进行处理。

通告指出,有发烧症状和已经确认的非典(SARS)疑似病人擅自出走,是当前令医生及大众感到焦虑的一个问题。医生提醒,感染后最好的办法就是住院治疗,其余任何方式都只会加重病情,危害更多的人。

4 月 22 日晚上,太原市一辆“120”救护车赶到报警地点后,却发现病人已经擅自离开。虽经所在单位四处寻找,也未发现其踪迹。这是一个有非典接触史的发烧病人。该病人的离开,意味着有加剧疫情传播的可能。

《传染病防治法》第 24 条规定,医疗保健机构、卫生防疫机构对甲类传染病人和病原携带者,乙类传染病中的一些病人要予以隔离治疗。隔离期限根据医学检查结果确定。拒绝隔离治疗或者隔离期未满擅自脱离隔离治疗的,可以由公安部门协助治疗单位采取强制隔离治疗措施;对疑似甲类传染病病人,在明确诊断前,在指定场所进行医学观察;对传染病病人、病原携带者、疑似传染病病人污染的场所、物品和密切接触的人员,实施必要的卫生处理和预防措施。传染病病人及其亲属和有关单位及居民或者村民组织应配合实施上述所列措施。

那些感染上非典的病人无疑是不幸的。作为法律和硬性规定对非典患者进行隔离,似乎他们已经成了社会的另类。其实,非典隔离既是为了防止病毒的持续传播,将健康人群隔离在传染病人危险之外,保障大多数人的身体健康,同时,隔离措施也是为了给非典患者提供更安全、更有利的治疗环境,尽最大可能使患者早日康复。

每个与患者密切接触的市民都有义务、有责任积极主动隔离,避免更多的人感染,这是对家庭、对社会负责的表现,也是文明的标志。

隔离对生病者和其家属身心确实带来影响,但是这是必须的。这是为了患者本人、家属以及公共安全必须采取的措施。它不仅仅是医疗行为,更是法律赋予有关政府部门的责任。如果这些部门不作为,不但要承担行政责任,严重的还要追究法律责任。

同样,这些法律规定更是相关当事人必须履行的法律义务,带有法律强制性,没有商量余地。如果必须隔离的而坚持不接受隔离,或者隔离期间溜之大吉,那么,警察就可能登门请您,因为您违法了。严重的,不仅要被治安处罚,还可能要被追究刑事责任,这也是传染病防治法中明确规定的。

疫情控制措施适用所有人不能留死角

据新华社报道,一些在北京出差的人员成了被遗忘的角落,各种预防非典措施待遇没有他们的份儿。一些小规模私营企业在预防非典方面没有相应部门检查督促,成为政府管理的死角。一些外地企业在北京的安装人员、销售人员,还有外地驻京单位的办事员,在预防手段上两头儿都不管,留下了隐患。北京市流动人口多,其中不少是无主管单位的“社会人”,如个体工商户、外来零散务工人员,他们有的自我防范意识差,有的居住处卫生通风条件欠缺,很容易成为“高危”人群。这部分人尚未进入防治部门有效监管视线之内。

要控制非典型肺炎的蔓延,就要从控制疾病传播途径上下功夫。这就要不留死角,更不能人为留下空白点。防治工作应该覆盖所有环节。

《传染病防治法》第 7 条规定,在中华人民共和国领域内的一切单位和个人,必须接受医疗保健机构、卫生防疫机构有关传染病的查询、检验、调查取证以及预防、控制措施,并有权检举、控告违反本法的行为。

《传染病防治法》第 21 条规定,任何人发现传染病病人或者疑似传染病病人时,都应当及时向附近的医疗保健机构或者卫生防疫机构报告。

人类文明史,从某种意义上说,就是不断战胜灾难的历史。这场突如其来的灾害与我们每个人的生活都有直接关联。《传染病防治法》第 7 条的规定体现的是法律空间效力的属地管辖原则,在中华人民共和国领域内的任何人都必须受该法的约束。对于防治非典来说,草木皆兵、充分准备则是战胜非典的法宝。也就是说,在防治非典的战斗中没有脱离法律的看客,每个人按照法律的要求,履行自己作为一个中华人民共和国公民的法定义务,我们才能早日战胜非典,重归安宁的生活。

防治非典　医疗机构应统一管理

4 月 20 日,卫生部常务副部长高强就非典型肺炎防治情况答记者问时坦言:从工作上讲,卫生部应对突发公共卫生事件准备不足,防疫体系比较薄弱,当非典型肺炎疫情出现后,没有及时对全国的疫情制定统一的搜集、汇总、报告制度,要求不明确,指导不得力。由于有关部门信息统计、监测报告、追踪调查等方面的工作机制不健全,疫情统计存在较大疏漏,没有做到准确地上报疫情数字。这些工作中的问题,应认真总结经验教训,切实加以改进。

《传染病防治法》第 4 条规定,各级政府领导传染病防治工作,制定传染病防治规划,并组织实施;第 5 条规定,各级政府卫生行政部门对传染病防治工作实施统一监督管理。

《传染病防治法》虽然规定了统一监督管理的原则,但是由于各医疗机构分属于不同机构管理的现实,出现了分散化、沟通少等现象,包括信息统计、监测报告、追踪调查等工作出现了较大疏漏。面对突发事件,现有制度设计存在着缺陷。目前,国务院正在着手制定相关的行政法规,从法律上保证突发公共卫生事件应急反应机制的运行。

停工、停业、停课有法律规定 不能随意行为

卫生部日前发出紧急通知,公共场所和食品单位发现非典立即停业。卫生部要求加强对公共场所和食品生产经营单位的卫生监督。各单位要建立每日健康检查制度,对每个班次的上岗人员进行健康检查,一旦出现非典型肺炎病人或接待过疑似非典型肺炎病人时,要立即向当地疾病预防控制机构报告,并立即停业,采取消毒措施。

《传染病防治法》第 25 条规定,传染病暴发、流行时,当地政府为切断传染病的传播途径,必要时报经上一级政府决定,可以采取下列紧急措施:

1. 限制或者停止集市、集会、影剧院演出或其他人群聚集的活动;2. 停工停业停课;3. 临时征用房屋、交通工具;4. 封闭被传染病病原体污染的公共水源。

法律就是法律,不能以为连接待过疑似非典病人都要立即停业太过严格和不近人情,有损生意。立法本意就是为了你和他人的生命安全,为了公共安全就不得不这样做,这是最大的讲人情。

封城属谣传,封锁需法定程序

4 月 22 日晚,多位市民给市长热线打电话反映,有人在群众中散布说“北京市城八区要从 23 日起封城防疫。”市政府新闻发言人对此表示,所谓封城的说法纯属谣言。当前,市委、市政府正在按照党中央国务院的部署,采取各种措施,全力做好防治非典型肺炎工作。我们完全有信心依靠全市人民和广大医务工作者的共同努力,战胜这场严重的突发疾病灾害,维护广大人民群众身体健康和生命安全。

《传染病防治法》第 26 条明确规定,甲类、乙类传染病暴发、流行时,县级以上地方政府报经上一级地方政府可以宣布疫区,在疫区内行使诸如限制聚集活动、停业、停工、停课等紧急措施,并可以对出入疫区的人员、物资和交通工具实施卫生检疫。

经省、自治区、直辖市政府决定,可以对甲类传染病疫区实施封锁。

封锁大中城市的疫区或者跨省、自治区、直辖市的疫区,以及封锁疫区导致中断干线交通或者封锁国境的,由国务院决定。

根据《传染病防治法》的有关规定,依据相应的法律程序,各级政府对非典疫情重点区域采取隔离控制、停业、停工、停课等措施,是政府为了防止非典疫情进一步扩大所采取的应急措施。所谓封城之说,不但没有任何法律依据,同时,这种谣言的扩散,导致出现的抢购风潮,加重了社会恐慌心理,扰乱了社会秩序。这种毫无根据的散布谣言制造社会恐慌、严重扰乱社会秩序的行为,要承担相应的法律责任。在应对非典过程中,政府和有关部门所采取的一系列相应应急措施是严格依法而行

的。因此只有我们相信法律、相信政府、树立必胜信心，才能战胜困难，征服非典。

（2003.5）

点 评 非典（SARS），是一种严重急性呼吸综合征，曾经扰乱了人们工作生活秩序，一些学校停课，体育赛事取消或停赛。但是，防治非典过程中也充分显示了我国的政治优势，展现了各级党政机关强大的动员力。非典也让我们看到了公共卫生领域存在的短板，法治在疫情防控中的不足。文章关注法治在抗击非典中发挥的作用和需要加强的方面，对推动有关《传染病防治法》等法律完善、依法开展疫情防控具有积极意义。

女厅长失踪之谜

陈东升

4月下旬的一天中午,正在老家温州市参加一个房地产会议的浙江省建设厅副厅长杨秀珠给厅里挂了个电话,称老母亲病了,要求请几天假照料老人。几天后,当有关方面领导提着礼物上门慰问杨母时,才知道这个电话竟然是个障眼法:老人没病没灾,杨秀珠却一去不见踪影。事后调查证实,杨已携带女儿、女婿、外孙在上海虹桥机场仓皇出境。

《法制日报》今天报道称,在温州,浙江省建设厅副厅长、城市化办公室主任、前温州市主管城建的副市长杨秀珠是个有很高知名度的人。初中毕业的她原是温州市饮食服务公司一名卖馒头的服务员,在"文化大革命"中造反起家,从此平步青云,一直跃升至有着700多万人口的温州市主管城市建设的副市长,后又调任浙江省建设厅副厅长。杨在该省是一个极有争议的人物——赏识她的人认为其干劲足、能力强,对她重用有加,一路提拔升迁;反对与控告她的人认为其"独霸土地审批和房地产开发大权,以权谋私、贪污受贿,大肆侵吞挥霍国家资产",是"温州巨贪"。杨秀珠当了四五年副市长,温州市的一些老领导、老干部告状告了四五年。

笃信菩萨、曾成功躲避过了多次"劫难"的杨秀珠无论如何也想不到,一个名叫周道听的商人行贿行为的偶然败露,竟然会成为她从政生涯"滑铁卢战役"的导火线。

事情的起因非常简单。去年下半年,浙江省温州市鹿城区人民检察院在侦查温州市大工联房地产开发公司总经理夏爱华受贿案时,发现一名专门替生产厂家推销代理电力设备的电器商人周道听涉及此案。在查找周道听的过程中,电力部门、房地产公司个别领导所表现出来的种种不自然——或极力掩饰,或刻意回避,或惊慌失措,令有着高度职业敏感的反贪局检察官疑窦丛生。经过几番较量,周道听交代出令人瞠目结舌的犯罪事实:曾向温州市电力、建筑行业的十多名当权者行贿几百万元,受贿者包括温州铁路房地产开发公司副总经理杨光荣。

在温州,杨光荣与其姐姐杨秀珠的名字紧紧相连。正是由于这位曾任温州市主管城建副市长姐姐的安排,杨光荣才会出任温州铁路房地产开发公司的副总经理。2月26日清晨,当鹿城区检察院反贪局的侦查员将杨光荣堵在家门口时,正欲上班的杨还颇不耐烦地反问对方是不是搞错了。但检察官在审讯中出示的人证、物证迫使杨光荣不得不在当天就交代了犯罪事实:在签订市区公园路东南大厦电力设备供货合同过程中,曾一次性收受周道听贿赂18万元。因涉嫌重大经济犯罪,2月26日,鹿城区检察院对杨光荣刑事拘留,3月10日将其逮捕。

之后,法国商人陈其跃的锒铛入狱更使杨秀珠如坐针毡、惶惶不可终日。陈其跃原籍温州永嘉,20 世纪 80 年代后期回国创办了温州第一家外商独资企业,在温州名噪一时。陈其跃入狱的直接原因与叶征有关——去年,有“财色行长”之称的原中国银行温州分行行长叶征被捕后交代出前者曾向他行贿四五十万元,陈因此而成为中国司法机关的通缉对象。但陈之所以在温州成为人们谈论腐败之类问题时的热点话题,却与杨秀珠连在一起——在杨任温州市副市长期间,陈的公司曾以 5000 多万元的极低价获得华盖山东麓原温州市动物园地块的使用权,而后建设开发“米莉莎花苑”——同是这块地皮,在此前公开举行的拍卖会上,温州市土地局、规划局两家共同测算的地价为 1.0080 亿元,一家房地产公司最后以 1.2280 亿元的价格竞投中标。但后来因为杨秀珠坚决不同意中标公司关于调整规划指标的请求,这块地皮几经周折,最终还是落入陈其跃的手中。有人推算,陈从这个项目中至少可获利 2 亿元。因受贿罪,叶征已在今年初被温州市中级人民法院判处有期徒刑 12 年,自以为已风平浪静的陈其跃于是又开始了他的中国之行,没料到刚入深圳,就被浙江省检察院逮捕归案。

三四月间,杨秀珠有过几次神秘的家乡之行。随后,方方面面的领导相继给检察机关提要求、施压力:要求保释杨光荣或尽快对杨光荣受贿案结案,但鹿城区检察院均予以拒绝。到了 4 月中旬,事情越来越朝着杨秀珠所不愿意看到的方向发展:先是鹿城区检察院向上级检察机关申请对杨光荣的侦查羁押期限延长,紧接着浙江省检察院反贪局又直接介入此案,将犯罪嫌疑人杨光荣带至杭州,将温州铁路房地产开发公司的所有账册全部上调至省检察院审查。在温州,一些老干部一直认为这家公司是杨秀珠的“私人银行”和“腐败后花园”,里头隐藏着许多见不得天日的开支和权钱交易的勾当。

弟弟被捕,账册被查,陈其跃落入法网,几起看似偶然事件的重合,令嗅觉灵敏的杨秀珠意识到自己这次确实已被纳入反贪局的视线,“反腐之剑”已直逼眼前。她知道检察机关如果对她这个省管干部进行立案调查和实施布控必须要经过一定的批准程序,利用这个时间差,早有准备的杨秀珠如漏网之鱼,仓皇出逃。

因严重违纪,5 月 13 日,浙江省纪律检查委员会已对杨秀珠立案审查。

(2003.5.24)

点 评

浙江省建设厅原副厅长杨秀珠携女儿、女婿及外孙从上海机场途经新加坡出逃美国,曾经轰动一时。此后,国际刑警组织发出了“红色通缉令”,2016 年 11 月 16 日,在中央反腐败协调小组国际追逃追赃工作办公室的统筹协调下,经中央有关部门和浙江省追逃办密切协作,潜逃海外 13 年之久的“百名红通人员”头号嫌犯杨秀珠回国投案自首。1 年后,杨秀珠被判处有期徒刑 8 年并处罚金 80 万元。

文章独家揭开了杨秀珠这个“温州巨贪”出逃的谜底。

孙志刚案在广州开审

18名被告人被押上审判席

邓新建　游春亮

6月5日上午,广州市中级人民法院和白云区人民法院、天河区人民法院同时开庭审理引起社会广泛关注的孙志刚被故意伤害致死案。

乔燕琴、李海婴、钟辽国、周利伟、张明君、吕二鹏、李龙生、李文星、韦延良、何家红、乔志军、胡金艳12名涉嫌故意伤害罪的被告人被押上广州市中级人民法院审判席。

广州市人民检察院的起诉书称,经查明,2003年3月18日晚10时许,被害人孙志刚被收容后因自报有心脏病被送至广州市收容人员救治站201室治疗。3月19日晚,孙志刚因向其他收容救治人员的亲属喊叫求助,招致被告人乔燕琴(广州市收容人员救治站护工)的忌恨,乔燕琴遂与被告人乔志军(广州市收容人员救治站护工)商量,决定将孙志刚调至该站206室,让室内的收容救治人员对其进行殴打,之后乔燕琴到206室窗边向室内的被告人李海婴等人直接授意。

至翌日0时30分左右,乔燕琴再次向乔志军及接班的被告人吕二鹏(广州市收容人员救治站护工)、胡金艳(广州市收容人员救治站护工)提出将孙志刚从201室调至206室殴打,并得到乔志军、吕二鹏、胡金艳的认同。随后,乔燕琴、乔志军、吕二鹏、胡金艳共同将孙志刚从201室调至206室,乔燕琴、吕二鹏又分别向室内的李海婴等人授意对孙志刚进行殴打。当日1时许,206房的收容救治人员由被告人李海婴、钟辽国、周利伟、张明君、李龙生、李文星、韦延良等人以拳打、肘击、脚踩、脚跟砸等方法对孙志刚的背部等处进行殴打,被告人何家红则在旁望风。胡金艳发现后进行了口头制止。但李海婴、钟辽国、周利伟、张明君等人后在乔燕琴的唆使下,不顾孙志刚跪地求饶,继续用肘击、膝顶、跳到背上踩等方法反复殴打,何家红亦参与对其拳打脚踢。当值护士曾伟林(另案处理)发现后遂与胡金艳将孙志刚调至205室,后孙志刚向吕二鹏反映情况,吕二鹏使用塑胶警棍向其胸腹部连捅数下。当天上午10时许,孙志刚被发现伤重后经抢救无效死亡(经法医鉴定,被害人孙志刚因背部遭受钝性力反复打击,造成背部大面积软组织损伤致创伤性休克死亡)。

广州市人民检察院指控,这12名被告人无视国家法律,故意伤害他人身体,致人死亡,其行为均已构成故意伤害罪。

在孙志刚案件中均涉嫌玩忽职守罪的被告人张耀辉、李耀辉和彭红军、曾伟林、邹丽萍、任浩强等6名公安机关、卫生部门的公职人员则在广州市天河区人民法院和白云区人民法院受审。

(2003.6.6)

点 评

2003 年 3 月 17 日,27 岁的大学毕业生孙志刚,被广州黄村街派出所转到收容站收容之后,3 月 20 日被殴打致死,1 个月无人问津。4 月 25 日,孙志刚案披露后各大网站转载,当时点击率仅次于 SARS 报道,推动了对案件的侦查和对相关人员的处理,并直接引发收容遣送制度的废止。孙志刚事件是具有标志性的法治事件。

王府井步行街上的黄牌牌

——一个关于行政机关该不该给商场"信誉授牌"的话题

陈煜儒

面对生机勃勃、竞争激烈的市场，政府怎样履行市场监管职能，吸引着众人的目光。河南郑州一消费者因在一商场买得假货，将给这一商场授予"购物放心商场"牌匾的郑州市质量技术监督局告上法庭。这一由法院5月一审审结的案件应该引起各级参与市场管理的行政机关的警觉，虽然法院因我国目前立法上的漏洞没有追究行政机关的责任，但公众和一些法律界人士都认为"授牌"的行政机关难脱干系。遗憾的是这种牌匾，在北京的王府井步行街上随处可见。

6月8日记者来到王府井步行街，在这条800米长的商业街上，有十几个商场门前或橱窗里都悬挂或摆放着由各种行政机关颁发的五花八门的牌匾：北京工商行政管理局颁发的《重合同守信用单位》、《北京市无假冒商标示范商场》，东城区精神文明建设委员会颁发的《达标商店》、《文明单位》，东城区工商局、消协、王府井地区商业管理委员会联合颁发的《无假冒商品商店先进单位》，东城区人民政府颁发的《执行物价、计量、质量信得过单位》，王府井地区商业管理委员会颁发的《王府井最佳商店》，北京市语言文字工作委员会颁发的《社会用字规范化单位》，国家药品监督管理局颁发的《医药商品质量管理全国示范药店》，北京市技术监督局防伪技术管理办公室颁发的《商品保真销售柜台》，中国质量检验协会颁发的《打假扶优重点保护企业》等。

上面所列出的牌匾除了最后一个是协会颁发的，其余的都是行政机关颁发的，还有许多行业协会颁发的，记者没有列出。这些牌匾一般都挂在规模不太大的商场门前或摆在橱窗里，像王府井百货大楼这样的大店门前就没有悬挂。有些商店门前金光灿灿地挂着八九个。新东安商场里的某些小店窗前，也可看到这样的牌匾。这些牌匾颁发的时间不一，有的是1998年颁发的，有的是2002年颁发。虽然这些牌匾的评选标准不得而知，但有一点是肯定的，这些牌匾的颁发对消费者和商场都有一定的影响。

北京的一位消费者说，她购物一般不看这些牌匾，而更看重商品本身；一位外地的消费者说，这些牌匾对他购物还是有影响，在对北京的市场环境不太熟悉的情况下，挂"无假冒商品商店"、"示范药店"这样的牌匾的店，更能吸引他。一个拥有摊位的小老板说，没有这些牌匾，他的货照样卖得火。还有一些店主说，对销售同类产品的商店，如珠宝、手表等，挂这样的牌匾，容易形成不公平竞争。

王府井步行街上的牌匾，典型地折射出了行政机关的一个"授牌现象"，而这种现象在全国各地的许多商场，普遍存在着。

“政府的出发点是好的，是为了引导消费者不要上当受骗。但是，这样做，实际上是把商店分成三六九等，对商店的态度就形成一种扶持与排斥。按理说，给企业授牌不属于政府职能，如果由于政府的授牌，带来了垄断，干扰了公平竞争，政府就违法了。”一位法学界人士说。

政府授了牌，消费者就容易产生信任感，那么，消费者由于信任，导致损失，对于授牌的行政机关来讲，该不该承担责任呢？

一位行政法专家认为，文章开头所讲的郑州市质量技术监督局应该承担责任，消费者应该有诉权。因为行政机关的授牌行为，是一种管理行为，不是经营行为，是在行使管理职权。我国行政法中有一个信赖保护原则，我由于信赖政府而发生损害，政府就应该赔。当然，赔偿的比例可以通过立法或司法解释另行规定，比如，商场、授牌的行政机关、生产商各赔多少。国外对此都有明确的规定。

面对中国这样一个走向世界的大市场，政府应当有所为、有所不为。行政机关对市场的管理应该靠一套科学的、系统的管理制度，而不是几个容易引发争议的黄牌牌……

（2003.6.11）

点　评　授牌是当时中国比较常见的一种行政管理方法，它对于正面引导、树立正气、表扬先进，起到了一定的作用。但授牌名目繁多，某种程度上说是对行政职权的一种滥用。

具有百年历史的“哈啤”进入沈阳市场生产运营才15天，厂门被人设岗，运酒被人盯梢，宣传画被人撕掉，产品被人调换，甚至经销“哈啤”闹出了“父子连坐”……背后黑手是谁？为何以如此下作的手段进行不正当竞争？

“哈啤”在沈阳遭“非礼”

张国强

有百年生产历史的“哈啤”选准沈阳为第二故乡，确立了“植根沈阳，奉献社会”的企业理念。计划建厂投资6个亿，年缴税金1.2亿。然而，就在6月10日一期建设试生产以来的十几天里，“哈啤”在沈阳却遭遇到一系列让人不解之事。

“哈啤”厂门前有人设立了监视哨

从今年5月份开始，在“哈啤”厂门口对面一处标有“兴光综合批发食杂店”的平房内，便日夜有一伙人轮流观察守候。这伙人以搞社会调查名义租房，弄来几张床，还备有望远镜、录像机、照相机，日夜盯着斜对面的“哈啤”厂的情况；门前经常停放着五六辆轿车和面包车，负责随时跟踪从“哈啤”厂出来的车辆，近半个月以来，平房内的人和门前的车辆活动更加频繁。

“哈啤”沈阳公司发现这一可疑情况后向当地公安机关报警，请求查处平房内窥视“哈啤”经营活动的违法行为。沈阳高新技术产业开发区公安局管片民警刘刚、孤家子派出所杨庆军等3名民警曾多次出警。

6月15日，民警刘刚向平房内的人询问是在那里做什么时，一名叫于辉的人回答：准备开超市。听着于辉答话，看着房屋墙上两个房门大小的“拆”字，刘刚拿起了桌上的一个望远镜，对准路对面的“哈啤”厂望去，不由脱口而出：看得真清楚。

6月16日，民警杨庆军向平房内的几个人询问是哪个单位的，一名叫王建伟的人说：“我们是××啤酒厂的，在这看房呢。”随后，杨庆军问：“‘哈啤’的人报案说你们在这窥视他们并跟踪拉‘哈啤’的车辆，有这回事吗？”平房内几人面面相觑，无人作答。“门口的‘捷达’和面包车都是谁的？请把驾驶执照出示一下。”又是面面相觑。最后有人支吾道：车是我们借的，没带驾驶执照。民警记下了车牌号：辽AC3670、辽AN1805……

在“哈啤”被监视盯梢的同时，“哈啤”的业务员刚粘贴的宣传画，随后被人撕掉。遇到有店主不让撕，撕画者便用赠送笔、打火机、雨伞、围裙等手段诱惑店主：撕1张宣传画给一副扑克牌，撕30张给一把雨伞，撕60张给一件衬衫，如整个片区撕没了，每一张给 5 块钱；另外，如果不经销“哈啤”，饭桌上的一切用具都给提供。

“哈啤”经销商遭遇“父子连坐”

“哈啤”厂的送酒车出厂后，便有人开车跟踪。他们利用盯梢的方式找到经销“哈啤”的批发商后，通过种种方式向批发商施压，勒令其不许经销“哈啤”。

沈阳市苏家屯区迎春副食品商店老板 25 岁的儿子没有工作，“哈啤”在沈阳建厂后，他让儿子自办一个营业执照经销“哈啤”，然而，儿子的商店还没有开业，就有一个姓倪的人对迎春副食品商店的老板说：你们不许经销“哈啤”，否则就不让你们再经销 × × 啤酒。老板说：“我不做，‘哈啤’由我儿子自己经销。”倪说：“你儿子经销也不行。”

儿子的商店开业后，总有人跟踪他们。儿子拉“哈啤”的车辆还没到家，父母就会接到神秘的电话，被告知某号车是给你家拉“哈啤”的车，你们不要卸货。后来，那个姓倪的人又找到迎春副食品商店的老板说，如果想经销 × × 啤酒，他的儿子就不能经销“哈啤”，并向他们提出 3 条要求：一是交 5 万元押金，保证不经销“哈啤”；二是要把已投放市场的“哈啤”收回来；三是将儿子新办的营业执照作废。听到这些无理要求，他们断然拒绝。

6 月 14 日，他们经销已十几年的 × × 啤酒被停止了供货。他们经销 × × 啤酒交纳的保证金和应该兑现的奖金至今还未兑现。

“哈啤”被人回收后果令人担忧

最令人生疑的是，在沈阳市还有一些人到食杂店、饭店收购“哈啤”，他们用一箱“雪花”啤酒换一箱“哈啤”。“雪花”的价格高于“哈啤”，这样亏本的买卖竟然也有人干。

类似的事件去年在四川省绵阳市也发生过。2002 年 6 月，重庆啤酒集团的销售人员了解到，进入绵阳市的“重啤”被一些不知名的人按一定的比例换成了“雪花”啤酒，他们立即向四川省和重庆市的工商部门举报。2002 年 8 月 17 日上午，四川省、重庆市和绵阳市工商局的执法人员发现在华润蓝剑绵阳公司的包装场和糖化车间里，堆放着的 1334 件“重啤”，其中有些已过了保质期，有的即将过期。执法人员当即以涉嫌囤积重庆啤酒为由，对华润蓝剑绵阳公司下达了《四川省工商行政管理机关先行登记保存证据通知书》，对这些啤酒进行了暂时封存，但至今未公布该事件处理结果。此事件《中华工商时报》、《21 世纪经济报道》都做过披露。

面对一些人在沈阳收购“哈啤”的行为，哈啤集团的员工都甚为焦虑。“哈啤”集团营运总裁符辉对记者说：这些人收购啤酒的行为如不能得到及时制止，“哈啤”在沈阳就有可能遭受灭顶之灾。如果这些人将收购的“哈啤”开盖放气或者在阳光下曝晒,啤酒就将浑浊变质;万一变质后的啤酒再被恶意投放到市场,那对“哈啤”意味着什么?

在沈阳这样的国际化大都市中,百年“哈啤”竟遭如此非礼,这是谁人所为?据了解,民警在“哈啤”厂门前记下的车牌号码是华润雪花的,经销商说撕“哈啤”宣传画的人是华润雪花的,对“哈啤”经营者实行“父子连坐”的指使者也是华润雪花的,回收兑换“哈啤”用的酒还是华润雪花的……

对于这一事件的进展,本报将追踪报道。 (2003.6.25)

点 评

地区封锁、部门分割、行业垄断等各种不正当竞争行为,严重扰乱市场经济秩序。“哈啤”在沈阳的坎坷经历,充分暴露地方保护主义的危害。无论何人何企业,以何种非法的手段推行地方保护主义,都会严重抑制投资者的投资热情与消费者的消费意愿,阻碍经济的健康持续发展,终究都会受到市场惩罚。

“哈啤”在沈阳的遭遇经本报报道后,引发国家工商总局等部门的高度重视,责令停止系列不正当竞争行为,此后,沈阳的啤酒市场秩序回归理性竞争。

交通厅长“事故”多发

张国庆

在刚刚过去的2月，交通官员的腐败问题再度被人们热谈，因为在8天的时间里，3条“交通腐败”的新闻接连出现：

2月12日，河南省人民检察院检察长王尚宇证实，河南省高速公路发展有限公司董事长童言白外逃。这是河南省交通厅三任厅长出事后，最新的一个交通官员落马；

2月13日，江苏省十届人大常委会第八次会议上，章俊元被免去江苏省交通厅长职务，与此同时，江苏京沪高速有限公司董事长王文锦停职接受调查；

2月20日，鉴于安徽省交通厅厅长王兴尧有重大经济违纪等问题，经安徽省委批准，安徽省纪委决定对其立案审查，安徽省十届人大常委会第八次会议决定，免去王兴尧的省交通厅长职务。

江苏和安徽是最新出现问题交通厅长的两个省份，此前，这个名单上已有贵州、四川、广东、广西、湖南、河南等省区。

交通厅长的频频落马，吸引了人们的目光，单独的事件也逐渐变成了一种现象被关注着，有人称其为交通腐败，更有人将交通厅长列为腐败高危人群。不管如何，当新闻本身不再新时，反思便显得尤为重要。

3月8日晚，出席政协十届二次会议的张元方委员接受了记者的采访，就这一现象进行了分析……

改革体制方为根本

现任交通部公路科学研究所副所长兼总工程师的张元方委员是个“老交通”了，长期从事道路工程、公路交通运输经济研究、技术开发及质量管理工作。

张元方认为，腐败是从计划经济到市场经济的转换过程中比较容易出现的问题，不光是交通行业。具体分析关键在于三个原因：一是处于关键岗位的人员抗腐败能力不足；二是转制过程中的一些机制没有形成；三是监督薄弱。实践中，有些人员属于“带病”上岗，上岗前就有问题，有些即使没有问题，但抗腐败的能力不足，上岗后又有机制上的缺陷，加上缺乏监督，必然造成腐败的形成。而三者中任何一项做得好都会减缓腐败的发生，在交通厅长“事故”多发的同时，不乏有做得好的交通厅长。

针对交通腐败问题，张元方分析说，公路交通大量上马后，各方面准备不足，包括技术、人才、装备、体制等。而体制不足是导致交通厅长腐败的主要原因。具体描述这种体制，就是厅长兼指挥长，使得政企不分。尽管这样的体制有着积极意义，比如说它便于协调与其他部门之间、与地方之间的关系，便于调动各种关系。但其弊端则是明显的：由于厅长兼指挥长，其地位便从本应是宏观的监督管理者变成了具体的指挥者，既当运动员又当裁判员。其致命之处便在于把厅长直接推到了市场面前，指挥长具有非常大的权力，要确定招投标、确定承包商，还要确定材料采购、确定整体方案等。而这种权力又处于监督缺位的状态下，因为监督者就是被监督者，这样非常容易产生腐败。分析已发生的案例不难看出，问题基本上都是出在工程招投标、材料采购、确定承包商以及指定分包环节上。

如何管住厅长，首先要解决这种问题体制，那就是厅长不能当指挥长，不能直接管项目，应该由业主来当指挥长！张元方开出这剂药方后介绍说，交通厅应当“回位”到市场管理与监督的位置上来，由交通厅来指挥业主单位与建设公司的工作，并对他们进行财务、质量和进度上的监督。虽然从理论上讲，这种腐败的“机会”转到了业主身上，但这种机制使交通厅面对的是市场管理，而不是市场运作。而且当交通厅真正“回位”后，增加了对市场进行监控与管理的力度，从而可以有效地减少腐败发生的可能性。

行业贡献不可抹杀

个别官员的腐败问题不应该影响到对整个行业的评价！张元方说，公路行业的广大职工为推动公路发展、推动经济建设做出了巨大的贡献，这是不能抹杀的事实，不能因为有腐败分子而抹杀了行业的功绩。

同时，张元方也希望记者帮助澄清一个问题，那就是：腐败与公路工程质量并不是必然互为因果。不能否认，有些工程因腐败导致了质量的不合格，但这不是说有质量问题就必然有腐败的现象，因为公路质量还受技术等方面因素的制约。

（2004.3.9）

点　评　俗话说，前车之覆，后车之鉴。然而，这句话似乎对交通厅长们不太适用，他们的“前腐后继”曾一度引发社会关注。交通领域已成为腐败高发区，交通厅长成为“高危岗位”。文章针对这个社会热点，采访权威专家进行了深入分析。究其原因，根本在于审批权力过于集中，对“一把手”缺乏有效的监督制约，绝对的权力导致严重的腐败。

法律在丢丢面前怎么办?

秦 平 居 杨

一个人的命运是否从出生的那一天起就已经被决定?一个人的幸福是否从出生的那一天起就可以被剥夺?

有一个孩子叫丢丢,他的母亲把他带到这个世界上来的时候,自己才刚刚成年,人生的艰辛她才初尝滋味,"母亲"两个字的分量她还浑然不觉,她还没有体会到一个母亲的责任与伟大。可就在这个时候丢丢出生了,伴随着他出生的是生活的贫困和未觉醒的母爱。

在生活重压下的母亲开始吸毒了,年仅三岁的丢丢成了母亲的唯一毒资,他被抵押给了三名人性早已泯灭了的吸毒者。于是在夜半时分,在阴森恐怖的出租屋里,常常传来一个孩子凄厉的哭喊,疯狂的吸毒者把幼小的孩子当成了毒瘾发作后的发泄工具。丢丢被解救出来时,身上那些触目惊心的伤痕让人不敢想象一个稚嫩的小生命是怎样熬过那一个个可怕的时刻。

此后,被强制戒毒的母亲似乎一下子翻然悔悟了,她坚决拒绝了众多好心人收养丢丢的请求,发誓要给孩子一生的幸福。谁能怀疑一个浪子回头的母亲誓言的真实性呢?丢丢握着母亲温暖的手回到了河南信阳的农村老家。事情本来可以画上一个完满的句号了,人们可以尽情地设想一个孩子在母爱滋润下的幸福童年。

可是七年后的今天,当记者再次追踪丢丢的命运的时候,发现10岁的孩子再次面临着被遗弃的厄运。曾经在媒体面前信誓旦旦的母亲早就没有了踪迹,寄养在亲戚家的丢丢受到了不应有的冷漠、忽视和经济上的贫困,亲戚也毫不隐讳要把他送人的想法,这时孩子的眼里满是困惑与忧郁。七年了,在孩子没有母爱浸润的心灵荒原中,在孩子寂寞的童年世界中,有谁会知道他经历了怎样的心灵历程?他还会无比信任地拉住母亲的手和她一起回家吗?他还会期待一个阳光般灿烂的童年吗?

今天是儿童节,孩子们的快乐像六月的阳光一样明媚醉人,这快乐滋润着每一颗爱他们的心。可是还有一个,不,也许不只是一个叫丢丢的孩子,他们或者躲在寂寞的大山深处,或者躲在冷漠的城市一角,即使是在阳光照不到的地方,他们也依然在渴望着温暖,渴望着关爱。他们有权利在阳光下歌唱,有权利读书游戏,有权利享受童年的幸福。

七年前,我报女摄影记者居杨用镜头捕捉到了这个孩子的遭遇,第一次把这个叫丢丢的孩子的不幸带入了亿万读者的视线,第一次通过丢丢把亿万读者的关注引向了一个特殊的儿童群体。从此,丢丢与《法制日报》结下了不解之缘,七年来,我们一直关心着丢丢,也关心着许多与丢丢有着同样经历的孩子。我们希望为这些因为家庭的残缺和父母的失职而饱受精神与肉体痛苦的孩子们寻找到一个幸福的归宿。

丢丢的不幸不仅仅在于他母亲的不负责任，更在于国家与社会对这类“家务事件”干预的软弱与乏力。我国现行的有关法律，如《婚姻法》、《收养法》、《未成年人保护法》等，虽然都规定了对未成年人的权益保护的相关内容，但当这些法律针对每一个如丢丢这样的具体事件时，都显出了不应有的无能为力，众多的条分缕析的法律规定，碰到丢丢这样不幸的孩子就变成了无法可依，只能任由一个已经被事实证明了的严重不负责的、没有抚养能力的母亲把孩子带走。我们的法律在丢丢面前怎么办？《婚姻法》对于保护未成年人权益的规定太原则，虽然规定了父母有抚养子女的权利和义务，却没有明确规定具体义务有哪些，不尽义务有何后果；《未成年人保护法》的规定也较空泛，没有规定监护权被剥夺后的配套内容；而基于父母权利本位的《收养法》现在看起来就更为滞后……这样的法律在丢丢的遭遇面前显得力不从心。怎么办？我们究竟怎么做才能从根本上帮帮丢丢，帮帮那些需要关爱的孩子们？

今天在“六一”儿童节这个特殊的日子里，我们期望社会各界人士参与到我们关注的问题中来，请拿起您的笔，让我们共同讨论寻求对策，为“丢丢们”寻求爱的家园。

（2004.6.1）

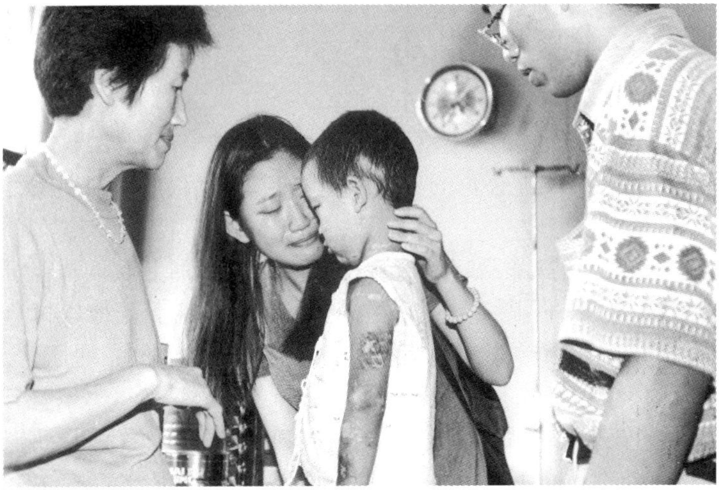

河南信阳吸毒女因欠毒资将亲生儿子抵押给吸毒者遭受虐待，经本报连续报道后引起广泛关注，丢丢被解救。图为爱心人士关心关爱丢丢的情景。(居杨　摄)

点　评　1997年夏天，吸毒母亲因欠毒品款，将3岁的亲生儿子丢丢抵押给3名吸毒者。1个多月的时间里，丢丢成为吸毒者毒瘾发作时发泄的对象，捆绑、踢打、打火机烧、烟头烫……1997年7月17日，北京警方抓获这些吸毒者，解救出伤痕累累、奄奄一息的丢丢。记者随后经过持续8年的追踪采访，使丢丢的故事引起社会普遍关注，丢丢由此成为全国禁毒宣传的典型人物。最终在全社会的共同努力下，丢丢摆脱吸毒母亲，开始了新生活。

嵩山儿女　人民卫士

追记全国公安系统一级英模任长霞

翟惠敏

“任长霞牺牲了！”

突然而至的悲讯，令河南登封的公安民警猝不及防；

难以置信的噩耗，令登封市的所有百姓震惊；

任长霞，河南省登封市公安局局长，素以打黑除恶、爱民护民闻名于中原大地。2004年4月14日20时40分，这位女公安局长在办案途中突遇车祸，经医院近4个小时的抢救，但终因伤势过重，不幸牺牲，年仅40岁。

4月17日，为英灵送行的日子。登封市万人空巷，从四面八方自发赶来的群众竟达14万之众。这血肉般的警民关系和真情，成为任长霞短暂的生命中最有价值的注解，更是任长霞践行“人民公安为人民”的真实写照。

打黑除恶保民安

登封有个白沙湖，水产养殖和旅游资源丰富，周围村落的百姓安居湖畔，日子过得自在。但自从登封避暑山庄嵩峰实业公司的王松承包水产公司后，白沙湖周围百姓的好日子就到头了。

王松何许人也？他表面上光光鲜鲜，靠着“成功”企业家之名，加上欺骗和善于伪装，竟然顶上了政协委员的光环，但其实是一个黑恶势力团伙的头目。他以招募巡逻人员为名，暗中网罗豢养打手，购买枪支，成立了带有黑社会性质的犯罪团伙，企图长期霸占垄断白沙湖的资源，大肆进行“血腥”原始积累。

几年来，这伙人横行乡里、草菅人命、殴打无辜、敲诈勒索，致使上百人受到伤害，7人丧命。由于王松一伙有“保护伞”，当地群众有冤不敢诉，敢怒不敢言。

这伙歹徒的恶行劣迹早已引起警方的注意，秘密取证工作悄悄进行。2001年4月，任长霞到登封上任，预示着王松一伙覆灭日子的来临。

一时间，各种有关任长霞敢于打黑碰硬的故事，在白沙湖百姓中流传着，随之一封封举报信也摆在了任长霞的桌案上。

看着举报信上百余名村民的签名和血红指印，任长霞感到深深的震惊和愤怒。她在向上级公安机关的情况报告中，逐条将白沙湖百姓被王松一伙欺压的桩桩冤情、件件苦情列了进去，同时在请战书中拟写了详细的打黑计划。

任长霞深知，打黑除恶的制胜关键靠的是扎实的证据和迅速果断的行动。她带领专案组民警走村串户,调查取证,经过周密安排,一个智捕王松的计划迅速形成。

4月29日,王松的一个爪牙因参与作案被抓。王松得知后满不在乎,决定救出“弟兄”。5月1日21时,王松如约来到任长霞办公室,可一进门就再没出来。

擒贼擒王,除恶务尽。王松的落网,加速了案件侦破速度。短短两个月,除王松的弟弟畏罪自杀外,其他65名团伙成员全部落入法网。

任长霞打黑除恶的故事被演绎出多个版本,成了“民间文学”。谈笑间,任长霞这个“打黑女英雄”的形象就在登封百姓心中扎下了根。

破积案为民洗冤

据登封百姓讲,登封人遇事爱认个理儿,不给理儿就去告。郑州市公安局历年有统计,登封市上访数量曾经占郑州全市一半以上。

民情如斯,任长霞当然深知。更何况百姓真的有苦、有冤要申诉。任长霞决定以接待上访为工作突破口,变被动应访为主动接访、下访,让百姓把苦都倒出来,把冤都讲出来。

为此,任长霞刚一上任,就和局班子研究决定抽调专人成立“控申专案组”,在市公安局门口建立控申接待室,并把每周六定为“局长接待群众日”,倾听群众呼声。

任长霞在登封3年多的工作时间中,“局长接待日”从没间断过。登封找过她来反映问题的老百姓都说:“任局长工作细致,知道我们老百姓心里咋想的,我们愿意找她。”

登封市公安局通过加强控申工作,一下子拉近了警民关系,任长霞和民警们成了百姓的依赖和依靠。控申工作既让登封的百姓感到申诉有门,同时又让民警们从中梳理出了一批沉淀多年的积案,使冤情得以重见天日。

积案对于受害百姓来说就是沉冤和挥之不去的心痛,对于公安民警来说就是长久压力,甚至是一种耻辱。

登封市有两起家喻户晓的强奸杀人案,都是积案。

这两起积案引起了任长霞的注意,她让人专门调出档案仔细研究起来。

第一起案件是西岭区域内的连续强奸、抢劫、杀人案,一直拖了5年,群众反映十分强烈。

第二起案件是长达11年未破的两名少女被奸杀案,一点线索也没有。一少女的母亲韩素珍为替女儿伸冤,11年来从地方到中央跑了上百次,满头青丝变成了白发。

越分析案情,任长霞越感到这两起案件像一个巨大的阴影压在心中,如鲠在喉,不吐不快。当然,任长霞也深知这两起案件的分量和难度。

为此,她与局领导班子研究决定,将两案定为攻坚战的重中之重,挂牌督办,并抽调精干力量,成立专案组,深入案发地一线深挖线索开展侦破。

很快,2001年7月31日,第一起案件有了新的重要线索。经过侦查员重新对相关线索的串并，并深入走访调查，犯罪嫌疑人终于浮出水面，8 月 1 日，民警快速出击将其抓获。经过审讯，嫌犯供述了在西岭地区等地实施强奸 18 人、杀死 7 人、抢劫 1 人、盗窃 2 次，共作案 26 起的犯罪事实。

第二起积案的破获得益于控申接访。2002 年 8 月的一天，君召乡一位老农主动找到任长霞说："任局长，我看你是真心实意为俺老百姓办事的，我知道一件事儿，在心里憋了十来年，今天想给你说一下。"根据这位知情者提供的线索，8 月 26 日，登封市公安局将杀人凶手抓获。至此，这起沉积了 11 年的重大强奸杀人案告破，为受害人伸张了正义。长年上告的韩素珍面对任长霞，更是老泪纵横，长跪不起。

两起积案的告破，让登封百姓对公安民警信任有加，百姓对任长霞的拥护和爱戴之情油然而生。

任长霞担任公安局长 3 年来，处理群众来信来访 3467 人次，查结 1998 年以来控申积案 100 多起，使 475 户上访老户罢访息诉。

铁律治警民心归

2001 年 4 月，任长霞调任登封市公安局局长，成为河南省公安系统有史以来的第一位女公安局长。

任长霞心里清楚，这个局长并不好当。

登封位于河南嵩山腹地，因为有少林寺而闻名于国内外。这里除有常住人口 63 万外，每年来此旅游的流动人口就有上百万，社会治安形势复杂，公安任务繁重。由于发案数量多、破案数量少，公安机关的形象在老百姓心目中地位不高。几年里，登封市公安局在全市行风评议中年年倒数第一。

任长霞上任伊始，就把工作重点放在整肃警风、抓队伍建设上。

2001 年 4 月 16 日，任长霞第一次与市局机关全体民警的见面会就开成了纪律作风整顿会。

在会上，任长霞一一列举了通过实地调查发现的问题，提出了整顿队伍改进工作的要求和奖惩措施。任长霞的讲话柔中带刚，在全局上下引来一些非议。

"做做样子罢了"，"一个文弱的女人，能干什么？"，"登封不是一般的地方，好戏在后头呢"……一时间，人们议论纷纷，不信任的有之，观望的有之，等着看笑话的有之。

任长霞根本不去理会这些非议，继续大刀阔斧地开展整顿。

2001 年 10 月初，任长霞接到群众举报电话：在卢店镇到徐庄乡公路上，交警大队二中队民警处理交通违章，罚款不开发票。

当天晚上，任长霞着便装搭上一辆拉煤的大货车，车辆因违章被交警拦下，任长霞坐在车里看到了民警处理的全过程，确实如举报所说：罚款不开发票。她当即亮明身份，当场宣布民警停职检查。

经过详细调查核实和慎重的研究，登封市公安局针对此事发出了措词严厉的通报。同时宣布，3 名当事民警被开除，中队长降职，指导员免职。

随后，任长霞又顶住压力，与局党委班子成员达成共识，坚决将 18 名长期不上班、无故旷工、迟到以及参与违法违纪行为的民警开除和辞退。

公安姓“公”，民警姓“民”。在狠抓整顿的基础上，任长霞又以人大评议为契机，面向社会开门评警，发放征求意见表，广泛接受群众监督，倾听百姓的意见。

任长霞通过调查发现，制约队伍建设发展的“瓶颈”是干部结构不合理，一些人安于现状、不思进取，很多有思想、有作为的民警没有合适的渠道被及时选拔上来。

为此，任长霞和局党委班子研究决定，在全局全面推行人事改革，中层干部竞争上岗，民警优化组合双向选择。按照“公平、公正、公开”的择优原则，经过严格的资格审查、书面测试、民主测评、演讲答辩和组织考察，一大批年轻有为的青年民警走上了领导岗位，真正做到了“能者上、平者让、庸者下、劣者汰”，有效地调动了民警的积极性，民警的工作热情空前高涨。

好队伍出战斗力，好队伍也顺民心、合民意。

在 2003 年登封市行风评议中，登封市公安局由倒数第一跃至前五名。形象转变了，也换回了人民群众对公安机关的信心和信任。

救民助民于危难中

作为执法者，任长霞一方面痛恨犯罪分子，决不对他们心慈手软，一方面又同情受犯罪分子牵连的无辜亲属，替他们伤心落泪。

2003 年 12 月 18 日，在君召乡石坡爻村，涉嫌强奸杀人的犯罪嫌疑人王小伟被带上警车，刚满 3 岁的儿子哭喊着叫“爸爸”。因为家里穷，前两年王小伟的老婆跑了，家里还有一个年近古稀的老母亲。听到孩子叫声，王小伟眼睛紧闭，牙关紧咬，痛苦地将头埋在怀中。

见到这个情景，任长霞走过去叫民警把王小伟押下来，说：“让他们父子见上一面吧。”犯罪嫌疑人王小伟抱着儿子号啕大哭。这时，任长霞走过去，从衣兜里掏出 100 块钱，递给旁边的一个邻居说：“给孩子买点吃的，以后孩子有啥困难就去公安局找我，我叫任长霞。”说完扭头就走了。

上了车，任长霞手里握着手绢眼圈发红……

在登封市看守所，犯罪嫌疑人王小伟得知任长霞牺牲的消息，一脸的惊讶：“怎么牺牲的？”随后，他泣不成声地说：“任局长对人好，对我的家人好。我说过，只要我不死，一定带着孩子去看她的。”

2001 年 5 月 3 日，登封市大冶镇西施村煤矿发生特大瓦斯爆炸事故，13 名矿工遇难。任长霞在参与处理这起事故中，得知小姑娘刘春玉的父亲遇难，母亲前不久因病去世，成了一名孤儿。她毫不犹豫地承担了小春玉生活和学习的全部费用，并经常看望小春玉,把买的新衣服、新鞋亲自给小春玉穿上。后来,小春玉在作文中写道:“我们母女相认不到三载,时间虽短,但任妈妈亲切的教诲、做人的品质,永远是我心中不灭的灯。”

据不完全统计,任长霞担任登封市公安局局长3年里,收到社会各界送来镜匾、锦旗300余块(幅),感谢信600余封。这些感激中凝聚的是百姓的一片真情。

2003年4月10日上午,嵩山广场唢呐高奏,鞭炮齐鸣,群众要在嵩山广场上为任长霞立“功德碑”,碑的正面镌刻着“有为而威邪恶畏,为民得民万民颂”。任长霞闻讯赶到广场,她向前来立碑的群众“求情”说:“我只是尽了我应该尽的责任,功劳应归于全体民警,碑不能立。”最后,她看拗不过,只好同意让群众把碑立在公安局后院东侧不显眼的地方。刚送走立碑的群众,任长霞当即命令把碑拆掉了。后来群众发现“功德碑”被“藏”起来,无不动情地说:“任局长虽然把石碑拆掉了,可她拆不掉立在人民心中的碑。”

荣誉是执法为民的见证

有人评价,执法为民,保民平安是贯穿任长霞21年从警生涯的一条主线。

1983年,当任长霞警校毕业后当上一名民警时,她就在日记本中写下一段话:“能成为一名打击犯罪、保护人民的人民警察,能亲手抓获犯罪分子、还老百姓公道,是我人生最大的追求。”

翻开任长霞的简历,简短的几行字却记载了太多的荣誉:除了全国“五一劳动奖章”获得者、全国优秀人民警察、中国十大女杰、全国“三八”红旗手、全国青年岗位能手等荣誉称号外,更多的是她在打击犯罪第一线立下的赫赫战功。任长霞从警以来,先后多次荣立个人一等功、二等功,三等功。这些立功受奖记录是她保民平安、维护稳定的见证。

任长霞从警21年先后干过多个警种:干预审工作,她勤奋好学,刻苦钻研,在省、市公安系统岗位练兵中夺冠;从事公安法制工作,4年里审核案件千余起,无一错案;作为郑州市公安局技侦支队支队长,她带领全队民警配合刑侦支队破获抢劫、杀人等重特大案件300余起,抓获犯罪嫌疑人300余名。

郑州市公安局副局长杨玉章对她的评价非常中肯:作为一名女民警,在工作中多次因完成任务出色而立功受奖,这在全国警界也少见。

任长霞担任登封市公安局局长后,跃上了更高的工作平台,同时对保一方平安有了更深的认识和体会。民警们都知道她经常说的一句话:“打击犯罪、维护正义、让人民安居乐业,就是最大的为民。”

一切为了百姓的安宁,让百姓真正享受到安宁给他们带来的实惠。这是登封百姓对任长霞念念不忘最根本的情愫。

有人说,任长霞是幸运的,因为她“选择了阳光下最神圣的职业”,实现了自己从小立志当一名光荣警察的梦想。

有人说,任长霞是幸福的,虽然她的生命短暂,但是她倒在了自己心爱的工作岗位上,用绚丽的生命实现了自己的誓言。

任长霞,你是嵩山人民的好儿女,人民的忠诚卫士,你永远活在人民心中!

长霞不死,长霞精神永存!

(2004.6.6)

点　评

任长霞生前是河南省登封市公安局局长,在侦破案件途中遭遇车祸不幸因公殉职,年仅40岁,被公安部追授为全国公安系统一级英雄模范称号。她用信念、人格和情操忠实地履行了"立警为公、执法为民"的神圣职责,展现了一名共产党员的崇高精神境界,谱写了人民警察忠于党、忠于人民、忠于法律的壮烈诗篇。

作为一名女公安局长,任长霞集警察的威严和女性的温柔于一身。她被誉为"女神警",令犯罪分子闻风丧胆;她把群众当作自己的兄弟姐妹来对待,始终把人民群众的疾苦和安危放在心上,诚心倾听群众呼声,把查处信访积案作为一项"民心工程",真正做到了"权为民所用,情为民所系,利为民所谋"。她去世时人们自发地悼念,万人空巷。她是老百姓心中的永远的彩霞。

记者采写的这篇报道告诉我们,只要坚守你心中最朴素的良知,只要你坚守执政为民的信念,只要你坚守一个共产党员的理想与品格,你就会在人民心中树立起一座丰碑。

回忆邓小平同志为法制日报题字

写在邓小平诞辰100周年之际

阎　军

“麻烦”出来的好朋友

1990年8月1日是法制日报十年大庆的日子。因为报社十年大庆临近，报社领导希望我帮助联系中央领导同志为报社题词。报社十周年的大庆，如果能有中央和国家领导人的题词，对于报纸的社会形象和鼓舞全体员工的士气，都是非常有意义的。我当时负责全国人大的新闻报道，接触领导同志比较多。

接受任务以后，我想起了亲切热心的萧榕（毛毛）。我和毛毛的相识是在1986年。

那年2月，报社领导找我谈话：“因为连续派了两个记者负责全国人大的报道，都出了点小问题，全国人大坚持要报社换人，重新派记者，并且要求很高，所以，现在派你去，你一定要好好工作，站住脚，给报社争口气。”

从此，我就开始了与中国最高立法机关近20年的不解之缘。近20年的时政记者报道经历，我交了许许多多的朋友，毛毛便是我许多朋友中的一个。

那时她叫萧榕，在全国人大常委会办公厅研究室工作，是研究室的副主任，因为研究室分管会议的简报和信息的搜集，我们记者又特别需要这些信息，所以和她的交道就很多，我们的友谊就是从这里开始的。

当然，我们都是“老三届”，都经过那动荡的年代，都下过乡，都出生在革命家庭，有着太多相似的经历和感受。

萧榕是小平同志的最小的女儿，因为这样一个特殊的身份，大家都非常关注她。但是萧榕热情待人、落落大方。她和所有的人都能亲切相处，并总是热心帮助别人。

那时候我刚参加人大的报道，很需要帮助。我牢记报社领导的嘱咐暗下决心，一定要通过自己的努力，打开本报在全国人大报道的新局面。

研究室负责常委会工作简报和信息搜集，同时也负有向记者提供信息的责任。为了报道的及时和准确，记者少不了去麻烦他们，但每次他们都能耐心地为记者们提供各种服务。我新来乍到，“子入太庙，每事问”，而且还是“打破砂锅问到底”，更是特别让人“麻烦”的人。为了早一点得到新闻信息，我时常中午午休还去打扰他们。为了核实新闻的来源、背景，为了让稿子尽快通过审批，我经常一天数次电话追踪，有时傍晚会议结束了，我还要在那儿等，为了拿到当天最完整的信息（最后的信息常常能给我提供独家新闻），有时候还要拉着萧榕他们为我加班。

尽管我如此麻烦他们，萧榕和研究室的同志都尽量满足我的需要。一来二去大家成了朋友，他们十分认可我的工作，也十分乐意帮助我。

一次，我参加一个国际人口会议的报道，人大研究室是负责这次会议宣传报道工作的，因此我需要提前和他们联系有关这次会议的背景资料和各种信息。萧榕对手下的人讲，只要是阎军来，我们就开绿灯。别人告诉我后，我十分感动，工作就更加努力，也更加“麻烦”他们了。

全国人大领导和许多同志的关心（包括萧榕），使法制日报对中国立法机关的报道，越来越占有十分重要的比重，全国人大对法制日报也越来越给予更多的支持和关注。

鼓励我当一名好记者

20 世纪 80 年代末，报社准备迁址到四元桥花家地，因为离城里远，我一度有些动摇，想调换一下工作，一个非常重要的中央部门已同意我调进，但我又十分钟情新闻工作，一心想成为一个好记者，对去机关工作顾虑重重，因此犹豫再三。

萧榕听说后，对朋友说，阎军当记者好好的，已经有了名气，不应该离开新闻界。朋友转告我，我对萧榕的意见很重视。

不久，一次采访，我在大会堂碰到了萧榕，她和我谈起了这件事，她说：“你在新闻界已经干得不错了，好好的不应该离开，我觉得你更适合当记者。”一席话很温暖，其实说到了我的心坎上，最终我采纳了她的意见，谢绝了那个机关的好意，没有离开法制日报，追随我的理想直到今天。

如今我已经成为一名高级记者了，一位评委透露，国家新闻出版总署的职称评委会，在审查我的高级记者职称申请时，全票通过，此间我六次获得全国人大好新闻一等奖并获得全国人大颁发的“成绩显著”表彰证书。2003 年我的一篇人代会报道获得了中国新闻奖二等奖，同年荣获第五届全国百佳新闻工作者称号。

提起这些往事，我总是油然想起萧榕的鼓励。

小平同志也看《法制日报》

获得信任，在记者的采访生涯中，是比文章见报都更为珍贵的。

作为一名记者，无论是正面报道还是批评报道，如果你以敬业、公正和客观的工作获得被采访对象的信任，那将是十分幸福的事，因为这意味着你能得到对方默契的配合，并能够得到你所需要的新闻，这也是得到社会承认的基础。

1994 年，萧榕已离开全国人大，回到总政治部，此时，她已成为一名军队选出的全国人大代表。人代会期间，对于小平同志的健康情况社会上传闻很多，全国都很关注，作为一名记者，我也希望能够采访到一些真实的情况。

凭着我的红色记者证(只有少数记者可以佩戴此证,允许在一楼和主席台采访),我在大会堂的主席台上找到了人大代表萧榕。

我和萧榕进行了一番诚挚的交谈,我表达了想得到独家新闻,但决不勉强她的意思。我希望在她能够接受的、被允许的条件下准许我发表关于小平同志的健康状况的独家新闻,当时她表示,要再考虑一下。

第二天,我又继续找她联系,她终于答应给我透露一些关于她父亲的情况。她告诉我,父亲每天要用2个多小时来看十几份报纸,其中也看《法制日报》(听到这点,我心里特别高兴)。小平同志的听力不太好,但是眼睛很好,看远的东西特别好;她说父亲每天散步最少走3公里,十分注意自己的健康。他饮食很有规律,有时候胃口好,吃多一点的时候,会受到家里人的表扬。萧榕总结父亲长寿的秘诀主要是“豁达与开朗”。

问起萧榕写书的进展,我说下册一定比上册难写,她不这样认为。她说,因为她是在写一位女儿眼中的父亲,都是她非常熟悉的事情。1993年9月11日,中央文献出版社在北京举办了《我的父亲——邓小平》一书座谈会,我作为采访记者参加了会议,萧榕送书并为我签名“送给亲爱的阎军”留念,萧榕还热情地请她的母亲卓琳同志在给我的书上签了名。

征得她的同意,我在3月16日《法制日报》的一版发表了一条独家新闻:《我的父亲是一位健康的老人——与萧榕代表一席谈》。发表前,我想请她审一下稿,她说不用了,我又一次被她的信任感动。文章发表后,被一些国内外报刊、网络转载。

萧榕离开人大以后,给过我一个她家里的电话,我从来没有打过。除非为了工作,我并不愿意麻烦她,我希望她好好照顾她伟大的父亲,写好她父亲的书。我希望毛毛像大家一样,享有安宁清静的家居生活。

1989年那场政治风波期间,我给她打了唯一的一次电话,没想到一拨就通了。在说完事情以后,我情不自禁地告诉她,前几天我到北大,看到大学生们在强烈地表达一个心声:坚决拥护改革开放,他们说没有邓小平就没有改革开放,没有改革开放他们连“托福”都不知道。萧榕听了很高兴,很欣慰。

小平同志为我们题词

“风波”过后,萧榕多次跟我说过,在适当的时候她会为法制日报办点事。报社领导给我任务后,我于是与她联系,希望她转达我们想请小平同志为法制日报十年大庆题词的热切愿望,说这将给法制日报以极大的鼓舞。萧榕毫不为难地答应了。

在社庆的前几个月,一天,中共中央办公厅通知本报:邓小平同志为日报题词了,请报社派人去取题词。消息传开,全社员工无比兴奋。

小平同志是在1990年6月15日为本报亲笔题词:“法制日报十周年”,随着小平同志的题词,当时的党和国家领导人杨尚昆、乔石、彭真、薄一波、陈丕显、习仲勋、彭冲、雷洁琼、王汉斌以及任建新、刘复之、王芳、蔡诚、贾春旺、尉健行等，都一一为法制日报题词祝贺。

1990 年 8 月的一天，法制日报在人民大会堂举办了一个法制日报同仁永远难以忘怀的、隆重的、热烈的创刊十周年纪念会，许多党和国家领导人出席了我们的会议，对我们的努力给予祝贺。

萧榕离开人大以后，我们来往的机会就很少了，虽然偶尔打个电话问候一下她的身体和写作进展，但是总觉得，我和她是“心有灵犀一点通”的，彼此天各一方，却心心相印……

(2004.8.11)

点　评

社会主义法治是邓小平理论的精髓之一。在邓小平理论中，有关社会主义法制方面的内容占有很大比重，涉及社会主义法制建设的各个领域。邓小平结合中国国情和社会主义法治建设实践，为中国法治社会建构勾画了清晰的框架、轮廓，指明了我国法治社会的前进方向。

本文介绍了邓小平与《法制日报》的一段情缘——他为“法制日报十周年”题词，看《法制日报》，家里摆放印有“法制日报十周年”题词的台历，点点滴滴汇聚成对中国法治建设的浓浓深情，更为法治日报人注入强大的精神动力。

浓浓乡音话老曹

李光明

5月12日,优秀的人民调解员曹发贵同志在调解一起纠纷时,惨遭当事人一方袭击不幸以身殉职。他用生命为人民调解员这个称号写下了光辉的注解。

作为一名基层共产党员干部、安徽省和县乌江镇黄坝村人民调解委员会主任,曹发贵几乎每天都与群众面对面,有矛盾、有难题,更有做不完的工作。曹发贵一直处于黄坝村矛盾漩涡之中,却受到村民们的真心爱戴。

他十多年如一日,执着地实践着一名共产党员、一位人民调解员的朴素承诺。他的精神境界和思想源于何处?这也是每位到黄坝村采访的记者试图探寻的东西——曹发贵的心路历程到底是什么?

虽然这是一次无主角的采访,但在田间地头,在村头巷陌,从黄坝村村民黝黑的皮肤中,从黄坝村村民涌出的泪水里,记者处处能寻找到还原曹发贵的元素。真实的曹发贵远比记者想象的要丰满。

村民们说,曹发贵是黄坝村的脊梁,小到家长里短的"萝卜事",大到村子发展的大事,哪一样都离不开曹发贵。

鲁东村民组的柯茂友说,在曹发贵担任村支书的这十年中,黄坝村没有额外向村民们筹集过一分钱。他把村里的低洼地、岗坡地和村里的废地调整后开发成水产养殖、苗圃种植承包出去,发展村里经济;他把村里获得的收入都用在刀刃上,除了发展公益事业外,村里每年为特困户、当年受灾户支付的农业税费就有六七万元,最多时高达9万多元。为了调动群众农业产业调整的积极性,自1996年起,全村每年4万多元的农业特产税全由村集体支付。

村民们说,老曹是个热心肠。他不光在调解矛盾纠纷时到群众家里,平时老曹就爱串门,群众家里的红白喜事、参军考学,总少不了他的身影。

"我最近老是梦到曹发贵,醒来时眼睛都是湿湿的。"村民曹发林的妻子对记者说,2002年,曹发林身患癌症,曹发贵主动上门帮助照料。当年,曹发林病故,儿子考上了大学,因家中贫困准备放弃就学,曹发贵拿出家中仅有的1000元,又偷偷从银行贷款1000元给他们。然后他又找到镇里,发动镇干部、村民们捐款,共为曹发林家筹集了7000多元,使这个孩子顺利上学。孩子要给曹发贵下跪,曹发贵拉着孩子只说了一句话:"好好学习,学成后报效国家,报答艰辛的母亲和关心你的乡亲!"

黄坝村许多村民都有这样的切身经历:上镇里坐车,只要碰到曹发贵在车上,车票保证你付不了钱,三块两块他会抢先帮你付。今年春节前,曹发贵到镇上接女儿回家,在回村的车上,遇上几位从外地返家过年的村民,他不仅忙着帮人家背行李,还给每个人都买了车票,几位打工者怎么都不依。乡亲们说自己打工挣了钱,哪能让你曹书记买票?曹发贵说:“你们打工在外,回来过年是给黄坝村面子,是黄坝村的‘客人’,我这个当书记的,花几块钱买票算是请了客,讨了大便宜。”两方相持不下,最后还是司机说了一句:“你们就答应曹书记吧,这是曹书记的习惯。”

可整个黄坝村的村民都知道,曹发贵夫妇长年是粗茶淡饭,只有女儿放假回家才偶尔加点肉。曹发贵的妻子杨宜秀告诉记者,曹发贵一米七六的个子,体重只有一百零几斤,他就是对自己太“抠”了。

然而,曹发贵对村里的困难户、五保户,对发展村里公益事业,可一点都不“抠”。每个村民都知道,曹发贵每年的4000多元村干部补助,有一半以上都被他救济给了困难户。

86岁的老党员、五保户张大娘年年都是曹发贵的救济对象。每逢春节前,他都把村里的救济金连同自己给她买的年货送上门。今年春节前,老人早早就来到曹发贵家,表达自己的感激之情。她一见曹发贵就说:“我这老太婆每年都让你操心。就这一年了,活不过去也就不烦你了。”曹发贵一听,赶忙说:“您老人家会活到100岁,党和政府永远会关心您。”

当曹发贵英年早逝的消息传到老人那里,她拄着拐杖来到曹发贵灵前,泣不成声:“老天啊,怎么不用我这老婆子的命换回曹书记啊?”

曹发贵死后,村民们把曹发贵去年和今年已完成的两项村公益事业重新命了名。

去年修好的一座桥,村民们取名“连心桥”。这座桥是老黄坝村、老乙联村合并后,黄坝村投资的最大的一项工程。当时两村合并,黄坝村还要背上老乙联村60余万元的债务,老黄坝村的干部有意见,修桥的事自然阻力不小,“曹书记,这样搞,黄坝村会被拖垮的。”

“村并了,心要连啊。这座桥修了,可以解决百十户小圩里300多亩地收种的老大难问题。多少年来,群众都用肩挑背扛,我们村两委不解决这问题,心里有愧啊!”随后,他又带着村干部在“双抢”时实地看了一下,这一看,对村干部触动很大,修桥被列为第一解决的问题。去年底,桥修好了。

“今年‘双抢’可帮了大忙。”村民张兴和非要拉着记者到“连心桥”上走一走。高温下,这个村民突然趴到桥上,把脸贴在桥面上,“这桥是老曹用党心、用自己的感情凝结起来的。这样的大好人就这样走了,太可惜了!”

桥的两端,有一条被群众称为“连心路”的砂石路今年也竣工了。这样的路是党心连着民心的路,它必将在许多沿着曹发贵道路走下去的党员干部的脚下无限延伸。

(2004.8.12)

点 评

全国模范人民调解员曹发贵牺牲在调解现场，其事迹感人至深，经本报报道后引发广泛关注，得到中央领导同志批示肯定。令人欣慰的是，曹发贵留下的一双女儿得到了妥善安置，产生很好的社会效应。

该文是曹发贵事迹系列报道中的一篇，采撷了曹发贵带领村民修路架桥、扶老携幼的故事，真实而温暖，以小见大，充分体现了作为基层党员干部好榜样的曹发贵的为民情怀和在危险面前无私无畏的崇高精神境界。

部分外企无视中国法律拒建工会

沃尔玛、柯达、戴尔、三星等公司在华企业情形严重

钟鞍钢

记者在工会法执法检查中了解到，部分跨国公司在我国的企业无视我国法律，公开抵制组建工会。

随着改革开放的深入，我国的非公有制经济迅速发展，外商投资企业、私营企业职工队伍大量增加，截至2003年年底，非公企业已达73.4万家，会员已达2487.9万人。但工会组建中也遇到了些阻力。据了解，沃尔玛中国分公司在华企业约有1.9万名中国员工，在深圳、大连、昆明、北京、厦门、福州等18个城市建立了37家商店，均未建立工会组织。据反映，深圳、大连、昆明等市总工会工作人员曾分别与沃尔玛进行接触，但各地沃尔玛均摆出不合作态度，抵制组建工会。理由是：沃尔玛在全球都没有组建工会的惯例，在中国也不例外。据深圳市总工会反映，与沃尔玛中国总部接触困难更大，沃尔玛总部经常以经理不在内地为由推托。美国柯达（厦门）有限公司长期抵制建工会。柯达公司提出：建立工会组织是工会内部的事，与企业无关；柯达是公司的品牌，任何组织不能随便使用，工会组织不能称为柯达公司工会；公司不为工会组织提供办公、活动场所，办公、活动场所也不能设立在公司内；公司管理人员不能参加工会活动。目前，该公司一直未建立工会组织。类似的企业还有厦门的美国戴尔计算机（中国）有限公司，天津三星集团的8个子公司，多数省的麦当劳、肯德基等快餐企业以及一些外资、知名私营企业，如深圳富士康集团公司、广州镇泰集团公司、中达电子（苏州）有限公司、希捷国际科技（无锡）有限公司等，成立多年，至今未建立工会组织。

有鉴于此，全国总工会基层组织部部长郭稳才建议，要依法加大组建工会的力度，动员全社会力量推进建会工作，包括抓住典型案例，依法予以突破和惩戒，从而树立法律的权威和尊严，为工会组建工作清除和减少障碍。（2004.10.20）

点　评　报道通过真实、鲜活的第一手资料，用事实和数据说话，点出问题的严重性和解决问题的紧迫性，提出解决问题的办法。

黑河头尾两块绿洲之唱和

台建林

上阙　君住黑河尾

滴答，一珠雪水，从祁连山深处一块岩石上滴落。

滴答，滴答，滴答，无数雪水，汇成黑河，从祁连山无人区奔涌而出，过青海，绕甘肃，翻滚821公里后，隐入内蒙古大草原。

黑河水多半在荒漠寂寞流淌，却滋润出两块绿洲：甘肃张掖和内蒙古额济纳，一个在黑河腰，一个在黑河尾。最初那珠雪水，就这样将两块绿洲120多万人紧紧联系在一起。多年来，两块绿洲走过了一条由陌然相望，而怨，而恩，而琴瑟唱和之路。

“湖滨密生芦苇，入秋芦花飞舞，宛若柳絮。马牛驼羊，随处可遇。鹅翔天际，鸭浮绿波，碧水青天，马嘶雁鸣，缀以芦草风声，真不知为天上人间，而尽忘长征戈壁之苦矣。”上个世纪40年代，额济纳绿洲在农林学家董正钧面前还呈现如此美景。黑河在内蒙古区段分东西两河，呈扇形，分别流入东、西居延海，形成了额济纳三角绿洲。额济纳旗府所在地达来库布镇，蒙古语即为“大海的深渊”。

近60年过去，水利部挂职额济纳旗副旗长路京选见证了2001年额济纳旗的旱情：“入春以来，全旗共发生8次强沙尘暴，其中尤以4月6日和4月28日的两次特大沙尘暴破坏力最大。据不完全统计，4月6日的沙尘暴损毁房屋106间，毁坏10,300亩即将播种的耕地，54座塑料大棚被狂风吹破，300眼人畜饮水井被风沙填埋，5800只大小牲畜丢失，经济损失200多万元；4月28日的沙尘暴损毁房屋72间，6500亩农田地膜被狂风吹破，25座塑料大棚被狂风吹破，152眼人畜饮水井被风沙填埋，2147只大小牲畜丢失，经济损失将近200万元。”

1961年，西居延海已彻底枯竭，裸露出片片龟裂的湖底。1992年，东居延海也从人们的视线中消失了。传说中可以千年不死，死后千年不倒，倒后千年不朽的胡杨树，此时也成片成片地死去。

其后十年，额济纳绿洲日渐萎缩，116万亩胡杨、红柳天然林锐减，植物种类由原来的130多种减少到20余种，530万亩的林草植被、水域湿地和农田沃土退变成沙漠盐碱滩，沙漠化面积已占到绿洲总面积的一半以上，流沙仍以每年20到30米的速度向绿洲迅速推进。风沙扑打着额济纳城墙，把死亡的信息一再传递。

2000年春天，首都北京、内蒙古、宁夏、甘肃等省区连遭数次沙尘暴袭击……气象专家研究结果表明，我国沙尘暴天气最大和直接的发源地之一就在额济纳旗。额济纳绿洲成了影响我国北方200万平方公里的沙尘源地。

这一切，都缘自黑河断流。

水呢？水流何处？人们焦渴的目光在黑河上下搜索，最终停留在额济纳绿洲的孪生兄弟：张掖。

翻检史书，甘肃张掖绿洲的开发始自汉代，其时仅有8万人口，灌溉面积约7万亩；解放初，人口增加到约55万人，灌溉面积103万亩；而在今天，人口已膨胀到117万人，灌溉面积扩大到了近400万亩，成为全国十大商品粮基地和十二大蔬菜基地之一。与经济发展、人口增加相伴生的，是沿河地区的用水量与日俱增，黑河流域内30多条支流先后与干流失去联系，日渐稀少的干流水水量减少了1/3，下游基本断流，河水再也无力到达居延海。

难道说，张掖绿洲的繁荣，是以额济纳绿洲的荒芜为代价换取的？

中游绿洲繁荣的代价是下游绿洲陷入绝境，随之而来的是大自然的疯狂报复。从一条河的故事感受和谐的真谛。

中阙　我住黑河腰

干涸的居延海牵动着中南海，也牵动着每一个沿河百姓的心。1992年12月，就在东居延海干涸之后不久，《关于黑河干流水利规划》的报告经过国家水利部和计委的批准后开始实施，1.5亿立方米的黑河水流向下游地区。1997年12月，6.3亿立方米的涓流再次向下游输送。随后，国务院对黑河跨省区分水作出重要决策，拨出23.6亿元黑河流域专项治理资金。2000年6月，黄河水利委员会黑河流域管理局正式进驻黑河，专司黑河调水分水。

张掖市政府算过一笔账：从400万亩良田的灌溉水源中向下分水，必定牺牲灌区的局部利益。如果连续三年调水分水，张掖灌区因粮食、经济作物大面积减产及抗旱费用等损失，合计将超亿元。

不过，这笔账还有另一种算法："依靠过去发展耗水大的粮食生产，不仅自身得不到持续快速发展，而且黑河水资源的承载能力也是不容许的。另外，自身太多用水，给下游的水量必然减少，下游额济纳绿洲如果消失了，河西张掖地区必将首当其冲遭到大自然的报复。因此，只有经济与自然和谐发展才是最终的出路。"

张掖市党政一把手沿河而下，来到额济纳旗考察访问，了解额济纳旗的生态环境现状，寻求共同发展的途径。之后，市政府各职能部门以及各县的领导组成一个更大的考察团，来到额济纳旗交流访问，使上下游的了解和感情进一步加深。

分水，就这样开始迈出由被动走向主动的艰难步子。

2000年8~9月间，分水首次实施。张掖群众拿着铁锹，将一个个引水口全部堵上。河道外，是浇不上水的打蔫的玉米。

"我是哭着堵上引水口的，"张掖市甘州区小满镇农民徐吉荣说，"但我心里清楚，张掖绿洲和额济纳绿洲，是一条藤上的两颗瓜。一个黄了，另一个准好不了……”

路京选，从水利部到额济纳旗挂职的副旗长，同样见证了这段历史：“我站在黑河岸边的戈壁滩上，静静地欣赏着脚下那混浊的黑河水头在茫茫戈壁深处的干涩河床里缓缓向下推进，心情十分复杂。为了这点黑河水的到来，多少人付出了无比艰辛的努力，但它还有很长、很艰难的路要走，也不知道它能否继续走下去，走到额济纳，走进居延海。”

动态监测数据显示：黑河连续三年向东居延海输水，使内蒙古额济纳旗境内黑河的 19 条支流、总长约 1105 公里的河道得到了浸润，沿河两岸约 30 万亩濒临枯死的胡杨、红柳得到了抢救性保护，胡杨林面积由 39 万亩增加到 44 万亩，部分枯死多年的胡杨、红柳根部也吐出了幼苗。

当地人们如此描绘黑河和她下游居延海的美景：碧波荡漾，河水滔滔，两岸候鸟群飞，成千上万亩的胡杨林、红柳林交错映衬，大片草场上，牛羊驼群如飞星走云，牧人们喝罢马奶酒，拉响雄壮圆润的马头琴，在草原上翩翩起舞……

下阙　但愿君心似我心

“八百流沙界，三千弱水深，鹅毛飘不起，芦花定底沉”。张掖市甘州区农民徐吉荣念起《西游记》里描述流沙河险要的诗句。他坚持认为，“弱水”就是黑河，就是唐僧收徒沙和尚的地方。

弱水三千，我只取一瓢饮。向下游额济纳绿洲分水之后，张掖绿洲真的只剩“一瓢”可“饮”了。掰指细算，生活、工业、农业、生态，五行八作，千千万万，处处喊渴。此难题如何破解？单靠中央投资进行流域治理和节水型社会建设来提高水的利用效率，并不能完全解决黑河资源性缺水的问题。发挥经济杠杆的配置作用，是实现流域水资源可持续利用的重要手段之一。

以甘州区为例。“水权”二字被叫得山响：先将全区可利用的水资源量作为水权总量，逐级分配到乡镇、村组、农户，建立起总量控制体系；再根据水权总量，核定单位工业、农业、生态等各行业的用水定额，建立起定额管理体系。

对农户来讲，在人畜用水和每亩地用水定额确定后，便可根据每户用水量和土地承包面积分到水权。甘州区为 7 万多用水农户颁发了水权证。水权证标明每户的用水量、地亩、用水定额和灌水轮次等，使农户拥有了水资源的使用、经营和转让权。用水时，农户持水权证购买水票，水管单位凭票供水。

水既然成了自家的，农民用水户一改过去大水漫灌的习惯。浪费水就是浪费钱，多浇水就等于往地里多扔钱。家家户户精打细算，根据用水定额，连片种植低耗水、高效益的制种、牧草、番茄等作物。

每轮水浇完后，农户自发地把户与户之间相同地块、相同作物之间的用水量作对比，还主动到协会、灌水小组将本轮次的灌溉面积、用水量、水价逐一确认后填写在供水明白卡和水权证上,做到水过账清。

全区233个“农民用水者协会”,负责水权、水票管理和工程维修。协会下设灌水小组,他们绘制耕地供水平面分布图,把各农户的耕地面积、灌水渠都一一标记在图上,灌完水的地块都涂上颜色,哪些灌了,哪些没灌,一目了然。

在已界定水权范围内的水量,无论拥有者是否利用或节余,都允许自由交易,达成协议后,提请农民用水者协会或水管部组织协调供水。转让起点价每立方米0.07元,转让价格不超过此价的4倍。对用水户节约的且没有交易的水票,水管部门以原定水价的120%回购。

甘州节水,是整个张掖绿洲节水的一个缩影。一瓢黑河水,在此演绎出一段节水图。

当然,这幅节水图还远未达到至善至美的境界:

——目前水权仅在农户之间有偿转让,以每立方米0.07元的起价,利益之薄,尚不足以促使农户节水。如在行业之间、区域之间进行水权转让,可取得较大经济效益用于支持节水,并使农民获得较大利益;

——目前节水的主要成效反映在政府投入对骨干渠系进行衬砌减少了输水损失,而传统的大水漫灌基本未改变,如华北地区已广泛实施的小畦灌溉也未推广。应该系统地研究开发推广物美价廉、技术适用、农民易于接受的灌溉技术和产品;

——现阶段灌溉水量多寡以目测为主,缺乏科学的量测设备,势必制约灌溉制度与水权改革。

内蒙古额济纳绿洲与甘肃张掖绿洲面临着几乎相同的难题:

——黑河干流河道的输水损失量是相当严重的。以2001年10月调水为例,额济纳绿洲灌溉2.1万亩,而用水量不足50万立方米,仅占本次调水总量的7.7%。水闸漏水、河渠跑水、通讯不灵、交通落后,水利设施陈旧老化;

——黑河干流沿自然河道向下输水可补充地下水,浸润沿河两侧林草。但是,从水资源有效利用看,无效消耗水量巨大。专家建议必须发展快速、节水的人工灌溉系统,才能最有效地保护下游绿洲生态环境。

看来,黑河头尾两块绿洲的唱和,才刚刚进入序曲。　(2005.4.19)

点　评　黑河头尾两块绿洲之唱和(上、中、下阙)系列报道,描述出多年来,在两块绿洲生活的120多万人走过的一条由陌然相望,到怨,到恩,到琴瑟唱和之路。这是中宣部组织的“落实科学发展观”大型集中采访活动的优秀报道,宏大的选题如何写得具象、可读?作者在写法上独辟蹊径,运用散文化的笔法,通过对比,将这个交织着历史与现实的新闻,巧妙地融合在一起,展现了很高的文学素养,风格独具。

中国农业知识产权流失严重

李　立

农户侵权无法控制种源难保护　侧重推广强调保护两者难兼得　申请费用高科研经费少无力保护

小麦育种专家宁愿自己掏钱忙自己所热爱的育种，却不愿将研究成果申请知识产权保护——两百多新品种几乎都无保护

这是一片产生小麦育种专家的沃土。全国推广面积最大的6个小麦品种，4个出自关中平原中部的陕西杨凌——目前国家唯一的农业高新技术产业示范区。

6月中旬，记者随国家整规办、国家知识产权局“保护知识产权——我们在行动”采访团在杨凌了解到，育成一个小麦品种，最快也要八九年时间，杨凌每年贡献的小麦新品种不下20个，但是没有任何人会为此去申请植物新品种保护。在当地众多育种专家看来，植物新品种保护似乎与他们无缘，因为实际上很难操作。有人宁愿自己掏钱忙自己所热爱的育种，却对将研究成果申请知识产权保护敬而远之。

杨凌示范区知识产权局副局长桂党会告诉记者，杨凌每年产生的植物新品种大约30个以上，其中小麦占到20多个，蔬菜有四五个，其他就是林木、果树、棉花等。数年积累下来，杨凌诞生的植物新品种不下200多个，但除去两个油菜品种，其他一律都没有申请保护。

问题的症结在哪儿？记者对此做了一番调查。

“即使申请了保护，又怎么可能挨家挨户向农民开口说他们直接留种的做法是侵权呢？”——开不了口，所以不保护

杨凌的育种力量主要集中在西北农业科技大学。

高翔，西北农大教授，陕西省知名的小麦育种专家。他的课题组十几年来选育的面包、饼干、面条等专用小麦品种，农民广为种植。但他的手里没有一个小麦新品种的知识产权。

高翔告诉记者，小麦是常规育种，这意味着推广后根本不可能控制种源。公司、农民、产粮大户都可以直接留种，自给自供，可以和育种者没有往来，所以要谈保护是很困难的。

“小麦常规育种不像水稻、玉米的杂交育种，可以把种源始终控制在育种者手里。即使申请了保护，又怎么可能挨家挨户向农民开口说他们直接留种的做法是侵

权呢?”高翔觉得他根本开不了这个口,也不想这样干,“所以不保护”。

高翔的想法,基本就是西北农大其他育种专家的想法。

作为杨凌示范区知识产权工作的主管,桂党会对此非常心焦。

“强调保护,推广起来肯定就不会那么快”,而“评优标准完全是看推广面积的大小”——申不申请保护意义不大

今年杨凌示范区有3个小麦品种获得省级优质奖,桂党会却高兴不起来,因为评优标准的引导作用让他的工作处于矛盾之中。

桂党会说,评优标准完全是看推广面积的大小,推广的面积越大,评优的概率就越高。这种农科评价体系实际上起着重推广的引导作用,“如果强调保护,推广起来肯定就不会那么快,这是明摆的事情”。

高翔说,新品种推广前要经过行政审定,审定就要求布点试验,区域试点实际上就是新品种推广扩散的过程。小麦新品种只要进入试点,就如泼出去的水,是收不回来的。因此对于小麦育种者来说,申不申请知识产权保护意义不大。

除了申请费用外,还要准备资料,还要跑北京。“这些费用加在一起,不是小数字。”——实际上也根本申请不起

“实际上也根本申请不起。”高翔说,每年国家给他三四万元的育种经费,科研组五六个人紧巴巴地用着,根本也没有再多的钱申请知识产权保护。“我的情况还算好的。有的老师连育种都是自己贴钱请人收麦子,哪还有经费申请保护呢?”

桂党会对申请植物新品种保护的费用很清楚,“至少要8000元。另外,还要准备很多的资料,什么基因图谱啊,等等。而且在当地还申请不了,还要跑北京,一趟肯定不行。这些费用加在一起,不是小数字”。

“国家唯一的高新农科示范区,没有几个叫得响的农业品牌”——农业知识产权流失严重

植物新品种保护,其实不只在西北的杨凌遭到育种专家的冷遇。

南方的广东省,大多数新品种在通过地方品种审定后也就不再向国家申请植物新品种权。

广东省农科院良种苗木中心总经理钟明说,他们之前也讨论过是否需要申请植物新品种权,但综合考虑到申请经费较高,而蔬菜种子一般5年就要更新换代,总体来说并不划算就放弃了申请。不少蔬菜育种同行都是这么看的。

相对于其他领域的知识产权工作,小麦、蔬菜育种碰到的保护问题,实际上从一

个侧面反映出推动农业知识产权工作显然是一件更为复杂和困难的事情。桂党会对此深有体会。

他举例说,比如,商标,杨凌这几年申请量抓上去了不少,可闲置量也同时增加。目前,在全国 340 余件驰名商标中,杨凌仅 1 件,280 余件省级著名商标中,杨凌仅 6 件。“杨凌是国家唯一的高新农科示范区啊,没有几个叫得响的农业品牌,如何体现示范作用呢?”深深的责任感压在桂党会心头。

“再说专利。”桂党会说,“农业科技专利的转化,如果没有资金的支持,真是难而又难。杨凌的一位土壤肥料专家手里的专利被一家公司看中,公司问教授要多少钱,教授说给我建个实验室和几个学生就行,其他不要。这项专利已经在我抽屉里放了十多年了。”

农业部副部长张宝文认为,目前我国农业科研人员的知识产权保护意识淡薄,农业知识产权流失严重,应用价值无形损耗,自主知识产权的数量和质量与发达国家相比还存在较大差距等,是我国农业知识产权存在的主要问题。

有关部门对申请品种保护的育种者奖励 3000 元,学校全额资助申请费和代理费——教授当场表态要申报新品种

4000 多年前,农官后稷,在杨凌一带“教民稼穑,树艺五谷”,无意间开启了中国农耕文明之门。

4000 多年后的今天,在这不足 4 平方公里的地方,聚集了我国农林水等 64 个学科近 5000 名科教人员。他们的作为,将决定中国干旱、半干旱地区农业科技发展的高度。

对杨凌来说,示范的内容恐怕不仅是农业科技的提高,还包括探索解决农业知识产权保护问题。

杨凌示范区管委会副主任丁文锋告诉记者:“杨凌的知识产权保护工作,不只是一个区域性的知识产权试点工作。从某种意义上说,这更是对我国农业知识产权保护工作的有益探索。”

“我们一直在摸索。”桂党会说。

今年 4 月,桂党会邀请了农业部的专家来给杨凌的教授们上课,专讲保护植物新品种的重要。“不少教授听课后都感到原先对这个问题重视得不够。一是没想到现在的种子市场在寻求知识产权保护上已展开激烈的竞争;二是没有考虑在 WTO 背景下的跨国种子贸易问题,需要知识产权保护;三是更没有从国家有效利用植物遗传资源的高度来认识。”桂党会说。

配合宣传,杨凌知识产权局已决定,从今年开始,对于纳入植物新品种保护的育种者,奖励 3000 元。西北农大也在今年出台措施:对于申请植物新品种权的科教人员,申请费和代理费给予全额资助。

农业部副部长张宝文说，农业知识产权保护必须以植物新品种、农业技术发明创造的专利权、农业著作权、农业新品种商标权和农业商业秘密权的保护为重点，力求管理机制科学化、激励机制合理化、保护制度国际化，以适应全球化的新经济环境，成为新的农业科技革命最有力的支持体系。

据桂党会介绍，杨凌现已开展农业知识产权保护战略研究，并提供组织保障，成立杨凌示范区知识产权协调领导小组，以形成推动知识产权工作的合力。

当知道学校和知识产权局都拿出具体措施鼓励申请植物新品种权后，高翔马上就表态道："我今年就申报两个小麦新品种。" （2005.6.21）

点 评

作者深入基层调查采访，掌握大量第一手素材，多角度反映我国农业知识产权保护现状。该文社会价值和新闻价值兼备，以丰富的素材积累和案例分析，努力唤醒有关部门和人们的知识产权保护意识。

对副检察长两次吐血的调查

台建林

［**背景**］2005年年初，陕西省人代会，陕西省人民检察院检察长张文宣听到一个说法：西安市临潼区人民检察院副检察长王书田在当地口碑甚好，可惜积劳成疾，曾两次吐血。

2005年夏，陕西省有关方面积极酝酿将王书田推为“先进人物”。

有了病，就能当先进？或者，当先进，必得先得病？本报记者进行了一番调查。

【记者疑问】王书田首先是个检察官，他的吐血，与他的本职——办案，有何联系？

［**调查对象**］

周晓峰（临潼区人民医院副院长）：王书田两次吐血时间为：2003年5月6日、2004年3月28日凌晨。

第一次吐血之后，他被送到我们医院，连续给他输血4000CC。这是什么概念？正常情况下，人体内血液总量在5000至8000CC之间。王书田全身的血液差不多被换了一次。他昏迷7天7夜，说实话，当时我都以为他没救了。但是，做过脾脏切除，食道胃底静脉断流手术后，他又挺了过来。

王书田肝硬化。这种病需要绝对静养。他肯定知道自己的病情，知道自己的健康状况，为什么？他的病就是在我们医院诊断出来的，大夫们跟他也熟悉，谁见了他都要叮嘱几声。他真是把自己的命没当回事。

赵宏（临潼区人民检察院副检察长）：王检第一次吐血，是2003年“五一”长假期间，他当时还在一个案子上。

那年4月底，王检带领干警查处某医院出纳王某涉嫌贪污案。查得王某贪污3万元的证据后，已经进入“五一”长假，有的干警泄了劲，打起退堂鼓。

“区区3万元，不会是王某贪污的全部数额，”王检断言，“这个案子还有嚼头。”凭着多年办案经验，他率领干警加班加点，收集证据，继续深挖。5月5日，证据终于固定：王某涉嫌贪污公款17万元。

王书田：我晓得自己的病，这一次是大意，大意。

【记者疑问】有了第一次吐血，经历了一次惊险，怎么会有2004年3月28日凌晨第二次相同的经历？

［**调查对象**］

李玉琴（王书田妻子，下岗职工）：我睡得迷迷糊糊的，听见卫生间“哗——哗——”地响，有点心慌，赶紧起床，发现王书田又吐血了，大口大口地，地板上、墙上积了厚厚一层。

他被送进医院好长时间,还在吐,直吐得昏迷过去,第二天才控制出血。

这是他第二次吐血。

方满友(临潼区人民检察院检察长):2004年3月下旬,上级要求我参加一个培训班。那时,临潼区检察院刚刚进行完机构改革,领导班子里只有王书田最熟悉情况。我拉住王书田的手:"你身子骨到底行不?"他一笑:"没问题,你放心!"

韩彬(临潼区人民检察院预防科科长):方检走时,反贪局正在侦查临潼烟草公司科长赵某涉嫌贪污14.9万元一案。案子阻力大,说情的,讨饶的,一拨接着一拨。王检命令办案人员全部关掉手机,统一保管,封闭办案点。他亲自审阅案件材料,制定侦查方案。连续奋战一周,一举查清赵某涉嫌贪污的全部事实和证据。同时顺藤摸瓜,又带出银行代办员房某挪用公款40余万元的大案。

案子刚完,3月28日,王检再次大吐血。

王书田:我还是留心身体的,可一上案子,就都忘了。

【记者疑问】王书田算没算过这笔账:他住院抢救产生的费用,与办案所作贡献成不成比例?

[调查对象]

邢玺刚(西安市人民检察院政治部宣教处长):王书田2000年第一次因肝病住院,花费1.1万元,报销8千元;

2003年5月6日第一次吐血,入院抢救,花费15万元,报销4万元;

2004年3月28日第二次吐血入院抢救,花费1.5万元,报销9千元。

王书田主持反贪工作5年,带领干警共办理贪污贿赂、渎职侵权等职务犯罪案件94件,法院全部作了有罪判决,为国家挽回经济损失800多万元。

【记者疑问】王书田住院三次,医药费17万多元,报销不及1/3,其余的费用是如何消化的?与他的身份有无关系?

[调查对象]

李玉琴(抹泪):亲戚们凑呗!

前些年,有的姐妹羡慕我,说"你嫁给一个检察长、反贪局长,成天坐在家里等着数票子,享不完的福!"

真的也有送礼送钱到家里的,可我死活不敢收,王书田早有交代,人家送钱都是有"要求"的,他可不理会这些"要求",只会按法律办案,谁收人家的钱,谁给人家回话、谁遭殃。

王书田从来不关心他工资单上有多少钱,这些年来,实际上一直是我在支撑着家用开支。我下岗后,办过小旅行社,开过小理发店,苦挣苦攒。王书田三次住院,加上平日吃药,家里一点积蓄全部贴了进去,还在亲戚朋友处借了一圈的债务。

现在,人家都知道我家的情况,没人羡慕我了,反过来安慰我:"你家日子过得不好,但你嫁的人好。"

【记者走访】王书田家里有一台电视机,老不出图像,已经修理过三次,如今还安放在桌子上,但这家人终于彻底放弃修理。

这一家三口现在租住在一个 40 多平方米的小房子里。客厅有个大吊顶灯,原来是 7 个灯泡,让李玉琴摘得剩下 1 个。为什么? 李玉琴说为了省电费。

王书田曾经是有房子的。那房子,是王书田在临潼公安局工作期间,购买于单位的福利房,90 多平方米,处于三层楼,不高不低。王书田第二次大吐血之后不久,李玉琴卖掉了家里的房子。

王书田给人解释:"那房子,我老婆和女儿觉得住着不美。卖了它,我们准备买座好点的房子。"

"我是不忍心给他说实情,"李玉琴说,"他一月一千出头的工资,打四个蛋白就花光了;家里哪还有来钱的路子? 我那房子卖得急,要不上价,才 11 万多元,一个是还债,一个是买药,那点钱也撑不了多久。"

【记者疑问】熬自己、苦家人,有人猜测王书田有"野心",还想"往上爬"。

[调查对象]

方满友(临潼区人民检察院检察长):1998 年 2 月,王书田调任临潼区人民检察院副检察长兼反贪局局长时,就已经是西安市公安局临潼分局的政委,处级干部。7 年过去,王书田还停在"处级";而他以前的好些部下,如今已升到局级。

王书田怎么看? 一次,与我聊天中,他认为:"升到什么级别才算有'成就'? 我觉得官职只是个符号,关键是要多干点事,这样才能不留遗憾。"

任高潮(西安市人民检察院检察长):王书田从来没有到上级领导处要求"加点担子",也从来没有听说他在任何人面前发过哪怕半句牢骚。

王书田:"我也不图什么。当这个'官',就要负这个'责'。我只是不愿让人指着我脊背说半个'不'字。我咋能不知道自己的病情? 人的生命有长有短,得病后老待在家里受着,又有什么意思? 每一天都活得踏实一点才好。"

[现况]2005 年 6 月 10 日,西安市人民检察院在全系统开展向王书田同志学习的活动。6 月 20 日,西安市委政法委号召全市政法队伍向王书田学习。陕西省委副书记、西安市委书记袁纯清批示:要关心王书田同志的身体,要帮助解决他的实际困难。

王书田的病情目前较为稳定。　　(2005.7.12)

点　评　政法英模千千万,王书田是其中耀眼的一位。王书田是西安市临潼区人民检察院副检察长,在当地口碑甚好,因积劳成疾两次吐血。记者通过对王书田同事、家人、朋友的采访,巧妙问答,层层剥笋,最终,一个坦然、淡然面对重病,一个清廉、忘我的检察官形象,立了起来。

文津街9号里的年轻人

李　立

年轻人一位接着一位登台，在国务院法制办机关团委前不久举办的那次“以建设法治政府为己任，为依法治国做贡献”的青年演讲比赛中，青春激情与理性思考的交相辉映，成为他们思想之花的一次集体绽放。

从2000年起，国务院法制办吸纳了一批又一批年轻人，加上今年的9位，现在，35岁以下年轻人接近办里总人数的1/2。一张张青春的面孔，洋溢着理想、热情与朝气，穿梭、忙碌、出没于北京文津街9号——国务院法制办办公地，给这里带来无限活力。

作为政府法制战线上的一代新兵，他们学有所专，训练有素。登上国务院法制办这个偌大的舞台，让他们欣喜雀跃，更让他们很快懂得了政府法制工作者应当肩负的责任、使命、自律及其他。

工作的兴趣，和薪资关系不大

每一位打算进入国务院法制办工作的年轻人，都会被明确问道：“这里工作任务重、要求高，但收入不高，你的确想好了要来吗？”

这是一个很现实的问题。他们出身名校，大多拥有硕士以上法学学历，他们不是没有选择余地。如果说刚出校门时大家可能都差不多，但几年之后，由于择业的不同，收入的差距便会拉大。

选择到法制办工作的年轻人，很难说他们就轻视薪资，但在不可兼得的情况下，显然他们的心中有比薪资更重要的追求。

张剑辉至今记得两年前自己来面试时，国务院法制办领导告诉他们的一句话：“如果把来法制办工作仅仅当作一种职业，那你也许会失望，因为谋求职业的主要目的在于挣取更多的薪水和报酬，而这里没有；但是，如果把来法制办工作当作一种终身追求的事业，那你肯定会如愿以偿，因为这里会为你提供施展才华的广阔天地。”

作为国家总理在法制工作方面的参谋、助手和法律顾问，国务院法制办每年向国务院提请审议的法律草案和行政法规不下三四十件。正是这种广阔，吸引着张剑辉和他的年轻同事们，酣畅地投入其中。

工交商事法制司的王锋，2002年自进入国务院法制办后，很快就参与了《对外贸易法》、《公司法》、《特种设备安全监察条例》、《无照经营查处取缔办法》、《认证认可条例》的起草和修订工作；秘书行政司研究处的张剑辉则投入到《突发事件应对法（草案）》的起草组织工作中，他负责了解国务院各有关部门应急机制建设基本情况，收集国外相关立法的有关资料，跟踪、联系地方专家突发事件立法课题组的进展情况，并参与围绕该立法召开的座谈会、国际研讨会以及草案改稿会，等等；分到财政金融法制司的博士张建棣，迅速介入了《人民银行法》、《商业银行法》的修订工作，以及《银行业监督管理法》、《企业国有资产监督管理暂行条例》的起草过程；农业资源环保法制司的田超奇，参与了《地质灾害防治条例》、《放射性污染防治法》、《危险废物许可证管理办法》的起草……

每位进入法制办的年轻人，无一例外，手头都会有一大摊的事情要忙碌，尽管刚开始的起步多数是做一些基础性的工作，但起点之高、舞台之大，接触的事物之敏感，还是很快地让他们意识到，在这里工作，远比想象的面要宽水要深，“很专业，很前沿，要有宏观视野、政治高度和扎实的法学功底，要有解决问题和协调平衡的能力。”政府法制协调司的小伙子张水海说。

工作在科教文卫法制司的李芳感慨，在一个利益主体和需求多元的社会现实中，立法者要正确把握最广大人民群众的根本利益并非易事，这需要立法者具有正确的世界观、人生观和价值观。比如，在艾滋病防治上，普通人的第一反应也许就是要对感染者进行隔离。事实上，在不能改变人们行为方式的情况下，隔离不但不能有效控制艾滋病的传播，反而可能导致感染者转入地下，对公众健康构成更大的威胁，增加政府的管理成本。因此，要维护最广大人民群众的利益，就必须保护感染者的正当权益。

一位对法制办工作颇为了解的专家告诉记者，国务院法制办的工作很具有挑战性，考验人也锻炼人。几年之后，这些年轻人的经济状况与他们做律师、上外企的同学比可能就是一般，但他们看问题的高度和拥有的专业信息量，可能是其他同学比不了的。

什么是他们的“电兔子”

对于文津街9号里的年轻人来说，超负荷工作几乎是家常便饭。工作的乐趣在哪里？

钱钟书比喻快乐，说快乐如同是跑狗场里诱狗赛跑的电兔子或者诱惑小孩子吃药的方糖。在初登舞台的新鲜感过后，什么是他们的“电兔子”？

李芳欣赏丘吉尔的一句话，将工作与快乐视为同一的人的生活，才是自然和谐的。

演讲中李芳说：“在这几年时间里，当我提出的合理化建议被采纳时，我是快乐的；当由我具体承办或者参与的法律、行政法规草案顺利通过时，我也是快乐的；尤其是我了解到出台后的法律法规解决了实践中的问题，又得到了广大人民群众的支持和拥护时，我更是快乐的。”

这种快乐，常是她加班加点的动因，帮助她摆脱外部物质诱惑的困扰，也使她终于明白:“如果说在选择职业时或多或少还带有几分偶然性的话,但在法制办工作的这几年,已使我和其他同事一样,深深地热爱上了政府法制工作。”哈哈,有点“先结婚后恋爱”的味道。

李芳的快乐,也是大家的快乐。

在我国行政法规制定过程中,《物业管理条例》首开全民征求意见的先河。短时间内,四千多条意见纷至沓来,几乎涵盖了条例涉及的所有问题。那段时间,农业资源环保法制司的徐元基本就泡在办公室里,和同事们一起认真地阅读每一条意见,并进行梳理、归纳。这种繁重又繁琐还需要高度提炼的工作,徐元作为具体承办人,一直全神贯注。

事后记者跟徐元谈起那段时间的辛苦,小伙子没有一个字的抱怨而是自豪地说:“应该的。经过仔细的整理和分析,最后近半数的意见被吸收到了立法中。”

至于没被采纳的意见,他也负责任地说:“主要是那些不属于由本条例调整的或者立法时机不成熟、理论上尚存在较大争议,需要进一步研究的意见。其次,有些意见是从本地实际出发提出的,这类意见从部分地区的实际出发是有道理的,但对于全国而言,由于地区差异比较大,缺乏普遍性和共性,应该留给各地制定地方性法规或者地方规章解决。”

日复一日,年复一年,来往于国务院法制办的大小“办件”川流不息。耕耘其间,年轻人兴致盎然,成就事业。

学习是享受是追求是责任

这里的大多数人是单身,吃饭尤其是晚饭时的碰面,一些与工作有关的话题就会不由自主地扯开。在国务院法制办,空气里都透着学习、研究的热情。

这是办领导一手推动的。“要把学习作为一种享受,一种追求,一种责任。”国务院法制办主任曹康泰告诫年轻人。

国务院法制办即使在人手少、工作多、经费有限的情况下,也不放过任何让年轻人参加国内外学习的机会,这让年轻人备感关怀,乐于学习。张水海是去年进的法制办。一年中,他常常自觉自愿地加班学习,思考工作中遇到的一些法律问题,做些自己感兴趣的学术研究。

比如,像看到“应如何认定行政处罚中违法行为的连续或继续状态”、“交通技术监控记录的机动车超速行驶行为如何适用法律”等这类问题,他会着迷,会留在办公室里翻书琢磨或者和同学、老师电话探讨。

在司长、处长的指点下,他利用业余时间完成了《我国行政补偿制度探讨》、《电力稽查实务研究》等学术论文;并在进行几项研究,包括行政公益诉讼问题、规范性文件的可诉性问题、建立健全教育制度监督并重的惩治腐败体系、协调部委之间的职能争议等。

自觉地学习“充电”，对国务院法制办年轻人来说如呼吸空气般的重要。据法制办机关团委书记田昕介绍，在办党组、机关党委和中央国家机关团工委的关心、指导下，法制办机关团委多次组织青年就不同业务主题进行学习研讨，鼓励大家写论文，并汇编成《青年干部法制文集》系列丛书出版。对此，大家响应积极，丛书一本接着一本出。

采访中，几乎所有的年轻人都告诉记者，国务院法制办的工作氛围令他们舒心，敬业向上、民主平等、温暖团结，加入这个团队，是“与智者同行”。

一些跳动的思想火花

关于卫生制度设计——

李芳：前不久，我去农村考察血吸虫病防治情况。一位老大爷说，过去大伙不知道也不重视消灭钉螺，只知道有了病治病。结果病人年年有，年年治，治好的病人也被反复感染。他就感染了好几次，患这个病已经有40多年历史了。

大爷说，这几年，村里在滋生钉螺的江滩上，发展立体农业（上面建猪圈养猪，猪粪经无害化处理后，排入下面的鱼塘喂鱼），没想到钉螺消灭了，血吸虫病少了，他承包的一亩鱼塘还赚了1000多元，生活比过去好多了。

这句话对我的触动很大。过去以为，包括医药卫生在内的教科文卫立法，作为社会领域立法只能侧重社会效益。但如果我们解放思想，思考问题不单纯从医药卫生角度出发，而是综合考虑其他因素，就可以实现经济效益与社会效益的最佳结合。

关于各种利益平衡——

田超奇：立法的过程就是立法者对不同利益进行平衡的过程。

农业资源环保法制工作中涉及到许多复杂的利益关系，如上游与下游、保护环境与经济发展等。在看待各种利益时，应当努力形成全面表达利益、有效平衡利益、科学调整利益的机制；在协调各种利益时，应当彼此尊重，寻求相互包容，通过良性互动，追求共赢的格局；在平衡各种利益时，应当以人民利益为本，以公共利益为重，以多元利益的协调为基调，让不同的利益在相互尊重、相互促进中走向统一。

关于立法中的公众参与——

徐元：在立法过程中公开征求社会意见，是增强立法工作的透明度，实现立法决策的民主化、科学化的重要途径。扩大立法过程中的公众参与程度，首先是由我国人民当家作主的政权性质决定的，同时也有利于提高立法质量，使所立之法符合人民的意志、符合社会客观规律。此外，公众参与立法，也是向社会公众宣传、普法的过程，从而为法律的有效实施奠定良好的基础。

国务院法制办举办的青年演讲比赛，是办里保持共产党员先进性教育活动的一幕，年轻人风采绰绰。国务院法制办党组成员全部出席，党组书记曹康泰从头听到尾，他欣喜地说：“我感到我们的政府法治事业后继有人，大有希望。”

中央保持共产党员先进性教育活动第26督导组组长于宁听后感叹颇多："我没有想到办里会有这么多有理想、有热情、有朝气，而且是有发展潜力的这样一群年轻人。办党组所大力倡导并身体力行的一系列好思想、好作风已经在年轻同志身上得到继承和发扬。"

"从外界看，可能认为一部部的法律法规都是冷冰冰、沉甸甸的，可在这后面，跳动着一颗颗火热的、忠诚报国、忠诚为民的年轻的、可贵的心。"

"你们在这里能够甘于清贫、甘于寂寞，身居陋室而心怀天下，确实很不简单，很了不起、很值得敬佩。"

于宁认为，这一切说明以曹康泰同志为首的国务院法制办党组不仅是团结的、坚强的、有战斗力的，而且是富有政治远见、政治眼光的。

"如果说制定法规是对社会规范的铭刻，那么，我愿把自己的青春铭刻在这些典章制度的字里行间。"多么铿锵至诚的青春宣誓，发自北京文津街9号。

（2005.7.20）

点　评　文章标题"文津街9号里的年轻人"，看似不经意却是重千钧。文章以凝练的文字、真挚的情感，介绍了一群有理想、有热情、有朝气年轻人，如今这群朝气蓬勃的年轻人已经成为中国法治建设的中流砥柱，他们与中国法治一起成长。

司法与传媒：理性、宽容与自律

雷晓路

提要：司法与传媒作为两种极其特殊、重要的社会力量，彼此间存在着广泛而密切的联系。在实践中，尤其是现阶段，两者之间的矛盾、冲突关系较之协调合作关系更为凸显，且有进一步加剧之势。但从共同的目标追求和价值取向分析，本质上两者之间的关系不应使对抗成为主导因素。两者均应本着理性、宽容的态度，相互充分尊重对方的职能、特性和运作方式，且在有关规范尚不健全的情况下，切实加强各自的自律，从而最大限度地减少、弱化、避免相互间的矛盾、冲突，达致司法与传媒的相对和谐、基本平衡与良性互动。

在近现代社会结构中，司法与传媒作为两种极其特殊、重要的社会力量，彼此间存在着广泛而密切的联系。由于各自的“个性”使然，司法往往表现得严肃、矜持、内敛，而传媒则显得活跃、积极、主动。司法过程所蕴含或展示的丰富内容及新奇性、刺激性，对于传媒来说具有永恒的吸引力，司法实践所衍生、引发的事件与问题从来都是媒体关注的热点；由于司法机关属于国家权力机关，司法活动与社会、公众利益息息相关，且司法公正是社会正义的最后一道防线，因而司法部门亦是新闻舆论监督的重要对象之一。另外，传媒所拥有的信息传播力量、广泛社会影响、舆论监督作用及其所体现的社会公器价值，亦使得司法机关愿意与其保持一定程度的密切接触；同时，传媒对国家机关工作人员、社会公众人物及司法活动进行舆论监督而引发的诉讼，也使得司法与传媒并不情愿地在法庭上直接碰撞。

追求公正正义、审判独立公开、恪守法定程序、保持中立品格、裁判终局权威等，构成了司法活动的鲜明特征。而传媒则承担着传播各类信息、及时报道新闻、引导社会舆论、实施舆论监督、提供各种服务等独特的社会功能。司法的本质是维护公正、正义和社会正常秩序，传媒的本质是以特定方式及时、准确地向公众传播各种社会信息。

由于司法与传媒在加强、促进和保证社会公正、正义，以及更为广泛、有效地保障社会成员合法权利的行为目标、价值取向上是一致的，因此两者之间存在着本质和理论上的契合点，其积极合作、良性互动理应成为主导性关系。在两者的互动实践中，司法为传媒提供的司法活动信息，通过媒体的广泛传播，在一定程度上实现了司法的公开、透明，满足了公众知情权，为公众对司法活动进行监督创造了必要条件；传媒适度介入司法，其强大舆论影响与司法内在公正力量的结合，有力支持了司法抵制某些权力部门或强权人物对司法审判的干预，从而促进了司法公正的实现；传媒对逐步演进的司法改革报道，回应了公众对司法改革的呼声、要求及愿望，推动了司法体制改革的加快和深化;传媒对法院业绩的传播,树立了法院形象和权威,弘扬了法治精神和理念。诸多公正司法裁判的范例经由传媒的报道,深刻地影响了公众的法律意识,使其相信公正和正义由司法而得以实现,从而对司法产生更多的认同感。

另外,由于司法与传媒之间缺少制约规则,相互间的关系除了共同推进民主法治建设进程和维护社会公正、正义的合作层面外,越来越多地表现出矛盾、冲突的多样性及不稳定状态。言论自由与司法公正、舆论监督与司法尊严、新闻采访权与法庭秩序的冲突呈普遍化趋势。时常出现的传媒对司法案件的不当报道和评论冲击了司法审判独立,传媒对司法裁判的批评弱化了司法权威,传媒对个别司法人员行为的否定性评价影响了法院及法官的整体形象。而司法机关为避免不利于公正审判而采取的种种超过应有限度的限制传媒采集司法活动信息的措施,又进一步加剧了两者之间的矛盾和冲突。

一、理性是司法与传媒和谐共处的重要基础

作为国家机器的司法与作为信息传播载体的传媒,都是主流政治制度的工具,对两者之间的关系不应以对抗的模式认识,而应以理性的态度,从协调社会治理手段的角度加以理解。为了促进司法与传媒的和谐共处,两者应在以下几方面达成共识。

1. 确保司法公正。无论是司法审判或传媒监督,都应以此为最高目标和价值追求。只要是有利于维护、促进司法公正的司法审判或传媒监督,两者都要以理性的态度给予认同、支持和配合。

2. 维护司法权威。在建设社会主义法治国家的今天,司法权威无疑应成为维系社会稳定和秩序的不可或缺的重要力量。司法应以自己公正司法的实际行动,树立自身的权威。传媒作为另一支重要社会力量,固然可以发挥其舆论监督职能,但同时也应看到,传媒舆论作为某一特定时间内社会上大多数人的直接愿望,常常是不稳定、即时性、感性化的,无论如何不应逞一时之快,冲击以理性为基础的司法权威。

3. 尊重各自特性。司法与传媒作为两种重要的社会力量,其运作方式殊异,个性极其鲜明。两者应相互尊重各自的特性,以最大限度地减少矛盾冲突,促进和谐共处。司法应认同传媒传播信息、追求时效、引导舆论、实施监督、具有倾向和报道过程中不可避免的部分事实差错等特性,并对传媒因特性产生的无主观、实际恶意的偏差给予适度的宽容和忍耐。而传媒更应尊重司法审判的独立性、中立性、程序性、终局性、权威性等特性,维护、支持司法活动的有序进行。

二、宽容是司法与传媒保持平衡的基本条件

司法与传媒关系的改善,需要双方抱有更多的寻求目标和价值取向共同点、和谐共处、保持平衡的姿态和行动。对于司法来说,应最大限度地以宽容的态度对待传媒。在过分强调独立审判不受干扰的情形下,司法并未接受传媒这一非制度化的监督形式,对传媒的排拒和不配合倾向不容忽视。传媒监督对于维系司法权的公正行使,进而维系整个社会的安全具有极其重要的作用。与此同时,传媒在监督过程中也可能对被监督者的某些权利造成伤害,从而引起法律上的纠纷。现实情形是,由于司法对传媒因行使监督权而引起的法律纠纷的认识和裁判较为苛刻,在这类法律纠纷中,绝大多数媒体往往以构成侵权而饱尝败诉的苦果。在保证名誉权受到传媒损害的人们获得必要法律救济的前提下,如何对宪法所确定的公民享有言论和出版自由的权利加以保护,最大限度地确保传媒监督权的正确行使,司法应以宽容的态度,作出冷静思考和积极回应。在当今传媒日益发达的时代,公民个人的名誉权和隐私权理应受到更加周密的保护,但是,宪法所确定的言论自由、出版自由是较之名誉权位阶更高的权利,司法机关在处理相关案件时,应当给予后者更多的宽容和重视。

1. 区别监督对象。普通公民的名誉权如果受到侵害,只要控告人可以证明其名誉确实受到了伤害,而且相关传媒具有过错,传媒即要承担相应法律责任。但对于国家机关工作人员和其他公众人物能够提起名誉权诉讼的资格则应当给予必要的限制。国家机关工作人员掌握相当的公共权力,其行使权力的过程和方式是否合法,对于社会公共利益的维护和公民权利的保障关系密切,理应受到传媒更为严格的监督。至于公众人物(通常包括一些社会名流、影视或体育明星、社会团体领袖等,也包括卷入重大事件一夜成名的普通人),之所以应同国家机关工作人员同等对待,是因为这些人物得到了社会和媒体更多关注,亦为此获得了更多实际利益,因而拥有利用传媒澄清不实报道的能力。这是对等原则的体现。较之普通公民,国家机关工作人员及公众人物应对传媒的监督有更强的承受力和容忍力。因此,除非国家机关工作人员或公众人物能够证明传媒的相关报道具有主观、实际恶意,否则,不应当获得法律救济。

2. 审慎认定事实。在处理名誉权纠纷时,无论起诉者是普通人,或是国家机关工作人员及公众人物,都不可要求传媒所报道所有事实和细节绝对准确、无任何差错。传媒及时传播信息之个性,做到所有事实和细节全部准确无误,难如登天。如果传媒都谨小慎微,花费大量时间对所有事实和细节严谨考证,则势必影响新闻的时效性,且极大挤压传媒表达自由的生存空间。

3. 合理信息来源。因传媒的报道引发的名誉权纠纷,尤其是涉及国家机关工作人员或公众人物时,只要有新闻界公认的“合理信息来源”,即使此来源提供的信息

存在部分缺陷、问题,且传媒没有主观、实际的恶意,司法就不应过分苛求传媒,要求记者必须像科学家、侦探一样,对信息来源的准确性进行长时间、无休止的考证。

4. 适度宽容忍耐。传媒对国家机关工作人员、公众人物乃至司法审判活动的监督,只要没有达到“明显而即刻的危险”的程度,被监督者都应具备适度宽容忍耐的心态和气度。其深层含义是,因为国家机关工作人员或公众人物特殊的职责和地位,应当适度宽容和忍耐传媒的监督;而要求司法不能屈服于公众舆论,不能受制于传媒影响,法官应具备理性、坚韧、独立的品性,在舆论的风雨中,变得更为成熟和强大,以其公正司法的行动,赢得公众的信任、尊敬与服从,从而树立司法的真正权威。

另外,为了使司法与传媒形成平衡有序、良性互动的关系,传媒也要以善意、宽容的态度对待司法。这是因为:

1. 司法公正的相对性。司法公正的相对性是客观的。审判是法官根据现有证据和法律进行推理的过程,因案件事实认定的相对性,证据规则的限定性,法律适用的不确定性,以及其他社会因素的影响,法官认识角度的不同,导致案件处理结果不同是正常的。许多时候,因法官与记者立场和职业要求不同,两者对案件处理的结论则完全相反。但是,法院判决一经合法程序作出,即应该确认其正确性。

2. 司法与传媒角色的差异性。传媒在报道司法案件中应扮演什么角色,起什么作用,是一些传媒常常搞混的问题。客观上讲,一些记者未经专门的司法训练,缺少对法治原则和法治精神的深刻理解,难以对人命关天、涉及人身自由或法律关系错综复杂的案件判断是非。传媒不是法官,也并非公正与正义的最终裁判者。所以,传媒要真正对社会负责,唯一的办法就是报道要真实、准确、客观、公正,一般情况下应仅限于传播报道案件的真相,尽量不对案件审理作过多评论。

3. 传媒监督作用的两面性。在一个法治社会,传媒参与对司法的监督和重大案件的报道,对揭露腐败、弘扬法制、维护司法公正,具有积极、正面的意义。但是,如果传媒缺少社会责任、人权观念和法律知识,不能客观公正地报道司法案件,就可能造成传播错误的法律观念,干扰、妨碍司法公正的严重后果。

三、自律是司法与传媒良性互动的共同准则

传媒对司法的极大关注造成两者之间关系一定程度上的紧张和冲突,除了由于传媒角色错位难免带来认识上的失误和某些不良因素产生的主观恶意外,司法失准和不良司法也是一个重要原因。由是,司法应该首先从自身做起,采取有力措施,改善与传媒的关系。

1. 强化职业伦理养成。法官职业伦理是法官群体在长期的司法实践活动中逐渐形成的相对稳定的道德观念和行为规范,其存在会使法官群体的职业意识和文化心理日益觉醒,在法律意识、法律专业上形成共同语言,在职业道德和职业操守上达成共识,内部自律机制的建立因而水到渠成。近年来,从最高人民法院到各级法院

都制定了许多行之有效的加强自律的准则和措施，严格自律、公正司法已成为法官群体的自觉行动。

2. 不断增强职业意识。法官作为一种承担极其重要社会职能、高度专业化的职业，必须具有特殊品格的职业意识。这种职业意识植根于历史积淀的悠久传统，并经由长期的法律学习、法律训练和法律实践过程而造就。法官的职业意识包括独立和中立意识、程序意识、严谨审慎意识、平等意识、公正与效率意识等。

3. 提升法官准入门槛。一方面要坚持凡进必考、任前考试制度，确保准入人员一开始就具备从事法官职业必需的法律学历、学识和职业能力，使不符合条件的人员绝对进不了法院，当不成法官；另一方面要加强对现任法官的职业培训，加快提升法官群体特别是基层法院法官的法律思维推理能力，对法律规范的理解与解释能力，掌握法律和事实的能力，思辨辩论和撰写法律文书的能力。法治社会的法官应当是社会的精英，既要情操高尚，又要博学公正；既要有坚定的法律信仰，又要有深厚的法律文化知识。

4. 切实完善职业监督。现在对法院审判监督的主体很多，有权力机关的监督、检察机关的监督、行政机关的监督、新闻舆论的监督、社会公众的监督。但这些其他因素只有通过法院的内部机制才能产生效果，因此，加强法官职业化建设和对其的职业监督，完善法院内部监督机制极为重要。在法官内部可专设一个类似监督委员会的机构，专司司法监督之职，重点应以监督案件审判程序的纵向流程为主，纠正重实体轻程序倾向，以程序公正保证实体裁判公正。

5. 落实公开审判原则。由于历史的原因，我国的司法活动相对封闭，公开审判制度在司法实践中不能完全有效贯彻，这在一定程度上不利于传媒对司法的监督，且阻碍了社会公众对司法活动的知情权。从某种意义上说，司法活动的过度封闭是造成传媒对司法活动报道不实的原因之一。司法机关应积极回应传媒和社会公众需求，将公开审判原则落到实处，增强司法审判活动的透明度，为满足社会公众的知情权和开展正确的新闻舆论监督创造必要条件。

在与司法的互动过程中，传媒也要加强自律，以自律来保证言论自由，以自律来争取司法的合作。中国法律中没有任何制裁舆论干预司法公正的法律规范，传媒与司法对此更无共同的认识基础。为此，传媒应自觉地遵循一些基本原则，并依据这些原则和相关理念来规范和限制传媒运作，使之不超越监督的合理界限，不侵犯司法的独立。

1. 尊重司法。这是传媒监督司法的基本准则。传媒应充分尊重司法审判活动的特性，从维护和促进司法公正的立场出发，监督报道应力避干扰、妨碍司法审判，以确保司法独立。

无罪推定是刑法的一项基本原则。一个人是否有罪的判决权在法院，新闻自由不能侵犯司法独立，不能与无罪推定原则相悖。传媒不是法官，在案件作出判决前，传媒不能作有罪或无罪的定性报道。

程序性是司法活动的重要特征之一,是确保司法公正的刚性和必要条件。因此,传媒要尊重司法活动程序性规范,不作超越司法程序的报道,但对违反诉讼程序的行为,可以进行适度的质疑或批评。

庭审采访要经法院许可,服从法庭安排,遵守法庭审理秩序和规则,维护法律的严肃性和权威性。对审判活动的报道要慎重、严谨,可以客观报道审理进程和有关背景资料,但对正在审理中的案件不宜作评述性报道。

传媒应充分尊重法院经严格司法程序作出的司法判决的权威性,在没有充分证据证明司法判决有错误、司法机关工作人员有失职或徇私舞弊行为的前提下,不宜以新闻调查结果、普遍舆论倾向与司法判决结果不符而对司法判决进行抨击。

一般来说,传媒对正在进行的司法审判的反映应严格限制在报道范畴内,将报道与评论分开,不搞夹叙夹议的报道或评述。如果进行评论,亦应在判决后进行,但也要审慎把握,适度、适量。

2. 客观平衡。所谓客观平衡,一是指对司法活动的监督要客观平衡,要坚持正面宣传为主方针,积极主动地报道司法公正的典型案件及范例,树立和维护司法权威。对个别司法人员违法违纪行为的批评要客观准确,对司法机关工作中的某些缺点错误要善意批评,对极少数非法干预司法审判、影响公正司法的人和事要敢于曝光。二是指对具体案件的报道要客观平衡,要站在公正的立场上,客观全面地报道案件的全貌,对涉案各方有利或不利的关键事实及证据材料都应如实报道,切忌主观性、片面性、倾向性,更不能断章取义,随意对案件性质及应该如何判决妄下结论。传媒应恪守中立,不偏不倚,不充当诉讼一方的代言人。三是指传媒在对司法行使监督权时,要多从被监督者的角度考虑问题,多兼顾司法的利益,充分尊重司法审判独立和司法权威的要求,慎重把握传媒导向和社会舆论可能引发的对司法审判独立造成的影响和冲击,以使司法与传媒各自追求的目标和价值得到最大限度的实现。

3. 严谨审慎。司法活动有其特殊性,传媒不能采用报道其他领域的新闻标准报道司法活动,必须有更为严格的要求、分寸和尺度。传媒不是司法活动的仲裁者、引领者。传媒报道审判活动和案件情况时,要本着极其严谨审慎的态度,确保客观、真实、准确、公正,对所报道的内容要努力做到有法可依、有据可查、字斟句酌、严密无隙,绝不能凭主观臆想、被情感左右、受舆论影响,而妄下论断、随意夸大、煽情炒作。当案件报道涉及未成年人、妇女、老人或残疾人等时,更要高度关切,谨小慎微,避免伤及其应予特殊保护的合法权益。

此外,在任何时候(包括诉讼过程中),传媒都应避免刊载或播出对司法人员个人含有人身攻击、人身侮辱等有损其人格尊严内容的报道或评论。

司法与传媒在处理两者之间复杂、多样、密切的关系时,司法应在追求司法公正的同时以广阔的胸怀宽容传媒的监督,而传媒则应在宽容司法的前提下更侧重于自律。两者均应本着理性、宽容的态度,相互充分尊重对方的职能、特性、运作方式,且在有关规范尚不完善的情况下，切实加强各自的自律，从而最大限度地减少、弱化、避免相互间的矛盾、冲突，达致司法与传媒的相对和谐、基本平衡与良性互动。

（2005）

点　评　言论自由与司法公正、舆论监督与司法尊严、新闻采访权与法庭秩序的冲突呈普遍化趋势。时常出现的传媒对司法案件的不当报道和评论冲击了法院依法独立行使审判权，而司法机关为避免不利于公正审判而采取的种种超过应有限度的限制传媒采集司法活动信息的措施，又进一步加剧了两者之间的矛盾和冲突。

在近现代社会结构中，司法与传媒作为两种极其特殊又极为重要的社会力量，彼此间存在着广泛而密切的联系，但两者之间却存在相向、相对甚至冲突的复杂关系。如何处理好两者之间的关系，是现阶段比较引人关注的话题。该论文对两者的目标追求和价值取向及引发冲突的内因和外因进行了深入分析，提出两者应本着理性、宽容的态度，相互充分尊重对方的职能、特性和运作方式，从而最大限度地减少、弱化、避免相互间的矛盾、冲突，达致司法与传媒的相对和谐、基本平衡与良性互动。

这里的人们没有被普法遗忘

“重走长征路，普法纪实行”西部篇

唐晓芳

从1986年“一五”普法开始，举世瞩目的全民普法活动已走过了20个年头，随着“二五”、“三五”、“四五”普法的全面开展，国民的法治观念和法律意识大大提高，社会主义国家的法治进程在不断进步。那么，20年普法在西部进展又如何，普法给西部老区人民带来了什么呢？

7月，记者跟随“重走长征路，普法纪实行”采访团一行，对当年红一方面军长征所经过的29个县、40余个乡镇进行了实地采访，深入基层乡村切身感受了20年普法给西部老区人民带来的深刻变化。

普法宣传员们的风采

法制宣传离不开人民群众的支持，在老区各乡镇就有这样一群人常年战斗在普法工作的第一线，他们是乡村司法所所长、司法所助理员、少数民族司法宣传员、民间艺术家、学法中心户……他们虽然身份不同，但都在为农村法律宣传、法律服务贡献着自己的力量。

人物之一：为老百姓化解纠纷的模范人民调解员

“调解是手段，防范是关键”，做好人民调解工作，要防患于未然，这是袁如亮多年从事人民调解工作总结出的经验。

袁如亮是湖南省汝城县三星镇一名普通的司法助理员，自从担任司法所所长那天起，他就时刻牢记自己肩上的责任，处处以化解纠纷、促进稳定为己任。

6年来，全镇各村留下了他忙碌的身影和坚实的脚印。袁如亮常说：“群众利益无小事，解决不妥会出大事”，他是这样说的，也是这样做的。2003年3月20日，三星镇星村村民与农科所因制种协议发生纠纷，并准备上访，袁如亮接到情况后，火速赶到现场。首先劝说群众回家，然后深入农户了解情况，用情、理、法说服村民，消除村民思想顾虑，取得了村民的信任。袁如亮历时一个月，多次请示领导，与相关部门协调，克服困难，奔波忙碌，终于促成了农科所欠村民的9万元种子款足额兑付了农户，平息和化解了这起群体事件。村民逢人便说：“4年9万元，一月得解决，这是我们镇司法助理员真心为民办的好事，他是位好干部。”

袁如亮任司法助理员以来，共调解民间纠纷300余起，防止激化案件8起，避免

10 起群众械斗和流血伤亡事件，挽救了 17 个濒临破裂的家庭，帮助过 21 位被子女虐待的老人得以安度晚年，帮助教育了 22 位闲散青少年和 58 名刑释解教人员改邪归正，并走上勤劳致富的道路，把法制的种子播进了家乡人的心田，把“第一道防线”筑牢在基层，使全镇的治安得到了改善。2004 年 12 月他被司法部评为“模范人民调解员”。

人物之二：活跃在西北草原上的藏民普法宣传员

白玉是一名普通的藏民，35 年前他与法结缘，从此公平、正义成为他一生的追求。

1996 年白玉从工作 16 年的公安战线被调到肃南县司法局工作，他凭借在公安战线工作时学到的法律知识，对贴近农牧民生产、生活的草原法、森林法、环境保护法等 50 余部法律法规进行了系统学习整理，记下的学习笔记一本又一本；他把原先在公安系统侦破过的案子整理出来，编成生动的案例用在给农牧民上的法制讲座中。“白局长讲的法制课通俗易懂，贴近我们农牧民生活，我们都爱听他讲的课，他是我们牧民帐篷里最受欢迎的尊贵客人。”肃南县裕固族牧民们都这样说。

肃南县是我国唯一的裕固族自治县，全县 3 万多人，8 个乡镇 101 个村分布在祁连山麓，东西跨越河西走廊 5 个市，在这里从事普法工作，从一个普法点走到另一个普法点往往要走上几百公里的山路。

面对这么漫长的普法战线，白玉并没有退缩，他从“三五”普法到“四五”普法，一干就是十年。暑往寒来，在冬夏草原牧场上，在裕固族牧民的帐篷里，到处可见他普法的身影。在牧民的帐篷里喝着热气腾腾的奶茶，给牧民们上一堂保护草原生态环境的法制课，和牧民拉家常时帮助牧民调解家庭纠纷，牧民遇到草场纠纷时给他们提供法律咨询……白玉说他打心里热爱这份工作。

人物之三：一位民间艺人的普法情结

今年已经快 60 岁的曾孝忠是云南省威信县一名远近闻名的民间艺人，在业余时间他除了搞绘画、书法创作外，还活跃在威信县法制文艺演出队的台前幕后，编写法制宣传方言戏，组办法制文艺演出团，培训演员，亲自登台表演……人们都称他是业余法律宣传员。

1996 年曾孝忠的侄子因为一件小事与邻居发生争执，由于不懂法，他的侄子触犯法律被判入狱。这件事对曾孝忠触动很大，曾孝忠决定利用自己组办的业余文艺演出团向群众宣传法律知识，使老百姓懂法、守法。

现在曾孝忠已经组建了三个农民业余法制文艺宣传队。自“四五”普法以来，曾孝忠带领他的农民业余法制文艺宣传队活跃在威信县广大农村，自编、自导、自演法制文艺节目数百个，深入全县 11 个乡镇义务巡回演出 300 余场，观众达 30 多万人。每逢法制文艺宣传队演出，群众们都奔走相告，看过演出一些群众还久久不愿离去，他们感慨地说："原来土地纠纷是这样解决的"，"不让自家娃儿读书也是违法的呀！"……有些上了年纪的老人看过他们的演出后高兴地说："戏送到家门口来演，我们既看了戏，又学了法，真是太好了！"

形式多样的普法活动

故事一：普法山歌传城乡

一江春水波连波，
兴国老表爱唱歌。
计生法规人人唱，
山歌涨满潋江河。
……

江西省兴国县，是全国著名红军县，这里也是"中国民间艺术山歌之乡"。兴国山歌时至今日已有一千年的历史，是兴国民间群众基础广泛，最为喜闻乐见的一种文艺形式。

在上个世纪90年代兴国县就开始把法律知识糅进山歌中进行法制宣传、普及，通过十多年的山歌普法宣传，农民的法律意识明显增强，知道用法律的手段来维护自己的权益。现在，村里在向村民收取社会抚养费等费用时，都要给村民开具正规票据，收费的票据项目、标准都有明确规定，村民监督村干部不能随意乱收费、乱摊派；村干部也会自觉地以身作则，再也不像过去那样，不交费就去农民家里搬东西。过去，村民和村里发生权益纠纷，村民只知道去镇政府等地方上访反映问题，现在，通过多年来的法制宣传教育，村民懂得了利用正当的法律途径来解决问题。

普法20年来，兴国县已经先后编写了宪法、森林法、计划生育法、婚姻法、土地管理法等方面的普法山歌1000余首，印发普法山歌宣传单10万余份；该县30个乡镇已成立了280余支乡村山歌队，全县普法山歌演唱骨干已达500余人，仅"四五"普法期间就开展了1000余场的大规模演出，受教育人数占普法对象人数的80%以上，许多内容丰富、语言生动的普法山歌在群众中广为传唱。

故事二：少数民族传统节日上的普法宣传

"妹在山区知法少，咨询台上对山歌……土地承包有法律，承包合同要依法……"伴着响亮的锣鼓声，穿着民族服饰的侗族姑娘手拉着手，一边唱着侗歌，一边跳起了她们的传统舞蹈——"团舞"。

这是广西壮族自治区龙胜各民族自治县侗族在庆祝他们的传统节日——萨堂节（萨堂在侗语中即母亲的意思）。在这一天，全寨子里的妇女都要盛装打扮、载歌载舞来庆祝她们的传统节日。

龙胜各民族自治县位于广西壮族自治区西北部，全县总人口16.7万，居住着苗、瑶、侗、壮、汉等民族，少数民族人口占总人口的75%。自从1985年开始普及法律常识的全民学法活动以来，当地政府充分利用各民族的风俗习惯，每逢各少数民族传统节日时，县司法局的人员都会下乡，到各个村寨里，设立法律咨询台，发放法律宣传资料，把法律送到千家万户。每当这时，村民们都会喝米酒、唱起普法山歌，来庆祝他们的传统节日。

八年前，龙胜各民族自治县龙平村村民和邻近的另一个侗族村寨的村民，因为水源问题产生了纠纷，两个村子的村民发生了械斗事件，打伤了数人，严重干扰了当地居民正常的生产、生活，破坏了各少数民族间的团结。现在，通过长期的普法宣传教育，村寨的村民法制观念增强了，村里的治安状况明显好转。

经过20年来的普法宣传教育，龙胜各民族自治县各民族人民的法律素质有了明显提高，普法宣传为民族地区的社会稳定、民族团结和经济发展发挥了重要的保障作用。

普法给西部带来的变化

通过两个月的实地采访，记者深刻感受到20年的普法工作，给西部老区人民带来的不仅是精神面貌的转变，还给西部人民带来了经济效益和社会效益的巨大变化。

20年前，红色革命老区江西省赣县王母渡镇曾是一个封建宗族观念根深蒂固、封建迷信活动猖獗、治安混乱的地方，通过20年的普法宣传教育，如今这里已经连续10年没发生群众械斗事件，连续15年无一起民转刑案件，治安与刑事案件发案率逐年降低。

过去十年九旱的陕西省吴起县，通过退耕还林法、森林法等法律的长期宣传，一场轰轰烈烈的退耕还林绿色产业革命正改写着吴起的历史，现在的吴起已变成了陕北的又一个小江南，生态环境的改变给当地农民带来的是丰厚的经济收益和良好的社会效益。

曾认为经商可耻的四川省松潘县藏族农民，在法制宣传、依法治村活动的开展下，转变了落后的传统观念，充分利用地区优势，发展民族经济，依法开发具有藏民族特色的红色旅游资源，开拓出一条依法经营、依法致富的新路。

70年前，红军长征路上的"加油站"——甘肃省宕昌县哈达铺镇如今又成为普法宣传教育的加油站。"四五"普法以来，哈达铺加大法制宣传力度，做到乡镇干部带头学法用法，争做法律明白人；青少年学法带动家长学法，再由家长把法律传给社会，形成了全镇各乡村居民学法、懂法、守法、用法，依法治村的新局面。

记者启示录：

法制宣传教育是一项长期的、系统的工程，是一个潜移默化的过程。

一、法制宣传教育要坚持以人为本的原则，在宣传内容上，选择群众最需要、与群众生产生活联系最密切的法律知识作为宣传重点；在宣传方式上，选择群众最方便、喜闻乐见的形式；在宣传效果上，以群众对法律知识、法律意识的接受和运用程度作为评价的尺度。

二、法制宣传教育要以促进市场经济发展为目的，实现法制宣传教育的服务功能。发展是党执政兴国的第一要务，宣传党和国家关于发展市场经济的法律法规，宣传规范和服务市场运行的法律法规等，使法制宣传教育职能作用在服务发展中得到最充分的实现。

三、要提高农村基层干部的法制观念。领导干部自身素质的提高，对群众的影响至关重要，高素质的领导班子，会在无形中给农民以积极的影响，这种影响不仅仅表现为对农民普法的言传身教，更重要的是他们良好的素养本身就是对农民的感化。

四、要建立农村普法长效机制，利用农闲时间举办法律知识培训班，对农民进行定期培训；利用节日或农村集会时间，组织开展群众喜闻乐见的宣传活动，让群众在潜移默化中接受普法教育，而不应只是用简单的行政手段进行走过场似的说教。

（2005.12.4）

点 评

为隆重纪念长征胜利70周年，展示普法20年成就，司法部、全国普法办公室和中央电视台七频道联合举办"重走长征路，普法纪实行"法制宣传教育活动。活动从2005年7月14日起，经江西、广东、湖南、广西、贵州、云南、四川、甘肃、陕西等省（自治区），沿当年红一方面军走过的路线，围绕长征"改变中国历史"和普法"弘扬法治，创建和谐社会"这两个主题，将普法置于纪念富有传奇色彩的长征胜利70周年这一大背景下，主要采访记录长征沿线20年普法业绩，并向沿途人民群众传播法律知识，宣传普法工作的重要性和必要性，进一步动员全社会参与全民普法和推进依法治国这一新的"长征"。本文对此进行了全景式描述。

解决社会治安问题的“中国之路”

孙春英

社会治安综合治理是中央总结历史经验提出的正确方针，它是解决我国社会治安问题的根本出路，是加强社会主义法制建设的重要措施，是新形势下坚持专门机关工作和群众路线相结合原则的新发展，是具有中国特色的解决社会治安问题的新路子。

——摘自1991年2月中共中央、国务院《关于加强社会治安综合治理的决定》

社会治安问题是社会各种矛盾的综合反映，必须动用和组织全社会的力量，运用政治的、法律的、行政的、经济的、文化的、教育的等多种手段进行综合治理，从根本上预防和减少违法犯罪，维护社会秩序，保障社会稳定，并作为全社会的共同任务，长期坚持下去。

——摘自1991年3月全国人大常委会《关于加强社会治安综合治理的决定》

15年前，我们这个世界上人口最多的国家明确了治理社会治安问题的“中国之路”。随着党中央和国务院、全国人大常委会浓墨重彩分别作出《关于加强社会治安综合治理的决定》，社会治安综合治理从此成为具有中国特色的解决社会治安问题的根本途径。

15年来，这条“中国之路”不断被夯实、拓宽、延伸。在该决定的指引下，社会治安综合治理在全国各地普遍推开，并随着形势的发展不断赋予新的内涵，为改革开放和社会主义现代化建设创造了良好的治安环境和社会环境。

一个重大方针的提出与形成

1991年2月19日，中共中央、国务院作出《关于加强社会治安综合治理的决定》

1991年3月2日，七届全国人大常委会通过《关于加强社会治安综合治理的决定》

十六届四中全会明确“打防结合、预防为主，专群结合、依靠群众”的综合治理工作方针

上世纪80年代，拨乱反正的中国面临严峻社会治安问题的挑战，而没有好的社会治安，改革发展的航船便不能平稳前行。

如何找到治理社会治安的一条正确途径，从最高层到各地基层都在孜孜以求。对社会治安进行综合治理的方针，是我们党在邓小平理论的指导下，在改革开放和现代化建设的历史进程中逐步确立起来的。

1981年5月，中央政法委召开北京、天津、上海、广州、武汉五大城市治安工作座谈会，明确提出：“争取社会治安根本好转，必须各级党委来抓，全党动手，实行全面‘综合治理’。”同年6月，中共中央转发此次会议纪要的通知正式明确了社会治安综合治理的方针。

1982年1月，党中央在《关于加强政法工作的指示》中再次要求：“为了争取治安情况根本好转，必须加强党的领导，全党动手，认真落实综合治理方针。”

1983年8月，党中央《关于严厉打击刑事犯罪活动的决定》明确了把“严打”作为社会治安综合治理首要环节的工作思路。

1991年1月，经党中央批准，全国社会治安综合治理工作会议在山东省烟台市召开。会议总结了党的十一届三中全会以来社会治安综合治理工作的基本经验，明确了搞好社会治安综合治理工作的一系列重大问题。

1991年2月19日，中共中央、国务院作出《关于加强社会治安综合治理的决定》。同年3月2日，第七届全国人大常委会第十八次会议通过了《关于加强社会治安综合治理的决定》。这两个决定是我国搞好社会治安、维护社会稳定、确保长治久安的纲领性文件。同年3月21日，中共中央决定成立中央社会治安综合治理委员会，下设办公室。

党的十四大把“加强社会治安综合治理，保持社会长期稳定”，写入了新修改的《党章》的总纲，使加强社会治安综合治理成为全党必须遵循的纲领之一。

江泽民同志在党的十五大报告中提出，加强社会治安综合治理，要坚持“打防结合，预防为主”的指导思想。

党的十六大报告提出，坚持打防结合、预防为主，落实社会治安综合治理的各项措施，改进社会管理，保持良好的社会秩序。

党的十六届三中、四中全会提出落实科学发展观，加强党的执政能力建设，构建社会主义和谐社会，把加强社会治安综合治理，维护社会治安和社会稳定作为重要内容。

党的十六届四中全会进一步明确了“打防结合、预防为主，专群结合、依靠群众”的综合治理工作方针。

在党的十六届五中全会上，胡锦涛总书记强调，开展平安建设活动，加强社会治安综合治理，推进社会治安防控体系建设，建立健全“严打”经常性机制，依法严厉打击严重刑事犯罪，是构建社会主义和谐社会的重要工作。

十六届五中全会审议通过的《中共中央关于制定国民经济和社会发展第十一个五年规划的建议》，把“加强社会治安综合治理，继续推进社会治安防控体系建设，深入开展平安创建活动，依法严厉打击各种犯罪活动，维护国家安全和社会稳定，保障人民群众安居乐业”写进了规划。

中南海和人民大会堂心系社会治安综合治理，一份份重量级的报告和文件，一个个内涵深刻的讲话，都充分说明，党中央、国务院始终高度重视社会治安综合治理工作,为新形势下进一步开展社会治安综合治理工作指明了方向,提出了新的更高的要求。

"严打"是综合治理的首要环节

从"反盗窃"、围歼"车匪路霸"到打击"两抢一盗"专项斗争,什么问题突出就重点整治什么

对群众普遍关注的铁路沿线、农村地区治安进行综合治理,哪里治安混乱就集中整治哪里

第五次全国群众安全感抽样调查显示,群众认为"安全"和"基本安全"的达91.9%

社会治安综合治理要有切实可行的"抓手"。《关于加强社会治安综合治理的决定》指出,社会治安综合治理的工作范围,主要包括"打击、防范、教育、管理、建设、改造"六个方面。打击是综合治理的首要环节,是落实综合治理其他措施的前提条件。

15 年来,全国政法部门充分发挥主力军的作用,狠抓了"严打"和重点治理、依法严厉打击严重刑事犯罪活动,针对突出的社会治安问题,坚持什么问题突出就重点整治什么,哪里治安混乱就集中整治哪里。

1991 年,湖南省邵阳市一度社会治安混乱,人民群众反映强烈。中央综治委抓住这一带有普遍性的典型问题,于同年 10 月在邵阳召开"全国社会治安重点治理经验交流会"。会后,全国各地迅速开展了重点整治工作,一批治安混乱的地方改变了面貌。

1991 年 8 月,针对盗窃案件较多、严重影响社会安全和群众日常生活的状况,中央综治委部署了为期 3 年的"反盗窃"专项斗争。据 1991 年 9 月至 1992 年 3 月的统计,全国共破获盗窃案件 65 万余起,查获犯罪团伙 4. 3 万余个,缴获赃款赃物总值 20 多亿元。

尔后,中央综治委又相继部署了围歼"车匪路霸"和打拐禁娼等专项斗争。各有关部门积极参与,各级党政领导亲自指挥,形成强大合力,使猖獗一时的抢劫旅客列车犯罪案件明显减少,拐卖妇女儿童案件大幅度下降。

铁路沿线的社会治安问题,曾经是人民群众普遍关注的焦点之一。1992 年 11 月,中央综治委在衡阳市召开了"全国整顿铁路治安重点区段座谈会"。会后,铁路沿线地方各级党委、政府对治安混乱的重点区段集中治理,很快见效。1993 年 5 月和 1994 年 8 月,中央综治委先后召开全国铁路护路工作会议,总结推广贵州省开展民兵护路的经验。会议决定成立中央综治委铁路护路联防工作领导小组。自 2005 年开展专项整治行动以来,全国拆盗铁路器材案件比 2004 年同期下降了 26. 92%,割盗铁路通信线路案件下降了 29. 49%。许多铁路治安重点路段建成了发案少、秩

序好、群众满意的安全文明区段。

针对一些农村地区治安混乱的状况,1994 年 6 月,中央综治委会同中组部、公安部、司法部、民政部在江苏省吴江市召开会议,部署集中整治农村治安,对农村治安进行综合治理。各地采取有力措施,使农村中严重刑事犯罪活动受到严厉打击,一批横行乡里、群众深恶痛绝的流氓恶势力被铲除,农村基层党政组织得到加强。

为了遏制刑事案件高发的势头,1996 年中央综治委在承德召开会议,部署在全国范围开展“严打”斗争,并在此基础上加强社会治安综合治理的基层基础工作。2001 年 4 月,党中央、国务院召开全国社会治安工作会议,部署在全国范围内开展为期两年的“严打”整治斗争。江泽民同志从维护改革发展稳定大局、确保国家长治久安、巩固和加强党的执政地位出发,全面阐述了开展“严打”整治斗争、做好社会治安综合治理工作的重要意义。各地、各部门突出重点,周密部署,严厉打击黑恶势力犯罪、严重暴力犯罪和影响群众安全感的盗窃、抢劫等多发性犯罪,依法从重从快严惩了一批犯罪分子,一批治安混乱地区的面貌得到了改变,给新世纪的社会治安打开了大局稳定之门。

两年后,也就是 2003 年 6 月,中央政法委、中央综治委在京召开了全国“严打”整治斗争总结表彰电视电话会议,对 323 个全国“严打”整治斗争先进集体和 435 名先进工作者给予了表彰。同年 7 月 29 日至 8 月 25 日,“全国严打整治斗争成果展”在国家博物馆展出。胡锦涛、温家宝、曾庆红、罗干等党和国家领导人参观了展览。

2005 年,针对影响群众安全感的严重暴力犯罪和多发性侵财等犯罪活动,全国各地开展了打击“两抢一盗”专项斗争,全年共破获抢劫、抢夺、盗窃犯罪案件 142.4 万多起。与此同时,组织开展了禁毒预防、禁吸戒毒、堵源截流、禁毒严打、禁毒严管五大战役,共破获毒品犯罪案件 9.4 万多起,缴获海洛因 8900 多公斤。

2005 年 10 月底,中央综治委委托国家统计局进行的第五次全国群众安全感抽样调查显示,群众认为“安全”和“基本安全”的达 91.9%,人民群众的安全感进一步增强。

强基固本构建社会治安防控体系

90 年代初,不少地方逐渐开展创建安全文明小区等基层安全创建活动

着力排查调处矛盾纠纷,“枫桥经验”在新形势下有了新的发展

从深层次上解决治安问题,从更广的范围构筑社会治安防控体系

一个好的政策、文件不能浮在上面,而要进入城镇街道、千家万户,深入人民群众的心田。《关于加强社会治安综合治理的决定》指出:下功夫把社会治安综合治理的各项措施落实到基层。1995 年党的十四届五中全会审议通过的《关于制定国民经济和社会发展“九五”计划和 2010 年远景目标的建议》,要求把社会治安综合治理的

各项措施落实到城乡基层单位。

多年来,中央综治委一直把加强综合治理基层基础工作放在突出位置。1996 年 10 月,中央综治委下发了《关于加强社会治安综合治理基层基础工作的意见》,明确提出了加强基层基础工作的指导思想和主要任务,并对建立基层综治组织、强化基础工作提出具体要求。许多省、区、市对该意见予以细化,力求把这项工作落到实处。

为了在基层落实好综合治理措施,不少地方在 90 年代初就逐渐开展创建安全文明小区、治安模范乡村(镇)等基层安全创建活动。中央综治委总结各地经验,于 1997 年 8 月在山东省威海市召开会议,推广山东、广东、上海、河南等一批先进典型经验。会后,中央综治委《关于进一步开展基层安全创建活动的意见》下发各地。

针对新时期人民内部矛盾逐渐增多的情况,维护社会稳定,开展矛盾纠纷排查调处工作十分紧迫。为了维护人民群众的根本利益,2000 年 8 月,中共中央办公厅、国务院办公厅转发中央综治委《关于进一步加强矛盾纠纷排查调处工作的意见》,要求各地、各部门认真贯彻执行。2001 年 9 月,中共中央、国务院制定下发了《关于进一步加强社会治安综合治理的意见》,要求加强基层基础建设,把社会治安综合治理各项措施落实到基层。

多年来,各地社会治安综合治理组织会同有关部门,着力把排查矛盾纠纷和不稳定因素的工作重心放在基层,注重"抓小"、"抓苗头"、"抓源头",建立健全矛盾纠纷排查调处工作机制,积极探索、不断创新排查调处工作的方式方法。浙江"枫桥经验"在新的形势下有了新的发展,创造了江苏南通的"矛盾纠纷大调解"、北京怀柔的"双向承诺责任制"、天津大港的"矛盾纠纷排查调处企地联动"等工作机制。各地普遍加强了矛盾纠纷排查调处工作的制度建设,充分发挥人民调解、司法调解和行政调解作用,及时发现和化解矛盾纠纷,有效地维护了社会治安和社会稳定。

2005 年,司法部着力加强基层司法所和人民调解员队伍建设,强化人民调解工作,化解了大量民间矛盾纠纷。公安部开展公安局长"大接访"活动,解决了一大批长年积压的信访问题。人民法院加强庭前调解工作,大量的矛盾纠纷在进入诉讼程序前得到有效化解。

为了真正把综合治理的工作重点体现到"预防为主"上来,近几年来,各地在控制、预防违法犯罪上狠下功夫,从源头上查找治安隐患,从深层次上解决治安问题,从更广的范围构筑社会治安防控体系,全面落实社会治安综合治理的各项措施。

1999 年 10 月,中央综治办召开全国部分城市社会治安综合治理工作座谈会,总结推广哈尔滨市开展社会治安"打防控一体化"建设的经验。2003 年 9 月,中央综治委在南昌召开全国社会治安综合治理工作会议,对构建社会治安防控体系作出部署。

社会治安防控体系建设得到了各地党委、政府的高度重视。他们充分发挥公安机关的职能作用,最大限度地把警力摆上街面,充分调动群防群治力量,以街面、社区和单位内部的防范为基础构建三大治安防控网,以案件高发易发的时段、部位为重点,人防、物防、技防相结合,这样行之有效的运作增强了预防和控制犯罪的能力。

完善以“110”报警指挥系统为龙头的快速反应机制，是增强社会治安防控能力的有效措施。为方便群众报警求助，上海市在书报亭、24 小时便民连锁店和加油站设立“110”报警电话。云南省沾益县在公路沿线餐饮店和商铺设立“乡村 110”报警服务点。内蒙古自治区组建军、警、民“草原 110”，有效地保护了牧民的利益。贵州、云南、青海等 8 省（市、区）共同打造边界治安防控网络。据悉，为帮助百姓化解危难，目前全国已有 900 多个县、市实现了“110”、“119”、“122”联动。

人民群众中蕴藏着开展治安防范、预防违法犯罪的巨大力量。一些城市以政府出资组建社工队伍从事社会管理，组建“社区治安志愿者协会”，向社区选派综治特派员；陕西省咸阳市等一些农村推出“治安中心户长”等，治保、调解、保安、帮教、义务治安巡逻、治安信息员等队伍在基层形成了有效的工作网络，在维护治安和社会稳定中发挥的作用越来越明显。

着力预防解决突出问题

从对流动人口的管理到安置帮教刑释解教人员，有效预防和减少了违法犯罪

加大校园及周边地区治安整治力度，一批“黑网吧”、淫秽色情网站被清理

20 个部委启动“预防青少年违法犯罪工程”，对重点青少年强化教育和管理

面对不同的层面和对象，分类指导，有的放矢，牵住“牛鼻子”，横向纵向立体交叉，才能使综合治理的触角愈益丰满有效。《关于加强社会治安综合治理的决定》指出，要坚持打防并举，标本兼治，重在治本的原则，切实落实综合治理的各项措施。

15 年来，各有关部门的积极参与，使流动人口管理工作、刑释解教人员安置帮教工作、预防青少年违法犯罪等综合治理中的突出问题，找到了有效的解决办法。

改革开放以来，沿海地区、交通沿线、大中城市流动人口大幅度增加，流窜犯罪活动猖獗。有的地方外来人员作案率占刑事发案总数的一半以上，有的地方高达 80%。1995 年 7 月，中央综治委、公安部、劳动部在福建省厦门市召开“全国流动人口管理工作会议”，明确了加强流动人口管理工作的指导思想、主要任务和一系列工作措施。会后，中共中央办公厅、国务院办公厅转发了中央综治委《关于加强流动人口管理工作的意见》。一些省、区、市还制定了地方性法规和行政规章，逐步使流动人口管理工作纳入法制化、规范化轨道。1997 年，中央综治委成立了流动人口治安管理工作领导小组，部署了清理整顿出租房屋的专项治理工作。团中央、公安部、司法部、劳动部等部门，在外来务工人员较集中的省份组织开展了社区“千校百万”外来务工青年培训活动。

近年来，各地公安机关与有关部门通力合作，严厉打击侵害农民工人身财产安全的违法犯罪活动。安徽、湖南、河南等 11 省、市公安机关建立了流动人口管理协调会晤机制，积极开展警务协作。山东、福建、广东等地组建基层流动人口综合协管员

队伍,在流动人口日常管理中发挥了重要作用。

做好刑满释放、解除劳教人员的安置帮教工作,预防和减少这一部分人重新违法犯罪,是社会治安综合治理的重要内容之一。1993年,中央综治委会同公安部、司法部、劳动部、民政部、国家工商行政管理总局联合下发了《关于进一步加强刑满释放、解除劳教人员安置和帮教工作的意见》,对新形势下做好这项工作提出了新的要求。1995年,中央综治委成立了刑满释放、解除劳教人员安置帮教工作协调小组办公室。各地相继建立了一些安置帮教基地。1998年11月,中央综治委在上海召开全国刑满释放、解除劳教人员安置帮教工作经验交流会,表彰了一批先进集体和先进个人。此后,中央综治委多次召开会议,部署进一步落实刑释解教人员安置帮教工作的措施。经过多方努力,刑释解教人员重新违法犯罪率呈逐年下降趋势。

加强对大、中、小学学生的法制教育和整治校园周边环境,是预防和减少在校学生违法犯罪的重要举措。1995年12月,中央综治委会同国家教委、司法部下发了《关于进一步加强在校学生法制教育的意见》。从1996年起,中央综治委、教育部、公安部曾多次部署对校园及周边地区的治安整治工作。2000年7月,国务院办公厅转发中央综治委、教育部、公安部《关于深化学校治安综合治理工作的意见》。2002年7月,中央综治委成立学校及周边治安综合治理工作领导小组。2005年6月,公安部出台了维护校园及周边治安秩序八条措施,教育部提出了进一步做好学校安全工作六条措施。北京、辽宁等十多个省(区、市)推行学生智能卡、安装监控系统,全方位地保护师生安全。多数地方实行了"一校一警"或"一校多警"制度。截至去年年底,全国公安机关选派法制副校长或法制辅导员8万余名,向校园派驻保安员5.4万余名;在校园周边增设治安岗亭1.7万余个,增设交通标志和交通设施等7.6万余处。自2005年6月以来,全国共破获侵害师生人身财产权利的刑事案件7856起,查处治安案件1.5万余起。与此同时,各地清理整治了一批"黑网吧"、淫秽色情网站和"口袋本"图书,净化了青少年的成长环境。

为进一步推动青少年法制教育,2000年9月,中央综治委在四川省成都市召开了"全国预防青少年违法犯罪工作经验交流会。"此前的1999年10月,中央综治委会同公安部、司法部等13个部委在北京举办了"为了明天——预防青少年违法犯罪展览",受到广大群众的欢迎。2000年11月,中央综治委制定《关于进一步加强预防青少年违法犯罪工作的意见》,中办、国办予以转发。2001年1月,中央综治委成立预防青少年违法犯罪工作领导小组。2004年11月29日,中央综治办、共青团中央、中央宣传部等20个部委启动"为了明天——预防青少年违法犯罪工程"。

各地积极实施"青少年违法犯罪社区预防计划",开展"未成年人零犯罪社区"、"优秀青少年维权岗"创建活动和"社区青少年远离毒品"行动;进一步加强工读学校建设,加强对有轻微罪错青少年的帮教工作;组建专门社工队伍,加强社区闲散青少年的教育和管理;建立救助站,加强对流浪儿童的救助和保护;各地和各有关部门还着力加强对服刑劳教人员、吸毒人员等特殊群体子女的帮教工作。截至目前,有20

多个省份开通了“12355”青少年维权和心理咨询服务热线，提供免费咨询服务，解答青少年的困惑。

服刑人员未成年子女是因为父母犯罪被判刑而形成的一个特殊群体，他们中的一些人生活艰难窘迫，心灵受伤扭曲，被迫失学辍学，有的甚至重走父母的老路，走向违法犯罪的深渊。为贯彻落实中央领导同志关于做好预防未成年人违法犯罪工作的重要批示精神，中央综治委预防青少年违法犯罪工作领导小组、中央综治办、民政部、司法部、共青团中央和全国妇联于2006年1月专门下发通知，动员全社会的力量关爱服刑人员未成年子女，保护他们健康成长。今年1月19日，“为了明天——全国服刑人员未成年子女关爱行动”正式启动。

当前，我国流浪未成年人群体数量大，涉及面广，生活状况堪忧，基本权益难以保障，极易走上违法犯罪的道路，2006年1月，民政部、中央综治办等19个部门联合下发了《关于加强流浪未成年人工作的意见》。这份我国流浪未成年人工作的首个专门的政策性文件，明确了有关部门在保护流浪未成年人工作中的职责。2006年1月20日，中央综治委预防青少年违法犯罪工作领导小组、民政部、中央综治办、公安部、共青团中央联合召开“为了明天——全国保护流浪未成年人工作会议”，提出要进一步做好流浪未成年人工作，帮助他们解决实际困难，切实维护流浪未成年人的合法权益，使他们感受到全社会的关爱和温暖。

平安建设拓宽综治工作领域

2003年“南昌会议”后，平安建设在全国各地迅速开展起来

2005年10月，中办国办转发《中央政法委、中央综治委关于深入开展平安建设的意见》

“社会平安、人人受益，维护平安、人人有责”氛围正在形成

改革的不断深化，经济的快速发展，维护社会治安和社会稳定面临新情况、新问题，表现为人民内部矛盾凸显、刑事犯罪高发、对敌斗争复杂。

随着基层安全创建活动广泛深入的开展，对涉及国家安全、公共安全和人民群众生命财产安全的工作都纳入了综合治理工作范围。这时就需要有一个新的载体来推动综合治理工作各项措施的落实，平安建设应运而生。

“稳定才能发展，平安才能和谐。”各地党政领导对新时期加强社会治安综合治理工作有了更加深刻的认识。江苏、山东等一些地方在深入开展基层安全创建的基础上，提出了平安建设的工作意见，推动社会治安综合治理措施的落实，取得了实实在在的成效。

2003年“南昌会议”推广平安建设的经验后，平安建设在全国各地迅速开展起来。

各地通过开展“平安社区”、“平安村”、“平安乡镇”以及“平安大道”、“安全文明铁道线”、“安全文明校园”、“安全文明旅游区”等基层安全创建活动，积小平安为大平安。福建、浙江等地打造“平安海域”，吉林省开展平安边境乡镇创建活动，有效地维护了本地区良好的治安秩序，促进了本地区经济社会全面、协调、可持续发展。

党中央、国务院对平安建设工作高度重视。胡锦涛总书记、温家宝总理多次对平安建设工作作出重要批示。2005 年 5 月，胡锦涛总书记在接见全国社会治安综合治理先进集体、先进工作者代表时明确要求：“深入开展基层安全创建和平安建设活动，切实把社会治安综合治理的各项措施落到实处。”在党的十六届五中全会上，胡锦涛总书记强调，要加强社会治安防控体系建设，完善社会治安综合治理工作机制，建立健全社会预警机制、突发事件应急机制和社会动员机制，提高保障公共安全和处置突发事件的能力。

2005 年 10 月 21 日，中共中央办公厅、国务院办公厅转发了《中央政法委员会、中央社会治安综合治理委员会关于深入开展平安建设的意见》。这是新形势下加强社会治安综合治理、开展平安建设的一份纲领性文件。正如文件指出，平安建设是构建社会主义和谐社会、促进经济社会协调发展的保障工程，是维护广大人民群众根本利益、为人民群众所期盼的民心工程，是提高党的执政能力、巩固党的执政地位的基础工程。

该意见出台后，从中央综治委成员单位和有关部门到各省（自治区、直辖市）党委政府，都对贯彻意见精神高度重视，根据该意见要求，纷纷提出了深入开展参与平安建设的具体措施。到去年年底，平安建设已在全国 31 个省、自治区、直辖市全面展开。

据了解，广泛开展平安县（市、区）、平安乡镇（街道）、平安村（社区）、平安校园、平安企业和平安家庭等基层安全创建活动，已经列为今年全国平安建设的重点。此外，“平安村”创建活动也成为社会主义新农村建设的一项重要内容。一个“社会平安、人人受益，维护平安、人人有责”的良好社会氛围正在各地形成。

责任制是社会治安综合治理的“龙头”

实行社会治安综合治理一票否决权制

实行社会治安综合治理领导责任制

对治安长期混乱严重影响稳定的地方、单位实行督查

在纷繁复杂的矛盾中，抓住主要矛盾，方能纲举目张。《关于加强社会治安综合治理的决定》指出：搞好社会治安综合治理，领导是关键。

社会治安综合治理工作开展 15 年来，经过不断探索和实践，各地、各部门涌现了一大批先进典型和先进人物，积累了许多行之有效的宝贵经验。其中，最根本的一

条就是狠抓领导责任制的落实，保证了"谁主管、谁负责"原则的进一步贯彻实施，促进了齐抓共管格局的形成。

各地区、各部门党政主要领导遵循邓小平同志"两手抓，两手都要硬"的战略思想，对综合治理越来越重视。1991 年 12 月，中央综治委制定了《关于实行社会治安综合治理一票否决权制的规定》。1993 年 11 月 2 日，中央综治委、中纪委、中组部、人事部、监察部联合制定了《关于实行社会治安综合治理领导责任制的若干规定》，明确要求把抓好社会治安综合治理工作、确保一方平安同各级党政领导干部的任期目标、政绩考核、晋职晋级、奖惩挂钩。

2000 年 8 月，中央综治委、中央纪委、中组部、人事部、监察部下发了《关于对发生严重危害社会稳定重大问题的地方实施领导责任查究的通知》。同年 9 月，中央综治委分别就上栗县特大爆炸案、禹州市民警刘德周和霸州市民警杜书贵开枪打死人命案，向江西省综治委、河南省综治委、河北省综治委下达了《重大问题领导责任查究通知书》，三省综治委分别对三市（县）实施社会治安综合治理一票否决，并对有关领导进行了责任查究。2001 年 4 月，经中央综治委、中央纪委、中组部、人事部、监察部五部委联席会议研究决定，对河北省石家庄市发生特大爆炸案、河南省洛阳市东都商厦发生重大火灾案、江西省万载县发生爆炸案、河北省孟村县与山东省阳信县发生"阳信事件"，向河北省、河南省、江西省、山东省综治委发出《重大问题领导责任查究通知书》。

2002 年 5 月，中央综治委、中央纪委、中组部、监察部、人事部召开联席会议，决定对治安长期混乱、工作措施不落实、群众反映强烈的地方、单位，以及发生严重影响治安秩序和社会稳定的案（事）件的地方、单位，实行督查；对在社会治安综合治理工作中成绩突出的地方、单位的党政主要领导和主管领导进行嘉奖，并由组织、人事部门记入个人档案，作为干部考核的重要内容。随后，中央综治委会同中组部先后对获得 1997 年至 2000 年和 2001 年至 2004 年全国社会治安综合治理先进集体、优秀地市和优秀单位的党政主要领导干部和主管领导干部共 1727 人进行了嘉奖。

2003 年 11 月，中央综治办对发生在河南省平舆县的"11 · 12 系列杀人案"、发生在深圳市布吉镇的马勇、段智群杀害外地求职女青年系列案件，分别向河南省综治委、广东省综治委下达了督查通知。

目前，以领导责任制、目标管理责任制、一票否决权制为框架的社会治安综合治理责任体系已经形成。各地普遍建立起以签订责任状、检查考评、兑现奖惩三个环节连续配套的领导责任制考评措施，特别是加大了对发生重大治安问题的地区和部门进行督查和领导责任查究的力度，通过认真行使社会治安综合治理一票否决权，以及开展督促检查，使社会治安综合治理责任制得到进一步落实。

本世纪头 20 年，是我国改革发展的重要战略机遇期，社会治安综合治理的任务仍然十分艰巨。2005 年 5 月，胡锦涛总书记在接见全国社会治安综合治理先进集体、先进工作者代表时指出："加强社会治安综合治理，是解决我国社会治安问题、维护社会稳定的根本途径，是邓小平理论、‘三个代表’重要思想的具体实践，是加强党的执政能力建设、构建社会主义和谐社会的必然要求。”

社会长治久安，这是人们的共同心愿——预防和减少犯罪，创造良好的社会治安环境，关系到老百姓的切身利益。15 年来的实践证明，综合治理已成为党和政府不懈努力实践、亿万人民群众投身参与的一件大好事。我们沿着这条前无古人、世界首创的“中国之路”扎实行进，社会治安综合治理必将为人们展现更加平安、更加和谐的前景。

（2006.3.1）

点　评　为时而著，为事而作，文章是我国社会治安综合治理实施 15 周年的综述性报道，全景描述了社会治安综合治理产生、发展以及不断丰富的过程，总结了社会治安综合治理的成效、经验，提出综治工作的推进方向。文章采访扎实，内容翔实，选材精当，有深度，有力度，凸显了法治新闻宣传的引领作用。

网瘾心魔毁害多少花样年华

“关注网瘾少年”系列报道之一

本报记者

花季少年小超(化名)“走”了,带着自己没过够的网瘾,带着家人无尽的悲痛。“网瘾猛于虎”,在小超身上得到了充分体现。

到今天,已经过去一个多月了,在小超的老家——山东省苍山县卞庄镇南哨村,母亲仍然沉浸在悲伤之中,忍不住地呜咽。

小超住在南屋里,出事之后,他床上睡过的被褥已经被搬走,只剩下一床草席。床边是一个小书桌,抽屉里还放着他曾用过的课本和作业本,只是上面布满了灰尘,散发着霉味。在一本作文本上,有一篇小超没有写完的作文:《一个噩梦》。

小超将近 80 岁的爷爷须发皆白。在小超离家出走上网的时候,还不知道网吧为何物的他,也骑着自行车颤巍巍地到城里去找孙子。

“网魔缠心”少年走上不归路

3 年前,13 岁的小超遭受沉溺网络游戏之痛。初中一年级辍学,从家里拿钱上网彻夜不归;内向的小超变得孤僻、封闭,甚至没有感情上的是非亲疏感。“网魔缠心”,小超度过了一千多个日日夜夜后,最终选择了一条不归路。

现在母亲想起来,小超还是那个学习优异的孩子。每天放学后就认真地完成作业,读些从舅舅那里借来的文学杂志,唯一的消遣就是看看电视。“这孩子从来都独来独往,没有一个好朋友,在家时也很少说话。”母亲将这归结为孩子固有的性格。“那么乖的一个孩子,怎么说走就走了呢?”

刚上初中那年,小超取得了总成绩全校第四的好成绩。然而,也正是在这一年,他们家遭遇沉重的变故:身患胃癌的父亲离开人世。走之前,父亲拉着儿子的手嘱咐:一定要好好学习。孩子也用力地点头答应。

但父亲临终的叮嘱没有起到作用。“妹夫去世后不久,孩子对网络已经着迷了。”小超的舅舅回忆说。本该每个星期天回家取干粮和换洗衣服的小超一连几个星期不回家,只是让同学回家向妈妈以交学费的名义要钱。时间一长,老师打来电话说孩子逃课很久了。对孩子寄予厚望的全家人这才知道,小超已经离不开网络游戏了。“什么要钱补课,都是假的,那时候他就吃住在学校周围的几个网吧了。”

补考缺考记录惊人的小超不得不在学校的规劝下放弃学业,辍学回家。此时的小超已经深染网瘾,欲罢不能。

2005年夏秋之际,全家人合计,给小超在临沂一家工厂里找了个活,养活自己的同时,也能让他在这个封闭的环境中戒戒网瘾。舅舅嘱咐小超的表哥替他保管工资,不给他有钱上网的机会。结果三四个月过去后,小超竟将同屋工友放在床垫下的钱偷偷拿出去,在网吧里窝了一周,过足瘾才回到工厂。后来,在工厂也待不下去了,小超只能回家。

2005年冬天之后,小超一直待在家里无所事事,暂时得不到零花钱的他没有外出上网的机会,只能郁闷地窝在家里。"孩子性格也变得更加孤僻、封闭。"孩子的舅舅这么说。

平静的日子过了几个月。今年5月,家里收获的蒜薹等农作物卖了三四千元,因为暂时不方便往银行存,小超的母亲就把钱放在家里。小超发现后,偷偷拿了钱就离家出走了。小超的舅舅、伯伯、叔叔曾多次到网吧寻找,但都没有找到。

直到7月27日,小超自己回到了家。

"当时我还在他家里帮着撑蚊帐呢,孩子进门什么话都没说,和我打了一声招呼就一声不响地帮忙撑蚊帐。"一位邻居最后看到的小超是这个样子。

7月29日凌晨,母亲发现小超在自己住的屋里喝下了农药……

在甘肃省灵台县,同样的悲剧发生。16岁的高一学生李杰服毒自杀。他在遗书中写道:"我总是喜欢在虚幻中想象,可让人心碎的现实,却又是让人那么的难堪,可是无论怎么说,它都可以使人迷失一切,迷失了生活的目标,迷失了活着的意义。

"如果我身体上有个伤口,我一直会把它往大里撕,在钻心的疼痛下,看它慢慢裂开,渗出鲜血,一滴滴流下,我感到一种从未有的欣慰。"

在李杰这样一个网瘾少年眼里,现实世界是什么样的呢?他为什么最终选择了死亡?

北京军区总医院网络成瘾治疗中心主任陶然分析说,长期上网,不和家人交流,使李杰自我评价特别低,他觉得他在这个社会上是无用的,所以他就选择结束生命来结束自己的痛苦,这是一个规律。"我们所有接触的孩子(网瘾少年),性格都变得非常内向、孤僻、怪异、敏感、多疑,最后走向厌世、自杀。"

网瘾和毒瘾症状相似

"全国染上网瘾的青少年已经超过一千万人,还有近一千万名青少年正在出现网瘾症状。"长期关注网瘾问题的华中师范大学客座教授陶宏开说。

中国青少年网络协会公布的2005年调查结果显示,青少年网民中网瘾青少年比例高达13.2%。

"网瘾"即"互联网成瘾综合征",专家介绍说,其基本症状是上网时间失控,可以不吃饭,不睡觉,但不能不上网。患者即使意识到问题的严重性,也仍无法自控,常表现为情绪低落,头昏眼花,双手颤抖,疲乏无力,食欲不振。

7月。北京。戒除网瘾夏令营。记者见到了大学生小赵和他母亲,内向的小赵很少主动说话,可当记者说起网络游戏,他突然来了兴致。

小赵告诉记者,眼看快毕业了,自己还有7门功课不及格,肯定拿不到毕业证了,更不敢想就业。最要命的是,还是忘不了网络游戏,只有想到上网打游戏才来精神。

小赵从小学到高中一直品学兼优,由于父母双双下岗家境贫困,一直没钱买电脑,到了大学,跟着同学进网吧接触网络游戏后,一下子被吸引住了,从此一发不可收拾。最疯狂的时候,一个月有28个晚上通宵泡在网吧里,白天在宿舍补瞌睡,功课自然全荒废了。

按照医生的说法,小赵属于上网心瘾难除的典型,而来自山东的小高则属于上网成瘾而影响到生理健康的情况。

已经在北京治疗网瘾一个多月的小高告诉记者,没治疗的时候,他因为长期打网络游戏,没时间也不愿意跟家人和同学交流,长此以往,语言表达出现了障碍,到最后甚至不会说话了。只有到了电脑前,手按着键盘,才能表达自己的想法。父亲看到这种情况吓坏了,赶忙把他送到北京治疗。

小高告诉记者:"我14岁就开始打网络游戏,先是打《魔力宝贝》,总共花了3000多元钱,后来又迷上了韩国进口的《热血江湖》。有一次,我从父母那里偷钱出来,在网吧连续泡了3天没有睡觉。我们平时有一个小圈子,大家相互资助、互通情报,谁搞到钱就拿出来一起玩,哪个网吧管得松就到哪里。"

"我们那里的网吧环境恶劣、空气污浊、声音嘈杂,还经常有家长冲进来打骂孩子,如果不是为了打游戏,我打死也不去那种鬼地方。"小高说。

"没有一个词能形容我的心情,'百爪挠心'、'撕心裂肺'这些词都太轻了。"夏令营的一位家长张女士说,为了限制孩子上网,"我曾把孩子的电脑主机藏了起来,但孩子居然对我动起手来,连着一个星期,他不让我回家,我只要一进家门他就打我。夜里我没有地方去,只好在楼下坐着。我现在真是叫天天不应叫地地不灵,就要崩溃了。"

在北京军区总医院网络成瘾治疗中心接待室里,坐着两个十六七岁的少年,一个眉飞色舞,不停地自言自语"打怪、转生;打怪、转生";另一个神情呆滞,一言不发。一门之隔,几名家长满脸愁容、神色悲伤。

据治疗中心的负责人介绍,医院治疗的网瘾青少年90%都打游戏,100%都休学或辍学,并且一旦有了心瘾,就很难拔除。另外,上网成瘾对青少年的损害,先是让其产生强烈的心理依赖,继而影响正常的作息、饮食和生活习惯,造成生理机能的伤害。"更令人担忧的是,因打网络游戏上瘾而来求诊的孩子,每年正以25%的速度迅速增多。"

"两眼呆滞、脊背弯曲、四肢干瘦,并且刚进来的时候,基本都无法正常沟通,异常敏感暴躁,稍受刺激便大哭大闹、寻死觅活,甚至自残身体。这些孩子上网成瘾之后,作息昼夜颠倒,饮食不规律,视力受损,生理各项机能都受到极大影响,跟毒品上瘾之后表现出的症状非常相似。"一位医生指着一群正在集合训练的网瘾青少年说。

为上网竟毒害亲生父母

"网瘾青少年在无穷尽的网络游戏中,原有的价值观念会遭遇挑战,金钱和暴力会越来越成为他们崇尚的目标。”中国第一家专业治疗网瘾网站——网瘾网的负责人孔令中说。

孔令中曾在一个小城市的网吧里，亲眼见到一个十一二岁的孩子，由于身材矮小，坐着够不着键盘，就躬着腰站在那里打游戏，他脸上的专注令孔令中震惊。

孔令中说，有一些小网吧，还为孩子们设了休息室。这些休息室大都有几只破旧的沙发，先来的孩子就蜷缩在上面，后来的孩子没沙发睡了，就横七竖八地躺在黑黢黢的地毯上。睡醒了的孩子会叫网吧老板给泡上一碗方便面，三下两下胡乱吞下去，又出去趴在键盘上打永远也打不完的游戏。

“在不少网络游戏中，一切问题都是由暴力解决的，而只要有钱又能买到一切。不少网瘾青少年就在这一次次的游戏过程中，暴力加金钱的价值观和价值取向形成了。”孔令中说，“这个形成过程是自然的，是潜移默化的，也是很难遏制的。”

孔令中举例说，在《传奇》、《魔兽争霸》游戏中，都设置了“高级装备”，这些“高级装备”既可以由玩家修炼而来，也可以由玩家从别人手里花钱买来。这就有了交易的市场。修炼来“高级装备”的玩家可以把他的“高级装备”卖给需要的玩家，他就会认为，我玩游戏就能挣钱，还读什么书？

还有的网瘾青少年没有经济来源，而上网是需要钱的，怎么办？先问家长要，再和朋友借，到后来家长不给了，朋友不借了，他的网瘾又上来了，怎么办？就剩下犯罪一条路了。这种例子谁都能说上两个。最近，江苏赣榆警方就抓了5名辍学网瘾少年，他们最大的17岁，最小的13岁，为上网他们从父母处要不到钱，就结成了盗窃团伙从居民墙上打洞，进入室内偷走摩托车。

就在不久前，年仅16岁、正在上初三的河北省赵县少年李光（化名）为了摆脱父母的管教去上网，竟然在父母的早饭中掺入农药，所幸老李夫妇及时发现没有酿成恶果。辛辛苦苦养育了16年的儿子，竟然会在自己的饭中投毒，这对已经年逾五旬的老李夫妇来说无异于晴天霹雳。

为什么要害死自己的亲生父母，李光的回答令人吃惊：“我就想把父母害死，这样就没人管我了，我再把家里的钱拿了，请别的同学上网。当时没想过以后的事，没害怕什么。”

（2006.9.6）

点　评

目前，网络成瘾的青少年保守估计在数千万，如果不及时采取措施，这个病态群体还将进一步扩大。而网瘾不仅让青少年饱受身心之害，同时也给社会治安带来诸多问题。

有关网瘾少年的问题，已引起全社会的重视。“关注网瘾少年”系列报道，通过对现状的调查和原因的分析，为解决这一日益严重的社会问题提供了有益的思路和对策。

挂职检察长忙着卖西瓜

一个东部检察官眼中的西部检察官非职务活动

周崇华

压砂西瓜的事竟要由胡副检察长分管。他对西部检察官参与非职务活动有许多看法。

9月11日下午6时许,从福建省泉州市检察院来到宁夏中宁县检察院任挂职副检察长不足半年的胡向阳,一路风尘向记者走来。

满脸的苦涩透过他那瘦弱的身体仿佛告诉记者:我已为压砂西瓜的事奔波几个月了。

副检察长被逼着卖西瓜

宁夏和福建是中央确定的对口支援省份。

2006年4月,毕业于厦门大学法律系,从事检察工作18年的福建省泉州市检察院办公室副主任胡向阳,主动报名,来到他向往的西部,分配在宁夏中宁县检察院任挂职副检察长两年,分管政工、控申、反贪等业务。

"我没来挂职前的2005年,中宁检察院就有压砂西瓜、枣树种植、枸杞采摘等任务。听院里的干警说,光完成种植近百亩的枣树任务,全院干警就得忙活两个月。眼看着完不成任务,院里只好掏钱雇人干。两年来,仅承包压砂西瓜、种枣树等,中宁检察院就投入了20,000多元。如果完不成任务,县上还要扣发每个干警年底的'第13个月'工资。这对于经费严重不足,收入本来很低的西部检察机关和检察干警来说,的确是一笔不小的开支。"在中宁县检察院,胡向阳一见到记者,就这样说。

刚来中宁挂职几个月,他就遇上了该县15万亩压砂西瓜即将大面积喜获丰收的繁忙景象。此时,作为分管政工的挂职副检察长,胡向阳被布置协助检察长抓压砂西瓜的工作,就是要保证检察院承包的舟塔乡潘营村800亩压砂西瓜销售出去。

一面是承包的压砂西瓜,一面又是全院30多个干警领受的每人100公斤任务和全院1.25万公斤的外销任务,而且西瓜外销期间,县上还要求每个单位每隔5天报一次销售进度,完不成还要在全县通报批评。

这可难坏了胡向阳这个从未见过此阵势的东部检察官。

怎么办?分配给个人的西瓜,干警自己掏钱买回家吃;分配给检察院的西瓜,想办法,找关系,总算完成了外销任务。

"压砂西瓜的任务虽然完成了,可中宁检察院还被县上分配有1000万元的招商引资任务。我也主动与家乡泉州方面联系过,可至今还没有个明确的结果。”胡向阳对记者说。

他说,压砂西瓜和招商引资这两项任务,让他分散了很多精力。分管的控申、反贪等本职工作有时就顾不上过问,自然影响了正常办案。

司法权力地方化造成尴尬

9 月 13 日,就在记者即将结束在中宁检察院采访的时候,胡向阳再次向记者谈起检察干警参与非职务活动的话题,语犹未尽。

胡向阳说,我国法律明确规定,检察机关和审判机关独立行使检察权和审判权,不受任何个人和组织的非法干预。像强制性下达压砂西瓜、招商引资任务这种行为,表明西部地区检察机关专业化职能正在非职业化,还没有进一步明确检察机关作为国家法律监督机关的神圣职责。同时,也反映出政府执政能力存在的问题。

另外,司法权力存在的地方化倾向,也是导致检察机关参与非职务活动的原因之一。因为,包括检察机关在内的司法机关,其人、财、物等都掌控在当地政府的手里。司法机关不听当地政府的使唤和调遣,就有可能受到人事变动、经费卡壳等影响,一些司法机关不得不言听计从,还要注意和当地政府以及各个机关部门搞好关系。

东西部观念差别这样大

胡向阳对记者说,西部地区普遍存在的这种行为,还是计划经济时代的产物。特别是像招商引资这种纯属于政府行为的事情,让包括检察机关在内的司法部门参与,真是不可想象。以中宁检察院为例,该院本来就缺少 10 多个编制,而且现有的每个干警都是定岗定责,抽调干警从事非职务活动,必然影响到正常办案。

20 世纪 80 年代,东部地区也存在诸如此类的让司法机关干警从事非职务活动的事情。比如,派检、法机关参与城市拆迁等,激化了许多矛盾纠纷,进而形成许多行政诉讼,使得司法机关往往陷入被动。司法机关及其干警都参与了拆迁,怎么能站在公平、公正的立场上裁判?

宪法和法律意识尚需树立

胡向阳告诉记者,这些年来,随着东部地区的经济发展,司法机关的执法活动得到了进一步规范,一些在西部地区屡见不鲜的司法机关参与非职务活动,在福建基本不存在了。福建省就明确规定,检察院和法院不得参与城市拆迁等非职务活动。当然,福建的一些贫困山区也还或多或少地存在这类问题。

在西部地区,检察机关不仅要参与许多非职务活动,就连一些原本与检察机关没有任何关系的这样那样的各种会议,也要通知检察院参加。

胡向阳分析说,西部地区发案少,案值小,也是地方政府频频要求司法机关参与非职务活动的一个原因。

他说,在福建泉州市检察院,一年办理的自侦案件150多件,办理公诉案件7000多起,这么大的办案量,检察机关及其干警根本没时间参与非职务活动。而整个宁夏检察机关每年办理的自侦案件只有200余起,公诉案件4000多起。

经过东、西对比,胡向阳恳切地对记者说,解决西部地区司法机关参与非职务活动的问题,关键是各级政府要牢固树立宪法和法律意识。只有各级政府及其领导人的法律意识提高了,司法机关参与非职务活动的现象也就减少了。　(2006.9.14)

点　评　文章具有深深的时代烙印,那时的司法机关乃至整个政法机关都有繁重的非职务活动,招商引资、推销当地产品、自己“化缘”保运转,可谓五花八门,占用了大量时间和精力,为“五斗米折腰”是常事,有的甚至以牺牲公平正义为代价。本文理性分析了“挂职检察长忙着卖西瓜”现象,透过现象看本质,提出了一些思辨建议。

马背法庭升级车载法庭

史万森

曾经因方便群众、办案效率高而活跃在内蒙古草原的“马背法庭”，经过50多年的风风雨雨，是否仍一如既往呢？记者近日从内蒙古自治区高级人民法院获悉，如今，“马背法庭”已升级为“车载法庭”，办案手段、审判职能已经发生了重大变化，群众诉讼更加方便了。

1949年4月翁牛特旗人民法院建立后，考虑到该旗东部牧区地广、交通不便的情况，成立了一个由3人组成的巡回审判组，每人配备一匹马、一支枪、一套行李和一个卷宗包，负责该旗东部辖区的案件审理。这就是最早的“马背法庭”。

这一模式在内蒙古偏远牧区推广后，基层许多简单的案件、纠纷，经过“马背法庭”法官们的调解很快得到解决。但由于“马背法庭”不能自己立案，必须到法院的立案庭办理立案手续，在当地开庭后，法官们还得把案卷和审理情况带回法院，提交审委会讨论，作出判决并由法院出具判决书等，使办案效率和方便群众诉讼受到影响。

2005年，内蒙古自治区高级人民法院作出了“强力推进人民法庭建设和网络建设”的部署，要求以“巡回方式+现代手段”解决人民法庭的便民问题。首先，改变了过去以人民法庭审判为主、巡回审判为辅的工作方式，以法庭为中心，在辖区内设立巡回审判点，除需双方当事人同时到庭及距离法庭较近的案件以外，一律实行巡回审判，方便群众诉讼。

其次，赋予人民法庭民商事案件、简单刑事案件立案、审判和执行权，并以全区法院计算机三级网络为依托，为每个人民法庭配备一台装备有文字速录系统、远程立案系统和远程电子签章系统的巡回审判车，保证做到受理起诉可就地及时立案，开庭审判后能当时制作、送达法律文书。

一台车就是一个法庭。这是内蒙古自治区高级人民法院院长王维山对这种新的“流动法庭”的概括。现在，无论“车载法庭”巡回到哪里，都可以通过远程立案系统受理案件、开庭审理，书记员可以通过文字速录系统进行记录，可以当庭判决，只需庭长的指纹识别，就可以通过远程电子签章系统出具判决书，甚至可以直接执行。今年1至9月，全区人民法庭共审结各类案件39,391件，同比上升19.45%。

（2006.12.13）

点 评 本文立意巧妙，生动鲜活，通过“马背法庭”到“车载法庭”这个具有内蒙古特色的审判方式的变化，折射改革开放给我国司法工作带来的巨大变化。这种变化不仅仅是“马”到“车”的硬件变化，更有诉讼为民的司法理念变化。

死刑复核：对生命的慎重无止境

陈虹伟　焦红艳

“我不要这个辩护人，他是老板雇的！”

中华人民共和国最高人民法院审判委员会委员、刑五庭庭长高贵君曾经经历过这样一个场面：某地方高级人民法院的一次公开二审中，被告人在辩护律师正为他做有罪辩护的时候，当庭喊出，要求更换这名辩护人。而这名被告人在一审中因被认定犯有故意杀人罪被判处死刑。

案件不得不延期审理。

一周后法院查明，被告人的律师确系其老板所聘。在整个案件中，这位老板存在重大犯罪嫌疑，随后公安机关对这位老板实施了逮捕。

“这就是死刑二审案件开庭审理的必要性及其意义之所在。”高庭长在接受《法制日报》记者专访时说，“我们现在讲死刑复核，同样存在类似的意义。我们的法官在提讯被告人的时候，首先要告知的就是：以前他所说的都可以不用顾虑。这是他最后一次说实话的机会，最后一次为自己辩解的机会。”

2007 年 1 月 1 日起，最高人民法院统一行使死刑案件核准权。我国《刑事诉讼法》对一审和二审的审理均有时间限制，但对死刑复核案件没有规定审限。

高庭长说：“我们国家实行二审终审制，只有对死刑案件，二审之后还要有一个死刑复核程序。这表明我国对适用死刑极为慎重，对死刑案件的质量要求很高，不可能因为赶时间而杀人。但没有时限不等于可以慢慢悠悠地拖拉办案，我们要求办理死刑复核案件也要有效率，但要把公正放在第一位。生命是无比珍贵的，生命权是无比重要的，不能轻易剥夺一个人的生命，一定要有确凿的证据证明他犯了极其严重的罪行才能依法作出死刑判决。”

为了表示对生命的尊重，死刑复核工作首先在程序上体现了慎重和严谨。死刑复核工作依法由三名法官组成合议庭，采取书面审查和讯问被告人相结合的方式办理。复核工作一般要求合议庭所有成员写出书面审查报告和处理意见，对确有必要、应当提讯的被告人，当面听取被告人的意见。但据了解，最高人民法院内部明确要求，核准死刑案件原则上都应当提讯被告人，就是到被告人羁押地，讯问被告人，了解案件发生的实际情况。要复核审理中的一些关键问题，要到发案现场，要见有关的证人。

法官：这样的盘山路还要走很多回

高庭长及其同事向记者介绍他们复核过程中的经历。

最高人民法院刑五庭法官王海波乘坐的汽车摇摇晃晃地爬行在贵州省铜仁地区的颠簸曲折的盘山公路上。

山里大雾,能见度不足五米。王海波就坐在司机旁边的座位上,一路上他和司机一起盯着前边的路,心一直都悬着放不下来。

“路很窄,只能勉强容下两辆车并行,为了赶路,有时我们也会超车,如果碰到对面有车开过来,根本没有地方躲。”王海波说,“好在司机师傅是当地的,经验很丰富,超车时处理得好。”

他要去的地方是思南县,那里有一起因邻里纠纷引发的故意杀人案件等着他去提讯被告人。

被告人汪德兵的房屋与其堂兄弟汪德奎家相邻,汪德奎家喂猪需经过汪德兵家院子。两家常为此事争吵并发生冲突,汪德奎妻子陈献芬头部受伤。后因医药费问题,两家又多次发生冲突。一天,汪德兵看到汪德奎的儿子汪超放学回家,便用斧头将汪超砍死。后他又见到与此案不相关的另一被害人张国梅,将其砍成重伤。当他要继续砍杀张国梅时,被赶上来的哥哥汪德章夺下斧头,并被随后赶来的村民、村干部及乡司法所所长等人扭送到板桥乡派出所。

对这个案件的案卷,王海波已经反复阅读过很多遍了。阅卷,是死刑复核的第一道程序。

为了尽快地见到当事人,他没有等雾消散就出发了。晚上六七点钟,他一到当地关押汪德兵的看守所就开始提讯被告人。按照死刑复核程序,最高人民法院的法官一般要亲自提讯被告人。

在核实被告人身份之后,王海波告诉汪德兵:“我是最高法院指派来核实你的案件的,说实话对你最有利。你可以没有任何顾虑地为自己辩护。”

在随后的提讯中,被告人汪德兵强调是自己主动让亲戚绑着来自首的,有可以从轻处理的情节。

为了查实此情节,王海波又在第二天一早赶往案发地思南县板桥村去调查取证。通往村里的路更艰险。但他心里明白,到案发现场调查事实真相,会见相关证人,这也是死刑复核工作的重要一环。

经过走访被告人的亲属、村支书以及其他村民,可以认定被告人杀人之后不存在投案自首的意愿和行为。

晚上 11 点,疲惫的王海波终于从思南回到了贵阳的宾馆。

有很多的死刑案件发生在边远的山区或者村庄,死刑复核权统一收归最高人民法院行使之后,这样的路王海波和他的同事们今后还要走很多回。

“这是我们的工作,也是我们的职责。”王海波说。

最高人民法院:用制度保证对生命的尊重

高贵君对《法制日报》记者表示:"其实,对于具体的案件,最高院能否顺利复核,下级司法机关在移送案件前的基础打得是不是牢固非常重要!"

为了保证死刑案件审理的慎重、严谨、公正、准确,在死刑复核权统一收归最高人民法院前后,我们国家已经采取了多项重大举措。

2005 年的 12 月 7 日,最高人民法院发通知,明确要求对死刑案件,高级法院第二审的时候应当开庭。自 2006 年 7 月 1 日开始,所有死刑案件已经开庭审理。高庭长说:"这个举措就是要进一步通过程序上的安排,保证死刑案件第二审作为关键环节发挥作用,为最高法院复核工作打下一个良好的基础,确保万无一失。实践证明,这一举措是非常重要的,原来一审没有弄清的问题,以及认为已经弄清楚的问题,通过二审更高层次的开庭审理,可以进一步查清、确定。我们已经感觉到案件的质量确有明显提高。地方法院为此增加了很大的工作量。但是,死刑案件的质量是第一位的! 质量说明一切,质量压倒一切。"

为此,最高人民法院相应的裁判方式改革也在紧锣密鼓地进行中。2007 年 2 月 28 日,《关于复核死刑案件若干问题的规定》正式颁布。与以往有关死刑复核的司法解释相比,这一规定最大的变化,是对于原判认定事实正确,但量刑不当,依法应当改判的案件,最高人民法院原则上不再直接改判,而是不予核准,并撤销原判,发回重审,由此确立了最高人民法院今后复核死刑案件,以作出核准或者不予核准的裁判为原则的新的裁判方式。

但同时,该规定也从实际出发,保留了对少数死刑复核案件在核准死刑前提下的部分改判的做法。

高庭长介绍,在两种特殊情况下,对个别案件可以进行改判。一种情况是一人犯数罪案件。一人有两罪以上被判死刑,最高人民法院复核后,认为原判对其中部分犯罪判处死刑正确,但有部分犯罪依法不应当被判处死刑的,这种情况下,最高人民法院可以直接对不应判处死刑的部分作出改判,并最终核准被告人死刑。另外一种情况是,一个案子中有数人被同时判处死刑,最高人民法院复核后,认为原判对其中部分被告人判处死刑没有问题,但部分被告人依法不应当判处死刑,这种情况下最高人民法院可以对应当判处死刑的被告人核准死刑,同时对部分不应当判处死刑的被告人进行改判。"这是在核准死刑的情况下,对案件进行部分改判,与以往允许全案改判的情形有很大差别。这样做是为了保证案件质量,节省司法资源,提高办案效率,使死刑复核工作取得法律效果与社会效果的有机统一。"高庭长解释说。

基层司法机关:证据意识要提高

高庭长说:“二审开庭和收回死刑复核等一系列的举措肯定会有利于死刑案件质量的提高。但是,目前一些地方司法机关存在办案人员的业务素质不高,办案手段落后的现象。很多案件证据不足或者证据存有疑问。有些司法人员的证据意识还需要有一个提高的过程。”

高庭长讲述了一个故意杀人案的死刑复核过程。在这个案件中,被告人是否已满18周岁是本案能否核准被告人死刑的关键证据。

被告人辩称自己不满18周岁,被告人的小学老师也证明被告人作案时不满18周岁。但是被告人的家人证明被告人作案时已满18周岁,而且说得比较具体。

公安机关先后向法院提供了三份有关被告人年龄的书面证明,分别表明被告的三个年龄,但是没有可以认定被告人真实年龄的法定证据:出生证或者户口底卡。

公安机关提供的被告人已满18周岁的证据,是被告人家人的证言。

“二审法院认为,被告人的家人和公安机关提供的被告人已满18周岁的证据是可信的。但是我们认为,被告人年龄问题是能否判处其死刑最根本的问题,必须以最有说服力的证据来证明。既然出生证和户口底卡都已无法找到,就应当有其他确实、充分并且以后不会发生变化的相关证据来证明。比如说,找到接生被告人的人,让她提供同一天或者以后几天接生的其他孩子的信息,这些孩子可能会有出生证明或者户口底卡,有这些与被告人同年、同月生人的参照可以把被告人年龄确定下来。但关键是,这些证据公安机关没有提供。”高庭长说。

“如果在这种情况下办案,被告人的父母意识到了孩子年龄对他的生与死的意义,证言改变了,我们就什么依据都没有了。证言是可以变化的,我们不能仅仅依赖于一份可以改变的证言判案。”高庭长说,“另外,此案件中,公安机关提供了被告人三种年龄的证明,这本身就说明证明关于被告人年龄的证据不确实、不充分,是有问题的,只能发回重审。”

为了解决不同地方不同程度存在的这一类问题,2007年3月10日,最高人民法院、最高人民检察院、公安部、司法部联合印发了《关于进一步严格依法办案确保办理死刑案件质量的意见》的通知。该意见第10条规定:“涉及命案的,应当通过被害人近亲属辨认、DNA鉴定、指纹鉴定等方式确定被害人身份。对现场遗留的与犯罪有关的具备同一认定检验鉴定条件的血迹、精斑、毛发、指纹等生物物证、痕迹、物品,应当通过DNA鉴定、指纹鉴定等刑事科学技术鉴定方式与犯罪嫌疑人的相应生物检材、生物特征、物品等作同一认定。”

高庭长说:“印发了文件,并不等于这些问题就解决了。我们认为,办理死刑案件的司法机关,要切实认真学习有关法律规定,学习刚刚颁发的这个通知,把这里的规定变成办案中具体环节的具体做法,不能有一丝一毫的含糊,毕竟生死是大事,人命关天啊!”

高庭长进一步说:“我们相信,案件的基础打好了,案件到最高人民法院才能确保质量。对严重危害社会治安的犯罪进行严惩,必须通过打得准来保证打得狠,真正发挥死刑这个最严厉刑罚的作用,震慑犯罪、预防犯罪,从而减少犯罪的发生。”

律师:职业素养和职业责任要强化

“我们在审核案件的过程中,发现某些死刑案件的案卷中找不到律师的辩护词!而每个案件,律师的辩护词我们是必看的。”高庭长对一些律师职业意识的淡漠感到不解和痛心。

在审核案件的过程中,高庭长发现,一些最起码的辩护技巧和理由,有的律师也没有使用。

“我们在审核案件中很重视律师的辩护意见,在一、二审判决书中要充分反映辩护律师的意见。律师应高度重视保障死刑案被告人的权利。法官如此重视律师意见,律师更应该对被告人负责,挑起诉意见的‘刺’,从事实上、法律上想公诉人没想到的问题,考虑法官应该考虑或者没有考虑到的问题,用尽一切智慧、一切能力为被告人寻找不构成犯罪、不构成重罪、可以不判处死刑、有利于被告人的一切事实、证据。现在看,律师发挥作用的情况不容乐观,死刑案件居然有律师只出庭而不向法庭提交辩护词!”高庭长对《法制日报》记者强调说。 (2007.3.18)

点 评 自2007年1月1日由最高人民法院统一行使死刑案件核准权以来,死刑复核受到了全社会的广泛关注。死刑案件核准权统一收归最高人民法院行使,并严格依照法律程序办案,从制度上保证死刑裁判的慎重和公正。这是司法体制改革的重要内容,是构建社会主义和谐社会、落实依法治国基本方略、尊重和保障人权的重大举措,对于保障在全社会实现公平和正义,全面建设小康社会,具有十分重要的意义。本文使读者对此有了更深的理解。

重庆试行“立法回避制度”

利害关系单位不得参与

秦力文　高维峰

记者12日从重庆市法制办获悉，该市从2007年起在全国率先试行“政府立法回避制度”，实施立法项目委托招标起草。据称，此举是国内立法上的重大创新。

据重庆市人民政府法制办公室主任李殿勋介绍，“政府立法回避制度”主要实施起草、评审、审查三个环节的立法回避，与某一立法项目有直接明显利害关系的单位和个人，不得参与法规和规章的起草、审查和评审，亦不得主导立法进程；起草环节立法回避制度主要通过“委托起草”、“招标起草”和“市政府法制办直接起草”三种方式实施。

重庆市政府法律顾问高绍先称，委托立法是重庆市在地方立法工作中积累的有效经验之一，体现了民主立法原则，扩大了立法范围，并借重各方优势力量，对防止部门利益及地方保护主义有积极意义。

李殿勋透露，该市准备于下半年选择若干个项目面向国内外实施招标起草，集中国内外智慧参与到重庆地方立法、统筹城乡发展体制创新和制度变革，以及经济社会文化的建设中。

（2007.7.13）

点　评　政府立法回避制度作为一种民主立法制度，目前已经基本得以落实。然而，在重庆建立“立法回避制度”之时还是新鲜事，这一制度能够有效防止行政部门通过立法使得“部门利益法制化”。作者新闻敏感性强，及时报道了这一创新做法。文章短小精悍，时效性强。

国家司法考试五年助推依法治国

于呐洋　彭于艳

自2002年以来,每年金秋时节,有这样一群人也将检验自己的收获。在今年国家司法考试如约而至的时刻,从寂静山区、偏远海边,从繁华都市、喧嚣城镇,从政府机关、大专院校,全国20多万考生心怀同样的梦想迈入考场,尽管考生们地域不同,身份不同,年龄不同,但是他们的心情是相同的,那一张张试卷不仅检验他们对法律的理解,更是他们就此投身法律职业的一个必需的阶梯。

考生构成主体
热爱法律职业+从事法律工作+年轻人

25岁的法律援助志愿者尚宪云,今年最大的愿望就是能通过国家司法考试。尚宪云是去年赴西部大学生志愿者中的一员,今年7月,她又续签一年,继续在西部做志愿者。“很多人都问我为什么要再干一年志愿者,我想这是因为我对法律职业的热爱,也是因为我很喜欢志愿者这个职业。所以今年我特别希望能通过司法考试,用我的法律知识更好地为老百姓服务。”尚宪云笑着说,自从有了这个目标,她所有的业余时间几乎都是在看书备考。

同样在西部做法律援助志愿者的谢君,今年结束了一年的服务期回到家乡后,也在专心备考,“无论我能否考上,我都想试试,法律职业对我很有吸引力”。

像尚宪云、谢君这样致力于法律职业的年轻人占今年报名参加司法考试人数的相当比例。

数据显示,从2002年到2006年国家司法考试报名人员的平均年龄为28岁,报考人员中从事法律工作的人员占较大比例。2002年国家司法考试具有法律专业本科、专科学历的29万多人,占总人数的81.4%。法院系统、检察院系统、法律服务行业和国家机关工作人员报考人数可观,近16万人,占总人数的44%。五年来,法律职业报名人员在稳步增加。

“五年来,国家司法考试报名人数趋于稳定,报名人员年轻化趋势明显,而且报考人员中从事法律工作的人员占较大比例。”司法部国家司法考试司司长丁露说。

和尚宪云同岁的北京女孩小莉从去年一直“郁闷”到现在,去年司法考试差了几分没通过,她埋头啃了一年的书本,今年再上考场。“我虽然在公司上班收入不错,但我在大学学了四年的法律,对法律还是很有感情的,今年我争取考过,以后有机会我想从事法律工作。”

像小莉这样有着本科法律学历的年轻人已是参加司法考试的“主力军”。据统计,2003 年国家司法考试报名人员中,大学本科以上学历报名人员占报名总数的 88.2%,而在 2006 年,这个比例已增加到 89.93%,今年更是占到 91%,学历层次逐年提高。同时,报名人数达万人以上的省份也在逐年增加,以 2006 年为例,全国共有北京、广东、山东、河南等 11 个省市报名人数达万人以上。

政策倾斜惠及中西部及民族自治地区
放宽学历 + 降分 + 使用少数民族文字试卷

广西桂林阳朔县葡萄镇司法所长张发星在 2002 年就拿到了全镇第一张“地方粮票”,2003 年,他又拿到了全镇第一张“全国粮票”。在当地,“地方粮票”是指参加国家司法考试,成绩虽然没达到全国合格分数线,但达到放宽地区的分数,取得了法律职业资格证书。在西部能拥有这样一张“地方粮票”,已是相当不易。“尽管当时有了‘地方粮票’觉得自己很幸运,但是我还是想拿到一张‘全国粮票’。”第二年,张发星再进考场,终于如愿。作为镇上第一张“地方粮票”的持有者,张发星当年受到当地多少人的祝贺和羡慕,他已记不清,回想当年,他仍旧特别感谢这项惠及中西部的降分政策。

“为满足经济欠发达地区和基层地区对法律人才的需要,自 2002 年举行首次国家司法考试以来,司法部同最高人民法院、最高人民检察院等部门不断加大政策倾斜力度,对民族自治地方、经济欠发达地区制定了相应的照顾、倾斜政策。”丁露说。

2002 年,全国共有 826 个县级行政区划和西藏全区被列入国家司法考试放宽报名学历条件地方。截至 2006 年年底,全国已有 935 个县(旗)和西藏自治区所辖市、地区、县、县级市、市辖区列为放宽报名学历条件地区,这些地区的法律专业专科学历人员均可报名参考。今年,司法部下发了《关于确定国家司法考试放宽报名学历条件地方的意见》,该意见明确,部分地区司法考试报名学历条件放宽为高等院校法律专业专科学历,这一政策由原来适用于西部地区 12 省(区、市)的国家和省级扶贫开发重点县和享受民族自治地方政策的县(旗),扩大到西部地区 12 省(区、市)所辖各县(旗),达到 870 个县(旗),比原来增加了 107 个县。目前,国家司法考试放宽报名学历条件地方总计为 1115 个县级行政区划,比 2006 年增加了 180 个。

为方便少数民族考生,自 2003 年起,国家司法考试试卷除汉文外,增加使用哈萨克文、维吾尔文、朝鲜文、蒙古文等少数民族语言文字试卷。2006 年全国有 2247 人选择少数民族文字试卷。使用少数民族语言文字试卷既方便考生又促进了少数民族考生的参考积极性。

以新疆为例,2005 年,新疆 5333 人参加全国司法考试,少数民族考生增加,其中汉文考生 3788 人,增长 13.8%;维吾尔文考生 1330 人,增长 29.8%;哈萨克文考生 193 人,增长 35.2%。

积极为考生服务
“快捷通道”+“绿色护考”+港澳设考点

北京考生小莉在今年报名时“享受”了一次“快捷通道”，即直接修改考生信息和调取本人照片，并启用条形码扫描仪快速打印准考证。“虽然去年没通过考试很郁闷，但今年报名能受到特殊照顾还是很爽的。”小莉风趣地说。目前，北京、上海对于上一年度曾经在本市报名考试成绩未通过的报名考生，均采用“快捷通道”报名。

随着信息技术的发展，越来越多的新科技元素注入到考试的各个环节当中。广州探索建立了司法考试网上指挥系统，通过网络平台发布考场指令、情况通知，并连通考场闭路电视监控系统，对考试情况实行实时监控，实施网上巡考。浙江还在全国率先推出了网上支付模式，实现了考生在家里就可以完成网上报名和交费的理想模式。

从2003年开始，国家司法考试中心加大报名工作的科技含量，逐步推行网上报名的管理工作模式，即网上预报名、现场验证、现场采集照片、现场出准考证的“一条龙”工作模式。2004年，全国27个省份实行网上预报名，近7万人次在网上成功完成预报名。2005年，第四卷（主观卷）全部实行网上评卷，即把所有主观卷扫描后，上传至封闭的评卷网络系统，随机分发给教师评阅。这为试题评估、考试组织方面提供了大量的分析数据。

考生是司法考试的“主角”，为此，五年来，各地司法行政部门在组织实施考务工作中，积极为考生服务。

上海司法局为了在考试期间为各考点考场营造良好的考试环境，已连续两年与上海市环保局联动开展“绿色护考”工作。由上海市环保局指派市环境监察总队和考点所在区支队，每年在考前和考试过程中对各考点考场周边噪声污染实施监控。由于考前护考宣传和检查控制工作到位，近两年未发生干扰司法考试考场的噪声污染情况，确保考试顺利进行。四川司法厅要求各考区均设立医疗站、点，设置考场示意图和醒目的路标标识。考试期间，天气十分炎热，各考区都在考场外为考生准备了大量纸杯、饮用水和其他保障设施。为了保证考场周边安静的考试环境，各考区积极会同当地公安、交通、城管、卫生等部门，妥善解决考场周边的公共噪音，为参考人员创造了安静舒适的环境。

今年是港澳考生可以报名参加国家司法考试的第四个年头，港澳居民共有165人报名，其中香港143人，澳门22人。为方便香港、澳门居民参加国家统一司法考试，司法部自2005年起在香港特别行政区和澳门特别行政区首设国家司法考试考场。2005年9月16日上午7时30分，离考试正式开始还有一个小时，香港特别行政区前任律政司司长梁爱诗一行就来到位于九龙观塘的月华礼堂考场巡视。梁爱诗仔细询问了考试的准备工作和安排，检查了考场的各项设施，并亲自在考生座位上试坐。

建立司法考试长效机制
“阳光作业”+建章立制

司法考试考场设置、座位排序是广大应试人员较为关注的热点，也是容易出现问题的重点环节。内蒙古司法厅在报名环节引入监督机制，对考场设置和应试人员排序实行“阳光作业”。每年在进行考场设置、应试人员排序时，内蒙古司法厅邀请自治区高级人民法院、区检察院、监察厅以及新闻记者现场监督。司法厅考试处的微机操作人员在他们的监督下，录入考区和考场信息，由计算机自动随机排序生成准考证号并当场输出，将各考区、考场和准考证等信息传输给司法部国家司法考试中心，确保整个操作过程公开、公平、公正。

重庆司法局请社会各界对司法考试工作进行监督，利用司法考试网站平台，向社会公布达到合格分数线人员名单和授予资格人员名单，接受社会监督，维护了国家司法考试的严肃性。

几年来，各地司法行政部门从建立有效工作机制入手，突出重点环节，从严治考，确保考试公平公正。为加强对考试实施工作的监督管理，司法部制定了《国家司法考试违纪行为处理办法》、《国家司法考试监察工作暂行规定》和《法律职业资格证书管理办法》等规章，目前，已初步形成了由部颁规章、规范性文件和各个具体工作规程、规则等构成的司法考试工作规章制度体系，司法考试工作规章制度日趋完善。

五年来司法考试报考呈现出四大特点

第一，国家司法考试报名人数趋于稳定。2002 年首届国家司法考试报考人数共 36 万。全国共有 17 个省、市报考人数超万人，其中山东、河南、广东三省超过 2 万人。由于 2002 年修改《律师法》时允许法律专业专科学历报名参加国家司法考试的过渡规定已不存在，2003 年国家司法考试已将报名的学历条件全部提高到本科以上学历（放宽报名学历条件地区除外），2003 年国家司法考试的报名人员总数减少为 19.7 万多人，其中，广东、北京、河南、山东、江苏、湖北六省市报名人数超过万人。2004 年国家司法考试的报名人数为 19.5 万人，其中 12 个省份报名人数较 2003 年有所增加。2005 年国家司法考试报名总人数 24.4 万人，与 2004 年相比，增加了近 5 万人，上扬了 25 个百分点。北京、广东、山东等省市的人数上万。2006 年，全国报名参加司法考试人数为 28 万，比 2005 年提高了 14.60%。全国共有北京、广东、山东、河南等 11 个省市报名人数达万人以上。

第二，报名人员年轻化趋势明显。2002 年国家司法考试报名人员中，40 岁以下共 34 万多人，占总数的 95.1%；其中 25 岁以下占 40%。2003 年国家司法考试的报名人员平均年龄为 28 岁，35 岁以下的人员约占报名总人数的 88%，其中年龄最小的 17 岁，年龄最大的 72 岁。2004 年国家司法考试报名人员平均年龄为 28 岁，最小年龄为18岁,最大年龄为68岁。其中,25岁以下的占报名总人数的40.96%。2006年国家司法考试的报名人员中最小的18岁,最大的75岁,平均年龄28岁,其中25岁以下的占报名总人数的41.81%。

第三,报考人员中从事法律工作的人员占较大比例。2002年国家司法考试具有法律专业本科、专科学历的29万多人,占总人数的81.4%。法院系统、检察院系统、法律服务行业和国家机关工作人员报考人数可观,近16万人,占总人数的44%。2003年司法考试报名人员中,已在法院、检察院、律师、公证等行业从事相关法律工作的人员约占34%。2005年法律职业报名人员普遍比2004年增加。

第四,学历层次有所提高。2003年国家司法考试报名人员中大学本科以上学历报名人员占报名总人数的88.2%。2004年国家司法考试的报名人数大学本科占报名总人数的87.38%。2006年,全国报名参加司法考试人数大学本科占报名总人数的89.93%。

港澳地区国家司法考试情况

今年是港澳考生可以报名参加国家司法考试的第四个年头,据了解,今年港澳居民共有165人报名,其中香港143人,澳门22人。

2004年,司法部分别与香港、澳门特区政府有关部门签订了香港、澳门特别行政区居民参加国家司法考试的会议纪要,允许香港、澳门特别行政区居民中的中国公民报名参加国家司法考试。这项政策得到了港澳有关部门的大力支持和港澳居民的积极响应,2004年,香港、澳门居民共有522人报名参加国家司法考试,其中香港居民460人,澳门居民62人。

为方便香港、澳门居民参加国家统一司法考试,司法部自2005年起在香港特别行政区和澳门特别行政区设立考区、考场,举行国家司法考试。那年,香港设立了三个考场,符合报考条件的有272人,澳门设立了两个考场,符合报考条件的有36人,他们均参加了第一天的考试。2006年是国家司法考试在香港设立考场的第二年,司法考试那天,共有181名香港居民、30名澳门居民分别走进香港和澳门考场。

(2007.9.16)

点　评

本文是对国家司法考试制度建立之初5年的一次盘点。5年间,全国127.8万人次报名、112万人参加考试、13.5万余人通过考试获得法律职业资格,而他们的平均年龄只有28岁。

在这些数字的背后,是国家司法考试始终致力的目标,即为依法治国输送更多合格的法律人才,是一大批心怀梦想的年轻人因此而启航的法律职业者梦想。

城乡按照相同人口比例选举人大代表意义重大

吴 坤

胡锦涛同志在党的十七大报告中提到“扩大人民民主,保证人民当家作主”时建议,“逐步实行城乡按相同人口比例选举人大代表”。

十七大报告提出的这一建议,是中国共产党作为执政党,为确保每一位具有选举权和被选举权的公民都能享有和实现宪法和法律赋予的平等权利所提出的一项重要建议;是我国扩大社会主义民主,建设社会主义法治国家,发展社会主义政治文明的一项重大决策。实现城乡居民平等选举权,符合《宪法》规定的公民在法律面前一律平等的原则,有利于保障包括广大农民在内的广大群众切实能依法行使选举权、知情权、参与权、监督权等民主权利,具有重要意义。

人大代表名额分配涉及选举权平等问题,而选举权平等包含两层含义:一是投票权相等,一人一票;二是每一票的价值相等,一票一值。相同数量的选民选举相同数量的代表,一人一票是基础,一票一值是一人一票的发展,是更深层次的平等。新中国成立后,我国在实现一人一票方面,是全面的、彻底的。但在一票一值方面,还受经济社会发展水平等因素的制约,不能完全实现。其中最重要的就是城乡不完全平等,农村每一位人大代表所代表的人口数多于城市。

新中国成立后,我国在人大代表选举中一直实行的是按比例原则配置选举权制度,这与我国的基本国情紧密相关。1953 年 2 月 11 日通过的我国第一部《选举法》明确规定,城乡人大代表可以代表不同的选民人数。在选举全国人大代表时,农村每一代表所代表的人口数是城市每一代表所代表的人口数的 8 倍;在选举省、县人大代表时,则分别是 5 倍和 4 倍。这些在选举时城乡不同的规定,就某种方面来说,是不完全平等的。

1979 年 7 月 1 日,五届全国人大二次会议通过的我国第二部《选举法》即现行《选举法》,这些比例没有变化。1995 年 2 月 28 日,我国第三次修改现行《选举法》时,农村选民的选举权被统一规定为城市选民选举权的 1/4,使城乡居民的选举权向更为平等的方向迈出了一大步。

随着时间的推移,城乡差别日益缩小,原来按比例原则配置选举权的基础逐渐发生变化,使实现城乡居民选举权平等有了必要的前提和基础。在这种情况下,逐步实现城乡居民选举权平等,不仅有利于顺利将大量的农民工转变成工人,巩固工人阶级在国家政权中的领导地位,提高党和国家发展社会主义民主政治的能力,而且有利于构建社会主义和谐社会。实现城乡居民选举权的完全平等,农民作为整体就有了与其人口基本相当的话语权,农民的利益和意志就会在国家权力机关得到充分体现。这必然有利于从整体上提升我国社会主义和谐社会建设的质量。

在推动科学发展、促进社会和谐的今天，我们期待着国家立法机关再一次修改《选举法》时，将“实行城乡按相同人口比例选举人大代表”这一党的主张，通过法定程序转化为国家意志。

（2007.10.16）

点 评

由于一度受户籍制度的限制，我国二元制社会特征明显。考虑到城乡经济社会发展水平不平衡，新中国成立后，我国选举出席各级人民代表大会代表名额以及代表的人口数在城乡有一定比例的差距。随着我国选举制度的不断健全、完善和发展，这一比例差距不断缩小，党的十七大报告提出“逐步实行城乡按相同人口比例选举人大代表”。

记者长期从事人大报道，关注选举制度，敏锐地认识到党的十七大这一建议，是中国共产党作为执政党，为确保每一位具有选举权和被选举权的公民都能享有和实现宪法和法律赋予的平等权利所提出的一项重要建议；是我国扩大社会主义民主，建设社会主义法治国家，发展社会主义政治文明的一项重大决策。

该文对选举权平等的含义进行了准确解读，对我国选举制度进行了系统回顾，对选举权平等的重大意义进行了深入分析，对修改选举法落实党的主张进行了明确展望，论点鲜明，论据充分，论证严密。

从“法”的字眼到“法的精神”

“法”在十七大报告中

杨悦新

10 月 15 日上午，在人民大会堂，记者是带着这个题目开始聆听胡锦涛同志作十七大报告的。记者想学着 10 年前本报记者在十五大开幕式上的样子，“在总书记作报告的过程中，记者拿着报告文本，每见到与‘法’有关的字眼便用笔划上一道”，最后依此分析报告对“法”的重视程度。

但是，这样的工作还没进行到一半，记者就停下了手中的笔。

因为记者发现，在十七大报告中，仅是“法”的字眼已远远不足以说明十七大报告对“法”的重视程度了。许多内容尽管没有“法”的字眼，但记者却分明感受到“法的精神”已深深渗透进来。十七大报告无论是总结过去的经验，还是谋划未来的发展，无论是谈国民经济发展，还是谈党的自身建设，无不融会贯通了“法的精神”。比起那些“法”的字眼，这个变化更让记者兴奋异常。

首先，十七大报告提出的科学发展观的指导思想与“法”的理念息息相关。社会主义的基本任务就是解放和发展社会生产力，没有经济发展就没有包括民主法治建设在内的一切发展的基础；以人为本是建设法治国家与构建和谐社会的根本指导思想和原则。尊重人的价值和尊严，已经或正在成为现代法律的终极关怀，成为现代法治文明的主要标志，成为推动法制改革的巨大动力……

其次，胡锦涛同志在讲话中全面地阐述了和谐社会的科学内涵及其基本特征，这就是“民主法治、公平正义、诚信友爱、充满活力、安定有序、人与自然和谐相处”。这六个要素中，第一个就是“民主法治”。这不仅因为和谐社会必然是民主社会、法治社会，而且只有在一个崇信民主、奉行法治的社会，构建和谐社会的其他要素才能够得到真正的实现。可以说，和谐社会的所有问题都必然归结于法治问题，或者与法治密不可分。

最后，“权威”一词，在十七大报告“坚定不移发展社会主义民主政治”一节的第三部分出现了三次。一是“加强宪法和法律实施，坚持公民在法律面前一律平等，维护社会公平正义，维护社会主义法制的统一、尊严、权威”。二是“建设公正高效权威的社会主义司法制度，保证审判机关、检察机关依法独立地行使审判权、检察权”。三是“各级党组织和全体党员要自觉在宪法和法律范围内活动，带头维护宪法和法律的权威”。在短短的 300 字中从三个不同的方面强调了三次法律“权威”，这说明了中国共产党对“法”的理解更加成熟，紧紧抓住了其核心价值与目标。

此外，“树立社会主义法治理念”、“弘扬法治精神”，这两个重要概念在党的纲领性文件中的首次出现,更加有力证明了这一变化。

十七大报告指出,“坚持依法治国基本方略,树立社会主义法治理念”,“深入开展法制宣传教育,弘扬法治精神,形成自觉学法守法用法的社会氛围”。作为党和国家最高领导人,胡锦涛同志在2005年年底和2007年6月25日的讲话中,先后提出了“社会主义法治理念”和“弘扬法治精神”的概念,但将这两个概念写入党的纲领性文件还是首次,是继党的十五大提出“依法治国”之后,民主法治建设领域两个具有战略性号召力的新概念,也成为十七大报告的亮点之一。

社会主义法治理念的提出,实际上是对我国法治的社会主义性质的进一步揭示和彰显,丰富和发展了依法治国基本方略。从根本上划清了社会主义法治和资本主义法治的界限,从而更加有利于我们,特别是政法部门更好地实施依法治国基本方略,正确执法和司法。

那么,何谓“法治精神”?有学者曾说,“法治精神”,在科学发展观的理论体系内,是一个融法治的善治精神、民主精神、人权精神、公正精神、理性精神、和谐精神等为一体的科学命题。还有学者曾说,“法治精神”既表现为人们的法律意识、法律思维与心理状态,同时也表现为在法治环境下形成的社会活力。总之,“弘扬法治精神”概念的提出,标志着我们党对“法”的理解与追求又跃上了一个层面,标志着中国特色民主法治建设将走入一个新时代。

看来,从“法”的字眼到“法的精神”,说明我们党对“法”的认识发生了根本上的变化,不仅有量变而且有质的飞跃。

这说明了什么?

这说明,依法治国基本方略确立10年来,“法”的理念与精神已春风化雨。

如果说,10年前十五大报告中那些令记者兴奋的“法”的字眼似春风扑面,那么10年后这些令记者兴奋的“法的精神”已如春风化雨,悄然降至并将深深浸润在中国特色民主法治建设的这片希望的田野上。 (2007.10.16)

点 评 从数报告中的“法”字,到感受到报告通篇体现的“法的精神”,这一量变到质变的过程,反映的正是中国民主法治建设的飞跃。评论条理清晰,层次分明,逻辑严密。

靠制度“绳墨” 祛除“水火不容”痼疾

十七大代表热议反腐法规制度建设

李 群

若便骄逸 必至丧败

“中国共产党的性质和宗旨,决定了党同各种消极腐败现象是水火不相容的。”

“坚决惩治和有效预防腐败,关系人心向背和党的生死存亡,是党必须始终抓好的重大政治任务。”

“坚决查处违纪违法案件,对任何腐败分子,都必须依法严惩,决不姑息!”

……

胡锦涛同志的高亢声音在人民大会堂回响,传遍了全中国、全世界。如潮的掌声表达了7300万党员的心声,表达了他们代表的13亿中国人民的心声。

“那一幕是终生难忘的。十七大开幕式上谈到反腐败,胡锦涛同志的语气更加铿锵,措辞更加严厉,充分反映了我们党把反腐倡廉建设提到更加重要的位置,腐败不除,决不收兵的坚强决心。”十七大代表、辽阳市委书记孙远良对本报记者这样表示。

腐败,人类社会挥之不去的“毒瘤”。它已经跨越洲界国界,成为全球共同面对的课题和挑战。

千里之堤,溃于蚁穴。对我党、我国来说,腐败就像一个个蚁穴,如果任其滋长蔓延,30年改革建设的堤坝就会出现“管涌”,甚至坍塌。

我国古代向有“天下稍安,尤须兢慎,若便骄逸,必至丧败”的警句。十七大代表、四川遂宁市委书记崔保华认为:“时刻忧国、忧民是我们中华民族的优良传统,也是当代共产党人对事业发展保持的一种强烈意识。”

他说,我们党从战略的高度出发,认认真真抓党建,扎扎实实反腐败,决心之大,举世公认。我们的反腐败不是局部的,而是全面的;不是表层的,而是深层的。这种力度和行动,古今中外绝无仅有。

几天前,十六届七中全会通过了中纪委对陈良宇问题的审查报告,确认了中央政治局今年早些时候开除其党籍的处分。5年以来,多名部级以上官员被绳之党规国法,有的被判了死刑。

尤其是中央查处陈良宇问题的鲜明态度,充分表明,无论腐败发生在哪个地区、哪个部门,无论腐败分子职务多高,发现一起坚决查处一起,决不手软。

一位网友在他的十七大感言中写道:“依笔者愚见,当今世界,治官最严的,不在外国，而是中国。”

他认为，现在反腐败的确成为一个世界性潮流。在外国，今天这个总统闹丑闻，明天那个部长上法庭。虽不乏动真格者，但还是政治作秀、虎头蛇尾居多。能像我党这样几年、十几年、几十年一以贯之，大张旗鼓地坚持反腐败的政党和政府，实无第二个。

海外舆论也指出，中国的反腐努力已经收到一定成效。在十七大开幕当天，英国广播公司报道称，在说到中共党内改革方面，胡锦涛指出，中共会严格执行党风廉政建设责任制，坚决查处违纪违法案件，对任何腐败分子，都必须依法严惩，决不姑息。

有关权威机构每年公布的清廉指数，中国的排名也呈上升趋势。该机构官员称，在全世界范围内，“中国领导人反腐败的决心是首屈一指的”。2005 年召开的第五次亚太地区反腐败会议和 2006 年召开的国际反贪局联合会成立大会上，中国的反腐败经验都受到了与会人士的广泛关注和赞誉。

有关部门介绍说，近年来，不少外国政要和专业人士来华考察反腐败工作，其中不乏访华前对我国反腐败工作表示怀疑甚至否定者。他们离开时大都改变了看法，不少人回国后还通过各种方式主动宣传中国反腐败的成效。

来自印度的哈约诺特·考尔女士说，看到中国反腐败取得的成绩，我们“深受鼓舞”。要虚心向中国学习，“把中国好的经验、好的做法带回去”。

孙远良代表认为，这些都说明我们的反腐“雷声”大，“雨点”也大；决心大，成效也大；群众呼声大，国际反响也大，走出了一条成功荡涤阴霾的路径。

开启视阈 贯穿首尾

“全党同志一定要充分认识反腐败斗争的长期性、复杂性、艰巨性，把反腐倡廉建设放在更加突出的位置，旗帜鲜明地反对腐败。”

“坚持标本兼治、综合治理、惩防并举、注重预防的方针，扎实推进惩治和预防腐败体系建设，在坚决惩治腐败的同时，更加注重治本，更加注重预防，更加注重制度建设，拓展从源头上防治腐败工作领域。”

……

胡锦涛同志的声音久久回响在代表们耳畔。

代表们认为，十七大报告和总书记 2007 年 6 月 25 日中央党校重要讲话一脉相承，继续强调了“反腐倡廉建设”。

由“反腐倡廉工作”变为“反腐倡廉建设”，虽然只有两字之差，但意义深远，表明党中央对反腐倡廉规律性的认识和把握达到了新的高度，既是对反腐倡廉理论的重大创新，又是对反腐倡廉实际工作要求的重要提升，意味着我们党将把反腐倡廉作为一项经常化的建设性工作深入持久地不断推进。

代表们说,“反腐倡廉建设”从理论层面更具科学性、全面性、长远性和稳定性,从实际角度更加符合反腐败斗争长期性、艰巨性、复杂性和极端重要性的特点。同时把它提升至“建设”地位,就更加明确地界定了反腐倡廉建设与经济建设、政治建设、文化建设、社会建设、党的建设之间的辩证关系,为其制度化、法制化奠定了理论基础,为进一步探索实践中的新方式、新措施指明了航向。

十七大代表、耄耋之年的原江苏省委书记韩培信认为,胡锦涛同志的报告强调了反腐败的“三个更加注重”,反映了党的远见卓识,说明反腐不能只靠领导人的意志和注意力,最终要靠制度、靠法制。

以史为鉴,可知兴替;以人为鉴,可知得失。任何事物的发展都是对立统一的发展。马克思曾经讲过,只要有一种思想存在,就必然有另一种与它相对立的思想产生。

在权力产生的那一天,监察同步产生。有人考证,清朝的《钦定台规》是较早的一部中国古代监察法。

用法规制度消减腐败痼疾,是中国人民孜孜以求的愿景。代表最广大人民根本利益的中国共产党立党为公、执政为民,真正建立健全了惩治和预防腐败的规范体系,迎来反腐制度化、规范化、法制化的霁月光风。

一条清晰轨迹开启视阈,一条反腐红线贯穿首尾。

党中央制定的《建立健全教育、制度、监督并重的惩治和预防腐败体系实施纲要》明确提出,到 2010 年建成惩治和预防腐败体系基本框架。再经过一段时间的努力,建立起思想道德教育的长效机制、反腐倡廉的制度体系、权力运行的监控机制,建成完善的惩治和预防腐败体系。

党的中央全会多次列入反腐倡廉法规制度建设的议程。十六届三中全会强调,要加强党风廉政制度建设,“建设反腐倡廉的制度体系”。依靠制度惩治和预防腐败,是做好反腐倡廉工作的根本途径。十六届四中全会提出,“加强廉政法制建设”,真正形成用制度规范从政行为、按制度办事、靠制度管人的有效机制,保证领导干部廉洁从政。

十七大召开前,国家级预防腐败的专门机构——国家预防腐败局正式揭牌。

据不完全统计,十六大以来的 5 年间,中央纪委、监察部共制定或修订法规和规范性文件 160 多件,会同有关部门起草制定 40 多件,地方和部门起草 1000 多件。

从 2002 年开始,中央纪委、监察部会同有关单位将现行有效的 1100 余件党风廉政和反腐败法规制度进行汇编,为正确适用和全面规划法规制度建设提供了依据;全面清理了改革开放以来 1500 余件党风廉政建设法规和规范性文件,废止了 115 件。

十六大以来的 5 年间,中央纪委、监察部共备案审查地方法规文件 1500 余件,审议规范性文件 600 余件,维护了反腐倡廉法制的统一性和权威性。

2003 年 12 月,《中国共产党党内监督条例(试行)》颁布实施。2004 年 9 月,中央颁布实施《中国共产党党员权利保障条例》。中共中央办公厅也先后印发了《党政领导干部选拔任用工作监督检查办法(试行)》、《公开选拔党政领导干部工作暂行规定》等法规。2005 年 7 月,中央纪委常委会讨论通过《关于纪委协助党委组织协调反腐败工作的规定(试行)》。

中央纪委会同有关部门先后制定《关于中共中央纪委、中共中央组织部巡视工作的暂行规定》、《关于中共中央纪委派驻纪检组履行监督职责的意见》等一系列配套规定。

2004 年,中央纪委、监察部会同中央组织部、国务院国资委制定《国有企业领导人员廉洁从业若干规定(试行)》。2006 年 9 月,中央纪委印发《关于党员领导干部报告个人有关事项的规定》。标志着规范国家工作人员从政行为、促进领导干部廉洁自律的制度体系逐步完善。

2003 年 12 月,中央颁布实施《中国共产党纪律处分条例》。2004 年 2 月,中央纪委印发《关于领导干部利用职权违反规定干预和插手建设工程招标投标、经营性土地使用权出让、房地产开发与经营等市场经济活动,为个人和亲友牟取私利的处理办法》。

2006 年,监察部会同国家环保总局制定出台了《环境保护违法违纪行为处分暂行规定》;会同国家安全生产监督管理总局制定出台了《安全生产领域违法违纪行为政纪处分暂行规定》。2007 年 4 月,国务院公布了《行政机关公务员处分条例》。

为加强纪检监察机关和审计机关在查处案件中的相互协作配合,提高工作效率,中央纪委、监察部、审计署联合发布《关于纪检监察机关和审计机关在查处案件中加强协作配合的通知》。监察部、国家环境保护总局发布《关于监察机关和环境保护部门在查处环境保护违法违纪案件中加强协作配合的通知》。

监察部起草了《行政监察法实施条例》。监察部、财政部和审计署共同起草了《财政违法行为处罚处分条例》。监察部、国务院法制办和国家安全生产监督管理总局共同起草了《国务院关于预防煤矿生产安全事故的特别规定》。

2005 年 10 月,第十届全国人大常委会第十八次会议审议并批准了《联合国反腐败公约》。自此,我国正式成为该公约的缔约国。

代表们欣慰地看到,以党章为核心、以监督条例为主干,以配套规定和其他监督规范为重要补充的党内监督法规制度体系初步形成,反腐倡廉法规制度体系的基本框架初步确立。这对于提高我国反腐败法制建设的水平,进一步完善我国反腐倡廉制度体系,已经产生并将继续产生深远影响。

代表们在讨论中指出,惩治和预防腐败,制度法规是保证,是做好反腐倡廉工作的根本途径。党中央在严厉惩治腐败的同时,更加注重治本,更加注重预防,更加注重制度建设。纪检监察机关深入推进从源头上预防和治理腐败的改革和制度创新,铲除腐败现象滋生蔓延的土壤,为新形势下的反腐败斗争提供了坚实制度保证,向实现“到 2010 年,建成惩治和预防腐败体系基本框架”这一目标,迈出了关键性步伐。

敬畏法律　遵从绳墨

“严格执行党风廉政建设责任制。坚持深化改革和创新体制，加强廉政文化建设，形成拒腐防变教育长效机制、反腐倡廉制度体系、权力运行监控机制。”

“健全纪检监察派驻机构统一管理，完善巡视制度。”

“加强领导干部廉洁自律工作，提高党员干部拒腐防变能力。”

……

胡锦涛同志的报告深深印在代表们的心中。

代表们说，“责任制”、“体制”、“机制”、“制度”、“体系”，这不是普通的词汇，而有着深刻含义。把它们与反腐融合一体，丝丝入扣，鞭辟入里，昭示反腐并非权宜之计、阶段工作，而是制度保障下的千秋工程。腐败一日不除，思想和行动便没有一丝停歇的理由。

专家指出，反腐倡廉法规制度建设已经或正在实现六个方面的重要转变：对反腐倡廉要靠法制的认识由中央大力倡导，向全党形成共识转变；法规工作目标由单项零散的规划，向成龙配套的法规制度体系转变；法规工作重心由侧重惩治，向惩防并举、注重预防转变；法规工作方法由被动应急，向主动应对转变；法规工作内容由侧重制定新法，向立、改、废、释并举转变；法规工作局面由主要依靠纪检监察机关抓，向全党动手抓法规制度建设转变。

代表们说，这些转变拓展了反腐的内涵与外延，推动了反腐建设势头强劲，扎实向前，取得成效。

艾尔肯·吐尼牙孜代表披露了多年前一则令人吃惊的消息：一名躺在手术台上的患者不仅承受了身体的痛苦，还经历了内心的痛苦。他发现，为他主刀的医生在走进手术室前还在与医药代表讨价还价，索要回扣。

4 个月前，《中共中央纪委关于严格禁止利用职务上的便利谋取不正当利益的若干规定》颁布实施，从八个方面细化了党员干部在经济和社会交往方面的违纪政策界限，为有效查处新形势下权钱交易案件，提供了及时有力的法规依据。此后，在规定的期限内，全国有 1790 人说清了自己的问题，涉及违纪金额 7789 万余元。

中国惩治腐败的类似“成绩单”还有很多——

近 5 年来，各级纪检监察机关每年给予党纪处分的党员约占党员总数的 1.6‰，移送司法机关依法处理和司法机关直接作刑事处理的党员约占党员总数的 0.17‰。

重点查办了党员领导干部的七类案件：严重违反党的政治纪律和组织人事纪律的案件；滥用职权、贪污贿赂、腐化堕落、失职渎职的案件；利用人事权、审批权、行政执法权牟取私利的案件；在政府投资项目中搞虚假招标投标的案件；非法批地、低价出让土地或擅自变更规划获取利益的案件；违规审批探矿权和采矿权、参与矿产开发的案件；为黑恶势力充当“保护伞”的案件。

一些重点领域成为反腐剑锋所指:针对商业贿赂在一些领域、行业较为严重的现象,围绕工程建设、土地出让、产权交易、政府采购、医药购销、资源开发和经销六个重点领域以及银行信贷、证券期货、商业保险、出版发行、体育、电信、电力、质检、环保九个方面开展了专项治理。

经合组织副秘书长理查德·埃克林格说,中国在预防和打击腐败方面的努力令人称赞,中国定期依法检查行动计划的执行情况,让我们学到了成功的经验。

今年以来,全国260多万个企业事业单位和49个行业主管(监管)部门及其系统深入开展自查自纠工作,收缴的不当所得由年初的5.6亿元增至12亿元。

各级司法机关和行政执法部门着重查处国家公务员利用审批权、执法权和司法权搞官商勾结、索贿受贿的案件,着力查处严重损害群众切身利益的案件,严肃查处顶风违纪违法的案件,依法惩治行贿违法犯罪活动的单位和个人,遏制了商业贿赂蔓延的势头。

据统计,2005年8月至2007年8月,全国共查结商业贿赂案件31,119件,涉案总金额70.79亿元。

各地还针对滋生商业贿赂的深层次问题,研究制定切实管用、近期能够见到实效的法规制度。截至目前,各省区市和国务院有关部门共制定防治商业贿赂方面的地方性法规和规章125件。

有关方面介绍说,目前,中央治理商业贿赂领导小组办公室、监察部、国务院法制办,正在牵头继续推进反不正当竞争法的修订工作,进一步完善市场竞争法律制度;抓紧修订建筑法、医疗器械监督管理条例,制定招标投标法实施条例,进一步健全对相关执业人员的约束机制;认真贯彻实施行政机关公务员处分条例,修订行政监察法和审计法实施条例,制定政府投资条例、政府采购法实施条例,进一步健全行政权力运行和监督机制,解决监督不到位的问题。

此外,在我国加入《联合国反腐败公约》等国际公约、条约框架下,有关方面研究提出了打击外国跨国公司行贿犯罪问题的对策。云南省交通厅原副厅长胡星、中国银行广东开平支行原行长余振东等犯罪分子,被遣返回国,就是反腐法制国际合作的成功实践。

十七大代表、河南省委书记徐光春认为,总的来说,党的建设体现了"严中求治"。"严"就是我们党对执政能力和先进性建设的要求更高了,对各种消极腐败现象惩治更严了。我们要坚持党要管党、从严治党,严格要求、严格管理、严格监督、严肃查处,进一步巩固党的执政地位,使我们能够更好地担当起带领全国人民创造幸福生活、实现中华民族伟大复兴的历史使命,始终成为中国特色社会主义事业的坚强领导核心。

"你晚上经常读什么书?掩卷之后什么让你难以入睡?"

温家宝总理答《泰晤士报》记者问时曾引用六段诗章作答:

"身无半亩,心忧天下;读破万卷,神交古人";"长太息以掩涕兮,哀民生之多艰”;“衙斋卧听萧萧竹,疑是民间疾苦声”;“为天地立心,为生民立命,为往圣继绝学,为万世开太平”;“为什么我的眼里常含泪水?因为我对这土地爱得深沉”;“有两种东西,我对它们思考越是深沉持久,在我心灵中唤起的惊奇和敬畏就会日新月异不断增长,就是我头上的星空和心中的道德定律”。

其中最后一段的寓意是,职位再高,权力再大,都不要自我膨胀,对大自然,对权力、法律、道德,要保持足够的敬畏。

历史经验和现实实践昭示,一个伟大的执政党及她的党员,尤须敬畏法律,遵从绳墨,明镜高悬,激浊扬清。

胡锦涛同志的报告发出了醒目信号,吹响了声声号角:以改革统揽预防腐败各项工作,依靠体制创新、法治完善,逐步铲除腐败滋生的土壤。十七大以后,反腐倡廉建设将进一步加大力度。中央将采取更加有力的措施和手段惩治和预防腐败。各级各部门各单位特别是主要负责人将更加重视这项建设。领导体制和工作机制及法律制度将进一步落实和强化。全党、全社会高度重视积极参与反腐倡廉的大环境、大气候将进一步形成。

(2007.10.19)

点　评　腐败和不正之风是党面临的最大风险和挑战。铲除不良作风和腐败现象滋生蔓延的土壤,根本上要靠法规制度,法规制度具有根本性、全局性、稳定性、长期性作用,只有让法规制度的力量充分释放,才能从根本上根治腐败。文章揭示出这一定律,切中了反腐败的要害。该文站位高,视野开阔,纲举目张,论述严密,具有很强的穿透力。

改变命运的流动

中国流动人口现状调查

张亦嵘　杜　萌

流动人口,通常指为就业、生活,离开其户籍地或法律意义的住所地的人口。中国的封闭在开放的瞬间被打破,离开土地的农民或蹒跚独行,或仨俩结伴,或成群结队,或扶老携幼从穷乡僻壤走出来,涌向都市,涌向沿海,涌向每一个他们认为能给他们带来机会和希望的地方:开机器、盖大楼、挣大钱,换个活法！这是一幅极为壮阔的迁徙画卷。这画卷中,跳动着无数个传奇和故事,平淡的、惨烈的、屈辱的和奋进的,这些传奇和故事改变着流动者的命运,劳作为活着,也为活得更好,青春在劳作中流淌,劳动不再仅是谋生的手段,流动的劳动者完成了城市化进程中无人可替代的历史作用。

我不知道　"三险"跟我有什么关系

在北京东直门莱福斯广场的工地上,吕伯成放下手里的扫帚,抬头望望22层高的大楼,这座平地而起的大楼是他和200名建筑工人在长达1年的时间里亲手建起来的。眼下快竣工了,过不了多久他们会去新工地建新的大楼。

吕伯成今年52岁了,家在江西省九江市德安县乡下,老家有妻子儿女,出来前以种稻谷棉花为生。他说,4年前离家打工,出来前就盘算过,一要钱能拿上,二要身体受得了,转眼4年过去,一切还好。他先在南方,来北京也就1年。

他说,北京好,雨水少,做工的日子多,这儿都是包工,啥时干完啥时下工,有人技术好,下午三四点钟就回工棚了。在北京,公司每月发给每人100元零花钱,遇有特殊情况需要借钱,可以申请,额度不能超过全年兑现工钱的总数。去年他揣了1万元带回家。

在南方打工时,雨水多,尤其上半年常下雨,雨大得出不了工时,就歇了,但老板不发钱。老吕到过的建筑队都是一年一结账,不拖欠。不论南方北方工地,他的工钱每年平均下来也就是每月千元。北京这家建筑公司是江苏的,住简易楼式的工棚,冬天有暖气,工地有食堂,用饭票吃饭,年终发工钱时要扣除饭费,他每月需用350元至400元饭费。老吕被指定做卫生,负责打扫工地、食堂、厕所,每天工作9小时,他不愿干这活计,因为干这活儿挣钱少,可"领导"就让他干这个,只好服从。在别的工地,他做过杂工。问什么是杂工,他说,就是机械化达不到的地方,工人要挖填土方、运送建筑材料。

记者问,这把年纪才出来做工,为啥不早些出来呢?

老吕说,为给儿子成家。26 岁的儿子娶了媳妇,他成就了家里的这件大事,才出来挣钱,老伴儿和儿子在家里种田。他挣钱可不是为了要出生的孙子或孙女,是为自己和老伴儿养老。他说,挣的钱不给儿子,他们日子才有机会。

做工万一出了工伤咋办?他说,这 4 年里,他工作过的地方还没有遇到过这样的事儿。莱福斯广场工地对面有家建筑公司发生了一起工人意外工伤的事,他听人说,那家建筑公司的老板出钱,按照伤残等级补助摆平了。到底发生工伤后有哪些补助事项?补偿的具体数额是多少?老吕说自己不知道上面是怎么规定的。

问老吕是否知道对农民工的社会保障,比如,工伤保险、医疗保险、养老保险、失业保险办了没有?他说家乡宣传过这事,但他没记住,也没关心,他不知道这些保险跟他往后的日子有什么关系。

不给工钱　我决不饶过黑心老板

记者是在去浙江省平湖市的路上见到赵仕艳的。那时,他正在中埭路段一家工地上做工。一身破衣服,一脸沧桑,手很大,握着钢筋要切断。

他说自己是四川绵阳人,家在一个小小的镇子上,分责任田那年,他就种田,麦子、水稻、玉米、花生什么都种过,只是家里的地太少,就二亩不够种,才出来打工。问他什么时候离开家的?他说有十来年了。青海、新疆、广东都去过,青海、新疆风沙大,不好活,就去了广东,可广东社会有点复杂,消费水平又高,剩不下钱,他才来了浙江。问他干过多少个工程?他说记不清了,一个工程干三四个月,干了十来年,谁还记得干了多少个工程?总是这个工程完了再找一个,有时没干完老板不厚道,自己也会走的。

来到平湖七八年了,这儿的人好,气候也好,就留下了,把老婆孩子一起从绵阳接来了,老婆在乍浦镇上的一个日资厂里打工,一个月能挣个一千四五百元,孩子已经上到小学六年级,调皮得很,每天总要 50 几元零花钱。家里三口人,每月的开销怎么也要 1500,租房还要 200 多,加上 300 烟酒钱,正好是他的工钱。

中午都是自己带上米和菜在工地上做着吃,老板不管饭,工钱一天 80 元,月月清,工地上的活,干一天有一天,下雨歇工,没钱。一天要干十来个小时,反正他有力气,比当地人能挣。他在这没入社保,养老保险在家里入的,他把钱寄回家,爹妈给他交。6 年前,家里就盖了新房,是个二层小楼,底层是铺面房,顶层是三室一厅,当年气派得很,现在一般般了。盖房的钱就是打工挣下的,不多也就四五万元。

问他有没有被拖欠过薪水?他说从没有过,要是谁不给他工钱,他决不能饶过黑心的老板!说这话时,夕阳撒在他的脸上,一脸的豪气。

问他过年回家不?他说不回。等儿子念完了初中,全家回!现在家乡也发展了,不少浙江人在那儿做生意,儿子回家读高中,那个时候再想想自己做点什么。现在想也没用,不是么?他问记者。

只要自尊　别人就轻贱不了我们

周婷亚离开长江边上的那个叫丰都的小城时,只有 16 岁。念了初中,她说什么也念不下去了,因为她爸爸为给她添个小弟弟,辞掉了工作,家里那一亩山地无论如何也难养爷娘老子和他们姐弟四人。

为挣钱,为帮爹妈,她和一个同乡搭上东下的江轮一路漂到南京,当天又乘火车来到了无锡城里这家很有点规模的餐馆。没有歇息,当天就做了服务员,一天 5 元,管吃住,一个月下来一天不歇也就 150 元。那年是 1993 年。

活儿熬人,除了做卫生刷碗筷,就是端盘子,端盘子有讲究,手怎么托,菜从哪个口走,还有倒酒,先谁后谁,错了,客人要给你白眼,此外就是站在一边看那些男男女女们喝来吃去。那会儿她小,带来的辣子吃完了就想家想妈,想凭啥本地人就可以对她们这样呼来喝去,想归想,还得老老实实地上班。第二个月,工钱涨到 300 元,老板说,好好干,还给你加工钱。她那时年轻,除了想挣钱,还想找个能说个话、给自己壮壮胆的人。没多少日子,她看上了当大厨的同乡,于是两个人的恋爱就在这“你烧菜,我端盘”的循环往复中发展、壮大、成熟。

恋爱是快乐的,可工钱总不涨她就不快乐了,男友先走了,换了个小店,老板每月给开 2500 元。她咬咬牙也走了,可只干了一年多,她又回来了。她说,那店老板的工钱虽多给了几个,却不尊重人,来了有钱有势的客人就让她陪酒,她不干,自己虽没几个钱,却有尊严,尊严是钱买不来的。忍了几次,终于有次没忍住,没轮上老板炒她,她把老板炒了!只要自己自尊自爱,谁也轻贱不了你!她又回到当初的餐馆。

1998 年当她的工钱涨到 600 元时,俩人结了婚,第二年有了个儿子。她只歇了一个多月就上班了,孩子由她雇的保姆带,她挣的钱付完保姆的工钱也就剩下一二百元。没法子,谁叫她不会带孩子。

此后,她还真觉得跳槽没多大意思了,哪儿的老板都一样,都没把她这个外来妹和本地小妹一样看。餐馆给本地小妹都上了社会保险,可没给她们这些外来妹上,弄得一同来的姐妹都走了,就剩下她一个。还有那些领班,没一个是外来妹,都是本地的,她就想不明白,她干了这么多年,哪点儿业务不如来了就当领班的本地人。她不走是因为她觉得老板还行,不那么过分,只要下了班,不干涉她们的。她就又打了一份工,给一家有钱人做小时工,拖拖地,擦擦窗,抹抹桌子,晒晒被子,一个月下来能挣 600 元。

她说,这 10 来年,她还真悟出些道理,要是让她再活一回,她会好好念书的。读书好,能懂道理,懂了道理就能待人宽容,就能遇上事多为别人想想,谁有个难处,就该伸把手。就是给人做小时工,她也萌生了改变自己命运的想法:服务员吃的是青春饭,再过几年,岁数大了,就是老板不炒她,她也干不动了,所以现在有空读读家政方面的书,做做准备,她想再攒上几年钱,凑个四五万元,回家乡的小城开个家政公司,肯定能活出点儿滋味。

做个小贩　我被“城管”追得满街跑

34 岁的朱迪华生命的一半在流动中,17 岁那年一头撞进深圳,6 年后又去了湛江,在韶山关当过 2 年包工头后,来杭州打零工,眼下他和老婆在杭州市一个叫瓜山的社区做水果贩子,生意还过得去。

朱迪华的老家在湘西一个叫双峰的小县里,祖祖辈辈都是赤脚的农民,他上过 1 年初中,家里穷就不念了。17 岁的那年,有个去过深圳的朋友回来和他说,深圳好,钱好挣哩！朱迪华的漂泊就从朋友的那句话开始了。

挤了几天火车,朱迪华到了深圳,真长了见识,小楼也比县上的大楼高出许多,街上明晃晃,白天黑夜都是人,不像家乡天一黑,人就都睡下了。朱迪华在深圳找到的挣钱营生是卖小箩,一种居家过日子用的筛面的家什,卖了 3 年小箩,他挣到的钱把家里的土砖老屋变成了红砖水泥造的大屋,3 个兄弟一人一间,老爹老妈说的那句话,让他现在想起来都感动:还是老二有出息！这还不算,他还给自己娶了一个在周边村子里都说得过去的媳妇,只是第二年生儿子没够上法定婚龄,被罚了 3000 元。可说这事时,他脸上分明洋溢着幸福。

做小贩不苦,但熬人。没人买,心急,人来了,讨价还价,心烦。一出来就是一天,有时候真没人买。但更不痛快的是朱迪华做小贩时,常要被“城管”和“工商”们追得满街跑,他也被逮着过几回,小箩都被没收了,还罚钱,心痛归心痛,生意还要做！一个小箩本钱不过几角,却能卖四五块,只要接着干,就能挣回来！

和媳妇又卖了 3 年小箩后,夫妻俩去了湛江,这回不光卖小箩,还卖小锅、小桶和他能想得起来的小杂货。挣下些钱后,他又去韶关当了 2 年中国最小的包工头,给韶关的一个水电站做工,伙计是他从家乡带出来的五六个表亲。

他说,他们连他还不如,他好歹识些字,那几个表亲身上除了一把子力气,啥也没有。那两年,他上面的大包工头还真没拖欠过他工钱。他说,这是因为他在包工前,考察过上家的经济能力和信誉。他看过他的真身份证、房产证,他要赖他们的钱,他就去法院告他！因为朱迪华有个表叔是当地法院的,能给他出主意,不会让他吃亏。

朱迪华是 6 年前来的杭州,韶关的工程完了,有个朋友说,杭州也行,地方美,钱好挣。来杭州后,先做零工,砌大楼,一天 50 块,天天结,没吃亏。钱挣下了,开个小店,把在广东打工的老婆叫来一起卖水果。

问朱迪华,对这个城市有没有认同感?他说,他只是半个杭州人,因为他的根还在湘西,那儿有他的父母和已经 12 岁的孩子。

夫妇俩一个月的饭钱 300 元就够了。他说节俭是为了攒钱,将来买个楼,把爹娘

也接来,可他也知道杭州的房价高,所以买房子还是他的梦。（2007.12.13）

点　评　农民进城务工是流动人口的主体,伴随着改革开放全过程。相对而言,流动人口既是违法犯罪的高发群体,也是违法犯罪行为侵害的重点对象。妥善解决好流动人口问题,日益成为摆在全社会面前的突出问题。文章真实记录了他们背井离乡、怀揣理想进城工作生活状况,讲述了他们为生存挣扎的内心苦恼、困惑、无奈和希冀。文章的可贵之处是,记者走进尘土飞扬的工地、低矮的路边店、散发异味的暂住窝棚,与一个个满身尘土、汗味刺鼻的被采访者促膝交谈,真实地反映了他们的生存状况。

辽宁西丰：一场官商较量

朱文娜

在市场经济就是法制经济的形势下，官商的行为均应被纳入法制的轨道，依法解决出现的纷争和矛盾，否则难免两败俱伤。

在社会上经商做生意，少不了要和方方面面的政府部门打交道，因此，在中国商界，历来注重官商关系的维系。官商融洽，生意才能做得安稳顺畅；官商失和，则不但生意做不成，有时，企业家自身的个人安全都无法保障。发生在辽宁省西丰县的这场官商较量，无疑给人以深刻的启示。

在辽宁西丰县，赵俊萍也算是个颇有些名气的女企业家，她是当地两家加油站的法人代表，另外还开有一个自选商场。只因加油站的拆迁补偿问题，将她卷入和地方政府进行的一场利益博弈之中。

现在看来，赵俊萍显然成了这场官商较量的失败者。自 2007 年 3 月 21 日被西丰县警方从北京抓回，她已经被羁押了整整 9 个月。

强制拆迁引发纷争　两次评估相差 340 万

2006 年，西丰县委县政府要兴建东北土特产品交易中心，铁岭市某开发商具体承建。赵俊萍拥有的沈丰加油站列入被拆迁范围。赵俊萍表示愿意积极配合拆迁，但希望给予合理补偿。不久，西丰县拆迁办委托县房产局房产评估事务所对沈丰加油站评估，评估值为 364 万元。据说是数额太高，开发商不同意。于是，县拆迁办又组织第二次评估，第二次评估的价值仅为 22 万元！两次竟然相差了 340 多万元。赵俊萍不同意，她多次找到拆迁办协商，希望合理解决，但终未达成协议。

2006 年 5 月，沈丰加油站被违法强制拆除。为此，赵俊萍又三番五次找到有关部门要求解决此事，但县里有关部门和主管领导表示无权处理此事，都让她找县委书记张志国解决。于是，赵俊萍只好找到张志国，但张志国态度十分强硬地告诉她说："你还想在西丰混不？要想混，就别跟我提拆迁补偿！"

省里批示不管用　书记公开放狠话

无奈之下，生性倔强的赵俊萍跑到省里反映此事。后来，赵俊萍得知，两位省级领导均在她反映材料上批示，大意是：请西丰县政府依法解决沈丰加油站拆迁补偿问题等。批示随后被下转，铁岭市政府还派专人到西丰县督办此事。得知此事的县委书记张志国则告诉铁岭市政府派来的督办人员，自己要亲自处理，并当即表态坚决不给予补偿。

接到省领导批示后没两天，2007 年 2 月 28 日，张志国在七八百人参加的全县经济工作会议上公开表态：不能给赵俊萍补偿；赵俊萍的两个加油站（另一个加油站与拆迁无关）都不准开业；要把赵俊萍的企业从西丰县地图上抹去；和政府对着干没有好下场，要用公安力量对赵俊萍采取措施。

3 天后，也就是 2007 年 3 月 3 日，西丰县公安局称接到举报，反映赵俊萍的自选商场涉嫌偷税，对赵俊萍立案侦查。公安局搜查了赵俊萍经营的鸿鹏自选商场，又通过西丰县电视台播发通缉令，通缉赵俊萍。同时，将赵俊萍的加油站、自选商场查封。

此时，赵俊萍正在沈阳治病，得知自己成了通缉犯后，激愤之下，她根据西丰的市井流言，编了一条短信发给西丰县的部分领导干部："辽宁西丰有大案，案主姓张是正县，独霸西丰整 6 年，贪赃枉法罪无限。大市场案中案，官商勾结真黑暗，乌云笼罩西丰县……"

发短信惹来诽谤罪　羁押 9 月未有定论

这则短信给赵俊萍的命运带来更大的转折。西丰县公安局当即"根据县领导指示"以涉嫌诽谤罪立案侦查，将参与发短信的赵俊萍二姐等人抓捕，并对赵俊萍的父母实施控制。

赵俊萍听到家人被抓后，于 2007 年 3 月 15 日，便携带了关于县委书记张志国涉嫌违法的举报材料进京，打算向中纪委反映情况。赵俊萍还没能将材料递出，3 月 21 日，被西丰警方从北京抓回西丰，没收了全部举报材料。之后，赵俊萍家人多次找县里有关部门协商，希望化解此事。县信访局一位负责人曾直截了当地告诉赵俊萍的二姐："你妹被抓和拆迁补偿有关，补偿的问题解决了，你妹就能放出来。"

2007 年 10 月 30 日，赵俊萍被羁押 9 个多月后，西丰县法院开庭审理赵俊萍涉嫌"偷税、诽谤"罪一案。赵俊萍的辩护人北京市国源律师事务所高义宝律师为其作无罪辩护。辩护律师指出：赵俊萍的自选商店已经进行了纳税申报，不构成偷税，且公安机关拿税务机关的税务稽查报告作为司法鉴定证据，不符合法律规定。

对于赵俊萍被指控犯有诽谤罪，其辩护律师指出，《刑法》规定，诽谤罪属自诉案件。人民法院受理诽谤案件必须是刑事案的被害人到法院告诉。在此案中，被诽谤的对象是县委书记张志国，但张志国本人并没有到法院告诉，因此法院不应受理。况且在庭审中，被害人张志国没有出庭，公诉方也没有出具关于被害人张志国的任何证言，更无法说明造成了严重后果。

法院审理后，迟迟不下判决。由于此案检察院已经退回公安机关补充侦查二次，不能再退卷补充侦查。就在法院的审限期满之际，检察院搞了一个撤诉，按法律规定，撤诉应释放犯罪嫌疑人。但检察院不放人，而是要求西丰县公安局重新侦查，并重新起诉到法院。如今,赵俊萍已被羁押长达9个多月。

赵俊萍的老父亲气愤地说,“我闺女要求合理合法的补偿不过分,但是这触动了政府和开发商的利益。俺们西丰县财政一年才几千万,县政府却把3000万借给开发商搞开发,拿钱给拆迁户补偿,开发商能愿意吗？而且,我闺女上北京告状,也叫他们心惊呢”。

据悉,西丰县在兴建土特产品交易中心的过程中,存在诸多严重违法现象：一、在地处辽宁偏远的贫困县兴建号称全国最大的土特产品交易中心,总投资6.5亿元,没有经过科学论证和民主决策,具有很大的盲目性。现在,交易中心里600个商铺,进驻的商户却很少。二、土特产品交易中心占地面积22万平方米,按规定,该地块必须挂牌公开招标,但西丰县委县政府不按规定办,直接将该地块给了某开发商。三、交易中心只占地2万平方米,其余20万平方米的土地都被开发商用作商品房开发,属商业用地。但开发商将后者套用前者的公益用地优惠政策,少缴土地出让金1.2亿多万元,造成巨额财政流失。此外,开发商应缴纳的300多元/平方米的行政事业收费全部免缴。不仅如此,政府还借助政府的强制力帮助开发商卖房,将交易中心的空置商铺都摊派到各乡镇,如果卖不出去就对责任人采取撤职,不让子女上学等手段,要求各乡镇集资买房,一个乡镇至少损失100多万元。

市场经济本是法制经济,它要求一切的市场主体均应依法行事,政府部门要依法行政,依法解决出现的各种社会矛盾和经济难题,企业更要守法经营,通过正常的合法渠道提出自身的法律诉求。否则,一切偏离法律渠道的解决手段,只能造成企业衰败、政府形象受损的两败俱伤局面。

（《法人》2008年第1期）

点　评　本报主办的《法人》杂志2008年1月1日刊发了记者朱文娜采写的《辽宁西丰：一场官商较量》,报道了西丰县商人赵俊萍遭遇的“短信诽谤”案。时任辽宁西丰县委书记指示公安机关以涉嫌诽谤罪,到法制日报社拘传记者,舆论哗然。本报坚决维护记者的正当采访权利,中国记协和众多媒体声援支持,后来那位西丰县委书记被调整。

沈阳一些机关上班燃放“开门炮”

张国强

大年初七,上班第一天。沈阳市的各大商家在争相燃放“开门炮”。希望在新的一年里,生意、事业能像鞭炮、烟火一样红红火火。

然而记者在上班途中发现,有一些政府机关也加入了燃放“开门炮”的队伍之中。记者进行了随机采访。

在沈阳市和平区的某机关单位门前,记者见一群人正在机关门口等待观看“开门炮”的宏大盛况。

“年后第一天放鞭炮,我们希望全单位有个好兆头!”刚刚点完第一挂鞭的机关干部小李说。

“你们单位每年上班第一天都要放鞭炮吗?”记者大声问。

“我参加工作三年,这三年都放了,以前放不放我不知道。”小李说。

“每年放鞭炮得花多少钱,你知道吗?”记者追问。

“具体多少不清楚,但我估计这些鞭炮怎么也得花五六千元。”小李指着那些还没有燃放的鞭炮说。

“作为一个政府机关,拿这么多钱放鞭炮你觉得合适吗?”记者追问道。

“今天很多单位不是都在放鞭炮吗?该不该放那是领导的事,我没有发言权。”话音未落,小李便和其他几个同事跑开燃放鞭炮去了。

路边的鞭炮声不绝于耳,门前的机关干部有的抬头仰望烟花,有的或捂着耳朵,有的在爆竹声中谈笑着。

记者掐表计算了一下,这个单位在燃放鞭炮时虽然是多个一起点燃,但还是燃放了达29分钟之久。

鞭炮燃放完后,站在门口的人们连说带笑地回到了办公楼,门前留下了厚厚的一层红色纸屑。

记者也跟随着上楼,想就此了解一下该单位领导对燃放“开门炮”这一问题的看法。

上楼后发现该单位领导的门紧锁,于是记者走进紧挨着领导的办公室。

办公室接待人员在听完记者说明来意后,表现得相当紧张,对记者说:“你稍等一下,我去联系一下。”

几分钟后,接待人员回来说:“领导刚刚去市里开会了,手机打不通。”

“那你们单位其他领导或者你本人能不能就我了解的问题发表一下意见?”记者说。

“很抱歉,我们单位有规定,接受记者采访必须经一把手同意。”接待人员很谨慎地回答。

在记者上班途经的其他机关单位,记者发现,的确像小李说的那样,多数机关单位都燃放了“开门炮”。门前都有一层红色纸屑,有的单位正在燃放。

记者就政府机关燃放“开门炮”问题,采访了一些市民。

市民刘女士说:“燃放‘开门炮’的习惯源于商家,他们希望生意场上图个吉利,希望新的一年里博个红红火火。这不该是机关单位该干的事,因为政府机关是为民服务的机构,如果他们想工作顺利,踏踏实实做好每一天的工作才是根本出路,绝不是通过放‘开门炮’能达到的。”

“商家‘开门炮’可以理解,那是图吉利,政府机关放鞭炮则不可理解,难道他们也在图吉利,那可能是希望纪委、检察院不去他们单位吧!”65 岁的退休工人郭某对政府燃放“开门炮”十分不解。

出租车司机王先生说:“政府机关放鞭炮不应该,那是在浪费纳税人的血汗钱。放与不放,得听听纳税人的意见。”

大学生小冯说:“现在全世界都在提倡环保,燃放鞭炮既污染空气又制造红色垃圾,政府机关不应该带头污染环境。”

在记者随机采访的十几位市民中,他们普遍对政府机关燃放“开门炮”表示反对。

(2008.2.14)

点 评

春节后上班第一天,商家燃放“开门炮”为的是图个吉利,政府机关加入其中燃放“开门炮”不但是一种陋习,也与现代民主法治社会的理念背道而驰。这一在全国较普遍的现象,经本报报道后引发热议。沈阳市随即在全国率先作出规定,不允许党政机关燃放“开门炮”。

对这一见怪不怪的事,记者凭新闻敏感及时抓取并进行了深入采访报道。

无论你在哪里，我们都要找到你

汶川152小时生死大营救

本报记者

2008年5月12日。

14时28分的前一时刻。

四川省绵竹市九龙镇派出所所长林顺友，驾车跑在通往市里的路上，他下午有个会要开……

德阳市。东汽中学里，从教26年的特级教师、教导主任谭千秋在给学生们讲课。

什邡市。蓥华镇中学的教学楼里，书声琅琅，学生们像往常一样在上课。初二(2)班的女生蒋德佳、初三(1)班的女生廖丽分别坐在自己的教室里。

都江堰市。一幢五层高的居民楼里，一位名叫乐刘惠的年轻姑娘，抱着一些衣物走向卫生间……

绵阳市。北川县人民法院副院长李芝军外出回来，正在一步步走向法院的大门……

绵阳市人民医院，孕妇胡晓躺在手术台上，医生正在为她做剖腹产手术，她在期待着一个新生命的诞生。

……

一切都是那么平常、平静，人们做梦也不会想到，灭顶之灾正在渐渐临近，时间一秒一秒地前行，终于停留在14时28分，在这一时刻，大自然骤然露出狰狞的面孔——中华人民共和国成立以来最大的、破坏力最强的大地震爆发了。

瞬间，冷酷和残暴让成千上万的鲜活生命消失了；让成千上万的人失去了自己相依为命的亲人；让成千上万的人失去了自己的家园。

有人用摄像机记录下了惊心动魄的那一刻：山石滚落，河水上涌，大地在颤抖，楼房在软绵绵地瘫倒，公路呻吟着扭曲着身体，尘埃腾空而起，画面里不时传来轰隆隆的鸣响。

……

地动山摇间，城镇被摧毁，生命被掩埋。

营救从14时28分开始

林顺友狠狠地踩下刹车猛打方向，掉头朝着九龙镇方向狂奔，途中他不断地向路边的居民大喊：“快跑！别管家里的东西！”

赶回九龙镇派出所，林顺友叫上两名民警到辖区去勘察情况，路上有人告诉他，一所坍塌的小学里面埋有学生。他赶快叫一名民警回所里请求增援，然后招呼身边的群众进行抢救。没有任何挖掘工具，他们就用双手，哪里有哭声哪里有喊声，双手就扒向哪里。很快10名学生被救出。增援民警赶到后，又共同救出40人……

房子坍塌的瞬间，谭千秋没有丝毫的犹豫，他展开自己的双臂，将正在听课的4名学生紧紧地护在身下，一块楼板重重地砸在他的后脑上……

正在听课的蒋德佳只觉一阵地动山摇，想往教室外面跑，但没跑几步，整座楼就垮了，当她醒来时，感到浑身疼痛、饥饿和寒冷。一身是伤的她好几次想入睡，一个女孩的声音从上方传过来："千万不要睡，你睡着了万一醒不来怎么办?"被碎石压在上面无法动弹的女孩告诉她，自己叫廖丽，是初三(1)班的学生，听到蒋德佳的呻吟声，担心她在疲倦中睡着丢命。为了赢得生机，原本不相识的她们在废墟里不停地相互鼓劲。

突如其来的巨震袭来，让抱着衣服走向卫生间的乐刘惠改变方向，她本能地向楼下冲去。可刚到一楼，大楼就轰然倒塌……

当乐刘惠被刺鼻的尘烟呛醒的时候，发现眼前一片漆黑，自己的右手和右脚被垮下的砖块紧压着。一抬头，碰到了顶上的楼板，她这才知道，自己被困在一个由坍塌楼板形成的三角形狭小空间里。

周围一片黑暗和静谧让她感到了恐怖。不知道过了多久，乐刘惠突然听见旁边传来微弱的呼救声："救我！快救我！"她立即听出是自己的同事，一位30多岁的大姐。她立即回答："别怕，我也在这里！"她想爬过去拉住她的手，但无法动弹。渐渐，大姐没了声音，连呻吟也没有了。这反倒激发了她求生的欲望，不停鼓励自己：一定要坚持下去，一定会有人来救我！

地动山摇的冲力，把李芝军掀倒在北川法院门口的瓦砾堆中，他挣扎着爬起来，脑子里闪现出3个字："地震了！"他抬眼向街道看去，只见许多群众在残损的街道上惊慌失措地乱跑，猛然间，他想起了附近有个武警训练场，于是向群众大声呼喊："快到训练场上去！"

很快，训练场上挤满了受灾群众。李芝军又冒着危险在废墟中刨出两箱矿泉水，把水分发给伤员和儿童。随后他又加入了县委组织的抢险队去救助更多的生命。在这当中，有人告诉他，他的母亲和妹妹不幸遇难。噩耗没能让李芝军停下手里的工作，直到14日，他和其他人帮3000多名受灾群众安置好临时的家，触景生情想起了自己的家和亲人，终于忍不住放声痛哭……

"妈！妈——"一位年轻妇女，手里牵着个幼小的孩子，满脸焦急地大声喊着。有人在奔跑，有人在呆呆地望着眼前的情景，建筑物还在不断地坍塌，烟尘灌满了街道，人们用衣物捂住嘴盖住了头……还是那段录像，真实地记录了本次大地震的震中——汶川县县城震后10分钟的场景。

手术正在进行中，手术室突然摇摆起来，无影灯剧烈摇晃着，"地震！"不知谁说了声。在场的医生、护士没有四散奔逃，却是围拢上来紧紧地护住产妇胡晓。在不断的余震中，手术继续进行。14 时 35 分，一个女婴勇敢地面对着一场巨大的灾难诞生了！

为了生命的延续，人类从没间断与大自然的抗争。生命应该得到尊重，但这不仅是尊重自己的生命，也体现为对他人生命的尊重。

还是那段珍贵的录像：汶川县城。穿着各色衣服的混乱的避难人群被淡灰色的尘灰笼罩，县城变成了灰白色，突然镜头一转，一条巷子里出现了一支绿色的队伍，那支队伍飞快地跑来，在这个场景下显得格外齐整。这段录像没有解说词，我们无法准确地判定他们的身份，根据画面猜测，他们或许是这个县武警中队的官兵。绿色的队伍跑向人群、跑向废墟立即开始抢救受伤群众。

这是不是第一批投入抗震救灾的武警官兵，不得而知，但妇孺皆知的是：绿色永远是生命的象征。

在这里，无法穷尽国家大规模营救行动开始前，党员干部、公安民警、武警官兵以及千千万万普通百姓抢救他人生命的英勇行为，但可以说，地震灾区范围内的生命营救从 14 时 28 分就开始了。

我要从死神手里抢回你

地震后 1 个多小时，电波信号将一个惊人的消息传遍全国——四川汶川发生强烈地震。胡锦涛总书记作出重要指示："尽快抢救伤员，保证灾区人民生命安全。"当晚，胡锦涛总书记主持召开中共中央政治局常务委员会会议，全面部署抗震救灾工作。为加强对抗震救灾工作的领导，中央决定成立抗震救灾总指挥部，由温家宝同志任总指挥。

16 时 40 分许。一架飞机从北京西郊机场腾空而起，刚刚从河南考察回来的温家宝总理赶赴四川灾区。

抢救生命，各地各部门紧急行动，强有力的应急机制在高速运转：

地震仅 18 分钟后，军队启动处置突发事件应急机制。军队抗震救灾领导小组随后在北京成立。

成都军区在第一时间出动 6100 多名官兵和 4 架直升机赶赴灾区，驻灾区民兵预备役部队和军区总医院医疗分队也紧急投入抗震救灾。

中国地震局、国家减灾委、民政部等中央部门启动应急预案，立即派遣救援队伍、调拨救灾物资。

……

19 时 10 分，温总理飞抵成都。随后，总理一行在余震中驱车 1 个多小时，于 21 时许抵达都江堰市，当得知通往震中——汶川的道路被堵塞的时候，总理于都江堰临时搭建指挥部，在帐篷内召开了国务院抗震救灾指挥部会议，部署抗震救灾工作。

12 日夜，武警四川总队、武警水电三总队的 3100 多名官兵携带救灾装备赶赴汶川。因道路中断受阻,他们就地紧急投入都江堰的抢险救灾中。为了防止大型机械引起坍塌,武警官兵徒手挖掘救人,即使双手鲜血淋漓,也没有人停下……

都江堰市。已经是一片废墟的聚源镇中学前,聚集着许多孩子的家长,人群中不时传来嚎哭声。总理来到人群前,他神情悲戚地告诉大家:“现在有 1000 人在现场救援。马上还有 140 人的专业队伍就要赶来,他们配备有先进的装备,飞机已经降落了,很快就到了。”总理像一位慈祥的家长,在耐心给儿女讲解着什么。“我刚才问他们了,还有不少人有生还的希望,只要有一线希望……”总理哽咽了,停了停,他有力地说道,“我们就尽百倍努力,绝不会放松!”

就在总理看望受灾群众后不久,国家地震灾害紧急救援队抵达都江堰,立即在聚源镇中学和都江堰中医院两个最严重的受灾地点展开救援行动。

到 12 日 24 时,有近 2 万名解放军和武警官兵到达灾区开展救援。另有 24,000 名官兵紧急空运到重灾区,还有 1 万名官兵通过铁路输送前往灾区,实施应急救助。

通讯瘫痪,道路不通,但指挥机关急需了解汶川的消息。13 日凌晨,成都军区某集团军炮兵团副参谋长带领 20 人组成的侦察分队,冒着暴雨、落石、余震威胁,徒步开进汶川了解灾情。

13 日 7 时,温家宝在灾区再次召开国务院抗震救灾指挥部会议,进一步部署救灾工作。总理再次强调,抓紧每一秒钟,抢救受灾群众。

越来越多的解放军、武警部队快速向灾区集结。

13 日 10 时 55 分,约 9000 名空降兵官兵抵达绵阳机场。几个小时前,他们还在 1000 多公里外的其他省市。

至 13 日 12 时,仅武警部队就共投入 2 万兵力参加抗震救灾,抢救受伤群众 3000 多人。

几乎同时,救灾人员、物资、装备、资金源源不断流向灾区。

13 日上午,卫生部门组织的第一批 24 支应急医疗队奔赴灾区。财政部宣布:中央财政紧急下拨地震救灾资金 8.6 亿元。

随后,有更多的救援队伍通过不同方式进入灾区一线,更多的鲜活生命被抢救出来。

……

这是在地震发生后 24 小时的不完全记录。

在这 24 小时里,从普通百姓到中国最高领导,形成了巨大的合力,这种力量冲破一切障碍、冲破千难万险,赢得了救援成千上万生命的宝贵时间……

无论你在哪里都要找到你

5 月 14 日,公众把更多目光投向北川。

这天上午,温家宝总理抵达北川。总理走上一座高坡,看望临时安置在这里的受灾群众。“摆在我们面前的第一任务就是抢救被困人员。”总理的右手在空中用力地挥动了一下，“抢救人的生命，是我们这次救灾工作的重中之重。对于被困人员，只要有一线生还的希望，我们就要用百倍的努力，把他们抢救出来！”

人群中响起了掌声，泪水涌满了共和国总理的双眼……

14 日下午，一架军用直升机载着温家宝总理，向汶川方向飞去……

也就是在 14 日下午，救援队伍不断开进汶川县。

由 30 名医护人员组成的成都军区医疗小分队乘直升机飞抵汶川县城，展开紧张救援。

成都军区某集团军后续部队的 500 名官兵抵达汶川映秀镇，展开救灾行动。

14 日 20 时许，一支救灾部队徒步强行军 12 小时抵达映秀镇，没有休息就开始营救受灾群众。

22 时，成都军区想方设法向汶川县城、汶川映秀镇运送兵力，1000 多名官兵已经开始展开救援行动。

济南军区 1500 人 14 日徒步 10 多个小时到达映秀镇。

总理乘坐的军用直升机，是在 5 月 14 日下午 5 时零 5 分左右到达汶川县的。在汶川县的映秀镇，面容憔悴的温总理察看灾情，看望受灾群众，慰问克服重重困难、翻山越岭赶到救援的解放军指战员、武警官兵和公安民警。

虽然是连日的劳累，虽然失去亲人的心灵还在流血，但总理的到来极大鼓舞了救援人员和受灾群众，同时也感染着所有关注灾区群众命运的人。

灾情牵动着全国人民的心。触目惊心的灾难现场情况和不祥的信息不断传来：

茂县县城有逾 10 万人受灾，当地两个水电站损毁严重。

绵阳市仍有 4 个受灾乡镇因道路被阻断成为“孤镇”，与外界联系完全中断，情况不明。

什邡市蓥华镇，居民房屋倒塌严重，由于地形等条件制约，施救工作遭遇相当大的困难，工人、学生等人员集中场所仍有上百人被困在废墟下，生死不明。

……

早一秒救援，就可能挽回一个生命，救援人员争分夺秒。

从都江堰到北川，从绵竹到汶川，从理县到茂县……救援一刻不停——搜救犬、生命探测仪、液压扩张器、切割机……在地震灾区救援的 1.2 万多名公安消防部队官兵运用先进设备，成功解救被困群众 5000 多名，疏散群众 3 万多人。

为赢得救援时间，在北川县灾区抗震救灾的天津公安特警队队员，近 10 个小时水米未进，在 14 日 17 时终于成功将 160 名被困深山的群众解救出山。他们用树枝等制作成简易担架将受伤群众抬出，对行动不便的老人、孩子采取接力的方式，由特警队员轮流背下山。

14 日 18 时，武警重庆总队前方救援部队 500 名官兵抵达茂县县城进行抢险，这是继当日成功空投的空降兵小分队之后首支进入茂县的大部队。

通往汶川的西线公路15日12时已经从理县推进到汶川县界。21时，从理县进入汶川的道路全线打通，救灾物资和车辆终于直达汶川县城。

14日晚上，温家宝总理在从成都前往广元灾区的列车上召开国务院抗震救灾指挥部会议，强调救人仍是当前救灾工作的重中之重，决定向灾区新增90架直升机，用于紧急救援。

5月15日凌晨，公安部增派2100多名公安消防官兵驰援四川，抵达灾区开展救援工作。凌晨2时22分，空军一架伊尔－76大型运输机向呼救求援的灾区群众空投了5吨食品、药品等救灾物资。这是我军首次成功实施夜间云中云上空投。

截至15日8时，解放军和武警部队投入救灾的现役部队95,553人，民兵预备役部队36,174人，出动军用运输机、直升机飞行近300架次。

截至15日上午，汶川地震灾区救援人员已从灾区抢救出伤员6万多人，伤员全部得到及时救治和妥善安置。

……

我们永远“不抛弃不放弃”

5月16日，感动中国的一幕再次出现：上午，中共中央总书记、国家主席、中央军委主席胡锦涛乘飞机抵达四川绵阳，国务院总理温家宝前往机场迎接。在机场，总书记一双有力的手紧紧地握住总理的手……

有力的握手，深情的凝视，这瞬间的定格，感动了无数的中国人。

在绵阳机场，总书记听取了简短的汇报后，就走进了受灾群众当中。在北川中学，总书记焦急地询问营救情况，得知还有300名师生被埋时，他坚定地说：“当务之急仍然是救人，只要有一线希望，我们都要千方百计地抢救。”

在汶川县漩口镇供电所，总书记听说倒塌的房屋下面还有被埋群众，当即指示，哪些地方掩埋的群众多，就要把专业救援队伍赶紧派往那里，把生命探测仪等先进设备及时送到那里。要继续把救人作为重中之重的任务，只要还有一线希望，就要尽最大努力。

5月17日，总书记在成都市连夜召开会议时再次强调，要在救援队伍进入所有乡镇的基础上，尽快进入所有村庄，排查每一处倒塌房屋，竭尽全力搜救被困群众。

中共中央最高领导人的这番话，既是血脉相连的动情之语，更是一道钢铁命令。

奋战在抗震救灾一线的解放军、武警部队官兵不怕疲劳、连续作战，发起了以挽救生命为重点的救灾大总攻。

受灾严重的映秀镇的伤员空运成都后，各部队立即向周边村镇急进；汶川县城灾情稳定后，强行军21个小时率先到达县城的武警官兵又向深山进发。各路大军完成对受灾较重的58个乡镇的全部突进后，救援工作正向纵深挺进。

5月16日，公安部抗震救灾前线指挥部下达命令：所有参战消防特勤官兵、公安特警、医疗队员，以重灾区、搜索盲点为重点发起抢救生命的总攻。截至17日16时，公安参战人员又从废墟中挖出1933人，其中生还者268人。

据不完全统计，截至5月18日12时，军队和武警部队共出动113,080人，从废墟中挖掘被埋人员21,566名。

一切的一切都是为了一个目标：抢救生命。

生命还有延续，救援一刻未停，奇迹不断出现：

5月16日18时30分，南京消防救援队经过20多小时救援，从什邡市蓥华镇蓥峰化肥厂废墟中救出支撑了100个小时的幸存者刘德云。

5月17日21时55分，赶往北川县救援的成都军区某工兵团地震救援队，成功解救出被困在6米多厚的废墟中长达127个小时的平武县男子吴建平。

18日9时15分，救援人员从北川县医院废墟中救出幸存者唐雄，他从被困到救出已在废墟中坚持了139个小时。

18日16时，中国国家地震救援队在映秀镇经过8小时的艰苦营救，成功解救出被困148小时的沈沛云。

18日20时10分，汶川映秀镇电厂女职工虞锦华在被埋150小时后获救，此次救援时间长达56小时。

……

"生死不离，你的梦落在哪里。想着生活继续，天空失去美丽，你却等待明天站起。无论你在哪里，我都要找到你。血脉能创造奇迹，你的呼喊就刻在我的血液里。生死不离，我数秒等你消息。相信生命不息，我看不到你，你却牵挂在我心里。无论你在哪里，我都要找到你。血脉能创造奇迹，搭起双手筑成你回家的路基。"

这首为四川地震灾区祈福的歌曲令很多人闻之落泪，因为它是对汶川地震遇难者的哀悼和对被困者的祈祷，它唱出了人们的心声。

让我们记住5月12日14时28分这一让中国为之伤恸的时刻吧。这一刻，已经让3万余人永远地离开我们，每一个数字的背后都是一个鲜活的生命，每一个生命的逝去都是我们共同的哀伤。 （2008.5.14）

点　评

2008年5月12日，四川汶川发生了新中国成立以来较大的、破坏力较强的地震，造成重大人员伤亡和巨大财产损失。面对灾难，中华民族万众一心，众志成城，在党中央的坚强领导下，我国历史上救援速度最快、动员范围最广、投入力量最大的抗震救灾斗争迅速展开，最大限度地挽救了人民群众生命，最大限度地降低了地震造成的损失，充分展现了社会主义制度优越性和强大动员力，书写了共和国发展史上可歌可泣的壮丽诗篇。

文章将震后救援时的悲壮情景永远凝固，再现了救援人员与时间赛跑，从死神手中夺回生命的一个个瞬间。

温州市长编纂行政败诉案例

陈东升

一本本散发着油墨芳香的《温州市行政案例选编》摆到了浙江省温州市政府各部门局长、处长们的办公桌上。这部由温州市委书记、市长邵占维提议并亲自参与编纂的书，以50个典型的行政违法败诉案例提醒他们：在工作中要多一份依法行政意识。

温州市与我国行政诉讼法律的发展有着密切关系。1988年8月26日，全国首例“民告官”行政案件就出现在温州市苍南县。20年来，温州市创造性地建立与实施行政问责、行政首长出庭等多项制度，政府行为逐步纳入法治轨道。但是，一些政府部门和执法人员依法行政的观念还比较淡薄，有法不依、执法不严、违法不究的现象还时有发生。

这一切引起了时任温州市长邵占维的警觉。在他看来，这些现象与温州市政府所要致力建设的“服务政府、责任政府、法治政府、廉洁政府”目标背道而驰。于是，邵占维几次作批示，提议市政府法制办组织力量，编纂一本行政案例。他特别交代，政府胜诉的一律不要收录在内，成绩不讲跑不掉，问题不讲不得了。不要怕出丑，要编就编政府部门近年来各种各样的违法败诉案例。

记者看到，这本《温州市行政案例选编》共194页，选编的50个典型行政违法案例，均为温州市各级行政机关近年来败诉案件。涉及的行政行为包括行政处罚、行政许可、行政征收、行政强制、行政确认、行政裁决等。行政违法和行政不当行为的原因包括事实不清、证据不足、适用法律错误、行政程序违法、超越职权、滥用职权、行政不作为等。每个案例都分案情描述、分析、点评三部分，选编者以案说法，针对其中难点、疑点，深入浅出、条分缕析，提出许多有见地的建设性意见。

邵占维在该书序言中写道：这是一面有价值的镜子。这些案例告诉我们，在工作中如果多一份理性、多一份责任、多一份依法行政的意识、多一份对权力的正确对待，我们将少一份政府运作的成本，多一份人民群众的信赖和支持。希望全市各级政府机关的工作人员都能认真读一读这本书，了解政府行政行为存在的突出问题，掌握处理相关行政案件的方式方法，并进行借鉴和反思，以提高自身依法行政水平，推进法治政府建设。

（2008.3.31）

点　评　法治建设的重心之一是依法行政，集中体现在法治政府建设上。温州市长编纂行政败诉案例，是警示，更是一次坚定推进法治政府建设的宣示。

政府信息公开条例经历大考

杜　晓　陈丽平

地震逞威之时距《政府信息公开条例》施行不到半月，汶川地震无疑是条例实施后的一次严峻大考。

“有关部门在此次地震事件中反应迅速，充分表明政府信息公开条例已经开始发挥重要作用，条例的宗旨在此次地震灾害信息披露工作中得到了较好的体现。”中国人民大学法学院教授、中国法学会行政法学研究会副会长杨建顺今天在接受本报采访时说。

莫纪宏也认为：“在过去的几年间，我国出台了一系列针对灾害的法律法规，而政府信息公开条例无疑起到了一个纲领性的作用，使得整个信息披露工作的整体进程和必要性以明确的法律条文的形式固定下来，对于发挥其他法律的联动协同作用大有裨益。从目前的效果来看，条例起到的作用是非常关键的，谣言不攻自破，民心安如磐石。”

“按照条例规定，可以公开的政府信息分为两类，一是政府主动公开的信息，二是经申请公开的信息。政府主动公开的信息是与公众切身利益相关的，需要广泛为人们所知晓的信息，地震事件显然属于此类。”杨建顺说。

莫纪宏补充说：“具体到此次地震灾害，在信息公开和披露上要涉及三个方面，一是震情发展的情况；二是震灾发展的情况，比如死伤人数，破坏地区等；三是对人民群众进行合理的宣传，鼓舞起众志成城抗击灾害的决心。”

据介绍，根据《政府信息公开条例》的规定，行政机关应当及时、准确地公开政府信息。行政机关发现影响或者可能影响社会稳定、扰乱社会管理秩序的虚假或者不完整信息的，应当在其职责范围内发布准确的政府信息予以澄清。

杨建顺告诉记者：“在条例实施之前已经有了将近一年的准备时间，可以说，政府部门的方方面面都对条例的具体规定进行了熟悉和磨合。”

他认为，条例的实施以及此次地震中我国政府的良好表现有其特定的历史渊源。自上世纪 90 年代以来，我国一直在致力于政务公开工作的推广和服务型政府的建设，包括条例的起草和实施可视为这一大历史趋势中的关键步骤。而最根本的目的，是确保民众真正参与到国家政治生活中来，形成一个和谐稳定、良性运转的社会公共领域。

莫纪宏提醒说，今后几天内，面对可能发生的余震以及灾情，相关地区政府和部门应继续坚持及时权威的震情信息发布。“在今后救灾工作中的信息披露依然应该集中在三个方面：一是震情，比如还有没有余震，对于此次地震前因后果的分析等。二是震灾，要随时披露死亡人数和受灾情况。在救灾工作结束后，应该有一个总的伤亡数据统计。三是对于民众进行地震灾害预防的宣传,当人们了解了地震之后,恐慌心理也会大幅度消除。”

“在条例的指导作用下,能够有效地阐明真相,避免恐慌也不是政府单方面的行为。”杨建顺说,“普通民众对灾害来临时的信息披露要予以理解,予以支持,去伪存真,自觉地消除恐慌,积极应对。这是一种政府和民众间双向的沟通与认同”。

杨建顺表示,温家宝总理亲临灾害现场对于民众信心是个极大的鼓舞,但更为重要的是彻底调动现场指挥人员,将其所获得的最前沿的信息及时告诉公众,这样才能真正确保民众对于抗灾工作的认同,切实稳定民心。　(2008.5.14)

点　评　灾难面前,透明的信息不但不会造成恐慌,相反能够让人准确了解真相,更为重要的是,及时、真实的信息能够让谣言失去生存的空间。《政府信息公开条例》刚开始实施,就遇到汶川地震这场大考,在接受检验的同时更为抗震救灾营造了良好的舆论环境。本文对此进行了及时报道。

十一届三中全会：30年中国“法制崛起”的起点

李　群

一切都缘于1978年岁尾那5个不同寻常的日子，否则中国的历史将会改写，中国的命运和前途将变得扑朔迷离。

蓦然回首的抉择——

“为了保障人民民主，必须加强社会主义法制，使民主制度化、法律化。”

30年前的北京，雨雪过后，光风霁月。12月18日至22日，中国共产党召开了十一届三中全会。

三中全会之前举行了中央工作会议，从1978年11月10日至12月15日，长达36天。

12月13日，邓小平的名篇《解放思想，实事求是，团结一致向前看》发出了思想解放的先声。

一位亲历者说，邓小平的讲话实际上是十一届三中全会的主题报告。本来13日中央工作会议就该闭幕了，由于代表们纷纷要求延长两天来学习讨论邓小平的重要讲话，这样直到12月15日，长达36天的中央工作会议才落下帷幕。

由于中央工作会议做了充分准备，所以三中全会只开了5天。全会一致通过了《中国共产党第十一届中央委员会第三次全体会议公报》。

刊登全会公报的报纸原件已经很难找到了。但从互联网的影印件中，似可嗅出油墨的清香，和30年后这个春天的气息融汇在一起，沁人心脾。

公报中有这样一些令人过目不忘的话——“为了保障人民民主，必须加强社会主义法制，使民主制度化、法律化，使这种制度和法律具有稳定性、连续性和极大的权威，做到有法可依，有法必依，执法必严，违法必究。”

“宪法规定的公民权利，必须坚决保障，任何人不得侵犯。”

“从现在起，应当把立法工作摆到全国人民代表大会及其常务委员会的重要议程上来。检察机关和司法机关要保持应有的独立性；要忠实于法律和制度，忠实于人民利益，忠实于事实真相；要保证人民在自己的法律面前人人平等，不允许任何人有超于法律之上的特权。”

……

痛定思痛的教训是什么？拨乱反正的出路在何方？三中全会公报的笔锋游走于重大历史事件之间，蕴含着求实的气魄和巨大的智慧，指出了未来中国民主政治的航向:靠民主、靠法制。

多少年来,我们这个泱泱大国总是与法制擦肩而过甚至格格不入,尤其在上世纪后半叶那一段黄钟毁弃的岁月中。正是因为有了那次意义非凡的全会,中国的执政党和她领导的人民,终于与法制有了“亲密接触”,并把它作为蓦然回首的正确抉择。

30 年前的一张新闻图片中,一群人在争相购买刊登三中全会公报的报纸,反映了人们为走上社会主义民主法制康庄大道而群情振奋。30 年后的今天,当中国人沐浴在民主法制和煦春光中的时候,愈加感受到十一届三中全会的弥足珍贵。

明见万里的告诫——

“把一个国家、一个党的稳定建立在一两个人的威望之上,是靠不住的。”

马克思主义政党和国家学说认为,政党不是国家机器。列宁指出:“无产阶级专政就是无产阶级对政治的领导。”如果不把党的领导主要放在政治原则上,而是不适当地过多包办、干预具体事务,那就会把党的地位从领导者降低为管理者。

一个国家采用怎样的治国方略事关宏旨。很重要的就是要在理念上明确并在实践中发挥国家政权的职能和运用法律武器的力量,以此推进中国特色社会主义事业,实现党的主张。

尽管邓小平没有使用过“依法治国”和“法治国家”的提法,但中国人毋庸置疑地把他和十一届三中全会作为依法治国基本方略形成的“源头活水”。

邓小平对“人治”的做法嗤之以鼻。他指出:过去“往往把领导人的话当作‘法’,不赞成领导人说的话就叫作‘违法’,领导人的话改变了,‘法’也就跟着改变”。

“人治”是指领导者的意志高于法律,国家一切大事的处理由少数人或个人按照主观意志来决定的治国方式。法治是按照民主原则把国家事务法律化、制度化并严格依法管理的治国方略。两种治国方式必定产生两种不同的结果。

针对过去的失误,邓小平提出政治体制改革的目标是建立社会主义民主政治、实行法治,并把政治体制改革同法治联系起来。

有报章曾披露了这样的细节:1978 年 3 月 18 日,在全国科学大会开幕式休息时,有记者请示时任副总理方毅,今后所有文章中引用马克思、恩格斯、列宁和毛主席语录时,是否一律不再用黑体字? 方毅说:“此事请示邓副主席后执行。”邓小平批示:“我赞成。”从此,领袖黑体字语录结束了在中国书籍报刊上出现的历史。

1977 年 5 月,邓小平说:“一个人讲的每句话都对,一个人绝对正确,没有这回事情。”人们发现,从第二代领导集体开始,中国的领袖们都不再是“神”。北方农民一般称呼邓小平为“老邓”;大学生则打出了“小平您好”的横幅。

邓小平说,“曾有一段时间,我们用政策代替法律,崇尚个人权威,轻视法律作用,特别是从 1958 年批评反冒进、1959 年‘反右倾’以来,党和国家的民主生活逐渐不正常,一言堂、个人决定重大问题、个人崇拜、个人凌驾于组织之上的家长制现象,不断滋长”。最后不仅导致了“文化大革命”的十年浩劫,而且造成了政治体制中比较严重的人治现象,如“官僚主义现象、权力过分集中的现象、家长制现象、干部领导职务终身制现象和形形色色的特权现象”。究其原因,在于“旧中国留给我们的,封建专制传统比较多,民主法制传统很少。解放以后,我们也没有自觉地、系统地建立保障人民民主权利的各项制度,法制很不完备,也很不受重视”。

在总结历史经验的基础上,邓小平得出:“‘制度问题,关系到党和国家是否改变颜色’,因此‘不能不加以重视’”的结论。他明确表示:“我历来不主张夸大一个人的作用,这样是危险的,难以为继的。把一个国家、一个党的稳定建立在一两个人的威望之上,是靠不住的,很容易出问题。”与个人威望相比,法制具有普遍性、稳定性、连续性、平等性等特征,不因领导人的去留而随意改变,不因领导人意志和看法的改变而改变。邓小平在南方谈话中明确指出,治理国家“还是要靠法制,搞法制靠得住些”。

透过邓小平关于摒弃“人治”和健全法制的一整套方针,一幅建设社会主义法治国家的清晰蓝图跃然眼前。研究者发现,依法治国是党领导人民治理国家的基本方略的思想,发展社会主义民主政治、建设社会主义政治文明的思想,都能从邓小平的著述中找到答案,都与邓小平民主法制思想一脉相承。

扬帆起锚的“首航”——

“有的法规可以先试搞,然后制定全国通行的法律。有比没有好,快搞比慢搞好。”

长期与法制隔阂的中国,在 1978 年冬天修正了前行的航线,扬帆起锚,向法治彼岸进发。

12 月 13 日,邓小平打出了重塑法制的“第一张牌”。他对出席中央工作会议的代表们说:“现在的问题是法律很不完备,很多法律还没有制定出来……现在立法的工作量很大,人力很不够,因此法律条文开始可以粗一点,逐步完善。有的法规可以先试搞,然后通过总结提高,制定全国通行的法律。修改补充法律,成熟一条就修改补充一条,不要等待‘成套设备’。总之,有比没有好,快搞比慢搞好。”

年逾古稀的顾昂然清楚地记得,1978 年 12 月下旬的一天,他去机场迎接历尽劫波回到北京的彭真。彭真说:“小顾,你还这么年轻呀!”春节,顾昂然到前门饭店看望彭真,一见面彭真就询问法制方面的情况。

1979 年 3 月,全国人大常委会法制委员会成立,彭真任法制委员会主任。3 月 8 日,彭真对到人民大会堂报到的顾昂然说:“目前的重点是抓立法,首先要有法可依。立法任务非常重,我岁数大了,但我也不偷懒,还要有苦力……你一直是搞法的,以后你就当我的法律顾问……”

干涸的大地太渴盼法雨的滋润。从1979年3月到6月底,法制委员会向全国人大提出了《刑法》、《刑事诉讼法》、《全国人民代表大会和地方各级人民代表大会选举法》、《地方各级人民代表大会和地方各级人民政府组织法》、《人民法院组织法》、《人民检察院组织法》、《中外合资经营企业法》7部法律草案。

短短3个多月立了7部法。全国人大法律委员会主任委员胡康生评价说,这标志着我国立法工作在中断了20多年后重新恢复并取得重大突破。

胡康生说,随后,又开始了修宪工作。经过2年4个月的努力,1982年12月4日第五届全国人大第五次会议通过了新宪法。新宪法对新时期的根本任务和政治、经济、文化制度尤其是在健全人民代表大会制度方面作出了一些新的重要规定,对坚持和完善人民代表大会制度,发挥国家权力机关的作用具有深远的历史意义。

早在1940年1月,毛泽东在《新民主主义论》中就明确提出,中国"可以采取全国人民代表大会、省人民代表大会、县人民代表大会、区人民代表大会直到乡人民代表大会的系统,并由各级代表大会选举政府"。

三中全会关于加强民主法制建设的决策和邓小平民主法制思想,成为中国新时期民主法制建设的行动纲领和指导思想。从此,全国人大及其常委会恢复活动,地方各级人民代表大会陆续召开,并把立法工作摆到重要议事日程,整个国家的法制建设重新回到正确的轨道。

追溯那个时期的法制建设,人们自然会想到一位慈祥可敬的老人,他就是新中国法制建设的奠基人之一张友渔。20多年前,本报记者曾多次采访时任全国人大法律委员会副主任委员的法学泰斗张老,有时在北京西黄城根全国人大办公小楼,有时在木樨地22号楼他的家中。张老主张从实际出发,反对蹈常袭故,人趋亦趋。至今,张老"年届耄耋犹勤奋"的身影常常浮现眼前,令人景仰。这位老人正是当时全国人大组成人员快马加鞭、勤勉工作的一个缩影。

在那重建法制的岁月里,全国人大及其常委会严格遵守宪法,在健全我国人民代表大会制度特别是在加强立法工作方面进行了开拓性工作,形成了一系列重要立法思想和制度,为国家法制建设和立法工作的不断发展奠定了基础。

淬火加钢的"拍板"——

"应该集中力量制定外国人投资法等。我看很有道理,四十九和三分之二都可不写。"

1987年11月12日,在北京前门,一个戴眼镜、蓄胡子的外国老头的形象赫然在目——肯德基第一家餐厅落户北京,成为最早进入中国市场的西式快餐。

更早之前,作为第一家中外合资企业,北京航空食品有限公司率先结束了中国民航没有航空配餐的历史,开创了中国利用外资的先河。

这均得益于1979年第一部《中外合资经营企业法》的出台。

曾几何时,中国视利用外资为禁区,更谈不上跟人家合资搞企业。中国民航配餐水平实在不敢恭维。邓小平在吃了飞机上的面包后说:"你们的面包不好,老掉渣儿,派人到我家跟我的厨师学一学。"

其实,邓小平的思绪并不仅限于一个小小的面包,他在运筹用立法推动改革开放的大动作。

在中央工作会议上,邓小平告诉代表们:"应该集中力量制定刑法、民法、诉讼法和其他各种必要的法律,例如……外国人投资法等等。"

在邓小平这一思想的指导下,彭真主持起草了新中国首部外商投资企业法。

1979 年 6 月,邓小平接到荣毅仁来信。信中提出:《中外合资经营企业法(草案)》中规定的"中外合资经营企业外资投资比例不超过百分之四十九"和"决定重大问题要三分之二多数通过"两条原则,并非国际惯例,势必降低外资对我国投资的兴趣。建议在不丧失主权的前提下,以平等互利为原则,争取更多的外资,引进更多的技术。

邓小平阅后拍板:我看很有道理,"四十九"和"三分之二"都可不写。

嗣后,立法机关又根据实践需要,相继制定实施了《中外合作经营企业法》和《外资企业法》及其各自的实施条例和实施细则,使中国利用外资的法律从无到有,破土而出。

《中外合资经营企业法》推动了有限责任公司制度、注册资本制度及授权资本制度、董事会制度、职业经理人制度以及对外资进入审批制度等的建立,给改革开放"插上了翅膀",并得到其他发展中国家的仿效和各国投资者的普遍接受。

倘若没有三中全会,没有《中外合资经营企业法》,就没有北京航空食品有限公司,就没有雨后春笋般涌出的外资公司群。所以,至今在该公司的荣誉室里,存放着一件特殊的展品——一页镶在镜框里的批准文件,文件号为"外资审字(1980)第一号"。这是 28 年前,中国外资管理委员会批准该公司成立的通知,也是内地批准成立的首家外资企业的文件。

飞机餐食是各航空公司竞争的重要一环。而当时的民航北京管理局,也就是中国国际航空公司的前身,却连一个正规的食品配餐公司都没有。仅有一个 30 余名职工的供应室,设备落后,配餐水平极低。

不久,民航北京管理局领导与一位香港企业家相遇了,他就是香港美心集团董事局主席、现任北京航空食品有限公司名誉董事长伍沾德。经过数轮洽谈,双方决定合办航空食品公司,总投资约 600 万美元。

由于没有先例可循,在合资航空食品公司具体报批中,国务院甚至连续 3 次召集各有关部门,对合同上的 21 项条款逐一斟酌。

短短半年时间内,北京航空食品有限公司完成了装修厂房、购买设备、人员培训、制订规则、开拓市场等各项准备工作。

由此,中国改革开放后的第一家中外合资企业诞生了。伍沾德也在改革开放的第一个春天，成为内地批准的第一个合资者。

由于京港双方合作占尽了天时、地利、人和，不久便成功地收回了投资成本，并两次追加投资，扩大生产规模。合资后仅生产法式面包一项，就打出了一个开门红，同时，也拉动了航空客座率的迅速上升。

同样，至今肯德基在内地开店已逾2000家，成为中国人耳熟能详的品牌。

从“有啥吃啥”到“想吃啥吃啥”，不管在陆地还是空中，这正是三中全会给人们带来的实实在在的变化。

更为重要的是，中国利用外资法律体系的建立和完善，推动了中国企业完成“三级跳”，扩大了对外开放。

20世纪80年代，中国积极实施“以市场换技术”的战略，把跨国公司先进的产品和设备等硬件引进来。1981年沈阳第一机床厂引进了第一套MRPⅡ软件。1990年前后，ERP逐渐取代了MRPⅡ，成为主流的企业管理软件系统。

1984年，在引进德国利勃海尔电冰箱生产技术的基础上，青岛电冰箱总厂成立。这就是日后海尔集团的雏形。

1986年8月3日上午9点，沈阳市防爆器械厂厂长王刚神情沮丧地把工厂营业执照交给了工商管理部门，这是我国实施《企业破产法》以来第一个倒闭的国有企业。

20世纪90年代，企业又把兴趣和注意力转向了贯彻实施ISO 9000标准和质量体系认证。

联想、方正、长城等国内公司也纷纷拥抱国外品牌，像联想代理AST，方正代理DEC，长城与IBM合资，而他们自身也锻炼了队伍，逐步树起自主品牌。

1992年以后中国企业进入现代企业制度转型时期。1994年《公司法》实施，国有企业由过去的工厂制改造为公司制。

20世纪90年代末以来，全球范围强化了公司责任。处在从传统企业向现代企业制度转制的中国企业迎击了严峻的挑战，不断淬砺，融入了世界潮流……

1980年，十一届三中全会后的第二个年头，邓小平对意大利记者法拉奇说：“没有毛主席，至少我们中国人民还要在黑暗中摸索更长的时间。”

同样，如果没有气势磅礴的改革开放导师邓小平和伟大的十一届三中全会，社会主义民主法制的火焰不可能如此澎湃地跳跃在每个中国人心间。

30年高蹈宏阔，中国“法制崛起”带来了一种全新的思维、一种深层次的范式变化、一种西方现存理论和话语还无法解释的新认知。它助推了中国现代史上从未有过的连续30年长时间、大跨度的发展，为我们这个东方大国生长为一个真正意义上的世界强国奠基。

（2008.6.1）

点　评

1978 年,以十一届三中全会为标志,新中国社会主义民主法治建设的一个全新发展阶段就此启航。

本文发表的2008 年,正值中华人民共和国成立近60 年,改革开放30 年。当时在建设中国特色社会主义的伟大实践中,中国的法治建设已经取得了巨大成就。

2008 年2 月28 日首次发布的法治建设白皮书的总结是,确立了依法治国基本方略,中国共产党依法执政能力显著增强,以宪法为核心的中国特色社会主义法律体系基本形成,人权得到可靠的法制保障,促进经济发展与社会和谐的法治环境不断改善,依法行政和公正司法水平不断提高,对权力的制约和监督得到加强。

依法治国,建设社会主义法治国家,是中国人民的主张、理念,也是中国人民的实践。一个在今天看来已成共识的主张、理念,当年却经历了一番讨论。当时《法制日报》推出“法治中国30 年特刊”,本文是特刊的开篇之作。

感受奥运安保立体防线：海陆空遍布安全防控网

徐　伟

7 月 7 日早晨，天空阴蒙蒙。北京东直门地铁站依旧人流如梭。

一名外地游客拎着硕大提包准备进站，清脆的声音飘入耳际："先生，请接受安检！"外地游客一愣，问："为什么？"

"为了您的安全，为了大家的安全，更为了北京奥运的安全！"一位身着白色制服的女安检员彬彬有礼地答道。外地游客抱歉地笑了笑，走向 X 光安检仪。

安检这道细小的程序，就这样与"平安奥运"宏大的理念挂起了钩。

记者获悉，从 6 月 29 日起，北京地铁 5 条线 93 个车站点正式开始安检，3100 名安检员和近 1500 名警察担负起地铁安全的重任。

所有的一切，都是为举办一届安全的奥运会而努力。在北京奥运会倒计时的第 30 天来临之际，有关部门负责人透露，北京奥运会安保"集结号"吹响：一支由 10 万人组成的特别反恐队伍已经进入实战。此外，还有 40 万城市志愿者和 100 万社会志愿者为反恐部队提供支持。

感受中国"平安奥运"的承诺，并非始于今日，可以说，从北京申办成功那天起，中国就在一步一步地实现着"平安奥运"这一对世界的承诺。只不过，随着奥运会的临近，令人感受愈深。

不同寻常的反恐演习

"砰！"平地一声惊雷！

北京朝阳公园沙滩排球场，一辆面包车在入口处发生爆炸。两辆轿车起火，剧烈的浓烟腾空而起，空气中弥漫着刺鼻的异味，现场人员出现头晕、恶心、咳嗽等症状。

"恐怖分子发动化学袭击！"奥运反恐怖指挥部拉响红色警报。

3 分钟后，一队面戴口罩的武警赶来，迅速封锁体育场，同时冲上看台疏散观众。武警手举红、绿两色旗，引导 400 余名观众手捂毛巾逆风撤离体育场。

20 分钟内，救护车、消防车、公安防暴车、特警部队等所有队伍从奥运备勤点赶到现场排险：消防员们全副武装，身着防化服，手拿水枪，不停向浓烟及起火车辆喷水；急救人员给伤员擦拭身体，并引领伤员进入临时搭建的帐篷进行治疗。

同一时间，气象局监测了现场风速、温度；环保局出具了环境监测报告。空中，一架警用直升机盘旋游弋，实施警戒和侦查……

这是前不久,我国“长城5号”国家级反恐演习首场演习科目——处置沙滩排球场遭受化学爆炸袭击的一个场景。

进入6月以来,一系列大规模反恐演习频频上演:6月11日,“长城5号”国家级反恐演习在首都拉开序幕;6月24日,国家反恐怖教学性演习暨“滨海六号”演习在天津举行;6月25日,“浦江4号”反恐综合演习在上海展开……

这些在奥运会前夕举行的反恐演习,都有着一个共同的特点:演习全仿真,事先不通知。

一位多次拍摄演习的记者用“突然袭击”这个词形容了当时的感受。这位记者回忆说,“浦江4号”演习前,我们在一旁聊天,还像往常一样等待通知,“10、9、8、7……演习开始”。

突然,上海浦东源深体育中心一声巨响,爆炸声震耳欲聋。几分钟后,全副武装的公安特警武警、海军防化兵、“120”急救车、突击攀高车、消防车呼啸而至。

“第一时间我们都惊呆了,谁也没有按下快门。这次反恐演习,不同寻常。”这位记者感触颇深。

演习负责人介绍,所有的演习全仿真,不事先打好招呼。目的就是查找隐患,完善预案,真正保证一旦发生恐怖袭击,可以迅速有效地处置。

奥运安保的“王牌军”

作为特大型的社会活动,奥运会历来是恐怖分子袭击的重点目标。

2007年年底,国际刑警组织秘书长提醒北京,注意防范奥运会期间可能发生的恐怖袭击。

事实上,除了大批武警战士和公安民警共同执行奥运会期间的各种安保任务外,中国还有两支王牌部队:隶属于武警的“雪狼突击队”和刚刚亮相的“蓝剑突击队”。

“雪狼突击队”,这支部队组建于2002年——奥运会申办成功之后。雪狼突击队是公开的中国奥运官方的安保部队,被称为北京2008年奥运会的守护神。奥运会期间,一旦发生了大规模的恐怖暴力事件,这支“雪狼突击队”将负责担任起奥运核心区、中心区的武力突击任务。

能够扛起处突的大旗,“雪狼突击队”的每个成员都经过“地狱式”训练的考验。24岁的李伟(化名)从来没有失手过。自从加入这支队伍,他就变成了一个代号。李伟告诉记者,“雪狼”每天的训练量是200个俯卧撑、200个仰卧起坐、100个蛙跳、200次杠铃,负重35千克的10千米越野。

“雪狼”还装备了目前国内最先进的反恐怖武器,从装甲防暴车到特种排爆车、从窥视设备到高技术通讯器材、从微光夜视系统到电子计算机指挥系统、从微型冲锋枪到新式自动步枪,一应俱全。

6月21日，比“雪狼突击队”更低调、更神秘的北京市公安局特警总队“蓝剑突击队”正式亮相世人：头戴凯夫拉钢盔，肩挎06式微型冲锋枪，在右臂上，印着两把利剑和“蓝剑突击队”字样。“蓝剑”寓意着临危不惧，英勇果断。

枪是他们的共同特征，只要睁着眼睛，枪就成了他们的手指，连着神经，长在胳膊上。开着摩托高速驰骋，百米之外，枪响，鸡蛋粉碎。

有关人士评价，“蓝剑突击队”是特警中的“特警”，是反恐处突中又一把“撒手锏”。

奥运场馆安保“密不透风”

2008年8月8日，位于首都北京的“鸟巢”——国家体育场，将迎来五湖四海的体育健儿和各国首脑政要。确保“鸟巢”万无一失，成为奥运安保工作的重中之重。

“好运北京”测试赛开始后，记者曾亲身感受过“鸟巢”的安全保卫工作，绝对是“密不透风”。以往的测试赛中，人员通过大门后，安保志愿者要用仪器对身体进行扫描，而“鸟巢”的安检则选用了人工手触式的检查。按照同性别检查的原则，安保人员用手对受检对象的胳膊和腰部进行检查。对于所携带的书包，如笔记本、手机等，都需要逐一打开进行检查。许多同行都在现场感叹，“从未经历过这么严格的安全检查”。

一位现场的安检人员介绍，“甭说想带易燃易爆物品混进去，就是手术留在身体里的小金属片，这里的安检门也能明察秋毫”。

这仅仅是“鸟巢”等北京奥运场馆庞大安保体系中的一个小环节。事实上，作为奥运安保的“重头戏”，北京奥运各大场馆已经身处一张巨大的保护网中。

2007年11月，4辆从卢森堡进口的“北极猫”全地形四轮消防摩托入驻“鸟巢”。据介绍，“北极猫”能爬楼梯、能走沙地，时速可达70公里，每辆售价47万元。

北京市朝阳区消防支队的有关负责人告诉记者，这种车专用于“鸟巢”、“水立方”等奥运主场馆群及主场馆群地下通道等特殊地形的消防安全保卫任务，全国仅有这4辆。

2008年7月3日，北京警察学院。

204只搜爆犬在民警的带领下在操场上排起方队，分批进行了看台搜爆、汽车搜爆和街区搜爆演练。据介绍，这204只搜爆犬是公安部从全国20个省市选拔出来的，个个堪称“精英”。包括拉布拉多犬、史宾格犬、德国牧羊犬、马里阿努犬、罗威娜犬、金毛猎犬等8个品种，平均具有3年以上搜爆经验，不少还是“功勋犬”。

“很多犯罪分子为了迷惑警犬，都会把炸药和某些刺激性气味的东西混合在一起。经过一个月的集训后，所有的搜爆犬可以在20秒之内准确嗅出爆炸物品。”北京市公安局刑侦总队警犬训练大队队长孙琳告诉记者，从7月4日开始，204只搜爆犬将投入奥运期间搜爆安检工作，奥运村、总部饭店、运动员村的出入车辆和重点街区都会出现搜爆犬的身影,其中30只警犬将守卫首都机场的安全。

记者曾在仰山奥运安保前沿指挥部采访,在那里,记者看到前沿指挥部与北京31个奥运比赛场馆的指挥中心实时保持连通,一旦任何场馆发现问题,前沿指挥部会在第一时间负责协调、联动。

事实上,一张运转高效、指挥有序的保护网已构建完毕,治安、边防、消防、警卫、出入境、交管等各方面的安保力量已进入实战。

“平安奥运”人人有责

32,31,30……再过短暂的一个月,世界体育盛会将在北京开幕,举办一届平安奥运是中国对世界的庄严承诺。

在北京,除去专业的安全保卫队伍,记者还深深感受到“平安奥运人人有责”这一主题的深入人心。

治安管理部门以“维护治安义不容辞”为主题,着重讲解了“体育赛事散场”、“公共场所防盗”等安全知识;出入境管理部门的主题是“我参与我快乐”,介绍全国对外开放口岸实行的12项便民服务措施;消防部门以“安全常识我知道”为主题,普及家庭、公共场所、交通工具等防火逃生常识等。

“行动胜于心动”。从7月1日开始,奥运城市志愿者将正式持证上岗。奥运会期间,北京将有40万城市志愿者上岗为公众提供服务。

在朝阳区望京街道花家地社区居委会,记者看到戴着“奥运志愿者”红袖箍的朱大妈。听明白记者的来意,朱大妈从身上掏出一本蓝色封面的《望京街道平安奥运先锋队志愿服务手册》。

对于奥运志愿者的职责,手册写得是清清楚楚:奥运志愿者主要履行奥运安保服务,协助社区开展治安巡逻,宣传防盗、防火、防治安灾害事故常识,协助维护街道大型活动的治安秩序。

“我们一天3个班,每班3个小时,10个人负责,轮流上岗。”朱大妈告诉记者,“平安奥运”是我们每个市民义不容辞的责任。

“奥运会期间能保证绝对安全吗?”记者问。

朱大妈满怀信心,“只要大家都行动起来,坏人肯定混不进来,即使进来了,也插翅难飞!”

朱大妈所说的“插翅难飞”一点不假。

事实上,经过2000多个日夜的紧张准备,在北京奥运会面前,已铸成多重壁垒:核心区是精密的安检设备,4架空中巡逻的直升飞机,场馆、涉奥目标附近执勤的警察、武警官兵、保安员和安保志愿者;外围是大批拥有警惕的眼睛和热情参与的北京市民。

“打一场平安奥运的人民战争,焉有不胜之理?”记者在心里反问自己。

(2008.7.8)

点 评

2001年7月13日,在莫斯科举行的国际奥委会第112次全会上,国际奥委会投票选定北京获得2008年奥运会主办权,中国实现了百年奥运梦。北京奥运会以“绿色奥运、科技奥运、人文奥运”为理念,在“同一个世界,同一个梦想”口号下,举办了奥林匹克史上一次最成功的奥运盛会,赢得了全世界的赞誉。

北京奥运会的成功举办意义重大,影响深远,是中国综合国力和经济高速发展的集中展示,是一个开放的中国走向世界的新跨越,是对中国制度优势和治理能力的一次成功检阅。文章聚焦奥运安保这个侧面,展现了奋战在安保一线的广大干警和志愿者的风采,“平安奥运”是对中国之治的生动解读。

“我们是奥运核心安保第一线”

探访奥运村派出所

李　松　黄　洁

奥运会各赛场激战正酣,来自世界各地的观众们在欢乐祥和的氛围内享受着体育带来的快感。而四周充满了呐喊和欢呼声的奥林匹克中心区内,奥运村派出所的民警们正在场馆外的烈日下挥汗如雨,在奥运村的夜色中守卫每一位运动员和观众的甜甜梦境。一个个感人的故事,就发生在这看似简单的守护中。

安静小院暗藏“紧迫”

由于地处奥林匹克核心区,早在奥运会开幕前,奥运村派出所就已经被划入了核心区的管控区域,从那时起,这个奥运第一线派出所民警的生活就开始变得神秘起来。8 月 12 日上午,记者走进奥运村派出所,深深被这支队伍的奉献精神和战斗热情所折服。

担负着奥运赛事一线保卫任务的奥运村派出所,位于北五环外一个并不显眼的小院内。今天上午,这个小院里出奇的安静,酷暑中,只有一位身着制服的民警正忙碌地将一盒盒未用的警戒线从警车上搬到一间闲置的小屋内。

据了解,这些警戒线都是专门为奥运会的赛事保卫工作准备的,足足配备了 500 盒,每盒警戒线能拉出 100 米。民警告诉记者,“如果这些警戒线用在平时的工作中,估计够用好几年的。可现在,奥运核心区内任何一个比赛项目的安保范围都很大,要求都很高,人员聚集过多时就要靠拉警戒线进行引导和疏散,因此类似警戒线这样的警务装备必须备足”。

几句话间,车上的警戒线转移完毕,民警立即钻进了驾驶室:“我得赶紧出去给大家买点方便面,每天下勤后大家都很饿,平时上岗也经常顾不上吃饭,吃点方便面垫垫也好。”

所长徐凯华告诉记者,现在奥运村派出所自有警力加支援警力共 120 人,担负着 7 个奥运竞赛场馆、9 个非竞赛场馆、2 个开放式赛事等数十个重点场所、部位外围的安全保卫任务。从上午 9 时直到凌晨 3 时,民警都轮班坚守岗位,而且从赛事开始以来,每天都会有很多的特勤任务。徐凯华说:“现在,民警们每天最多也就睡 5 个小时,所以我们就尽量从后勤保障上给大家一点补充。”

软件硬件事先武装

按照徐凯华的说法:“我们是奥运核心安保的第一线,我们要是守不住,危险将直接进入中心区。”为了守住这最后一道岗,奥运村派出所从几年前就已经开始在工作方案、民警意识等全方面展开了积极的筹备。

在徐凯华的办公室里,记者注意到,无论是屋内的展示板还是墙上,凡是能贴上、摆上图纸的地方,都已经被形形色色的地图、方案填满,办公桌上是厚厚一排用奥运文件夹装着的材料。这些,都是徐凯华的“秘密”,其中记载着详细的工作部署和行动方案。除此之外,每天都还有大大小小的会议、讨论,随着情况的变化及时调整工作方案,将每一项部署都扎实落到实处。

徐凯华介绍说:“要在奥运村地区准确掌握治安局势,适应奥运安保工作要求,‘分类指导、分层管理’是最行之有效的工作思路。”于是,在这套思路的指导下,奥运村辖区被划分为奥运工程核心区、老旧居民区、待拆平房区和新兴高档商住区4个层面,并根据情况和安保要求确定了不同的安保工作重点和工作方法,通过合理发动和整合力量,构筑起奥运村地区的治安防控体系。

方案有了,还必须要有民警过硬的素质来保证落实。于是强化民警奥运安保意识的工作又成了新的“攻坚课题”。

徐凯华说:“奥运村派出所的前身是朝阳分局洼里派出所,从前由于地处偏僻,所内民警都已经习惯于管理农村地区的警务工作模式。但是申奥的成功注定要给洼里派出所带来翻天覆地的变化,不仅名称变得响亮了,更重要的是在短时间内必须完成警务工作向城市化的转变,而且要达到与国际接轨。”

从那时起,针对派出所民警曾经存在的服务意识不强、工作积极性不高、工作效率偏低等问题,所里从建章立制入手,抓细节、抓规范,并按照奥运会安保工作的需求提出了“执行力”的概念,从所领导到警长、民警,一层接一层,一环扣一环,强化责任落实、执行到位,稳定提升全所人员的“执行力”,为各项安保任务的完成奠定了坚实的基础。

徐凯华自信地告诉记者,如今的奥运村派出所已经成为北京全市信息化程度非常高的一个派出所,不仅所有的信息资料已经全部上网,而且所内的每名民警都配了电脑,实现了真正意义上的网上办公。部署方案,全部利用投影仪直接找点测距离,既提高了办公的效率和精确度,同时也保证了辖区内日常治安管理工作的全面掌控。

感人故事一个接一个

从今年4月到现在,奥运村派出所的每一名民警都以高昂的士气保障了各项奥运安保任务的顺利完成。如今,奥运会正在酣战中,每名民警肩上的安保担子又重了一些。怎么让每个人继续保持良好的状态是徐凯华目前考虑最多的事情之一。

徐凯华告诉记者:“由于天气热,工作强度高,所内伤病减员的情况时有发生,最常见的就是呼吸道感染、中暑、发烧。为了帮助民警,尽可能创造一些舒适的环境,所里已经给每间休息室都安装了空调,还专门请来了专职的餐饮公司为民警做些可口的饭菜。”不过,让民警们真正坚守岗位的,并不是这些后勤保障,而是根植于民警们思想深处的那份责任感。

在徐凯华口中,民警身上的感人故事一个接着一个。奥运派出所的一位副所长,连续几个星期没有回过家,因为每天上勤、布置勤务、检查岗位,嗓子都已经哑了,家中刚两岁的孩子交给了妻子一个人;所内一位40多岁的女民警,患有严重的高血压,可在奥运安保的岗位上,她始终没有缺席,烈日下仍然带着笑脸为每位需要帮助的人提供服务;还有的民警,父亲患有眼病来京就医,可他就是抽不出一点时间去看望一眼……

这样的故事在徐凯华和他的“弟兄们”眼中,都已经司空见惯,没什么动人,那只是作为一名奥运民警的责任。徐凯华说:“对于我们来说,只要能保证奥运会的平安,付出多少都是值得的,因为我们是奥运民警。如今,气可鼓不可泄。之前测试赛、开幕式等那么多的安保考验我们都出色地完成了。真到奥运实战了,就更要保障万无一失,更要保证安全保卫没有任何缝隙。”

话音刚落,徐凯华突然想起了什么,立即抄起电话又开始部署一项新的安保工作。

奥运村派出所的工作就这样在事无巨细的扎实落实和民警们的坚强支撑中稳步进行着……

(2008.8.13)

点 评 北京奥运会的成功举办彰显了中国人民的智慧和力量,所有中国人都可以获得一枚奖牌,因为大家都为之贡献过一份力量。如果说,谁应该挂上了一枚“金牌”?奥运村派出所一定当之无愧。守护在奥运安保的前沿阵地,他们身在赛场却总是背对比赛,他们离明星最近却总是擦肩而过,平安奥运离不开他们的付出。这篇报道是在奥运会各赛场激战正酣时采写的,因为民警们很忙碌,记者很难得到完整的采访,只能争分夺秒、见缝插针,这些不太完整的故事同样展示了中国警察的高大形象。

悄然殒落的传奇将星李运昌

于呐洋

2008 年 10 月 24 日 19 时 43 分，晚秋的北京，夜幕降临、华灯初上，一位百岁老人静静地睡去，神色安详恬静，就像劳作之后香甜沉睡的普通老者，只是这次，他将永远不会醒来。

是的，他累了。他拼搏奋斗了 101 年的生命，就这样悄然走到尽头，这一个世纪的岁月，铭刻着他生命的精彩。

共产主义，是他毕生追寻奋斗并为之奉献的信仰。

他——就是李运昌。

大陆最后两位黄埔四期生同日离世

从他 16 岁在李大钊的引领下加入共青团，17 岁走进黄埔军校时，李运昌的生命就开始书写革命的篇章。他从黄埔军校走进风起云涌的大革命时期，走进血雨腥风的抗日战场，走进烽火连天的解放战场，他身经百战、九死一生，带着赫赫战功走进了新中国。新中国成立后，李运昌历任交通部党组书记兼常务副部长、中央监察委员会常务委员、司法部党组副书记、第一副部长、中顾委委员。

2008 年 10 月 24 日 15 时，司法部领导专程赶到北京医院看望李运昌；24 日 17 时，全国政协副主席、中央统战部部长杜青林也赶到医院看望。他们是李运昌生前最后前来看望的人。

24 日 19 时 43 分，已连续高烧十几天的李运昌，静静地走了。随即，李运昌的儿子按照他的遗愿，把遗体捐献给他生命的最后一站——北京医院。至此，李运昌走完了生命的全程，他传奇的一生也随之成为历史。

非常巧合，与李运昌同天去世的，是他黄埔军校的同窗肖克。

随着两位百岁老人的辞世，大陆的黄埔军校 4 期学生都已离世。

“李老是两袖清风离开人世间。”跟随李运昌 15 年的张秘书，对老人充满感情，“李老生前的遗愿，后事一切从简，不开追悼会、不搞遗体送别，家里不设灵堂。他最后的心愿就是捐献遗体做科研，他说，这是他能为祖国和人民做的最后一件事了”。张秘书说。

2008 年 11 月 3 日上午，李运昌的遗体在北京八宝山火化，最后为他送别的只有家属，没有通知任何人。李运昌的很多朋友都是从当天晚上的新闻联播里知道他去世的消息。

2008 年 11 月 4 日上午，李运昌遗体火化的第二天，记者走进李运昌的长子李惠仁的家,在简朴的家里,墙上挂满了照片,其中最醒目的还是父亲李运昌的照片。

"父亲戎马一生、功勋卓著,我们都很尊敬、敬仰他,他奋斗的一生值得我们学习。"75 岁的李惠仁是民政部原部党组成员、纪检组长。谈起父亲,李惠仁百感交集、泪如雨下。"昨晚,很多朋友看完新闻联播立刻给我打电话,想为父亲最后送行,我都谢绝了,作为子女,我们尊重父亲的遗愿,一切从简。父亲生前对物质方面没有任何要求,他离开人世时选择了这种最后的'奉献',是我们的榜样"。

在李运昌传奇的一生中,有许多闪亮的时刻。作为长子的李惠仁,比任何人都更加了解,在那些逝去的岁月里,父亲经历过怎样的艰辛磨难和胜利辉煌。"父亲经历了许多大事,我认为有几个重要事件能代表他一生的轨迹。1927 年,他领导普宁农民暴动;1938 年,他领导发动冀东 20 多万人抗日武装暴动;1939 年,他领导创建冀热辽抗日根据地,并在抗战胜利后率部先机挺进东北;新中国成立后,他参与创建交通部、司法部;晚年执着宣扬李大钊思想。"李惠仁说,"尽管父亲亲历了这些重大历史时刻,但是他只和我们讲述历史,从来不讲他自己的功绩"。

19 岁领导普宁万人暴动

1908 年,李运昌出生在河北乐亭县木瓜口村一个农民家庭,他青年时代正值中国内忧外患,李运昌忧国忧民,立志报效祖国。1923 年李运昌入乐亭中学,知道家乡出了李大钊这样一位革命先驱,他渴望自己能走李大钊先生那样的路,渴望去第一个社会主义国家苏联看看。李运昌积极参加学生运动,并于 1924 年加入社会主义青年团。1925 年秋,李运昌被中共乐亭县委选去苏联学习。但是,到北京找到李大钊后,得知去苏联的轮船已经开走。1925 年 10 月,李大钊推荐他考黄埔军校,成为第四期学员。同年转为中国共产党党员。

1926 年 9 月底,李运昌从黄埔毕业后,李运昌等 17 人便被派到广东农村搞农民武装,他被任命为临时负责人。在搞农运工作之前,李运昌先到广东农民运动讲习所参加为期三个月的学习。在这里,李运昌认识了毛泽东,并听毛泽东讲"中国社会各阶级的分析"、"农会章程"等课程。讲习所学习完毕后,李运昌被派往由彭湃任主任的广东省农民协会潮梅海陆丰办事处工作,担任农军部主任,着手在潮汕地区组织农军,当时的李运昌年仅 18 岁。

1927 年,19 岁的李运昌等人集结了 1 万多名农民武装,在广东普宁举行了暴动。普宁暴动在取得歼灭敌人一个团左右的胜利后,在敌人大军进逼下,部队从广东撤离到湘赣边境,这支农民武装被编为两个团,叫惠潮梅农工救党军,李运昌任二团党代表。

"今年 4 月,我专门去了普宁暴动的旧址,看到了父亲当年指挥作战的指挥部,那是一个城隍庙的旧址。墙上挂着父亲的照片,上面落满灰尘,我把灰尘擦掉。回来以后我告诉父亲去了普宁,父亲听完就欣慰地笑了。"李惠仁有些感伤地说。

冀东8年敌后游击艰苦卓绝

1937年9月，时任中共河北省委书记的李运昌，受中共中央北方局的派遣，来到冀东开展创建敌后抗日根据地工作，开始了他8年曲折残酷，而又威武雄壮的敌后游击战争生活。

1938年7月，李运昌发动和领导震惊中外的冀东人民武装抗日大暴动，参加暴动群众达20多万人，编成39个总队和开滦煤矿区工人4个抗日救国总队。李运昌担任冀东抗日联军副总司令兼第二路军总指挥，领导抗联队伍与八路军配合，进攻迁安等9座县城和开滦矿区，切断北宁线，摧毁冀东日伪反动组织，建立抗日政权。

谈起那些战争岁月，李惠仁说："现在，很多冀东子弟们仍说，不在冀东抗战，不知道这里有多么艰苦。因为，当年冀东的暴动和别的暴动不一样。这个地区，日伪已经统治了5年，他们建立了完备的伪组织，有数目众多的伪警察。"

1939年6月起，李运昌先后担任八路军13支队司令员、冀东军分区司令员、中共冀热边特委书记兼冀热边行署主任、晋察冀军区第13军分区司令员兼政委、冀热辽区党委书记、冀热辽军区司令员兼政治委员等职。他领导创建了有600万人口、3万多军队和20万民兵的冀热辽抗日根据地，成为抗日战争时期19个根据地之一。冀东暴动胜利后，华北的局势有了很大的改变。这支部队，长期活动在长城内外渤海沿岸、山海关附近。这支队伍牵制了东北日伪，也威慑日伪统治的重点都市——北平。

挺进东北出关第一军

1945年8月，日本宣布投降，全国人民坚持8年的抗战取得了胜利。东北，这块被日本侵略者统治了14年的黑土地，在抗战胜利时，已没有国民党的部队。谁先进东北，谁就将在东北的土地上占据先机。处在东北南大门的李运昌部，在这一关键时刻，发挥了很大的作用。

1945年8月11日，延安八路军总部发出命令："原河北、热河、辽宁边境李运昌部，即日向辽宁、吉林进发。"并要求李运昌部配合苏军作战，收缴敌伪武器，接管东北城市，维持社会治安。接到命令后，李运昌率军挺进东北，是日本帝国主义投降后出关的第一军。李运昌率部出关，为党中央在抗日战争结束后及时做出"向北发展，向南防御"的重大战略决策提供了可靠的依据。

但是，从各解放区抽调的部队不可能短时间内全部到达东北，李运昌领导的先遣部队，一方面积极扩充武装力量，在短短的几个月内，仅冀热辽军区出关的部队就扩大发展到10余万人，组建了12个旅；另一方面，肃清敌匪，抵抗住国民党部队进攻，为我党大部队进军东北创造良好条件。

1945 年 10 月 27 日，两艘美国军舰运送国民党军队抵达葫芦岛，想登陆进东北，受到了李运昌、沙克属下的三十一团的阻击，被迫退回秦皇岛。这是共产党部队和国民党部队在东北大地上的一次交锋。

1945 年 10 月 31 日，东北人民自治军成立，1946 年改为东北民主联军，林彪任总司令，吕正操任第一副总司令，李运昌任第二副总司令，周保忠任第三副总司令、肖劲光任副总司令员兼参谋长。至此，国、共两党角逐东北的历史正式拉开帷幕。李运昌领导的冀热辽军区抢先进关，为东北解放作出了重大贡献。

主持成立第一家中外合资企业

新中国成立后，李运昌任交通部党组书记兼副部长，参与创建交通部，是新中国交通事业发展壮大的开拓者之一。“我记得那时父亲每天工作非常忙，在他的主持下，成立了我国第一家中外合资企业——中国波兰远洋轮船股份公司。”李惠仁提起父亲，言语中充满了自豪。

然而，随着“文化大革命”的开始，李运昌不断受到残酷迫害。从 1968 年到 1975 年，李运昌在秦城监狱被关押了 7 年，出狱后又被软禁山西长治。小儿子李志仁去看他时，发现他住在简陋的平房里，和工友们住在一起。儿子很担心，李运昌却笑着说：“我最不怕的就是群众，我最不怕和群众打交道，在过去那么多年里，我天天都在和群众打交道。”事实证明，他的话是对的，在他被软禁的 3 年里，负责看管他的服务员小王成了他的知心朋友。“今年小王从新闻里知道父亲去世的消息，打来电话一再问‘那么好的人，咋就走了？’”李志仁说。

“文化大革命”期间的李运昌不仅受到政治迫害，还遭受丧子之痛的煎熬。在唐山大地震中，李运昌的二儿子夫妇遇难。

十年浩劫之后，李运昌再次走上领导岗位，成为司法部党组副书记、第一副部长，为司法行政系统恢复重建、为中国的民主法制建设作出了贡献。

1982 年，李运昌当选为中央顾问委员会委员，他不顾年事已高，深入基层调查研究，及时向党中央汇报和反映，并提出建议。

关注两岸统一　宣扬李大钊革命精神

全国黄埔军校同学会会长、李大钊研究会名誉会长，这是李运昌晚年最“看重”的两个“头衔”。

“父亲的晚年通常只做两件事：关注海峡两岸统一问题，宣扬李大钊革命精神。”李志仁一直和父亲生活在一起，最了解他晚年的活动。

“父亲有时在家里接待一些台湾黄埔军校的校友，他们有些是台湾的一些重要官员。父亲向他们介绍大陆的发展情况和当前的政策，和他们探讨两岸关系，希望两岸能早日统一。因为父亲是黄埔军校第四期学生，资历深，来访的人都恭敬地倾听‘老学长’的教导。”李志仁笑着说，父亲常把一些有关海峡两岸统一的资料给我看，同我谈论国家大事，要求我们为祖国统一大业多做点力所能及的事。

李大钊是李运昌革命的引路人，但是很长时间，国内对于李大钊思想的宣传并不多。晚年的李运昌致力于此，他积极宣扬李大钊革命思想，为筹建李大钊纪念馆而不辞奔波，并且他和一些老同志专门写信给中央，建议隆重纪念李大钊诞辰一百周年，中央采纳了这些老同志的建议。

“父亲晚年的生活很规律，除了参加黄埔同学会和李大钊研究会的活动，他每天都在房间里看书、看报。父亲每天必看的是人民日报和法制日报，因为人民日报传递党的声音，而父亲是从司法部离休的，所以对法制日报很有感情。直到2004年父亲住院以后，仍然在坚持看报。”李志仁哽咽着说，有时，为了让父亲高兴，我们就逗他“您是百岁老人，您高寿啊”，但父亲幽默说，“我才58岁，我还年轻呢”。

“我们多希望他永远年轻，永远长寿啊！”李志仁说着，流下了眼泪。

（2008.11.16）

点　评

老一辈革命家李运昌是个传奇人物。

记者通过对李运昌的子女和身边的工作人员的深入独家采访，讲述了李运昌一生中闪光点，有点有面，生动感人，再现了这位可敬老人光辉的一生。

王汉斌：让共和国宪法光辉沐浴每一位公民

阎 军 吴 坤

十月的北京，秋高气爽，景色宜人。在北京市东城区一个静谧的小院中，记者采访了改革开放后中国立法工作的重要领导人，曾任中共中央政治局候补委员、全国人大常委会副委员长的王汉斌同志。

1982 年制定现行《宪法》时，王汉斌是宪法修改委员会副秘书长。此后，他曾长期领导、组织共和国最高国家立法机关的立法工作，主持并参与了现行《刑法》、《刑事诉讼法》、《民法通则》、《民事诉讼法》、《行政诉讼法》等诸多重要法律的制定和修改。

王汉斌精神矍铄，思维敏捷。谈起宪法这一国家根本大法的制定他记忆犹新，娓娓道来：

“小平同志提出全面修改宪法并确立了指导思想”

1982 年《宪法》制定之前，我国曾先后制定过三部《宪法》。1954 年制定的新中国第一部《宪法》，是一部比较好的宪法。1975 年又制定了第二部《宪法》，它是“文化大革命”的产物，有严重的缺陷。粉碎“四人帮”后，很快制定了第三部《宪法》，即 1978 年《宪法》，它也受“文化大革命”的较大影响，与党的十一届三中全会制定的路线、方针、政策和国家的现实情况很不适应，而且越来越不适应。

因此，对 1978 年《宪法》进行全面修改是改革开放之后共和国在政治、经济和社会生活等方面发展的必然要求。

十一届三中全会后，1979 年和 1980 年对《宪法》进行了两次个别内容的修改：一次是规定县级以上地方各级人大设立常委会，将革命委员会改为人民政府等；另一次是通过了《关于修改〈中华人民共和国宪法〉第四十五条的决议》，取消了“大鸣、大放、大字报、大辩论”。

这两次修改都是邓小平同志亲自作的决策，解决了当时迫切需要解决的问题。

但是，这样修改仍然不能从根本上解决问题，有必要进一步全面修改宪法。

1980 年 8 月 18 日，邓小平同志在中共中央政治局扩大会议上讲话，系统地阐述了党和国家领导制度改革的问题。他提出，中央将向全国人大提出修改宪法的建议。

这个讲话，实际上为全面修改宪法确立了重要指导思想。

8 月 30 日，中共中央向第五届全国人大第三次会议主席团提出关于修改宪法和成立宪法修改委员会的建议。

这个“建议”是我起草的。

“建议”中说，1978 年第五届全国人大第一次会议通过的宪法，由于当时历史条件的限制和从那时以来情况的巨大变化，许多地方已经很不适应当前政治经济生活和人民对于建设现代化的需要。因此需要对宪法作比较系统的修改。

9 月 10 日，第五届全国人大第三次会议通过决议，同意中共中央的建议和提出的宪法修改委员会名单。

宪法修改委员会由叶剑英任主任委员，宋庆龄、彭真任副主任委员，103 名委员中有中共中央政治局、书记处的全体成员，副总理、副委员长、政协副主席和各民主党派和人民团体的负责人，无党派代表人士等。

9 月 15 日，宪法修改委员会召开第一次会议。会议决定设立秘书处，负责宪法修改的具体工作。胡乔木任秘书长，副秘书长有吴冷西、胡绳、张友渔、甘祠森、叶笃义、邢亦民和我，还请了钱端升为顾问，王力、吕叔湘为语文顾问。当时胡乔木主要精力放在起草党的若干历史问题决议上，宪法修改委员会秘书处的具体工作主要是胡绳抓，张友渔和我协助。

秘书处的工作人员集中在后库人大招待所办公，王叔文、肖蔚云、许崇德等宪法学家参加修宪工作。

“历时一年半提出宪法修改稿的草稿”

这次修宪历时两年零三个月，大体可以分为三个阶段：第一阶段是提出修改草案；第二阶段是全民讨论；第三阶段是全国人民代表大会审议。

第一阶段时间比较长，历时一年半。1980 年 9 月 17 日，秘书处召开第一次会议，即日起开始工作。首先是广泛征求各方面的意见，我们把 1954 年《宪法》和 1978 年《宪法》发给各部门、各地方、各界人士和一些法律专家，请他们对这两部宪法哪些要留、哪些要删、哪些要改、哪些要加提出意见。然后分别邀请各方面人士，尤其是法律专家，召开座谈会，听取意见。从 1980 年 9 月到 1981 年 6 月，秘书处先后请了北京和京外的一些专家、学者和有关部门的负责人，举行了 13 次座谈会。在此基础上，秘书处进行研究和讨论，开始起草。

1981 年 6 月，因胡乔木身体不好，需要休养，小平同志要彭真同志主持修改宪法的工作。

7 月，彭真在北戴河把我们几个找去，具体研究怎么修改宪法的问题。当时小平同志要我跟他到新疆去。彭真说，别的我不管，你去之前要交出个稿子来。

我就和项淳一、顾昂然用了两天时间，以 1954 年《宪法》为基础，参照 1978 年《宪法》和一年来广泛征求整理的意见，勉强整理出一个很不成熟的修改稿的草稿，算是交了卷。

1981 年“十一”之后，起草班子集中到玉泉山，日夜伏案起草宪法。每起草一章或一节，就送彭真审阅修改。他有时改，有时不改，经常把胡绳和我找去，谈他的一些意见。

经过两个月的紧张工作，起草出宪法修改草案初稿，报送中央书记处审议，中央政治局和书记处讨论后，秘书处又作了修改，然后以秘书处的名义作为讨论稿向宪法修改委员会提出来。

宪法修改委员会先后3次会议对讨论稿逐章逐条讨论，提出修改意见，秘书处又作了修改，随后，宪法修改委员会通过了宪法修改草案和提交全国人大常委会的《关于提请公布〈中华人民共和国宪法修改草案〉交付全国各族人民讨论的建议》。

“彭真同志亲自执笔起草了宪法序言”

修宪中遇到的重大问题，首先是以1954年《宪法》为基础还是以1978年《宪法》为基础。

在通常情况下，修改宪法应以前一部宪法，即1978年《宪法》为基础。但是1978年《宪法》没有完全摆脱“文化大革命”的影响，难以作为修改的基础。而且这部宪法比较粗，只有60条，许多宪法应该作出规定的没有作出规定。当时研究了1954年《宪法》，感到这部宪法虽然有的条文已经过时，但它所规定的基本原则是比较适宜的。而且这部宪法有106条，是比较完善的。

彭真同志考虑还是以1954年《宪法》为基础，他请示小平同志，小平同志赞成这个意见。

修宪中遇到的重大问题，还有四项基本原则怎样写入宪法？当时有两个方案：一个是写入条文；一个是写入序言，小平同志在同胡乔木谈话时强调：宪法序言里要提马列主义、毛泽东思想，条文里不提。

彭真同志经过反复考虑提出，把四项基本原则写入序言，从叙述20世纪中国历史发展的事实来表明坚持四项基本原则比较顺理成章。他还亲自执笔起草了宪法序言。

这次修宪，涉及国家体制方面的许多重大问题。有些问题争议很大，如要不要搞两院制？当时有些政协委员主张搞两院制。

小平同志明确指出，我们还是搞一院制，就是人民代表大会一院制，全国人民代表大会是最高国家权力机关。这样国家机构的运作就比较顺当。

还有，要不要设国家主席，也是争论较大的问题。小平同志主张恢复设立国家主席职位，认为这样对国家有利。同时，他又提出国家主席的职权要规定得“虚”一点，不要管具体事，不做具体决定，不要干涉政府的行政事务。

再有，有人提出取消人民检察院，由司法部行使检察职能，小平同志表示，检察院仍维持现状，不与司法部合并。

为了解决台湾与大陆统一和香港、澳门回归祖国问题，小平同志创造性地提出了“一国两制”的伟大构想，作为解决港澳台问题的总方针。

修宪中，胡乔木提出宪法要对这个问题作出相应的规定，当时中英关于香港问题谈判刚开始，中葡关于澳门问题的谈判还没有开始，所以彭真同志在关于修改宪法草案的报告中只能提台湾，没有提香港、澳门，但是又说了“这是我们处理这类问题的基本立场”。这就明显地把香港、澳门包括在内了。

实践表明，宪法中规定“一国两制”的基本原则，对于香港、澳门的顺利回归，维护香港、澳门的长期稳定、繁荣和发展具有非常重要的意义。

“我请示胡耀邦首次公布了宪法表决的真实票数”

修宪的第二阶段，是全民讨论4个月。

1982年4月22日，第五届全国人大常委会第二十三次会议召开。彭真作了关于宪法修改草案的说明。经过两天讨论，大家一致同意宪法修改委员会的建议，决定公布宪法修改草案，交付全民讨论。从5月到8月，全国各族人民进行讨论。讨论中提出的意见，汇编成5册，送给了宪法修改委会各位委员。

秘书处根据全民讨论的意见，对宪法修改草案进行了修改。

11月23日，宪法修改委员会决定将草案和关于修改宪法草案的报告提交第五届全国人大第五次会议审议。至此，宪法修改委员会完成了自己的任务。它先后召开了五次会议，前后共25天，有三次会议都是对修改宪法草案逐章逐条讨论修改的。

修宪的第三阶段，是全国人大审议通过。

11月26日，第五届全国人大第五次会议开始举行。

彭真代表宪法修改委员会，作关于宪法修改草案的报告。这次会议在主席团领导下，成立了一个宪法工作小组，胡绳任组长，我任副组长，成员有张友渔、项淳一、龚育之，负责修宪的具体工作。各代表组在讨论中总的说对宪法修改草案是满意的，但也提出了不少修改和补充意见。宪法工作小组认真研究了这些意见，又对草案作了近30处修改。

12月4日，举行大会，表决了宪法修改草案。表决结果，到会代表3040名，赞成票3037张，弃权票3张。

会上有人提出要把表决结果公布，我们向彭真汇报，彭真表示同意，要我再请示胡耀邦同志。我到118厅请示耀邦“可不可以公布表决票数？”他说：“我看可以公布。”

就这样，全国人大会议第一次向社会公布了通过法律的票数。

“现行宪法是十一届三中全会路线方针政策的法律化”

现行《宪法》是党的十一届三中全会路线、方针和政策的定型化、法律化，在当时条件下,宪法虽然对党的基本路线没有像后来那样完整的、集中的表述,但党的“一个中心、两个基本点”的基本路线的基本内容都在宪法中得到了体现。这正是新宪法的核心内容和精髓所在。

《宪法》序言中明确规定:“今后国家的根本任务是集中力量进行社会主义现代化建设。”

“中国各族人民将继续在中国共产党领导下,在马克思列宁主义、毛泽东思想指引下,坚持人民民主专政,坚持社会主义道路。”

《宪法》还规定要“不断完善社会主义的各项制度”,逐步进行经济体制改革。宪法针对过去那种过分强调集中、片面依靠行政指令的僵化的经济体制带来的束缚生产力发展的种种弊端,在经济体制改革方面作出了一系列原则规定。

这些规定对农村实行家庭联产承包制、企业实行自主经营,政企分开等各项改革确定了原则,也为进一步改革留下了空间。正如彭真在修改宪法报告中指出:“当前我国正在进行经济体制的改革,并取得了很大的成绩,今后还要全面深入地进行,草案有关规定为这种改革确定了原则。”

关于对外开放,《宪法》中明确规定允许外国的企业和其他经济组织或者个人在中国投资,同中国的企业或其他经济组织进行各种形式经济合作,并规定他们的合法权益受我国法律的保护。这在当时社会主义国家的宪法中是很少见的。它表明对外开放是我国长期实行的基本国策,不是一个时期的权益的措施。

上述规定表述了党的“一个中心,两个基本点”的基本路线的具体规定,虽然表述还不够完善。

关于国家的政治体制改革,宪法也作出了一系列重要规定:诸如扩大全国人大常委会职权;改革和完善国家的立法体制;扩大地方人大常委会的权力,赋予省级人大及其常委会制定地方性法规的权力;恢复设立国家主席职位,国务院实行总理负责制,设立中央军事委员会;废除领导职务终身制;设立审计署;发展基层民主,实行村民自治;等等。

《宪法》还总结历史的经验,特别是“文化大革命”的教训,对发展社会主义民主、健全社会主义法制作出了一系列重要规定,确定了法制的统一和权威。

这些规定,是我国社会主义法制建设的一个重大突破,也是防止“文化大革命”悲剧重演的重要保证。

“党委要抓宪法和法律的实施并且带头遵守宪法”

新宪法公布后,各级党委和人大作了大量工作,促进宪法的实施。

彭真同志在委员长会议上说,如何对待违宪的问题,已经紧迫地提到我们议事日程上来了。对发现的违宪的事,该提醒的提醒,该斗争的还得斗争,不能不管。他还说,我是委员长,如果办事违反宪法,我就辞职;如果你们违反宪法也得辞职。

党的十一届三中全会以后,党中央一再提出:党领导人民制定法和法律,党也领导人民遵守和执行宪法和法律,并且党自身也必须在宪法和法律范围内活动。

《宪法》规定:“本宪法以法律的形式确认了中国各族人民奋斗的成果,规定了国家的根本制度和根本任务,是国家的根本法,具有最高的法律效力。全国各族人民、一切国家机关和武装力量、各政党和各社会团体、各企业事业组织,都必须以宪法为根本的活动准则,并且负有维护宪法尊严、保证宪法实施的职责。”

这一原则的确定,对于正确地认识执政党与国家的关系、执政党与宪法的关系,加强和改善党对国家的领导,建设社会主义民主政治,有着重要的现实意义和深远的历史意义。

现在的关键是要抓落实。

我任副委员长时,有材料反映,北京一个区的法院在审理一起经济纠纷案件时,判决一家企业要对胜诉方进行赔偿,可区委却作出决定,不允许赔偿。

当时我提出,区委有什么权力做这样的决定?现在我也听到一些人反映,有法不依、执法不严、违法不究的现象在一些地方还比较严重。解决这个问题的关键是党委要抓宪法和法律的实施。怎么抓?我想有一条可以考虑,今后党委在处理和决定重大问题时,首先要了解三个问题:

一是了解这个问题宪法和法律有什么规定;二是了解宪法和法律的规定应该怎么办;三是了解党委的决定是否有不符合宪法和法律规定的地方。

1982年到现在,现行《宪法》已实施了26年,26年的实践证明,我国《宪法》是一部符合国情的好宪法,在国家经济、政治、文化和社会生活中发挥了其重要的作用。宪法保障了我国的改革开放和社会主义现代化建设,促进了我国的社会主义民主建设,推动了我国的社会主义法制建设,促进了我国人权事业和各项社会事业的发展。

26年来,每一位公民都沐浴了宪法的光辉。

这26年的经验告诉我们,只要认真贯彻实施宪法,坚持和完善宪法确立的各方面的制度和体制,就能保证改革开放和社会主义现代化建设不断向前发展,保证最广大人民的根本利益不断得到实现,保证国家安全和社会稳定,实现长治久安。

(2008.11.19)

点　评　1982年制定的现行宪法,是十一届三中全会路线方针政策的定型化、法律化。本报记者约请改革开放后中国立法工作的重要领导人王汉斌同志,向读者介绍当年现行宪法的制定过程。回顾这段历史,展示了中国在现行宪法基本原则的沐浴下所发生的巨大变化。

地质报告有误招标组织不严
内河疏浚工程工期一拖再拖

福州“为民办实事”工程花了巨资没办实

郭宏鹏

福建省福州市去年“为民办实事”10 件大事之一光明港清淤疏浚工程,原定今年上半年竣工验收,现在已进入 11 月下旬,记者在施工现场看到吸沙船仍游弋在河面上紧张忙碌地作业,没有完工的迹象。下门洲本来是闽江湿地保护区,现在却成了废渣堆场,没有经过消毒处理的垃圾散发着臭气,污染周围环境。

百姓热盼改造福州“龙须沟”

福州市民一提起光明港,都会掩鼻摇头叹息。河面垃圾漂浮,水质发黑,散发出恶臭,居住在沿岸的居民苦不堪言。由于淤塞严重,河床逐年抬高,导致水流缓慢,排涝不畅。每逢台风刮过,被暴雨洗礼的福州城五四北路、二环路等主干道成了“河道”,不少居民区成了“泽国”。

为了尽快解决逢台风必涝、逢暴雨必涝问题,提高防洪排涝能力,福州市政府下决心斥巨资对光明港进行清淤疏浚,争取在 2008 年汛期来临之前取得成效,市政府将光明港防洪排涝疏浚应急工程项目列入 2007 年“为民办实事”10 件大事之一,市民对光明港告别黑臭现象充满期待。

施工过程一波三折进展缓慢

去年 10 月 17 日,福州市内河管理处委托福建科信工程造价咨询有限公司组织公开招标。据了解,光明港疏浚工程的施工合同工期 200 天,须赶在台风来临之前的 6 月 30 日竣工。11 月 14 日,湖北长江清淤疏浚工程有限公司中标,标价为 7202 万元。

光明港防洪排涝疏浚应急工程项目是公开招标,招标文件上了市政府招标网。记者查阅该招标文件获悉,此次招标采取资格后审方式,要求中标单位具备一系列施工设备和条件,提供资料不齐全的或设备未按时到达的,作废标处理。

湖北长江公司是国内较大的清淤疏浚专业公司,中标后很快调来两艘自己公司的挖泥船“江河 028”号和“江河 030”号。可是没有想到的事情发生了,光明港水深

2.1 米，落潮时只有 0.5 米，而“江河”挖泥船的吃水深度是 2.5 米，因船太大、吃水太深进不了光明港。

长江公司只好急忙在福州临时租赁小型吸沙船，找船就耽误了时间，没有能做到规定的 10 天内进场。内河管理处只考虑了作业能力而忽视了作业条件，自身有一定责任，因此并没有取消长江公司的中标资格，只对其作出罚款 10 万元处理。记者在电话中问福州市光明港防洪排涝疏浚应急工程施工的监理单位福州成建工程监理有限公司总监徐毅婷：“湖北长江清淤疏浚工程有限公司的施工设备是否符合招标条件？”徐毅婷再三表明是个人意见后回答：“不符合。”

记者还了解到，为了避免路面遗洒，内河管理处要求将泥沙通过全封闭式管道输送到位于闽江下门洲的弃渣堆场。这时问题又出来了，因为移民补偿问题，城门镇梁厝村、下洋村不办移交，经多次协商，3 月 13 日才交付施工单位使用，4 月 16 日才完成堆场砌坝建设和疏浚管线的铺设工作。徐毅婷在电话中告诉记者，工程之所以延期，与弃泥场安排滞后有一定关系。

接下来就要进行水下疏浚了。招标文件上“工程地质报告”一栏显示“光明港内系人工积杂填土、淤泥、中细沙、粉质粘土等”，而吸沙船吸挖出来的尽是生活垃圾和建筑垃圾，有麻袋、旧衣服、酒瓶、烂沙发、砖头、死猫死狗等。经询问，这份地质报告是福建省水利水电勘测设计院 2005 年作出的，时隔两年多，实际情况与地质报告内容相差太大。小型吸沙船经常作业 5 分钟，设备就弄坏了，工人只好用手把绞刀头上缠的塑料布扯下来，一天下来，修设备的时间比作业时间还要长。

记者注意到，现场施工进度缓慢，清理的大量生活垃圾和建筑垃圾，不是用垃圾车运输，而是用几公里长的管道通过高压泵的力量运送木头、砖块、烂衣服。这样的场景在当地已被传为笑话。

有关部门面对责难讳莫如深

7 月 30 日，台风“凤凰”袭击福州，部分城区积水一米多。有市民责难光明港疏浚工程拖延竣工，没有起到增大水位差和段面流速作用，一定程度上影响了市区泄洪排涝。9 月 3 日，由于租赁来的吸沙船驾驶员操作技术不过关，竟撞断了鼓山镇远东村一石拱桥的支架，造成桥体受损。

记者拟了一个采访提纲请内河管理处和城市管理执法局回答相关问题，但他们拒绝接受采访。有业内人士指出，光明港内的淤积物有二三米，现在长江公司仅清理 0.9 米，清掉的只是上面的垃圾，下面厚厚的淤泥基本未动，仍然不能使水流达到“畅通”，对防洪排涝作用不大。市政府 7000 多万元的投资，加上弃渣场 500 亩地的补偿费，在福州应算得上是一个大项目了，但无论从前期论证、勘测设计，还是组织招投标、施工作业等，总感觉有关方面工作没有做细做实。记者不禁要问：这浪费的是谁的钱？如果是他们家自己的事会办成这个样子吗？好在今年老天保佑，不像往年强台风几次光顾，否则后果不堪设想，所谓的“民心工程”并不能让老百姓真正放心、舒心！

（2008.11.28）

点　评

投资7000多万元的光明港防洪排涝疏浚应急工程项目是当年福州市“为民办实事”10件大事之一。光明港被称为福州的“龙须沟”，淤塞厉害，每逢台风，排涝不畅，市民对光明港告别黑臭水充满期待。然而，工程实施后情况却变得更糟，中标企业施工不符合招标条件，招标文件上列明的勘测论证情况与实际情况不符，造成工程施工不力，群众怨声载道。

记者经过深入调查，顺藤摸瓜，抽丝剥茧，一个个问题浮出水面。文章见报后，引起纪检、检察机关重视，查出一起贿赂窝案，时任福州市城管局长、内河管理处长被判刑。

网民参与调查"躲猫猫"事件引热议

创意受到肯定　调查遭遇障碍　合法性受到质疑

王晓斌　储皖中

1月30日,24岁的云南省玉溪市北城镇男子李荞明因盗伐林木被刑拘,拘押在晋宁县公安局看守所,2月8日下午受伤住院,4天后在医院死亡,死因是"重度颅脑损伤"。晋宁县公安机关12日给出的解释是:当天李荞明受伤,是由于其与同监室的狱友在看守所天井里玩"躲猫猫"游戏时,遭到狱友踢打并不小心撞到墙壁导致。

对于李荞明因玩"躲猫猫"致死的说法,不仅其家人不能认同,在网上看到这则新闻的网友,绝大多数也表示出强烈的质疑。在一门户网站上,该新闻有3.5万多条,其中多数都在谈论"躲猫猫"说法的合理性。

一时间,"躲猫猫"成为最热门的网络流行语,谷歌热词榜"上升最快的关键词"栏中,它已位列第一,并且搜索量呈持续上升趋势。此事件同时被网民称为"躲猫猫"事件。

2月19日下午3时,云南官方网站刊登了一份由云南省委宣传部发布的《参与调查"躲猫猫"舆论事件真相的公告》,公告称:为满足社会公众的知情权,云南省委宣传部将会同相关部门组成调查委员会,于2月20日上午前往昆明市晋宁县具体事发地,对"躲猫猫"事件真相进行调查。现面向社会征集网民和社会各界人士代表4名,作为调查委员会成员参与调查。

来自社会各界的报名异常踊跃,从下午2点到8点6个小时的时间里,共有500多人通过电话和网络进行了报名。云南省委宣传部从报名人员中随机进行了选择,组成了"躲猫猫"事件调查委员会,调查人员包括4名政法界人士、3名媒体记者代表和8名网友代表。同时,宣布网友调查会不断在网上进行实时播报,报道事情进展。

对于此次公开征集网民参与调查,有关负责人表示,这在云南乃至全国都是从来没有过的,以后对于涉及云南省形象以及政府有关的新闻事件,如果需要的话,依然会考虑采用这种公开、透明的方式。对调查结果不审阅、不干预。

20日,调查委员会一行15人进入晋宁县看守所,开展了为期一天的"调查",随后,他们在网络与媒体上公布了一个调查报告。

报告承认,此次调查虽然受到了当地公检法部门的高度重视,并也尽了最大努力配合,但限于法律规定对普通公民设置的一些程序上的限制,没能看到事发当时的监控录像资料,也没能见到当天和李荞明关在同一个监室里的其他嫌疑人,调查过程并没有解决他们对李荞明死因的疑问。所有的人在心里都感受到了一份尴尬:无论是网友,还是网友调查委员会,都不可能做到"探寻真相"。最后真正能揭露真相的,只可能是拥有法律资源的执法司法部门。

调查结果公布后,网民们有的表示失望,有的表示理解,也有的表示肯定。失望者认为,这是当地有关部门的一场作秀,并没有把真相向社会公布的诚意,这又是一次“雷声大、雨点小”的新闻炒作;理解者认为,这样的结果在意料之中,法律有规定,公民不能凌驾于法律之上;肯定者认为,这是一次对司法公开的有益尝试:一向神秘的看守所大门向公众打开了,当地政法部门也接受了调查组的质询,提供了一些资料,解答了公众的一些疑惑,部分满足了社会大众的知情权、参与权、监督权的需要。

对于这次调查,晋宁县公安局副局长闫国栋表示,非常赞成这类有组织、有秩序的调查方式,这对换一种途径公布事件真相是一种有益的尝试。李荞明的死亡是晋宁看守所第一次出现在押人员非正常死亡事件,表明了监所的工作存在不到位的地方,作为监所负责人,他应该接受上级部门的问责。调查组的到来,虽然警方面临很大的压力,但仍会尽一切努力满足调查组的合法要求。由于看守所不同于监狱,监狱内关押的是服刑犯人,可以允许他们接见亲属。而看守所在押的都是未决(注:没有经过法院审理判决)的嫌疑人,刑事诉讼法对于他们的管理有许多保密的规定,除非是人大、政协或公、检、法部门的人员,以及嫌疑人的委托代理律师,普通公民是无权提审在押人员,或者调看相关案件卷宗的。涉及秘密的内容要依法按照程序进行,调查工作不能凌驾于法律之上。

相对于网民的热情踊跃,云南的法律界表现得很审慎、冷静、理性。由于此次活动是由云南省委宣传部组织的,许多法律专业人士不愿公开表达意见,但云南大学法学院一位法学教授在要求不公开姓名的情况下还是接受了记者的采访。他认为,对于一般的公共事件,包括公民、社会组织、新闻媒体都有权进行调查、了解,但对于一些特殊事件,例如,恐怖事件、特大危害公共安全事件、司法案件,就必须由国家授权的专业人士进行调查。晋宁县看守所嫌疑人意外死亡事件,严格来说是一个司法案件,经由网民与媒体的关注,才成为一个公共事件。事发地点在看守所,不是普通的公共场所,死者是犯罪嫌疑人,不是普通公民,死亡原因也并非疾病,而是“颅脑受伤”,其原因有待查明,这些都需要由司法机关授权的专业人士进行调查。所谓专业人士指的是法医、刑侦专家、律师、检察官。调查结果首先是向死者家属公开,他们是直接受害人,与他们有直接利害关系,其次才是面向社会公众。对家属提出的质疑,调查人员有责任有义务进行解释,如果对结论不满意,可以让当地司法部门实行回避,另行组成立场相对独立、超脱的专业人士进行调查。公众对公共事件,包括司法案件的调查结果,有权提出质疑、质询,进行舆论监督,但质询不能代替调查,监督不等于直接介入、干预,由民间人士组成调查组对发生在看守所的一位犯罪嫌疑人的死亡真相进行调查,在法律上没有依据,其合法性值得怀疑。对于司法案件,如果任何公民和组织都可以自行调查,就会动摇司法机关的公信力,动摇法律的权威性,这是不可以提倡的,也是一个法治国家所不能允许的。　(2009.2.23)

点 评

在全国关注的云南“躲猫猫”事件中，开始云南省晋宁县公安局给出的结论是：李荞明在“躲猫猫”的游戏中，遭“室友”普某某拳打脚踢后撞到门框受伤，后不治身亡，死于意外，看守所并无过错，管教民警更没有任何施虐、渎职行为。这一事件经媒体报道后，在网络上迅速“发酵”，众多网民纷纷质疑，认为离奇。云南省委宣传部组织事件真相调查委员会，并公开面向社会邀请网友和社会人士参与调查，在 15 人组成的委员会中，有 8 人是网民和社会人士，其中主任和副主任均由网民担任。

云南省相关部门的这一做法，开邀请网民参与重大敏感问题官方调查之先河，体现了执政者对网络舆论的重视与尊重，堪称官民互动的典范之一。文章准确、生动记录了这一过程。在“躲猫猫”事件调查结论公布之后，云南省公安机关对相关责任人进行了处理，3 人被撤职，1 名民警被辞退。

千万罕见疾病患者呼唤中国“孤儿药品”法案出台

韦文洁

春节假期后的第一个星期六(2月7日),一封给温总理及卫生部部长陈竺等5位领导的挂号信从安徽寄出。

这是一封长达9页,有500多人联合签名的求助信。信的起草者,是一种罕见疾病法布雷病(Fabry)患者的父母:安徽的张增江、河北的曾晓萍、山西的蒋义和辽宁的李华东。

3月25日,在刚赶走连月阴雨的合肥,安徽大学教授孙兆奇在自己的办公室里再一次见到了他32岁的“老朋友”张亚非。

“全国人大常委会法工委对我们30名全国人大代表,在‘两会’期间提出的《罕见疾病防治法》议案已经立案。”孙教授告诉他。作为一名全国人大代表,4年来,孙兆奇通过8个建议和一个议案,终于取得了这样一个重大进展。

张亚非就是给总理写信的张增江的儿子,今年32岁的他正忍受着法布雷病的折磨。

意外发现罕见“怪病”

3月24日晚饭后,在父母的陪伴下,张亚非开始在小区里散步,并和《法制日报·周末》记者聊起了他26年的“怪病史”。

1977年8月1日,张亚非出生了。可是,父母很快发现,一连串痛苦的症状开始在他身上出现。当他4岁时,家人发现,再热的天他也不出汗,一到夏天只能趴在水泥地板上才好受些。

从10岁开始,张亚非全身关节几乎天天出现剧烈的烧灼样疼痛,普通的止痛片对他已没有作用。那时,他经常是放学后一进家门,就一头倒在床上,抱着枕头抽搐和呻吟。

这种疼痛,几个小时后才能缓解。紧接着,从手掌开始,张亚非全身各处出现了密密麻麻的,像钢针扎过一样的红色斑点,而且出现视力模糊、听力下降的症状。

为了寻找病因,焦急的父母带着他跑遍了省城所有的大医院。有的医生说是风湿,可各项检查指标都正常。

张亚非几乎用尽了所有办法。除了中西医,他还尝试刺血疗法——把打毛线衣那么粗的钢针扎到肉里,让血流出来;吃广告上的保健品,请风水先生看住房等都试过。

在数不清的检查、化验后，医生还是无法确认他患的是什么病。有的就说这是癫痫病，还有的说是一种心理疾病，是一种癔症，说这个孩子可能有心理疾病，经常偷懒、不爱上学读书，所以就编造这样一个谎言骗家长。

医生的质疑和猜测，使饱受病痛折磨的张亚非承受着巨大的压力和煎熬。1995年，他以优异的成绩考取了南京农业大学。2002 年，年仅 25 岁，工作才 3 年的张亚非，就被任命为安徽省最年轻的县级邮政局副局长。

美好的生活开始召唤这位饱受病痛折磨的年轻人，而就在这个时候，噩梦般的病魔又再次向他袭来。疼痛蔓延到了全身，他开始出现蛋白尿，医生按一般肾病治疗，可症状却愈来愈重，无法控制。

2005 年 8 月 25 日晚上 8 点半，这是令张亚非终生难忘的特殊时刻。当晚他从中央电视台十套播放的《酶之痛》节目中，看到这个片子中的主角，通过北京协和医院的检查发现，由于缺少阿尔法半乳糖苷酶 A（α－GalA），使鞘糖脂（GL－3）堆积在全身各器官内，尤其是神经系统、肾脏、心脏、眼睛和皮肤，从而发生病变。童年时便出现肢端疼痛、皮肤血管角质瘤、肾脏损伤甚至肾衰竭、排汗功能减少、心脏疾病、角膜混浊以及脑血管等多种症状。

通过协和医院确诊，这位病人患的是法布雷病。

一个月后，张亚非来到了北京协和医院，度过了紧张的一天。上午他在医院抽了满满一管血做血酶测定，下午抽取了下肢约 4 厘米长的一段神经，做神经细胞培养。

通过酶血和基因检测，两周后，报告单陆续寄回了合肥，张亚非的“阿法半乳糖苷酶 A”活性不及正常人的 1%，“法布雷病”的帽子果然无情地扣在了他的头上。医生说，这种病的患病率只有二十万分之一。法布雷病若不及时治疗，成年后，肾脏、心血管及脑血管逐渐病变，患者会在 40～50 岁死亡。

“孤儿病”没有“孤儿药”

经过 20 多年无数次的诊断，现在终于有了准确的结果，张亚非心里充满了一种无名的兴奋和激动。

在北京协和医院检查时，医生孟岩告诉他，治疗法布雷病的特效药两年前在美国已经注册了，现在广泛用于全球 30 多个国家和地区，用上这个药，就可以补充他身上缺少的酶，过上同健康人一样充满阳光的生活。

然而不幸的是，从北京回到合肥才二三个月，因代谢产物无法排出，体内大量废物淤积在各种腔道内，张亚非的肾脏萎缩，肾功能降到只有正常人的 15%，肌酐高达 800 单位以上，出现了尿毒症，必须立即进行血液透析，并准备肾移植。

第一次血透需做颈部插管，手术床上的他颈部上了麻药，但仍能清楚地听到血管被划开后鲜血一滴滴涌出的“吧嗒”声。对于他，生与死似乎已是冥冥中的安排，只能承受。

2006 年 3 月 23 日,29 岁的张亚非不得不从合肥赶到上海瑞金医院,接受肾移植手术。但专家告诉他:“肾移植只是暂时缓解病症,无法根治。”

由于抵抗力太差,他先后经历了 7 次感染。最厉害的一次巨细胞病毒感染,他高烧一个月不退,肝肾功能同时出现异常,移植手术面临失败的危险,45 天后他才走出险境。手术虽然成功了,可也只是暂时挽回生命,法布雷病造成的一系列全身症状仍在不断地加重。医生无奈地告诉他,如果再用不上对症药品 Fabrazyme,不可逆转的累积性损害会越来越严重,他的生命将再次面临巨大的危险。

能够根治法布雷病的药品——Fabrazyme,2003 年就由美国一家公司研制成功,并用于全球 30 多个国家和地区。可是,因为它尚未在中国大陆进行药品注册,更无法进入医保,中国的法布雷病患者如果要用就只能自费。由于患者稀少,药物的成本很大、价格很高,在国外这类罕见病药品被称为“孤儿药”,由国家给予倾斜政策保障研制、生产和政府报销。

因国内无药可治,上海瑞金医院专门研究法布雷病的陈佳韵博士,曾帮助张亚非联系去香港特别行政区治疗,但最终搁浅。原因是即使在香港顺利得到药物治疗,每年 15 万 ~20 万美元,且须终身使用的昂贵治疗费用,也非普通患者能支付得起的。

张亚非再次陷入治疗费用的困境

2006 年年底,张亚非回到了合肥,至今一直在使用抗排异药物,但剂量在慢慢减少。由于没有有效药物治疗,法布雷病仍在继续发展。《法制日报 · 周末》记者在采访时看到,张亚非的手上、胳膊上满是一粒粒密密麻麻的红点,医生说这是代谢产物在血管沉积的产物,叫“皮肤角质瘤”。其他脏器的代谢废物淤积也在继续,导致张亚非左心室肥大,常常伴有心慌心痛;肺部通气功能中度堵塞,经常胸闷气喘;脑缺血引起的头晕、头痛、失语等也在逐渐加重;有时眼睛突然看不清东西,严重的耳鸣甚至使他无法听清电话。

而仅仅在上海瑞金医院换肾,张亚非已用去 30 万元药费,其中的 22 万元,来自安徽省邮政系统职工的捐款。而当初为了筹集手术费,家里还以 15 万元的价格,贱卖了一套正在按揭付款的新房。后来因为得到安徽省人大常委会朱维芳副主任的关注,作为特例,在政策允许的范围之外,对他涉及异地治疗的近两万元门诊检查费用,由黄岳忠副省长亲自批示,给予了报销。

张亚非罕见的疾病得不到有效的治疗,一家的经济也陷入了困境。

万般无奈之下,张亚非的父亲张增江、河北的曾晓萍、山西的蒋义和辽宁的李华东这 4 个法布雷病的患者父母,给温总理寄去了那封求助信。

在信里,他们写道:“敬爱的温总理:为了挽救我们忍受病痛折磨的孩子的生命,我们恳求您以中华人民共和国总理的名义关注此事。我们的孩子患有的是罕见的遗传性疾病法布雷,此病罕见但并非绝症。现在治疗此病的特效药——阿尔法半乳糖苷酶制剂已经正式向中国药监局申报,但我国药品申报审批程序异常繁琐,需要3年甚至更长时间,而孩子们的病情已经不容再耽误了。迫切恳请您督促药监局等相关部门,按照新颁布的《药品注册管理办法》中明确的'罕见病药品注册适用特殊审批程序',特药特办,开辟一条救治生命的绿色通道,我们双眼已望'药'欲穿。一个15岁的男孩躺在病床上从电视里看到您对在地震中失去父母的女孩说:'孩子别哭了,这是一场灾难,既然活下来了,就要好好活着'时,禁不住扑在母亲怀时里说,'妈妈,咱们一定要想办法让温爷爷知道我们得的这个病,我不想这么痛苦地活着了……'"

张亚非没有想到,正当他们这些患了"孤儿病"却没有"孤儿药"的父母,忙着上书总理时,在同一个城市,已经早就有一个人想到了他,想到了他所患的这种罕见的疾病,想到被数千种罕见疾病所困扰的这个庞大群体的上千万患者,并连续4年,将8个建议和一个议案,直送国家最高权力机关。

为罕见病患者四度谏言

这个人就是第十届、第十一届全国人大代表、安徽大学教授孙兆奇。

2006年年初,孙兆奇偶然从化学学院党委书记那里知道张亚非的病情后,立刻与张亚非取得了联系,还专门请他介绍罕见病方面的情况,并为此展开了长达4年的深入调研,连续向国家最高权力机关谏言献策。

通过调研,一组庞大的数字让孙教授惊讶不已。根据WHO(世界卫生组织)的定义,患病人数占总人口数比例在0.65‰~1‰之间的疾病即为罕见疾病。据此定义,全球已经确认的罕见病约5000~6000种,约占人类疾病总数的10%。按此比例,我国各类罕见病,如成骨不全症、血友病、法布雷病、戈谢氏症等患者,总数达千万之多。

可迄今为止,国家相关部门还未对中国的"罕见病"加以定义。在各类疾病患者中,最受"看病难、看病贵"问题困扰的,当属罕见病患者。

在一些发达国家和地区,在产前预防、产后救济、药物生产、医疗保障等环节都有着较为系统的规定,从法律和制度层面为罕见病患者提供了有力保障。

美国1983年便通过了《孤儿药品法案》。规定任何商业保险公司不能拒绝罕见病患者的投保,罕见病患者只需每年比一般人多支付1000美元的保费,就可以使用任何药物,所有费用由保险公司承担。立法还规定,媒体宣传罕见病知识及患者,不得收取广告费用。

据统计,通过法律给予政策倾斜,截至2006年7月,共有1129种罕见病药物获得美国罕见病药物开发办公室的批准。在欧洲,共有204种罕见病药物获得欧洲药审委的批准。

为此，自2006起，孙兆奇连续在全国人大会议期间，提出了8件关于罕见病的建议案，涉及罕见病的定义、罕见病的诊治、医疗费用支付机制、罕见病药品的研制生产等建议。在相关部门的关注下，使罕见病救助工作出现了一些好兆头：

劳动和社会保障部2006年在《对十届全国人大四次会议第4497号建议的答复》中提道：“……国家相关部门将尽快制定我国的罕见疾病定义、范围及诊疗规范等标准。”

2007年10月1日开始实施的新《药品注册管理办法》及随后起草的《药品注册特殊审批程序实施办法(试行)》(征求意见稿)中，对于罕见病药品的注册给予了特殊政策；据近日国家食品药品监督管理局有关工作人员透露，将联系有关专家和国务院法制办对中国的“罕见病”进行定义……

但从全局来看，孙教授发现，罕见病防治救助方面的工作，在我国仍进展缓慢，患者依然面临诸多困难：药品费用昂贵，无法报销。

今年2月16日，温家宝总理在天津火车站救助的白血病患儿李瑞，患的就是一种罕见病，其治疗药物格列威价格非常昂贵，患者无力承担。又如治疗罕见病戈谢氏症的药品思而赞虽已经过注册，但国家仍然未能让其进入医保给予报销，患者只能望“药”兴叹。

对罕见病药品的研发、引进、生产、销售等环节缺少政策支持，造成国内罕见病药品制药产业存在空白。

2009年1月8日《新药注册特殊审批管理规定》正式颁布实施，但是由于配套规定缺乏，造成罕见病药品注册仍然十分困难。

孙兆奇教授发现，我国的立法领域，在罕见病救治方面没有相应的法律法规。因此，要真正实现中央提出的“病有所医”的目标，尽快制定罕见疾病防治法，迫在眉睫。

“立法确实不能再拖了”

在今年的人民代表大会上，孙教授提交了两份建议和一件议案，内容全部关于罕见疾病。其中关于制定罕见疾病防治法的议案，就是由他和全国人大代表、安徽省人大常委会副主任朱维芳等30名全国人大代表反复研讨和沟通，共同起草联名提议的。

在这个议案里，孙兆奇教授建议，国家应尽早制定我国罕见病防治的专项法律法规。罕见疾病防治法的主要框架内容应包括：维护罕见疾病患者公平享受医疗的合法权益，向罕见病症患者提供必需、适用的药品，保障罕见疾病患者的生命权、健康权，国家设立罕见病预防和治疗工作委员会，负责落实罕见病预防和治疗政策，统筹指导、开展罕见病防治工作等。

同时,孙兆奇还认为,国务院应规定罕见病的具体定义、病种、临床诊断标准和诊疗规范。国家基本药品制度中应包括治疗罕见疾病的药物,国家医保药品目录中也应列入治疗罕见疾病的药品。

县级以上人民政府应当将罕见疾病列入疾病预防和治疗工作纳入国民经济和社会发展规划,所需经费列入财政预算,结合社会保障资金、医疗保障资金和慈善捐助款等,设立罕见疾病预防和治疗保障基金,建立稳定的经费保障机制等。孙教授也承认,立法是一个漫长的过程,需要时间。但对于救命的药品,希望国家在一些具体环节,尽可能简化,把罕见病用药尽快纳入医保目录。因为救治时间对患者来说,越早越好。

3 月 21 日下午 4 时,正在上班的张亚非,手机上突然收到了国家药监局冯先生的短信:“中心领导让我把 Fabrazyme 的审评进展情况向您和其他患者朋友通报一下。该品种已加快评审,目前专业评审的工作已完成,下周一会进行药学、药理、临床的整体评价。其他部门承担的样品复核检验工作在国家局领导的关注下,也在提前进行。我中心的工作会在本月 31 日前完成。请朋友们放心,我们记着大家。”

这个短信,让张亚非猜了又猜,这是给总理的信有了作用,还是孙教授他们的议案已经被重视?

但一当病痛袭来,身边无人时,他仍然会高喊:“我要用药,我要救命。”

“唉——”阵痛过后,疲惫不已的张亚非,就会长长地叹一口气,神情暗淡。

“罕见病立法确实不能再拖了。”每当看到这种现状,孙兆奇教授脑中就会出现台湾罕见病儿的母亲陈莉茵的一句话,“我们不可能照顾他一辈子,但是制度可以”。

（2009. 3. 26）

点　评　医药费负担是老百姓心中之痛,罕见病带来的沉重负担更是痛中之痛。文章关注这一群体的生存状况,让这个几乎被遗忘的角落引发社会关注,并推动立法保障他们的权益。

省信访局大楼迁来“行政复议处”

江西开启信访与行政复议“直通车”

黄　辉

今年5月25日,江西省信访局和省法制办联合下发《关于进一步做好化解行政争议工作的通知》,要求各级信访和政府法制机构以行政层级监督制度为基础,建立健全行政争议化解机制,将因行政争议引起的信访事项引入行政复议工作渠道。这一机制建立的背景情况,运行怎样?记者近日对此进行了一番探访。

复议期信访“民告官”转送按照复议程序办

“这种做法在全国尚属首次。”江西省政府法制办行政复议处处长龚河兴告诉记者,此举既可以发挥信访工作密切联系群众的制度优势,又可发挥行政复议解决行政争议的主渠道作用,减少重复访、集体访、越级访,减轻当事人诉累,避免发生群体性和突发性事件。

通知要求,当事人在行政复议法定期限内提出信访诉求的,信访部门应转送政府法制机构按照行政复议程序办理,其中包括:对行政机关作出的警告、罚款、没收违法所得、没收非法财物、责令停产停业、暂扣或者吊销许可证(执照)、行政拘留等行政处罚决定不服的;对行政机关作出的限制人身自由或查封、扣押、冻结财产等行政强制措施决定不服的;对行政机关作出的有关许可证、执照、资质证、资格证等证书变更、中止、撤销的决定不服的;对行政机关作出的关于确认土地、矿藏、水流、森林、山岭、草原、荒地、滩涂等自然资源的所有权或者使用权的决定不服的;认为行政机关侵犯合法的经营自主权的;认为行政机关违法集资、征收财物、摊派费用或违法要求履行其他义务等11种情形。

据了解,当事人因行政争议提出的信访诉求,属于行政复议受理范围内的,信访部门收到后7天之内必须送转同级政府法制部门,并告知信访人,而政府法制部门在收到转送材料后5个工作日内必须告知信访人。一般行政争议事项必须在60日内办结,案情重大复杂的,可再延长30日办结。

“对于超出行政复议期限的诉求,仍可按行政层级监督的原则进行处理。”龚河兴说。

破解“两张皮”难题减轻当事人的诉累

“行政复议一般是‘民不告,官不究’,老百姓遇到行政争议习惯走信访这条路子,容易造成信访局疲于应付而政府法制办却不知情的现象。”龚河兴告诉记者,此举有效解决了政府法制办和信访局长期以来在化解行政争议工作上的“两张皮”难题。

“比如,某乡镇村民对某省直机关的行政决定不服,不必千里迢迢跑到省城来,直接通过当地信访局就可转到同级法制办,并转送省法制办,由省法制办对某省直机关作出的决定进行合法性审查。”龚河兴介绍说,因为行政复议不用花钱,一般信访人都愿意转送法制办处理,“而且对信访人来说,只要能解决问题,哪个部门处理都一样”。

为了方便受理“民告官”信访投诉,江西省政府法制办行政复议处还专门从总部大楼搬了出来,迁至省信访局大楼办公。

定分止争角色超脱层级监督职责所然

日前,江西省广丰县横山镇龙潭村的韩南问、郑贤对等13位村民反映省国土资源厅颁发探矿权证侵犯其合法权益的信访件,经由省信访局送转省法制办受理后,在省国土资源厅的配合下,很快就依法得到了及时纠正和妥善解决。“按照以往的程序,像这类信访件一般直接转交国土资源部门自己处理。”江西省政府法制办行政复议处副处长邓文平告诉记者。

“通常情况下,被投诉的行政机关在受理信访件后,对原处理意见的维持率比较高,也容易造成信访人重复访、越级访的问题。”邓文平说。

“理由主要有三。”邓文平解释说,其一,行政复议是一种层级监督,其职责之一就是监督行政机关的具体行政行为,并依法纠正其错误;其二,法制办作为中立的第三方,角色较超脱,依法客观公正处理纠纷,与行政争议有关的双方当事人较容易接受;其三,因为法制办的介入,有过错的行政机关也可以趁势找个台阶下,有利于纠纷的化解。

据了解,为确保“民告官”信访件转入行政复议制度落到实处,通知还要求建立行政争议化解工作奖惩机制。

龚河兴认为,让“民告官”信访件搭上行政复议的“直通车”,是信访、复议工作的有机结合,既依法保证行政机关正常工作秩序、维护当事人的合法权益,也有助于把行政争议化解在基层、化解在行政程序中。江西省政府有关领导也表示,积极主动化解信访中的行政争议事项,可以实现信访工作和行政复议的联动双赢。

(2009.7.2)

点　评　如何解决上访群众的合理诉求,一直是一道难解之题。文章报道的江西搭建信访与行政复议“直通车”的做法是有益的尝试,有利于将群众引导到依法信访的轨道,发挥行政复议解决行政争议的主渠道作用,同时发挥行政监督的作用,让信访案事件处置主体不再“磨洋工”,及时有效地解决群众诉求。

追念新中国人民民主法制的先行者董必武

董良羽 董良翚忆父亲

阎 军 李 群

当60岁的人民共和国激越走来的时候，倾听社会主义民主法治的不息足音，我们的眼前浮现出一位慈祥、睿智的老人——董必武。

实现人民民主和法制，是自鸦片战争之后几代仁人志士的不懈追求，也是董必武投身革命以后为之奋斗的政治理想。

作为中国共产党创始人之一，董老为中国人民深深敬仰；为新中国民主法制建设先行拓荒，董老为中国人民深深缅怀。

正如原中央书记处书记、中央政法委员会书记、董老秘书任建新同志所指出的："董老无可争议地堪称我国人民民主法制的先行者、开拓者和奠基人。"

炎炎夏日，本报记者几经周折，分别访问了董老的儿子董良羽和女儿董良翚。

低调、真诚、博学、厚重，一代伟人的影子在他们身上可见一斑。忆及父亲，他们谈史实严谨周密，话法治矢志不渝；言至动情处，虽是几十年前的往事了，还是每每眼泛泪光。

"要建立方便人民的人民法律制度"

董必武几十年如一日，孜孜以求，鞠躬尽瘁，为建立新中国的法律制度作出了不可磨灭的巨大贡献。他在土地革命时期，就担任了中华苏维埃共和国最高法院院长，并一度代理工农检察委员会主席，主持中央革命根据地的司法工作；在第二次国共合作时期，董老利用国民参政会和其他场所，领导和推动各党、各派、各界人士，组织宪政促进会，进行大规模的争取民主、反对国民党独裁统治的宪政运动。

新中国成立前夕，根据形势发展的需要，党中央将晋察冀和晋冀鲁豫两个解放区合并，通过召开华北临时人民代表大会，成立华北人民政府，选举董必武担任华北人民政府主席。华北人民政府是中央人民政府的前奏和雏形。

董必武在就职仪式上朗声宣布："华北人民政府是由游击式过渡到正规式的政府，首先要建立一套正规的制度和办法，要创立新的法律、法令、规章制度，要按照新的法律、法令、规章制度办事。"

新中国成立初期，董必武担任政务院第一副总理兼政治法律委员会主任。他一手抓民主建政，重点是建立人民当家作主的各级人民代表大会制度；一手抓法制的初创,“建立为人民服务、方便人民的法律制度”。董必武在1954年第一届全国人大第一次会议上当选为最高人民法院院长。1959年后长期担任国家副主席、代主席,为国务活动终日操劳至最后一刻。

无论在哪个岗位上,董必武都一以贯之地重视法治,主张依法办事,这些思想在那个年代实为难能可贵,至今仍焕发光芒。

13个月颁布200多项法令法规

在北京近郊的一间咖啡馆里,忆及父亲,董老的女儿董良翚面对记者娓娓而谈。年近古稀的她戴眼镜,朴素优雅。退休之前她是中国文联书记处书记;现任全国政协委员,已连任三届,曾多次向大会提交提案。她送我们一本书《忆我的爸爸董必武》,封皮已经泛黄。“萌生写一些试试吧的念头时,正值对林彪、江青集团审判期间,那是一桩意义深远的历史性事件。”她说。

董良翚清晰地记得两个数字——13个月和200多件。董老担任华北人民政府主席时,用短短13个月时间制定颁布了200多项法令、法规、训令、通则等。华北人民政府在依法行政方面作了诸多开创性的尝试,为中央人民政府的成立作了思想上、组织上特别是法制上的准备。

1948年9月20日,董必武当选为华北人民政府主席。摸索积累政权建设的经验,以便为在全国范围内建立人民政权作准备,是中共中央交给华北人民政府的首要任务。

1948年10月6日,在有各地方代表参加的人民政权研究会上,董老指出:“建立新的政权,自然要创建法律、法令、规章、制度。我们把旧的打碎了,一定要建立新的。因此新的建立后,就要求按照新法律规章制度办事。这样新的法令、规章、制度,就要大家根据无产阶级和广大劳动人民的意志和利益来拟定。”

在那个时期,董老就十分重视法律文献的收集整理工作。本报记者上世纪80年代采访法学家张友渔的时候,他曾回忆说,早在华北人民政府时期,董老就着手收集有关法律资料和档案,一方面为华北人民政府制定法规作参考,同时为新中国成立后立法之用。在他担任政务院副总理兼政法委员会主任后,便把这部分资料移到了政务院政法委员会。

后来,董老预见到政法委员会的机构可能发生变化,为避免这部分图书资料流失,他特意嘱咐有关人员,不管以后机构如何变化,这部分图书资料都要集中保管。

如今中国社会科学院法学研究所近20万册中国古代和近代有关法律的图书资料,大部分都是在董老主持下收集的。他还拟议编纂中国法学丛书,以便为法学研究提供系统的法学历史资料。

为中央人民政府成立作法制准备

为了巩固建设人民政权，维护社会秩序，董必武日夜筹划建设人民民主法制工作。

1948 年 10 月 23 日，董必武和薄一波等以华北人民政府主席、副主席的名义发布了《关于统一各司法机构名称及审级的通令》。规定各行署原有司法机关一律改为“某某(地区名)人民法院”，由华北人民政府统一颁发印信。

通令明确：“县司法机关为第一审机关，行署区人民法院为第二审机关。”一般案件即以二审为止。如有不服要求第三审时，由华北人民法院指定人员组成特别法庭，或发还华北人民法院复审为终审审理之。

按照通令的要求，从华北人民法院到各县人民法院，先后建立了 300 多个司法机关。

为了指导司法干部准确掌握量刑幅度，尤其是死刑的判定与复核，董老和其他几位副主席联名颁布了《关于复核死刑案件的通令》，要求处理死刑案件的审判工作，必须遵照毛主席所提出的三个条件，即一、禁止肉刑；二、重证据、不轻信口供；三、不指名问供。

司法制度的建立，量刑原则、上诉原则、减刑假释、重证据不重口供、严禁刑讯、不放纵一个坏人、不冤枉一个好人等司法原则和制度的贯彻执行，进一步提高了审判工作的质量和水平。

董老的长子董良羽在接受本报记者采访时，也深情地提起董老那段不平凡的经历。

董良羽 1938 年 3 月生于延安。1948 年 8 月，10 岁的董良羽在华北军区荣臻小学上学，家住另外一个县，由于父亲终日操劳，小小年纪只能住校，放假才能回家。解放后，董良羽考入哈尔滨军事工程学院，1993 年从北京军区空军司令部退休。他对父亲的思想有较深的研究。

董必武“用革命精神来学习马列主义、毛泽东思想的国家观、法律观，学习新民主主义的政策、纲领、法律、法令、条例、决议，来搜集与研究人民自己的统治经验，制作出新的较完备的法律来”。他在主持华北人民政府期间，为新中国民主法制进行的开拓性工作是不可复制的。

政务院、最高人民法院、最高人民检察署及政务院各部门领导人任命后，能够在短短的 10 天后开始正式办公，就是由于中央人民政府的成立大都有华北人民政府各部门作基础。

正如聂荣臻所记叙的：“刚进城时候的政府实际上就是 1948 年在石家庄成立的华北人民政府，仍由董必武任主席。进北京以后，他那个机构就代管全国行政事务方面的事情了，直到 1949 年 10 月 1 日，才成立了中央人民政府，在他那个基础上组织了各个部。”

“父亲和周总理在一个办公室办公”

新中国成立初期,董必武担任政务院副总理兼政治法律委员会主任。董良翚回忆说:“那时,父亲和周总理在一个办公室办公。周总理在办公室的一头,父亲在另一头。”

1949 年 10 月 21 日上午,政务院政治法律委员会举行第一次全体会议。董老讲话说,政治法律委员会隶属中央人民政府政务院,任务是指导内务部、公安部、司法部、法制委员会、民族事务委员会的工作,并受毛泽东主席委托,联系和指导最高人民法院、最高人民检察署;受周恩来总理委托,联系和指导政务院人民监察委员会的工作。

1949 年 10 月 21 日晚,周恩来总理主持召开政务院第一次政务会议,指定董必武为政务院及所属机关办公制度、办事程序小组召集人。

在董必武主持下,先后制定了《中央人民政府惩戒违法失职人员暂行条例》、《中央人民政府任免国家机关人员暂行条例》及国家机关的办公制度、程序等。这些法规经多次修改后,于 1949 年年末分别通过,使各国家机关工作人员有规可循。《最高人民法院试行组织条例》、《中央人民政府最高人民检察署试行组织条例》也在 12 月 20 日经中央人民政府委员会批准。

这是新中国颁布的政法方面的第一批组织法规。

毛主席提议董老代理政务院总理

1949 年 12 月,毛泽东主席赴莫斯科访问。毛泽东与斯大林会谈时提出这次访问想搞点“既好看又好吃”的东西,指的就是签订新的条约。

1950 年的第二天,毛泽东高兴地给中共中央发来一份电报,说明了此事的进展并提议:“你们收此电后,请于 5 天内准备完毕。希望恩来协同贸易部长及其他必要助手和必要的文件材料,于 1 月 9 日从北京动身,坐火车(不是坐飞机)来莫斯科,由董必武同志代理政务院总理。对外不要发表,待周到莫斯科后才发表。”

在周恩来出访期间,董必武代理总理职务,直到 3 月 4 日毛泽东、周恩来一行返抵北京。

董良羽告诉记者,1950 年 2 月 13 日,董老在一封写给亲属的信中讲述了他繁忙的情形:“我忙的情形你们是难以想象的。别人在星期六下午、星期日一般不办公,夜晚只有我们党内少数人办公,夜晚办公的,白天往往不办公。我呢,早晨总是 7 点多起床,晚上总是 2 点多才睡觉,无所谓星期六下午,无所谓星期日,随我工作的秘书和警卫人员都拖得很辛苦。”

为新中国司法机构和人员布局谋篇

对于新生的人民共和国来说,建立起新的人民法制是一项巨大工程。

新中国成立时,除公安机关比较健全外,检察、法院、司法行政机关都极为薄弱。检察署的设置是董必武在拟订中央人民政府组织法纲要基本问题时提出的,后经新政协筹备会常务委员会和中国人民政协全体会议通过,才在中央人民政府正式设立。

犹如平地起楼台,有人常对检察机关的设立提出疑问:“有公安、法院,还要检察机关干什么?”主管国家司法行政工作的司法部,是在华北人民政府司法部的基础上建立的,地方政府绝大多数都没有设立司法行政机关。

董必武有针对性地开展工作,为新中国司法机构和人员布局谋篇。在第一次全国司法工作会议上,他说,建立人民司法工作:一要建立一系列机构,如法院、检察署等,才便于进行工作;二要准备培养各级司法工作干部,干部决定一切,如果没有干部,司法机关即使建立起来,也难以完成工作任务,训练和培养人民司法干部是长期的工作;三是要有法律,他说,制定完备的法律需要长期的工作,法律一下子不完备不要紧,先有一个基础,逐渐发展,逐渐充实,就会趋于完备的。

董良羽告诉记者,董老那时就非常注重宣传。根据他的倡议,《人民日报》、《新华月报》等开辟了政法专栏,刊登和转载政法工作方面的文件、报告及论文,宣传政法工作。

在董老的推动下,至 1951 年 4 月,全国新建人民法院 891 个,连同原已建立的共有 2458 个人民法院。多数法院设立了刑事、民事审判庭,司法行政处和秘书室。基本上实行了三级二审制,建立了上诉制度,建立了死刑复核制度;部分人民法院开始实行公开审判制度,有重点地实行人民陪审员制度;一些农村地区的人民法院开始实行就地审判以便利人民。

在武汉专门把韩德培叫到身边聊天

今年 5 月 29 日走完人生 99 个春秋的法学家韩德培,因为一封普普通通的信,结识了董必武。

罗斯福、丘吉尔、斯大林雅尔塔会晤后,于 1945 年 2 月 11 日宣布,决定建立一个“具有普遍性的国际组织以维护和平与安全”。中、苏、英、美 4 国 3 月 15 日分别发表公告,向全世界宣布决定 1945 年 4 月 25 日在美国旧金山举行联合国大会。

蒋介石极力反对中国共产党派代表参加中国代表团。在中共中央的坚持和斗争,也迫于美国的压力下,已经无法回避要有共产党人参加代表团,国民政府的要人又说没有一个共产党人具备当代表的资格。

此时顾维钧提出董必武就可以。他说:“我任驻法大使时,在巴黎同董先生曾有一面之缘”,董“年事稍长,且通晓国际事务”,“是一个上了年纪读过古书的人,为人和蔼可亲,但颇机敏……”最后国民政府同意任命董必武为中国代表团正式代表。中共中央致电南方局:“出席旧金山会议的代表团名单既已公布,为委曲求全,我们同意董老参加,但须告王世杰、邵力子,对只给中共1名代表表示不满。”

当时,董老出国所穿那套西服,是在重庆买的,很不合身。章汉夫劝说董老换一套。于是,到纽约后,董老就托《华侨日报》的同志花了25美元买了一套西服。董老当时就是穿着这套俭朴合身的服装出席联合国大会及其他外交活动的。

1945年6月,联合国创建大会在美国旧金山召开,董必武作为中国代表团成员参加了会议,并代表中国共产党和解放区人民在《联合国宪章》上签字。

董老逝世后,当时的联合国秘书长专门发来唁电,称董老是联合国的创建者,并向中国人民表示哀悼。

联合国大会结束后,董老应邀到纽约演讲。在演讲过程中,一些亲国民党的留美学生别有用心,提了一些无理取闹的问题。

韩德培对此感到非常气愤,于是提笔给董老写了一封信。信中说,那些无理取闹的人根本不能代表留美的中国学生。

韩德培知道董老曾经在日本研修过法律,本身也是个法学家,所以还在信中向董老请教:未来的新中国是否需要法制建设?应该怎样进行法学研究?

董必武很快回信:“我能辨别会场上的人,我能区别凤凰和乌鸦。”董老还很明确地告诉韩德培:新中国当然需要法制,没有法制不行;研究法学需要理论联系实际,研究中国的法学就必须联系中国的实际。

新中国成立初期,韩德培任武汉大学法律系主任,但怎么从事法学研究和法学教育才能适应建设新的国家的需要,他心里没谱。于是他又请教主持全国政法工作的董老。

1955年,董老到武汉视察,专门把韩德培叫到身边聊天。韩德培还向董老谈了武大法律系的改革情况。

选陈守一担任北京大学法律系主任

其实,董必武以战略家的眼光,早就看到了加强培养马克思主义法律工作者的迫切性。在紧张筹建新中国之时,他就向中共中央提出了创办中国政法大学的方案。

1948年8月4日,他与薄一波等签署了《华北人民政府关于北平政法学院改为政法大学的决定》,并任命华北人民政府司法部部长谢觉哉兼任校长。此后又成立了中国新法学研究院,任命沈钧儒为院长。

董老对政法学院和综合性大学法学院系的改革和教学也极为关注。旧中国政法院校和综合大学的法律系有50多个。北京大学法律系1950年年度仅有25名学生、2个研究生,其他学校也大致如此。董老认为:“长此下去,就不好了。”

董老对新办的中国人民大学法律系和其他高校的法学院系倾注了许多心血，鼓励他们尽快培养出政法教师，摸索出政法教学的经验。

教育部在与董老及政法委员会商量后，确立成立北京政法学院，并设想在各大行政区也设立政法学院，这对政法院校后来的维持和发展具有不可低估的作用。

但是，高等院校在院系调整后，北京大学等综合性大学都撤销了法律系。董老认为如此是很不适当的。北大法律系就是在他亲自呼吁和推动下重建起来的。

董老亲自选了司法部教育司司长兼中央政法干部学校副教务长陈守一，担任北京大学法律系主任。

他语重心长地对陈守一说，一定要培养中国自己的法学教育典型，开拓出一条适合中国实际的法学教育的路子。陈守一记得："董老提出了一些法学教授的名字，要我设法把他们请回来。"

1954 年，北京大学法律系在董老的亲切关怀下终于恢复招生。开学时，他原要亲自参加并讲话，因临时有其他政务，才改由谢觉哉在开学典礼上讲话。

经过几年的努力，先后成立了北京政法学院、华东政法学院、西北政法学院；中南也在筹建政法学院。

继武汉大学、复旦大学、东北人民大学及北京大学之后，各综合性大学也相继恢复或建立了法律系。这就为高等政法教育构筑了发展的基本阵地，董老亲手绘制的法学教育蓝图变为现实。

对新中国第一个政治法律研究团体工作事必躬亲。

为迎接中国人民政治协商会议的召开，1949 年 6 月，曾先后成立了中国新法学研究会和新政治学研究会两个筹委会。后因种种原因，两会都未开展工作。

1951 年，林伯渠建议将两会合并。11 月底和 12 月初，两会筹委会分别召开会议，通过了两会合并成立中国政治法律学会的决定，并推举董必武负责主持。

1953 年 2 月 28 日，董必武向周恩来写了长信，重新说明了学会筹备经过。

4 月 3 日，董必武就召开中国政治法律学会成立会的问题，向政务院政法分党组干事会写了报告。

4 月 6 日，周恩来在报告上批示"同意"。

10 日，毛泽东在报告上批示说：章程、宣言中"凡有'毛泽东思想'字样的地方，均应将这些字删去"。

4 月 22 日，中国政治法律学会成立大会召开，到会会员 425 人。董必武当选为学会主席，沈钧儒、谢觉哉、王昆仑、柯柏年、张志让、钱端升当选为副主席，史良等 38 人当选为理事。

中国政治法律学会是新中国第一个正式成立的政治法律学术研究团体。4 月 26 日，董老主持召开学会第一次理事会会议，推举了学会秘书长，决定设立研究部、国际联络部、秘书处 3 个办事机构。

董必武担任着党和政府多项重要领导职务，但对学会工作经常事必躬亲。为创办学术刊物,他多次与中宣部、出版总署协商。

1954 年 5 月 1 日,《政法研究》出版。董必武题写了刊头,撰写了发刊词。他写道:“为了巩固我国人民民主法制,需要全国人民和国家工作人员自觉遵守国家法律,广泛进行爱国守法教育,普及法律知识。”他希望全国政治法律工作者“更进一步团结起来,对国内国际重大政治法律问题进行共同的研究。在学术问题上如有不同意见,也欢迎提出来自由讨论,以便达到互相砥砺、互相切磋的目的”。

为了保证《政法研究》的稿件质量,董必武特别邀请中宣部的同志参加拟定编辑计划,每期审阅 3 篇重要稿件。董老自己也经常审阅《政法研究》即将采用的重要论文。

为增进对国际法学界限额书动态的了解,董必武还提议创刊了《政法译丛》。他还找主管《光明日报》的中央统战部负责同志,建议在报纸上开辟法制专栏,选登部分学术论文。

亲自关怀筹建法律出版社

在筹建中国政治法律学会的同时,董必武还亲自关怀筹划创建专门出版政治法律书籍和法律文献的出版社。

新中国成立时,在人民出版社有一个出版法律书籍的编辑组,但没有专业的编辑人员,出版书籍主要靠司法机关和作者所在单位审稿,编辑组主要负责校对和出版具体事务性工作。

董必武认为这样的情形,不适应加强法制宣传、促进法学研究的需要。他提出在人民出版社编辑组的基础上,组建专门的法律出版社。他先后多次向中央建议,抽调干部充实人民出版社的法制编辑组。

1952 年,党中央批准成立法律出版社后,他亲自为出版社配备了社长、总编辑等领导骨干,还亲自找北京市委,为出版社寻找社址。

1954 年,董必武再次调配多名干部加强法律出版社的领导和编辑力量。

作为新中国第一个专门的法律出版机构,法律出版社成立,为加强法制宣传、促进法学学术交流创造了条件。

为建立法学研究所奔走呼吁

从 1953 年起,董必武为创建法学研究机构、建立专业研究队伍多方奔走呼吁。

作为德高望重的党和国家领导人,董老此举非同一般,意义深远。董良羽说,在研究董必武法制思想时,他看到了那期间父亲的不少谈话、报告等。

1954 年 10 月 5 日,第一届全国人大第一次会议结束后,董必武向中共中央秘书长邓小平并转刘少奇写了正式的专题报告,说明在中科院设立法学研究机构的必要性和紧迫性，并建议由中国政治法律学会担负具体筹备责任，研究所隶属中国科学院。他还提出了研究所领导人的具体人选，供中央考虑。

法学如今作为一门重要的社会科学，在国家民主政治生活中发挥了越来越重要的作用。吃水不忘掘井人，董老就是新中国法学的开山鼻祖和掘井人。

在那个年代，由于一些同志对法学的某种偏见和误解，把法学和政治学混同起来；再由于全党对法制建设的极端重要性缺乏认识，董老关于建立法学研究所、开展法学研究的建议，被一拖再拖，终难落实。

但董必武以无产阶级革命家的远见卓识，锲而不舍，多方呼吁。1956 年 9 月，在党的八大会议上，董老作了大会发言，对法学研究现状提出了尖锐批评。

董良羽说，这显示了父亲对法制的不懈追索，也表现了极大的勇气。

董老的声音至今回响在我们耳畔——"我们的法律工作者，直到今天还没有根据马克思列宁主义的观点，从法学学理上写出一册像样的阐明我国法制的书，现在有的还只是几本小册子。法学是一门重要的社会科学，我国科学院有五十几个科学研究所，而法学研究所至今尚在商谈筹备中。法律工作系专业性质的工作，而从事法律工作的人员还没有完全受到专门性质从业人员应有的待遇。"因此，董老在他发言的"加强党对法制工作的领导"部分中，再次振臂呼吁"必须把法学研究所的机构迅速建立起来"。

经过董必武的不懈努力，在党的八大之后，建立法学研究所的工作逐渐进入实质性阶段。新中国成立后，战争年代一些搞法学的同志都转入其他方面工作了，董老多次向组织部门建议将这些同志调回政法部门。设立法学研究所，董老首先想到的就是张友渔。

张友渔青年时代在国立法政大学法律系学习，后留学日本。20 世纪 30 年代回国后，先后在燕京大学、北平大学等担任教授，多年从事法学教育和研究。他的夫人韩幽桐也是一名法学家。抗战时期，张友渔曾在中共南方局工作，董老对他十分了解，认为他是主持法学研究所的首选。但当时张友渔任北京市常务副市长，脱不开身。

直到 1958 年，张友渔才调到中国科学院社会科学部任副主任兼法学研究所所长。同年 10 月 8 日，法学研究所正式成立，我国法学科学终于步入了科学院的大门。

70 岁时在宣传会议上整整讲了 4 小时

1954 年 5 月，中央召开第二次全国宣传工作会议。18 日，董必武莅会讲话。

那时，董老已是近 70 岁的老人，他以《关于党在政治法律方面的思想工作》为题，整整讲了 4 个小时。

董良羽回忆说，父亲对那次讲话十分重视，收集了大量实际材料，进行分析研究，写了许多便笺和笔记。

董老讲话阐述的第一个问题是培养人民群众的守法思想。他强调：对守法问题，目前应该很严重地提起国家工作人员的注意，“教育人民守法，首先就要国家工作人员守法”，“共产党员必须以身作则”。

董老讲的第二个问题是国家法律的严肃性。他说：“法院判了案子，就必须执行，一个案子判决后，诉讼当事人应该有一方负责任，他不执行，法院就应该强制执行。但是现在各地法院相当普遍的一个现象，就是不敢强制执行。把一般的强迫命令和法庭的强制执行混淆起来，这是不对的。”

在讲话最后部分，董老谈及了法学研究现状。他说：“直到现在专门阐明我国法律的书籍是很少的，报纸杂志上阐述我国法律的文章也不多。我们的许多法律除了报告人的简短说明以外，从法学上来科学地分析说明从而奠定我们法律科学的基础的著作，更是少得很。”他指出，法律工作不能落后于客观的要求，而要开足马力，迎头赶上。

董必武这篇讲话率先指出了群众运动对法制建设的副作用，适时提出了按法律办事的指导思想。这篇讲话当时并未公开发表，也未印发与会同志。

在我国法制建设历经曲折尤其是“文化大革命”灾难后，人们更加认识到董老当时思想的强大生命力。

1978 年年底，一些老同志重新看到讲话的记录稿，激动不已，郑重地推荐给中央领导同志。

党的十一届三中全会召开不久，董必武这篇闪耀着马克思主义光辉的重要文献，同他在八大的发言等重要文章先后在《人民日报》发表，全国各大报章纷纷转载。

在党的八大上提出“依法办事”

第一届全国人大后，国家机构发生了较大变化，但董必武依然十分关注政法工作的全局问题。

1955 年 12 月 7 日，董老经过认真考虑写了一份报告给刘少奇并报毛泽东。

报告说，目前政法机关的设置，各部门党组分别直属党中央，政法各部门缺少一个统一的协调组织，建议在党中央设立一个法律委员会。

董老认为自己年龄已大，推荐彭真负责此项工作。1956 年 7 月 6 日召开了第一次法律委员会会议，宣布彭真任主任委员，董老等任委员。

1956 年 6 月 24 日，董必武出席了毛泽东在中南海颐年堂主持的政治局扩大会议，会议决定党的八大于 9 月 15 日开幕。遵照中央的安排，董老开始准备他在八大上的专题发言稿。

经过深入调查研究，反复修改，董老在 8 月 15 日的最后修改稿中，系统提出了“依法办事”、“必须有法可依”、“有法必依”的主题思想。

从 8 月初开始，董老先后将发言稿送朱德、林伯渠等征求意见，还报送主持中央法律委员会工作的彭真审阅。彭真将发言稿转送邓小平审阅定稿。

1956年9月19日，董必武在党的八大上就进一步加强人民民主法制作了大会发言。董老在发言中郑重地向党的全国代表大会，向全党提出了加强人民民主法制依法办事的治国方略的建议。

他说，党中央号召公安、检察、法院和一切国家机关，都必须依法办事。我认为依法办事，是我们进一步加强我国人民民主法制的中心环节。依法办事有两方面的意义：其一，必须有法可依；其二，有法必依。

长期研究父亲思想的董良羽认为，依法办事以加强人民民主法制的思想，是董必武运用马克思主义国家观、法律观，总结研究无产阶级执政党建设社会主义的经验，得出的依法治国方略的新结论。

董老所说的依法办事，涵盖了一切国家机关必须依法立法、依法司法、依法行政和依法治军；有法可依和有法必依则把健全法制与实施法治紧密结合起来。依法办事的实质就是依法治国，只是没有直接使用依法治国的概念。这与1954年他提出的“按法律办事”相比较，不但表达形式更加准确，而且内容更加广泛、更加深刻，更具有深远意义。

它是董必武法学思想最重要的内容之一，也是马克思主义法学理论宝库中的瑰宝。

董必武的八大发言作为充满马克思主义智慧的光辉文献，是中国共产党关于人民民主法制建设的经验总结，是探索社会主义建设道路的重要成果之一。

多年以后，薄一波说：“八大展示的探索成果，在经济领域以外的，要算董必武同志关于法制建设的观点最为重要。董老在八大的发言认为，在废除旧的《六法全书》之后，要逐步完备我国的法制，写出我们自己的《六法全书》。要制定刑法、民法、诉讼法、劳动法、土地使用法等一系列法律。他明确提出了党政职能分开的原则，认为加强民主与法制建设，可以使党和政府的活动做到‘有法可依’、‘有法必依’。”

薄一波说：“在群众运动一个接着一个的年代，他对法制建设的认识达到这样高的境界，是很可贵的。”

“更加黾勉供职无负人民期望”

1959年3月25日，董必武给毛泽东和中共中央写了一封信，说：“我去年十月曾函请小平、彭真两同志转报中央，请求在第二届全国人大上不再推荐我为最高人民法院院长的候选人，并请求中央考虑我的能力和体力，不安排我担负国家机关任何实际职务。我已当选人大代表并列名政协委员，将来在政协安一个没有实际工作责任的名目就够了。这意思在1957年冬曾和彭真同志面谈过。特再恳请主席在研究国家机关负责人人选时支持我的请求为祷。”

29日，毛泽东作了批语：“我和大家同意此信意见，改换工作。中央已建议董必武同志当人民共和国副主席，刘少奇同志当主席，朱德同志当人大常委会委员长。”又说：“这几位同志的新工作，责任大，荣誉高，名气也大，实际则是做苦工。我希望同志们勉为其难，为党担负这些担子，为人民艰苦地服务。”

在不久后召开的第二届全国人大第一次会议上，董必武当选国家副主席。董良羽回忆说，那期间父亲多次表示：“我只有更加黾勉供职，才能无负于人民对我的期望。”

董老常以“补洞洞”和“跑龙套”比喻自己。董良翚记得三年困难时期，董老曾说：“我现在老了，做不了什么事了，跑跑龙套就是了。其实我的一生也只是跑龙套。”

董老还说：“中央的工作就像一支大乐队，有司鼓，有司锣，有司弦。我呢，就是那个敲边鼓的。”董老这些通俗的比喻，反映了他高尚的品德，他一生总是把自己融入革命队伍中，把自己看作这个队伍中普通的一员。

董老为国务活动殚精竭虑。当时外国国家元首来访多是以董必武代国家主席名义邀请的。按当时的外交礼节，邀请者应到机场或火车站迎接，但当时董老年事已高，行走困难。周总理和外交部特别设计了由周恩来总理或李先念副总理到机场迎接，董必武在宾馆迎接的特殊形式。

1975 年，董老已 90 高龄，虽然病魔缠身，仍坚持国务活动。1 月 16 日，他接见了马来西亚首任驻华大使。这是董老生前最后一次外事和国务活动。

毛主席听到董老逝世消息一天没吃东西

1975 年 3 月 5 日，是董老 90 岁生日。董良羽回忆说，那天老人精神很好，在夫人何莲芝的搀扶下，在病榻上写下他一生的最后一首诗《九十初度》：

九十光阴瞬息过，
吾生多难感蹉跎。
五朝弊政皆亲历，
一代新规要渐磨。
彻底革新兼革面，
随人治岭与治河。
遵从马列无不胜，
深信前途会伐柯。

本报记者看到了董老手迹的影印件。董老在诗旁还就“五朝”、“伐柯”两词作了注释：“五朝：清朝、民国元年、袁世凯篡国、北洋军阀割据、蒋介石篡权。伐柯：《诗经》：执柯以伐柯，其则不远。”

这首诗是董老对自己一生的总结。他一生经历五朝反动统治,每个时期都站在革命斗争的前列,为民族解放事业立下不朽功勋。新中国成立后,他呕心沥血,为共和国的成立、巩固和发展作出了丰功伟绩。

正像郭沫若在和诗中所言:“革命功高誉未过,九旬寿考靡蹉跎。”“创党开天澄广宇,新民建国启先河。”但董老在诗中仅自称“随人治岭与治河”,表现了一位中国人民伟大战士的宽广胸怀。

1975 年 4 月 2 日,杰出的共产主义战士,伟大的无产阶级革命家、法学家,卓越的党和国家领导人董必武同志的心脏停止了跳动。

毛泽东听到董老逝世的消息,一天都没吃什么东西,也不说话,整整放了一天宋人张元干的《贺新郎 · 送胡邦衡待制赴新州》词的唱片,寄托哀思。

周恩来这时刚刚动过手术,重病缠身,在病榻上亲自修改了中共中央为董老拟的悼词稿。

4 月 7 日,董必武同志追悼大会在人民大会堂举行。

叶剑英在代表中央致的悼词中深情地说:“董必武同志真正做到了一辈子做好事,不愧为无限忠诚于党和人民的无产阶级革命家。” (2009.9.14)

点 评

董必武是中国共产党创始人之一,伟大的无产阶级革命家、政治家和法学家,堪称我国人民民主法制的先行者、开拓者和奠基人。文章通过描写董必武儿女回忆董老的诸多往事,让人们看到了一代伟人深厚的民族情感、博大的政治情怀、朴素的民主作风、严谨的治学之道、渊博的文化底蕴、优良的家风传承。文章工于描写,感情真挚,细节感人。

温家宝同大学生谈法治:“法治天下”就是法比天大

2008 年 5 月 4 日,中共中央政治局常委、国务院总理温家宝应学生们热情邀请,来到中国政法大学,与大家一起共度青年节。在政法大学法学图书馆二层阅览室,温总理与学生们围绕依法治国亲切交谈。在 12 月 4 日全国法制宣传日来临之际,法制日报特独家全文刊登温家宝总理同中国政法大学学生的谈话,以飨读者。

—关于用“法制”还是“法治”是经过再三斟酌的。虽然一字之差,但意义大不相同。因为光讲制度的“制”,只提到制度建设这个层面;而治理的“治”,就提到了治国的层面。

—依法治国,建设法治国家,是建设中国特色社会主义事业的重要内容,而且是成熟的社会主义的标志。要从这个高度来看问题。

—如同真理是思想的首要价值一样,公平正义就是社会和一个国家的首要价值。

—法治精神的核心:第一,宪法和法律的尊严高于一切。第二,在法律面前人人平等。第三,一切组织和机构都要在宪法和法律的范围内活动。第四,立法要发扬民主,法律要在群众中宣传普及。第五,有法可依、有法必依、执法必严、违法必究。

—“天下之事不难于立法,而难于法之必行。”有法不依,不如无法。

—对于一个学法的人来讲,最重要的就是要有对国家、对人民、对社会的高度责任感,要有一颗公正的心,要爱我们这个国家。这不仅是做人的良知,而且是你们由于懂法的要义而产生的对自己的终生要求。这要从一点一滴做起,首先就是对国家、对人民要有感情。

—我这个人有很多缺点,但是有一点我是不甘落后的,就是爱我们这个国家。每一滴血液,每一个细胞,甚至将来死了烧成灰,每一粒灰烬都是爱国的。

温总理:去年 10 月,我收到政法大学全体师生的信,邀请我到政法大学来,让我走一走宪法大道,看一看明法楼,看看同学们。我一直惦记着这件事,今天早晨我又把这封信翻出来。我订了计划,每年“五四”都到一所学校。你们的信里都给我罗列出来了:从 2003 年起,“五四”都到了什么学校,还没到政法大学,然后就讲依法治国的重要性。所以,今天我就来了,同刘延东同志一起来看看同学们。

学生:我们很想念您。谢谢总理。今天终于美梦成真了。

立法必须要做到公　执法必须要做到平

温总理:其实要说法律的重要,怎么强调都不为过。因为整个国家的建国方略就叫依法治国,这是从大处讲。从每一个老百姓切身的生活来讲,也要靠法律来保护他们自由的权利,保护他们全面发展的权利。对于一个社会,如果说发展经济、改善民生是政府的天职,那么推进社会公平正义就是政府的良心。公平正义当然包含很广,从收入分配到教育权利,但是很重要的一点就是司法制度。就是立法必须要做到公,执法必须要做到平。我今天一出门就有个感触,我的汽车刚拐弯,就被两个上访的群众拦住了。我平时有个要求,就是无论在什么地方,只要群众把我的车拦住了,一定把信接过来,然后妥善地给他安排和回答。所以,我一上楼到办公室,就问警卫人员,他反映的是什么问题。他们说是前几年他一个家人被车撞死了,应该按刑法处置,而现在只作赔偿处置,他认为执法不公,他为这个已经上访八年了。这在我们看来可能只是一桩小事,但是在群众看来,就是大事。他可以为他的亲人判决得是否公正上访八年,甚至有的还更多。我统计了一下,在我住的周边,经常来上访的 47% 都和司法有关,而且很多都是为自己亲属或者本人判决是否公正上访的,好多是多年上访。你们都是学法律的,我有时在想,什么时候我们的法律,从立法的完备到执法的公正,到诉讼法的健全,使人们不必跑这么远,能够就地解决这些问题,那时我们的社会就更进步了。因为所谓上访,它所体现的不是法律的程序,还是寄托在人,寄托在领导人的批示,应该说在某种意义上还带有人治的封建色彩。在一个现代化的国家,应该依靠法,应该依据法律来解决这些问题。你们去年 10 月的信写得很深刻。今年是我国提出依法治国方略十周年,这是党的十五大提出来的。当时我负责组织文件起草工作,关于用“法制”还是“法治”是经过再三斟酌的。虽然一字之差,但意义大不相同。因为光讲制度的“制”,只提到制度建设这个层面;而治理的“治”,就提到了治国的层面。中央作出了正确的决定。完整的提法就是我们今天所说的:依法治国,建设社会主义法治国家。今年正好是十周年。

依法治国是成熟的社会主义的标志

学生:总理,您今年是第一次来到法大,请问您对法大的感受如何?您对中国政法大学的发展又有何期待?

温总理:我刚才说了,我们已经把法律提到治国的层面,因此培养法律人才就是十分紧迫而具有长远意义的任务。中国政法大学是我国培养法律人才的最高学府,承担着重大的责任,可以说任重而道远。为了加深你对这个问题的认识,我想说我的一点考虑。依法治国,建设法治国家,是建设中国特色社会主义事业的重要内容,而且是成熟的社会主义的标志。要从这个高度来看问题。法治是基础,我们常讲经济发展、社会和谐,其实都离不开法治。如同真理是思想的首要价值一样,公平正义就是社会和一个国家的首要价值。最大的公平正义,除了在民生、在教育,很重要的是在法律。

你们在信里不断地写到法治精神这句话。什么叫法治精神?咱们一起概括一下。你们学校的门口有块石头上面写着四个大字,就是“法治天下”。

学生:对,法治天下。

温总理:“法治天下”就是法比天大。我把它演绎一下:法大于天,法治天下。这是很形象的一句话。我觉得这句话抓住了法治精神的核心。这就是:第一,宪法和法律的尊严高于一切。第二,在法律面前人人平等。第三,一切组织和机构都要在宪法和法律的范围内活动。第四,立法要发扬民主,法律要在群众中宣传普及。第五,有法可依、有法必依、执法必严、违法必究。“天下之事不难于立法,而难于法之必行。”有法不依,不如无法。

不但要明法还要明道

学生:总理,我想冒昧地补充一句。有句话是这么讲的,就是说法律的公平正义不仅要实现,还要以人们能够看得见的方式来实现,我想这对于我们安定团结的局面也是非常重要的。

温总理:你补充得很对,就是法律的公平。你看我们法院总弄个天平放在那儿,刚才我讲了什么是“公”,什么是“平”,就是立法须公,执法须平。公平正义在法律上是最为重要的,它的反面就是徇私枉法。我们要建立一个公平正义的社会,就必须做到这个要求。

学生:总理,您说的法治精神和我们的校训是一脉相承的,我们的校训是“厚德、明法、格物、致公”。

温总理:这几句话我记住了。厚德,就是要不断培养高尚的道德情操;明法,就是要掌握全面的法律知识并依法办事;格物,就是要善于分析问题,弄清事物的原理和性质;致公,就是要一心一意为社会和大众服务。其实,我们不但要明法,还要明道,这两个又是统一的。明法就要懂法,明道就要懂道理。前者是法律的约束,后者是道德的约束。法律与道德的关系,也是法治精神的一个原则。

民生政策上升到法律制度才能保证人民长期受益

学生:总理,我们都知道民生问题是您一直倡导和关注的问题,我们学法律的也知道一句话:“民为邦本,法乃公器”。在今年人代会的报告中您也提出,改善民生要通过法治的途径来解决,对于这一点我们想听听您的看法。

温总理:在上一届政府,也就是我2003年刚担任总理的时候,提出政府工作的三项原则,叫作科学决策、依法行政、民主监督。依照法律,我们要接受人民代表大会的监督,接受人民群众的监督、新闻媒体的监督、民主党派的监督。我们讲的是行政权,当时我们就把依法行政摆在非常重要的位置。“非典”之后,我们很快就着手制定了《全面推进依法行政实施纲要》。我认为,无论做总理的也好,还是做一般干部的也好,脑子里考虑的是如何把为人民服务的思想通过法律变为现实。也就是说,从处理一般的民间事务到治国理政,都不是靠人而是靠法。我们说,制度具有根本性、长期性和稳定性。其实法律是成熟了的制度上升而来的,因此它更具有根本性、长期性和稳定性。我举个简单的例子,我看到学生们上学经济上有困难,就想到要给同学们增加助学金、奖学金,这是在政策层面。我们将来要从政策层面上升到立法层面,就是要建立国家奖学金助学金制度。2006 年中央财政用于全国普通本科高校、高等和中等职业学校的奖学金和助学金支出是 18 亿元,2007 年大幅提升到 95 亿元,今年将安排 190 亿元,如果加上地方财政支出则达到 308 亿元,所以现在你们有好几种奖助学金,叫作奖助学金资助体系,但这还不够,将来可以先上升到国务院条例,以后还可以立法。这就是刚才这位同学讲的所谓为民和法律的关系。任何好的思想其实都是从实践中来的,但是如果简单制定一个政策性文件,是不能保证长期实施的。我们解决民生问题的各项政策,只有当其成熟上升到法律制度,才具有长期性、根本性和稳定性,才能保证人民长期受益。

中国政法大学要定位为 3 个中心

学生:总理,我有一句话想说一下,就是这里大多是学法律的,但是我想要做好我们中国的法制事业不能光靠法律专业的学生。我是我们学校第一届法制新闻专业的研究生,我们都简称自己是“非法”专业的学生。正赶上我们第一届 19 个同学毕业的时候,您就来到了我们政法大学,对我们刚开设的专业是一个非常非常大的激励。我们“非法”专业的学生在中国政法大学虽然是少数,但我们是一个把传播法律文化、弘扬法律精神作为自己使命的专业,希望您给我们提一些寄语,给我们一些更重的担子让我们以后去承担起来。

温总理:我觉得法律应该包含 3 个体系,一个是立法,一个是执法,还有一个是普法,这三个体系就决定我们中国政法大学要作为三个中心:一是要成为培养法律人才的教育中心,二是培训法律干部的培训中心,三是全民进行普法教育的普法中心。所以,你所学的专业也不是“非法”的。

学生:总理,我今年准备要读环境法专业博士,环境法也是中国政法大学的优势学科,我知道您对环境问题也很关心,希望您给我们一些寄语和期望。

温总理:我们国家正处在发展时期,要做到经济发展与环境保护并重,就必须加强立法。我们现在采取许多保护环境的措施,但是环境立法还远远跟不上形势的要求。举一个很简单的例子,我们建立了许多污水处理厂,国家花了很多钱,但是这些污水处理厂建成以后不能正常开工,为什么呢?因为消耗成本高。有时为了应付领导,在参观的时候把污水处理设备开动一下,但是领导走了以后,污水还是直接排放到河里、田地里。这光靠教育是不行的,必须靠法治。

教师:在您担任总理后的 2004 年的时候,制定了《全面推进依法行政实施纲要》,您专门提出要对立法进行成本效益分析。我们“法与经济研究中心”是法大刚成立的,是对立法进行成本效益分析的一个研究单位。据我了解,在国务院的一些部委已经开始立法经济效益分析，包括地方像海南省也在进行。请您对我们这个新专业提一点希望。

温总理：这是你对我们提出希望。我们的立法、法规，之所以耗时长、效率低，常常是因为我们的部门职责不清，推诿扯皮。往往一个条文，不同的部门有不同的解读，不同的要求，可以纠缠两三年，效率怎么能提高？作为行政立法，必须跳出部门这个圈子，站在全局的高度。提高立法的效率，根本不在工作本身，而在体制。

重视法律教育，加大对政法院校的投入

学生：借着您这次来我们学校的机会，我想为我们学校说几句话，希望您能听进去。我是本科就在政法大学读法学的，七年来我是一点点看着学校各种设施的变化，学校越变越好，是深有感触的。您在依法行政会议上就提出建立法治政府这样的一个工作目标。这些年我们也感触到了，我们的国家正在走向法治之路，这对我们青年学生是非常有鼓舞作用的，也激发了我们法学专业学生的学习热情。但在法治教育、法学教育这一领域内，我想政府对我们政法大学的投入、建设还不够。您可以看看我们的书桌、座椅、我们的图书馆外部环境，还有对面教学楼、办公楼。虽然我们可以很骄傲地说我们是一流的政法大学，但是我们的硬件设施离一流的水平还有差距。

温总理：我接受你的批评。在任何国家，法律专业、法律学校，都是受人尊重的，而且具有很高地位。特别是大部分学有成就的优秀法律人才都进入国家司法部门，他们手里都掌握着很大的权力，因此学校这个阶段对他们的培养十分重要。政府将更加重视法律教育，加大对政法院校的投入，为培养更多优秀的杰出的法律人才做好服务。

学法的人要有一颗公正的心，要爱我们这个国家

学生：温总理您好，我是法学专业本科三年级的学生。我想问您一个问题：您曾经在很多场合多次提到，对青年学生要特别关心，而且提出过“三要”的要求：一要有理论联系实际的学风，二要有追求真理的精神，三要有对国家对社会对人民强烈的责任感。而学以致用对于我们学法的同学是极其重要的，强烈的社会责任感也是扎根于我们每一个法律人的心中的。近些年咱们国家提出了大学生下到基层做村官、鼓励大学生自主创业等很多政策，希望您在这方面谈谈对于政法大学的学生有什么更高的要求或者期望？

温总理：这里我想讲一个问题，就是法律与人的关系。我不知道你们有没有人研究这个问题。因为法是人制定的。当然随着社会的发展立法越来越民主化，就是要让人民来参与，但是专业的法律人才还是离不开的，需要由法律专家把老百姓的

意见、要求,用法律的语言表述出来。法也是靠人来执行的,你们将来有的要做法官,要审案、要断案、要执法,能否做到公正十分重要。对于一个学法的人来讲,最重要的就是要有对国家、对人民、对社会的高度责任感,要有一颗公正的心,要爱我们这个国家。这不仅是做人的良知,而且是你们由于懂法的要义而产生的对自己的终生要求。这要从一点一滴做起,首先就是对国家、对人民要有感情。我这个人有很多缺点,但是有一点我是不甘落后的,就是爱我们这个国家。每一滴血液,每一个细胞,甚至将来死了烧成灰,每一粒灰烬都是爱国的。我们今天讲爱国,应该包含三层意思:第一,要自强不息。为中华民族的崛起,为了振兴中华要自强不息。第二,要开放包容。只有开放兼容,国家才能富强,这是一个大国的胸怀。第三,要艰苦奋斗。为了我们国家的富强,要几代人、十几代人,甚至几十代人埋头苦干,努力奋斗。对人民要有一颗爱心,这对政法人员尤为重要。我刚才讲了道德,其实说一句很简单的话,比如我们常说的同情心。同情心是道德的基础。就是说你要时刻想着人民,想着我们的国家。由于我们国家发展很不平衡,像西部地区、像农村,还有好多人生活得不好,所以这就要求我们自己努力学习,学好本领将来为人民服务。我觉得一个学法律的人,对自己的道德品质和人格的要求必须更高。

学生:我跟导师主攻突发事件应急管理。去年 11 月施行的《突发事件应对法》,就是在国务院有关条例基础之上制定的。

温总理:应对突发事件的法制建设至关重要,这次雪灾就暴露出来我们在这方面还准备不够。什么事情都得靠实践检验,如果有法律规定了,平时再加以训练,一旦遇到突发事件就知道怎么应对。没有健全的法律体系,应对突发事件就找不到头绪,手忙脚乱。

学生:总理,我主攻西方政治思想史,同时我也对中国古代政治尤其是先秦的政治思想,如孔子、孟子也比较感兴趣。我觉得一个国家的思想文化也很重要,我在研究西方思想史时又看了诸子百家,在认识自己的基础上借鉴别人,对两种不同思想进行比较,还是有用处的。

温总理:诸子百家时期算是奴隶制吧,公元前 536 年中国已经有了“铸刑书”,当时的刑法已经铸鼎了,就是说法律要明示,要让每一个人知道。西方的法,可以追溯到公元前 450 年,就是《十二表法》。再往前还有吗?

学生:再往前,柏拉图时就注重法律了,到亚里士多德进一步发展,罗马时比较兴盛。不过当时私法比较多。总理说的《十二表法》就是罗马法。

温总理:我们说,古代的也好,西方的也好,优秀的部分借鉴过来对研究中国当前的法制建设,很有意义。

学生:先秦诸子百家思想的一些基本原理可以作为现代法治的基础。

温总理:为什么先秦那段历史在中国文化史上占有很重要地位呢?那时思想比较解放,出了诸子百家,允许百家争鸣。因此出了许多文学家、思想家。我一直在思考,先秦时期社会虽然是很混乱的,但思想是很活跃的。这是一段很重要的历史。

学生:我平时也看一些孟子的东西,如他的民本思想。

温总理:孟子说:“民为贵,社稷次之,君为轻。”民本思想实际上也是当时的法学思想,也可以说是当时的启蒙思想。

学生:总理对我们学校有什么印象?

温总理:我刚才说过这是一所非常重要的学校。一个国家如果把依法治国作为基本方略的话,就必须重视法律人才的培养,从这点上说,说它怎么重要都不过分。在世界上,各个国家都很重视法律人才的培养。我们这方面的人才不是多了,而是少了,太缺乏了,所以你们学法律应该感到骄傲。

学生:总理对我们学法律的学生有什么希望和要求?

温总理:我刚才讲了很多了。你说我对你们有什么要求,其实就两点。第一,要对国家、对人民、对社会有高度责任感。因为你知道,你立这部法律,能影响整个国家、社会和人民。第二,要有高尚的人格。法的核心就是公正公平,这要靠人公正执法,如果不具备这种思想境界,你就做不到公正和公平。从这点来讲,对学法律的学生不只业务水平要求高,思想品德也要求高。

学生:对!法律人必须有这样的素质和道德修养。我们校训也说明了这一点。“厚德,明法,格物,致公”,把德放在第一位。

温总理:厚德,明法。其实厚德也可以把它理解成明道。前面我已讲了,就是不仅要明法,还得明道,具有高尚的道德。懂得真理,懂得法律,懂得道德。道德是明法和守法的基础。它更崇高,也更有力量。 (2009.12.4)

点　评　这是一篇独家授权发布的稿件。文章重温了2008年5月4日温家宝同志到中国政法大学与法科学生一起共度青年节的情景。他与同学们纵论法治天下,探讨法的精神,鼓励学生树立法治信仰,信守“法大于天”,立志报效祖国,致力依法治国,真正让“公平正义比太阳还要有光辉”。

东洞庭湖生态失衡，90%湿地被私人圈占

“圈湖”正抽走东洞庭湖的“血”
致生态失衡湿地渐消

刘希平

提起“烟波浩渺”，人们自然会想起美如画卷的八百里洞庭。千百年来，洞庭湖以其磅礴大势，被无数的文人骚客吟诵。进入上世纪90年代以来，更因其湿地生态和生物资源的多样性，备受世界瞩目，其中又尤以东洞庭湖为最。

东洞庭湖是洞庭湖的本底湖，是洞庭湖东、西、南三个湖中面积最宽广、保存最完整的聚水湖盆。1992年被列入“世界重要湿地名录”。在国际上享有“长江中游的生态明珠”、“拯救世界濒危物种的主要希望地”、“世界生物基因宝库”之美誉，受到国家的保护。

然而，近日，有网友在网络上实名发帖举报称，一场“圈湖”乱象正在东洞庭湖这块宝地上肆虐：丝网竹竿遍地开花，沟壑矮土围蜿蜒盘旋。90%以上的东洞庭湖已经被“瓜分殆尽”。

更加令人担忧的是，这些深深浅浅的沟壑，割断了东洞庭湖湿地的血脉，湿地的“血液”正随着这些沟壑一点点被抽掉，国际重要湿地或许很快就会变成干地了。

东洞庭湖真的被破坏得如此不堪了吗？

1月28日，《法治周末》和一名热心环保事业的网友“独上西楼”，一起赶赴东洞庭湖华容段水域进行实地求证。

穿着皮鞋走过半个东洞庭

从长沙到岳阳、再从岳阳到华容，赶到华容时已是晚上7点。华灯初上，流光溢彩的华容夜景分外迷人。

付锦维和其他几个渔民早已等候在华容中心汽车站。付锦维，一个在洞庭湖畔长大的渔民，就是那名在网络上实名发帖举报的网友。

一路颠簸，“面的”车在暮色中行驶了近两个小时后，终于来到了付锦维家住地——湖南省华容县幸福乡东泱村。

在付锦维家中，他给记者拿出了一堆举报材料，和一些他拍摄的有关洞庭湖遭破坏的影像资料。

看到记者略带质疑的眼神，付锦维表示明天一早带记者去现场看看，“眼见为实”。

一夜无话。

第二天清晨,天刚蒙蒙亮,付锦维兄弟和几个渔民就与我们一起出发了。

网友“独上西楼”很兴奋,走到了队伍的最前面。这位郴州小伙从来没见过洞庭湖。“碧波万顷,沙鸥翱翔”如梦如画般的景象一度令他神往。

但很快,这位小伙子就兴奋不起来了,眼前的情景让他大吃一惊。

越过湖堤,映入眼帘的是成片的杨树林,身处杨树林中,让人很难相信自己已在洞庭湖中。随行渔民介绍,这些杨树林是岳阳市某纸业公司从有关部门那里承包过来种树造纸的。

摩托车在林中飞驰,10 多分钟后穿过了这片杨树林。但令小伙子失望的是,他并没有看到传说中的湖水,出现在他眼前的是密密麻麻林立的竹竿,成片地向湖中延伸,竹竿之间则围着两米多高的铁丝网,铁丝网上面还有两米高的纤维网。

没有插竹竿的地方,无一例外地堆起了近两米高的矮土围,如万里长城般蜿蜒盘旋在洞庭湖底,一眼望不到头。矮土围旁则是一条 3 米左右宽的壕沟。

这些竹竿、丝网、矮土围、壕沟在洞庭湖中组成大大小小的包围圈,渔民们称之为“围子”。

“这些壕沟便是湿地的杀手！水是湿地的生命。一旦缺水,湿地的生命将不复存在。”付锦维形象地说,“围子”老板们开挖这些壕沟就等于是拿刀在湿地身上狠狠地捅了一刀,湿地的“血液”顺着壕沟流光后,只有眼睁睁地等死了。

《法治周末》在现场看到,因为水的大量流失,湿地上的水草已经枯黄,地面也坚硬了许多,甚至连摩托车都可以任意在湿地上行驶。

“以前你不穿长筒雨靴是不能在洞庭湖中行走的。就算在枯水期,洞庭湖底也是一马平川泥泞的湿地。现在穿拖鞋都可以走到湖中心,因为湖中大片的湿地被乱挖的壕沟把水抽干了,湿地已变成干地了。”付锦维对《法治周末》说。

“更糟糕的是湿地上没有了水草和鱼虾,野生动物和候鸟就失去了生存的食物,整个生态系统就彻底被破坏了。”付锦维叹息道。

知情人透露,目前在整个东洞庭湖,除了处于东洞庭湖国家级自然保护区的大、小西湖和核心区域,以及采桑湖保护站管理的一部分湿地水域,因受到了严格保护,湿地依旧水草丰美,吸引了大批的珍禽候鸟外,其他湿地正遭遇着被蚕食的厄运。

湖心打出 3 个举报电话

摩托车在干枯的湿地上行驶了 20 多分钟后,道路开始变得坎坷不平,我们只能弃车徒步。

一路走下来,没有变化,没有惊奇,四周一片沉寂。眼前只有走不完的矮围深沟和望不尽的竹竿丝网,传说中的湖水和沙鸥似乎已变得遥不可及。纵横的沟壑和密布的竿网已使这个江南大湖的湿地弥漫着死亡的气息。

在一条壕沟的尽头,搁置着一条废弃的渔船,渔船边堆积着一些红砖,一座拦水坝已经修了一米多高。

“修水坝主要是抬高壕沟里面的水位,以便他们在壕沟中行船养鱼,每个‘壕沟’的尽头都有水坝,这一座座的水坝就像暗礁一样,湖水涨起来后,这些水坝就被淹没到了湖底,给渔民日后行船带来了巨大的威胁。”付锦维说。

拦水坝旁的草地上,几头水牛正躺在地上悠闲地啃着枯黄的水草,牧童在一旁玩着泥巴,偶尔几只飞鸟匆匆地从空中掠过。

“以前这里可热闹了,大片大片的水鸟在这里飞来飞去。自从围栏拉起来,挖土机轰轰隆隆开进来后,它们就飞走了。”小牧童天真地噘噘嘴说道:“不知道这些大人们干嘛要搞这些网。”

同行的网友“独上西楼”一路走一路被震撼,他沿途拍了许多照片,表示回去后要向有关部门呼吁,要和付锦维等渔民一道投入洞庭保卫战去。

当徒步行走近3个小时后,前面终于可以看到一些零星的水面,付锦维说已经接近东洞庭湖华容段水域的湖心了。

“前面还有一些湿地没有被破坏,穿皮鞋走不过去,不过,那些没被破坏的湿地周边已经插满了竹竿,只要壕沟一挖,这些湿地也将难逃死亡的厄运”,付锦维担忧道。

就在我们准备动身返回时,不远处传来了轰隆的马达声。

“这是挖机的声音!”付锦维和哥哥付锦华尖叫了起来。

“我得马上向他们报告,请求他们来现场查处!”付锦维所说的他们是指管理这片湿地的有关政府管理部门。

“喂,张局长,这里有挖机在乱挖湿地筑矮围,你们能派人过来查吗?”付锦维掏出手机,立即拨通了东洞庭湖国家级自然保护区管理局一位负责信访接待的负责人张洪的电话。

“乱筑矮围的事是归岳阳县渔政站管理,你要向他们反映。”这位张姓负责人在电话中回答道。

“管理局说乱筑矮围的事归你们管,你们能过来查吗?”付锦维又拨通了岳阳县渔政站北州分站站长曾钢的电话。

“你去调查一下吧! 回来后把调查结果告诉我,我再派人去处理,你不提供详细情况,我们搞不清楚到底是谁在挖。”曾钢在电话中说。

“我一个渔民又无行政执法权,哪能调查清楚咯!”付锦维像一只泄了气的皮球,呆立许久,一时感到束手无策。

这片湿地处华容县和岳阳县的交界处,抱着试试看的想法,付锦维又拨通了华容县渔政管理站站长李友兵的电话。

“我们已经知道这事了,准备近期到市里开会研究,几个部门协调一下,争取全部取缔掉。”李友兵说。

“还是拍个照取个证吧。”付锦维拿出相机，寻声而去。湖风吹过，几近干涸的湖底湿地上留下了他那一双歪歪斜斜孤独的脚印。　　《法治周末》(2010.2.4)

点　评　首批列入“国际重要湿地名录”的东洞庭湖干涸的湖底，令人痛心疾首。记者深入细致调查并究其原因。在东洞庭湖，90%以上的湿地已经被私人“圈”为己有，代表着分界线的丝网竹竿遍地开花，沟壑矮土围蜿蜒盘旋，这些沟壑狂吸湿地的“血液”。原来要穿着长筒雨靴才能行走的湿地，如今连摩托车都可以任意在上面行驶。

报道引起有关方面的关注，随即，洞庭湿地保卫战打响了。

独家披露地方经验入“法”的前前后后

周文馨　赵志锋

《人民调解法(草案)》向社会公开征集意见工作即将于7月31日结束,这几天,甘肃省定西市中级人民法院院长时春明和全市基层人民法院的法官格外关注意见征集情况。

定西市法院的法官们之所以如此关注,除了是业务工作的需要,更多的原因在于,定西市法院首创的“人民调解协议诉前司法确认机制”写入了《人民调解法(草案)》,这一解决矛盾纠纷的新途径即将正式上升为国家法律。

甘肃省政法界相关人士表示,“人民调解协议诉前司法确认机制”上升到立法层面后,将成为甘肃省法院系统继“马锡五审判方式”之后,对中国法制的又一贡献。

对于“人民调解协议诉前司法确认机制”,《法制日报》记者几乎见证了这一机制从最初“摸着石头过河”的试点,到曲折的发展完善,最后逐步走向成熟的全过程。近日,记者就“诉前司法确认机制”在甘肃的产生试行、完善推广和发展创新再次进行了全方位采访,以期向读者还原这一开创全国先河的矛盾纠纷解决机制上升为立法之前的那些鲜为人知的故事……

机制初创遭遇无法律依据质疑

年过七旬的牛大爷是甘肃省兰州市榆中县马坡乡的一名普通农民,由于分家后3个儿子都不愿意和他住在一起,牛大爷便守着自己的耕地独自生活。由于3个儿子相互推诿赡养责任,老人与他们之间的关系急剧恶化。

当地的司法调解员了解情况后,以情、理、法相结合方式对事件进行了调解,牛大爷与3个儿子达成协议,老人由长子赡养,其他两个儿子每年各给付粮食150斤,赡养费600元。

协议达成后,牛大爷和他的儿子们都担心这份协议日后会因为其中任何一方反悔而失去效力,于是老人带着3个儿子生平第一次踏进了榆中县人民法院的大门,法院对调解协议进行合法性审查后,依法予以诉前司法确认。

拿到被确认的调解协议书后,牛大爷高兴地说:“今后,我可以安心地过日子了。”

这只是“诉前司法确认机制”在甘肃全省推广运用中较为简单的一个案例。

所谓“人民调解协议诉前司法确认机制”,就是人民调解委员会等非诉讼调解组织对当事人之间的矛盾纠纷进行调解达成协议后,经当事人申请,人民法院经过审查认为协议内容合法,就可以出具法律文书确认该调解协议有效。确认后的人民调解协议具有法律效力,当事人必须履行,不能反悔也不能另行起诉;如果一方拒绝履行协议,另一方当事人可直接申请人民法院强制执行。

谈起创立并试点这项机制的初衷,定西市中级人民法院院长时春明说,由于人民调解组织等非诉讼调解组织对矛盾纠纷进行调解达成的协议不具有法律效力,协议达成后,如果一方当事人反悔不予履行,另一方不能据此向人民法院申请强制执行,只能另行起诉。这样既浪费调解力量和司法资源,又增加当事人诉累,还容易将小纠纷酿成大案件,引发上访缠诉。

"一方面,人民法院经受着'诉讼爆炸'的考验;另一方面,人民调解和行政调解的功能没有得到充分发挥,造成资源闲置。"时春明说,人民法庭负有指导人民调解工作的职责,但过去这种职能的发挥仅仅是组织短期的以会代训、邀请人民调解员旁听审判,方法单一、流于形式,不能从根本上解决人民调解的法制化、正规化、程序化问题。

《法制日报》记者了解到,目前,"人民调解协议诉前司法确认机制"已逐渐成为解决基层矛盾纠纷的"利器"。但是,在试点前,却遭遇了"两大深层次质疑":一是未经严格的诉讼程序就赋予非诉讼调解协议强制执行的法律效力,是否存在诉讼程序弱化问题;第二个质疑在于是否存在人民法院的司法权让与非诉讼调解组织的问题。

针对是否存在诉讼程序弱化的问题,时春明认为,一方面,诉前司法确认机制针对的都是处理难度很小的民商事案件,对非诉调解组织调解达成的协议进行司法确认,对一名专业法官而言很容易,在这种情况下强调程序的复杂化显然是机械办案的表现;另一方面,这一机制是一种司法程序,是根据当事人的申请而启动的,符合司法程序启动的法律特性即被动性。

同时,"诉前司法确认"机制并没有将非诉调解组织的调解作为诉讼的前置程序,是否启动诉前司法确认,完全是当事人的自主选择,所以"该机制根本不存在司法权让与的问题"。

"不仅如此,相反,这一机制的目的是将本无法律强制力的非诉调解协议经过严格的司法审查后,对合法公正的协议进行司法确认,赋予其法律强制执行力,使貌似已经得到解决而实际上仍处于不确定状态的矛盾纠纷通过司法确认使其处于法律确定的状态中,从而使司法权的功能得到更加充分的发挥。"时春明说。

记者了解到,这项机制在定西市中级人民法院力挺推行、全市基层法院摸索试行的过程中,还曾遭遇过一片"法律上没有明文规定、诉前司法确认没有法律依据"的问责之声。

对此,时春明毫不回避地说:"一项司法改革,如果一味坚持有无法律明文规定,那么这种所谓的司法改革无疑是自欺欺人。"

甘肃省行政法学专家李润成在接受《法制日报》记者采访时表示,"诉前司法确认机制",既充分尊重了"当事人意思自治",又依司法审查职权对协议内容是否合法进行审查,实质是对“当事人意思自治”更进一步的尊重,实现了“当事人意思自治”与“国家意志”的有机结合,这正是现代法治国家构建和谐社会所需要的。

2008 年 8 月,在定西市“人民调解协议诉前司法确认机制”司法改革试点现场交流会上,时春明直言,真正制约这项机制发展的“短板”,是认识上存在着“两个极端”,实践上需要破除“两个瓶颈”。

“要防止和克服消极应付和急躁冒进这两个极端,破除对社会宣传不到位和改革主体思想认识不到位两个‘瓶颈’。”时春明说,有些基层法院和法官,特别是少数领导,对试点工作存在着畏难情绪,有时消极应付,上级法院督促了办上几件,不督促就放手不管,有些法院甚至半年没有确认一起案件。

“宣传推广力度不够则表现在,不但广大人民群众对这项改革的具体内容,包括申请诉前司法确认的案件范围、程序、法律效果等知之甚少,就连大多数非诉调解组织对这些也是一知半解。”当时,据时春明介绍,法院与各调解组织没有建立起紧密联系、沟通、协调的长效机制,存在着“两张皮”的现象。

完善推广上升为“司法解释”

调解—反悔—群体性上访—再调解—再反悔—再群体性上访……一起并不复杂的矛盾纠纷,却一拖就是 8 年。

谈起这起纠纷,当事人之一的梁昆连说:“太累了。”

原来,早在 2001 年,定西市安定区李家堡镇窑坡村村民梁昆、马华等 33 户农民,因为 300 多亩土地的承包经营权问题与李奇武等 13 户农民产生了纠纷,虽然调委会、司法所多次进行调解达成协议,但双方过后又反悔,于是纠纷一拖再拖延续了 8 年。

2008 年 1 月 1 日,定西市法院和市司法局联合下发实施意见,在定西市全面推行“诉前司法确认机制”。双方当事人知道这一消息后,再次申请镇调委会调解并达成协议,之后立即向安定区人民法院申请诉前司法确认,法院当日审查并进行了确认。3 天后,双方自动履行了义务,这起持续了 8 年的纠纷终于尘埃落定。

2008 年 5 月,因率先开展“诉前司法确认机制”工作,定西市中级人民法院被最高人民法院确定为全国多元化矛盾纠纷解决机制改革试点的中级人民法院之一。

2008 年 11 月中旬,甘肃省高级人民法院院长梁明远赴定西调研指导“诉前司法确认机制”工作,提出将在适当时候召开现场会,向全省推广这一解决纠纷的新机制。

2009 年 5 月 15 日,甘肃省综治委、省高级人民法院、省司法厅联合下发《关于推行人民调解协议诉前司法确认机制的意见》,明确要求向全省推行定西市实施的人民调解协议诉前司法确认机制。

当月 22 日,甘肃省在定西市召开了“全省人民调解协议诉前司法确认机制现场会”。在这个会议上，甘肃省委常委、政法委书记、省综治委主任罗笑虎强调，全省各级党委、政府要把“诉前司法确认机制”建设作为化解矛盾纠纷、维护社会和谐稳定的一件大事来抓，要通过多种途径和方式在群众中广泛宣传，引导当事人优先选择省时、省力、省钱的诉前司法确认机制解决纠纷，以合理分流民间矛盾纠纷，真正体现调解优先的原则，定分止争，促进和谐。

甘肃省高级人民法院院长梁明远要求，各级人民法院要充分认识“诉前司法确认机制”在完善社会矛盾纠纷调处机制、从源头上有效预防和化解人民内部矛盾、维护人民群众根本利益、实现纠纷解决的法律效果与社会效果有机统一、维护社会和谐稳定等方面的重大意义，使这一机制成为能够更加便捷高效地解决人民群众民生问题，进一步提高人民调解公信力的纠纷解决方式。

甘肃省司法厅厅长王禄维表示，“诉前司法确认机制”对人民调解工作的组织建设、队伍建设和工作质量等方面提出了新的更高的要求，各级司法行政机关要坚持“调解优先”原则，充分发挥职能优势，大力加强人民调解组织建设，加大调解员培训力度，规范调解程序提高调解质量。

据了解，这次现场推广会议让“诉前司法确认机制”走出了定西，同时摆脱了以法院为主搞改革、其他部门组织难协调和社会群众难发动的状况。

彼时，这项机制在最高人民法院的密切关注和甘肃省高级人民法院的直接指导下已经走向成熟，一些在实践中遇到的问题和故障也采取了针对性的制度措施来完善和救济。

2009 年 7 月 24 日，经中央批准发布的《最高人民法院关于建立健全诉讼与非诉讼相衔接的矛盾纠纷解决机制的若干意见》中，第 20 条规定和第 25 条规定，全面采纳、吸收了甘肃省首创并率先推行的“诉前司法确认机制”的主要内容。此时，这一机制上升为国家层面的“司法解释”，开始面向全国实施。

发展创新行政调解引入诉前确认

目前，“诉前司法确认机制”已在甘肃实践了 3 年多，记者了解到，自 2007 年 3 月开始试点至 2010 年 6 月底，定西市法院共确认 3395 件，执行率 100%，其中自动履行率 99.41%。自 2009 年以来，甘肃全省法院共办理诉前司法确认案件近 2000 件。“人民调解协议诉前司法确认”在甘肃省很多基层地方已经成为一项常态化工作。

梁明远总结说，这一机制凸显出了 6 大优势：一是便民化解矛盾纠纷；二是快捷化解矛盾纠纷；三是高效化解矛盾纠纷；四是彻底化解矛盾纠纷；五是和谐化解矛盾纠纷；六是经济化解矛盾纠纷。

《法制日报》记者了解到，这一具有 6 大优势的机制仍在不断完善中。

目前，甘肃省的一些地方在属于行政调解范畴的道路交通事故赔偿纠纷案件中,也引入了“诉前司法确认机制”,确认了一批道路交通事故损害赔偿纠纷,其独特的优势不仅使大多数当事人得到了实实在在的利益,而且为交警部门及时处理交通事故中的赔偿纠纷提供了法律后盾。

近日,定西市安定区人民法院成功确认了一起涉及外资企业的道路交通事故人身损害赔偿纠纷,为诉前司法确认机制的司法实践增添了新的内涵。

意大利CMC公司是一家在安定区境内的外资企业。2010年6月7日晚,该公司驾驶员罗马斯可驾驶越野车与该镇瓦窑湾村农民岳鹏驾驶的两轮摩托车发生碰撞,致岳鹏死亡,两车不同程度受损。鉴于该案情况特殊,安定区交警大队及时与区法院联系。经法院建议,交警部门调解死者家属与意大利CMC公司达成赔偿协议。

协议达成后,双方均担心对方反悔,为解后顾之忧,双方申请诉前司法确认。区法院对调解协议进行合法性审查后予以确认。确认书送达后,意大利公司即向死者家属给付了全部赔偿款。双方当事人都对“诉前司法确认机制”这一化解矛盾纠纷的机制表示满意。

今年上半年,甘肃省高级人民法院就“全省诉前司法确认机制运行情况”进行了专题调研。调研结果显示,这一机制在全省推行的情况基本上是好的,多数地方已经下发了由党委政法委牵头制定的实施方案或由法院与司法行政部门联合制定的实施方案,并正在实施过程之中。

但是,此次调研也发现了“诉前司法确认机制”存在的一些问题。调研报告显示,一些法院虽然制定了有关诉前司法确认的规范性文件,但进入操作层面实际办理确认案件者则相对较少,地区发展不平衡。而且,诉前司法确认机制在全省基层的社会知晓度尚不高,这其中包括一些法院的领导和法官对此一知半解。

此外,信息沟通不畅也是这一机制推广过程中遇到的问题。对此,定西市法院在非诉调解协议格式中设置固定的“告知栏”,以便纠纷当事人了解“诉前司法确认机制”并自主选择是否启用。

针对调研中发现的问题,梁明远要求全省法院系统和相关部门组织要进一步加大推广力度,加大组织协调和检查指导力度,要建立推广工作激励机制,及时解决确认工作中存在的具体问题。

梁明远强调,实践证明,人民调解诉前司法确认机制的实施,强化了人民调解的确定性,矫正了人民调解的随意性,纠正了违法调解协议,实现了司法与非诉调解之间的有效衔接,激活了人民调解的生机和活力,促进了多元纠纷解决机制的不断完善,体现了司法工作服务大局的司法理念。他表示,人民调解协议诉前司法确认机制上升为法律以后,必将对推进司法体制改革,促进社会和谐稳定,实现司法工作的政治效果、社会效果和法律效果有机统一产生积极作用和深远影响。　(2010.7.30)

点 评

“人民调解协议诉前司法确认机制”将本无法律强制力的非诉调解协议经过严格的司法审查后，对合法公正的协议进行司法确认，赋予其法律强制执行力，使貌似已经得到解决而实际上仍处于不确定状态的矛盾纠纷通过司法确认使其处于法律确定的状态中。本文披露了甘肃首创的“人民调解诉前司法确认机制”被写入人民调解法的全过程，记录了这一机制从最初“摸着石头过河”的试点、到曲折的发展完善、最后逐步走向成熟并写入“法”的全过程。

江淮大地视平安为第一民生

贾京平　孙春英　李光明　周　斌

这是贯彻落实中央决策部署的生动实践——去年年底全国政法工作电视电话会议部署开展深入推进社会矛盾化解、社会管理创新、公正廉洁执法以来，安徽唱响“发展是第一要务，稳定是第一责任，平安是第一民生”主旋律，广大政法干警、综治干部在江淮大地上展开了一场扎扎实实的三项重点工作大实践。

【社会矛盾化解篇】

织密基层网络激活调处末梢

吕军明拿着一块抹布走到家门口，把挂在墙上的“瞭望播报”小黑板仔细擦干净，然后用粉笔写上：近期外来人员较多，提醒各位居民保管好自己的财物，严防偷盗发生。落款是：A 区瞭望哨，2010 年 10 月 29 日。

52 岁的吕军明是安徽省池州市牛头山镇姥山新村村民。他还有一个响当当的称谓：治安瞭望哨“哨长”，即瞭望员。吕军明有一本《治安瞭望哨日志》，他每天都要记录辖区村组的治安情况。记者翻开日志看到，绝大多数内容记录着 4 个字“今日平安”。

牛头山镇综治维稳办副主任、司法所所长纪新光说，瞭望哨的建立，健全了农村治安防控体系，在维护农村社会稳定中发挥的作用不小。他举例说，前不久，牛头山镇有 30 多位村民因土地租赁纠纷要到市里上访，治安瞭望哨及时发现并上报信息，镇维稳综治办立即走访群众了解情况，联合多部门进行会诊，顺利化解了这起一触即发的矛盾。

目前，池州市有像吕军明一样的瞭望员 4928 名，分布在全市 85% 以上的农村。他们收集预警信息，上传下达，同时也调解简单的矛盾纠纷。

“瞭望哨是池州社会稳定最敏感的神经末梢，也是被誉为‘池州模式’的大调解、大信访、大综治、大稳定格局的延伸。”池州市委政法委常务副书记、综治办主任汪啸平告诉记者，池州市以司法所为依托，综治、民政、武装、劳动、信访、派出所、法庭等部门参加，成立乡镇街道维稳综治办，对矛盾纠纷实行统一受理、归口管理和限期办理，形成“池州模式”。

如果将视线从农村移到城市，与瞭望哨类似的“机构”就是社区的“楼栋长”了。在池州，居民楼栋长已覆盖全部社区，达 1133 人。

池州市委常委、政法委书记、市公安局局长王迎春深有体会地说，近年来，池州市通过在乡镇街道建立维稳综治办，在行政村、社区建立综治工作站，在村民组和居民楼设立治安瞭望哨和楼栋长等，乡镇街道以下基层维稳综治工作初步形成了两级平台、三级网络的格局，从而破解了乡镇街道维稳综治分散薄弱、村级综合治理无人办事和农村警力紧张、警务难以延伸三大问题，大大提高了基层维护稳定的能力。

“池州模式”被广泛推广后，安徽一些地方结合实际，不断推出“修订版”。合肥市在乡镇街道全部建立综治工作中心，实行“12 归 1”的做法给记者留下了深刻印象。

在合肥市庐阳区杏林街道的一面墙上，一张图表直观地表述了何为“12 归 1”，街道综治办、司法所、信访办以及妇联、团工委、文化站等 12 个单位，箭头一致指向了“综治工作中心”这一机构。

“综治工作中心的建立，形成了齐抓共管、多方联动、高效运作的格局，实现了一个窗口服务群众、一个平台受理反馈、一个流程调解到底、一个机制考核落实，做到了‘民有所呼、我有所应’。”杏林街道党工委书记肖军描述道。

杏林街道调解室里那一摞摞卷宗，则是“12 归 1”效果的最好见证。今年以来，这个综治工作中心共受理矛盾纠纷 75 起，成功调处 72 起，成功率达 96%。

合肥市曾连续 4 届获得“全国社会治安综合治理优秀城市”，拥有综治工作最高荣誉“长安杯”，这让合肥市委常委、政法委书记杨思松颇感自豪，同时也深感重任在肩。他坦率地说，“我们始终把矛盾纠纷排查化解工作作为维护社会和谐稳定的重中之重，用精细化的理念全程‘经营’矛盾纠纷化解，在解决矛盾纠纷排查化解工作领导责任制和目标管理责任制两个关键问题上取得了突破，对 20 种可能出现的各类矛盾责任主体进一步进行明确，防止矛盾出现时相互推诿、出现问题能够找到‘债主’追究担责，走出了一条特色鲜明的‘大调解’之路”。

“矛盾纠纷不会就地做大、得到及时化解的关键是能够从源头上第一时间掌握矛盾纠纷。”安徽省综治办副主任张兵介绍说，在深入推进三项重点工作中，安徽省出台了《安徽省重大事项社会稳定风险评估办法（试行）》，对重大改革、重大决策、重点项目以及涉及群众切身利益的重要事项和影响社会稳定的重大问题，全面实行社会稳定风险评估制度，并把社会稳定风险评估纳入社会治安综合治理考评体系。

各地还创造了很多进行矛盾纠纷源头预防的方法。在黄山市，各区县都推出了自己的“品牌”：祁门县的干部“驻村夜访”、休宁县每月 20 日开展的“民情交流日”、黄山区成立的社会矛盾心理疏解中心等。通过这些平台，领导干部带头并组织大量干部进村入户，逐村逐户进行摸排，分类化解，努力把各种矛盾纠纷解决在基层、消除在萌芽状态。

在矛盾纠纷排查调处的实践中，安徽逐步实现了条块结合的综合效应。今年以来，安徽省司法厅以“推进三项重点工作，促进社会和谐稳定”为主题，在全省司法行政系统发起了声势浩大的以社会矛盾化解为重点的司法所“双百日维稳攻坚行动”，全省 1492 个司法所 5000 多名司法所工作人员深入村组、社区、厂矿、企业等矛盾纠纷第一线，定时、定人、定点、定责开展横向到边、纵向到底的全方位排查摸底。截至目前,各级司法行政机关共调解纠纷 79,229 件,调解成功 76,904 件,调处成功率 97.1%,防止群体性上访1479 件。此外,各级法院、检察院、公安机关探索建立了“诉调对接”、“检调对接”、“公调对接”机制,化解了大量矛盾纠纷。

【社会管理创新篇】

推陈出新形成上下创新联动

“我的感受是,做好综治工作需要领导重视,需要人财物的投入,也需要多深入基层了解实际情况,从源头抓起,防患于未然。”这位坐在记者对面侃侃而谈的人,是一家名叫“安徽伟宏钢结构有限公司”的老总曹雁冰。

记者注意到,在伟宏公司的一楼,有一间五六十平米的屋子,门框的牌子上赫然写着 5 个字:矛盾调解室。据了解,这是合肥市庐阳区社会管理创新的一个亮点——综治进民企。

在曹雁冰看来,企业也是社会的一分子,企业做好综治工作,既有利于自身的发展,也有利于社会的稳定。自企业开展综治工作以来,伟宏公司实现了无刑事案件、无重大治安案件、无重大安全责任事故、无职工集体越级上访、无职工违法犯罪。

社区作为基础细胞,创新社会管理至关重要。池州市湖心路社区警务室民警王长友对着电脑一阵操作,池州市自发研制的“租信通”软件系统跃然屏幕之上。只见社区所有承租人的姓名全部显示了出来,年龄、籍贯、身份证号码、手机号码、承租房门牌号等一应俱全。打开“企讯通”,企业人员信息也是一目了然。

记者看到,这些信息非常“新鲜”,“租信通”的最新信息是 10 分钟前更新的。对此,王长友一脸自豪地解释说,这些软件都免费发放给了房屋中介和企业,要求他们第一时间上传客户或员工信息,“通过创新管理,我们足不出户就能掌握辖区流动人口情况,能够第一时间开展入户检查,落地核实”。

正当王长友向记者现场演示“租信通”功能时,他身旁的一名社区治安协管员的手机短信音响了,协管员半开玩笑地敬个礼说:“王警官,治安信息收到,立即传达。”原来,王长友打开了“联防通”,一个仅仅两三秒的操作,一则由分局刚刚上传的“昨晚发生盗窃案,提醒居民加强防范”治安通报,已经通过复制、粘贴、群发,发送到了辖区所有协管员的手机上。王长友笑着说,今年前 10 个月,湖心路社区刑事案件发案 26 起,治安案件 53 起,同比分别下降了 9.8% 和 8.7%。

继承与创新并举,安徽已全面启动“两个实有”工程,在省辖市城区落实实有房屋和实有人口双覆盖管理。坚持“以证管人、以房管人、以业管人”,建立流动人口综合服务管理信息系统,落实流动人口服务管理责任。铜陵市探索出了严重肇事肇祸精神病人“三位一体”的管控模式,综治部门将全市所有精神病人登记造册,对严重肇事肇祸精神病人,按照一名民警、一名综治协管员和一名社区工作人员“三位一体”的管控模式,采取市财政与相关区财政 5∶5 承担形式,实行有针对性的管控和救助，初步破解了严重肇事肇祸精神病人管理难题。

安徽各地都把社会管理创新作为深入推进三项重点工作的重要命题，进行求解。

该省将合肥市、铜陵市和霍山县确定为社会管理创新试点市县后，合肥市随即启动了试点工作，以解决突出问题为突破口，围绕社会矛盾化解、社会稳定风险管理、社区服务管理等方面，全力推动社会管理创新，并将社会管理创新梳理、整合成23个“项目”，由市领导、相关部门亲任项目的责任主体，“承包”实施。

安徽省要求各地在市、县两级设立交通事故损害赔偿纠纷人民调解委员会，专门从事道路交通事故损害赔偿调解工作。马鞍山市自去年年底成立以来，截至今年8月31日，共受理此类调解申请544起，调解成功539起，调解成功率达99%，因交通事故损害赔偿引发的信访、投诉案件与上年同比大幅减少。铜陵市则成立了医疗纠纷、房屋拆迁、环境污染等12个专业调解中心。该中心成立以来，申请调解110例，达成调解协议的92例，累计协议赔付金额为531.9万元，大大缓解了医患冲突。

社区矫正是一种全新的刑罚执行形式，可供“拿来”的做法不多，因此成了各地社会管理创新的一块“试验田”。作为安徽最早开展社区矫正的城市，淮北市从矫正衔接、矫正对象管理、考核奖惩、矫正教育、请示报告等12个方面对社区矫正工作进行了规范，率先探索实行矫正对象红、黄、绿“三色管理”模式。根据矫正对象接受矫正时间、现实表现及重新犯罪可能性大小不同，分别实施重点监管、正常监管、宽松监管，提高教育矫正的针对性。

“各级法院在落实审前调查、法律文书传递、矫正对象移交接收等方面及时顺畅，民政部门及时为符合条件的矫正对象落实低保、救济等政策，劳动社保部门及时为矫正对象提供就业技术帮助，财政部门及时保障社区矫正工作经费，在源头上、关键环节上落实社区矫正措施，有力地促进了社区矫正各项工作的开展。”淮北市委常委、政法委书记张峰介绍说。

据统计，淮北市已建立安置帮教和社区矫正基地13个，公益劳动基地19个，就业基地19个，全年开展技能培训231人次，指导就业474人次，组织公益劳动329次。全市安置率达91.2%，无脱管、漏管和重新违法犯罪现象。

据安徽省司法厅基层处介绍，目前全省正在建立社区服刑人员实时动态管理信息系统和社区服刑人员信息库，以信息化手段实现跟踪管理和动态管控。

【公正廉洁执法篇】

柔性引导与严厉查处并举

“廉政之风扑面而来。”这是10月31日，记者走进安庆市怀宁县人民检察院时最直观的感受。大厅正中央的屏幕上滚动播放着：身穿制服，立一身傲骨，执法勿忘公正；胸佩国徽，扬满室德馨，掌权常怀民生。而在该院过道和走廊里，也到处是警示名言。

“在这里工作,你会不自觉地被这种‘包围式’的廉政氛围所感染,坚定公正司法的信念。”怀宁县人民检察院检察长杜象平对此津津乐道,除了营造廉政氛围柔性引导外,他们还建立了诸如《县检察院领导干部廉洁从检规定》、《禁酒令》等刚性措施。

为了让检察干警在8小时之外的“社交圈”、“生活圈”、“娱乐圈”处处充满“阳光”,怀宁县人民检察院不断创新监督机制,推出了“三员”监督举措,从纪检、政工等部门中挑选9名干警担任“兼职监督员”,聘请所有干警家属作为“家庭监督员”,从县纪委、公安、法院以及乡镇、居委会中聘请24人担任“义务监督员”,形成多方监督,使该院连续保持32年无一人违法违纪。

“公正、廉洁、为民”,这是安庆市宜秀区杨桥法庭挂在墙上的庭训。这既是对法官职业的要求,也是人民群众对法官的期望。

为了推动公正廉洁执法,杨桥法庭通过十分通俗的教育引导干警自己算“七账”、保“四线”。即算好人生政治账,不要自毁前程;算好经济账,不要倾家荡产;算好名誉账,不要身败名裂;算好家庭账,不要妻离子散;算好亲情账,不要众亲蒙羞;算好自由账,不要深陷囹圄;算好健康账,不要心力交瘁。从而自觉做到工作干在最前线、名利勿争放后线、法纪守住警戒线、公私分明保底线。

记者在采访中感受到,为实现公正廉洁执法,安徽政法机关勇于向自己“动刀”,这是过人之举。

从今年5月起的1年内,安徽在全省政法机关开展了“集中查办司法不公背后的职务犯罪”专项活动,对2008年以来受理的政法干警涉嫌职务犯罪案件,深入排查线索,集中查办一批司法不公背后的政法干警贪污贿赂、渎职侵权等职务犯罪案件,以解决群众反映强烈的司法不公不廉问题。截至今年上半年,全省已排查涉案线索206件,查处司法人员职务犯罪54人,专项行动取得初步成效。

“执法不公不廉很容易惹民怨、激民愤、失民心,最终损害的是政法机关乃至党的形象。”安徽省委政法委常务副书记朱勇说,建立规范执法监督、评查体系不仅能提升政法机关的执法能力和执法水平,也是规避执法不公不廉的有效手段。

据安徽省委政法委政治部介绍,到今年10月,全省各级政法部门基本完成了干警执法档案建设。省委政法委要求,档案中不仅要反映干警在执法活动中严格执法、热情服务等情况以及干警素质提升、各种奖励荣誉等内容,更要注重反映干警在执法活动中不规范、不文明、质量不高、效果不好和其他过错以及违纪违法被查处等情况。此外,省委政法委还探索建立了对政法部门巡视工作机制,要求各级党委政法委组织开展涉法涉诉信访积案等案件的评查活动等工作,形成立体、多层面“围剿”不公不廉浓厚的氛围。

“近年来,安徽对政法干警徇私枉法、执法违法和办人情案、关系案、金钱案的查处约束力度可谓是空前的,汇集起来就是‘从严治警一本书’。”朱勇说,从严治警只是一个方面,完善队伍建设才是公正廉洁执法的根本基石。

记者在采访中了解到,安庆市两级党委政法委为积极协助同级党委及其组织部门管理好政法队伍,探索建立的协管机制颇有新意。用安庆市委常委、政法委书记王章来的话说:“它较好地处理了协管与主管的关系,促进了党委政法委对政法干部协管工作规范、有序运行。”

记者看到,在安庆市委政法委与组织部门联合下发的《关于加强全市政法系统干部管理工作若干规定》中明确,政法部门县处级干部调配任免程序,从动议到推荐、考察、呈报,政法委全程参与;对政法部门每年度的班子和协管对象的考核,由同级党委政法委一名副书记担任考核组组长,以政法委为主组织考核,保持了协管干部工作的经常性和连续性。

“近两年来,安庆市政法部门选拔调配了42名县(处)级干部,在动议阶段,所在单位党委(党组)在向组织部门沟通的同时均征求了市委政法委的意见;推荐考察阶段,组织部门和政法委共同进行,做到了名副其实的协管,调动了干部队伍的积极性,提高干警争先创优的积极性。”王章来说。

一位政法部门的干警对记者感慨道,政法委协管政法部门干部由虚到实,意味着监督也由虚到实,加上执法质量考评、执法档案等制度的建立,为公正廉洁执法设置了一道牢不可破的防线。

江淮大地深入扎实推进的三项重点工作,不仅深刻地改变了政法机关的行为和形象,更给人民群众带来了幸福与安康。（2010.11.8）

点　评　安徽综治工作和平安建设一直位居全国第一方阵,积累了许多具有创新性的典型经验,涌现出了众多典型人物,个中原因就是他们始终视平安为第一民生。正是因为有了这个理念,安徽综治工作、平安建设等各项政法工作才有了目标,充满了活力。文章盘点了安徽政法工作一段时期的成果,具有很强的指导性、示范性。

“乐清村主任之死”案再调查

陈东升　马岳君

警方称：完全排除“谋杀”可能

目击者称：传言不真实但猜测是谋杀

肇事司机哭诉：没有任何人指使我谋害钱云会

12月25日，浙江省乐清市的虹南公路寨桥村路段发生的一起事故引起了全社会的广泛关注，村主任之死究竟是意外还是有人蓄意所为？坊间一直众说纷纭。

继昨日温州警方专案组公布“未发现谋杀证据”的复查结论后，又有一名自称见过“谋杀”过程的目击证人现身网络，一时间，案情再度扑朔迷离。

今天下午，在有关部门的协调下，《法制日报》记者再度赶赴乐清市，独家采访本案专案组刑侦人员、肇事司机及现场目击者。

警方表示此案是交通肇事案件

“此案是交通事故还是谋杀案件，与公安机关没有任何利害关系，公安机关对此事没什么可藏着掖着的，职责就是要将事情调查清楚。”温州市公安局局长叶寒冰对《法制日报》记者说，此案发生后，警方人员分两批，按交通肇事与命案两套程序展开侦查，经过警方缜密调查，案件事实已经查清，证据已经固定。乐清蒲岐“12·25”案件完全排除“谋杀”可能，认定为交通肇事案件。

温州市公安局常务副局长、专案组组长沈强介绍说，12月25日上午，费良玉驾驶皖K5B323号大货车从虹桥湾底村运送石料前往临港开发区围垦工地，9时45分许，途经虹南大道蒲歧镇寨桥村地段时，遇行人钱云会在车前方道路右侧向左横穿，费玉良左驾方向并刹车避让不及，车头左侧碰倒钱云会，左前轮碾轧其胸颈部，致其当场死亡。

经查，该车核载12.405吨，超载35.020吨，超载282%。

沈强说，从命案角度，本案排除“谋杀”的依据主要有三：一是警方严格审查了嫌疑人供述的真实性、嫌疑人与死者是否有利害关系、是否受人指使等情况，并对其生活轨迹、工作情况、人际交往进行了全面详尽的调查，排除了主观故意的可能。二是警方细致地开展了现场调查访问，既对公安机关已掌握的所有证人重新进行了询问、调查；又对目击证人钱成宇和网民提出的“第二目击证人”黄迪燕进行了询问，确定并无“谋杀”行为被直接目击。三是从现场勘查情况看，现场留有明显的车辆刹车痕迹、尸体拖痕、人车碰撞痕迹，与被人强行压住碾轧的行为不符。

而从交通肇事角度,警方认定依据有四:一是费良玉供述其驾驶车辆遇行人横穿道路时,左驾方向并刹车避让不及,碰轧行人,此事实与同车人员黄标的证词相符;二是通过调查4名目击证人,并未发现事故现场有其他可疑人员出现;三是对车辆接触痕迹的检验和地面刹车痕迹的勘验确认,有关痕迹的形成符合交通事故发生经过;四是没有发现与上述情况有疑义的证据。

警方认定,费良玉无证驾驶严重超载的机动车辆,发现行人动态后采取措施不力,以致造成交通事故,其行为是造成交通事故的主要原因,应当负交通事故的主要责任;行人钱云会在未确认安全的情况下横穿道路,其行为是造成交通事故的次要原因,应当负交通事故的次要责任。

警方表示,以上情况,有嫌疑人供述、证人证言、“110”报警记录、现场勘验、车辆鉴定、当事人通话记录等予以证明。

而对于备受关注的钱云会生前所拨打的最后电话,警方表示,现通过技侦手段已调查清楚,电话是村里一名姓王的村民打的,内容是与他商量到北京上访的事情,经查证,与本次事故无关。

同时,《法制日报》记者在采访中了解到,钱云会尸体现停放在乐清市殡仪馆,警方已对其做过尸检。乐清市一位副市长目前正在与家属商谈善后事宜。

肇事司机称雨天路滑刹车不及

1979年8月出生的肇事司机费良玉是安徽阜阳颍上人,事故发生时,爱人正生病住在医院里,家里有一个9岁的儿子。为了改善家里的生活,在苏州打工多年的费良玉向亲戚们借钱,按揭买了这辆价值41万元的工程车,如今每月还要还8000元的贷款。

今天下午,在乐清市看守所里,穿着红色“乐看1434号”衣服的费良玉哭着向记者详细讲述事情的经过。

费良玉说,他与受害人钱云会无冤无仇,从不认识,也没有受任何人指使谋害他,一切只是意外。

据费良玉回忆,12月25日上午,他开着一辆车牌号为皖K5B323的后8轮工程车往乐清湾港区方向行驶。车子本来是靠右正常行驶,但到了出事地段,因右道封闭,遂从左侧通行。

“当时车速并不快,大概在40码左右。”费良玉说,这时候正好有一个行人在对面从右向左走,于是,他赶紧鸣笛刹车,行人还看了他们一眼,但由于雨天路滑,车后又拉了20多吨石料,结果没能刹住。

费良玉回忆说,事故发生后,他赶紧下车拨打了“110”,本来还想打“120”的,但一看人都死了,就没打。

费良玉说,过了几分钟,村民和警察就陆续赶来了。这时,现场有人提醒他赶紧走,不然会被村民打死的。于是,他就悄悄地走出了人群,走出了几十米,就看到村民和警察冲突起来。

后来,费良玉遇到了交警,他告诉交警,自己是车主,交警遂将他带到了看守所。

费良玉说,事故发生时,副驾驶上坐着司机黄标。“司机早上没吃早饭,准备中途吃点饭的,所以我就替他开一会儿。”

谈到无证驾驶的问题,费良玉说,自己驾照已经考完了,证还没有办下来。

因为事故发生后,司机黄标为费良玉顶包,被警方处以行政拘留的处罚。

黄标告诉《法制日报》记者,他与费良玉是同一个村的,有十几年驾龄,12 月 2 日从老家来到乐清,替费良玉开车,包吃包住月工资 3000 元。他也不认识钱云会。事故发生时,他正坐在副驾驶的位置上,看到有人过来,赶紧提醒费良玉。“费良玉当时赶紧鸣喇叭,并减速左拐,以为能避过,可没想人也往左拐,再刹车,就来不及了。”

“本来只想替司机一会儿,真没想到会出了这么一档子事。”费良玉说,进了看守所后,他曾给家里打过一个电话,听到电话那头 9 岁的儿子哭着找爸爸,他的心都碎了。

目击者称传言不实但猜测是谋杀

寨桥村村民钱成宇 1965 年出生,上过两年小学,曾因吸毒被强制戒毒,也曾因贩毒被判过刑,现以替人打砖谋生。离异,有一个 14 岁的女儿跟着他过日子。

得知记者的身份后,钱成宇异常激动,他对记者说:“我们的村长是最好的村长,如果能让他活过来,我死都愿意。”

钱成宇回忆说,当时他正从母亲家出来,见到有人被撞,“我赶过去一看是村长,脑子立刻一片空白,然后,立刻大喊,‘皇天三宝,村长被轧死了’”。

记者问他,有人称,他曾说过,看到 4 个穿黑色制服的人按住钱云会,然后让工程车开过来,将钱轧在车下,钱成宇听了,连连摆手说,“人命关天,这话可不能乱说,我没说过,也没看到过”。

但过了一会儿,他又对记者说,这个案子 80% 是谋杀。

记者问他为什么?

钱成宇说:“我们前任村长老婆开奔驰,自己开宝马,钱云会如果也想要钱,一个章盖了,五六百万元就到手了。可他去北京上访时,抽 2 元一包的烟,睡在工地,为了什么?还不是为了我们村民的补偿款?”钱成宇越说越激动,“政府把地拿走了,钱给那么少,我们不同意,村长带头反对,就是因为这个事情,他才被谋杀的”。

记者问,这只是他的推测,有什么证据?

钱成宇说:“车子开到了左边,还不刹车,难道不是谋杀?100% 是谋杀。”

说完后,钱成宇突然换了一种警惕的眼神看着记者说:“你们真的是记者?你签个字给我!”

第二目击者没看到事情的过程

继目击证人钱成宇后，今天又有一名叫黄迪燕的目击证人走进了人们的视线。

据了解，黄迪燕是华一村村民，她在昨天接受媒体采访时说：案发时，她正好路过现场，看到有3个戴着面罩、白色手套、分别身着牛仔衣、白色、青色外套的人按着一个老人（事后知道是钱云会）。停在一旁的工程车逆行驶过，3个行凶者将钱云会推到车底下。随后，工程车司机、副驾驶位的人和路上3个行凶者一起乘坐一辆早已停在旁边的小面包车逃离。

今天下午，在黄迪燕的家中，记者见到了这名目击证人：个子1米60不到、中等身材，戴着深红色的帽子，穿着浅红色的棉袄、黑裤子、棉拖鞋，衣服口袋里装着几个纸茶杯。

黄迪燕不会说普通话，说话时常前言不搭后语，从她零零碎碎的语言中，记者渐渐听明白了事情的经过。

12月25日当天，黄迪燕从事发现场附近的一个尼姑庵祈福回来，看到事发现场围了很多人，她就凑了过去。现场有人告诉她，死的人是邻村寨桥村的村主任，“是被几个人摁住，塞进车轮底下的”。

黄迪燕说，看完热闹后，她就回了家，可没想到，过了几天，家里却来个几个寨桥村的男女，对她说，现在有政府的人正在调查这件事情，只要她对政府的人说，亲眼看到了村主任被谋杀的现场，上天就会保佑她女儿的，还会给他们家钱。随后，他们就教给她到时候应该怎么说。

当记者再次问她，究竟是否看到“三个戴着面罩、白色手套、分别身着牛仔衣、白色、青色外套的人，将钱云会按到车底时”？

“我根本没看到事情的过程，都是他们叫我说的。”黄迪燕告诉记者，她这样说，是因为在庵堂里被鬼缠了。

黄迪燕的丈夫王仕高告诉《法制日报》记者，他们家是低保家庭，自己常年有病，大女儿29岁，患有精神分裂症。记者在采访中发现，黄迪燕目光呆滞、双目无神，问起她多大年纪时，她说：“我也不清楚，只知道我属猪。”

王仕高说，黄迪燕今年53岁，一天学都没上过，很迷信，既信基督也信佛教，嫁过来的时候脑子就有问题，孩子就是被她遗传的。

王仕高告诉记者，12月28日晚上，他正在老人亭打扑克，有人告诉他，有几个记者在采访他老婆。他立刻回家，踹了老婆一脚，还骂了记者。

王仕高说：“连自己年龄都记不住的人，她说的话也能信吗？” （2010.12.30）

点 评

浙江乐清市蒲岐镇寨桥村原“村长”钱云会通过村民选举当上村主任，任职20天后即踏上带领村民上访维权之路，却先后3次被关进看守所。因其被一辆大型工程车轧死，而后当地政府“非常重视”，出现种种不同于一般交通事故处理的状况而引发猜疑。

真相到底是什么？本报记者经过艰苦深入的采访，实事求是地对此事进行了调查还原，积极有效地引导了舆论。

广东近七成服刑人员将参加县乡人大代表选举

惠州监狱四千在押犯昨投下庄严一票

邓新建　刘洪群　阚　森

今天上午,广东省惠州市监狱里,4000多名服刑人员有序地排起了长队,分批参与了惠州市惠城区第七届人民代表大会代表的投票选举,在专用票箱前郑重地投入属于自己的选票。据悉,广东在押的12万余名服刑人员中,有近70%没有被剥夺政治权利的服刑人员参加今年的县乡人大代表换届选举的投票。

“虽然没有人身自由,但依然感受到被尊重,感受到社会和政府没有抛弃我们。”因绑架罪被判刑8年6个月的24岁湖南籍服刑人员杨某说,在选举前,监狱再次组织服刑人员对宪法和选举法等法律进行了学习和讲解,将惠城区第七届人民代表大会代表候选人的个人简介、工作情况等资料发放到每个监区供每名服刑人员参阅和了解,所以,每名服刑人员内心都会有自己所确定的投票对象,而他看中的投票对象则是资料中能反映出工作经验、能力和业绩较强的,希望能为百姓说话的人。

广东省惠州监狱政委黄雁告诉《法制日报》记者,根据监狱法的有关规定,没有被剥夺政治权利的服刑人员,有依法选举的权利。惠州监狱按照宪法、选举法和惠州市人大换届选举工作的要求,通过严密安排,组织了此次服刑人员的投票活动。

黄雁说,重视这项工作是对这些特殊人群的一种关爱和普法实践,能让服刑人员体验到普通公民享有的选举权,感受到法律赋予的神圣职责,是生动的法制宣传教育课。在选举前,监狱已对服刑人员进行了宣传动员,组织学习了相关法律和选举知识;对4000多名未被依法剥夺政治权利的服刑人员进行了选民登记,发放了《选民证》。

(2011.9.9)

点　评

宪法规定,中华人民共和国年满18周岁的公民,不分民族、种族、性别、职业、家庭出身、宗教信仰、教育程度、财产状况、居住期限,都有选举权和被选举权;但是依照法律被剥夺政治权利的人除外。也就是说,除了被判处剥夺政治权利的人,年满18岁的中国公民都有选举权、被选举权,当然没有被剥夺政治权利的罪犯也不例外。

罪犯参加服刑地所在的地方辖区人大代表选举符合法律规定。本文将罪犯依法行使选举权的场景加以报道,反映了我国监狱依法保障罪犯合法权利做法。

记者现场目击归真堂“活熊取胆”

吴亚东

新年伊始，中国证监会公布了一批 IPO 申报企业基本信息表，福建归真堂药业有限公司排在第 28 位。

这家以熊胆为原料的药业公司去年曾遭动物保护组织狙击而暂缓上市，此次卷土重来欲冲击创业板，却遇到了更为猛烈的民间反对潮。

反方以环保组织和众网友为代表，他们认为这家企业以活熊取胆为主业，如果上市将是“月熊的末日”，损害了公共利益，不应获得上市批准。

但归真堂的上市也得到中国中药协会的力挺。中药协会会长、原中医药管理局副局长房书亭表示，现在的养熊场已经 100% 普及无痛取胆，无痛无管引流技术对熊本身并无伤害，养熊业既保护了野生熊，又满足了人类用药。

2 月 22 日，归真堂为了回应公众质疑，公开邀请了 100 多家媒体约 200 名记者实地探访养熊场，并见证了“活熊取胆”的过程。不过，此前一直抨击归真堂虐熊的亚洲动物基金外事部总监张小海一行却被拒之门外，现场也未看见归真堂邀请的其他意见领袖及动保组织人员。

众多知名人士呼吁抵制上市

证监会的公开信息显示，归真堂此次上市募资将用于年产 4000 公斤熊胆粉、年存栏黑熊 1200 只等项目。

“如果活熊取胆汁的归真堂上了市，受它折磨的熊会从 400 只上升到 1200 只。归真堂说，他采用的无管引流法对熊没有痛苦。天啊，天天关在狭小空间里不痛苦啊？身上永远有个不愈合的口子，不痛苦啊？何况，熊胆的有效成分早就可以人工合成，也可以用其他如大黄等草药代替，为什么要伤害那些熊呢？”得知归真堂的上市消息后，中央电视台著名主持人张泉灵第一时间发布了这条微博，短短几天就引来了上万次的转发，众多网友呼吁抵制归真堂上市。

2 月 14 日，由著名主持人崔永元、赵忠祥、李静等发起成立的北京爱它动物保护公益基金会联合众多知名人士联名签署了《致中国证券监督管理委员会的吁请函》，恳求证监会不要批准归真堂上市。

这份联名签署人名单包括著名导演康洪雷，著名学者梁治平，著名媒体人董路、洪晃，著名作家毕淑敏、俞白眉、周国平等知名人士。

该函件陈述了归真堂不符合《首次公开发行股票并在创业板上市管理暂行办法》的三点理由：归真堂主营的熊胆业务不符合国家产业政策；熊胆行业经营环境可

能发生重大变化，并对归真堂的持续盈利能力构成重大不利影响；归真堂在最近3年内存在违法行为。

根据证监会有关规定，任何公司申请创业板上市，必须符合暂行办法的规定，如有一条不符，即无法通过申请。

“它基金”有关负责人表示，从暂行办法出发，细数归真堂不能上市的三大理由，从合法性上质疑归真堂的上市申请，有理有据。这位负责人表示，“它基金”将期待证监会的正面回复，并将发起第二轮更为广泛的联署签名活动，希望借此阻止归真堂上市，进而在即将到来的全国“两会”上呼吁尽早立法取缔备受诟病的活熊取胆业。

合法与伦理之辩

据了解，归真堂成立于2000年，注册资本为人民币6000万元，自称是目前国内规模最大的熊胆系列产品研发生产企业之一，其全资子公司福建归真堂生物发展有限公司，以黑熊饲养、繁殖、科研为主业，现养殖黑熊近400只，可实现年繁殖小熊100只以上。

尽管归真堂网站上坚持宣传技术是“无管无痛引流”，但反对声和质疑声并没有减弱。一直致力于救助月熊和废除熊养殖场的亚洲动物基金更是极力抨击归真堂利用残忍手段牟利，坚决反对其上市。

有业内人士介绍，“无管无痛引流”是为了增加胆汁的流出量，熊场会用特制的针管扎进胆囊抽取胆汁，每到这个时候，被抽取胆汁的熊都会疼得惨叫，把自己的腹部抓得血肉模糊。有些熊因为无法忍受抽胆的痛苦精神错乱，有的熊还会做出自杀行为，把自己的肝肠内脏都拉扯出来。熊场的人为了防止黑熊自杀，把他们分别关在狭小的铁笼里，无法活动。很多熊由于连续排胆汁而患了肝癌，还有其他一系列的疾病，如失明、关节炎、腹膜炎、泪腺溃疡及内生爪等。

“我们养熊有林业部的批文，生产的熊胆粉也有卫生部颁发的药准字号，都是合法的。”归真堂的掌门人邱淑花在接受记者采访时说。

翻看归真堂的发展简历，养熊不仅合法，该企业还因此获得了诸多荣誉。2003年，公司获得福建省政府授予的“科技进步三等奖”；2006年，“归真堂”熊胆粉荣获“中国野生动物经营利用管理专用标识”；2006年至2009年，归真堂被福建省林业厅列为“林业产业化龙头企业”；归真堂系列产品被评定为“福建省名牌产品”，“归真堂”品牌被评定为福建省“著名商标”。归真堂黑熊生态养殖基地作为“国家中药现代化科技产业（福建）基地”，还承担了“野生动物产品——熊胆粉”、“野生动物饲养场建设规范——熊场”两个行业标准的起草工作。

“归真堂上市，形式上并不违法。”有学者认为，“活取熊胆”业钻的就是我国动物保护法律体系的空子。当下，《刑法》中与动物直接相关的条文仅有“非法猎捕、杀害珍贵、濒危野生动物罪”一个罪名;《野生动物保护法》、《动物检疫法》、《森林法》、《渔业法》、《海洋环境保护法》等法律中也没有相关规定。

因此,在反对归真堂上市这件事上,亚洲动物基金对外事务总监张小海等人多少觉得有些底气不足。他坦承,从法律上来看,归真堂活熊取胆的方法目前并未违法,但“并非所有合法之事都应该做”。

“我们并不是针对归真堂,而是希望逐步取缔活熊取胆产业。”张小海说。

开放熊场回应质疑

归真堂舆论危机引爆后,曾谢绝了多家媒体的采访。但 2 月 18 日晚间,归真堂在其官网突然发出邀请函,宣布开放养熊基地。2 月 22 日、24 日两天为开放日,其中,22 日面向媒体记者;24 日面向人大代表、政协委员、意见领袖、专家学者及动物保护组织。

不过,这一安排由于对参观人员、批次、时间等作了较严格的限制而招来质疑。

两天后,归真堂宣布对参观安排作出改进,称“凡国内新闻媒体、NGO 组织、各界名人等人士,均可持有效证件于 22 日、24 日前来黑熊养殖基地,不受原公开邀请函中关于两个批次时间安排的限制,公司将全力做好相关接待工作”。

2 月 22 日早上 7 时许,惠安东南大酒店云集了约 200 名记者,归真堂安排了三辆大巴及两辆中巴车前往位于惠安县黄塘镇的养熊基地参观。

半小时后,媒体记者到达“归真堂”黑熊养殖基地的生物园。按照归真堂的安排,每 10 人一组参观“活熊取胆”过程,每组时间约 8 分钟。

由于人数众多,大约 9 时许才轮到《法制日报》记者这一组,每人穿上一件白大褂、戴上口罩和头套后才被允许进入取胆“车间”。记者发现,刚进去时黑熊表现很暴躁,但工作人员把食物端到一个铁笼后,黑熊很自然地就钻到笼里进食。随后,工作人员将一根约 15 厘米长、圆珠笔般粗细的钢管插入黑熊体内,胆汁就汩汩流入一个玻璃容器内,大约 10 秒后,工作人员停止取胆,并给黑熊的创口消毒。

记者看到,在整个取胆汁的过程中,黑熊只是安静吃食,其他几无任何反应。记者问工作人员到底用了什么方法能让黑熊如此平静?熊到底痛不痛苦?熊的创口是不是真的对它的健康没有影响?但工作人员拒绝回答任何提问,称在现场采访会惊动黑熊,有问题可在随后的专家座谈会上提问。

归真堂和亚基会仍存争执

当日上午 11 点左右,归真堂在惠安东南大酒店召开了专家座谈会。会议分三个议程,首先是专家对于这一系列事件的解读,第二个环节是归真堂公司就网上的一些质疑进行回应,第三个环节是媒体和专家以及归真堂方面的互动交流。

记者注意到，此次受邀的专家共有16位，大多是退休的教授及政府官员，其研究领域分别是“中医药学”和“动物学”，领衔的是卫生部药政局原副局长、北京中医药大学教授张世臣。

与会专家表示，现在的“活熊取胆”技术已经进入第三代。第一代是杀熊取胆，第二代是插管子、挂袋子，第三代是现在的无痛取胆。现在大家在网上看到的照片和图像，大多数都是第二代技术，正规的养熊场早已不用。

在会上，多位专家称“熊胆粉是名贵中药材，人工合成不可能完全替代”。

现场有记者问，看到熊在取胆过程没有任何痛苦表现是否被麻醉？归真堂董事张志鋆建议，若媒体对此次参观的真实性有所怀疑，可以让媒体自己选出三个代表，在熊场进行24小时甚至48小时的观察。

针对“活熊取胆”是否痛苦的问题，与会专家表示，黑熊引流，首先需要造瘘手术开孔。而造瘘手术类似人类打耳洞，只要内部的皮肤可以愈合，就不会造成创口，更不会引发各种疾病。

“抵制养熊，源于亚洲动物基金在网络和媒体上发布的若干以‘养熊取胆’为主题的充满血腥和暴力的图片和视频，但有没有人调查过这些受虐熊出自何处？是私自偷养的还是正规养殖的？有没有哪一张是拍摄于归真堂？”归真堂一吴姓董秘说，我们不明白，一个自称以救护黑熊为宗旨的所谓公益组织，为什么要对行业的发展视而不见？为什么要对各界爱心人士、意见领袖等社会各界人士误导和欺骗？这不是典型的掩耳盗铃吗？

有媒体提出，为何不让亚洲动物基金相关人士和媒体记者一起前往养殖基地参观？吴姓董秘表示，参观是要经过一定程序的，亚洲动物基金来之前并未知会归真堂，所以上午没有安排其参观，但可以在下午安排。

然而，就在归真堂专家座谈会召开不久，亚洲动物基金也在其入住酒店接受了媒体的采访。该基金对外事务总监张小海认为，开放日活动没体现坦诚公开，他们不打算接受归真堂董秘下午的参观邀请。

对于上市问题，这位吴姓董秘表示，公司正处于静默期，不适宜对上市与否进行评论。但归真堂投资方表态说，现在对上市很有信心，不会谋求海外上市。

（2012.2.23）

点　评　福建药企归真堂“活熊取胆”事件闹得沸沸扬扬，冷酷残忍的制药方法引发广大公众质疑。作者现场目击“活熊取胆”，并由此引发一系列讨论和深层次分析，剖析了经济利益、动物保护、合法性等交织在事件背后的诸多复杂问题。

目击中国海监66船巡航执法

蔡岩红

2月18日至23日,《法制日报》记者在“走转改”(走基层、转作风、改文风)活动中,登上中国海监66船,见证了一次中国海监巡航执法行动。

船发沈家门

2月18日阴转多云风力6级

18日下午4点,浙江舟山沈家门码头。一只海监小艇将我送往66船。

此时已近海上有些轻雾。不到10分钟,海监66船已呈现在我眼前。远远望去,66船雪白一新,船体中部有一行大大的蓝色英文字“CHINA WARINE SURVEILLANCE”(中国海监),船身纵向还有四条蓝色斜杠,寓意是中国海监维护着我国的渤海、黄海、东海和南海权益,而船头两侧“中国海监66”5个字也十分醒目。

“海监66船所属中国海监东海总队6支队,是2011年刚下海启用的新型千吨级海监执法船,船长77米,双主机螺旋桨,最高航速可达20多节,抗风能力达10级,是新造海监船中速度最快的船舶之一。”此次维权巡航执法任务的总指挥——东海总队6支队支队长吴昊介绍说。

登上66船后,我们马上和49船一前一后,从舟山沈家门码头出发了。此次66船共有船员、执法人员26名。

船一启动,我就来到驾驶室。此时海上风平浪静,船也走得很平稳,刚上船时的忐忑顿消。

船行1个多小时,就到晚饭时间了。我刚坐稳要吃饭,就感到船体开始摇晃起来,我迅速扒拉两口饭,赶紧跑回住的船舱,躺在床上。

此时,船体摇晃得越来越厉害。在风浪的肆虐下,船如同一个任人摆布的大玩偶,一会儿被推上浪尖,一会儿被拽下谷底,由于还受涌浪的推动,船身不时还会左右摆动。遇巨浪的冲击,整个船体还会引发震颤。人躺在床上如果不抓住床帮,就有可能掉下来。为了将身体能固定住,我用后背紧贴着墙,用脚蹬住床帮,形成个对角线,这样就可避免整个身体随船滚动。

眼看已到晚上10点,风浪仍没有减弱的迹象。我起身洗漱一下,刚坐回床上,船体又开始剧烈晃动起来,胃里一阵绞痛,食物开始往上反,我迅速拿起床边的一个塑料桶(船上为我们新上船的人准备好的),饭全吐了出来。稍稍缓了口气,我又赶紧倒在床上。

几乎一夜未眠。

日本侦察飞机出现了

2月19日多云风力6级转5级

今天，天空仍阴沉沉，但感觉风浪小了一点，海面仍是灰灰的。

一早起来，胃里仍是不舒服，头也蒙蒙的，只喝了一勺粥，便来到驾驶室透透气。我查看了一下船上的航海记录，上面写着：昨晚海上风力已达强风6级。听说原计划我们要向西走100多海里就可到巡航执法区域了，结果由于风力风向的原因，船不得不多走了80海里。

9点左右，驾驶室的人多了起来。有3个拿着相机、摄像设备的年轻人来到驾驶室。他们是东海总队维权执法大队的执法人员。主要负责在海上遇到违法情况后的取证、喊话等工作。每当遇到外籍非法船舶、飞机时，船上最忙活的就数他们了，拍照、录像，还要用英文喊话，询问对方的情况，表明我方的立场。

韦懿，是他们的负责人。刚过而立之年的韦懿，儿子才2岁。"每次出海后回家，孩子还认识你吗？""认识，我每次走之前都会拍段视频留给孩子看，还骗孩子说爸爸是去出海给他打鱼了。因此，孩子每次吃鱼都以为是我打的呢。"韦懿笑着说。

"每次出海都要半个月，会不会担心孩子？""当然会，记得孩子刚出生不久，就得了吸入性肺炎，一直在监护室里，当时我接到出海的命令，没等孩子出院就出发了。"

"家里会不会抱怨你？""也许吧，但这就是我的工作。"

我们正聊着，突然有人说："快看，飞机。"此时时针指向11点30分。

韦懿和他队员立即拿上相机、摄像机冲出船舱。我也跟了出去。只见一架飞机由远而近朝66船飞来，飞机在空中飞得并不高，当其掠过我们船顶时，机身尾部的日本太阳旗很清晰地就能看到。日本飞机在66船上空盘旋了3周后掉头离去。

而在随后的3个小时内，又有2架日本侦察飞机先后在我们船上空盘旋侦察。

由于海上风力还是很大，仍有些晕船，我不敢在驾驶室久待，晚饭后就倒在床上。

而这一夜，在我的睡梦中，一场无声的维权执法行动悄然展开……

驱离两艘日本调查船

2月20日多云风力5级转4级

今天一早起来，感觉船舶颠簸小了点。

8点20分，我又来到驾驶室。此时驾驶室聚集了不少人，船长、政委个个眼睛通红，仍在盯着雷达。"昨晚你们不知道吧，我们驱离了两艘日本调查船，日本船刚从雷达上消失。""啊？怎么不告我。"我后悔自己昨晚那么早睡觉。

原来，从昨晚17点5分开始至今晨8点15分，66船先后发现日本海上保安厅调查船“昭洋”号和“拓洋”号在我国管辖海域进行非法调查作业活动。一整夜66船和49船一直紧跟目标不放,最近距离只有550米。当抵近“昭洋”号时,执法人员还通过高频电话国际频道向其喊话,告知此处是中国管辖海域,日方调查作业活动未经中国政府批准,其行为违反了国际公约和中国相关法律法规,要求日本船只立即停止作业活动。随后,在我们的监视下,日本“昭洋”、“拓洋”两船驶离了我国专属经济区。

我真是悔死了,这么精彩的一幕没有看到。随后,我一再跟船长说,无论什么时候有了情况一定要通知我。

10点45分,66船接到总部命令,中日共同开发区海域发现可疑船只。于是66船和49船掉头北上,计划明天白天到达目标地。

11点左右,又有日本侦察飞机盘旋在66船周围,飞行两圈后离去。

看到了我们的油井——“春晓”

2月21日阴时有小雨微风3至4级

今天风浪小了,人也感觉舒服了许多。

刚过7点,就听到飞机声。随后,房间喇叭响起来,通知我们到驾驶室,说发现了一艘外籍测量船在我国管辖海域作业。

我飞快地跑到驾驶室,生怕再错过了这次行动。

此时驾驶室已聚集不少人。刚才的飞机又是日本侦察机。这时薛船长用手给我指出雷达上的目标。目标距我们船也就五六海里。

我走到船边甲板上,搜寻着目标。这时天空不时飘下细雨,打在脸上冰冰凉。海上能见度不高。

20分钟后,一个灰色的船舶渐渐驶入我的眼帘。船越来越近,与其他船舶不同,该船的船底部呈H形,正面看去像一个行驶在海上的灰色大坦克。船尾拖着个缆绳似的东西。大家怀疑该船在非法作业。

紧接着船上执法人员开始喊话、交涉、拍照、取证……

由于今天我们的目的地还有春晓油田,所以船上接到命令,让49船继续留守跟踪这艘外籍船,66船前往春晓油田。

上午10点左右,66船开足马力,朝南驶往春晓油田。

听说今天下午就能到春晓油田,我兴奋地吃完午饭就来到了驾驶室。

16点10分,天空露出一抹阳光。远处,我们已能看到春晓油田井架上方冒着的火焰,随着渐行渐近,火焰也从一个小火苗变成了一个大火炬。此时,夕阳下,湛蓝的大海托起一个巨大的橘红色井架,显得蔚为壮观。

“春晓、春晓,我们是中国海监66船,向你们致敬。你们这里有什么情况?”执法队的小伙子向春晓送去慰问。春晓回答,“这里一切正常,只是每天这里都会出现日本侦察飞机”。“你们要依据海洋环保法的规定生产作业，避免污染环境，有情况要及时与我们联系……”执法队员叮嘱说。

今天已是我们出海的第4天了，4天来满眼都是茫茫大海，手机没有信号，除了远远看到几只渔船外，有时连一只海鸟都看不到，让人有种与世隔绝的感觉。如今，能在这么遥远的大海上看到自己国家的油井，心里顿时升起一种自豪感。

随着春晓油田慢慢淡出我的视线，时针已指向16点45分。

巡航苏岩礁

2月22日大雾风力5至6级

今天，海上风力加大，涌浪像小山一样一个接着一个，让人有种失重的感觉。

今天我们巡航的目的地是苏岩礁附近海域。

13点50分左右，在雾霭中隐隐看到升出海面一个高台，从望远镜中观察，高台大小可容一架直升机降落，一群群水鸟在高台上空盘旋。这便是苏岩礁。

据资料显示，苏岩礁位于中国东海北部海域，东经125度，北纬32度处，其处于中国东海大陆架上，在中国专属经济区内，是中国东海上的一个暗礁。

苏岩礁附近海域自古以来是我国鲁、苏、浙、闽、台5省渔民活动的渔场，1880年至1890年，苏岩礁的位置被明确标注在清政府北洋水师的海路图中。近代以来，包括日本、韩国在内无任何国家对此提出过异议。

1952年，韩国政府提出所谓的“李承晚线”，擅自将独岛（日本称竹岛）和苏岩礁划入韩国海域。此主张至今无任何外国政府承认。

从2000年下半年开始，韩国擅自在苏岩礁最高峰的南侧65米处打桩非法兴建一座高76米，重3600吨，相当于15层楼高的巨大钢筋建筑物，于2003年6月竣工。

对此，中国政府曾明确表态：苏岩礁是位于东海北部的水下暗礁，中国与韩国在此不存在领土争端。苏岩礁所处海域位于两国专属经济区主张重叠区。2000年和2002年，中方两次就韩方在苏岩礁修建海洋观测站问题向韩方提出交涉，反对韩方在两国专属经济区主张重叠海域的单方面活动。中方在苏岩礁问题上的立场是一贯、明确的，韩方的单方面行动不能产生任何法律效果。

近几年，中国海监在此巡航执法正是表明了我国对苏岩礁归属的立场。

此时，苏岩礁附近十分安静，海面上只有一些海鸟在飞舞。由于天气预报显示，马上就有冷空气南下，故不能在此久留。于是66船接命掉头往西返航。

大海上的无名英雄

2月23日阴风力5级

下午2点，在风浪的颠簸中，中国海监66船回到了沈家门码头。

终于踏上久违的陆地，可感觉还是如同在船上似的，走在路上飘飘然，深一脚浅一脚，如踩在棉花上。有人称其为“晕陆”。

下船后，我开始梳理着我所看到的中国海监队员。

几天来，从他们身上我看到的是无私的奉献。他们抛家弃子，战风浪，斗寒暑，忍耐着长期的海上枯燥生活；他们坚守着国家利益高于一切的信念，与非法侵害我国海洋权益的不法者斗智斗勇；他们不计名利，默默地用青春与热血守护着我国300万平方公里的蓝色国土；他们是一万多名中国海监队员的缩影，是大海上的无名英雄！

据了解，将我们送上岸不久，中国海监66船、49船又继续前往我国东海管辖海域执行维权执法任务了。

祝他们一切顺利、平安！　（2012.3.3）

点　评

钓鱼岛及其附属岛屿自古以来就是我国的固有领土。日本出现购岛闹剧后，我国开始对钓鱼岛及附属岛屿开展常态化监测，发布天气和海洋观测预报等，对钓鱼岛及其附近海域实施管理。中国海监执法船在钓鱼岛海域坚持巡航执法，渔政执法船在钓鱼岛海域进行常态化执法巡航和护渔，维护该海域正常的渔业生产秩序。

本报记者随执法船巡航钓鱼岛，真实记录巡航的全过程，再现恶劣海况下执法人员的工作生活，凸显我国保护领土完整的坚定决心。

法治政府建设在湖南的实践

贾京平　万学忠　阮占江

2012年1月4日,继株洲市之后,岳阳市"12345"政府服务热线以更高标准投入使用。根据《湖南省政府服务规定》要求,衡阳市、湘西州也已经启动这一工作。

3月28日,《湖南省人民政府2012年度依法行政考核方案》出台,要求市州一级政府年内行政决策听证会不得少于5次。

5月14日上午,湖南省绩效办将2011年市州绩效考核结果报送省委组织部。市州领导换届在即,这一考核结果将作为组织部门考察任用干部的重要参考。值得注意的是,2011年和2012年绩效考核指标的设定,较以往增加了"法治湖南建设"专项。

5月15日,湖南省委省政府办公厅转发司法厅文件,要求年内县级以上政府全部聘请律师成立法律顾问团或担任法律顾问……

记者近期在湖南采访,深刻感受到:《法治湖南建设纲要》出台近一年后的三湘大地,法治政府建设正在新的起点上如火如荼地推行。

以程序建设为抓手　确保政府正确做事

"法治湖南"现象被关注,肇始于《湖南省行政程序规定》2008年的出台。

当时,周强主持工作下的湖南省政府,致力于通过法治的手段和方式推动科学发展和改善民生。

周强挂在嘴边的一句话就是:法治环境是一个地方的核心竞争力,抓法治就是抓科学发展。

基于这样的认识,湖南省政府决定以程序建设入手抓依法行政,出台一部全面规范行政机关决策、执法、监督、问责等各类行为的程序规定。这就是2008年10月1日施行的《湖南省行政程序规定》(以下简称《程序规定》),它是我国第一部省级行政程序规章。自此,湖南的法治政府建设有了第一个抓手,翻开了全新的一页。

这部不寻常的规章,是学界和实务界共同智慧的结晶。湖南省政府法制办主任许显辉5月13日接受记者采访时介绍:"我们制定这部程序规定有一个根本宗旨,就是'既能上天又能入地'。""上天",就是要符合党中央、国务院的总体部署,符合人民群众的愿望,符合现代法治的发展规律现代程序法理念;"入地",就是要符合政府工作的实际,符合湖南的实际,符合基层的实际。据悉,《程序规定》的出台,湖南省政府立法部门是在专家稿基础上做过"大手术"的。

的确,这部"能上天"的《程序规定》,大胆尝试,创设性地规定了一系列程序制度。为了避免行政机关在重大事项中“三拍决策”(决策前拍脑袋,决策中拍胸膛,决策后拍屁股走人),《程序规定》要求,重大决策须经合法性审查、专家论证、公开征求意见等程序,一个也不能少。

规范性文件的“三统一”和有效期制度也是湖南的首创。《程序规定》要求,县级以上政府及其部门出台的规范性文件只有经过统一登记、统一编号、统一发布后才能生效。而且,有效期最长5年。

针对执法、审批过程中一些行政机关推诿、拖沓的现象,《程序规定》设计了“限时办结”制度:法律、法规、规章对期限没有规定的,要限时办结;根据不同情况,“限时”为20日、30日、45日、60日、90日;每一次延长时限,都需要符合法定条件并履行申请手续。

这部“能入地”的《程序规定》非常实用。许多制度设计是有针对性的。比如,为了保证政府工作的高效运转,对千头万绪的行政事务及时作出决策,确保行政目标的实现,《程序规定》在将调查研究、公众参与、专家论证、合法性审查、集体研究确定为重大行政决策的必经程序的同时,对重要紧急情况必须立即决策的情形作了特别规定,这就既保证了重大决策要遵守必要的程序,也保证了决策的效率,较好地处理了程序与效率的关系。

《程序规定》施行至今已有三年半,推动依法行政的“抓手”作用非常明显。规范性文件实行“三统一”发布制度后,经过清理,摸清了全省各级政府规范性文件的家底,而且新出台的规范性文件“质升量降”。2009年6496件,同上年相比下降20%;2011年,这一数字下降到4800件。此外,规范性文件的审查机制发挥作用,2008年以来,全省纠正违法规范性文件486件。

《程序规定》对法治政府建设的推动价值是看得见、摸得着的,当属三湘大地此起彼伏的“听证会”。听证会这一新鲜的民主议事形式,无论行政机关还是老百姓,一度对它都非常陌生,如今在湖南却已经司空见惯。据不完全统计,2008年以来,湖南省各级各部门举办重大决策听证会1500余次。2011年,举行了408次。也就是说,在三湘大地,平均每天都有一场听证会举行。

“推进依法行政、建设法治政府,要求政府‘正确地做事’和‘做正确的事’。”湖南省委副书记、省长徐守盛表示,《程序规定》要求政府全面正确地履行职责,要按程序办事。当下,推动湖南省各级政府“正确地做事”,就是要贯彻好《程序规定》。

那么,如何保证政府“做正确的事”呢?徐守盛说,要贯彻好《湖南省政府服务规定》(以下简称《政府服务规定》),加强和改进政府服务,努力建设人民满意的服务型政府。

徐守盛所说的《政府服务规定》,又是湖南省开全国先河的创举,它明确界定了政府应该提供哪些服务,并引入了“基本公共服务均等化”等现代服务政府的理念,从而为推动法治政府建设找到了第二个抓手。

以服务型政府建设为抓手　确保政府“做正确的事”

“为人民服务”，这句政治口号，虽然是上个世纪提出的，但作为对公职人员的基本要求，至今仍不落伍。因为现代型政府区别于管制型政府，其基本职能更加强调“服务”。

近年来，湖南省在体现政府服务功能上，有一个抓手，那就是持续了8年的“为民办实事”工程。2004年起，在全国最早启动这项民生工程，至今，湖南省累计投入2200多亿元，完成了246个“为民办实事”项目。

5月14日，在湖南省为民办实事考核办公室，记者看到，处长刘山办公室的墙上，挂着一幅几乎占据了一面墙的图表——“2012年为民办实事项目及进度表”。表上记载：新增廉租房74,348套，病险水库除险加固457座，移民避险搬迁安置1万人……总共有18项任务。

自2004年湖南省政府开展“为民办实事”活动以来，刘山一直参与这项有“一票否决”功能的考核，对这项工作的效果感触最深。农村3000多万人用水不安全，已经解决了2000万人；乡镇卫生院以每年100至200所的速度兴建，基本解决了农民看病难的问题；农村“五保”户的集中供养率已经从3%上升到20%……刘山把“为民办实事”工程的效果总结为“四得”：政府得民心，百姓得实惠，事业得发展，社会得和谐。

在持续为民办实事的同时，湖南从省情出发，加大了民生制度建设的力度。2010年，湖南省委组织专门班子，围绕保障改善民生进行系统调研。2011年2月，《湖南省保障和改善民生实施纲要（2011—2015）》正式出台。湖南省委这份具有开创意义的纲领性文件，把解决民生突出问题与健全民生机制、保障人民权益结合起来，全面规划了湖南省“十二五”期间重点实施就业增收、社会保障、素质提升、全民健康、安居宜居、畅通、安全、解困八大民生工程。

民生工程无不关乎老百姓的基本生存权、发展权。那么，这些“实事儿”是政府应该做的呢，还是给老百姓的“恩赐”？如何改变政府提供服务的随意性，使提供基本公共服务、保障民生权益成为政府应尽的责任？2010年起，湖南省开始考虑，把政府提供服务的内容、形式等法治化，通过立法推动服务政府建设。

2011年10月1日，《湖南省政府服务规定》施行。这是我国首部关于服务型政府建设的省级政府规章，第一次在构建服务型政府的法治框架上进行了重要探索，迈出了关键一步。无论在理论上还是在实践上，无论在法治领域还是行政管理领域，都具有划时代的意义。

《政府服务规定》把公共服务划分为基本公共服务和非基本公共服务。前者由行政机关提供，后者主要由社会力量提供。

《政府服务规定》要求各级政府建立4个服务平台：电子政务平台、政务服务平台、社区服务平台、社会求助服务平台。

由于服务政府的建设、政府提供服务的能力和水平与经济社会发展程度密切相关,服务型政府建设注定不会一蹴而就,而是一个过程。因此,《政府服务规定》第7条明确了“突出重点、循序渐进,尽力而为、量力而行”的服务型政府推进原则。

《政府服务规定》既有原则性条款,也不乏“很实”的内容。除了以“为民办实事”为抓手的公共服务以外,“社会求助平台”建设也规定得相当刚性。它要求县级以上政府按照“一城一平台”的原则,建立本行政区域统一的社会求助服务平台,号码统一为“12345”(谐音:有事找政府——记者注)。各行政部门要确定机构或者人员负责这项工作,接受“12345”的指挥和调度。

《政府服务规定》施行至今仅半年多,目前已有两家城市政府完成“12345”平台建设,它们是株洲市和岳阳市。其他城市正在积极准备。湖南省政府已经将“12345”平台建设纳入了今年的依法行政年度考核。

株洲市早在《政府服务规定》出台前的2009年10月,就开通了“12345”市长热线。在某种程度上对社会求助平台规定的出台提供了启发和借鉴。《政府服务规定》出台后,在市长热线的基础上,整合了“12369”环保热线、“12348”法律服务热线、“12318”文化市场举报电话、“12355”青少年服务热线、“12319”城管热线等部门政务热线,强化了“12345”的集中协调和统一调度职能。

5月17日,记者在株洲市采访时看到,来电记录、交办、承办、催办、反馈、回访、督办、办结等流程规范有序,全市联动,全部在网上进行。由于“12345”承办情况纳入了绩效考核,各承办单位都高度重视,明确了专人办理。

分管法制工作的株洲市政府党组成员陈立新接受《法制日报》记者采访时认为:“‘12345’不是一根简单的电话线,它是社会的求助线、群众的连心线、政府的形象线。”

陈立新介绍,这个平台不仅解决了大量的群众投诉事项,而且帮助政府发现了一些体制、机制上的痼疾。比如,河道挖沙问题、夜间施工扰民问题、人行道上机动车乱停乱放问题等,都涉及多个执法部门,都出现了推诿扯皮现象。市政府常务会就专门研究,确定一个牵头部门,明细责任和分工,有利于及时制止违法现象。

与株洲市相比,岳阳市的“12345”起步较晚,今年1月4日才开通。但起点很高,软硬件建设都实现了高标准高规格。前台55名话务员中有26名本科以上学历,后台的热线管理办公室按正科级事业单位设置,编制10人。深圳华为公司开发的呼叫系统,武大吉奥公司开发的软件应用系统。系统可根据责任单位的办结率、满意率、回复率自动形成综合评价,无须人为统计评分。为了打造“不下班的政府”,81个责任单位的办理人均配备了移动设备,随时接受“12345”的派工和调度。

岳阳市的这条公共服务热线从开通运行至今,15秒接通率高达99.5%,基本做到了一拨即通;群众诉求办结率高达98.5%,基本做到了有求必应。

岳阳市常务副市长陈奇达牵头项目筹建工作。5月16日,陈奇达向《法制日报》

记者介绍:“‘12345’从项目启动到建设实施全过程,市委、市政府都高度重视。运行后,解决了一大批群众的实际困难,也发现了政府工作中的不足。实践表明,这个平台是推动服务政府建设的重要抓手,下一步岳阳市的‘12345’还要上水平上台阶!”

可以预见,随着“12345”社会求助平台的建立和完善,老百姓向政府发出求助请求将更顺畅;获得政府服务将更便捷。

湖南省委2011年7月出台的《法治湖南建设纲要》,勾画了这一美好前景:提高各级政府公共服务能力,建立覆盖城乡居民的公共服务体系,到2020年,基本实现全省居民基本公共服务均等化。

多方举措出台推进法治政府建设　“湖南样本”凸显创新精神

法治政府建设有两条路径,一条是“自上而下”,一条是“自下而上”。

自上而下来看,党中央、国务院一直以来高度重视依法行政工作。2004年以来,国务院先后下发了《全面推进依法行政实施纲要》、《关于加强市县政府依法行政的决定》和《关于加强法治政府建设的意见》,对推进依法行政,建设法治政府作出了全面安排和部署。

自下而上来看,我国对于立法难度较大的项目,有一条重要经验:先地方后中央,由地方为全国立法积累经验。各省市在贯彻国务院依法行政工作部署的同时,一些省市先行先试,进行了大量的探索和创新,积累了大量宝贵经验。这些经验成熟后,又被国务院在全国范围内进行推广。

《程序规定》和《政府服务规定》都是湖南省在国家层面没有立法的情况下,先行先试大胆创新的结果。2010年11月8日,国务院出台的《关于加强法治政府建设的意见》,吸收了《行政程序规定》中的行政决策程序、规范性文件“三统一”制度、行政执法证据制度、规范裁量权制度、行政调解制度等多项内容。湖南省依法行政创新经验相继被一些兄弟省市借鉴,影响力进一步扩大。实践表明,湖南省推进行政程序法治化、政府服务法治化的探索,为全国法治政府建设积累了宝贵经验。地方先行先试,是法治政府建设的一条重要途径。

“湖南样本”开辟了以行政程序建设和服务型政府建设为抓手,全面推进依法行政、建设法治政府的新路径。湖南省法制办主任许显辉这样总结:从静态意义上讲,“湖南样本”以实现了依法行政工作的程序化、法典化、系统化为显著特征;从动态意义上讲,“湖南样本”以“政府自身主导、公众有序参与、学界智力支撑、媒体积极推动、社会广泛关切”为显著特征。“湖南样本”还体现了“五个结合”:勇于创新与总结经验相结合,程序法治与实体法治相结合,政府主导与公众参与相结合,全面推进与重点突破相结合,实务操作与理论指导相结合。

到2020年率先建成法治政府!这是湖南省委出台的《法治湖南建设纲要》对法治政府建设提出的明确目标。“湖南省的依法行政制度体系已经比较完备,我们面临的任务是深化、提升、抓落实。”

许显辉在接受《法制日报》记者采访时介绍，湖南省初步形成了以“一规划、两规定、六办法”为主要内容的具有湖南特色的依法行政创新制度体系。

“一规划”是指2011年5月出台的《湖南省法治政府建设十二五规划》，将法治政府建设纳入国民经济和社会发展五年规划，并与“十二五”时期的各项工作共同谋划、共同推进。

“两规定”即《行政程序规定》和《政府服务规定》。

“六办法”是指：《湖南省规范性文件管理办法》、《湖南省规范行政裁量权办法》、《湖南省实施〈政府信息公开条例〉办法》、《湖南省依法行政考核办法》、《湖南省行政执法案例指导办法》、《湖南省人民政府重大行政决策专家咨询论证办法》。

据悉，湖南省今年推进法治政府建设的重点工作是：完成26万行政执法人员的第四轮培训；下大力气培育出一批依法行政示范单位；出台加强市县依法行政的意见；加大考核力度，使依法行政成为硬指标、硬约束……

在湖南，法治政府建设，其时已至，其势已成。湖湘文化自古不乏“敢为天下先”的创新精神。相信湖南会有更多的“先锋实践”、更多的精彩奉献给法治建设这个伟大工程！

（2012.8.12）

点　评

这篇通讯的成功之处在于主题重大，脉络清晰，视野开阔，讲专业问题深入浅出。

经验报道旨在总结出可推广、可复制的做法，对工作起到指导作用。稍有不慎，就容易写成干巴巴的工作总结。本文站位高，从法治政府建设的高度，就各地方政府一直困惑的“抓手”难题给出了解决答案：一是抓行政程序，二是抓政府服务。本文不仅择要介绍了湖南敢为天下先的相关立法，还介绍了湖南的具体做法和成效。

湄公河惨案主犯糯康一审判死刑

李树恩　刘百军

走进法庭时,糯康一副微笑的面孔。听到审判长宣布判处他死刑时,他的表情依然是似笑非笑。

6 日,湄公河“10 · 5”惨案一审落下帷幕,6 名外籍被告人中,糯康、桑康 · 乍萨、依莱、扎西卡 4 人被判处死刑;扎波死刑,缓期两年执行;扎拖波有期徒刑 8 年;民事赔偿方面,6 名被告人被判赔偿 600 万元。面对一审判决结果,所有被告人均当庭表示上诉。

6 名被告,4 人一审获死刑

6 日下午 2 时 30 分,昆明市中级人民法院审判庭内,湄公河惨案审判长宣读了对糯康等人的判决。

昆明市中级人民法院审理查明:2011 年 9 月底至 10 月初,糯康犯罪集团的首要分子即被告人糯康、桑康 · 乍萨、依莱等策划劫持中国船只、杀害中国船员,并在船上放置毒品栽赃陷害船员。

2011 年 10 月 5 日晨,糯康集团成员在湄公河持枪劫持中国船只“玉兴 8 号”、“华平号”,捆绑控制 13 名船员,并将事先准备的 8 万余克毒品放置在船上,又押运两船继续前行后停靠。被告人扎西卡、扎波、扎拖波参与武装劫船,扎西卡等人向船员开枪后驾乘快艇逃离。按照事先约定,在岸边等候的泰国不法军人向两艘中国船只开枪射击,并将中国船员尸体抛入湄公河。

2011 年 4 月 2 日,被告人桑康 · 乍萨、扎西卡、扎波等人受糯康指使,在湄公河挡石栏滩头将中国货船“渝西 3 号”船长冉某某及老挝金木棉公司的客船“金木棉 3 号”船长罗某某劫持为人质。2011 年 4 月 3 日,又在“孟巴里奥”附近水域将中国货船“正鑫 1 号”、“中油 1 号”、“渝西 3 号”劫持,将 15 名中国船员扣押为人质。罗某某、冉某某在被关押期间,遭到捆绑、殴打,被迫与老挝金木棉公司和“正鑫 1 号”出资人于某某联系交钱赎人。4 月 6 日,被告人依莱收到赎金 2500 万泰铢后,罗某某、冉某某等人获释。

昆明市中级人民法院认为,糯康犯罪集团长期盘踞在湄公河流域实施运输毒品、绑架、劫持船只等犯罪活动,严重危及周边地区国家安全及该流域的航运秩序。被告人糯康、桑康 · 乍萨、依莱、扎西卡、扎波、扎拖波武装劫持中国船只、放置并运输毒品、杀害中国公民、绑架人质勒索赎金,其行为分别构成故意杀人罪、运输毒品罪、绑架罪和劫持船只罪。糯康首先提出并与桑康 · 乍萨、依莱共同预谋策划,桑康·乍萨具体指挥劫船,依莱布置眼线、选择停船杀人地点,并直接与泰国不法军人联络商议,3被告人均系犯罪集团首要分子,依法应按集团所犯全部罪行处罚。扎西卡劫船后近距离射杀被害人,是致人死亡的直接凶手。各被告人犯罪手段特别残忍、犯罪情节特别严重,本案造成我国公民13人殒命的严重后果,应当依照我国刑法从严惩处。

保障被告人权利:现场翻译和同声传译相结合

本案发生后,我国与泰国、缅甸、老挝警方联合进行侦破工作,有关各国积极提供协助,为抓捕犯罪嫌疑人、收集犯罪证据付出了艰苦努力,使本案的办理成为国际司法合作的成功范例。

根据我国与泰国、老挝有关司法协助条约的规定,昆明市中级人民法院还依法传唤了泰国、老挝13名证人出庭作证,证实了糯康犯罪集团的相关犯罪事实。同时,为保护证人安全,法庭对证人依法采取了以不公开方式核实证人身份、隐去姓名、专门设立证人室、模糊影像等多种保护措施。

法庭还注重依法保障被告人的诉讼权利,告知其有权聘请辩护人,并为6名被告人指定了辩护人,辩护律师通过会见被告人、查阅卷宗、交换证据、参与庭审并发表质证意见、辩护意见,有效维护了被告人的合法权益。法庭以现场翻译和同声传译相结合的方式,保障被告人在庭审过程中使用其通晓的语言参与诉讼,充分行使诉讼权利。

糯康有悔罪,但不足从轻

在宣判结束后,云南省委宣传部组织了新闻发布会,糯康案一审的审判长、审判员、检察官、侦办此案的云南省公安厅相关领导、糯康的辩护律师林丽及其他被告的辩护律师接受了记者的采访。

糯康案前4名被告人均被判处死刑,对此,糯康案一审审判长晏晖给出了法院作出判决的理由。晏晖说,虽然庭审时,糯康当庭认罪有一定的悔罪表现,并在一审后向法院缴纳了600万元的个人财产用来赔偿受害者家属,但这不足以减轻对他的处罚。“犯罪手段特别残忍,犯罪情节特别严重,犯罪后果特别严重。”审判长以3个“特别”表达了自己对本案的审判结果的看法。

而对于第四被告被判处死刑的原因,审判长坦言,第四被告直接开枪杀害中国船员,罪不可赦。

此外,对糯康等人被判处“没收个人全部财产”怎样执行的问题,审理案件的昆明市中级人民法院法官周岸东介绍说,“由于被告不是中国人,判决后的执行可以请其所在国家进行司法协助来处理这个问题”。

继续寻求对其他犯罪嫌疑人的处理

云南省公安厅法制总队总队长聂涛介绍，现有证据表明翁蔑也是参与“10·5”案件的重要犯罪嫌疑人，此前此人由缅甸暂时移交中国以获取相关证据、支持案件审判工作。我国相关部门包括警方在内将进一步加强与缅方的协作，争取按照中国法律或其所在国法律对其进行处理。

对于作为中间人与泰国不法军人策划“10·5”案件的战拉·宋蓬潘，中国警方已经报请批捕，其他相关国家也正在抓捕此人。

此外，对于涉案的泰国不法军人，泰国警方和泰国检察机关正在加紧工作，中国警方也将进一步加强警务合作和国际司法合作，为泰国警方提供泰国不法军人参与犯罪的相关证据。

周岸东表示，中泰关于刑事司法协助的条约中的一个重要内容是应对方请求可以安排本国证人出庭作证，如果泰方有请求，在符合国际惯例和法律规定的前提下，中方证人也可能出现在泰国法庭上。 (2012.11.7)

点　评

2011年10月5日上午，两艘中国籍商船“华平号”和“玉兴8号”在湄公河金三角水域遭遇袭击，造成“华平号”上的6名中国船员和“玉兴8号”上的7名中国船员全部遇难，其中1人失踪。此案系隶属于泰国第三军区“帕莽”军营的9名士兵所为。昆明市中级人民法院公开开庭审理湄公河“10·5”惨案，主犯糯康、桑康·乍萨、依莱、扎西卡等人被判处死刑。

文章再现了庭审过程，充分表明我国把人民群众的生命财产安全置于至高无上的位置，无论在何时何地，只要侵犯中国公民的生命财产安全，祖国就是他们的强大后盾，就会为他们讨回公道。

江苏加快构建公共法律服务体系

从“双千百日”到“四万”工程司法行政持续推出专项活动

丁国锋　鲁汉庚

“2012年3月，江苏省司法厅部署开展‘万名法律服务人员、万名调解员助万企升级、促万村(社区)和谐’的法律服务‘四万’工程。这是继连续3年开展‘双千百日’、‘双促双助’以及‘双促双助深化年’法律服务专项活动后，江苏司法行政系统紧紧围绕江苏省第十二次党代会提出的‘加快构建覆盖城乡的公共法律服务体系’目标，进一步推动法律服务工作转型升级、服务民生幸福、促进社会管理的持续性举措。”江苏省司法厅党委书记、厅长缪蒂生说，这些举措带动了全省法律服务事业的转型升级，也让司法行政机关、法律服务工作者队伍的社会认可度、美誉度和群众满意度明显提升，进而推动法律服务业的社会责任由量变到质变的飞跃。

记者近日赴镇江、扬州、苏州等地的企业、律师事务所、社区和农村进行采访，亲身感受了专项活动给江苏带来的变化。

从服务企业到服务社会——社区干部有了好帮手　人民群众有了主心骨

如果说3年前为了应对金融危机期间经济转型而发动的“双千百日”(千名司法行政干警、矛盾调处中心主任和千名律师等法律服务人员，集中100天时间，帮助企业应对金融危机、化解风险)活动迈出了江苏法律服务转型发展的第一步，那么，两年前开始的“双促双助”(促转型、促升级，助增长、助稳定)活动则从深层次激发了广大法律工作者勇担社会责任、维护社会稳定的自觉意识。

孙剑良律师事务所是江苏最早开办的个人律师事务所之一，历经近10年发展，该所在太仓市高端法律服务市场中稳稳扎下了根。创办人孙剑良律师说，除了高端市场，让业务惠及普通群众、承担职业责任和社会责任，已是全所律师的共识。

“我们和太仓市7个镇政府(开发区)、7个村(社区)相继签订了‘光明万家’司法惠民服务协议书，约定凡是涉及到基层社会发展和社会稳定的法律咨询、法律援助、法制宣传等法律服务和民间调解、涉法信访接待和重大疑难矛盾纠纷化解，都采取免费服务机制。”孙剑良告诉记者。

法律服务业用实际行动获得了党委政府的高度认同，为了确保这项创新工作的生命力，太仓市政府设立了120万元的专项资金，用于政府购买法律服务，进一步撬动了律师队伍主动承担社会管理责任的杠杆。

在昆山市的江苏同丰律师事务所，在高端法律服务领域对接专项活动成为十几个年轻律师的一致目标。“我们所里 90% 的顾问单位都是外资企业，近年来这些企业遇到的融资、债务风险和知识产权侵权问题突出，为此，我们要求每个顾问律师每月至少走访一次顾问单位，排查法律风险。通过变被动承接业务为主动上门服务，大大提高了律师服务的口碑和形象。”

同丰律师事务所主任赵雨兵告诉记者，工作之余他还参与了玉山镇社会矛盾纠纷调处中心组织 9 家律所成立的法律服务团，定期在司法所接待群众的来访咨询。

在张家港市，全市 92 个社区、165 个村全部实现了和律师事务所、基层法律服务所结对服务；在扬中市三茅镇广宁社区，市法援中心律师戴鸣鹤对接社区化解拆迁纠纷的成效，让社区书记郭玉妹十分感激。“现在辖区 13 家企业和 526 家个体经营户大多知道戴律师是挂钩律师，有问题可直接拨打他的电话。村委、支委的成员会议，都会请戴律师列席。”她说，“律师对接社区让干部有了好帮手，群众有了主心骨”。

从政策指引到搭建平台——
律师管理有了新抓手　行业发展有了新推力

改革创新，离不开政策的科学指引。

着眼于“加快构建覆盖城乡的公共法律服务体系”的目标，江苏司法厅着重提出，要把律师、公证等法律服务纳入现代产业发展的一站式服务体系建设，在企业知识产权、企业优化资源配置、沿海开发和园区建设、企业管理四方面深化企业法律服务，在加快推进法律服务进村镇、进社区进程中，进一步健全农村法律服务网络，完善“一村一顾问”工作机制，稳步推进城市社区律师工作站工作，到今年年底实现全省村(社区)法律顾问覆盖率达 90% 的目标。

要求一出，各地各种延伸公共法律服务触角的措施、机制如雨后春笋般涌出，呈现出百花齐放的格局。

在镇江市，知名律师与重点企业共同举办了法律需求恳谈会，市司法局与工商联共同建立“同心”法律服务律师团，为民营企业和小微企业发展提供贴心的法律服务。该市还启动了法律服务“绿丝带”行动，在法律服务业与基础社区之间搭建公益性服务平台，律师志愿者通过与社区结对子，参与到矛盾纠纷调解、开办法制讲座、举办模拟法庭等工作中。

在扬州市，司法行政机关改变以往对律师业“重管理”的传统工作理念，积极与其他政府职能部门共同为法律服务业搭台唱戏，成为律师管理工作的“重服务”、“重引导”的新抓手。其中，扬州市司法局会同经信委开展的“法企合作”活动，延伸打造了“扬州市进出口企业法律服务平台”、“仪征市中小企业法律服务中心”等多个实战平台,还吸引了商务局、扬州大学法学院积极参与,形成了"法、企、校"三方合力,仅今年4月在110个单位参加的法律服务专项推介会上,就举行了10个法企合作示范点签约仪式,带动了全市125个合作试点单位积极参与。

"法律服务业通过借助政府积极搭建平台的合力形成行业发展的新推力,实现了社会对法律服务的需求与律师业自身发展、律师事务所与律师个体发展、高端业务拓展与低端业务延伸的多重结合,还有效推动了公证、法律援助、基层法律服务所等机构的飞速发展。"扬州市司法局副局长袁明评价说。

从统一思想到部署推进——
法律服务有了新要求　幸福指数有了新提升

围绕"加快构建覆盖城乡的公共法律服务体系"目标所开展的研究和探索,一定程度上反映出建立惠及全民的公共法律服务体系的迫切性。太仓市司法局局长顾潇军认为,要按照公益性、基本性、均等性、便利性的均等化目标要求,把建立覆盖城乡、惠及全民的公共法律服务体系作为加强社会建设、社会管理的重要内容,着力解决人民群众日益增长的法律服务需求与公共法律服务供给相对不足之间的矛盾,保证人民群众共享法治建设成果。

"'公共'两字的内涵,决定了必须从体制、人才、产品、阵地等多方面,必须从惠民利民、以人为本的高度大力改进律师工作,实现行业发展和社会责任的有机统一,在全面建设小康社会和向基本实现现代化进程中,司法行政应当成为公共法律服务体系的参与者、公共法律服务产品的提供者,并成为满足大多数群众法律服务需求的主力军。"苏州市司法局局长朱正则说。

近4年间,江苏省司法厅为推动法律服务业发展,先后出台了加强沿海开发法律服务和法律保障工作意见、全省司法行政系统加强社会管理创新的意见、深化平安江苏建设的实施意见、认真贯彻落实省委、省政府关于大力推进民生幸福工程的意见的通知、实施转型升级工程提供法律服务和法律保障的意见、实施法律服务"四万"工程的方案等6个重要文件。江苏省委、省政府在深化法治江苏建设大会上,还将"四万"工程列为9件法治惠民实事的第一件,要求进一步强化基础法律服务水平。

据了解,"四万"工程部署以来,截至9月中旬,全省司法行政机关与相关部门协调建立法律服务平台达2099个,全省律师、公证、基层法律服务所、司法鉴定机构、法律援助机构共计走访企业逾8万家,在龙头骨干企业建立法律服务中心或工作站914个,为企业避免和挽回经济损失逾141亿元,建立村(社区)法律服务工作站(室)9000多个,办理涉及农村法律事务31,700多件,与劳动保障、工会、妇联、残联等协作共建法律援助工作站2293个,为法律服务对象减免费用逾6000万元。

专项法律服务得到了江苏省委领导的高度肯定。江苏省委副书记、省长李学勇充分肯定其“积极主动作为,服务经济转型升级”作用,江苏省委常委、政法委书记李小敏指出:“开展法律服务‘四万’工程,体现了服务经济转型升级、服务基层基础、服务人民群众的大局意识、责任意识、宗旨意识。”

江苏省司法厅党委书记、厅长缪蒂生表示,将法律服务业提升到建立“覆盖城乡的公共法律服务体系”的高度来谋划、部署和建设推进,是未来一定时期内法律服务行业发展的最重要目标,需要站在加强社会建设和管理、着力保障和改善民生、促进行业转型发展等来统一思想和认识,要通过持续、渐进、有序的方式,进一步推动体制机制改革创新,为民生幸福工程、社会管理创新工程等顺利实施、提高全省人民的幸福指数做出新的更大贡献。

(2012.11.13)

点　评　党的十八大提出“推进覆盖城乡居民的公共法律服务体系建设”。本文系统、全面、生动报道了江苏较早部署开展“加快构建覆盖城乡的公共法律服务体系”工作实践,积极推介江苏法律服务工作转型升级、服务民生、促进社会治理的做法,在全国产生很好的示范效应。

以道路自信全面引领社会主义法治建设创新与完善

本报评论员

在对历史与现实进行全面总结分析的基础上，党的十八大报告明确提出要坚定不移地走中国特色社会主义道路，指出，“中国特色社会主义道路，中国特色社会主义理论体系，中国特色社会主义制度，是党和人民九十多年奋斗、创造、积累的根本成就，必须倍加珍惜、始终坚持、不断发展”。

“一条道路、一个理论、一个制度”是对中国特色社会主义的高度概括，“三位一体”构筑起中国特色社会主义的完备体系，支撑起中国特色社会主义的伟大事业。广大政法干警学习贯彻党的十八大报告要进一步坚定道路自信、理论自信、制度自信，以道路自信全面引领社会主义法治建设创新与完善。

现代社会一个国家对政治文明的追求与理解必须要通过法治建设集中表现出来。中国的法治建设之路遵循的正是在中国共产党领导下，中国人民对中国特色社会主义的实践之路，对民主、自由、平等、法治的追求之路，在这个意义上讲，法治建设与中国特色社会主义一路同行。从坚持党的领导、人民当家作主、依法治国的有机统一，到依法全面务实推进人权事业的发展；从中国特色社会主义法律体系的形成，到中国特色社会主义司法制度的完善；从在行政体制改革推动下的政府依法行政，到在社会建设语境下的社会管理创新，在中国特色社会主义道路的指引下，我国的法治建设走出了一条自我发展、自我创新、自我完善的道路。在这一进程中，我们既不妄自菲薄，也不妄自尊大，既勇于吸收人类发展的文明成果，又绝不照抄照搬别人的成功经验，这种坚定与自信使中国的法治建设始终植根于中国的土地上，开出了独具特色的东方文明之花。

中国法治建设的成就凝聚了中国特色社会主义道路、理论和制度的成就。坚定对中国特色社会主义道路、理论、制度的自信，就是坚定对中国特色社会主义法治建设道路的自信。广大政法干警深入学习贯彻党的十八大报告要不断增强对中国特色社会主义法治建设的理解和认同，不动摇、不懈怠、不折腾，始终坚持党的事业至上、人民利益至上、宪法和法律至上，以实际行动树立法律权威，弘扬法治精神，为政法各项工作注入强大的精神力量。

习近平同志在中共中央政治局深入学习贯彻党的十八大精神第一次集体学习时的讲话强调了对“道路、理论、制度”的深入领会和学习。同时，他特别指出，中国特色社会主义事业不断发展，中国特色社会主义制度也需要不断完善，“我们要坚持以实践基础上的理论创新推动制度创新，坚持和完善现有制度，从实际出发，及时制定一些新的制度，构建系统完备、科学规范、运行有效的制度体系，使各方面制度更加成熟、更加定型”。这里特别强调了发展与创新的重要性。

理论创新永无止境,制度建设永无止境。在实践的基础上推动理论创新与制度创新,是中国特色社会主义法治建设的需要,也是当前政法工作的重中之重。无论是已进入深水区的司法体制改革,还是已进入关键期的社会管理创新,无论进一步推动政法工作服务大局、服务民生,还是满足新时期人民群众对政法工作的新要求、新期待,破题之道都在于理论创新与制度创新,都需要不断解放思想、攻坚克难,以改革的精神努力破解影响政法工作发展进步的体制性障碍、机制性束缚、保障性困扰,使各项法律制度更加科学化、规范化,更加体现时代的需要、人民的需要。

“一条道路、一个理论、一个制度”,为包括政法工作在内的中国各项工作指明了方向,也为未来政法工作的实践与创新提出了要求、明确了路径。各级政法机关要以党的十八大精神为统领,以道路自信全面引领社会主义法治建设创新与完善,进一步坚定信心,凝聚力量,不断增强政法工作的前瞻性、预见性、主动性,改变观念、创新方法,以实际行动落实党的十八大精神,履行好中国特色社会主义事业建设者、捍卫者的神圣使命。

(2012.11)

点　评

党的十八大是在我国进入全面建成小康社会决定性阶段召开的一次十分重要的会议,对凝聚党心军心民心、推动党和国家事业发展具有十分重大的意义。党的十八大和随后召开的党的十八届一中全会选举产生以习近平同志为核心的党中央,中国特色社会主义事业进入发展的新时代。

本文深刻分析了新时代社会主义法治建设创新、完善的重要性及路径,层次清晰,论据充分。

“新三大员”注入平安创建新活力

曲阜“零发案”村居前四月超九成

周秉键　余东明　姜东良

在今年年初召开的平安曲阜建设大会上，曲阜市委书记李长胜的一句话深深地刻在各级基层干部心里。那就是：“平安建设只有起点，没有终点，发展是硬道理，平安也是硬道理。”

近日，《法制日报》记者深入当地基层，寻找这句话在曲阜生根发芽的土壤和环境。

新三大员：平安建设有抓手

走进曲阜市吴村镇，淳朴民风扑面而来，村民只言片语中无不透出浓浓的儒家文化气息。记者了解到，当地在广泛开展平安建设基础上，大力发展农业产业化经济和生态旅游业，获得平安曲阜建设一等奖，该镇也是群众信访工作“三无”乡镇。

“我们这里平安建设基础非常好，原来村党支部书记、村委会主任和会计构成平安建设的‘老三大员’，现在又来了第一书记、村助理和包村民警，‘新三大员’不但给平安建设注入新力量，而且能够主动投身发展地方经济的洪流之中。”吴村镇党委书记高晓华告诉记者。

自2012年年初开始，曲阜市按照“党政部门到难村、政法部门到乱村、经济部门到穷村、农科部门到专业村”的原则，选派机关干部到农村担任第一书记和村主任助理，同时指派491名来自公检法司等单位的政法干警到自然村一对一包村援助，全面形成平安建设“新三大员”制度。

“这一制度的实施为平安建设找到新抓手和平台。他们在农村一线，当好矛盾纠纷的调解员、社情民意的信息员、法律政策的宣传员、经济发展的领航员、支部书记的监督员。真正做到为政府分忧，替百姓解难，成为村级班子的主心骨、农村经济发展的助推器、服务群众的连心桥、维护稳定的消防员。”曲阜市委副书记李玲说。

“新三大员”派驻农村后，曲阜市80%的村庄环境卫生实现了“美、洁、净”，所有村居都实现了电子监控全覆盖，全市矛盾纠纷调处成功率达98%，特别是在村两委选举期间，实现了“零信访”。据统计，截至目前，“新三大员”共撰写村情调研文章1000余篇，为村里提合理化建议1400余条，组织法制宣传69场次。

织密网格：基层维稳有基础

鲁城街道西关民族社区的居民手中，都有一本《居民自治章程》。这本章程针对社区内回、汉两民族的居民分别作出具体处事规则，充分体现民族大团结精神。

西关民族社区有居民1166户，其中36.2%是回族。近年来，该社区按楼院分成网格，由居民推选自己的网格长和网格管理员，将治安、调解、普法、帮教、巡逻和巡防等管理服务职能落实到每户居民家中，成为曲阜治安维稳"首善之区"，先后获得"全国民族法治示范村"等一批"国字号"荣誉。

"通过棋盘式、网格化模式，将社会管理和服务的各项职能'一竿子'注入每个社会细胞内，让平安创建深入到每楼、每院、每条街道和每个村庄，由此奠定了坚实的社会维稳基础。"曲阜市委常委、政法委书记靳亚说。

记者了解到，当地警方按照网格特点，最大限度地将警力摆上街面，大力实施"警灯闪烁"工程，组织民兵预备役和其他群众巡防组织，加大巡逻力度和密度；大力实施市、乡、村三级视频监控天网工程，实现技防设施全覆盖，有力挤压犯罪。与此同时，深入开展"社区六进"活动，依靠网格收集的各类信息，当地还建立了社会稳定风险评估、预警研判机制，开通市委书记信箱和网络问政平台，以在第一时间、第一现场化解矛盾纠纷、办理群众诉求。

统计显示，今年1至4月，全市"两抢"发案下降37.5%，93.1%的村居实现"零发案"，社会矛盾纠纷化解率达100%。

靠前服务：助推经济有动力

"尼山圣境"、"鲁国故城国家遗址公园"，这是曲阜市近期要开工建设的两个超百亿元投资项目，为确保各方权益得到落实，维护两个大项目顺利进行，当地党委、政法委专门组织了一支政法服务团队，早早入驻项目组，开展社会稳定风险评估，查找各个环节中必须事先预防的维稳因素。

据统计，今年以来，曲阜市在建项目共计150个，总投资额585亿元，其中过亿元项目92个。

为此，当地大力实施"项目驻警、企业驻警"工程，在项目开工第一时间和第一现场建立警务室，政法干警与项目、企业"一对一"结对子，与投资方建立沟通联系机制，全面实施零收费、零插手、零距离、零投诉"四零"工程。曲阜市公安局扎实开展治安问题、"三乱"问题、矛盾纠纷大清查、大排查活动；市检察院开展重大项目行贿档案查询、职务犯罪超前预防活动；市法院成立8个专项巡回法庭，提供对口服务；市司法局成立律师咨询服务团，提供优质高效便捷的法律服务。通过这些举措，各政法部门为投资兴业建造安全港。

"我们公司主要生产矿用机械，去年1月开工建设，总投资1.1亿元，4个月就建成投产，当年上缴税金300多万元。整个建设过程得到市、镇两级大力支持，投资环境相当好。开工初期，各类建材、器械都散堆在外面，驻地民警与附近村民一起主动帮着看护，其间没有一个来找茬捣乱的。"向记者讲起当初公司建设情况，博诚机电有限公司总经理郁青林很是感慨。

“平安是和谐的基础，是发展的前提。”李长胜表示：“广大政法干警乐于奉献，执行‘天天一线’工作法，发扬不怕疲劳、连续作战的优良传统，不但坚守社会维稳第一线，还在经济建设领域发挥靠前服务的主观能动性，为经济发展保驾护航。”

（2013.5.18）

点　评　这篇报道记者深入基层一线，走村入户，用典型事例和群众语言说话，使经验报道接地气、有生气，充满浓浓的乡村气息，文风清新淳朴。

请记住这些有良知的法律人

浙江主动纠正两起重大错案旧事新闻

陈东升

这正义的审判，让他们苦苦等了18年，从青春年少到华发早生。今天上午10时52分，浙江省高级人民法院第三审判庭，当审判长宣布，在“3·20”、“8·12”劫杀案中，陈建阳、田伟冬、王建平、朱又平、田孝平无罪之时，这5人或热泪盈眶，或一声长叹。

与王建平他们一样，张辉、张高平是另一起错案的受害者。3月26日，这对来自安徽歙县的叔侄蒙冤入狱10年之后，浙江省高级人民法院撤销原审判决，宣告他们无罪。

虽然这是姗姗来迟的正义，但迟到的正义，终究还是正义。《法制日报》记者深入采访发现，在这两起错案的形成和平反过程中，如果没有下面这些有良知的法律人坚守事实、据理力争、奔走呼吁、伸张正义，此刻，王建平他们或许无缘站在今天这正义的审判庭里。

张高平被调配新疆石河子监狱后，不认罪，甚至拒绝减刑，他的反常引起了驻监狱检察官张飚的关注。倾听了张高平的诉说，仔细翻阅了他的申诉材料，张飚向他伸出了温暖的手。此后几年间，年近花甲的张飚以共和国检察官的名义不断寄发张高平的申诉材料，终于引起浙江有关方面重视，张氏叔侄冤案至此峰回路转、拨云见日。

与张飚一样，夏涛也是位检察官，时任杭州市人民检察院批捕处副处长。在认真审查了公安移送的案件卷宗材料后，他发现诸多疑问。依照法律规定，他和检察员林航到看守所讯问了两名犯罪嫌疑人。虽然张氏叔侄都承认案子是他们干的，并无受过刑讯逼供，夏涛、林航仍然感到人命关天，客观性证据不足，仅凭犯罪嫌疑人一纸口供难以定案，提出了“不批准逮捕”的意见，但最终，市人民检察院还是作出了批捕决定。

冯菁是张辉、张高平强奸案的审判长。接案后，她和同事到看守所找证人袁连芳谈话核实，找管教了解情况，找侦查人员询问是否依法办案，进行了大量庭外调查。合议庭评议时，冯菁认为该案存在诸多疑点，证据不足，疑罪从无，应宣判张氏叔侄无罪释放。她的意见未被采纳，杭州市中级人民法院审委会集体讨论后决定，张辉判死刑，张高平判无期。

此后不久，冯菁赴加拿大留学深造。获悉张氏叔侄被宣告无罪，这位远在大洋彼岸的前主审法官说：“这体现了国内法治的进步。作为法律人，我为当年的独立判断而欣慰，为无力改变裁判而歉疚。”

在法庭上，张辉、张高平的一审辩护人洪昭定、王亦文律师，二审辩护人阮方民、李华律师全部作无罪辩护，认为张氏叔侄的有罪供述相互矛盾，不排除受到非法取证之可能;DNA 鉴定结论已证实两被告人之外的第三名男子单独实施作案的可能性。指控两被告人强奸杀人事实不清、证据不足,请求法庭判定无罪。

在法庭上,陈建阳的辩护人凌伟建律师逐条反驳了罗列的一条条证据,说:"希望慎重判决。如果硬是这样判下来,坚信此案以后一定是要翻案的,历史终究会证明这一点。"令人遗憾的是,几年前,凌伟建律师因车祸去世了,无法目睹今天这一幕,但他的律师同行们见证了这预言成真的历史性时刻。

作为田伟冬、王建平的辩护人,辛本峰、韩美琴律师当年在法庭上就反复指出,一没指纹证据,二没血迹鉴定,34 个证人,没一个是目击证人,没一个到庭作证,本案不是证据不足而是没有证据,绝对是个错案。时隔 18 年,作为再审辩护人,他们再一次坐到辩护人席上。这一次,他们的辩护意见被再审法官采纳了。

还有北京的刑辩律师朱明勇,在接受张高平的哥哥张高发委托后,一诺千金,自掏差旅费,几度往返新疆、浙江之间,为张氏叔侄案平反取证申诉,备尝艰辛。

在阻止和纠正这两起错案的过程中,律师们以自己的高尚职业操守证明,律师是法律职业共同体的重要成员,是防止、纠正冤错案件的重要力量,是推动司法进步和法治中国建设的不可或缺的群体。

这些有良知的法律人的意见没有被一审法院所采纳,但聚沙成塔,也形成了让人不可小觑的正义力量。无论是张氏叔侄案还是萧山案,到了浙江省高级人民法院二审判决,"根据本案的具体情况",全部将一审死刑改判为死刑缓期执行,这刀下留人的妥协性判决,总算使这两起错案在最后关头悬崖勒马。

"3·20"劫杀案发生后,警方从出租车内反光镜上取到了一枚血指纹,在对陈建阳等 5 人归案进行指纹鉴定后,发现这枚血指纹并不属于他们中的任何一人。虽然侦查人员后来没有将这一关键核心物证随案移送,但心存疑虑的公安局技术人员却依规定,不动声色地将这一血指纹鉴定保留下来,并在 2011 年借公安信息化建设之际,将其输入指纹数据库。

正是这位技术员的这一认真之举,为萧山 5 人劫杀案沉冤昭雪带来了根本性转机。2012 年,金华警方另一认真负责的公安技术人员利用数据库进行网上比对时,发现这一血指纹与有前科人员项生源的指纹一致,这才引起上级重视,对"3·20"劫杀案立案复查,最终认定项生源才是真凶,终审判其死刑缓期执行。也由于这位技术员的认真,"8·12"劫杀案发生后,及时从出租车上提取保留了指掌纹证据,才使得 18 年后杭州警方核查"8·12"劫杀案时,有条件通过比对现场指掌纹证据,排除了陈建阳等 4 人作案的可能。虽然时至今日,仍无法知道这两位技术员的姓名,但我们应该向其良好的职业道德致以崇高敬意。

同样值得尊重的无名英雄还有另几名法医。2003 年 6 月 23 日,在案件快要报捕前夕,杭州市公安局作出了法医学 DNA 检验报告,认为从被害人王冬 8 个指甲末端提取的 DNA 谱带,由王冬和一名男性的 DNA 谱带混合形成,排除张辉、张高平与王冬混合形成。这一证据实际上当时就已否决了张氏叔侄作案的可能,可惜没被采信。2011 年 11 月 22 日，冤案复查启动后，又是该局法医通过数据库比对，发现王冬指甲残留的男子 DNA 分型与勾海峰分型 7 个位点存在吻合。虽然这一鉴定意味着该案另有疑凶勾海峰，意味着张氏叔侄案办错了，意味着当年办案的许多同事要被追责、问责，但这位不知名的法医仍然秉承实事求是的科学精神，将资料原封不动封存，送往公安部再次鉴定。正是这铁证如山的客观性证据，为张氏叔侄案的彻底纠错铺平了道路。

去年 12 月底，这两起错案相继浮出水面，令人大吃一惊。浙江省人民检察院、法院交换意见后认为，案件办错了，就要担当，就要纠正，就要赔偿，遂启动纠错法律程序，在半年时间内，相继纠正了这两起冤错命案，并在纠错过程中创造了四项全国第一：

在张氏叔侄案中，省高级人民法院的再审判决排除非法证据，这是新《刑事诉讼法》实施以来，全国首次在大案要案中适用非法证据排除规则。

杭州市公安机关通过 DNA 检验、数据库血指纹、指掌纹比对，主动发现、及时纠错。利用科技手段，相继纠正平反了两起大案要案，这在全国属于首次。

省高级人民法院决定分别支付张辉、张高平国家赔偿金 110 万元，其中精神损害抚慰金 45 万元，首次超过了人身损害赔偿金 65 万元的 50%，创下了全国纪录。

在萧山案中，再审判决明确认为，在“8 · 12”劫杀案中，原判认定王建平等人抢劫杀人的事实不能成立，原判认定的证据不能作为定案的根据；而不是采用“事实不清、证据不足”的笼统说法。这也是新《刑事诉讼法》实施以来全国首次。

错案发现后久拖不决是司法权威的最大敌人。权威人士评价，发生错案固然会对司法制度的社会信誉带来重创，但浙江省的这次纠错实践证明，依法及时、迅速地纠正错案，也是重建公众对司法的信赖、重树司法权威的重要途径。

张氏叔侄、王建平等 5 人的遭遇无疑极其不幸。但不幸中的幸运是，从蒙冤到平反，正义犹存，良知仍在，还有一些公正、正直、善良、负责的法律人敬重生命，不为假象所蒙蔽，不为威武所屈服，在为他们的错案平反奔走呐喊。这些法律人的良知，如寒夜里的灯火，一盏盏，一点点，散落四处，不是很明亮，但汇聚在一起，就成了温暖，成了光明，成了希望，鼓舞、指引着他们从黑夜走向黎明。

正义是衡量一个社会是否健康有序的最重要标准。当我们为这迟到的公平正义而拥抱欢庆之时，让我们记住错案当事人朱又平在法庭上的最后陈述：“但愿我们的悲剧能唤醒一些人的良心，换来国家法治的进步，愿正义不再迟到，愿悲剧不再重演。”

（2013.7.3）

点　评　张氏叔侄案在我国纠正冤错案的历史上具有标志性意义——在蒙冤者喊冤的同时，法律人不懈努力，推动国家法治进步。本文夹叙夹议，层次清晰，视角独特，不落窠臼。

薄熙来案判决：
以事实为根据　以法律为准绳

吴　坤

9月22日上午，山东省济南市中级人民法院依法公开对薄熙来受贿、贪污、滥用职权一案作出一审判决：薄熙来犯受贿罪，判处无期徒刑，剥夺政治权利终身，并处没收个人全部财产；犯贪污罪，判处有期徒刑15年，并处没收个人财产人民币100万元；犯滥用职权罪，判处有期徒刑7年；数罪并罚，决定执行无期徒刑，剥夺政治权利终身，并处没收个人全部财产。

此前的8月22日至26日，济南市中级人民法院依法公开开庭审理此案。庭审中，法院严格遵循新《刑事诉讼法》规定的诉讼程序，让控辩双方充分质证、充分辩论，特别是公诉方对多种证据的运用、法庭对辩护权的充分保障、相关证人的出庭作证、官方微博及时全面的庭审信息披露等，受到国内外舆论广泛肯定，被法学专家称为"我国法院严格遵循诉讼程序审理案件的一个典范"。

依法公开审理，彰显程序正义；依法公开判决，彰显实体正义。

透过长达五万余字的判决书，我们可以清晰地看到，济南市中级人民法院作出的一审判决，案件事实清楚，证据确实充分，体现了罪刑法定原则和罪责刑相适应原则，彰显了以事实为根据、以法律为准绳的法治精神。

案件事实清楚

依照《刑事诉讼法》规定，案件事实清楚，是人民法院依法作出有罪判决必须具备的前提条件之一。

今年1月1日起施行的《最高人民法院关于适用〈中华人民共和国刑事诉讼法〉的解释》规定，应当运用证据证明的案件事实包括：被告人、被害人的身份；被指控的犯罪是否存在；被指控的犯罪是否为被告人所实施；被告人有无刑事责任能力，有无罪过，实施犯罪的动机、目的；实施犯罪的时间、地点、手段、后果以及案件起因等；被告人在共同犯罪中的地位、作用；被告人有无从重、从轻、减轻、免除处罚情节；有关附带民事诉讼、涉案财物处理的事实；有关管辖、回避、延期审理等的程序事实；与定罪量刑有关的其他事实。

对本案的以上案件事实，济南市中级人民法院在检察机关所做的大量艰苦、细致的调查、取证工作基础上，在庭审中又进行了详细、认真的法庭调查。最终，判决书认定了薄熙来受贿罪、贪污罪、滥用职权罪的犯罪事实。

证据确实充分

证据确实、充分,是《刑事诉讼法》规定的人民法院依法作出有罪判决必须具备的另一个前提条件。

根据法律规定,证据确实、充分,应当符合以下条件:定罪量刑的事实都有证据证明;据以定案的证据均经法定程序查证属实;综合全案证据,对所认定事实已排除合理怀疑。

在本案中,薄熙来受贿罪、贪污罪、滥用职权罪都有充分的证据予以证明:有法庭上已公开出示、宣读的被告人的自书材料、亲笔供词;有出庭作证的证人徐明、王正刚、王立军的证言;有法庭上出示、宣读、播放的薄谷开来、唐肖林等大量证人的证人证言、亲笔证词和作证的同步录音录像。此外,法庭上还出示、宣读了大量的书证、物证照片、电子数据等客观性证据。

这些证据,经过控辩双方充分质证,具有合法性、客观性、关联性,并且可以相互印证,形成了确实充分并且排除合理怀疑的证据体系。

在本案庭审中,被告人当庭翻供。法庭尊重其自我辩护权,让被告人充分表达。但是被告人供述只是重要证据之一,并不是唯一证据。翻供不等于法院就不能对其依法定罪。如果只要被告人不承认指控就不能定罪,那依法反腐败就会成为一句空话。我国《刑事诉讼法》规定,对一切案件的判处都要重证据,重调查研究,不轻信口供。只有被告人供述,没有其他证据的,不能认定被告人有罪和处以刑罚;没有被告人供述,证据确实、充分的,可以认定被告人有罪和处以刑罚。《最高人民法院关于适用〈中华人民共和国刑事诉讼法〉的解释》规定,审查被告人供述和辩解,应当结合控辩双方提供的所有证据以及被告人的全部供述和辩解进行。被告人庭审中翻供,但不能合理说明翻供原因或者其辩解与全案证据矛盾,而其庭前供述与其他证据相互印证的,可以采信其庭前供述。

坚持罪刑法定

我国《刑法》第 3 条规定:法律明文规定为犯罪行为的,依照法律定罪处刑;法律没有明文规定为犯罪行为的,不得定罪处刑。

这就是刑法基本原则之一的罪刑法定原则。其基本含义是“法无明文规定不为罪”和“法无明文规定不处罚”。即对犯罪行为的界定、种类、构成条件和刑罚处罚的种类、幅度,均事先由法律加以规定,对于刑法分则没有明文规定为犯罪的行为,不得定罪处罚。

法院对薄熙来案的一审判决,充分体现了罪刑法定原则。

一是受贿罪。《刑法》第 385 条规定,国家工作人员利用职务上的便利,索取他人财物的,或者非法收受他人财物,为他人谋取利益的,是受贿罪。

经法院审理查明,薄熙来利用职务便利为大连国际公司及唐肖林谋取利益,收受唐肖林给予的钱款折合人民币共计 110 万余元。另外,薄熙来利用职务便利为实德集团谋取利益,明知并认可其妻薄谷开来、其子薄瓜瓜收受徐明财物折合人民币 1933 万余元。

薄熙来在庭审中辩称接受唐肖林、徐明请托的事是"公事公办"。按照《刑法》规定,受贿人为他人谋取利益,无论是正当还是不正当的利益,即使是公事公办,只要有权钱交易,就构成受贿罪。另外,薄熙来与薄谷开来是夫妻关系,他们在本案中形成"丈夫利用权力为请托人办事,妻子收受请托人财物"的共同受贿模式。在这种模式下,不论薄熙来对薄谷开来收受财物的知悉是概括的还是具体的、是事前明知还是事后知情,都不影响其构成受贿罪。

值得一提的是,起诉书指控薄熙来认可其家庭成员收受徐明给予的财物中,计人民币 134 万余元因证据不足,法院不予认定。这充分说明法院在审判过程中坚持以事实为根据,以法律为准绳的法治精神。

二是贪污罪。《刑法》第 382 条规定,国家工作人员利用职务上的便利,侵吞、窃取、骗取或者以其他手段非法占有公共财物的,是贪污罪。

法院查明,薄熙来在王正刚提议将上级拨付给大连市政府的 500 万元给其补贴家用的情况下,同意王正刚和薄谷开来商量处理,致该款最终由薄谷开来控制、占有。

尽管被告人辩解其没有贪占故意,但该款进入薄谷开来指定的账户是不容辩驳的事实,并且王正刚和薄谷开来证言内容一致,均证明薄熙来非法占有涉案款项的主观意图明确。被告人的行为符合《刑法》规定的贪污罪构成要件。

三是滥用职权罪。根据《刑法》第 397 条的规定,国家机关工作人员滥用职权,致使公共财产、国家和人民利益遭受重大损失的,是滥用职权罪。

法院查明,薄熙来身为国家机关工作人员,其实施的一系列超越职权或者违反规定行使职权的行为,是导致薄谷开来杀人案不能依法及时查处和王立军叛逃事件发生的重要原因,并造成特别恶劣的社会影响,致使国家和人民利益遭受重大损失,情节特别严重,其行为符合《刑法》规定的滥用职权罪构成要件。

罪责刑相适应

《刑法》第 5 条规定:刑罚的轻重,应当与犯罪分子所犯罪行和承担的刑事责任相适应。

这就是我国刑法基本原则之一的罪责刑相适应原则。其含义是:犯多大的罪,就应承担多大的刑事责任,法院也应判处其相应轻重的刑罚,做到重罪重罚,轻罪轻罚,罚当其罪,罪刑相称。

在本案审判过程中,济南市中级人民法院始终以事实为根据,以法律为准绳,在分析被告人罪重罪轻和刑事责任大小时,不仅看其犯罪的客观社会危害性,而且充分考虑其主观恶性,把握罪行和罪犯各方面因素综合体现的社会危害性程度,从而确定其刑事责任程度,适用相应轻重的刑罚。

根据《刑法》第386条的规定,对犯受贿罪的,根据受贿所得数额及情节,依照本法第383条的规定处罚。《刑法》第383条第1款规定,个人贪污数额在10万元以上的,处10年以上有期徒刑或者无期徒刑,可以并处没收财产;情节特别严重的,处死刑,并处没收财产。

在本案中,薄熙来受贿折合人民币共计2044万余元,贪污500万元,法院根据《刑法》第386条、第383条第1款的规定,以受贿罪判处其无期徒刑,剥夺政治权利终身,并处没收个人全部财产;以贪污罪判处其有期徒刑15年,并处没收个人财产人民币100万元。这一判决量刑适当,充分体现罪责刑相适应原则。

根据《刑法》第397条的规定,国家机关工作人员滥用职权,致使公共财产、国家和人民利益遭受重大损失的,处3年以下有期徒刑或者拘役;情节特别严重的,处3年以上7年以下有期徒刑。

法院综合考虑本案案件事实,依法以滥用职权罪判处被告人有期徒刑7年,罚当其罪,罪刑相称。

根据《刑法》第69条关于数罪并罚的规定,法院最终对被告人决定执行无期徒刑,剥夺政治权利终身,并处没收个人全部财产。

薄熙来案是一起社会关注的严重刑事案件,在国内外造成恶劣影响。这一案件的一审判决再次证明,我国是社会主义法治国家,法律的尊严和权威不容践踏。法律面前人人平等,不允许任何人有超越法律的特权。

近年来,一个个贪官被依法惩处的事实雄辩地说明,党和国家始终保持着对腐败分子的高压态势,“老虎”、“苍蝇”一起打。在法律面前,没有特殊公民,没有法外特权,没有“刑不上大夫”。不管涉及什么人,不论其权力大小、职位高低,只要触犯国法,都将无一例外地受到法律的惩处。 (2013.9.23)

点 评

对薄熙来的审判世人关注。本文作者三赴济南,全程旁听了案件一审开庭、一审宣判和二审宣判。此稿在一审判决后发稿、第二天见报,时效性极强。这篇述评是各媒体中唯一一篇对薄熙来案一审判决进行深入解读的解释性报道,论述精辟,具有法治的高度、引导的广度、论证的深度。从事实、证据、定罪、量刑四个层面,用通俗易懂的语言,对案件涉及的关键法律问题一一作了解答,及时回应社会普遍关切。文章逻辑严密、层次清晰、理性客观、解读准确、以法服人。

此稿在本报见报后,被新华社全文转发。

拉萨僧尼享有医保社保

廖卫华

拉萨是藏传佛教的“圣城”,西藏有藏传佛教寺庙1700多座,哲蚌寺、色拉寺、甘丹寺、楚布寺等藏传佛教的母寺均位于拉萨市境内。虽然拉萨寺庙数量只占西藏寺庙总数的14%,但重要寺庙居西藏首位。每年前往拉萨朝佛的信众达数百万人次。

依法加强对寺庙僧尼的服务管理,确保宗教和睦、佛事和顺、寺庙和谐,是拉萨市在探索宗教服务管理法治之路的有益实践。

建立管理机构办实事

近日,《法制日报》记者在拉萨市大昭寺、小昭寺、色拉寺参观时,看到宣传橱窗内贴有驻寺干部的照片,感觉到记者疑惑的眼神后,拉萨市委政法委常务副书记和平志笑着说:“我们把寺庙作为基本的社会组织,把僧尼作为公民和朋友,在寺庙中建立管理机构,选派优秀干部驻寺,建设平安寺庙。”

目前,西藏选派了6575名懂宗教政策、服务意识强的干部进驻1787座寺庙,在1316座寺庙建立了寺庙管理委员会。

在加强和创新寺庙管理中,拉萨深入开展“六个一”活动,即每个驻寺干部与一至几名僧尼交成朋友、开展一次家访、办一件实事、建一套档案、畅通一条联系渠道,形成一套管委会、寺庙、僧尼家庭协调联动的管理机制。

格鲁派最大寺庙哲蚌寺林周县的僧人云丹因患动脉闭塞左小腿干性坏疽感染,于2012年8月先后在自治区医院、藏医院住院治疗,因病情严重,需到内地进行治疗。驻寺干部在与其结对子的僧人东宗处得知该情况后,立即向管委会汇报。在管委会安排下,东宗全程陪同云丹赴四川大学华西医院进行治疗,经确诊做了左大腿中断截肢术。出院返回拉萨的云丹,因2012年未参加寺庙医疗保险,3万多元的住院治疗费用成为巨大经济负担。后经哲蚌寺寺管会多次与拉萨市民政局协调,民政局对其进行了医疗救助,解决了31,223.34元的住院费,并根据他的家庭状况,将他纳入低保对象。

通过办实事,僧人们切身体会到寺管委会的建立,是政府对于寺庙宗教活动正常开展而提供保障服务的机构。

《法制日报》记者在拉萨采访寺庙发现,每个寺庙都有4位领袖像、有国旗、有道路、有水、有电、有广播电视、有电影、有书屋、有报纸。这是西藏从去年开始实施的寺庙“九有”工程。在这个基础上,拉萨市深入调研后推出“9+5”工程,即决定在20人以上的寺庙再增加5项工作,修建一个食堂、一个澡堂、一个垃圾池、一栋温室、培养培训一名卫生员。

在曲桑日追寺,由城关区政府投资7万元修建了占地400多平方米的温室大棚,投资8000余元修建垃圾储放池,投资13万元修建占地50平方米的澡堂,都已投入使用。寺庙食堂改造工程已完工;城关区卫生局投资5万元建立的村级卫生所医疗设备正在采购中。

哲蚌寺管委会副主任阿旺东觉说,“+5”工程的落实,改变了僧尼的居住环境,从个人卫生到周边环境都得到了明显改善,温室大棚的建成解决了僧尼吃菜难的问题,而卫生所的建立,不仅惠及僧尼能够及时就诊,还使偏僻寺庙周边的群众得到了实惠。

僧尼医保社保全覆盖

11月3日中午,午后的阳光洒满了拉萨北郊色拉寺养老院的院子,老僧人格桑罗布坐在院子的大树下晒着太阳。60多岁的他,因为一项政策今后不必再为生病住院的医药费发愁了。“我每个月可以拿到320元的养老金,生病了可以去医院,老了生活上也不用担心,生活有保障。”

拉萨寺庙多,僧尼多,部分僧尼老无所养,病无所医。2012年5月,拉萨市统一对市属寺庙、各县(区)寺庙全部持证僧尼进行免费体检,建立健康档案。曲桑日追寺管委会,根据尼姑健康档案,对患有高血压、高血脂、风湿病等疾病的尼姑进行定期上门巡诊,并传授健康饮食习惯及基本护理常识。

从2011年起,西藏自治区财政每年补贴1300多万元,逐步将僧尼纳入社会保障体系。截至今年年底,在编的3万名僧尼已享受医疗保险、养老保险、最低生活保障和人身意外团体险。

(2013.12.13)

点　评　本文报道了拉萨把寺庙作为基本的社会单元,一手抓依法管理,一手抓排忧解难,把广大僧尼作为亲人和朋友,全面实现社会治理和公共服务全覆盖,加速了寺庙融入社会,使僧尼归属感普遍增强。

对寺庙的管理既要尊重宗教自由,又要推进藏传佛教管理与国家治理体系和治理能力现代化相适应,引导藏传佛教与社会主义社会相适应。这一具有创造性的西藏实践,必将对坚持和发展中国特色社会主义民族宗教政策做出积极的贡献。

突破法律的改革需授权

秦　平

党的十八届三中全会开启了改革新时代,《中共中央关于全面深化改革若干重大问题的决定》的出台,为改革设定了明确目标,也激发了社会改革的勇气和活力。人们坚信此次改革与35年前的改革一样,必将为中国的经济发展和社会进步带来一次新的飞跃。

今天的改革虽然与35年前的改革有很多相似之处,但差异也十分明显,其中最突出的一点就是,与35年前相比,当前中国特色社会主义法律体系已经形成,法律制度更加健全,改革需要依法稳步推进,不能一讲改革就要突破法律禁区。

如果说35年前的改革更多地体现为"摸着石头过河",而如今的改革更多地要强调顶层设计。不久前,习近平总书记在山东考察时指出,"要准确推进改革,认真执行中央要求,不要事情还没弄明白就盲目推进。要有序推进改革,该中央统一部署的不要抢跑,该尽早推进的不要拖宕,该试点的不要仓促推开,该深入研究后再推进的不要急于求成,该得到法律授权的不要超前推进"。

习近平总书记的讲话有两层意思非常明确:第一,改革不能拖宕,但也不能抢跑,要有序推进。也就是说,改革要加强顶层设计,避免由于盲目改革给国家社会和人民带来不必要的损失。第二,改革需要研究和试点,而且一些改革需要得到法律的授权。而这一点至关重要。

不可否认,有些时候改革与现行的法律制度的确是一对矛盾。一些法律法规修改不及时,一些法律法规在制定的时候保护了某些部门的利益、扩大了某些部门的权力,这都可能导致部分法律规定成为改革的阻碍。例如,我国现行的土地管理法与推进农村土地流转、增加农民财产性收入改革的目标就有一定差距,但这并不意味着就可以因此违法买卖农村集体土地、承包地、宅基地。事实上,在现行土地管理法没有修改之前,任何借口改革而违反法律的行为都是不允许的。

解决法律与改革冲突的问题,应通过有计划、有步骤的试点,深入研究、积累改革经验,取得成功后再适时全面推开。对此,我国《宪法》第89条有明确规定,一些突破现行法律的改革试点需要全国人民代表大会和全国人大常务委员会授权进行。

2012年5月,广东省人民政府向国务院呈报了关于深化行政审批制度改革先行试点的请示,请求国务院授权该省调整由法律、行政法规和国务院文件规定的部分行政审批。这些行政审批中有25项是由有关法律规定的,要由全国人大常委会授权国务院暂时进行调整。在2012年年底的第十一届全国人大第三十次会议上,全国人大常委会授权国务院在广东省暂时调整部分法律规定的行政审批。由此,广东深化行政审批制度改革试点才规范有序推开。

必须承认,只要是改革就会有风险,这种风险包括国家社会的风险,也包括个人的风险。虽然风险也是改革的题中之义,但是依法进行的改革会使风险大大降低,减少由于改革盲目性带来的各种损失,使改革在合法、理性的轨道上进行。依法、依规全面深化改革,任何突破现行法律的改革都要得到法律授权,这是新时期改革应当遵守的基本原则。

(2013.12.19)

点 评

本文关注的是一个非常重要的法治问题。文章观点十分鲜明:以改革的名义突破法律制度的制约,是牺牲法治谋发展,是一种短视的行为。

随着改革开放不断推进,民主法治建设不断完善,中国特色社会主义法律体系已经形成,再以“改革”的名义突破法律禁区,谋求不受约束的发展,不足为训。

全国人大常委会法工委副主任阚珂
有28张人代会工作证件
“28年，我见证了中国民主法治的发展进步”

席锋宇

“今年的全国人代会工作证件是2月27日发下来的，组别是人大议案组，这是我第28张人代会工作证件。如果问我时间都去哪儿了？我会这样回答：1986年到全国人大机关工作，到现在已经28年。这28年的时间用在服务全国人大会议、服务代表依法履职上。我和我的这些证件见证了这些年发生在人代会上的国家重大事件，见证了国家的发展，见证了我国民主法治的进步，也见证了人大会议组织管理走上信息化的过程。这对我而言，太有意义了。”全国人大常委会法制工作委员会副主任阚珂翻阅着桌面上一张张自己的人代会工作证，向《法制日报》记者打开了回忆的闸门。

阚珂从证件中首先找出了1987年第六届全国人大第五次会议工作证。这张证是横式纸质的，照片是黑白的，组别和姓名是人工用钢笔书写的。这是阚珂的第一张人代会工作证。

这一年人代会上让他难忘的是会场上一次激烈的讨论。这场讨论是关于一部法律——村民委员会组织法草案，讨论的焦点是乡镇政府与村委会的关系。究竟应该是领导与被领导的关系，还是乡镇政府指导村委会的工作、村委会协助政府工作的关系？

“鉴于意见分歧大，当年的大会并没有表决这部法律草案，而是作出决定，授权全国人大常委会根据宪法的原则，参照大会审议意见，进一步调查研究，总结经验，审议修改后颁布试行村民委员会组织法。同年11月，常委会通过了这部法律，它在我国基层民主政治建设中具有重要的地位和作用。”阚珂说，这次讨论，让我直接感受到人大不像外界所说的只是走程序，它非常看重自己的职责，认真履行自己的神圣使命。

“1988年的七届全国人大一次会议是我非常难忘的一次参会经历。这次大会上有许多事情都应该镌刻在中国民主法治历史的丰碑上。”阚珂说。

1988年是中国开展改革开放的第十年。经济体制改革需要法律保驾护航的呼声越来越高。阚珂介绍，这一年首次对1982年《宪法》进行了修改，规定：国家允许私营经济在法律规定的范围内存在和发展，私营经济是社会主义公有制经济的补充；土地的使用权可以依照法律的规定转让。这是我国经济体制改革的重大举措，意义深远。这次还确立了此后都以修正案形式修改宪法的模式。1993 年、1999 年、2004 年分别对宪法进行了修改。

差额选举是指候选人名额多于应选代表名额的选举,区别于等额选举。这样的选举方式更有利于体现民主,充分尊重选举人的意志。阚珂说,1988 年第七届全国人大第一次会议选举全国人大常委会委员首次实行差额选举。当时要选 135 人,提名 144 人,差额 9 人。委员人选名单按姓名笔划排列,公布票数则以得票多少为序。

“当年 4 月 8 日选举那天,我和一些工作人员在主席台工作区,随着大会播音工作人员宣读每位人选得票情况快速记录着。宣读完 135 人时,我们互相看了一眼,大家意识到后面的人落选了。差额选举的结果就是有上有下,这就是民主,每个人都要逐步适应。”此后,八届以后直到现在的每届全国人大常委会委员都是差额选举产生的。

从 1993 年第八届全国人大第一次会议开始,工作人员证件的照片变成了彩色。“适应建立社会主义市场经济的需要,我国的立法进入了快车道,迎来了新一季的春天。”阚珂说,“依法治国、立法质量、社会主义法律体系逐步出现在人们的视野中。法治的理念逐步被更多的人接受认可。2010 年,中国特色社会主义法律体系形成,现在现行有效法律 242 件,国家各方面工作总体上实现了有法可依。”

28 年来,阚珂深刻感受到全国人大逐步加强自己的组织建设。“1988 年,决定增设全国人大内务司法委员会。在此之前,全国人大共有 6 个专门委员会。这之后,在第八届全国人大第一次会议期间增设了环境与资源保护委员会,第九届全国人大第一次会议期间增设了农业与农村委员会。至此,形成了 9 个全国人大专门委员会的格局,有力地加强了全国人大的组织建设。”阚珂说,“1990 年,第七届全国人大第三次会议首次使用电子表决器。这比起举手表决,既提高了工作效率,更重要的是能够对赞成、反对、弃权的投票情况进行精确统计。2006 年,第十届全国人大第四次会议工作人员的证件材质改用环保 PVC,并且开始采用计算机管理大会证件。之后,大会证件改用电子照片,内置有记载持证人有关信息的芯片,可以远距离验证,便于快速通过。另外,还加贴了防伪标识。28 年人代会工作证件也记录着我国信息技术的发展和进步。”

阚珂展开 28 个证件向记者介绍:简报组 12 张,秘书组 7 张,新闻报道组 6 张,法案组 1 张,法工委 1 张,议案组 1 张。其中他曾 5 次在总理记者会上担任点名官,负责邀请记者提问。“这 5 年的经历对我而言,是一段难得的人生回忆。有很多故事是我终身都难以忘怀的。有很多瞬间的感受直到现在我都觉得清晰无比。”在记者的追问中,阚珂讲述了其中一件事情。

2006 年的总理记者会上,一位台湾记者因没得到提问机会在现场“抗议”。“这时,总理说:‘那位记者先生的情绪很激烈,请他提个问题吧。’于是,我请他来提问。他站起身说:‘总理先生,我为我的粗鲁的行为道歉。’随后,他提了有关中国环境污染的问题。”阚珂笑着说,“其实,如果你细细品味,我们的民主随手可拾。”

“人生是一场奇妙的旅行,我很幸运能在全国人大机关工作,并经历了许多人不曾经历的故事,见证了许多人难以见证的历史瞬间,跟着我国民主法治前进的脚步一路走来。”阚珂深情地说。

(2014.3.7)

点　评

阚珂,在全国人大工作30 多年,曾任全国人大常委会法制工作委员会副主任,他的人生深深烙下了中国民主法治建设的印记。这位心怀法济苍生情怀的立法者把立法工作看成一件其乐无穷的事,因为“法律本身就是对火热生活的归纳、概括、总结和提炼,要把五彩缤纷的社会现象都装到脑袋里,然后提炼加工,遇到新问题再调研解决”。

阚珂负责人大宣传工作时与《法制日报》结下了不解之缘,《法制日报》还专门为他开设了“人大人说人大”专栏,共发表了50 多篇文章,讲述鲜活的人大故事,引发广泛好评。而且,他还是《法制日报》的“两会人物”,履职期间他经常在《法制日报》上,解读“两会”焦点,传递“两会”声音。本文用28 张人代会工作证串联起来他的人大人生,成为见证中国民主法治建设的微缩景观。

让宪法精神成为国家精神

社　论

今天是我国首个“国家宪法日”。这是专属于宪法的一天,也是彰显法治中国核心价值的重要节点。

党的十八届四中全会提出,将每年的 12 月 4 日定为国家宪法日,在全社会普遍开展宪法教育,弘扬宪法精神。10 月 27 日,第十二届全国人大常委会第十一次会议决定将 12 月 4 日设立为国家宪法日,国家将通过多种形式开展宪法宣传教育活动。

新中国宪法制度的发展历程与国家的命运息息相关,与中国特色社会主义道路的实践紧密相连,折射出不同时期我们对法治理解和认识的不断深化,也反映出我们对法治文明持之以恒的追求与探索。从 1954 年新中国第一部宪法诞生到“国家宪法日”的设立,其间经过了整整 60 年。在这 60 年间,我国共制定了 4 部宪法,现行的 1982 年《宪法》也经历了 4 次修正,12 月 4 日正是我国现行宪法正式实施的日子。以这一天为“国家宪法日”是国家弘扬宪法精神、维护宪法权威、捍卫宪法尊严、保证宪法实施的集中体现。

弘扬宪法精神,首先必须充分了解宪法、真正领会宪法的核心要义。宪法是国家的根本法,是治国安邦的总章程,具有最高的法律地位、法律权威、法律效力,具有根本性、全局性、稳定性、长期性。我国宪法确立了中国特色社会主义道路、中国特色社会主义理论体系、中国特色社会主义制度的法律地位,反映了全国各族人民的共同意志和根本利益,是新的历史时期党和国家的中心工作、基本原则、重大方针、重要政策在国家法制上的最高体现。

弘扬宪法精神,要在全社会牢固树立坚持党的领导,坚定不移走中国特色社会主义法治道路的宪法理念。党的领导是中国特色社会主义的最本质特征,是社会主义法治的最根本保证。我国宪法以国家根本法的形式反映了党领导人民进行革命、建设、改革取得的成果,确立了在历史和人民选择中形成的中国共产党的领导地位。在我国,坚持党的领导,是党和国家的根本所在、命脉所在,是全国各族人民的利益所系、幸福所系,是社会主义法治的根本要求和全面推进依法治国的题中应有之义。

弘扬宪法精神,要始终坚持人民主体地位,切实保障公民享有权利和履行义务。列宁曾经说过,“宪法就是一张写着人民权利的纸”。公民的基本权利和义务是宪法的核心内容之一,宪法是每个公民享有权利、履行义务的根本保证。弘扬宪法精神就要依法保障全体公民享有广泛的权利,保障公民的人身权、财产权、基本政治权利等各项权利不受侵犯,保证公民的政治、经济、文化等各方面的权利得到落实,努力维护最广大人民的根本利益,保障人民群众对美好生活的向往和追求依法得以实现。

“国家宪法日”的设立首先对各级党员领导干部提出了要求。宪法是人民权利的宪章,同时也为权力的行使划定了边界。习近平总书记在各种不同场合反复强调,坚持依法治国首先要坚持依宪治国,坚持依法执政首先要坚持依宪执政。党的十八届四中全会不但提出了设立国家宪法日,而且还特别提出建立宪法宣誓制度,凡经人大及其常委会选举或者决定任命的国家工作人员正式就职时要公开向宪法宣誓。这就要求各级党政领导干部要带头学习宪法、崇尚宪法,自觉维护宪法的权威与尊严,自觉把权力置于宪法法律之下,依法行使权力,不断提高执政能力和水平,推进各项治国理政活动制度化、法律化。

“国家宪法日”的设立同时也对全体公民提出了要求。宪法日不仅是一个重要的纪念日,更是全民宪法教育日、普及日、深化日。要通过“国家宪法日”的宣传活动,进一步弘扬社会主义法治精神,努力培育社会主义法治文化,让宪法家喻户晓,在全社会形成学法尊法守法用法的良好氛围,让广大人民群众充分相信法律、自觉运用法律,充分认识到宪法不仅是全体公民必遵循的行为规范,而且是保障公民权利的法律武器。

宪法是众法之源,是一切国家治理活动的出发点和归结点。对一个国家来讲,宪法精神就是这个国家的精神,宪法力量就是这个民族的力量。以首个“国家宪法日”为起点,我们看到宪法精神已融入国家的肌体,成为托起伟大中国梦的精神之本、力量之源。

(2014.12.4)

点　评

党的十八届四中全会提出将每年的12月4日定为国家宪法日,在全社会普遍开展宪法教育,弘扬宪法精神。第十二届全国人大常委会第十一次会议决定将12月4日设立为国家宪法日,对于坚持依法治国、依宪治国具有十分重要的意义。

这篇于首个国家宪法日当天见报的社论,鲜明提出设立“国家宪法日”,是弘扬宪法精神、维护宪法权威、捍卫宪法尊严、保证宪法实施的集中体现。

“市长大印”交到社区主任手里

胡新桥　刘志月

拿起办公桌上的钢印，谷利专在村民小陈的结婚证上盖上了“鄂州市人民政府行政确认专用章”，随后将结婚证交给小陈，告诉他，他与妻子已是合法夫妻了。

“进城办证估计要花一天时间，现在不到一小时。”小陈高兴地说。

谷利专是湖北省鄂州市鄂城区长港镇峒山村社区综合服务中心工作人员。

《法制日报》记者看到，她的办公桌上摆着一堆红红绿绿的证：红色的结婚证、生育服务证、独生子女父母光荣证，蓝色的流动人口婚育证明，绿色的残疾人证、就业失业登记证……

谷利专告诉记者，这些证件是她到政府职能部门领取备用的，全村各网格的网格员把村民办证需求信息收集上来，自己通过鄂州市社区电子政务平台将证件扫描后传至相关职能部门审核通过后，即可完成办证。

“审核完，还用跑到镇上或市里去吗？”

“不用，直接到我们这儿领或叫网格员送去。”

“那盖公章咋办？这可是行政审批啊！”

“我们盖上这个市里统一配发的钢印就好。”

谷利专说的钢印，是“鄂州市人民政府行政确认专用章”，是鄂州试点将代表多个职能部门权力的公章集于一身，将行政职能和权力下放到社区的产物。

改革之初，有人开玩笑说，这是市长将自己的“大印”交给了社区主任。有媒体将鄂州市这枚行政确认专用章称为“全国第一印”。

将“行政确认”工作交给并非专业公务员的社区公共服务者，如何确保行政审批的准确、维护赋予审批权之法律法规的权威？

鄂州市委政法委综合协调科科长周国旗透露，为确保行政审批事项能落地、落好地，除了对从事此项工作的工作人员进行岗前培训提醒相关注意事项外，相关职能部门还会定期或不定期组织抽查社区审核、办理的证件，防止出现错漏。

据了解，将行政职能下放到社区的做法，并非鄂州首创。但以钢印公章的方式将职权同时下放社区，鄂州的做法在全国独一无二。

在长港镇峒山村社区综合服务中心一楼大厅，一块展板上张贴着《鄂州市公共服务进社区农村社区服务事项清单》。

记者一一细数这120项农村社区服务事项：婚姻登记、生育服务证等35项立等可取；事实无人抚养儿童救助、在押人员家属送物等77项限时办结；残疾人辅助器具适配、高龄津贴发放等8项定期办理。

针对行政服务管理职能交叉、服务缺位、成本过高、效率低下的情况，2012年11

月，鄂州市进行行政审批改革，在峒山村等 6 个村试点将 33 项行政服务项目下沉至基层，试点将一枚集多个职能部门权力于一身的“行政确认专用章”钢印交给社区，让群众在家门口就可办理常用证件及公共服务事项。

通过扫描件进行行政审核，这也让鄂州市政府职能部门工作人员压力倍增。“在核查证件的问题上，婚姻登记员审核原件更容易区分真假，而看扫描件难度就大了很多。最终审批是由政府职能部门负责完成的，一旦出了问题，有关工作人员责任重大。”鄂州市一名基层公务员说，改革之后感觉压力很大。

在鄂州市委常委、政法委书记胡运星看来，任何一项改革，起初都不可能尽善尽美，需要在其推进过程中不断完善。

“创新社会治理，就是一个党委、政府不断自我加压，群众办事公共服务事项日益便捷的过程，也是不断提升基层社会治理法治化水平的重大变革。”胡运星说。

（2014.12.15）

点　评　行政审批是现代国家管理社会政治、经济、文化等各方面事务的一种重要的事前控制手段。随着经济社会的发展，行政审批过多过滥导致政府行政管理和社会资源配置低效的弊端，成为阻碍生产力发展的体制性障碍。简政放权，推进行政审批制度改革，可以更大程度地发挥市场在资源配置中的决定性作用，成为法治政府建设的主攻方向并取得显著成效。本文关注的湖北鄂州将众多审批事项下放到基层社区，把象征权力的一枚“鄂州市人民政府行政确认专用章”下放到社区，可谓是“一改到底”，真正从源头上预防和治理腐败，让行政审批富有效率、惠及百姓。

内蒙古高院宣判呼格吉勒图无罪

史万森　张　驰

今天上午10时，内蒙古自治区高级人民法院召开新闻发布会通报呼格吉勒图案件审理结果以及相关工作的后续安排。内蒙古高院新闻发言人李生晨通报说，内蒙古高院认为，原判认定呼格吉勒图犯故意杀人罪、流氓罪的事实不清，证据不足；对辩护人的辩护意见、检察机关的检察意见予以采纳；对申诉人的请求予以支持。宣判呼格吉勒图无罪。内蒙古自治区党委已责成有关部门组成调查组，就错案责任问题进行调查。

李生晨首先通报了案件审理结果。他说，本案因呼格吉勒图的父母申诉，内蒙古高院于11月19日决定启动再审程序，并另行组成合议庭，依法进行审理。

审理中，合议庭认真查阅了本案全部卷宗以及相关材料，充分听取了申诉人、辩护人和检察机关的意见，经认真评议并提交审判委员会讨论，作出如下判决：撤销本院（1996）内刑终字第199号刑事裁定和呼和浩特市中级人民法院（1996）呼刑初字第37号刑事判决；原审被告人呼格吉勒图无罪。再审判决书已于今天上午送达申诉人、辩护人、检察机关。

在审理期间，申诉人要求尽快公平公正对本案作出判决。辩护人辩称，原判事实不清，证据不足，应宣告呼格吉勒图无罪。检察机关认为，原判认定呼格吉勒图构成故意杀人罪、流氓罪的事实不清，证据不足，应通过再审程序，作出无罪判决。

经审理，内蒙古高院认为，原判认定原审被告人呼格吉勒图犯故意杀人罪、流氓罪，没有确实、充分的证据予以证实：

犯罪手段供述与尸体检验报告不符。呼格吉勒图多次有罪供述，称采取卡脖子、捂嘴等犯罪手段与被害人杨某某“后纵膈大面积出血”等尸体检验报告内容不符。

血型鉴定结论不具有排他性。呼格吉勒图本人血型为A型，在呼格吉勒图指甲缝内附着物检出O型人血，与被害人血型相同。但血型鉴定为种类物鉴定，不具有排他性、唯一性，不能证实呼格吉勒图实施了犯罪行为。

呼格吉勒图的有罪供述不稳定，且与其他证据存在诸多不吻合之处。呼格吉勒图在侦查、审查起诉和审理阶段均曾供述，采取了卡脖子、捂嘴等暴力方式强行猥亵被害人，但又有翻供的情形，有罪供述并不稳定。而且供述中关于被害人的衣着、身高、发型、口音等内容与尸体检验报告、证人证言之间有诸多不吻合。

内蒙古高院认为，原判认定呼格吉勒图犯故意杀人罪、流氓罪的事实不清，证据不足。对辩护人的辩护意见、检察机关的检察意见予以采纳。对申诉人的请求予以支持。

今天上午,受内蒙古高院院长胡毅峰委托,内蒙古高院常务副院长赵建平代表内蒙古高院到申诉人家中,向呼格吉勒图的父母表达真诚道歉,对呼格吉勒图的错判并被执行死刑深感痛心,希望呼格吉勒图的父母多多保重。对此案的发生,内蒙古高院将汲取深刻教训,在今后的审判工作中,严格依法办事,严把案件质量关,坚决守住防止冤假错案的底线,坚决避免类似情况的发生,让人民群众在每一个司法案件中都感受到公平正义。

关于国家赔偿问题,李生晨说,呼格吉勒图案因事实不清,证据不足,被改判无罪,符合申请国家赔偿的条件。根据《国家赔偿法》的规定,受害的公民死亡的,由其继承人或其他有抚养关系的亲属提出申请,启动国家赔偿程序。在合议庭送达再审判决书时,已经向呼格吉勒图的父母告知,可以依法申请国家赔偿。呼格吉勒图父母提出申请后,我们将立即启动国家赔偿程序,并严格依照法定程序,尽快依法作出赔偿决定。

关于责任追究问题,李生晨说,据我了解,内蒙古自治区党委对此高度重视,已经责成有关部门组成调查组,就错案责任问题进行调查。总的原则是:实事求是,有责必究,有错必罚。我们将严格落实内蒙古自治区党委的要求,严肃追究责任,有关责任追究情况也会及时公布。 (2014.12.16)

点 评

本文关注的呼格吉勒图案是一起典型的冤错案。1996 年 4 月 9 日晚,一名杨姓女子在内蒙古第一毛纺织厂一公共厕所内遭强奸后被扼颈身亡,听到呼救赶往施救并报警的呼格吉勒图被认定为凶手,被判死刑立即执行。呼格吉勒图被执行死刑 9 年后,真凶再现,然而,呼格吉勒图的冤案并没有立即得到纠正,又过了 8 年,在包括本报在内的众多媒体持续关注和呼格吉勒图的父母坚持不懈申诉下,直到 2014 年 12 月 15 日,呼格吉勒图案得以再审,呼格吉勒图被改判无罪。这起冤案包括专案组组长在内的 27 名制造者被追责。

"呼格案"纠错的过程,对所有法律人来说,都是一堂敬畏生命、敬畏法律、敬畏权力的法治课。

在法治沃土里共同缔造法治中国典范城市

于呐洋　赵文明　王毅双　柯少峰

美丽厦门,春意渐浓。
这里厚植着怎样的法治沃土?
这里推崇着怎样的法治目标?
这里培育着怎样的法治理念?
这里行进着怎样的法治脚步?

在刚刚过去的2014年,福建省厦门市法治建设健步前行,再次收获几个沉甸甸的全国性荣誉;近日,厦门市委出台《关于贯彻党的十八届四中全会和省委九届十二次全会精神全面推进法治厦门建设的实施意见》,提出“到2020年前把厦门建成法治中国典范城市”总体目标。

厦门为何有“敢为天下先”的气魄,在全国率先提出“建成法治中国典范城市”?在全面深化改革、全面推进依法治国大背景之下,2015年作为全面推进法治建设的开局之年,厦门法治建设将怎样顺势而上、更好地发挥法治引领和规范作用?

在暖暖的早春里,厦门市委常委、政法委书记詹沧洲接受了《法制日报》记者专访,畅谈法治厦门建设,围绕上述问题一一道来。

丰厚的法治沃土孕育法治建设累累硕果

2014年,厦门市被评为“全国社区治理和服务创新试验区”,厦门市政府在《中国法治政府评估报告(2014)》中位居全国100个城市总分第四名,厦门市公安局作为全省唯一、全国十个之一的市级公安机关被公安部评为“全国公安机关执法示范单位”。今年1月,厦门市中级人民法院作为全国两个中级人民法院之一被最高人民法院授予“全国优秀法院”荣誉称号。

“这只是近年来厦门市法治建设成就的一个缩影。”詹沧洲信心满满地说,“我们提出建成法治中国典范城市,与厦门法治建设有着较好的工作基础是分不开的。厦门依法治市工作起步较早,1989年厦门市被司法部确定为依法治市试点城市,市委、市人大常委会、市政府多次就依法治市工作作出规划、决议、部署。2009年,厦门市在全省率先开展法治城市创建活动,2013年厦门成为全国唯一市、区两级均荣获法治创建国家级先进称号的设区市。可以说,厦门市基本具备建成法治中国典范城市的基础和条件”。

一组数据可以验证詹沧洲的信心和底气：

在科学立法方面，自1994年获得全国人大授予的特区立法权以来，厦门市先后制定130余部地方法规、法规性决定和150多部政府规章，其中有不少走在全省乃至全国前列，陆续制订出台大陆首部涉台地方性法规、全国首部社会保障性住房地方性法规、首部法律援助地方性法规、第一部将农民纳入低保范围的地方性法规等一大批含金量高、具有厦门特色的法规规章。

在依法行政方面，厦门不断健全完善科学民主决策机制，全面厘清行政权力清单，制定行政裁量基准，强化监督制约，努力提升行政执法效能，蝉联两届中国服务型政府榜首，获得2012年第二届"中国法治政府奖"提名奖，在全省各设区市依法行政绩效指标考核中连续8年位居首位。

在公正司法方面，厦门市在司法实践中积极创新、主动作为，大力推进阳光司法、司法为民，改革司法体制机制，打造特色司法品牌，不断提升司法效率和社会公信力。近3年来，厦门市中级人民法院、市人民检察院、厦门海事法院在中国社会科学院法学研究所发布的上年度《中国司法透明度年度报告》中均排位前四名。2014年，厦门海事法院两个案例入选最高人民法院发布的中国海事审判30周年十大典型案例。

在法治宣传方面，厦门市创造出了诸如主课堂渗透教育、带法回家等许多普法品牌，律师、公证、司法鉴定等法律服务机构发展迅速，目前全市每万人拥有律师约5.5名，位于全国前列。

"在市委、市政府高度重视下，厦门多年来持续深化开展平安厦门、法治厦门建设，已经具备丰厚的法治沃土，并且孕育出法治建设硕果，所以，我们才有信心提出'建成法治中国典范城市'。"詹沧洲说。

明确的法治目标勾勒法治厦门未来蓝图

"我们提出'加快建成法治中国典范城市'总体目标，得到市民广泛认同，认为这一目标具有较强的导向性和鲜明的厦门特色。"詹沧洲介绍，通俗地讲，"典范"就是典型、模范、样板、标杆。

曾厝垵，这个厦门昔日名不见经传的小渔村，现在已成为和鼓浪屿媲美的文艺青年会聚地。

阿忠，曾厝垵一名普通的"80后"村民，几年前开个大排档不景气，曾想方设法要把餐馆盘出去未能如愿。近两年随着曾厝垵名气飙升，慕名而来的旅游者带动了阿忠的生意，如今的阿忠已在曾厝垵开了几家餐馆。"曾厝垵既平安又美丽吸引了很多人来旅游，我的生意也越做越好。我希望曾厝垵的未来更加平安更加美丽。"阿忠道出这方土地上人们的朴素心愿，而阿忠本人也成为曾厝垵的一名平安志愿者。

阿忠是厦门平安建设法治建设的一名参与者也是一名受益者，他希望这里的明天会更好，但究竟怎样好，他还描述不清。而作为厦门平安建设法治建设的设计、决策参与者之一的詹沧洲却对未来有着明晰的勾勒。

5年之后，当实现这一目标时，作为法治中国典范城市的厦门将会呈现怎样的法治景象？

詹沧洲说，我们希望，通过加快建设法治中国典范城市，国家宪法和法律法规在厦门得到全面正确实施，地方立法质量不断提高，特区各项事业都能有法可依；政府职能转变到位，行政管理运行高效，行政执法严格规范，公共服务质量优良，法治政府率先基本建成；司法职权配置科学合理，司法行为严格规范，司法公信力显著提升，老百姓在每一个司法案件中都能感受到公平正义；权力得到有效监督和制约，在阳光下公开透明运行。

"相信经过持续不懈的法治建设，法治能够成为特区的核心价值，成为每位厦门市民自觉的生活方式，法治思维、法治理念根植特区每个角落，知法守法用法在鹭岛内外蔚然成风，法治文化成为特区精神的重要内涵，让厦门成为一座既生机勃勃又井然有序的美丽之城、法治之城。"詹沧洲对法治厦门美好明天的展望充满深情与诗意。

先进的法治理念引领美丽厦门共同缔造

2015年1月24日下午，全国首个"劳动法庭"在厦门市思明区人民法院成立，詹沧洲到场为"劳动法庭"揭牌。其实，"劳动法庭"成立之前，早在2012年思明区人民法院为了进一步维护劳动者合法权益，就创办了"法庭大课堂"走进工会，以案释法。

"法治教育不能单靠灌输，把庭审搬到群众中，正是一堂生动的法治宣传教育课，群众通过现场观摩劳动纠纷案件庭审，受到的触动、产生的效果远远大于课堂上的一节法治教育课。"作为亲历者的詹沧洲说，这也是用"共同缔造"的理念推动法治厦门建设，让更多群众参与其中，充分发挥人民群众在法治厦门建设中的主体地位，使人们更加自觉地学法尊法守法用法。

2013年，坐落于风景秀丽的鼓浪屿岛上的"公民司法体验基地"正式对外开放，基地融司法体验、法治宣传和廉政教育于一体，不仅介绍古今中外法制知识，设有各种司法体验项目，还定期举办"法治之旅"、"小法官夏令营"等主题活动，不但成为吸引广大公众亲近法治、感受法治、认同法治的新窗口，也成了鼓浪屿一道全新的风景线。

"这也是'共同缔造'的理念引领。"詹沧洲告诉记者，近年来，"美丽厦门共同缔造"已经成为厦门一张闪亮的城市名片，它的含义在于强调运用"共同缔造"的理念和方法，发动全社会共同参与社会治理和美丽厦门建设，形成共谋、共建、共管、共评、共享的强大合力。

“一方面,我们要充分运用法治引领、规范和保障共同缔造行动,使法治思维、法治方式贯穿到共同缔造行动的全过程,提高共同缔造的法治化水平;另一方面,又要借鉴和运用‘共同缔造’的理念和方式推动法治厦门建设,吸引和扩大人民群众积极参与法治厦门建设实践,使‘美丽厦门共同缔造’和法治厦门建设相得益彰、相映生辉。”詹沧洲说。

坚实的法治脚步踏响时代法治进程节拍

2015 年 1 月 1 日起,《厦门经济特区生态文明建设条例》正式施行,它将为厦门市生态建设实现可持续发展和建设美丽厦门发挥强有力的法治保障作用。

2015 年 1 月 1 日,厦门“多规合一”平台正式运行,率先全国构建起统一的业务协同平台,大幅度减少审批环节,大大提高行政审批效率,推动政府职能转变。

2015 年 1 月 24 日,全国首个“劳动法庭”在厦门市思明区人民法院揭牌成立。

2015 年 2 月,厦门市委政法工作会议召开。

……

翻开 2015 年厦门政法工作时间表,厦门法治建设的力度与速度还是“蛮拼的”,每个时间节点都将成为法治时代的记录,每个坚实的法治脚步都与之同频共振。

未来 5 年厦门市将怎样踏响法治脚步深入推进法治建设,如期实现这一目标?

詹沧洲坦言,“加快建成法治中国典范城市”是一项非常具有挑战性的任务,下一步的关键就是抓好落实。要着力提升科学立法水平,加强重点领域立法,为法治厦门建设奠定基础;要突出推进依法行政这一核心,大力加强法治政府建设,力争率先基本建成法治政府;要立足深化司法改革这一重点,努力提升司法公信力,努力让人民群众在每一个司法案件中感受到公平正义;要扭住领导干部这一龙头,强化重点对象学法用法;要强化对台区位优势这一特色,着力创新涉台法律事务工作;要运用“共同缔造”这一理念,吸引和扩大群众参与。

孟德斯鸠曾说:“法律是人类最伟大的发明。别的发明让人类学会驾驭自然,而法律的发明,则令人类学会如何驾驭自己。”

詹沧洲对此很认同:“与全国许多城市一样,厦门也正面临主动适应经济新常态、加快科学发展转型发展的紧迫压力,需要我们更加充分地发挥法治的引领、规范和保障作用。特区人将以‘加快建成法治中国典范城市’的豪情壮志,全面推进法治厦门建设,努力为厦门全面深化改革、率先全面建成更高水平小康社会提供更加坚强的法治保障。”

“我相信这一目标必将实现。”詹沧洲说。　(2015.1.12)

点 评

法治城市创建是“六五”普法工作的一项重要内容，旨在通过创建活动增强全社会法治观念，推进依法治国进程，为经济社会发展提供良好的法治环境和有效法治保障。厦门是法治城市创建的典范城市，文章对厦门法治城市创建活动进行了解剖，呈现了法治为城市治理带来的活力、注入的动力。

民警贾晨翔:洛古河村民心中的靠山

周秉键　崔立伟

2015 年 1 月 1 日,新年。

早晨,太阳刚露半边脸儿,记者一行便乘车出发了。

此行起点:漠河县县城;终点:洛古河夫妻警务室。

洛古河是黑龙江南岸最西部的一个村庄,与俄罗斯波克罗夫村隔江相望。

出了县城,面包车驶入茫茫雪原。雪厚,路两旁积雪高出半尺;路滑,车身不时扭动像是跳摇摆舞;天冷,不一会车窗就凝聚起厚厚冰霜;人稀,一路上很难看到人的身影。

同行的黑龙江公安边防总队大兴安岭支队支队长孙明告诉记者:“这条路最险,如果是单车一人,出点啥事,想报警手机都没信号。”

90 公里,走了 3 个多小时。来到洛古河夫妻警务室,见到民警贾晨翔,已近午时。

落户小村

新年,阖家团圆的日子,夫妻警务室里却只有贾晨翔一个人。

“洛古河冬天太冷,儿子才两岁半,有些适应不了,上个月,我爱人带着孩子回山东老家去了。”他说。

贾晨翔,河北小伙,高大威猛,脸色黑红,鼻梁上托着副近视镜。他是漠河公安边防大队北极派出所副教导员,却坚守在洛古河夫妻警务室,警务室既是他的工作地点也是他的家。

在夫妻警务室走廊里,记者看到一面布局精巧的图片墙,上面挂满了贾晨翔和妻子王晓莲、儿子北北的生活照。图片中的王晓莲端庄秀丽,文质彬彬。

“她是山东人,我们是在哈尔滨上大学时认识的。”贾晨翔指着墙上王晓莲的照片告诉记者。

贾晨翔毕业后成为一名边防警官。学法律的王晓莲,到哈尔滨市一家律师事务所当上律师。虽然做个好律师是王晓莲的理想,可她还是毅然辞掉工作,跟着贾晨翔“落户”洛古河,成了一名协警。

洛古河村有居民的历史,可追溯到清光绪十二年,也就是 1886 年。据说,当时一批山东采金者来到这里,挖地窨子住下来开荒种地,始有人家居住。如今,这个小村也不过 71 户人家,171 名村民。

人少事不少:辖区治安管理、办户籍办证照、化解矛盾纠纷、帮助群众维权、遏制非法作业、清理界江隐患……夫妻两个一忙就是5年。

雪地救人

洛古河夫妻警务室曾发生一起“聚众闹事”事件，让贾晨翔记忆犹新。

那是2013年夏天，上级决定调贾晨翔回所里履行职责。北极边防派出所所长到洛古河来接他。

消息传开，村里炸了窝，心急火燎的村民们将所长堵在警务室。

村民袁庆发把桌子拍得山响，梗着脖子嚷：“小贾是个好民警，我们都认可。让小贾走，谁说都不好使！”

袁庆发拍桌子，不是没有缘由。

4月，原本是江面开化的时节，可一场暴雪突袭洛古河。不到一天，积雪就已齐腰。

傍晚，有人报警：袁庆发下午寻羊未归。贾晨翔、王晓莲紧张起来，他们马上招呼村民分头寻找。

在齐腰深的积雪中，贾晨翔、王晓莲手拉着手，一步一挪，顶着狂风呼喊着袁庆发的名字，1个多小时过去了，他们在村后山坳里发现了被冻挺的袁庆发。

贾晨翔赶快脱下棉衣，包裹在老袁身上。王晓莲摘下围巾包住老袁脑袋，一面拼命揉搓着他的双手，一面呼喊在周围搜救的乡亲……

夫妻上阵

洛古河虽然偏僻，但风景如画。县里要开发旅游业，增设一些旅游设施，这样一来，村民与施工方磕磕绊绊的事就难免了。

一天，贾晨翔和王晓莲正在村里走访，有村民跑来报信：“小贾呀，快去看看吧，有人干仗啦！”

贾晨翔和王晓莲急忙跟着报信人撒腿往现场跑。

施工方20多人，本村村民30多人，双方手里拿着家伙什儿，彼此推推搡搡，“恶战”一触即发。

贾晨翔上前先将两拨人分开，再拉住领头的村民问情况。原来，旅游开发要修路，占了村民家排水沟，村民不干，要补偿，施工单位不给，纠纷遂起。

夫妻俩马上兵分两路。这边，贾晨翔拢住一群男村民，叔呀、哥呀一阵喊，讲法律规定，讲补偿政策。那边，王晓莲拦住一拨女村民，嫂子、姐呀使劲叫，讲千万别动手，动起手来家里男人也可能受到伤害。苦口婆心，平抑怒火后，贾晨翔请来村干部和工程方代表，坐在一起进行调解，最终当事双方达成协议，握手言和。

奋力坚守

小村工作头绪繁多,生活却淡得像水。

“时常会觉得寂寞。我今年33岁,说实话,都市里像我们这个年龄的人,生活是丰富多彩的。”贾晨翔说,“可这里,生活乏味。有时,特别是冬天,村里静得能让人精神崩溃。所以,我把每天的工作安排得满满的,不让自己闲下来。我觉得,我俩能待下来,靠的就是‘坚守’二字。我是一个警务室的民警,得守住脚下这片土地,守住这一百多号村民。”

坚守5年,换来的是边境小村的平安和村民的信任。

“小贾和我们处得像一家人。”村民告诉记者,“咱村里的狗凶,见着生人就咬,可小贾不管去哪家,家里的狗都冲他摇尾巴。存折密码是不能随便告诉别人的,但小贾的存折密码我们都知道,他忙,没时间取钱,就让我们帮他取。”

在村民李兰庆家的墙上,挂着一张微微泛黄的照片,照片的背景是洛古河夫妻警务室,门前,一群人一字排开,中央位置站的是贾晨翔和王晓莲,贾晨翔手里捧着一本大红色荣誉证书。

“这张照片是2013年拍的,那年秋天,我们村给了贾晨翔和王晓莲‘洛古河村荣誉村民’的名号。”李兰庆动情地对记者说,“说实在的,贾晨翔两口子在我们心中,那就是靠山呀。”

（2015.1.26）

点　评　文章讲述了一位边防民警守边卫国的故事。民警贾晨翔带着妻子从繁华的大都市来到与俄罗斯隔江相望的洛古河村,组建了夫妻警务室,护卫边疆安宁,热情服务群众。文章落笔细腻,语言朴实,情感真挚,把一位普通民警的家国情怀展现出来。

对领导干部干预司法说“不”

本报评论员

多年来，一些领导干部违法干预司法活动、插手具体案件处理，一直是影响司法公正的顽疾。此类活动无论是出于私人目的，还是出于地方和部门利益的需要，都是对司法机关依法独立行使职权的干扰，都是对司法公正的伤害。

党的十八届四中全会明确提出，要“建立领导干部干预司法活动、插手具体案件处理的记录、通报和责任追究制度”。近日，中共中央办公厅、国务院办公厅印发了《领导干部干预司法活动、插手具体案件处理的记录、通报和责任追究规定》（同时印发的还有《司法机关内部人员过问案件的记录和责任追究规定》），针对现实中存在的突出问题，建立防止司法干预的“防火墙”，为领导干部干预司法划出“红线”，为司法机关依法独立公正行使职权提供制度保障。

我国宪法、法院组织法、检察院组织法和诉讼法均明确规定，人民法院、人民检察院依照法律规定独立行使审判权、检察权，不受行政机关、社会团体和个人的干涉。然而在现实中，领导干部干预司法活动的现象仍然屡禁不止。这其中，既有来自外部党政领导干部间接插手案件办理的情况，也有来自司法机关内部通过行政权力直接干预案件审理的情况；既有以个人名义托关系、打招呼左右办案的现象，也有通过组织名义听汇报、发文件，对案件提倾向性意见的现象；既有直接的表达，也有含蓄的暗示……因此，要彻底阻断领导干部干预司法，为行政权力划界、为司法公正助力，就要使制度设计在思想层面与技术层面高度一致，让制度可行、可用、可靠，真正成为权力与司法之间的“隔离带”。

《领导干部干预司法活动、插手具体案件处理的记录、通报和责任追究规定》，不仅明确了记录制度，要求司法机关对领导干部干预司法活动全程留痕，而且规定了通报制度，由党委政法委对领导干部违法干预司法活动、插手具体案件处理进行通报，同时还规定了责任追究制度，由纪检监察机关对领导干部违法干预司法活动以及司法人员不记录或者不如实记录进行责任追究。这三项制度紧密衔接、层层递进，形成了一个完整而严密的预防权力干预司法的制度体系。

3 月 24 日，习近平总书记在中共中央政治局就司法改革进行第二十一次集体学习时强调，“问题是工作的导向，也是改革的突破口，要紧紧抓住影响司法公正、制约司法能力的重大问题和关键问题，增强改革的针对性和实效性”。当前，确保司法机关依法独立行使审判权和检察权是我国司法改革的重点和难点所在，也是建立和完善中国特色社会主义司法制度的突破口。

确保司法机关依法独立行使职权是一项系统工程，既需要司法机关强化自身建设，在改革内部机制上下功夫；更需要抓住领导干部这个“关键少数”，通过切实有力的制度性约束，解决领导干部干预司法活动屡禁不止这一顽疾。中办、国办印发的规定，对领导干部干预司法活动说“不”，为领导干部干预司法划出“红线”，在权力与司法之间建起难以逾越的“隔离带”，凸显了我国司法改革的方向，也体现出全面推进依法治国的决心和信心。（2015.3.31）

点　评

为贯彻落实十八届四中全会《中共中央关于全面推进依法治国若干重大问题的决定》要求，中共中央办公厅、国务院办公厅、中央政法委、中央政法有关单位先后印发《领导干部干预司法活动、插手具体案件处理的记录、通报和责任追究规定》、《司法机关内部人员过问案件的记录和责任追究规定》和《关于进一步规范司法人员与当事人、律师、特殊关系人、中介组织接触交往行为的若干规定》，对领导干部干预司法划出“红线”，建立“防火墙”和“隔离带”，排除外部对司法权行使的违法干预和影响，为司法机关依法独立公正行使职权提供制度保障。

评论对实行“三个规定”的依据、目的进行系统分析的同时，还着墨于“三个规定”的推动落实。“三个规定”实施以来，各级政法机关全力推动，紧抓记录环节，发布领导干部插手、干预司法典型案例。人们期待随着“三个规定”全面有效落实，以言代法、以权压法的现象真正“绝迹”。

往事悠悠　我心殷殷

陈应革

岁月悠悠，光阴似箭！不知不觉，我们的《法制日报》已经走过35年的历程。在人类历史的长河中，这或许仅为一瞬之间，然而一个人的一生能有几个35年？屈指数来，当年参与报纸初创工作的首批法制日报人，如今大多已离开岗位，可是，创办这张报纸过程中经历的桩桩件件往事，却长久地铭刻在大家的脑海中，萦绕在心头上。

陶然情怀

今年早些时候，我在微信圈里发出一则携带两首欧美古典音乐名曲的微信，想与朋友们共同分享。没想到，这音乐的美妙旋律竟拨动了一位老同事的心弦。她在微信中动情地写道："这两首曲子让我回到了陶然亭时代。下班后依然赖在办公室里听音乐，和一帮朋友唱歌。那真是个美好而又单纯的时代！"

这深情的回忆，自然牵动了我的神经，让我的心头不禁为之一热：陶然亭，这座北京南城的美丽公园，正是上世纪80年代初期，报社曾在公园里租房办公的地方！

老一拨法制日报人都不会忘记，报纸初创之时，报社房无一间，地无一垄，是地道的无办公室、无印刷厂、无员工宿舍的"三无"报社，可以说，不具备基本的办报条件。但是，党的十一届三中全会决定全党工作重心转移到以经济建设为中心的轨道上来，邓小平同志发出的发展社会主义民主、健全社会主义法制的庄严号召，激励和鼓舞着大家。在时任党中央有关领导同志倡导和亲切关怀下，报社老社长庄重同志带领大家毅然决然地迈出了创办这张报纸的坚定脚步。从此，新中国诞生了第一张以宣传社会主义民主与法制建设为主旨的中央级报纸！众手浇开法制新闻之花。当第一张散发着油墨芳香的《中国法制报》从解放军报印刷厂下机时，人人眼里都闪动着激动的泪花。她的问世，领导重视，国人瞩目，堪称新中国报刊史上的一个创举！成功的背后，不知浸透着年轻的法制日报人多少艰辛和汗水！

单说办公地址。最早时，老社长庄重和副社长于明等，带着几个人在国务院二招内一间10余平方米的屋子里办公。后来铺排不开，便临时租用西单路口附近一家招待所。那里不管饭，大家中午各自到街头小饭馆找饭吃。后来人家也不租了，无奈，又重新搬回二招。维持了一段时间，又不行了，便经人介绍，租用了陶然亭公园的房子。在陶然亭公园，我们办公分三处，分别位于陶然湖东西两岸大对角，往返一次，需四五十分钟，而当时报纸排印是在东直门的中青报印刷厂。无论刮风下雨，严冬酷暑，开会、送稿、校对、审样，大家奔波着，往返着，也在湖光碑影、楼台亭榭美景中浪漫着、憧憬着，更在艰苦条件下全心投入、齐心协力，精心培育着这朵法制新闻之花。

这就是被那位定居海外的老同事动情地称之为“陶然亭时代”的岁月。这或许是早期的法制日报人挥之不去的情怀！于是，我给对方回了微信：“那的确是一段永远值得记忆的时光：任重却无惧，艰难却快乐，清苦却情愿，事多却心齐！”

陶然亭公园当然亦非久居之地。随着报社事业的发展，此后报社又经过两次大迁徙。先是从陶然亭搬到五棵松一家招待所，建起临时排版车间，但报纸仍先后在农民日报和体育报印刷厂印刷，直到1990年搬到如今的属于报社自己的办公地址。

颠沛流离，艰苦奋斗，锻炼了法制日报人。从另一角度说，这或许也是一笔宝贵的精神财富！

腮牙之痛

如今的《法制日报》，昂首阔步立足于中央和首都大报之林。创刊以来的35年间，《法制日报》不仅出色地履行了党和国家赋予的法治宣传报道使命，而且自身的队伍也在成长壮大。抚今追昔，得深深感谢报社老一代领导们的帮助和指教。老社长庄重，还有谭冰洁、许永康、雷本复等几位德高望重的老新闻人，从一开始就对大家高标准、严要求，言传身教，一丝不苟，手把手地指导大家做好编采工作。他们经常像老师给学生批改作文一样，字斟句酌，仔细推敲，不放过任何细微之处，哪怕是一个标点符号。

庄社长常说，办报无小事，必须慎之又慎，马虎不得！记不得多少次了，他用工整的字体，对我们的稿件写出批语，指出差错和不当，还时常不厌其烦地进行讲解。

初创时期，报社如同一个蹒跚学步的幼儿，跌跤子在所难免。

一次，见报的一则广告，按其文字表述，意思是说一颗牙齿长在了腮上。大家忍俊不禁，笑得捧腹。老领导们未让大家一笑了之，而是高度重视，立刻召集大家开会，查找原因，追究责任，要求举一反三，不可再犯！

然而，差错像跳蚤，这边捉到一只，那边又跳出一只。后来又有一次，在一篇报道中，“真棒”错成“真捧”。这又成一大笑话！还有严重的，曾在一块版上，将“本版编者”错成“本版骗者”。当时社外有人给我打电话说，陈总，你这个总骗子带着一群大小骗子在行骗啊！我意识到，这分明是在嘲讽我们这些不负责任的编辑，而要负起首要责任的当然是我这个时任的总编辑。我无话可说，只有自责。差错也是反面教材，接受教训，可以变为财富。

在长期的编采实践中，历任社领导都把提高报纸质量视为报纸生命，从队伍建设、制度完善上下功夫，例如，建立评报制度、编前会制度、奖惩制度等。再譬如强调学法律的，要努力学习新闻；学新闻的，要下功夫学习法律。这样，才能当好法制新闻工作者。报社还规定，新入社人员，即使是博士，也得先上夜班，从最基础的工作干起。

35年过去，一代一代法制日报人，扎扎实实地一步一个脚印走过来，谱写着《法制日报》的新篇章！报纸从当初的周一刊四开小报，逐步拓展为周一对开大报、周三刊日报；报名也由创刊时的《中国法制报》，更名为《法制日报》；版面由四版扩为八版，乃至十二版。加上所属诸多子报子刊，堪称一个法治报业集团！

武威之威

走过35年的《法制日报》，留下报社几代人多少深深的足迹，产生了大量人们耳熟能详的法制新闻精品，传诵着许多生动感人的美好佳话！首都新闻界乃至社会上的朋友们谈起，无不竖起拇指，啧啧称赞。而最为人们所称道的是，我们报纸始终坚持事实为根据、法律为准绳的法治原则，并出色地宣传报道了这一原则。

我们清楚记得，当年一个地方的行政执法机关违法被告上法庭，引起哗然，一些媒体也惊呼，政府怎能当被告？我们及时发表报道，明确指出，法律面前人人平等，政府机关违法同样要受到法律追究！我们的报道，如一石击水，反响强烈，社会效果极佳。时任最高人民法院副院长、北京大学教授、著名行政法学家罗豪才先生，亲自到报社表示感谢，给予高度赞扬。

我们不能忘记，上世纪90年代中期，甘肃武威发生一起杀人案，3人被判死刑。后来，真凶被抓，案情大白于天下。在是否公开报道这起冤案存有不同意见的情况下，我们得到有关领导支持，迅速派出得力记者前往采访，并于1997年10月14日公开予以报道，发表了记者采写的长篇通讯，并配发了评论，对推动这起冤假错案的平反起到了关键作用。报道发表后，全国几十家各类媒体纷纷转载，反响非凡！当时甚至有人说，《法制日报》在武威案件报道上，打出了重拳，大显了神威！这就是社里人时常私下议论、引以为豪、大长士气的“武威之威”！

受几千年来封建传统思想影响，法治意识在当时还很缺乏，正确宣传报道维护宪法和法律的尊严与统一，在相当长的一段时间里，并非易事，这需要勇气，需要冲破阻力，敢于仗法执言。回首往事，我钦佩我们的一些编辑和记者的无畏与敬业精神！

令我至今记忆犹新的是那位为采写“三盲”院长一稿，不惧怕跟踪盯梢，任凭阻力重重，置个人安危于不顾的可敬记者。他的稿子，后来能获得中国新闻奖一等奖，理所当然，实至名归！为了表彰他的精神，我在全社员工大会上当场宣布，提议给他一次出国访问机会。大家热烈鼓掌，一致同意我的决定。

在我的记忆中，社里这类闪现着光彩的动人事迹不胜枚举。正是这些优秀的法制日报人，以他们的青春和赤诚，用他们的辛勤和汗水，书写着《法制日报》的辉煌史，彰显着我们的报纸不愧为中国社会主义民主法制建设和政法战线上的喉舌，必将在依法治国的伟大进程中，写下华彩乐章，永载新闻史册！

巧遇劳模

1984 年,报社经济部组建不久的一个秋日,我和经济部的一名编辑一起前往北京市百货大楼采访。我们的采访被爽快地接受。然而,见到大楼一位领导,他开口就说,我们商店多年未发生重大刑事案件,治安很好,没有更多情况汇报。如同一盆冷水泼来,我们一时心头沮丧,顿感语塞。就在被接待人员引领着准备起身离开时,一位老者笑呵呵地走过来,问我们是哪个单位的,来做什么。老者亲切的笑容,和蔼的态度,令我们的心情放松下来。我们向他介绍《法制日报》,介绍经济与法律的关系,老者连连点头称是。那位负责人似乎也如梦初醒,连忙让座倒茶,与我们攀谈起来。那位负责人问我们,你们知道这位帮了你们的人是谁吗?他是全国劳模张秉贵!这时,张老高兴地和我们聊起来,说你们报道经济里的法律事儿,意义太大了!百货大楼每年和外边签订许多供货合同,也发生过不少麻烦,希望你们好好宣传,帮我们提高法律意识!这意外的巧遇,成就了经济部最初最有价值的采访。当年 9 月 3 日的报纸刊登了我们采写的《北京市百货大楼全面实行优质服务承包合同制》一稿,受到社内外好评。经济部另一位编辑,在赴攀枝花钢铁公司采访时,也遇到过同样情况,用真诚打动被采访对象,成功进行了采访报道。

作为《法制日报》经济部首任主任,回顾这些往事,我不禁心潮难平,感慨万千!因为我要说,当初报社决定设立经济部,是一个具有远见卓识和开创性的决策!

《法制日报》经济部的前身是《中国法制报》编辑部经济法组,初期只有两三个人。后来建部时,也不过五六个人。当时,经济部并不被看好,甚至被认为是边缘部门。社会上尤其是经济界和法律界一些人受“法,即刑也”的老法律观念影响,说你《法制日报》报道经济,没必要,白费劲儿。但是,我们义无反顾地走下来了。35 年的历程雄辩地证明,《法制日报》以经济部为主导开展的持续不间断的经济法治新闻报道,不仅为促进社会主义市场经济健康有序发展,增进企业及政府领导者的民主法治观念,维护企业合法权益、依法管理经济作出了重要贡献,而且对报社整体的法治新闻宣传报道工作,作出了不可磨灭的贡献!我们的经济报道率先在媒体中发出了“社会主义市场经济是一定意义上的法制经济”的强音,此后更是明确提出“社会主义市场经济就是法制经济”这个定义和论断。如今,这个理念已成为举国共识。

在加强经济法治报道工作中,我们当时遇到的最大困难是编采人员中熟悉经济的人少。针对这种状况,当时我们提出一个口号,叫作“到经济领域里遨游”。大家热烈响应。报社还以此为专题,举行过多次研讨,在全国驻地方记者会议上,也进行过部署。许多编采人员积极行动,上矿山,下工厂,去农村,经济法治新闻报道呈现出蓬勃开展的良好局面,由此也大大拓展了报纸的覆盖面和影响力,有更多的党政官员和企业领导者们纷纷把《法制日报》摆放到了办公桌上。

35 年风雨,35 年历练,35 年付出,《法制日报》的经济法治新闻报道,如同社会主义现代化建设进程中的一支嘹亮号角,鼓舞着、激励着我们……

祝《法制日报》乘创刊35周年的东风,再扬风帆,破浪前行! (2015.6.17)

点 评 作者曾担任法制日报社总编辑,他和几代法报人将青春和热血都献给了《法治日报》。他们与《法治日报》风雨同舟,经历过艰难,同享过辉煌。

作者深情回忆了几个暖心故事,情深意切、爱心殷殷、壮志满满。薪火相传,一代代法治日报人一定会不忘初心,牢记使命,接续向前。

黄河上游水源涵养地　中国第41块国际重要湿地

尕海封牧

万学忠

青藏高原向东延伸,慢慢滑入陇南山地和黄土高原。在这个滑道上,有一块被称为“高原水塔”的国际重要湿地——尕(音读 gǎ)海湿地。湿地的核心区就是藏族人民心中的圣湖——尕海湖。

从甘肃省会兰州出发,八月的风光美不胜收。闯入眼帘的,先是黄土高原的苍茫与荒秃。黄,是底色。星星点点的绿植,仿佛古代西域人头上的发髻。慢慢地,绿色连成了片,浅绿渐次变深,就进入生机盎然的青藏高原了。

高原的山,不高,连绵起伏。草,也不高,一望无际。连接这个山头与那个山头的,是棉花一样的白云。车,行进到云下,会噼噼啪啪地落下一阵雨点。不一会儿,跨过云层,又是晴朗的天,阳光晃得人睁不开眼。

成群的黑牦牛,连片的白山羊,点缀着无垠的绿草。一条小河蜿蜒倔强地追赶着车流。它就是黄河上游水量最多的支流——洮河。洮河的发源地之一、最大的蓄水池,是尕海湖。

尕,方言,是“小”的意思。高原人见不到大海。一汪湖水,便称之为“海”。

我们到尕海时,天近黄昏。和尕海湿地保护站站长张勇一起欢迎我们的是一阵豌豆粒儿大的冰雹,砸得车窗砰砰作响,地面上白成一片。

没见到张勇时,凭名字想象,应该是个高大威猛的汉子。及至握手寒暄,方发现这位1994年师范毕业的“老林业”个子不高,身材偏瘦。守护尕海湖12年,尽享高原阳光的沐浴,肤色黝黑光亮,笑起来便显牙齿奇白,就连白眼仁也很夺目。

“先看看湖吧。”张勇直奔主题。

湖,在远山脚下,平坦得像一面镜子,夕阳照耀下泛着微光。沿着栈道前行,快近湖边的地方,草变得茂密起来。三五成群的斑头雁在泥地里觅食,悠哉悠哉的,并不怕人。不远处,会突然飞起叫不上名字的水鸟。张勇介绍,尕海是珍稀濒危野生动物黑颈鹤的繁殖地之一,目前水鸟种类已达95种。国家一级保护动物黑鹳的数量从不足10只增加到420只,每年前来栖息和繁殖的鸟类超过28,000只。

站在湖边举目望去,波光潋滟,水天一色。让人顿时想起范仲淹的《苏幕遮·怀旧》:“碧云天,黄叶地。秋色连波,波上寒烟翠。山映斜阳天接水。芳草无情,更在斜阳外。”正是此时此景!莫不成范仲淹到过此处?

“水面有多大?”

“2000年第一次调查,湖面485公顷。到2014年达到了2354公顷。与15年前相比，扩容近4倍。”

“何以如此？”

“在国家财政资金的支持下，我们在尕海湖出水口修筑拦水坝，抬高水位，扩大水面面积；修建长4.7公里的引水渠，引部分忠曲河水补充水量；置换湖区3600公顷集体牧场，实行保护区全面禁牧；通过补播、施肥技术修复草场，开展综合生态系统保护与恢复建设……”

谈起湿地保护，张勇如数家珍。他抬手指向远方：“你们看那条公路，是从保护区经过长22公里的尕海—玛曲公路，现在已经很少走车了。一条长60公里的尕秀—玛曲公路取代了它。”

为什么改道？原来，保护区内有一种鸟叫黄鸭，每年4月到6月总喜欢穿过公路，把蛋产在山谷边。结果一些路过的司机，特别是专门来打鸟的偷猎者，常常会把黄鸭蛋或者刚孵出的小黄鸭给拿走了。黄鸭很重感情，如果孩子没了，或者同伴死了，它们会一直在空中盘旋哭泣，自己也活不下去，非常可怜。尕海则岔保护区2011年列入国际重要湿地名录后，政府投资4.9亿元修建新路，2014年年底已经通车了。

说话间，张勇接到了电话，商量第二天的打桩工作。这引起了我们的兴趣。

张勇介绍，打桩，是为了“围栏禁牧”。尕海乡加仓村、秀哇村，列入了湿地生态补偿机制试点项目。对尕海湿地试验区内牧户承包的面临退化的草场，尕海保护站以“租”用的形式进行管理保护和修复，“租”用期限为5年，每年给牧户一定的补偿款。待5年期满后，将恢复好的草场再还给牧户。这个项目涉及碌曲县120多户牧民。截至目前，已基本完成了补偿面积的核实确认、入户签订协议及公证、兑现补偿款、围栏工程招投标等工作。眼下，围栏工程将进入具体实施阶段，预计将在9月底10月初全部完成。

我们参加了第二天的打桩测量工作。因为是在草场上划界打桩，车开不进去，要在坑洼不平的草地里步行十几公里。高原缺氧，走不多远，我们的腿就像灌了铅，累得上气不接下气。保护站的工作人员说，他们已经习惯了这种徒步行走以及阳光下的野餐。我们曾试图拍张他们沾满淤泥和露水的鞋的特写，没想到他们的鞋全是乌黑的，在草地背景下，根本分辨不出来。

一天下来，给我们印象最深的不是张勇们的辛苦，而是他们的乐观和单纯，就像草原的阳光和白云。

随行的藏族小伙白马德勒，不停地给我们唱歌，唱完汉语的，又唱藏语的。我说：“合张影吧。”这个像草原牦牛一样健壮的年轻人，马上张开双臂，作雄鹰展翅状……

（2015.8.17）

点 评 文章描写生动逼真,情景交融,如看风光大片,给读者带来美的享受。记者如同扛着一架高清摄像机,有远景的航拍,有近景的特写,五彩斑斓的画面贯穿始终:苍茫高原的黄,成群牦牛的黑,连片山羊的白,无垠草原的绿……字里行间融入了作者对大自然的热爱,对尕海人的赞美。

聂树斌案改判，正义没有缺席

本报评论员

12月2日，最高人民法院第二巡回法庭对原审被告人聂树斌故意杀人、强奸妇女再审案公开宣判，宣告撤销原审判决，改判聂树斌无罪。

这是一次迟来的正义，正义虽然迟到了，但终究没有缺席。回首过去的20多年，无论如何，聂树斌案都是中国司法必须要跨过去的一道槛，它遮不住，压不下，始终就在那里，以一种冷峻的姿态拷问着司法的正义与法治的精神。有人曾直言，聂树斌案是对当前中国司法错案纠正工作最大的一个考验。而如今，最高人民法院以改判聂树斌无罪的形式，宣告了这起案件的终结，无论是否还有遗憾，但我们确信这是公正的。

聂树斌案的改判，首先是人民法院严格公正司法的一个明证。聂树斌案发生在1994年，有一点常识的人都知道，那正是中国严打刑事犯罪的特殊时期，“从重从快”是当时整个司法机关对严重刑事犯罪的共同态度。但即便如此，聂树斌案原一审、二审判决对其事实认定也没有达到当时刑法和刑诉法的“证据确实、充分”的法定证明标准，没有达到当时“基本事实清楚，基本证据确凿”的“两个基本”的办案要求。

面对错案，捂着、盖着都不是出路，只有积极纠错，才能让人们相信司法，相信公正。最高人民法院经重审认为，聂树斌案“缺乏能够锁定原审被告人聂树斌作案的客观证据，原判据以定案的证据没有形成完整锁链，没有达到证据确实、充分的证明标准”。

以事实为依据，以法律为准绳，是法治的基本原则，在事实不清，证据不足的情况下，宣告聂树斌无罪是严格公正司法的体现，也彰显了司法机关不遮丑、不护短，有错必纠的决心和意志。

新中国成立60多年来，从人治到法治，中国司法走过了一条艰难而曲折的道路。改革开放30多年来，从“疑罪从有”，到“疑罪从轻”，再到“疑罪从无”，司法机关对司法公正的认识也在不断提升。只有承认人的局限性，承认司法的局限性，真正做到司法谦抑，法治才会更有温度，公正才会更有深度。

同时，聂树斌案的改判，也是司法机关自我纠错的体现。不可否认，20多年来，家属、代理人、新闻媒体，以及法学界的积极推动、呼吁，是聂树斌案得以改判的重要力量，但同样重要的力量，甚至可以说是更重要的力量来自于司法机关内部。特别是党的十八大以来，随着司法机关错案纠正的制度化、常态化，聂树斌案的纠错工作也步入了快车道。

2014年，河北省高级人民法院请求最高人民法院指定复查聂树斌案，根据河北高院的请求，最高人民法院指定山东省高级人民法院复查。经山东省高级人民法院复查后建议,最高人民法院重新审判该案。2016 年 6 月,最高人民法院决定提审该案。再审期间,最高法的法官们不仅认真查阅了卷宗,还亲赴案发现场、核实相关证据、询问原办案人员,咨询了刑侦、法学专家,并多次约谈申诉人及其代理人,听取其意见。同时,最高人民检察院也对此案提出了明确的无罪意见。这些都是案件最终得以改判的根本原因。

应该说,各级、各地司法机关一直都在为此案的纠正做着不懈的努力,正是在司法机关积极回应民意、民声的基础上,来自内外的两股力量形成了合力,案件才有了今天这样一个令人满意的结果。

正义本来不应该迟到,但是,即使正义迟到了,只要它不缺席,只要最终出现了,它依然能够坚定人们对正义的信心。就像聂树斌案,穿越漫长的 22 年,我们还是等到了正义实现的这一天。

习近平总书记说,要“努力让人民群众从每一个司法案件中都感受到公平正义”。聂树斌案再审改判,充分体现了党的十八大以来,以习近平同志为核心的党中央全面推进依法治国、深入推进司法体制改革的成果,充分体现了党实事求是、有错必纠的原则,充分体现了人民法院直面历史遗留疑难复杂案件、勇于纠错的司法担当。

(2016. 12. 3)

点 评

2016 年 12 月 2 日,最高人民法院第二巡回法庭改判聂树斌无罪,终于给这起历经 21 年的错案画上了句号。“聂树斌案”改判具有重大意义,堪称我国刑事司法历史中一个里程碑式的事件。虽然聂树斌无法复生,但改判不仅让其家人得到慰藉,而且对此案给司法、给社会带来的创伤是一次勇敢自我修复。

文章认为此案是我国全面依法治国过程中刑事司法制度走向文明的代表性案例,推动了司法体制改革的步伐,彰显了我国最高司法机关重塑司法公信力、纠正冤错案的坚定决心,警示司法机关要严格程序正义,完善刑事冤错案件预防与纠错制度,清除冤错案件发生的土壤。

追忆南京大屠杀惨案审判背后的故事

丁国锋

12月13日,南京大屠杀死难者国家公祭日。

1937年12月13日,侵华日军在中国南京开始对我同胞实施长达40多天惨绝人寰的大屠杀,制造了震惊中外的南京大屠杀惨案,30多万人惨遭杀戮。这是人类文明史上灭绝人性的法西斯暴行。这一公然违反国际法的残暴行径,铁证如山,早有历史结论和法律定论。为了悼念南京大屠杀死难者和所有在日本帝国主义侵华战争期间惨遭日本侵略者杀戮的死难者,揭露日本侵略者的战争罪行,牢记侵略战争给中国人民和世界人民造成的深重灾难,表明中国人民反对侵略战争、捍卫人类尊严、维护世界和平的坚定立场,第十二届全国人民代表大会常务委员会第七次会议决定将12月13日设立为南京大屠杀死难者国家公祭日。

长期以来,日本国内总有一些势力企图为侵略历史翻案,为第二次世界大战甲级战犯张目,企图挑战国际社会对日本军国主义的正义审判,挑战第二次世界大战结果和战后国际秩序。对此,中国人民和世界人民决不允许。前事不忘,后事之师。今天,我们举行国家公祭,就是为了牢记历史,以史为鉴,面向未来,避免历史悲剧重演。

位于江苏省南京市中山东路307号的江苏省会议中心,几乎每天都举行着各类重要会议,不少与会者或游客,都会对其中几幢民国宫廷式建筑印象深刻,甚至驻足留影。其中一幢名为“黄浦厅”的建筑,因其系1947年国民政府设立审判庭审判日本战犯的励志社大礼堂,作为南京审判的重要见证,被赋予了特殊的历史含义,越来越受到历史界、法学界的关注。

“我不是复仇主义者,但是我相信,忘记过去的苦难,可能招致未来的灾祸。”远东国际军事法庭大法官梅汝璈曾经说过的这句话,诠释着作为一名法学教授在经历了对日本甲级战犯审判后的沉思。

“鲜为人知”的是,梅汝璈还说过另一句话:“戏文中常有‘尚方宝剑,先斩后奏’。如今系法治时代,必须先审后斩。否则,我真要先斩他几个,方雪心头之恨。”这句话更加丰富地记录下了这位当时中国法学界权威人物“先审后斩”以及秉持公正客观,希望对日本战犯通过法律程序进行司法惩罚的思想坚守。

历史不容否认,更不允许篡改。在第三次南京大屠杀死难者国家公祭仪式前夕,《法制日报》记者在采访和搜集大量史料后深切感受到,正是像梅汝璈、石美瑜、陈光虞等法学精英在当时艰苦卓绝条件下,坚守着法治惩戒战犯的思想,并通过“海量”的司法调查取证工作、严格的审判程序和审理中与狡辩的战犯斗智斗勇的精神,才留下了一页页判决书和一部部著作。如今,我们才有了对那段苦难岁月的无尽追思,才有了对捍卫审判结论的无比坚守,才有了无情抨击和粉碎那些罔顾史实、否认南京大屠杀言论行为的坚定意志。

在日本右翼频繁否认南京大屠杀相关史实,不断激起中国人民以及国际上正义之士和爱好和平人士激烈反对的情况下,梳理出南京"国防部审判战犯军事法庭"的那段历史,显得弥足珍贵。

日本右翼频频否认史实

"1946 年 2 月 15 日成立的南京国防部审判战犯军事法庭,主要审理了制造南京大屠杀的日本战犯和其他日本战犯,共计有 696 名日本战犯被国民政府检察机关起诉,其中 149 名罪大恶极的战犯被判处死刑。"侵华日军南京大屠杀遇难同胞纪念馆馆长张建军说,其中臭名昭著的乙级战犯谷寿夫以及曾对手无寸铁的中国军民残酷杀戮的战犯田中军吉,进行"百人斩"杀人比赛的战犯向井敏明、野田毅,都系战后从日本押解、引渡到中国接受审判的战犯。

不过,令人不可理解的是,在侵华日军南京大屠杀之后 22 年、南京审判日本战犯 12 年之后才出生,并毕业于国际知名学府早稻田大学法学部,具有律师职业背景的日本防卫大臣稻田朋美,不仅在担任律师期间曾为南京大屠杀"百人斩"事件战犯向井敏明、野田毅家属担任辩护律师,起诉日本媒体战时对"百人斩"报道失实,公开表示"百人斩"是媒体杜撰、不足以为南京大屠杀提供充分证据。在案件败诉后,稻田朋美依然罔顾史实、一意孤行,利用各种公开场合否认南京大屠杀、慰安妇等历史。

2016 年 8 月,稻田朋美在新任日本防卫大臣后接受多家媒体采访时,仍然表示"不认为存在'百人斩'(杀人比赛)"。中国国防部新闻局对此回应:日本在第二次世界大战期间制造了骇人听闻的"南京大屠杀",进行了灭绝人性的"杀人比赛",铁证如山,不容置疑。日方篡改历史,只会重蹈历史覆辙,否认历史,中日关系就没有未来。

侵华日军南京大屠杀遇难同胞纪念馆随即发表《声明》称,南京大屠杀铁证,纪念馆"库存"十分充沛,其中包括外国新闻媒体的揭露,滞留于南京的中外人士的书信、日记和影像资料,加害者的日军官兵日记及回忆录,国民政府的调查及中外法庭的审判记录,南京大屠杀幸存者的证言等。

《声明》还称,第二次世界大战结束后,远东国际军事法庭、南京审判战犯军事法庭的审判是严肃、正义的审判,是国际社会共同意志的体现,其合法性不容置疑。任何妄图篡改历史、遗忘过去的做法,都将为全世界爱好和平人士所不齿。

国内外档案还原史实

《法制日报》记者采访了解到,实际上从上世纪 90 年代起,中日两国政府和两国专家曾经对联合调查确认侵华历史相关史实,推动中日和平友好事业发展进行过长期不懈的努力。

1995年,在日本时任首相村山富市支持下,日本政府实施了为期10年的"和平交流计划",日本外务省决定设立日中历史研究中心,中国外交部则委托中国社会科学院作为协助日方研究的中方窗口,与日方联络协商相关事宜。

1997年,经过中日双方协商,中国社会科学院中日历史研究中心正式建立了"中日历史研究课题",通过课题指南形式,在国内公开招标研究者。1998年起,通过年度课题招标,每次均有15至20项课题申请获得通过。其中由南京大学、南京师范大学、中国第二历史档案馆等单位搜集、编纂的《南京大屠杀史料集》是其中较为全面的历史文献。

1934年出生,今年已82岁的南京大学历史系教授、博士生导师张宪文,如今还担任着南京大屠杀史与国际和平研究院院长一职。回忆起他曾经作为《南京大屠杀史料集》主编的那段经历,精神显得十分振奋。

"课题编委会成员曾分赴美国、日本、德国、英国以及台湾等地档案馆、图书馆和史料机构获取了大量文献档案,仅从海外搜集的就有1000多万字原始资料,为历史研究工作提供了科学依据。"张宪文说,史料不仅搜集了较为完整的南京保卫战中方作战计划、战斗方案、作战命令以及战斗详报、战况报告,搜集了大量掩埋大屠杀遇难者尸体的资料,还搜集到了大量侵华日军官兵的日记、书信、回忆和证言,搜集了一批英、美、德等国新闻记者的公开报道和传教士、教师、医生等的日记、书信等史料。"这些史料不仅是日军在南京实施暴行的真实记录,也是日本右翼无法翻案的铁证"。

南京审判获国际认可

《法制日报》记者查询相关史料发现,当时的司法体系大量引进、吸收了西方近代法律学说和原则,但依然是在"六法"基础上的大陆法系法律制度。

南京国防部审判战犯军事法庭的组织,根据当时战争罪犯审判条例的规定,由国民政府国防部军务局会同司法行政部分别派员组成,该庭庭长始终由石美瑜担任,审判官为陆起、李元庆、林建鹏、叶在增、孙建中、龙钟煌、张体坤、宋书同、葛召棠等,主任检察官为王家楣,检察官为陈光虞、李璿、李浚、徐乃堃、高硕仁、施冰等,主任书记官为丁家庵、施泳等。这些审判官和检察官基本上都有着浓厚的法学专科教育背景,其中庭长石美瑜曾经担任过上海高院法官,并在上海沦陷后担任过上海高校法学教授。

史料记载,除了审判专业人员外,审判庭还配备了翻译、司书、军需文书等辅助人员。相比当时异常艰苦的办案条件,南京审判的法律思维、法庭设置一点都没有缺失,中国的审判和远东国际军事法庭一样,毫无疑问具备无可争辩的公信力。

史料记载,仅对谷寿夫的审理前后进行了1年多时间,检察官在长达1个多月的公审中,指证谷寿夫及其师团所犯下的集体屠杀就有28案,零散屠杀858案。其间,先后有80余名证人出庭作证,其中包括来自英国、日本、美国的3名外籍记者和1名美籍教授。

"谷寿夫案件判决执行阶段,被告人聘请了美国律师,按照当时国际法庭规定,还派来了美军少校赫伯、美国驻国际法庭的法官阿尔达克、霍西3人担任监审官。最终谷寿夫还是在大量证据面前低头认罪。"南京师范大学法学院教授蔡道通说,这些史实都说明,当时的审判庭给予了战犯充分的辩护权,在司法程序上是十分完备的。

中国司法人员的严谨办案精神,在战乱条件下尤为凸显。

据资料记载,检察官陈光虞在办案中,根据国际红十字会提供的线索,亲自刨开丛葬坑,将尸骨一一验看,然后按被刀砍死、枪弹击中致死、身首异处、被钝器击死、火烧死及妇女遭强奸后被杀死六类情况,将尸骨装袋,又从中山码头、草鞋峡、燕子矶、东岳庙、斩龙桥等地取回大量证据,这些确凿的证据后来在法庭上发挥了重大作用。

"百人斩"案铁证如山

"日本右翼企图以否认'百人斩'为突破口,进而否认南京大屠杀史实,是一种对法律史实无知的幻想而已。"蔡道通说。

虽然在战时,媒体报道会被严格审查,但侵华日军攻破南京后的狂妄,以及将残酷杀戮平民当成瓦解中国军队、打击中国人民抵抗侵略的手段时,炫耀武力、赤裸裸的新闻报道,成为最强有力的历史证据。

揭露并记载下战犯向井敏明、野田毅在侵华日军攻陷南京前后实施"百人斩"暴行的,就是源于日本《东京日日新闻》的报道。

1937年12月5日、12月12日,该报以《"杀百人"大捷战》、《杀百人"超记录"》为题先后两次报道了这个残忍的"比赛",并前后署名"浅海、光本两特派员五日在句容寄"和"浅海、铃木两特派员十二日在紫金山麓"的新闻电头,其中还刊登了两个面带微笑的侵华日军少尉军官拄刀而立的大幅照片。

在中国第二历史档案馆内,国民政府战犯处理委员会1947年5月至11月的6份《电报》,详细勾勒出了两名战犯从日本引渡、押解并从上海港口起岸到押解至南京收押的全过程。此后,《中央日报》完整报道了审判过程。

1947年12月8日早上10点,在励志社大礼堂对战犯田中军吉、向井敏明、野田毅进行了公审,审判长石美瑜,审判官李元庆、孙建中、龙钟煌、张体坤,检察官李璿,主任书记官施泳出庭审理,3名辩护律师到庭参与。

"被告连续屠杀俘虏及非战斗人员,系违反海牙陆战规例及战时俘虏待遇公约,应构成战争罪及违反人道罪。其以屠戮平民,认为武功,并以杀人作竞赛娱乐,可谓穷凶极恶，蛮悍无与伦比，实为人类蟊贼，文明公敌，非予尽法严惩，将何以肃纪纲而维正义。爰各科处极刑，以昭炯戒。"《判决书》中这段文字，时至今日，依然可以看出战犯杀戮证据之确凿，定罪依据之充分，可谓义正辞严，警示后人。

尊重历史开创和平未来

2016年10月22日，在法国冈城和平纪念馆开展的《共同见证：1937南京大屠杀史实展》，相关史实不断获得国际社会了解和认识。11月22日在南京国际安全区设立之日，南京大屠杀幸存者代表、国际安全区史研究专家和大学生代表，还徒步考察了拉贝纪念馆、南京安全区国际委员会总部等旧址。

据了解，在今年的国家公祭日当天，除举行国家公祭仪式外，同时还将安排6项悼念纪念活动，其中还包括举办国际智库交流活动，举行"记忆与和平——南京大屠杀史学术年会"，邀请部分国外专家学者、南京大屠杀史与国际和平研究院以及南京大屠杀史研究会专家学者参加；组织"世界和平法会"，中日韩和两岸三地佛教界人士代表将受邀参加；举办"烛光祭"活动，参加人员为出席公祭仪式的国际友人、港澳台同胞代表、同类场馆代表和南京市各界群众代表。全国抗战主题纪念馆和部分城市也将同步举办纪念活动。

举办公祭日公祭遇难同胞，缅怀抗战先烈，谴责侵略暴行，不是为了延续仇恨，而是为了唤起善良的人们对和平的向往和坚守，是为了携手开创和平美好的未来。

只有尊重南京审判史实，不断吸取历史教训，才能让中日两国人民真正放下历史包袱，开创和平发展的未来。

（2016.12.13）

点　评

1937年12月13日，侵华日军在南京制造了惨绝人寰的南京大屠杀，超过30万人遇难。这一公然违反国际法和人类道德良知的暴行，铁证如山，早有历史结论和法律定论。然而，日本国内一直有人试图抹杀、掩盖、歪曲这段历史，公然挑战国际正义和人类良知。为了悼念南京大屠杀死难者和所有在日本侵华战争中惨遭杀戮的中国同胞，牢记历史，维护和平，全国人大常委会于2014年2月27日通过决定，将每年12月13日确定为"南京大屠杀死难者国家公祭日"。

本文发表在第三次南京大屠杀死难者国家公祭日之时，用大量史料，尤其是远东军事法庭等审判战犯的证据，无可辩驳地揭露了侵华日军犯下的大屠杀暴行。文章通过描写南京大屠杀惨案审判背后的故事，讲述了战乱时期的中国法律人为了还原历史真相、为遇难同胞讨回公道付出的艰辛努力。

农村天价彩礼涨幅快赶上楼市 父母借钱父母还债

赵　丽

最近两年的圣诞节，陆元盛都玩得很“疯狂”。在这个34岁的北京白领看来，好日子就要“到头了”——春节日益临近。

单身未婚的“标签”让陆元盛在自己的家乡成为“有名”的大龄男。在陆元盛位于黄河北部的家乡，“大龄男”的身份让他的父母抬不起头，因为“大龄男”甚至会被指责为无能、丑陋或者愚笨。

在和记者交谈过程中，陆元盛又接到家里的电话，父母在电话中下“命令”——春节回家必须相亲。“他们已经订好了4场，其中有个离异的女人，大我3岁。”放下电话，陆元盛有些无奈地摸了摸头。

彩礼涨幅快赶上楼市

“没钱就没机会。”在陆元盛看来，这就是他至今单身的症结所在。

3年前的春节，亲戚曾给陆元盛介绍过一个他很满意的女孩，在他印象中，“女孩有双漂亮的大眼睛”。

不过，在不超过20次的见面约会中，陆元盛付出了不小的代价——一部苹果手机和笔记本电脑，还有好几套至今连名字都叫不全但一件上衣就要好几千元的服装。

“后来，我去提亲，却被拒绝了，理由是我年纪偏大，太节约，两人有代沟。”陆元盛摇了摇头，有些迷惘地问记者：“我还得多大方？”

在总结这段恋情失败的原因时，陆元盛想起一个细节，他和女孩曾聊过怎么办婚礼，“我当时说，我父母都是务农的，身体也不好，我不想再花他们的养老钱，我自己筹彩礼和婚礼钱。说完以后，我就感觉两人开始渐渐有些冷淡”。

那个时候，也就是2013年，陆元盛家乡的彩礼已经涨到了16万元左右，还有附带的车子、房子要求。“一旦男方年龄偏大或者有其他劣势，男方家庭会通过提高彩礼弥补自身缺陷。这种提高彩礼会产生示范效应，其他人也不得不水涨船高。”陆元盛说，家乡还有个说法，“万紫千红，一动不动”，“万紫”指的是一万张5元钞票，“千红”指的是一千张100元钞票；“一动”指的是汽车，“不动”是指新房。一场婚礼下来，至少花销30万元。

后来，陆元盛在北京又认识了一名女孩。这次，陆元盛学“聪明”了，不谈关于婚礼彩礼的事情，只是勾画两个人的婚后生活。不过，左绕右绕，彩礼终究是回避不了的话题，“还好，这回不算‘狮子大开口’，女孩家要10万元，没要求在北京买房”。

“当时，我月薪6000元，再加上租房的开销，一年也就是一两万元的积蓄，如果完全由我自己出10万元，还真是困难。”陆元盛回忆说，“当时，朋友还给我出过很多损招，比如采取未婚先孕，迫使女方父母就范，放弃高额的彩礼要求。当时我就回绝了。不过，朋友说，不少人这么做也是迫于无奈”。

还有一种办法，就是借钱，叫作“小利贷款”。

“在农村，没有公职的人很难取得银行贷款。小利贷款在农村颇为流行，由一位双方信任，且较有经济实力的中间人担保，借款人依据贷款金额，每月支付1%到3%不等的利息，还款时间较为灵活。以借10万元算，每年的利息约在1到2万元之间。”陆元盛说，后来算了算，“利息太高，这几乎是当地农民一年耕作的收入”。

就在左算右算中，半年多的时间过去了。有一天，女友给陆元盛留了张纸条。“上面写着，‘工作调整，我去深圳，后会无期’。”陆元盛说，当时他就蒙了，“难道又是‘彩礼惹的祸’”。

不过，陆元盛说，自己还算幸运的，起码还看得见曙光。

他告诉记者，天价彩礼在西部地区更为严重，“增长速度令人震惊，大概是以每年5万元左右的速度攀升，我有朋友甚至调侃，那边彩礼的增长速度和北京楼市有一拼”。

父母借钱父母还债

陆元盛的父母并非不想出彩礼钱，只是“心有余而力不足”。

通过电话，记者和陆元盛的父亲陆大力取得了联系。

“巨大开支”，这是陆大力对儿子结婚彩礼花费的评价。“我们这边有太多这样的例子，为了给儿子订媒、结婚，一般要花十几年时间攒钱。”在陆大力看来，彩礼金额的直线上涨导致男方家庭负债累累，给儿子订媒要花好几年的时间攒钱，婚后的债务更是压得他们喘不过气，这不仅对于幸福生活无益，反而影响了正常的农业生产和他们的养老生活。

“我们一年收入也没有几万元，前年我和老伴接连生病，花了不少钱，现在家里不能说家徒四壁，但也所剩无几。”电话里的陆大力总是在叹气，“孩子一结婚，老人的负担就重了。结婚前得盖房，盖房就得赊账，没办法。”

在陆大力的叙述中，对一个普通农户来说，彩礼是一项巨大的开支，这笔钱需要他们积攒十年甚至几十年来支付，这包括新房的布置、订媒时的费用。有些家庭为了给儿子结婚，负债累累，有的甚至结婚以后好几年都没有还清。而且，儿子并不承担还款责任，不管是房子还是彩礼钱、结婚时的花费，全部都由父辈借、父辈还。

在记者走访中，持相同观点的父母不在少数。在他们看来，父母为儿子订婚是天经地义的事情，由此而产生的花费也应该由父母来承担，由此欠下的债务也应该由父母来偿还。

对于父母的“还款”，在北京工作的胡小凤是这样表述的：“我大哥结婚时，家里还凑合得起，房子是我爸找人盖的，订媒时的大礼也不多。等到二哥结婚的时候，我爸七拼八凑才把房子盖起来，还要给他订媒。家里没钱，没办法，我爸就去我二姑那借了 1 万元。”

面对“钱是谁还的、什么时候还清”的问题，胡小凤也用了“当然”二字，“我爸还的，那时候我还在上学，也得花钱。幸亏是向我二姑借的钱，我爸说慢慢还吧。那时候，我爸年纪已经很大了，但还在工地做小工，天天累得不行。钱是什么时候还清的，我也忘了，反正也有一两年吧”。

在北京做小时工的杨英则更加辛苦，一夜返贫——为了支付结婚费用，家里倾其所有，还欠了 15 万元的外债。

即便不容易，但在记者走访中，几乎所有受访的父母都把为子女置办婚事当作自己的责任与义务。如果子女未能如期订媒结婚，父母则会自认为是他们的“问题”，是父辈的“不称职”或“不误正业”造成了子女的婚姻困境。

“不仅我们自己这么觉得，周围人也这么觉得，这让我们的心理负担太大了。”陆大力说，他已经不能干重活，家里经过这几年的消耗，积蓄已所剩无几，“要凑齐 10 万元左右的彩礼，至少还要再借 7 万元，但一年的收入只能勉强还上年息”。

对于彩礼，陆元盛还想过一个办法——分期付款。不过，这个办法很快被女方家长顶了回来——“你以为买房呢”。

现在，陆元盛决定过完春节就换个工作，以期更高的薪金，因为“没钱就更没机会了”。

“天价彩礼”怎么算

“天价彩礼”是怎么算出来的？

在回答这个问题时，记者得到的回答可谓是“惊人”。

在调查过程中，记者不止一次听被访者说——“我们这里就是‘卖’女儿啊”。

地域是一些家庭评判彩礼钱的一个标准，很多家长会要求女儿不要找外省的对象。这其中有文化冲突的考虑，但更重要的是养老问题，跨地域所牵扯的养老问题往往会使彩礼价格上升。

在北京工作的李女士告诉记者：“我妈妈不希望我找外省的，10 万元彩礼钱是底线，没有商量的余地。将来订婚，只增不减。如果男方是外省的话，彩礼钱至少要 20 万元。妈妈认为，如果我嫁到外省，回家不方便，无法照顾和赡养老人。”

南京大学社会学院的研究人员曾对彩礼形成因素进行专门研究，他们发现，虽然社会变革使得人们的认知观念发生了改变，但是观念的最终落脚点仍是价格的商定。社会变迁虽然使得个体的流动性增强，依靠个人的人力资本获益的可能性增大。但正是因为这样，由于社会变革所带来的种种不确定性，使得家庭更加注重通过提高彩礼来降低未来的风险。

在北京白领王宁宁的记忆中，讨论彩礼就像一场拉锯战，而这样一场拉锯战或许正是一个缩影：2015 年 2 月，女方家长会见家族长辈，商讨彩礼事宜并准备起草“红单”（红纸上标明彩礼价钱与相应的实物等，实质上就是一张婚嫁凭证。同时，“红单”必须由长辈起草并双方签字方为有效）。女方家长提出的 13.9 万元遭到家族长辈的强烈反对：“你供她读书就不止 10 万元，13.9 万元你能得到什么？”“村姑都不止十五六万了。”“人家二婚的都 18 万啊。”“这么低的价格，你也别谈彩礼了，就让他们夫妻负责养老吧。”

最终，家族长辈参照婚姻市场中的标准价格并根据待嫁女王宁宁的学历资本，提出了 20 万元的彩礼定价。

不过，女方家长为了减轻女儿将来的经济负担，还是抵住压力，坚持 13.9 万元彩礼价格，不过将回嫁妆部分改为 3 万元，即女方家长净得 10.9 万元。此时，家族网络再一次发挥了它的作用，彩礼的商定变为对传统程序的遵循。

家族长辈说：“按规矩，‘红单’签下去，彩礼的钱就必须一次性付清。”于是，在“红单”起草完，长辈尚未签字之前，女方家长给男方家长打电话确认，是否能一次性付清 13.9 万元。

男方家长在得知“红单”签下就要付清彩礼钱款的规矩后，由于经济上不能一次性付清，便提出不签“红单”。家族长辈因此很生气，不允许再谈订婚事宜，订婚宣告失败。

“在我家里人看来，13.9 万元并不高，农村女孩的彩礼钱都十五六万元了，一个准研究生还只要 13.9 万元，这已经是我们家的底线了。其次，男方提出订婚，结果最后却是男方提出不签‘红单’，决定权不在我们，反在男方，这让我的父母觉得很丢人。”王宁宁说。

（2016.12.27）

点　评　“脱贫不易，小康更难；喜结良缘，毁于一旦。”这是一段民间顺口溜，却反映了农村“天价彩礼”已成为贫困地区奔小康路上的一只“拦路虎”。彩礼制度源远流长，是中国古代婚嫁习俗之一，新中国成立后曾一度废止，不过一直在民间顽固存在。近年来，彩礼成了婚姻的敲门砖，“天价彩礼”不断升级严重破坏了家庭和谐和婚姻稳定。文章通过大量事例真实再现了农村彩礼之风盛行和管理缺位，并指出此风到了一定要刹的地步。

高校科研经费管理乱象调查

余东明

最近几年,科研经费腐败一直是社会关注焦点。中央一方面要求加强科研经费管理,一方面鼓励高校科研人员多出成果。应该说,高校科研领域的问题正在一一改正过程中。然而,在高校科研环境日趋向好的背景下,个别高校的教师却出现了不敢做科研的现象。这背后是何原因?

年底是每个单位、每个人盘点过去一年工作的时候,对于上海复旦大学的很多老师来讲,过去一年该校科研领域的两个贪污案被定罪给他们留下了巨大阴影。"现在一般都不做科研,不知道哪天轮到自己。"近日,该校一位不愿透露姓名的老师说。

据悉,不久前复旦大学医学院动物实验部原主任杨萍,医学院动物实验室原正、副主任敖红和黄爱民均以贪污罪分别被判刑。从今年年初至今,《法制日报》记者一直关注这两起案件的走向,并对沪浙两地多所高校科研领域的管理现状,展开了为期 10 个月的调查。

科研项目经费支出存漏洞

杨萍在看守所待了 3 年 4 个月,她被释放后找到记者"喊冤":"自始至终,我没有承认犯罪,所有科研项目从审批到完成都是按照学校规定办理,科研经费的分配和取得也严格按照学校管理办法实施,要有罪也是学校制度有罪。"

杨萍一审被判有期徒刑 10 年,二审改判为 3 年 4 个月。二审判决后的第三天,她刑满释放。然而,她的两名下属却没有如此幸运,一审分别被判 10 年和 12 年有期徒刑,二审虽改判,但至今仍在狱中服刑。

法院给两案定罪的理由是,利用职务便利,将应由所在部门承接相关实验服务项目的所得收益予以侵吞,而敖红和黄爱民一案又暴露出借用别人名义承接科研项目、用假发票报销套现的科研经费管理乱象。

"这两个案子代表了目前高校科研领域管理中的两大方面,大部分老师都像杨萍这样以学校或者部门的名义承接科研项目,然后以酬金的方式获利;小部分没有科研资质的人会像敖红、黄爱民这样借用别人名义或者其他不正当渠道找项目赚钱。但不论是哪种,在科研经费支取的实际操作中乱象丛生。"上述不愿具名的复旦大学老师告诉记者。

资料显示,2010 年,复旦大学理工科、医科共获得各类项目 1393 项,到款总经费 10.8 亿元。另据资料显示,浙江大学 2011 年到款科研经费 28.17 亿元,总量居高校第二，其中千万级项目达到102项。从这两组数据可窥高校科研领域的经费之巨。

“科研项目一般分为纵向课题和横向课题，前者是拨款类项目，由上级部门或各类基金下达和资助的研究项目；后者为非拨款类项目，即向社会承接的研究项目。从数量和规模上来看，纵向课题比横向课题多得多。”这位老师透露，如果从全国高校来看，每年科研经费都得以千亿元计算。

“从我们审理来看，复旦大学在科研项目和经费管理上的确存在漏洞。”上海市第一中级人民法院周法官告诉记者。诚如他所言，2014年7月，中央巡视组在对复旦大学专项巡视后指出，该校科研经费管理使用混乱，违规现象突出，存在腐败风险。具体而言，从2008年至2013年，该校有25个项目在同一时间多渠道申请获得资助，属于重复申报课题；有2个项目涉及4个专利授权属于用旧专利充抵新课题成果。巡视组还要求学校对配套资金不到位、违规报销经费、未按规定退还结余经费等问题进行排查。

在调查中，有多名高校领导和老师告诉记者，这种案子只是高校关于科研经费管理问题的冰山一角，复旦大学存在的问题也是全国高校普遍存在的问题。如何依法严格规范管理，关系到我国科研领域的健康发展、长远发展，任重而道远。

立项申报不拼实力拼关系

记者从杨萍处获悉，复旦大学科研老师手上都有两个本子，一个酬金本，一个经费本，这是每个科研项目经费管理必备的两个记账本。按照学校和动物实验部多年来的规定和惯例，有科研资质的老师，谁承接，就由谁申报、完成和最终对经费的管理分配。杨萍承接和完成的只是其中一小部分，经费使用均记录在记账本上，然而，这最终也没能成为她洗罪的证据。

记者手头有一份《复旦大学理科与医科科研项目经费管理规定》，记者注意到，在该“规定”中，科研经费到学校账户后，学校收取5%的管理费和3%的科技活动费，项目负责人可提取纵向课题最高8%的酬金、横向课题40%的酬金，其余的用于实验开支。如果项目结束后经费仍有结余，项目负责人还可以提取不超过40%的劳务酬金……

此外，记者还取得了浙江大学和上海其他三所高校的科研经费管理办法，发现分配方案大同小异，但浙江大学规定的经费列支项目要比复旦大学的更为详细，具体为三大类13项，另外，浙江大学在今年3月又专门对横向课题经费管理作出新的规定，补充了对业务招待费用的限制。

“之所以酬金的比例如此之高，就是要激发老师科研的积极性，但问题就出在经费管理环节中，由于管理过于粗放，可操作空间太大了，在巨大的利益面前，就容易滋生乱象。”复旦大学刘老师做科研多年，对业内操作了如指掌：“作为项目负责人，我所能做的就是守住自己的法律底线和道德底线。”

那么,多年来高校科研领域的乱象又有哪些呢?刘老师给记者作了分析。首先是立项申报,不拼实力拼“关系”。一个原本科研实力不强的人,只要当了校领导,课题马上就来,于是很多人就削尖脑袋,往上钻营。另外一些老师也纷纷利用学校的资源“跑部钱进”,拿了课题费后,甩手就给了年轻教师或学生去做。

其次是经费花不完,报销靠造假。每年那么多的科研经费,学校在收取了管理费后基本不控制。复旦大学更是规定,“科研经费的使用和管理由项目负责人负责”。于是,为了套现,开具假发票、编造假合同、编制假账目等手段应有尽有、防不胜防。

“老师变老板,项目变金库,用学生身份证冒领劳务费,把装修发票、购车发票统统入账。中国科协曾有过调查,在一些高校和研究机构,科研资金用于项目本身仅占40%左右,大量科研经费流失在项目之外。”刘老师说。

最后就是验收走过场,成果没人管。“有关系拿到项目的就有本事结题,花点经费,请几个专家说说好话,即便课题不怎么样,照样有机会拿优秀。”刘老师透露。

滕老师在上海交通大学博士毕业后留校任教,因为没有科研资质,前几年就把接来的项目放在导师名下做。“高校工资低,要赚钱就得做科研,所以大家是八仙过海各显神通。”他告诉记者,“现在普遍不敢了,这不是闹着玩的,要坐牢的。”

学校制度有缺陷亟待完善

在杨萍案中,记者注意到,其定罪最重要的一组证据就是复旦大学出具的两份“情况说明”。这两份说明后来被该校老师广为诟病。

“这两个案子中,到底是个人故意犯罪,还是学校制度缺陷所致,这是学校需要面对和检讨的,但现实中学校却是一推了之,撇清自己。”一位知情人告诉记者:“从案发到现在已经过去快四年了,但学校在科研经费管理的建章立制上并没有太大改善,这让我们感到后怕。”

那么,在科研经费贪污案发生后,尤其在中央巡视组对复旦大学科研经费管理提出整改意见后,复旦大学又有哪些作为呢?

记者从今年2月开始,一直在和复旦大学宣传部联系,希望学校领导或有关部门负责人接受采访,但一直得不到正面回应,其间曾致电该校纪委书记,也被直接回绝。

刘老师以前每年都要负责三到四个科研项目,但近两三年他几乎不做了。“同事中,除了职称晋升需要,一般都不做科研,这虽是块肥肉,但风险太大了。”他说,学校虽然在建章立制方面没有进展,但财务规定明显严格了,以前那些可以报销的项目现在几乎被砍光了,科研真的不好做。因此,现在学校科研发展呈断崖式下滑。

今年8月,中共中央办公厅、国务院办公厅印发了《关于进一步完善中央财政科研项目资金管理等政策的若干意见》。最近,中共中央办公厅、国务院办公厅又印发了《关于实行以增加知识价值为导向分配政策的若干意见》,旨在充分发挥收入分配政策的激励导向作用，激发广大科研人员的积极性、主动性和创造性，鼓励多出成果、快出成果、出好成果，推动科技成果加快向现实生产力转化，并要求各个高校根据自身实际出台相关政策。

华东政法大学童老师告诉记者，鼓励科研人员的积极性，收入分配政策固然重要，但合法依规地获取报酬是前提。要杜绝科研领域的乱象，还得从依法治校做起，尤其在立法层面，中国目前还没有一部关于科研项目立项、审批、经费使用、监管责任的系统法律，立法的缺失，直接导致科研项目管理的混乱。

同时，他还认为，对科研项目的管理还应建立诚信和惩戒体系，追加相应责任条款，在验收评估中，对有问题的项目责任人要记入“黑名单”，追回项目资金并限制未来申请科研项目的资格，并以此培养一支积极性高、创新力强、风清气正的高校科研队伍。

（为保护受访老师隐私，文中受访老师除案件被告人外均为化名）

（2016.12.28）

点　评　科研经费乱象由来已久，甚至成了滋生腐败的温床。文章通过调查剖析了乱象背后的深层次原因，找到了造成科研经费管理混乱的乱象之源、乱象之因和解决之策。

“业务援藏”带出多民族查办职务犯罪检察队伍

记援藏检察官、合肥市检察院专职检委周会明

邵炳芳　陈建国　李光明　范天娇

回到安徽这段日子,周会明经常会面对一杯水陷入静静的沉思:雪域、高原、蓝天、白云,而最让他难忘的是那里淳朴的藏族兄弟、共同战斗的检察干警、苦中有乐的援藏故事。事实上,自从去年9月结束第二任期援藏工作以来,周会明的心依然留在雪域高原,留在西藏山南。

作为安徽省检察机关选派的一名对口援藏干部,2011年7月,时任合肥市检察院反渎局局长的周会明来到山南,挂职担任西藏自治区检察院山南检察分院(现为山南市检察院,以下均简称山南检察院)副检察长。5年多时间里,周会明为了让山南的政治生态能像那里的自然生态一样不被污染,他敬业奉献,敢于担当,以“业务援藏”为抓手,向职务犯罪宣战,查办了山南职务犯罪记录上第一位处级干部、第一位厅级干部、第一位少数民族处级领导干部,查办职务犯罪连续4年位居西藏自治区检察机关办案榜首,带出了一支多民族查办职务犯罪的过硬检察队伍,扭转了当地检察机关办案力量薄弱、缺乏经验的局面。

查办职务犯罪的3次零突破

“检察机关只有敢于办案才能树立权威、取信于民。”这是周会明一贯的信条。他在任合肥市检察院反渎局局长期间就查办了很多职务犯罪案件,其中他从媒体上看到一条有关黑诊所发生多起致人死亡的不起眼信息,当年就查办了长丰县卫生监管部门多人渎职犯罪。

到山南后,山南的案件很少,尤其是自侦案件更少。接手分管反贪反渎等工作的周会明认为,案件少的主要原因与这里政治生态好密不可分,但是也不至于好到了几乎没有案件的状况,这不符合客观现实。经过一年多熟悉和调研,2013年年初,周会明提出加大自侦案件力度的建议,得到了山南检察院检察长刘志刚的支持。

当时,一条线索进入到周会明的视线。山南市纪检部门要求检察院协助调查原山南地区商务局局长陆书基收到一犯罪团伙用他照片合成的淫秽色情照,被敲诈26万元的违纪案件。在抓获这个犯罪团伙的云南公安机关的侦办材料中,一个案件细节引起了周会明的关注:这笔钱并不是陆书基直接支付的,而是从他人账户上转走的。有着丰富办案经验的周会明察觉到,该案不仅仅是纪律作风问题,背后更可能

涉嫌职务犯罪。

结果不出周会明所料,周会明带着专案组以26万元为突破口,查实陆书基利用主管“万村千乡”项目等工程建设,多次收受工程承建方等贿赂57.5万元。这是山南检察院建院以来查办的第一位处级领导干部。

随后,周会明顶住压力查办了隆子县原副县长丹增列谢受贿案、西藏工业和信息化厅原副巡视员、中小企业局原局长朱太中受贿案。丹增列谢贪污牧民牦牛、牛栏等补助款50余万元,他也是山南第一位因受贿罪被判刑的少数民族处级以上领导干部。

“朱太中案侦办难度非常大。”周会明说,线索只有反映当地一家砖厂经营者骗取国家补助资金用于老家盖别墅的一封匿名举报信,内容简单且关键信息模糊不清。在调查砖厂经营者过程中,挖出了朱太中受贿407万余元要案。这也是山南查办的第一位厅级干部受贿案。

3次“零突破”打出了声威,更打出了检察机关的自信:2013年12件、2014年29件、2015年34件、2016年34件,别看这些查办职务犯罪的数量与内地一些地方不可比,但是在西藏自治区,山南已连续4年位居查办职务犯罪榜首,连续3年办案量占据整个西藏自治区的“半壁江山”。

“援藏干部有必要大动干戈吗,这是在给山南抹黑。”面对质疑,周会明坦言,这期间他确实承受了巨大压力。

有人“提醒”他得罪这么多当地官员对自己没什么好处,有人“好心”劝他在山南安稳度过,还有人观望这个“外来户”怎么收场。

周会明顶住了压力,案案用证据说话,所办案件全部作了有罪判决,得到党委支持。在他第一个挂职期快要到的时候,山南检察院挽留他再挂职一期。这是支持周会明查办职务犯罪工作最有力的宣示,说明反贪查渎深受山南群众欢迎。

“鱼”、“渔”兼得的援藏新思路

“查办一些案件时,有些涉案官员根本不把办案人员放在眼里,甚至有年轻干警面对气焰嚣张的涉案官员发蒙。”周会明说,这一方面反映长期以来几乎没有办理县处级以上要案或者系统性案件的经验,面对比自己级别高的“问题官员”,有些干警缺乏经验、底气不足;另一方面也反映出自侦办案队伍人员少,干警能力水平需要提高。

为提高干警能力水平,周会明提出了“请进来、走出去”思路。请进来,就是协调安徽省人民检察院先后选派了23名全省检察机关的业务专家到山南挂职,一个部门组织多名干部集中挂职,开创了“组团式援藏”先河。这些援藏干警与山南及其县级检察院的检察干警同办案。走出去,就是选派6名山南检察机关干警到安徽省检察机关,进行业务培训和岗位锻炼,开展为期3个月的“面对面”指导。

"师傅给了我信心勇气,教会我正确的方法,感觉自己每天都在进步,每天都在超越自己。"曾觉得自己不是当检察官的料而一度打"退堂鼓"的尼玛扎西,现如今已经是山南检察院的办案骨干。他把周会明称为师傅,言语中充满了尊敬与崇拜。

周会明还从完善办案机制、抓办案规范化建设入手,建立了一整套规范化操作流程,涵盖举报中心的线索管理到线索交办;初查环节如何围绕案件线索制定初查预案;审讯环节如何运用讯问技巧,制定问话方案;技术支持和后勤保障如何为办案服务等方面。

通过几年的双渠道业务带动,山南检察机关办理自侦案件的能力得到了质的飞跃,有了一支骁勇善战的自侦队伍。山南检察院反贪局副局长王子书说,周会明就像是一条纽带,把山南检察机关与安徽检察机关紧紧连在一起,这条"业务援藏"新思路,让受援单位"鱼"、"渔"兼得,有助于提高援助的长期效果。

情真意浓留下的终身援藏心

在周会明的手机里珍藏着一张照片:他与一群藏族孩子在空地上踢足球,孩子们的脸上个个洋溢着幸福的笑容,在场上奔跑。

这是周会明爱心资助的又一个事例。2015 年秋季,周会明在和安徽援藏干部、时任山南地委副秘书长林伟聊天时得知,浪卡子县有个贫困教学点缺少文体用品,他便开了四五个小时车,把和朋友们一起捐助的价值 1 万多元的电教用品、体育用品,送到这个海拔 4000 多米的山村教学点。这张照片就是周会明与孩子们踢足球时拍下的。

周会明说,自己与西藏结缘是因为一次自由行。看到西藏的天这么蓝、水这么清,但是仍然很落后,就想为西藏做些什么。回到合肥后,他主动请缨援助西藏。

"我是带着安徽检察机关 960 万元援助资金来的,其中 600 万元用于为措美、错那、浪卡子 3 个高寒县检察干警建设周转房。"周会明说,尽管通过援助解决了一些问题,但是,困难还是随处可见。

面对有些困难,周会明就自己想办法解决。山南检察院办公电脑紧张,他就联系诸多亲朋好友帮忙,解决了近 20 万元办公电脑;自己驻村的错那县卡达乡基本建设有缺口,他又想办法筹措了 3 万元;听说咸阳藏族班有两名学生困难,他立即寄去 1 万元……

援藏 5 年多时间里,周会明克服高寒缺氧、远离亲人等多种困难,创新援藏方式,做实援藏项目,与那里的汉藏干部群众结下了难以割舍的深情厚谊。自援藏以来,周会明被评为山南地区"民族团结进步模范个人"、西藏自治区"民族团结进步模范个人",获得安徽省"五一劳动奖章"、"安徽好人"、"中国好人"等称号。去年 9 月,周会明被安徽省委"两学一做"学习教育协调小组、省委宣传部作为"两学一做"重大典型在全省广为宣传。今年 2 月,安徽省委政法委发出通知,号召全省政法机关和政法干警开展向周会明学习的活动。

如今，周会明虽然结束了援藏工作，回到合肥市检察院担任检察委员会专职委员，但他的心仍然留在了那里，成了一颗终身“援藏的心”。（2017.3.23）

点　评

周会明生前系安徽省宣城市检察院党组成员、副检察长。从检29年来，特别是主动援藏5年间，他在雪域高原执着坚守、无私奉献，生动呈现了共产党员和人民检察官的时代风采和光辉形象。2018年1月，由于积劳成疾，因病医治无效，不幸逝世，被追授“全国模范检察官”、“安徽省优秀共产党员”荣誉称号。

本文采访扎实深入，用大量生动故事再现了周会明“功成不必在我，功成必定有我”的境界和脚踏实地、攻坚克难的韧劲，勾勒出一位善良、亲和、无私、热血的模范检察官立体画像。

司法体制改革砥砺前行结硕果

蔡长春

司法体制改革是一场气势恢弘的改革，也是一场影响深远的改革。

习近平总书记指出，司法体制改革是政治体制改革的重要组成部分，对推进国家治理体系和治理能力现代化具有十分重要的意义。

党的十八大以来，在以习近平同志为核心的党中央坚强领导下，我国司法体制改革蹄疾步稳，敢“涉险滩”、啃“硬骨头”、破解难题，呈现全面发力、多点突破、纵深推进的良好态势。

寒来暑往，秋收冬藏。转眼间，此轮司法体制改革至今已逾三载光阴，三载间的苦心耕耘、砥砺前行，写就了一份让人民群众感受到公平正义的成绩单，一大批改革硕果早已挂满枝头。

顶层设计建起指路灯塔

凡事预则立，不预则废。

事实上，“深化司法体制改革”的强烈信号，早在2012年年底党的十八大上就已经明确发出。

一年后的2013年11月，“加快建设公正高效权威的社会主义司法制度”跻身十八届三中全会宏伟规划，会上通过的《中共中央关于全面深化改革若干重大问题的决定》，对深化司法体制改革作了全面部署。

2014年2月28日，中央全面深化改革领导小组第二次会议审议通过了《关于深化司法体制和社会体制改革的意见及贯彻实施分工方案》，进一步明确了深化司法体制改革的目标、原则，制定了各项改革任务的路线图和时间表。

2014年10月，党的十八届四中全会召开，整个司法体制改革蓝图绘就。在中央全力推动的190项重大改革中，司法体制和社会体制改革就多达84项，其分量之重可想而知。

2014年7月15日，中共中央政治局委员、中央政法委书记孟建柱在北京召开的司法体制改革试点工作座谈会上强调，要牢固树立改革大局观，把注重顶层设计与鼓励基层探索结合好，凝聚共识、攻坚克难，扎实推进司法体制改革，走出一条具有中国社会主义特色、符合司法规律的改革之路。

从2014年在北京召开的司法体制改革试点工作座谈会，到2015年在上海召开的司法体制改革试点工作推进会，再到2016年在吉林长春召开的全国司法体制改革推进会……以司法责任制为核心的四项改革试点启动以来，中央政法委已连续三年召开推进会，推动改革一步一个脚印向前迈进。

一次次会议的召开，一项项任务的部署，都在努力把蓝图变成具体可行的方案、再把方案变成触手可及的现实。

四项改革全面落地生根

顶层设计部署紧锣密鼓，司法改革实践也渐入佳境。

完善司法人员分类管理制度、完善司法责任制、健全司法人员职业保障制度、推动省以下地方法院检察院人财物统一管理，这四项改革是新一轮司法体制改革的基石，牵一发而动全身。

按照中央关于重大改革要先行试点的要求，中央政法委同中央政法单位、有关地方党委反复协商，2014 年 6 月率先在东、中、西部选择上海、广东、吉林、湖北、海南、贵州、青海 7 个省市启动首批试点。

在第一批试点的基础上，2015 年 5 月，江苏、福建、重庆、内蒙古、宁夏等第二批 11 个试点省份全面启动；2015 年 12 月 9 日，中央批准在全国普遍开展司法体制改革试点。

三年多时间里，司法体制改革一路披荆斩棘，高歌猛进。时至今日，四项改革任务已在全国普遍落地生根。

司法的公正、廉洁和高效，离不开一支高素质的司法队伍。因此，建立和完善司法人员分类管理制度，无疑是此次司法体制改革的“重头戏”。

法官检察官员额制改革是实行司法人员分类管理的核心与重点任务，但因其是对司法人员利益格局的重新“洗牌”，触动了许多人的“奶酪”，也被视为此轮司法改革中“一块最难啃的硬骨头”。

江苏法院坚持以能力和业绩为导向，不搞论资排辈、迁就照顾，以最贴近审判工作实际、最符合审判工作规律的方式进行考试、考核与考评工作，确保了最优秀的法官入额。

上海建立法官检察官员额退出及增补机制，考核不合格的法官检察官将退出员额，由此打破了“入额终身制”，让员额能上能下，有进有出。

司法责任制改革对提高司法质量、效率和公信力具有重要意义，被视为司法改革的“牛鼻子”。只有构建权责统一的法官检察官司法责任制，将司法权真正放给法官检察官，才能保障“谁办案谁负责、谁决定谁负责”目标的落实到位，实现公正司法。

吉林省人民检察院通过大部制改革“拆庙减官”，对影响制约检察权公正高效运行的问题进行“清障式”梳理，“一揽子”破解难点，将原来 34 个局（处室）大胆整合为“九部一委”，责权更加明晰，中间层级减少，办案流程简化，改变了过去“决者不查，查者不决”的情况。

贵州省贵阳市花溪区人民法院于 2015 年 1 月以来，探索推行了“法官 + 法官助理 + 书记员”的办案团队运行模式，遴选出 30 名员额法官组建了 20 个办案团队，形成了年龄和学历结构更加合理的精干队伍。去年 1 年，该院共收案 8236 件，审执结 7935 件，结案率达 96.35%。

广东省中山市第一人民法院通过繁简分流实现专业化审判，采取购买服务的方式剥离审判辅助事务，以智能化建设拓展司法资源等改革举措，让全院上下高效运行，审判质量与效率得以大幅提升。

构建权责对应统一的法官检察官司法责任制，是确保法官依法独立行使审判权、实现公正司法的必要制度保障。

广东省高级人民法院下发了《广东省健全审判权运行机制完善审判责任制改革试点方案》，开出了“权力清单”和“负面清单”，法官该干什么、不该干什么、错案如何追责等一目了然。

“改革前，我是包打天下的‘大厨’，切菜、洗菜、炒菜、端菜什么都做。”广东省佛山市顺德区人民检察院公诉局主任检察官李梅梅说，“改革后，检察官助理负责初审案件、摘录证据、核实身份信息等；书记员负责填写、打印法律文书，归档案卷；我只需要专心办案，把案件办成精品。”

完善职业保障，让法官检察官活得更体面“不为五斗米折腰”；探索建立省级财政部门统一管理司法机关财物机制，为司法机关依法独立公正行使审判权、检察权提供可靠保障……随着四项改革任务的逐步落地生根，85% 以上司法人力资源配置到办案一线，广大政法干警要办案、办好案的积极性、责任心显著增强，法官检察官普遍感到干劲比以前更足了，职业尊荣感比以前更强了。

公正是司法的灵魂和生命

今年 6 月 27 日，最高人民法院、最高人民检察院、公安部、国家安全部、司法部联合发布《关于办理刑事案件严格排除非法证据若干问题的规定》，从侦查、起诉、辩护、审判等方面明确非法证据的认定标准和排除程序，切实防范冤错案产生。

推进以审判为中心的诉讼制度改革，就是要发挥好审判尤其是庭审在查明事实、认定证据、保护诉权、公正裁判中的重要作用，确保侦查、起诉、审判的案件事实证据经得起法律检验。

“正义也许会迟到，但不会缺席。”呼格吉勒图案、聂树斌案、陈满案……随着法槌落下，一批冤错案陆续被纠正。

近日，备受关注的于欢故意伤害案在山东省高级人民法院公开宣判。相比一审以故意伤害罪判处于欢无期徒刑，二审虽然同样定为故意伤害罪，却依法改判有期徒刑 5 年，让公众切实感受到“以事实为依据、以法律为准绳”这句话的真实分量。

去年 9 月，全国人大常委会作出授权最高人民法院、最高人民检察院在部分地区开展刑事案件认罪认罚从宽制度试点工作的决定,确定在北京等 18 个城市开展试点工作。

专家认为,作为一项诉讼制度,认罪认罚从宽体现了惩罚与教育相结合,有利于促使犯罪嫌疑人、被告人如实供述犯罪事实,节约司法成本,提高司法效率。

人们看到,在推进诉讼制度改革的进程中,司法机关步伐坚定,铿锵有力。

公安机关深化执法规范化建设,探索建立命案等重大案件全程录音录像制度,促使办案人员规范取证。

检察机关充分发挥审前主导和过滤作用,探索建立重大疑难案件侦查机关听取检察机关意见和建议制度。

人民法院健全落实证据裁判、非法证据排除、疑罪从无等法律原则的法律制度,推动建立健全冤假错案的有效防范和及时纠正机制。

司法行政机关深化律师制度改革,在保障律师执业权利的同时,划定律师行为“红线”,强化律师行业自律。

公正是司法的灵魂和生命。党的十八大以来,各级法院已纠正重大刑事冤错案 34 件。2013 年至 2016 年,各级法院依法宣告 3718 名被告人无罪,依法保障无罪者不受追究。

科技创新破解改革难题

司法体制改革与技术手段创新相辅相成,改革带动了创新发展,创新则解决了改革中的各种难题。

伴随着司法体制改革,一场政法系统的“科技革命”方兴未艾。

近年来,基层法院案件数量大幅增长,案件类型更加多样,处理难度越来越大,案多人少矛盾越来越突出。

2013 年,刘国珑刚到河北省石家庄市桥西区人民法院工作,当年他结了 130 件案子,三年后这个数字增长到 230 件,最忙的时候他甚至一晚要连写五六份判决书。

刘国珑只是众多基层法官高压工作的一个缩影。对此,河北省高级人民法院于 2016 年 5 月试点推出了智能审判支持系统,刘国珑成了智能审判支持系统最早的一批试用者。

启用智审系统之后,法官们只要把纸质卷宗扫描进系统,电子卷宗即可自动生成,软件将对卷宗的内容进行分类、归纳、编辑,然后一键生成应诉通知书等上百种制式法律文书。如此一来,刘国珑完成一份判决书的时间缩短至十几分钟,智审系统至少减少了法官 30% 以上的案头工作。

长期以来,法院的庭审工作一直受到书记员记录速度的制约。对此,江苏省苏州市中级人民法院尝试在庭审中使用语音识别技术,通过上千个庭审应用,庭审笔录的完整度接近 100%,庭审时间平均缩短 20% 至 30%。

苏州法院还积极探索智慧审判苏州模式，重点搭建了电子卷宗随案生成、庭审语音智能转写、电子质证随讲随翻等 8 个平台。浙江大学光华法学院教授王敏远在参观后说："通过科技手段辅助和服务法官办案，大幅提高了审判效率，让法官将主要精力放在审和判上，促进了司法公正。"

犯罪嫌疑人被带入办案中心，戴上智能手环，其在办案中心的活动轨迹全程网上记载、流转、监督；信息采集区，对嫌疑人身高体重、指纹足迹、DNA 等一站式、标准化采集，自动推送后台大数据分析比对……

以前，由于缺乏统一适用的证据标准，导致证据收集方式不合规、关键性证据缺失、证据存在瑕疵等问题时有发生，严重影响办案质效。

贵州省贵阳市打造政法大数据办案系统，按照审判对证据的标准制定了可操作性强、统一适用的批准逮捕和移送审查起诉证据指引，确保公检法在同一个证据标准下办案。

通过大数据办案系统，贵阳公检法不仅实现了信息网上传输和数据共享，提升了办案效率，还通过编织"数据铁笼"，变人工监督为数据监督、事后监督为过程监督、粗放监督为精准监督。

司法为民让群众有获得感

细心的人们不难发现，司法体制改革正在从人民群众反映最突出、要求最强烈的问题入手，从制约司法能力、影响司法公信的环节入手，使改革成果不断满足人民群众的愿望诉求。

改革成效究竟怎么样，归根结底要以人民群众的获得感来衡量。

"如今立案方便多了，只要材料齐全，法官当场就给登记立案。"立案登记制改革后，陕西省西安市民任先生只用十来分钟便在法院办完了登记手续，让他倍感舒心。

近日，福建省厦门市思明区法院收到一面写有"能调善解，高效为民"八个大字的锦旗。该院通过创新引入公证力量多方位参与协助法院工作，实现了法院在调解、送达等工作领域的全面提质增效，高效圆满地解决了 76 起系列物业费纠纷案，来送锦旗的厦门市某物业管理公司负责人一个劲儿地道谢。

为方便群众诉讼，最高人民法院在总结第一、第二巡回法庭经验的基础上，再次增设 4 个巡回法庭，"家门口的最高法院"让司法更便民，诉讼更高效，办案更公正，社会各界赞誉不断。

全国法院打响破解执行难攻坚战，让老百姓不再"赢了官司输了钱"。一大批"老赖"被限制购买飞机票、担任各类企业高管，既加速了执行难问题破解，又促进了诚信社会建设。

小举措连着大民心。打开手机"百度地图"，点击"百度检察地图"中的"检察官徽章（检徽）"标志，全国四级检察机关 3000 多个检察院的精准定位、职能介绍、联系电话等一目了然。这项“让数据多跑腿，让百姓少跑腿”的检务公开举措广获群众点赞。

“黑户”难、办证难、车检难……曾几何时，群众日常生活中可能遭遇到诸多民生领域困难，如今在深化公安改革的大背景下，这些难题正在一一迎刃而解。

公安机关推出户籍制度、身份证异地办理、跨省缴纳交通违法罚款等一大批带有标志性意义的“放管服”改革措施，激发了社会创造活力，让人民群众获得感满满。

唯改革者进，唯创新者强，唯改革创新者胜。

我们坚信，在全国政法机关和广大政法干警的共同努力下，随着司法体制改革的深入推进，改革的“红利”正在集中释放，公平正义的阳光必将照进每个人的心田。

（2017.7.10）

点　评

文章以综述形式，全面梳理了党的十八大以来，在以习近平同志为核心的党中央坚强领导下，我国司法体制改革蹄疾步稳，敢“涉险滩”、啃“硬骨头”、破解难题，呈现全面发力、多点突破、纵深推进的良好态势。

当时，司法体制改革启动已逾三载光阴，三载间的苦心耕耘、砥砺前行，写就了一份让人民群众感受到公平正义的成绩单，一大批改革硕果已挂满枝头。文章以点带面，结合地方典型试点经验，全面展现了各地政法机关在推进司法体制改革方面的决心勇气和努力探索的先进经验，为其他地方改革探索提供了大量有益的经验参考。

司法部部长张军登门“夜话”

68位刑辩律师首次与部长面对面!

蒋安杰

转眼间,距离3月12日司法部部长张军第一次走“部长通道”,已经5个月有余。“两会”期间面对记者关于律师工作的提问,部长微笑着回答“会与律师做好朋友”的那句话、那个场景,想必大家都还记得吧?

8月28日上午,全国律师协会举办的“刑事辩护与律师制度改革”专题研讨班上,张军部长用语言传递出心里一直期盼着与律师朋友面对面谈法论治的真情实意,如一股暖流温暖了律师们的心。张军部长说:我多次跟全国律协会长王俊峰建议,安排一个机会与各方面的律师朋友做个交流。以前在法院工作时总说律师是法官的朋友,到了司法部工作,更加感受到律师还是检察官和警察的朋友。朋友中既有诤友,就是相互信任、相互鼓励、共同发展的朋友;也有损友,就是相互贬低、相互诋毁、你踩我我踩你的朋友。律师受到的是法学教育,从事的是法律工作,维护的是公平正义。律师是社会主义法治工作者,是法治建设不可或缺的一支重要力量,在党的领导下,在全面依法治国大业中必将大有作为,这是做朋友的共同基础。

正是有这个前提,本次研讨班在白天讲座之后专门挤出时间安排了刑辩律师与部长的座谈会。

68位刑辩律师首次与司法部长面对面,会产生怎样的火花、碰撞和共鸣?不仅33万名律师的目光像镁光灯一样聚焦,关注律师行业发展的各界人士更是对座谈会充满期待。28日晚七点,上午讲座后回到朝阳门司法部机关的张军部长再次风尘仆仆地来到位于南四环花乡的国家法官学院。他大步流星地走进会场坐到律师中间,没有过多的寒暄。与张军颇为熟悉的田文昌大律师担当主持,可能由于时间有限,吃饭时他对记者所说的与司法部长面对面在他职业生涯中还是第一次的感慨,根本没有来得及表述,也没开场白,只是简单说了“发言请举手,大家尽量缩短时间”的规则,座谈会便直接拉开序幕。

来自昆明的罗坷律师第一个抢到了话筒,但不太好用,部长立马把自己座位前的话筒亲自递过去。罗坷说,这次参加座谈特别高兴,感觉像一个孩子忽然回到自己的家。他认为,实现全面依法治国,要与法官、检察官真正构建一个风雨同舟、荣辱与共、殊途同归的法律共同体。风雨同舟就是在法治建设的过程中面对面坐下来相互沟通、相互了解。一个优秀的法官离不开一个优秀的律师,一个优秀的律师离不开一个优秀的法官,这是荣辱与共的。优秀的律师才能协助优秀的法官作出一份经得起历史、经得起法律检验的判决书,最终避免冤假错案的产生。

他发言后，有过多年法官经历的张军部长颇讲程序地征求道，“我是一问一答？还是多个问题一起回答？”在场的律师很真切地说，“部长，您想啥时回答就啥时回答，想怎样答就怎样答。”得到“指令”的张军部长对罗坷回应说：律师与政法各部门风雨同舟、荣辱与共能够做起来，我完全赞同你的意见，我希望将来我们跟法官、检察官一起座谈的时候，把这个意见转达一下。

浙江陈有西律师也抢到机会积极发言。

陈有西说，非常荣幸今天能够参加这样一个高层次的座谈会，这是司法部新任领导坐下来认认真真研究的一个小规模、高规格的研讨会，听了上午的讲话非常振奋人心。他想表达几句话，第一句话，很感谢能够通知他来参加这样的会议。第二句话，中国的律师业确实需要树正气。经过近 40 年的发展，我们从几百个律师发展到 33 万人，成绩和成就都是有目共睹的。以前司法部着重整顿、处理比较多，对中国律师业看到的问题比较多。现在新的一任司法部领导，真正了解基层的情况，考虑大局，考虑到中国律师业需要正面引导和扶持的一面，基础建设的一面，是抓到了根本，律师行业太需要往好的方面引导，而不是光靠整顿就能整顿好的，这次会议是非常好的一种新气象。中国律师确实需要正本清源，树正气。第三句话，这是一次振奋人心的聚会，虽然不是大规模的动员大会，但是信息量非常大，张部长讲话有高度、有深度，讲到一些基础性的问题与思考。第四句话，最后一点，抓好落实。这次会议我相信会收到非常好的社会效果，也能够把中国律师业的信心重新树立起来。中国律师业好了，我们检察官、法官队伍就能从中挑出更多优秀律师来，这也符合中央司改的基本精神。

对于陈有西的发言，部长给予充分的肯定，他幽默地说：不过你的表有点慢啊！我感觉你说了不止 5 分钟，大家还是掌控一下时间，每个人都有机会讲讲。部长的回应瞬间调动了现场的气氛，发言更是热烈，几度还出现有律师抢话筒、站起来发言的小小混乱，就连主持人田文昌都趁乱悄悄地把自己换到了靠门口的位置，被细心的部长一眼发现。

来自全国律协刑事专业委员会的副主任侯凤梅就是直接站起来的发言者，她说自己声音大可以不用话筒。侯凤梅提了两个问题，第一个问题，推动刑事辩护全覆盖工作要考虑三个方面：一是这项工作可能会有大量年轻律师介入，年轻律师的培养问题十分紧迫，加强对他们的培训、培养，才能确保刑事辩护工作的质量；二是经费问题，要铺开这个工作需要政府资金支持和保障；三是要专门研究刑辩律师的执业风险，提高律师参与刑辩工作的积极性。第二个问题，律师权益保护的声音没有途径向最高层反映。如何增大律师参政议政方面的平台、畅通这个渠道非常重要。张部长提到司法部正在就此问题进行沟通，这是全国律师行业的福音，一定会扩大律师参政议政的途径。

张军部长回应道：刑辩全覆盖确实需要对年轻律师进行培训，但包括在座的资深律师也有培训的问题，新的法律法规和司法解释出台也要培训，司法部、全国律协肯定会重视这个事情。谈起经费，部长夸赞说，果然女同志心细，讲问题还考虑到钱，这个司法部会通盘考虑。

来自湖北的汪少鹏律师说，司法部、全国律协专门举办刑事辩护律师培训，说明刑事辩护工作在法治建设中的地位，刑事辩护律师准入、培训、保护、惩戒等还有很多的上升空间。他建议全国律协设立刑事辩护律师协会，承担起刑事辩护律师的学习、培训、维权以及惩戒等职能。

浙江的徐宗新律师建议设立国家刑辩律师学院。徐宗新认为，当前刑事辩护工作十分重要，然而刑事辩护律师的培训严重不足，缺乏系统的教育培训，没有统一的教材、统一的方法、统一的培训，造成一些律师执业素养存在问题，执业水平不足的问题，也包括对同一类案件看法不一致的问题。

张部长对此回应：设立刑事辩护律师学院的想法非常好，司法部正在谋划司法行政学院、国家律师学院的建设工作。

来自湖南的陈以轩律师发言非常有意思，对刑辩律师学院直接否定。陈以轩说，张部长您好，我是湖南陈以轩。刚才有一位提到，要设立刑辩学院，我觉得这是多此一举。我恰恰认为律师学院、法官学院、检察官学院可以从国家整体顶层设计，搞成一个学院做职业培训。另外，我关心的是，怎么样能有一个体制，让我们不去发微博，不去举条幅，不去死磕搞事情，很多案子也是来自当事人的委托，有的委托人他就要我们干这个事情。实际上我们不去做，有些案子根本推不动，很多时候到公检法去沟通，一说敏感案件，人家拍拍屁股就走了，我代理的很多案例，我也是平和地去和法院沟通。

听到这里，部长和蔼地问，你多大了？回答说 80 年出生，37 岁。张军部长回应：你还是年轻气盛。你说你在法庭上平和，我觉得你在法庭上一定不平和。因为你一上来就对刑事辩护学院的观点评价为多此一举，不够平和。你可以反对一个人的意见，但是如果他的意见还有些价值、还很重要，还是可以考虑考虑的，在法庭上这就叫辩护技巧；在同事讨论问题的时候，年轻人可以谦虚些，这是方式方法。

你提出的学院这个问题，我完全认同也早就提出来，应该设职业统一培训，就是执业以后也要统一培训，何其难？我们提出一个建议，能不能统一分别培训。什么意思？今天的培训，70 位律师，还要加 70 位法官，70 位检察官，在法官学院 3 个月，然后休息一周，到检察官学院培训 3 个月，还是这 200 多人，培训结束后再到律师学院培训，培训律师的时候让法官听一听，培训法官的时候让律师听一听，职业共同体到了法庭上才更容易相互理解。你刚才讲的这一点我是完全赞同的。至于你说有的案件让你激烈了，咱们和缓一下，按你所说的，我们要平和地沟通。

部长平易近人的长者风范以及与年轻律师智慧机智的对话赢来现场一片掌声，也让座谈会进入一个新的高潮。

律师应有共同目标不应该有派别

既然请来的都是刑辩律师,“死磕”是无论如何也绕不过去的话题和不能回避的一个词语。张军部长直言不讳地表示:对于“死磕”,他有自己的认识,就像他上午讲课时提到的,在他眼里,田文昌、李贵方、顾永忠、陈有西等才是真正的“死磕”派刑辩律师。他说自己在最高人民法院做过刑事法官,当年,曾经与刑辩大律师田文昌、最高检的公诉人姜伟编写一本书,叫《控辩审三人谈》。为什么会联络田文昌?因为田文昌就是真正的死磕律师,各种机会只要见到他或其他法官就会讲法庭审理中的程序问题;对律师意见不重视、司法解释不及时、不严谨问题等,就跟你死磕,叨叨个没完,有时都到了他本人不胜其扰的地步。说到这里,场内人很多人都大笑起来。

他继续举例说,陈有西、顾永忠等都和许多大法官磕过,在立法征求意见会上死磕,为司法制度健全完善发挥了很大的作用。来自广东的刘正清律师明确表示不同意这个观点。刘正清觉得,这些死磕律师都是“精明的死磕”、“有选择的死磕”。我要说的是,经常我们辩护的时候,不让我们说话,把我们赶出来。

张军部长回应道:我觉得死磕不是黑名单、红名单,死磕就是一个死理认到底。这个死理可能是错的,也可能是对的。至于你说到法庭上你和一些律师的辩护意见不被采纳就被赶出法庭,具体情由个案这里没办法说清楚。当然可以考虑与法院沟通,是不是通过休庭来处理会更好?你能够在这个场合提出这个问题,也是一种精明的死磕。

对于常伯阳律师提到的有些律师因为代理过敏感案件不能转所的问题,部长表示这个单也收,其中反映出的问题,的确需要向有关方面反映,也可以考虑在全国律协设立邮箱,给大家反映情况开辟一个通道。覃臣寿、李方平也分别就几个“媒体审判”案件及其他个案发言,张军以确定的规则友善地作了回应:即使单纯为当事人利益去争,也要考虑实际效果呀!田文昌利用主持人的身份特别明确地表达了自己的观点,他坚决反对律师内部被分作这派那派。

田文昌说,近几个月以来,司法部在律师工作方面有了一些有力举措,呈现出一些新气象,这正是广大律师所需要的、希望的。在这种向好的背景下,他呼吁律师们需要思考的是,律师行业如何壮大自己的力量,如何保持内部的团结。

对此,张军肯定说:刑事专业委员会田文昌主任讲的确实是语重心长,主任用了一个词叫互相残杀,虽说有点重,但的确损害的是整体形象,而不仅仅是一两个死掐的人。那些默默无闻、扎实维权的人民律师在哪里呢?“1 + 1”法律援助志愿者律师、援藏律师、援疆律师,他们放弃年收入上百万的待遇,只身走进律师短缺西部地区,在极端艰苦的环境中,默默无闻地为那些处在贫困线的老百姓打官司、维权。他们没有一个人到处宣扬自己,到处说自己在维权,但是毫无疑问,他们才是真正的维权律师，是老百姓真正需要的律师、人民的律师。

律师管理中用党建促所建

座谈会已经接近尾声，郝春莉律师谈到律所党建问题，说出了自己的思考。郝春莉律师说，我们在律所管理当中以党建促所建，效果很好，党员律师能够不计回报做一些法律援助案件，起到先锋模范作用。但是，律师入党难的问题需要解决，律师事务所发展党员的名额太少了。维护律师执业权利在落实到位的问题上状况堪忧。2015 年 9 月，“两高三部”联合出台了《关于依法保障律师执业权利的规定》，有一些条款到现在还是不能落实到位。比如，在联席会议中关于启动应急联动机制的问题，基本没有落实。很多维权案件很难，很棘手，难以很快和公检法等机关协调落实得到一个满意的结果。

对于这个问题，张军部长的回应是：维护律师执业权利快速联动处置机制的建立需要一个过程，在司法部的推动下，今年 3 月已经建立起来了，正在逐步完善。同时，律师事务所党建促所建，是很好的方法，也应该做得更好；发展党员名额太少的问题，司法部也会尽快向有关部门反映。

顾永忠律师也谈到两个特别重要的观点，引起现场很多律师的共鸣。顾永忠律师说，北京的一些大所扩张得非常厉害，已经在一些主要城市建立了实力非常强的分所，对当地一些小型律师事务所的年轻律师产生了不利影响，是不是存在反垄断的问题？司法部、全国律协需要考虑律师事务所设立分所在数量上、规模上、业务指导上要不要有所限制和规范？另外，最高人民法院、最高人民检察院、公安部、国家安全部、司法部《关于开展法律援助值班律师工作的意见》已经公布，但是有些地方值班律师根本见不到当事人，或者不能阅卷。如果值班律师不能会见、不能阅卷，还要签字承担责任，如何保证认罪认罚案件的辩护效果？如果出现认罪认罚的错案，这个责任谁来承担？

张军部长谈了自己的看法：关于分所的问题，一定要把好关，既要扶持律师事务所做大做强，还要考虑到地方小型律师事务所的生存以及为基层百姓服务的问题，这就是一个平衡法。值班律师如果不能会见、不能阅卷，当然不能签字承担责任，我们会向有关方面反映这个问题，这是工作落实中的细节问题，也是司法改革“最后一公里”的问题。说到这里时，律师们真真切切感受到了部长为他们考虑的真情和厚爱，随即报以热烈的掌声。

期待老朋友再次重逢

座谈会不知不觉中过去了两个多小时，23 个律师先后发言并参与互动，部长笑说，被这么多大律师“考”了一晚上，也不知大家是否满意，能给打 70 分吗？部长不知道的是,他平易近人的风格及风趣诙谐的语言给大家留下多么美好的印象。

涂明忠律师提到建议统一律师着装时,部长立马接茬说,这个他懂,许多基层的法官、检察官统一着装后,回家做饭都穿着,当作了福利。律师统一着装可以征求多方意见,引来现场一阵大笑。

一个年轻的律师建议全国律协恢复全国律师辩论大赛。顾永忠插话说自己去年是检察官公诉大赛的评委,律师完全可以搞辩论大赛,部长马上很开心地对律协会长王俊峰说,"这个可以现场办公,律协可以研究争取明年就办？我也能当一把评委。"现场气氛之融洽可见一斑。

安徽的行江律师作为一名兼职律师,他特别想知道部长是怎么看的？张军部长回应:当年修改《律师法》的时候,这是一个争执不下的问题。我的观点就是律师行业一定要给兼职教授一席之地,一定要让教授在律师界发挥作用。因为,教授在社会上有着更广泛认同,这样做初衷就有让兼职律师替律师行业说话,产生更积极的影响;还有一点,我们律师要后继有人。教授们通过代理案件取得实践经验,其作用可能是他们自己都想不到的,这就是大家说的接地气,用实践教学。至于教师本人是否违反学校的规定,那是学校的事。这就是我的看法。他随即对坐在旁边的周院生司长笑着说,"记下来,可作证言。"

席间,罗珂一定要拽着部长合影,部长风趣地说,"合影可以,可不能拿照片去做业务啊。"临近尾声,张军部长对大家坦承地表示,这次座谈会是他自己主动请缨来的,他有责任与律师们坐在一起聊一聊、谈谈心。

张军部长说:非常感谢在座的各位刑事辩护的知名律师,有一些是年轻人,能够如此坦诚地说出自己的心里话,这是对司法部和我本人的充分信任,是我们共同促进律师业发展的坚实基础。我和大家这样交流,感觉也赢得了在座每一位律师的信任,说明我们想的目标是一致的,就是党和国家的律师事业,就是全面建设法治国家。目前,中国司法体制改革已成果斐然,不可否认已经进入攻坚区、深水区。可以这样说,司改的每一项工作,都与律师有关,尤其是以审判为中心的诉讼制度改革,更是离不开刑辩律师的参与。律师活跃在司法活动第一线,也可谓"春江水暖鸭先知"。律师的参与,将为司改的科学决策和顺利进行发挥不可替代的作用。

张军诚恳地希望在座的律师将会议精神传导出去,让所有刑事辩护律师,让各领域的律师,都能关注这次会议讨论的议题。律师作为新的社会阶层,既是法律精英,又是社会精英。律师作为法律工作者,是一个有尊严的职业、令人敬重的职业。律师作为一项事业,在新的历史时期、新的发展阶段,在"五位一体"、"四个全面"总体战略布局和实现"两个一百年"奋斗目标的伟大进程中,使命光荣、责任重大。希望大家恪守职业道德,遵守执业规范,维护职业荣誉,把握历史机遇,把律师制度建设不断推向新高度,为国家经济社会持续发展、法治建设不断健全完善,作出我们应有的贡献,以优异成绩迎接党的十九大胜利召开。

夜渐深,人已静。眼看晚上十点多了,部长还要从丰台花乡匆匆赶回,一天往返两次的奔波，让与会的律师们平静的心泛起了波澜，很多人都到楼下目送着部长的车远去……

（2017.8.30）

点　评

文章充满画面感，镜头的切换、场面的再现，真实而自然，文字的穿透力体现得淋漓尽致。

这是司法部部长与刑辩律师的首次面对面，是“家人”团聚或是管理者与被管理者的一次对话，从场面上看，事先没有剧本。也正因为如此，这样的面对面才会成为经典。司法部部长坦诚直爽，幽默睿智，而律师们没有恭维，他们的“谏”甚至“怼”，把夜话变成了庭辩，让人回味无穷。

为法治强国而歌：十九大报告中的法治“音符”

王斗斗

时间刻度，站到了新的历史起点——2017年10月18日上午9时，中国共产党第十九次全国代表大会在北京开幕。

中国发展，被标注了新的历史方位——中国特色社会主义进入了新时代。

“我国社会主要矛盾已经转化为人民日益增长的美好生活需要和不平衡不充分的发展之间的矛盾。”

“我国稳定解决了十几亿人的温饱问题，总体上实现小康，不久将全面建成小康社会，人民美好生活需要日益广泛，不仅对物质文化生活提出了更高要求，而且在民主、法治、公平、正义、安全、环境等方面的要求日益增长。”

在这一全球瞩目的盛会上，习近平总书记在十九大报告中，提出了一系列法治新判断、新思想，成为报告中的闪亮“音符”。

“民主法治建设迈出重大步伐。”9时17分，习近平总书记用了12个字，概括这极不平凡的5年，我国推进全面依法治国取得的历史性成就。

在他提出的“新时代中国特色社会主义思想”中，总书记缓缓说道：“全面推进依法治国总目标是建设中国特色社会主义法治体系、建设社会主义法治国家。”

这与他近年来关于全面依法治国的诸多经典语录，如出一辙。他曾用“没有全面依法治国，我们就治不好国、理不好政”，来说明把全面依法治国纳入“四个全面”战略布局的重要性。

在十九大报告中，“坚持全面依法治国”，被明确作为十四条新时代坚持和发展中国特色社会主义的基本方略之一。

报告指出：“全面依法治国是中国特色社会主义的本质要求和重要保障。必须把党的领导贯彻落实到依法治国全过程和各方面，坚定不移走中国特色社会主义法治道路，完善以宪法为核心的中国特色社会主义法律体系，建设中国特色社会主义法治体系，建设社会主义法治国家，发展中国特色社会主义法治理论，坚持依法治国、依法执政、依法行政共同推进，坚持法治国家、法治政府、法治社会一体建设，坚持依法治国和以德治国相结合，依法治国和依规治党有机统一，深化司法体制改革，提高全民族法治素养和道德素质。”

在报告第六部分，习近平总书记对“健全人民当家作主制度体系，发展社会主义民主政治”进行了系统阐释。这部分，也被视为“法治”内容浓墨重彩的部分。

其中，“深化依法治国实践”的提法，是关于“依法治国”的新鲜表述。

如何深化依法治国实践，总书记说，全面依法治国是国家治理的一场深刻革命，必须坚持厉行法治，推进科学立法、严格执法、公正司法、全民守法。

代表们牢牢记得，2013 年 1 月，十八大后召开的第一次全国政法工作会上，总书记作出重要批示，首次提出建设“法治中国”的新要求。

今天，总书记对“法治中国”再部署：“成立中央全面依法治国领导小组，加强对法治中国建设的统一领导。”

十九大代表、最高人民法院副院长江必新指出，成立中央全面依法治国领导小组，可以说，是十九大报告中的一大亮点，也是党中央深化依法治国实践最关键的举措。

“有了这样一个领导小组，可以更好地把党的领导贯彻到全面推进依法治国全过程，可以统一全国人民在依法治国方面的认识、思想和意志，形成深化依法治国实践的强大合力。可以与时俱进作出一系列关系法治中国建设的重大决策，不断发现推进依法治国中出现的新情况，及时解决新问题，提出新举措，将对深化依法治国实践具有深远的影响。”

十九大代表、中国法学会副会长张苏军说，实际上，“成立中央全面依法治国领导小组”，与报告“坚持全面依法治国”方略中提到的“提高全民族法治素养和道德素质”，是相互联系、密不可分的。这些内容都说明，党的十九大之后，法治建设将会掀起新的高潮。成立中央全面依法治国领导小组，将为全面推进依法治国，协调推进法治国家、法治政府、法治社会一体建设，提供一个强有力的组织基础。

张苏军说，目前，我国经过 30 多年的普法工作，各省市县均建立了三级的法治领导机构，中央全面依法治国领导小组的成立，将使得这些机构有了顶层领导，将有利于充分发挥这些法治机构的作用，进一步增强推进法治中国建设的合力。

“可以预见，党的十九大之后，法治在国家治理体系和治理能力现代化中，将扮演更加重要的角色，将发挥更加基础性的作用。”张苏军说。

报告中，关于司法体制改革的表述，也格外受关注。

十九大报告指出：“深化司法体制综合配套改革，全面落实司法责任制，努力让人民群众在每一个司法案件中感受到公平正义。”

江必新说，相比十八大报告，十九大报告特别提到了深化司法体制“综合配套改革”，同时，将“司法责任制”提到了新的高度。

江必新解释说，党的十八大以来，司法体制改革的四梁八柱主体框架已经基本确定，但这并不意味着，司法体制改革已经完全到位。“一个孤立的制度很难实施，必须有整体的配套制度，去纵深推进。一个制度的施行，必然会带来新情况新问题，要用好新的配套制度，解决出现的新问题，让好的制度充分发挥作用。”

谈到司法责任制，江必新说，这是司法体制改革的核心，对提高司法质量效率和公信力具有决定性影响。司法责任制改革，同样需要有配套的制度保障，使司法责任制切实落地落实落细，确保放权不放任、有权不任性。

梳理报告，可以发现，十九大报告通篇都贯穿着“依法治国”的理政思路。

国家安全,需要加快法治建设——加强国家安全法治保障,提高防范和抵御安全风险能力。

社会治理,需要法治方式——加快建立绿色生产和消费的法律制度和政策导向;提高社会治理社会化、法治化、智能化、专业化水平;健全自治、法治、德治相结合的乡村治理体系。

惩治腐败,需要厉行法治——推进反腐败国家立法,建设覆盖纪检监察系统的检举举报平台。制定国家监察法,依法赋予监察委员会职责权限和调查手段,用留置取代"两规"措施。

百姓福祉,需要法治保障——鼓励勤劳守法致富,扩大中等收入群体,增加低收入者收入,调节过高收入,取缔非法收入。坚持男女平等基本国策,保障妇女儿童合法权益。

执政兴国,需要法治思维——领导13亿多人的社会主义大国,我们党要增强政治领导本领,坚持战略思维、创新思维、辩证思维、法治思维、底线思维,科学制定和坚决执行党的路线方针政策,把党总览全局、协调各方落到实处。

唯奉法者强,唯明法者进。

"到2035年,我国法治国家、法治政府、法治社会基本建成,各方面制度更加完善,国家治理体系和治理能力现代化基本实现。"

"从2035年到本世纪中叶,在基本实现现代化的基础上,再奋斗十五年,把我国建成富强民主文明和谐美丽的社会主义现代化强国。"

是的,更大的成功,还在孕育。

法治强国梦,就在不远处…… (2017.10.19)

点 评

全面依法治国是十九大报告中的华美乐章。全面依法治国是国家治理的一场深刻革命,是实现国家治理体系和治理能力现代化的必然要求,事关党执政兴国,事关人民幸福安康,事关党和国家长治久安。

文章切中党的十九大作出了"中国特色社会主义进入新时代"的重大判断,指明我国社会主要矛盾已经转化为人民日益增长的美好生活需要和不平衡不充分的发展之间的矛盾,人民不仅对物质文化生活提出了更高要求,而且在民主、法治、公平、正义、安全、环境等方面提出了日益增长的要求。这些都需要法治建设协同跟进,从而不断推进依法治国的进程。

忆罗豪才老师：平常之处见高巍

查庆九

2018年2月12日上午9时许，罗豪才先生在北京逝世，享年84岁。站在医院里，我很久不能相信这是事实。回到办公室不久，我在法制日报工作时的一位老领导打来电话，说罗老师对《法制日报》一直十分关心，他和同事们听到讣讯都很悲痛，让我写点回忆性的文字，在下班前给他，以赶上最新一期专版刊出。

罗老师长期在北京大学法律系任教，高大俊朗的身材，亲切平易的笑容，满头标志性的银发，使他在我们读本科时起就成为学生们的偶像。后来，我又有幸投在罗老师门下攻读博士。这样算来，追随老师已有30余年时间，老师给我的关怀，难以称量；对我的影响，更是大化无形。悲切仓惶之中，从记忆之海撷取几瓣浪花，以表达对老师的悼念缅怀之情。

教书育人
“这些日子，我一直都在琢磨这个问题”

罗老师这一生，有许多职务，许多头衔，但他和学生们以及身边工作人员最认同的，就是“老师”的称呼。与学生们在一起，偶有称呼其他称谓的，他都要微笑着纠正。我想，老人家这么看重“老师”这个称呼，是因为他一辈子都在实实在在做学问，认认真真教学生。我上博士时，罗老师已是全国政协副主席、致公党中央主席，政务活动十分繁忙，但每个周末给博士生上课的半天时间却是雷打不动，即使偶被公务耽搁，也要另找时间补回来。博士生们平时最怵的，就是上罗老师的课，因为他会提前布置每次课的讨论主题，然后自己多方寻找相关资料，并且直到上课前都在不停地思考。每次上课，罗老师说得最多的开场白就是：“这些日子，我一直都在琢磨这个问题”。因此，我们做学生的如果不认真准备、深入思考，上课一开口就会露怯，那时，你会感到，罗老师那带着和蔼微笑的目光，一样的无比犀利。罗老师做学问，不拘泥于概念，但执着于问题，而且总是对学术前沿有着近乎直觉的洞察。他深切把握中国传统与现实之于行政法的关系，于是有了行政法的“平衡论”；他较早关注到现代科技发展对行政法的影响，系统提出现代行政法制的发展趋势；他敏锐察觉新世纪社会主体多元化、治理扁平化对公法的冲击，积极引入并重述“软法”理论……这么多年来，在学生们眼里，不管地位如何变迁，他始终是一名纯正的老师，永远那么循循善诱；尽管年龄日渐增长，他始终是一位纯粹的学者，从没停止孜孜探寻。

持法为政
“行政诉讼制度还很脆弱，你们一定要发声啊”

罗老师学术专业领域是行政法，可以说，终其一生，他都在致力于推动我国行政诉讼的理论与实践发展。在1996年轰动全国的四川夹江打假案事件中，罗老师为行政法治建设呕心沥血的一幕，深深地印在我的脑海之中。

事件的简况是这样的：四川省夹江县一家企业因涉嫌制假被当地技术监督部门查处，该企业以技术监督部门无权查处为由，提起行政诉讼将其告上法庭，县法院受理后引起轩然大波，包括一些中央媒体在内的新闻单位纷纷以“恶人先告状”、“打假者反成被告”为题进行报道，令当地法院承受巨大压力，更令当时尚属新生事物的行政诉讼制度备受质疑。

那年我在法制日报评论部工作。4月的一天，我接到时任最高人民法院副院长的罗老师电话，一向说话慢条斯理的老师话语罕见地有点急促：“小查，××××关于四川夹江打假案的报道你看到了吗？”我说看到了，罗老师在电话里简单讨论了一下案情，他指出，行政机关打假是应该的，媒体对司法活动的监督也是应该的，但如果认为相对人就不能起诉、法院也不应受理案件，把矛头指向相对人起诉和法院受理本身，舆论就跑偏了，对正在成长中的行政诉讼制度必然会产生消极影响。罗老师最后语重心长地说，“行政诉讼制度还很脆弱，你们一定要发声啊”。在罗老师的直接推动下，时任法制日报总编辑陈应革同志指令我们评论部第一时间撰写发表评论员文章，并约请姜明安等一批行政法专家召开座谈会，阐述行政诉讼制度的重大意义，解释行政诉讼中当事人诉权与实体权利之间的关系，说明人民法院在行政诉讼中的角色地位，赢得部分媒体的跟进支持，硬是在短时间内使原本一边倒的舆论朝着法治、理性的准星调整回归。这一年的10月，罗老师又以我国开展行政审判十周年为契机，指示最高院行政庭负责同志带着我，前往最早试水行政诉讼的上海调研采访，撰写反映上海行政诉讼实践成效和制度成果的长篇通讯，在《法制日报》一版连续刊发，为行政诉讼制度呐喊造势。今天，人们对“民告官”的行政诉讼早就习以为常，包括省部级行政首长在内的各级行政机关负责人出庭应诉也渐成常态，殊不知，这一切，凝聚了罗老师多少心血！今天，不少网友在转发讣闻时都提到罗老师是中国当代行政法学的“开拓者”、“奠基人”，这个称号，罗老师当之无愧。

恬淡生活
“最近我发现一个好吃的地方，带你们去尝尝”

罗老师对学术研究、法治事业十分执着，但生活中的罗老师，一如他慈祥的面容、亲切的微笑，恬淡而随和。无论是上课、讨论问题，还是日常见面谈话，不论是对学生还是下属,他都习惯于倾听,并用微笑的眼神鼓励你讲述。他那高大的身躯,常常因为倾听对方谈话而显得有些倾斜,而罗老师自己说话,则始终是和风细雨,从不居高临下。与罗老师交往,你丝毫不会感到局促,只会觉得自在而亲切,总能想起“谦谦君子、温润如玉”,“如沐春风”的古诗句。

罗老师给我们几位博士生上课时,只要时间允许,每次课后总会跟大家一起吃顿饭,现在想起来,其实每顿“饭局”都是一堂课,因为几乎自始至终都在延续讨论课堂上的话题。结果每次“饭局”时间都会拖得很长,师生们也都很开心。罗老师对这种课后“饭局”设定的唯一条件,就是不准博士生买单,多数时候是他自掏腰包,也有时“宰”前来参加听课讨论的已经毕业的师兄们一顿。他半开玩笑地说,怕你们拿到单位或者找人报销,而我有稿费、讲课费。罗老师对这种“课堂聚餐”的地点从不讲究,普普通通的家常菜,有特色小吃的小门脸店,只要同学们提出来,他都欣然应允。记得有一次课后,罗老师略带神秘地对我们说,最近我发现一个好吃的地方,带你们去尝尝。随后,我们跟着罗老师到了一家朴素的酱骨头店,师生几人点了一大盆各式酱骨头,戴上手套,拿着吸管,津津有味地吃了起来。那一刻,满头白发、一脸笑容的罗老师,一点也看不出是身居高位的北京大学著名学者,完全是一位与晚辈在一起其乐融融的邻家长者。

俱已矣。斯人已乘黄鹤去,空余流水仰高山。罗老师安息。　　(2018.2.13)

点　评

罗豪才,北京大学教授,曾任第九届、第十届全国政协副主席,致公党中央主席,是我国行政法学的开拓者、奠基人。作者师从于罗老,他们之间建立了深厚的师生之情。作者通过这几个小故事,素描出一位治学严谨、信仰法治、和蔼可亲的师者、长者的画像。

尊师重教是一个人的优秀品质,是一个人为人、为官、为文的重要品格。作者满怀尊敬之心、感恩之情,忆师、敬师、缅师,情真意切。

五位法学专家谈宪法修正案

为中华民族伟大复兴提供有力宪法保障

周 斌 刘子阳

3月11日,第十三届全国人大第一次会议第三次全体会议经投票表决,高票通过了《宪法修正案》。

今天,多位法学专家接受《法制日报》记者采访时一致表示,坚决拥护大会通过的宪法修正案,这次宪法修改,始终贯穿了科学立法、民主立法、依法立法的原则,是坚持党的领导、人民当家作主、依法治国有机统一的生动立法实践,必将为中华民族伟大复兴提供有力的宪法保障。

迈向社会主义强国的宪法保障

全国人大代表、中国法学会副会长张苏军说,我国宪法同一些外国宪法相比较,一大特色就是明确规定了国家的根本任务、发展道路、奋斗目标,经济建设、政治建设、文化建设、社会建设、生态文明建设和国家各方面事业在宪法中都有体现、都有要求。这是我国宪法能够推动国家发展进步、保证人民创造幸福生活、保障中华民族实现伟大复兴的重要因素。此次宪法修改是迈向社会主义强国进程中的一次宪法修改。以国家根本法的形式确认新时代我国发展的根本任务、领导核心、指导思想、发展道路、奋斗目标、战略步骤、基本方略,对于全党全国各族人民深入贯彻党的十九大精神,把思想统一到习近平新时代中国特色社会主义思想上来,把力量凝聚到党的十九大确定的重大战略部署上来,确保到2020年全面建成小康社会、到2035年基本实现社会主义现代化、到本世纪中叶全面建成社会主义现代化强国,具有十分重大的意义。

张苏军说,在迈向社会主义强国的进程中,中国共产党带领中国人民先后经历了革命、建设和改革的历史进程,先后实现了从站起来到富起来的战略目标,新时代必将经历强起来,再迈向中华民族伟大复兴的战略目标。《宪法修正案》第33条和第35条将《宪法》序言第十自然段中"在长期的革命和建设过程中"修改为"在长期的革命、建设、改革过程中";将《宪法》序言第十二自然段中"中国革命和建设的成就是同世界人民的支持分不开的"修改为"中国革命、建设、改革的成就是同世界人民的支持分不开的"。作这些修改,党和人民团结奋斗的光辉历程就更加完整。将中国人民从站起来、富起来到强起来的历程进行宪法确认,对于发挥宪法作为治国安邦总章程的作用,为中华民族伟大复兴提供有力宪法保障具有十分重要的意义。

提升国家治理能力的重大举措

党的十九大报告指出,“全面依法治国是国家治理的一场深刻革命”。全国人大代表、中国政法大学副校长于志刚认为,宪法的修改,是“国家法理”在这场“深刻革命”中的一个组成部分,是这场“深刻革命”中“最深刻”的一部分,更是这场“深刻革命”取得胜利的根本保证。

于志刚说,现行宪法是符合国情、符合实际、符合时代发展要求的好宪法。但是,宪法只有不断适应新形势、吸纳新经验、确认新成果,才能具有持久生命力。过去5年,中国取得了巨大成就,解决了许多长期想解决而没有解决的难题,办成了许多过去想办而没有办成的大事。最大的成就就是“加强和完善了党的领导”。这也是过去5年取得其他伟大成就的原因,更是形成中国道路、中国模式、中国经验的原因。因此,将“中国共产党领导是中国特色社会主义最本质的特征”予以宪法确认和固定,是未来取得更大成就和实现中华民族伟大复兴的根本保障。

于志刚说,此次修改宪法,是站在国家根本法的角度,确认党和人民创造的伟大成就和宝贵经验,也是用“法律之笔”绘制中华民族伟大复兴的“施工图”。是通过“优化国家治理体系”实现“国家治理体系现代化”,以此来“提升国家治理能力”,这既是全面依法治国的一部分,也是依法治国的最高层次。

于志刚说,我国宪法规定了严格的修改程序,宪法修改实践也积累了丰富的经验,形成成熟的政治惯例。此次修改宪法,严格“依法、按程序”使党的主张通过法定程序成为国家意志,遵循了宪法发展规律,恪守了法治精神。修改后的宪法,是一部能够保证实现中华民族伟大复兴的宪法,是一部能够为实现中华民族伟大复兴提供道路、理论、制度、文化保证的宪法。

党的主张与人民意志的高度统一

全国人大代表、中国社会科学院法学研究所党委书记、研究员冯军说,在第十三届全国人大第一次会议第三次全体会议上,宪法修正案草案在全体代表无记名投票表决中几乎以全票获得通过,充分表明这次宪法修改反映了全国各族人民的共同心声,实现了党的主张与人民意志的高度统一。

冯军说,经过这次修改,我国现行宪法与中国特色社会主义一道进入新时代,实现了现行宪法1982年颁布以来最为重要的一次与时俱进,从而为新时代中国特色社会主义的持续发展进步、国家的长治久安,奠定坚实的宪法基础,提供有力的宪法保障,必将作为中国特色社会主义事业发展的重要里程碑载入史册。

冯军说,经过这次修改,习近平新时代中国特色社会主义思想成为宪法确认的国家指导思想,成为全国各族人民团结奋斗共同的思想基础和行动指南;党的领导写入《宪法》正文第 1 条,使得我国国体的本质属性更加鲜明,与《宪法》序言早已确认的四项基本原则形成呼应,有利于在新时代坚持党的全面领导,高举中国特色社会主义伟大旗帜,坚定“四个自信”;国家主席任职规定的修改,使党章对党的中央委员会总书记、党的中央军事委员会主席,宪法对中华人民共和国中央军事委员会主席有关任职期限的规定与宪法关于国家主席任职期限的规定保持了一致,有利于维护以习近平同志为核心的党中央权威和集中统一领导,有利于加强和完善国家的领导体制。

冯军提出,宪法和法学理论工作者要立足中国实际,站立时代潮头,乘势而上,勇于担当,不断推出高质量、高水平的理论创新成果,为修正后获得高票通过的这部《宪法》的全面、充分、有效实施和继续完善发展提供有力的理论支撑,为早日实现国家治理体系和治理能力现代化,建成中国特色社会主义法治国家作出应有的贡献。

为我国发展创造历史新机遇

全国人大代表、中国社会科学院法学研究所研究员孙宪忠说,《宪法》自从 1982 年颁布以来经过了 5 次修改,每一次修改都解决了历史发展的重大问题,为改革开放创造了大好机遇。1988 年的《宪法修正案》,正式承认了民营经济的合法地位,废止了土地不得进入市场机制的规则,从而极大地促进了我国市场经济的发展。1993 年的《宪法修正案》,规定建立社会主义的市场经济体制,从经济基础的方面造就了我国后续几十年的高速经济发展。1999 年的《宪法修正案》,建立了依法治国原则,承认了多种所有制的合法地位,将我国治国方式的重大转变予以宪法化,建立了国家治理的持续稳定运行的宪法机制。2004 年的《宪法修正案》,规定公共财产和普通民众的财产权利平等保护的原则、保障人权等原则,并且在征地拆迁等方面,提出并解决了保护普通民众权利的重大问题。

孙宪忠说,回顾这几次宪法修改所造就的我国政治经济以及社会事务的重大进步,我们就能够认识到本次宪法修正案的重大意义和价值。本次修改,将科学发展观和习近平新时代中国特色社会主义思想写入宪法,这为我国政治稳定、经济繁荣和人民安居乐业提供了基本的政治保障。从世界历史发展演化的角度看,从我国近现代以来的历次重大事件看,我们国家与人民的生存与发展,特别需要有一个具有宏韬伟略、深明大局、体察民意、高瞻远瞩而且坚强稳固的领导核心。党的十八大以来我国的政治经济发展证明,我国现在已经建立了这样一个深得民心的领导核心。因此,本次宪法修改确认的这个领导核心,全体人大代表都是诚心拥戴的。

孙宪忠表示,我们有理由相信,本次宪法修改将为我国的政治、经济、社会的发展创造历史的新机遇,将为中华民族的伟大复兴建立更加坚实的宪法基础。

确保党和国家长治久安的顶层设计

全国人大代表、北京市社会科学院法学研究所研究员马一德说，此次宪法修改，确立了习近平新时代中国特色社会主义思想在国家政治和社会生活中的指导地位，将党和人民在实践中取得的重大理论创新、实践创新、制度创新成果上升为宪法规定，体现了党和国家事业发展的新成就新经验新要求，将更好地发挥宪法在改革进程中的规范、引领、推动、保障作用；将"中国共产党领导是中国特色社会主义最本质的特征"写入宪法等一系列的修改规定，与时俱进地反映了新时代中国特色社会主义建设的核心问题、根本需求，完全实现了党的主张、国家意志、人民意愿的高度统一。

马一德认为，"宪法的生命在于实施，宪法的权威也在于实施"。面对新时代、新要求、新任务，必须把全面贯彻实施宪法提高到一个新水平。要加强宪法实施和监督，推进合宪性审查工作，以切实的制度效能彰显宪法之伟力；要抓住领导干部这个"关键少数"，任何组织或者个人都没有超越宪法的特权，推动领导干部带头学法、守法、维护宪法权威，为新制度、新举措的实施开好头；要以保障公民权利为核心、开展宪法教育为载体，将宪法精神内化为公民心中的真诚信仰，外化为全体公民的自觉行动，方能在伟大复兴路上更好地统一思想、凝聚共识。

马一德说，特别要指出的是，"监察委员会"的设立确立了最有力的宪法实施机制：于宪有据地建立集中统一、权威高效的国家监察体系，实现了党内监督和国家监察制度的有机统一，是中国特色监察道路的创制之举，将有力地解决现行体制监察覆盖面过窄、反腐败力量分散、纪法衔接不畅等问题，实现对所有行使公权力的公职人员监察全覆盖，进一步推进反腐败工作的常态化、规范化、法治化，必定可以将宪法实施提高到一个新的水平，确保党和国家长治久安。（2018.3.13）

点　评

2018年修宪是我国现行宪法第5次修正。此次修宪确立习近平新时代中国特色社会主义思想在国家政治和社会生活中的指导地位，反映了全国各族人民的共同意愿，体现了党的主张和人民意志的统一，明确了全党全国人民为实现中华民族伟大复兴而奋斗的共同思想基础，具有重大的现实意义和深远的历史意义。

本文通过采访权威法学专家，明确指出此次修宪是完善依法治国和宪法实施的重要举措，将"健全社会主义法制"修改为"健全社会主义法治"，是我们党依法治国理念和方式的新飞跃；确立了国家工作人员就职时应当依照法律规定公开进行宪法宣誓制度，有利于促使国家工作人员树立宪法意识、恪守宪法原则、弘扬宪法精神、履行宪法使命，也有利于彰显宪法权威，激励和教育国家工作人员忠于宪法、遵守宪法、维护宪法，加强宪法实施。文章指出，宪法只有不断适应新形势、吸纳新经验、确认新成果、作出新规范，才具有持久生命力。

枫桥经验紧扣时代脉搏历久弥新

新时代“枫桥经验”新亮点系列报道之一

本报赴浙江采访组

【引子】

到诸暨市枫桥镇采访首日，记者就开始寻访一个人。

这个人叫陈柏云，找他的目的，是想听听关于他父亲陈友堂的故事。

陈友堂，曾任枫桥镇枫溪村党支部书记兼治保主任，已去世多年。

55 年前，正是他与当地干部群众一起创造了“枫桥经验”，寻找陈友堂的故事，也是对“枫桥经验”探源。

寻访陈柏云的行程，被一段小插曲打断了。

按照规划好的路线，3 月 28 日上午，《法制日报》记者一行将从枫桥镇的红枫义警工作站出发，前往陈家村采访陈柏云。可是，一到“工作站”，记者寻访的脚步就被绊住了。

创　新
引导支持社会组织参与调解

在枫桥镇的红枫义警工作站，红枫义警协会秘书长陈荣周忙前忙后，招呼着记者一行。

聊起采访“枫桥经验”化解民间纠纷的事，陈荣周笑呵呵地说：“农村就是琐事多、家庭纠纷多。”

扯起这个话题，陈荣周随口就是一个故事：

我们枫桥镇有位村民叫陈中华，经营木门业务。今年 1 月的一天，他将做好的一扇木门送到客户陈某家。

见到定做的木门，陈某有些不乐意：这门的一角被碰坏了，缺角影响木门的美观。

陈某不肯收货，陈中华也不干了：不就缺个角吗？又不影响使用。

一言不合，两人拳脚相向。厮打中，陈中华的小手指被对方咬伤。

这下可好，陈中华要求住院治疗并由陈某赔偿医疗费。陈某却说，是你先出的错，凭什么要我赔偿你？

双方僵持不下。

枫桥镇网格员获知消息后，第一时间通过终端将信息上报综治工作平台，综治工作平台又交由镇公安派出所解决。

考虑到红枫义警协会成员的群众身份,派出所将这起纠纷交给协会调解。

“我当时是主动请缨,去做调解工作。”陈荣周一脸自豪。

陈荣周分析两人的纠纷原因之后,先是找到陈中华,说:“就是手指头被咬了,用不着住院。事情不要搞大,冤家宜解不宜结。”

再找陈某,告诉他:“咬了人,肯定要赔点钱,过得去就好,礼节上也要赔礼。要不然,事情闹到派出所就严重了。”

几句“点穴”的话让双方达成协议,陈中华得到800元赔偿。

陈荣周很认真地告诉记者,红枫义警协会是一家刚“出世”的社会组织,成立于2017年7月,经民政部门登记备案。红枫义警协会的成员都是当地群众,大家热衷社会公益,具备一定群众工作经验,有一定社会威望。

“我们从群众中来,调解时又是到群众中去,双方容易沟通。”陈荣周说。

陪同记者采访的枫桥镇综治办主任傅鑫炜插话说:“枫桥镇这几年发展社会组织220家,光是镇级社会组织就有47家,目的是引导支持社会组织参与化解矛盾纠纷。同时,镇里还制定了《关于大力发展社会组织促进基层治理创新推动新时代‘枫桥经验’发展的实施意见》,作为制度化保障。我理解,这就是‘枫桥经验’再创新。”

纸杯里的青茶乏味了,寻访陈柏云的事依然没有进展。负责联系的人说,陈柏云外出了,可能要到中午才能回来。

“不如先找个人和你聊聊‘老杨调解中心’吧,那可是‘枫桥经验’的一张‘金名片’,有故事。”傅鑫炜说。

传　　承
和风细雨化心结矛盾不上交

老杨,大名杨光照,曾是枫桥镇公安派出所民警。从警期间,杨光照一直尽心帮助群众化解矛盾纠纷,大家都亲切地叫他老杨。

2008年,也就是在习近平同志对“枫桥经验”作出重要指示后的第5年,老杨和枫桥镇3名退休干部一起成立了“老杨调解工作室”。

两年后,在当地党委和政府的支持下,“老杨调解工作室”更名“老杨调解中心”,专为群众调解纠纷。

“老杨调解中心”在当地可谓妇孺皆知。

特别是枫桥镇梅苑村的张金标更有发言权,要他说,如果需要调解,首先想到的是老杨,“因为他公正”。

走进枫溪边张金标家,院子周围的油菜花开得正盛。

坐在自家饭厅的椅子上,张金标回忆起他第一次走进“老杨调解中心”的来龙去脉:

那是去年12月29日下午，他接到一个电话，说他的儿子张杰被人打了。

原来，当天枫桥镇枫一村的陈伟和几个半大小子找到张杰，质问张杰是否骂过他们。张杰一口否认。

陈伟却不相信，冲上去抓住张杰头发，一边将他的头往下压，一边抬起膝盖撞他的脸。

张杰因鼻骨骨折住院治疗。陈伟的母亲尉女士虽然登门道歉，但在赔钱的事上，却无法达成一致。最后，双方决定“找老杨”。

今年2月1日，张金标父子赶到“老杨调解中心”时，尉女士带着陈伟正在等他们。

在调解中心，老杨安排双方坐在桌子两边，他则居中而坐，面带和蔼笑容，开场白是几句家长里短，这让现场气氛轻松了许多。

调解正式开始，老杨先对尉女士说，你儿子陈伟把人家鼻骨撞骨折，根据伤情可能构成轻伤，你儿子可能要负刑事责任，你们还要承担医药费等损失。

老杨又对张金标说，不管怎么说，陈伟是未成年人，应受到法律保护，可依法从轻处理。再说了，陈伟家长态度诚恳，能认错改错，应该给予谅解。另外，他们家经济不宽裕，能不能少赔偿一点损失？

话说到这份儿上，张金标点头说，只要孩子改错，以后不再犯错就行。钱不是问题，我不会“敲竹杠”。

最终，在老杨的主持下，由尉女士补偿张杰3500元并当场兑现。

调解完毕，双方合影留念。

照片上，张金标和尉女士两人紧紧握手，脸上满是笑容。在他们身后的墙上，是一块“和气致祥”书法牌匾。

从张金标家去“老杨调解中心”路上，傅鑫炜告诉记者，这起纠纷调解后，老杨发扬“枫桥经验”帮教工作传统，又和枫桥镇关工委相关成员、陈伟家长组成帮教小组，签订帮教责任书，帮助陈伟归正改好。这样的事老杨做了多少？谁也说不清。

在“老杨调解中心”，记者见到了年近七旬的杨光照，他身穿一套藏青色职业套装，胸前戴着“人民调解”徽章。

“这些纠纷能够调解成功，秘诀在于我们传承了‘枫桥经验’的精神，依靠群众力量解决群众之间矛盾。”杨光照告诉记者。

时近中午，传来消息：陈柏云外出归来。记者一行立即动身前往陈家村。

溯　源
干部群众集体创造“枫桥经验”

年届七旬的陈柏云身材颀长，穿一件黑色衬衣，头发有些花白，精气神十足。他将记者一行迎进家门。

这是个颇具当地特色的小院子，走进院门便是天井，天井左手为厅堂。陈柏云带记者来到厅堂，在桌边坐下，回忆起他的父亲陈友堂和“枫桥经验”初创时的情形：

1963 年，浙江省在枫桥镇搞社会主义教育试点，大家在讨论如何教育“四类分子”等被改造对象时，枫桥镇枫溪村党支部书记兼治保主任陈友堂提议：还是要讲情讲理，只有这样，对方才会心服口服。

陈友堂发动群众开展说理教育，没有打人、捕人，却成功教育了不少被改造对象。

有一次，枫溪村第三生产队开会教育被改造对象，会上，陈友堂允许被改造对象坐下，允许他站起来讲话，允许他争辩。会后，这个人回家，老婆问他情况，他说：“没打没骂，人家摆事实、讲道理，我最后觉得是自己不对。”第二天一早，这个人就主动写了书面“悔过书”。

还有一个被改造对象，上级公安机关准备把他送去劳动改造。陈友堂知道后，跑到县里去“保”他，建议“就地改造”。对陈友堂的举动，很多人不以为然。陈友堂说，一个人去劳改，留下老婆孩子，给国家增加了一分负担，如果就地改造，有上千群众可依靠，还怕管不住？

枫溪村的这一做法，经过不断完善和提升，最终形成了“在党的领导下，依靠和发动群众，坚持矛盾不上交，就地解决”的“枫桥经验”。

采访中，陈柏云操着浓重的诸暨方言告诉记者，父亲一直对他说：“‘枫桥经验’不是一个人创造出来的，是干部群众集体创造出来的。”

结束对枫桥镇的采访，返程路上经过枫桥镇栎桥社区服务中心，记者发现，服务中心办公楼顶上立着 5 个红色大字“永远跟党走”，在蓝天映衬下格外醒目。

（文中张杰、陈伟为化名）

记者手记

镇，中国行政区划基层单位。

55 年前，发端于如此基层单位的“枫桥经验”，为什么能够引起毛泽东同志的重视并批示全国推广？

诸暨市“枫桥经验”研究会会长陈善平解惑：原因在于“枫桥经验”的灵魂，就是引导群众、相信群众、发动群众和依靠群众，就地化解纠纷，矛盾不上交。

对这个解释，记者深以为然。在上世纪 60 年代初期的中国农村，以“四类分子”等被改造对象为主体带来的民间矛盾和问题相当突出，如何在群众中解决矛盾、化解问题是个带有普遍性的基层难题。“枫桥经验”应运而生，为一向善于发现人民群众首创经验的毛泽东同志所重视并积极倡导推广全国，应该说具有历史的必然性。

此后，“枫桥经验”因时而变，几度创新，日益显示出其在依靠人民群众积极化解民间矛盾纠纷，进而在社会治安综合治理当中具有越来越强大的能量和生命力。

行走于枫桥镇，记者最强烈的感受是祥和。无论是镇上人还是村里人，同样春风和气、善气迎人。初见此景心中称奇，深入攀谈方知由来，“要戴致富帽，先戴平安帽”,“天时不如地利,地利不如人和,只有村睦人和,才能干事,干成事”。这是枫桥镇干部群众常挂在嘴边的金句。

正是在这种朴素的认知下,“枫桥经验”的基本精神不但没有变,还被赋予了新的时代内涵。

诸暨市委政法委副书记张怀斌对记者说,2003 年 10 月,习近平同志作出重要指示,要坚持和发展“枫桥经验”。近年来,诸暨市始终坚持“枫桥经验”基本精神不动摇,并且不断实践,不断创新,丰富了新时代“枫桥经验”新内涵。

按照张怀斌的理解,新内涵就是:以群众为主体,推动治理主体从多方凝聚;以善治为目标,推动治理方式向多元集成;以基层为基点,推动治理重心向基层下移;以科技为支点,撬动治理手段向信息化、数据化转变等。

在诸多创新举措中,令记者印象最深的是:枫桥镇一直探索全方位鼓励社会组织参与社会治理,以形成多元共治的社会治理格局。

这正契合了党的十九大报告所提出的要求——打造共建共治共享的社会治理格局。

我国的社会主要矛盾已经转化为“人民日益增长的美好生活需要和不平衡不充分的发展之间的矛盾”。

要解决这一矛盾,需要共建共治共享的社会治理格局,而要形成这种格局,既离不开党委领导,也离不开群众参与。

这也和“枫桥经验”的要义高度一致,那就是:在党的领导下,坚持群众路线,扎根于群众之中。

在枫桥镇的采访,让记者感知到“枫桥经验”旺盛的生命力,就像枫桥的春天,枫林披绿、油菜花黄、生机盎然。 (2018.4.9)

(张　亚　崔立伟　秦　平　陈东升等)

点　评

五十五载光阴荏苒,有许多事物在岁月洪流中销声匿迹。而一项来自基层的工作经验,历经半个多世纪,却迸发出穿越时空的旺盛生命力。这就是浙江省诸暨市枫桥镇干部群众创造的“枫桥经验”,即发动和依靠群众,就地化解矛盾,坚持矛盾不上交。

1963 年,毛泽东同志对这一经验作出批示:“要各地仿效,经过试点,推广去做。”自此,“枫桥经验”这个记挂着人民、承载着平安的名词,从美丽的枫桥镇走出,传遍祖国大江南北,成为全国政法综治战线一面旗帜。

进入新世纪,经历岁月洗礼的“枫桥经验”,不仅没有被遗忘在人们记忆里,反而历久弥新、历久弥坚。

2003 年,习近平同志作出坚持和发展“枫桥经验”的重要指示。在全面建成小康社会新的时代背景下,“枫桥经验”再次显示其实践价值和时代意义。

2018 年,是毛泽东同志批示学习推广“枫桥经验”55 周年;是习近平同志作出重要指示坚持和发展“枫桥经验”15 周年。在这个特殊年份的春季,《法治日报》组织精干力量组成赴浙江采访组深入 10 余个地市,探寻“枫桥经验”魅力所在、记录“枫桥经验”五十五载变与不变背后的故事、见证“枫桥经验”在新时代焕发出的蓬勃生机。

依法纠正产权错案
彰显法治中国新高度

秦　平

5 月 31 日，最高人民法院对备受关注的物美集团张文中案改判，依法判决张文中、张伟春、物美集团无罪。最高人民法院依法纠正本案，彰显了以习近平同志为核心的党中央加强产权保护的鲜明态度，体现了国家依法平等保护非公有制经济的政策精神。对依法保护产权，依法维护企业家的合法权益，为企业家创新创业营造公平正义的法治环境具有重大意义。

2016 年 11 月，中共中央和国务院印发了《关于完善产权保护制度依法保护产权的意见》，意见指出，“产权制度是社会主义市场经济的基石，保护产权是坚持社会主义基本经济制度的必然要求”，并提出平等保护、全面保护、依法保护、共同参与、标本兼治五项原则。意见特别提出了要妥善处理历史形成的产权案件，要求甄别纠正一批社会反映强烈的产权纠纷申诉案件，剖析一批侵害产权的案例。对涉及重大财产处置的产权纠纷申诉案件、民营企业和投资人违法申诉案件依法甄别，确属事实不清、证据不足、适用法律错误的错案冤案，要依法予以纠正并赔偿当事人的损失。正是在这样的大背景下，物美集团张文中案得以改判，这是中央依法保护产权，司法机关以司法判决树立社会信心，推动经济社会持续健康发展的明证。

平等保护是产权保护意见中提出的一项重要原则。平等保护要求，健全以公平为核心原则的产权保护制度，毫不动摇巩固和发展公有制经济，毫不动摇鼓励、支持、引导非公有制经济发展，公有制经济财产权不可侵犯，非公有制经济财产权同样不可侵犯。

物美集团张文中一案的改判充分体现了平等保护的原则。原判中对物美集团作为民营企业在申报主体资格的认定上有错误，最高人民法院的再审依法纠正了原判在认定事实方面的错误，依法保护了非公有制企业的合法权益。

同时，此案改判在司法实践中具有重大的指导意义和方向性作用。涉产权案件中一个核心问题就是罪与非罪的认定。不可否认，一些企业特别是民营企业在复杂而激烈的竞争中，会出现戴红帽子、钻空子等违法违规行为，如何认定这些行为的性质，是一般的违规行为，还是犯罪行为，成为悬在一些企业家头上的利剑，也考验着司法机关的智慧与担当。

此案的改判，进一步明确了有关犯罪的认定标准，严格了罪与非罪的界限，以发展的眼光看待企业家在生产经营中的不规范行为，没有把一般性违规、违法作为犯罪来处理，体现了中央营造鼓励创新、宽容失败的文化和社会氛围，对企业家在合法经营中出现的失误失败给予理解、宽容、帮助的基本态度。

有恒产者有恒心。毫无疑问，此案的改判不仅仅具有个案的意义，在司法理念与司法实践中更具有强烈的示范性价值，彰显了法治中国的新高度。相信以此案纠错为节点，我国依法保护产权将进入一个新的历史阶段，我国的产权法律制度将进一步完善，涉产权司法程序将进一步规范，经济犯罪与经济纠纷的界限将更加明确，非公有制经济发展将进入一个法治的春天。（2018.5.31）

点　评

张文中案经最高人民法院改判无罪是依法平等保护非公有制经济的标志性案件。2006 年在香港上市的内地连锁超市物美集团董事长兼大股东张文中入狱，2013 年，张文中被刑满释放后开始申诉，直至 2018 年 5 月 31 日，最高人民法院改判张文中无罪。同时改判无罪的还有张伟春和物美集团。

评论认为，张文中案件的改判充分彰显了司法保护产权的示范效应，不仅洗刷了张文中及物美集团长期背负在身上的罪名，也必将进一步增强企业家群体的人身和财产财富安全感，使广大企业家能够安心经营、放心投资、专心创业。张文中案尘埃落定，但对民营企业及民营企业家的保护还有更长的路要走。张文中等人在物美集团的经营和管理中确实存在违规甚至违法的行为，但这些行为是否达到了犯罪的标准、构成犯罪，司法机关在处理的时候须非常慎重，必须坚守刑法的谦抑性原则，坚持罪刑法定、疑罪从无等基本的刑事诉讼原则，否则不但会对获罪的民营企业及民营企业家造成财产和人身伤害，而且会影响整个民营经济的发展乃至中国特色社会主义市场经济的有序、健康发展。

给执法人员戴上“紧箍”划下“标准线”

三项制度有效遏制粗暴野蛮执法

徐　伟　张　维

“从一年的试点情况看,试点地方和部门通过推行行政执法三项制度,初步建立了一套严格规范公正文明执法的制度机制。”司法部有关负责人今天在接受《法制日报》记者专访时说,这些制度机制给执法人员戴上了“紧箍”,划下了“标准线”,确立了“新思维”。

2017 年 1 月,国务院办公厅印发《关于印发推行行政执法公示制度执法全过程记录制度重大执法决定法制审核制度试点工作方案的通知》(以下简称《方案》)。《方案》确定的试点单位有天津市、河北省、安徽省、甘肃省、内蒙古自治区呼和浩特市以及国土资源部等 32 个地方和部门,福建省自我加压,在自贸区福州、厦门、平潭三个片区开展试点。

一系列变化在试点期间悄然发生。《法制日报》自 2018 年 5 月 9 日起推出“聚焦行政执法三项制度”专栏,连续刊发 18 篇(组)系列报道,反映了试点地方和部门发生的可喜变化:从北京食药监局试点行政执法公示制度织牢舌尖上的安全监管网,到南昌推行行政执法信息全公开多头执法已成明日黄花,从大连海关运行执法记录监管平台检验检疫时长压缩 80%,到税务部门全方位打造阳光税务纳税人满意度指标超 90 分,从沈阳工商执法全程留痕随时回溯避免暗箱操作,到中山严把重大行政执法决定法制审核关防止权力“任性”……

“乱执法、粗暴执法、野蛮执法和执法不作为等突出问题得到有效遏制,人民群众合法权益得到有效维护,社会各方面反映良好。”司法部有关负责人告诉记者。

提高执法能见度透明度

毋庸置疑,行政执法三项制度试点工作成效明显。

司法部有关负责人指出,从总体上来看,人民群众获得感普遍增强。通过推行“三项制度”,严格规范了执法程序和行为,人民群众可以便捷了解执法流程,及时知晓执法事项的办理环节、进度和结果,较好实现了与执法机关的良性互动,提升了人民群众对执法机关的信任度、满意度。

具体来说,首先就是领导干部法治意识进一步提高,依法行政的行动自觉进一步加强。在试点过程中,试点地方和部门的主要负责同志直接组织推动,切实增强了领导干部、特别是“一把手”的依法行政意识。

“随着行政执法公示制度深入推行，社会监督更加有力，群众办事更加方便。”这位负责人说，通过建立以信息公示平台、门户网站公示专栏为主的多维度、多渠道执法信息公示载体，提高了执法的“能见度”和“透明度”，人民群众获取执法信息更加及时便捷。

在这位负责人看来，行政执法全过程记录制度有效实施，严格规范公正文明执法水平明显提高。通过规范文字记录、推行音像记录，实现文字记录、音像记录的有机衔接，实现了执法全过程留痕和可回溯管理，对执法人员和管理相对人都有约束力。

“重大执法决定法制审核机制普遍建立，违法或不当行政行为大大减少。”这位负责人说，通过明确法制审核主体、范围和内容，编制法制审核流程和重大执法决定目录清单，运用审核结果，给执法人员和领导干部划下了标准“红线”，确保了重大执法决定合法。

形成可复制推广的经验

试点工作开展以来，各试点地方和部门全面加强制度建设，积极探索试点工作模式，切实推动“三项制度”落到实处，初步形成了一套可复制可推广的经验做法，为在全国推开行政执法三项制度打下了良好基础。

“加强组织领导，大力督促指导是成功经验之一。”司法部有关负责人告诉记者，试点组织实施单位普遍成立了由主要负责同志任组长的试点工作协调小组，把试点工作纳入全面深化改革、依法行政年度目标考核或者年度重点督查工作，以压实压紧责任。如河北省由省长担任试点工作协调小组组长。

据了解，明晰内容，搭建平台，推动行政执法全方位公开是成功经验之二。试点地方和部门通过制定工作指引，着力规范执法公示内容和流程，明确公示载体，建立开放、透明、便捷的公示运行机制，逐项厘清“事前、事中、事后”公示内容，着力搭建综合的行政执法信息公示平台，完善行政执法信息公示运行制度。

如河北省依托门户网站建立执法公示专栏5118个，公示事前公开内容4.5万余项、执法结果670多万个。江苏省海门市专门建设了行政执法信息公开平台，对“三项制度”所涉的六类执法信息分“事前、事中、事后”进行公开，共公开11,032条执法信息。

“规范记录形式，制定统一的管理制度，实现执法全过程留痕与可回溯管理是成功经验之三。”这位负责人指出，试点地方和部门着力规范执法文书和建立电子档案制度，大力推行音像记录，注重文字、音像记录等有机衔接，基本实现执法全过程留痕和可回溯管理。

如天津市规定凡进行现场询问、检查，实施限制公民人身自由和采取扣押等强制措施，以及有关人员不配合执法等情形必须进行音像记录。江苏省徐州市商务局要求现场执法和非现场询问的全过程录音录像在商务执法管理平台存档，执法人员无权删除。

“落实法制审核主体和范围，健全工作机制，确保重大执法决定合法有效是成功经验之四。”这位负责人说，试点地方和部门明确法制审核主体、范围和内容，编制了审核流程，规定了审核结果应用，给重大执法决定装上了“过滤器”。

如河北省明确市县政府和部门法制审核人员配备比例分别不少于本级政府或本部门执法人员的1%或5%。安徽全省调配约5000名法制审核人员，已对20余万件重大执法决定进行了审核。税务系统审核18,067件重大执法决定，发现问题1387个，退回750件，占总量的4.2%；沈阳市审核32,628件执法行为，纠正839件，纠正率约为2.6%。

“借力信息化技术，探索‘互联网+’，深化‘三项制度’试点工作是成功经验之五。”这位负责人告诉记者，不少试点地方和部门积极探索“互联网+三项制度”，通过建立办案专网，配置移动执法终端等，推动执法文书电子化、执法流程网上管理。

出台意见全面推开改革

在“三项制度”试点过程中，各试点地方和部门还存在一些亟待破解的难题。

“首当其冲的就是试点工作开展不平衡。”司法部有关负责人分析说，从执法层级来看，省级和市级执法部门落实“三项制度”情况较好，县级执法部门相对较弱；从执法类别来看，行政许可和行政处罚行为执行“三项制度”情况较好，行政征收等行为执行情况较差；个别单位对试点工作认识不足、重视程度不够。下一步将加大工作统筹推进力度，促进各个领域工作平衡开展。

“其次是法制审核人员严重不足。”这位负责人告诉记者，各试点地方和部门普遍反映，推行“三项制度”从组织实施、制度建设到法制审核等各个环节都需要足够的法制人员来承担，但从省市县三级试点单位看，专职法制人员极为短缺。据江苏省反映，基层受地域、人员身份所限，多年难以补充新生力量，法律专业人员越到基层越稀缺。随着国家统一法律职业资格制度的实施，法制审核人员准入条件提高，基层法制审核人员队伍建设面临更紧迫的挑战。下一步将会同有关部门重点研究这一问题。

“最突出的难题就是数据壁垒、信息孤岛问题普遍存在。在试点工作中，地方普遍反映，目前的行政执法信息系统条条、条块分割严重，各项技术指标和参数自成体系，地方、部门之间行政执法信息、数据整合共享推进缓慢，许多数据需要手工录入甚至重复录入，给一线执法人员带来了较重的负担。”这位负责人表示，将专门组织研究行政执法信息公示平台问题，着力改变因公示平台繁多不便于群众查询，以及部门间公示系统封闭和“信息孤岛”的局面，实现执法信息互联互通。

“全面推行行政执法三项制度是贯彻落实全面依法治国基本方略的重要举措，

今年将在全国范围内全面推开。目前，司法部在总结前期试点工作经验、充分调查研究的基础上，正在抓紧组织起草全面推行行政执法三项制度的指导意见。”这位负责人透露，指导意见将立足实际，坚持问题导向，坚持改革创新，在统一规范的同时，充分考虑不同地区和部门实际，以全面推行“三项制度”为抓手，统筹行政执法工作，以促进严格规范公正文明执法的能力和水平整体提升，为全面落实依法治国基本方略、基本建成法治政府奠定扎实基础。（2018.6.4）

点　评

行政许可、行政处罚、行政强制、行政征收、行政收费、行政检查……这些执法行为严格不严格、规范不规范、公正不公正、文明不文明，直接影响政府形象，关乎百姓切身利益。行政执法的范围很广，涉及经济社会等各个领域，行政执法的复杂性要求规范行政执法必须找准突破口。党的十八届四中全会决定，在行政执法领域推行三项制度：行政执法公示制度、执法全过程记录制度、重大执法决定法制审核制度。

2017年年初，一份经中央深改组会议审议通过、由国务院办公厅印发的文件，启动了行政执法领域的一场变革。这份文件即《国务院办公厅关于印发推行行政执法公示制度执法全过程记录制度重大执法决定法制审核制度试点工作方案的通知》。《方案》确定了32个试点地方和部门。本文对一年试点情况进行了系统梳理，用大量的数据和事例说明，三项制度试点对推动严格规范公正文明执法具有整体性、基础性、突破性意义。

解纠纷有基层定分止争先遣队

陵水专职人民调解员+网格员化矛盾促和谐

邢东伟　翟小功

走进海南省陵水黎族自治县,“三湾三岛两湖一山一水”犹如连串的珍珠排列在陵水蜿蜒漫长的海岸线上,“珍珠海岸,美丽陵水”一览无余。

作为海南国际旅游岛和自贸区建设开发的前沿阵地,这个从贫困县到“全国公共财政收入百强县”的小县城掀起了一轮又一轮大开发、大建设,征地拆迁、农民工工资拖欠、旅游管理等各类矛盾纠纷凸显。

如何消弭矛盾于无形,实现“矛盾不上交”?为此,陵水自2012年起便率先在全省建立以政府购买服务的形式聘任专职人民调解员制度,每个村配备两名专职人民调解员,全县116个村(居)调委会共聘任专职人民调解员232名,实现了全覆盖。

“推行专职人民调解员是陵水发扬和践行‘枫桥经验’的重要创新举措。”陵水县委副书记、政法委书记张纳军说,目前,全县把人民调解作为基层司法行政工作第一责任,充分发挥网格员作为信息员和调解员的作用,按照“发动和依靠群众,就地化解矛盾,坚持矛盾不上交”的思路,争取实现“矛盾不上交,平安不出事,服务不缺位”的成效,探索基层社会治理新路,打造“枫桥经验”的陵水样本,为建设海南自贸区、中国特色自贸港营造和谐稳定的社会环境。

甘当和事佬善解千千结

“这是置办年货和供孩子读书的钱,不能再拖了……”2017年12月27日,英州镇司法所调解室里,陈某等3人情绪非常激动。

英州镇是著名清水湾高端旅游度假开发区所在地,近年来随着地产开发建设加快,外来务工人员增多,每逢春节临近,劳资纠纷加剧。

作为英州司法所专职人民调解员,罗尤珍往返工地和司法所极力安抚陈某等3人情绪,并严肃告知包工头拖欠农民工工资应当承担的法律责任,在除夕前加班加点调解,最终促使双方达成协议。

罗尤珍是陵水县232名村级专职人民调解员的一员。早在2012年4月,陵水县便探索人民调解新路,在发挥兼职调解员基础上,全县116个村(居)调委会各配备两名专职调解员,全省率先推行以政府购买服务形式聘任专职人民调解员制度。

罗尤珍被聘为古楼村人民调解员。像罗尤珍一样,全县各村(居)调委会都有一些退下来的老党员、老干部、老教师、老知识分子、老政法干警等,他们享有很高的声誉和威望，逐渐被吸纳成为专职人民调解员。

“你看，这是专职人民调解员的统一着装，戴着‘双手紧握’logo臂章，老百姓都很认可。”采访中，陵水县司法局局长李善伟指着一名专职人民调解员告诉记者。县财政每年划拨32.2万元定制专门服装，县司法局还制定着装管理规定，增强专职调解员的社会公信力和职业荣誉感。

“县委、县政府对人民调解工作高度重视，投入大量人力、财力、物力给予支持。”张纳军说，2018年，全县投入专职人民调解员补贴经费335万元，每人每月能拿到1200元。

“这是我们的工作群，我在上面学到了很多东西……”新村镇海鹰村专职人民调解员郑何英指着手机告诉《法制日报》记者。

同时，陵水县司法局还利用岗位培训、现场调解等方式，提高专职人民调解员的业务水平，为基层矛盾纠纷装上一道“缓冲器”。

做好维稳员筑牢防火墙

提蒙乡提蒙村委会马村六社村民谭某符自2009年便与其大嫂谭某君因土地承包发生纠纷，提蒙司法所虽多次组织调解，但因调解人员不足，无法专注此案，使得该案成了积案，成为一大社会隐患。

2014年，专职人民调解员黄德骤接手这起纠纷。经深入调查，黄德骤以亲情作为调处切入点，最终用情理法说服了谭某君，长达5年的“矛盾之火”得以扑灭。

“他们从群众中来，调解时又回到群众中去，是基层矛盾‘融化剂’、服务群众‘贴心人’，筑起了社会和谐‘第一道防线’。”海南省司法厅副厅长王河山说。

王河山告诉记者，陵水县司法局传承“枫桥经验”精神，依靠群众力量解决群众之间矛盾，做到“小事不出村、大事不出乡（镇）、矛盾不上交”，把矛盾纠纷苗头消灭在基层，化解在萌芽状态。尤其是，利用村级专职调解员覆盖面广、便捷及时优势，早预防、早发现、早介入，筑牢了防止矛盾激化的“防火墙”。

在工作中，村级专职调解员定期走村串户，摸排各类矛盾纠纷及不稳定因素，收集信息，掌握社会面动态。一旦发现矛盾纠纷情况，专职人民调解员第一时间通过手机终端上报情况，实现纠纷即时受理、即时上报、即时调处。

近年来，陵水县专职调解员充分发挥就近、及时、便捷的作用，积极开展矛盾纠纷“大排查、大调处”，群体性事件、民转刑案件、群体性上访事件明显减少，矛盾纠纷调解率、调解成功率、协议履行率、人民群众满意率得到明显提高，专职调解员成为社会和谐稳定的“避震器”。

据统计，近5年来，陵水县各级调解组织共调解矛盾纠纷8023件，调解成功7812件，成功率97.3%。其中，专职人民调解员调解矛盾纠纷6607件，占比82.3%。

争做排头兵建和谐家园

“我家在公路旁的200平方米土地被邻居侵占了,他没通知我便拆除了我家的围墙……”椰林镇桃园村村民王金荣向网格员反映称。

接到电话后,网格员汪世国立即赶到,用手机拍下现场情况,发往椰林镇综治中心。不到5分钟,椰林镇综治中心便与汪世国取得联系,通过视频连线了解情况后,值班领导当即联系相关职能部门介入,矛盾双方当天便握手言和。

“这是我们通过综治中心和网格员化解矛盾纠纷的一个缩影。”张纳军说,2016年以来,作为省综治委“网格化”、“信息化”首批试点单位,陵水以信息化为依托,以网格员为载体,提升综治工作的社会化、法治化、智能化、专业化水平。

在网格化服务管理工作中,全县划分为502个网格,配备610名网格员,形成了“一个平台、两个中心、四级联动”的工作体系,切实做到“网格全覆盖、工作无缝隙、服务零距离、管理无漏洞”,不断提高智能化水平,对基层矛盾做到“实时发现,及时化解”,获得海南省委常委、政法委书记肖杰肯定。

记者在采访中注意到,在陵水,网格员被打上了“接地气”的标签。网格员是便民服务员、民声倾听者,通过事件上报系统帮助群众解决诉求,每天记录民情日志向政府反映问题,相关部门联动起来,第一时间解决问题。

海南省综治中心建设、“雪亮工程”建设暨网格化服务管理工作现场会、海南省专职人民调解员队伍建设现场会近年先后在陵水县召开,推广“陵水经验”,践行和创新“枫桥经验”。

“全省司法行政系统要按照全国人民调解工作会议、全国坚持发展‘枫桥经验’实现矛盾不上交试点工作推进会部署要求,总结推广‘陵水经验’,充分发挥专职人民调解员与网格员的作用,探索‘矛盾不上交,平安不出事,服务不缺位’的基层社会治理新模式,开创全省人民调解工作新局面,让‘东方之花’在琼州大地绽放。”海南省司法厅厅长郑学海说。

(2018.8.18)

点 评

没有报酬、身兼多职、不懂业务……因专业知识的匮乏和责任心的缺失,许多人民调解员成为一种摆设。

记者在陵水县深入采访中发现,这些都已经成为过去式。在这里,232名专职人民调解员分布在全县116个村(居),每个村两名,他们是一支专职、专业的人民调解“先遣队”。

本文用生动鲜活的事例表明,陵水人民调解员积极参与基层社会治理,及时把问题解决在基层、解决在萌芽状态,成为“枫桥经验”在海南的生动实践。

万达红领巾事件被立案调查

菏泽万达广场管理公司总经理被解聘

姜东良　徐　鹏

9 月 28 日,《法制日报》报道的“万达红领巾”事件引发社会广泛关注。记者今天了解到,山东省菏泽市当地有关部门已对涉事的广告主和广告制作人立案调查,菏泽万达广场管理公司总经理等 3 名主要责任人被解聘。

山东省菏泽市开发区丹阳路小学向学生发放的红领巾上竟然出现“万达”商业广告,对此,菏泽市开发区教育局相关负责人表示这是为交通安全进校园活动发放的。今天,菏泽市经济开发区官网发布信息称已给予丹阳路小学校长吕咏梅党内严重警告处分。

有法律人士在接受采访时表示,万达的这种行为不仅违背道德,伤害了未成年人的身心健康,而且涉嫌违反法律法规。

红领巾上惊现商业广告

红领巾代表红旗的一角,象征无产阶级的革命传统,由于佩戴者为中国少年先锋队队员,所以红领巾也常作为少先队员的代称。然而,这次丹阳路小学发放的红领巾和小黄帽上,竟然印有“菏泽万达广场”以及“11 月 16 日盛大开业”的字样。

菏泽市开发区教育局一位高姓负责人说,25 号下午的活动共向丹阳路小学三年级学生发放了 100 余条红领巾,当时并未拆封发现印有商业广告。活动结束不久后学校就放学了,放学后有老师发现了商业广告问题,马上就在家长微信群中发布了不要佩戴的提示信息,26 号上午便全部收回了。

“由于发现及时,并未出现学生在街面上大规模佩戴的现象。”该负责人说。

今天,菏泽市经济开发区官方网站发布《关于丹阳路小学红领巾印广告事件处理情况的通报》,称责成丹阳街道党工委会同有关部门进行调查。经查,丹阳路小学校长吕咏梅对此事负有直接责任和领导责任。根据《中国共产党纪律处分条例》有关规定,给予其党内严重警告处分。同时,要求各学校深刻汲取教训,严禁商业广告进校园。

此外,万达商业管理集团有限公司今天发布信息称,9 月 25 日,万达商管集团下属济南区域菏泽万达广场管理公司在未经企业内部上级管理部门审批情况下,擅自印发一批带有商业信息的红领巾,造成不良影响。事件发生后,万达商管集团积极配合政府相关部门调查处置,并对相关责任人给予严肃处理:解除菏泽万达广场管理公司总经理等3名主要责任人劳动关系，对济南区域总经理等3名上级管理人员和菏泽万达广场招商营运副总经理等5名相关责任人给予取消年终晋级资格和扣除岗位工资的处罚。

万达的行为理应受到谴责

山东达洋律师事务所律师、山东省律师协会副会长孙瑞玺说，红领巾是红旗的一角，是用革命先烈的鲜血染成，是中国少先队的标志，代表了中国人民的爱国主义情怀。本案中，虽然学校在发现上述违法行为后，将发放的红领巾全部收回，但广告主的上述行为已经严重亵渎了中国少先队的荣誉，伤害了中国人民朴素的爱国主义情感，理应受到严厉的道德谴责。

“红领巾在未成年的孩子心中具有崇高的意义和神圣的价值，如今将商业广告堂而皇之地印在红领巾上，会使孩子们误认为红领巾就是广告的载体，广告的工具，这扭曲了他们正确的价值观，极大伤害了孩子们的身心健康。”山东新亮律师事务所主任王新亮说。

新闻曝光后，万达的这种行为引起了网友们极大愤慨，大家纷纷在各大网站留言。一位网友说：“万达广告特新颖，居然侮辱烈士血，广告做到红领巾，靠烈士来促销，烈士鲜血染国旗，国旗一角做红领巾，广告做到红领巾，创意想得真新颖。”

市场监管部门立案调查

从法律层面上讲，对于红领巾的使用，是有规章约束的。

记者查阅发现，《中国少年先锋队队旗、队徽和红领巾、队干部标志制作和使用的若干规定》（中少发〔2005〕20号），其中第13条明确规定：中国少年先锋队队旗、队徽和红领巾、队干部标志及其图案不得用于商标、商业广告以及商业活动。各级少工委和少先队组织应对本规定的执行情况进行监督、检查。

“《中华人民共和国广告法》第三十九条明确规定，不得在中小学校、幼儿园内开展广告活动，不得利用中小学生和幼儿的教材、教辅材料、练习册、文具、教具、校服、校车等发布或者变相发布广告，但公益广告除外。”一位不愿透露姓名的检察官告诉记者，红领巾作为中国少年先锋队的象征和标志，有严格的制作和使用规范，不得用于商标、商业广告以及商业活动。菏泽万达广场在红领巾上印制商业广告，并向小学生发放的行为，违反了红领巾的制作和使用规范，违反了广告法的相关规定。

这位检察官说，工商行政管理部门有权依照《广告法》的有关规定，对该违法行为进行处理，以确保红领巾制作和使用的严肃性，对加强少年儿童思想道德教育，增强少先队的凝聚力、弘扬无产阶级革命传统有重要意义。

菏泽市工商局广告科郇科长在接受记者采访时说，目前经济开发区市场监督管理局已对此事立案调查，主要涉及广告主和广告制作人两个主体。

“按照广告法的规定，万达在红领巾上做广告的行为违反了广告法第 39 条的规定，应当按照广告法第 58 条的规定进行行政处罚。”邬科长说。　　(2018.9.30)

点　评

新学期开学，发放给学生的红领巾上竟然出现“万达”商业广告，这起发生在山东省菏泽市开发区丹阳路小学的咄咄怪事，经本报网站、新媒体率先报道后，立即引发广泛关注，接着记者采写了这篇独家调查报道，进一步还原了这起事件的来龙去脉，从法律和道德两个层面，通过采访专家学者，深入分析事件背后深层次的问题。这一事件引起国家有关部委高度重视，教育部印发《关于严禁商业广告、商业活动进入中小学校和幼儿园的紧急通知》，共青团中央等部门印发《关于严肃规范红领巾等少先队标志标识使用的通知》，规范红领巾等少先队标志标识使用。市场监督管理局对涉事企业作出罚款处理，涉事小学校长和万达相关责任人受到了处理。

芬兰“美卓”在华被侵权获顶格赔偿

余东明

11月8日，针对沈阳“山泰”侵权芬兰“美卓”一案，即便在侵权获利及侵权损失难以确定的情况下，上海浦东新区人民法院依然对两起案件作出顶格判赔，判决被告停止侵权，并赔偿损失620万元。

正在上海参加进博会的美卓公司总裁 Mikko Keto 先生认为，超国界的平等保护，体现了中国维护法治化营商环境的决心，彰显了中国维护经济全球化的“大国信心”。

美卓公司是一家生产矿山机械的国际知名企业，近些年还在上海自贸区注册了一家分公司。在这起案件中，沈阳“山泰”旗下的两家企业在无合作无授权的情况下，利用“美卓”进行虚假宣传，并涉嫌侵犯商标权。

美卓公司起诉，要求被告停止一切侵权行为，并就两起案件分别要求赔偿经济损失300万元，以及合理费用10万元。

沈阳“山泰”认为，公司确实存在虚假宣传行为，但美卓公司无法证明其实际损失，请求法院驳回诉请。

法院审理后查明，被告行为构成虚假宣传的不正当竞争，同时也构成商标专用权侵权。但法官在确定赔偿标准时发现涉案的侵权获利及侵权损失难以确认。

本案审判长杜灵燕说，被告在其微信公众号上宣称，关联产品的交易量和交易金额非常大，共有80多次提到出口或内销，其中国外客户涉及美、日、俄、加拿大等诸多国家和地区，经营规模可见一斑。

最后，法院经过合议后认为，被告主观恶意特别明显，侵权持续时间较长、经营规模较大，结合被告在微信公众号、官网上的宣传内容，足以证明被告侵权获利颇丰。并由此法院采纳了原告主张，全额支持其赔偿及合理费用的诉请，作出顶格判赔。

（2018.11.10）

点　评　“中国搭舞台，世界大合唱”、“中国持续开放，惠及全世界”、“来自历史的底气，面向未来的信心”……习近平主席在首届进博会上的主旨讲话可谓金句连连，既表达了开放的决心，也彰显了大国的信心。本文作者以极强的新闻敏感性，用上海浦东新区法院判决国内企业顶格赔偿被侵权的外国公司的判例，生动地表明这种决心和信心，体现我国维护法治化营商环境不厚此薄彼，平等保护各类市场主体原则。

查办黑恶犯罪与深挖“保护伞”并举

周　斌　张　昊

天气阴冷，风裹冰雨打在身上冻得人瑟瑟发抖。湖北荆州陆逊湖面上，仍有一些渔民在辛勤劳作。一个刚捞上一网袋虾子的渔民走上前说道：“虽然错过了今年虾蟹上市的最好季节，但黑恶势力被铲除了，治安环境好了，我们可以安心经营了，将来的日子肯定会越来越好。”

这是《法制日报》记者近日来到荆州公安县采访扫黑除恶专项斗争时经历的一幕。

铲除黑恶势力，群众拍手称快。类似的一幕，正在全国各地上演。

2018 年以来，全国各地各部门认真贯彻落实中央部署，深入开展扫黑除恶专项斗争，依法侦破、起诉、审判了一大批涉黑涉恶犯罪案件，并深挖彻查背后“保护伞”，有力打击了黑恶势力的嚣张气焰，推动社会治安形势持续向好，增进了群众幸福感、获得感、安全感。

扫黑风暴

陆逊湖渔民口中的黑恶势力，就是以陈某为首的涉黑团伙。这一团伙为低价承包陆逊湖经营权，采取暴力手段阻挠渔民投放鱼苗、殴打巡湖工人、私自捕捞水产品变卖等，导致承包户长期无法正常经营。此外，陈某还组织、蛊惑群众上访，成立非法自治组织等形式，架空、挑战基层政权。今年 7 月，公安机关将此涉黑团伙一网打尽。

黑恶势力是社会毒瘤，黑恶犯罪严重危害社会稳定、破坏市场经济秩序，严重侵蚀基层政权、危及党的执政基础。

湖北首例“非法房产中介”涉黑案，不法分子成立房产中介公司骗取租金、截留房租，遇到纠纷聚众殴打他人；山东东营打掉一个以物业公司为掩饰的涉黑组织，不法分子打着物业公司旗号，非法强行收取商贩物业费、卫生费；河南郑州查处“地下出警队”，不法分子以“执法队”名义对外“揽活”，以暴力手段插手民间纠纷……

从打击曝光的一起起黑恶犯罪案件看，黑恶犯罪已经渗透到我国经济社会的各个领域，不法分子为非作歹，基层群众胆战心惊、深受其害，不少案例触目惊心。

尤为值得一提的是，近些年，黑恶之手逐渐伸向金融领域，打着金融贷款的幌子非法放贷、暴力催贷，多发的“套路贷”、“校园贷”严重危害在校学生、困难群众等特殊群体，一些家庭因此陷入绝境，自杀的案例也发生了多起。

黑恶不除，则民不安、国不宁。

从全国扫黑除恶专项斗争领导小组会议到每隔2至3个月召开一次全国扫黑办主任会议,从10个中央督导组进驻地方到全国扫黑除恶专项斗争推进会召开,从中央政法机关召开电视电话会议、下发通知到地方落实省市县乡村五级责任……自上而下、层层推进,一场席卷全国的扫黑风暴强势来袭。

从设立全国扫黑除恶举报网站、举报信箱、举报电话到中央督导组入驻地方后建立举报平台,从各地通过手机短信、平安大喇叭、宣传标语等各种方式开展宣传到组织人员深入企业、社区等摸排走访,从群众举报件件有着落、事事有回音到落实举报人奖励和保护制度……一场轰轰烈烈的扫黑除恶人民战争已经打响。

重拳出击

调集1500多名警力,长途奔袭、闪电出击,一举端掉一个特大涉黑犯罪组织;集中宣判黑恶势力犯罪案件,130多人获刑,形成强大震慑……近1年来,各地聚焦涉黑涉恶问题突出的重点地区、重点行业、重点领域,以打开路、重拳出击,对黑恶势力迅速形成围剿扫荡之势。

一些黑恶犯罪团伙长期盘踞一方,关系错综复杂,背后还可能有“保护伞”,查处难度之大可想而知。

为此,最高人民检察院、公安部分别采取挂牌督办或联合挂牌督办的形式,各地政法机关采取挂牌督办、异地用警、异地审理等措施,切实排除干扰和阻力,全力推进案件办理。湖北警方历时1年多,异地用警,将盘踞于荆门城区10多年的郭某涉黑犯罪团伙及其“保护伞”连根拔起。

背负两条人命的广州吴视游等20人涉黑案,主犯吴视游终审被判处死刑立即执行;全国首例危害长江流域环资涉黑案,两头目分别获刑20年……随着扫黑除恶专项斗争深入推进,一大批黑恶犯罪分子得到法律的严惩。

据了解,不少地方涉黑案件的重刑率超过30%甚至40%,远高于普通刑事案件的重刑率。

有“黑”往往就有“伞”。各地将扫黑除恶与反腐败斗争和基层“拍蝇”结合起来,同步侦办,深挖彻查黑恶势力“保护伞”。针对少数政法干警充当“保护伞”的问题,政法机关敢于刀刃向内,坚决将害群之马清除出去。

山西公开曝光90多名公职人员为黑恶势力头目“小四毛”充当“保护伞”;“盗墓黑帮保护伞”、闻喜县公安局原副局长金勇被一审判处无期徒刑。河北衡水打掉以马立辉为首的涉黑团伙,查处党员干部和公职人员23人,22人受党纪政务处分,5人被移送审查起诉。

湖北省公安县公安局刑侦大队副中队长陈晓佳告诉记者,在侦办陈某涉黑案时,公安机关也发现了“保护伞”线索,并将线索移交给纪委监察部门。目前,纪委监察部门已介入查办。

与此同时，各地将打黑帮与查黑财结合起来，铲除黑恶势力经济基础，防止其死灰复燃。据统计，今年上半年，广东警方共查封、冻结、扣押涉黑涉恶犯罪涉案资产价值超17亿元。

依法办案

时间跨度长、涉案人员多、案情复杂，是涉黑涉恶案件的普遍特征。

为确保办案质量，“两高两部”出台办理黑恶势力犯罪案件的指导意见，山东、福建、江西等地制定出台办理恶势力犯罪案件指导意见、办理黑社会性质组织犯罪案件证据指引等，进一步明确政策法律界限，统一执法思想，坚持严格依法办案。

公安机关主动适应以审判为中心的刑事诉讼制度改革，切实把好案件事实关、证据关、程序关和法律适用关，严禁刑讯逼供，防止冤假错案。在侦办李鲲鹏“天鹏商会”涉黑案中，山东济南公安机关对分布全省17个地市的660多名“套路贷”受害者一一取证。

对于重大、复杂涉黑恶犯罪案件，检察机关及时派员提前介入，引导、监督侦查取证，解决案件定性、法律适用、证据收集固定等问题，并紧盯涉黑涉恶犯罪案侦查过程中的不规范问题，依法监督纠正。山西省太原市人民检察院在提前介入两起重大涉黑案件时，审查案卷40多册、视听资料100多份，有针对性提出侦查工作建议90多条。

各地严格贯彻宽严相济的刑事政策，对黑社会性质组织犯罪的组织者、领导者、骨干成员及其“保护伞”，依法严惩；对初犯、偶犯、未成年犯、犯罪情节较轻的涉案人员以及配合司法机关查办案件、提供线索并起到协助侦破案件作用的一般参与者，依法从轻、减轻处罚。

积极落实“两高两部”关于依法严厉打击黑恶势力违法犯罪的通告，对主动投案自首、如实供述自己罪行的，依法从轻或减轻处罚。截至12月5日，仅山东就有1300多名黑恶犯罪分子投案自首。

综合治理

有黑打黑，无黑除恶，无恶治乱。

各地加强综合治理、源头治理，把扫黑除恶和加强基层组织建设结合起来，既有力打击震慑黑恶势力犯罪，形成压倒性态势，又有效铲除黑恶势力滋生土壤。

针对一些地区特别是农村地区赌博违法犯罪形势严峻这一情况，中央政法委联合相关部门印发集中打击整治农村赌博违法犯罪的通知，各地将操纵、经营“黄赌毒”等违法犯罪活动的黑恶势力作为重点打击对象，采取有力措施进行整治。

一些地方推行“一案一整改”，在打掉黑恶势力的同时，同步派出工作组，加强综合整治工作，推进基层治理体系和治理能力现代化，增强对涉黑涉恶问题的“免疫力”。深化行业日常监管，进一步健全行业管理漏洞通报整改等制度，完善落实市场准入、规范管理、重点监控等日常性工作机制。

街头打架斗殴的少了；村里再也没有聚众赌博行为了……随着扫黑除恶专项斗争深入推进，各地社会治安形势持续好转，广东、山东、贵州等地刑事案件数大幅下降，群众纷纷点赞。

持续发力，久久为功，不扫尽黑恶势力决不收兵。

“扫”出清风正气，“扫”出朗朗乾坤，让人民群众过上幸福生活。（2018.12.12）

策划：万学忠　马岳君　于　澄　秦　晶　杨姣姣　冀春雨　方　芳　刘一鸣

点 评 开展为期3年的“扫黑除恶”专项斗争，是党中央、国务院于2018年1月提出的。在全国开展“扫黑除恶”专项斗争，事关社会大局稳定和国家长治久安，事关人心向背和基层政权巩固。文章盘点了“扫黑除恶”专项斗争开展一年来的成效，给人民群众带来的实实在在的成果，以及各级政法机关和相关部门闻令而动，坚决完成“扫黑除恶”专项斗争目标任务的决心和行动。

肖扬：一蓑风雨任改革

蒋安杰

简介：肖扬，1998～2008 年任最高人民法院党组书记、院长、首席大法官。曾任广东省人民检察院检察长、最高人民检察院副检察长、司法部部长。

改革开放以来中国法治进步的亲历者和重要参与者：开启反贪体制改革的早期探索，主导创建中国第一个举报中心、反贪局，倡导制定并参与起草专门的反贪污贿赂法。主持司法部工作期间，建言为中央领导举办法制讲座，建议中央实行依法治国，建设社会主义法治国家；改革律师体制、监狱体制，创建法律援助制度，推动中国第一部律师法、监狱法的颁布。在最高人民法院工作期间，将“公正与效率”作为法院工作主题，以按照宪法原则构建公正高效权威的中国特色社会主义司法制度为目标，对司法体制进行系统改革，提出法官职业化的建设方向，建议中央提出“宽严相济”刑事政策，改革死刑核准制度。

40 年，于历史，不过白驹过隙；于肖扬，却千帆阅尽。

这位新中国的第八位最高人民法院院长，选择在家乡广东团发表令人动容的“告别演说”那一年，正好 70 岁。此后，他的人生归于静朴，基本淡出人们的视线。那是他最后一次参加“两高”审议报告，媒体抓拍了一张“仰天长笑”的照片，被赞赏“非常人性化地展示了共和国首席大法官的喜怒哀乐”，如明信片般定格在记忆里。也就是这一年，贴着“改革是一场真正的革命，既然是革命就难免有一定风险”标签的肖扬，与他的名字一起，留给了历史。

40 年间，伴随着中国改革开放的沧桑巨变，肖扬也走过了自己人生中的风雨历程。他曾用“上下一条线，走了一个圈”来形容自己的经历。意思是从最基层的公社、县、地（市）、省直到中央，每一个阶梯都历经过，公安、检察、司法、法院这个政法圈，他绕行了一周。这种丰富的阅历在中国法律界并不多见。

从广东省检察长到共和国司法部部长再到最高人民法院院长，从主导创立第一家举报中心、第一家反贪局；建议中央选定“依法治国，建设社会主义法制国家”作为法制讲座的题目，推动依法治国方略的确立；到提出“公正与效率”，推动死刑核准权收回，推进法官职业化建设……在工作过的每一个岗位，他都像一位永不停歇的求索者，留下了可以载入中国法治史的足迹。肖扬，这位政法界著名改革者的名字，将永远被共和国铭记！

有人曾问，转战政法各部门，肖扬都是以“壮士断腕”的气魄推动改革，给中国带来了什么？一位法律学者直言，肖扬带给中国司法的价值以及伴随的争议，必将交由历史去检验。“但是，作为法律人，我们感谢他。假以时日，5 年、10 年后，中国人都会感谢他。”

随着时间的推移，今天就是“10 年后”那个历史节点。站在中国特色社会主义新时代的坐标上回望，那个亲历、见证、参与并推动了改革开放 40 年法治进程的肖扬近况如何呢？12 月 9 日，记者来到了年已 80 岁的肖老的家中。

上午 9 点 20 分，由于提前 10 分钟到达，我留意了一下四周。客厅布置得朴实无华，摆满书籍的柜子里醒目地放着肖扬和夫人的合影，沙发前的地毯有些陈旧，印刻着年轮。9 点 30 分，听到老人走下楼梯的脚步声，我立即迎上前去，伸手握住老人温暖有力的手，肖老看起来略显消瘦，但精神矍铄。老人竟然能够准确地说出我们上一次见面的时间是 2014 年，一旁的女儿也惊叹着父亲的记忆力。肖扬特别提到几位熟悉的法制日报老领导的名字，问了他们的近况；还回忆起他当部长时创刊的《中国律师报》，也就是后来被更名为《百姓信报》的前身。

从报纸聊到司法部，言谈话语间，肖扬与改革开放同行的法治人生慢慢地呈现在我们面前。

1975 ~ 1983 年——在龙归的日子

1978 年，这是当代中国的一个重要拐点，这一年的 12 月，中国似乎没有冬天，本应寒冷的时节里，安徽凤阳小岗村 18 位村民将鲜红的手印按在了分田到户的一纸契约上，震响了改革开放的春雷，唤醒沉睡的大地。万物复苏的中国，从南到北传唱着春天的故事，奔涌着变革的活力。很多人在这一年离开田野，奔向考场，踏上了改变自己命运的征途。

而此时的肖扬，正在一个叫龙归的地方忙着跟农民一起下田。1961 年，他从中国人民大学法律系毕业后，远赴新疆政法干校任教，后因中苏关系紧张学校解散，回到广东曲江县公安局。

肖扬对记者回忆说，龙归是他一生中最难忘的地方之一。在这里，他遇到了自己人生的伯乐，识才爱才的韶关市委书记李海涛和曲江县委书记康乐书。因为肖扬肯吃苦、脑子灵活、有思想、有点子，1975 年 6 月，被任命为龙归公社党委书记，年仅 37 岁。有人公开质疑，“派这么年轻的人来当书记，拿几万人的大公社来开玩笑？”

怎么办？客家人独有的韧劲和自身不服输的倔强，让肖扬下定决心，干就干出个样来。肯于钻研的肖扬虚心拜老农为师，组成农业顾问组，采取一系列有胆有识的措施后，使贫瘠的山区平均亩产超千斤甚至出现了吨粮田，轰动了全县乃至整个地区。

因为从外行到内行搞农业出了名，1979 年 12 月，肖扬作为全国农业先进单位的代表进京受奖，来到了人民大会堂，这是肖扬从中国人民大学毕业后第一次回京。意外的是，他在人民大会堂的门口，遇到了阔别 18 年之久的大学同班同学祝铭山。彼时，祝铭山已经是最高人民法院的司局级干部。没人能预料，十几年之后，肖扬与祝铭山会以“一二把手”的身份再次重逢在东交民巷27号，共同推进中国的司法改革。

谈到这段历史，肖扬补充了一个细节，从北京得奖回来后，韶关市还奖励了龙归公社一台面包车。为了让全社人民共享发展成果，肖扬建议将车配给公社卫生院用于抢救病人。

肖扬回忆说，在龙归，还有一件事他难以忘记，就是他决定带领大家修水电站。当时没有资金，没有设备，没有技术，但他“进不求名，退不避过”，买机器，买管道，建厂房，都需要钱。肖扬作出大胆决定，贷款。数额多少？100多万。在当时，主流思想是既无内债又无外债，贷款不仅很不光彩而且要冒极大风险，100多万更是一个骇人听闻的天文数字。但肖扬顶住压力果断坚持。

记者问现在那个水电站还在吗？肖扬很自豪地说，还在发电。电站建成后龙归告别了点油灯的时代，不仅解决了自身用电问题，还将剩余电量并入国家电网，1987年电站就还清了投资债务。

肖扬在当时还做过一件很有争议的事情。一个小伙子能力强但富农出身，肖扬仔细观察后发现小伙子有文化、聪明、能干，懂农业生产，就力排众议让他担任生产队长。结果，当年这个生产队粮食就翻了一番。第二年，生产又上了一个台阶。

记者问“看来您的改革魄力年轻时就有啊，当时没有担心或害怕吗？”肖扬坦言，“自己是一个贫寒的农家子弟，背井离乡移民来到韶关，从来就没有想到一定要当什么官，不怕”。也许正是这种大不了回家种地的无所畏惧精神，心底无私天地宽，支撑着肖扬一步一个脚印，果断前行。

将近4个小时的采访中，大半的时间是老人在叙述、记者在聆听。记者发现，肖扬年轻时就很有胆量，他提出的“让能人坐第一把交椅”、“让内行在其熟悉的领域施展才干”，这些改革“基因”都为他日后主张“职业化”注入了活力，也为他“归队”后所推行的一系列改革，提供了源头。

1983～1993年——在检察院“归队”

80年代初，曾是怎样的时代？彼时改革开放如大潮澎湃，波涛滚滚，与此同时，难免泥沙俱下，蝴蝶和苍蝇同时破蛹，被砸烂的“公检法”亟须复建，中国法制百废待兴，法制人才奇缺。

1983年，清远地委与韶关市委合并，素不相识的省委书记（当时没有第一书记）王宁从肖扬的履历中发现了他的“法律”背景，经向省委汇报，决定让肖扬“归队”。是年6月，肖扬重回政法岗位，并先后出任广东省检察院副检察长、检察长，最高人民检察院党组副书记、副检察长。

一上任，肖扬就思考怎样在这片改革开放的试验田里大胆探索，依法对检察体制改革进行尝试。时任最高人民检察院检察长刘复之曾这样评价广东省检察院的工作,“好几件新鲜事都出在广东”。

人们记得:1987年广东检察机关提出通过办案,为改革开放、经济建设保驾护航;1988年在深圳市建立经济罪案举报中心;1989年再出“新招”,在广东成立第一个反贪污贿赂工作局。有人认为,这是中国反贪体制改革的一次早期尝试。肖扬告诉记者,当时他设想成立的是广东省反贪污贿赂工作局,连牌子都做好了,后来因为内部有不同意见,在挂牌前夜改为广东省人民检察院反贪污贿赂工作局。

回忆起在检察院的经历,肖扬用了“归队”一词,表达了自己内心多年对法律的渴望。他对记者讲述了很多不为外界所知的故事。他说,当年中央政法委调研组到广东总结第一次“严打”经验,轮到他发言时再重复别人说过的“严打”经验已经意思不大,就即兴发言谈及“商品经济条件下的经济犯罪问题”,没说几句就被主持人阻止。但时任中央政法委常务副书记的刘复之很开明,让他继续讲下去,并且会后要秘书打电话嘱肖扬把发言整理成稿送他,肖扬回忆说,他清楚地记得当天中午饭都没顾上吃。

1986年7月,身为广东省检察长的肖扬,率先提出“检察工作要服从服务于经济建设”的观点,鲜明阐述打击与保护并行不悖,并且出台保护科技人员合法权益的12条规定。为实现保护生产和惩罚挽救犯罪的统一,广东省检察院还尝试了暂缓逮捕的做法。这在当时引起极大的争议,如一石击水,再次掀起波澜。肖扬向记者介绍说,当时甚至出现了“搞活派”、“搞死派”两大阵营,可见意见分歧之大,也印证了肖扬的超前意识和勇于迈大步、敢于闯新路的勇气。珠江电影制片厂为此拍了一部影片《暂缓逮捕》。

肖扬还对记者讲了一个例子。有一对男女青年谈恋爱,被民兵抓住后,男女分开审,女方迫于压力改口说被强奸,当时要判男的死刑。肖扬不赞成这种背离法律的“从重”惩处,又成为“靶子”。这类案子深深触动了肖扬的内心深处,让他开始思考有关刑事政策问题,于是提出“严有度,宽有边,宽严相济,实事求是”的检察理念,为他后来在法院时建议中央实行“宽严相济”刑事政策做好了思想和实践准备。

1993~1998年——亲历“法制”向“法治”之变

1992年,邓小平坐上了南下的火车,南方谈话后,中国改革的势头更加强劲。

山一程,水一程,辗转百回间,1993年3月,肖扬出任共和国第六任司法部部长,这一年肖扬54岁。如何找准改革开放与司法行政工作的结合点?是他在新岗位上必须寻找的突破口。

记者在采访时,第一次看到肖扬展示的历史性文件《中国司法行政工作五年发展纲要》,创建现代化文明监狱、改革律师体制、创立法律援助制度……从一系列改革举措中可以看出,主政司法部期间,肖扬的改革力度明显加码,制度设计更具前瞻性。此时的肖扬清醒地意识到,在市场经济的呼唤下,律师制度已经无法适应市场经济发展的需要,必须有大动作。于是,在 1993 年 6 月的全国司法厅(局)长座谈会上,肖扬强调律师改革应是"重中之重"。他提出了"不再使用生产资料所有制模式和行政管理模式界定律师机构的性质;律师必须职业化"的命题,总体目标和思路十分大胆,让人耳目一新。

可以说是"大刀阔斧",中国人民大学陈卫东教授用这四个字来评价。他接受记者采访时认为,"将带有国有制性质的法律顾问处向更具有先进性的合作制律师事务所进行改革,使代表了集体经营模式的合作制律师事务所在全国各地得到了长足的发展;探索个体制律师事务所的组织形式,填补了我国法律服务市场的空白。"中华全国律师协会会长王俊峰也对记者说,"那一年,很多人都感觉到,中国律师的春天来了。"后来成为顶级律所的大成、金杜、君合、中伦等律师事务所都是这项制度的实践者,改革最大的意义就是,为律师行业进一步发展释放了活力。"向前推进了一大步,而这项改革当时并无法预料未来,带着风险",吕红兵律师评价。肖扬自己则认为,律师体制改革为他后来在法院推行改革打好了基础,没有律师体制改革,就没有后来的以审判为中心的改革。

这一时期,肖扬还首次提出中国特色法律援助制度,由于不被理解,开始时推进缓慢,他曾一度非常着急。而现如今,"法律援助制度"在华夏大地已经扎根开花。

"让贫者、弱者、残者能打得起官司,建立和实施法律援助制度",他对记者说,"可以向世界昭示和表明中国是一个文明、进步的国家",这是肖扬更深层次的思考。有人认为,"这项制度的提出"在肖扬的人生路上留下一抹绚丽的亮色,也为肖扬后期提出的"司法救助制度"提供了蓝本。

必须提到的是,肖扬还特别重视法学教育。1998 年年初,全国法律专业学位教育指导委员会成立,司法部为培养高层次的应用型和复合型法律人才开辟了一条新渠道,体现了 20 年前制度设计者为依法治国储备人才的战略眼光。

"善谋者胜,远谋者兴。"主政司法部期间,肖扬不仅大刀阔斧地改革,使中国司法行政工作在原有的基础上大大向前推进;而且能够敏锐抓住时机,向中央提议举办法制讲座,最终促成了依法治国方略的提出。

肖扬认为,十一届三中全会所确立的法制路线,本质上就是要走依法治国之路。只是在当时,这还只是一种朦胧状态下的法治,人们对"法制"和"法治"的区别还没有清晰的认识,更没有从治国基本方略的高度来认识这一问题。真正完成从"法制"到"法治"的飞跃,是在 1997 年 9 月。1997 年 9 月 12 日,党的十五大郑重提出:"依法治国,是党领导人民治理国家的基本方略。"

在这里要说到一次特殊的"普法"实践。1994 年 6 月 21 日,在司法部、中宣部、中国法学会共同举办的"国家中高级干部法学讲师团"成立一周年座谈会上,许多专家建议为中共中央政治局领导举办法制讲座。司法部党组立即向中央请示并获得批准,于是就有了 1994 年 12 月 9 日的中央法制讲座第一讲。

后来到 1996 年 2 月第三讲时,无论题目还是演讲人选,司法部都经过了仔细"推敲”和反复“研究”,方案换了几个,最后确定为中央讲的题目是“依法治国,建设社会主义法制国家”。

正是在这次讲座的总结讲话中,中央领导提出了依法治国方略。党的十五大进一步将“建设社会主义法制国家”升华为“建设社会主义法治国家”,完成了从“法制”到“法治”的飞跃。

在肖扬看来,从“法制”到“法治”,虽然只是一字之差,却是一次观念的重大变革,标志着我国对法治的追求从朦胧走上成熟和自觉,是党的领导方式、执政方式、治国方略的重大发展,是对中国社会主义民主政治与法制建设的完善。

记者电话连线对这一段历史非常熟悉、当时在司法部任副部长的刘飏,她说,从中央法制讲座的设立到推动依法治国基本方略的确立,其显现的意义和价值,都为肖扬在中国法治建设史上留下浓墨重彩的一笔。

1998～2008年——司法改革“破冰前行”

岁月总是不会说话,历史却在无声中前行。1998年3月和2003年3月,在第九届全国人大第一次会议、第十届全国人大第一次会议上,肖扬两次当选为最高人民法院院长。这十年,应该是肖扬人生中最辉煌的十年,也是引发外界最多关注的十年。随着他在镁光灯下曝光的频率越来越高,成为媒体“宠儿”的同时,非议、质疑的声音也让他承受了常人想象不到的压力。但他因“一个共产党人只要对党忠诚,就不能害怕暴风骤雨”的坚定信仰;以“司法必须公正、责任大于天”的法治情怀,推动中国司法改革“破冰前行”。

1998年年底,手持身份证的普通公民和持记者证的媒体记者走进“神秘”的法院大门,中国法院全面实行审判公开,应该说是肖扬做的第一件大事。不久,肖扬又提出“公正与效率是21世纪人民法院的工作主题”,发出新世纪中国司法的宣言;并提出“审判工作是中心、队伍建设是关键、法院改革是出路”的战略布局。

记者在采访时得知,那10年,最高人民法院以肖扬为“领航人”的这艘航船,在司法改革的“大海上”朝着建设公正高效权威的中国特色社会主义司法制度目标前进的历程中,真的经历了过险滩、乘风破浪的历程。一位老法官对记者回忆,1998年3月,当时最高人民法院已经在讨论司改问题,肖扬认为应当系列研究,整体推进,于是《人民法院五年改革纲要》出炉,开启了中国司法改革新的一页。但是,由于各种因素影响,这一轮司法改革重点放在了工作机制方面,肖扬也是很无奈,或者遗憾。这一点记者在采访时得到印证。

到了《人民法院第二个五年改革纲要》时,肖扬自己对于司法规律的认识已经相当深刻,司法理论也趋于成熟。于是他对法治的思考和认识在这一阶段得以体现,“例如审委会的会议制改为审理制,法官职业化建设,多元化纠纷解决机制,法律适用统一,案例指导制度”等,而这些后来都成为健全司法制度的重要构成部分。尤其最高人民法院整个司改团队"耗尽心血"推出的法官队伍职业化建设,是当今司法体制改革的重要理论基础。

"没有职业化建设,就不可能有后来的人员分类管理,也不可能有司法规律的彰显!"全程参与制定"一五、二五、三五、四五法院改革纲要"的一位老法官如是评价。

肖扬任内争议最大现在看来也是成效最大的改革,莫过于下放26年死刑复核权的回归。据说,也就是这项改革让老人承受了外界想象不到的压力。

"改革最大的困难,就是陈旧的司法观念的阻碍"。肖扬对记者说,当年很多人包括有的领导干部信奉杀人就是威慑力,强调只有多杀人,才能确保社会治安的稳定,因此,"少杀、慎杀","严格控制和慎重适用死刑"的新理念与"慎杀可以,少杀不行"的观点自然是格格不入的,改革步履维艰。何其难?"如刀尖上跳舞",有人这样形容。

但后来的事实证明,统一行使死刑核准权,坚持"少杀"、"慎杀",并不会纵容和鼓励犯罪。"实际情况是,收回第一年就创造了判处死缓数量首次高于死刑立即执行数量的新历史"。肖扬对记者说。

根据公安部统计,2007年前11个月,全国爆炸案件下降25%,故意杀人案件下降10%,抢劫案件下降7%。根据国家统计局公布的第七次群众安全感调查结果,93.3%的群众认为治安环境安全,比2006年上升了1.3个百分点。实践证明,肖扬告诉记者,"大要案逐年下降,用多种形式惩罚犯罪是不会影响打击力度的"。

记者采访时特别问到肖扬当年面临压力时是否后悔过?他坚定地说,"人命关天的事情,不能怕麻烦,我们豁出去了,如果在这个问题上不能全国统一,司法的统一就无从谈起"。他说:"我们讲司法为民,就是要能保护人民群众的合法利益,生命权就是至高无上的利益。如果死刑问题没有把好关,还谈什么司法为民?"

曾经长期主管死刑复核工作、现任最高人民检察院检察长的张军曾经说过,当年,在党中央强有力领导和支持下,为了消除社会疑虑,在多个场合,肖扬院长就死刑核准权收回发表讲话,态度非常鲜明。因为收回死刑核准权"牵一发而动全身",这一改革带动了一审、二审刑事程序乃至侦查程序的一连串变革,因此,收回死刑核准权的意义绝不仅在于核准制度改变本身,它带来的是中国刑事司法全局性变革,是我国法治进步的标志性事件。

在张军看来,"改革是一个过程,应放在较长的历史过程中去考量和评价。符合自然规律和历史规律的东西,就会有生命力,就会经得起历史的考验。"

2008~2018年——"法痴老人"梦犹在

40年间,中国在变,如喷薄而出的红日,朝霞满天;中国的法院在变,立足国情,革故鼎新,走社会主义法治道路的信念坚定不移。

新时代新坐标,中国如何前行?"改革不停顿,开放不止步",这是习近平总书记坚定的回答。2018年,历史的年轮已经进入十九大刻度。党中央成立了中央全面依法治国委员会,对全面依法治国作出一系列重大决策,提出一系列全面依法治国新理念新思想新战略。这无论自建党以来还是新中国成立以来都是第一次,充分表明和体现了党对全面依法治国的高度重视。

作为一位见证中国法治发展40年的老人,肖扬认为,改革开放带给中国的巨大改变,是国家治理方式的根本性改变——实现了从法律虚无主义到全面依法治国的伟大变革;在国家治理方式和党的执政方式上,探索出了一条中国特色社会主义法治道路。他对记者说,习近平总书记指出"全面推进依法治国,必须走对路",这是方向性的引领,只有坚持党的领导,法治发展才能走对路。

10年前退下来的肖扬,并未停止追求法治的脚步,大部分时间和精力都用在了钻研法治理论和弘扬法治精神上。2014年在母校中国人民大学的一次演讲上,他称自己是一个"法痴老人",并骄傲地说"我的法律梦还在,我的法治梦还在!"

采访接近尾声,当记者问他如何度过晚年生活?他说,自己有一个幸福、和谐的家庭,与老伴相濡以沫多年,他很感谢老伴陪他走过了多年的风风雨雨,走过了几十年的不平坦之路;赋闲在家后,他去哪里家里人都陪着,老伴58岁时陪他学游泳,68岁时陪他学打球。当然,让他温暖的还有听话争气的子女,小外孙手工制作的"法槌",是他80岁大寿收到的礼物,被隆而重之地摆放在了展示架上。回顾40年的历程,肖扬深情地说,他为自己处于这个波澜壮阔的改革时代而感到幸运,为自己参与这个前无古人的伟大事业而感到自豪!

"为民,是共产党人的初心,也是司法改革的初心"。这份坚定,让记者的心灵为之震撼。

采访肖扬,追随他的回忆,在40年的法治长河里游走,感觉自己的思绪也漫天飞舞,落笔时竟不知所措。回到文章开头那个追问,肖扬的改革为中国法治带来了什么?必须承认,当中国司法改革走到"四梁八柱已经建成,进入精装修"时段,历史不会忘记肖扬这个"夯基人"。他在每个部门所推动的改革,都是一个包含思想、理念、制度、队伍在内的大变革,从而窥见中国法治进步的过程和脉络,也让我们更加看到中国法治走到今天的不容易,可谓"沧桑巨变"、"波澜壮阔"。

采访中,记者不仅被40年改革的艰难震撼,更为肖扬的人格魅力而感动,还有很多肖扬慧眼识才的故事,受篇幅限制无法书写,不可谓无憾。怎样形容肖扬?不由想起《幽窗小记》里的那句:"宠辱不惊,闲看庭前花开花落。去留无意,漫随天外云卷云舒。"

这一天,北京特别冷,肖扬坚持把我送到客厅门口;在门廊穿外套时,老人又送到大门口,只好第二次道别,在他慈祥的目光里转身。看着他消瘦的面庞中透出的刚毅,回想改革的艰难和不容易,此刻,比起尊敬,这位不平凡的老人更让人心疼。在中国法治爬坡过坎、披荆斩棘、走了一条前人想走而未走的道路上,有很多人值得我们致敬!肖扬是其中一位。

寒风中,眼里噙满泪水……

浮舟沧海　立马昆仑——换个角度看肖扬

“浮舟沧海,立马昆仑”条幅,是1990年的冬天,肖扬即将赴京出任最高人民检察院副检察长前,广东政法界元老寇庆延为肖扬的晋升感到高兴而赠,以警示和鼓励。据肖扬回忆,寇老为他题字时,对他并不熟悉,只是出于对年轻人的鼓励和鞭策而写,同时也是告诫他,做政法工作如沧海浮舟,更如在昆仑骑马,稍有不慎便有险境。这么多年,肖扬一直珍藏着这个横幅。

为了让读者更好地了解改革之外的肖扬,记者特别采访了几位法官。一位法官对记者说,2006年,当肖扬院长访问美国时,美国最高法院奥康纳大法官全程陪同。她曾问肖院长:我介绍您的称谓时,是院长还是首席大法官呢?肖院长没有犹豫地回答:还是首席大法官吧!奥康纳对肖扬更生一份尊重之情。

一位资深法官眼里的肖扬是一位宽厚的长者,对于年轻的干部给予的更多是鼓励和鞭策,从来不会咄咄逼人而且还很幽默。有一次,党组会审议一个重要文件,研究室的刘树德博士(年纪不大但有点谢顶,长得比较老气一点)列席,肖院长很想听听普通干部的意见,向着刘树德所坐的位置说:“那一位老同志有什么高见啊?”逗得大家哄堂大笑。

“老同志”刘树德接受记者采访时把这个故事继续,更让人忍俊不禁。他说,会后,列席党组会议的邵文虹主任告诉我,肖院长在会后问她,“今日汇报的‘老同志’是谁啊?”她笑着回答,“是刘树德,不是‘老同志’,是年轻同志”。肖院长随后也笑了,回应了声“哦,刘树德,他赠了书给我”。从此以后,最高人民法院除了“四大美女”(四位男同志的名字给人感觉像女的)之外,又多了一个茶余饭后“老同志”的故事。

2006年3月,刘树德有幸跟随肖扬院长出访。一个早晨去广场溜达时,碰到肖院长正好在散步。肖院长高兴地喊他:“小刘同志,过来一起照张相吧。”刘树德喜出望外,第一次有了与肖院长在国外的合影。回宾馆的路上他高兴地对肖院长说,“今天心情特别好,又变年轻了,从‘老同志’变成了‘小刘同志’”,肖院长也笑了。

(2018.12.18)

点　评　肖扬,共和国第八位最高人民法院院长,他的名字与司法改革紧紧相联:主导创建中国第一个举报中心、反贪局,改革律师体制、监狱体制,创建法律援助制度,上收死刑复核权,推进法官职业化建设,提出以审判为中心的改革方向……这些改革举措为司法进步注入了动力,为司法改革释放了活力,在中国法治建设史上留下浓墨重彩的一笔。肖扬的法治人生,折射出改革开放以来中国法治建设的发展脉络。

本文以肖扬40年法治人生轨迹为主线，通过时间和空间的转换，勾勒出肖扬的法治人生脉络，展现了他的改革开放情怀。文章叙事风格独特，大开大合，夹叙夹议，既有高屋建瓴的气势，也有细致入微的描写，让文章百转千回却又饱含深厚的人生哲理。

最高检：这一场里程碑式的重塑性变革

蒋安杰

“岁月不居，时节如流。”

这是一个即将迎来己亥年的元旦。伴随着新年的钟声，习近平总书记“人民是共和国的坚实根基，人民是我们执政的最大底气”新年贺词尚在华夏大地上空回荡之际，1 月 3 日，国新办以“最高检改革内设机构全面履行法律监督职能”为主题开启了 2019 首场新闻发布会。

发布会上，被誉为检察院恢复重建以来规模最大、调整最多、影响检察全部职能作用发挥的改革方案第一次亮相；按照新的职能和办案机制正式运行的十个检察厅首次进入公众视野。

“检察机关的内设机构过去可以说五花八门。机构设置不合理、名称不统一、运行不规范，这是检察机关内设机构改革的动因之一。”发布会上，最高人民检察院副检察长童建明这样说道。

改革将原来民事行政检察厅一分为三，设立分别负责民事、行政检察工作的第六检察厅和第七检察厅；同时，针对生态环境和资源保护、食品药品安全、损害英烈名誉等人民群众反映强烈的问题，专设负责公益诉讼检察的第八检察厅；与此同时，曾作为临时机构履行相关职责的未成年人检察工作办公室，正式批准获编，排序为第九检察厅，专门负责未成年人检察工作。

改革后，最高检撤销了侦监厅和公诉厅、公诉二厅，重组为第一至第四检察厅。它们按照犯罪类型划分：第一检察厅主要负责办理普通刑事案件，第二检察厅办理危害国家安全罪、危害公共安全罪、故意杀人、抢劫、毒品等重大犯罪案件，第三检察厅办理国家监委移送起诉的职务犯罪案件，第四检察厅办理经济犯罪案件。这样一次系统性、整体性、重构性的改革，力度之大在最高检历史上并不多见。为什么要进行如此规模之大的改革？张军检察长用“时代使然、重塑性变革、时代特征鲜明”三个关键词代表最高检党组做了坚定的回答。

“为人民群众提供更好、更优、更实在的法治产品、检察产品，这是落实党中央要求、满足人民群众日益增长的美好生活需要的必然选择，也是站在新的历史坐标上检察机关必须回答的时代课题。”张军如是说。

这也是首席大检察官张军 2018 年 3 月上任后的首场新闻发布会，“你提的问题很专业”、“这是一个好问题”，张军检察长现场与记者的轻松互动以及“知无不言”的允诺，彰显了他独有的“接地气”特质和“招牌式”亲和力，给大家留下深刻印象，“政治坚定，应对自如，法律功底扎实”，是媒体人对他的评价。

对于最高检这项已经多年试点，又专门用了近一年时间深入调研而推出的改革,学界给予高度关注。“改革,不是简单的修修补补,而是大刀阔斧,是职能、人员按照职业化、专业化进行的重新整合”,中国人民大学陈卫东教授对记者说。

“不同部门对应不同犯罪类型,将走一种刑法专业化道路”,清华大学法学院张建伟教授这样认为。

“非常震撼”,中国政法大学赵旭东教授用了这四个字来形容。

“第九检察厅的设立,充分体现了以人民为中心的司法理念,对未成年人的司法保护具有里程碑的意义。”北京师范大学宋英辉教授如此评价。

也就是在这个具有里程碑意义的发布会上,以机构改革为突破口,“四大检察全面协调充分发展”为路径,“落实、稳进、提升”为主题的新时代检察改革宏伟画卷描绘出基本轮廓,被誉为一场“动筋骨触灵魂”的重塑性变革正式拉开帷幕。

“把检察人员从一切不合时宜的思维定式、固有模式、路径依赖中解放出来,释放和增强检察机关活力和法律监督能力,必将使检察工作峰回路转、涅槃重生。”一位老检察官充满深情地说道。

一

历史发生转折时,往往波澜不惊。

1978 年 5 月,一篇文章在《光明日报》头版刊登,如一声炸雷,在中国引发激烈讨论。这篇文章的名字就是《实践是检验真理的唯一标准》。随着邓小平“打破精神枷锁,使我们思想来一个大解放”的号召,改革的春风就此吹来,万物复苏。

与改革开放同步,1978 年 6 月 1 日,最高人民检察院恢复重建大会在高检东区老北楼二层会议室召开。最高检原政治部主任、现任云南检察院检察长王光辉曾在回忆文章里提及,“说是大会,实际上当年参加会议的只有 18 人。时任检察长黄火青风趣地说:‘18 个人,就是十八罗汉’。这‘十八罗汉’,既是最高检机关恢复重建最早的参与者、见证者,也是人民检察事业浴火重生的传承者、开拓者。”

没有人能预知也无法预知,40 年后的检察队伍从“十八罗汉”发展到目前的21.7万人,更没人能料到,那个年代“以阶级斗争为纲、发展经济、解决温饱”为目标的中国,会在日后经济快速腾飞发展的高速路上,必须面对和适应的是老百姓从“有没有”升级为“好不好”的需求,各行各业在新时代都面临新的挑战,检察机关亦然。

“1978 年开始复建时,因为‘文革’遗留大量的冤假错案,检察工作的重要职能是处理群众的信件来访。”大学毕业后就在检察系统工作、见证了检察院多次部门“合并、分开、再合并”的最高检副检察长孙谦认为,每一次变革都有规律可循,都有其特定的逻辑起点。“新时代社会矛盾的主要变化,满足人民群众对民主、法治、公平、正义等方面的需求”,就是此次重塑性改革的逻辑起点,孙谦如是解答。

当然,不同时期,由于诸多因素影响,内设机构设置的逻辑,其侧重点有时也是有所不同的。

最高检副检察长邱学强对记者大致介绍了最高检机构改革经历的三个阶段。

第一个阶段是20世纪80年代,以“检察”命名的内设机构设置模式;第二个阶段是20世纪90年代至2012年,以“多元化”命名的内设机构设置模式;第三个阶段是2013年以来,以扁平化、“大部制”为主要特点的检察机关内设机构改革不断推进。“在每个历史时期,党和人民对检察工作的新要求,就是检察工作新的着力点,相应地,该领域的检察机关内设机构就会创设、加强或取消。”邱学强对记者说。

当历史年轮进入中共十九大刻度,我们站在2018的时代坐标上回望40年,会发现检察机关内设机构改革在全面依法治国历史进程中,因应检察职能调整而不断变迁,其发展并不是一帆风顺的,可谓几经坎坷,恢复重建后的检察机关始终是在改革探索中披荆斩棘、不断前行。

有学者曾评价,虽然任何一段历史都有其不可替代的独特性,但1978~2018年的中国,却是最不可能重复的。1978年,这是中国和时代的一个重要拐点,不仅国家的命运被影响,无数个体命运的轨迹,也因这一年的高考而改变,见证中国沧桑巨变的这一代人同样是不可复制的。40年后当历史走到今天,这一代中的很多人走到各领域舞台的中央,必然用只能走社会主义道路的坚定影响其行业,因为多大的力量都无法战胜“感同身受”。

二

2017年,一部反腐题材的主旋律电视剧《人民的名义》在全国热播,据说有的检察官回家乡走亲戚参加同学聚会,真名基本可以忽略,一句“这是侯亮平”足矣,可见当年电视剧之“火爆”。彼时,估计没人会料到这部电视剧竟是检察机关与反贪工作的“最后告别”。

为坚持和加强党对反腐败工作的集中统一领导,党的十八届六中全会决定深化国家监察体制改革,建立集中统一、权威高效的监察体系。到2018年2月,设立了23年的反贪污贿赂总局完成了历史使命,正式摘牌,四级检察院反贪、反渎和预防部门职能、机构及44,151名检察人员全部按时完成转隶。转隶后,一方面,检察院引以为荣的“重要职能”没有了,大家情感上难以割舍,很多检察官情绪低迷、不知所措,工作进入低谷期;另一方面,检察机关面临着“重新整合后路向何方”等事关检察事业全局的发展难题。

就是在这样的背景下,2018年3月18日,最高人民检察院新任检察长张军正式上任了。

据说,最初在听取汇报以及调研时,有的干部不经意间就会把“前方路漫漫”那种悲壮情绪流露出来。张军对这种情感的表达理解,但更有他自己积极、向上的辩证看法。他在多个场合指出,“反贪等部门转隶关上一扇窗,但历史的责任、法治的担当,使我们应该更有信心寻找、开启新时代检察工作的另一扇门,新的更加灿烂的阳光已经透进并照耀在检察事业的新征程上，我们应该找到打开这扇门的钥匙。”他的话似一种无形的力量鼓舞着士气。

2018 年 3 月 27 日全国检察机关学习贯彻全国“两会”精神电视电话会议上，新一届最高检党组第一次对全系统发出“要以等不起的紧迫感、慢不得的危机感、坐不住的责任感，讲政治、顾大局、谋发展、重自强，坚定不移地探索、创新、走出新时代中国特色社会主义检察之路”的动员令，指明了检察改革再出发的方向。

张军特别强调，“讲政治”的“讲”不只是讲话的“讲”，讲政治不是喊口号、讲空话套话，而是要在以习近平同志为核心的党中央坚强领导下，把人民群众的新需求时刻挂在心上，做好“检察产品”供给侧结构性改革，提升检察产品质量，为党分忧，为民增强实实在在的获得感、幸福感、安全感。

任职初的一段时间，张军用将近 3 个多月的时间与每个厅室座谈，分别到湖北、山东、云南、黑龙江、深圳等地调研，听取基层检察官的呼声，听取人大代表的意见，听取每个厅室对改革的建议，党组成员不断地碰撞、统一认识和思想，寻找深化检察改革“良方”。

“在监督中办案，在办案中监督”，“离开办案，法律监督就是无源之水、无本之木、空中楼阁”，“通过办案才能为人民群众提供更优质的法治产品、检察产品，才能让人民群众在每一个案件中感受到公平正义”等新理念不断地刷新社会各界对传统检察观念的认知，改革理念如同春风扑面，让人清心爽目。“重塑”理念，可以说是最高检党组为新时代新检察的重塑性改革下的“第一剂猛药”、开的“第一道药方”。

“理念一新天地宽”。也就是这个时间段，新一届最高检党组清醒地认识到，长期以来以反贪工作为重心形成的“三大不平衡”已经成为检察工作发展的掣肘，必须解决好，才能与党和国家解决新时代经济社会发展不平衡不充分的要求高度一致、完全吻合；必须从根本上改变刑事检察一头沉、非刑事检察发育不健全、内部职责不清、衔接不顺畅的格局，统筹设计、理顺职能，综合运用多种检察手段，破解社会难题。

明者因时而变，智者随时而制。

一系列调研之后，2018 年 7 月深圳举行的大检察官研讨班上，最高检党组鲜明强调，“转隶就是转机”。转机是什么？就是找到检察事业新发展的“另一扇门”，切实变压力为动力，更加注重补齐短板弱项，推动检察工作的平衡协调充分发展，特别是要把检察机关的职能、主业更实地放到办案上来，要更有意识地将重心向民事、行政、公益诉讼等方面倾斜，这样才能行稳致远。由此，“重新组建专业化刑事办案机构，全面推进‘捕诉一体’，设立专门的民事、行政和公益诉讼检察机构或办案组”的改革方案呼之欲出。

三

须教自我胸中出，切忌随人脚后行。

说到最高检“这场里程碑式的重塑性变革”,关于“捕诉一体”这个话题曾经引起的争论是无论如何也绕不过去的。

据悉,“捕诉一体”这项制度在萌芽时就出现了不同声音,早于最高检新任检察长上任前就已经进行“捕诉一体”试点改革的吉林省检察院曾饱受诟病,“挺分”、“挺合”、“观望”三种观点几乎同时并存。争议不仅存在于理论界和实务界,即便在检察院内部也曾有过分歧,再往深里说,据内部人士透露,最高检党组成员最开始意见也并不统一,可贵的是,最高检党组知难而上,多方调研,最终统一认识。

什么是“捕诉一体”? 最高检副检察长陈国庆解释,就是对同一刑事案件,由同一检察官办理,全程负责审查逮捕、侦查监督、审查起诉、诉讼监督等检察环节的各项工作,真正做到“谁办案、谁负责”、“谁决定、谁负责”。

为什么要“捕诉一体”? 童建明用一句话概括,就是在案多人少的情况下,提高案件诉讼效率,降低司法成本,通过挖掘内生动力,使办案机制更加科学合理,办案质量效果更好。

这么一项内部改革,为何会引来如此高的关注度? 据了解,分歧的理由也不尽相同,学界普遍担忧的是“捕诉一体”会弱化内部监督制约;而在检察院内部,侦监部门从未出过庭,怕应对不了,本领恐慌,也不愿意“捕诉一体”,一时间,关于“捕诉一体”的争论显得颇为热闹。

持反对意见认为,检察机关通过审查批捕和审查起诉,有两次对侦查活动进行法律监督的机会,而一旦实行“捕诉一体”,这势必大大削弱检察机关对侦查活动的监督力度;最大的风险是一个人决定“捕”和“诉”,必然一“诉”到底,将不利于保障人权。

持赞成观点认为,捕诉分开,各管一段,内生对案件负责任的动因可能不足,导致效率低、专业性不强。如果“捕诉一体”,因为将来还要诉,在捕的时候会按照逮捕标准来衡量,更会按照将来起诉庭审标准给侦查部门提要求,必然切实强化侦查监督。

一位老检察官对记者说,“捕诉一体”最大的价值并不仅仅在于效率,反倒是更在于质量。负责批捕的检察官,也是直接出庭的检察官,他在批捕时就能根据起诉、审判的标准提出指导意见,引导侦查人员及时、有效地做好证据收集工作,更能确保案件质量。

“捕诉一体”是否会弱化内部监督? 一位年轻的检察官在接受记者采访时说道,“自己的刀削不了自己的把儿”,很多检察院大多是同一个领导同时负责批捕和起诉,内部的制衡一直相对很弱,最大的制衡反而是外部的,包括法院审判、公安、律师和当事人。

记者采访了多位检察官,他们一致指出,我国的逮捕不同于外国,它是以长时间的拘留为前置程序的,且本身条件要求很高,由起诉检察官来负责批捕只会把关更严,并不会导致冤及无辜,更不会导致批捕率上升。实践已证明这一点。

据苏州工业园区检察院提供的数据显示,实施“捕诉一体”后,这家检察院审前羁押率从2013年的50.5%降至2017年的27.3%;逮捕率从2004年的95.9%降低至2017年的60.5%。

“这样的改革,也有利于与公安机关和人民法院内设机构的对接,形成公检法三家内设机构逻辑的一致性,更利于在诉讼活动中的实时对接”,清华大学张建伟教授如是评价。

中国人民大学陈卫东教授永远不会忘记那次与最高检新任检察长的会面。那是2018年春天第19届全国检察理论年会的前夜,首席大检察官、几位地方检察长、陈卫东等人进行了长达三个多小时的“促膝谈心”,如果可以用“论战”这个词语形容的话,这场“交锋”从晚八点持续到午夜,基本是“持合”与“持分”观点最直接的一次面对面的碰撞。这次面对面的副产品,坊间流传的“某学者坚决反对‘捕诉一体’的检察改革”也不属实,真实的版本是陈卫东被检察长的真诚和坚定打动,不反对试点。

按照以往,这本是只可意会不可言传的事,没想到第二天的会议上,张军在讲话的同时,自己主动提及与公安部某领导的一次对话,在那次对话中他明确感受到公安对检察院侦监工作的更高期盼;他还开诚布公地提到已经听闻有学者对可能要进行的“捕诉一体”表示担忧,这是好事,说明学界关心检察改革,试点检察院应该邀请学者们去观摩,不能苛求学者为检察改革站队,但一定要让学者以及社会更多的人去理解。他说,实践之树常青,离开实践的理论永远是灰色的,“一体”还是“分开”,不能仅从理论层面论证,必须立足实践、立足办案来思考。

“捕诉分设”还是“捕诉一体”,不是简单的谁优谁劣,而是“1+1=2”还是“1+1>2”的问题。为做好这道“算术题”,2018年7月19日至20日,全国人大监察和司法委员会、最高检联合邀请8名法学专家,前往江苏省无锡市和苏州市检察机关开展实地调研。

2018年8月22日至23日,全国人大监察和司法委员会、最高检再一次联合邀请7名法学专家,前往吉林检察机关开展实地调研。代表们获知,备受关注的长生疫苗案,长春市高新区检察院组成“捕诉一体”办案团队,依法提前介入,帮助统一证据标准,从公安机关立案侦查至审查起诉,仅用了17天。

“‘捕诉一体’改革方向是正确的,改革的效果怎样,是否有利于司法公正、人权保障、队伍专业化,如何进行制度配套,怎样进行完善,是下一步应当思考推进的问题”,此次率队调研的全国人大常委会委员、全国人大监察和司法委员会副主任委员李钺锋对调研成果给予积极评价。

实战观摩后,陈卫东深受触动并有所改变,当然不排除来自其“耳边风”的影响力,据说,他做刑辩律师的夫人郝春莉告诉他律师们都赞成“捕诉一体”,让他很受震动。但是,转变不代表没有担忧,此次接受记者采访,他特别表明了这个态度,他建议“要在人权保障特别是犯罪嫌疑人权利的保障、辩护律师权利的保障上下功夫,用程序保证律师的权利落到实处”。

随着“捕诉一体”的全面铺开,始于 20 年前因为反贪总局设立、检察机关开启的“捕诉分离”,20 年后因为反贪转隶,在 2019 年这个新时代节点,终于“打包”留给了历史,那一场几乎将改革主流声音淹没的争论也就此终结。

某种意义上,40 年前“实践是检验真理的唯一标准”那场辩论的结论,在 40 年后这场“动筋骨触灵魂”的重塑性检察改革中,得到了最好的验证。“改革是一个过程,应放在较长的历史过程中去考量和评价。符合自然规律和历史规律的东西,就会有生命力,就会经得起历史的考验。”曾在最高人民法院经历过“死刑复核权回归”那场惊心动魄改革的张军表达了这样的观点。

四

时间总是有种神秘感,印象中感觉彼此间刚说完“新年快乐”,农历的春节就已经来临。无独有偶,2019 年 2 月 14 日,春节后的国新办第一场发布会,又被最高检拔得“头筹”,以“中国生态环境检察工作”为主题的新闻发布会再一次吸引了社会各界的目光。

从这次发布会上记者得知,有一项制度甚至得到了联合国副秘书长兼环境规划署执行主任埃里克·索尔海姆由衷的赞叹,那就是中国的检察公益诉讼制度。在埃里克看来,中国检察官代表公益提起诉讼,甚至可以把政府部门作为被告,这是非常了不起的一个体系,光这一项制度就使得中国的司法制度成为全世界最有力的司法制度之一。

与其他国家相比,中国检察公益诉讼制度有什么特别之处?“世界上没有完全相同的两片树叶,”最高检副检察长张雪樵说道。“不看广告看疗效。”中国检察机关 2018 年办理的 11 万余件公益诉讼案件中,生态环境领域的案件为 59,312 件。这近 6 万件案件,督促被毁损污染的耕地、湿地、林地、草原得到修复的有 210 万亩。这还仅是陆地上的、静态的、看得见的公益诉讼的治理效果,还有水流走了,看不见的治理效果。

也许你会问,检察官不是应该站在法庭上指控犯罪,保一方平安吗?怎么今天做上了保护青山绿水的天使?这也是此次采访中记者最想追问和了解的。

其实,这项制度的推出也不是各方一拍即合的。不仅有的检察官不愿意,一些检察长不愿意,一些政府官员更不愿意。有的年轻检察官说,他们当初毕业满怀理想“不忘初心”,就是想做正义的化身,公益诉讼大部分工作都在做诉前指导提出“检察建议”,谁不愿意出庭“亮剑”啊?有的检察长习惯于“反贪反渎”大权在握,走到哪里威风凛凛,现在要给政府出“检察建议”,工作量无形间加大不说,谁愿意得罪地方领导?政府部门更是振振有词,我搞发展是为了经济,怎么轮到你检察院来“挑刺”呢?各种闲言碎语,很多人拿不准、也有人在看笑话。

据说,这种现象和声音通过各种渠道传到了最高检领导的耳朵里,反倒是更加坚定了最高检党组加大推动公益诉讼制度改革的决心。2018 年夏天,拿出机构改革的总盘子之前,最高检党组率先提出撤销铁路运输检察厅,增设公益诉讼检察厅的方案,报中央审批。

“没有等大盘子,可能是总方案没有完全成熟,有不同的意见,酝酿讨论和审批时间都会比较长。但设立公益诉讼厅的想法很确定也很急迫。”一位厅长对记者透露。

后来,众所周知,2018 年 7 月 6 日,习近平总书记主持召开中央全面深化改革委员会第三次会议。会议强调,设立最高人民检察院公益诉讼检察厅,要以强化法律监督、提高办案效果、推进专业化建设为导向,构建配置科学、运行高效的公益诉讼检察机构,为更好履行检察公益诉讼职责提供组织保障。

自此,检察机关通过提起公益诉讼的方式对生态环境和资源保护、食品药品安全等领域的违法行为开展监督,成为检察机关法律监督新的增长点。

与此同时,因为看到了问题的本质及对工作难度的预判,最高检强调,检察机关办理公益诉讼案件“质”比“量”更为重要,要坚持双赢多赢共赢,不能把发出检察建议的数量当政绩;做好公益诉讼工作,既要严格执行诉前程序,积极推动行政机关主动履职纠错,又要抓住典型,实现起诉一起、警示一片的良好效果。

张军甚至给很多检察长开起了“小灶”,“输出”工作方法。他说,“理念不同,天地就不同。理念问题不解决,公益诉讼效果很难落地落实。怎么让地方政府知道你助力政府法治建设?要沟通、做工作。不要总把监督挂在嘴边,要设身处地把自己摆进去,这也是艺术。”

“公益诉讼要从推进国家治理体系和治理能力现代化的高度去创新做工作。检察机关的工作是为了厚植党执政的政治基础,为党中央赢得民心,赢得了民心当然也会赢得各级党政领导的支持”。这也是最高检党组提出的“双赢多赢共赢”理念的核心。据悉,这本来是 2018 年 5 月张军最早在民行厅就公益诉讼调研提出的要求,目前已经成为延展到所有检察职能运行的新理念。

2017 年 9 月北京召开的国际检察官联合会第 22 届年会上,习近平总书记在贺信中突出强调:“检察官作为公共利益的代表,肩负着重要责任。”

那么,党中央统一部署后,公益诉讼工作的成效如何呢?张雪樵讲了一个特别有说服力的事例。在湖南长沙有条美丽的捞刀河,河上有座美丽的小岛,叫腾飞岛。2003 年 4 月就被列为长沙市饮用水的水源一级保护区,水厂的取水口就在那里,按照法律规定,那里是不得开发房地产的。但是不久,一家地产公司还是拿下了整座岛的用地,开始打造长沙市首屈一指的超级大楼盘“威尼斯城”。2017 年 7 月,长沙市检察院发现线索,并立案调查,查明了长沙县城建局、环保局、(行政)执法局,在“威尼斯城”的违法建设当中,该管不管,监管不力,行政违法证据确凿。为了保护捞刀河的生态安全、防洪安全和居民的饮用水安全,依法向三家部门发出了公益诉讼检察建议书,终于逼停了第七栋、第八栋楼的施工。最后开发商迁移水厂的取水口,建成新水厂,总算解除了居民的饮水之忧。

记者也听到了检察官与一棵古树的故事。2018 年 9 月 20 日,青海省检察院的几位检察官在实地查看祁连山自然保护区一处非法采矿点修复治理情况的途中,遇到有人用电锯砍树,正在被砍伐的那棵和附近几棵粗大的树都标记了“红叉”。经查看,其中一棵树上还挂着重点保护古树的标识牌。检察人员当即固定证据,联系森林公安机关制止采伐作业、协助调取证据。第二天,祁连县环保与林业局就收到了祁连县检察院的检察建议。相关部门第一时间为编号“194”的小叶杨古树加装了护栏,并对在施工区域内核查出的另外两棵古树予以挂牌保护。鉴于古树已得到有效保护,检察机关不再就此事提起诉讼。

张军检察长也讲到一个事例。2018 年 5 月,他去黑龙江调研,在与省委书记、省长交流沟通过程中,提出公益诉讼可以为黑龙江经济社会发展做些贡献,省里有什么需求?王文涛省长当即提出,小煤窑的清理长期效果不好,希望检察机关参与。事实证明,检察机关介入后,在对 387 个小煤窑的清理当中发挥了积极作用,效果显著。王文涛省长在参加中央经济工作会议分组讨论发言过程中,特别肯定和赞扬了检察院。

独特的实践发展之路,既显现了我国检察公益诉讼制度不同于其他国家公益诉讼的特点,体现了制度设计的强大生命力,也以事实雄辩地证明,实践才是推进制度发展的根本动力。

对于这项工作,中国政法大学副校长马怀德教授给予了高度认可,他建议,公益诉讼是一个新的制度,全社会对这个制度的了解程度实际上是比较低的,即便是在司法系统熟悉这项新制度的人也是有限的,应该通过各种渠道和方式扩大对公益诉讼的宣传。

在一些特定民事主体自身合法权益的侵害上,向来有两大难点,一是“非不欲也,实不能也”;二是“非不能也,实不欲也”。怎么解决?在中国人民大学法学院王轶教授看来:“检察机关提起公益诉讼,可以说是中国发挥智慧立足实际,提出的最有效的解决方案。”

让人欣慰的是,截至发稿,记者得到的数据是,目前已有北京等 22 省区市党委主要负责同志作出批示;吉林等 24 个省区市党委、政府或“两办”联合下发支持检察公益诉讼工作的文件;黑龙江省检察院主动向省委、省政府报告公益诉讼工作并获支持,逐一排查年产能 15 万吨以下的 87 家小煤矿,有效防控了安全生产风险隐患;湖北省黄石市 14 年的违章建筑破坏了磁湖生态环境,市国土局主动上门要求监督,检察机关向五家行政机关发出诉前检察建议,督促联合执法而成功破解了难题。

五

“希望是这个时代像钻石一样珍贵的东西。”这是2019年春节刷屏的影片《流浪地球》里的经典台词。这个春意已显的冬末，谁会料到，是中国科幻产业率先交出了自己的答卷？冲破云霄的40亿票房之外，《流浪地球》给社会带来的是极具冲击力的希望、信心以及与未来关联的可能性。我们为炸裂的科幻而震撼，为主创团队把一个那么极为不好突破的“人文内核”处理到极致而感动，当木星即将与地球相撞，人类选择带着“球”一起跑，看完电影，很多人泪流满面，完全超乎想象。

不知你是否想过，一部好的影片为何会直抵我们的心灵？除却人性的光芒，是因为我们能在各种渲染铺垫及高潮过后最终看到故事的结尾；我们与影片有共鸣，可以把自己幻想成故事的主角；我们甚至在最后的主题曲结束后仍然坐在那里，曲终人不散，意犹未尽。

改革则不同，我们不是制度设计者，很难逼近改革内核；我们只能看到“开头”，却无法预估结局；我们不愿意等待，只想“一步到位”，更多的时候是想尽快摆脱和“逃离”，没人从内心深处愿意改革，多半是不得不被裹挟“推着走”、“赶鸭子上架”。而每一项改革都需要一段漫长甚至相当漫长的过程才能看到效果，甚至还触碰利益，因而改革的最初总是充满争议、披荆斩棘，甚至步履维艰，“涉险滩、闯难关、遇水搭桥的艰难历程”是中国各行业的共同境遇。回想，有多少人能在40年前改革开放初期预料到40年后的“波澜壮阔”？“硬磕最难的路、直面崇高、坚守理想”或许就是爆屏的《流浪地球》带给我们最回味无穷的启示吧。

通过对最高检“这场重塑性变革”的采访，记者有了很多不一样的感受。感动振奋之余，记者发现，改革中通常所说的“上面九级风浪，下面纹丝不动”的现象依然存在。比如，最高检党组提出的“群众来信，7日内必须有回复”，此次重新组合负责控告申诉工作的第十检察厅已经加班加点、全员出动。考虑到2018年群众来信尚有22,944件次未予以处理，他们从10个省级检察院抽调了20名得力检察干警，已经高效处理了近1.5万件次来信。而有的地方还处在按部就班的节奏，不着急慢慢来；没有给更多人带来像黑龙江省哈尔滨市的申诉人张文佐，在收到最高检处理来信答复的第二天眼含热泪彻夜难眠的那份喜悦。

记者也发现，很多局内人还不如赋闲的检察官热情高涨。记者给曾任白山检察长、刚从吉林省副检察长位置上退下来的老朋友韩起祥打电话时，他带着孙子正在长隆动物园玩，但对检察工作仍然很在状态，记者问他“您是一位老检察官，如何看待最高检的这次重塑性变革？”回答是，从1978年恢复重建，到1988年、2008年直到2018年，其实一直在改，只是这次有了中央“四个全面”战略布局作为总体遵循，并且有了中央全面依法治国委员会作为统一领导，更重要的一点是检察体制改革受到监察体制改革冲击较大，面临转隶不得不改。“这次改革一定是最高检党组深思熟虑后的结果,相信能很快看到改革成效。”他坚定地说。

当然,通过采访,很多检察官给记者带来的是更多的惊喜、不一样的领悟以及更深层次的思考。我见到一位长期从事“未检”工作的女检察官,本以为这次中央单独批设了一个“未检”厅的编制她会特别兴奋,但她对记者说因为高兴而更有压力,担心做不好。她说了很多,比如“现实中关注儿童为何犯罪的并不是主流,报应思想严重”,“很多流浪儿童无法推到社会又没人认领,最后都是公安干警、检察官帮着带”等,她也谈到留守儿童的问题,她更关心孩子是否能得到真正的帮助。据媒体报道,中国有700万留守儿童,其中一部分是问题少年,如果不引起重视,将来的影响波及的远不止一个人、一个家庭,必然会影响到社会。儿童救助是一个牵涉范围广且深的社会工程,需要多部门协调,“检察院如何有效参与、发挥积极重要作用?”仅从检察改革内部来看或许找不到对应的答案,必须具有更高的政治站位,胸怀社会治理的大视野,弥补工作短板,才有可能迎难而上。但是,“这对检察官提出了太高的要求”,她说。

再比如,检察院力推的公益诉讼,记者采访时获知,这完全不同于普通民事和行政诉讼的特性,但因相关制度不配套,有时与法院衔接起来颇显尴尬。

改革何其难?不仅需要拿出啃硬骨头的勇气,还要运用政治智慧法律智慧去收获双赢多赢共赢。了解其不易,才会更被最高检党组下决心重塑理念、对内设机构进行改革的勇气以及那份“为有牺牲多壮志,敢教日月换新天”的魄力而感动。

但是,我们都知道,改革不是设计者“一个人孤独的舞台”。诚如习近平总书记在新年贺词里所说:“一个流动的中国,充满了繁荣发展的活力。我们都在努力奔跑,我们都是追梦人。”改革需要全体检察人、法律共同体、社会各界的齐心合力,一起奔跑,“守住青山绿水”、“让家园变得更好”——发展、进步,是各行各业面对的共同考卷。

这次“重塑”,基本涵盖了理念创新、组织创新、行为创新、管理创新、技术创新等方方面面,站在新的时代开启的历史方位,大开大合、大破大立。改革并不仅是解决了多少年来没有理顺的机构混乱,而且将有利于从根本上扭转传统的“重刑轻民”、“重刑事轻行政”现象,使检察工作离老百姓更近,让老百姓在每一起案件中触摸到公平正义越来越高的“温度”;“员额不是进了保险箱”相信也能让年轻的检察官尽快地享受到改革红利。

让人欣喜的是,“两会”前夕,检察机关通报的“赵宇案”、“涞源反杀案”都不予起诉的决定,及时回应了民间的关切,更加提升了公众对司法公正的信心,使深刻转变司法理念的检察工作离老百姓更近,让老百姓在具体个案中真正感受到了法治的力量、“供给侧”的变革。

我们深知,改革不能一蹴而就,从来没有敲锣打鼓的事业,从来没有轻轻松松的改革。新时代新检察如何走好中国特色社会主义检察之路?今年1月15日至16日在北京召开的中央政法工作会议上,习近平总书记关于“要坚持以新时代中国特色社会主义思想为指导，坚持党对政法工作的绝对领导，坚持以人民为中心的发展思想，加快推进社会治理现代化，加快推进政法领域全面深化改革”，“要加大关系群众切身利益的重点领域执法司法力度，让天更蓝、水更清、空气更清新、食品更安全、交通更顺畅、社会更和谐有序”的重要讲话，为新时代新检察的工作方向提供了最根本的遵循。

人总归是需要一点精神的。一年来，最高检以浴火重生的胆魄，脱胎换骨的决心，从思想理念、机构设置、工作机制、思想作风等方面进行全面调整，走出的不平凡之路，不得不让人感慨，这是一支让党中央放心的队伍、让党中央信赖的队伍，这更是依法治国方阵里的生力军。

犹记得，40 年前，伴随着改革开放的伟大进程，人民检察院恢复重建；40 年后，乘着改革开放的东风，检察机关在中国特色社会主义事业中的作用日益彰显。新时代，新使命，“会挽雕弓如满月”，一声令下，重整行装再出发……　(2019.3.11)

点　评　如何走出新时代中国特色社会主义检察之路？因监察体制改革，反贪、反渎和预防职务犯罪职能转隶，如何答好机构改革这道题，是对新一任最高检党组智慧和魄力的考验。一年间，最高检以浴火重生的胆魄，脱胎换骨的决心，冲破阻力、迎难而上，实现了里程碑式重塑。文章布局宏大，气势磅礴，写出了“改革，不是简单的修修补补，而是大刀阔斧，是职能、人员按照职业化、专业化进行的重新整合”改革气势，写出了“转隶就是转机”的改革家眼光，写出了“为人民群众提供更好、更优、更实在的法治产品、检察产品”改革目标。

梦境奇缘：“一带一路”向阳生长

策划：马岳君　赵　阳　　文案：刘　青　　漫画：郭皓琨　刘馨安

2013年秋，
国家主席习近平西行哈萨克斯坦、南下印度尼西亚，
先后提出建设“一带一路”重大倡议
（“丝绸之路经济带”和“21世纪海上丝绸之路”）。
自此，“一带一路”这颗小小的种子扎根在肥沃的土壤里。

2014年的春天，
上海举行了亚信峰会，
重量级外宾来了好多，
国家主席习近平告诉大家：
对于“一带一路”这个小嫩芽，
中国一定会精心呵护。

2014年9月11日，
习近平在出席中国、俄罗斯、蒙古国
三国元首会晤时提出
将“丝绸之路经济带”同“欧亚经济联盟”
蒙古国“草原之路”倡议对接，
打造中蒙俄经济走廊。

2014年11月8日，
习近平在“加强互联互通伙伴关系”
东道主伙伴对话会上宣布
中国将出资400亿美元成立丝路基金
为“一带一路”沿线国家基础设施、
资源开发、产业合作和金融合作等
与互联互通有关的项目提供投融资支持。

2014年12月29日，
丝路基金有限责任公司在北京注册成立并正式运行。

这一年，
从亚投行的筹建到丝路基金的启动
一批基础设施
互联互通项目开始稳步推进
越来越多不同国家的人开始一起呵护这个小嫩芽的成长。

2015年5月，老朋友俄罗斯一起来浇灌这个小树苗。中俄两国共同签署了《关于丝绸之路经济带建设与欧亚经济联盟建设对接合作的联合声明》。不仅如此，俄罗斯还邀来了自己欧亚经济联盟的好友们一起来给小树苗浇水、施肥。

2015年6月，
匈牙利成为第一个和中国
签署“一带一路”合作文件的欧洲国家。

2015年10月，
首列从英国伦敦出发的中欧班列满载着
母婴用品、维生素产品穿越英吉利海峡、
沿着丝绸之路途经多国，
历时18天抵达我国的浙江义乌！

2015年12月25日，
由中国倡议成立、57国共同筹建的
亚洲基础设施投资银行正式成立，
全球迎来首个由中国倡议设立的多边金融机构。

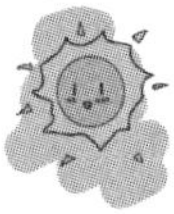

2016年6月23日，
中国、俄罗斯、蒙古国三国元首共同见证
签署了《建设中蒙俄经济走廊规划纲要》
这是共建“一带一路”框架下的首个多边合作规划纲要。

2016年9月19日，在纽约联合国总部《中华人民共和国政府与联合国开发计划署关于共同推进丝绸之路经济带和21世纪海上丝绸之路建设的谅解备忘录》签署。
这是中国政府与国际组织签署的第一份政府间共建“一带一路”的谅解备忘录，是国际组织参与“一带一路”建设的一大创新。

2016年10月，亚吉铁路建成通车。
埃塞俄比亚总统穆拉图曾表示：
“这条铁路不仅仅是埃塞的第一条现代化铁路，
也是中埃友谊的一座桥梁。”
当地百姓感叹：“亚吉铁路是中国建设者给我们的最好礼物！”

这一年，
中国和“一带一路”沿线国家在公路、铁路、
港口等基础设施建设领域开展大量合作。
想不到古丝路上的驼铃被如今“一带一路”
的火车、货轮和航班所取代。

这一年，
中国与波兰、哈萨克斯坦、老挝、沙特、埃及等14个国家
和两个国际组织新签了16份合作协议。
与哈萨克斯坦、白俄罗斯、捷克签署了合作规划。

2017年1月18日，
习近平在日内瓦访问了
世界卫生组织并会见陈冯富珍总干事。
习近平和陈冯富珍共同见证了
《中华人民共和国政府和世界卫生组织
关于“一带一路”卫生领域合作的谅解备忘录》等协议的签署。

2017年3月27日，新西兰成为第一个
和中国签署“一带一路”合作协议的
西方发达国家，签署了《中华人民共
和国政府和新西兰政府关于加强“一
带一路”倡议合作的安排备忘录》。

2017年5月13日，
中国与格鲁吉亚正式签署自贸协定，
是“一带一路”倡议提出后我国启动并达成的第一个自贸协定。

2017年11月，
巴拿马成为首个同中方签署
“一带一路”合作谅解备忘录的拉美和加勒比国家。

2017年，
哈萨克斯坦第一次拥有了直通太平洋的出海口。

2017年11月17日，
白俄罗斯总统卢卡申科
制造白俄罗斯产轿车的梦想
在中国的帮助下实现了。

2017年5月14日至15日，
首届“一带一路”国际合作高峰论坛在北京举行，
包括29个国家的元首和政府首脑在内，
140多个国家、80多个国际组织的1600多名代表，
高峰论坛发布圆桌峰会联合公报，达成270多项成果，
形成了各国共建“一带一路”的国际共识。

2017年6月24日，
司法部、中华全国律师协会正式发布
《“一带一路”沿线国家法律环境国别报告》。
有了它，就好像得到一本带GPS功能的电子地图，
让投资者可以沉着、快速地实现目标。

2018年6月28日，
最高人民法院起草了
《关于建立“一带一路”国际商事争端解决机制和机构的意见》，
国际商事法庭把调解、仲裁、诉讼等纠纷解决方式
整合到一个同平台，形成调解、仲裁与诉讼的有机衔接、
功能互补的多元纠纷解决机制。

中马友谊大桥于2018年8月30日正式开通，
实现了马尔代夫人民拥有跨海大桥的百年夙愿。

2018年9月，中非合作论坛北京峰会期
间，28个非洲国家与中国签订了“一带
一路”政府间谅解备忘录。

2018年10月10日，“‘一带一路’国际商事调
解论坛暨‘一带一路’国际商事调解中心调解规
则评议研讨会”在罗马举行。会议签署并发布了
针对“一带一路”国际商事调解具有重要指导意
义的里程碑式文件《罗马宣言》。

智利的车厘子、斯里兰卡的锡兰红茶等频
繁出现在中国人的餐桌上。2018年，跨境
电商火的不可收拾，痴迷海淘的小伙伴们
可以任性地“买买买”。

2019年3月，
中意双方签署政府间关于共同推进
“一带一路”建设的谅解备忘录。
意大利成为首个加入
“一带一路”倡议的七国集团(G7)成员国。
近6年来，
中国企业参与共建的经贸园区为当地贡献了近30万个就业岗位。
截至目前
中国护照能够无障碍通行的国家或地区已多达70多个。
旅行任性打卡，浪起来！
截至2019年3月底，
中欧班列累计开行数量超过1.4万列，
联通中国62个城市和欧洲国家51个城市，
当之无愧成为当今最in的“快递小哥”。
截至2019年3月底，
中国政府已与125个国家和29个国际组织签署173份合作文件。
共建“一带一路”国家已由亚欧延伸至非洲、拉美、南太等区域。
2019年4月22日发表的
《共建“一带一路”倡议：进展、贡献与展望》报告中指出，
廉洁是共建“一带一路”的道德“底线”和法律“红线”，
中国愿与沿线国家共同努力，把“一带一路”建设成为廉洁之路。
中老铁路作为“一带一路”建设的标志性工程，
为“廉洁之路”的建设提供了一份样本。
截止目前，中老铁路已完成22个标172.5亿元的招标，
没有发现围标、串标、泄密等问题。
2019年4月24日，
由新华社研究院联合15家中外智库共同发起的
“一带一路”国际智库合作委员会在北京宣告成立。
2019年4月25～27日，
第二届“一带一路”国际合作高峰论坛在北京举行。
有37个国家的元首、政府首脑等领导人将出席圆桌峰会。
来自150多个国家和90多个国际组织的近5000位外宾确认出席论坛，
与会的外方代表涵盖了全球五大洲各个地区，
涉及政府、民间组织、工商界、学术机构等社会各界。

这段时间，为了报道好第二届“一带一路”国际合作高峰论坛，做“一带一路”的相关功课真真有点走火入魔了。

不过，工作繁忙之余能做个美梦真幸福。梦醒了发现梦境成真更幸福。

如今，“一带一路”倡议已然硕果累累。6年来，它让不同肤色、不同文化、不同语言的普通人有了实实在在的参与感、获得感、幸福感，更让他们心相近、意相通。

诚如国家主席习近平所言，“一带一路”倡议源于中国，机遇和成果属于世界。无论世界多大，文化是否相同，语言是否相通，我们都可以携手不畏艰险，去实现我们追求幸福生活、美好生活的共同梦想。追梦路上，永不停歇！

(2019.4.27)

点　评　“一带一路”是“丝绸之路经济带”和“21世纪海上丝绸之路”的简称。“一带一路”倡议由中国国家主席习近平提出，借古鉴今、面向未来，秉持开放包容、互学互鉴、互利共赢的精神，以陆上、海上经济合作走廊为依托，以人文交流为纽带，以共商、共建、共享为原则，共同打造政治互信、经济融合、文化包容的利益共同体、命运共同体和责任共同体。这是中国向世界提供的国际合作平台和公共产品。这篇新媒体以漫画的形式，浓缩了“一带一路”从一株幼苗成长为参天大树、果挂枝头的6年成长历程，生动活泼，内容丰富而又直观形象，一经发布迅速得到广泛转载，形成“爆款”。

发送限期缴纳催收令信用失信惩戒公示函告

“讨债行动”被指超出社会团体和企业业务范围

莫小松

社团组织、企业受人之托向国营企业讨要欠款，并发送《限期缴纳催收令》、《信用失信惩戒公示函告》，还扬言要把国营企业及其法定代表人列入黑名单，作出信用处罚。目前，这起发生在广西的讨债行为颇为引人关注。

那么，社团组织和企业对外是否具有讨债权力和信用处罚权力？对此，《法制日报》记者进行了深入采访。

社团组织接受委托
发催收令讨要欠款

1 月 30 日，广西信用促进会和广西数据元信用认证评级有限公司（以下简称数据元公司）接受卢玉梅的委托，联合向广西建工集团第一建筑工程有限责任公司（以下简称一建公司）发送《商账催收欠费限期缴纳催收令》，认定一建公司存在恶意拖欠行为，并限期还款。声称若不满足其还款要求，就直接把一建公司及其法定代表人列入黑名单，且作出信用处罚。

2 月 18 日，广西信用促进会和数据元公司向一建公司及其主管单位广西建工集团有限责任公司，分别发送《信用失信惩戒公示函告》和《关于监督广西建工集团一建公司信用失信的函》等，指责一建公司党组织“涉嫌失职渎职”，要求主管单位约束一建公司的失信行为。

2 月 19 日，广西信用促进会和数据元公司又以《信用失信预警令》和《失信惩戒函》的形式，分别在其自办的网站和 App 等媒介上宣扬一建公司恶意拖欠款项，以及所在党组织存在严重的失信行为。

面对这一连串讨债行为，一建公司于 2 月 23 日，向广西信用促进会和数据元公司复函阐明自身立场。

2 月 25 日，又向南宁市市场监督管理局去函，反映数据元公司未经办理变更登记和相关审批而违法开展经营活动问题，要求予以吊销营业执照。同日，向广西民政厅去函反映广西信用促进会超出业务范围违法开展经营活动的问题，要求依法撤销登记。

3 月 5 日，一建公司在某中央媒体上发表声明，强烈谴责违法讨债行为，要求相关单位停止侵害，消除影响。

是否拥有讨债功能
成为各方争论焦点

广西信用促进会的注册地为南宁市高新大道东段25号科技孵化大楼5楼502－2室。然而，记者实地采访时看到，这里并不是其办公所在地，而是另外一家公司。后经辗转联系，记者来到了其负责人位于某小区的办公地点。

广西信用促进会负责人解释说，《广西信用促进会章程》第6条第1款明确写有商账催收、信用监督、投诉处理等，故有权依法接受委托处理一建公司欠款事宜。这名负责人还介绍了促进会曾经监督处理过的一些案例，并称促进会在依法开展信用监测监督稽查业务时，针对公检法司、党政部门等公权力机关的失信行为，不论被监督对象官阶多高，都采取零容忍态度。

一建公司认为，欠债还钱是理所应当的事情，但一建公司是否与卢玉梅存在借款关系或其他法律关系，欠款数额又是多少，是否存在失信行为，是否应列入黑名单及作出其他信用处罚等问题，应由有权机关依法认定或决定。

一建公司称，广西信用促进会和数据元公司作为社会团体和企业法人，业务范围仅限于信用理论研究、培训教育等。因此，广西信用促进会和数据元公司无权认定一建公司是否存在恶意拖欠行为，无权行使公权力认定一建公司及所在党组织存在严重失信行为，无权行使公权力将一建公司列入黑名单，更不能在自办的网站等媒体上大肆传播损害一建公司的言行。一建公司将采取必要的法律手段，维护公司的合法权益。

据广西民政厅有关人员介绍，广西信用促进会在民政厅登记，但业务主管单位是自治区社科联。关于促进会的具体业务职能，建议向社科联了解。

广西社科联一位领导告诉记者，“商账管理”可以受托做做账，管管账；但绝不能讨债，不能乱来，要严格按照登记的业务范围办会。

采访中，南宁市市场监督管理局有关人员给记者复印了一份数据元公司的营业执照，显示其经营范围有“商账管理”业务。但对于记者提出的“这家公司是否拥有讨债功能”的问题，并未作答，只是称如果有人投诉，他们会进行调查处理。

随后，记者来到数据元公司的注册地址采访，但此处只有一家地产评估有限公司。

失信标签不可乱贴
应当遵循法治原则

就本案涉及的法律问题，广西通诚律师事务所律师林铸在接受记者采访时说，涉案的广西信用促进会属于社会团体组织、非营利法人,数据元公司则属于公司组织、营利法人,它们仅对组织中的内部事务拥有“权力”。其业务范围主要限于信用认证评级评估服务评审、征信服务、信用监督、信用档案建立与管理,包括商账管理等业务。

林铸认为,涉案的两家单位接受委托开展的一系列所谓“讨债行动”,已超出了社会团体和企业依法应有的业务范围。两家单位向一建公司发送《商账催收欠费限期缴纳催收令》,采用“限期缴纳”、“某某令”、“黑名单”等用词,把自己错误当成了审判机关;发送《信用失信惩戒公示函告》,采用“处罚”、“惩戒”等用语,把自己错当成了行政执法机关。这些行为因为违反法律规定,主体不适格,是当然无效的。

此外,向一建公司上级主管单位广西建工集团有限责任公司发送《关于监督广西建工集团一建公司信用失信的函》,指责其党组织“涉嫌失职渎职”。不难看出,两家单位是想当然地给自己“赋予”了党内领导管理权,这也是绝对错误的。

林铸称,以《信用失信预警令》和《失信惩戒函》的方式,分别在其自办的网站和App等媒介上宣扬一建公司恶意拖欠款项,以及所在党组织存在严重的失信行为。毋庸置疑,未经审判机关或仲裁机构裁判,擅自披露和曝光商业秘密,诋毁他人名誉的行为,就是对社会监督权利的滥用。

一位法律专家也指出,在推进社会信用体系建设上应有上位法支持,遵循法治原则,提高合规性审查水平,维护社会信用体系声誉,充分发挥其正向价值,失信标签不可乱贴。信用惩戒虽然有效果,但制度适用必须有原则。　(2019.6.15)

点　评

社团和企业都有严格的业务范围,一些社团组织成立的目的本身就不纯,所谓从事某一领域的研究只不过是个幌子,其目的就是“招财进宝”。没有资源的社团为了生存,“招财”的手段可谓五花八门。

无利不起早。本文披露的社团组织超范围开展“讨债行为”,甘愿充当“马仔”,而且明目张胆地判定一级党组织“失信”,让人触目惊心。为什么会这样?除了利用可以自办网站、新媒体制造舆论施压,社团组织管理失序是根源。这一问题必须引起高度关注并加以整治。

媒体记者都是慕名而来，当地官方从未邀请推介。一些媒体记者找到武安市相关部门时，都被告知不建议报道，因为李艳霞在武安当地名声不佳、争议颇多。

李艳霞在武安市以痞著称、没人敢惹，“女痞子”是不少当地人对她的评价，政府机关、企业老板、普通百姓都是她讹诈的对象。

爱心村被注销后，武安市民政局前任局长黄利斌被免职，此前两任局长及民政局其他数位官员受到处分。

爱心，多少恶行假汝之名

揭开“爱心妈妈”李艳霞的假面具

马 竞 周宵鹏

李艳霞，对外常用名为李利娟，自称坚持20多年收养百余名孤残儿童，创办了河北省武安市民建福利爱心村，被媒体称为“爱心妈妈”。6月19日至21日，李艳霞等16人涉嫌聚众扰乱社会秩序、伪造公司印章、敲诈勒索、诈骗、职务侵占、故意伤害、窝藏案，在武安市人民法院开庭审理。

2015年5月，在某省级卫视一档知名访谈栏目上，李艳霞（又名李利娟）成为当期母亲节专题的主人公，不幸、眼泪、矛盾、执着、爱心成为访谈的关键词。

遭遇不幸婚姻，与亲生儿子决裂，收养弃婴孤儿，变卖家产建起爱心村——面对电视镜头，李艳霞完整地讲述了自己的故事，这期访谈内容成为她此后接受媒体采访的范本。

就在节目播出的几个月后，有媒体在对她的报道中直接发问：是“大爱妈妈”还是“最出名的女痞子”？《法制日报》记者梳理发现，这是媒体上首次出现对李艳霞质疑的声音。

然而，在媒体大量对李利娟收养孤残儿童的报道中，质疑的声音总是显得势单力薄，很快就被淹没在一片“大爱”喧嚣声中。

宣传部门从未推介
媒体记者慕名而来

不幸的婚姻让她失去了一切，吸毒的丈夫败光了家产，甚至还将儿子贱卖，被她发现后赎回；与前夫离婚后开始收养弃婴，陆续有人将弃婴送到她家……面对媒体采访，李艳霞一次次用自己的故事，拨动着听者的心弦，赢得无数感动、赞美和资助。

在讲述中,李艳霞说自己从 1996 年开始收养孤残儿童,但被媒体关注并获得“爱心妈妈”的称号,则是在她收养弃婴 10 年之后。

曾长期跟踪报道李艳霞慈善事迹的邯郸市某媒体记者陈林卓(化名)告诉记者,李艳霞的出名纯属偶然。

据陈林卓讲述,2006 年 5 月,李艳霞乘坐火车带收养的病残儿童赴北京就医时,身边乘客听到她在电话里说去看病的不是自己的孩子,便与之攀谈起来,了解到李艳霞收养了 10 名弃婴后颇为感动,便打热线电话给《燕赵都市报》提供了这条新闻线索。

随后,《燕赵都市报》驻邯郸记者站记者和陈林卓采访了李艳霞的事迹。2006 年 5 月 15 日,《燕赵都市报》刊发报道《13 个孤残儿童的母亲》,不足千字的文章描述了李艳霞收养弃婴的初衷和现状。

正是这篇报道让李艳霞进入公众视野,此后包括央视在内的多家媒体都对其收养弃婴的事迹进行了报道。

武安市委宣传部相关负责人向记者介绍,这些媒体记者都是慕名而来,当地官方从未邀请。“一些媒体记者找到武安市相关部门时,都会被告知不建议报道,因为李艳霞在武安当地名声不佳、争议颇多。”

“李艳霞在武安的口碑非常不好,我们本地媒体从来没有采访报道过她。”采访中,武安市电视台一位负责人说,在前来采访报道李艳霞事迹的媒体中,有一部分是她自己专门请来的。

没有官方的推介并未阻止李艳霞慈善美誉的进一步提升。2006 年年底,李艳霞当选“感动河北”年度人物。记者注意到,2006 年“感动河北”年度人物评选活动由燕赵都市报社独自主办。

“首要选择标准是普通小人物,视角不能是官方的。”时任《燕赵都市报》新闻周刊部主任、“感动河北”活动评委李文河向记者介绍,候选人物提名无须经过地方文明办、宣传部推荐,而且活动只考虑候选人所做的事情值不值得宣扬,因此不会对候选人整体情况进行严格把关。

“金钱曾改变她的生活,但真正改变她命运的是她遭遇不幸后升华的高贵情感,16 个孤儿的‘爱心妈妈’,这个称谓使她达到了用金钱永远也无法达到的人生高度。”这是李艳霞经读者投票当选 2006 年“感动河北”年度人物后的获奖评语,作者是冠名赞助企业河北卓达集团时任总裁助理陈某。

在李艳霞被誉为“爱心妈妈”后,10 多年来媒体不断将目光投向她和她创办的爱心村,引发社会诸多爱心人士帮扶爱心村。

“李艳霞很善于利用媒体,在接受采访的过程中,她结交了不少媒体朋友,这些媒体也很乐意报道她的爱心故事。”武安市电视台负责人说。

亲生子女谎称孤儿
户口落在爱心村里

“她对孩子们确实不错!”陈林卓在采访李艳霞时也被其深深感动,2006 年至 2008 年左右被收养的孩子,他都能叫得上名。

亮亮(化名)1995 年出生在邯郸市涉县沙河村,两三岁时母亲出走,后来父亲得病去世,爷爷遭遇矿难离世,奶奶在他七八岁时病故,无人照顾的亮亮开始四处流浪。当他流浪到武安市时被李艳霞收养,如今已经结婚,家就落在了爱心村里。

然而,与陈林卓的听闻不同,记者了解到的情况却令人瞠目结舌。

2011 年,李艳霞在鑫森铁矿矿井边上修建了现在的爱心村,取名“武安市民建福利爱心村”。她曾向媒体表示,自己当时已经入不敷出,于是卖掉别墅修建了爱心村,同年她被诊断患有早期淋巴癌,开始接受治疗。但据了解,现被关押在看守所的李艳霞经体检并未查出患有癌症。

在李艳霞对媒体的讲述中,李某超是她收养的第一个孩子。然而,所谓被遗弃的流浪孤儿李某超其实就是李艳霞的亲生女儿。

知情人告诉记者,李艳霞 18 岁时未婚生育了一个女儿,送给在武安三井巷居住的一对夫妇抚养,户口登记为张某,1983 年 3 月 10 日出生。1996 年,李艳霞与丈夫离婚后,将 13 岁的女儿要了回来,对外谎称是自己收养的孤儿,取名李某超,并将其出生时间改为 1991 年 11 月 25 日,又在爱心村登记了户口。

2009 年,李某超用张某的户口簿与何某登记结婚,婚后生下一子何某某。为了让李某超的孩子也享受孤残儿童低保和补助等待遇,李艳霞将何某某改名为李某烨,以孤残儿童的名义将其落户在爱心村,但仍与李某超夫妇一起生活。这段事实,被李艳霞向媒体描述为把孤残儿童“陪嫁”给李某超,让大爱延续。

在李艳霞的爱心村里,她的亲生子女并非只有李某超一人。

据了解,李艳霞生育过 2 子 2 女,分别为:1983 年出生的李某超,户口在爱心村;1987 年与前夫生育的儿子韩某;1999 年与马某同居生育的儿子赵某,后以李某豆的名字落户在爱心村;2008 年与许某同居生育的女儿李某桢,户口登记在爱心村,对外称“从大桥下捡回来的孤儿”。

隐瞒事实骗取低保
爱心账户用来牟利

李艳霞通过媒体对外宣称,从 1996 年收养第一个弃婴开始,22 年间,她共收养了 118 名弃婴。官方消息显示,李艳霞的爱心村被注销时,村内尚有孤残儿童、婴幼儿 71 人,以及已成年的被收养者 3 人,另有 3 名儿童漂泊在外。

令人震惊的是，爱心村里这些受到社会各界关注关爱，并且享受到落户、就医、入学、低保等诸多福利的孩子，并不都是李艳霞所说的被遗弃的孤残儿童。

“上学可以上最好的学校，看病能得到医药费减免，政府还给补贴，这让一些孩子家长看到了机会。”知情人告诉记者，有些家长为了孩子上学、看病方便，主动将孩子送到爱心村，登记在爱心村名下，李艳霞会向孩子家长收取几千到1万元不等的费用。

检察机关指控，2014年至2018年期间，作为爱心村负责人，李艳霞向武安市民政局、武安镇政府隐瞒事实，提供了23名与事实不符的申请低保人员信息，使武安市民政局为不符合申请低保人员办理了低保手续，又隐瞒3名享受低保人员已死亡的信息，骗取城镇低保金。经鉴定，李艳霞以这26人名义骗取国家城镇低保补助资金共计人民币568,493.2元。

上泉村知情村民告诉记者，这些年经常有爱心人士慕名前来，爱心村接受的社会各界捐助无数，现金、衣物、食品、药品都有，还有幼儿园的孩子专门捐出自己的零花钱表达爱心。

2011年9月，李艳霞开通了名为“民建福利爱心村”的3个对公账号、对境外账号，截至目前共收到社会捐款、补助款折合人民币2149.7481万元。利用管理爱心村公用账户的便利，将公用账户资金转至自己的个人账户，也是检察机关指控李艳霞的一项罪名。

“假借收养儿童移花接木、瞒天过海，哭穷装病，编造谎言、欺骗社会，李艳霞就是借助爱心村来掩盖她不可告人的目的，用假大爱骗取爱心、牟取私利。”当地村民说。

（2019.6.22）

点　评　文章还原了“爱心妈妈”李艳霞其人其事。从“爱心妈妈”到涉嫌多起犯罪的被告人，相信这并不是人们愿意看到的结局。李艳霞之所以敢顶着“爱心妈妈”的光环为非作歹，个人私欲不断膨胀是根源，也与新闻媒体的片面报道以及有关部门的监管不力密切相关。

碧海蓝天离不开“检察蓝”悉心守护

海南构建海洋环境保护领域检察监督体系

邵炳芳　陈建国　邢东伟

5月12日上午，海南省三沙市三沙群岛检察院检察长杨翔带队来到位于西沙群岛永兴岛上的垃圾、污水处理厂，现场查看岛上垃圾、污水处理情况。

这是海南检察机关在祖国最南端开展海洋环境保护的一个缩影。据统计，2017年7月至2019年4月，海南检察机关办理海洋环境保护公益诉讼案件65起，发出诉前检察建议41件，提起行政公益诉讼1件，提起刑事附带民事公益诉讼11件，推进解决了一批危害海洋生态的突出问题。

“保护海洋环境是检察机关义不容辞的责任和使命。海南碧海蓝天背后，有一抹‘检察蓝’的衬托。”近日，海南省检察院党组书记、检察长路志强在接受《法制日报》记者采访时说，海南依海而立，是全国管辖海域面积最大的省份。全省检察机关树立了“三多一精”的公益诉讼理念（最多地发现问题、最多地发出检察建议、最多地促进问题解决，最精准地提起诉讼），始终将公益诉讼作为服务保障海南自由贸易区和中国特色自由贸易港建设及“海洋强省”战略目标的重要抓手，紧盯海洋环境保护突出问题，公益诉讼——这把保护海洋生态环境的利剑已初露锋芒。

履行“护海”使命

在海口恒大美丽沙半岛别墅区内海岸的临时码头，有渣土车将工地建筑垃圾倒入货轮，货轮向北行驶至1海里左右后，直接将垃圾倒入海中……

这是2018年11月15日海口市秀英区检察院永兴海洋检察室干警用无人机拍到的画面。

原来，海南中汇疏浚工程有限公司将该别墅建筑沙土偷偷在近海倾倒，附近市民实名举报11次，但海口市海洋与渔业局均以证据不足为由未依法履职。

为此，海南省检察院党组书记、检察长路志强亲自指导办理此案，并由海口市检察院于2018年12月29日发出诉前检察建议。2019年1月，海口市海洋与渔业局已对该公司立案调查。

作为我国管辖海域面积最大省份，海南在国家实施海洋发展战略中居于重要地位。近年来，近海养殖、渔排餐饮等污染海洋环境，项目建设破坏海洋环境，逾越海洋生态红线及海洋自然保护区管理不到位等危害海洋环境问题时有出现。

2018年9月3日，海南检察机关增设的13个海洋检察室同时挂牌成立，构建沿海一圈、陆海统筹、网格管理、无缝衔接的海洋生态保护检察监督体系，实现涉海保护领域检察监督全覆盖，铸起“检察蓝”守护“海洋蓝”的坚强司法护盾。

海南检察机关在充分发挥乡镇检察室、海洋检察室发现公益诉讼线索作用的同时，通过与“12345”市民热线平台衔接，拓展线索发现渠道。深入推广大数据、无人机等与公益诉讼检察工作的进一步融合。积极探索行政执法与公益诉讼检察工作相衔接的信息平台机制建设。

得益于公益诉讼检察工作分片指导制度建立，今年5月中旬，海南省检察院第八检察部（公益诉讼检察部）开始对全省沿海各地检察院专项工作开展情况进行第一次督导。而且，海南检察机关还加强内部各部门的有效协作配合，发挥好司法警察在调查取证中的保障作用，强化上级院对重大疑难复杂案件的指挥协调与督办督导，探索完善省检察院提办、领办、参办、交办和挂牌督办制度。

汇聚“护海”合力

新村港位于陵水黎族自治县新村镇，港湾上密集漂浮着幢幢小木屋，木屋四侧海面围合着一个个养殖网箱——这就是当地人俗称的“渔排”。

陵水县检察院在开展“守护海洋”专项监督活动中发现，新村港有6个养殖渔排区，其中第六个养殖渔排区60多个养殖户未申请办理海域使用申请手续，未取得养殖许可，未进行环境影响评价，擅自使用大量渔网、绳子及浮筏建造密集型渔排网箱进行海水养殖。

今年4月29日，陵水县检察院分别向县生态环境局、农业农村局、新村镇政府发出诉前检察建议，目前正在进行整改。

据介绍，今年3月22日，海南省检察院制定《海南省人民检察院关于开展“守护海洋”检察公益诉讼专项监督活动的实施方案》，成立专项监督活动领导小组，由省检察院党组成员、副检察长吴彦挂帅，列入海南省检察机关2019年公益诉讼检察工作要点。同时，沿海各检察院参照省检察院做法，均成立专项监督活动领导小组，制定实施方案。

海南省检察院还邀请省海洋与渔业监察总队相关领导同志进行座谈交流，就完善海洋渔业行政执法和公益诉讼信息共享机制、涉海公益诉讼会商与研判机制等问题进行协商并达成一致意见。14家省环境损害司法鉴定机构代表在与省检察院座谈时，讲经验、出点子、提意见，就鉴定评估标准等一系列问题展开热烈讨论，并和检察官们共同探索补植复绿、增殖放流、土地复垦等公益损害修复方式的好方法、新途径，推动解决公益诉讼鉴定难题。

“通过沟通协作，有利于汇聚专项行动合力，促进问题的解决，共同履行好维护国家和社会公共利益职责，共同扛起保护海洋的担当。”吴彦说。

探索“护海”机制

2018年8月10日，由海南省检察院第一分院提起公诉的11起非法捕捞水产品刑事附带民事公益诉讼案件在海南省第一中级人民法院集中开庭审理。

“海洋生态损害评估测算是此案提起公益诉讼的关键问题。”省检察院第八检察部(公益诉讼检察部)主要负责人刘本荣说，省检察院第一分院最后借助专业力量对造成鱼虾等水生生物资源的损害进行评估，但耗时较长，评估费用较高，且需较大的办案力量保障。

为此，刘本荣提出，推进构建科学、公平、中立的海洋鉴定评估制度，加强海洋环境损害司法鉴定机构和鉴定人的管理，依法发挥技术专家的作用。建立健全统一规范的海洋环境和资源保护公益诉讼、海洋环境损害赔偿专项资金的管理、使用、审计监督以及责任追究等制度，推进海洋环境修复机制建设。

针对非法捕捞、涉海环境污染、涉海违章建筑等领域严重侵害公共利益并经行政机关责令停止后仍然继续实施侵害的违法行为，海南检察机关要及时对违法行为主体提起民事公益诉讼，请求法院判令停止侵害、恢复原状，形成生效司法判决。

刘本荣认为，一旦违法行为人拒不执行生效判决，检察机关能够及时督促公安机关以拒不执行法院裁判罪立案侦查，这将极大弥补海洋生态环境损害救济滞后的缺陷。同时助强行政执法，使行政效力上升为司法效力，违法行为人继续抗拒将面临拒不执行法院裁判罪的刑法责任追究。

海南检察机关将探索“三合一”办案机制，实现“刑事、民事、行政”三检一体专业性办理案件，综合履行刑事处罚、民事补偿、行政督促各项职能。积极支持海事法院开展海事案件“三合一”改革，促进海洋司法保护整体效能的有效发挥。

“我们还将进一步推动完善跨部门的横向联通协作机制建设，形成齐抓共管的工作格局。”刘本荣说，探索跨行政区划海洋公益保护协调机制，推动形成小片海域或湾区、河海交汇区域等小型区域协作机制；探索跨行政区划海洋公益诉讼案件集中管辖；探索建立海洋环境损害赔偿诉讼审理规则，完善海洋环境保护公益诉讼制度，汇聚海洋公益保护合力。

(2019.6.24)

点　评　海南是全国管辖海域面积最大的省份。海南海岸线曲折蜿蜒，岛屿风情各异，椰风海韵醉游人。眺望这片祖国蓝色疆域，会油然而生一种自豪感。这些触手可及的美景，离不开检察机关尽心守护。

海南检察机关通过探索完善海洋环境保护公益诉讼机制，汇聚海洋公益保护合力，用公益诉讼的力量努力实现海洋生态文明的共建共治共享共赢，加快国家生态文明试验区建设、护航海南自贸区(港)建设。

《法治日报》采访调研组在我国地理位置最南、海洋面积最大、陆地面积最小、人口最少的地级市——三沙市蹲点调研，亲眼目睹了检察机关保护海洋环境的点点滴滴。本文用生动的笔触记录下这些场景，记录下海南检察机关把一抹"检察蓝"深深融进了祖国广阔的"海洋蓝"中，令人赞叹。

政法机构“物理合并”产生为民“化学反应”

政法领域机构改革一年间

周　斌　蔡长春

7月3日,国家移民管理局出台支持海南自贸区(港)建设12条政策措施,包括实施更加开放的免签入境政策、更具吸引力的引才引智政策和更为便捷的高端旅游出入境服务措施,助力海南建设自由贸易试验区和中国特色自由贸易港。

从逐步统一长三角地区外国人签证和停居留便利政策,支持长江经济带经济社会一体化发展,到开展国际人才管理改革试点支持雄安新区建设,从推出全国范围内办理出入境证件“只跑一次”制度,到施行出入境证件“全国通办”,新组建的国家移民管理局自去年4月揭牌以来,机构重组、人员转隶、职能优化、业务改革蹄疾步稳,出台一系列便民利民举措,持续释放改革红利。

将公安部的出入境管理、边防检查职责整合,组建国家移民管理局,只是政法领域机构改革的一个缩影。

一年多来,全国政法机关以习近平新时代中国特色社会主义思想为指引,按照中共中央《深化党和国家机构改革方案》要求,全力推进政法领域机构改革,构建优化协同高效的机构职能体系,实现了职责有机整合、内部业务融合,确保在“物理合并”的基础上产生“化学反应”,更好地保障公平正义、服务经济社会发展。

顶层设计
绘就政法机构改革蓝图

2018年,政法领域机构改革呈现前所未有的广度和深度。

中央政法委发挥示范表率作用,以加强党对政法工作绝对领导为统领,科学确定新时代党委政法委工作的职责边界,统筹推进综治、维稳、反邪教工作职能调整工作,优化职责配置、机构设置、人员编制,将机构改革工作做精做实。

为贯彻落实全面依法治国基本方略,统筹行政立法、行政执法、法律事务管理和普法宣传,推动政府工作纳入法治轨道,将原司法部和原国务院法制办公室的职责整合,重新组建司法部,作为国务院组成部门。

国家移民管理局挂牌成立后,“移民管理”、“移民服务”等这些群众曾经陌生的词汇,与“只跑一次”、“59国入境免签”、“全国通办”等一些便民措施一起,成为与百姓生活密切相关的热词。

与此同时,最高人民检察院重新组建了10个检察业务机构;法院系统设立上海金融法院,增设北京、广州互联网法院;各地政法机关机构改革按照时间表、路线图稳步推进。

一场声势浩大的政法领域机构改革帷幕已然拉开。

那么,这场声势浩大的政法领域机构改革是何动因?

习近平总书记指出,深化党和国家机构改革是放在全面深化改革大盘子里谋划推进的,是我们打的一次全面深化改革的战略性战役。要用好机构改革创造的有利条件,推动全面深化改革向纵深发展,以深化党和国家机构改革新成效,推动开创全面深化改革新局面。

中共中央政治局委员、中央政法委书记、政法口专项协调小组组长郭声琨指出,要认真学习贯彻习近平总书记全面深化改革重要思想,进一步提高政治站位,增强“四个意识”,坚定“四个自信”,做到“两个维护”,从更高层次上系统谋划、统筹推进政法领域机构改革和司法体制改革,形成全方位深层次的政法领域全面深化改革新格局。

政法领域机构改革不仅是贯彻落实深化党和国家机构改革方案,也是促进新时代政法事业长远发展、推进执法司法公正、回应群众新期待的实际需要。

党的十八大以来,政法领域改革全面发力、多点突破、纵深推进,涉险滩、闯难关,做成了想了很多年、讲了很多年但没有做成的改革,对维护社会公平正义发挥了重要作用。在更高起点推进政法领域全面深化改革,就要加快构建优化协同高效的政法机构职能体系,与持续深入推进的司法体制改革形成化学反应、耦合效应,为新时代政法工作创新发展提供有力支撑。

正如中央政法委秘书长陈一新就启动政法委机构改革时所言,党委政法委工作体制机制是在我们党领导政法工作实践中探索出来的,是我们党的政治优势和社会主义制度优势的重要体现,是确保政法工作沿着正确方向发展的重要保证,具有鲜明的中国特色和坚实的政治基础。深化政法委机构改革,就是要通过优化政法委的职能定位、职责配置、机构设置,不断完善政法委工作体制机制,增强党对政法工作的领导力。

在政法机关内设机构改革中,检察机关改革的动静不可谓不大。最高检率先对内设机构做了系统性、整体性、重构性改革,重新组建了十个检察业务机构,并“以上率下”统一业务机构名称职能。

这是在新的时代方位,人民群众需要更好、更优、更实在的检察产品,司法责任制改革对检察专业化建设提出更高要求,以及反贪反渎部门转隶等背景下进行的一项重大改革。最高检负责人接受媒体采访时用四个字概括为“形势使然”。

纵深推进
各项改革落地开花

一分部署，九分落实。

政法口专项协调小组制定工作台账和工作规则，对负责的机构改革任务逐项明确任务书、时间表、路线图。郭声琨先后主持召开政法口专项协调小组全体会议、推进会、专题会议，各成员单位分别成立改革领导小组和办公室，负责本部门机构改革工作的统筹协调、整体推进、督促落实，确保各项改革向纵深推进，落地开花。

重新组建司法部机构改革工作启动迅速、准备充分，较党中央明确的时间节点提前半个月实现原司法部和原国务院法制办人员集中办公和转隶工作，对外统一履行工作职责。实现了立法、执法、司法、守法、普法各环节职责一体、全面贯通，在依法治国、依法执政、依法行政共同推进，法治国家、法治政府、法治社会一体建设，政治、经济、文化、社会和生态文明建设统筹推进等各个方面，作用更大、任务更重。

整合公安部出入境管理、边防检查职责，建立健全签证管理协调机制，新组建的国家移民管理局承担移民管理、公民出入境管理、边防检查管理、边境管理、国籍管理、难民管理、“三非”治理7大职能，涵盖中央、地方、部门、社会的领导体制、管理体制、运行机制3大组织基础制度，形成移民管理工作合力，服务经济社会发展更加有力。

今年6月27日，公安部召开新闻发布会，通报今年以来全国公安机关打击危害食品安全犯罪工作情况。发布会上，公安部食品药品犯罪侦查局自设立后首次公开亮相，统一承担打击食品、药品和知识产权、生态环境、森林草原、生物安全等领域犯罪职责。

将原来民事行政检察厅一分为三，设立分别负责民事、行政检察工作的第六检察厅和第七检察厅，同时专设负责公益诉讼检察的第八检察厅；设立4个刑事检察机构，实行捕诉一体办案机制；设立第九检察厅，专门负责未成年人检察工作……检察机关把内设机构改革作为检察工作创新发展的突破口，先从最高检改起。

当前，我国未成年人犯罪呈低龄化、成年人化、暴力化趋势，一些极端恶性案件时有发生，同时，未成年人遭受侵害、被遗弃、性侵的案件亦常出现。最高检设立未成年人检察工作专门机构，有利于集中运用好法律赋予的特殊程序和特殊手段，动员社会各个方面的力量，共同做好未成年人司法保护工作。

一年多来，最高人民法院推进法院组织体系现代化，设立上海金融法院，增设北京、广州互联网法院，设立最高法知识产权法庭，研究健全巡回法庭常态化工作机制，积极稳妥推进省以下人民法院内设机构改革。

今年1月1日，最高法知识产权法庭正式揭牌，统一审理全国范围内专业技术性较强的专利等上诉案件。知识产权法庭成立后，最高法在技术类知识产权上诉案件的管辖上跨越了地方高级人民法院,形成具有中国特色的“飞跃上诉制度”。

成效凸显
改革广受各界好评

近日,中央扫黑除恶第三轮督导结束,三轮督导实现对全国各省(区、市)的全覆盖。通过三轮督导推动,全国共打掉涉黑组织2104个、涉恶犯罪团伙27,247个。从沉积16年的湖南新晃一中“操场埋尸”案到该执行死刑而被改判的云南孙小果案,再到黑龙江哈尔滨市呼兰区委原书记、原区长等14名涉黑“保护伞”被查处,扫黑除恶、“打伞破网”战绩斐然,受到广大人民群众高度称赞。

成绩的背后,有改革的功劳。机构改革后的中央政法委边理顺体制机制边推动工作,有效担负起全国扫黑办职责,发挥统筹协调、督促指导作用,推动扫黑除恶专项斗争不断向纵深发展。

随着政法领域机构改革的持续深入推进,不断触发“化学反应”,侦查权、检察权、审判权、执行权互相配合、互相制约的体制机制不断健全,政法机关职能配置、机构设置、人员编制持续优化,政务、业务运行更加顺畅高效,努力让人民群众在每一个司法案件中感受到公平正义。

今年3月27日,最高法副院长、知识产权法庭庭长罗东川担任审判长,敲响了知识产权法庭“第一槌”,公开开庭审理上诉人厦门卢卡斯汽车配件有限公司、厦门富可汽车配件有限公司与被上诉人瓦莱奥清洗系统公司、原审被告陈少强侵害发明专利权纠纷一案并当庭宣判。

4月6日,最高法知识产权法庭以电子方式送达裁判文书,从立案、开庭到结案送达,仅用50天,充分体现了审理的公正与效率。

上海金融法院成立短短3个月就受理案件1686件,标的额近200亿元。“上海金融法院围绕金融工作服务实体经济、防控金融风险、深化金融改革的任务,对金融案件进行集中管辖,推进金融审判体制机制改革,着力提高金融审判质效和司法公信力,提升国际金融交易规则话语权;将外国金融司法有益经验与我国实际相结合,探索中国特色的金融司法体系。”在中国政法大学教授赵旭东看来,上海金融法院是我国司法体制机制适应现实需求不断改革创新,探索完善中国特色金融司法体系的又一重要突破和成果。

检察机关内设机构改革这一大手笔,也得到了社会各界的广泛关注。

“通过这次改革,检察机关法律监督总体布局将实现刑事、民事、行政、公益诉讼检察并行。我接触的法律界人士尤其是检察官都表示,这次检察机关内设机构变动,是检察机关恢复重建40年来规模最大、调整最多、影响最广的一次历史性变革。改革承载着社会各界对法律监督职能全面协调充分履行的热切期盼,承载着广大检察人员对检察事业再创辉煌的时代担当,是检察机关进入新时代关键节点上一次极其重要的改革,具有重大而深远的意义。”全国人大代表、清华大学中国司法研究中心主任周光权评价说。

目前,着眼于公共利益代表的新定位和法律的新赋权,增设的公益诉讼检察部门,正在发挥越来越大的作用。最高检第八检察厅部署开展了一系列重大活动,对一批重要案件进行了督办,实现了办案数量、办案规模较大增长。去年,全国检察机关办理公益诉讼案件 11 万多件。

民以食为天,食以安为先,食品安全关乎千家万户,关系中华民族未来。“食品药品犯罪侦查局的成立,说明相关部门重视保健食品行业,重视广大人民群众生命安全。食品药品犯罪侦查局开展的集中打击活动有利于净化行业环境,保护行业健康发展。”中国保健协会相关专家评价道。

今年 1 月至 5 月,全国公安机关共侦破食品安全犯罪案件 4500 多起,抓获犯罪嫌疑人 8500 多名,捣毁黑工厂、黑作坊、黑窝点 3800 多个,有力震慑了违法犯罪活动,巩固了食品安全持续稳定向好的态势。

推进公共法律服务体系建设,对于更好满足广大人民群众日益增长的美好生活需要,提高国家治理体系和治理能力现代化水平具有重要意义。各地加快推进公共法律服务实体、热线、网络“三大平台”建设,让高效便捷的公共法律服务触手可及。

唯改革者进,唯创新者强,唯改革创新者胜。

此次改革,政法各部门努力适应新时代和群众对法治建设的新需求、新期待,改革力度之大,效率之高,前所未有,亮点频出。相信在全国政法机关和广大政法干警的共同努力下,随着政法领域机构改革不断深入推进,改革的红利将不断释放,公平正义之花将会更加绚丽地绽放,人民群众的获得感将更多、更直接、更实在。

(2019.7.19)

点　评

2018 年新一轮机构改革,是在新的历史起点上适应新时代中国特色社会主义发展要求为大背景展开的,开创了全面深化改革新局面。深化党和国家机构改革,坚持以人民为中心,坚持全面依法治国,以加强党的全面领导为统领,以国家治理体系和治理能力现代化为导向,以推进党和国家机构职能优化协同高效为着力点,改革机构设置,优化职能配置,深化转职能、转方式、转作风,提高效率效能,积极构建系统完备、科学规范、运行高效的党和国家机构职能体系,为决胜全面建成小康社会、开启全面建设社会主义现代化国家新征程、实现中华民族伟大复兴的中国梦提供有力制度保障。

一分部署,九分落实。在这一轮机构改革中,政法领域机构改革呈现前所未有的广度和深度。中央政法机关按照党中央《深化党和国家机构改革方案》要求,提高政治站位,增强“四个意识”,坚定“四个自信”,做到“两个维护”,全力推进政法领域机构改革,从更高层次上系统谋划、统筹推进政法领域机构改革和司法体制改革，形成全方位深层次的政法领域全面深化改革新格局。文章对政法领域机构改革一年间的成效进行了多位呈现：立足政法领域适应新时代和群众对法治建设的新需求、新期待，构建优化协同高效的机构职能体系，实现了职责有机整合、内部业务融合，与持续深入推进的司法体制改革形成化学反应、耦合效应，为新时代政法工作创新发展提供有力支撑，更好地保障公平正义、服务经济社会发展。

教师加班用餐时猝死
人社部门4次认定不属工伤

山西稷山人社局所作所为公然挑战司法权威

马　超　王志堂

一名“90后”小学教师，寒假期间被学校叫去加班，学校安排中午用餐时，突发疾病猝死。事后，家属4次向人社局申请认定工伤，人社局均不予认定。其间，法院3次判决外加一次政府行政复议，均撤销了人社局不予认定工伤的决定，并明确要求重新认定。然而，事发至今，已经两年半了，家属收到的依然是人社局不予认定工伤的决定。

近日，“山西稷山一教师加班用餐时猝死，人社部门4次认定不属于工伤”一事，备受关注。《法制日报》记者对此进行了调查采访。

三次判决难改人社局决定

出生于1990年5月的段晓康，2014年7月本科毕业于运城学院数学与应用数学专业，2015年7月通过稷山县教育局中小学教师公开招聘考试后，被分配至稷山县太阳中心校董家庄学校工作，2016年9月轮岗交流到稷山县城区中心校所辖南街小学任教。

2017年1月，在已放寒假的情况下，段晓康接到学校通知，需到城区中心校南街小学加班进行学校档案入册造表汇总工作。

于是，从1月18日起，段晓康开始连续加班。

1月21日，因学校没有食堂，为了完成任务，学校统一安排段晓康等10名加班教师在校外一家饭店吃午饭，以便吃完饭后继续工作。

吃饭时，段晓康突发疾病，送稷山县人民医院进行抢救。经抢救无效于当日死亡，死亡原因为心源性猝死。

段晓康死亡后，家属向稷山县人社局申请工伤认定。

2017年1月26日，稷山县人社局出具了不予认定工伤决定书，称经调查核实，段晓康突发疾病死亡情形不符合《工伤保险条例》第15条第1项之规定，不属于工伤认定视同工伤范围，所以不予认定为视同工伤。

随后，段晓康家属将稷山县人社局起诉至临猗县人民法院。

在庭审中，段晓康生前工作的稷山县城区中心校也认为，段晓康突发疾病死亡应当认定为工伤；且在段晓康家属申请工伤认定期间，该校向稷山县人社局提交过事故快报一份，以说明段晓康事发当天的情况。

2017年4月27日，临猗县人民法院作出一审判决：稷山县人社局作出的不予认定工伤决定书事实不清、证据不足，撤销其作出的不予认定工伤决定，判令其对段晓康死亡情况是否属于工伤重新作出认定。

然而，2017年6月29日，稷山县人社局第二次作出不予认定工伤的决定，理由仍是段晓康突发疾病死亡情形不符合《工伤保险条例》第14条、第15条认定或视同工伤之规定。

随后，段晓康家属向稷山县人民政府申请行政复议。

稷山县人民政府行政复议的决定认定，段晓康死亡情形属于工伤，决定撤销稷山县人社局不予工伤认定决定书，要求其对段晓康死亡情况是否属于工伤重新作出认定。

然而，稷山县人社局第三次作出决定，认定段晓康死亡情形不属于工伤。

2018年7月6日，段晓康家属再次将稷山县人社局起诉至临猗县人民法院。

法院审理认为，稷山县人社局前两次作出的不予认定工伤决定分别被临猗县人民法院和稷山县人民政府以事实不清、证据不足为由予以撤销。第三次理应依法履责，查明事实，依照法定程序，作出公平、公正的决定。

但是，从段晓康家属提起诉讼到庭审结束，稷山县人社局没有提交任何重新调查后关于段晓康加班、吃饭、死亡一系列事实方面的相关证据及相关证据材料。并指出，稷山县人社局基于同样的事实和理由作出同样的认定决定违反了《行政复议法》第28条的规定。

2018年9月27日，临猗县人民法院再次作出判决，撤销稷山县人社局不予认定工伤的决定，判令其对段晓康死亡情况是否属于工伤重新作出认定。

稷山县人社局不服判决，向运城市中级人民法院提起上诉。

运城市中级人民法院审理后同样认为，稷山县人社局基于同样的事实和理由作出同样的认定决定，明显违反了《行政复议法》第28条的规定。

2019年2月2日，运城市中级人民法院作出二审判决，驳回稷山县人社局的上诉，维持原判。

然而，运城市中级人民法院作出终审判决后，稷山县人社局第四次作出决定，认定段晓康死亡情形不属于工伤。

8月6日上午，《法制日报》记者电话联系了稷山县人社局。该局工伤医保股宁股长仍然认为，段晓康的死亡情形不符合《工伤保险条例》第15条的规定，因此不能认定为工伤。

随后记者问道，法院已经多次认定稷山县人社局作出的不予认定工伤决定书事实不清、证据不足，并且予以撤销，要求对该教师是否属于工伤重新作出认定后，人社局为何仍然认定不属于工伤？

宁股长说，要采访这个得先到县委宣传部登记，专门有人接待，随后就挂断了电话。

8 月 7 日,记者电话联系了稷山县委宣传部,在核实记者身份并登记后,一工作人员表示,“你们已经登记过了,可以打电话给他(宁股长)进行采访了”。随后,该工作人员电话告知记者,已经跟稷山县人社局说过了。

然而,记者再次拨打宁股长的电话却始终处于“通话中”。记者改用其他电话多次拨打,一直处于无人接听状态。

8 月 8 日上午,记者再次拨打宁股长的电话,依旧无人接听。

8 月 8 日下午,宁股长给记者回电,说这两天一直在太原,找精通法律的专家、学者,咨询此事,希望他们能够提出一些意见,这个事情后续如何处理,届时会给记者一个明确的答复。

对于记者先前提出的“为何法院 3 次判决外加一次政府行政复议,依然不予工伤认定”的疑问,宁股长仍坚持认为,段晓康死亡的情形不符合法律“在工作时间,在工作岗位”的规定,并表示,每次法院判决后都重新进行了调查并提交了新的证据。

对于记者“为何法院的判决书里显示稷山县人社局每次都没有提交新证据且又作出了相同的认定”,宁股长表示具体情况他也不清楚。

律师称应当认定为工伤

对于这一案件,从事律师工作 10 多年、经常代理工伤案件的山西中吕律师事务所律师王岩松在接受《法制日报》记者采访时认为,稷山县人社局应当认定段晓康的死亡情形属于工伤。

这一案件中最大的争议,即稷山县人社局认为,根据《工伤保险条例》第 15 条第 1 项规定,在工作时间和工作岗位,突发疾病死亡或者在 48 小时之内经抢救无效死亡的,才可视为工伤。而段晓康当时是在中午吃饭的时间突发疾病的,所以不属于工作时间,而且突发疾病的地点为饭店,并非工作岗位。因此,不能认定其为工伤。

对此,王岩松发出疑问,难道教师只能在讲台上受伤或者突发疾病死亡才算工伤?下了讲台就不属于工作岗位?“这充分反映出执法者对于政策、法律的掌握不够精准、熟练,业务水平亟待提高。”

结合多年的工作经验,王岩松举例说,职工上下班途中遭遇交通事故、出差途中突发心脏病死亡、工地上干完活在宿舍内休息时心脏病发身亡等情况,在现实中都认定为工伤。按照稷山县人社局的逻辑,这些工伤认定岂不是违反了《工伤保险条例》第 15 条第 1 项的有关规定?

“这并不是一个复杂的案件,原则上来说,一般都不会走到诉讼程序,更何况这个官司还打了这么多次。真是匪夷所思。”王岩松对此表示很不理解。

法官称法院可采取措施

《法制日报》记者调查发现，根据相关规定，工伤认定只能由用人单位工商注册地的区、县人力资源和社会保障行政部门进行认定。

回归到本案，段晓康的工伤认定只能由稷山县人社局认定，当事人不能向其他县区人社部门或越级向运城市人社部门提出申请。

那么，如果稷山县人社局对段晓康死亡不予认定工伤，段晓康工伤认定是否就一直无果？

“如果法院有完整证据认为段晓康构成工伤，可以在判决人社部门撤销原认定的同时要求人社部门认定其工伤。”山西一位从事行政审判多年的法官告诉《法制日报》记者。

对于稷山县人社局的行为，这位法官告诉记者，《行政诉讼法》第70条、第71条规定，行政行为有下列情形之一的，人民法院判决撤销或者部分撤销，并可以判决被告重新作出行政行为：(1)主要证据不足的；(2)适用法律、法规错误的；(3)违反法定程序的；(4)超越职权的；(5)滥用职权的；(6)明显不当的。人民法院判决被告重新作出行政行为的，被告不得以同一的事实和理由作出与原行政行为基本相同的行政行为。

“这就是说，如果被告作出与原行政行为基本相同的行政行为，必须提交新的证据或理由。具体到本案，人社部门在法院判决后仍然作出不予认定工伤决定，必须有新的证据或理由。”这位法官说道。

但是，记者发现，稷山县人社局每次重新作出认定基本都没有提交新的证据事实或理由。

对于稷山县人社局拒不履行法院判决，法院是否有进一步措施？

这位法官告诉记者，《行政诉讼法》第96条对此行为已经有了明确规定。

《行政诉讼法》第96条规定，行政机关拒绝履行判决、裁定、调解书的，第一审人民法院可以采取下列措施：(1)对应当归还的罚款或者应当给付的款额，通知银行从该行政机关的账户内划拨。(2)在规定期限内不履行的，从期满之日起，对该行政机关负责人按日处50元至100元的罚款。(3)将行政机关拒绝履行的情况予以公告。(4)向监察机关或者该行政机关的上一级行政机关提出司法建议。接受司法建议的机关，根据有关规定进行处理，并将处理情况告知人民法院。(5)拒不履行判决、裁定、调解书，社会影响恶劣的，可以对该行政机关直接负责的主管人员和其他直接责任人员予以拘留；情节严重，构成犯罪的，依法追究刑事责任。

“法院可以根据此规定对行政部门采取相应的措施。”这位法官说道。

(2019.8.9)

点 评

山西省稷山县“90后”教师加班用餐时猝死，在法院3次判决外加一次政府行政复议的情况下，当地人社部门4次不予认定工伤。本报从法律专业的角度对此事进行报道的当天，山西省稷山县人社局便撤销了原不予认定工伤的决定，重新认定教师加班用餐猝死为工伤。本报报道刊发后，引发1.6亿网民、广大劳动者关注讨论，引起人社部、司法部、山西省政府的高度关注，人社部责成山西省人社厅依法依规妥善处理此事，司法部责成山西省司法厅高度关注行政复议具体情形。本文以舆论监督形式督促地方政府依法行政，提高依法行政意识，推动全面依法治国在基层真正落地生根，切实用法律武器捍卫劳动者的权利和尊严，同时维护了司法权威。

乔晓阳：从红军后代到立法大家

朱宁宁

人物介绍

乔晓阳，第九届、十届、十一届、十二届全国人大代表，第十届、十一届、十二届全国人大常委会委员，党的十五大、十六大代表。历任全国人大常委会法工委办公室主任、全国人大常委会法工委副主任、全国人大法律委员会副主任委员、全国人大常委会香港基本法委员会主任和澳门基本法委员会主任、全国人大常委会副秘书长、第十二届全国人大法律委员会主任委员。参与或主持起草、修改了宪法修正案、地方各级人民代表大会和地方各级人民政府组织法、选举法、立法法等几十部法律。

新中国成立70周年之际，8月9日，江西上饶玉山县，一场重量级的法律宣讲在此举行。

之所以说是重量级，一是因为宣讲人乔晓阳身份特殊。他身居高位，曾任全国人大常委会副秘书长、第十二届全国人大法律委员会主任委员；二是多年来首次专门到一个县作宣讲他看得很重，因为84年前的1935年1月，就是在这里，他的父亲、时任北上抗日先遣队红10军团20师参谋长的著名开国将军乔信明与方志敏一起被俘入狱。

在监狱中，方志敏和乔信明建立了秘密通信。方志敏在信中写道：在敌人面前一定要顽强，怕死是没有用的。我们几个负责人，已准备为革命流尽最后一滴血，你们不一定死，但要准备坐牢。在监狱中要学习列宁的榜样，为党工作，坚持斗争，就是死了也是光荣的。

方志敏牺牲后，乔信明被判了无期徒刑。他成立狱中党支部，开展狱中斗争，后经党组织营救得以出狱。出狱后，被派到新四军参加抗日战争，继续为争取新中国的成立而浴血奋战。

新中国是老一辈革命先烈抛头颅、洒热血换来的。作为革命前辈的后代，乔晓阳对此备感珍惜。新中国成立那年，乔晓阳4岁。此后的岁月里，他亲历了新中国日新月异的沧桑巨变。

如果把新中国成立70年来发生的一切比喻为一幅宏伟的画卷，中国特色社会主义法制建设便是其中浓墨重彩的一部分，从事了半辈子国家立法工作的乔晓阳则是这幅画卷的绘制者之一。

革命精神的传承者

乔晓阳，1945年11月出生于江苏宝应，湖北人。不仅体型外貌上酷似其父，在品德作风上也有着父辈深深的烙印。因为出身在革命军人家庭，相比一般家庭的孩子，乔晓阳更早地意识到红色江山来之不易。在他看来，“一生战斗、百折不挠”，是父亲一生最真切的写照，也是那一代革命者精神风貌的整体写照，更是整个民族历尽苦难又辉煌迭出的奋斗历程。

乔晓阳在年轻的时候就有了较为丰富的人生阅历。1964 年，高中毕业的乔晓阳被选派到古巴哈瓦那大学学习西班牙语，成为新中国第一批公派高中毕业留学生。在异国他乡，他学习成绩出类拔萃。1967 年回国后，他先是在东北部队农场当兵种地两年多，又到工厂当了两年工人，后来到江苏省外事办从事翻译工作。1979 年 7 月被调到时任湖北省委第一书记的陈丕显办公室担任秘书。1982 年，陈丕显调到北京担任中共中央书记处书记、中央政法委书记，乔晓阳随之调到中央政法委工作，后调入全国人大常委会。这些经历为乔晓阳日后报效党和国家、实现人生理想，奠定了扎实的主客观基础。

从 1979 年 7 月到 1988 年 9 月，改革开放后的前 10 年，乔晓阳一直在陈丕显身边工作。其间，陈丕显担任过湖北省委第一书记、中共中央书记处书记、中央政法委书记、全国人大常委会副委员长。耳提面命、耳濡目染之下，乔晓阳学到许多人没有机会学到的老一辈革命家高尚的家国情怀，受到非常深刻的教育。经历过“文化大革命”的陈丕显对民主法制惨遭破坏导致的灾难有切肤之痛，他曾经说过这样一段话：“民主与法制是国家的政治制度，又是精神文明在政治和社会生活中的体现。政治体制改革的核心，就是建立健全社会主义民主与法制。”对于这句话，乔晓阳在日后长达几十年的立法工作中深有体会。

在全国人大工作期间，乔晓阳参与或主持起草、修改了宪法修正案、地方各级人民代表大会和地方各级人民政府组织法、选举法、立法法、监督法、行政处罚法、行政许可法、行政复议法、反分裂国家法、国防法、教育法、高等教育法、民办教育促进法、工会法、劳动法、证券法等几十部法律。乔晓阳始终认为，立法实务工作者要多钻研理论，立法理论研究者要多参与和了解立法实践，多了解实际情况，多从实际出发。在他看来，全国人大常委会法工委作为立法实务部门，一个重要功能就是：在专家学者面前要多讲一点实际情况，防止他们理想化；在领导面前要多讲法律是怎么规定的，防止他们“拍脑门”。

改革开放的亲历者

1978 年，党的十一届三中全会决定实行改革开放，同时决定全面恢复并加强立法工作。此后 40 年间，我国的立法工作与改革开放相伴而行。如今，在党中央集中统一领导下，中国特色社会主义法律体系已经形成并且不断完善，我国经济、政治、文化、社会以及生态文明建设各个方面都实现了有法可依，国家生活和社会生活各方面向良法善治不断发展。

"改革开放40年,我参与立法工作只有35年。"从1983年开始接触、参与立法工作,乔晓阳介绍自己时用了一个"只"字。回顾历史,谈到立法与改革的关系,乔晓阳用"既好看又好吃"这一形象比喻,赋予这个他认为是"老生常谈"的话题以时代感的新意。

"'好看'就是在肯定现成经验的同时,这个法律要体现改革的方向,还要有时代性;'好吃'就是能下得去嘴,能把法律规定落到实处,不能不顾实际去迁就形式和理论上的完美。要把法律的稳定性、可行性、前瞻性结合起来。"乔晓阳说。

在乔晓阳看来,立法和改革的关系是一对矛盾。立法是把稳定的、成熟的社会关系上升为法,把社会关系用法的形式固定下来,追求的是稳定性,特点是"定"。而改革恰恰是对原来定下的、但不适应经济社会发展的制度、做法进行改变,是制度自我完善的一个手段,特点是"变"。

"改革开放40年来,立法工作的一条主线就是用'定'的立法适应'变'的改革。这其中,经历了先改革后立法、边改革边立法到凡属重大改革必须于法有据几个阶段,每个阶段在处理立法与改革关系的时候又有不同的特点。"乔晓阳总结说,比如,从立法有比没有好、快搞比慢搞好、宜粗不宜细,到能明确的尽量明确、能具体的尽量具体等。

回顾改革开放初期,可以看到,那个时期的立法往往带有先把制度建立起来再逐步向前推进的阶段性特点。乔晓阳印象中最为典型的就是证券法的立法工作。

1998年12月29日,第九届全国人大常委会第六次会议通过《证券法》,自1999年7月1日起施行。这是新中国成立以来第一部按国际惯例、由国家最高立法机构组织而非由政府某个部门组织起草的经济法。然而,1990年我国才开始有证券交易活动,当时的实践经验不可能制定一部完备的法律。为什么要匆忙制定这部法呢?

"其中一个重要原因是当时发生了亚洲金融危机,一个索罗斯就把亚洲的证券市场冲得七零八落,我们需要赶快立法建立防火墙。因此,1998年制定的证券法对许多成熟的证券市场上允许做的事情都不允许,如不准搞证券期货、期权交易,不允许搞融资融券活动等。因为我们的证券市场还没有发展到那个阶段,在没有监管能力的前提下弄不好就会出现金融风险。"回忆起当时的立法背景,乔晓阳仍历历在目。

《证券法》通过后,乔晓阳在《人民日报》发表题为《我国证券法体现的若干重要原则》的文章,文中讲了9条原则,其中一条就是阶段性原则。直至2004年、2005年对《证券法》进行两次修改,才把原来不允许做的事情放开了。

"回顾过去,我的体会是,细化和详尽是现阶段提高立法质量的一个基本要求。"乔晓阳说,现在的法律汇编与20世纪八九十年代的法律汇编相比更厚了、更重了,法律数量增加了,条文更全面、更详尽了。特别是在总结实践经验的基础上,我国的立法不断精细化。一组数据直观展现了立法的愈加具体化和全面化:1979年《刑法》192条,1997年修订后的《刑法》变成452条,之后随着实践的发展先后通过10个刑法修正案;1979 年《刑事诉讼法》163 条,1996 年修改增加到 225 条,2012 年修改增加到 290 条,2018 年修改增加到 308 条;2013 年,第十二届全国人大常委会修改《特种设备安全法》,草案 70 条,修改通过时变成 101 条。

伴随改革开放进入新的历史时期,立法工作也有了更高要求,处理好立法与改革关系具有更为重要的指导意义。在谈到应该如何理解立法决策与改革决策相一致时,乔晓阳认为,从国家层面来讲,重大改革决策都是党中央作出的,所以立法决策对改革决策实际上是处于适应、服务的地位。那么,党中央作出的改革决策与现行法律规定不一致的,应当修改法律适应改革需要,有些改革需要法律授权的,法律应当予以授权,这才是先立后破、有序进行的立法原意。

但是,乔晓阳同时强调,立法决策与改革决策相一致,绝不意味着立法仅仅是简单、单纯地抄写改革决策文字,而是要通过整个立法程序使改革决策更加完善、更加周到、更加符合法治要求。

"实际上,立法决策与改革决策相一致恰恰体现了党的领导、人民当家作主和依法治国的有机统一。"乔晓阳说,立法的过程要广泛征求各方意见,特别是人民群众的意见,要经过人大常委会一审、二审甚至三审才能通过。法律通过后,各方面依法办事。在这个过程中,实现了坚持在法治框架内推进改革,也就实现了立法的引领和推动作用。

"一国两制"的践行者

70 年来,中国特色社会主义现代化建设取得的各项巨大成就中,不能不提及祖国统一大业的重大进展。2019 年是新中国成立 70 周年,也是香港回归 22 周年、澳门回归 20 周年。实践证明,"一国两制"方针政策一登上历史舞台就显示出强大生命力。"一国两制"政策成为实现中华民族伟大复兴中国梦的重要组成部分。

社会主义与资本主义是如此的不同,香港和澳门保持原有的资本主义制度,却成为建设中国特色社会主义宏伟画卷的一个精彩布局。是什么造就了如此神奇的局面呢?乔晓阳认为,靠的就是宪法的调整。

乔晓阳历经了现行 1982 年《宪法》的全部 5 次修订。他深深地感到,在"一国两制"的实践中,宪法始终发挥着国家最高法律规范的作用。"宪法是一国两制的根本保障。从法律上来讲,香港和澳门实行不同于内地的制度和政策,是基于宪法的规定;香港基本法和澳门基本法的法律地位和法律效力,来源于宪法的规定;一国两制和基本法的实施受制于宪法的规定。通过这三个方面,宪法不仅在内地,而且在香港和澳门,都发挥着国家最高法律规范的重大作用。"

在乔晓阳的心中,除了宪法,两部基本法也是他格外看重的。邓小平曾经把基本法誉为"一个具有创造性的杰作"。多年来,乔晓阳不断地思考和探索。在他看来,两部基本法的特殊性不仅体现在内容上,即规定了史无前例的"一国两制",更重要的是体现在实施环境上。

“两部基本法不仅要在内地的法律制度下实施,还要分别在香港的普通法制度、澳门的大陆法制度下实施,还不包括三地不同的政治社会制度、不同的意识形态等。这是基本法实施的一个最显著特点,也是对基本法条文经常出现不同理解,而且很难取得一致看法的症结之一。”乔晓阳说。

正因为两部基本法既要在内地法律制度下实施,又要分别在香港和澳门法律制度下实施,在实施初期,出现对同一条文含义上的不同解读,属于正常现象也不可能完全避免,但长此以往,基本法的权威、基本法的稳定就成了问题。因此,乔晓阳认为,应推动形成一套三地都认同的基本法法律理论指导基本法实践,大家在理解和贯彻执行基本法过程中就有了共同的语言、共同的方法,就可以把争议降到最低限度。实际上,无论在内地、香港还是澳门,对于本地的法律条文为什么大家比较容易取得一致理解?关键的一点在于对法律条文进行解读时,都遵循同样的理论、同样的规则。

乔晓阳认为,要推动形成一套三地都认同的基本法法律理论,全部采用内地的法律观念不行,全部采用香港、澳门的法律观念也不行,需要在三地法律制度的基础上多倾听各方意见和建议,展开深入的研究讨论,在一些关键问题上逐步达成共识。

“这种取得最大公约数的指导思想对于研究基本法,推动形成一套基本法的法律理论具有重要的参考意义。”乔晓阳说,目前,他正在按照这一指导思想主持编写一套基本法教材。

祖国统一的维护者

从 20 世纪 90 年代初算起,乔晓阳从事香港、澳门工作有 20 多年了,先后担任过香港特区、澳门特区筹委会委员以及全国人大常委会香港、澳门基本法委员会主任等重要职务。因此,他对香港、澳门怀有深厚的感情。不论是香港回归后还是澳门回归后,乔晓阳都发挥了重要的作用。不管是在任时还是卸任后,他都奔走在港澳工作的第一线,为“一国两制”的实施、基本法的解释以及宪法与基本法的关系,向港澳地区的政府官员以及港澳居民做充分的沟通。《香港特别行政区基本法》颁布 10 周年、《澳门特别行政区基本法》颁布 10 周年时,他都应邀前去演讲,充分显示了他的影响力。

2004 年 4 月,乔晓阳成为香港媒体曝光率最高的新闻人物。2004 年 4 月 7 日,乔晓阳赴香港向各界人士解读 4 月 6 日全国人大常委会的释法。这是一项重要程度和敏感程度都非同一般的任务。不具备精深的法律知识、不具备非同一般的心理素质、不具备良好的风度素养,时时刻刻都可能因言行失当而酿出麻烦。但乔晓阳显然得到了认可。香港媒体对他的评价是,乔晓阳态度和手法都很好,在港掀起旋风,以自己雄辩的口才、渊博的知识和睿智的头脑,赢得港人由衷赞誉。香港媒体更称其“技惊四座”。

由于乔晓阳可以将复杂的问题简单阐述出来，风趣地表达严肃的话题，加上解答问题详细耐心，因此被港澳媒体亲切地称为“乔老爷”。2013 年之前，每次全国人大常委会对基本法作出释法或者就有关问题作出决定后，乔晓阳都会专程到香港、澳门向各界人士详细阐述，取得了很好的沟通和交流效果。

乔晓阳的专题演讲总会让人感到非常难忘。当然，这种难忘不同人有不同的解读和感受。对于近几年香港出现的“港独”和各种激进势力，乔晓阳感到十分痛心。去年 4 月，在一次香港演讲中，乔晓阳掷地有声地说：“中国人民在近代内忧外患下都没有丧失过维护国家统一的决心和意志，在已经日益强大起来的今天，还能让‘港独’得逞吗？绝不可能！”

“‘港独’问题不在于是否会成为现实，也不是言论自由的问题，它是民族感情问题，也是宪法问题。”对于宣扬“港独”是言论自由的说法，乔晓阳反问道，“图谋、煽动分裂国家是言论自由？世界上没有这种理论。在‘港独’问题上做开明绅士是不行的！”

2013 年 3 月 24 日，乔晓阳在香港立法会建制派议员座谈会上，专门谈到香港政制发展中的两个焦点问题，即“一国两制”下行政长官最基本的条件是什么？行政长官普选办法最基本的依据是什么？乔晓阳在开诚布公地发表了自己的意见后说：“现在外面肯定来了不少香港记者，肯定会问乔老爷刚才都讲了些什么。我建议大家着重传达我今天讲话的三个信息，也是今天讲话的三个重点：第一，中央政府落实 2017 年普选的立场是坚定不移的，是一贯的，绝无拖延之意；第二，行政长官的人选必须是爱港爱国人士的立场是坚定不移的，与中央对抗的人不能当特首是一条底线，这样讲不是为了从法律规定上排除谁、筛选谁，而是为了让将来的提名委员会委员和香港市民心中有杆秤，有个衡量的标准，自觉不提名这样的人，不选这样的人；第三，普选必须符合基本法和全国人大常委会决定的立场是坚定不移的。我再说一遍，是三个坚定不移。”

2014 年，国务院发布《一国两制在香港特别行政区的实践》白皮书，提出中央对香港特别行政区具有全面管治权的论述。这被学术界认为是首次提出，在香港引起广泛关注。其实，全面管治权这个概念是乔晓阳第一个提出来的。早在 2010 年，国家行政学院邀请乔晓阳作“一国两制”下中央宪制权力讲座的时候，他就开始用这个概念。2012 年，在一个澳门基本法讲座上，乔晓阳谈到中央的宪制权力时，第一项就是中央对澳门具有全面的管治权。当时之所以谈到这个问题，其中一个原因就是香港、澳门回归中国后，乔晓阳在与各方面人士交流过程中发现，当讲到“一国两制”下中央权力的时候，普遍只讲到基本法具体规定的中央权力，从国防、外交权讲到基本法解释、修改权，这当然没有错，但乔晓阳总觉得缺少点什么。

问题出在哪里呢？

“就出在只见树木不见森林，只看到基本法条文而忽略了制定基本法本身。”乔晓阳说,跳出基本法来看基本法,我们就会看到,港澳回归中国后,中央对港澳具有的最大权力,正在于制定对香港、澳门的基本方针政策和基本法,规定在香港、澳门特别行政区实行的制度和政策。这种权力是先于基本法存在的。从法律上讲,它来源于宪法,来源于国家主权,如果用一个概念来归纳,就是中央对港澳具有全面管治权。如果中央没有这种全面管治权,怎么能够制定对港澳的基本方针政策和基本法呢?

在乔晓阳看来,中央全面管治权这个概念是经得起严格推敲的。全面管治权与高度自治权不仅不矛盾而且相辅相成,本身就是一个整体。“这本来就是单一制国家中央与地方关系的应有之义。”他说。

专家学者的知心者

在立法机关工作多年,实务界的乔晓阳与学界的关系一直都很好。不是法律科班出身的他,大量阅读法学界著名学者的专著、文章,遇到不懂的问题就向学者请教,与多位法学家保持着亦师亦友的关系。

2004 年 9 月 29 日,乔晓阳到北京大学参加祝贺肖蔚云教授 80 华诞暨肖蔚云教授学术思想研讨会。会上,乔晓阳说:“我刚才在会场外遇到很多人,有肖老师的开门弟子,据说还有关门弟子。我既不是开门弟子也不是关门弟子,但我自认为是肖老师的旁门弟子。为什么这么说呢?因为我在人大从事立法工作 20 年,在这个过程中,受到肖老师的教益。只要遇到比较大的难题,总要向肖老师求教,以至于本人虽然才疏学浅,但是心里面很有底气。因为有肖老师这个靠山,大树底下好乘凉,借用现代京剧《红灯记》里李玉和的一句台词:肖老师,有您这碗酒垫底,什么样的酒我都能对付。”一番幽默风趣的发言引得现场掌声一片。

说起京剧,熟悉乔晓阳的人都知道,他不但是个京剧票友,而且发烧程度很高,一有空便和一些京剧名家聚会唱戏,连他的另一半也在他的熏陶和影响下爱上了京剧。业内人士评价说,乔晓阳一开腔便知有没有,其唱功、板眼、音域、感情都接近专业水平。我国著名刑法学家高铭暄教授也是个戏迷。就在今年中秋节前夕,为庆贺高老获得“人民教育家”国家荣誉称号,乔晓阳专门约 91 岁高龄的高老一起唱了一场京剧。

睿智聪敏、风趣幽默、平易近人、待人诚恳、与人为善,这些都是接触乔晓阳的人给出的评价。他不仅和内地的学者经常联系,和港澳的专家学者也有很好的关系。澳门中华教育会会长李沛霖曾在《澳门日报》发表两篇文章,题目为《乔老爷的魅力》和《乔老爷的风采》,文中称乔晓阳“是一个让人敬佩和愿意亲近的、愿意与他交朋友的人”。据悉,为庆祝澳门回归 20 周年,澳门大学将授予乔晓阳荣誉法学博士称号。

依法治国的传播者

从1983年到2018年,乔晓阳在最高国家立法机关工作整整35年,卸任时的职务是第十二届全国人大法律委员会主任委员。2018年3月11日,第十三届全国人民代表大会第一次会议通过《宪法修正案》,将全国人大法律委员会更名为全国人大宪法和法律委员会。乔晓阳笑称,自己成了全国人大法律委员会的“末代”主任委员。

卸任后的乔晓阳脚步并未停歇,似乎更忙了。这位立法人继续以一己之力向越来越多的人讲述中国立法故事,传递依法治国理念。

2014年,乔晓阳重临濠江,在澳门大学横琴新校区作“中国宪法与澳门基本法的关系”专题演讲。这是一个非常专业、单看题目就让人觉得枯燥的讲座,然而却吸引了700多人报名。澳门媒体报道,尽管当天天气十分恶劣,中小学甚至都停了课,交通又十分不便,但无法阻挡报名者出席。大家都准时出现在会场,珍惜乔老爷这难得一次专程来澳门演讲的机会。整个讲座历时两个小时,乔晓阳主讲75分钟、答疑20分钟,其间没人打瞌睡,甚至去洗手间的都不多见。

采访即将结束之际,乔晓阳告诉记者,国庆节过后他又将迎来一个“第一次”。不久前,他收到河南宋砦村村委会的法律宣讲邀请,这个村建成全国首家村级法治展览馆,他欣然应允。从庙堂之上到江湖之中,从人民大会堂到真正的田间地头,这位古稀之年的立法大家将走近最基层的广大人民群众,继续发出中国法治强音。

(2019.10.1)

点　评

乔晓阳,一位将人生最宝贵的年华献给我国立法事业的立法人,参与或主持起草、修改法律几十部。他的立法岁月忠实地标注了我国改革开放的时间年轮,每一部法律的制定、修订都代表了改革开放前进步伐的一个刻度。为改革立法,让立法决策与改革决策相一致,发挥立法的引领和推动作用,坚持在法治框架内推进改革,这就是作为立法者的乔晓阳展现出来的立法高度和气度。除了担任第十二届全国人大法律委员会主任委员,乔晓阳还曾担任香港特别行政区基本法委员会主任、澳门特别行政区基本法委员会主任,与“一国两制”伟大创举一样,两部基本法也被誉为我国立法史上“具有创造性的杰作”。

文章围绕乔晓阳的回忆进行镜头切换,从红军后代、改革开放亲历者、立法者三个维度,立体展现了他的精神境界、立法追求和精彩人生。

黑恶势力频繁组织网络“水军”

威胁恐吓诽谤滋扰个人与企业

治理“雾霾”澄清网络空间

王 阳

近日,一份价目表在网络上传播:标题涉及美团网创始人兼CEO王兴的“黑稿”,每篇收费200元;转发稿件,每篇收费50元;标题含有美团的文章,每篇收费20元。

与此同时,某微信公众号刊登了一篇涉及四川某集团公司的文章,这家公司认为文章内容失实,与文章发布人取得联系,文章发布人提出如果想删帖需支付费用20万元。

无独有偶,广东省东莞市民营企业家周荣章也被网络“水军”威胁、诽谤、滋扰,并在线下收到匿名信,对方意图勒索数千万元。

《法制日报》记者梳理发现,一股来自网络世界的黑恶势力正在侵蚀互联网秩序。近年来,不少个人与企业频繁遭遇网络攻击。

中央政法委秘书长、全国扫黑办主任陈一新在全国扫黑办第七次主任会议上强调,要坚持以“破案攻坚”开路、以“打伞破网”断根、以“打财断血”绝后、以“问题整改”提质,再掀扫黑除恶强大攻势,推动下半年“深挖根治”取得更大成效。要有针对性地延伸打击锋芒,加大对金融、民生、网络等领域黑恶势力的打击力度。

网络黑恶势力猖獗
误导危害社会公众

随着互联网的迅速发展,网络空间也出现了黑恶势力。从事网络违法行为的人群从零散个体逐渐形成庞大的地下产业链。

由于互联网本身是虚拟空间,反侦查意识强的违法犯罪分子往往会采用动态的网址,躲避监管部门对于IP的追踪。在网络上进行黄赌毒、高利贷或者发动“水军”攻击企业,造谣中伤,变相敲诈勒索的风险成本变得相对更低。

“我们在明处扶贫,有人在暗中造谣。”拼多多副总裁井然向媒体透露,拼多多正在连续遭受网络上有组织涉黑团伙的恶意攻击,其行为是将不实稿件在正规网站发布,之后再利用这些正规信源进行波次转发至其他网站和两微段子手号,持续打击拼多多的声誉。

其中,一篇标题为《拼多多中牟大蒜溢价扶贫 遇涨价“落荒而逃”》的稿件出现在某央媒网站食品频道，随后一批看似正规的网站在短时间内批量发布同名文章。而更早的一篇同名稿件也被精准传送到某央媒食品频道，在不到24小时内全网转载次数超过100次。

拼多多方面回应，这篇稿件多处失实，存在大篇幅捏造。实际情况是，拼多多已联合商家溢价购销中牟大蒜数年，受当地扶贫部门定点指导，收购贫困户2.4万斤，所有收购记录、流程均有文件记录。

拼多多的遭遇并非孤例。

2018年10月11日，江苏省南京市公安局浦口分局接到孙某报警称，36克氢网站发布恶意损毁其公司形象的负面文章，后支付了800元手续费才删除。查清犯罪事实后，警方在上海、湖北孝感、浙江杭州三地同时实施抓捕，成功抓获朱某、王某、刘某3名犯罪嫌疑人。

随后，南京市公安局浦口分局深挖各类违法犯罪情报线索，先后抓获犯罪嫌疑人7名，涉案金额90多万元，捣毁了人民头条网、36克氢、河南头条网、人民财经网等120多个"水军"网站。此案被公安部列为第一批重点打击网络"水军"督办案件。

2018年12月25日，阿里巴巴发布官方微博呼吁：打击网络黑势力、黑产业、严惩黑资金，像治理雾霾一样治理网络"雾霾"。阿里巴巴称，"网络谣言早已不只是针对一家企业一个行业，更在侵害社会价值体系、误导与危害社会公众"。

最新消息显示，美团安全事务部已联动江苏、山东等地公安机关，打击多起捏造事实恶意抹黑美团及王兴的"网络黑公关"刑事案件，共抓获犯罪嫌疑人10多名，并采取刑事拘留、批准逮捕等刑事强制措施。

承办过多起网络诽谤案件的武汉律师陈勇说，在互联网深度嵌入日常生活的前提下，无论是个人还是企业，都面临被网络黑恶势力围猎的风险。"有些网络黑恶势力肆无忌惮，制造了大量网络'雾霾'，虚耗了社会注意力资源，加剧了恶性竞争与互耗互害局面，让很多个人和企业深受其害。也正因为如此，扫黑除恶向线上进发势在必行。"

网络谣言传播快捷
逐渐成为社会公害

除了互联网公司受到网络黑恶势力诽谤滋扰以外，不少实体企业也频繁受其威胁恐吓。

2017年12月22日，四川某集团公司工作人员到成都市高新区公安分局网安大队报案称，他们遭遇"网络黑公关"，对方声称想要删稿需支付20万元撤稿费。

2018年3月14日，警方将涉案的杨某良等5名犯罪嫌疑人抓获。警方通过审讯获悉，2017年11月27日，某微信公众号刊登了一篇四川某集团公司的文章，内容不实，严重诋毁了其名誉。随后，这家公司与文章发布人取得联系后，文章发布人表明自己是成都极智互动网络科技有限公司人员,并提出如果想删帖需花钱。这家公司最后被迫与成都极智互动网络科技有限公司签订一份金额为20万元的广告服务合同。合同签订后,对方将网上帖文删除。

警方调查发现,杨某负责撰写负面帖文,王某负责修改审核,刘某负责编辑排版,然后统一上传至网络。当四川某集团公司要求删帖时,由冯某出面进行洽谈,公司总经理杨某良在收到删帖款后作出删帖决定。

为进一步掌握证据,办案民警随后分别在湖北、陕西、北京等地抓获此团伙成员30人。

周荣章是广东省东莞市的一位民营企业家,最近他也深受网络“水军”滋扰。

据周荣章介绍,其目前投资开办或实际控制的公司共有9家,旗下有员工约1800人,每年的纳税金额超过1500万元。他与钟某涛、钟某光父子因股权转让发生纠纷。钟某涛、钟某光父子认为股权转让价格过低,利用“地下执法队”人员张某潮、冷某如等多人,到周荣章的家里和公司进行恐吓、威胁,强行索要股权溢价近7000万元。

周荣章报案后,公安机关对钟某光以涉嫌寻衅滋事立案。此后,有人编写了《广东东莞“套路贷”团伙根深蒂固逍遥法外》、《一个经营“套路贷”数额高达一百多亿元的机构浮出水面》、《工业园贷款建设陷“套路贷”陷阱?》等网帖,在没有经过司法机关认定的前提下,大肆宣传周荣章的几起民间借贷“完全符合‘套路贷’的重要特征”。一批网络“水军”有组织、有计划地通过微信公众号、头条号、搜狐号等管理账户,将上述网帖上传至网站,并转发到一些熟悉周荣章的人的微信朋友圈。

此后,周荣章经常收到不明真相的人来电质疑,心力交瘁的他疲于应付,无心处理公司事务。周荣章委托律师调查后发现,发布周荣章从事“套路贷”的网帖无署名、无信源,发布和转发的网站均为无ICP备案、无网安备案的非法网站。

9月20日,网络“水军”除了在线上对周荣章进行诽谤、滋扰外,线下还邮寄匿名信进行威胁、恐吓。

北京律师肖东平认为,一个网络谣言可能毁掉一个企业,甚至毁掉一个人的一生。网络谣言借助超强的传播力,比以往任何时候的谣言都快捷和凶猛。很多时候,网络谣言会让网民产生认知盲区。“网络谣言弥漫于公共空间,已经成为一种社会公害。不仅扰乱了正常的网络空间和秩序,危害公共利益,也严重影响社会和谐与稳定。打击网络黑恶势力是今后扫黑除恶的一个重点。”

精准打击黑恶势力
共同维护网络法治

北京工商大学法学院硕士研究生导师胡功群告诉《法制日报》记者,维护网络法治、依法惩治网络谣言,就是在维护基本的社会秩序。“政府、企业、媒体、研究机构等各方都应该发力,共同维护健康的网络环境和良好的社会秩序。”

按照中央部署,为期3年的扫黑除恶专项斗争已进入第二年。1年多来,一批黑恶势力被打掉、“保护伞”被挖出,一些黑恶势力的经济基础被摧毁,扫黑除恶专项斗争取得良好战果。当下,扫黑除恶专项斗争进入深水区、攻坚区。最高人民法院、最高人民检察院、公安部、司法部联合发布的《关于办理黑恶势力犯罪案件若干问题的指导意见》中明确提出“组织或雇佣网络‘水军’在网上威胁、恐吓、侮辱、诽谤、滋扰的黑恶势力”是扫黑除恶的重点打击对象之一。

中国犯罪学学会秘书长岳向阳认为,互联网上的这些违法犯罪形式之所以被纳入扫黑除恶的讨论框架,是因为它和现实中的黑恶势力存在诸多共同点。这样的网络黑恶势力不仅让普通民营企业人人自危,那些更具维权能力的平台或企业同样也会深受其害。“深入开展扫黑除恶专项工作斗争,一定要布下天罗地网,加大网络等领域黑恶势力的打击力度,不让互联网成为黑恶势力蔓延的温床。”

利剑之下,成效斐然。《法制日报》记者从四川省公安厅获悉,泸州市公安局网安支队接公安部指令,有叙永籍人员在互联网从事“有偿删帖、发帖、灌水”中介模式产业链的网络“水军”团伙。泸州市公安局针对此事件专门成立专案组对接到的线索进行侦查,成功破获四川省首例网络“水军”案,抓获团伙成员30人。

在公安部网安局组织开展侦查打击网络“水军”专项战役中,湖北省荆州市公安局历时7个月,辗转北京、广东、广西等8个省市,成功侦破部督特大网络“水军”非法经营案,捣毁家族式网络删帖团伙1个,查处涉嫌“有偿删帖”非法经营行为的公司4家,抓获涉案人员13人,初步查清涉案资金3000多万元,系湖北省涉案金额最大的部督网络“水军”非法经营案。

中南财经政法大学刑事司法学院教授郭泽强说,声势浩大的扫黑除恶专项斗争正在向纵深推进,因此不管黑恶势力在网上还是网下,只要存在就必须精准打击、彻底铲除,决不能让扫黑除恶专项斗争出现盲区。

(2019.10.9)

点　评　本文用大量触目惊心的事例数据说明,网络黑恶势力肆无忌惮,制造大量网络“雾霾”,虚耗社会注意力资源,加剧恶性竞争与互耗互害局面,让很多个人和企业深受其害。文章呼吁,必须对组织或雇佣网络“水军”在网上威胁、恐吓、侮辱、诽谤、滋扰的黑恶势力,作为“扫黑除恶”的重点打击对象加大打击力度,还网络空间清朗的环境。

这注定是一场必胜的战“疫”

有人说,2020 年刚开始,整个世界都在提醒你,要学会珍惜。

曾经,我们信誓旦旦:给我一个房间,有吃有喝,有电脑、手机、Wi-Fi,我可以待上一辈子。

可如今,当疫情为城市按下“暂停键”,当我们被迫宅在家里,人们才后知后觉自己有多爱工作、多想出去。

这个一再延长的假期,你捡起了多少曾经不在意、不喜欢的事?那些你觉得习以为常、浑然不觉的事,是否现在都让你觉得格外重要和珍惜?

1

突然很想念,以前的微博热搜和五花八门的朋友圈:

晒美食、晒自拍、追星、吐槽、聊生活、聊八卦,陌生人的生活也带给我们无限的新鲜感。

直到一切被病毒打破。现在,铺天盖地的疫情信息,让我们无数次感动、流泪,也充满了无奈、焦虑。

这些天,社交网络上出现了很多不甘寂寞的人,有人在自家鱼缸钓起了鱼,有人嗑瓜子也能嗑出艺术品,有人折腾厨房、大秀厨艺,有人捡起了荒废几十年的爱好……搞笑的、耍怪的、认真的、走心的,大家的花式秀,有趣又心酸。

是啊,我们有多久没有放肆地喝酒撸串、在阳光下嬉戏玩闹了?

前两天,微博上有这样一个话题:疫情过后,你第一件想做的事是什么?

“去遥远的地方,看可爱的陌生人。不为别的,就想知道你过得也很好。”

“约上三五好友,把酒言欢,吃最巴适的火锅,看小哥哥在线甩面,八卦到天明。”

“开始学习,给自己设定一个 Plan B 的事业计划,淡定地应对各种突发状况。”

“想见那个朝思暮想的人,不说话也很好。”

“去邻居家串串门,去爷爷奶奶姥姥姥爷家晒太阳,去给我的七大姑八大姨拜年,被催婚也没关系。”

“去人多的地方挤一挤,摘掉口罩,大口大口地呼吸新鲜空气。”

……

以前,我们总是抱怨车多路堵,遇到不守规则的行人更是疯狂鸣笛;总是觉得冬天的风太过寒冷,夏天的阳光会刺伤皮肤;总是吐槽食堂的饭不合胃口,同事不好相处;总是被地铁上的人山人海挤到发疯,为一个座位“寸土必争”;总是想逃离唠唠叨叨的七大姑、八大姨,总是嫌弃外卖小哥的餐来得太迟……

直到经历过这次疫情才明白,原来以前我们拼命讨厌的一切,是那么的岁月静好。那熙熙攘攘的人群、霓虹闪烁的街道,甚至刺耳的鸣笛声、遥遥无期的排号队伍,如今,是多么奢侈的东西。

以后,再不抱怨堵车了,因为那才是繁华大道;

以后,再不嫌人山人海了,因为那才是国泰民安。

2

好像就在一瞬间,我们曾经毫不在意的人和事,突然变得可爱和珍贵起来。

有人说,“妈妈平日里连买菜都要计较几分几毛,没想到这次为了给武汉捐款,竟丝毫没有犹豫”。

我们印象中的父母,似乎充满了很多这样那样的缺点:爱唠叨,爱干涉我们的自由和生活,喜欢用各种“老话”警告我们,智能手机不管教了多少次还是搞不明白……可谁说这样的父母就不可爱?

在这段像小时候一样和父母形影不离的日子里,我们突然发现,原来“斤斤计较”的父母是如此善良,如此识大局。只是长大后的我们,没有给自己多多了解他们的机会和时间。

疫情,让我们学会了理解、包容和体谅。“被迫”与家人、爱人 24 小时待在一起的日子里,有人拌嘴争吵,也有人破镜重圆。

前几天,一位律师给他的委托人发信息,通知法院开庭时间推迟,暂时受理不了他的离婚案件。没想到,对方这样回复:杨律师,我今天正准备打电话告诉您,我和我老婆不打算离婚了,这十几天一直宅在家里,我们很好。顺便问一下,律师费可以退给我吗?

不仅如此,疫情也在提醒我们,懂得满足和珍惜。

一位被关在家里的武汉作家做了这样一个比喻:有一笼鸡,每天餐馆的老板都要抓两只出去。剩下的那群鸡是什么心情,我们武汉人就是什么心情。

的确,对于身处疫情严重地区的人来说,这样的比喻再贴切不过。

没有身处其中的人们,无法体会那种“没有人知道,下一个是谁”的恐慌。同样是“宅”,我们只要老老实实待在家里,勤洗手、勤消毒就不会有太多感染的风险。同样是“宅”,我们可以轻轻松松和家人打牌、看电视。即便同样是刷手机,他们也比我们更紧张和在意,确诊人数又增加了多少例、疫情什么时候会出现拐点和转机。

所以,我们还有什么理由嫌“关”在家里的日子不好过,还有什么理由抱怨没工作的日子没收入?想想那些不幸被感染甚至失去生命的人,能“宅”在家里已经是最大的幸运和满足。

3

久别重逢、失而复得、虚惊一场,人生最美好的 3 个词莫过如此。

而每个有过这 3 种感受的人,或许都有一个领悟——珍惜现在!

其实,这个道理又何必让疫情来教会我们?

相比于很多饱受战乱之苦的国家，我们是何等幸福：

看看那些生活在炮火和死亡笼罩之下的人们，他们被迫逃离家园，无家可归；天真的孩子眼中充满了恐惧，他们没有教师和操场，只有战火和废墟；愁容满面的父亲抱着熟睡的女儿跪在街头，他的梦想何其简单，只是为了和孩子一起活下去……

我们从来不是生活在和平的年代，而是生活在一个和平的国家，一个解决了中华民族千百年来留存的绝对贫困问题、世界上最安全的国家。

基辛格在《论中国》里写道：“中国总是被他们最勇敢的人保护得很好。”似乎我们什么都没做，安安心心享受这祖国的繁华盛世与保护，而一批人早已为我们披荆斩棘。

这次突如其来的疫情，更让我们看到了国人的勇敢和力量：国士钟南山率1.8万白衣勇士逆疫前行、披荆斩棘，与死神“抢人”；交警、建筑工人、快递员、志愿者、基层工作者、车间生产工人……一个个平凡的中国人他们为生命坚守阵地、争分夺秒、全力以赴；即使是饱受病毒折磨的患者也用尽力气呼喊“打倒病魔”，绝不放弃。

当然，更重要的是疫情后的反思——我们到底该如何珍惜？

电影《流浪地球》中有这样一句话：最初，没有人在意这场灾难。直到这场灾难，和每个人息息相关。

疫情之下，我们看到了太多伤害：有人为满足可怕的口腹之欲，残杀野生动物；有人恶意报复，明知确诊故意传染他人；有人心存侥幸，肆意聚会游玩；有人自私狭隘，对武汉人和医护人员横加阻拦……

最好的珍惜就是心存善念、遵守规则、敬畏自然、敬畏生命。不要试图打破自然的平衡，人类才是自然界最渺小的生物；不要企图挑战道德的准则和法律的底线，没有人可以逃脱良心的谴责和法律的制裁；不要等到失去才去懊悔，在原本可以拥抱的时候，好好拥抱、好好珍惜。

愿我们都能在这段“躺着为国家做贡献”的日子里，去了解我们最亲近的父母和爱人，去想念许久未见的老友，去为每一个普通人默默祈祷，去感恩艰难日子里的一蔬一饭，去积攒面对未知的信心和勇气，在等待黎明的日子里保持温暖和可爱！

今天，又是离胜利更近的一天！

当爱情遇到疫情，我们见证了你最动人的样子！这注定是一场必胜的战“疫”

有哲人说，爱是人类永恒的主题。

它伴随着人类的脚步从远古走来，却生生不息日久弥新；它隐藏在人们心灵最深处，却又流露在举手投足之间。

今天是2月14日，本该是一个甜蜜浪漫的日子，或许你们曾计划在这天来一场甜甜的约会，或者选择在这个有意义的日子领证结婚，但此时此刻，这些简单美好的心愿，却显得格外奢侈。

汹涌疫情打碎了人们团聚的温情，多少相爱的人无法相见，本该相伴的人只能在心头默默挂念。

疫情虽然阻隔了相聚，却见证了爱情最动人的模样。原来，这世间最暖的情话不是“我爱你”，而是“只要你平安”。

1

“无论贫穷或富贵，健康或疾病……爱他一生一世，你愿意吗？”

2月1日晚，四川自贡一镇中心卫生院院长含着泪，为一对新人致证婚词。主人公王玥玲和秦笃山，一个是白衣天使，一个是消防队员。那天，本该是两人结婚的日子，可因为疫情工作，计划不得不取消。于是，他们举办了一场“云婚礼”，没有鲜花和宴席，参加人数不足10人，整个仪式只有短短5分钟，可视频两端的人，在喊出那句“我愿意”时，早已激动地眼泛泪光。

疫情面前，纵有悲痛与别离，却也有这样感人至深的爱情，一点点温暖着一座座被阴霾笼罩的城市。

虽然没有婚纱，没有高朋满座，但这场简单又特殊的婚礼，却足以让人铭记一生。

让他们铭记的是，在风雨中越靠越近、越走越坚定的两颗心。

让我们铭记的是，无数“舍小爱为大爱”的坚守者，让我们在寒夜里看到亮光，倍感温暖。

2

“你是陈炳吗？”“是的，你是徐小奇？”

2月4日，浙江绍兴市人民医院，一对多日未见面的医护夫妻在隔离病房走廊偶遇。两人隔着防护服，通过眼神和声音认出了彼此。两人互相用手指了指对方后，拥抱在一起，随后又各自继续工作。

这一切用了不到20秒，忙碌的医院里似乎没有人看到这一幕，但这个简单的拥抱，却温暖了他们彼此，也温暖了等待早日战胜疫情的每一个人。

世界上最遥远的距离，不是你我隔着千山万水，而是我们就在一起，却连见面的时间也没有。

平日里，他们柴米油盐，是在一个屋檐下生活的夫妻；疫情下，他们并肩作战，是携手共进的“战友”，在这场没有硝烟的战役中，努力为所有人拼出最好的明天。

谢谢你们割舍小家，换来大家的平安！谢谢你们以爱之名，筑起抗疫的钢铁长城！

3

“你站在那里，别过来！”

元宵节这天，是医生胡芳被派往长沙公共卫生救治中心救治一线的第4天。她的丈夫汪志军又如往常一样骑着小电摩来给她送吃的，但两人见面后，丈夫每前进一步，她就后退一步，最后两人“隔空拥抱”当作团圆。

汪志军给胡芳带了一封手写了3页的信：“这4天我度日如年，担心你穿着防护服不吃不喝几小时，身体会吃不消！更担心你劳累后，让病毒有机可乘……记得一定要多吃，胖成球，都仍然是我的最爱……也许拟定的婚期也要推迟……但这一切，都不如你平安归来重要！”

爱人的怀抱，本是我们最向往的港湾，但此刻，却是多少相爱的人无法抵达的彼岸。

只能盼凯旋，盼平安，盼归来！

没有什么比你更重要，因为只有你平安，我才会拥有幸福。

“平安归来”，是丈夫最大的心愿，也是亿万国人共同的期盼。

4

“剪掉了头发，穿婚纱是不是就不漂亮了呢？”

2月9日，护士汪莉即将奔赴湖北支援抗疫一线。为了方便工作，她自愿剪去了长发，但还是忍不住掉了两滴眼泪。未婚夫王艳冬动情地说：“不会的，你永远是我最美的新娘！一定要平安，等你回来我们就结婚。”

你的战役，他也许无法参与，但你的余生，他一定会负责到底。

世上没有天生的英雄，只有挺身而出的普通人。

感谢你义无反顾的样子，不仅是未婚夫眼中最美的新娘，也是我们心目中最美的天使！

不要哭，待你归来，便是最美的相逢！

5

“王月华，我爱你！我爱你啊……”

1月26日，河南首批医疗队从郑州出发驰援武汉，一个男人站在人群中，对着即将开走的大巴，一边大喊，一边像个孩子般嚎啕大哭。原来妻子背着家人偷偷报名了医疗队，丈夫太过担心所以在送行现场情绪失控。

因为深爱，所以害怕失去。

因为不知道明天和意外哪个先来，所以只想在此刻说出我对你最深的爱。

这控制不住的嚎哭，寄托着无数一线家属的担忧和不舍。

但因为爱你，所以懂你；因为懂你，所以支持你，永远做你最坚强的后盾。

你守护患者，我守护你。

6

“强哥像一位老父亲，站在隔离楼外看着我。”

他是急诊科医生左仲强，她是感染科医生李茉。抗疫工作开展以来，这对恋人就像错开的黑白键，只隔着隔离宿舍的玻璃门见过一次。那次相见后，李茉发了一条朋友圈，透露着藏不住的幸福与满足。“等我出来，你给我做顿好吃的，吃完了我们就去把证领了！”她向他表达了自己的心愿，这是他们之间最美的约定。

平日里一同成长，危难中风雨同舟，无法用言语表达的思念，都写在了“老父亲”一样的凝望中。

她说：“没有疫情的婚礼固然美好，但这场看不见硝烟的战役，却让我们更懂得珍惜、珍重，对生命是这样，对爱情亦是如此。”

是的，生之珍贵，爱之不易。

疫情面前，我们看清了什么是自己最想要的，什么是自己最想珍惜的。

生活再苦再难，只要那个人在身边，好像也没什么好怕的。

7

“多喝点水，千万照顾好自己，加油！”

因为疫情，输血科检验师王亮被抽调到了消毒队，工作安排和隔离病区一样，不能回家，工作中不能带电话。妻子张颜是一名辅警，自疫情暴发后，她也一直坚守岗位，两人见面都靠人传话联系。2 月 1 日，许久不见丈夫的张颜，得知王亮被安排在救护车洗消中心，便赶来看他。站在围栏外，张颜大声向王亮喊话，由于穿着隔离衣，王亮的听力和声音都受影响，就在围栏里面用各种姿势比画着。

围栏之隔，隔断了他们朝思暮想的相拥，却隔不断见到彼此时的喜悦。

哪怕只是匆匆一面，哪怕只是一个手势，对他们来说都是那么珍贵。

这个“比心”，代表着“我很好”，更代表着“我想你”。

时间不语，却给了所有答案；爱人不语，因为彼此就是唯一的答案。

8

“我现在在去婆家的路上，没有接亲队，什么也没有，就只有我跟他……”

突如其来的疫情，打乱了成都“95 后”小夫妻的婚礼计划。但疫情并不能让幸福延期，大年初四早上，新郎一人开着车前来接亲，没有亲朋好友见证，没有伴郎伴娘热闹，家里只有新娘和爸妈。新娘李水玲说，她曾无数次幻想自己婚礼接亲时的场景，可没想到最后的接亲现场是“他来接我时，我把门打开，敞开大门就跟他走了”。

她说：“他才是和我一辈子走下去的那个人，有他在，就已经足够了。”

是的，这就是爱，如此简单，如此纯粹，有你，有我，就够了。

她说：“真正为国家做贡献的，是冒着生命危险，把孩子、妻子、丈夫留在家中，自己孤身前往前线的医护人员，他们才是真正为国家做贡献，谢谢你们！”

一场场简单朴实的婚礼背后，是善良的人们对疫情防控的最大理解和支持，也谢谢你们！

我们心手相牵，没有跨不过的坎！

9

“这辈子，也许我再也见不到她了，我想见见她。”

最近，成都一对八旬老夫妻在 ICU 牵手告别的视频看哭无数网友。这对老夫妻，先后因病住进了医院。1 月 30 日，张爷爷得知老伴病情严重后，就对子女说出了自己的心愿。在医院的帮助下，这对老夫妻得以在 ICU 相见，两人躺在各自的病床上，张爷爷一直深情呼唤已意识不清的老伴，文奶奶则用唯一能动的手轻轻抓住老伴的手，而这一牵也成为他们最后一次牵手。

我能想到最浪漫的事，就是和你一起慢慢变老。

从少年走至暮年，从年轻气盛走至相濡以沫，这对结婚半个多世纪的老夫妻，用一生诠释了爱的真谛。

爱是陪伴，是相守，是一辈子不离不弃，是相互扶持走过无数个春秋……

今生牵了手的手，来生还要一起走；因为有了伴的路，所以没有岁月可回头。

10

“就在刚才，男朋友戴着口罩来我家楼下，把他仅有的 5 个口罩给我了。”

1 月 27 日，一位豆瓣网友讲述了她的爱情故事——她和男友，一个是记者，一个是律师，都是很平凡的普通人，两人在疫情之前吵过架，可在得知疫情严重后，他把自己好不容易凑到的 5 个口罩，赶紧给她送了过来，并叮嘱她说，要是去医院采访一定要戴口罩。

特殊时期的口罩，已经不单单只是个口罩，它承载的是爱，是我倾其所有也要护你周全。

有的时候就是这样，我们可能争吵过、伤心过、疲惫过，但在关键时刻，我们总是能看到爱情最本真的模样。

从前，想你了，一张车票就看到了。如今，在一座城市或不在一座城市，每一对恋人都像是在谈异地恋，我们被一道道城墙阻隔，却在见不到的日子里，看到爱变得更加浓醇，想你的话说了一遍又一遍，关心的话叮嘱了一次又一次……

庆幸的是，在往后的时光里，我们还有漫长的余生可相守。

不要着急，不要慌张，相信相见的日子指日可待。

爱情的伟大不在于山盟海誓的承诺，也不只有岁月静好时的携手前行，更是苦难时的守护与支持。

当爱情遇到疫情，我们看到无数“逆行者”用行动书写“舍小爱为大爱”，其爱人的尊重和支持，成为我们平凡世界里最美丽的光芒。

我们看到无数普通人不出门不添乱，其恋人的关心和叮嘱，成为爱情里最甜蜜的情话。

我们看到无数夫妻在这段特殊的日子里并肩抗疫，能同甘苦，也能共患难，刻画了婚姻中最平凡却最动人的样子。

在生死面前，我们终于懂得，那个满身缺点的人，也是最心疼你的人；那个吵吵闹闹半生的人，也是最害怕失去你的人；世事无常，珍惜眼前人，好好活着，好好爱，才是人生最好的姿态。

愿花枝春满，山河无恙，人间皆安。

愿如约而至的不止是春天，还有疫情过后平安的你。

愿所有相爱都有未来，所有等待都有回答。

亲爱的，祝你情人节快乐。

依法防控，要不得简单粗暴！这注定是一场必胜的战“疫”

全民战“疫”之下，基层力量成了疫情防控的一道坚实屏障。

然而，最近也有一些现象，引起了不小的争议。

一家三口在自己家里打麻将，却遭戴着红袖章的防疫志愿者登门掀桌、连扇耳光；1 名教师在空旷无人的小区里跑步，因未戴口罩被强制隔离 14 天，并罚款 1 万元；9 名年轻男女顶风作案聚众打牌，被捆绑后“游街示众”；一些外地返岗人员因租户身份被小区拒之门外；物业拦门不允许一线抗疫医护人员回到自家的小区……

非常时期非常手段，面对严峻的疫情形势，再严格的防控措施都不为过。为打通疫情防控的“最后一公里”，许多基层工作者舍小家、舍团圆，义无反顾地赶赴乡村疫情防控宣传第一线。很多城市的社区管理者和物业工作人员也都不辞辛苦、坚守岗位，兢兢业业为小区居民站岗放哨。不少志愿者也纷纷加入进来，发挥基层网格力量。

但是，“硬核”防控绝非草木皆兵、矫枉过正。纵使基层防疫力量的出发点是好的，但法治社会，疫情防控工作必须把握好尺度，不能简单粗暴、用力过猛，甚至逾越了法律红线。

诚然，面对突如其来的疫情，很多地方基层人员缺少应对经验，严格的“防输入、防扩散”管理也给基层工作人员带来了身心的双重压力。但无论如何，管理要合规、执法须有度。

正如习近平总书记主持召开中央全面依法治国委员会第三次会议时强调，当前，疫情防控正处于关键时期，依法科学有序防控至关重要。疫情防控越是到最吃劲的时候，越要坚持依法防控，在法治轨道上统筹推进各项防控工作，保障疫情防控工作顺利开展。

“法无授权不可为”，这是一个法治社会的基本常识。那些引起人们争议的基层防疫做法，最根本的原因恰恰在于一些人缺乏法治思维，没有明确防疫过程中该做什么、不该做什么。

依法防控疫情，很多地方的做法为我们提供了积极的参考和借鉴。

比如，2 月 7 日，上海通过的《上海市人大常委会关于全力做好当前新型冠状病毒感染肺炎疫情防控工作的决定》，明确了单位和个人的权利、义务以及应承担的法律责任。这样，才能强化群防群治抵御疫情的法治保障，才能促进全社会科学、高效、规范地做好疫情防控工作。

再如，浙江省充分运用“大数据 + 网格化”手段进行人员排查，确保不留盲区、不留漏洞；重庆市卫健委印发通知，让家庭医生当好“三师一员”，助力疫情防控；广东省建立了由(社区、村委会)干部、乡村医生、基层民警组成的“三人小组”，加强基层机构感染防控；为了解决买菜难以及减少出门活动的风险，全国各地不少社区工作者挑起提供送菜、送水上门服务的重担。

目前，疫情形势依然严峻。面对一些特殊时期严格的防疫举措，确实有一些群众不理解、不配合，撒泼耍混，比如，故意不戴口罩出入公共场所、强行闯卡、顶风聚集、殴打辱骂执法人员等。但是，越是疫情严峻，越应捍卫法治，否则我们所捍卫的一切基础都将不复存在。

所有的辛苦付出都是为了能够战胜疫情，确保每个人都平平安安。猝然而至的疫情，是一场法治大考，也是一场基层治理能力的大考。任何一点简单粗暴、无视法治和人民合法权益的做法，都可能引发群众对基层执法方式的质疑。

大疫当前，无论疫情多么严峻，无论“战事”如何吃紧，法治的底线都必须守住。我们期待防疫之战的最终胜利，更期待防疫过程中真正的依法治疫。

（法制日报微信公众号　2020 年春）

（马岳君　宋胜男　刘　丹　罗聪冉　李一鸣　刘　青　任　锐）

点　评

新冠肺炎疫情是第二次世界大战结束以来人类经历的最严重的全球公共卫生危机。值此危急关头，大江南北、举国上下、各行各业，14 亿中国人民万众一心，闻令而动，众志成城，奔赴不见硝烟的战场。各级党组织和广大党员、干部冲锋在前、英勇奋战，医务工作者和支援湖北医疗队员白衣执甲、逆行出征，人民解放军指战员勇挑重担，广大社区工作者、公安干警、基层干部、下沉干部、志愿者不惧风雨、坚守一线，广大群众踊跃参与，在中华民族精神谱系上再次写下浓墨重彩的一笔。

生命重于泰山。人民至上，必须把人民群众生命安全和身体健康放在第一位。习近平总书记亲自部署、亲自指挥，经过艰苦卓绝努力，付出巨大代价，承受重大牺牲,中国有力控制住了新冠肺炎疫情,维护了人民生命安全和身体健康。在这次全球公共卫生危机中、我们秉持人类命运共同体理念,始终本着公开、透明、负责任的态度,及时向世卫组织及相关国家通报疫情信息,第一时间发布病毒基因序列等信息,毫无保留同各方分享防控和救治经验,尽己所能为有需要的国家提供支持和帮助,展现出高度的国际责任感,赢得国际社会高度赞扬。

疫情发生在中国传统的农历春节,法治日报新媒体平台聚焦这场没有硝烟的疫情防控战,及时发布疫情信息,积极引导依法抗疫,推出了许多引起广泛关注的新媒体产品。"这注定是一场必胜的战'疫'"系列,关注疫情期间的人和事,传播法治、传送温暖,传递正能量,为打赢这场"战疫"提供了强大的舆论支持。

放过教育不公就是放过腐败

秦　平

近日，山东省冠县农家女被冒名顶替上大学一事持续发酵。据冠县在线微信公众号消息，6月10日，县委、县政府已责成县纪委监委、县公安局、县教育和体育局成立联合调查组对此事开展调查，并与举报人见面。顶替者陈某某，目前已被停职，事件涉及详细信息正在进一步调查中。县委、县政府将依据调查结果依法依纪依规严肃处理，最终结果会及时向社会公布。

此前，被顶替者陈秋媛的丈夫向媒体讲述了多年来陈秋媛对上大学的执着与渴望，以及她艰辛的打工历程，其中充满了一个农家女对教育改变人生的追求。事实上，这也是教育公平的真谛所在，只有人们坚信教育公平，才会坚定教育改变人生的理想与信念。而这一切却被一场暗箱操作的冒名顶替击碎了，她甚至都不知道自己曾经被大学录取过。

而从提前看到录取通知书，到寻找目标、改学籍、换身份证，再到顺利入学，这是一个非常复杂的过程，不是谁都能做得到的，至少普通人家的孩子没这么大的能量。那么，到底是谁在暗箱操作，答案已经呼之欲出，教育不公平的背后就是教育腐败，放过教育不公平就是放过腐败。冠县联合调查组这次既然要调查，就要硬碰硬地查官员、查权力、查腐败，而这从来就不是一件容易的事。

不久前，艺人仝卓在直播时“自我举报”曾经把往届生的身份改成了应届生的身份。事情曝光后，当地教育部门信誓旦旦说要严查。几天后记者致电追问此事，当地教育部门却一问三不知。这种态度再次引发舆论大哗，各种猜测甚嚣尘上，比事件本身对政府公信力的伤害更大。

反腐败在任何时候都是一场严酷的刮骨疗毒。党的十八大以来，我们党以壮士断腕的勇气、打虎拍蝇的决心、标本兼治的智慧，多管齐下、多措并举，才取得了官场风气为之一振的良好局面。这其中需要付出多大的努力不言自明。

如今，冠县联合调查组为农家女被冒名顶替上大学一事向公众立下了依法依纪依规严肃处理，并及时向社会公布结果的“军令状”，我们相信他们的决心，也期待他们的调查不会敷衍了事，而是会一查到底，不放过任何一个责任人、当事人，真正给受害人一个交代、给人民一个交代。　　(2020.6.13)

点　评

知识改变命运。上大学对于许多寒门子弟来说仍然是改变个人甚至家庭命运的主要渠道。山东冠县农家女的大学梦被“偷走”，被人冒名顶替上大学16年后才知悉，但是自己的人生轨迹已经改变。高考，迄今为止被认为是我国最受关注、最公平的人才选拔制度，玷污它的神圣必然会引发全社会的关注。文章在声援被改变命运农家女的同时，更加关注冒名顶替背后的深层次原因，疾呼教育不公平的背后就是教育腐败，放过教育不公平就是放过腐败，要严查个案背后的腐败链条和腐败，不能让那些“改写”他人人生的人逍遥法外，唯有如此才能回应社会期待，维护教育公平正义。

这篇评论的作者是中国共产党党员、优秀新闻工作者、法制日报社评论部原主任秦平同志。她因病医治无效，于2020年6月17日2点25分在北京逝世，享年49岁。

这篇评论是秦平同志生前最后一篇评论作品。她大学毕业后分配到报社工作，26年来坚持在新闻采编一线，采写编辑了大量稿件。从事新闻评论工作以来，她勤于思考，勇于探索，兢兢业业，任劳任怨，立足社会现实问题开展法治评论，针对重大时政新闻、重大法治案事件、重要时间节点、突发事件等，及时从法治角度发声，针砭时弊，弘扬法治，宣传党和国家民主法治建设大政方针，积极引导政法舆论和法治舆论，既是新闻战线的优秀编辑记者，更是评论界知名的、引领舆论导向的评论员。

秦平同志对法治新闻宣传矢志不渝的追求，必将激励法治日报人继续在推进全面依法治国的道路上奋勇前行。

法治日报获中国新闻奖作品一览表

届次	作品	作者	编辑	获奖等次
第一届	当事人“审”法官	刘林山　李多强		三等奖
第一届	完达山作证	郭　毅		三等奖
第二届	抗诉，不再是刑事诉讼的“专利”	陈洪钧　刘国航 王水灵　朱思恩	刘国航	三等奖
第三届	市场经济是法制经济	鲁从明	王乾荣	二等奖
第四届	对外商要讲“两句话”！	常少扬	王福如	二等奖
第五届	“打的”贵过坐飞机	那日苏	雷晓路	三等奖
第六届	北京率先立法禁烟	娄禾文	刘国航	三等奖
第七届	“献礼工程”令人忧	李　立	张　亚	二等奖
第八届	韩宝曝丑闻	方成	张春明　郭印川 宋　平	一等奖
第八届	堪以为戒	那日苏　查庆九 罗成志	陈应革	三等奖
第九届	驳“走私无害”论	杨悦新	查庆九	三等奖
第九届	分手时不再回头	毕淑敏	高红十	三等奖
第十届	“三盲院长案”	袁成本	刘国航	一等奖
第十届	今后当个警察不容易	侯召迅	雷晓路	三等奖
第十一届	中国成为国际反倾销最大受害者	万学忠	张　亚	二等奖
第十一届	妈妈！你在哪里！	杨通河　王继然		二等奖
第十一届	枪口刀尖救人质	易　剑	雷晓路　刘　婷	二等奖
第十一届	法制日报2000年1月14日一版		吴　玲	三等奖
第十二届	顺应时代潮流　演绎对外开放	阎　军　王晓军	常少扬　李　群	二等奖
第十二届	灵武一批甘草老板治沙“赎罪”	周崇华　史振亚	伊　敏	三等奖
第十二届	法制日报2001年3月15日一版		吴　玲　真　东	三等奖

续表

届次	作品	作者	编辑	获奖等次
第十四届	打肿谁的脸	朱铁志	胡建辉	二等奖
第十四届	减少民警伤亡是最高的从优待警	常少扬	刘海琦	三等奖
第十四届	王府井步行街上的黄牌牌	陈煜儒	陈煜儒	三等奖
第十四届	“哈啤”在沈阳遭“非礼”	张国强	伊　敏	三等奖
第十五届	部分外企无视中国法律拒建工会	钟鞍钢	李　群	二等奖
第十五届	丢丢的故事	居　杨　秦　平	杨悦新	二等奖
第十五届	浓浓乡音话老曹	李光明	方晓黎　伊　敏	三等奖
第十六届	中国农业知识产权流失严重	李　立	肖黎明	三等奖
第十六届	司法与传媒：理性、宽容与自律	雷晓路	文　璐	三等奖
第十七届	挂职检察长忙着卖西瓜	周崇华	真　东	二等奖
第十七届	马背法庭升级车载法庭	史万森	伊　敏	三等奖
第十七届	“关注网瘾少年”系列报道	集体	陈晓英　孟绍群　崔立伟	三等奖
第十七届	金三角·佤邦禁种罂粟第一年	居　扬	杨晋峰	三等奖
第十八届	城乡按照相同人口比例选举人大代表意义重大	吴　坤	陈会礼	三等奖
第十八届	从“法”的字眼到“法的精神”	杨悦新	雷晓路　张　亚	三等奖
第十九届	温州市长编纂行政败诉案例	陈东升	王　旭	三等奖
第十九届	沈阳一些机关上班燃放“开门炮”	张国强	刘　婷	三等奖
第十九届	抗震救灾法律解析	陈丽平　杜　萌　袁定波　蔡岩红	真　东	三等奖
第二十一届	“乐清村主任之死”案再调查	陈东升　马岳君	余　飞	二等奖
第二十一届	力拓案：洋贿赂检验本土司法硬度	张　勇	汪闽燕	三等奖
第二十二届	惠州监狱四千在押犯昨投下庄严一票	邓新建　刘洪群　阚　淼	徐　强	三等奖

续表

届次	作品	作者	编辑	获奖等次
第二十四届	突破法律的改革需授权	秦　平	贾宝元	二等奖
第二十四届	请记住这些有良知的法律人	陈东升	雷晓路　崔立伟	二等奖
第二十四届	美“网络威胁论”:一出政治戏剧	邹　强	吴　琼	三等奖
第二十七届	高校科研经费管理乱象调查	余东明	余　飞	三等奖
第二十九届	芬兰“美卓”在华被侵权获顶格赔偿	余东明	杨燕生　郭文青	三等奖
第二十九届	依法纠正产权错案　彰显法治中国新高度	秦　平	贾宝元　李　豪	三等奖
第二十九届	垃圾短信迷惑骚扰有完没完	高岳	李　立　高　燕	三等奖

后　　记

2020年8月1日，是《法治日报》创刊40周年，沐浴着改革开放的阳光雨露，乘着中国民主法治建设的强劲东风，《法治日报》从最初的四开周报发展为今天的中央主要媒体之一，成为推进全面依法治国的重要舆论阵地，社会主义民主法治建设和政法工作成就的重要宣传平台，传统媒体与新媒体优势互补深度融合的主流法治传媒单位。她的每一点进步、每一个发展、每一次飞跃，都凝聚着各级领导、广大读者及社会各界朋友的支持与关爱。我们时刻铭记这一份份深情，将接续努力，不断用攀登跨越予以回报，用手中的笔、镜头讴歌这个时代，忠实记录我国民主法治建设伟大实践和非凡历程。

40年时光荏苒，一代一代法治日报人不忘初心、牢记使命，在法治新闻领域不断求索，满怀激情采写了大量反映中国民主法治建设成就、记录中国之治辉煌历程、展现法治建设者光辉形象的优秀作品。在创刊40年之际，报社决定将40年来本报刊发的优秀作品结集成册奉献读者。这既是对40年来《法治日报》新闻成果的一次检阅，也是对中国民主法治建设历程的一次再现。

40年来，《法治日报》刊发文章（图片）有数百万篇（幅），还有网站、新媒体刊发的海量信息，从中选择优秀作品犹如大海捞针。尤其是各级领导、专家学者以及通讯员在本报各媒体平台上刊发了大量优秀文章，限于篇幅，只能忍痛割爱。在此，谨向各级领导、专家学者以及通讯员致以歉意。

编撰过程中，共收集到500多件本报记者报送的刊发在不同时期、不同年代的作品，考虑到本书的容量，经反复讨论斟酌，最后收纳了207件作品。这些作品包括40年来我国民主法治建设各个时期的重大事件、政法工作重要部署、热点案事件和舆论监督报道，以及本报获得中国新闻奖的作品等。两位主编分工负责，各自对一半作品进行了编撰点评。

本书的出版得到了法律出版社的大力支持和帮助，他们严谨、细致的编辑出版工作，保证了本书在较短时间内得以完成并面世，特致以诚挚的感谢。

由于时间仓促，也恐挂一漏万，本书定有诸多不足之处，企望广大读者朋友们不吝赐教。

《中国民主法治足迹》编委会

2020年7月

图书在版编目(CIP)数据

中国民主法治足迹:法治日报40年优秀作品评析/李群,吴坤主编. -- 北京:法律出版社,2020
ISBN 978-7-5197-4699-5

Ⅰ. ①中… Ⅱ. ①李… ②吴… Ⅲ. ①社会主义民主-建设-研究-中国②社会主义法治-建设-研究-中国③法治-新闻-作品集-中国-当代 Ⅳ. ①D621 ②D920.0

中国版本图书馆CIP数据核字(2020)第111231号

中国民主法治足迹
——法治日报40年优秀作品评析
ZHONGGUO MINZHU FAZHI ZUJI
—FAZHIRIBAO 40 NIAN YOUXIU ZUOPIN PINGXI

李 群 吴 坤 主编

策划编辑 沈小英
责任编辑 陈 妮 毛镜澄 刘晓萌 张泽华 黄 筝 单 洁 贾方武 程王刚
装帧设计 汪奇峰

出版 法律出版社
总发行 中国法律图书有限公司
经销 新华书店
印刷 中煤(北京)印务有限公司
责任校对 马 丽
责任印制 吕亚莉
编辑统筹 法治与经济出版分社
开本 710毫米×1000毫米 1/16
印张 50.25
字数 1060千
版本 2020年8月第1版
印次 2020年8月第1次印刷

法律出版社/北京市丰台区莲花池西里7号(100073)
网址/www.lawpress.com.cn
投稿邮箱/info@lawpress.com.cn
举报维权邮箱/jbwq@lawpress.com.cn
销售热线/400-660-8393
咨询电话/010-63939796

中国法律图书有限公司/北京市丰台区莲花池西里7号(100073)
全国各地中法图分、子公司销售电话:
统一销售客服/400-660-8393/6393
第一法律书店/010-83938432/8433 西安分公司/029-85330678 重庆分公司/023-67453036
上海分公司/021-62071639/1636 深圳分公司/0755-83072995

书号:ISBN 978-7-5197-4699-5 **定价**:200.00元
(如有缺页或倒装,中国法律图书有限公司负责退换)